du chant romain
au chant
grégorien

PHILIPPE BERNARD

du chant romain au chant grégorien

(IVe-XIIIe siècle)

PATRIMOINES

christianisme

LES ÉDITIONS DU CERF
29, bd Latour-Maubourg, Paris
1996

alg 2352

© *Les Éditions du Cerf,* 1996
(29, boulevard Latour-Maubourg
75340 Paris Cedex 07)

ISBN 2-204-05314-7
ISSN 0763-8647

Avant-propos

Ce livre, qui met fin à un programme de recherches entamé en mai 1987, est issu d'une thèse de doctorat, soutenue en décembre 1993 à l'université Paris-IV, sous le titre : « *Cantus Romanus*. L'Église de Rome et son chant liturgique, des origines à la fin du XIIIe siècle », devant un jury qui était composé de M. Olivier Guillot, Mme Françoise Autrand, Mme Luce Pietri, Dom Jean Claire, M. Jacques Flamant et M. Alain Michel, que je prie de bien vouloir trouver ici le témoignage de ma reconnaissance ; j'espère avoir su tenir compte des remarques qu'ils m'ont faites à cette occasion.

Pour des raisons techniques, le dépouillement bibliographique a dû être arrêté à la mi-décembre 1994. Les textes latins cités dans le cours de l'ouvrage ont tous été traduits en français, sauf quand ils se trouvaient dans les notes, au titre de brèves justifications érudites qui n'intéresseront que les seuls spécialistes, et lorsqu'ils étaient tirés de la Bible ; il aurait en effet été disproportionné de traduire la masse des citations latines du Psautier qu'on rencontre à chaque ligne dans les chants liturgiques anciens. Le lecteur voudra donc bien se reporter à une traduction française de la Bible, par exemple la Bible de Jérusalem, ou toute autre version à sa convenance. Enfin, on trouvera la liste des abréviations, et notamment celle des abréviations liturgiques latines, en tête de la Bibliographie (p. 835-836).

Ce travail n'aurait pas été possible sans certaines aides. Je remercie donc Mme Pietri d'avoir bien voulu accepter de reprendre la direction d'une recherche apparemment technique et spécialisée, après le décès de Charles Pietri, qui fut mon premier directeur de thèse ; on trouvera dans ces pages, je l'espère, un témoignage du respect que je lui portais, au travers des nombreuses références que j'ai faites à sa *Roma christiana*, qui n'a cessé de guider mon travail, comme un modèle pour toute étude consacrée à l'*Urbs*.

Ma reconnaissance va ensuite à Dom Jean Claire, maître de chœur de Solesmes qui, lors de notre première rencontre à l'abbaye, en mai 1987, m'a fait comprendre la richesse et le sérieux des sources musicales et n'a cessé par la suite de me prodiguer conseils et encouragements. Ses idées et ses découvertes m'ont donc profondément inspiré, et on ne s'étonnera pas d'en retrouver l'écho dans ces pages.

Il me faut également remercier les personnes et les institutions qui ont facilité mon entreprise, et notamment Mme Françoise Autrand, professeur à l'École normale supérieure ; Mme Geneviève Contamine, sous-directrice de l'Institut de recherche et d'histoire des textes ; Mme Françoise Dupuy, directrice de la bibliothèque du Centre national de pastorale liturgique ; le P. Pierre-Marie Gy ; M. Michel Huglo, le P. Jean Longère, directeur de la section latine de l'Institut de recherche et d'histoire des textes ; M. Michel-Yves Perrin, maître de conférences à l'université d'Arras, qui a bien voulu relire le manuscrit et me conseiller d'utiles corrections ; Dom Daniel Saulnier, moine de Solesmes ; les bibliothécaires et le personnel de la bibliothèque de l'École normale supérieure ; les bibliothécaires de l'Institut historique allemand de Paris ; l'École française de Rome, qui m'a permis d'effectuer plusieurs séjours dans l'*Urbs* pour y consulter des manuscrits ; ainsi que ma famille, *necnon et perpaucissimi amici, quorum nomina Deus scit.*

INTRODUCTION

Si quid in hoc, lector, placet, assignare memento
Id Domino, quicquid displicet, hocce mihi [1].

Ecclesia cantum gregorianum agnoscit ut litur-
giae romanae proprium : qui ideo in actionibus
liturgicis, ceteris paribus, principem locum obti-
neat [2].

Si elle n'est plus le centre d'un monde politique alors en pleine mutation, la Rome de l'Antiquité tardive et du haut Moyen Âge tend à s'affirmer, avec les successeurs de l'apôtre Pierre, comme la capitale de la chrétienté, en Occident notamment. À ce rôle nouveau, elle doit, en dépit des malheurs de la guerre qui l'éprouvent à maintes reprises et malgré le prestige tout neuf dont se parent, en Italie même, d'autres cités, telles Milan puis Ravenne, l'ouverture de grands chantiers architecturaux et l'activité d'ateliers de sculpteurs au service de la foi nouvelle ; elle lui doit aussi le développement, dans les milieux ecclésiastiques surtout mais également au sein d'une aristocratie convertie, d'une science et d'une littérature religieuses dont témoignent, entre autres, les poèmes de Damase, les traités de l'Ambrosiaster et de Boèce, ainsi que les ouvrages de Grégoire le Grand. Certes, il n'est pas toujours aisé de cerner, dans les productions artistiques et littéraires de ces six siècles d'histoire,

---

1. Walahfrid STRABON, *De exordiis et incrementis quarundam in observationibus eccle-siasticis rerum*, v. 5-6 (éd. V. Krause, MGH, *Capit.* II, Hanovre, 1897, p. 474).
2. CONCILE VATICAN II, Constitution *Sacrosanctum Concilium*, chap. VI, art. 116 (4 décembre 1963).

ce qui est proprement « romain », puisque la Ville continue d'attirer, au moins de façon passagère, écrivains et artistes venus de tous les horizons, et qu'elle tend plus encore à essaimer ses élites intellectuelles, attirées par l'éclat des cours impériale et royale ou chassées par les assauts barbares. Mais la naissance du chant liturgique romain, la floraison d'un répertoire musical propre à la Ville, enfin la conquête par celui-ci du monde franc, démontrent très clairement que Rome n'a rien perdu, dans le domaine de la culture, de son pouvoir de créativité. Bien plus, ces créations musicales, parce qu'elles sont en partie le reflet d'une réflexion spirituelle, et parce qu'elles sont conçues pour le cadre architectural des grandes basiliques romaines, peuvent apporter une contribution irremplaçable pour la connaissance de la vie culturelle dans les milieux romains.

Or, ce répertoire musical, propre à Rome avant que Pépin le Bref et Charlemagne n'en organisent l'introduction dans le monde franc, constitue une nouvelle source pour l'historien, d'autant plus riche qu'elle est dans une très large mesure inexploitée. Avec son aide, il est possible de mener une enquête sur le milieu culturel romain, en étudiant la liturgie de la messe, prise, pour des raisons de cohérence, dans toute son évolution, des origines à la fin du XIIIe siècle. Ce projet est donc d'éclairer les grandes phases de l'histoire culturelle romaine, par un biais original, celui de son chant liturgique. Il faut pour cela travailler en historien, à partir de sources musicales, confirmées au moyen de la liturgie et des sources littéraires, dans le but de réaliser une synthèse historique à partir d'une nouvelle science auxiliaire, le chant liturgique.

Malgré son titre, ce travail a des limites. Nous avons dû laisser de côté les chants de l'office, en raison de leur nombre élevé et de la complexité des problèmes qu'ils soulèvent, qui sont sans commune mesure avec la relative simplicité des chants de la messe. On ne sera donc pas surpris de constater que seuls ces derniers aient trouvé leur place dans cette étude. Il n'eût en effet pas été raisonnable d'étudier également les mélodies de l'office, qui comprend approximativement deux mille pièces, contre environ six cents seulement à la messe. Cela suffit toutefois amplement à constituer un *corpus* sur lequel puisse se fonder une recherche historique sérieuse. D'autre part, nous avons choisi d'insister sur les chants les plus significatifs et qui présentaient la plus grande pertinence historique. C'est la raison pour laquelle nous n'avons étudié ni les introïts [1], ni les communions, qui auraient inutilement doublé le volume de ce travail sans pour autant lui apporter d'éléments très nouveaux, dans la mesure où ces chants ne sont ni parmi les plus anciens ni parmi les plus intéressants que compte la messe romaine, loin s'en faut.

Cela étant posé, la problématique qui s'est imposée à nous au fur et à mesure que progressait notre travail est fondée sur un double recentrage, à la fois dans le temps et dans l'espace. Un premier recentrage géographique nous est apparu nécessaire pour axer l'enquête sur Rome et pour aborder la question du chant liturgique vue de Rome, et non d'Aix-la-Chapelle, alors qu'en général on insiste plutôt sur Charlemagne et sur l'Austrasie. Pour une meilleure compréhension et une approche renouvelée du sujet, nous avons donc choisi d'insister sur l'Église de Rome et de mettre en valeur son rôle éminent et généralement très sous-estimé dans l'histoire du chant liturgique occidental, nous plaçant ainsi délibérément dans la lignée de la *Roma Christiana* de Charles Pietri. La perspective franque ou impériale, qui est généralement adoptée dans ce type de travaux liturgiques et musicaux, ne nous a pas semblé à même de rendre intégralement compte de toute l'étendue de la question. En effet, avant d'arriver en Gaule franque, le chant liturgique de Rome est né et s'est développé dans l'*Urbs* ; méconnaître cette vérité d'évidence serait se condamner à ignorer les racines du chant de l'Église de Rome.

C'est pourquoi un second recentrage, corrélatif au premier, mais chronologique cette fois, nous est apparu comme un impératif. L'histoire du chant liturgique, à Rome comme dans le reste de la chrétienté, part de l'Antiquité, alors que le chant grégorien est traditionnellement considéré comme un chant médiéval. C'est une totale erreur de perspective qui, depuis plus d'un siècle, a contribué à rendre la question obscure : comment en effet comprendre quoi que ce soit à un chant qu'on croyait voir naître d'un bloc, tout armé, au

---

1. Voir (dans une perspective exclusivement modale) A. TURCO, *Les Antiennes d'introït du chant romain comparées à celles du grégorien et de l'ambrosien*, Solesmes, 1993.

début du IXe siècle, en Gaule franque, comme sous l'effet d'une mystérieuse génération spontanée ? Il faut au contraire prendre l'histoire du chant liturgique romain depuis sa source et non à partir de l'intervention de Pépin le Bref ; sinon, prenant l'histoire comme en marche, on ne peut qu'aboutir à des conclusions fausses, ou en tout cas à une perspective inexacte ou déformée. Le chant romain est profondément enraciné dans la culture et dans la spiritualité de l'Antiquité tardive, qui l'a vu naître, comme il l'est dans la topographie de l'*Urbs sancta*. C'est la raison pour laquelle nous avons choisi l'Antiquité tardive pour principe de cette étude.

C'est pour les mêmes motifs que notre recherche est allée jusqu'au XIIIe siècle, alors que traditionnellement on juge préférable de s'arrêter à la fin de la première moitié du IXe siècle, le « siècle d'or du chant grégorien ». Notre option, qui peut paraître novatrice, se justifie cependant, dans la mesure où le point de vue choisi est romain et non pas franc : si, dans une optique franque, il est inutile d'aller au-delà de la période de formation et d'apogée du chant grégorien, c'est-à-dire les VIIIe et IXe siècles, il serait en revanche regrettable, dans une perspective romaine, de ne pas chercher à savoir quelle a pu être l'influence exercée par la liturgie issue de la réforme carolingienne sur celle de Rome. C'est d'autant plus vrai que cette période du chant romain est généralement peu connue et considérée — sans doute pour cette raison — comme une époque de longue décadence, bien à tort.

Au total, l'objet de cette recherche est une première tentative d'archéologie musicale, fondée sur l'utilisation d'une nouvelle source, d'une nouvelle science auxiliaire de l'histoire, le chant liturgique de la Ville, qu'il convient de suivre, pour des raisons de cohérence, depuis ses couches les plus profondes encore conservées, jusqu'à son achèvement et son implantation dans toute l'Europe occidentale, à la veille du départ de la papauté pour Avignon. C'est, pour reprendre le mot de Dom Mocquereau, fondateur de la *Paléographie musicale* de Solesmes, une « catacombe musicale », qu'il s'agit d'explorer systématiquement.

PREMIÈRE PARTIE

L'ÉPOQUE
DES CHANTS DU SOLISTE

Des origines au VIe siècle

CHAPITRE PREMIER

LES SOURCES ROMAINES
LES MANUSCRITS

Les sources manuscrites de la messe romaine.
Il nous semble nécessaire de commencer par présenter les sources sur lesquelles nous allons nous fonder pour étudier les grandes phases de l'histoire culturelle et religieuse romaine, au travers de la liturgie de la messe, du IVᵉ à la fin du XIIIᵉ siècle. Les travaux antérieurs sur le sujet [1] nous semblent pouvoir être complétés, bien qu'aucune découverte de manuscrit ou de fragment nouveau n'ait été faite depuis la redécouverte du graduel de Sainte-Cécile du Transtévère, au début des années 1950. Les sources notées du chant romain sont peu nombreuses, en raison de l'élimination progressive de la liturgie romaine ancienne, héritée de l'Antiquité tardive, par la liturgie romano-franque et le chant grégorien, à partir du IXᵉ siècle. Cela dit, les sources indirectes, entendons par là les manuscrits dépourvus de notation musicale, nous semblent avoir été insuffisamment recensées ; c'est sans doute dans cette direction que les recherches seraient les plus fructueuses.

---

1. M. HUGLO, « Le chant "vieux-romain". Liste des manuscrits ». (Les références complètes des ouvrages cités en note se trouvent dans la Bibliographie, p. 836 s.) Il convient également d'utiliser EBNER, *Quellen und Forschungen*, très détaillé et très riche, nonobstant sa date ; R. GRÉGOIRE, « Repertorium Liturgicum Italicum » ; GAMBER, *Codices liturgici*, t. I, t. II et *Supplementum* ; B. BAROFFIO, *I manoscritti liturgici italiani*, I et II ; R. AMIET, « Inventaire des manuscrits liturgiques », complété par « Catalogue des livres liturgiques manuscrits » ; L. AVITABILE *et alii*, « Censimento dei codici dei secoli XI-XII », *Studi Medievali* 9 (1968), p. 1115-1194 et 11 (1970), p. 1013-1133.

LES MANUSCRITS ROMAINS
POURVUS D'UNE NOTATION MUSICALE

Tous sont copiés en *minuscula romanesca*, qui est l'écriture propre à Rome et à sa région, à l'exception du graduel de Saint-Pierre F 22 et de l'antiphonaire de Saint-Pierre B 79 qui, en raison de leur date, sont en *gotica urbana*.

Le graduel Vatican latin 5319.

Ce manuscrit (dorénavant abrégé VL 5319) est notre source principale ; aussi faut-il nous y arrêter quelques instants. Il est complet. Son écriture est paléographiquement datable de la fin du XIe siècle ou du début du XIIe siècle [1] ; il est très soigné : le texte et la musique sont rarement fautifs ; il est vrai qu'un manuscrit noté est toujours un manuscrit contrôlé et corrigé deux fois, par le scribe du texte puis par celui de la musique, donc presque exempt de fautes de copiste. P. Supino Martini le définit à juste titre comme un ouvrage de luxe : l'écriture est fine et agréable, le parchemin fin et souple [2]. Il possède de belles enluminures, assez semblables du reste à celles du graduel de Sainte-Cécile, dont il sera question plus loin.

Le contenu du manuscrit ne permet pas de préciser davantage sa date, dans la mesure où il est très archaïque : son sanctoral est semblable à celui des six plus anciens antiphonaires grégoriens non notés, datés des IXe-Xe siècles, lequel est arrêté à la fin du pontificat de Grégoire III (731-741) [3]. Ce sanctoral n'est donc nullement caractéristique d'un titre ou d'une basilique particulière, mais il rassemble au contraire le sanctoral romain pris dans son ensemble. Cette constatation est d'importance, car ce sanctoral est donc, dans une certaine mesure, artificiel et factice, puisqu'il fond en un seul tous les sanctorals locaux, aussi bien titulaires que basilicaux : en revanche, tout sanctoral

---

1. STÄBLEIN (*Die Gesänge des altrömischen Graduale*, p. 24*-25* et n. 94) fait le point sur le sujet. Voyez aussi E. B. GARRISON, « Random Notes », p. 213.
2. *Roma e l'area*, p. 56.
3. FROGER, « L'édition critique de l'*Antiphonale Missarum* romain », p. 153 ; STÄBLEIN, *Die Gesänge des altrömischen Graduale*, p. 21*.

primitif était toujours propre à une église locale [1]. Le sanctoral de ce manuscrit est abstrait, en ce sens qu'il ne se rattache à aucune église en particulier. Ce phénomène nous semble pouvoir être explicable de la façon suivante : ce graduel était un manuscrit qui servait à la station ; le *primicerius* le transportait avec lui d'église en église, tout au long de l'année liturgique. Cette hypothèse, que nous étaierons plus loin, permet d'expliquer le caractère anonyme, impersonnel et cosmopolite de cet ouvrage. Dom Pierre Salmon estime cependant probable que ce manuscrit provienne de Saint-Pierre, sans argument décisif [2] ; d'autres [3] l'attribuent au Latran, en raison de la présence de la fête de la Dédicace du Latran dans son calendrier, le 9 novembre. Ce n'est pas un argument suffisant, car cette fête était célébrée dans nombre d'églises de Rome. Ce graduel a conservé les versets d'offertoires [4], alors qu'on cessa de les chanter et que la plupart des manuscrits cessèrent de les copier dès le XIᵉ siècle, de même que les vêpres festives de Pâques et de la semaine *in albis*, qui sont des cérémonies propres à Rome, avant l'arrivée de la liturgie romano-franque et l'hégémonie du missel de la Curie romaine [5]. Il possède une série d'*Alleluia* et de tropes grégoriens [6]. Son plan est le suivant :

— f. 1 à 135 : temporal et sanctoral mélangés, pour toute l'année liturgique ;
— f. 135-140v : messes votives ;
— f. 140v-145v : antiennes ;
— f. 145v-151 : *kyriale* tropé (dix *Kyrie* et deux *Gloria*) ;
— f. 151v-158 : huit séquences.

1. COEBERGH, « Le sacramentaire gélasien ancien », p. 70-71.
2. *Les Manuscrits liturgiques latins*, t. I, p. 213 ; t. II, p. 88. Salmon dépend vraisemblablement du t. V de la *Paléographie musicale*. On croyait en effet, au début du siècle, que le chant romain ancien était le chant propre de Saint-Pierre, puisque F 22 et B 79 en provenaient certainement.
3. M. HUGLO, « Le chant "vieux-romain". Liste des manuscrits », p. 99 ; STÄBLEIN, *Die Gesänge des altrömischen Graduale*, p. 23*-24* ; JOUNEL, *Le Culte des saints*, p. 40-41 ; GAMBER, *Codices liturgici*, t. II, p. 519-520 et *Supplementum*, p. 132-133 ; I. KÄHMER, *Die Offertoriums-Überlieferung*, p. 1.
4. STÄBLEIN, *Die Gesänge des altrömischen Graduale*, p. 25*.
5. Le missel d'Innocent III ignore ces vêpres à trois *Magnificat* : VAN DIJK et HAZELDEN WALKER, *The Origins*, p. 138.
6. J. BOE, « Italian and Roman Verses for Kyrie leyson », p. 337-384.

Le graduel Arch. Cap. S. Petri in Vat., F 22.

Contrairement au précédent, ce manuscrit (dorénavant abrégé F 22) est peu soigné, voire assez négligé ; le parchemin est grossier, l'écriture épaisse ; il n'y a pas d'enluminures, mais seulement de rares capitales décorées. L'écriture, anguleuse, remonte à une période située entre la fin du XIIᵉ et le début du XIIIᵉ siècle [1]. C'est pourquoi P. Supino Martini ne l'a pas retenu parmi les manuscrits en *minuscula romanesca* : il est l'un des premiers témoins de la *gotica urbana*, avec l'antiphonaire Arch. Cap. S. Petri, B 79 [2]. Ce manuscrit servait à l'usage de la basilique Saint-Pierre [3], comme le montrent la décoration, les variantes du sanctoral, notamment les messes de la Chaire de saint Pierre (22 février), de la vigile et de la fête des apôtres Pierre et Paul. Les versets d'offertoires ont été supprimés, comme les vêpres festives de Pâques. Le temporal et le sanctoral sont entièrement séparés l'un de l'autre et on a constitué des Communs à la fin du manuscrit. D'intéressantes rubriques ont été inscrites aux folios 14v, 50 (jeudi saint), 50-50v-51 (vendredi saint), 53-53v (vigile pascale) et 62 (vigile de la Pentecôte). Le texte psalmique présente parfois de petites variantes par rapport à VL 5319. F 22 est donc moins utile que ce dernier ; nous l'utiliserons donc essentiellement pour confirmer les leçons douteuses de VL 5319.

Le graduel de Sainte-Cécile du Transtévère, Bodmer C 74 (1071).

Ce manuscrit (abrégé C 74) a fait l'objet d'une étude récente et quasi exhaustive, accompagnée d'un fac-similé intégral, par le Pr Lütolf [4]. Nous nous bornerons donc à

---

1. SALMON, *Les Manuscrits liturgiques latins*, t. II, p. 75-76 ; STÄBLEIN, *Die Gesänge des altrömischen Graduale*, p. 27*-29* ; AVITABILE *et alii* , « Censimento dei codici dei secoli XI-XII », *SM* 11 (1970), p. 1127.

2. *Roma e l'area*, p. 320.

3. HUGLO, « Le chant "vieux-romain". Liste des manuscrits », p. 99 ; STÄBLEIN, *Die Gesänge des altrömischen Graduale*, p. 27*.

4. *Das Graduale von Santa Cecilia in Trastevere*, vol. I, *Kommentar und Register* ; vol. II, *Faksimile*, Cologny-Genève, 1987 ; voir HUGLO, « Le chant "vieux-romain" », p. 98-99 ; M. HUGLO et Dom J. HOURLIER, « Un important témoin du chant "vieux-romain" », p. 27-36 ; STÄBLEIN, *Die Gesänge des altrömischen Graduale*, p. 25*-27* ; JOUNEL, *Le Culte des saints*, p. 23 ; GAMBER, *Codices liturgici*, t. II,

insister plus particulièrement sur les aspects les plus perti-
nents pour notre étude, ou qui ont été moins fermement mis
en relief par M. Lütolf, M. Huglo et Dom Hourlier. Ce
manuscrit est parfaitement daté et localisé grâce à une note
du scribe, *Iohannes presbyter*, qui en situe la copie en 1071,
dans le titre de Sainte-Cécile du Transtévère[1] ; il s'agit par
conséquent de la source romaine notée la plus ancienne. Il
appartient en outre à une famille de manuscrits copiés par
le *scriptorium* du titre de Sainte-Cécile[2].
Il ne sépare pas le temporal du sanctoral et a conservé les
versets d'offertoire. Cela dit, on ne sait si ce titre l'a réellement utilisé : il n'y a guère de particularité dans le sanctoral qui permette de rattacher ce manuscrit au titre de
Sainte-Cécile, pas plus qu'à aucun autre, d'ailleurs, à
l'exception d'une séquence, *Ecce pulchra canorum resonat*
(f. 92), dédiée aux saints Tiburce et Valérien (14 avril) qui,
par leur passion, sont liés à sainte Cécile : ils sont respectivement son beau-frère et son mari[3]. Il est cependant possible, sinon probable, que ce graduel ait été utilisé ailleurs
que dans cette église, et que par conséquent il ne soit pas
exactement le reflet de la liturgie en vigueur à cet endroit
précis. Par surcroît, ce manuscrit est le plus mutilé et le plus
grégorianisé de tous les manuscrits romains notés. Il manque
la première page, qui contenait l'incipit de l'introït *Ad te
levavi* avec sa majuscule à pleine page ; il manque également
le folio 2, qui contenait le deuxième dimanche de l'avent,
de l'introït à la fin de l'offertoire (?) ; toute la fin du sanctoral, après le folio 112v, c'est-à-dire à partir de la messe
de vigile de Pierre et Paul (28 juin), de même que toute la
fin du temporal, et notamment les dimanches après la Pentecôte, ont disparu. À la fin du manuscrit ont été copiés des
Alleluia grégoriens, puis un *kyriale* tropé[4].
Les influences grégoriennes subies par ce graduel sont

---

p. 519 et *Supplementum*, p. 132 ; E. PELLEGRIN, *Manuscrits latins de la Bodmeriana*, p. 123-126.

1. Synthèse capitale de P. SUPINO MARTINI, *Roma e l'area*, p. 109-115.

2. STROUX, « Saint Cecilia's Books », *passim* ; DOLBEAU, « Le légendier de Sainte-Cécile-au-Transtévère au Cap (République sud-africaine) », *AB* 102 (1984), p. 302.

3. DUFOURCQ, *Études sur les Gesta Martyrum*, t. I, p. 116. Il ne faut pas les confondre avec le Tiburce du 11 août, dont le culte se situe à *inter duas lauros*.

4. J. BOE, « Italian and Roman Verses for Kyrie leyson », p. 337-384 et *Beneventanum Troporum Corpus*, Madison, 1989, t. I, *Kyrie eleison*, p. XXV-XXX et t. II, *Gloria in excelsis*, p. XVII et 24.

assez importantes ; de nombreuses pièces romaines ont été remplacées par leur contrepartie grégorienne, tels les *Alleluia* de la semaine *in albis* ; de nombreuses autres ont subi l'attraction de la liturgie romano-franque ; signalons notamment la présence dans les textes de nombreux lieux variants, dus à une contamination du texte liturgique romain par celui du chant romano-franc, comme le démontreront nos tableaux critiques. Les vêpres pascales ont également disparu. Les *Alleluia* grégoriens sont nombreux, comme nous le verrons dans le chapitre qui leur est consacré. Au total, ce manuscrit ne tient pas les promesses que laissait augurer sa date ; il est difficile à utiliser en raison de ses lacunes béantes et de sa contamination[1]. Il est cependant précieux pour les versets des offertoires, que F 22 n'indique pas.

L'antiphonaire de Saint-Pierre, Arch. Cap. S. Petri in Vat., B 79.

Nous signalons ce très important manuscrit romain (abrégé B 79) de l'office uniquement parce qu'il possède les vêpres festives de Pâques et de la semaine *in albis* et parce que nombre de ses répons de l'office sont la copie exacte d'introïts et de communions de la messe[2]. Ce phénomène d'emprunts de l'office à la messe est d'ailleurs une caractéristique romaine : il est très rare dans le répertoire grégorien, plus riche, parce que plus tardif. Originaire de la basilique Saint-Pierre, copié dans la seconde moitié du XIIe siècle, ce manuscrit est le plus fidèle des deux antiphonaires romains qui nous soient parvenus[3] : il est beaucoup moins grégorianisé que l'antiphonaire de Londres, BL Add. 29988, que Dom Jean Claire est parvenu à attribuer à la basilique de Sainte-Croix de Jérusalem. Le grand liturgiste théatin

1. BERNARD, « Les alleluia », p. 287 ; MARTIMORT, « Origine et signification de l'alleluia », p. 831.
2. E. J. LEAHY, « Archivio di San Pietro, Cod. B. 79, and Amalarius », p. 79-91 ; GAMBER, *Codices liturgici*, t. I et *Supplementum*, p. 132-133 ; HUGLO, « Le chant "vieux-romain" », p. 113 ; AVITABILE *et alii*, *SM* 11 (1970), p. 1110-1111 ; U. FRANCA, *Le antifone bibliche*, p. 94-108. Fac-similé éd. par B. G. BAROFFIO, *Antifonario romano-antico. Biblioteca Apostolica Vaticana, Archivio S. Pietro B 79 (Roma, sec. XII)*, Rome, 1996.
3. HESBERT, *CAO*, t. V, p. 206, n. 2, 285 et 301 ; LE ROUX, « Aux origines de l'office festif », p. 104, n. 1 ; CALLEWAERT, « Les offices festifs à Rome avant la Règle de saint Benoît », p. 155 ; FRÉNAUD, « Le culte de notre Dame », p. 206.

G. Tomasi (1649-1713) savait tout cela et l'avait en conséquence utilisé dans son édition de l'Antiphonaire romain[1]. Mgr Duchesne et P. Fabre[2] ont noté à juste titre que son contenu est en accord presque parfait avec le *Liber politicus* du chanoine de Saint-Pierre, Benoît, dont il sera question plus loin. Il est écrit en *gotica urbana*, comme le graduel de Saint-Pierre F 22[3].

Le graduel Rome, Vallicell. C 52.

Ce graduel (désormais abrégé C 52) est devenu célèbre à la suite d'un article de M. Huglo, qui annonçait y avoir découvert au folio 79 une pièce de chant, en l'espèce le cantique d'Isaïe, *Vinea facta est* (Is 5), du samedi saint, dans une version mélodique nouvelle, qu'il croyait antérieure au chant grégorien[4]. Cette information non contrôlée fut ensuite reprise par tous, malgré la mise en garde de Dom Jean Claire[5] ; on la trouve jusque dans la dernière édition de la *New Oxford History of Music*, parue en 1990[6]. Entre-temps, Bruno Stäblein avait découvert dans le manuscrit Pistoia, Bibl. Cap. C. 119 (f. 72-72v), un autre témoin de ce même *Vinea* non grégorien[7].

Le cantique *Vinea* du manuscrit de la Vallicelliana avait en réalité été découvert par Dom Mocquereau, fondateur et directeur de la *Paléographie musicale* de Solesmes et son

---

1. *Responsorialia et Antiphonaria Romanae Ecclesiae a S. Gregorio Magno disposita. Accedit Appendix varia continens Monumenta vetera ad Antiphonas, Responsoria, Ecclesiasticosque Cursus pertinentia. Ex MSS Codicibus nunc primum prodeunt Scholiisque explicantur. Opera et studio Josephi M. Cari* [pseudonyme de TOMASI] *Presbyteri Theologi*, Rome, Typis Josephi Vannacci, 1686. Il a été réédité par A. F. VEZZOSI à Rome en 1749, dans le t. IV de ses *Opera Omnia*. Sur le cardinal Tomasi, Dom I. SCICOLONE, *Il cardinale Giuseppe Tomasi di Lampedusa e gli inizi della scienza liturgica*, Rome, 1981.

2. *Le Liber censuum de l'Église romaine*, Paris, t. II, 1910, p. 105 et 159, n. 3.

3. SUPINO MARTINI, *Roma e l'area*, p. 318, qui propose une date située autour de 1181-1187.

4. « Notes historiques à propos du second décret de la vigile pascale », *RG* 31 (1952), p. 131-132 ; « Le chant "vieux-romain" », p. 100-101.

5. « Le répertoire grégorien de l'office. Structure musicale et formes », p. 30-31 ; BERNARD, « Les *Alleluia* », n. 196.

6. T. II, *The Early Middle Ages to 1300*, éd. R. Crocker et D. Hiley, Oxford, 1990, p. 79 et pl. 1.

7. STÄBLEIN, *Musikgeschichte in Bildern*, t. III, p. 138-139 (avec fac-similé) ; voir Dom J. CLAIRE, dans *RG* 40 (1962), p. 206, n. 1, avec une réfutation de l'origine romaine de ce chant.

équipe, lors de leurs voyages photographiques en Italie, vers 1890. Dès cette époque, ils avaient fort bien remarqué que la mélodie de ce chant était un *hapax* ; c'est cette découverte qu'a publiée M. Huglo, bien plus tard, en 1952. Il faut faire justice de cette opinion fausse, reprise récemment par Dom Baroffio [1]. Ce *Vinea* non grégorien présente en effet trois caractéristiques, qui permettent aisément de le dater.

Il possède tout d'abord un refrain : c'est un chant responsorial. Or, la psalmodie responsoriale est, par nature, postérieure à la psalmodie sans refrain, dite *in directum*, qui est beaucoup plus archaïque. Ce *Vinea* est donc obligatoirement plus récent que le *Vinea* grégorien, qui n'a pas de refrain.

D'autre part, il est construit sur la corde de *RÉ*, au sujet de laquelle il a été prouvé maintes fois par Dom Jean Claire que les couches les plus anciennes de la psalmodie romaine l'ignorent ; la corde de *RÉ* est par excellence une corde étrangère à l'*habitus* romain ; elle est en revanche très présente à Milan, à Bénévent et en Gaule. Une pièce fondée sur le mode de *RÉ* ne peut donc pas prétendre appartenir aux couches anciennes de la liturgie romaine.

En dernier lieu, il convient de remarquer que l'accentuation de cette pièce est caractéristique de régions où le latin n'était pas la langue maternelle : les accents sont en effet souvent au grave, tandis que la tendance naturelle de l'accent latin, à Rome, est d'être à l'aigu. Cette loi, vérifiée depuis longtemps par l'étude de plusieurs milliers de pièces, ne souffre aucune exception. L'accentuation de ce *Vinea* prouve donc qu'il a été composé en dehors de Rome.

Ainsi, il faut conclure que rien, dans ce manuscrit, n'est lié à la liturgie ancienne de Rome : le manuscrit Vallicell. C 52 n'est nullement un témoin du chant romain. C'est un graduel des XIᵉ-XIIᵉ siècles, qui compte 166 folios ; il est entièrement neumé, sur lignes et en notes carrées [2]. La décoration des majuscules est très proche de celle du graduel VL 5319, avec ses rinceaux si caractéristiques. Les offertoires ont gardé leurs versets. Il n'est pas absolument sûr

1. « Il canto Gregoriano nel VIII secolo », p. 21-22.
2. GAMBER, *Codices liturgici*, t. II, p. 520 ; *Le Graduel romain. Édition critique par les moines de Solesmes*, II, *Les Sources*, Solesmes, 1957, p. 123 ; AVITABILE *et alii*, dans *SM* 11 (1970), p. 1045-1046.

qu'il provienne de l'abbaye de Sant'Eutizio de Norcia[1].
C'est un manuscrit entièrement grégorien, voire postgrégorien, en raison des très nombreuses pièces qui n'appar-
tiennent pas au répertoire grégorien ancien (IXe-Xe siècle),
mais qui ont été composées beaucoup plus tard, aux XIe et
XIIe siècles ; en cela, ce manuscrit est très italien, car la
péninsule a été, de toutes les régions de l'Occident, celle qui
a composé le plus de pièces nouvelles, tandis qu'en France,
au même moment, on en composait beaucoup moins, et
qu'en Allemagne on n'en composait pratiquement pas. Les
stations ne sont jamais mentionnées, à de très rares exceptions près, par exemple celle du quatrième dimanche de
carême à Sainte-Croix de Jérusalem (f. 59v). Ce graduel a
été utilisé par le cardinal Tomasi dans les *Antiqui libri missarum Romanae Ecclesiae*[2].
Le plan du manuscrit est fort simple :
— f. 1 à 144 : graduel :
— f. 1 à 103v : sanctoral et temporal mélangés (sauf pendant le carême, naturellement), de l'avent à la Septuagésime et pendant le temps pascal ; ils sont en revanche
séparés à partir de l'octave de la Pentecôte ;
— f. 103v à 127 : sanctoral *post oct. Pentecosten* ;
— f. 127 : messe *pro iter agentibus* [intr. *Benedictus
Dominus die cotidie* ; gr. *Angelis suis* ; off. *Perfice gressus* ; co.
Tu mandasti ; toutes ces pièces font allusion à la marche] ;
— f. 127v à 130 : après la fin du sanctoral, se trouvent
trois messes des morts : la messe *Requiem* [intr. *Requiem
eternam* ; gr. *Requiem* ; tr. *De profundis* ; off. *Domine convertere* ; co. (1) *Omne quod dat mihi* ; co. (2) *Pro quorum
memoria*], la messe *Rogamus te* (mélodies grégoriennes)
[intr. *Rogamus te* ; gr. *Qui Lazarum* ; off. *O pie Deus* ;
co. (1) *Donet eis Dominus* ; co. (2) *Lux eterna*] et une messe
Si enim credimus [intr. *Si enim* ; gr. *Convertere animam* ; tr.
Absolve Domine ; off. *Erue Domine animas eorum* ; co. *Ego
sum resurrectio et vita*] ;
— f. 130 à 144 : temporal *post oct. Pentecosten* ; les

1. SUPINO MARTINI, *Roma e l'area*, p. 335 ; PIRRI *(L'abbazia di Sant'Eutizio)* n'en
souffle mot.
2. Rome, 1691 (VEZZOSI, *Opera Omnia*, t. V, 1750) ; SCICOLONE, *Il cardinale*,
p. 87.

dimanches sont numérotés en une seule série continue, de
I à XXIV ;
— f. 144v-145 : messes rituelles, notamment celle de la
Dédicace ;
— f. 145v-158v : *kyriale*, dont :
  — f. 145v-153 : *Kyrie* tropés ;
  — f. 153-158v : *Gloria* tropés ;
— f. 159-163 : séquences ;
— f. 163v-166 : reprise du *kyriale* : *Sanctus* tropés [le
manuscrit ne semble pas complet : on s'attendrait à trouver
des tropes de l'*Agnus Dei*].

Rome, Arch. Cap. S. Petri in Vat., F 11 A.

Depuis l'article de M. Huglo, la cote de ce manuscrit
(dorénavant F 11 A) a été modifiée ; on a détaché et mis à
part, sous la cote F 11, un folio volant, écrit en onciale et
vraisemblablement copié en Italie au VIIIe siècle, qui provient
d'une Bible et qui contient un passage du livre des
Nombres [1]. Ce manuscrit de petites dimensions est assez
abîmé : les vingt-huit premiers folios sont assez difficiles à
déchiffrer. Les deux premiers folios sont vierges ; le texte ne
commence qu'au folio 3v. Il contient les éléments suivants :
— f. 3v-4 : *Ordo Missae* : prières au bas de l'autel. Cet *Ordo
Missae* est dépourvu d'apologies [2] ;
— f. 4v : page vierge ;
— f. 5-8 : série de bénédictions (*in officina, in dormitorium,
in refectorio, in coquina, in cellario*, etc.) : il s'agit des oraisons
qu'on dit en passant dans les divers lieux durant la bénédiction des lieux réguliers ; c'est une coutume monastique
hebdomadaire ;
— f. 8v-17v : *Ordo Missae*, de la préface à la communion
du prêtre.
   Cet *Ordo Missae* est suivi de plusieurs *ordines*, qui se terminent par la *Commendatio animae* (f. 42).

1. LOWE, *Codices Latini Antiquiores*, t. I, n° 2, p. 2.
2. SALMON, « Un *Libellus officialis* », p. 274. VAN DIJK (*The Ordinal of the Papal
Court*, p. 498-499) compare cet *Ordo Missae* à celui de l'ordinaire de la Curie.

Commence ensuite l'office des défunts [1] :
— f. 42v : *Quando ingrediuntur ecclesiam* : deux antiennes, sans psaume ;
— f. 43-43v : *Ad vesperum mortuorum* ;
— f. 43v-51v : matines à neuf leçons ;
— f. 52-52v : laudes ;
— f. 52v-56v : messe des morts :
— 52v : introït *Rogamus te*, neumé, dont la mélodie est conforme à celle de VL 5319 [2] ;
— 53 : deux collectes ;
— 53v : épître ;
— 54 : graduel *Qui Lazarum*, neumé, mélodie romaine ;
— 54v : trait *De profundis*, neumé, mélodie romaine ;
— 55 : Évangile.

— 55v : offertoire *Domine convertere*, neumé, mélodie romaine ; il n'a pas de verset, mais VL 5319 n'en a pas non plus ;
— 56 : préface propre ;
— 56v : communion *Lux eterna* au singulier, neumée, mélodie romaine ; postcommunion ;
— f. 57 : « *Post celebrationem misse, stent IVor sacerdotes preparati iuxta feretrum cum turibulis et alii clerici in rota cum luminaribus in manibus et dicatur hec diaconia* » ; cet *ordo* prend fin au folio 60 ;
— f. 60v : *Quando corpus defertur ad sepulchrum* (deux antiennes) ;
— f. 60v-66 : *Quando corpus sepelitur* (série d'antiennes et d'oraisons) ;
— f. 66v-69 : *Missa pro tertio sive septimo vel trigesimo [die]* :
— 66v : introït *Requiem*, grégorien ;
— 67 : graduel *Convertere animam meam*, grégorien ;
— 67v : trait *De profundis* (incipit seul), romain ; Évangile ;

---

1. Voir K. OTTOSEN, *The Responsories and Versicles of the Latin office of the Dead*, Aarhus, 1993.
2. SICARD (*La Liturgie de la mort*, p. 187-188) a montré que cet introït, comme le graduel *Qui Lazarum*, est propre aux manuscrits romains, notamment le bréviaire de sainte Claire *(Cla)*, l'*orationale* Arch. Cap. S. Petri, F 11 A *(Ro)* et l'antiphonaire Arch. Cap. S. Petri, B 79 *(Ror)*, tandis que les manuscrits grégoriens ont l'introït *Requiem* et le graduel *Requiem*. Ces pièces romaines se trouvent également dans les manuscrits Vat. Chigi, CV 134 et Arch. Cap. S. Petri, H 58.

— 68 : offertoire *Domine convertere*, romain ; offertoire *Domine Iesu Christe*, grégorien ;

— 68v : secrète ; communion *Lux eterna* (formulaire au pluriel), romaine ; communion *Pro quorum memoria*, grégorienne ;

— 69 : postcommunion ;

— f. 69-71 : *Missa pro anniversario* : uniquement les lectures et les oraisons ;

— f. 71-79v : après cet ensemble consacré aux défunts, se trouvent plusieurs messes votives (*pro episcopo, pro quolibet, pro elemosynariis, pro congregatione, pro patre et matre*, etc.) ; seules les oraisons sont mentionnées : on donne d'abord les collectes (f. 71-74v), puis les secrètes (f. 75-77) et enfin les postcommunions (f. 77-79) ;

— f. 79v-81 : messes *pro pace, pro serenitate, pro pluvia* ;

— f. 81-86 : *Missa sponsalicia* neumée [1] :

— 81 : introït *Deus Israhel*, mélodie romaine identique à celle de VL 5319 ;

— 81v : collecte ; épître ;

— 82 : graduel *Uxor tua*, mélodie romaine ;

— 82v : *Alleluia Diffusa est*, mélodie romaine ; Évangile .

— 83 : offertoire *In te speravi*, mélodie romaine, sans verset ;

— 83v : secrète ; préface ;

— 84-85 : bénédiction nuptiale ;

— 85v : communion du prêtre ; communion *Ecce sic benedicetur*, mélodie romaine ;

— 86 : postcommunion ;

— f. 86-90v : *ordo* de la litanie majeure (25 avril) (86-87 : collecte et procession ; 87v-90v : messe) :

— 86 : collecte : antienne *Exurge Domine adiuva nos*, neumée, mélodie romaine [2] ;

— 86v : procession : six stations, une oraison par station (*in Sancto Marco ; in Parrioni ; in ponte [Milvio] ; in cortina ; in atrio [basilicae S. Petri in Vat.] ; in sancto P[etro]*) ; *Te Deum* ;

---

1. P.-M. GY, « Le rituel du mariage », p. 259. K. RITZER (*Le Mariage dans les Églises chrétiennes*, p. 254) pense que cette messe est d'origine hispanique, pour la raison qu'elle se retrouve pratiquement dans le sacramentaire de Vich ; de Vich, elle serait passée en Aquitaine, puis en Italie. L'analyse musicale des chants montre au contraire qu'il est impossible de leur chercher une origine autre que romaine.

2. VL 5319, f. 30v, l'utilise, mais pour la Purification (2 février).

— 87v : messe : introït *Exaudivit de templo*, neumé, mélodie romaine (sauf le *versus ad repetendum*, qui est différent) ; collecte (qui fait mémoire de l'évangéliste saint Marc, dont la fête tombe le même jour) ;

— 88 : épître ;

— 88v : *Alleluia Confitemini*, neumé, mélodie romaine ; Évangile ;

— 89 : suite de l'Évangile ;

— 89v : offertoire *Confitebor tibi*, neumé, mélodie romaine, sans verset ;

— 90 : secrète ; autre oraison, *de sancto Marco* ; communion *Petite et accipietis*, neumée, romaine ;

— 90v : postcommunion ; autre postcommunion, *de sancto Marco*.

— f. 91 : *Incipit Ordo Missae, qualiter sacerdos Missam canere debet* ; cet *ordo* prend fin au folio 101 ; il a été édité par Ebner [1] ;

— du f. 101v au f. 164 : le temporal et le sanctoral sont mélangés, conformément à l'antique tradition ; le calendrier a été édité par P. Jounel [2]. Dorénavant, le manuscrit n'indique plus que les oraisons des messes. Les éléments les plus intéressants sont les suivants : Fabien (f. 111) et Sébastien (f. 111v) (21 janvier) ont chacun une messe propre, conformément à la tradition romaine locale et contrairement à la tradition romano-franque ; le samedi de la Quinquagésime (f. 117v) et le cinquième samedi ne sont plus *vacat* (f. 127) ; le manuscrit possède les oraisons des vêpres festives de Pâques, avec les trois stations (*ad altare maius, ad fontes* et *ad crucem*) (f. 129-132) : ces oraisons, dans la grande majorité des cas, sont bien celles qu'on trouve dans VL 5319. F 11 A possède la litanie majeure, avec ses stations romaines (f. 133-133v) ; il connaît la vigile de l'Assomption (14 août) (f. 151). Au total, ce sanctoral est très proche du sanctoral romain local traditionnel ; il n'a subi que fort peu d'ajouts, qui ne sont guère significatifs et qui ne sauraient permettre de localiser ce manuscrit ; la fête des Douze frères (f. 155) est une fête d'Italie méridionale. Cela dit, la séparation des saints Fabien et Sébastien et la présence des vêpres festives

---

1. EBNER, *Iter italicum*, p. 332-334.
2. *Le Culte des saints*, p. 67-70.

de Pâques indiquent que ce manuscrit est très proche de la liturgie ancienne de la Ville ;
— f. 164-165v : messes rituelles et votives : *in dedicatione* (f. 164), *pro peccatis* (f. 165) ;
— f. 166-166v : notes ajoutées sans doute au XIVe siècle.

Au total, ce manuscrit se révèle être un collectaire (ou un rituel-collectaire), non un missel, datable du deuxième ou du troisième quart du XIIe siècle [1]. La personne qui, à l'époque moderne, a folioté le manuscrit, a commis une erreur : elle a oublié un folio entre les actuels folios 133 et 134 ; ce folio oublié a par la suite reçu les numéros 133 *bis* et 133 *bis* v. Plusieurs folios ont disparu : entre le folio 160 et le folio 161, la page qui correspondait au folio 166 a été coupée, de même que la page située entre le folio 161 et le folio 162, qui répondait au folio 165.

La décoration n'est pas du tout semblable à celle des véritables manuscrits utilisés à la basilique Saint-Pierre ; ce manuscrit n'est pas à l'usage de cette basilique : on peut seulement dire qu'il lui appartenait au moins depuis l'époque moderne, comme l'indique une note au folio 101 *(Bibliothecae Basilicae S. Petri)*. Le sanctoral ne porte aucune des caractéristiques du sanctoral du Vatican : la fête du 29 juin ne possède aucun relief particulier, même en ce qui concerne les majuscules ; les stations à Saint-Pierre non plus. Ce manuscrit possède cependant des traits indiscutablement romains, qui ne se limitent pas aux quelques pièces de chants neumées que nous avons signalées. Lowe pensait du reste que le manuscrit avait été probablement copié non loin de Rome [2].

Florence, Bibl. Riccardiana e Moreniana 300.

Ce manuscrit (dorénavant abrégé R 300), qui date de la fin du XIe ou du début du XIIe siècle [3] et qui a la même provenance que le manuscrit 299, est très composite ; de

---

1. EBNER, *Iter italicum*, p. 182-184 ; JOUNEL, *Le Culte des saints*, p. 44 ; GAMBER, *Codices liturgici*, t. II, p. 558 ; AVITABILE *et alii*, dans *SM* 11 (1970), p. 1125 ; GARRISON, « Random Notes », p. 214.
2. *Codices Latini Antiquiores*, t. I, p. 2.
3. EBNER, *Iter italicum*, p. 51 et 300-302 ; HUGLO, « Le chant "vieux-romain" », p. 102 ; GRÉGOIRE, « Repertorium Liturgicum », p. 509 ; SUPINO MARTINI, *Roma e l'area*, p. 55-56.

grande qualité, mais mutilé au début et à la fin, il est formé de trois parties principales :

— f. 1 à 27 : *Orationale* qui, pour certaines messes, contient aussi les lectures et les oraisons :

— f. 1 à 14 : messes rituelles et votives ;

— f. 14 à 27 : *Ordo Missae*, pourvu de nombreuses apologies[1] ;

— f. 27 à 33v : *Interpretatio totius officii misse* : *Expositio Missae* ;

— f. 33v à la fin du manuscrit (f. 129v) : compilation de canons[2].

Les messes votives et rituelles, parmi beaucoup d'éléments fort communs, contiennent certaines particularités dignes d'intérêt : la *Missa pro amico fidele* (f. 5v) est pourvue d'un *Alleluia Qui sanat*, non noté, mais rare hors de Rome ; la *Missa pro temptatione carnis* (f. 6v) possède l'offertoire *Domine in auxilium* non noté, mais dont le texte ne peut être que romain ; la *Missa pro congregatione* (f. 7v) est entièrement neumée et toutes les mélodies sont romaines, en dépit de petites variantes mélodiques sans aucune importance : l'introït *Salus populi* (f. 7v), le graduel *Oculi omnium* (f. 8v), l'offertoire *Si ambulavero* et la communion *Tu mandasti* (f. 9). Cette messe votive est en réalité la reprise de la messe du dix-huitième dimanche après la Pentecôte et du troisième jeudi de carême, telle qu'elle se présente dans le graduel VL 5319. La *Missa ad sponsas benedicendas* est elle aussi neumée et entièrement romaine : l'introït *Deus Israhel* (f. 9v), le graduel *Uxor tua* et l'*Alleluia Diffusa est* (f. 10), l'offertoire *In te speravi* (f. 10v) et la communion *Ecce sic benedicetur* (f. 11v).

Là s'arrêtent les traits romains de ce manuscrit. L'*Ordo*

---

1. NOCENT, « Les apologies dans la célébration eucharistique », p. 179-196, trop péjoratif (p. 187-188), et « Un missel plénier de la bibliothèque Vallicelliana », p. 421 s. Voir aussi ODERMATT, *Ein Rituale*, p. 233 ; Dom B. BAROFFIO, « L'*Ordo Missae* del rituale messale vallicelliano E 62 », p. 75-77 (tableau comparatif des différentes composantes de l'*Ordo missae* de 31 manuscrits, dont R 299 et R 300, ce qui permet de les situer par rapport à leurs congénères). Importantes définitions dans B. BAROFFIO et F. DELL'ORO, « L'*Ordo Missae* del vescovo Warmondo d'Ivrea », p. 801-803.

2. P. FOURNIER, « Un groupe de recueils canoniques », p. 200-204 (la n. 4, p. 201, donne une description rapide du contenu liturgique de ce manuscrit) ; P. FOURNIER et G. LE BRAS, *Histoire des collections canoniques en Occident*, t. II, p. 121-124.

Missae est sans particularité notable, à l'exception de l'oraison *Summe sacerdos* (f. 16v-18v), attribuée à saint Augustin, mais que d'autres manuscrits attribuent à saint Ambroise ou à saint Anselme, et qui a peut-être été en réalité écrite par Jean de Fécamp[1]. La décoration du *P[er omnia secula seculorum]* (f. 21v), du *V[ere] D[ignum et iustum est]* (f. 22) et du *T[e igitur]* (f. 22v) est tout à fait semblable à celle du graduel VL 5319, bien caractérisée par ses rinceaux. L'*Interpretatio totius officii misse* (f. 27-33v), dont l'incipit est *Missa dicitur a mittendo eo quod pro sacerdotis*, semble être assez rare ; nous n'avons pu en découvrir de semblable que dans le manuscrit Oxford, Bodl. Bibl., Bodley 490.

Au total, ce manuscrit, sans être à proprement parler aussi romain que l'est le graduel VL 5319, n'en est pas moins un intéressant témoin de la liturgie romaine ancienne, dont il possède plusieurs éléments très caractéristiques, et de son rayonnement en Italie centrale, avant l'arrivée du répertoire grégorien.

Rome, Arch. Cap. S. Petri in Vat., F 18.

Ce manuscrit (dorénavant abrégé F 18) pose des problèmes particuliers en raison de son caractère composite. Il a été copié par plusieurs scribes, à des époques différentes. Son contenu est assez hétérogène ; le manuscrit à proprement parler ne commence qu'au folio 5, par des oraisons pour le *dom. I Adv.*

— f. 5 au f. 62v : temporal seul, du premier dimanche de l'avent jusqu'à la vigile pascale. Seules les oraisons sont mentionnées ; il y en a trois par messe, comme il est logique : une collecte, une secrète et une postcommunion, auxquelles s'ajoute parfois le *Communicantes* propre de la fête ou d'autres oraisons propres. Il ne s'agit donc nullement d'un missel. Il y a dans les marges de nombreuses annotations, d'une écriture plus tardive. Comme l'antiphonaire B 79, ce manuscrit multiplie et systématise l'usage de la collecte, cette réunion qui précède la procession jusqu'à l'église de la station, d'une façon assez insolite, au point de faire

---

1. Dom A. WILMART, *Auteurs spirituels et textes dévots du Moyen Âge latin*, Paris, 1932, p. 101-125. Elle a également été éditée par DELL'ORO et BAROFFIO, « Un *Ordo missae* monastico », p. 621-623.

précéder chaque station de carême d'une collecte dans une église de Rome. Les nombreuses rubriques (par ex. f. 50v) indiquent clairement que ce manuscrit a été copié pour la communauté de chanoines de Saint-Pierre, dirigés par un cardinal-prêtre. Quand la station a lieu à Saint-Pierre, les lettres ornées reçoivent un développement tout à fait particulier, avec un fond doré et des rinceaux (f. 9v : troisième messe de Noël ; f. 33v : *Dom. V Quad.* ; f. 77 : lundi de Pâques ; f. 83v : Ascension ; f. 87v : Pentecôte). Quand une oraison nomme le pape ou l'empereur, le copiste a laissé l'indétermination (f. 67v : *papa nostro N.*), de telle sorte qu'il nous est impossible de proposer une datation. Au folio 61v, on a neumé l'acclamation et la *iubilatio* de l'*Alleluia Confitemini* de la vigile pascale : la mélodie est romaine ;

— f. 62v- 64 : série de préfaces propres *per totius anni circuli* ;

— f. 65-74v : *Ordo Missae*, du *Sanctus* aux apologies que prononce le célébrant, dans la sacristie, après la messe, en enlevant les ornements liturgiques [1]. Les magnifiques majuscules qui ornent le canon (« P » de *Per omnia secula seculorum*, f. 65v ; « V + D » du *Vere dignum et iustum est*, f. 66 ; « T » du *Te igitur*, f. 67, etc.) portent clairement la marque d'influences byzantines (f. 66v-67). En effet, ces influences sont à Rome très nettes pour l'architecture et la peinture, mais quasiment nulles pour la liturgie [2] ;

— f. 75-100 : reprise du temporal, seul, du dimanche de Pâques au vingt-quatrième et dernier dimanche après la Pentecôte. Le manuscrit possède les vêpres festives de Pâques et de la semaine *in albis,* jusqu'au samedi inclus uniquement (f. 76v-81) ; les vêpres du dimanche octave manquent donc. Il indique les mêmes oraisons que VL 5319, sauf au mercredi et au jeudi, où la troisième oraison, présente dans VL 5319, est ici en déficit ;

— f. 100-165v : sanctoral, pour toute l'année liturgique ; il est si rigoureusement séparé du temporal que sainte Lucie qui, d'ordinaire, est quand même comprise dans le temporal de l'avent, ne se trouve qu'au folio 164. Ce sanctoral est beaucoup plus riche que celui du manuscrit F 11 A, mais sans qu'on puisse en tirer parti pour proposer une localisa-

1. EBNER, *Iter italicum*, p. 335-336.
2. M. HUGLO, « Liturgia e musica sacra aquileiese », p. 317.

tion. Les saints Fabien et Sébastien possèdent chacun leur messe propre (f.103v-104) ;

— f. 165v-199 : messe votives et rituelles ;

— f. 199 : une autre main, plus tardive, a ajouté les oraisons de la messe de saint Dominique et de saint François ;

— f. 199v-200 : *ordo* de l'office canonial à Saint-Pierre, avec la liste des oraisons, des antiennes et des répons ;

— f. 200v-203v : déroulement d'une séance du chapitre à Saint-Pierre.

Il s'agit donc là d'un manuscrit copié et utilisé à Saint-Pierre par le chapitre de chanoines qui desservait la basilique ; c'est un *orationale* des XIIᵉ-XIIIᵉ siècles[1]. Certains traits de sa liturgie sont propres à l'antique tradition romaine, comme les deux messes des saints Fabien et Sébastien et la mélodie de l'*Alleluia* de la vigile pascale.

L'écriture et la décoration des manuscrits romains notés.

Les manuscrits romains[2] qui constituent nos sources sont de deux types très différents : les premiers, les plus anciens, sont écrits en *romanesca*, tandis que les seconds, plus tardifs, le sont en *gotica urbana*.

L'écriture des manuscrits copiés dans les *scriptoria* de Rome et de l'Italie centrale entre le Xᵉ et le XIIᵉ siècle est une forme de minuscule caroline, légèrement inclinée sur le côté, propre à l'Italie centrale de cette époque[3]. La décoration du graduel de Sainte-Cécile et du manuscrit VL 5319, qu'il est facile de reconnaître entre mille, est tout à fait caractéristique des manuscrits copiés en Italie centrale entre le XIᵉ et le XIIᵉ siècle[4] : les majuscules sont décorées à l'aide

---

1. EBNER, *Iter italicum*, p. 191-193.
2. Nous remercions Mme Y. Zaluska d'avoir bien voulu nous conseiller pour la rédaction de cette section.
3. P. SUPINO-MARTINI, *Roma e l'area*, p. 21.
4. Nombreux exemples de manuscrits d'Italie centrale écrits en *romanesca* et décorés à l'aide de rinceaux et de protomés à tête de chien dans GARRISON, « Notes on the History of Certain Twelfth-Century Central Italian Manuscripts », p. 1-34 et surtout les *Studies in the History of Medieval Italian Painting*, 4 vol., Florence, 1953-1962 ; F. AVRIL et Y. ZALUSKA, *Manuscrits enluminés*, t. I, p. 27-60 ; CIARDI DUPRE DAL POGGETTO (éd.), *I libri miniati di età romanica*, t. I ; V. JEMOLO (éd.), *Catalogo dei manoscritti in scrittura latina*, t. I ; DI CESARE (éd.), *Catalogo dei manoscritti in scrittura latina*, t. II ; SCHOENBURG WALDENBURG (éd.), *La miniatura italiana*, p. 109 ; C. FRATINI, « Qualche considerazione sulla miniatura medievale in

de rinceaux blancs, dont les interstices sont comblés à l'aide de taches de couleur le plus souvent rouges, ocres et vertes, et de protomés à tête de chien, assez trapus, de couleur blanche eux aussi, rarement représentés en entier, qui ont les oreilles arrondies ; il est fréquent qu'un rinceau leur sorte de la gueule ; ils sont le plus souvent représentés de profil. On ne peut donc pas les confondre avec les célèbres lévriers acrobates qui décorent les manuscrits copiés au Mont-Cassin sous l'impulsion de l'abbé réformateur Desiderius (1058-1087), lesquels sont plus élancés, sont souvent multicolores, ont parfois les oreilles taillées en pointe et ont en outre des pattes griffues [1].

Il est possible que cette décoration soit née dans le contexte de la réforme grégorienne : le pape Étienne IX (1057-1058), ancien abbé du Mont-Cassin, est bien connu pour avoir supprimé le chant bénéventain dans son ancienne abbaye [2] ; Grégoire VII a régné de 1073 à 1085, et l'abbé réformateur Desiderius est devenu pape sous le nom de Victor III. Le graduel de Sainte-Cécile, daté de 1071, est donc contemporain de ce mouvement de réforme de l'Église en Italie.

La décoration des manuscrits liés au *scriptorium* de Saint-Pierre du Vatican, qui a produit les manuscrits F 18 et F 22, est profondément différente de celle du graduel VL 5319 et de celui de Sainte-Cécile, contrairement à celle de F 11 A : leur écriture est une *gotica urbana* très caractéristique ; leur décoration est assez pauvre, beaucoup plus en tout cas que celle des manuscrits romains plus anciens.

Orvieto », dans : *La civiltà del libro in Orvieto. Materiali per lo studio della decorazione dei codici nei secoli XI-XV*, Pérouse, 1991, p. 45-87.

1. BLOCH, *Monte Cassino* et COWDREY, *The Age of Abbot Desiderius* ; nombreux exemples dans E. BERTAUX, *L'Art dans l'Italie méridionale*, Paris, 1903, p. 165, 167, 195-196 ; *Aggiornamento dell'opera di Émile Bertaux*, sous la direction de A. Prandi, t. IV, Rome, 1978, p. 409-421 ; H. TOUBERT, « Le bréviaire d'Oderisius », p. 197 ; Y. ZALUSKA, dans : F. AVRIL, M. T. GOUSSET, M. PASTOUREAU et Y. ZALUSKA, *Dix siècles d'enluminure italienne (VIᵉ-XVIᵉ siècle)*, Paris, 1984, p. 19 (notice 5). Bibliographie et illustration dans ADACHER et OROFINO (éd.), *L'età dell' abate Desiderio*.

2. KELLY, « Montecassino and the Old Beneventan Chant », p. 80-81.

LES MANUSCRITS DÉPOURVUS DE NOTATION MUSICALE

Ces manuscrits posent un problème spécifique, en raison de l'absence totale de notation musicale. Il est cependant possible, grâce à l'existence de nombreuses et importantes variantes liturgiques et textuelles, de savoir à quelle tradition liturgique, romaine ou grégorienne, rattacher un manuscrit non noté. La difficulté majeure est qu'il faut se livrer à une enquête d'une assez grande subtilité pour s'assurer qu'on a bien affaire à un manuscrit influencé, à des degrés divers, par la liturgie de la Ville ; aussi peut-on affirmer qu'il faudrait examiner tous les manuscrits liturgiques copiés en Italie centrale entre le Xe et le XIIIe siècle pour être réellement en mesure de faire un bon inventaire des témoins indirects de la liturgie romaine ; il est facile de concevoir ce qu'un tel travail a de démesuré. La tâche avait été entreprise par M. Huglo en 1954[1] ; il ne nous semble pas possible de conserver sa notion de « témoins indirects », pour désigner les manuscrits dépourvus de neumes et qui, dans des proportions diverses, ont subi l'influence de la liturgie romaine ; il vaudrait mieux parler plus simplement de manuscrits situés dans l'aire géographique de rayonnement de la liturgie de Rome et ayant été touchés, d'une façon plus ou moins importante, par sa force d'attraction. Cela dit, nous voudrions ici commencer par reprendre et compléter le travail de M. Huglo, en commençant par examiner les objections formulées par Dom G. Frénaud en 1959[2].

Le propos de Dom Frénaud était de montrer que les arguments avancés par M. Huglo en faveur du rattachement à la liturgie primitive de Rome des manuscrits Rome, Vallicell. B 8, Rome, Vat. Barberini 560 et Kassel, Landesbibl. Theol. Fol. 36, n'avaient pas de valeur, et qu'il fallait au contraire leur assigner une origine carolingienne, « grégorienne ». Sa démonstration nous paraît mériter un examen.

Dom Frénaud a cherché à restreindre à presque rien le lien entre les variantes textuelles et les variantes mélodiques : en d'autres termes, il ne croit pas qu'une variante textuelle,

---

1. *SE* 6 (1954), p. 96-124.
2. « Les témoins indirects », p. 41-74 ; nuancé dans « Le culte de notre Dame dans l'ancienne liturgie latine », p. 161.

dans un manuscrit non noté, soit l'indice d'une variante mélodique concomitante. Cependant, sauf exceptions remarquables et toujours aisément explicables, une variante textuelle significative est toujours le révélateur de la présence d'une variante mélodique : un texte romain est toujours le révélateur d'une mélodie romaine.

Il a ensuite élaboré un certain nombre de tableaux synoptiques, dans le but de rattacher au chant grégorien les manuscrits présentés par M. Huglo comme des témoins indirects du chant romain. Il s'agit en réalité d'un fort petit nombre de variantes, quand on les rapporte au nombre total de pièces dans le répertoire de la messe (plus de six cents) et à celui des variantes textuelles significatives (plusieurs centaines). Les quelques variantes grégoriennes trouvées par Dom Frénaud dans nos manuscrits sont tout simplement le signe de la contamination de manuscrits romains tardifs par la conquérante liturgie romano-franque, phénomène parfaitement compréhensible en plein XIe siècle, comme le prouve du reste le graduel de Sainte-Cécile, incontestablement romain mais fort grégorianisé. Dom Frénaud rejette cette solution, qui est pourtant confirmée par les faits. À ce compte-là, le graduel de Sainte-Cécile serait grégorien, lui dont la liste alléluiatique a été si profondément remaniée.

Il a enfin accordé trop d'intérêt à des faits secondaires et a majoré l'importance de l'insignifiante antienne *Crucem tuam adoramus* et des offertoires à incises textuelles répétées, qui, du reste, posent des problèmes très particuliers. Il minimise en revanche les arguments défavorables à sa thèse, comme l'absence de la messe *Omnes gentes* et l'importance des lieux variants authentiquement romains.

Cette difficulté étant résolue, nous pouvons passer à l'examen des manuscrits.

Kassel, Landesbibl. und Murhardsche Bibl., Theol. Fol. 36, fragment 2.

Il s'agit d'une table de graduel originaire de Fulda ; formée d'un *bifolium*, elle est restée, à l'état d'épave, dans une Bible datée de la fin du XIIe siècle. Ce fragment a heureusement été édité par B. Opfermann[1], car il ne peut plus être

---

1. « Un frammento liturgico di Fulda del IX secolo », p. 207-223. Elle a été reliée

consulté, ayant été dérobé vers 1958 ; il est donc impossible de vérifier la transcription de Opfermann. Cette table date sans doute du IXe siècle [1]. Très lacunaire, elle commence à la vigile de saint Jean l'Évangéliste ; elle passe directement du graduel du mercredi des Cendres à la communion du troisième dimanche après Pâques ; elle se termine à la vigile de saint Laurent (9 juillet). Elle présente des caractéristiques d'un certain archaïsme : le temporal et le sanctoral sont mêlés ; il n'y a pas de Communs ; les versets d'offertoire ont été conservés ; le temporal ne possède ni le dimanche après l'Ascension, dernier des dimanches du temps pascal à avoir reçu un formulaire [2], ni la litanie majeure ; le sanctoral ignore notamment les fêtes de la sainte Croix [3] et la dédicace du Panthéon [4], notoirement tardives ; enfin, de nombreux versets d'*Alleluia* sont restés *quale volueris*.

Considérant, à tort, qu'il ne pouvait y avoir de liens bien étroits entre Rome et l'abbaye de Fulda [5], Dom Frénaud a nié qu'elle fût romaine ou même simplement fortement influencée par Rome [6], tandis qu'au contraire A. Chavasse est favorable à son rattachement à la liturgie de la Ville [7]. Dom Frénaud, dans le but de démontrer le bien-fondé de son opinion, a dressé un tableau des variantes textuelles communes entre les plus anciens manuscrits grégoriens, qui sont réunis dans l'*AMS*, et ces fragments de Fulda [8]. Ces variantes grégoriennes ne suffisent cependant pas à faire de la table de Fulda un document grégorien, car elles ne sont ni assez nombreuses ni significatives ; bien au contraire, leur

---

avec un manuscrit copié vers 1200 et qui contient notamment une *Glosa super Evangelium Matthaei et Iohannis*, avec la glose ordinaire de Walahfrid Strabon et la glose interlinéaire d'Anselme de Laon ; K. CHRIST, *Die Bibliothek des Klosters Fulda*, p. 215.

1. GAMBER, *Codices liturgici*, t. II, p. 505-506 ; HUGLO, « Le chant "vieux-romain" », p. 107.

2. CHAVASSE, *Le Sacramentaire*, p. 246.

3. HESBERT, *AMS*, p. LVIII ; CHAVASSE, *Le Sacramentaire*, p. 358 et « Les plus anciens types », p. 26 ; A. FROLOW, *La Relique de la croix*, p. 163-164.

4. DUCHESNE, *LP*, t. I, p. 317, n. 2 ; CECCHELLI, « Continuità storica di Roma antica », p. 111-112 ; HESBERT, *AMS*, p. XCIII-XIV ; JOUNEL, *Le Culte des saints*, p. 103 ; REEKMANS, « L'implantation monumentale chrétienne dans le paysage urbain », p. 874, 884.

5. L'importance de ces liens a été examinée en détail par K. LÜBECK, « Das Kloster Fulda », p. 459-489.

6. « Les témoins indirects », p. 69 s.

7. « Cantatorium et Antiphonale missarum », p. 52.

8. « Les témoins indirects », p. 69.

modestie fait d'elles de simples interpolations. C'est encore plus net quand on dresse le tableau inverse, celui des variantes qui rattachent ce fragment de Fulda à la liturgie romaine. Il apparaît donc clairement que, par ses variantes, cette table de graduel de Fulda se rattache à la liturgie de la Ville, non à la tradition grégorienne.

Rome, Vallicell. B 8.

Ce manuscrit (dorénavant abrégé B 8) est un beau missel plénier qui date des dernières décennies du XIe siècle [1] et qui provient de l'abbaye de Sant' Eutizio in Val Castoriana, près de Norcia [2]. Gamber le classe dans la catégorie des manuscrits gélasiens grégorianisés [3], tandis que E. Bourque le range parmi les gélasiens du VIIIe siècle [4]. Il présente, quant à l'ordonnancement de ses lectures, des analogies avec le sacramentaire gélasien ancien (Vat. Reg. 316), mais aussi avec le groupe des sacramentaires gélasiens du VIIIe siècle [5]. Son *ordo* de la confirmation se rapproche de celui du sacramentaire gélasien ancien [6]. Il fut donné à saint Philippe Néri entre 1592 et 1595 par Giacomo Crescenzi (1586-1638), abbé commandataire de l'abbaye et disciple préféré du fondateur de l'Oratoire [7], à la demande de ce dernier, qui n'ignorait pas la valeur du manuscrit et qui avait obtenu l'aval du pape Clément VIII pour organiser ce transfert, destiné à mettre l'ouvrage en lieu sûr. Le manuscrit avait été

---

1. P. PIRRI, « La scuola miniaturistica di S. Eutizio », p. 3, 5 ; GAMBER, *Codices liturgici*, t. II, p. 532 ; HUGLO, « Le chant "vieux-romain" », p. 107 ; AVITABILE *et alii*, dans *SM* 11 (1970), p. 1021-1022 ; K. MOHLBERG, « Un sacramentario palinsesto del secolo VIII », p. 411.

2. GARRISON (« Random Notes », p. 213) le date du troisième quart du XIe siècle. Sur cette abbaye, P. PIRRI, *L'abbazia di Sant'Eutizio in Val Castoriana presso Norcia* ; SUPINO MARTINI, *Roma e l'area*, p. 199-223 ; GARRISON, « Saints Equizio, Onorato and Libertino », p. 302, 312.

3. *Sakramentartypen. Versuch einer Gruppierung der Handschriften und Fragmente bis zur Jahrtausendwende*, Beuron, 1958, p. 68.

4. *Étude sur les sacramentaires romains, Seconde partie : Les textes remaniés*, t. I, p. 22.

5. R. AMIET, « Trois manuscrits carolingiens », p. 92, n. 2 ; PIRRI, *L'abbazia di Sant'Eutizio*, p. 38.

6. RIGGIO, « Rito della confermazione », p. 449 ; WILMART, « Le lectionnaire d'Alcuin », p. 138, n. 9 et p. 193.

7. PIRRI, *L'abbazia di Sant'Eutizio*, p. 192-207. Il passa ensuite dans la bibliothèque Vallicellana ; à ce sujet, BONADONNA RUSSO, « Origini e vicende della Biblioteca Vallicellana », p. 14-34.

également remarqué par le cardinal Baronius. Le cardinal Tomasi l'a utilisé pour établir son *Lectionarius Missae* et son *Capitulare*[1].

Quatre éléments permettent de prouver qu'il s'agit bien d'un manuscrit utilisé à l'abbaye de Sant' Eutizio, près de Norcia :

— f. 171 : *Te igitur* à pleine page ; le « T » n'a pas été traité par l'artiste comme une Crucifixion[2] ; sous le montant gauche de la croix se trouve un prêtre dans l'attitude de l'orant, avec le colophon : *Scriptor Ubertus infelix* ; il n'est pas impossible que ce personnage soit devenu, quelques années plus tard, abbé de Sant' Eutizio[3] ;

— f. 175-175v : pendant la vigile pascale, après la bénédiction du lait et du miel, prend place la litanie traditionnelle qui précède la messe. Le nom d'Euthicius figure dans la litanie. Ensuite, la messe proprement dite commence avec le *Gloria*, l'*Alleluia Confitemini* et le trait *Laudate Dominum*, comme à l'ordinaire ;

— f. 224 à 225 : Euthicius se voit généreusement gratifier de deux messes propres, avec chants ;

— f. 387v : litanies pour un agonisant : saint Equitius est nommé, en compagnie des saints Libertinus et Honoratus ; Farfa, dont dépendait Sant' Eutizio, était le centre de leur culte[4] ;

— f. 408 (extrême fin du manuscrit) : *Missa in honore sancti Euthicii* : oraisons seules.

Les principales particularités du temporal.

— F. 7v-11v : les *Alleluia* des dimanches de l'avent :

	VL 5319	Grégorien	Vallicell. B 8
Dom. I	*Excita*	*Ostende*	*Excita*
Dom. II	*Ostende*	*Letatus sum*	*Ostende*
Dom. III	*Excita*	*Excita*	*Letatus sum*

---

1. *Lectionarius*, p. 26 ; *Capitulare*, p. 140. Ces deux ouvrages font partie des *Antiqui libri missarum*, Rome, 1691 (VEZZOSI, t. V, 1750).

2. On trouvera d'intéressantes analyses sur l'illustration du canon dans les sacramentaires dans E. PALAZZO, *Les sacramentaires de Fulda. Étude sur l'iconographie et la liturgie à l'époque ottonienne*, Münster, 1994 (par ex. p. 10-16).

3. PIRRI, *L'abbazia*, p. 38. Reproduction dans CIARDI DUPRE DAL POGGETTO (éd.), *Il libri miniati di età romanica*, t. I, pl. 237.

4. E. B. GARRISON, « Saints Equizio, Onorato and Libertino », p. 297-315.

— f. 179-187 : les *Alleluia* des messes de la semaine *in albis* :

	VL 5319	Vallicell. B 8
Fer. II	O Kyrios	Dominus regnavit (O Kyrios en latin)
Fer. III	Venite exultemus	Venite exultemus
Fer. IV	Adorabo	Adorabo
Fer. V	Qui confidunt	Qui confidunt
Fer. VI	Epi si Kyrie	Epi si Kyrie
Sab.	Haec dies	Haec dies
	Laudate pueri	Laudate pueri
Dom. oct.	Laudate pueri	Haec dies
	Oty Theos	Eduxit Dominus populum (grégorien)

Pour la semaine *in albis*, la liste alléluiatique de notre manuscrit est romaine, à l'exception du dimanche octave de Pâques ; elle possède même les *alleluia* de texte grec.

— f. 194v-211 : les *Alleluia* des dimanches du temps pascal :

	Rome	Vallicell. B 8
Dom. I post oct. Pasch.	Quoniam confirmata	Quoniam confirmata
	Oty Theos	Oty Theos
II	Preoccupemus	Preoccupemus
	Epi si Kyrie	Epi si Kyrie
III	Paratum cor	Paratum cor
	Confitebor tibi	Confitebor tibi
IV	Te decet hymnus	Te decet hymnus
	Iubilate Deo omnis	Iubilate Deo omnis
Dom. post Ascensa	Lauda anima	Lauda anima
	Qui confidunt	Ø [1]

La liste alléluiatique des dimanches du temps pascal est donc presque exactement celle des manuscrits romains, jusqu'aux *Alleluia* de texte grec. Elle est profondément différente de la liste grégorienne.

— f. 222v-318v : dans la liste alléluiatique des dimanches après la Pentecôte on constate deux coïncidences avec la liste romaine : *Dominus regnavit* (huitième dimanche) et *Paratum cor* (treizième dimanche).

---

1. Ce signe signifie « néant ».

Ce manuscrit, riche et complexe, se révèle très grégorianisé. Il présente néanmoins certains traits proprement
romains, qui sont toutefois minoritaires. Il est donc à juste
titre considéré comme un témoin indirect de la liturgie de
Rome, avec cette restriction mineure, qu'il n'en est le témoin
que d'assez loin, mais bien réellement. Cela démontre que
la liturgie de Sant' Eutizio in Val Castoriana était majoritairement grégorienne, malgré la survivance d'une influence
de la métropole romaine.

Florence, Bibl. Riccardiana e Moreniana 299.

C'est un manuscrit (dorénavant abrégé R 299) de la fin
du XIᵉ siècle ; Ebner pensait qu'il provenait d'un couvent
placé sous le vocable des saints Philippe et Jacques, qui pouvait être un établissement de Camaldules situé dans le diocèse de Sienne [1] ; cette hypothèse fut ensuite rejetée au profit
de la basilique romaine des saints apôtres (Philippe-et-
Jacques) [2]. J. Ramackers a finalement établi le contraire [3] :
ce manuscrit a vraisemblablement été copié dans un *scriptorium* d'Italie centrale entre 1050 et 1075 ; il est arrivé à
Sorrente, dans le golfe de Naples, le dimanche *de Laetare*
1113 (16 mars), dans les bagages du cardinal français
Richard d'Albano, qui en a fait don à la cathédrale [4] ;
ce manuscrit n'est pas à l'usage d'un monastère. C'est
un sacramentaire-graduel [5], c'est-à-dire un manuscrit qui
comprend les chants et les oraisons de la messe ; il ne
devient un vrai missel plénier qu'à partir du folio 171v, où
sont rassemblées les messes votives, qui sont également
pourvues des lectures, écrites *in extenso*. Les versets d'offertoire ont disparu ; il n'y a ni tropes, ni séquences ; le temporal et le sanctoral sont mêlés, du premier dimanche de
l'avent jusqu'au premier dimanche de carême ; le sanctoral
qui tombe après Pâques est en revanche séparé du temporal.

---

1. EBNER, *Iter italicum*, p. 47-51. Il édite le canon contenu dans ce manuscrit
p. 297-299.
2. SALMON, « Un *Libellus officialis* du XIᵉ siècle », p. 262, n. 3 et p. 263, n. 1 ;
DELL'ORO et BAROFFIO, « Un *Ordo Missae* monastico del secolo XI », p. 609, n. 53.
3. « Die Weihe des Domes von Sorrent », p. 578-589 ; SUPINO MARTINI, *Roma
e l'area*, p. 73, n. 75.
4. RAMACKERS, « Die Weihe des Domes von Sorrent », p. 588.
5. GRÉGOIRE, *Repertorium Liturgicum*, p. 508 ; GAMBER, *Codices liturgici*, t. II,
p. 524 et *Supplementum*, p. 133.

Ce manuscrit est formé de trois parties. Du folio 1 au folio 118v se trouvent le temporal complet, ainsi que le sanctoral compris entre sainte Lucie (13 décembre) et saint Benoît de Nursie (21 mars) ; on y a inséré un *Ordo Missae* complet (f. 94v-106v). Du folio 118v au folio 171v, le sanctoral, à partir de Tiburce et Valérien (14 avril), formé de deux parties : du folio 118v au folio 162v, le propre des saints ; du folio 162v au folio 171v, le commun des saints. Enfin, du folio 171v à la fin du manuscrit, les messes rituelles et les messes votives. Parmi elles, au folio 182-184v, se trouve la *Missa sponsalicia*, neumée, dans sa version romaine[1].

La liste alléluiatique des dimanches de l'avent (f. 1-7v), si elle diffère légèrement de la liste de VL 5319, n'ignore pas moins l'*Alleluia* grégorien *Laetatus sum*[2]. Il en est de même pour la liste alléluiatique des dimanches après l'Épiphanie : légèrement différente de la liste romaine, elle est cependant absolument irréductible au grégorien, de telle sorte qu'on peut la rattacher au chant romain[3].

Ce manuscrit possède certaines pièces romaines inconnues du vieux fonds grégorien, tels les *Alleluia Hi sunt qui*

---

1. HUGLO, « Le chant "vieux-romain" », p. 101.
2. HESBERT, *AMS*, p. XXXVII.

	Liste romaine	Liste grégorienne	R 299
Dom. I Adv.	*Excita*	*Ostende* (M R B K S)	*Ostende* (f. 1)
Dom. II Adv.	*Ostende*	*Laetatus* sum (M R B K S)	*Excita* (f. 2v)
Dom. III Adv.	*Excita*	*Excita* (M R B C K S)	*Excita* (f. 7v)
3.	Liste romaine	Liste grégorienne	R 299
Dom. I p. E.	*Te decet hymnus*	*Iubilate Deo omnis* (M R B K S)	*Te decet hymnus*
Dom. II p. E.	*Adorabo*	*Laudate Dominum* (R B K) *Laudate Deum* (M C S)	*Adorabo*
Dom. III p. E.	*Dominus regnavit*	*Dominus regnavit* (M R C K S) *Beatus vir* (B)	*Iubilate Deo omnis*
Dom. IV p. E.	0	*Venite exultemus* (R)	*Qui posuit* (f. 22)
Dom. V p. E.	0	0	*Iubilate Deo omnis*

Qui posuit est emprunté au Dom. III p. Pent., tandis que *Iubilate Deo omnis* l'est au Dom. IV p. Pent. R 299 se rattache clairement à la liste romaine, malgré le petit accroc de *Iubilate* au Dom. III p. Epiph.

(f. 16v) [1] et *Magnus sanctus Paulus* (f. 25v et 130v) [2], ainsi que les très importants *alleluia* de texte grec (mais de mélodies romaines) des messes et des vêpres festives de la semaine *in albis* [3] (f. 75 : *O Kyrios kebasileusen*, avec ses deux versets ; *Epi si Kyrie*, f. 77 ; *Oty Theos megas* ; f. 81v) ; le plus souvent, R 299 n'a noté que le texte des oraisons de ces vêpres, mais cela suffit pour pouvoir dire qu'il s'agit bien des cérémonies romaines, qui sont notamment attestées par VL 5319 (f. 84v-99), car R 299 emploie exactement les mêmes oraisons et respecte la forme stationnale caractéristique et tripartite des vêpres festives traditionnelles à Rome :

— *Ad vesperas [apud basilicam Salvatoris, ad altare maius]*
— deux psaumes, chacun chanté avec une antienne propre
— un *Alleluia*
— le *Magnificat*, avec son antienne
— une oraison de conclusion
— *Ad fontes [basilicae Salvatoris]*
— deux psaumes, chacun chanté avec une antienne propre
— un *Alleluia*
— le *Magnificat*, avec son antienne
— une oraison de conclusion
— *Ad S. Andream [ad Crucem in Laterano]* [4]
— deux psaumes, chacun chanté avec une antienne propre
— un *Alleluia*
— le *Magnificat*, avec son antienne
— une oraison de conclusion.

---

1. HENNIG, « Zur liturgischen Lehre », p. 81. Saint Jérôme utilise ce texte à propos de tous les élus du ciel : *Ep. XXIII ad Eustochium* (éd. J. Labourt, Paris, t. I, 1949, p. 160). Cette pièce est inconnue du *Liber politicus* du chanoine Benoît, peu avant 1143, qui note que la messe des Innocents, comme les messes du carême, est dépourvue d'*alleluia*, sauf quand elle tombe un dimanche. Cette pièce, quoique parfaitement romaine, est donc tardive ; FABRE et DUCHESNE, *Le Liber censuum de l'Église romaine*, Paris, t. II, 1910, p. 147.

2. BERNARD, « Les *Alleluia* », p. 290.

3. BERNARD, « Les *Alleluia* », p. 318-320 ; VL 5319 : STÄBLEIN, *Die Gesänge*, p. 524-543.

4. DUCHESNE, *LP*, t. II, p. 43, n. 80 ; STÄBLEIN, *Die Gesänge*, p. 84*-140* ; HANSSENS, *Amalarii episcopi opera liturgica omnia*, t. III, p. 187-195 ; *Ordo romanus L*, éd. Andrieu, *Les OR*, t. V, Louvain, 1961, p. 308-313 ; *Ordo romanus XXVII*, éd. Andrieu, *ibid.*, Louvain, t. III, 1951, p. 362-372 ; antiphonaire de Compiègne (Paris, BN lat. 17436), éd. Hesbert, *CAO*, Rome, t. I, 1963, p. 180-200.

La liste alléluiatique des dimanches après la Pentecôte diffère certes de la liste romaine, mais ces divergences ne sont que le résultat d'une série de décalages et de légers remaniements, qui ne masquent qu'assez imparfaitement la réalité, c'est-à-dire la romanité bien réelle de cette liste qui, dans tous les cas, est absolument irréductible aux listes grégoriennes anciennes [1]. La liste alléluiatique de R 299 est le fruit du remaniement de la liste romaine, dont le graduel VL 5319 est le témoin [2]. Elle présente même de très remarquables traces d'archaïsme, en ce sens qu'elle témoigne de l'usage de la numérotation ancienne de ces dimanches, qui étaient fractionnés en quatre grands blocs, avant qu'on n'ait eu l'idée de leur donner une numérotation continue, du premier au vingt-cinquième : quatre dimanches après l'octave de la Pentecôte, cinq dimanches après l'octave de la fête des saints Pierre et Paul, six dimanches après la fête de saint Laurent (10 août) et les dimanches après la fête de saint Michel (29 septembre) ; on avait réparti les dimanches en quatre séries pour éviter que toute la série ne se décale d'une seule pièce, d'une année sur l'autre, en raison de la variabilité de la date de Pâques ; c'était un moyen de stabiliser ces dimanches et d'éviter de trop grandes perturbations [3]. R 299 a conservé les *Alleluia* de chacun des premiers dimanches de ces quatre séries et a remanié les autres, considérés comme moins importants : il n'a pas touché aux *Alleluia* des dimanches qui étaient à la tête de chaque bloc. Le respect de cette structure très ancienne est masqué par la présence d'un certain nombre de décalages, volontaires ou non : au onzième dimanche, R 299 reprend le formulaire du neuvième dimanche, de telle sorte que (R 299, X) = (VL 5319, XI), (R 299, XI) = (VL 5319, XII), et ainsi de suite. Par surcroît, R 299 passe directement du dix-huitième au vingtième dimanche, omettant le dix-neuvième (f. 116v) ; il fait de la messe franque *Omnes gentes*, que sa tradition d'origine place toujours au septième dimanche, le formulaire du vingt-quatrième dimanche ; enfin, le fait d'avoir oublié le dix-neuvième dimanche l'oblige à ajouter un vingt-

1. HESBERT, *AMS*, p. LXXIX.

2. HUSMANN, « Das Brevier der Hl. Klara », p. 223-224.

3. L. BROU, « Étude historique sur les oraisons des dimanches après la Pentecôte », p. 180 ; CHAVASSE, « L'Évangéliaire romain de 645 : un recueil », p. 37 et « Les oraisons pour les dimanches ordinaires », p. 179-183.

cinquième formulaire, alors que VL 5319 et F 22 n'en prévoient que vingt-quatre.

Dimanches après l'octave de la Pentecôte

	R 299	VL 5319
DOM. I	(1) *QUI SANAT*	*QUI SANAT*
Dom. II	(2) *Laudate Dominum quoniam*	*LAUDA HIERUSALEM*
Dom. III	(3) *LAUDA HIERUSALEM*	*Qui posuit*
Dom. IV	(4) *Lauda anima*	*Iubilate Deo*

Dimanches après l'octave des apôtres Pierre et Paul

	R 299	VL 5319
DOM. I	(5) *VENITE EXULTEMUS*	*VENITE EXULTEMUS*
Dom. II	(6) *Qui confidunt*	*Laudate Dominum quoniam*
Dom. III	(7) *TE DECET HYMNUS*	*Lauda anima*
Dom. IV	(8) *Confitebor*	*Dominus regnavit*
Dom. V	(9) *Paratum cor*	*TE DECET HYMNUS*

Dimanches après la fête de saint Laurent

	R 299	VL 5319
Dom. I	(10) *Lauda anima*	*PREOCCUPEMUS*
Dom. II	(11) *PARATUM COR*	*Confitebor*
Dom. III	(12) *PREOCCUPEMUS*	*ADORABO*
Dom. IV	(13) *ADORABO*	*PARATUM COR*
Dom. V	(14) *Quoniam Deus*	*Cantate Domino*
Dom. VI	(15) *Preoccupemus*	*Cantate Domino*

Dimanches après la fête de saint Michel

	R 299	VL 5319
Dom. I	(16) *Laudate Dominum omnes*	*LAUDATE PUERI*
Dom. II	(17) *LAUDATE PUERI*	*LAETATUS SUM*
Dom. III	(18) *LAETATUS SUM*	*QUI CONFIDUNT*
Dom. IV	(19) *QUI CONFIDUNT*	*QUONIAM CONFIRMATA*
Dom. V	(20) *QUONIAM CONFIRMATA*	*LAUDATE DOMINUM OMNES*
Dom. VI	(21) *LAUDATE DOMINUM OMNES*	*Quoniam Deus*
Dom. VII	(22) *DOMINUS REGNAVIT*	*DOMINUS REGNAVIT*
Dom. VIII	(23) *Quoniam confirmata*	*QUONIAM DEUS*
Dom. IX	(24) *QUONIAM DEUS*	*Dominus regnavit*

La liste alléluiatique est un indice très sûr pour localiser un manuscrit ; il a été découvert par Dom Gabriel Beyssac et mis en pratique par le chanoine Leroquais [1]. Ce manuscrit

---

1. V. LEROQUAIS, *Les Sacramentaires et les Missels*, t. I, p. XXIV-XXVI ; HUGLO, « Les listes alléluiatiques », p. 219-227. Les listes alléluiatiques rassemblées par V. Leroquais au cours de ses recherches ont été déposées à la Bibliothèque nationale, sous le titre *Répertoires bibliques, liturgiques et iconographiques du chanoine Victor Leroquais*, sous la cote Paris, BN n. a. l. 3164 ; voir *BEC* 136 (1978), p. 288-290.

utilise beaucoup d'*Alleluia* romains anciens, c'est-à-dire de mélodies originales, comme par exemple *Gaudete iusti* et *Beatus vir* ; il a conservé les deuxièmes versets des *Alleluia*, ignorés par les autres liturgies locales ou régionales héritées de l'Antiquité tardive, comme par exemple le rit hispanique [1], et souvent supprimés par le grégorien : *O Kyrios* (f. 75), *Ascendit Deus* (f. 86v), *Emitte Spiritum* (f. 89v) et *Laudate pueri* (f. 90v) [2].

Rome, Vat. Barberini 560 (olim XII, 3).

Ce manuscrit est un beau missel plénier d'assez grandes dimensions, comprenant 106 folios, mutilé au début et à la fin. Il est protégé par une reliure souple en parchemin. Il est écrit à raison de deux colonnes par page. Il est daté de la fin du Xe siècle ou du troisième quart du XIe siècle [3]. Sa décoration est très proche de celle du manuscrit Vat. lat. 4770, missel plénier des Xe-Xe siècles, copié pour un monastère bénédictin d'Italie centrale [4]. Il semble avoir été copié lui aussi en Italie centrale, mais il a servi au moins trois siècles, comme le prouvent les très nombreuses additions et corrections marginales du XIIIe siècle ainsi que les grattages non moins nombreux qu'on trouve tout au long de ses pages, et qui touchent principalement les rubriques et le texte des lectures, alors que les chants sont restés intacts. Pendant cette période, il semble être passé par l'Italie du Sud, car il porte, en haut du folio 16v, un ajout en écriture bénéventaine tardive, sans doute de la fin du XIIe siècle [5].

Une note sur le *bifolium* en papier qui se trouve au début du manuscrit nous apprend qu'il appartenait à la biblio-

1. BROU, « L'*Alleluia* dans la liturgie mozarabe », p. 22.

2. BERNARD, « Les *Alleluia* », p. 310 ; SCHLAGER, « Anmerkungen zu den zweiten Alleluia-Versen », p. 199-219.

3. EBNER, *Iter italicum*, p. 142-144 ; GAMBER, *Codices liturgici*, t. II, p. 531-532 ; HUGLO, « Le chant "vieux-romain" », p. 110 ; *Le Graduel romain. Édition critique par les moines de Solesmes*, II, *Les Sources*, Solesmes, 1957, p. 123 ; SALMON, *Les Manuscrits liturgiques latins*, t. II, p. 110, n° 250 ; SUPINO MARTINI, *Roma e l'area*, p. 163-165 ; GARRISON, « Random Notes », p. 213.

4. EBNER, *Iter italicum*, p. 144 et 218-224.

5. LOWE, *The Beneventan Script. A History of the South Italian Minuscule*, Rome, 1980 (2e éd.), p. 365. Il s'agit du ton de récitation de l'Évangile, en écriture bénéventaine et avec des neumes bénéventains. Fac-similé dans SUPINO MARTINI, *Roma e l'area*, pl. XXXIII ; notice de T. F. KELLY, *Les Témoins manuscrits du chant bénéventain*, Solesmes, 1992, p. 393-394.

thèque du cardinal Giulio Antonio Santoro (ou Santorio) :
« *Ex Bibl. Card. Santorii* ». Ce cardinal d'origine napolitaine
(1532-1602) avait été nommé par saint Pie V archevêque de
Santa Severina en Calabre en 1566 ; après avoir reçu le cha-
peau en 1570 et exercé de hautes responsabilités à la Curie,
il fut nommé évêque de Préneste en 1597 [1]. En 1695, son
neveu, Paolo Emilio Santoro, archevêque d'Urbino, léga à
la Bibliothèque vaticane quarante-neuf manuscrits ayant
appartenu à la bibliothèque de son oncle [2], parmi lesquels se
trouvait notre missel. Or, le cardinal préparait le nouveau
Rituel romain et avait besoin de documents authentiques et
sûrs pour fonder son travail. Le nouveau Rituel, finalement
promulgué par Paul V en 1614, est d'ailleurs tributaire de
la compilation préparée par Santoro [3]. Comme il est normal,
le cardinal s'intéressait surtout aux manuscrits riches en
rubriques et en *ordines* ; c'est pour cette raison qu'il jeta son
dévolu sur ce missel, comme il l'a jeté sur un pontifical copié
au Mont-Cassin à la fin du XIᵉ siècle, grâce au concours de
deux moines de cette abbaye, Dom André de Suessa, qui
devint abbé du Mont-Cassin en 1589, et Dom Geronimo
Caracciolo. Ce manuscrit connut le même sort que notre
missel : il passa dans la bibliothèque des Barberini, puis dans
celle des papes : c'est aujourd'hui le manuscrit Vatican,
Barb. lat. 631 [4]. Il en est de même pour un pontifical de la
Curie du XIIIᵉ siècle, qui emprunta le même chemin : il s'agit
du manuscrit Vatican, Barb. lat. 549 [5]. Il s'est également

---

1. R. DE MAIO, art. « Santoro », *Lexicon für Theologie und Kirche*, Fribourg, t. IX,
1964, col. 322. Son rôle dans les discussions entre Rome et les chrétiens de rite
grec qui vivaient en Italie du Sud a été étudié par V. PERI, « Chiesa latina e Chiesa
greca », p. 271-469. Nous n'avons pu consulter LÖWENBERG, *Das Rituale des Kardinal Julius Antonius Sanctorius*.

2. J. BIGNAMI-ODIER, *La Bibliothèque vaticane de Sixte IV à Pie XI*, p. 113 et 134,
n. 138 et « Guide au département des manuscrits de la bibliothèque du Vatican »,
p. 19 ; PAPA, « A proposito dei diari concistoriali », p. 275 ; H. JEDIN, *Die Auto-
biographie des Kardinals Giulio Antonio Santorio († 1602)*, Akad. der Wiss. u. der
Lit. in Mainz ; Abhandl. der Geistes- u. sozialwissenschaftlichen Klasse, 1969, n° 2,
p. 30.

3. MERCATI, « Del diario del cardinale di Santa Severina », p. 498 ; JEDIN, « Das
Konzil von Trient », p. 499-525 ; S. MARSILI *et alii*, *Anamnesis*, t. II, *La Liturgia,
panorama storico generale*, Turin, 1978, p. 180 ; VOGEL, *Medieval Liturgy*,
p. 264-265.

4. M. ANDRIEU, *Le Pontifical romain au Moyen Âge*, t. I, *Le Pontifical romain du
XIIᵉ siècle*, cité du Vatican, 1938, p. 61-62 (*S e T* 86).

5. ANDRIEU, *Le Pontifical romain au Moyen Âge*, t. II, *Le Pontifical de la Curie
romaine au XIIIᵉ siècle*, cité du Vatican, 1940, p. 189 (*S e T* 87).

procuré le manuscrit Vat., Barb. 562[1], missel plénier du XVᵉ siècle qui avait été copié pour le cardinal Bessarion, mort en 1472[2], le manuscrit Vat. Barb. 563, sacramentaire de la basilique des Saints-Apôtres daté du XVᵉ siècle[3], le manuscrit Vat. Barb. XIV, 72, missel plénier du XIIᵉ siècle[4] et un pontifical du XIIIᵉ siècle, le manuscrit Vat. Barb. 681[5]. Le cardinal avait également fait copier, pour ses travaux, le manuscrit Vat. lat. 1145, pontifical du patriarche de Venise Jean Barozzi[6], mort en 1466, et le manuscrit Rome, Arch. Cap. S. Petr. in Vat. H 54[7].

Ce missel fut par la suite utilisé, parmi d'autres documents anciens de la liturgie latine, par le cardinal Tomasi pour son édition du *Lectionarius Missae*, publié dans les *Antiqui Libri Missarum*[8]. Il contient un *ordo scrutiniorum* que Gamber a rapproché de celui qui se trouve dans les manuscrits Rome, Vat. lat. 4770 (missel plénier d'Italie centrale, Xᵉ siècle) et Londres, BL Add. 29276, ainsi qu'avec l'*Ordo Romanus* XI[9]. Sa *Benedictio lactis et mellis*, à la vigile pascale (f. 72v), possède l'un des textes romains anciens les plus purs[10].

Il n'est pas neumé, à l'exception de quelques incipits de lectures, mais son texte et son ordonnance liturgique sont des plus intéressants. Il commence (f. 1) par la fin de la communion de la messe du samedi après les Cendres et s'achève (f. 106v) sur le début de l'Évangile de la messe propre de saint Paul (30 juin). Il est donc facile de calculer qu'environ 80 folios ont disparu. Le 22 juin a lieu la fête des 1 480 martyrs, associés à l'apôtre saint Jacques (f. 102) ;

---

1. EBNER, *Iter italicum*, p. 145.
2. SAXER, « Le Missel du cardinal Bessarion », p. 302-313 ; MONFASANI, « The Bessarion Missal Revisited », p. 119-122.
3. EBNER, *Iter italicum*, p. 146.
4. EBNER, *Iter italicum*, p. 152.
5. SUPINO MARTINI, *Roma e l'area*, p. 165.
6. M. DYKMANS, *Le Pontifical romain révisé au XVᵉ siècle*, p. 68, n. 2. C'est aujourd'hui le manuscrit Tolède, Archivo y Biblioteca capitulares 52. 21.
7. DYKMANS, *Le Pontifical*, p. 87, n. 2. C'est aujourd'hui le manuscrit Tolède, Archivo y Biblioteca capitulares 56. 21.
8. *Antiqui Libri Missarum Romanae Ecclesiae, id est Antiphonarius S. Gregorii, Comes ab Albino ex Caroli Magni Imperatoris praecepto emendatus una cum aliis Lectionariis et Capitulare Evangeliorum ex MSS Codd. sive primum edita, sive emendata studio curaque Jos. M. Cari Presbyteri Theologi*, Rome, Typographia Josephi Vannacii, 1691. Il a été réédité par VEZZOSI en 1750 dans le t. V de ses *Opera Omnia*.
9. « Fragment eines *ordo scrutiniorum* », p. 413-417.
10. P.-M. GY, « Die Segnung von Milch und Honig in der Osternacht », p. 210.

ils ont été mis à mort à Samarie, en Palestine, sous le roi des Perses Chosroas, mort vers 625. Particularité intrigante, le manuscrit note dans une rubrique que leur vigile doit être célébrée en silence et dans le jeûne, ce qui semble indiquer que leur culte était assez important à l'endroit où ce missel a été copié. Détail unique dans tout le manuscrit, leur messe est pourvue d'un *versus, Octingenta quattuor centis mille fusi cruore*[1]. Cette rubrique et ce *versus* se trouvent également dans le manuscrit Vat. lat. 4770[2]. Le manuscrit est resté fidèle à la vieille station du lundi saint à Saint-Nérée et Achillée, qui avait pourtant été transférée à Sainte-Praxède dès l'époque de saint Grégoire le Grand, ou peu après[3]. Sa liste alléluiatique est d'un grand intérêt, car elle est très proche de la liste romaine, sans lui être cependant totalement identique :

Emplacement liturgique	Folio	Incipit	Conformité à Rome
Fer. II *in albis*	74	*O Kyrios*	=
Fer. III *in albis*	75	*Venite exultemus*	=
Fer. IV *in albis*	75v	*Adorabo*	=
Fer. V *in albis*	75 *bis* v	*Qui confidunt*	=
Fer. VI *in albis*	76	*Epi si Kyrie*	=
Sab. *in albis*	77	*Prosechete laos*	=
Dom. oct. Pasch.	77v	*Laudate pueri*[4]	=
Tiburce et Valérien (14 avril)	78v	*Sancti tui*	=
		Exultabunt sancti	=
Georges (23 avril)	79	*Iustus non conturbabitur*	=
Dom. I post oct. Pasch.	81	*Quoniam confirmata*	=
		Oty Theos megas	=
Dom. II post oct. Pasch.	82	*Preoccupemus*	=
		Te decet hymnus	=
Dom. III post oct. Pasch.	82v	*Paratum cor*	=
		Confitebor	=
Dom. IV post oct. Pasch.	82v	*Lauda Hierusalem*	≠
		Iubilate Deo omnis	=

---

1. D. SCHALLER et E. KÖNSGEN, *Initia carminum Latinorum saeculo undecimo antiquiorum*, Göttingen, 1977, n° 11151. Cette pièce, qui jusqu'à présent est un *hapax*, a été éditée, à partir de notre manuscrit, par EBNER, *Iter italicum*, p. 143, ainsi que dans les *MGH, Poet.*, vol. V, 3ᵉ partie, Munich, 1979, p. 601.

2. EBNER, *Iter italicum*, p. 220.

3. GEERTMAN, *More Veterum*, p. 106 ; SAXER, « L'utilisation par la liturgie », p. 942 ; KIRSCH, *Die Stationskirchen*, p. 205-210.

4. Avec ses deux versets. Il manque l'*Alleluia Oty Theos megas*, qui accompagne *Laudate pueri* dans VL 5319.

Philippe et Jacques (1ᵉʳ mai)	83	*Confitebuntur*	=
		Nimis honorati	=
Inventio S. C (3 mai)	84	*Dominus regnavit*	=
Gordien et Épimaque (10 mai)	85	*Sancti tui*	=
		Exultabunt sancti	≠
Pancrace, Nérée, Achillée (12 mai)	85v	*Gaudete iusti*	=
		Confitebuntur	=
Ascension	89	*Dominus in Syna*	=
		Ascendit Deus	=
Dom. post Ascens.	89v	*Qui confidunt*	≠
		Lauda anima	≠
Dom. Pent.	91v	*Emitte Spiritum*	=
		Spiritus Domini	=
Fer. II hebd. Pent.	92	*Venite exultemus*	=
		Laudate pueri	=
Fer. III hebd. Pent.	92v	*Lauda anima*	=
		Laudate pueri	≠
Fer. IV hebd. Pent.	93	*Laudate Dnum quia bonum*	≠
Fer. V hebd. Pent.	93v	*Emitte Spiritum*	≠
Fer. VI hebd. Pent.	? [1]	*Lauda anima*	≠
Sab. hebd. Pent.	? v	*Benedictus qui*	≠
Dom. oct. Pent.	94	*Quoniam confirmata*	=
Marcellin et Pierre (2 juin)	98	*Sancti tui*	=
Prime et Félicien (9 juin)	98v	*Sancti tui*	=
Gervais et Protais (19 juin)	101v	*Gaudete iusti*	=
Jean Baptiste (24 juin)	102v	*Iustus ut palma*	≠
Jean et Paul (26 juin)	104	*Gaudete iusti*	=
Pierre et Paul (29 juin)	105v	*Nimis honorati*	=
Paul (30 juin)	106v	*Magnus sanctus Paulus*	=

Dans plus de trois cas sur quatre, la liste alléluiatique de ce missel est romaine. Elle a même conservé les fameux *Alleluia* prétendus grecs, ainsi que les *Alleluia* à versets multiples, ce qui est une preuve de romanité. Certaines des rubriques de son rituel de la confirmation [2] s'apparentent à la tradition des sacramentaires gélasiens.

En définitive, ce manuscrit, s'il ne peut être considéré comme un témoin parfaitement pur de la liturgie propre à la Ville avant l'arrivée de la liturgie romano-franque, est

---

1. Ce feuillet, situé entre les folios 93 et 94, est resté sans foliotation.

2. NOCENT, « Vicissitudes du rituel de la confirmation », p. 706 ; RIGGIO, « Rito della confermazione », p. 454.

cependant beaucoup plus proche d'elle que de celle de l'Austrasie. Cela permet d'entrevoir quelle était l'aire d'influence de cette liturgie locale et, sous une forme moins pure, comme nous venons de le voir, également régionale. Cela est d'autant plus intéressant qu'une telle enquête n'a pour ainsi dire jamais été menée. À notre connaissance, nul n'est à ce jour capable de dire sur quelle étendue de terres rayonnait la liturgie de la ville de Pierre avant le IX⁰ siècle, époque qui marque le début du lent remplacement de cette liturgie ancienne, héritée de l'Antiquité tardive, par la liturgie romano-franque, médiévale et internationale, et le chant grégorien. L'étude des variantes liturgiques permet de poser quelques jalons.

Le bréviaire-missel de sainte Claire (Assise, San Damiano, sans cote).

Ce manuscrit a été vraisemblablement copié en 1234 ou peu après[1] ; une tradition rapportait qu'il avait été copié pour sainte Claire par le frère Léon, compagnon de saint François, ce qui est paléographiquement impossible[2]. Van Dijk, suivi en cela par H. Husmann[3] et J. Drumbl[4], avait remarqué que la liste alléluiatique des dimanches après la Pentecôte ne correspondait pas à celle du missel de la Curie romaine[5] et que certaines autres particularités étaient en accord avec la liturgie romaine ancienne. Le reste est un mélange du missel de la Curie, du missel franciscain et de la liturgie de la cathédrale d'Assise[6]. Ce manuscrit composite est formé de quatre parties : une feuille volante non

---

1. VAN DIJK, « The Breviary of Saint Clare. A Correction », p. 10 ; SCHIMMELP-FENNIG, *Die Zeremonienbücher*, p. 18-19.
2. VAN DIJK, « The Breviary of Saint Clare », p. 25-46 et 351-387 (p. 46).
3. « Das Brevier der Hl. Klara », p. 223.
4. « Die Improperien in der lateinischen Liturgie », p. 72.
5. « The Breviary of Saint Clare », p. 28-30 ; VAN DIJK et HAZELDEN WALKER, *The Origins of the Modern Roman Liturgy*, p. 136 ; *The Ordinal of the Papal Court*, p. XXIII-XXIV.
6. VAN DIJK, « The Breviary of Saint Clare », p. 36 et 46 : « *It can then be conclu-ded that the so-called Breviary of St. Clare is made up of three elements : the ordinary (and breviary) of Innocent III, the pre-Haymonian (Franciscan) liturgy and the local missal of Assisi. It was written in the years 1231-1241, probably rather at the end of this period, when a bishop of Assisi reformed the liturgy of the cathedral of San Rufino. Later on, the book was given to the friars of San Damiano after they had taken over from the Poor Clares, when the latter moved to the new convent of St. Clare.* »

foliotée, écrite d'une grosse écriture bénéventaine ; elle ne concerne pas notre propos (a) ; 27 folios, qui ont reçu une numérotation moderne, de 1 à 27, placée en bas de chaque folio (b) ; 262 folios, numérotés de I à CCLXII par le copiste médiéval, en haut de chaque folio (c) ; enfin, 7 folios non numérotés à l'origine ; ils ont reçu une numérotation moderne, de 263 à 269 (d) ; tout à fait à la fin se trouve à nouveau un folio couvert d'une grosse écriture bénéventaine.

Les 27 folios (b) contiennent le début du bréviaire :

— f. 1-2 : fin du calendrier (un f. manque entre le f. volant (a) et le f. 1) ;

— f. 2v-23 : psautier accompagné, pour chaque psaume, des antiennes de l'office férial. Ces antiennes sont notées, sur ligne, en notation carrée ; les mélodies sont toutes grégoriennes ;

— f. 23-25 : cantiques et *varia* :

— f. 23 : cantique d'Ézéchiel, *Ego dixi in dimidio* ; cantique d'Anne, *Exultavit cor meum in Domino* ; cantique de Moïse, *Cantemus Domino* (Ex 15) ;

— f. 23v : cantique d'Habacuc (Ha 3), *Domine audivi* ; cantique de Moïse, *Audite celi* (Dt 32, selon la Vulgate) ;

— f. 24 : cantique des Trois-Enfants, *Benedictus es in firmamento* (Dn 3, 52-90) avec une doxologie *(Benedicamus Patrem...)* ; cantique de Zacharie, *Benedictus Dominus Deus Israhel* (Lc 1, 68-79) ;

— f. 24v : *Magnificat* ; cantique de Siméon, *Nunc dimittis* ; symbole de saint Athanase, *Quicumque vult* ; *Gloria in excelsis* ; oraison dominicale ;

— f. 25 : symbole des Apôtres *(Credo in Deum)* ;

— f. 25 : litanies des saints ;

— f. 25v-27v : office et messe des morts, avec notation musicale, en notes carrées ; les mélodies sont toutes grégoriennes.

Les 262 folios (c) qui forment le cœur du manuscrit (f. 1, titre : *In nomine Domini. Incipit ordo et offitium breviarii Romane ecclesie curie quem consuevimus observare tempore Innocentii tertii papae et aliorum pontificum)* contiennent les éléments suivants :

— f. 1 à 173v : temporal complet, du premier dimanche de l'avent au vingt-quatrième dimanche après la Pentecôte ; pour chaque fête, les offices sont mélangés à la messe ; ils sont dépourvus de notation musicale. Les offertoires n'ont plus de versets. Les dimanches après la Pentecôte sont numérotés de façon continue et ignorent les séries anciennes (*post S. Laurentii*, etc.). Le manuscrit est presque exclusivement grégorien jusqu'à la Pentecôte ; il est en revanche fortement influencé par la liturgie romaine à partir de cette fête. Tandis que, jusqu'à la semaine octave de la Pentecôte, ce manuscrit est uniment et banalement grégorien, tout change à partir de là. La liste alléluiatique des dimanches après la Pentecôte est absolument identique à la liste romaine. Fait encore plus surprenant, quand un graduel est utilisé avant la Pentecôte, son texte porte les variantes grégoriennes ; quand le même graduel est réutilisé après la Pentecôte, il porte les variantes romaines. C'est le cas de *Respice Domine*, qui est grégorien au quatrième jeudi du carême (f. 81v) et romain au quatorzième dimanche après la Pentecôte (f. 156v) ; de *Propitius esto*, grégorien aux Quatre-Temps du carême (f. 61v) et romain aux Quatre-Temps de septembre (f. 159v) ; de *Domine refugium*, grégorien au vendredi après les Cendres (f. 53v) et romain au vingt et unième dimanche après la Pentecôte (f. 161v). Cela est tout à fait extraordinaire. Comme les dimanches après la Pentecôte constituent la majeure partie des dimanches ordinaires, il semble qu'à Assise on suivait la liturgie grégorienne pour les fêtes et la liturgie romaine pour les dimanches ordinaires. Il faut ajouter qu'il est tout à fait inhabituel de trouver des traces si nettes de la liturgie locale de Rome dans un tel manuscrit franciscain, surtout quand on sait que les Franciscains ont été les principaux propagateurs de la liturgie *secundum ordinem Romanae Curiae*, c'est-à-dire selon le rit romano-franc [1]. Cela doit signifier, comme l'avait vu Van Dijk, que sainte Claire d'Assise utilisait un manuscrit qui n'était que partiellement conforme au rit franciscain :

— f. 177 à 191v : sanctoral ;
— f. 191v : *ordo* pour la confection de l'eau bénite ;
— f. 192 à 198v : commun des saints ; uniquement les messes ;
— f. 198v à 212v : messes votives et rituelles, dont un *Ordo*

---

1. Van Dijk et Hazelden Walker, *The Origins*, p. 135-144 ; P.-M. Gy, « L'unification liturgique de l'Occident et la liturgie de la Curie romaine », *RSPT* 59 (1975), p. 607 et « La papauté et le droit liturgique aux XIIe et XIIIe siècles », p. 235, 239.

minorum fratrum secundum consuetudinem romane ecclesie ad visitandum infirmum, avec les mélodies en notes carrées ; la messe *Rogamus te,* qui avait été prévue pour être neumée, car on avait sauté une ligne entre chaque ligne de texte, ne l'a pas été ; est-ce parce que les mélodies étaient romaines ?

— f. 212v-213v : lettre du pape Honorius ;

— f. 214 à 251 : *Incipiunt festivitates sanctorum per totum annum. In festo sancti Saturnini. Ad vesperum...* : propre des saints : offices.

— f. 251 à 258 : commun des saints : offices ;

— f. 258 à 262 : *Varia* : dédicace ; matines de saint François (f. 260v-262). Fin du manuscrit.

Après ces 262 folios numérotés d'origine, qui constituent le missel-bréviaire de sainte Claire à proprement parler, se trouvent quelques folios disparates, numérotés assez récemment, de 262v à 268v :

— f. 262v-264 : messe des morts, en notes carrées, avec un *Dies irae* ;

— f. 264v : *Incipit ordo ad benedicendum* [sic] *mensam per totum annum* ;

— f. 265-266v : fête de sainte Catherine ; lecture de sa *Passio* : *Igitur Constantinus cum rempublicam in gallis...*

— f. 267v : épave : texte poétique ;

— f. 168-268v : épave de manuscrit écrit en grosse écriture bénéventaine, comme au tout début du manuscrit.

Ce manuscrit très hétérogène se révèle donc au total être un bon témoin (partiel) de la liturgie ancienne de Rome.

Les pontificaux.

Ces manuscrits[1] contiennent les rites propres à l'évêque ; les pontificaux à l'usage de l'évêque de Rome, le pape, contiennent par conséquent, entre autres choses, tous les rites qui lui sont réservés ou qui sont traditionnels chez les évêques de Rome. Il va de soi que, lorsque ces rites propres comprennent de la musique, cette dernière est purement romaine et non grégorienne. C'est pour cette raison que le Pontifical de la Curie romaine du XIIIᵉ siècle — contrairement au Pontifical romano-germanique compilé à Saint-

---

1. Voir N. K. RASMUSSEN, *Les Pontificaux du haut Moyen Âge. Genèse du livre liturgique de l'évêque,* Spicilegium sacrum Lovaniense, Louvain, à paraître.

Alban de Mayence entre 950 et 962, et au Pontifical de la Curie romaine du XIIe siècle —, a conservé, longtemps après l'arrivée du chant grégorien à Rome, certaines pièces de chant romain ancien. C'est notamment le cas des deux antiennes de la procession des reliques, *Ecce populus custodiens et Cum iocunditate exibitis*, et des deux antiennes *Ambulate sancti Dei ingredimini* et *Ambulate sancti Dei ad locum*, pour la cérémonie de la dédicace d'une église [1].

---

1. HUGLO, « Les antiennes de la procession des reliques », p. 136-139 et « Le chant "vieux-romain" », p. 102-104 ; ces quatre antiennes sont dans VL 5319 aux folios 135-135v. Voir ANDRIEU, *Le Pontifical romain au Moyen Âge*, t. II, *Le Pontifical de la Curie romaine au XIIIe siècle*, 1940, cité du Vatican, p. 432, n° 48, 50. Le PRG les connaît, mais dans leur version grégorienne : C. VOGEL et R. ELZE, *Le Pontifical romano-germanique du dixième siècle*, cité du Vatican, t. I, 1963, p. 82, chap. XXXIII, qui reprend les *Ordines Romani* XLI (éd. Andrieu, *OR*, t. IV, p. 347, dans l'apparat critique, manuscrit W = Wolfenbüttel 4175) et XLII (*ibid.*, p. 398). Elles sont également dans les manuscrits C, K et S de l'*AMS*, éd. Hesbert, n° 212 a et 212 b *(Antiphonas ad reliquias deducendas)*.

CHAPITRE II

LES SOURCES ROMAINES
AUTRES QUE MUSICALES

LES SACRAMENTAIRES, LES LECTIONNAIRES,
LES « DEPOSITIONES » ET LES « ORDINES ROMANI »

Le témoignage des manuscrits de chant, notés ou non, doit toujours être enrichi à l'aide des autres manuscrits liturgiques romains. La liturgie et la musicologie ne peuvent donner leur véritable mesure que lorsqu'elles sont utilisées comme des sciences auxiliaires de l'histoire et non comme une fin en soi.

La meilleure synthèse sur ce difficile sujet, toujours controversé, notamment en ce qui concerne les sacramentaires, se trouve dans l'édition américaine du livre de C. Vogel [1]. En outre, les lectionnaires, les sacramentaires et les martyrologes originaires de Rome ont été décrits par P. Jounel [2], qui a édité le calendrier des plus importants d'entre eux, ainsi que par Kl. Gamber [3]. Les instruments de travail élaborés par Dom Deshusses, Dom Darragon [4] et A. Chavasse [5] permettent d'utiliser plus facilement les sacramentaires. Leur emploi nous semble se heurter à un certain

---

1. *Medieval Liturgy*, p. 61-106, à compléter par M. METZGER, *Les Sacramentaires*, Turnhout, 1995, dans la « Typologie des sources du Moyen Âge occidental », ainsi que par B. COPPIETERS 'T WALLANT, *Corpus orationum*, en cours de parution depuis 1992 dans le CCSL, vol. 160. Pour les lectionnaires, il faut utiliser A.-G. MARTIMORT, *Les Lectures liturgiques et leurs livres*, et A. CHAVASSE, *Les Lectionnaires romains de la messe au VIIe et au VIIIe siècle. Sources et dérivés*, 2 vol., Fribourg, 1993.

2. *Le Culte des saints*, p. 21-51.

3. *Codices liturgici*, t. I.

4. DESHUSSES et DARRAGON, *Concordances et tableaux pour l'étude des grands sacramentaires*.

5. A. CHAVASSE, *Le Sacramentaire dans le groupe dit « gélasiens du VIIIe siècle ». Une*

nombre de problèmes spécifiques à ce type de source, point insurmontables, il est vrai, et qui, pour les principaux d'entre eux, peuvent être ramenés à trois.

D'une part, on a exagéré l'importance du « sacramentaire » dit « léonien », manuscrit copié à Vérone au début du VIIᵉ siècle, dont on a voulu faire le point de départ de toute la tradition des sacramentaires romains, *fons et origo*, mais qui apparaît en définitive assez marginal et qui, comme par exemple le *Rotulus* de Ravenne[1], n'est qu'une compilation de *libelli missarum* de caractère privé. Bien qu'il soit constitué de matériaux romains, il ne s'agit nullement d'un document officiel émanant de l'Église de Rome[2] : ce n'est pas un « sacramentaire » *stricto sensu*, et il n'est pas « léonien » non plus. Il faut donc utiliser ce document avec la plus grande prudence. C'est pourquoi il est inquiétant de constater que l'histoire des sacramentaires romains aurait été écrite tout autrement si l'on n'avait pas découvert ce manuscrit.

D'autre part, on ignore même si certains de ces manuscrits, qui nous sont parvenus dans un état quasiment neuf, ont réellement été utilisés[3] ; c'est tout le problème de la fiabilité de la tradition écrite qui est ainsi posé. Elle est très relative et très surfaite, tandis qu'on sous-estime en revanche volontiers la force de la tradition orale, représentée notamment par les sources musicales. Un copiste peut en effet librement compiler un sacramentaire, sans qu'on puisse aujourd'hui savoir exactement si le résultat est bien le reflet de la liturgie réelle d'une Église, ou seulement une compilation d'école ou le fruit de l'hybridation de plusieurs tra-

---

compilation raisonnée. *Étude des procédés de confection et Synoptiques nouveau modèle*, 2 vol., Steenbrugge, 1984.

1. S. BENZ, *Der Rotulus von Ravenna nach seiner Herkunft und seiner Bedeutung für die Liturgiegeschichte kritisch untersucht*, Münster, 1967, p. 68, 95-96, 328.

2. CHAVASSE, « Le sacramentaire, dit léonien », p. 190 : ce manuscrit n'est pas une source directe des sacramentaires gélasiens et grégoriens ; quand ils possèdent une oraison qui se trouve déjà dans le léonien, ils l'ont trouvée ailleurs : « Les emprunts, survenus par la suite, renvoient à quelque source parallèle plus complète, mieux organisée et moins étroitement orientée que ne l'est L. » Ce manuscrit n'est d'ailleurs qu'un « recueil, offert au choix » (p. 162), le fruit d'un « ramassage » sans grande cohérence (p. 172) : nombre de formulaires ont, par exemple, trois collectes, mais pas de secrète ! Ils sont, comme tels, inutilisables. Ce n'est donc pas un livre officiel (p. 185). Voir G. TELLENBACH, « Römischer und christlicher Reichsgedanke in der Liturgie des frühen Mittelalters », repris dans *Ausgewählte Abhandlungen und Aufsätze*, Stuttgart, t. II, 1988, p. 345.

3. VOGEL, *Introduction aux sources*, p. 351, n. additionnelle à la p. 44 ; M. McCOR-MICK, *Eternal Victory*, Cambridge-Paris, 1986, p. 349.

ditions différentes, hybridation opérée par le scribe lui-même
en sélectionnant des oraisons selon des critères qu'il est souvent bien difficile de retrouver. Il ne faut pas hésiter à dire
en outre que réduire la messe à l'étude de ses trois oraisons,
la collecte, la secrète et la postcommunion, est une simplification qui a été le partage de presque tout le mouvement
liturgique depuis plus d'un siècle et dont nous subissons
aujourd'hui encore les conséquences. L'étude des seuls
sacramentaires, c'est-à-dire des seules oraisons, mène à trop
d'apories et d'incertitudes, dont témoigne finalement toute
l'œuvre d'Antoine Chavasse. À partir des mêmes documents
et des mêmes textes, il aboutit aujourd'hui, dans ses plus
récents travaux, à des conclusions assez différentes de celles
auxquelles il aboutissait dans ses recherches antérieures [1].

Enfin, on a voulu reconstituer de façon assez artificielle
une harmonieuse généalogie des sacramentaires, les plus
anciens engendrant de manière naturelle les plus récents ; en
réalité, certains d'entre eux, et notamment le léonien, semblent être au contraire des sortes de culs-de-sac de l'évolution ; chaque livre est unique, et les interactions, comme les
influences à rebours, brouillent souvent des stemmas sans
doute trop linéaires. C'est notamment vrai dans le domaine
du sanctoral, plan sur lequel on semble avoir pris les sacramentaires au pied de la lettre, alors que plus de prudence
aurait été de mise. On imagine en effet trop volontiers une
sorte de développement harmonieux, régulier et continu du
sanctoral romain, depuis les *Depositiones* de 354 jusqu'à
l'*Hadrianum*, ce sacramentaire envoyé par le pape Hadrien
à Charlemagne, en passant par le « sacramentaire léonien »,
le sacramentaire gélasien ancien et les sacramentaires gélasiens du VIIIe siècle. Il n'en est rien. Ce sanctoral apparaît
en réalité dans bien des cas comme assez factice, faisant
croire qu'il existait au VIIe siècle, à Rome, un sanctoral unique qui aurait été fêté par l'ensemble des titres, alors qu'au
contraire le sanctoral était encore un phénomène très local :
on ne fêtait pas Côme et Damien au titre de Sainte-Cécile-
du-Transtévère, et ainsi de suite. Les sacramentaires ont
aplani ces élémentaires distinctions en fondant l'ensemble de

---

1. Voir J. McKinnon, « Antoine Chavasse and the Dating of Early Chant »,
p. 123-147 et M. Klöckener, « Sakramentarstudien zwischen Fortschritt und
Sackgasse », *ALW* 32 (1990), p. 207-230.

ces sanctorals locaux en un tout, extrêmement hétérogène et, finalement, artificiel, puisqu'il n'a jamais été en vigueur en son entier dans aucune des églises de Rome [1]. Ils ont par surcroît placé le même jour des saints dont la fête tombait bien en même temps, mais qui — détail important — étaient fêtés par des clergés différents, dans des endroits différents, très éloignés les uns des autres, en raison de l'emplacement de leurs tombeaux dans plusieurs catacombes distinctes (par exemple). Ces documents ne sont donc que des compilations et, à la limite, donnent une fausse impression d'uniformité en décrivant un sanctoral qui, comme tel, n'a jamais existé nulle part à Rome à cette époque. Cela n'interdit naturellement pas de se servir du témoignage des sacramentaires ; nous n'avons voulu qu'indiquer les principaux risques que court tout utilisateur trop peu critique.

Les deux *Depositiones* romaines de 336, la *Depositio martyrum* et la *Depositio episcoporum* [2], contenues dans une luxueuse compilation offerte en 354 à un aristocrate chrétien du nom de Valentinus, fournissent de précieux renseignements sur l'histoire de la formation du sanctoral et sur les origines de la fête de Noël, bien qu'on discute encore de la nature de ce document, document officiel de l'Église de Rome pour les uns [3], simple compilation chronographique privée, dépourvue de caractère exhaustif pour les autres [4], au jugement desquels nous nous rallions. Il nous semble donc abusif d'utiliser sans précaution le sanctoral qu'offrent ces deux documents : nul ne sait s'il reflète exactement l'intégralité du sanctoral romain de l'époque. C'est pourquoi nous ne pouvons que nous défier des comparaisons un peu méca-

---

1. Démonstration de COEBERGH, « Le sacramentaire gélasien », p. 71 et n. 38, 73, 74.

2. Éd. L. DUCHESNE, *LP*, I, p. 10-11 ; TESTINI, *Archeologia cristiana*, p. 18-20 (son éd. de la *DM* est fautive : il manque saint Laurent) ; KIRSCH, *Der stadtrömische christliche Festkalender im Altertum* ; R. VALENTINI et G. ZUCCHETTI (éd.), *Codice topografico della città di Roma*, t. II, 1942, p. 12-28. Voir les études fondamentales de H. STERN, *Le Calendrier* et, plus récemment, de SALZMAN, *On Roman Time*, notamment p. 42-47 et H. CHADWICK, *Boethius*, Oxford, 1981, p. 36.

3. SAXER, « L'utilisation par la liturgie de l'espace urbain et suburbain », p. 921.

4. KENNEDY, *The Saints*, p. 89 et 167 ; J. GUYON, *Le Cimetière aux deux lauriers*, p. 261 et 380 ; SAINT-ROCH, « L'utilisation liturgique de l'espace urbain et suburbain », p. 1103. Voir Ch. PIETRI, « Le temps de la semaine à Rome », p. 63-97. M. R. SALZMAN pense que la liste des préfets de Rome contenue dans le manuscrit qui recèle également les deux *Depositiones* n'est pas fondée sur des sources officielles (p. 41-42).

niques entre, d'une part, le sanctoral de la *Depositio marty-rum*, le sanctoral qui se dégage d'autre part des épigrammes de Damase — notoirement incomplet et susceptible de changer entièrement de face à la faveur d'une heureuse campagne de fouilles archéologiques — et, enfin, le sanctoral des principaux sacramentaires, léonien, gélasien ancien et grégorien. Tout cela est artificiel et très risqué, étant donné tout ce qui précède.

Les *Ordines romani*, une fois débarrassés de leurs ajouts francs, sont une source irremplaçable pour la connaissance de la liturgie romaine entre le VIIIe et le Xe siècle. Ils ont été édités par Mgr M. Andrieu [1] et présentés par C. Vogel [2]. Ils nous renseignent notamment sur l'*ordo* de la messe papale (*OR* I), sur la discipline des scrutins (*OR* XI), sur la procession de la Purification (2 février ; *OR* XX) ou sur les vêpres festives de Pâques et de la semaine *in albis* (*OR* XXVII), pour ne citer que quelques exemples.

Les *Expositiones missae* carolingiennes, enfin, sont des documents souvent anonymes ou apocryphes mais cependant très importants pour connaître le déroulement de la messe en pays franc aux IXe et Xe siècles ; elles ont été commodément recensées par R. Reynolds [3]. Il en est de même pour les *Expositiones baptismi*, dont S. A. Keefe a donné une très bonne liste [4], qui nous renseignent sur l'*ordo* carolingien du baptême.

---

1. *Les Ordines Romani du haut Moyen Âge*, 5 vol., Louvain, 1931-1961 (*Spicilegium sacrum Lovaniense* 11, 23, 24, 28, 29).
2. *Medieval Liturgy*, p. 135-224 ; mise à jour par A.-G. MARTIMORT, *Les « Ordines », les Ordinaires*, notamment p. 35-41.
3. « Guillaume Durand parmi les théologiens médiévaux de la liturgie », p. 164-168 et n. 1-107. Voir également DUC, *Étude sur l'« Expositio missae » de Florus de Lyon* ; WILMART, dans *DACL* V 1, 1014-1027 ; A. HÄUSSLING, dans *Dictionnaire de spiritualité* 10 (1980), 1083-1090 ; R. REYNOLDS, art. « Liturgy, Treatises on », *Dictionary of the Middle Ages* 7, New York, 1986, 624-633 ; M. M. SCHAEFER, « Latin Mass Commentaries », p. 35-49.
4. « Carolingian Baptismal Expositions », p. 169-237. Voir J.-P. BOUHOT, « Explications du rituel baptismal à l'époque carolingienne », p. 278-301, « Un florilège sur le symbolisme du baptême », p. 151-182 et E. DAHLHAUS-BERG, *Nova Antiquitas et Antiqua Novitas. Typologische Exegese und isidorianisches Geschichtsbild bei Theodulf von Orléans*, Cologne-Graz, 1975, p. 92-108.

LES PRINCIPALES SOURCES LITTÉRAIRES

Même si leur témoignage se révèle parfois délicat à utiliser, on aurait grand tort de négliger pour autant les sources littéraires, qui sont très importantes, par exemple quand on cherche à savoir quel emploi les écrivains chrétiens de l'Antiquité tardive faisaient de la typologie biblique, dans le but de voir si la liturgie était au diapason de la théologie et de l'exégèse biblique de son temps. Ce rapprochement, qui n'a guère été tenté jusqu'à présent, constitue pourtant un important moyen de datation des pièces de chant, qui gagnent beaucoup à être systématiquement resituées dans un tel contexte, lequel les rend beaucoup plus aisément intelligibles.

Les principales de ces sources sont, outre les écrits des Pères (Cyprien, Augustin, Jérôme, Ambroise, etc.), un certain nombre de textes fameux, parmi lesquels il faut citer la prétendue *Tradition apostolique*, compilation anonyme attribuée à tort à Hippolyte de Rome [1], la lettre du pape Innocent Ier à Décentius de Gubbio (19 mars 416) [2], les *tractatus* de saint Léon (440-461) [3], qui apportent notamment des

---

1. Cette question est complexe et controversée. Ce texte n'est qu'une reconstitution, pas toujours très sûre, effectuée par Dom B. Botte, critiqué à juste titre par M. METZGER, « Nouvelles perspectives pour la prétendue *Tradition apostolique* », *EcclO* 5 (1988), p. 241-259 ; « À propos d'une réédition de la prétendue *Tradition apostolique*, avec traduction allemande », *ALW* 33 (1991), p. 290, « Enquête autour de la prétendue *Tradition apostolique* », *EcclO* 9 (1992), p. 7-36 et « À propos des règlements ecclésiastiques et de la prétendue *Tradition apostolique* », *RSR* 66 (1992), p. 249-261. Par surcroît, aux difficultés touchant l'établissement du texte, s'ajoutent les incertitudes sur la personne d'« Hippolyte », dont les œuvres sont parfois réparties entre deux personnages différents, un Romain et un Oriental ; en dernier lieu, *Nuove ricerche su Ippolito*, Rome, 1989 (Studia Ephemeridis « Augustinianum », 30), V. SAXER, art. « Hippolyte », *DHGE*, t. XXIV, col. 627-635, C. SCHOLTEN, art. « Hippolytos », *RAC*, t. XIV, Stuttgart, 1991, col. 492-551 et E. DAL COVOLO, « Ancora sulla "Statua di sant' Ippolito". Per una "messa a punto" dei rapporti tra i Severi e il cristianesimo », *Studia Patristica*, t. 24, Louvain, 1993, p. 62-69. M. Metzger a établi que ce texte n'est qu'une compilation anonyme, effectuée par un, voire plusieurs, auteurs inconnus, dans un endroit non localisé, à une époque difficile à déterminer. Ce document n'est donc à aucun titre un témoin de la liturgie romaine du IIIe siècle.

2. *La Lettre du pape Innocent Ier à Décentius de Gubbio (19 mars 416). Texte critique, traduction et commentaire* par R. CABIÉ, Louvain, 1973 (« Bibliothèque de la RHE », 58).

3. Éd. A. CHAVASSE, 2 vol., Turnhout, 1973 (*CCSL* 138-138 A).

renseignements non négligeables sur les Quatre-Temps [1], la lettre du pape Vigile à Profuturus de Braga (29 juin 538) [2], celle du diacre Jean *ad Senarium*, sur l'usage de l'*Alleluia* (premier quart du VIe siècle) [3] ainsi que le *Registrum* de saint Grégoire le Grand, qui fournit d'assez précieuses informations sur l'introduction des semaines d'anticipation du carême et qui évoque parfois le chant liturgique, comme par exemple sa lettre de 598 à Jean de Syracuse, sur le *Kyrie* et l'*Alleluia*.

Il faut mettre à part, en raison de son importance, le *Liber pontificalis*, édité par Mgr Duchesne en 1886 [4] ; en dépit d'une tendance à antidater les événements et à vouloir faire remonter aux premiers papes les innovations du VIe siècle, cet ensemble de biographies des papes, vraisemblablement rédigé sous Hormisdas (514-523) et Félix IV (526-530), recèle des textes très importants pour l'histoire de la liturgie locale de Rome : ainsi, par exemple, la liste des donations de l'empereur Constantin aux basiliques de Rome, conservée dans la notice du pape Silvestre, contient des renseignements précieux pour l'histoire de l'offertoire. H. Geertman et P. Jeffery [5], dans deux domaines très éloignés l'un de l'autre, ont du reste fort bien montré tout le parti qu'il y avait à tirer de notices réputées, bien à tort, tardives ou fantaisistes.

Amalaire, né vers 775 dans la région de Metz, fut clerc de cette cathédrale avant de devenir archevêque de Trèves, au plus tôt à la fin de l'année 809. En 813, il fut envoyé par Charlemagne en ambassade à Constantinople, en compagnie de son ami Pierre, abbé de Nonantola [6]. En 831, Louis le Pieux l'envoya en ambassade à Rome auprès du

---

1. DE SOOS, *Le Mystère liturgique*, p. 125-127, a rassemblé une liste (non exhaustive) de renseignements liturgiques qu'on peut tirer des *tractatus* de saint Léon. Le total est mince, mais c'est normal : comme le note Dom A. OLIVAR (*La predicación cristiana antigua*, Barcelone, 1991, p. 312), les sermons de ce pape ont le plus souvent un contenu christologique.

2. *PL* 69, 15-19.

3. Éd. A. WILMART, dans *Analecta Reginensia*, Vatican, 1933, p. 170-179 (*S e T* 59). Une nouvelle éd. par Y.-M. Duval est en préparation.

4. *Liber pontificalis. Texte, introduction et commentaire*, 2 vol., 1886 et 1892 (3e éd., Paris, 1981). Voir W. BERSCHIN, *Biographie und Epochenstil*, t. II, p. 115-138 et T. F. X. NOBLE, « A new look at the *Liber pontificalis* », *Archivum historiae pontificiae* 23 (1985), p. 347-358.

5. GEERTMAN, *More veterum* ; JEFFERY, « The Introduction of Psalmody », p. 147-165.

6. Voir J. FLECKENSTEIN, *Die Hofkapelle der deutschen Könige*, t. I, p. 60.

pape Grégoire IV, ce qui lui permit de se renseigner sur la
liturgie de Rome en puisant aux meilleures sources et en
consultant chantres et manuscrits, comme il nous l'apprend
lui-même. Il devint archevêque de Lyon en 835 grâce à
l'éviction d'Agobard, déposé pour cause de rébellion, mais
il fut à son tour écarté en 838, victime de la rancune d'Agobard et de Florus de Lyon, qui réussirent à faire condamner
par le synode de Quierzy certains des aspects allégoristes de
son exégèse. Il mourut à Metz après 850, après avoir achevé
ses jours au service de Drogon. Son témoignage est particulièrement important pour trois raisons : il est le plus grand
liturgiste du haut Moyen Âge ; il a connu directement la
liturgie romaine et la liturgie romano-franque ; il s'exprime
toujours très clairement, en désignant les pièces de chant par
leur incipit et non en se contentant de vagues dénominations
générales (*modulatio*, *cantilena*, *hymnus*, *psalmus*, etc.). Amalaire est à notre connaissance le seul écrivain de tout le haut
Moyen Âge qui ait manifesté une telle exigence de précision « technique », très comparable à celle d'un historien
moderne. Son œuvre liturgique, qui a été fort bien éditée
par J.-M. Hanssens [1], est dominée par le *Liber de ordine antiphonarii*, qui contient de nombreuses richesses, comme la
description des vêpres festives de Pâques (chap. LII) ou les
matines doubles des principales fêtes, à Rome, et par le *Prologus* de l'antiphonaire de l'office qu'il avait compilé à partir
de l'antiphonaire de Metz et de celui de Rome, mais qui
n'est pas parvenu jusqu'à nous [2]. Amalaire s'explique avec
une très grande précision sur ce en quoi a consisté son travail de compilation : changer l'ordre des pièces de chant,
aligner le texte liturgique sur la leçon biblique, créer de nouvelles pièces, aligner les chants sur l'Évangile du jour, ajouter
des pièces romaines inconnues à Metz et, enfin, introduire
des pièces gallicanes inconnues de la liturgie romaine. En
revanche, le *Liber officialis* ne présente d'intérêt que pour qui

---

1. J.- M. HANSSENS, *Amalarii episcopi opera liturgica omnia*, 3 vol., Vatican,
1948-1950 (*S e T* 138-140).

2. BOSHOF, *Erzbischof Agobard von Lyon*, p. 267 ; R. MCKITTERICK, *The Frankish
Church and the Carolingian Reforms, 789-895*, p. 148-154 ; M. HUGLO, « Les remaniements de l'antiphonaire grégorien au IXᵉ siècle », p. 118 ; R. MONTEROSSO, « Il
Liber de Ordine Antiphonarii di Amalario », p. 55 ; HESBERT, « L'antiphonaire
d'Amalaire », p. 176-194 ; WALLACE-HADRILL, *The Frankish Church*, p. 326 s.

veut connaître son exégèse allégorisante [1], qui lui valut une condamnation, d'ailleurs provoquée dans une assez large mesure par la vive campagne de dénigrement qu'avaient lancée contre lui ses rivaux Agobard et Florus. Les œuvres mineures qui lui sont attribuées, comme les diverses *Expositiones missae* ou les *Eclogae de ordine romano*, qui sont loin d'être sans intérêt, semblent cependant avoir été compilées par des inconnus à partir de matériaux authentiquement amalariens, mais le tri se révèle particulièrement difficile. Dans cet ensemble, on peut mettre à part l'*Epistula ad Hilduinum abbatem de diebus ordinationis et quattuor temporum*, qui est un passionnant témoignage sur la difficulté de fixer les Quatre-Temps du premier mois à la première semaine du carême et sur la divergence d'attitudes entre les tenants de l'ancien système, et notamment les liturgistes francs, qui fixaient les Quatre-Temps en mars, quelle que soit la date du carême, et les partisans de l'usage moderne, introduit par Rome et conservé jusqu'à aujourd'hui, qui identifiaient les Quatre-Temps avec le mercredi, le vendredi et le samedi de la première semaine du carême.

Un chanoine de Saint-Pierre, Benoît, nous a laissé, sous le titre de *Liber politicus*, une très importante description de la liturgie stationnale et papale peu avant 1143, éditée par P. Fabre et Mgr Duchesne [2]. Il atteste certaines tradition locales de Rome, qu'on ne trouve que dans les manuscrits dits « vieux-romains », comme les matines doubles de Noël [3] et les vêpres festives de Pâques, avec leurs trois stations et leurs trois *Magnificat* [4]. C'est donc un document de premier plan [5]. Il est précieux pour ses minutieuses descriptions des itinéraires des processions (Purification, Rameaux, Litanie majeure, Assomption, etc.).

L'*Ordo officiorum ecclesiae Lateranensis*, rédigé par Bernhard, cardinal de Porto entre 1158 et 1176, qui avait été prieur du Latran jusqu'en 1145, édité par Ludwig Fischer [6],

---

1. Voir R. SUNTRUP, *Die Bedeutung der liturgischen Gebärden und Bewegungen in lateinischen und deutschen Auslegungen des 9. bis 13. Jahrhunderts*, Munich, 1978.

2. *Liber censuum*, 2 vol., Paris, 1910. Le *Liber politicus* se trouve dans le t. II, p. 141-164.

3. *Liber censuum*, II, p. 145.

4. *Liber censuum*, II, p. 1154.

5. JOUNEL, *Le Culte des saints*, p. 25-26.

6. *Bernhardi Cardinalis et Lateranensis Ecclesiae Prioris Ordo officiorum Ecclesiae Lateranensis*, Munich-Freising, 1916. Voir JOUNEL, *Le Culte des saints*, p. 26-27 et

décrit une période très différente de la vie liturgique de Rome : celle où le répertoire ancien, hérité de l'Antiquité tardive, était sur le point de disparaître sous les coups du répertoire grégorien. Ce texte nous intéresse surtout en ce qu'il insiste sur le fait qu'il existait une différence entre la liturgie du pape, romaine, et la liturgie des chanoines du Latran, communauté internationale qui ne connaissait que la liturgie romano-franque et le chant grégorien. Ainsi, les jours de station au Latran, c'est-à-dire les jours où le pape célébrait lui-même la messe et assistait aux offices dans sa cathédrale, les chanoines, qui ne connaissaient que leur liturgie et qui étaient par conséquent bien incapables de se joindre au pape, se retiraient dans une chapelle et récitaient leur office de leur côté, tandis que dans la basilique se déroulait la cérémonie selon la liturgie romaine ancienne, avec le chant romain. Cette dualité a fait croire qu'il existait à Rome, depuis les origines, deux liturgies tout aussi anciennes et tout aussi romaines l'une que l'autre : un rit papal, « vieux-romain », et un rit commun aux simples clercs, « grégorien ». Ce schéma, fort complexe et qui ne correspond aucunement à la réalité, est très contestable[1]. En réalité, et beaucoup plus simplement, le texte du prieur Bernhard témoigne de l'arrivée à Rome d'une liturgie hybride, en passe de supplanter le vieux rit local.

LES SOURCES ICONOGRAPHIQUES ET ARCHITECTURALES

Le témoignage de l'iconographie et de l'architecture chrétiennes de l'Antiquité tardive et du haut Moyen Âge[2] est de nature à permettre d'intéressants recoupements avec tout ce qui précède. Il serait donc dommageable de se priver d'un tel moyen de reconnaître des synchronismes et de fixer ou de préciser une chronologie. Ainsi, il n'est pas sans intérêt

---

P.-M. GY, « Influence des chanoines de Lucques sur la liturgie du Latran », p. 127-139.

1. BERNARD, « Sur un aspect controversé », p. 169-171.

2. Sur les rapports entre liturgie et iconographie, voir J.-M. SPIESER, « Liturgie et programmes iconographiques », dans *Travaux et mémoires. Histoire et civilisation de Byzance* 11 (1991), p. 575-590.

de savoir si la configuration des lieux dans lesquels se déroulait la liturgie n'a pas laissé de traces sur elle ; dans le même ordre d'idées, il peut être fructueux de comparer l'emploi des épisodes bibliques dans la liturgie et dans l'iconographie, par exemple celle des catacombes — qui est cependant une iconographie de caractère privé — et des sarcophages paléochrétiens, pour voir si ces deux domaines marchent de conserve ou si, au contraire, l'un d'entre eux ne privilégie pas certains livres bibliques ou certains épisodes, préférence qui peut s'expliquer pour des raisons de chronologie. En un mot, comparer le texte des chants de la messe romaine (au moins pour ses couches les plus anciennes) au répertoire iconographique romain — par exemple, aux programmes iconographiques des absides des églises[1] — permet de mieux le comprendre et de mieux le situer dans le temps, en mettant en évidence des recoupements (ou des différences irréductibles, qu'importe) qui seront autant de jalons pour ébaucher une datation. Les principaux outils de travail dans ce domaine sont, pour les peintures des catacombes, le catalogue de Nestori[2] et, pour les sarcophages, celui de Deichmann, Bovini et Brandenburg[3]. Pour l'histoire des basiliques et des titres, on consultera l'ouvrage monumental de Krautheimer[4], qu'on peut compléter pour l'aspect liturgique à l'aide des travaux de J.-P. Kirsch[5], à la condition de corriger les analyses de ce dernier, qui ont longtemps fait autorité, en ajoutant qu'il ne reste rien des lieux de culte chrétiens de Rome antérieurs à Constantin et qu'il n'existe pas systématiquement de lien entre un titre et une catacombe donnés, contrairement à ce que croyait Kirsch[6].

---

1. Voir C. IHM, *Die Programme der christlichen Apsismalerei vom 4. bis zur Mitte des 8. Jahrhunderts*, Stuttgart, 2ᵉ éd. 1992, p. 48 (les rapports éventuels entre la représentation de la *maiestas Domini* et les acclamations du *Sanctus* — mais uniquement en Égypte) et 127-157.

2. A. NESTORI (*Repertorio topografico delle pitture delle catacombe romane*, Vatican, 2ᵉ éd. 1993) qu'il faut compléter à l'aide des remarques de A. PROVOOST, dans *RHE* 74 (1979), p. 337-382 et des compléments de BOVINI, « Pitture cimiteriali romane inedite », *RAC* 57 (1981), p. 87-112.

3. F. W. DEICHMANN, G. BOVINI et H. BRANDENBURG, *Repertorium der christlich-antiken Sarkophage*, t. I, *Rom und Ostia*, Wiesbaden, 1967.

4. R. KRAUTHEIMER, *Corpus basilicarum christianarum Romae. Ancient Christian Basilicas in Rome from the IVth to IXth Centuries*, 5 vol., Vatican, 1936-1980.

5. Principalement *Die römischen Titelkirchen im Altertum*.

6. Réfutation : Ch. PIETRI, *Roma christiana*, t. I, p. 3 ; « Recherches sur les *domus ecclesiae* », p. 3-21 ; « Donateurs et pieux établissements », p. 435 et « Régions ecclé-

Conclusion.

Au total, la liturgie ancienne de Rome est documentée par une grande variété de sources, à la fois nombreuses et diverses, qui apportent des éclairages très différents les uns des autres. Elles permettent donc tout à fait d'entreprendre valablement une recherche sur les origines du chant liturgique romain.

---

siastiques et paroisses romaines », p. 1037 ; N. DUVAL, « Les édifices de culte, des origines à l'époque constantinienne », p. 515 ; REEKMANS, « L'implantation monumentale chrétienne dans le paysage urbain », p. 863-864.

CHAPITRE III

LA PRÉHISTOIRE DU CHANT ROMAIN DES ORIGINES À LA SECONDE MOITIÉ DU IIIᵉ SIÈCLE

L'HYMNODIE ET LE PROBLÈME DES ORIGINES DU CHANT LITURGIQUE CHRÉTIEN À LA MESSE

Avant même d'aborder la psalmodie, il faut auparavant poser une question préalable. Sa préexistence n'est en effet nullement une évidence, ni même un fait établi, bien au contraire. On pense souvent au contraire qu'elle n'est apparue qu'au bout de plusieurs siècles, pendant lesquels l'hymnodie joua un rôle essentiel, exerçant même une sorte de monopole, et qu'elle n'a finalement triomphé qu'au prix d'une lutte sévère contre sa vieille rivale. Selon cette tradition historique, donc, le chant chrétien dans son ensemble — par conséquent, les chants de la messe compris — aurait longtemps consisté en une riche hymnodie, qui n'aurait été supplantée par la psalmodie qu'à une date assez basse, le IIIᵉ siècle, pour mieux lutter contre l'hérésie gnostique. Cette problématique remonte au moins aux travaux fondateurs de J. Kroll[1] et n'a guère été démentie jusqu'à présent. Les travaux de Balthasar Fischer reposent sur elle[2]. Que faut-il en

---

1. « Die christliche Hymnodik », *passim*.
2. « Le Christ dans les psaumes. La dévotion aux Psaumes dans l'Église des Martyrs », p. 88 ; « Die Psalmenfrömmigkeit der Märtyrerkirche », repris dans *Die Psalmen*, p. 17-18. Nous reviendrons sur cette idée, selon laquelle le psautier aurait d'abord été un *Lesebuch* avant de devenir un *Liederbuch*.

penser ? Elle a souvent été admise[1], mais parfois critiquée[2]. Certes, il n'est naturellement pas question de reprendre ici à nouveaux frais une étude exhaustive de l'hymnodie chrétienne des premiers siècles. Nous envisagerons cette question uniquement sous l'angle d'approche que nous avons choisi, qui privilégie la psalmodie, seul vestige véritablement palpable de l'antique liturgie romaine de la messe, pour indiquer seulement quels sont les indices nouveaux et propres que l'étude des chants permet de mettre en avant.

Kroll pensait pouvoir expliquer ce passage supposé des hymnes aux psaumes en invoquant tout d'abord, pour reprendre ses propres termes, une « réaction bornée » des autorités de la Grande Église, fondée sur un *Biblizismus*, un rejet des textes non scripturaires[3]. Le monobiblisme est cependant une tendance assez intemporelle, qui n'est pas propre au seul IIIᵉ siècle, où justement elle n'est guère documentée. C'est au contraire à la fin de la période mérovingienne, en Espagne, et au début de la période carolingienne, en Gaule franque, que ce phénomène a connu une certaine ampleur, qu'il ne faudrait toutefois pas exagérer. Elle entraîna certes une épuration du répertoire, mais très modérée, comme le montrent les résultats somme toute modestes de l'action entreprise par Agobard de Lyon, pourtant considéré volontiers (bien à tort) comme un extrémiste[4] : il ne réussit au total qu'à bannir une poignée de répons de l'office et à modifier le texte de certains autres, comme les répons *Tenebrae*[5] et *Descendit de coelis*[6] : au total, on ne peut guère parler de cataclysme. Le monobiblisme semble peu capable d'avoir bouleversé de fond en comble le répertoire liturgique

---

1. WELLESZ, *Aufgaben und Probleme auf dem Gebiete der byzantinischen und orientalischen Kirchenmusik*, p. 18 ; H. SCHNEIDER, « Die biblischen Oden », p. 42-43 ; JUNGMANN (*The Mass*, t. I, p. 422, n. 8) qui renvoie à la p. 346, où JUNGMANN se fonde sur KROLL (n. 1) ; A. STUIBER, « Psalmenlesung oder Zwischengesang ? », p. 394 ; Ch. PERROT, « Le chant hymnique chez les juifs et les chrétiens », p. 29.

2. A.-G. HAMMAN, « L'utilisation des psaumes dans les deux premiers siècles chrétiens », p. 154-156 ; E. MONETA-CAGLIO, « Lo jubilus », p. 83-99.

3. M. LATTKE (*Hymnus*, p. 272) cite et reprend KROLL et le *Biblizismus*.

4. P.-M. GY, « La papauté et le droit liturgique », p. 232 ; BOSHOF, *Erzbischof Agobard von Lyon*, p. 277.

5. M. HUGLO, « Les remaniements de l'antiphonaire grégorien », p. 106 et « Trois livres manuscrits », p. 273 ; HESBERT, *Le Problème de la Transfixion du Christ*, p. 47-48.

6. POTHIER, « Descendit de coelis », p. 70 ; CATTA, « Le texte du répons *Descendit* dans les manuscrits », p. 79 ; T. KELLY, dans *AM* 60 (1988).

des trois premiers siècles, et encore moins d'avoir provoqué la disparition totale de centaines de pièces, brutalement perdues corps et biens. Rappelons enfin que Kroll entendait fonder son analyse sur les décisions du concile de Laodicée (vers 360) et du quatrième concile de Tolède, en 633, ce qui revient à mélanger les temps et les lieux, l'Orient et l'Occident, l'Empire chrétien et l'Espagne wisigothique [1] ; ces deux événements sont trop éloignés à la fois dans l'espace et dans le temps, et leur réunion est très artificielle.

Il faudrait en outre imaginer une destruction de l'hymnodie concertée et à très grande échelle, dans tout le monde chrétien, au même moment, ce qui ne semble guère vraisemblable. Le christianisme de l'Antiquité tardive se caractérise au contraire par l'essor et la diversification de nombreux rits régionaux ou locaux, qui élaborent leurs propres traditions avec une indépendance très grande. Ils n'ont jamais cherché à coordonner leurs efforts dans un but liturgique commun, bien au contraire ; ils eussent été bien incapables de s'entendre pour éliminer l'hymnodie. Il faut en outre rappeler que l'effort d'Agobard ne touchait que son propre diocèse et que les chants non scripturaires condamnés ont quand même réussi à survivre dans un certain nombre de manuscrits, tandis qu'il ne reste pratiquement rien de l'hymnodie des trois premiers siècles, ce qui paraît tout de même bien étrange. Il semble donc qu'on ait exagéré son importance.

Revenons à Kroll. Selon son hypothèse, la « réaction bornée » des autorités de l'Église visait en outre à éliminer l'hymnodie « populaire » au profit du psautier « élitiste », pour mieux lutter contre la propagande hérétique, le tout correspondant chez les chrétiens du IIIe siècle à une perte du sens de la *Gemeinschaft*, entraînant finalement une rupture avec les traditions supposées véritables de la *Urgemeinde*, la communauté chrétienne primitive [2]. Comme on le voit, tout cela n'est qu'un tissu d'*a priori* très datés. L'hypothèse de Kroll repose sur la croyance en un caractère « populaire » de l'hymnodie, alors que ces compositions métriques sont souvent de facture très savante [3], et sur l'idée assez naïve qu'en

---

1. *Die christliche Hymnodik*, p. 38, n. 1.
2. *Die christliche Hymnodik*, p. 37-39.
3. MOHRMANN, « La langue et le style de la poésie chrétienne », p. 295 ; J. FON-

histoire, à une phase inorganique d'improvisation naturelle succède toujours une phase de codification et de remise en ordre. Tout cela n'est qu'un stéréotype, qui repose sur une vision de l'histoire très schématique, une sorte d'« hégélianisme délavé », pour reprendre le mot très juste de P. Donceel-Voûte [1]. Quant aux hypothétiques *Gemeinschaft* et *Urgemeinde*, ce n'étaient que des notions très en vogue en Allemagne au XIXᵉ siècle. L'idée finale d'une « trahison » de la véritable Église des origines — notion qui n'a pas de sens — par la Grande Église « institutionnalisée » du IIIᵉ siècle relève de la polémique des historiens protestants — notamment A. Harnack — contre le catholicisme, supposé avoir trahi la vérité du christianisme et la pureté des origines. Cette vieille idée utopique, d'un remplacement d'une « Église charismatique » par une « Église hiérarchique », a été réfutée sans peine depuis longtemps [2].

Par surcroît, si la crise gnostique — dont il n'est naturellement pas question d'étudier ici toute la complexité — est certes une réalité, rien ne prouve qu'elle ait entraîné une crise concomitante de l'hymnodie ; personne, à notre connaissance, n'a été en mesure d'établir un lien de cause à effet entre les deux phénomènes ; il ne s'agit que d'une hypothèse commode pour expliquer la supposée élimination de l'hymnodie : le gnosticisme arrive à point pour lui servir de légitimation. Le problème est justement que Kroll estime que l'élimination de l'hymnodie a eu lieu à partir de 250 [3], alors que la crise gnostique a connu son apogée de 70 à 145 environ [4] ; il y a là un problème de chronologie que Kroll ne semble pas avoir perçu. S'y ajoute le fait que la nécessité de la lutte contre l'hymnodie hérétique, bien loin d'avoir entraîné la suppression de l'hymnodie orthodoxe, n'a pu que la stimuler [5] ; à partir des mêmes prémices que Kroll, on

---

TAINE, « Les origines de l'hymnodie chrétienne latine. D'Hilaire de Poitiers à Ambroise de Milan », p. 42.

1. *RHE* 84 (1990), p. 723. Cette expression visait une certaine école d'iconographes, représentée notamment par Gerke et ses successeurs ; elle s'applique très bien à notre propos.

2. DANIÉLOU, *L'Église des apôtres*, p. 34 s. ; Ch. PIETRI, « Mythe et réalité », *passim* ; J. N. D. KELLY, *Early Christian Creeds*, Londres (3ᵉ éd.), 1972, p. 7.

3. *Die christliche Hymnodik*, p. 38.

4. DANIÉLOU, dans *Nouvelle histoire de l'Église*, Paris, t. I, 1963, p. 87-98.

5. M. SIMONETTI, « Studi sull'innologia popolare », p. 366-367 et 343 ; E. MONETA-CAGLIO, « Lo jubilus », p. 91.

peut donc aboutir à une conclusion opposée. Le fait qu'Hilaire de Poitiers se soit inspiré de l'hymnodie grecque semble de surcroît montrer qu'elle existait encore vers 350, soit deux siècles au moins après les débuts de la crise gnostique, et un siècle après la date de suppression proposée par Kroll.

Outre l'argument de la « crise gnostique », dont nous venons de voir la valeur, Kroll avançait une raison secondaire, pour justifier son hypothèse : un problème de transmission des hymnes, dû au fait que, d'une part, l'hymnodie aurait été assez largement improvisée et, d'autre part, à la faiblesse de la tradition orale [1]. Le problème est qu'il s'agit à nouveau de deux stéréotypes, dénués de toute valeur et fondés sur un petit nombre de textes, interprétés de façon extrême, comme le fameux passage de Tertullien, *Apol.* 39, partout cité [2]. Comme nous avons déjà abordé cette question ailleurs, nous nous bornerons à rappeler nos conclusions [3].

La notion de fragilité de la tradition orale est un contresens ; rien n'est plus solide, plus immuable qu'elle, comme le rappelait encore récemment J. Fontaine [4]. Quant à l'idée d'improvisation, elle repose sur un anachronisme ; elle n'avait pas du tout le même sens au IIIᵉ siècle qu'aujourd'hui, où on la comprend exclusivement dans le sens de « création spontanée *ex nihilo* ». Cette idée est pourtant devenue un lieu commun [5], une sorte d'évidence qu'on n'a plus à démontrer. En réalité, il ne faut pas confondre la prière personnelle de chaque chrétien (qui peut être entièrement improvisée, comme il est légitime, puisqu'elle doit être sincère) avec la prière officielle qu'adresse l'Église à Dieu en lui rendant un culte et où la notion psychologique de sincérité n'a que faire. Il est parfaitement normal que ce caractère officiel et public, renforcé par l'aspect solennel que

---

1. *Die christliche Hymnodik*, p. 36-37.

2. « *Quisque de scripturis sanctis vel de proprio ingenio potest, provocatur in medium Deo canere* ».

3. « Les *Alleluia* mélismatiques », n. 70.

4. « Les origines de l'hymnodie », p. 43. Les deux ouvrages les plus récents sur la question de la tradition orale sont ceux de P. JEFFERY, *Re-Envisioning* et de R. LEYDI, *L'altra musica*.

5. BAUMSTARK, *Liturgie comparée*, p. 19 ; JUNGMANN, *The Mass*, t. I, p. 30 ; VOGEL, *Medieval Liturgy*, p. 31-34 ; BOTTE et MOHRMANN, *L'Ordinaire de la messe*, p. 15 ; A. TARBY, *La Prière eucharistique de l'Église de Jérusalem*, p. 26 ; A. BOULEY, *From Freedom to Formula*, p. 119.

recouvre la notion même de culte divin (qu'il soit d'ailleurs païen ou chrétien, peu importe), ait très précocement entraîné une codification des prières et la rédaction de formulaires *ad hoc*, indispensables dans un tel cadre.

D'autre part et surtout, il faut également voir que la notion d'improvisation recouvrait dans l'Antiquité chrétienne une réalité assez modeste : il ne s'agissait que d'une liberté relative, sévèrement limitée par le respect des formes et des structures traditionnelles[1]. L'improvisation, dans les civilisations de tradition orale, n'est en réalité qu'une centonisation d'éléments traditionnels, comme le montre par exemple le *Magnificat*[2]. L'improvisation peut donc difficilement être l'un des facteurs responsables de la disparition du répertoire hymnologique chrétien des origines. En réalité, la prière chrétienne n'apparaît surtout improvisée que par rapport à la prière païenne traditionnelle ; contrairement à cette dernière, elle peut en effet être faite dans le secret du cœur (non forcément à voix haute), elle peut être personnelle (et non collective) et elle peut être intérieure, non forcément publique[3].

Rappelons en outre que l'hymnodie ancienne copie souvent la psalmodie, non l'inverse, comme l'a rappelé M. Simonetti[4] ; cela laisse entrevoir un ordre de création et d'importance différent de celui qui est couramment imaginé. Ainsi, les premières hymnes chrétiennes, le *Magnificat*, le *Nunc dimittis* et le *Benedictus* de Zacharie, sont des centons fondés sur les psaumes[5]. Il en est de même pour certaines des hymnes de saint Ambroise : *Intende, qui regis Israhel* est fondé sur les psaumes 79 et 18, tandis que *Hic est dies verus Dei* utilise le psaume 117.

La véritable raison de l'éventuelle élimination de l'hymnodie aurait plutôt pu être, comme l'a pensé B. Fischer,

---

1. MOHRMANN, « Notes sur le latin liturgique », p. 103-104 ; HANSON, « The Liberty of the Bishop », p. 176. Importantes remarques sur le rôle joué par saint Augustin dans la limitation du rôle de l'improvisation liturgique, dans M. KLÖC-KENER, « Das eucharistische Hochgebet bei Augustinus. Zu Stand und Aufgaben der Forschung », dans : *Signum pietatis. Festgabe für Cornelius Petrus Mayer OSA*, éd. A. Zumkeller, Wurtzbourg, 1989, p. 476-478.

2. JOUSSE, *Le Style oral, rythmique et mnémotechnique*, p. 177 ; R. MÉNARD, « Note sur la mémorisation et l'improvisation », p. 141.

3. A.-G. HAMMAN, « La prière chrétienne et la prière païenne », p. 1222-1227.

4. « Studi sull'innologia », p. 348, 385 et 418.

5. JOUSSE, *Le Style oral, rythmique et mnémotechnique*, p. 177.

l'achèvement de la christologisation du psautier[1], c'est-à-dire
sa compréhension globale comme une prophétie du Christ,
de sa mission, de son engendrement par le Père, de sa Nativité, de sa Passion et de sa Résurrection : l'élaboration de
la typologie, phénomène capital, comme l'ont montré H. de
Lubac[2] et H. Crouzel[3], qui fait le lien entre l'Ancien et le
Nouveau Testament en actualisant l'Ancien Testament et en
le rendant pleinement intelligible à la lumière de son accom-
plissement par le Nouveau Testament ; ce processus a beaucoup influencé les couches les plus anciennes du chant liturgique romain[4]. Il n'était en effet pas possible de chanter les
psaumes à la messe tant que cette réflexion théologique
n'était pas terminée. B. Fischer situe son achèvement aux
alentours du milieu du IIIe siècle[5]. Cette date nous semble
beaucoup trop basse ; on a en effet pu démontrer que le
Nouveau Testament fait abondamment appel à l'Ancien,
considéré dans son ensemble comme une préfiguration du
Christ. Dès les quatre évangélistes et saint Paul, le processus
d'appropriation par les chrétiens de l'Ancien Testament, et
du psautier au premier chef, est achevé ; nous n'en voulons
pour preuve que l'abondant usage qu'ils font de dossiers de
testimonia, c'est-à-dire de passages de l'Ancien Testament,
rassemblés par thèmes dans le but apologétique de démontrer la vérité de la foi nouvelle[6]. Ainsi, pour ne citer que les
testimonia psalmiques, qui seuls nous intéressent ici, le Nouveau Testament démontre la pluralité des Personnes divines

---

1. « Le Christ dans les psaumes », p. 92 ; « Christliches Psalmenverständnis im
2. Jahrhundert », p. 86. H. J. AUF DER MAUR fait fort bien le point sur la question
et sur sa bibliographie dans *Das Psalmenverständnis des Ambrosius von Mailand*,
p. 4-9.
2. « Typologie et allégorisme », *RechSR* 34 (1947), p. 180-226 ; « Sens spirituel »,
ibid. 36 (1949), p. 542-576 ; *Histoire et esprit. L'intelligence de l'Écriture d'après Origène*, p. 166-178 (très remarquable) ; « À propos de l'allégorie chrétienne », *RechSR*
47 (1959), p. 5-43.
3. « La distinction de la "typologie" et de l' "allégorie" », p. 161-174.
4. DANIÉLOU (« La typologie biblique traditionnelle dans la liturgie du Moyen
Âge » p. 151), note justement que c'est dans et par la liturgie que se continue la
tradition typologique de l'Antiquité tardive.
5. « Le Christ dans les psaumes », p. 88, 92. Réfuté par E. MONETA-CAGLIO, *Lo
jubilus*, p. 88-90.
6. P. PRIGENT (*L'Épître de Barnabé I-XVI*, p. 16-28) fait une très bonne mise
au point sur ce sujet.

à l'aide du psaume 44[1] ; l'Incarnation du Christ, avec le psaume 39 (dès He 10, 5-7)[2] ; sa supériorité sur les anges, avec les psaumes 96 (He 1, 6) et 101 (He 1, 10-12)[3] ; la nécessité du sacrifice de la croix et d'un Messie souffrant, à l'aide des psaumes 21, 68 et 117[4] ; le complot des juifs et de Pilate contre le Christ, avec le psaume 2[5] (dès la prière de la foule en Ac 4, 25-27) ; la réalité historique de sa Résurrection, à l'aide du psaume 15[6] ; sa glorification et sa session glorieuse à la droite du Père, au moyen des psaumes 8, 67, 88 et 109[7]. On n'a donc pas attendu le milieu du IIIe siècle pour christologiser le psautier ; on ne voit donc pas très bien pourquoi, dans ces conditions, la psalmodie aurait attendu le IIIe siècle pour naître et aurait été précédée, dans le cadre de la messe, par l'hymnodie.

Finalement, si la question de l'hymnodie est restée si confuse, c'est faute d'avoir opéré un certain nombre de distinctions élémentaires. Certes, l'hymnodie chrétienne est abondamment documentée ; saint Paul l'évoque (Col 3, 16 ; Ep 5, 14) et en transcrit même des passages dans ses

---

1. P. BESKOW, *Rex gloriae*, p. 84-85 ; M.-J. RONDEAU, « Le commentaire des Psaumes de Diodore de Tarse et l'exégèse du Ps. 109-110 », 90 (1969), p. 19 et *Les Commentaires patristiques*, t. II, p. 30 ; E. GRÜNBECK, dans *VC* 49 (1995), p. 353-378.

2. H. AUF DER MAUR, *Das Psalmenverständnis des Ambrosius von Mailand*, p. 102-103.

3. M. SIMONETTI, « I "Salmi" nel Nuovo Testamento », p. 11 ; A. GRILLMEIER, *Gesù il Cristo nella fede della Chiesa*, vol. I, t. 1, *Dall'età apostolica al concilio di Calcedonia*, p. 78.

4. M.-J. RONDEAU, *Les Commentaires*, t. II, p. 21 ; DANIÉLOU, *Études d'exégèse judéo-chrétienne*, p. 28 s. ; GOPPELT, *Typos*, p. 121-125 ; SALMON, *Les « Tituli Psalmorum »*, p. 12, 14 ; P.-E. BONNARD, *Le Second Isaïe*, p. 56 ; A. ROSE, « L'influence des psaumes », p. 312 ; J. DUPONT, « L'interprétation des Psaumes », p. 305, n. 68 et « L'utilisation apologétique », p. 261 ; M. SIMONETTI, *Profilo storico dell'esegesi patristica*, p. 16 ; M. HUBAUT, *La Parabole des vignerons homicides*, p. 64.

5. J. DUPONT, « L'interprétation », p. 297-299 ; « L'utilisation », p. 265 et « Filius meus es tu. L'interprétation de Ps. II, 7 », p. 522-543 ; M.-J. RONDEAU, *Les Commentaires*, t. II, p. 282-287.

6. GOPPELT, *Typos*, p. 146 ; J. DUPONT, « L'utilisation », p. 266 ; M.-J. RONDEAU, *Les Commentaires*, t. II, p. 119 ; LUNDBERG, *La Typologie baptismale*, p. 219.

7. DURAND, « Le Christ "premier-né" », p. 59 et 65 ; M.-J. RONDEAU, « Le commentaire », p. 8, 13-14 ; J. DUPONT, « L'interprétation », p. 294 et « L'utilisation », p. 267 ; DANIELOU, « La Session », p. 691-697, « Les Psaumes dans la liturgie de l'Ascension », *LM-D* 21 (1950), p. 40-56 et *Bible et liturgie*, p. 415 s. ; P. BESKOW, *Rex gloriae*, p. 35 s. ; A. GRILLMEIER, *Gesù il Cristo*, p. 41, 77-78, 174.

épîtres : par exemple Ph 2, 6-11 [1], 1 Tm 3, 16 [2], Col 1,
15-20 [3] ; on en trouve également dans l'épître aux Hébreux
(He 1, 3 [4]) et dans la *prima Petri* (1 P 2, 21 s. [5]). Tout cela
est naturellement exact et indéniable [6]. On n'a cependant pas
assez pris garde au fait suivant : rien n'indique que ces
compositions aient joué un rôle au cours de la célébration
de la messe ; tout indique même le contraire. On ne peut
en effet comprendre la question de l'hymnodie, si l'on rai-
sonne globalement, sans considérer de près la fonction réelle
de chacune de ces pièces. La plupart d'entre elles ne jouent
nullement un rôle liturgique. En effet, certaines sont des
acclamations ou des doxologies [7], comme par exemple le
Gloria Patri ; d'autres exercent des fonctions paraliturgiques,
pour accompagner l'administration de sacrements tels que le
baptême, pour des processions ou pour des circonstances
tout à fait exceptionnelles, comme les hymnes qu'Ambroise
composa pour distraire l'inquiétude de ses fidèles, assiégés
dans leur basilique pendant la semaine sainte de 386 [8] ;
d'autres jouent un rôle purement apologétique, face à la pro-

---

1. R. DEICHGRÄBER, *Gotteshymnus und Christushymnus*, p. 118 s. (pour la célébration de l'eucharistie ?) ; J. SZÖVÉRFFY, *Die Annalen der lateinischen Hymnendichtung*, t. I, p. 43 ; M. SIMONETTI, « Studi sull'innologia popolare », p. 342 s. ; GAM-
BER, *Sacrificium Missae*, p. 56-62 (tente de retrouver la forme strophique de cette
hymne, avant que saint Paul ne la transcrive en prose, p. 57) ; M. RISSI (« Der
Christushymnus », p. 3324) montre qu'elle repose sur Gn 1 et 3 ainsi que sur la
thématique du Serviteur souffrant (Is 52).

2. R. DEICHGRÄBER, *Gotteshymnus und Christushymnus*, p. 133 s. (pour l'administration du baptême ?).

3. R. DEICHGRÄBER, *Gotteshymnus und Christushymnus*, p. 143 s. ; on trouve
d'autres exemples réunis par A.-G. HAMMAN, *Prières des premiers chrétiens*, p. 39-48.

4. R. DEICHGRÄBER, *Gotteshymnus und Christushymnus*, p. 140.

5. R. DEICHGRÄBER, *Gotteshymnus und Christushymnus*, p. 142-143. L'hypothèse
de CROSS (*I. Peter*), selon laquelle (p. 37) *« our "Epistle" [sc., I. Petr.] partakes of
the nature of both a homily and a liturgy, viz. that it is the Celebrant's part for the
Paschal Vigil, for which, as the most solemn occasion in the Church's year, the Baptismal-
Eucharistic text must have been very carefully prepared »*, nous semble trop systématique.

6. En dernier lieu, P. GRELOT *et alii*, *Introduction à la Bible*, t. IX, *La Liturgie
dans le Nouveau Testament*, Tournai-Paris, 1991, p. 209-222.

7. R. DEICHGRÄBER, *Gotteshymnus und Christushymnus*, p. 36 s. ; KROLL, *Die christliche Hymnodik*, p. 34 s., n. 1 ; BESKOW, *Rex gloriae*, p. 158 ; ALFÖLDY, « Die Ausgestaltung des monarchischen Zeremoniells », p. 84-86. Bons exemples dans
CABROL, « La doxologie dans la prière chrétienne des premiers siècles », p. 11-14 ;
O. CULLMANN, *Le Culte dans l'Église primitive*, p. 21-22.

8. J. FONTAINE *et alii*, *Ambroise de Milan, Hymnes*, Paris, Éd. du Cerf, coll. « Patrimoines », p. 11-46, à compléter par A. BASTIAENSEN, dans *Vigiliae christianae* 48
(1994), p. 157-169 ; M. LATTKE, *Hymnus*, p. 311-313.

pagande sectaire ou hérétique [1] ; d'autres encore ne sont utilisées qu'à l'office, notamment à l'office bénédictin, l'office
romain les ayant refusées au moins jusqu'au XIIᵉ siècle, sinon
jusqu'au XIIIᵉ siècle [2] ; d'autres, comme celles de saint Hilaire
de Poitiers, ne sont que des compositions expérimentales,
un « laboratoire hymnodique [3] » ; d'autres enfin sont de
simples compositions littéraires, comme celles de Prudence [4].
S'ajoute à cela la naissance tardive de l'hymnodie de langue
latine, dont Hilaire de Poitiers est le premier représentant [5] ;
la formation de l'hymnaire liturgique est encore plus tardive : on ne commence à apercevoir un embryon de répertoire qu'à partir du VIᵉ siècle, dans les Règles de Césaire et
d'Aurélien ; encore n'est-il totalement constitué qu'au début
du IXᵉ siècle [6]. La question des hymnes, mal posée, n'est
donc qu'un faux problème. Si elles sont précocement et
abondamment documentées, elles n'entretiennent guère de
rapport avec la messe.

N'existe-t-il pas cependant des vestiges de leur emploi au
cours de la messe ? Quelques cas d'espèce pourraient constituer des exceptions à la règle qui semble ressortir de ce qui
précède : le *Gloria in excelsis*, le *Te Deum*, l'*Exultet* et le *Te
decet laus*.

Le « Gloria in excelsis ».

La grande doxologie est une hymne d'origine orientale,
primitivement en grec, ancienne et liturgique, malgré les
vicissitudes subies par son texte [7]. Certains *Gloria*, notam-

---

1. MOHRMANN, « La langue et le style », p. 295.

2. Dom J. CLAIRE, « Le répertoire grégorien de l'office. Structure musicale et
formes », p. 35 ; LEROQUAIS, *Les Bréviaires manuscrits*, t. I, p. XLVII ; SALMON,
L'office divin. Histoire de la formation du bréviaire, p. 213. Ainsi, l'antiphonaire B 79
possède seulement l'hymne des complies et le *Nunc Sancte nobis Spiritus* de tierce.

3. J. FONTAINE, *Naissance de la poésie dans l'Occident chrétien*, Paris, 1981,
p. 85-86, 93-94.

4. Elles furent certes centonisées et utilisées par la liturgie, mais cela eut lieu
bien après la mort de Prudence ; J. SZÖVÉRFFY, *Die Annalen*, t. I, p. 81-84 et
A Concise History, p. 1.

5. J. SZÖVÉRFFY, *Die Annalen*, t. I, p. 45 ; MOHRMANN, « La langue et le style »,
p. 282 ; J. MCKINNON, *Music in Early Christian Literature*, p. 121 ; J. FONTAINE,
« L'apport de la tradition poétique », p. 318 ; M. SIMONETTI, « Studi sull'innologia »,
p. 359.

6. P.-M. GY, « Le trésor des hymnes », p. 23.

7. En dernier lieu, M. METZGER dans les *Constitutions apostoliques*, Paris, t. III,
1986, p. 113 (SC 336) ; BRINKTRINE, « Zur Entstehung und Erklärung des *Gloria*

ment le *Gloria* ambrosien en *RÉ* et le *Gloria* XV en *MI*, sont musicalement très primitifs et consistent en une simple psalmodie ornée, même si ce dernier a perdu ses mélismes [1] ; les versions romaines le sont beaucoup moins [2]. Ce chant est attesté à partir du Vᵉ siècle, par les *Constitutions apostoliques* (VII, 47) [3] et par le *Codex Alexandrinus* de la Bible. Il n'est pas primitif à la messe, puisqu'il provient, en Orient comme en Occident, de l'office du matin, les laudes [4]. On s'est demandé si l'hymne que chantaient les chrétiens de Bithynie traqués par Pline le Jeune sur l'ordre de Trajan (*Ep.* X, 96, 7) n'était pas le *Gloria* [5] ; le contexte suggère cependant que la réunion évoquée n'était pas la messe, mais peut-être l'office du matin, et le passage est trop imprécis pour qu'on puisse l'utiliser.

Cette hymne n'est entrée à la messe que dans le seul rit romain, bien après la psalmodie et, à l'origine, à la seule messe de Pâques. Le *Liber pontificalis*, dont nous connaissons les limites pour les plus anciennes notices, affirme que le *Gloria* passa de manière accidentelle à la messe, à la faveur d'une intertextualité avec le récit de la Nativité (Lc II, 14) qui sert d'évangile à la première messe de Noël [6]. En réalité, il semble que le rédacteur du *Liber pontificalis* ait lui-même

in excelsis », p. 305 ; GAMBER, *Codices liturgici* 1, p. 63-64. JUNGMANN a étudié certaines des variantes régionales de son texte, « Um den Aufbau des *Gloria in excelsis* », p. 178-188. WARREN (*The Antiphonary of Bangor*, t. II, p. 76-79) présente un tableau comparatif de six versions du *Gloria*, notamment celle du *Codex alexandrinus*, une version ambrosienne, celle de l'antiphonaire de Bangor et celle du missel de Stowe.

1. E. MONETA-CAGLIO, « Lo jubilus », p. 165-168 ; Dom J. CLAIRE, « La place traditionnelle du mélisme », p. 265. Le *Gloria* XV est édité dans le *Graduale triplex*, p. 760-762.

2. J. BOE, « Gloria A and the Roman Easter Vigil », p. 5-37.

3. Éd. M. METZGER, SC 336, p. 112.

4. BROU, « Études sur la liturgie mozarabe. Le trisagion », p. 313 ; STRUNK, « The chants of the byzantine-greek liturgy », p. 320 ; K. LÉVY, « The Byzantine Sanctus », p. 40 ; M. SIMONETTI, « Studi sull'innologia », p. 351-353 ; R. TAFT, *La liturgia delle ore*, p. 210.

5. PLINE LE JEUNE, *Œuvres*, t. IV, éd. M. DURRY, Paris, 1959 (CUF), p. 96 : « *stato die ante lucem convenire carmenque Christo quasi deo dicere secum invicem* » ; LIETZMANN, « Die liturgischen Angaben des Plinius », p. 48-53 ; JUNGMANN, *The Mass*, t. I, p. 18 ; J. MCKINNON, *Music in Early Christian Literature*, p. 27 ; E. DEKKERS, « L'Église ancienne a-t-elle connu la messe du soir ? », p. 238 ; DÖLGER, *Sol salutis*, p. 103-136. M. LATTKE (*Hymnus*, p. 87) pense, à juste titre, qu'il ne s'agit pas d'une attestation du *Wechselgesang* (psalmodie alternée à deux chœurs) ; M. TESTARD, dans *Revue des études latines* 72 (1994), p. 138-158.

6. DUCHESNE, *LP*, t. I, p. 130, n. 5 et p. 268, n. 41 ; P. DE CLERCK, *La « Prière universelle »*, p. 294. Le *tractatus* 26 de saint Léon pourrait attester le chant du

fait une *lectio facilior* provoquée par cette intertextualité. Il
est plus vraisemblable que le *Gloria* soit passé des laudes à
la messe d'abord à Pâques — où il fut longtemps réservé à
l'évêque, comme l'indiquent les *Ordines Romani* — grâce au
caractère ambigu de la « messe » de la vigile pascale, qui est
en réalité une fonction, sorte de télescopage entre un office
des laudes, une cérémonie baptismale introduite par la litanie et une messe, laquelle ne commence qu'au *Gloria* ; le
temps passé à baptiser les enfants a fini par couper cette
vigile en deux : on ajouta une épître, comme si l'on
commençait une messe (l'évangile, lui, est en revanche primitif). Du reste, la plus ancienne mélodie de *Gloria* conservée dans le répertoire grégorien est le *Gloria* XV, qui est le
Gloria de Pâques [1]. Il se présente sous la forme d'un récitatif
de type psalmodique, très archaïque, écrit en modalité gallicane de *RÉ*. Il est toutefois légèrement plus évolué que le
Gloria ambrosien, car il a perdu ses mélismes, que le répertoire milanais a heureusement conservés.

Cette ambiguïté a dû permettre le passage du *Gloria* de
l'office à la messe grâce au système de « vases communi-
cants » que constitue la très primitive synaxe de la nuit pascale. Du reste, les textes patristiques font plutôt le lien entre
la *Gloria Christi* et la Résurrection — victoire sur la mort —,
non avec Noël [2]. Selon le *Liber pontificalis*, le pape Symmaque (498-514) fit par la suite chanter cette hymne à toutes
les messes : elle passa ainsi dans l'ordinaire de la messe. Elle
n'est donc qu'une adjonction secondaire, comme le prouve
du reste le fait que, jusqu'au début du deuxième tiers du
Ve siècle au moins, la messe commençait directement par les
lectures, au moins dans les rits occidentaux [3]. On ajouta
ensuite la collecte [4], puis, dans le seul rit romain, le *Gloria*

Gloria à Noël (éd. A. CHAVASSE, CCSL 138, p. 126). On a même conservé une
lectio cum cantico du *Gloria* à Noël dans les fragments latins du Sinaï, l'hymne étant
chantée à la suite de l'Évangile : voir B. FISCHER, dans *RBén* 74 (1964),
p. 288-289.

1. Il est édité dans le *Graduale triplex* des moines de Solesmes, p. 760-762. On
le trouve également dans le *Graduale romanum* de Paul VI.

2. A. J. VERMEULEN, *The Semantic Development of Gloria in Early-Christian Latin*,
Nimègue, 1956, p. 229.

3. Afrique : V. SAXER, *Morts, martyrs*, p. 273 ; G. CASATI, « La liturgia della
messa », p. 489 ; WILLIS, *St Augustine's Lectionary*, p. 1-2 ; GAMBER, « Ordo Missae
Africanae », p. 144 ; Milan : J. SCHMITZ, *Gottesdienst*, p. 316-317 ; Rome : CAPELLE,
« Le pape Gélase et la messe romaine », p. 137 et « Le *Kyrie* de la messe », p. 143.

4. P. DE CLERCK, *La « Prière universelle »*, p. 293-294.

et, en dernier lieu, le *Kyrie*[1]. Le *Gloria* ne saurait donc avoir précédé la psalmodie à la messe.

Le « *Te Deum* ».

Le *Te Deum* est une composition latine non métrique en prose, qui peut remonter au IIIe siècle[2]. Ses origines sont très controversées ; beaucoup considèrent qu'il s'agit d'une hymne, et essaient de l'attribuer à quelque auteur fameux ; à ce jour, Nicétas de Remesiana[3] semble avoir les préférences de la critique. Dom Cagin avait proposé d'y voir plutôt un ancien canon désaffecté, auquel on aurait enlevé la prière de consécration[4]. Le *Te Deum* est en effet formé d'une préface, suivie d'un *Sanctus* et d'une *hexomologesis*, c'est-à-dire d'une confession des articles de foi, exactement comme un canon auquel il ne manque que le *Qui pridie*. Cette hypothèse, qui n'avait guère trouvé de crédit jusqu'à une date assez récente, a été renforcée par les analyses de Dom Jean Claire, qui a montré que les mélodies du *Te Deum* ne peuvent guère être autre chose que des récitatifs, un ton de canon, non une hymne[5]. Le *Te Deum* ne saurait donc être le vestige d'une hymnodie antérieure à la psalmodie. Sa forme littéraire correspond du reste exactement à un trope, l'*anaphora* — qui est aussi le nom grec du canon —, qu'Isidore de Séville définit ainsi : « *Anaphora est repetitio eiusdem verbi per principium versuum plurimorum, ut* (Virgile, *Énéide* III, 157) : "*Nos te Dardania incensa tuaque arma secuti, / Nos tumidum sub te permensi classibus aequor*"[6] » ; on

---

1. CAPELLE voyait en Gélase (492-496) l'introducteur du *Kyrie* ; *contra* : P. DE CLERCK, La « *Prière universelle* », p. 284-295, A. CHAVASSE, « À Rome, au tournant du Ve siècle », p. 25-44 et J. F. BALDOVIN, « Kyrie eleison », p. 139-140. Sur l'*oratio fidelium* (qui pourrait avoir eu des liens avec le *Kyrie*), voir M. KLÖCKENER, art. « Conversi ad Dominum » dans : *Augustinus-Lexikon*, Bâle-Stuttgart, éd. C. Mayer, t. I (1994), col. 1280-1282 et F. DOLBEAU, dans *RBén* 104 (1994), p. 72-76.

2. MOHRMANN, « La langue et le style », p. 292 ; J. FONTAINE, « L'apport de la tradition », p. 327, n. 1 ; J. SZÖVÉRFFY, *Die Annalen*, t. I, p. 75 ; R. TAFT, « The Interpolation of the Sanctus », p. 301 et 306.

3. GAMBER, *Codices liturgici* 1, p. 113 ; J. FONTAINE *et alii*, *Ambroise de Milan, Hymnes*, p. 26 ; M. SIMONETTI, « Studi sull'innologia », p. 478-479. Sur son emploi à Lérins, C. M. KASPER, *Theologie und Askese. Die Spiritualität des Inselmönchtums von Lérins*, Münster, 1991, p. 286.

4. *Te Deum ou Illatio ?*, Solesmes, 1906.

5. « L'évolution modale dans les récitatifs liturgiques », p. 142-145.

6. *Etymologiae* I, XXXVI, 8 (éd. W. M. Lindsay, Oxford, t. I, 1911, p. 65).

pense naturellement aussitôt à : « Te *Deum laudamus,* te *Dominum confitemur,* te *aeternum Patrem omnis terra veneratur.* » Le *Te Deum* est donc très vraisemblablement un ancien canon, non une hymne.

L'« *Exultet* ».

L'*Exultet* est une hymne susceptible de remonter au IVᵉ siècle[1]. C'est une *laus cerei* qui sert de prologue à la *Benedictio Cerei,* la bénédiction du cierge pascal, cérémonie qui se déroule au début de la vigile pascale[2] et qui est attestée dès saint Augustin (*De civ. Dei* XV, 22) et saint Jérôme (*Ep. ad Praesidium, PL* 30, 182-187). Dom B. Capelle a tenté de l'attribuer à Ambroise, mais il a été réfuté, car on a pu démontrer qu'elle n'est pas d'origine romaine, mais gallicane[3] : elle est attestée pour la première fois dans des manuscrits francs du VIIIᵉ siècle, le *Missale Gothicum,* le missel de Bobbio et le *Missale Gallicanum Vetus,* d'où elle passa ensuite dans les sacramentaires gélasiens du VIIIᵉ siècle, puis en Italie du Nord. Il est cependant également possible qu'elle provienne d'Italie du Nord, comme le pense Dom Pinell[4]. La difficulté principale réside dans le fait que toutes ces analyses reposent uniquement sur une étude littéraire et stylistique des différents textes de l'*Exultet*; or, ce type d'argumentation repose sur des bases fragiles et ne peut être considéré comme une démonstration définitive. De façon beaucoup plus constructive, Dom J. Claire a montré que les plus anciennes mélodies d'*Exultet* sont bâties sur la corde de *RÉ*[5], qui est une corde de composition inconnue dans les couches les plus anciennes de la liturgie romaine ; cette pièce

1. J. SZÖVERFFY, *Die Annalen,* t. I, p. 75 ; GAMBER, *Codices liturgici* 1, p. 64-65.

2. Sauf à Bénévent et à Lyon, où on la trouve à la fin de cette messe, voir HESBERT, « Le samedi saint », *EL* 61 (1947), p. 154, 183 s. et Dom COMBES, dans *EG* 10 (1969), p. 161-167.

3. CAPELLE, « L'*Exultet* pascal, œuvre de saint Ambroise », p. 230-232. Approuvé par Dom J. PINELL, « La benediccio del ciri pasqual », p. 81-82, mais critiqué par B. FISCHER, « Ambrosius der Verfasser des österlichen *Exultet* ? », p. 61-74, H. AUF DER MAUR, « Die österliche Lichtdanksagung », p. 43, M. HUGLO, « L'auteur de l'*Exultet* pascal », p. 87, BENOÎT-CASTELLI, « Le *Praeconium paschale* », p. 313. H. ZWECK (*Osterlobpreis und Taufe,* p. 80-82) pense que l'hypothèse de CAPELLE n'est pas invraisemblable ; G. FUCHS et H. M. WEIKMANN, *Das Exsultet. Geschichte, Theologie und Gestaltung der österlichen Lichtdanksagung,* Ratisbonne, 1992.

4. « La benediccio del ciri pasqual », p. 81.

5. « L'évolution modale dans les récitatifs liturgiques », p. 139-142.

ne peut donc être originaire de Rome. Elle n'y arriva qu'assez tard, sans doute dès le IXe siècle puis dans le Pontifical romano-germanique, et d'abord dans la liturgie des titres, non au Latran. Cette hymne ne rentre donc pas dans le cadre de la liturgie romaine ancienne ; par surcroît, elle ne joue à la vigile pascale qu'un rôle paraliturgique. C'est donc encore une fausse piste.

Le « Te decet laus ».

Reste le *Te decet laus* ; c'est une hymne d'origine grecque qui est attestée dès les *Constitutions apostoliques* VII, 48 [1]. Elle n'a été conservée que dans l'office bénédictin, après la lecture de l'Évangile qui se trouve à la fin des matines dominicales et festives, juste avant de commencer les laudes [2], contrairement à l'office romain, qui l'ignore. Elle joue le rôle d'acclamation *post Evangelium*, rôle similaire à celui que jouent à la messe l'*antiphona post Evangelium* ambrosienne et l'*Alleluia* hispanique ; ce rit, contrairement à l'accord des autres liturgies, place en effet l'*Alleluia* après l'homélie qui suit la seconde lecture, non avant elle [3]. Reste qu'au total cette hymne ne se trouve pas attestée à la messe romaine, mais à l'office, et uniquement dans le rit monastique. C'est donc une nouvelle fausse piste.

Pour conclure cette brève analyse, qui visait uniquement à savoir si, au cours des trois premiers siècles, la psalmodie avait été précédée, à la messe romaine, par d'autres types de chants, et notamment par des hymnes, il nous semble possible de dire que rien ne permet d'affirmer une telle antériorité de l'hymnodie sur la psalmodie dans l'*Urbs*. Les raisons alléguées à l'appui de cette hypothèse sont trop fragiles. La psalmodie semble donc être entrée à la messe à une date assez haute, sans avoir eu besoin de supplanter une rivale à la faveur d'une imaginaire crise de l'hymnodie. La seule condition préalable était la christologisation du psautier ; dès la rédaction des évangiles au plus tard, c'est chose faite.

---

1. Éd. M. METZGER, t. III, p. 114 ; M. HUGLO, « Relations musicales entre Byzance et l'Occident », p. 274-275.

2. *Regula Benedicti*, XI (SC 182, p. 515-516) ; M. HUGLO, « Les diverses mélodies du *Te decet laus* », p. 112.

3. BROU, « L'*Alleluia* dans la liturgie mozarabe », p. 20-21.

LE CHANT LITURGIQUE CHRÉTIEN :
DES ORIGINES SYNAGOGALES ?

Avant d'aborder la liturgie chrétienne, il nous faut commencer par lever l'hypothèque que fait peser sur elle l'idée selon laquelle elle tirerait directement ses origines du culte en usage dans les synagogues des tout premiers siècles de notre ère [1].

Nous savons certes par les *Actes des apôtres* que les premiers chrétiens continuèrent à fréquenter les synagogues [2], quoique pour un temps qui ne put être bien long, en raison de la persécution dont ils furent assez vite les victimes, et selon des modalités qui, par surcroît, ne sont pas toujours bien claires [3]. On n'a cependant pas le droit de sauter par-dessus les siècles, et d'appliquer la situation de la primitive Église, antérieure à la destruction de Jérusalem par Titus en 70, situation ambiguë et transitoire, à l'Église organisée de la fin du IIIe et du début du IVe siècle, époque à partir de laquelle on commence à avoir des sources assez précises.

Sans nous arrêter aux analyses fantaisistes qui, au début de ce siècle, prétendaient faire descendre en ligne directe le chant grégorien (d'époque carolingienne, même s'il repose sur un canevas romain ancien) du chant de la Synagogue [4], il nous faut tout d'abord bien distinguer la liturgie du second Temple, rebâti par Hérode le Grand et encore inachevé à l'époque du Christ, de celle des synagogues et des proseuques, qui diffèrent profondément l'une de l'autre. La

---

1. Voir S. BEN CHORIN, *Le Judaïsme en prière*, p. 123 : « Les musicologues ont constaté qu'il existait indubitablement des rapports entre ces rythmes mélodiques [sc., ceux de la lecture de la Loi à la synagogue] et le chant grégorien de la liturgie catholique, et que ces mélodies remontent au chant lévitique qui était en usage dans le Temple », ce qui est un anachronisme. De même, JUNGMANN, *La Liturgie des premiers siècles*, p. 72. En dernier lieu, L. HOFFMAN, « The Jewish Lectionary », notamment p. 18, n. 2.

2. JUNGMANN, *The Mass*, p. 14-15 ; O. CULLMANN, *Le Culte dans l'Église primitive*, p. 8 ; R. TAFT, *La liturgia delle ore*, p. 24 ; DUCHESNE, *Origines du culte*, p. 46 ; DUGMORE, *The Influence of the Synagogue*, p. 1 ; A. BECKWITH, « The Daily and Weekly Worship of the Primitive Church », p. 104-105.

3. W. RORDORF, *Der Sonntag*, Zurich, 1962, p. 117 s.

4. WELLESZ, « Über die Zusammenhänge », p. 155 : « *Die frühe christliche Kirche übernahm aus der Synagoge nicht nur den Psalmengesang, sondern auch eine Reihe von Gesängen, die zum hauptsächlichsten Bestand der Liturgie gehören.* » *Contra* : E. MONETA-CAGLIO, « Lo jubilus », p. 83-84.

liturgie du Temple est une liturgie sacrificielle, qui utilise des musiciens et des chantres professionnels et qui fait un grand usage de la psalmodie et des instruments de musique, tels la trompette, la harpe ou le tambourin[1]. Un assez grand nombre de psaumes ont d'ailleurs été composés pour le culte du Temple, auquel ils font assez souvent allusion.

La situation est en revanche à la fois très différente et beaucoup moins claire pour les synagogues et les proseuques[2], dont les origines peuvent remonter au IIIe siècle avant Jésus-Christ[3], et qui rejettent la musique instrumentale[4] (comme plus tard les églises[5]), ne possèdent pas de personnel spécialisé pour les chants et recourent beaucoup moins à la psalmodie. Il faut ajouter que les synagogues de la dispersion ne sont pas dotées d'une liturgie unique, mais qu'il existe entre elles d'assez importantes variantes régionales. Il nous semble pouvoir dire que le rôle très important confié à la psalmodie dans l'avant-messe est un développement original qui est proprement chrétien[6]. Il est important de remarquer que cette conclusion ne fait que confirmer ce que l'on savait déjà dans les autres domaines de l'art paléochrétien, comme par exemple les fresques des catacombes ou les basiliques[7] : les chrétiens ont souvent repris des éléments anciens, hérités par eux, mais leur ont donné une signification et une importance entièrement nouvelles. Le chant liturgique ne constitue pas une exception, car ses couches les plus anciennes sont, comme nous le montrerons, d'époque paléochrétienne.

---

1. Ch. PERROT, « Le chant hymnique », p. 10 ; WERNER, *The Sacred Bridge*, t. II, p. 1-11.

2. Généralités : Ch. PERROT, « La lecture de la Bible dans les synagogues ».

3. Ch. PERROT, « La lecture de la Bible dans la diaspora », p. 110 et « La lecture de la Bible dans les synagogues », p. 26.

4. Ch. PERROT, « Le chant hymnique », p. 13 ; WERNER, *The Sacred Bridge*, t. II, p. 23 ; J. MCKINNON, « On the Question of Psalmody in the Ancient Synagogue », p. 167 s.

5. QUASTEN, *Music and Worship*, p. 72 s.

6. Voir J. MCKINNON, « The Fourth-Century Origin », p. 105 ; P. GRELOT, *La Liturgie dans le NT*, p. 41-42.

7. R. KRAUTHEIMER, « The Beginning of Early Christian Architecture », p. 15.

Conclusion.

La préhistoire du chant liturgique de Rome, même si l'on doit user de précautions pour avancer des conclusions pour une période aussi ancienne et pour laquelle les sources se dérobent, nous semble finalement avoir connu la psalmodie, en tout cas dans le domaine liturgique *stricto sensu.* L'importance primordiale de la psalmodie dans le culte est même un trait caractéristique du christianisme. Il ne semble donc pas exister de fracture entre une époque des hymnes et une époque de la psalmodie, mais au contraire une profonde continuité entre la préhistoire de cette liturgie et sa période véritablement historique, qui commence à la fin du IIIᵉ siècle et vers laquelle nous allons maintenant nous tourner.

CHAPITRE IV

LA MODALITÉ DU CHANT ROMAIN
ET SON ÉVOLUTION,
DES ORIGINES
AU DÉBUT DU IXe SIÈCLE

Il nous semble indispensable de commencer notre étude du chant romain par quelques pages consacrées à la modalité et au solfège ancien, faute de quoi ces pages pourraient apparaître peu intelligibles. Ce chapitre de l'histoire intellectuelle et spirituelle de l'Occident est en effet parfois considéré avec une certaine méfiance, pas toujours imméritée, du reste, en raison de son caractère « technique », qui peut paraître rebutant. C'est la preuve que, de toutes les sciences auxiliaires de l'histoire, la musique demeure la plus mal connue. Nous allons donc tenter d'expliquer, le plus simplement et le plus clairement possible, mais sans jamais simplifier, comment on composait un chant liturgique, à la fin de l'Antiquité tardive et au début du Moyen Âge. Cela montrera du même coup comment on doit l'analyser.

LA MODALITÉ ARCHAÏQUE

La situation dans les plus anciens manuscrits : des cordes aux modes.

Dès les plus anciens manuscrits notés, « grégoriens » (le Cantatorium SG 359 date de 920 environ) ou romains (le graduel de Sainte-Cécile date de 1071), on constate que les chants, aussi bien à la messe qu'à l'office, sont classés en fonction d'un certain nombre de catégories, les modes, à l'intérieur desquels est réparti l'ensemble du répertoire, en fonction de deux critères, la teneur et (surtout) la dernière note — ou note finale — de chaque chant. Ce système modal, fondé principalement sur les finales, qu'il existe dès l'origine (dans le répertoire romano-franc) ou qu'il ait été importé à partir du Xᵉ siècle (dans le chant romain), n'est nullement primitif. Nous savons en effet qu'il a été mis en place à la demande de Charlemagne, nouvel empereur d'Occident, qui, pour des raisons de prestige et de diplomatie — parfaitement honorables, du reste —, souhaitait imiter le cérémonial aulique du *basileus* de Constantinople ; comme il savait que les théoriciens byzantins avaient distribué l'ensemble de leur répertoire liturgique selon les huit modes d'un *octoechos*, il ordonna à ses savants et à ses chantres d'en faire autant du chant « romain », c'est-à-dire du nouveau chant grégorien. Le chant grégorien est donc né directement — ou peu s'en faut — à l'intérieur du cadre de l'*octoechos*. Comme il s'est répandu dans l'ensemble de l'Empire, entre le IXᵉ et le XIIᵉ siècle, il a fini par imposer cette vision des choses à pratiquement toute la musique liturgique occidentale. Partout, on raisonna désormais en fonction des finales, alors que toutes les compositions antérieures au IXᵉ siècle avaient été partout conçues totalement en dehors de ce système nouveau. Ainsi, les copistes romains à qui nous devons les graduels C 74 (1071), VL 5319 (début du XIIᵉ siècle) et F 22 (XIIIᵉ siècle) raisonnaient eux aussi en termes de modes d'*octoechos*. Les chants romains de la messe[1], y compris les plus anciens d'entre eux, nous sont donc parvenus sous une forme qui n'est pas leur état originel : ils ont été retouchés en fonction du système de la modalité des finales. Il est cependant possible de retrouver, sous l'état actuel des mélodies, l'état ancien, sinon primitif, qu'elles pouvaient avoir quand elles furent composées ; il suffit pour cela de faire une critique interne des mélodies. C'est sur cette critique interne que repose tout notre travail : c'est elle qui permet de reconstituer le visage ancien d'un chant et, partant, de le dater, de proposer ensuite une chro-

---

1. La précision est importante. En effet, au XIIIᵉ siècle encore, dans les manuscrits de chant romain ancien, l'office n'avait pas encore les huit modes ; la messe, si.

nologie et, terme ultime, de rédiger une page de l'histoire culturelle de Rome et de l'Occident.

La situation dans les plus anciens manuscrits : du récitatif à l'arioso continu.

Les chants se présentent dès les plus anciens manuscrits sous une forme qui est souvent ornée. L'analyse interne révèle cependant que tel n'était pas leur aspect originel. Les cordes modales sur lesquelles reposaient primitivement les mélodies ont été peu à peu étouffées et estompées par une ornementation de plus en plus complexe. Il faut donc, par delà cette ornementation et ces vocalises qui, pour un grand nombre d'entre elles, ne remontent pas plus haut que la *Schola cantorum*, c'est-à-dire, comme nous le verrons, les années 461-590, retrouver la corde de récitation *recto tono* primitive, c'est-à-dire la structure qui se cache sous les volutes et les courbes des mélismes. Naturellement, cette règle — qui n'est nullement un *a priori*, mais le fruit de l'expérience, comme nous allons le voir — ne s'applique pas aux pièces tardives, c'est-à-dire à celles qui ont été composées après le VIIᵉ siècle, à une époque où l'on ne tenait plus compte des questions de cordes modales et où l'on composait directement sous une forme ornée : ces pièces-là n'ont naturellement jamais existé sous la forme plus simple d'un récitatif.

La gamme, le solfège et la composition avant l'« octoechos ».

Dans l'échelle diatonique (les touches blanches du clavier), les notes de la gamme sont séparées en hauteur les unes des autres, tantôt par un ton plein, tantôt par un demiton. Ainsi, il y a un ton de *do* à *ré*, de *ré* à *mi*, de *fa* à *sol*, de *sol* à *la* et de *la* à *si*, mais il n'existe qu'un demi-ton entre *mi* et *fa* et entre *si* et *do*. Comme il n'existait ni dièse ni bémol qui permissent de créer artificiellement deux demi-tons entre les notes qui sont séparées l'une de l'autre par un ton entier, les seuls demi-tons possibles étaient ceux de la gamme naturelle, de *mi* à *fa*, de *si* à *do* et de *la* à *si* bémol ; il n'y avait ni mode majeur, ni mode mineur. Ce qui comptait était donc principalement l'intervalle entre

chaque note, c'est-à-dire la hauteur relative de chaque note
— par rapport à celle qui la précède et à celle qui la suit
—, c'est-à-dire les séries d'intervalles, non la hauteur absolue. C'est pour cette raison que la musique, aussi bien dans
l'Antiquité que dans le haut Moyen Âge, faisait partie du
quadrivium, au même titre que l'arithmétique, la géométrie
et l'astronomie : elle était la science de la mesure des rapports et des intervalles entre deux notes données, une
science des nombres : « *musica consistit in proportionibus* [1] » ou,
comme l'écrit Isidore de Séville, « *musica est disciplina quae
de numeris loquitur qui ad aliquid sunt, his qui inveniuntur in
sonis* [2] ».

Les cordes mères et la modalité archaïque.

Dans les manuscrits, les pièces possèdent souvent, entre
deux vocalises, des récitations sur une seule note *(recto tono)*,
qui sont très précieuses, car elles permettent de retrouver la
corde modale originelle de chaque pièce. Pour employer une
métaphore empruntée à la géomorphologie, ces récitations
sont une sorte d'affleurement de la corde modale (ou de sa
transposition) sous les couches successives déposées par
l'ornementation, un peu comme la roche mère, le granit,
affleure parfois à certains endroits sous les couches sédimen-
taires ; ces affleurements sont précieux, car ils permettent de
voir ce qu'était la géographie physique d'une région donnée
avant son envahissement par les mers et le dépôt des
couches de sédiments. Ces récitations peuvent s'écrire sur
DO, RÉ, MI, fa, sol, la et *si.* L'expérience et les travaux de
Dom J. Claire [3] ont montré qu'on peut en réalité les réduire
à trois cordes modales ou cordes mères, *DO, RÉ* et *MI,* et
que tout le reste *(fa, sol, la* et *si)* n'est que la transposition

1. HUESCHEN, « Antike Einflüsse », p. 80-95 (p. 87) ; J. FONTAINE, *Isidore de
Séville et la culture classique dans l'Espagne wisigothique*, Paris, t. I, rééd. de 1983,
p. 413 ; H. MARROU, *Saint Augustin et la fin de la culture antique*, Paris, 1938,
p. 197-200 ; E. FERGUSON, « Toward a Patristic Theology of Music », *Studia Patristica*, vol. 24, éd. E. A. Livingstone, Louvain, 1993, p. 26-28.

2. *Etymologiae* II, XXIV, 15 (éd. W. M. Lindsay, Oxford, t. I, 1911, p. 106).

3. Dom J. CLAIRE a exposé sa méthode d'analyse modale dans *RG* 40 (1962),
p. 196-211, 229-245 ; 41 (1963), p. 8-29, 49-62, 77-102, 127-151 ; *EG* 15 (1975) ;
Musices aptatio 1983 et « Le cantatorium romain », p. 54-57. On peut également
consulter A. TURCO, « Dai modi del vecchio romano ai modi-toni gregoriani », *passim*.

de ces trois cordes. La modalité archaïque repose sur ces trois cordes, dans lesquelles une seule note sert à la fois de teneur et de finale.

Le chant liturgique romain a en effet été pensé (bien avant d'avoir été écrit) sur une échelle pentatonique sans demi-ton, formée d'un tricorde majeur (*DO-RÉ-MI*) et d'un dicorde *(la-sol)* ; le premier demi-ton employé a été celui de la tierce mineure située au-dessous du tricorde. Il s'appelle *si* (bémol ou bécarre) dans notre écriture actuelle. Ce tricorde a donné naissance aux trois teneurs (ou cordes mères) de la modalité archaïque, tandis que le dicorde *la-sol* allait plus tard servir de finale à la modalité évoluée — modalité dans laquelle la finale n'est plus sur le même degré que la teneur — ou de teneur plus évoluée par rapport à la finale stable.

Une évolution en trois principales phases.

Les mélodies liturgiques ont tout d'abord consisté en une teneur à l'unisson, sur une corde mère, ornée de mélismes de ponctuation qui sont aussi anciens que la corde elle-même. Ce stade est documenté par un très célèbre texte de saint Augustin (*In Ps. 138* ; *PL* 37, 1784)[1], qui nous fait remonter à une époque où le lecteur qui montait à l'ambon pouvait se tromper de psaume, ce qui indique qu'il n'existait pour toute mélodie qu'une simple teneur : d'une pièce à l'autre, seul le texte changeait. Cette teneur pouvait reposer, selon les lieux et les traditions locales, sur les notes que nous appelons aujourd'hui *DO*, *RÉ* et *MI*. Ce stade est encore aujourd'hui représenté par les répons brefs, avec cette différence que la plupart d'entre eux ont perdu leur mélisme ; les exceptions sont rares. Il est également représenté par le *Gloria* ambrosien[2], en *la = RÉ*, qui a conservé son mélisme, de même que par le verset des vêpres, à l'emplacement de la psalmodie primitive (le capitule est ce qui reste de la lecture originelle).

Dans un second temps, ces chants fondés sur une simple

---

1. En dernier lieu : J. MᴄKɪɴɴᴏɴ, *Music in Early Christian Literature*, p. 160.

2. Il est édité dans E. Mᴏɴᴇᴛᴀ-Cᴀɢʟɪᴏ, « Lo jubilus », p. 165-168 (texte ancien) et a fini par entrer dans le *Kyriale* vatican ; il est édité avec un texte modernisé dans le *Graduale triplex* des Moines de Solesmes, p. 793-794.

teneur allèrent peu à peu chercher une finale nouvelle, non plus, comme cela avait été le cas jusqu'alors, à l'unisson de la teneur, mais au grave, sans sortir toutefois de l'échelle pentatonique. La *responsio* du répons bref était l'embryon de l'antienne ; elle se développa et se détacha. Pour ce faire, chaque corde alla trouver un second élément, c'est-à-dire une finale, au grave, le dicorde *sol-la*, mettant ainsi en place l'échelle pentatonique complète, *sol la DO RÉ MI*. On hésita tout d'abord à sortir de cette échelle pentatonique en allant chercher une finale encore plus grave, *fa*. Les premiers à s'y résoudre furent les professionnels de la *Schola* ; c'est la raison pour laquelle le cinquième mode (*DO* finissant à *fa* ou, transposé, comme dans les traits en *sol = DO*, en *sol* descendant à *do*), dans le répertoire romain, est très répandu à la messe, domaine réservé des spécialistes de la *Schola*, élite qui n'hésite pas à innover. Il est en revanche totalement inconnu de l'office, qui relève de la musique populaire — il n'y a pas de *Schola*, à l'office : tous les clercs ou tous les moines chantent ensemble — et qui, par conséquent, est beaucoup plus conservateur et s'est refusé à sortir de l'échelle pentatonique pour aller chercher une finale sur *fa*. L'intervention de la *Schola* est donc l'élément qui permet d'expliquer cet apparent paradoxe : la finale *fa*, très courante à la messe, comme en témoignent les nombreux graduels romains en *fa*, est inconnue à l'office, au sein du même répertoire romain. Les pièces de l'office qui, dans le répertoire grégorien, plus moderne, descendent à *fa*, s'arrêtent dans le chant romain à *la* (deuxième mode) ou *sol* (huitième mode) ; le grégorien les a souvent fait descendre à *fa*, les transformant ainsi en cinquième mode.

Le mélisme a été l'un des éléments qui ont précipité cette évolution, en raison de sa tendance à moduler au grave ; or, comme le prouve l'expérience, un terme grave est souvent une future finale. À force de toucher le *sol* ou le *la*, au fil de la course du mélisme, qui quittait sa teneur pour y revenir après avoir décrit une arabesque descendant au dicorde grave, les mélodies finirent naturellement par y fixer leur finale. Les deux finales nouvelles qui prirent naissance alors sont le dicorde *sol-la*. On évita cependant d'utiliser le *si*, la note faible et mobile, qui n'est séparée de *DO* que par un demi-ton. Les mélodies sautaient par conséquent par-dessus cette note, laissant ainsi volontairement le demi-ton — ou corde mobile — dans l'indétermination : *si* naturel (bécarre) ou *si* bémol.

Dans une dernière étape, la finale étant désormais distincte de la teneur, on joua sur l'amphibologie du *si* pour créer de nouveaux modes : avec le bémol et avec le bécarre. Le *si*, note faible par nature en raison de sa trop grande proximité avec la note qui la suit, *DO* ; ce *si*, qu'on évitait d'employer, ou qui ne jouait qu'un rôle très secondaire, purement ornemental, devint au contraire, pour la précision de l'échelle, le pivot de toutes les compositions et le moteur de la création de nouveaux modes évolués, un agent de multiplication des modes.

La corde mère de « DO » et son vocabulaire.

Le vocabulaire de cette corde est la quarte grave *DO-sol*, avec la tierce mineure *(DO-la)* tout près de la corde. Cette corde modale se présente à nous dans les manuscrits sous trois formes : non transposée, elle est restée sur *DO*. Elle peut également avoir été transposée sur *fa (= DO)* et sur *sol (= DO)*. La première transposition ne pose guère de problème ; il n'en est pas de même de la seconde. *Sol* est, dans l'hexacorde du bécarre, c'est-à-dire avec le *si* bécarre (si le *si* est nommé), la transposition de *DO* dans l'hexacorde naturel. En effet, les intervalles de la série :

(Hexacorde naturel) DO-RÉ-MI-*(fa)*-*sol*-*la* (= 1-1-1/2-1-1)

sont les mêmes que ceux de sa transposition :

(Hexacorde du bécarre) sol (= *DO* de l'hexacorde naturel)-*la*-*si*-*(DO)*-RÉ-MI (= 1-1-1/2-1-1).

La corde mère « RÉ » et son vocabulaire.

Le vocabulaire de cette corde est la quarte grave *RÉ-la*, avec la tierce mineure *(do-la)* en bas ; c'est donc l'inverse de la cellule mère de *DO*. Cette corde se présente sous deux formes : tantôt elle est restée sur sa corde mère, tantôt au contraire elle a été transposée en *sol (= RÉ)*. Or, pour que *sol = RÉ*, il faut le *si* bémol (si le *si* est nommé), sinon la série des intervalles n'est pas identique et la transposition n'en est pas une :

(Hexacorde du bémol) *fa*-sol (= *RÉ* de l'hexacorde naturel)-*la-si* b-DO-RÉ (= 1-1-1/2-1-1).

On voit par conséquent que le bémol, dans les manuscrits, loin d'être, comme on le croit souvent, un signe de corruption de la musique, une sorte de marque de « décadence » de la tradition mélodique, est au contraire, tout simplement, la transposition d'une note comme les autres : derrière le *si* bémol se cache l'échelle de *RÉ* ; derrière le *si* naturel se cache celle de *DO* ou de *MI*, car le demi-ton *la-si* bémol est la transposition des autres demi-tons : *mi-fa* et *si-do*.

La corde mère de « MI » et son vocabulaire.

Le vocabulaire de cette corde est la tierce majeure *MI-ré-do* ; il n'a en effet pas été possible de descendre plus bas que ce *do*, puisqu'on aurait rencontré la corde mobile *si*. Cette corde mère peut être transposée sur *si*, car les intervalles sont les mêmes, *si* et *MI* étant les deux seules notes de l'hexacorde naturel qui soient suivies d'un demi-ton *(si-do = MI-fa)*. Le problème est que, le *MI* étant un degré faible, puisqu'il n'est séparé de la note qui le suit *(fa = do)* que par un demi-ton, il a subi l'attraction du *fa*, de telle sorte qu'il est fréquent que le *MI* soit monté à *fa (= DO)* ; cela signifie qu'une corde de récitation *do* peut être aussi bien une vraie corde *DO* qu'un ancien *si* (transposition de la corde mère de *MI*), monté à *do* ; de même, une récitation sur *fa* peut être aussi bien la transposition de la corde mère de *DO* que le résultat de la montée à *fa* d'une corde mère de *MI*. On peut toutefois distinguer les deux cordes à l'aide de la cellule mère de *MI*, qui est formée de la tierce majeure *do-ré-MI* (qui peut être transposée en *sol-la-si*). La plupart des récitations sur *do* qu'on trouve dans les pièces en *MI* sont donc d'anciens *si* ; les *si* ont cependant été conservés par endroits, grâce à certains subterfuges. Ainsi, certains des offertoires en *MI* ont réussi à les figer en interdisant leur montée à *do* en les ornant de torculus *si-do-la* [1] ; partout où les récitations sur *si* n'ont pas été ainsi habillées, elles sont montées à *do*. La montée de *si* à *do*, générale dans l'ensemble

---

[1]. Nous allons l'étudier en détail plus loin ; nous l'avons désigné sous le nom de « style C ».

de l'Occident, dépend en outre de particularismes régionaux. Ainsi, on a constaté que les manuscrits aquitains et bénéventains sur lignes, mais également les manuscrits sangalliens en neumes purs, plus anciens que les autres, ont gardé leurs *si*[1].

L'amphibologie du « sol » et du « la », source de confusions.

Comme nous venons de le voir, quand une mélodie se trouve portée par la teneur *sol*, elle peut être aussi bien la transposition de *DO* que celle de *RÉ* ; les seuls moyens de faire la distinction résident dans l'analyse de la mélodie : si elle est bâtie sur la cellule mère de *DO* (*sol-la-DO*, transposée sur *ré-mi-sol*), elle est en *DO* ; quand au contraire elle est fondée sur la cellule mère de *RÉ* (*la-do-RÉ*, transposée sur *ré-fa-sol*), elle est en *RÉ* ; si elle utilise le *si* bémol, elle est sur *RÉ* ; si elle utilise le *si* bécarre, elle est sur *DO*. Il faut donc étudier la mélodie pour voir s'il est possible de relever l'emploi de l'une des deux séquences et l'utilisation éventuelle du *si* bémol. Nous reconnaissons cependant volontiers qu'il est parfois difficile de trancher. De la même manière, une pièce qui récite sur *la* peut aussi bien être en *RÉ* qu'en *MI*, qui se transposent l'une comme l'autre sur *la*. Pour résumer :

La : — *La-sol-mi-sol-la* :   *la* = *RÉ*
     (équivaut à *RÉ-do-la-do-RÉ*)

    — *La-sol-fa-sol-la* :   *la* = *MI*
     (équivaut à *MI-ré-do-ré-MI*)   (tierce majeure)

Sol : — *Sol-fa-ré-fa-sol* :   *sol* = *RÉ* (avec le *si*
     (équivaut à *RÉ-do-la-do-RÉ*)   bémol ; tierce mineure)

    — *Sol-mi-ré-mi-sol* :   *sol* = *DO*
     (équivaut à *DO-la-sol-la-DO*)   (avec le *si* bécarre ;
                                  tierce majeure)

Du reste, il faut bien voir qu'un certain nombre de pièces

---

1. GAJARD, « Les récitations modales », p. 15, 23, etc. ; CARDINE, « La corde récitative du 3ᵉ ton », p. 47.

jouent volontairement sur ces amphibologies et restent dans l'indétermination : transposées en *sol*, on ne sait si elles sont en *DO* ou en *RÉ*, puisqu'elles font exprès d'éviter de citer le *si*, qui les obligerait à lever l'ambiguïté, ce que le compositeur ne souhaitait visiblement pas. D'autres au contraire utilisent, au cours de la même pièce, les deux transpositions, *sol = RÉ* et *sol = DO* : dans leur partie grave, leur *sol* est la transposition de *RÉ*, tandis que dans leur partie aiguë il est la transposition de *DO*. Ce phénomène très curieux, mais musicalement facile à expliquer, est très visible dans les pièces du huitième mode. Ce n'est nullement une maladresse, comme on pourrait le croire : c'est au contraire parfaitement et fort habilement calculé, puisque cela permet de jouer sur les deux tableaux à la fois, c'est-à-dire d'utiliser les deux échelles et les deux vocabulaires de la corde de *DO* et de la corde de *RÉ*, sans avoir à choisir, ce qui obligerait les compositeurs à réduire leur palette mélodique et leur liberté de création.

Récitatifs, articulations mélismatiques et évolutionnisme.

Que nous cherchions à retrouver les cordes modales, c'est-à-dire des récitatifs simples, sous l'ornementation ajoutée par les siècles — et par la *Schola cantorum* — ne signifie nullement que nous partagions les théories dites évolutionnistes, qui ont fort mauvaise presse parmi les musicologues. On a en effet critiqué, à juste titre, cette forme de reconstruction arbitraire [1], selon laquelle le mouvement naturel de l'histoire serait d'aller toujours du simple vers le complexe ; plusieurs ont rappelé à juste titre que certaines mélodies fort élaborées pouvaient être très anciennes, tandis que des mélodies très élémentaires pouvaient au contraire se révéler de création très tardive. C'est rigoureusement exact, comme nous le verrons à chaque page de ce travail. Il faut en effet introduire deux nuances importantes, qui font que nos analyses ne sont

---

1. Voir S. RANKIN, « Musical and Ritual Aspects of *Quem Queritis* », dans : *Liturgische Tropen. Referate zweier Colloquien des « Corpus Troporum » in München (1983) und Canterbury (1984)*, Munich, 1985, p. 182. Sur l'évolutionnisme dans le domaine des textes liturgiques, voir M. C. DÍAZ Y DÍAZ, « El latín de la liturgia hispánica », repris dans : *Vie chrétienne et culture dans l'Espagne du VIIᵉ au Xᵉ siècle*, Londres, 1992, p. 79.

en aucun cas susceptibles de prêter le flanc à l'accusation d'évolutionnisme.

Il faut en effet tout d'abord bien distinguer entre, d'une part, les genres liturgiques qui, dès une époque très ancienne, sont naturellement ornés, comme les graduels, les traits, les *Alleluia* et souvent les offertoires et, d'autre part, les genres qui sont naturellement simples, comme les introïts et les communions. Dans les genres ornés, les pièces simples sont tardives ; en revanche, dans les genres simples, les pièces ornées sont tardives. C'est surtout vrai pour le *Kyriale*, pour les traits et les graduels.

Il faut ensuite bien voir que les pièces étaient à l'origine tout à la fois simples et ornées : la corde mère (ou corde de récitation), *recto tono*, donc aussi simple que possible, était ponctuée au moyen de vocalises (ou mélismes) d'articulation qui étaient fort élaborés. Ainsi, les pièces les plus anciennes possédaient à la fois certains éléments simples (leur corde) et certains éléments complexes (les vocalises d'articulation). Autant il est légitime de chercher à retrouver la corde modale, autant il serait faux de vouloir reconstituer des pièces sans vocalises.

Les mélismes — en tout cas ceux d'entre eux qui jouent un rôle de ponctuation du texte psalmique, qui sont les seuls mélismes primitifs — sont un élément extrêmement ancien, qu'on trouve dès les origines de la psalmodie. Ils proviennent des solistes [1] et sont par conséquent antérieurs à la naissance de la *Schola cantorum* : c'était en quelque sorte leur « grand air » personnel. Loin de jouer un rôle décoratif, ils étaient indispensables, car ils servaient à souligner les articulations du texte psalmique ; ils permettaient également aux auditeurs de savoir où l'on en était, puisqu'ils annonçaient notamment la fin de chaque verset ainsi que celle de la pièce de chant, indication indispensable dans un milieu de tradition orale. Le mélisme, ou *iubilatio*, était également lié à la psalmodie responsoriale [2] : c'était la réponse des fidèles à la psalmodie. On l'a ensuite syllabisé pour y adapter un texte (un verset choisi) et ainsi créer le refrain populaire ou *res-*

---

1. Sur ce sujet, E. MONETA-CAGLIO, « Lo jubilus ».
2. BERNARD, « Les *Alleluia* », p. 355, n. 105 ; E. MONETA-CAGLIO, « Lo jubilus », p. 21. *Contra* : J. McKINNON, « The Patristic Jubilus », p. 63-70. Nous aborderons cette discussion dans le chapitre consacré aux *Alleluia*.

ponsio, ancêtre du refrain des graduels [1] et de l'antienne du psaume.

Les pièces anciennes se présentaient donc à l'origine sous la forme d'une récitation *recto tono* sur une corde mère (teneur et finale), dans laquelle les accents des mots (à l'aigu, à Rome) introduisaient toutefois une certaine variété et qui était ponctuée, à la flexe, à la médiante et à l'avant-dernière distinction logique du texte, au moyen de vocalises [2]. Par la suite, la récitation disparut en raison de l'effacement progressif de la corde mère (les anciens accents devenant de nouvelles teneurs, à l'aigu, et les anciennes finales modulant au grave, le plus souvent à la quarte) et de l'ajout de nouvelles vocalises, décoratives et sans but « grammatical ». Pour tenter de reconstituer au moins en partie l'aspect primitif d'une pièce, il faut donc éliminer ces teneurs, ces finales et ces vocalises nouvelles pour retrouver la corde mère et les vocalises de ponctuation anciennes. Dom J. Claire a montré que c'était possible pour les antiennes de l'office férial [3] ; nous voudrions en faire de même pour les chants de la messe.

Les cordes modales, élément de datation et de localisation.

Le nombre des modes par genre liturgique est un indice de plus ou moins grande ancienneté : en effet, plus un genre est ancien, moins il possède de modes [4]. Ainsi, *cantica* et traits, qui sont les plus anciens genres liturgiques de la messe, n'en possèdent que deux, *DO* (transcrit en *sol* ; huitième mode grégorien) et *RÉ* (deuxième mode grégorien) ; les graduels, qui sont un peu plus tardifs, en possèdent cinq (les modes impairs, I, III, V et VII, auxquels il faut ajouter les graduels du deuxième mode en *la*) ; les *Alleluia*, offer-

---

1. Dom J. CLAIRE, « Le cantatorium romain », p. 63-64.
2. Sur le mélisme et son importance, Dom J. CLAIRE, « La place traditionnelle du mélisme », *passim*.
3. Dans *EG* 15 (1975). A. TURCO a effectué le même travail pour les antiennes de l'office festif romano-franc dans « Les répertoires liturgiques latins », et pour les antiennes de l'office ambrosien dans « Il repertorio dell'Ufficio ambrosiano », ainsi que dans « Forme di salmodia nel canto milanese », dans *M e S* 1 (1993), p. 303-317.
4. Dom J. CLAIRE, « Le répertoire grégorien de l'office », p. 45-46.

toires, communions et introïts, qui sont encore plus tardifs, possèdent déjà tous les modes de l'*octoechos*.

Par surcroît, contrairement à *DO* et à *MI*, *RÉ* n'est pas une corde d'origine romaine [1]. Dom J. Claire a en effet montré qu'elle est absente des couches les plus anciennes de la liturgie romaine [2]. Elle est en revanche très présente dans les autres liturgies italiennes — notamment à Bénévent et à Milan — ainsi qu'en Gaule. La contre-épreuve de la non-romanité de cette corde modale se trouve dans le fait que le répertoire postgrégorien — c'est-à-dire les pièces qui n'appartiennent pas au fonds authentique, celui qui provient de Rome et dont la présence en Gaule remonte au VIIIe siècle —, composé en dehors de Rome à partir du IXe siècle, est le plus souvent, sinon exclusivement, fondé sur la corde mère de *RÉ* : après avoir reçu le répertoire romain, qui comprenait de nombreuses pièces en *DO*, les pays non romains retournèrent à leur idiome musical traditionnel, la corde *RÉ*. Par surcroît, les pièces en *RÉ* composées en dehors de l'Italie ont en outre pour caractéristique d'être souvent accentuées au grave, alors que l'accent latin est toujours à l'aigu [3].

Emprunts de cordes et de mélismes.

Le problème est compliqué par le fait qu'une pièce en *RÉ* peut par exemple fort bien emprunter, pour quelques instants, une corde de *DO* pour utiliser une de ses formules de cadence. De la même manière, les mélismes ne sont pas liés à une corde particulière : comme ils étaient la part propre du soliste, ils ont une existence propre. C'est la raison pour laquelle on trouve très souvent le même mélisme dans des pièces reposant sur des cordes mères différentes.

---

1. Dom J. CLAIRE, « Points de contact », p. 112-114 et « Le cantatorium romain », *passim*.
2. *EG* 15 (1975) et « La musique de l'office de l'avent ».
3. Nous en avons donné de nombreux exemples dans « Le Cantique des Trois-Enfants », p. 259-260.

LA MODALITÉ ÉVOLUÉE

Les contresens induits par l'« octoechos ».

Nous connaissons bien maintenant le procédé complexe par lequel les pièces du répertoire ont été pliées de force au cadre artificiel de l'*octoechos*, par montée des teneurs à l'aigu et par descente des finales au grave. Fut ainsi créée une modalité de type évolué, à deux éléments, à l'intérieur de laquelle chaque pièce se trouva classée dans un mode déterminé en fonction de sa teneur et de sa finale ; ce dernier élément finit d'ailleurs par l'emporter et l'on raisonna désormais uniquement en termes de finales, perdant ainsi de vue les origines de la modalité. Les savants à qui Charlemagne avait confié cette réforme employèrent ces deux moyens — montée de la teneur et descente de la finale — pour faire entrer l'ensemble du répertoire à l'intérieur des huit cases — parfaitement artificielles — de l'*octoechos*, classant très souvent dans deux modes différents des pièces de même modalité et unissant au contraire dans un même mode des pièces qui reposaient à l'origine sur des cordes mères différentes, ce qui brouilla totalement et durablement les cartes [1]. Comme il existait quatre finales possibles, *ré, mi, fa* et *sol,* on forma huit modes, en fonction de la teneur liée à chacune d'entre elles.

Dans son principe, le système de l'*octoechos* n'intéressait véritablement que les seuls chants qui utilisent un ton psalmodique, c'est-à-dire, à la messe, l'introït et la communion. Il fallait en effet savoir sur quel ton psalmodique, c'est-à-dire avec quel récitatif *recto tono*, chanter le psaume qui accompagne tel introït ou telle communion. Ces deux genres musicaux consistent en effet en une antienne, qui sert de refrain à un psaume dont on chante les versets aussi longtemps que dure la procession d'entrée (pour l'introït) et celle de la communion (pour le chant homonyme). Ce psaume est

---

1. Outre les travaux de Dom J. Claire déjà mentionnés, on trouvera une synthèse sur les théoriciens carolingiens dans N. PHILLIPS, « Classical and Late Latin Sources for Ninth-Century Treatises on Music », dans : A. BARBERA (éd.), *Music Theory and its Sources,* Notre-Dame, 1990, p. 100-135. Ces perturbations modales ont été étudiées par U. BOMM, *Der Wechsel der Modalitätsbestimmung in der Tradition der Messgesänge im IX. bis XIII. Jahrhundert,* Einsiedeln, 1929 et par W. LIPPHARDT, *Der karolingische Tonar von Metz,* Münster, 1965, p. 246-257.

chanté *recto tono* ; encore faut-il savoir quel récitatif, c'est-à-dire quel ton psalmodique, employer avec tel chant donné, car il y avait plusieurs teneurs possibles, donc plusieurs tons psalmodiques différents. L'*octoechos* consistait donc primitivement à assigner tel ton à tel chant et aboutissait à classer introïts et communions en fonction de leur ton psalmodique. C'est par une sorte d'extension abusive que ce système a été élargi à tous les chants, y compris à ceux qui n'en avaient que faire, comme les traits, les graduels, les *Alleluia* et les offertoires, qui ne sont pas des antiennes accompagnant une psalmodie et qui par conséquent n'ont nul besoin d'être classés en fonction de leur ton psalmodique, puisqu'ils n'en possèdent tout simplement pas. C'est la raison pour laquelle les tonaires, c'est-à-dire ces livres utilisés à partir du IXᵉ siècle par les chantres et par les théoriciens de la musique, qui classent les antiennes de la messe en fonction de leur mode, c'est-à-dire de leur ton psalmodique, ignorent les chants autres que les introïts et les communions.

Ces huit modes sont habituellement classés deux par deux et rangés dans quatre catégories, forgées par les théoriciens médiévaux, correspondant aux quatre finales possibles : le *Protus* (premier et deuxième modes), ou mode évolué de *ré* (c'est-à-dire le mode qui réunit les pièces dont la note finale est un *ré*), le *Deuterus* (troisième et quatrième modes), ou mode évolué de *mi*, le *Tritus* (cinquième et sixième modes), ou mode évolué de *fa*, et le *Tetrardus* (septième et huitième modes), ou mode évolué de *sol*. Quand la mélodie utilise la partie aiguë de l'échelle mélodique, elle est dite authente ; quand elle utilise sa partie grave, elle est dite plagale. Chacun de ces quatre modes évolués possède donc une forme authente et une forme plagale, d'où huit modes d'*octoechos*. Les modes authentes sont les modes impairs (1, 3, 5 et 7), tandis que les modes plagaux sont les modes pairs (2, 4, 6 et 8). Par analogie, en modalité archaïque, une mélodie sera donc dite « authentisante » quand elle emploiera la partie aiguë de l'échelle mélodique (ou cellule mère) de la corde à laquelle elle se rattache[1].

Les modes authentes sont en général d'un seul type : une corde mère aiguë et une finale à la quinte grave : *MI* des-

---

1. Voir Dom CARDINE (*Première année de chant grégorien*, Rome, 1975, p. 25), lequel, malgré son titre, ne s'adresse pas à des débutants.

cendant au *la* par le *si* bécarre (premier mode), *MI* descendant au *la* par le *si* bémol (troisième mode), *DO* descendant au *fa* (cinquième mode) et *RÉ* descendant au *sol* (septième mode). En revanche, les modes plagaux sont tous composés (sauf le sixième mode) de plusieurs types modaux relevant de cordes mères différentes. Les authentisants sont ceux qui procèdent d'une descente de finale ; les archaïsants, d'une montée de teneur.

On ne comprend donc rien aux mélodies liturgiques anciennes si l'on ne regarde que les modes, c'est-à-dire les finales : il faut au contraire toujours tâcher de faire abstraction de la finale et retrouver la corde mère sur laquelle est bâtie une pièce pour pouvoir l'analyser convenablement.

Conclusion.

C'est à l'aide de cette méthode qui, comme nous pensons l'avoir montré, n'est ni une théorie ni un *a priori*, mais au contraire le fruit de l'expérience et le résultat d'observations portant sur plusieurs milliers de pièces, que nous allons analyser l'ensemble du répertoire romain de la messe, dans le but de le dater. Cette méthode est une sorte d'étymologie musicale à but historique.

CHAPITRE V

LES CHANTS DU SOLISTE :
AUX SOURCES DE LA PSALMODIE,
LA « LECTIO CUM CANTICO »

INTRODUCTION : LA VIGILE PASCALE
ET LES ORIGINES DU DIMANCHE

Ces préliminaires ont clarifié les origines du chant liturgique chrétien. Nous sommes donc maintenant à même d'aborder les origines de la psalmodie. Pour ce faire, il faut commencer par savoir précisément quel usage était fait des psaumes, à la messe, au cours des premiers siècles. Plusieurs pensent en effet que le psautier, avant de devenir un *Liederbuch*, commença par n'être qu'un *Lesebuch*, c'est-à-dire que les psaumes furent d'abord longtemps lus, jusqu'au début du IIIe siècle environ, où l'on commença à les chanter, pour remplacer les hymnes, bannies en raison de la crise gnostique, et que le véritable *Psalmenenthusiasmus* ne naquit qu'au IVe siècle, avec les grands commentaires sur les psaumes d'Eusèbe, d'Ambroise et d'Augustin[1]. À en croire en effet cette tradition, qui ne donne sans doute pas à la musique l'importance qui lui est due, le psautier, pendant les deux premiers siècles au moins, n'aurait été qu'une lecture prophétique, une *Psalmenlesung*, qui ne serait que très progressivement devenue un *Zwischengesang*, un chant entre les lectures de l'avant-messe ; la psalmodie aurait été absente du culte chrétien primitif et ne serait passée du stade de la

---

1. B. FISCHER, « Die Psalmenfrömmigkeit », p. 17-18 ; « Le Christ dans les psaumes », p. 88 ; DANIÉLOU, « Les Psaumes dans la liturgie de l'Ascension », *L.M.-D* 21 (1950), p. 40-41.

simple lecture à celui de chant véritable que vers la fin du IVe siècle, d'autant plus que saint Augustin (*Conf.* X, 49-50) note que certaines formes de chant peuvent se rapprocher de la simple lecture[1].

Ces analyses ont rencontré l'appui des études lexicographiques fondées sur l'examen du vocabulaire du chant et de la psalmodie chez les Pères des cinq premiers siècles. De l'ambiguïté et du caractère parfois vague de ce vocabulaire[2], elles ont également conclu à l'absence de différence entre le traitement de l'Évangile et celui des psaumes : l'un comme les autres auraient été simplement lus[3]. S'y est ajoutée l'étude de l'origine et de la formation des ordres mineurs : de l'absence dans les textes d'un *cantor*, et de l'attestation en revanche précoce et fréquente du *lector*, on a de nouveau conclu au caractère indifférencié des lectures et des psaumes, lus eux aussi[4], dans la primitive Église[5].

---

1. Voir A. STUIBER, « Psalmenlesung oder Zwischengesang », p. 398 ; J. McKIN-NON, « On the Question of Psalmody », p. 185 et « The Fourth-Century Origin », p. 105. L'analyse des chants montre que c'est impossible : voir ZWINGGI, « Der Wortgottesdienst bei Augustinus », p. 98-100 et E. MONETA-CAGLIO, « Lo jubilus », p. 92 s. Sur le passage des *Confessions*, voir J. FONTAINE, *Naissance de la poésie dans l'Occident chrétien*, Paris, 1981, p. 37, McKINNON, *Music*, p. 154, M. BANNIARD, « Le lecteur en Espagne wisigothique d'après Isidore de Séville : de ses fonctions à l'état de la langue », *REAug* 21 (1975), p. 130 et M. B. PARKES, *Pause and Effect. An Introduction to the History of Punctuation in the West*, Aldershot, 1992, p. 35 ; la proximité entre lecture et chant est due au fait que, avant l'intervention de la *Schola cantorum* aux VIe-VIIIe siècles, les mélodies étaient moins ornées et donc plus proches d'une cantillation.

2. KROLL, *Die christliche Hymnodik*, p. 4-7 ; DÖLGER, *Sol Salutis*, p. 124 ; A. A. R. BASTIAENSEN, « *Psalmi*, *hymni* and *cantica* », p. 15-20 ; C. GNILKA, « Ein Zeugnis doppelchörigen Gesangs », p. 68 ; MONETA-CAGLIO, « Lo jubilus », p. 93 s. Le travail le plus important sur cette question est celui de VAN DIJK, « Mediaeval Terminology », p. 7-26. Voyez aussi P.-M. GY, « Le vocabulaire liturgique latin au Moyen Âge », p. 299, LATTKE, *Hymnus*, p. 87 et J. McKINNON, *Music in Early Christian Literature*, p. 162.

3. PAOLI-LAFAYE, « Les "lecteurs" des textes liturgiques », p. 64 ; QUACQUARELLI, « Alle origini del "lector" », p. 383-406.

4. HUCKE, « Die Entwicklung des christlichen Kultgesanges », p. 177-179 ; FAIVRE, *Naissance d'une hiérarchie*, p. 189 ; FASSLER, « The Office of the Cantor », p. 39 ; FOLEY, « The Cantor in Historical Perspective », p. 207-209.

5. Le P. GY a cependant noté avec justesse (dans un C. R. paru dans *Cahiers de civilisation médiévale* 35, 1992, p. 379) qu'il pourrait être intéressant de faire une étude de terminologie (sur les mots *cantare, canere, legere*, etc.) à partir de la concordance des grands sacramentaires élaborée par Dom DESHUSSES et Dom DARRAGON, *Concordances et tableaux*, 6 vol., Fribourg, 1982-1983. Il faut cependant dire que cela ne nous renseignerait pas sur le vocabulaire patristique, mais exclusivement sur la terminologie de textes euchologiques qui, pour la plupart, datent des Ve-VIe siècles.

Le meilleur moyen d'en avoir le cœur net est finalement d'interroger les mélodies elles-mêmes. Quand et comment célébrait-on la messe dans le christianisme primitif ? N'en reste-t-il pas des vestiges dans nos manuscrits ? Ces vestiges ne pourraient-ils pas, par conséquent, nous apprendre quelle était la nature de la psalmodie des premiers siècles ? Il nous semble possible, tout en respectant les règles de la prudence la plus élémentaire, de répondre affirmativement à ces questions.

La question des origines du dimanche et de la Pâque chrétienne annuelle a fait l'objet d'une récente mise au point par T. J. Talley[1] ; aussi nous bornerons-nous à évoquer uniquement les aspects du problème qui concernent l'histoire des chants ou qui peuvent être éclairés par elle. La messe, dès l'âge apostolique, était liée au dimanche, parce que ce jour était le mémorial de la Résurrection du Seigneur. Cela a certes été contesté, mais les raisons invoquées en ce sens[2] ne sont pas dirimantes. Nous préférons donc nous conformer aux vues traditionnelles[3]. La messe, ainsi liée au « huitième jour[4] », premier jour de la semaine juive, qui a vu la Résurrection d'entre les morts du premier-né de la Création (Col 1, 15), nous semble avoir été d'abord attachée au cycle de la Pâque annuelle[5], plutôt qu'au cycle hebdomadaire[6] ; le fait que les quartodécimans soient restés attachés à la Pâque annuelle du 14 Nisan, qui ne tombe pas un dimanche, semble plutôt indiquer qu'à l'origine le cycle annuel était plus important que le cycle hebdomadaire. On a même pensé que Rome aurait longtemps ignoré la fête annuelle de

---

1. *The Origins of the Liturgical Year*, p. 1-27 ; voir les C. R. de R. TAFT, « The Beginning, the End, and What Happens in Between », p. 409-415 et de M. METZGER, « Année, ou bien cycle liturgique ? », *passim*.

2. RIESENFELD, « Sabbat et jour du Seigneur », p. 210-218 ; W. RORDORF, *Der Sonntag Geschichte des Ruhe- und Gottesdiensttages im ältesten Christentum*, Zurich, 1962, p. 213 s. et *Sabbat et dimanche*, p. XVI-XVII.

3. MOSNA, *Storia della domenica*, p. 42 s., qui fait le point sur la bibliographie.

4. DANIÉLOU, *Bible et liturgie*, p. 52-53, 110, 346 s., 355-387 ; SAXER, « Bible et liturgie », p. 161 et *Les Rites de l'initiation chrétienne*, p. 346 ; QUACQUARELLI, *L'Ogdoade patristica*, p. 59.

5. BATIFFOL, *Histoire du bréviaire*, Paris, 1911, p. 3.

6. CASEL, *La Fête de Pâques*, p. 104 ; CABIÉ, *La Pentecôte*, p. 47-49 ; MOSNA, *Storia della domenica*, p. 117-119 ; VAN GOUDOEVER, *Fêtes et calendriers bibliques*, p. 228.

Pâques, qui n'aurait été introduite que par le pape Soter (166-174)[1], mais ce n'est guère vraisemblable[2].

Du reste, deux éléments, dans la liturgie de Rome, indiquent bien que la Pâque annuelle est plus ancienne que le dimanche hebdomadaire : c'est la différence qui existe entre la vigile pascale (c'est-à-dire Pâques) et les samedis des Quatre-Temps (c'est-à-dire les vigiles dominicales privilégiées). Tandis que la vigile pascale se déroule au Latran, les samedis des Quatre-Temps, à cause des ordinations, qui ne peuvent avoir lieu que sur le tombeau de l'Apôtre, ont pour station la basilique Saint-Pierre, qui occupe un rang inférieur dans la hiérarchie des édifices chrétiens de l'*Urbs*. En outre, alors que la vigile pascale a conservé trois *cantica* et un trait, les samedis des Quatre-Temps n'ont plus qu'un trait et quatre graduels. Ces deux éléments nous paraissent indiquer que la musique fait nettement la distinction entre la Pâque annuelle et la Pâque hebdomadaire ; cette dernière, aussi bien sur le plan de l'église stationnale que sur celui de son contenu liturgique, nous semble nettement plus évoluée. C'est un argument en faveur de l'antériorité de la Pâque annuelle sur le dimanche hebdomadaire.

L'heure de la journée à laquelle était célébrée la messe dominicale a fait l'objet d'une controverse qui, sur la base de 1 Co 16, 2, Ac 20, 7[3] et Ap 1, 10, a opposé les partisans d'une messe vespérale[4] à ceux qui pensent que la messe était célébrée très tôt le matin, juste après le lever du soleil, comme conclusion d'une vigile qui durait toute la nuit[5]. Cette dernière solution nous paraît préférable, car elle est

1. BACCHIOCCHI, *Du sabbat au dimanche*, p. 141 s. ; RICHARD, « La question pascale au IIᵉ siècle », p. 179-212 et « La lettre de saint Irénée au pape Victor », p. 260-282 ; A. HAMMAN, « Valeur et signification, p. 108-110.

2. CASEL, *La Fête de Pâques*, p. 31, n. 2 ; BOTTE, introduction à CASEL, *La Fête de Pâques*, p. 9 ; MOHRMANN, « Le conflit pascal au IIᵉ siècle », *VC* 16 (1962), p. 154-171 ; MOSNA, *Storia della domenica*, p. 117.

3. Ce texte a en outre fait l'objet d'une discussion pour savoir si saint Paul attestait la messe dans la nuit du samedi au dimanche, ou au cours de celle du dimanche au lundi ; voir TALLEY, *The Origins*, p. 15 s.

4. CALLEWAERT, « La synaxe eucharistique à Jérusalem », p. 284 ; RORDORF, *Der Sonntag*, p. 246 s. et *Sabbat et dimanche*, p. XVI-XVII ; D. CALLAM, *JThS* 45 (1984), p. 613-650.

5. DUCHESNE, *Origines du culte*, p. 242 ; JUNGMANN, *The Mass*, t. I, p. 17 ; HAFFNER, « Die Zeit der Meßfeier » p. 138-139 ; C. MOSNA, *Storia della domenica*, p. 13, 74 s. ; E. DEKKERS, « La messe du soir à la fin de l'Antiquité », p. 99-101 ; Ch. PIETRI, « Le temps de la semaine à Rome », p. 76.

confirmée par l'exemple de la vigile pascale et de la vigile dominicale des samedis des Quatre-Temps.

Concluons : la messe était à l'origine célébrée à l'aube du dimanche, à l'issue d'une vigile. Or, à la faveur de son association avec la cérémonie du baptême, l'une de ces messes de vigile dominicale nous est parvenue, dans un état assez proche de la situation primitive[1] : il s'agit de la vigile pascale, « *mater omnium sanctarum vigiliarum* », pour reprendre la belle et justement célèbre expression de saint Augustin[2]. C'est par son intermédiaire que nous pouvons remonter aux plus anciennes couches de la liturgie romaine, à ses plus anciens vestiges encore discernables aujourd'hui. Nous allons donc consacrer à cette messe privilégiée l'étude approfondie qu'elle mérite.

La vigile pascale et ses « cantica ».

La messe qui a lieu au cours de la vigile pascale est la plus ancienne messe de Pâques ; à l'origine et sans doute jusqu'au Vᵉ siècle, c'était la seule messe de la Résurrection[3] ; il n'y avait pas de messe le dimanche matin. On finit vers cette époque par l'anticiper au samedi après-midi, en raison du déclin du baptême des adultes, lequel, entraînant celui du catéchuménat[4], rendit ainsi indispensable la création d'une messe de Pâques le dimanche matin.

Rappelons ensuite brièvement les rapports qu'entretient le baptême, en Occident, au moins depuis Tertullien[5], avec la vigile dominicale de Pâques, c'est-à-dire avec la Résurrection. Dès saint Paul (1 Co 10 et Rm 6, 3-4) et certainement en partie grâce à lui, le baptême a été compris comme une « imitation sacramentaire de la mort et de la Résurrection

---

1. BAUMSTARK, *Nocturna Laus*, p. 29.

2. *Sermo* 219 (*PL* 38, 1088).

3. VAN GOUDOEVER, *Fêtes et calendriers*, p. 233-234 ; COEBERGH, « Les lectures de l'apôtre pour Pâques et leurs vicissitudes », p. 142 ; MOELLER, « L'antiquité de la double messe de Pâques », p. 26-49 ; K. LEVY, « The Italian Neophytes' Chants », p. 212 ; H. FRANK, « Die Paschavigil als Ende der Quadragesima », p. 12-22.

4. COEBERGH, « Les lectures de l'apôtre pour Pâques », p. 144 ; JUNGMANN, « Die Vorverlegung der Ostervigil », p. 48-54 ; CALLEWAERT, « Saint Grégoire, les scrutins et quelques messes quadragésimales », p. 660-661 ; A. CHAVASSE, « Le carême romain et les scrutins prébaptismaux », p. 369.

5. *De baptismo* (SC 35) ; SAXER, *Les Rites de l'initiation*, p. 106-126 et 567-595 ; SCHÜMMER, *Die altchristliche Fastenpraxis*, p. 169 ; LE DÉAUT, *La Nuit pascale*, p. 297, n. 120 ; *contra* : P. F. BRADSHAW, « Diem baptismo sollemniorem : Ini-

du Christ », comme l'écrivait très justement J. Daniélou[1] :
une naissance nouvelle, semblable à la Résurrection du
Christ. En descendant dans l'eau du baptistère, puis en en
ressortant, le néophyte imite la Passion, la mort et la Résurrection du Seigneur[2] : il meurt et ressuscite avec lui, le vieil
homme meurt en lui, de même que le Christ est mort en
croix. Sa descente dans les eaux de la mort[3] imite le *des-
census* du Seigneur aux enfers, son triomphe sur la mort et
sur les puissances infernales[4] ; son émersion, purifié de ses
péchés, effacés par le sacrifice de la croix, répond à l'*ascensus*
du Christ victorieux. À cette thématique principale s'ajoute
celle, paradisiaque et eschatologique, de la réintroduction du
néophyte, libéré de la mort du péché, dans le paradis, par
le Christ, nouvel Adam. Le lien entre la cérémonie du baptême et la vigile pascale est donc très étroit. Il est attesté
pour la première fois par Tertullien dans le *De baptismo*[5] ;
en revanche, la prétendue *Tradition apostolique*, faussement
attribuée à « Hippolyte de Rome », se borne à situer le baptême lors d'une vigile dominicale, mais sans indiquer s'il
s'agit de celle du dimanche de Pâques ; c'est cependant très
vraisemblable[6].

Après avoir évoqué les circonstances dans lesquelles se
déroulait cette fonction, il reste à la décrire, puis à l'analyser.
Elle commence directement par les lectures : elle n'a en effet

---

tiation and Easter in Christian Antiquity », dans : *Eulogema. Studies in honor of
Robert Taft*, Rome, 1993, p. 50. En revanche, en Orient, le baptême est plutôt lié
à la fête de l'Épiphanie, fête du baptême du Christ dans le Jourdain : DANIÉLOU,
Bible et liturgie, p. 298-299 ; DUCHESNE, *Origines du culte*, p. 310 ; W. LEDWICH,
« Baptism, Sacrament of the Cross », p. 209 ; T. TALLEY, « Liturgische Zeit in der
alten Kirche », p. 34 s. et *The Origins*, p. 31 s. ; de même pour saint Maxime de
Turin : P. CRAMER, *Baptism and Change in the Early Middle Ages, c. 200- c. 1150*,
Cambridge, 1993, p. 315.

1. *Bible et liturgie*, p. 106 et *Sacramentum futuri*, p. 66.

2. V. SAXER, *Les Rites de l'initiation chrétienne*, p. 103 ; DANIÉLOU, *Théologie du
judéo-christianisme*, p. 301, *Bible et liturgie*, p. 130-131 et « Les Psaumes dans la
liturgie de l'Ascension », *LM-D* 21 (1950), p. 42.

3. J. DOIGNON, « Tobie et le poisson », p. 116 ; DANIÉLOU, *Bible et liturgie*,
p. 100-106 et *Sacramentum futuri*, p. 65-68 ; LUNDBERG, *La Typologie baptismale*,
p. 70.

4. LUNDBERG, *La Typologie baptismale*, p. 93 ; BESKOW, *Rex gloriae*, p. 103-106.

5. *De baptismo* XIX (CCSL 1, p. 293). Voir E. DEKKERS, *Tertullianus en de
geschiedenis der liturgie*, Bruxelles-Amsterdam, 1947, p. 113-114 et 173-174.

6. *Cap.* 20 ; éd. B. BOTTE, *La Tradition apostolique de saint Hippolyte. Essai de
reconstitution*, Münster, 1989 (rééd.), p. 42 ; voir SAXER, *Les Rites*, p. 115 ; *contra* :
SCHÜMMER, *Die altchristliche Fastenpraxis*, p. 169 ; M. METZGER, « À propos d'une
réédition de la prétendue *Tradition apostolique* », *ALW* 33 (1991), p. 292.

admis aucun des genres liturgiques postérieurs au IVᵉ siècle ;
par conséquent, le *Kyrie* et la collecte sont absents. Certains
ont estimé que cette messe ne possédait pas d'avant-messe,
celle-ci ayant été remplacée par la cérémonie du baptême [1].
Cela ne nous paraît pas conforme à la réalité. Le baptême
ne fait que s'insérer entre une avant-messe et ses lectures,
d'une part, et la cérémonie de l'offertoire, d'autre part, sans
prendre la place de quoi que ce soit. Il s'agit donc bien
d'une avant-messe, mais d'un type très particulier, en raison
de sa très grande antiquité. Elle est formée de trois parties
bien distinctes : trois lectures tirées de l'Ancien Testament,
suivies chacune d'un cantique de même origine ; la cérémonie du baptême, immédiatement suivie de celle de la confirmation, précédées d'une procession en direction du baptistère, aux sons d'un chant de procession ; le retour dans la
nef, après que les néophytes ont reçu les deux sacrements,
pour la fin de l'avant-messe : une épître (postiche) et un
évangile, entre lesquels s'intercalent un *Alleluia* et un trait.

Les trois lectures et les trois chants tirés de l'Ancien Testament méritent une attention toute particulière, car ils sont
d'une très grande richesse. Il s'agit, dans l'ordre de leur exécution, de la lecture de Ex 14, 24-31 et 15, 1, suivi du
cantique de Moïse et des Hébreux, *Cantemus Domino*
(Ex 15, 1 s.) ; de Dt 31, 22-30, suivi du cantique prononcé
par Moïse avant de mourir, *Attende celum* (Dt 32, 1 s.), et
de Is 4, 2-6, suivi du cantique de la vigne, *Vinea facta est*
(Is 5, 1 s.). Ces chants présentent tous les mêmes caractéristiques : ils partagent la même mélodie, ne sont pas psalmiques et sont introduits par une lecture, dont ils sont la
continuation lyrique : ils sont issus de la lecture, dont ils
sont la partie musicalement la plus ornée. Nous sommes ici
aux origines du chant liturgique de l'Antiquité tardive : il
est issu des lectures, comme par scissiparité. Cette forme
liturgico-musicale, la plus ancienne qui nous reste, est une
lectio cum cantico [2].

Ces *cantica*, par le fait même qu'ils étaient introduits par
une lecture, étaient d'un usage facile pour les liturgistes du

---

1. V. Saxer, *Les Rites*, p. 284 ; Daniélou, *Bible et liturgie*, p. 174 ; Schmitz, *Gottesdienst*, p. 205-206.

2. Hesbert, *AMS*, p. xlii et « Le samedi saint », *EL* 61 (1947), p. 162-3 ; A.-G. Martimort, « Origine et signification », p. 812 ; Cullin, « Le répertoire de la psalmodie *in directum* », p. 102.

IVᵉ siècle. Il faut cependant ajouter que d'autres circonstances ont pu conduire tout naturellement à leur emploi comme chants : dès le IVᵉ siècle en effet, on avait pris l'habitude de faire figurer les *cantica* à la fin des Psautiers manuscrits ; c'est déjà le cas du *codex Alexandrinus*. Ils étaient donc considérés comme des sortes de psaumes, d'autant plus que, dans tous les cas, les psaumes étaient eux-mêmes des sortes de *cantica*, puisqu'ils étaient considérés comme des cantiques de David. C'est donc tout naturellement qu'on avait fini par lier les cantiques d'Isaïe et de Moïse à ceux de David. Contrairement à ce qui pourrait apparaître au premier abord, il n'y a donc aucune solution de continuité entre l'emploi des *cantica* et celui des psaumes : pour les compositeurs de la fin de l'Antiquité, on peut dire que c'était exactement la même chose.

Le premier problème que posent ces lectures est celui de leur nombre et de son évolution dans le temps : en effet, les sources ne s'accordent pas toujours, loin de là. Ainsi, les manuscrits de chant n'en donnent que trois, sans parler du nombre des lectures ; l'*Ordo Romanus* I en donne quatre, comme le sacramentaire grégorien de Padoue et l'*Hadrianum* ; le lectionnaire d'Alcuin en donne six ; le sacramentaire gélasien ancien (Vat. Reg. 316), dix ; quant à l'*Ordo Romanus* X et aux sacramentaires gélasiens du VIIIᵉ siècle, ils en donnent douze[1]. La question est assez controversée et peu soluble pour qui ne considère que les lectures et les oraisons, mais la musique permet de trancher assez aisément. En effet, seules trois de ces lectures, toujours les mêmes, quel que soit le nombre total de lectures, sont suivies d'un cantique : ce sont de toute évidence les trois lectures originelles. Les autres ont été ajoutées par la suite, selon un ordre et une chronologie qu'il ne nous appartient pas d'examiner ici ; en tout cas, aucune de ces nouvelles venues ne donna naissance à une *lectio cum cantico*, car le temps de cette forme liturgico-musicale était désormais révolu. Ces lectures surnuméraires ne furent par conséquent jamais suivies d'un chant, phénomène anormal, unique dans tout le répertoire et dans toute l'année liturgique, preuve qu'il s'agit bien là d'une anomalie, provoquée par un gonflement artificiel du nombre des lec-

---

1. WILMART, « Le lectionnaire d'Alcuin », p. 156 et 172 ; Dom B. FISCHER, « Die Lesungen der römischen Ostervigil », p. 42 ; FRERE, *Studies*, t. III, p. 52 s.

tures après le Ve siècle : dès Grégoire le Grand en effet, il
y avait déjà douze lectures à la vigile pascale romaine, soit
six lectures en latin, qui étaient ensuite répétées en grec[1].
Notons enfin que la structure de cette vigile baptismale ne
doit rien à la cérémonie juive du baptême des prosélytes[2].

Il faut également ajouter que ces lectures de la vigile pascale ne sont pas les mêmes selon les rits ; les recoupements
entre rits sont certes fréquents, au point que certaines lectures, comme Ex 14[3], qu'on retrouve partout autour de la
Méditerranée, peuvent être considérées comme universelles
et communes à toutes les chrétientés de l'Antiquité tardive.
Ces listes ont d'ailleurs été étudiées dans le détail, de façon
globale[4] ou rit par rit : byzantin[5], gallican[6], milanais[7], africain[8], bénéventain[9] et hispanique[10]. Nous nous limiterons
à l'étude du rit de Rome, qui est l'objet propre de ce travail
et qui a finalement été imité partout.

---

1. Dom B. FISCHER, « Die Lesungen der römischen Ostervigil », p. 18.

2. E. SCHÜRER, *Geschichte des jüdischen Volkes*, p. 181 s. ; W. BRANDT, *Die jüdis-chen Baptismen*, p. 57-62. Voyez aussi P. GRELOT, *La Liturgie dans le NT*, Paris-Tournai, 1991, p. 53-54.

3. SCHNEIDER, *Die altlateinischen biblischen Cantica*, p. 185.

4. MORIN, « Le *De psalmodiae bono* de l'évêque saint Niceta », p. 389 ; B. FISCHER, « Die Lesungen der römischen Ostervigil », p. 43 ; FRERE, *Studies*, t. III, p. 52 s. ; M. AVERY, « The Beneventan Lections for the Vigil of Easter », dans le dépliant qui se trouve entre la p. 456 et la p. 457 ; BOTTE, « Le choix des lectures de la veillée pascale », p. 65-68, critiqué à juste titre par F. DELL'ORO, « La solenne veglie pasquale », p. 136-152 ; T. TALLEY, *The Origins*, p. 52 ; BAUMSTARK, *Nocturna laus*, p. 35 s.

5. RAHLFS, « Die alttestamentlichen Lektionen », p. 28-136 (liste des lectures de la vigile pascale à Constantinople p. 72-74) ; MEARNS, *The Canticles*, p. 7-18 (s'inté-resse aux manuscrits, non à la liturgie ou aux mélodies) ; BERTONIÈRE, *The His-torical Development of the Easter Vigil*, p. 127 s.

6. MEARNS, *The Canticles*, p. 58-68 ; SCHNEIDER, *Die altlateinischen biblischen Can-tica*, p. 158-163.

7. MEARNS, *The Canticles*, p. 53-55 ; SCHNEIDER, *Die altlateinischen biblischen Can-tica*, p. 99-126.

8. FRANK, « Die Paschavigil », p. 20 ; C. LAMBOT, « Les sermons de saint Augus-tin pour les fêtes de Pâques », p. 230 ; ROETZER, *Des heiligen Augustinus Schriften*, p. 15-19.

9. HESBERT, « Le samedi saint », p. 153-210.

10. BERNAL, « Los sistemas de lecturas », p. 287-289 ; SCHNEIDER, *Die altlatei-nischen biblischen Cantica*, p. 126-158 ; PORTER, « Cantica Mozarabici Officii », p. 126-145 ; J. KRINKE, « Der spanische Taufritus im frühen Mittelalter », dans : *Gesammelte Aufsätze zur Kulturgeschichte Spaniens*, vol. 9, Münster, 1954, p. 84-87. Les deux traditions espagnoles ne s'accordent d'ailleurs pas : PINDADO, *Los sistemas de lecturas de la Cuaresma hispánica*, p. 235-236.

LES « CANTICA » EN « DO » : LE FONDS ROMAIN

Un problème : l'état des sources romaines.

Nous ne possédons plus les *cantica* romains. Les pièces
que nous trouvons dans les manuscrits romains ont en effet
une mélodie grégorienne ou, pour être plus précis, une
mélodie copiée d'après le grégorien. Ces pièces sont en effet
trop élaborées sur le plan musical pour pouvoir prétendre à
être les pièces romaines d'origine. Il est très vraisemblable
que les *cantica* romains étaient si simples, si proches de la
psalmodie, si peu ornés, que la version grégorienne, beaucoup plus élaborée (elle possède trois teneurs successives :
c'est presque de la polyphonie) n'en fit qu'une bouchée
lorsqu'elle arriva à Rome, dans le courant du IXe siècle [1], où
l'on devait commencer à trouver la version romaine bien
insipide. On a du reste conservé la contrepartie bénéventaine
d'un *canticum* (ou assimilé : il s'agit de *Sicut cervus*) qui,
dans son extrême simplicité, ressemble au verset des vêpres :
une récitation unissonique suivie d'un mélisme. Les *cantica*
romains disparus devaient avoir un aspect très voisin. C'est
pourquoi il est possible de reconstituer — en restant naturellement dans les plus strictes limites de la vraisemblance
— ce qu'étaient ces *cantica* romains de la vigile pascale : une
psalmodie ornée au moyen de simples mélismes d'articulation, reposant sur la corde mère de *DO*. Le *canticum* romain
se tenait en effet entre le verset des vêpres romain en *DO*
et le trait romain (en *DO* transposé à *sol* : huitième mode),
préludant au graduel romain (en *DO* transposé à *fa* : cinquième mode). Le fait que les *cantica* romains aient été sup-
plantés par leur contrepartie grégorienne ne change donc
rien au fait qu'ils ont réellement existé et qu'ils étaient en
DO ; nous n'avons pas besoin d'en savoir plus. Cette reconstitution ne fait donc aucune part à l'imagination : les *cantica*
romains ne sont pas des ectoplasmes et leur corde mère était
bien *DO*. Leur perte est donc moins grave qu'il n'y pourrait
paraître au premier abord.

---

1. Dom J. CLAIRE, « Le cantatorium romain », p. 72.

« *Cantemus Domino.* »

Il faut commencer par étudier son texte (Ex 15, 1-3), afin de savoir s'il est fondé sur la Vulgate ou sur une vieille-latine. Nous indiquerons, de gauche à droite, le découpage liturgique en versets, le texte liturgique romain, le texte de la Vulgate et le découpage biblique en versets.

VL 5319, f. 81	Vulgate (Ex 15)
V. 1	
Cantemus Domino gloriose enim honorificatus *est equum et ascensorem* proiecit *in mare*	Cantemus Domino gloriose enim 1 magnificatus *est equum et ascensorem* deiecit *in mare*
adiutor et protector *factus est mihi in salutem*	Fortitudo mea et laus mea 2 Dominus et *factus est mihi in salutem*
V. 2	
Hic *Deus meus et* honorabo *eum* *Deus patris mei et exaltabo eum*	iste *Deus meus et* glorificabo *eum* *Deus patris mei et exaltabo eum*
V. 3	
Dominus conterens bella Dominus *nomen* est illi	*Dominus* quasi vir pugnator 3 Omnipotens *nomen* eius

Il est très clair que ce cantique est tiré d'une vieille-latine, non de la Vulgate[1]. C'est la preuve qu'il s'agit d'une pièce ancienne et romaine[2] ; la Vulgate commença en effet assez tôt à se répandre dans les pays que les anciens liturgistes nommaient « gallicans », c'est-à-dire hors de Rome : en Gaule[3] et en Espagne à partir du VIᵉ siècle, en Irlande[4] et en Afrique (grâce au prestige de saint Augustin, qui l'utilisait assez souvent[5]) ; elle ne triompha définitivement qu'avec Alcuin et Charlemagne[6]. Il apparaît également que le texte

---

1. VATTIONI, « Il cantico di Mosè », p. 35-47.

2. B. FISCHER, « Die Lesungen », p. 42, 49 (malgré GRIBOMONT, « Aux origines de la Vulgate », p. 19).

3. SALMON, « Le texte biblique des lectionnaires mérovingiens », p. 505.

4. M. MCNAMARA, « The Text of the Latin Bible in the Early Irish Church », p. 18, 39 ; C. BROWN-TKACZ, dans *VC* 50 (1996), p. 42-72.

5. CAPELLE, *Le Texte du Psautier latin en Afrique*, p. 177.

6. Dom J. CLAIRE, « Les répertoires liturgiques latins avant l'*octoechos* », p. 13 ; A. FREEMAN, « Theodulf of Orléans and the Psalm Citations », p. 197 ; Dom

du cantique a été raccourci [1], puisqu'il ne compte plus que trois versets, et qu'il a subi un redécoupage, puisqu'il existe un décalage, qui ne saurait être originel, entre les versets bibliques et les versets du cantique : le premier verset du cantique est fait des deux premiers versets du texte de Ex ; il n'y a de correspondance parfaite entre le découpage en versets de la Bible et celui du cantique que pour le troisième verset. Le cantique a donc été centonisé et raccourci. Nous montrerons que cette opération fut réalisée, entre 461 et 520 environ, par la *Schola cantorum* romaine, qui venait juste de se former, et que ces modifications sont contemporaines de celles que la *Schola* fit subir au psaume sans refrain, transformé en trait, et au psaume responsorial, transformé en graduel. Nous n'entreprendrons donc pas de le démontrer pour le moment, afin de ne pas troubler l'ordre chronologique des faits.

Il n'existe ni variante textuelle ni problème de verset entre romain et grégorien. Le sens littéral et historique de ce cantique est clair : il célèbre la victoire sur les forces du mal, incarnées par Pharaon, ainsi que la fin de la servitude du peuple hébreu et sa fuite hors de l'Égypte. Poursuivi par l'armée de Pharaon, Moïse frappe de son bâton les eaux de la mer Rouge, qui s'ouvrent pour laisser passer les juifs, puis se referment sur leurs poursuivants, qu'elles engloutissent. Ce cantique est donc très étroitement lié à la Pâque juive, qui est l'anniversaire de la sortie d'Égypte, événement capital pour le peuple de l'ancienne Alliance [2].

Il s'agit, non d'un « cantique de Moïse », mais d'un cantique communautaire [3], chanté à l'unisson par Moïse et tous les juifs, y compris les enfants qui étaient encore dans le ventre de leur mère. Devant le prodige accompli par Dieu à travers Moïse, tous chantent ce cantique de victoire et d'action de grâces. Du fait de son importance, il fut utilisé

P. M. BOGAERT, « La Bible latine des origines au Moyen Âge », p. 290-292 ; Dom B. FISCHER, « Bibelausgaben des frühen Mittelalters », repris dans : *Lateinische Bibelhandschriften*, p. 89-97 et « Bibeltext und Bibelreform », repris dans : *ibid.*, p. 101-202.

1. SCHNEIDER, *Die altlateinischen biblischen Cantica*, p. 65 et « Die biblischen Oden », p. 240.

2. Voir l'introduction et les notes de A. LE BOULLUEC et P. SANDEVOIR à *L'Exode*, Paris, 1989, p. 171-178.

3. GINZBERG, *The Legends of the Jews*, t. III, p. 31-34 ; BONSIRVEN, *Textes rabbiniques*, n° 85, 1057, 1457 ; KUGEL, « Is there but One Song ? », p. 334.

par la liturgie juive, notamment pour la Pâque[1]. Il était également en usage chez les thérapeutes[2] ; Philon y fait assez souvent référence[3]. Il était pour les juifs, comme plus tard pour les chrétiens, la « Grande Ode »[4]. Son lyrisme l'a même fait considérer comme l'ancêtre du Psautier, avec une certaine vraisemblance[5].

Le Nouveau Testament a repris ce cantique, en lui donnant une importance nouvelle ainsi qu'une interprétation non plus littérale, historique, mais typologique. Ap 15, 2-3, qui décrit la liturgie céleste, montre les élus chantant « le cantique de Moïse »[6], c'est-à-dire Ex 15[7]. Mais c'est surtout saint Paul (1 Co 10, 1-2) qui lui a donné son sens typologique définitif, en l'appliquant au baptême, qui libère le néophyte de l'esclavage du péché comme les Hébreux le furent de celui d'Égypte : la traversée de la mer Rouge est ainsi rapprochée de celle de l'eau du baptistère[8] : « *Nolo enim vos ignorare fratres quoniam patres nostri omnes sub nube fuerunt et omnes mare transierunt et omnes in Mose baptizati sunt in nube et in mari.* »

Le Christ, nouveau Moïse, fait accomplir au néophyte un nouvel Exode, au moyen de la traversée des eaux baptismales[9]. Cette thématique, qui est fondatrice pour la signi-

---

1. KUGEL, « Is there but One Song ? », p. 335 ; SCHNEIDER, « Die biblischen Oden », p. 28, 32.

2. KUGEL, « Is there but One Song ? », p. 334 ; C. PERROT, « La lecture de la Bible dans la diaspora », p. 122 ; JAUBERT, *La Notion d'Alliance dans le judaïsme*, p. 361.

3. WERNER, *The Sacred Bridge*, t. II, p. 38-39 ; SCHNEIDER, « Die biblischen Oden », p. 32.

4. A. BASTIAENSEN, « *Psalmi, hymni* and *cantica* », p. 22 ; BONSIRVEN, *Textes rabbiniques*, p. 83.

5. ROUSSEAU, « La plus ancienne liste de cantiques », p. 127.

6. « *Et vidi tamquam mare vitreum mixtum igne et eos qui vicerunt bestiam et imaginem illius et numerum nominis eius stantes supra mare vitreum habentes citharas Dei et cantant canticum Mosi servi Dei.* »

7. GINZBERG, *The Legends of the Jews*, p. 33-35 ; LUNDBERG, *La Typologie baptismale*, p. 144 ; DANIÉLOU, *Bible et liturgie*, p. 132 ; A. BASTIAENSEN, « *Psalmi, hymni* and *cantica* », p. 19 ; HAMMAN, *Prières des premiers chrétiens*, p. 51-55. R. MEYNET, « Le cantique de Moïse », p. 19-55.

8. SCHNEIDER, « Die biblischen Oden », p. 37-38 ; GOPPELT, *Typos*, p. 174 ; DANIÉLOU, *Bible et liturgie*, p. 119-135, *Sacramentum futuri*, p. 131 s. et « Traversée de la mer Rouge et baptême », p. 402-430 ; DÖLGER, « Der Durchzug durch das Rote Meer », p. 63-69 ; LUNDBERG, *La Typologie baptismale*, p. 16, 43, 117-119, 136-138 ; SIMONETTI, *Profilo storico*, p. 17 ; DE LUBAC, *Histoire et esprit*, p. 381 et « Sens spirituel », p. 545-546 ; A. BENOÎT, *Le Baptême chrétien au IIe siècle*, p. 55 et n. 91.

9. LE DÉAUT, *La Nuit pascale*, p. 312 s. ; DANIÉLOU, *Bible et liturgie*, p. 129 ;

fication du baptême, a connu un très grand succès et a été unanimement reprise par les Pères, à commencer par Tertullien *(De baptismo)*, dont l'interprétation a puissamment contribué à fixer la doctrine dans ce domaine [1], par Origène [2] et par « Hippolyte » [3], puis à leur suite par tous les autres Pères de l'Antiquité et du haut Moyen Âge [4]. Ce cantique est donc tout à fait à sa place, à la vigile baptismale du samedi saint ; il est en parfait accord avec la typologie biblique la plus ancienne, celle de saint Paul et de Tertullien. Voilà un important élément de datation.

La scène de la traversée de la mer Rouge a également été représentée dans les catacombes romaines et sur les sarcophages chrétiens romains et gaulois de l'Antiquité tardive. On considère généralement qu'il s'agit d'une scène de seconde venue, moins ancienne que les représentations de Jonas et de la baleine, de l'arche de Noé et du déluge, de Daniel dans la fosse aux lions ou du sacrifice d'Abraham, scènes qui sont représentées dès le IIIe siècle ; elle semble n'avoir été représentée par l'art paléochrétien qu'à partir du IVe siècle [5]. Il faut cependant dire que les catacombes sont des cimetières [6], et qu'il est par conséquent bien compréhensible qu'on n'ait pas songé à y représenter une scène dont les liens avec le baptême étaient si étroits : la traversée de la mer Rouge, contrairement à la résurrection de Lazare, aux trois enfants dans la fournaise ou au sacrifice d'Abra-

---

M. SIMONETTI, *Profilo storico*, p. 77 ; J. DUPONT, « L'utilisation », p. 248-250 ; voir CYRILLE DE JÉRUSALEM, *Catéchèses mystagogiques* I, 2-3 (SC 126 *bis*, p. 87).

1. V. SAXER, *Les Rites*, p. 127, n. 79 ; DANIÉLOU, *Bible et liturgie*, p. 119-135.

2. V. SAXER, *Les rites*, p. 158 ; ROUSSEAU, « La plus ancienne liste de cantiques », p. 120 s. ; F. DELL'ORO, « La solenne veglia pasquale », p. 156-157 ; DE LUBAC, *Histoire et esprit*, p. 72, 181 ; SCHNEIDER, « Die biblischen Oden », p. 51.

3. Dans l'homélie *Eis to agion Pascha* (éd. P. NAUTIN, SC 27, p. 191) ; voir CASEL, *La Fête*, p. 60.

4. DÖLGER, « Der Durchzug », p. 64 s. ; DANIÉLOU, « Traversée », p. 407 s.

5. GERKE, *Christus*, p. 30 ; C. RIZZARDI, *I sarcofagi paleocristiani con rappresentazione del passagio del mar Rosso*, Faenza, 1970 ; W. WISCHMEYER, *Die Tafeldeckel der christlichen Sarkophage konstantinischer Zeit in Rom*, Rome, 1982, p. 98 ; J.-P. CAILLET, « Les sarcophages chrétiens en Provence (IIIe-Ve s.) », *L'Antiquité Tardive* 1 (1993), p. 129 ; R. MELZAK, « Antiquarianism in the Time of Louis the Pious and its Influence on the Art of Metz », dans : P. GODMAN et R. COLLINS (éd.), *Charlemagne's Heir*, Oxford, 1990, p. 630.

6. A.-G. MARTIMORT, « L'iconographie des catacombes et la catéchèse antique », p. 106.

ham, n'est nullement un paradigme de sauvés[1]. C'est vraisemblablement la raison pour laquelle elle a été si peu représentée par les artistes[2]. Elle figure cependant deux fois sur
les parois de la catacombe de la via Latina, dont les fresques
sont datables d'environ 320-350, mais on s'accorde pour
penser que l'iconographie de cet hypogée privé est assez isolée[3]. La scène n'est d'ailleurs pas toujours représentée de la
même manière[4], et il est possible que certaines de ces représentations fassent une allusion à la victoire de Constantin,
nouveau Moïse, à la bataille du pont Milvius[5].

Au total, Ex 14-15 nous apparaît enraciné dans la tradition romaine la plus authentique et la plus ancienne, à tous
les points de vue, à l'exception peut-être de l'iconographie
paléochrétienne, exception bien compréhensible par ailleurs.
Il en existe une version dans l'antiphonaire de Bangor, qui
a été copié vers 680-691[6]. Elle diffère de la version romaine
en raison du nombre de ses versets (19 !) et d'une variante
textuelle : « *adiutor et protector* fuit *mihi in salutem* » (v. 2).
Malgré cette dernière, la Bible utilisée n'est pas la Vulgate,
mais une vieille-latine très proche de celle qu'on utilisait à
Rome.

---

1. Y.-M. DUVAL, *Le Livre de Jonas*, p. 31-32 ; E. DASSMANN, *Sündenvergebung*,
p. 270 ; LUNDBERG, *La Typologie baptismale*, p. 33-39.

2. Contrairement à A.-G. MARTIMORT, qui pense que cette scène est absente des
catacombes parce qu'elle était trop difficile à représenter : « Les symboles de l'initiation chrétienne », p. 207, n. 53.

3. A. FERRUA, « Una nuova catacomba cristiana, p. 118-131, repris dans : *Scritti
vari*, p. 256-273, ainsi que *Le pitture della nuova catacomba*, p. 95 ; SIMON,
« Remarques sur la catacombe », p. 286 ; KÖTZSCHE-BREITENBRUCH, *Die neue Katakombe*, p. 15 ; F. P. BARGEBUHR, *The Paintings of the « New » Catacomb*, p. 65 ;
A. AUGENTI, « Ipsi lapides ululant », p. 70. Nous n'avons pu consulter W. TRONZO,
*The Via Latina Catacomb. Imitation and Discontinuity in Fourth-Century Roman Pain-
ting*, s. l., 1986 ; voir la mise à jour, p. 901.

4. KÖTZSCHE-BREITENBRUCH, *Die neue Katakombe*, p. 82 ; GOODENOUGH, *Jewish
Symbols*, t. X, *Symbolism in the Dura Synagogue*, p. 117-139.

5. Ch. PIETRI, *Roma Christiana* t. I, p. 319 ; E. EWIG, « Zum christlichen Königs-
gedanken », p. 6 et « Das Bild Constantins », p. 74 (dans : *Spätantikes und Fränkisches Gallien*, t. I, Munich, 1976). Cela semble cependant peu probable en Occident (malgré le fameux texte d'Eusèbe), comme nous l'a indiqué notre ami
Michel-Yves PERRIN, que nous remercions de cet intéressant renseignement.

6. WARREN, *The Antiphonary of Bangor*, t. II, p. 8 ; CURRAN, *The Antiphonary of
Bangor*, p. 13.

« *Attende celum* » (Dt 32, 1-4).

Rome, VL 5319, f. 81v	Vulgate, Dt 32	
V. 1		
Attende celum et loquar	*Audite caeli quae loquor*	1
et audiat terra verba ex ore meo	*audiat terra verba oris mei*	
V. 2		
Expectetur sicut pluvia eloquium meum	*Concrescat in pluvia doctrina mea*	2
et descendant sicut ros verba mea	*fluat ut ros eloquium meum*	
sicut imber super gramen [1]	*quasi imber super herbam*	
V. 3		
Et sicut nix super fenum	*et quasi stillae super gramina*	
quia nomen Domini invocabo	*Quia nomen Domini invocabo*	3
V. 4		
Date magnitudinem Deo nostro	*date magnificentiam Deo nostro*	
Deus vera opera eius et omnes vie eius	*Dei perfecta sunt opera et omnes*	4
iudicia	*viae eius iudicia*	
V. 5		
Deus fidelis et non est iniquitas [2]	*Deus fidelis et absque ulla iniquitate*	
iustus et sanctus Dominus	*iustus et rectus*	

Ce cantique est incontestablement tiré d'une vieille-latine ; les différences avec la Vulgate sont en effet considérables. Comme le précédent, il a été raccourci, et le découpage en versets a subi des modifications. Tout cela indique l'intervention de la *Schola cantorum*.

Il ne semble pas se poser de problème de verset entre romain et grégorien, malgré le désaccord sur la numérotation entre les manuscrits : les formules mélodiques indiquent en effet clairement quel est le véritable découpage. Il existe en revanche une variante textuelle : *et non est / in quo non est*. On notera la grégorianisation du graduel de Saint-Pierre. Il en existe sans doute une seconde, si l'on accepte de prendre au sérieux la leçon *gramen* du graduel VL 5319, qui est très isolé. Comme cette leçon peut être une erreur, nous préférons suspendre notre jugement.

Attende celum est le cantique d'adieu de Moïse, chanté par lui avant de prononcer les bénédictions et de mourir, au

---

1. *Super gramina* M, B, K, F 22, C 74, SG 339, SG 359, E 121, L 239.

2. *Deus fidelis in quo non est iniquitas* M, B, C, K, F 22, SG 339, SG 359, E 121, L 239 ; *Deus fidelis et non est iniquitas* VL 5319, C 74.

seuil de la Terre promise[1]. Il y résume l'histoire d'Israël et glorifie Dieu pour ses bienfaits passés — c'est une sorte d'anamnèse ; il rappelle également le souvenir des infidélités d'Israël et de son incrédulité : les murmures contre Moïse quand on n'eut plus rien à boire — prélude au miracle de l'Horeb — ni à manger — prélude au miracle de la manne —, ainsi que l'adoration du veau d'or[2]. Ce cantique a donc pour thème principal l'Alliance et sa rupture par les Hébreux ; les versets 5 à 25 sont un réquisitoire de Dieu contre Israël. Il utilise le thème de la vigne, image traditionnelle du peuple élu, en lui donnant une signification péjorative aux versets 32-33 : leur vin est devenu du vinaigre, ils sont comme une vigne empoisonnée.

Ce cantique était l'un des plus importants cantiques des juifs ; il jouait un rôle dans la liturgie du Temple[3] ; Philon le cite volontiers. Le Nouveau Testament en fait un usage assez parcimonieux, mais néanmoins très révélateur du sens nouveau que lui donnent les chrétiens. Le Christ utilise les malédictions du verset 5 quand il réprimande les pharisiens et les incrédules qui cherchent à le tenter[4]. Le Nouveau Testament emploie donc ce cantique dans un sens polémique, contre les juifs infidèles[5].

C'est ce sens qui a prévalu dans l'interprétation des Pères : ils y ont vu la prophétie de la rupture de l'ancienne Alliance, provoquée par l'aveuglement des juifs et la mise à mort du Messie, l'appel au nouvel Israël et le salut des Nations[6]. Ce thème a notamment été développé par Justin (*Dial.* 20, 1, etc.)[7] et par l'Ambrosiaster[8]. D'autres ont préféré insister sur l'image du vin devenu vinaigre, comme Aphraate le Sage persan[9]. Ce cantique a donc été beaucoup

---

1. Voir C. Dogniez et M. Harl, *Le Deutéronome*, Paris, 1992, p. 320-342 et M. Harl, « Le grand cantique de Moïse », *passim*.

2. Sur ce sujet, voyez en dernier lieu Dom A. Thibaut, *L'Infidélité du peuple élu*.

3. Schneider, « Die biblischen Oden », p. 31 ; P. Nautin, *Le Dossier d'Hippolyte et de Méliton*, p. 21.

4. Mt 12, 39 ; 16, 4 ; 17, 16 ; Lc 9, 41. Voir M. Harl, « Le grand cantique », p. 183-201.

5. P. Buis et J. Leclercq, *Le Deutéronome*, Paris, 1963, p. 192-198.

6. Simon, *Verus Israel*, p. 206 ; Jaubert, *La Notion*, p. 352 ; Fahey, *Cyprian and the Bible*, p. 96.

7. H. Schreckenberg, *Die christlichen Adversus-Judaeos-Texte*, p. 196-199.

8. *Quaestiones veteris et novi testamenti*, Quaestio 44 (*CSEL* 50, 1963 [2ᵉ éd.], p. 73, 78).

9. *Les Exposés* 5, 22 (SC 349, p. 349-354) et 19, 5 (SC 359, p. 771-775) ; voyez

moins utilisé par les chrétiens que Ex 15, et dans un sens totalement différent : il ne s'agit plus de la commémoration de la Pâque historique, prophétie et type du baptême, mais du rejet d'Israël et de l'appel aux Gentils. S'il n'a donné lieu à aucune iconographie particulière, c'est parce qu'il aurait été fort difficile à représenter en images.

Il existe dans l'antiphonaire de Bangor une version de ce cantique [1] — ce manuscrit possède seulement quatre cantiques, pour matines : Ex 15, Dt 32, Dn 3, 52-90 et le cantique de Zacharie. Elle diffère profondément de la version romaine pour trois raisons : elle emploie la Vulgate *(Audite celi)*, qui était assez répandue en Irlande [2], elle compte 43 versets (!) et elle est responsoriale : après chaque verset, revient un refrain *Audite celi*. Il nous semble par conséquent assez difficile de faire remonter l'usage de ce cantique par la liturgie irlandaise à une époque antérieure au VIIᵉ siècle.

« *Vinea facta est* » *(Is 5, 1-2, 7).*

Rome, VL 5319, f. 81v	Vulgate (Is 5)
V. 1	
Vinea facta est dilecta in cornu [3] *in loco uberi*	*Cantabo dilecto meo canticum* 1 *patruelis mei vineae suae vinea facta est dilecto meo in cornu filio olei*
V. 2	
Et maceria circumdedit et circumfodit [4] *et plantavit vineam Sorech et edificavit turrem in medio eius*	*Et sepivit eam et lapides elegit ex illa* 2 *et plantavit eam electam et aedificavit turrem in medio eius*
V. 3	
Et torcular fodit in ea	*et torcular extruxit in ea*

également le texte anonyme publié par Devos, « Le "chant copte de la vigne" », p. 283.

1. Warren, *The Antiphonary of Bangor*, t. II, p. 1-3.

2. Mearns, *The Canticles*, p. 68-70 ; M. McNamara, « The Text of the Latin Bible », p. 18 et 47.

3. *Dilecto* M, B, C, K, F 22, C 74, SG 359, SG 339, E 121, L 239 ; *dilecta* VL 5319.

4. *Maceriam* M, C, SG 359, SG 339, E 121, L 239 ; *maceria* VL 5319, C 74, B, K ; lacune M-R ; *turrim* K, SG 359, SG 339, E 121 ; *turrem* M, B, C, VL 5319, C 74, F 22, L 239 ; *circumdedi... circumfodi... plantavi... edificavi... fodi* F 22, C 74, M, B, C, E 121, L 239 ; *circumdedit...* VL 5319, K, SG 359, SG 339.

vinea enim Domini sabaoth	*Vinea enim Domini exercituum* 7
domus Israhel est	*domus Israhel*
	et vir Iuda germen delectabile eius
	et expectavi ut faceret iudicium
	et ecce iniquitas et iustitiam
	et ecce clamor

Comme les deux précédents, ce cantique est vieux-latin et a été raccourci[1] ; il a de surcroît été centonisé, procédé nouveau : les versets 3 à 6 ont été supprimés, comme la fin du verset 7. Son origine est ancienne, car le Is vieux-latin a été assez vite remplacé par la version de la Vulgate[2], à partir du début du Ve siècle. J.-C. Haelewyck pense à juste titre que la version centonisée n'est pas primitive[3] : Dom B. Fischer estime que Grégoire le Grand est responsable de la centonisation du cantique et de la suppression des versets 3 à 6[4]. L'analyse musicale nous dira ce qu'il faut en penser.

Il ne semble pas se poser de problème de verset entre romain et grégorien, en dépit des désaccords entre manuscrits ; les formules musicales indiquent clairement où commence et où finit chaque verset. Il existe en revanche trois variantes textuelles certaines : *maceriam / maceria, turrem / turrim* et l'emploi de la troisième personne par le graduel VL 5319 ainsi que par les manuscrits de Saint-Gall, qui ont suivi l'antiphonaire de Corbie, contre les deux autres graduels romains, auxquels se sont associés de façon surprenante les manuscrits de Laon (qui a été corrigé : tous les *t* de la troisième personne ont été grattés) et d'Einsiedeln, qui préfèrent la première personne. La leçon *dilecto*, attestée par le seul manuscrit VL 5319, semble bien être une simple erreur. La variante *turrem / turrim* pourrait n'être qu'une simple question de prononciation ; comme elle est cependant attestée avec constance par les manuscrits, nous avons préféré la maintenir.

Is 5 compare Israël, peuple élu, peuple de l'Alliance, à une vigne précieuse sur laquelle son maître veille avec un

---

1. Édition critique du texte vieux-latin : R. GRYSON, *Vetus Latina*, t. XII, Fribourg, 1987, p. 138 s.
2. GRYSON, « Les anciennes versions latines », p. 32-33.
3. « Le cantique *De nocte* », p. 7-8 et n. 6.
4. « Die Lesungen », p. 49.

soin jaloux, comme le fait le psaume 79. Cette allégorie de
la vigne est traditionnelle dans la pensée juive de l'Antiquité [1]. À partir du verset 8, le ton du cantique change, pour
faire place à une série de malédictions que lance Dieu sur
son peuple, coupable d'infidélité et d'ingratitude [2]. Ce thème
est proche de celui que développe Dt 32 : l'Alliance rompue
par la faute d'Israël. On notera pour terminer la proximité
entre le texte de ce cantique et celui de Baruch 3, 9-38
(Audi Israhel mandata vitae), qui fut utilisé comme lecture
à la vigile pascale sans doute à partir du VIIIe siècle et qui
met en scène lui aussi les reproches adressés par Dieu à
Israël en raison de ses murmures et de son incrédulité [3].

Le Nouveau Testament emploie ce cantique sous la forme
de simples allusions, mais il lui donne une importance tout
à fait capitale. Dans la parabole des vignerons homicides
(Mt 21, 33-46), qui tuent le fils du maître venu pour la
récolte, le Christ annonce sa Passion, sa Résurrection et sa
glorification [4], en associant le thème de la vigne à celui de
la pierre rejetée par les bâtisseurs et devenue pierre angulaire [5], tiré du psaume 117, 22-23, repris par Pierre en Ac 4,
11, et à celui du Serviteur souffrant [6], inspiré de Is 53. Il y
condamne également l'incrédulité des juifs, prêts à tuer leur
Messie comme les vignerons de la parabole et prophétise la
désertion et la stérilité de la Synagogue [7], dans des termes
empruntés au cantique de la vigne, qui sont à rapprocher
de la parabole du figuier desséché (Mt 21, 18-22 ; Lc 13,
6-9).

Tous ces thèmes sont l'annonce de la Passion et de la

---

1. DANIÉLOU, *Théologie du judéo-christianisme*, p. 429 ; JAUBERT, *La Notion
d'alliance*, p. 51, 192-193, 450 ; GRABAR, « Recherches sur les sources juives », *CA*
11 (1960), p. 63 et 12 (1962), p. 128.

2. AUVRAY, *Isaïe 1-39*, Paris, 1972, p. 76 ; R. GRYSON et P.-A. DEPROOST,
Commentaires de Jérôme sur le prophète Isaïe. Introduction. Livres I-IV, Fribourg, 1993,
p. 276.

3. P.-M. BOGAERT, « Le livre deutérocanonique de Baruch », p. 32.

4. J. DUPONT, « L'interprétation », p. 305, n. 68 ; SCHNEIDER, « Die biblischen
Oden », p. 41 ; HUBAUT, *La Parabole des vignerons homicides*, p. 54.

5. M. SIMONETTI, *Profilo storico*, p. 16, n. 5 ; J. DUPONT, « L'utilisation », p. 261 ;
U. MAIBURG, dans *Vivarium. Festschrift Th. Klauser*, Münster, 1984, p. 247-256.

6. GOPPELT, *Typos*, p. 103, 125, n. 5 ; J. DUPONT, « L'utilisation », p. 259-260 ;
NORTH, *The Suffering Servant*, p. 9, 23 ; BONNARD, *Le Second Isaïe*, p. 37-56 ;
R. TOURNAY, « Les chants du Serviteur », p. 488, 505-507 ; P. BENOÎT, « Jésus et
le Serviteur de Dieu », p. 111-140.

7. DANIÉLOU, *Bible et liturgie*, p. 131.

Résurrection du Christ ; il ne s'agit donc pas de paraboles de second plan ; ils ont été très tôt regroupés dans un dossier de *testimonia* : dès le Iᵉʳ siècle, époque de la rédaction des synoptiques, ils étaient considérés par les chrétiens comme étant de la plus grande importance, comme le prouve le rôle que leur ont donné les évangélistes. Ils ont très précocement servi à fonder doctrinalement, outre les mystères de la Passion et de la Résurrection, l'histoire chrétienne de l'économie du salut. Cette histoire est dominée par l'idée de l'appel des Nations, la vocation des Gentils, nouvel Israël, voués à supplanter la Synagogue infidèle. C'est également dans ce sens qu'il faut comprendre les récits de guérison du serviteur du centurion (Mt 8, 5-13) et de la Cananéenne (Mt 15, 21-28), qui l'un comme l'autre n'étaient pas juifs, mais que leur foi avait rendus dignes d'être guéris, comme l'avaient été la veuve de Sarepta (par Élie, 1 R 17, 9) et Naaman le Syrien [1] (par Élisée, 2 R 5). Du reste, le lien entre ces deux ordres de phénomènes est établi par le Christ lui-même au tout début de son ministère public, à Nazareth (Lc 4, 25-28).

Le cantique de la vigne a été abondamment utilisé par les Pères, dans le sens que lui donne le Nouveau Testament, par le biais de la parabole des vignerons homicides [2] : il est ainsi documenté par Irénée (*Adv. Haer.* III, 17, 3 ; IV, 36, 1-2), Tertullien [3] (*Adv. Iudaeos* 13, 25 [4] ; *Adv. Marcionem* 3, 23, 2 [5]), « Hippolyte [6] » (*De Christo et Antichristo* 10), Cyprien (*Testimonia ad Quirinum* 1, 22 [7]), Aphraate le Sage persan (*Les Exposés* 19, 5 [8]), les *Constitutions apostoliques* (VI, 5, 2 [9]),

---

1. GOPPELT, *Typos*, p. 86-87 ; LUNDBERG, *La Typologie baptismale*, p. 17 s. ; DANIÉLOU, *Bible et liturgie*, p. 137 et 145, 151-154 ; A.-G. MARTIMORT, « L'iconographie des catacombes », p. 112.

2. DANIÉLOU, *Études d'exégèse judéo-chrétienne*, p. 99 s. ; *Les Symboles chrétiens primitifs*, p. 33 s. ; SCHNEIDER, « Die biblischen Oden », p. 41 ; SIMON, *Verus Israel*, p. 165-213 ; P. PRIGENT, intr. à *l'Épître de Barnabé* (SC 172), Paris, 1971, p. 166, n. 2 ; H. SCHRECKENBERG, *Die christlichen Adversus-Judaeos-Texte*, p. 69, 77-78, 120-121. Tout le dossier se trouve rassemblé dans C. LEONARDI, *'Ampelos*, p. 189-209.

3. P. PETITMENGIN, « Recherches sur les citations d'Isaïe chez Tertullien », p. 29.

4. CCSL 2, p. 1390.

5. CCSL 1, p. 540.

6. BEYLOT, « Hippolyte de Rome, Traité de l'Antéchrist », p. 113.

7. Éd. R. WEBER, Turnhout, 1972, p. 24-25 (*CCSL* 3). Voir FAHEY, *Cyprian and the Bible*, p. 194-195.

8. Éd. M.-J. PIERRE, Paris, 1989, p. 771-779 (SC 359).

9. Éd. M. METZGER, Paris, 1986, p. 302 (SC 329).

Fortunatianus d'Aquilée (*Commentarii in Evangelia* III, 20 [1]), Zénon de Vérone (*Tractatus* I 10 B) [2], saint Jérôme [3], saint Augustin [4] et les sommaires de la Bible latine [5], pour ne citer que les principaux textes.

Au total, il ressort de cette analyse que la signification chrétienne de ce cantique fait de lui un argument *adversus Iudaeos*, comme Dt 32. Il reste à savoir quel lien peut exister entre chacun de ces trois cantiques, et quel rapport peut les unir à la vigile baptismale de Pâques. Ces trois pièces, si elles participent de la même forme littéraire, liturgique et musicale, la *lectio cum cantico*, n'en constituent pas moins un ensemble assez hétérogène sur le plan doctrinal, hétérogénéité qui doit correspondre à une hétérogénéité sur le plan chronologique. En effet, *Cantemus Domino* apparaît comme le plus archaïque : il est lié à la fête juive de la Pâque et est associé au baptême dès saint Paul. Il est fort possible qu'il soit le dernier vestige de l'époque où les chrétiens étaient restés assez proches des habitudes juives, avant la séparation entre l'Église et la Synagogue. En revanche, *Attende celum* et *Vinea facta est* participent d'une tout autre thématique, qui est plutôt le reflet de l'affrontement entre juifs et chrétiens, contrairement à *Cantemus Domino*, qui semble davantage dans la continuité et dans la fidélité aux usages et aux fêtes de la Synagogue : il s'agit de démontrer que l'ancienne Alliance est désormais caduque et que les chrétiens sont le nouvel Israël. Le lien entre cette thématique et le baptême de la nuit pascale se trouve dans le fait que c'est par le baptême que l'on entre dans l'Église et dans l'Israël nouveau. Cette signification polémique ne semble pas aussi ancienne que celle qui a présidé au choix de *Cantemus Domino*. Les cantiques du Deutéronome et d'Isaïe paraissent donc faire partie d'une couche liturgico-historique postérieure. Cela dit, dans tous les cas, ils remontent tous trois à l'Antiquité tardive : nous proposons de dater l'entrée de ces chants à la vigile pascale de la Petite Paix de l'Église,

---

1. CCSL 9, p. 370.
2. Éd. B. LÖFSTEDT, Turnhout, 1971, p. 49 (CCSL 22).
3. P. PETITMENGIN, « Recherches sur les citations d'Isaïe chez Tertullien », p. 29.
4. MOREAU, « La liturgie de l'Épiphanie », p. 77-79, 86.
5. Éd. D. DE BRUYNE, *Sommaires, divisions et rubriques de la Bible latine*, Namur, 1914, p. 184-185.

entre la persécution de Valérien et celle de Dioclétien (260-303/304) au plus tard, étant entendu que *Cantemus* peut être tenu pour encore plus ancien. Cette période est capitale, à Rome, pour l'élaboration du répertoire iconographique chrétien, pour la constitution des grands cimetières communautaires, pour la création du catéchuménat, pour le passage du grec au latin comme pour la victoire de l'épiscopat monarchique[1] ; il n'y a pas de raison pour que la liturgie fasse exception. Le règne de Constantin n'a pas constitué une véritable rupture dans le domaine de la liturgie, le répertoire étant soit déjà constitué, pour ses couches les plus anciennes, comme la *lectio cum cantico* que nous venons d'étudier, ou restant encore à constituer, pour ses couches plus récentes.

« Sicut cervus ».

Après la dernière *lectio cum cantico*, le clergé et les néophytes quittent la nef du Latran pour se diriger en procession vers le baptistère attenant[2]. Cet édifice fut pendant au moins un siècle le seul de son type à Rome : on ne baptisait qu'au Latran[3]. Pendant le déplacement, on chantait le psaume 41, *Sicut cervus*. En dehors de Rome, notamment à Milan, on pouvait également chanter le psaume 42[4] : dans le psautier hébreu, ces deux psaumes ne font qu'un ; c'est la LXX qui l'a coupé en deux[5]. Il ne s'agit plus de *lectio cum cantico* : ce psaume n'est ni la continuation lyrique d'une lecture, ni la réponse à une lecture : c'est seulement un chant de procession, une sorte d'introït du baptême. C'est par conséquent une pièce moins antique que les précédentes ; elle est cependant pourvue d'une mélodie pratiquement semblable à celle des trois *cantica*.

1. LA PIANA, « The Roman Church », p. 201-277.

2. HESBERT, *AMS*, p. LX.

3. DUCHESNE, *LP*, t. I, p. 191, n. 42 ; KRAUTHEIMER, « The Architecture of Sixtus III », p. 182 et *Rome, Profile*, p. 22 ; KHATCHATRIAN, *Les Baptistères paléochrétiens*, p. 122 et *Origine et typologie*, p. 29-30 ; GRABAR, *Martyrium*, t. I, p. 206.

4. DANIÉLOU, *Bible et liturgie*, p. 176 ; H. AUF DER MAUR, *Das Psalmenverständnis*, p. 129 ; AMBROISE DE MILAN, *De sacramentis* IV, 2, 7.

5. L. JACQUET, *Les Psaumes et le Cœur de l'homme*, t. II, s. l., 1975-1979, p. 5.

VL 5319, f. 82	Psautier romain, Ps 41	Vulgate
V. 1		
Sicut cervus desiderat	*Sicut cervus desiderat*	*Quemadmodum desiderat* 2
		cervus
ad fontes aquarum	*ad fontes aquarum*	*ad fontes aquarum*
ita desiderat anima mea	*ita desiderat anima mea*	*ita desiderat anima mea*
ad te Deus	*ad te Deus*	*ad te Deus*
V. 2		
Sitivit anima mea	*Sitivit anima mea*	*Sitivit anima mea* 3
ad Deum vivum	*ad Deum vivum*	*ad Deum vivum*
quando veniam	*quando veniam*	*quando veniam*
et apparebo	*et parebo*	*et parebo*
ante faciem Dei mei	*ante faciem Dei*	*ante faciem Dei*
V. 3		
Fuerunt mihi lacrime mee	*Fuerunt mihi*	*Fuerunt mihi* 4
panes die ac nocte	*lacrimae meae*	*lacrimae meae*
dum dicitur mihi	*panes die ac nocte*	*panis die ac nocte*
per singulos dies :	*dum dicitur mihi*	*dum dicitur mihi cotidie :*
Ubi est Deus tuus ?	*cotidie :*	*Ubi est Deus tuus ?*
	Ubi est Deus tuus ?	

Le texte de ce chant de procession est tiré du psautier romain, lequel a néanmoins reçu quelques légères retouches, ce qui est un phénomène banal. Le texte psalmique a été raccourci, mais n'a pas été centonisé. La correspondance est parfaite entre les versets du psaume et ceux du chant ; *Sicut cervus* semble donc avoir été moins remanié par la *Schola* que les trois cantiques, sans doute parce qu'il était psalmique, c'est-à-dire d'aspect « moderne », tandis que les trois cantiques, qui ne l'étaient pas, ont dû finir par intriguer et sembler bien obsolètes aux fauteurs d'*aggiornamento* des Ve et VIe siècles. *Sicut cervus* a de plus conservé trois versets, vestige de l'ancien psaume complet. Il n'existe ni problème de verset, ni variante textuelle entre chant romain et chant grégorien.

Le lien entre le psaume 41 et le baptême se situe d'une part dans l'image du catéchumène, associé à un cerf qui vient s'abreuver aux eaux du baptême. Ce thème baptismal est lié au motif des quatre fleuves du paradis, aux eaux desquels se désaltère le cerf. Cette scène a été très fréquemment représentée par l'art paléochrétien, notamment par les mosaïques absidiales des titres romains ; elle veut indiquer que, par le baptême, les néophytes sont rétablis dans la terre où coulent le lait et le miel, comme les Hébreux de l'Exode historique l'avaient été dans la Terre promise [1]. L'emploi du psaume 41 se justifie d'autre part par l'idée, développée en Ap 7, 17, que l'Agneau conduira les élus vers les sources d'eau vive et qu'ils pourront voir Dieu : il est l'expression du désir de voir Dieu [2]. Le psaume 41 a également été utilisé dans un contexte non baptismal, preuve que, contrairement aux cantiques, il n'a pas fait l'objet d'une interprétation univoque. On ignore si c'est l'iconographie qui a entraîné le chant de ce psaume, ou si au contraire la typologie attachée à ce psaume a conditionné la création d'une iconographie idoine.

Ce psaume n'a pas connu de fortune particulière dans le reste de l'Ancien Testament ou dans le culte juif. *Sicut cervus* est donc le plus ancien chant chrétien conservé qui soit sans contrepartie dans la tradition juive : c'est une création purement chrétienne, qui semble en outre avoir été assez tardive : le Nouveau Testament ne l'utilise pas de façon notable, et en tout cas pas dans un contexte baptismal. Ce psaume n'est attesté pour la première fois dans ce sens par les Pères qu'à partir du IVᵉ siècle [3]. *Sicut cervus* est donc très différent des trois *cantica*. Il est notamment documenté à la vigile pascale par Ambroise, Augustin [4], Jérôme [5], Quodvultdeus de Carthage [6] et Zénon de Vérone. L'iconographie des absides [7], de la même manière, ne saurait être antérieure aux années 320. À Rome, le plus ancien lien entre ce chant et le baptême

1. LUNDBERG, *La Typologie baptismale*, p. 146 s. ; C. IHM, *Die Programme der christlichen Apsismalerei*, 2ᵉ éd., Stuttgart, 1992, p. 127 s.

2. A. ROSE, « Les psaumes de l'initiation chrétienne », *QLP* 47 (1966), p. 286-287. Voir l'*EP*. 108, 22 *(Epitaphium sanctae Paulae)* de saint Jérôme (éd. J. LABOURT, Paris, t. V, 1955, p. 190), dans laquelle il cite le cantique en l'appliquant à Paule, qu'il imagine s'avançant vers Dieu en chantant : « *Sicut cervus desiderat ad fontes aquarum, ita desiderat anima mea ad te, Deus. Sitivit anima mea ad Deum fortem, vivum. Quando veniam et parebo ante faciem Dei ?* » Le texte cité par saint Jérôme ne peut être la Vulgate. La *Vita S. Gorgonii* (BHL 3619), qui a été rédigée vers la fin du IXᵉ siècle, possède aussi la leçon *sicut cervus*, qui est antérieure à la Vulgate : BOULHOL, « Ricerche sul culto », p. 151.

3. On trouvera une liste des citations patristiques de ce psaume dans DOMAGALSKI, *Der Hirsch*, p. 176-177.

4. A. M. LA BONNARDIÈRE, *Recherches de chronologie augustinienne*, Paris, 1965, p. 153.

5. *In psalmum 41*, éd. MORIN, *Analecta maredsolana* t. III, pars 2, Maredsous, 1897, p. 410-413.

6. SAXER, *Les Rites*, p. 415 ; DELL'ORO, « La solenne veglia pasquale », p. 158.

7. L. DE BRUYNE, « La décoration des baptistères paléochrétiens », p. 202.

se trouve dans le *Liber pontificalis*, dans la notice de Silvestre : Constantin a offert au baptistère du Latran une fontaine décorée de sept cerfs en argent[1]. Ce thème, s'il n'est pas ignoré en Orient[2], y joue cependant un rôle moins important que dans le domaine latin, où il est utilisé à la vigile pascale par pratiquement tous les rits, vraisemblablement à l'imitation de Rome[3].

Les mélodies des « cantica » en « DO ».

Il faut commencer par lever une difficulté d'ordre méthodologique. Nous savons en effet que les mélodies de ces quatre *cantica*, telles qu'elles se présentent dans les manuscrits romains, ne sont que des copies de leur contrepartie grégorienne ; les microvariantes de la version romaine proviennent de Bénévent et non de l'Italie du Centre ou du Nord. Nous ne possédons donc plus les mélodies romaines originales, mais seulement des copies des mélodies grégoriennes, qui elles-mêmes copient ces originaux romains disparus. La forme la plus proche de l'original romain primitif, qui n'a pas été conservé, n'est donc pas la forme romaine, mais la forme grégorienne. Comme cela ne laisse pas d'être inquiétant pour la solidité de notre étude, il nous faut nous en expliquer. Plusieurs problèmes se posent en effet. Comment savons-nous que nos *cantica* romains ne sont que des copies du grégorien ? Comment savons-nous qu'il en a jadis effectivement existé une forme romaine ? Pourquoi la forme grégorienne a-t-elle éliminé la forme romaine, et quand ? Comment pouvons-nous affirmer que les mélodies grégoriennes sont bien des copies des originaux romains perdus ?

La preuve de l'existence de *cantica* romains en *DO*, de leur disparition précoce et de leur remplacement par des copies de leur pendant grégorien, tient d'une part dans la très grande proximité mélodique des deux versions, qui est tout à fait inhabituelle, poussée à ce point de mimétisme et, d'autre part, dans l'analyse musicale, qui met en évidence le caractère très évolué de ces mélodies, dans les deux réper-

---

1. DUCHESNE, *LP* I, p. 174.
2. Chez Origène : M.-J. RONDEAU, *Les Commentaires patristiques*, t. I, p. 157 ; chez Grégoire de Nazianze et Jean Chrysostome : DOMAGALSKI, *Der Hirsch*, p. 123.
3. A.-M. LA BONNARDIÈRE, *Recherches de chronologie*, p. 154, n. 2 ; HESBERT, « Le samedi saint », p. 169.

toires, ce qui indique qu'elles ne sont pas primitives et que, par conséquent, elles ont été précédées par une forme plus archaïque. Par surcroît, ces pièces sont écrites en *sol*, transposition de la corde mère de *DO*, corde romaine par excellence.

La preuve de l'existence de ces *cantica* romains disparus tient d'autre part et surtout dans l'analogie avec les *cantica* bénéventains. Le moins orné de ces *cantica* bénéventains, *Sicut cervus*, est semblable au verset des vêpres [1] : sa mélodie est très dépouillée et d'une extrême simplicité. C'est une simple récitation sur *la* = *RÉ*, que conclut une courte vocalise. On peut en conclure par analogie que les *cantica* romains primitifs étaient eux aussi très simples et que ce caractère primitif, qu'on a fini par trouver obsolète face aux mêmes *cantica* grégoriens, qui possèdent trois teneurs, a entraîné leur suppression et leur remplacement par la version grégorienne, qui était beaucoup plus évoluée sur le plan mélodique.

Reprenons ces arguments l'un après l'autre. Quand le chant grégorien copie le romain, ce qui arrive presque toujours, il le fait avec fidélité mais, comme il ne s'agit pas d'une copie pure et simple, mais d'une hybridation entre deux répertoires, romain et gallican, le fruit de cette hybridation, même s'il reflète convenablement son modèle romain, ne peut éviter de retenir quelques souvenirs des anciennes mélodies gallicanes. La copie est donc souvent bonne, mais la trace laissée par les éléments non romains, entrés dans les mélodies à la faveur de l'hybridation, est toujours bien visible, notamment dans l'ornementation. Par conséquent, quand la copie est quasiment parfaite, trop parfaite, nous savons qu'il ne s'agit plus d'une hybridation, donc une copie du chant romain par le grégorien, mais d'un autre phénomène, très différent. Ce phénomène ne peut guère être autre chose qu'une copie du grégorien par le chant romain, lors de l'arrivée en Italie du nouveau répertoire romano-franc, à partir du IXᵉ siècle. Rome n'a pratiquement pas modifié son modèle grégorien, pour la raison qu'il ne s'agissait pas de créer un répertoire nouveau, à partir d'un modèle et d'un répertoire autochtone encore bien

---

1. Éd. Dom HESBERT, *Le Codex 10673 de la Bibliothèque vaticane*, Tournai, 1931 (rééd. Berne, 1971), p. 371.

vivant, mais au contraire de copier purement et simplement un modèle, le répertoire local (romain) ayant cessé d'être créatif. La copie du grégorien par Rome diffère donc totalement de celle du chant romain par le grégorien. Or, les mélodies de ces *cantica*, telles qu'on les trouve dans les manuscrits romains, suivent à la lettre leur contrepartie grégorienne, sans rien y ajouter, mais au contraire en les simplifiant. Ces deux phénomènes nous paraissent indiquer dans quel sens a eu lieu la copie : du grégorien vers le romain.

Ces mélodies, aussi bien romaines que grégoriennes, ne peuvent prétendre être primitives, en raison de leur caractère nettement évolué. Elles sont en effet bâties sur trois teneurs, *sol (= DO)*, *si* et *do*. *Sol* représente la transposition de la teneur d'origine, *DO* ; en revanche, les deux autres teneurs résultent d'une montée de cette teneur *sol*, d'abord à *si*, puis au *do* aigu. *Si* et *do*, d'abord termes aigus de la mélodie, sont donc peu à peu devenus de nouvelles teneurs. Dans un troisième et dernier temps, les *si* furent attirés par *do* et y montèrent, surtout dans la version romaine : les anciens *si* sont bien plus visibles dans la version grégorienne, notamment grâce à l'accentuation des mots : l'accent était à l'origine sur *do*, à l'aigu de la teneur *(si-si-do-si)* ; depuis que la teneur est montée de *si* à *do*, l'accent se trouve au grave *(do-do-si-do)*, ce qui est absurde et permet de reconstituer la teneur primitive qui, seule, est correctement accentuée à l'aigu. La mélodie des *cantica* est donc très évoluée, puisque *si* et *do*, anciens accents aigus de la psalmodie sur *DO* (transposée en *sol*), ont déjà eu le temps de devenir deux nouvelles teneurs, s'ajoutant à la seule teneur primitive, *sol*. Il est impossible que telle ait été la forme primitive de ces pièces. Les actuelles mélodies en ont donc supplanté d'autres, plus anciennes, à une seule teneur, qui avaient fini par sembler très obsolètes. L'arrivée et la grande vogue du chant grégorien en Italie, dès le IXe siècle, ainsi que les règnes successifs de papes réformateurs et d'origine germanique, qui ne connaissaient que le chant grégorien, expliquent cette défaveur des anciens *cantica* ; comme on les trouvait monotones, on les supprima, au profit de leur contrepartie grégorienne, plus moderne et plus flatteuse à l'oreille.

Cela dit, comment prétendre que les *cantica* romains qui ont disparu étaient justement un *Cantemus Domino*, un

Attende celum et un *Vinea facta est* ? Notre principal argument est celui des variantes textuelles. Le texte des *cantica* grégoriens n'est en effet tiré ni de la Vulgate, ni de vieilles-latines gallicanes : il s'agit du texte romain, avec quelques petites variantes. Les *cantica* grégoriens (et, *a fortiori*, leur copie romaine) portent donc un texte romain. On ne voit pas où ils auraient pu le trouver, si ce n'est en copiant les *cantica* romains.

Si donc le texte des *cantica* grégoriens est romain, comment assurer que leur mélodie est bien la copie d'un original romain disparu ? La réponse tient dans l'emploi de la corde de *DO*. Nous sommes aux origines de la psalmodie ; dans ses couches les plus profondes, Rome ne connaît que *DO* (*cantica* et traits en *DO*), tandis que le grégorien (ex-gallican) ne connaît que *RÉ* (*cantica* et traits en *RÉ*). Si les *cantica* de la vigile pascale sont en *DO*, alors ils sont romains. On voit mal pourquoi les *cantica* constitueraient justement une exception, d'autant plus que nous possédons encore un ancien *canticum* gallican, en *RÉ* : *Domine audivi*, au vendredi saint. Sa mélodie n'a rien de commun avec celle des *cantica* de la vigile pascale. Que sont donc devenus les anciens *cantica* gallicans de la vigile pascale, en *RÉ* ? Il n'est pas impossible que l'un d'entre eux ait survécu, à l'état d'épave, dans le sanctoral (Abdon et Sennen, 30 juillet), sous la forme du graduel en *RÉ Gloriosus* (Ex 15). Ce *Gloriosus* est vraisemblablement tout ce qui subsiste de l'ancien cantique *Cantemus Domino* gallican.

En résumé, le processus, complexe mais non invraisemblable, est le suivant : à la fin du IIIe siècle, composition des *cantica* en *DO* à Rome sur le modèle des versets des vêpres en *DO* ; à partir de 742-751 environ, ils passent en Gaule et sont copiés et embellis par le nouveau chant grégorien, qui leur donne trois teneurs ; à partir du IXe siècle, ce dernier arrive en Italie et élimine les anciens *cantica* romains à une seule teneur. Par conséquent, les actuels *cantica* en *DO*, romains ou grégoriens qu'importe, sont bien le reflet, pour le texte comme pour la mélodie, des anciens *cantica* romains aujourd'hui disparus.

Cette hypothèque étant levée, il reste à aborder l'analyse mélodique proprement dite, en commençant par l'original conservé, c'est-à-dire par la version grégorienne, puisque le véritable original, romain, est perdu, et que la version qu'on

trouve dans les manuscrits romains n'est qu'une copie tardive du grégorien.

Ces quatre pièces constituent un timbre *(Mehrfachtextie-
rung)*, c'est-à-dire un ensemble de textes qui ont été mis en
musique à l'aide d'une seule et même mélodie stéréotypée ;
c'est un gage d'ancienneté. Certes, *Sicut cervus* possède une
incise qui sort du timbre (la formule C3, dans le schéma
qui suit) ; cela dit, c'est normal, puisqu'il s'agit d'une pièce
plus récente, un simple chant de procession, qu'on a décal-
qué sur les trois *cantica*. Cette incise *hapax* est la vocalise
qui se trouve sur la dernière syllabe de *mei*, dans le verset 2.
Dans le répertoire grégorien, ce mélisme a été copié ensuite,
d'une part, par les traits en *DO* et, d'autre part, par les
versets d'*Alleluia* du huitième mode grégorien (exemple :
Ostende, sur la finale de *salutare tuum* [1]). Ce double parallélisme n'existe pas dans le chant romain.

Il reste à étudier la structure de ces quatre pièces, en
termes de formules mélodiques. Les formules ont été indi-
vidualisées en fonction de critères musicaux, non en raison
de critères fonctionnels : la formule A, par exemple, est la
plupart du temps une formule de médiante, mais il arrive
parfois qu'elle soit employée à un autre endroit ; de même,
quand le texte d'un verset est trop court, il arrive que l'une
des trois formules ne soit pas employée et qu'on passe, par
exemple, directement de A à C. En règle générale, la formule A1 est une formule de médiante ; la formule B1, une
formule d'ADL ; la formule C1, une formule de fin de verset. Les autres formules (A2, B2, etc.) n'en sont que des
variantes ou des formes irrégulières. Un verset « parfait » possède donc, dans l'idéal, la structure suivante : A1 / B1 / C1.
Les exceptions ne sont cependant pas rares. Un seul exemple suffira, *Cantemus Domino* :

« *Cantemus Domino* » (romain et grégorien).

```
        A2                B1                    C1
V. 1  Cantemus Domino / gloriose enim / honorificatus est ; equum et ascen-
      sorem /
```

---

1. À moins qu'il ne s'agisse du phénomène inverse : une influence à rebours des
Alleluia sur *Sicut cervus*, à la faveur du travail de la *Schola cantorum*, au début du
VIe siècle. C'est le cas pour l'*Alleluia Pascha nostrum* et le trait *De necessitatibus*.

B1   C1
/ *proiecit in mare* / M / *adiutor et protector factus est mihi in salutem* /

A1   B1
V. 2 *Hic Deus meus et honorabo eum* / M / *Deus patris mei* / ADL /

C1
et exaltabo eum /

A1   C2
V. 3 *Dominus conterens bella* / M / *Dominus nomen est illi* /

Le premier verset, en raison de la longueur de son texte, possède un redoublement de la médiante ; comme il s'agit en outre du premier verset de la pièce et comme, pour cette raison, on a voulu lui conférer une particulière solennité, son incipit repose sur une formule particulière, A2. La structure mélodique des *cantica* se présente donc ainsi :

		Grégorien	Romain
Cantemus	1 :	A2 B1 C1 B1 C1	A2 B1 C1 B1 C1
	2 :	A1 B1 C1	A1 B1 C1
	3 :	A1 C2	A1 C2
Attende	1 :	A2 B2 C1	A2 B2 C1
	2 :	A1 B1 C1	A1 B1 C1
	3 :	B1 C1	B1 C1
	4 :	A1 B1 C1	A1 B1 C1
	5 :	A1 C2	A1 C2
Vinea	1 :	A2 B2 C1	A2 B2 C1
	2 :	A1 B1 C1	A1 B1 C1
	3 :	B1 C1 C2	B1 C1 C2
Sicut cervus	1 :	A2 B1 C1	A2 B1 C1
	2 :	A1 B1 C1 C3	A1 B1 C1 C3
	3 :	A1 B1 C1 C2	A1 B1 C1 C2

L'identité entre chants romain et grégorien est frappante. Quand le grégorien emploie une formule donnée à un endroit donné, Rome en fait autant. L'un des deux répertoires a donc copié l'autre. Un démarquage aussi méticuleux et aussi parfait est tout à fait exceptionnel ; quand le grégorien copie Rome, ce qui arrive dans 99 % des cas, puisque le grégorien est né d'une copie franque du chant romain, la copie est souvent bonne, mais jamais aussi fidèle. L'examen des six cents pièces du répertoire de la messe le démontre. D'un autre côté, quand Rome a copié précocement une pièce gallicane, avant même la naissance du grégorien, la copie possède des caractères particuliers, comme le montrent les *cantica* et les traits en *RÉ* ex-gallicans, vraisemblablement copiés par la *Schola cantorum* romaine au début du VIᵉ siècle : Rome simplifie le gallican, élague les vocalises, réduit la diversité à un type unique. Il est donc aisé de voir que les *cantica* en *DO* ne répondent à aucun de ces deux types de copie. Il ne peut donc s'agir que d'une transcription romaine du grégorien, tardive (Xᵉ siècle), donc littérale, un peu à la manière d'une traduction mot à mot.

Il reste à classer ces formules pour esquisser une typologie de leur emploi. La séquence A1 B1 C1 (*Cantemus*, v. 2 ; *Attende celum*, v. 2 et 4 ; *Vinea facta est*, v. 1) équipe le « verset type », régulier, qui ne pose pas de problème particulier. C'est la situation « normale ». On notera l'absence de *Sicut cervus*, principalement en raison de l'irrégularité de son verset 2, qui ajoute au schéma classique la formule *hapax* C3. La séquence A2 B2 C1 (*Attende celum*, v. 1 et *Vinea facta est*, v. 1) équipe les premiers versets, avec deux exceptions : d'une part, *Sicut cervus*, dont le verset 1 a été moins mis en relief que dans les autres pièces, au point qu'il soit presque identique à un verset normal (A2 B1 C1). Il semble qu'on ait normalisé ce premier verset pour le réduire à un schéma ordinaire ; c'est un signe qui indique le caractère postérieur de ce chant de procession. Enfin, dans la séquence A1 C2 (*Cantemus* et *Attende*, dernier verset), la formule C2 sert à marquer de façon particulière la cadence des fins de pièce, en se substituant (quand le texte est d'une longueur moyenne) ou s'ajoutant (quand le texte est long) pour la circonstance à la formule habituelle de cadence, C1. La formule A1 est la formule habituelle pour les médiantes ; il peut cependant arriver qu'elle disparaisse et soit remplacée dans cette fonction par la formule B1 qui, d'ordinaire, est la formule d'ADL. C'est le cas dans *Attende* (v. 3) et *Vinea* (dernier verset). Ce système est donc très souple, puisque tout dépend de la longueur du texte.

L'analyse des formules.

De l'incipit à la médiante comprise.

— *Un cas particulier : les incipits des quatre versets 1, jusqu'à la flexe (formule A2).*

Les incipits (*Attende celum, Vinea facta est, Cantemus Domino* et *Sicut cervus desiderat*) du premier verset de chacune de ces pièces diffèrent des incipits des autres versets, puisqu'on a cherché à solenniser l'introduction de chacun de ces chants. Ils sont identiques entre eux ; ils sont en *sol* (= *DO)*, bien qu'ils citent au passage la formule du *versus* de *RÉ* (le verset des vêpres grégorien, ex-gallican), à la faveur de l'amphibologie du *sol*, le *si* bémol devenant *si* bécarre pour un court instant [1] : quand *sol* = *RÉ*, la tierce mineure *sol-la-si* bémol équivaut en effet à *RÉ-mi-fa*, dont elle est la transposition : un ton plein plus un demi-ton. En revanche, quand *sol* = *DO*, la tierce majeure *sol-la-si* bécarre équivaut exactement à *DO-ré-mi*, dont elle est la transposition : un ton plein plus un ton plein. Il suffit donc de jouer sur le *si* (bémol ou naturel) pour passer de *sol* = *DO* à *sol* = *RÉ* et pour faire passer dans une pièce en *DO* une citation du *versus* de *RÉ*. La mélodie repart ensuite sur *sol* = *DO*, comme en témoigne le saut de quarte et la montée à *DO* qui se trouve sur l'accent du dernier mot : ce*lum*, fac*ta*, *Domino* et desi*derat*. La mélodie retombe pour finir sur *sol*.

— *Les autres versets : la teneur « si » (formule A1).*

De l'incipit à la médiante se trouve une teneur *si*. Cet ancien accent de *sol* a fini par entraîner la montée de toute cette partie de la pièce, car un accent est souvent une future teneur, la montée de l'accent entraînant celle de la teneur. Dans un second temps, ce *si* a été à son tour aspiré par la note *do*, dont il n'était séparé que par un demi-ton. La mélodie part donc de *sol* et monte d'une tierce majeure à un *do* qui cache en réalité un ancien *si*. S'ensuit une récitation *recto tono* sur ce faux *do*, qui se termine par une descente à la médiante, *sol*. La mélodie retrouve donc finalement sa corde,

1. *Le Trait dans les répertoires vieux-romain et grégorien : un témoin de la psalmodie sans refrain*, université Paris-IV, 1990, vol. II, p. 280. Nous remercions M. CULLIN de nous avoir permis de consulter son travail.

après s'être longuement attardée sur un ancien accent devenu teneur.

Tous les versets possèdent cette mélodie, sauf le verset 3 de *Attende* et de *Vinea* qui, trop courts, ont dû commencer directement avec une formule B1. Dans le verset 3 de *Vinea*, la formule d'ADL B1 joue le rôle de médiante et la formule de finale C1 joue le rôle d'ADL, puisque la formule C3 est la finale véritable ; la structure n'est donc pas modifiée : elle est seulement décalée. En revanche, dans le verset 3 de *Attende*, les articulations ne sont pas décalées, mais l'une d'entre elles, A1, est supprimée. Cette pièce, en définitive romaine, a gardé une médiante, puisque *fenum* est en position de médiante. Le verset 3 de *Attende*, trop court, utilise exceptionnellement B1 comme médiante, tandis que le verset 3 de *Vinea* a remplacé A1 par la séquence B1 C1, pour des raisons qui nous sont inconnues.

De la réintonation qui suit la médiante à l'avant-dernière distinction logique comprise.

— *La formule la plus répandue : B1.*

Cette formule sert d'ADL pour tous les versets, à quelques exceptions près. La mélodie part de *sol* et monte aussitôt d'une quarte pour atteindre son accent *do* — qui, cette fois, est un vrai *do* —, lequel est devenu corde de récitation (à ne pas confondre avec la corde modale de *DO*, qui est ici transposée à *sol*). Après une récitation *recto tono* sur ce *do*, la mélodie descend trouver son ADL sur *fa*, sous-tonique de la teneur *sol (= DO)*. Plusieurs versets n'emploient pas cette formule. Il s'agit de *Cantemus* (verset 3 : A1 C2), de *Attende* (verset 1 : A2 B2 C1 ; verset 5 : A1 C2) et de *Vinea* (verset 1 : A2 B2 C1). Dans deux cas, B1 est donc remplacé par une formule proche, B2 ; dans les deux autres cas, B1 est supprimé en raison de la brièveté du texte : il n'y a plus d'ADL, mais seulement une médiante, A1.

Cela pose la question de la construction de ces *cantica* en *DO*, c'est-à-dire la question du rôle respectif que jouent les vocalises de médiante et d'ADL. La tradition romaine par excellence est d'ignorer la ponctuation de flexe et d'avant-dernière distinction logique, au profit de la seule médiante, parfois sous la forme d'une médiante redoublée, comme par exemple dans le verset *Deus in adiutorium* en *MI*, qui redouble sa médiante (*) autant de fois qu'il est nécessaire pour arriver à la fin du texte, sans employer de flexe ni d'ADL :

Deus in adiutorium meum intende *
Domine ad adiuvandum me festina *
Gloria Patri et Filio et Spiritui sancto *
Sicut erat in principio et nunc et semper * *Et in secula seculorum*
Amen.

Il en est de même pour la psalmodie des introïts, qui ignore la flexe et redouble la médiante. Ignorer l'avant-dernière distinction logique du texte et insister au contraire sur la médiante est donc un procédé directement hérité de la psalmodie, donc très ancien, à Rome. Retrouve-t-on ce procédé dans les *cantica* en *DO*, qui sont, par leur ancienneté, encore très proches de la psalmodie ? Les versets qui possèdent une médiante et une ADL sont très minoritaires ; la pièce qui, en proportion, en possède le plus, est *Sicut cervus*, la plus tardive des quatre. C'est donc la plus stéréotypée, la plus régulière, la plus « parfaite ».

Il est beaucoup plus fréquent que la médiante soit la seule articulation ; il semble même exister plusieurs doubles médiantes. Les *cantica* romains en *DO* sont donc encore proches de la structure élémentaire de la psalmodie romaine. Cela nous permet de revenir à l'analyse de la formule d'ADL B1, dont nous avons remarqué l'absence dans un certain nombre de versets. Nous savons maintenant qu'il ne faut pas nous en étonner ; cette absence est même bon signe, puisqu'elle est un signe de romanité.

— *La formule B2.*

Cette courte formule sert d'ADL au premier verset de *Vinea (dilecto)* et de *Attende (et loquar)*. Très proche de B1, dont elle n'est qu'une variante, elle part de *la* (au lieu de *sol*) et ne monte qu'à *ré* (au lieu de *mi*) ; son *ambitus* est donc plus resserré que celui de B1. Sa vocalise finale est exactement semblable à celle de B1. Il est possible que la particulière brièveté du texte ait entraîné la composition de cette variante.

La finale.

— *La formule la plus commune : C1.*

Cette formule part de *sol (= DO)* et y demeure assez long-temps, *recto tono*, avant de monter à son accent *do*, qui est le point de départ de la vocalise finale, qui descend pour retrouver sa corde, *sol*. Cette formule n'appelle aucun commentaire particulier, sinon sur le fait qu'elle semble curieusement découper le texte du verset 1 de *Cantemus Domino*, puisqu'elle lie le groupe « *honorificatus est equum et ascensorem* », alors qu'il est clair que « *honorificatus est* » est lié à ce qui précède, alors que « *equum et ascensorem* » appartient à la proposition suivante. La formule C1, dans ce verset, est donc à cheval entre deux propositions, ce qui ne laisse pas de surprendre. On pourrait certes considérer que la vocalise B1 ne conclut pas la formule, et qu'il faut donc couper ainsi :

> A2   B1 + début de C1   Fin
> *Cantemus Domino* // *gloriose enim honorificatus est* // *equum et*
>   de C1
> *ascensorem...*

Cependant, dans ce cas, qui est satisfaisant pour le sens (« *gloriose enim honorificatus est* »), la formule C1 est coupée en deux ; ce serait un cas tout à fait unique. Il n'y a donc pas de solution : le texte et la musique ne s'accordent pas. Est-ce cependant une faute qui aurait été commise par les compositeurs ? Il est possible que cette liaison, que nous prenons pour une maladresse, soit en réalité motivée par des raisons légitimes mais qui nous échappent.

— *La formule de cadence des derniers versets : C2.*

Afin de marquer plus fermement la cadence terminale de chaque pièce, on l'a pourvue d'une formule particulière, principalement marquée par la présence d'une vocalise très ample, qui a d'ailleurs été raccourcie par le chant romain. Mais pour le reste, cette formule est très proche de B1. Elle part en effet de *sol*, monte à son accent *do*, descend deux fois à *fa*, c'est-à-dire à la sous-tonique, pour s'immobiliser finalement sur *sol*.

— *Une formule « hapax » propre à « Sicut cervus » : C3.*

Le chant de procession *Sicut cervus* a intégralement copié le timbre des *cantica* en *DO*, en le régularisant et en le simplifiant. Il lui a en outre ajouté une formule qui n'appartient qu'à lui, dans le verset 2, sur la finale du mot *mei* (*« ante faciem Dei mei »*). Cet ajout est là pour témoigner du caractère postérieur de ce chant.

Conclusion.

Si l'on compare la version romaine avec la version grégorienne, il ressort que Rome s'est borné à simplifier et à uniformiser le grégorien : on a raccourci la vocalise de cadence de la formule B1 et de la formule C2 ; la trace des anciens *si*, dans la formule A1, a été effacée. Pour le reste, il s'agit d'une copie presque littérale. Tout cela montre que Rome a copié le grégorien, non l'inverse.

L'existence de ce timbre, c'est-à-dire d'une unique mélodie, dans la couche la plus profonde de la liturgie romaine, nous amène naturellement à nous demander si, à l'origine, il n'existait pas à Rome qu'une seule mélodie, en *DO*, qui servait pour tous les chants. C'est vraisemblable. C'était *le* chant, l'unique manière de chanter. La diversification des mélodies ne s'est produite qu'ensuite : plus on descend le temps, plus elles sont nombreuses et variées ; ce n'est pas un présupposé évolutionniste, c'est un fait.

L'analyse de ce timbre de psalmodie sans refrain en *DO* nous amène en outre à poser la question des rapports qui peuvent exister entre les *cantica* et les traits romains du huitième mode, en *DO*. Les *cantica* nous semblent être les ancêtres de ces traits ; ils sont cependant assez différents d'eux car ils sont plus stéréotypés, contrairement à la proximité mélodique assez étroite qui existe entre le *canticum* en *RÉ, Domine audivi*, et les traits en *RÉ*. C'est sans doute un indice du caractère plus stéréotypé de l'ancien répertoire gallican, tandis que Rome fait montre de plus de créativité et de liberté.

La fin de la vigile pascale

Après le baptême et la confirmation, les néophytes et le clergé retournaient dans la nef pour poursuivre la messe. À l'origine, on passait directement à l'offertoire, les lectures étant faites avant le baptême ; mais dès le V⁰ siècle, à ce qu'il semble, on perdit cela de vue, oubliant que la *lectio cum can-*

tico était l'authentique office des lectures primitif de cette messe ; on s'étonna de l'absence — bien naturelle — d'épître et on ajouta une péricope [1] ; entre ces deux lectures, il fallait des chants, car, aussi bien à la messe qu'à l'office, il n'existe pas de lecture qui ne soit suivie d'un chant ; cette logique folle entraîna ainsi l'ajout d'un *Alleluia, Confitemini... quoniam* et d'un trait, *Laudate Dominum*, qui ne sont naturellement pas primitifs et dont la présence confine à l'absurde. Le trait fut emprunté aux samedis des Quatre-Temps, tandis qu'on composait l'*Alleluia* pour la circonstance ; nous daterions volontiers ces excroissances du VIᵉ siècle. En revanche, l'offertoire et la communion, qui avaient primitivement lieu en silence [2], restèrent tels quels.

LES « CANTICA » EN « RÉ » : LES APPORTS EXTÉRIEURS

Le graduel « Gloriosus », vestige d'un cantique de la vigile pascale gallicane ?

Le graduel propre de la fête des saints Abdon et Sennen (30 juillet), *Gloriosus*, est tiré du cantique de l'Exode, *Cantemus Domino*, dont il n'a conservé que deux versets, le verset 6 servant de verset et le verset 11 servant de refrain. Comme il est composé en *RÉ*, il ne peut guère être d'origine romaine. L'emploi de ce cantique pour le sanctoral est très insolite, mais ce n'est pas la première fois qu'une pièce ancienne du temporal, désaffectée, aura trouvé refuge dans le sanctoral. Dom J. Claire a proposé de voir dans ce curieux graduel les vestiges d'un *canticum* gallican, désaffecté et arrivé à Rome pour être réutilisé dans le sanctoral [3].

---

1. COEBERGH, « Les lectures de l'apôtre pour Pâques », p. 142.
2. *Contra* : K. LEVY, « The Italian Neophytes' Chants », p. 183, 211, 223, 225.
3. « Le cantatorium romain et le cantatorium gallican », p. 61-62.

VL 5319, f. 120 ; AMS, n° 24 b	Vulgate (Ex 15)

R.

Gloriosus Deus in sanctis suis [1] *mirabilis in maiestatibus* [2] *faciens prodigia*	*Quis similis tui in fortibus Domine* 11 *quis similis tui* *magnificus in sanctitate* *terribilis atque laudabilis* *et faciens mirabilia*

V.

Dextera tua Domine glorificata est *in virtute dextera manus tua* *confregit inimicos* [3]	*Dextera tua Domine magnifice* 6 *in fortitudine dextera tua Domine* *percussit inimicum*

Le texte de cette pièce ne peut absolument pas provenir de la Vulgate, comme le montre notre tableau [4]. En outre, la liturgie romano-franque lui a fait subir certains remaniements assez notables ; un seul d'entre eux, *inimicum* (v. 6), peut sans doute être considéré comme un retour à la Vulgate ; les autres variantes proviennent d'une vieille-latine franque antérieure à la Vulgate. On notera qu'une fois de plus, le manuscrit B penche du côté de Rome *(sanctis suis)*, tandis que C et K préfigurent le cantatorium de Saint-Gall, dont à l'évidence ils sont les ancêtres. Il existe donc trois variantes textuelles entre le chant romain et le grégorien : l'omission de *suis* par le grégorien, *maiestatibus / maiestate* et *inimicos / inimicum*.

La mélodie grégorienne du refrain a un tour très archaïque : elle commence en effet par citer la cellule mère de *RÉ*, *la-do-RÉ (Glorio-)*, comme celle du graduel *Universi* ; elle se fixe ensuite sur *RÉ*, avec des accents sur *fa* ; elle descend ensuite à la médiante *(sanctis suis)*, sur *do* (comme la flexe, *Deus*), note qui est la sous-tonique de la corde de *RÉ*. La mélodie repart ensuite sur *RÉ*, toujours avec des accents au *fa* aigu, pour redescendre encore à l'avant-dernière distinction logique *(maiestatibus)*. Sur le plan du style, on

---

1. *Sanctis suis* VL 5319, F 22, M, B ; *suis* om. C, K, SG 359, SG 339, E 121 ; lacune L 239, C 74.

2. *Maiestatibus* VL 5319, F 22 ; *maiestate* C, K, SG 359, SG 339, E 121, L 239.

3. *Inimicum* C, K, SG 359, SG 339, E 121, L 239, M-R ; *inimicos* VL 5319, F 22.

4. PIETSCHMANN, « Die nicht dem Psalter entnommenen Meßgesangstücke », p. 108-109.

trouve un mélisme à la fin de chaque incise *(Gloriosus Deus in sanctis / mirabilis in maiestate / faciens prodigia /)*, le mélisme signalant la fin de la dernière incise (sur la finale du mot *prodigia*) montant jusqu'au *si* bémol aigu, exactement comme dans le cantique d'Habacuc en *RÉ* et dans les traits en *RÉ*. C'est un signe d'extrême archaïsme.

Le verset est en revanche très différent : il part *recto tono* de *la (= RÉ)* ; comme les mots *glorificata est* ne sont marqués par aucun mélisme particulier, il ne semble pas y avoir de médiante, ce qui ne laisse pas d'être surprenant. L'avant-dernière distinction logique *(tue)* descend de *la* à *RÉ*. La mélodie de ce verset est tout à fait banale et ne présente aucun signe d'antiquité : il aura été ajouté pour faire de *Gloriosus* un graduel. Seule la mélodie du refrain se comporte donc comme un fragment d'un ancien *canticum*.

Au total, on pourrait croire l'incipit du refrain évolué et le verset mal bâti, car transposé ; on pourrait également croire que, lors du remodelage probable subi par cet ancien *canticum*, transformé en graduel, la secousse ait été rude, puisqu'elle a laissé des traces dans la mélodie actuelle. Il est possible qu'à côté de cette première explication il en existe une autre plus pertinente. On sait que le fait d'insister sur la vocalise d'ADL, et de réduire au contraire l'importance du mélisme de médiante, est une particularité non romaine ; on la trouve par exemple à Milan, dans le célèbre *Gloria in excelsis* ambrosien, qui n'a jamais de médiante, mais seulement une vocalise d'ADL[1], de même qu'en Espagne, par exemple dans le cantique *Audite celi*, version hispanique du cantique *Attende celum* romain, qui n'a pas non plus de médiante, mais seulement une ADL très marquée[2]. Pour faire bref, on peut dire que la psalmodie à médiante est un trait romain, tandis que la psalmodie à ADL est « non-romaine », au sens très large de cette expression. Par conséquent, l'absence de médiante dans le verset de l'ex-*canticum Gloriosus* nous semble plutôt être une trace de son origine géographique : quelque part, hors de l'*Urbs*.

Cette pièce a été choisie pour le sanctoral en raison des

---

1. Voir Dom J. CLAIRE, « La place traditionnelle du mélisme », p. 265-266 ; E. MONETA-CAGLIO, « Lo jubilus », p. 165-168. Voir également le *Graduale* de Paul VI, Solesmes, 1979, p. 793-794 (*Gloria IV more ambrosiano*).

2. Voir Dom J. CLAIRE, « La place traditionnelle du mélisme », p. 270-271.

mots *sanctis suis*, qui convenaient bien à plusieurs martyrs. On remarquera que l'allusion qui a entraîné l'emploi liturgique de ce texte se trouve dans le refrain, non dans le verset, phénomène caractéristique de la psalmodie responsoriale, sur lequel nous reviendrons quand nous aborderons les graduels : le refrain est le véritable verset choisi, qu'on répétait entre chaque verset.

Abdon et Sennen (30 juillet) appartiennent à la *Depositio Martyrum* comme au sanctoral damasien[1], malgré le désaccord qui existe au sujet de l'attribution des fragments n° 5[2]. Leur *Passio* n'est qu'un fragment de celle de saint Polychronius[3] ; ils ne sont pas d'origine romaine : leur *Passio* les présentait comme des rois de Cordula en Perse[4]. Leur culte pourrait avoir été relancé par le pape Damase (366-384) dans le but de concurrencer, puis d'éliminer, la pratique païenne des *ludi apollinares* de juillet[5] ; on sait du reste l'importance du pontificat de Damase dans la poursuite de l'élaboration du férial romain[6]. Avant 1127, ils ne possédaient pas d'église *intra muros*, mais seulement une basilique cimitériale dans le cimetière de Pontien, *ad ursum pileatum*, via Portuense[7].

On pourrait risquer l'hypothèse — hélas impossible à prouver, dans l'état actuel de la recherche — d'une initiative damasienne de réemployer ce chant pour réactiver un culte utile, en plein achèvement de la christianisation de Rome.

---

1. SHEPHERD, « The Liturgical Reform », p. 858.
2. FERRUA (*Epigrammata damasiana*, p. 97) est favorable à leur attribution à Abdon et Sennen, tandis que SAXER (« Damase et le calendrier », p. 62-63) s'y oppose.
3. DELEHAYE, *Étude sur le légendier romain*, p. 11.
4. DUFOURCQ, *Étude sur les « Gesta »*, t. I, p. 237-240 ; HUELSEN, *Le chiese*, p. 163-164.
5. Ch. PIETRI, « Damase évêque », p. 52.
6. SHEPHERD, « The Liturgical Reform », p. 849 ; J. GUYON, « L'œuvre de Damase », p. 245 et *Le Cimetière*, p. 411 ; RUYSSCHAERT, « La commémoration de Cyprien », p. 475 ; Ch. PIETRI, « Saints et démons », p. 68 ; DUFOURCQ, *Étude sur les « Gesta »*, t. I, p. 25-28 et 271-272 ; J. FONTAINE, « Le culte des martyrs militaires », p. 142.
7. HUELSEN, *Le chiese*, p. 163-164 ; REEKMANS, « L'implantation monumentale », p. 181.

Le cantique d'Habacuc.

Le cantique d'Habacuc (Ha 3) de la messe du vendredi saint, *Domine audivi*, s'il est très proche des trois *cantica* de la vigile pascale, et s'il remonte de ce fait à une date assez haute, n'en présente pas moins des traits distinctifs qui font de lui une pièce d'une espèce un peu différente. C'est certes un cantique de l'Ancien Testament, mais la liturgie romaine ne l'utilise pas comme une *lectio cum cantico* : la lecture qui le précède n'est pas tirée de Ha, mais de Os 6, 1-6, ce qui constitue une anomalie qui laisse entrevoir que ce cantique n'est pas dans sa situation primitive, soit qu'il ait été transplanté d'une autre messe ou d'un autre rit, soit qu'on ait modifié sa lecture ; dans tous les cas, cela paraît indiquer une origine non romaine [1]. Dom Hesbert, qui avait étudié partiellement la question, n'avait trouvé qu'un seul manuscrit, bénéventain (Vat. lat. 4770), qui liât ce cantique selon la logique à une lecture tirée du même Ha, la situation n'étant d'ailleurs pas plus claire pour autant, puisque le texte du cantique bénéventain est tiré de la Vulgate, non d'une vieille-latine, et puisqu'il est utilisé à la vigile pascale, non au vendredi saint [2].

La messe des Présanctifiés du vendredi saint, quoique moins ancienne que celle de la vigile pascale, est cependant très antique, comme le montre son caractère archaïque. Elle n'a en effet ni introït, ni graduel, ni offertoire, ni communion ; elle possède cependant un trait, contrairement à la vigile pascale. Elle ignore les genres liturgiques postérieurs au Ve siècle et a conservé ses magnifiques *Orationes sollemnes* [3]. Par surcroît, elle a conservé son caractère de férie aliturgique primitive [4] : elle n'a pas de canon. Ce n'est que

---

1. WILMART, « Le lectionnaire d'Alcuin », p. 155, n° LXXXIV ; HESBERT, « L'*Antiphonale missarum* de l'ancien rit bénéventain. Le vendredi saint », *EL* 60 (1946), p. 161-175, avait à juste titre insisté sur l'anomalie de ce cantique précédé d'une lecture tirée d'un autre livre.

2. HESBERT, « L'*Antiphonale missarum* de l'ancien rit bénéventain. Le vendredi saint », p. 172-183.

3. Voir P. DE CLERCK, *La « Prière universelle »*, *passim* ; M. KLÖCKENER, « Die Feier vom Leiden und Sterben Jesu Christi am Karfreitag », *LJb* 41 (1991), p. 212-226 ; A. U. RENNER, « Form und Inhalt der *Großen Fürbitten* des Karfreitags in den ältesten uns erhaltenen Handschriften », *Heiliger Dienst* 48 (1994), p. 154-168.

4. SCHÜMMER, *Die altchristliche Fastenpraxis*, p. 125.

dans les titres romains[1], à partir de la seconde moitié du
VIe siècle, qu'on ajouta à cette messe sans Eucharistie une
liturgie des Présanctifiés, sur le modèle byzantin[2], pour permettre aux fidèles de communier avec les espèces consacrées
à la messe du jeudi saint.

Cependant, cette messe ne possédait aux tout premiers
siècles aucun caractère doloriste et n'était pas encore centrée
sur la Crucifixion : l'historicisation de la semaine sainte n'est
pas décelable avant la seconde moitié du IVe siècle[3]. Le culte
de la vraie croix ne s'est en effet développé qu'à partir de
350[4], et seulement en Orient dans un premier temps ; la
première attestation de ce culte se trouve chez Cyrille de
Jérusalem, en 348[5] ; le premier fragment de la croix n'est
arrivé à Rome, pour y être adoré, que sous saint Léon[6] ; le
récit de l'invention de la croix par l'impératrice sainte
Hélène n'est du reste attesté qu'à partir du *De obitu Theo-
dosii*, prononcé par Ambroise en 395 ; Eusèbe l'ignore[7]. Le
culte de la croix et la dévotion staurocentrique ne prirent
véritablement leur essor à Rome qu'à partir de Damase et
de l'*Elogium SS. Felicissimi et Agapiti*[8], sans toutefois insister
dès le départ sur l'aspect sanglant du sacrifice de la croix :
longtemps, la croix fut la *crux invicta*, l'étendard victorieux
de la *militia Christi*, l'Église militante, non l'instrument barbare et infamant de la Passion[9].

---

1. Contrairement à la liturgie papale du Latran : Dix, *The Shape*, p. 441, Chavasse, *Le Sacramentaire*, p. 102 et Capelle, « Le vendredi saint et la communion
des fidèles », p. 145 s. Cette communion des fidèles le vendredi saint dans les seuls
titres est attestée pour la première fois par le sacramentaire gélasien ancien (Vat.
Reg. 316). À Milan, le vendredi saint resta rigoureusement aliturgique, sous la
forme d'une simple avant-messe : Heiming, « Aliturgische Fastenferien », p. 54 s. ;
Borella, *Il rito ambrosiano*, p. 23 ; Capelle, « Le vendredi saint », p. 116.

2. Chavasse, *Le Sacramentaire*, p. 93 ; Andrieu, *Immixtio et consecratio*, p. 196.

3. Voir R. Taft, G. Ramis et J. Pinell dans : *La celebrazione del Triduo pasquale.
Anamnesis e mimesis*, Rome, 1990 (« Studia Anselmiana » 102).

4. Frolow, *La Relique de la croix*, p. 46, 55 ; Capelle, « Aux origines du culte
de la croix », repris dans : *Travaux*, t. III, Louvain, 1967, p. 215-220. En dernier
lieu, J. W. Drijvers, *Helena Augusta. The Mother of Constantine the Great and the
Legend of the True Cross*, Leyde-New York, 1992.

5. M. Sordi, « La tradizione dell'*Inventio Crucis* », p. 5.

6. Frolow, *La Relique de la croix*, p. 98 et 173.

7. Dufourcq, *Étude sur les « gesta »*, t. V, p. 294 s. ; Sordi, « La tradizione
dell'*Inventio Crucis* », p. 1-9.

8. *Epigrammata damasiana*, éd. A. Ferrua, Vatican, 1942, p. 154, l. 3 (épigramme 25).

9. Gerke, *Christus*, p. 354-36 ; J. Gagé, dans *Revue d'histoire et de philosophie
religieuses* 13 (1933), p. 370-400.

Ce changement de thématique n'eut lieu qu'à la faveur de l'historicisation de la semaine sainte[1] ; ce processus, encore inconnu à l'époque de Tertullien[2], est attesté pour la première fois à Jérusalem par la pèlerine Égérie[3], qui évoque autour de 384 la cérémonie de l'*Adoratio Crucis*[4] — quoiqu'il ne faille pas exagérer l'importance de cette « historicisation » et de Jérusalem[5]. Les deux fêtes de l'Invention (3 mai) et de l'Exaltation (14 septembre) de la croix sont cependant tardives à Rome, où elles ne sont apparues qu'au VIIe siècle[6], à l'imitation de ce qui existait à Jérusalem, la première précédant légèrement la seconde[7]. Cette vague de piété staurocentrique, quoique tardive, n'en a pas moins profondément marqué la messe du vendredi saint, qui en a reçu, à partir du IXe siècle au plus tôt, une série de développements caractéristiques : on lui ajouta, entre la fin des lectures et les *Orationes sollemnes*, la cérémonie de l'adoration de la croix[8], qui avait lieu originellement en silence, et à laquelle on affecta encore plus tard les chants de l'*Ecce lignum Crucis*, du *Trisagion*[9] et des Impropères[10].

Revenons maintenant au cantique d'Habacuc. Son texte est issu d'une vieille-latine extrêmement archaïque, comme il est facile de le démontrer :

---

1. BALDOVIN, *The Urban Character,* p. 102-104.

2. SCHÜMMER, *Die altchristliche Fastenpraxis,* p. 60.

3. *Itinerarium,* chap. 36, 3-5 et 37, 1-9 (SC 296, p. 280-290) ; FROLOW, *La Relique de la croix,* p. 161-162 ; SORDI, « La tradizione dell'*Inventio Crucis* », p. 5.

4. Chap. 37, 2-3 (SC 296, p. 284-286) ; voir S. JANERAS, *Le Vendredi saint dans la tradition liturgique byzantine,* Rome, 1988, p. 279 s.

5. TALLEY, *The Origins,* p. 39.

6. HESBERT, *AMS,* p. LVIII.

7. HESBERT, *AMS,* p. CVI ; CHAVASSE, *Le Sacramentaire,* p. 354 et « Les plus anciens types », p. 26 ; FROLOW, *La Relique de la croix,* p. 98, 163, 195 ; VOGEL, *Medieval Liturgy,* p. 69.

8. DIX, *The Shape,* p. 440, n. 5 ; HESBERT, « L'*Antiphonale missarum* de l'ancien rit bénéventain. Le vendredi saint », *EL* 60 (1946), p. 104, n. 2.

9. Pas avant le IXe, voire le XIe siècle à Rome : QUASTEN, « Oriental Influence », p. 60. En Gaule, il n'est pas primitif non plus, mais pourrait remonter aux VIIe-VIIIe siècles : BROU, « Le *Psallendum* de la messe », p. 333 ; QUASTEN, « Oriental Influence », p. 57 ; DUCHESNE, *Origines du culte,* p. 208 ; PORTER, *The Gallican Rite,* p. 21 ; GRIFFE, « Aux origines de la liturgie gallicane », p. 26.

10. CAPELLE, « Le vendredi saint », p. 104-105, 113 ; BROU, « Le *Psallendum* de la messe », p. 326 ; J. DRUMBL, « Die Improperien », p. 92.

VL 5319, f. 79v ; AMS n° 78 a	Vulgate (Ha 3)
V. 1	
Domine audivi auditum tuum et timui	*Domine audivi auditionem tuam* 2
consideravi opera tua et expavi	*et timui*
	Domine opus tuum in medio annorum
	vivifica illud
V. 2	
In medio duorum animalium	*In medio annorum notum facies*
innotesceris	
dum appropinquaverint anni	
cognosceris	
dum advenerit tempus ostenderis	
V. 3	
In eo dum conturbata fuerit	*cum iratus fueris*
anima mea	*misericordiae recordaberis*
in ira misericordie memor eris	
V. 4	
Deus a Libano veniet	*Deus ab austro veniet* 3
et sanctus de monte umbroso	*et Sanctus de monte Pharan*
et condenso	
V. 5	
Operuit celos maiestas eius	*operuit caelos gloria eius*
et laudes eius plena est terra [1]	*et laudis eius plena est terra*

La version vieille-latine sur laquelle repose ce cantique est fort éloignée de la Vulgate[2], car elle a conservé un texte beaucoup plus ancien, qui ne provient pas des LXX, mais d'une autre version grecque, tandis que la Vulgate a été traduite sur les LXX[3] : c'est sur ce texte que se sont fondés les commentaires des Pères des premiers siècles. Il faut aussi noter que ce texte n'est pas celui qui est attesté par Novatien, ce qui peut être un indice de la non-romanité du cantique[4]. Le texte a été raccourci, selon un procédé que nous avons déjà rencontré. Il existe une variante textuelle entre les chants romain et grégorien, *laudes eius / laudis eius.*

Ce cantique annonce et célèbre la manifestation de Dieu,

---

1. *Laudes* VL 5319, C 74, F 22, C ; *laudis* M, SG 359, SG 339, E 121 ; *laudes* corrigé en *laudis* L 239 ; lacune M-R.

2. PIETSCHMANN, « Die nicht dem Psalter entnommenen Meßgesangstücke », p. 110-112 ; HARL, DORIVAL et MUNNICH, *La Bible grecque des LXX*, p. 301.

3. BÉVENOT, « Le cantique d'Habacuc », p. 501 s.

4. *De Trinitate* XII, 7 (CCSL 4, p. 31) : « *Deus ab* Africo *veniet et sanctus de monte* opaco *et condenso* ».

venu avec splendeur et majesté pour régir et juger ses créatures. Il est donc, pris dans son sens obvie, une glorification de la puissance et de la magnificence de Dieu, ainsi qu'une prophétie de sa parousie glorieuse. Ce texte était utilisé par les juifs pour la fête de la Pentecôte, dont il était la *haftara*[1]. Cette fête des Semaines était une fête d'actions de grâce qui clôturait la moisson ; par surcroît, elle devint peu à peu une fête commémorative de l'Alliance du Sinaï, c'est-à-dire l'anniversaire du don de la Loi à Moïse, de même que la Pâque commémorait la sortie des Hébreux d'Égypte. Ce texte a en outre une tonalité apocalyptique, car il évoque la Parousie du Père, supposée devant avoir lieu à l'époque de la Pentecôte.

Contrairement aux *cantica* de la vigile pascale, le cantique d'Habacuc n'a été mis à profit ni par le Nouveau Testament, ni par les Pères des deux premiers siècles ; les plus anciennes attestations de son emploi, dans un sens réellement typologique, ne se trouvent pas avant Tertullien et Origène. Ce qui doit attirer notre attention est la pluralité de sens fort différents que lui a donnée la typologie chrétienne ; cette polysémie est tout à fait remarquable. Certains Pères sont restés proches du sens traditionnel, tandis que d'autres, nombreux, ont préféré accorder davantage d'attention à certains détails du texte[2].

Il est ainsi fréquent qu'on soit resté fidèle au sens général du cantique, qui est une évocation triomphale de la Parousie glorieuse du Christ-Roi, souverain Juge[3], ou une prédiction de la venue de Dieu, donc de l'Incarnation, ce dernier sens ayant été développé par saint Irénée[4]. D'autres ont en revanche choisi de privilégier un passage isolé du texte, notamment « *In medio duorum animalium innotesceris* » (v. 2) et « *cornua in manibus eius* » (v. 4).

Le deuxième verset fit lui-même l'objet de plusieurs exé-

1. THACKERAY, « Primitive Lectionary Notes », p. 199, 206 et « The Song of Hannah », p. 186 ; PERROT, « La lecture de la Bible dans les synagogues », p. 37 ; BÉVENOT, « Le cantique d'Habacuc », p. 510-517.

2. Voir REIJNERS (*The Terminology of the Holy Cross*, p. 106) qui insiste à juste titre sur le caractère tardif de l'utilisation de ce texte dans le sens typologique qui nous intéresse ici.

3. DE BRUYNE, *Sommaires*, p. 234-235 ; B. FISCHER, « Conculcabis leonem et draconem », p. 78.

4. DANIÉLOU, *Message évangélique et culture hellénistique*, Paris, 1990 (2ᵉ éd.), p. 211.

gèses différentes. Origène lui a donné un sens trinitaire (le Christ entre deux séraphins — voir Is 6, 2 et Ex 25, 18 —, compris comme étant le Père et l'Esprit Saint, interprétation rejetée par saint Jérôme)[1], tandis que Tertullien préférait le rapprocher de la Transfiguration, entre Moïse et Élie (Mt 17, 3) (*Adv. Marcion.* IV, 22, 12[2]), et qu'Eusèbe choisissait de voir dans les deux *animalia* les deux Testaments[3] ; dans un cas comme dans l'autre, on est loin de la Crucifixion. D'autres ont en revanche préféré traduire *animalia* par « larrons » (Mt 37, 38), ce qui faisait effectivement de ce texte une prophétie de la mise en croix[4]. L'ambiguïté et la polysémie de ce verset ont du reste été soulignées dès saint Augustin[5].

Le quatrième verset a lui aussi reçu plusieurs interprétations : tantôt on a traduit le mot *regna* par « clous », comme l'ont fait le premier saint Cyprien[6] puis saint Augustin[7], tantôt au contraire par « rayons » ou par « royaumes », comme le pensait saint Jérôme[8], voulant indiquer par là la royauté du Christ. Du reste, Jérôme n'aimait guère la traduction par « larrons », la trouvant simpliste[9]. La pluralité de sens que recouvrent ces deux versets se retrouve en dernier lieu chez les exégètes du haut Moyen Âge, tributaires des incertitudes de la typologie antique : ainsi Bède[10] se borne-t-il à rappeler que *cornua* peut faire allusion aux clous comme à la royauté, comme *animalium* peut prophétiser la Transfiguration ou la

---

1. DANIÉLOU, *Théologie du judéo-christianisme*, p. 221-222.

2. CCSL 1, p. 603.

3. C. CURTI, « L'interpretazione di Ps. 67, 14 », p. 142.

4. SCHNEIDER, « Die biblischen Oden », p. 40 ; BÉVENOT, « Le cantique d'Habacuc », p. 505, n. 2.

5. *De civ. Dei* XVIII, 32, éd. B. DOMBART et A. KALB, Turnhout, 1955, p. 623 (CCSL 48) : « *"In medio duorum animalium cognosceris" quid est, nisi aut in medio duorum testamentorum, aut in medio duorum latronum, aut in medio Moysi et Heliae cum illo in monte sermocinantium ?* » ; voir A. M. LA BONNARDIÈRE, *Biblia Augustiniana, Les douze petits prophètes*, p. 38.

6. *Testimonia ad Quirinum* 2, 21, éd. R. WEBER, p. 59 (CCSL 3) ; voir FAHEY, *Cyprian and the Bible*, p. 250.

7. *De civ. Dei* XVIII, 32 (CCSL 48, p. 624) ; voir REIJNERS, *The Terminology of the Holy Cross*, p. 106, n. 4.

8. *Commentarium in Habacuc*, éd. M. ADRIAEN, Turnhout, 1970, p. 624-626 (CCSL 76 A).

9. Éd. ADRIAEN, p. 621 : « *Porro simplex interpretatio, et opinio vulgi de Salvatore intelligit, quod inter duos latrones crucifixus agnitus sit* ».

10. *Super canticum Habacuc prophetae allegorica expositio*, PL 91, 1235-1254 ; voir B. WARD, « *In medium duorum animalium*. Bede and Jerome on the Canticle of Habakkuk », *Studia Patristica*, vol. 25, Louvain, 1993, p. 189-193.

Crucifixion, la tradition ne permettant pas de trancher. Il est ainsi fréquemment arrivé qu'on cite ce passage dans un contexte totalement étranger à la Passion : saint Léon le cite même dans un sermon prononcé pour l'anniversaire de son élection pontificale [1].

Tout cela ne milite guère en faveur d'une origine romaine, d'autant plus qu'au total rien ne lie étroitement ce cantique au vendredi saint : son texte conviendrait tout aussi bien à la Pentecôte ou à la vigile pascale, où le placent d'ailleurs certains rits [2].

La mélodie du cantique d'Habacuc.

Cette mélodie est en RÉ, donc d'origine non romaine. Il faut donc comparer la mélodie romaine à sa contrepartie grégorienne, qui est susceptible d'avoir conservé le dessin de la mélodie gallicane originelle, tandis que le *canticum* de Ha romain n'est que la traduction et la remise en forme d'un original gallican. Apparaîtront ainsi toutes les modifications subies par la mélodie primitive, au moment de son introduction dans le milieu romain.

De l'incipit à la médiante comprise.

— V. 1 : *Domine audivi auditum tuum et timui* :
Le grégorien commence par faire entendre la cellule de RÉ *(RÉ-do-RÉ-do-la)* sur l'incipit ; il se pose ensuite sur la corde de RÉ, tandis que les accents montent se poser sur *fa* ; la médiante *(timui)* descend naturellement à la sous-tonique, *do*, déjà annoncée du reste par la flexe *(tuum)*, elle aussi sur *do*. De fait, la flexe et la médiante possèdent la même vocalise. La mélodie romaine est fidèle au grégorien.
— V. 2 : *In medio duorum animalium innotesceris ; dum appropinquaverint anni cognosceris* :
Le grégorien et le romain sont sur la corde de RÉ, qui monte chercher ses accents sur *fa*. Dans les deux cas, la double flexe *(animalium* et *cognosceris)* et la médiante sont sur la sous-tonique, *do*. Cependant, tandis que le grégorien possède deux vocalises de flexe différentes, le chant romain

---

1. *Tract.* III, 1. 8-9 *(Item alius in natale eiusdem)* (CCSL 138, p. 10).
2. Notamment le rit gallican : SCHNEIDER, « Die biblischen Oden », p. 40.

a simplifié et se contente de redoubler la même flexe. Quand un répertoire emprunte à un autre, il réduit toujours les différences à un type simple. C'est ce phénomène qui est à l'œuvre ici. La vocalise de médiante est, dans les deux cas, la même que dans le verset 1. Le chant romain a ajouté une ponctuation faible, à l'aide d'une petite vocalise archaïsante, sur *fa*, sur le mot *anni* ; elle n'existe pas en grégorien.

— V. 3 : *In eo, dum conturbata fuerit anima mea* :

Les incipits sont différents : celui du grégorien est original, tandis que celui du romain n'est que la répétition de celui du verset 2 ; le chant romain a simplifié son modèle gallican, duquel le grégorien est en revanche resté plus proche. La vocalise d'intonation romaine porte sur l'accent du mot *eo* (première syllabe), tandis que le grégorien la place sur sa finale ; l'emplacement de la vocalise romaine est donc plus évolué. La suite est identique dans les deux chants : récitation sur *RÉ*, avec les accents sur *fa*, et finale sur *do*, avec l'habituel mélisme stéréotypé. Le chant romain semble cependant introduire sur la dernière syllabe de *conturbata* une ponctuation de flexe qui n'existe pas dans le grégorien, lequel semble plutôt faire une césure après *fuerit*.

— V. 4 : *Deus a Libano veniet* :

Le chant romain a raccourci la vocalise d'intonation, qui est beaucoup moins longue que celle du grégorien, plus fidèle à l'original gallican. Pour le reste, les deux mélodies sont parallèles : corde *RÉ*, accents sur *fa*, voire parfois au *la* et au *si* bémol aigus, finale stéréotypée sur la sous-tonique *do*.

— V. 5 : *Operuit celos maiestas eius* :

Les deux mélodies commencent sur le *sol* aigu (transposition de *RÉ*), avant de descendre et de retrouver leur corde de *RÉ* avec les accents sur *fa*. Elles sont parallèles, mais l'*ambitus* romain (l'écart maximal entre la note la plus grave et la note la plus aiguë utilisées par la mélodie) est plus faible que l'*ambitus* grégorien, qui monte plus volontiers au *la* aigu *(caelos)*, tandis que le chant romain s'arrête au *sol*. C'est une des caractéristiques du chant romain et des répertoires les plus antiques : les mélodies répugnent à enjamber de larges *ambitus*, mais procèdent plutôt par « intervalles conjoints » (par exemple : *do-ré-mi-ré-do*), sans sauter brutalement d'une quarte ou d'une quinte. Le chant grégorien, plus moderne, moins traditionnel, emploie bien plus souvent ce procédé

expressif. D'autre part, le chant romain a supprimé la vocalise qui se trouvait sur la première syllabe (c'est-à-dire sur
l'accent) de *caelos*. Rome simplifie. L'incipit de ce cinquième
verset a été copié plus tard par l'incipit des versets des *Alleluia* du timbre de *RÉ*, aussi bien en romain qu'en grégorien,
et la vocalise de médiante romaine a été empruntée par les
traits en *RÉ* de même que par plusieurs graduels en *RÉ*,
notamment *Sciant gentes*, *Beata gens*, *Si ambulem*, *Custodi me*,
Miserere mei Deus, *Gloriosus*, *Timete Dominum* et *Os iusti*.

De la réintonation qui suit la médiante à l'ADL comprise.

Pour déterminer l'emplacement de l'ADL, nous nous
sommes laissé conduire par les vocalises de la mélodie, non
par les articulations grammaticales du texte, qui ne semblent
pas avoir toujours été respectées par les compositeurs. Dans
le verset 1 *(consideravi)*, la mélodie part de *RÉ* (ou de *do* ?),
monte à *la* (Rome) ou *si* bémol (grégorien), avant de descendre à son ADL, au moyen d'une vocalise stéréotypée,
dans les deux chants, sur *fa*. Cette vocalise romaine très simple *(fa-mi-fa-sol-sol-fa)* a été copiée par les traits romains en
RÉ ainsi que par deux graduels romains en *RÉ*, *Prope est
Dominus* et *Memor sit*. Il semble que, pour sa cadence
d'ADL, cette pièce ait emprunté une corde de *DO* (transposée à *fa*), sans doute pour des raisons de commodité. Les
deux chants sont parallèles.

Dans le verset 2 *(dum advenerit tempus)*, les deux mélodies
sont parallèles : Rome a été fidèle au gallican ; la mélodie
est semblable à celle du verset 1. Dans le verset 3 *(in ira*
[Rome] / *in ira misericordiae* [grégorien]), il existe un net
désaccord entre le romain et le grégorien sur le découpage
du texte. Rome a placé l'ADL sur *ira*, tandis que le grégorien préfère attendre *misericordiae*. La raison de cette différence tient vraisemblablement à une correction romaine. Les
compositeurs gallicans (repris par le grégorien) ont en effet
commis un contresens : en liant *misericordiae* à *ira*, ils ont
fait du second le complément de nom du premier ; ainsi, au
lieu de comprendre, comme à Rome : *in ira* (médiante) /
misericordiae memor eris, c'est-à-dire : « dans Votre colère, /
Vous vous souviendrez de Votre miséricorde », ce qui est la
seule bonne construction, le chant gallican (reflété par le
grégorien) comprend : *in ira misericordiae* (médiante) / *memor*

eris, c'est-à-dire : « dans la colère de Votre miséricorde / Vous vous souviendrez », ce qui est absurde. Les chantres romains ont corrigé l'articulation grammaticale grégorienne, qui leur a paru fautive. Ils ont ainsi isolé *in ira,* complément circonstanciel, pour mieux lier *misericordiae* à *memor eris.* C'est un des cas de correction volontaire du grégorien par Rome, dans le but d'éviter un contresens. La vocalise d'ADL grégorienne est un *hapax* : ce n'est pas le mélisme stéréotypé qu'on trouve à cet endroit dans les quatre autres versets, mais une courte vocalise, qui est très proche de l'ADL romaine. Le grégorien possède donc deux vocalises d'ADL, contre une seule à Rome.

Il est possible que ce problème, à la fois de découpage du texte et de vocalise *hapax* (en grégorien), soit dû à l'embarras des compositeurs francs devant le mot *misericordiae* qui, parmi les mots qui se trouvent à l'ADL dans les cinq versets de ce cantique, est le seul proparoxyton : *consideravi* (v. 1), *tempus* (v. 2), *monte* (v. 4) et *eius* (v. 5) sont en revanche des paroxytons[1]. Il n'est donc pas exclu que cette syllabe supplémentaire ait gêné les compositeurs, les poussant à employer une autre vocalise ; il serait donc inexact de croire que les compositeurs francs ont fait une faute de latin. Enfin, dans les versets 4 *(et Sanctus de monte)* et 5 *(et laudes eius),* les deux mélodies sont parallèles et semblables à celles des deux premiers versets.

Les finales.

Le grégorien possède deux vocalises de finale pour ce chant : une vocalise « ordinaire », pour les versets 1 et 2, et une vocalise plus solennelle pour les versets 3, 4 et 5. Le chant romain, qui a simplifié, n'en possède qu'une seule, qui est la même pour tous les versets. Pour le reste, les mélodies des deux chants sont parallèles, avec cependant quelques différences : au verset 2, Rome a supprimé la vocalise qui se trouvait sur la seconde syllabe de *ostenderis.* Rome a en outre normalisé l'incipit de trois réintonations post-

---

1. « Les mots qui ont l'accent aigu [c'est-à-dire l'accent tonique] sur la pénultième [syllabe] sont des paroxytons ; ceux qui l'ont sur l'antépénultième sont des proparoxytons ; ceux qui, comme dans certaines langues, l'ont sur la finale elle-même, s'appellent oxytons » (FERRETTI, *Esthétique grégorienne,* p. 11).

ADL : les mélodies romaines de *opera tua* (v. 1), *misericordie* (v. 3) et *umbroso* (v. 4) sont en effet semblables, tandis que leurs contreparties grégoriennes présentent davantage de diversité. Au verset 3, les compositeurs romains ont aussi supprimé la longue vocalise que le grégorien place sur la première syllabe de *eris*. Enfin, au verset 5, Rome a supprimé l'ornementation de la première syllabe de *terra*, pour la placer sur *est*.

La vocalise de la finale de ce cantique a été copiée par plusieurs graduels en *RÉ*, à la fin de leur refrain : *Si ambulem, Os iusti, Timete Dominum, Adiutor meus, Beata gens, Universi* et *Gloriosus*.

Au total, la version romaine de *Domine audivi* est une copie postérieure d'un original gallican qui s'est mieux conservé dans le chant grégorien, ce qui est normal. Les savants romains ont simplifié et normalisé la mélodie gallicane, tout en la corrigeant quand elle leur paraissait mal ponctuée. Ils ont en revanche copié le reste avec une grande fidélité. En outre, quand on compare ce cantique au timbre des traits en *RÉ*, on voit qu'il est leur ancêtre direct. Les traits en *RÉ* ont en effet substantiellement repris le modèle que leur offrait *Domine audivi*, alors que les traits en *DO* n'en ont pas fait autant avec les *cantica* en *DO*.

Le cantique des Trois-Enfants (Dn 3, 52-90) : « Benedictus es in firmamento celi ».

Dans les rits romain et romano-franc.

Ce texte[1] est une addition deutérocanonique grecque ; à ce titre, il est obélisé dans la Vulgate. C'est un cantique vétéro-testamentaire classé par les Pères parmi les hymnes[2] en raison de son refrain « *Hymneite-Hymnum dicite* ». Il est formé de deux sections : 52-55 et 56-88. C'est également l'un des thèmes les plus anciens et les plus répandus dans

---

1. Nous avons étudié ce *canticum* en détail dans « Le cantique des Trois-Enfants », que nous résumons ici.

2. L. ROST, *Einleitung in die alttestamentlichen Apokryphen*, p. 67 ; DANIÉLOU, *Les Saints « païens » de l'Ancien Testament*, p. 161 ; BASTIAENSEN, « *Psalmi, hymni* and *cantica* », p. 15, 17, 21 ; BAUMSTARK, *Nocturna laus*, p. 58.

les catacombes et sur les sarcophages chrétiens de Rome [1]. Toutes les liturgies chrétiennes de l'Antiquité tardive et du haut Moyen Âge l'ont utilisé. Ce *canticum* prend plusieurs formes, à la fois sur le plan du texte et sur celui de la mélodie [2]. On le trouve à quatre emplacements principaux : à la vigile pascale, presque partout [3] ; aux laudes dominicales, presque partout ; dans l'*Ordo Missae*, en Gaule et en Espagne ; à la vigile dominicale privilégiée des *Tempora*, que nous appelons « samedis des Quatre-Temps », à Rome uniquement. Dans tous les cas, il est lié au dimanche.

— *Le grand cantique des Créatures (Dn 3, 56-88) romain et grégorien (VL 5319, f. 8).*

V. 1	*Benedictus es in firmamento celi et laudabilis et gloriosus in secula*
V. 2	*Benedicite omnia opera Domini Dominum*
V. 3	*Benedicite celi Dominum*
V. 4	*Benedicite angeli Domini Dominum*
Refrain	*Hymnum dicite et superexaltate eum in secula*
V. 5	*Benedicite aque que super celo sunt Dominum*
V. 6	*Benedicite omnes virtutes Domini Dominum*
V. 7	*Benedicite sol et luna Dominum*
Refrain	*Hymnum dicite et superexaltate eum in secula*
V. 8	*Benedicite stella celi Dominum*
V. 9	*Benedicite imber et ros Dominum*
V. 10	*Benedicite omnes spiritus Dominum*
Refrain	*Hymnum dicite et superexaltate eum in secula*
V. 11	*Benedicite ignis et estus Dominum*
V. 12	*Benedicite noctes et dies Dominum*
V. 13	*Benedicite tenebre et lumen Dominum*
Refrain	*Hymnum dicite et superexaltate eum in secula*
V. 14	*Benedicite frigus et cauma Dominum*

---

1. C. CARLETTI, *I tre giovanni ebrei*, p. 25 ; H. SEELIGER, « *Palai Martyres* », p. 259-269 ; WISCHMEYER, *Die Tafeldeckel*, p. 103-105.

2. FERRETTI, *Esthétique grégorienne*, p. 203-214 ; HESBERT, *AMS*, p. XLIII ; BERNARD, « Le cantique ».

3. T. TALLEY, *The Origins*, p. 47-53 ; BERNARD, « Le cantique », p. 233.

V. 15   *Benedicite pruina et nives Dominum*
V. 16   *Benedicite fulgora et nubes Dominum*

Refrain   *Hymnum dicite et superexaltate eum in secula*

V. 17   *Benedicat terra Dominum*
V. 18   *Benedicite montes et colles Dominum*
V. 19   *Benedicite omnia nascentia terra Dominum*

Refrain   *Hymnum dicite et superexaltate eum in secula*

V. 20   *Benedicite maria et flumina Dominum*
V. 21   *Benedicite fontes Dominum*
V. 22   *Benedicite cete et omnia que moventur in aquis Domi-
num*

Refrain   *Hymnum dicite et superaxaltate eum in secula*

V. 23   *Benedicite volucres celi Dominum*
V. 24   *Benedicite bestie et universa pecora Dominum*
V. 25   *Benedicite filii hominum Dominum*

Refrain   *Hymnum dicite et superexaltate eum in secula*

V. 26   *Benedicat Israhel Dominum*
V. 27   *Benedicite sacerdotes Domini Dominum*
V. 28   *Benedicite servi Domini Dominum*

Refrain   *Hymnum dicite et superexaltate eum in secula*

V. 29   *Benedicite spiritus et anime iustorum Dominum*
V. 30   *Benedicite sancti et humiles corde Dominum*

Refrain   *Hymnum dicite et superexaltate eum in secula*

V. 31   *Benedicite Anania Azaria Misahel Dominum*

Refrain   *Hymnum dicite et superexaltate eum in secula*

Le texte de cette première forme du cantique des Trois-
Enfants est exclusivement romain et grégorien. Les autres
répertoires connaissent certes la forme longue du cantique,
mais ils le donnent avec des variantes textuelles qui peuvent
être importantes ; c'est le seul *canticum* dont le texte ne soit
pas centonisé.

— *Le petit cantique de la Transcendance divine grégorien
(Dn 3, 52-55).*

Benedictus es Domine Deus patrum nostrorum

* *Et laudabilis et gloriosus in saecula*
Et benedictum nomen gloriae tuae quod est sanctum *
Benedictus es in templo sancto gloriae tuae *
Benedictus es super thronum sanctum regni tui *
Benedictus es super sceptrum divinitatis tuae *
Benedictus es qui sedes super Cherubim intuens abyssos *
Benedictus es qui ambulas super pennas ventorum et super undas maris*

Benedicant te omnes angeli et sancti tui *
Benedicant te caeli terra mare et omnia quae in eis sunt *
Gloria Patri et Filio et Spiritui Sancto
Sicut erat in principio et nunc et semper et in saecula saeculorum Amen.
Benedictus es Domine...

Ce petit cantique est un centon propre au chant grégorien ; il est ignoré de Rome (sauf du graduel de Sainte-Cécile-du-Transtévère [1], qui a subi l'influence du grégorien), ainsi que des liturgies non romaines. Il ne peut pas être primitif, car son texte est très écourté : or, c'est contraire aux principes de la *lectio cum cantico*. Les versets supprimés ont été en partie remplacés par des extraits d'autres livres bibliques, ce qui est aberrant. Enfin, comme le montre l'ordre de ses versets, il est fondé sur la Vulgate, elle-même fondée sur les LXX, tandis que le grand cantique des Créatures se fonde en revanche sur une vieille-latine traduite sur Théodotion. Tout cela nous oriente donc vers une date tardive, l'époque carolingienne.

Le cantique des Créatures a également été concurrencé par un *Alleluia Benedictus es* [2] et — peu fréquemment — par une composition ecclésiastique en vers adoniques, *Omnipotentem semper adorent*, œuvre de Walahfrid Strabon (808/809-849) [3], notamment aux Quatre-Temps. À partir du XIe siècle, le grand cantique des Créatures a été, dans trois

---

1. Au samedi des Quatre-Temps de décembre (f. 7), une main tardive l'a ajouté dans la marge.
2. Voir R. STEINER, « The Canticle of the Three Children as a Chant of the Roman Mass », *ASM*, n. s., 2 (1982), p. 81-91 ; BERNARD, « Le cantique des Trois-Enfants », p. 237.
3. *Carmen* XLVI, éd. E. DUEMMLER, *MGH, Poetae latini aevi carolini*, t. II, Berlin, 1884, p. 394-395. Sur Walahfrid poète, voir P. GODMAN, *Poetry of the Carolingian*

manuscrits sur quatre, éliminé par trois rivaux : aux Quatre-Temps du quatrième mois, quand ils étaient rattachés à la semaine octave de la Pentecôte, par l'*Alleluia Benedictus es* ; aux Quatre-Temps de septembre, par *Omnipotentem* ; aux deux autres Quatre-Temps, par le petit « cantique de la Transcendance », principalement en Allemagne. C'est aux Quatre-Temps du premier mois qu'il a le mieux résisté, notamment dans les manuscrits français, aquitains et espagnols.

Les rits non romains.

Ils ne connaissent que le grand cantique des Créatures, qu'ils ont cependant fréquemment raccourci.

— *Le texte bénéventain*[1].

Benedictus es Domine Deus patrum nostrorum
Et laudabilis et superexaltatus in saecula. Amen.
Benedicite omnia opera Domini Dominum
★ Hymnum dicite et superexaltate eum in saecula. Amen.
Benedicite fontes Domini Dominum ★
Benedicite Anania Azaria Misael Dominum ★
Benedicimus Patrem et Filium cum Sancto Spiritu[2]
★ Hymnum dicimus et superexaltemus eum in saecula. Amen.

Quoniam eripuit nos ab inferis et de manu mortis liberavit nos
Confitemini Domino quoniam bonus quoniam in saeculum misericordia eius.

— *Le texte ambrosien*[3].

Benedictus es Domine Deus patrum nostrorum
Et laudabilis et gloriosus in saecula. Amen.
Et benedictum nomen gloriae tuae quod est sanctum
— Et laudabile et gloriosum
Benedictus es super sedem regni tui
— Et laudabilis...

Renaissance, Londres, 1985, p. 34-40 et *Poets and Emperors. Frankish Politics and Carolingian Poetry*, Oxford, 1987, p. 129-148.

1. Édité par HESBERT, *PM* XIV, p. 320-323.

2. Dom P. SABATIER (*Bibliorum sacrorum latinae versiones antiquae seu vetus italica*, Reims, 1743, t. II, p. 864 ; rééd. Turnhout, 1976) avait remarqué l'existence de cette doxologie dans certains manuscrits.

3. Édité par Dom Gregorio SUÑOL Y BAULENAS dans l'*Antiphonale Missarum juxta ritum sanctae ecclesiae Mediolanensis*, Rome, 1935, p. 183, 193 s. ; on le trouve également dans la *PM*, VI, p. 296-298 et 307.

Benedicite omnia opera Domini Domino
* *Hymnum dicite et superexaltate eum in saecula. Amen.*
Benedicite caeli Domino *
Benedicite angeli Domini Domino *
Benedicite omnes virtutes Domini Domino *
Benedicite fontes Domini Domino *
Benedicite sacerdotes Domini Domino *
Benedicite servi Domini Domino *
Benedicite spiritus et animae iustorum Domino *
Benedicite sancti et humiles corde Domino *
Benedicite Anania Azaria Misael Domino *
Benedicamus Patrem et Filium et Sanctum Spiritum
Hymnum dicamus et superexaltemus eum in saecula. Amen.

Quoniam eripuit nos ab inferis et de manu mortis liberavit nos
et eripuit nos de media fornace ignis ardentis
Confitemini Domino quoniam bonus quoniam in saeculum mise-
ricordia eius.

— *Le texte espagnol.*

Dans l'antiphonaire de León[1], le *Benedicite* se trouve vingt-six fois copié, ce qui montre l'importance prise par ce chant dans le rit de la péninsule. Ces pièces n'ont pas toutes les mêmes versets ni la même mélodie. L'Espagne chantait en effet le cantique tous les dimanches, ainsi qu'aux principales fêtes du temporal et du sanctoral[2] : dans le *Commune dominicorum* (f. 297v-299v), pour les messes de sainte Léocadie (f. 49), de la Vierge Marie (sixième dimanche d'avent, f. 60v-61), de Noël (f. 72), de la Circoncision (f. 81-81v), de l'Épiphanie (f. 88), des saints Innocents (f. 92-92v), de saint Fructueux (f. 96), du dimanche *in carnes tollendas*[3] (f. 107v-108), de la vigile pascale (f. 175), de Pâques (f. 176v) et de l'Ascension (f. 200v). Nous donnons ici la version longue du texte :

---

1. *Antifonario visigótico mozarabe de la catedral de León* (« Monumenta Hispaniae Sacra », Serie litúrgica, vol. V, 2), Madrid, 1953, f. 175 (vigile pascale) et 297v-299v (sorte d'*Ordo Missae* comprenant également un *Gloria in excelsis*, f. 297v) ; transcription : *Antifonario visigótico mozarabe de la catedral de León*, éd. Dom L. BROU et J. VIVES, Barcelone-Madrid, 1959 (MHS, s. l., vol. V, 1). On trouve également un *Benedicite* hispanique dans A. GASTOUÉ, *Le Chant gallican*, Grenoble, 1939, p. 25 (tolétain du XVIᵉ siècle) et, du même, *Cours théorique et pratique de chant grégorien*, Paris, 1917, p. 71.

2. PORTER, « Cantica Mozarabici Officii », p. 132 ; BROU, « Les *Benedictiones* », p. 27.

3. C'est le premier dimanche de carême, le dimanche dit de l'« Adieu à l'*Alleluia* ».

Benedictus es Domine Deus patrum nostrorum
Et laudabilis et superexaltatus in saecula. Amen.
Et benedictum nomen glorie tue quod est sanctum
Et laudabile et superexaltatum in saecula. Amen.
Benedictus es in templo sancto honoris tui
— Et laudabilis...
Benedicite omnia opera Domini Domino
*Laudate et superexaltate eum in saecula saeculorum. Amen.
Benedicite sacerdotes Domini Domino - Laudate...
Benedicite sancti et humiles corde Domino - Laudate...
Benedicite Ananias Azarias et Misael Domino - Laudate...

Quia liberabit nos Dominus ab inferis et de manu mortis salvavit
nos et eripuit nos de medio ardentis flammae et e medio ignis eduxit
nos
Confitemini Domino quoniam bonus quoniam in saeculum mise-
ricordia eius. Amen.

— *Le texte gallican.*

Grâce à l'*Expositio brevis antiquae liturgiae gallicanae*[1] du Pseudo-Germain de Paris, datée de la seconde moitié du VIIe siècle[2], ainsi qu'au missel de Bobbio et au quatrième concile de Tolède (633)[3], nous savons que le *Benedictus es* faisait partie de l'*Ordo Missae* dans le rit gallican. Le lectionnaire de Luxeuil nous a conservé le texte de la fin du *Benedictus* gallican : le début manque à cause d'une lacune du manuscrit[4] ; le Pseudo-Germain n'en donne que le titre. Le sermon 69 de saint Césaire d'Arles atteste que ce cantique faisait partie de l'*Ordo Missae* gallican et en donne une sorte de résumé[5]. Le texte du lectionnaire de Luxeuil se présente ainsi :

1. Éd. RATCLIFF, *Expositio antiquae liturgiae gallicanae*, Ep. I, *cap.* 8, p. 6.

2. BERNARD, « Le cantique », p. 248-250.

3. Éd. J. VIVES, *Concilios visigóticos*, p. 197 ; voir QUASTEN, « Oriental Influence », p. 63 ; CARLETTI, *I tre giovani ebrei*, p. 104.

4. C'est donc à tort que, dans « Le cantique des Trois-Enfants » (p. 249), j'avais écrit qu'aucun manuscrit n'avait conservé le texte du *Benedictus* gallican. Je donne ici l'édition de P. SALMON, *Le Lectionnaire de Luxeuil*, Rome, 1944, p. 113-114 (coll. Bibl. lat., VII).

5. « *Audistis in Benedictionibus, et auditis in omni sollemnitate quando leguntur, quomodo omnia laudant Deum, caelestia et terrestria, angeli, homines, luminaria caeli, arbores terrae, flumina, maria ; quicquid Deus creavit, sive in caelo, sive in terra, sive in mari, laudant Deum* » (éd. MORIN, Turnhout, 1953, p. 291 ; CCSL 103 ;

[Manquent les versets 52-63]
Benedicite ymber et ros Dominum
Benedicite omnes spiritus Dominum
Benedicite ignis et calor Dominum
Hymnum dicite [...]
Benedicite noctes et dies Dominum
Benedicite tenebrae et lumen Domino
Benedicite frigus et aestus Dominum
Hymnum dicite [...]
Benedicite pruina et nivis Dominum
Benedicite fulgura et nubis Dominum
Benedicat terra Dominum
Hymnum dicite [...]
Benedicite montes et colles Dominum
Benedicite omnia nascentia terrae Dominum
Benedicite maria et flumina Dominum
Hymnum dicite [...]
Benedicite fontes aquarum Dominum
Benedicite belluae et omnia quae moventur in aquis Dominum
Benedicite omnes volucris caeli Dominum
Hymnum dicite [...]
Benedicite bistiae et iumenta Dominum
Benedicite Israhelitae Dominum
Benedicite filii hominum Dominum
Hymnum dicite [...]
Benedicite sacerdotes Domini Domino
Benedicite servi Domini Domino
Benedicite spiritus et animae iustorum Domino
Hymnum dicite [...]
Benedicite sancti et humiles corde Dominum
Benedicite Annanias, Azarias, Misahel Dominum
Benedicamus Patrem et Filium et Spiritum sanctum Dominum
Hymnum dicamus et superexaltemus eum in saecula
Quia eripuit nos Deus de inferno et salvos fecit de manu mortis
et liberavit de medio ardentes flammae et de medio ignis eruit nos
Confitemini Domino quoniam bonus quoniam in saeculum mise-
ricordia eius
Benedicite omnes religiosi, Domino Deo deorum
Laudate et confitemini, quia in omnia saecula misericordia eius.

Le *Benedictus* gallican est donc proche de la version
romaine et grégorienne. Il pourrait donc en être la source.

M. J. DELAGE, t. III, p. 144). Voir J. MACHIELSEN, *Clavis Patristica Pseudepigraphorum Medii Aevi*, I A, Turnhout, 1990, n° 1100.

— Le texte irlandais.

L'antiphonaire de Bangor, copié à Bangor vers 680-691 [1], possède ce cantique, sous une forme très proche du cantique des créatures romano-grégorien, avec toutefois quelques variantes textuelles [2] et plusieurs modifications : le refrain *Hymnum dicite* revient après chaque verset ; le verset 56, *Benedictus es in firmamento*, manque ; le verset 83 et le verset 82 ont été inversés et la doxologie finale, absente des chants romain et grégorien, est : « *Benedicamus Patrem, et Filium, et Spiritum sanctum, Dominum : hymnum dicamus et superexaltemus eum in sæcula.* » Elle n'est pas très éloignée des versions bénéventaine, romano-bénéventaine et ambrosienne.

Au total, cette version irlandaise utilise un texte romain, quoique légèrement remanié ; c'est la plus romaine de toutes les versions occidentales de ce cantique. Elle est très différente des versions espagnoles, malgré tout ce qu'on sait des rapports culturels semble-t-il assez étroits entre l'Espagne et l'Irlande au VIIᵉ siècle [3] ; elle n'a gardé du bénéventain et de l'ambrosien que la seule doxologie, remaniée et allongée. Ce cantique irlandais, tel qu'il nous a été conservé dans l'antiphonaire de Bangor, provient donc vraisemblablement du répertoire romain ancien ou du gallican car, à l'époque où il a été copié, le chant grégorien n'existait pas encore.

Étude comparée des mélodies.

Les mélodies romaine et grégorienne sont semblables, sauf sur un certain nombre de points. L'incipit grégorien du verset introductif, le verset 56, est identique à celui des deux offertoires grégoriens *Benedictus es* (conformément à la loi :

---

1. WARREN, *The Antiphonary of Bangor*, t. II, p. 8-9 ; CURRAN, *The Antiphonary of Bangor*, p. 13.

2. V. 59 : *Benedicite celi* Domini *Dominum* ; v. 60 : *Benedicite aquae* omnes super coelos ; v. 61 : *Benedicite omnes* potentiae ; v. 63 : *Benedicite stellae coeli* Domini *Dominum* ; v. 66 : *Benedicite ignis et* calor ; v. 67 : *Benedicite frigus et* aestas ; v. 77 : *Benedicite fontes* aquarum ; v. 79 : *Benedicite* beluae ; v. 80 : *Benedicite* omnes *volucres* ; v. 81 : *Benedicite bestiae et* iumenta ; v. 83 : Benedicite Israelitae.

3. M. CURRAN, *The Antiphonary of Bangor*, p. 151-153 ; M. McNAMARA, « The Text of the Latin Bible », p. 42-44 ; J. N. HILLGARTH, « Ireland and Spain in the Seventh Century », texte VIII, p. 1-16 ; J. FONTAINE, *Isidore de Séville et la culture classique dans l'Espagne wisigothique*, t. II, Paris, rééd. de 1983, p. 829, n. 1 et t. III, p. 1172 (n. 836, 8) ; B. BISCHOFF, « Die europäische Verbreitung der Werke Isidors von Sevilla », repris dans : *Mittelalterliche Studien* I, Stuttgart, 1966, p. 180.

« même mot, même mélodie »), tandis que l'incipit romain est propre au cantique, sans lien avec les offertoires. Le refrain, *Hymnum dicite,* est très différent dans le romain et le grégorien, car c'est un élément allogène. À cette exception près, l'un des deux répertoires a donc copié l'autre ; l'analyse musicale confirme ainsi ce que laissait entrevoir l'analyse du texte. Le chant grégorien l'a pourvu d'une mélodie propre, tandis que Rome le calque sur la mélodie des versets. Rome simplifie donc le *Benedictus.* La mélodie romaine présente clairement les traces de deux anomalies. Tout d'abord, Rome possède de longues récitations sur *la,* aberrantes dans une écriture où *sol = DO*[1], ce *la* équivalant donc à un *RÉ,* c'est-à-dire à une corde qui n'est pas romaine, mais milanaise ou gallicane[2]. Ces récitations font donc penser à un emprunt de Rome à une autre liturgie, phénomène courant : on sait en effet que Rome a emprunté des antiennes en *RÉ* (deuxième mode grégorien) pour équiper l'avent que la Ville venait de créer sur le modèle de Milan et de la Gaule[3] ; on sait également qu'elle a emprunté des traits du deuxième mode pour équiper la semaine sainte. Mais à chaque fois, Rome faisait subir un remodelage à ces pièces d'emprunt en *RÉ,* éliminant notamment la plupart des récitations sur *RÉ* qui choquaient le goût romain ; c'est particulièrement net dans les graduels du deuxième mode en *la*[4]. Quand Rome a adopté les grandes antiennes « O » des vêpres de l'avent, qui sont en *RÉ* et qui proviennent de la Gaule, on a remplacé les récitations sur *RÉ* par des récitations sur *MI,* qui est une corde plus romaine[5]. Il est donc très surprenant qu'on les ait conservées dans le *Benedictus* : c'est, à notre connaissance, un cas unique. C'est d'autant plus surprenant que le grégorien n'a pas (ou n'a plus ?) ces récitations sur *la = RÉ,* mais récite sur *sol = DO,* comme les *cantica* de la

---

1. *Sol* n'est pas une corde mère : il n'est (dans ce cas précis) que la transposition de la corde-mère de *DO.*

2. Dom J. CLAIRE, « La psalmodie responsoriale antique », p. 14-16 ; « Points de contact entre répertoires juifs et chrétiens », p. 113 ; « La musique de l'office de l'avent », p. 652-653.

3. Dom J. CLAIRE, « La musique de l'office de l'avent », p. 655.

4. Dom J. CLAIRE, « La musique de l'office de l'avent », p. 656, n. 6 ; « Le cantatorium romain », p. 68 ; B. RIBAY, « Les graduels en II A », p. 68. La teneur des versets de ces graduels est passée en partie de *RÉ* (grégorien) à *do* (romain) ; celle des grandes antiennes « O » est passée de *RÉ* (grégorien) à *mi* (romain).

5. S. GASSER, « Les antiennes *O* », *EG* 24 (1992), p. 68.

vigile pascale et les traits en *sol* (huitième mode), d'une façon tout à fait normale. Ce *sol* grégorien ne peut donc pas provenir de l'évolution ou de la rectification volontaire, au cours de la période carolingienne, d'une ancienne récitation sur *la*. Bien au contraire, ce *sol* a toutes les chances d'être primitif. Rome ne semble donc pas avoir pu copier ce *la* dans la version grégorienne.

La seconde anomalie est la présence d'une accentuation au grave dans les versets du cantique romain. Or, cette accentuation au-dessous de la teneur est caractéristique de la Gaule et de l'Espagne ; en revanche, en Italie, l'accentuation de la psalmodie se fait toujours à l'aigu : c'est la règle dans les répertoires ambrosien et romain.

On a remarqué, en faveur d'une origine non romaine du *Benedictus*, qu'il est absent des Quatre-Temps dans le lectionnaire de Wurtzbourg, le plus ancien lectionnaire romain parvenu jusqu'à nous [1], mais la question est restée disputée, entre les tenants d'une origine gallicane [2] et ceux d'une origine romaine [3]. L'analyse de la mélodie révèle que le *Benedictus* romain porte l'empreinte du chant gallican.

La mélodie ambrosienne possède deux formules, l'une pour tous les versets, l'autre pour le refrain *Hymnum dicite* ; il en est de même à Bénévent, dans le cantique des Créatures grégorien et certains *Benedictus* espagnols, contrairement à d'autres qui n'ont qu'une seule mélodie qui sert à la fois aux versets et au refrain, ou bien qui ont plus de deux formules. Les *Benedictus* hispaniques à deux formules sont les plus nombreux et équipent principalement le *commune dominicorum* ainsi que la vigile pascale ; il est donc probable qu'ils représentent la forme la plus ancienne, celle qu'on retrouve précisément dans l'ambrosien, le grégorien et le bénéventain. Ceux qui possèdent plus de deux formules sont en voie de centonisation et sont vraisemblablement plus tardifs. Face à un tel accord de toutes les traditions, la ver-

---

1. Éd. Morin, dans *RBén* 27 (1910), p. 50, n°49-50 ; Hesbert, *AMS*, p. xliii, n. 2 ; Radó, « Das älteste Schriftlesungssystem », p. 13 ; Baumstark, *Nocturna laus*, p. 78. Le cantique est en revanche présent (sauf aux Quatre-Temps du septième mois) dans le lectionnaire d'Alcuin, éd. Wilmart, dans *EL* 51 (1937), p. 153, 156, 158 et 162.

2. Hesbert, *AMS*, p. xliii, n. 2 ; A. Chavasse, « La structure du carême et les lectures des messes quadragésimales », p. 115 ; R. Steiner, « The Canticle », p. 83.

3. Baumstark, *Nocturna Laus*, p. 79-80 ; A. Chavasse, *Le Sacramentaire gélasien*, p. 112, n. 40.

sion romaine est totalement isolée : elle seule répartit les
versets entre deux formules, sans donner au refrain une
mélodie autonome, mais en le traitant comme un verset.
Cela semble confirmer l'hypothèse d'une introduction tardive dans le répertoire romain ancien. Du reste, l'interprétation traditionnelle de ce cantique par les Pères et par l'iconographie est exclusivement martyriale : tous mettent unanimement l'accent sur le refus d'adorer l'idole ou sur la
constance dans le martyre [1]. Il faut attendre le *De Trinitate* VIII, 1 [2] de Novatien pour trouver à Rome un texte qui
préfère choisir l'aspect cantique des Créatures. Jamais l'iconographie n'insiste sur l'aspect cantique des Créatures, qui
est pourtant celui qui a prévalu dans les couches les plus
profondes de la liturgie. Ce décalage entre l'exégèse et l'iconographie romaines, d'une part, et la liturgie, d'autre part,
renforce notre hypothèse d'une origine non romaine du
Benedictus.

CONCLUSIONS SUR LA « LECTIO CUM CANTICO » ROMAINE :
LE PASSAGE DU GREC AU LATIN

Il existe fort peu de sources au sujet de la langue liturgique de la communauté chrétienne de Rome, aux premiers
siècles. Il ne subsiste en effet que deux textes, très célèbres
mais difficiles à interpréter, au sujet du passage du grec au
latin, à Rome : il s'agit, d'une part, de l'*Adversus Arium liber
secundus et graece et latine de homoousio* du rhéteur Marius
Victorinus (env. 280/285-apr. 362), né en Afrique, établi à
Rome depuis 350 environ et, là, converti au christianisme ;
le second texte est les *Quaestiones Veteris et Novi Testamenti*
de l'Ambrosiaster, qui écrivait vraisemblablement à Rome
sous le pontificat de Damase (366-384) ; s'y ajoute enfin,
du même Ambrosiaster, un passage de son commentaire sur
1 Co. On les a utilisés pour essayer de montrer que, contrai-

---

1. E. DASSMANN, *Sündenvergebung*, p. 270 (critiqué par WISCHMEYER, *Die Tafeldeckel*, p. 104-105) ; STOMMEL, *Beiträge zur Ikonographie*, p. 52-54 et 63.
2. Éd. G. F. DIERKS, Turnhout, 1972, p. 22-23 (CCSL 4). Ce passage (« *quem
angeli adorant, astra mirantur, maria benedicunt, terrae verentur, inferna quaeque sus-
piciunt* ») a justement été utilisé par l'oraison 318 du *Missale Gallicanum Vetus* (éd.
L. C. MOHLBERG, Rome, 1958, p. 86).

rement à l'Afrique de Tertullien et de saint Cyprien, la communauté chrétienne de l'*Urbs* n'avait que fort tard adopté le latin comme langue cultuelle. En effet, nous dit-on, tandis que Marius Victorinus, qui écrit en latin vers 360, passe au grec quand il cite un passage du Canon, l'Ambrosiaster, quand il vient à en citer lui aussi un passage, le fait en latin. La conclusion est immédiate : le latin est devenu langue liturgique à Rome entre la date de rédaction de ces deux textes, soit entre 360 et 382 environ. C'est ce qu'on peut lire chez Klauser[1], qui a souvent été suivi[2]. Est-ce néanmoins certain ?

On remarquera tout d'abord que ces deux textes évoquent (sans doute) la récitation du Canon, et non l'exécution des chants sacrés dans le cadre de la messe. C'est donc de manière tout à fait abusive qu'on extrapole de l'une à l'autre, car rien n'autorise un tel glissement, qui nous semble fausser entièrement le problème : autre est la question des oraisons, autre est celle des lectures ; autre est la question des chants, autre est enfin celle du sermon. On n'a pas le droit de passer inconsidérément de l'un à l'autre ; outre en effet le fait d'introduire une totale confusion entre des domaines qui sont bien distincts, ce laisser-aller méthodologique amène à croire que ces quatre composantes de la messe (et des offices) ont toujours évolué de conserve. Or, nous savons qu'il n'en est rien. Mais voyons maintenant ces deux textes dans le détail.

Marius Victorinus.

Le texte du Latin Marius Victorinus (*Adv. Arium* II, 8[3]) cite en grec un fragment du Canon, parce qu'il emploie le mot *periousios*. Ce fragment cite Tt 2, 14, qui lui même citait Ex 19, 5. À la suite de Klauser, on en a conclu que, si Marius Victorinus citait en grec un fragment d'une ana-

---

1. « Der Übergang », p. 468-469.

2. VOGEL, *Medieval Liturgy*, p. 295-296 ; BARDY, *La Question des langues*, p. 163 ; JUNGMANN, *The Mass*, I, p. 50-51 ; V. SAXER, « Le culte chrétien », p. 211.

3. Éd. P. HENRY et H. HADOT, dans *Traités théologiques sur la Trinité*, Paris, 1960, p. 416, lignes 34-35 (SC 68) ; *Marii Victorini Afri Opera theologica*, éd. A. LOCHER, Leipzig, 1976, p. 108, lignes 23-24 (coll. Teubner) : « *Hinc oratio oblationis intellectu eodem precatur Deum : "Soson periousion laon, zeloten kalon ergon"* » (« C'est pourquoi la prière de l'oblation [= le Canon] va dans le même sens en priant Dieu ainsi : *Soson...* »).

phore, cela signifiait que la liturgie romaine de son époque
était encore en grec. Cela nous paraît tout à fait abusif, pour
plusieurs raisons. D'une part, le rhéteur cherche uniquement
à expliquer aux Latins le mot *periousios* ; pour ce faire, il cite
un certain nombre de textes qui l'emploient et de traductions latines, qu'il critique parfois. Il est donc obligé de ne
citer que des textes écrits en grec ou retraduits par lui en
grec.

D'autre part, Marius Victorinus cite certes cette *oratio
oblationis* en grec, mais il la cite aussi préalablement en latin
(*Adv. Arium* I, 30, 43-48 [1]). Par conséquent, on voit mal
quel argument on pourrait en tirer, d'autant que *periousios*
est traduit par *circumvitalis*, dont le moins qu'on puisse dire
est qu'il ne s'agit pas d'un terme courant en latin.

D'autre part, parmi ces textes, se trouvent Mt 6, 11 et
l'épître de saint Paul à Tite (quelques lignes avant le passage
incriminé). Or, qui prétendra que les chrétiens de Rome
lisaient encore le *Nouveau Testament* en grec, vers 360, alors
qu'un siècle plus tôt déjà, Novatien utilisait une Bible
latine ? Qui irait prétendre que le fait que Victorinus cite
(parfois) le *Nouveau Testament* en grec est la preuve de ce
que les chrétiens de Rome lisaient encore la Parole dans
l'original grec ? Bien au contraire, cela signifie seulement que
Marius Victorinus fait une rétroversion du latin en grec ou
bien qu'il cite la version grecque du *Nouveau Testament*, ce
dans l'unique but de montrer la signification du mot
periousios. De même, quand il cite une *oratio oblationis*, il la
cite en grec, soit qu'il s'agisse d'une anaphore authentiquement grecque, c'est-à-dire orientale, soit qu'il retraduise en
grec l'anaphore latine de Rome (ou une autre anaphore
latine). Il est très clair que Victorinus cherche uniquement
à rassembler pour ses lecteurs latins un florilège de citations
employant les composés de *homoousios, periousios*, etc. : cela
ne reflète pas la langue utilisée réellement par les chrétiens
de l'*Urbs*, soit dans leur vie quotidienne, soit dans leurs lectures, soit dans leur liturgie.

Troisièmement, Marius Victorinus ne date ni ne localise

---

1. « *Sic rursus et Paulus in ad Titum epistola : "populum periousion"*, circa substantiam, hoc est circa vitam consistentem populum, sicuti et in oblatione dicitur : "Munda
tibi populum circumvitalem aemulatorem bonorum operum", circa tuam substantiam
venientem » (éd. HENRY et HADOT, p. 276 [SC 68]). Je remercie mon ami
M.-Y. Perrin qui a bien voulu me faire remarquer ce détail.

cette *oratio* : est-elle romaine, africaine, orientale ? Est-ce un texte ancien, encore célèbre mais déjà tombé en obsolescence, ou au contraire un texte moderne, encore en usage dans les églises ? Nul ne saurait le dire.

Enfin, quatrième objection, il suffit de feuilleter l'*Adversus Arium* pour s'apercevoir que « le texte latin de Victorinus est émaillé de mots grecs[1] » : certes, il passe au grec pour citer une anaphore : mais il passe sans cesse du latin au grec, à tout propos, de telle sorte que cela finit par ne plus signifier grand-chose quant à la langue en usage chez les chrétiens de Rome.

Concluons : pour expliquer à ses lecteurs latins le sens et la valeur du mot *homoousios*, Marius Victorinus, dans ce passage célèbre de sa réfutation de l'arianisme, a employé un texte grec (c'est-à-dire oriental) ou une rétroversion en grec, opérée par ses soins, d'un texte originellement en latin. On ne peut rien dire de plus. Cela ne démontre donc nullement que la langue liturgique de Rome était encore le grec, vers 360.

Klaus Gamber a bien montré que ce passage de Marius Victorinus n'est pas une citation de la liturgie romaine, car le rhéteur, excellent helléniste, cite du grec à tout propos[2]. Gamber va cependant plus loin, en estimant que ce fragment est véritablement tiré d'une liturgie : Marius Victorinus aurait fréquenté à Rome des milieux chrétiens originaires d'Égypte ; le fragment serait par conséquent une citation d'une liturgie égyptienne employée par les Égyptiens de Rome[3]. Cette hypothèse, totalement invérifiable, nous semble entièrement inutile[4]. Le fragment d'anaphore cité par Marius Victorinus n'est donc finalement qu'un emprunt littéraire qui ne reflète pas la réalité du culte.

L'Ambrosiaster.

L'Ambrosiaster (*Quaest.* 109, 21[5]), d'après Klauser, ferait une allusion à une faute de traduction (du grec en latin)

---

1. P. HENRY et H. HADOT, *Traités théologiques*, p. 99.
2. « Ein kleines Fragment aus der Liturgie Roms des 4. Jahrhunderts », *RBén.* 77 (1967), p. 150.
3. « Ein kleines Fragment aus der Liturgie Roms », p. 152.
4. P. HADOT, *Marius Victorinus*, p. 251-252.
5. *Quaestiones Veteris et Novi Testamenti, Quaest.* 109, 21, éd. A. SOUTER, Vienne, 1963 (2ᵉ éd.), p. 268 (CSEL 50) : « *Christus autem vicarius Patris est et antestes ac*

dans le *Supra quae*, ce qui prouverait l'existence d'un Canon en latin, puisque l'expression *summus sacerdos tuus Melchisedech* se trouve dans le *Supra quae*. L'analyse de Klauser est la suivante : l'Ambrosiaster atteste l'existence à Rome d'un Canon en latin, qui est d'ailleurs fautif au sujet de la traduction du titre porté par Melchisédech : tandis que l'original grec fait de lui le « prêtre du Très-Haut », le traducteur latin a mal compris et a rendu l'expression par un contresens, « grand prêtre ».

Le problème [1] est qu'il est impossible qu'il s'agisse là d'une faute de traduction. Il existe effectivement une tradition ancienne qui qualifie Melchisédech de grand prêtre ; il n'est donc pas surprenant que le Canon en fasse autant. D'autre part, il est impossible à un traducteur latin, même médiocre, de rapporter à Melchisédech l'adjectif *upsistos* du texte grec : la grammaire la plus élémentaire s'y oppose. Une faute aussi lourde paraît tout à fait impossible. Il faut donc conclure qu'il n'y a pas de faute de traduction et que le texte primitif du Canon, en grec, qualifiait bien Melchisédech de grand prêtre. Comme il n'y a pas de faute de traduction, il n'y a pas de traduction non plus : ce texte ne prouve pas qu'on venait, à Rome, de traduire (fautivement) le Canon du grec en latin. Il semble que l'Ambrosiaster se soit trompé ou qu'il ait fait exprès d'employer un argument faux, mais frappant, sans doute parce qu'il s'adressait à un public non bilingue et, partant, qui était incapable de s'apercevoir de l'erreur.

Pour terminer, un passage lui aussi célèbre du commentaire rédigé par le même Ambrosiaster sur la première aux Corinthiens (*Ad Corinthios prima* 14, 14 [2]) est fréquemment

---

per hoc dicitur et sacerdos. Similiter et Spiritus sanctus missus quasi antestes, sacerdos appellatus est excelsi Dei, non summus, sicut nostri in oblatione praesumunt » (« Le Christ est le vicaire du Père et il est Seigneur : c'est pourquoi on dit qu'il est Prêtre. De même, l'Esprit saint qui a été envoyé est Seigneur, de même le prêtre [Melchisedech] a été qualifié de "prêtre du Dieu Très-Haut", et non pas "Grand Prêtre", comme les nôtres le croient dans le Canon [oblatio] »).

1. JUNGMANN, *The Mass*, t. I, p. 51 ; BOTTE et MOHRMANN, *L'Ordinaire de la messe*, p. 18.

2. Éd. H. J. VOGELS, *Ambrosiastri qui dicitur Commentarius in epistulas paulinas*, pars II, Vienne, 1968, p. 153 (CSEL 81) : « *"Si oravero lingua, spiritus meus orat ; mens autem mea sine fructu est."* Manifestum est ignorare animum nostrum, si lingua loquatur quam nescit, sicut adsolent Latini homines Graece cantare oblectati sono verborum, nescientes tamen quid dicant » (« "Si je prie en langue, mon esprit prie, mais mon intelligence n'en tire aucun profit" [1 Co 14, 14]. Il est clair que notre intel-

employé pour essayer de démontrer qu'à la fin du IVᵉ siècle, on chantait encore en grec dans les églises de Rome, mais que cette langue n'était plus guère comprise des fidèles qui chantaient. Commentant ainsi le passage de 1 Co sur la glossolalie, l'Ambrosiaster explique que chanter en grec (qu'ils ne comprennent pas) est pour les Latins comme parler « en langue », c'est-à-dire dans une langue incompréhensible à la fois pour eux et pour les autres. Mais si ce texte parle clairement de chants, puisque le verbe *cantare* est présent sans ambiguïté, il ne dit pas qu'il s'agisse de chants liturgiques et il n'indique pas davantage dans quel contexte s'insèrent ces chants en grec : messe ou office ? Chants sacrés ou profanes ? Liturgiques, ou paraliturgiques (processions, cérémonies rituelles comme le mariage ou les funérailles, réjouissances populaires, etc.) ? À Rome ou dans le reste de l'Italie ? Cela fait beaucoup d'incertitudes, on en conviendra. Pour ces raisons, déjà vues par Ch. Pietri[1], il ne nous semble pas possible de retenir ce texte, qui est trop souvent pris pour argent comptant.

Concluons. Quand on reprend ce dossier si célèbre, on s'aperçoit vite qu'il est vide, tout simplement. Les trois textes que nous venons d'étudier ne démontrent rien, et surtout pas ce qu'on s'acharne à vouloir leur faire démontrer depuis plus de cinquante ans.

Conclusion.

La seule certitude est donc, en fin de compte, constituée par le *De sacramentis* de saint Ambroise († 397) (*sermo quartus, cap.* V, 21-22)[2], qui cite un passage du Canon — le *Quam oblationem* et le *Qui pridie*, c'est-à-dire le récit de l'Institution et les paroles de la Consécration, le cœur du Canon —, en latin, en indiquant qu'il s'agit du Canon romain. Ce texte est donc la première attestation certaine de la récitation du Canon en latin, à Rome.

---

ligence est dans l'ignorance, si l'on parle une langue qu'elle ne connaît pas, à la manière des Latins qui, chantant en grec, sont charmés par les sons que produisent les paroles, mais ne comprennent cependant pas ce qu'ils disent »).

1. *Roma christiana*, t. I, p. 104 et n. 3, qui critique KLAUSER, « Der Übergang », p. 475.

2. *De sacramentis*, éd. O. FALLER et G. BANTERLE, Milan-Rome, 1982, p. 96-98 (« Sancti Ambrosii episcopi Mediolanensis opera », 17).

Seule certitude ? Nous ne le pensons pas, après avoir étudié les *cantica*, aussi bien en *DO* qu'en *RÉ*. C'est finalement à cela que nous voulions en venir : l'existence même de ces antiques chants démontre que le passage du grec au latin, à Rome, ne peut s'être réalisé qu'à une date assez haute, que nous placerions volontiers pendant la Petite Paix dont nous avons déjà parlé, c'est-à-dire peu avant la fin du IIIe siècle. En effet, comme nous le verrons quand nous aborderons les offertoires, la conversion de Constantin n'a entraîné aucune innovation dans le domaine du chant liturgique. Les *cantica* (en tout cas ceux qui sont romains, c'est-à-dire en *DO*) sont par conséquent antérieurs à 313, comme le montre du reste l'antiquité de leur forme psalmodique, de leur emplacement liturgique et de leur typologie. La Petite Paix nous semble donc le moment idéal pour placer les débuts du chant liturgique romain de langue latine. Dans tous les cas, comme il ne reste absolument rien des chants en grec qui ont précédé, malgré le très grand conservatisme intrinsèque à la liturgie, et particulièrement à celle de Rome, il faut en conclure que l'abandon du grec remonte obligatoirement à une époque très haute, pour que nous n'en ayons gardé aucune trace, ce qui ne laisse pas d'être frappant. Si la psalmodie en grec avait été abandonnée en plein IVe siècle, il nous en serait sans le moindre doute resté quelque chose, même une trace infime, même un mince organe-témoin. Nous avons en effet conservé d'antiques vestiges ne servant plus à rien depuis longtemps, sinon à marquer l'emplacement d'un élément disparu, donc à en faire perdurer le souvenir et à maintenir la cohésion et la continuité de la Tradition. C'est par exemple le cas de l'*Oremus* qui précède immédiatement l'offertoire et qui n'est plus suivi d'aucune oraison depuis le Ve siècle. Or, de la psalmodie en grec, rien n'a subsisté.

Entre l'exégèse d'Hippolyte et celle de Novatien[1], il n'y a que quelques années de différence, mais il y a surtout la montée en puissance d'une langue, le latin, dont nous serions assez enclin à penser qu'il a dû jouer dans l'Église de Rome un rôle non négligeable, dès le milieu du IIIe siè-

---

1. Il faut faire la part de la vision du monde propre à Novatien, ce que DANIÉLOU appelait sa « religion cosmique » (*Les Origines du christianisme latin*, p. 193 s.).

cle [1]. Quoi qu'il en soit, le texte de Novatien, pour la première fois en plein accord avec les couches les plus profondes de la liturgie locale de Rome, montre que, dès le
milieu du IIIe siècle, rien ne s'oppose plus à la naissance d'un
répertoire liturgique romain latin [2]. On a du reste de bonnes
raisons de croire que cette période et celle qui l'a immédiatement suivie, la Petite Paix de l'Église, voire l'époque des
Sévères, qui étaient relativement tolérants à l'égard du christianisme [3], ont été marquées par de profondes transforma-
tions à l'intérieur de la communauté chrétienne de Rome,
comme par exemple la création des cimetières communautaires [4], la mise en place de l'iconographie des catacombes [5],
les progrès de la conversion et, partant, la création du catéchuménat [6], et l'évolution de la discipline des sacrements,
notamment de la pénitence, dorénavant renouvelable après
le baptême (la pénitence seconde [7]). Il est très vraisemblable
que la même période ait vu se constituer le vieux fonds du
répertoire liturgique romain, la *lectio cum cantico*, antérieure
même à l'emploi des psaumes.

---

1. Voir MOHRMANN, « Les origines de la latinité chrétienne à Rome », p. 124-125.
BARDY, *La Question des langues*, p. 115 ; LA PIANA, « The Roman Church at the
End of the Second Century », p. 222 s. ; DANIÉLOU, *Les Origines du christianisme
latin*, p. 21 s. ; M. SIMONETTI, « Roma cristiana tra II e III secolo », p. 121, n. 11 ;
D'ALÈS, *Novatien*, p. 43 ; ELLIOTT, « The Translations of the New Testament »,
p. 200-201.
2. Sur l'âge de la *Vetus latina*, HARL, DORIVAL et MUNNICH, *La Bible grecque des
Septante*, p. 138 s.
3. E. DAL COVOLO, *I Severi e il cristianesimo*, Rome, 1989, p. 74 s.
4. SIMONETTI, « Roma cristiana », p. 135, n. 49 ; Ph. PERGOLA, « La région dite
des *Flavii Aurelii* », p. 246, n. 180 ; DE VISSCHER, « Le régime juridique des plus
anciens cimetières chrétiens à Rome », repris dans : *Le Droit des tombeaux romains*,
p. 271, 276 ; FÉVRIER, « Études sur les catacombes romaines », *Cahiers archéologiques*
11 (1960), p. 12-13.
5. FÉVRIER, « À propos de la date des peintures », p. 131 ; REEKMANS, « La chronologie de la peinture », p. 277.
6. CAPELLE, « L'introduction du catéchuménat à Rome », p. 186-210.
7. SIMONETTI, « Roma cristiana », p. 130 s. ; LA PIANA, « The Roman Church »,
p. 236.

CHAPITRE VI

LES CHANTS DU SOLISTE :
LA PSALMODIE SANS REFRAIN

L'HISTORIOGRAPHIE DE LA PSALMODIE SANS REFRAIN :
UN GENRE LITURGIQUE LONGTEMPS MÉCONNU

On a longtemps cru que les traits formaient un genre liturgique très tardif et très marginal qui avait, sur le tard, supplanté le chant de l'*Alleluia* pendant le carême [1]. On se fondait surtout sur l'étude des sources littéraires, lesquelles,
indéniablement, n'attestent pas le trait avant la Règle de
saint Benoît (XII, 1 ; XVII, 6 et 9), et on en concluait que
ce genre liturgique ne pouvait remonter qu'au VIe siècle :
c'était le plus tardif de tous les chants de la messe. La
démonstration de l'inexactitude de cette façon de voir les
choses a déjà été faite ; aussi nous bornerons-nous à en rappeler les principales lignes directrices. Elle tient en quatre
points.

Quelques mots sur l'étymologie du mot *tractus*. Ce vocable
signifie simplement qu'il s'agit d'un chant dépourvu de
refrain, non responsorial, qu'on chante d'une seule traite
(tractim) sans l'interruption d'un refrain ; il ne faut donc pas
y voir l'indication d'une particulière lenteur d'exécution et
encore moins celle d'une tonalité triste.

Il n'est certes que trop vrai que les Pères, et notamment
saint Ambroise et saint Augustin, quand ils évoquent la psalmodie de leur temps, ne semblent connaître que la psalmo-

---

1. P. WAGNER, « Über Psalmen und Psalmengesang », p. 248, 267 et *Einführung*,
t. I, 1910, p. 98. *Contra* : H. HUCKE, « Die Entwicklung », p. 176 et BERNARD,
« Les *Alleluia* », p. 309, n. 81.

die responsoriale [1], dont nos graduels sont à la messe l'organe-témoin, pour laquelle ils montrent un très grand enthousiasme. Cela ne signifie pas forcément pour autant que le début du Ve siècle ignorait la psalmodie sans refrain : cela indique simplement que la psalmodie responsoriale, fraîchement introduite à la messe, était alors le genre musical à la mode et qu'elle suscitait un grand engouement de la part des fidèles aussi bien que du clergé [2].

La psalmodie sans refrain n'était pas pour autant oubliée : dans un célèbre passage du *De institutis coenobiorum*, Cassien en parle à propos de la psalmodie des moines égyptiens [3] : les mots *continguis versibus*, aussi bien que *parili pronuntiatione* (« d'une seule traite ») paraissent bien indiquer qu'il n'y avait pas de refrain [4]. Il faut cependant apporter sans doute deux nuances à l'utilisation ainsi faite de ce texte. La première provient des réticences de Dom A. Veilleux à reconnaître en Cassien un témoin fidèle des usages monastiques égyptiens [5] ; mais le principal est qu'il atteste l'existence de la psalmodie sans refrain. La seconde est qu'il est possible que la psalmodie décrite par Cassien ait néanmoins été responsoriale, la doxologie qui conclut chaque psaume tenant

---

1. Avec sans doute une exception : saint Augustin semble attester que le psaume 21 (qui est à Rome le grand psaume du dimanche des Rameaux) était chanté sans refrain, puisque tout le peuple écoutait (sous-entendu : sans participer) : *In Io. Ev. Tract.* 13, 14 (*PL* 35, 1500) : « *qui psalmus* [21] *omni anno legitur novissima hebdomada intento universo populo, imminente Passione Christi* » (ROETZER, *Des heiligen Augustinus Schriften*, p. 38, n. 37). Voir F. VAN DER MEER, *Saint Augustin pasteur d'âmes*, t. II, Colmar-Paris, 1959, p. 82-89.

2. En Afrique : CASATI, « La liturgia della messa », p. 502-503 ; ROETZER, *Des heiligen Augustinus Schriften*, p. 227 ; HUCKE, « Die Entwicklung », p. 151, n. 14 ; à Milan : P. JEFFERY, « The Introduction of Psalmody », p. 160.

3. II, 5, 4-5 (éd. J.-C. GUY, SC 109, 1965, p. 68) : « *tempus sollemnitatis vespertinae sacratissimae succederet quaestioni, cotidianos orationum ritus volentibus celebrare unus in medium psalmos Domino cantaturus exsurgit. Cumque sedentibus cunctis, ut est moris nunc usque in Aegypti partibus, et in psallentis verba omni cordis intentione defixis undecim psalmos orationum interiectione distinctos continguis versibus parili pronuntiatione cantasset, duodecimum sub alleluiae responsione consummans ab universorum oculis repente subtractus quaestioni pariter et caerimoniis finem inposuit* » ; voir également II, 8 (*ibid.*, p. 72).

4. Voir O. CULLIN, « Le répertoire de la psalmodie *in directum* », p. 101 ; HOURLIER, « Notes sur l'antiphonie », p. 122 ; E. MONETA CAGLIO, « Lo jubilus », p. 70. La médiocrité intellectuelle du monachisme égyptien semble n'être qu'un poncif ; voir Dom VEILLEUX, *La Liturgie dans le cénobitisme pachômien*, p. 193 s. et Dom L. RÉGNAULT, *La Vie quotidienne des Pères du désert en Égypte au IVe siècle*, Paris, 1990, p. 116-118.

5. *La Liturgie dans le cénobitisme pachômien*, p. 146-154 et 279 et F. KOK, « L'Office pachômien », p. 83.

lieu de refrain ; mais cette doxologie non psalmique ne saurait constituer un refrain dans l'acception usuelle du terme. Les Pères ne sont donc pas muets au sujet de la psalmodie *in directum* et il n'est pas nécessaire d'attendre la Règle bénédictine pour la voir attestée.

S'y ajoutent trois arguments positifs, qui permettent d'établir la très grande ancienneté du genre *in directum* : l'analyse du traitement du texte psalmique (ou analyse littéraire), l'analyse liturgique et l'analyse musicale. L'analyse littéraire révèle que les traits utilisent chacun un psaume en son entier — sauf quand ils ont été raccourcis, à l'époque de la création de la *Schola cantorum* — en commençant par le premier verset du psaume, ou tout au moins en respectant l'ordre numérique des versets [1]. Les menus mais fréquents désaccords avec le Psautier pour le découpage des psaumes en versets proviennent du fait que la musique a fossilisé un découpage très ancien, antérieur à notre moderne découpage en versets, lequel ne date que du XIIIᵉ siècle. Toutes ces caractéristiques littéraires, propres à la seule psalmodie sans refrain, comme le montrera l'étude des graduels et des offertoires, font d'elle la plus ancienne forme de psalmodie.

L'analyse liturgique montre que les traits se trouvent tous à l'intérieur du carême (à l'exception des deux traits des samedis des Quatre-Temps et des traits du sanctoral), qui est le temps liturgique le plus anciennement organisé et le plus conservateur. Ils y ont été préservés de l'élimination dont les menaçait un nouveau genre liturgique, l'*Alleluia*, lequel n'est jamais parvenu à pénétrer dans ce sanctuaire de l'année liturgique. En revanche, partout ailleurs, les traits ont été évincés par le psaume responsorial, l'ancêtre de notre graduel, à partir de la fin du IVᵉ siècle, ainsi que par l'*Alleluia*, à partir du VIᵉ siècle. C'est cela qui explique le très petit nombre de traits conservés, et l'emplacement stratégique où, dans la plupart des cas, on les trouve : mercredi et vendredi des Quatre-Temps du carême et dimanches du carême.

L'étude de la modalité et des mélodies des traits confirme enfin tout ce qui précède. Tandis que les genres liturgiques

---

1. O. Cullin, « Le répertoire de la psalmodie *in directum* », p. 99-122 et « De la psalmodie sans refrain à la psalmodie responsoriale », p. 5-24 ; Dom J. Claire, « Le rituel quadragésimal », p. 140.

des VIe-VIIIe siècles, *Alleluia* [1], offertoires, introïts et communions, qui sont nettement postérieurs au vieux fonds consti-
tué par les chants entre les lectures, possèdent les huit
modes de l'*octoechos*, et alors que la psalmodie responsoriale,
plus ancienne, puisqu'elle a été introduite en Occident à la
fin du IVe siècle, n'en possède que cinq (les modes impairs,
I, III, V, VII, auxquels il faut ajouter les graduels du
deuxième mode en *la*), les traits n'en possèdent en revanche
que deux, les deuxième et huitième modes [2], c'est-à-dire
les modes de DO et de RÉ. Plus on avance dans le temps,
plus les mélodies sont diversifiées et plus le nombre de
modes utilisés est grand. Par conséquent, l'absence de traits
d'autres modes que les deux que nous venons de citer est
une preuve de leur très grande ancienneté. Il faut y ajouter
le caractère particulièrement archaïque des mélodies elles-
mêmes.

Les traits sont donc les derniers vestiges de la psalmodie
sans refrain, à la messe. Par conséquent, ils constituent le
genre liturgique contemporain et immédiatement postérieur
aux *cantica*. On peut les classer en deux catégories : la première est formée des pièces en DO, qui ont été composées
à Rome ; la seconde regroupe les pièces en RÉ, qui empruntent une modalité étrangère aux plus anciennes traditions romaines.

LES TRAITS DU HUITIÈME MODE, OU TRAITS EN « SOL » (« = DO ») : LE FONDS ROMAIN

Les traits du huitième mode sont tout ce qui reste du
psaume sans refrain en DO. Il était à l'origine chanté en
entier, comme le prouve le simple nom de *psalmus* que lui
donnent les Pères de la fin du IVe siècle. Parfois fort long,
il est possible qu'on l'ait dès le départ coupé en deux, chantant la première partie entre la première lecture, la leçon

---

1. Les *Alleluia* ne sont pas un chant entre les lectures, mais un chant *ajouté ou
substitué sur le tard* aux seuls véritables chants entre les lectures que sont les traits
et les graduels.
2. Dom J. CLAIRE, « La musique de l'office de l'avent », p. 658.

prophétique, et la deuxième, l'épître, tandis que la seconde moitié était chantée entre l'épître et la troisième et dernière lecture, l'Évangile. Cela aurait permis d'utiliser un psaume par dimanche et trois par semaine, en comptant les trois synaxes des mercredi, vendredi et dimanche.

Les tableaux qui vont suivre présentent, en trois colonnes, de gauche à droite, le texte du graduel romain ancien avec, en note, les variantes des manuscrits grégoriens sans notation musicale, éditées par Dom R.-J. Hesbert *(AMS)*, auxquelles nous avons ajouté les variantes des plus anciens manuscrits grégoriens notés : Laon 239, Einsiedeln 121, le manuscrit du Mont-Renaud et Saint-Gall 339 et 359 ; le texte du psautier romain ; enfin, le texte du psautier de la Vulgate. Les chiffres indiquent la numérotation en versets ; les chiffres de gauche, liés à la première colonne, indiquent le découpage liturgique en versets ; les chiffres de droite indiquent le découpage en versets dans les deux psautiers, romain et gallican-Vulgate. En cas d'identité entre le texte du graduel romain d'une part, et le psautier romain ou le psautier de la Vulgate, d'autre part, on s'est contenté de noter *id.* dans la colonne concernée. Le but de cette présentation est d'établir une sorte d'édition pratique du graduel romain ancien, tout en fournissant des bases solides à la comparaison avec le graduel grégorien, au travers de ses six plus anciens témoins.

Le carême.

« *Ad te levavi* ».

VL 5319, f. 54 ; *AMS* n° 53	Psautier romain, Ps 122	Vulgate	
V. 1			
Ad te levavi oculos meos qui habitas in celo [1]	*Id.*	*Id.*	1

---

1. *Celo* VL 5319, F 22, C 74, M, L 239 ; *celos (celo ?)* M-R ; *celis* C, K, SG 359, E 121.

V. 2

| Ecce sicut oculi servorum in manibus dominorum suorum | Ecce sicut oculi servorum in manibus dominorum suorum et sicut oculi ancillae in manibus dominae suae ita oculi nostri ad Dominum Deum nostrum donec misereatur nobis | Ecce sicut oculi servorum in manibus dominorum suorum sicut oculi ancillae in manibus dominae eius ita oculi nostri ad Dominum Deum nostrum donec misereatur nostri | 2 |

V. 3

| Et sicut oculi ancillae in manibus dominae suae | Ut supra | Ut supra | 2 |

V. 4

| Ita oculi nostri ad Dominum Deum nostrum donec misereatur nobis [1] | Ut supra | Ut supra | 2 |

V. 5

| Miserere nobis Domine miserere nobis | Miserere nobis Domine miserere nobis quia multum repleti sumus contemptione | Miserere nostri Domine miserere nostri quia multum repleti sumus despectione | 3 |

Le psaume 122, psaume graduel, a été légèrement raccourci : on a supprimé le verset 5. La leçon *celis,* qui ne provient pas de la Vulgate, qui a *celo* comme le psautier romain, est une vieille leçon gallicane, antérieure à la réforme carolingienne [2]. Cela prouve que la réforme carolingienne et la romanisation du culte en Gaule franque n'ont pas fait table rase d'une liturgie gallicane moribonde. Cette dernière a, bien au contraire, réussi à nous transmettre nombre de ses caractéristiques, malgré la concurrence des deux psautiers officiels, dont l'usage était obligatoire : le psautier romain, pour la liturgie, et le psautier de la Vulgate, introduit par Alcuin, pour les études exégétiques et théologiques ainsi que pour la *lectio divina.* La liturgie des Gaules, en 750,

---

1. *Nobis* VL 5319, F 22, C 74, K, SG 359, E 121 ; *nostri* M, C, L 239, M-R.
2. Sur leur vitalité, SALMON, « Le texte biblique des lectionnaires mérovingiens », p. 504 et 516.

se montre ainsi en pleine force ; c'est elle, au contraire, qui a redonné vie à une liturgie romaine figée, qui avait cessé d'être créatrice depuis plusieurs décennies. Il existe donc deux variantes textuelles dans ce trait, une germanique *(celo / celis)* et une française *(nobis / nostri)*.

Le psaume 122 n'est utilisé qu'une seule fois par les principaux chants de la messe, traits, graduels et offertoires, dans ce trait *Ad te levavi*. Les évangiles ne l'utilisent pas de façon notable et la typologie des Pères des cinq premiers siècles l'a peu utilisé. Cela signifie que ce psaume a été choisi pour des raisons très différentes de celles qui ont présidé au choix des *cantica*, lesquels étaient abondamment utilisés dès les évangiles et dans la littérature patristique de l'Antiquité tardive ; ils en avaient reçu une portée universelle : tous les Pères de l'ensemble du bassin méditerranéen leur donnaient la même signification typologique ; ils relevaient de la culture chrétienne universelle. Tel n'est pas le cas du psaume 122. Cela prouve que l'emploi de ce psaume est un trait propre à la liturgie locale de Rome : c'est un « régionalisme » extrêmement précieux. Seules Rome et Milan, dans tout le bassin de la Méditerranée, ont donné aux psaumes graduels une telle importance. Cela nous introduit au cœur d'une culture locale, il y a plus de quinze siècles. La liturgie place ce trait au troisième dimanche du carême.

« *Qui confidunt* ».

VL 5319, f. 60 ; *AMS* n° 60	Psautier romain, Ps 124	Vulgate	
V. 1			
Qui confidunt in Domino	*Id.*	*Id.*	1
sicut mons Syon			
non commovebitur			
in eternum qui habitat			
in Hierusalem	*In Hierusalem*	*In Hierusalem*	2
	montes in circuitu eius	*montes in circuitu eius*	
	et Dominus in circuitu	*et Dominus in circuitu*	
	populi sui	*populi sui*	
	ex hoc nunc	*ex hoc nunc*	
	et usque in saeculum	*et usque in saeculum*	

V. 2

Montes in circuitu eius	Ut supra	Ut supra	2
et Dominus in circuitu			
populi sui			
ex hoc nunc			
et usque in seculum			

Ce psaume graduel a été raccourci : les versets 3 à 5 ont disparu. Il n'y a ni problème de verset, ni variante textuelle. Comme le trait précédent, cette pièce n'a guère retenu l'attention des évangélistes et des Pères de l'Antiquité tardive. La liturgie romaine n'emploie ce psaume qu'une seule fois dans tout le répertoire, pour cette pièce, qu'elle place au quatrième dimanche du carême.

« *Saepe expugnaverunt* ».

VL 5319, f. 66v ; *AMS* n° 67 a	Psautier romain, Ps 128	Vulgate	
V. 1			
Sepe expugnaverunt me a iuventute mea [1]	*Saepe expugnaverunt me a iuventute mea dicat nunc Israhel*	*Saepe expugnaverunt me a iuventute mea dicat nunc Israhel*	1
V. 2			
Dicat nunc Israhel [2]	Ut supra	Ut supra	
V. 3			
Sepe expugnaverunt me a iuventute mea	*Saepe expugnaverunt me a iuventute mea etenim non potuerunt mihi*	*Saepe expugnaverunt me a iuventute mea etenim non potuerunt mihi*	2

---

1. M et C réunissent les deux premiers versets en un seul, contrairement à K, qui suit VL 5319. Les manuscrits de l'*AMS* ont tort de ne pas respecter le découpage en versets de VL 5319, car SG 359 le suit.

2. Ce très court verset pose un problème. VL 5319 a commencé par écrire les deux lettres *Di*, sans les faire précéder du signe V ; le D est bien pourvu d'une majuscule, mais n'est pas rubriqué. Après ce *Di* isolé, le copiste a écrit le signe V puis a copié le verset en entier avec une petite majuscule non rubriquée. F 22, en revanche, a bien à cet endroit le signe V et est rubriqué ; en revanche, il fait de *Dominus iustus...* un verset à part, avec un signe V et une majuscule rubriquée.

V. 4

| *Etenim non potuerunt mihi* | Ut supra | Ut supra | 2 |
| *supra dorsum meum fabricaverunt peccatores* | *supra dorsum meum fabricaverunt peccatores prolongaverunt iniquitates suas* | *supra dorsum meum fabricabantur peccatores prolongaverunt iniquitatem suam* | 3 |

V. 5

| *Prolongaverunt iniquitates suas* [1] | Ut supra | Ut supra | 3 |
| *Dominus iustus concidet cervices peccatorum* | *Id.* | *Id.* | 4 |

Ce psaume graduel, qui n'est utilisé qu'une seule fois dans tout le répertoire romain et qui n'a trouvé aucun écho particulier dans la littérature chrétienne des cinq premiers siècles, a perdu ses versets 5 à 8. La tradition des versets semble peu claire ; malgré tout, il existe un accord entre VL 5319, K et le cantatorium de Saint-Gall. Il existe une variante textuelle entre chants romain et grégorien, *iniquitates suas / iniquitatem sibi*. La leçon *iniquitatem sibi* ne relève pas purement et simplement de la Vulgate ; elle ne figure pas dans l'apparat critique de Dom Weber. Elle provient vraisemblablement d'une vieille-latine mérovingienne. Ce trait est affecté au cinquième dimanche du carême.

La préparation à Pâques et les psaumes graduels, à Rome, avant le V⁰ siècle.

Les psaumes graduels sont les psaumes 119 à 133, poésies dont le titre est *canticum graduum*. Il existe peu de travaux sur leur interprétation par les Pères des cinq premiers siècles. Il en existe plusieurs interprétations typologiques, mais rares sont celles qui permettent d'expliquer le lien établi par la liturgie ancienne de Rome entre ces psaumes et la préparation du carême. On les interprétait tantôt comme une figure des quinze marches du Temple, montées par les pèlerins qui venaient à Jérusalem ou par les juifs exilés, de retour de

_____

1. *Iniquitates suas* VL 5319, F 22, C 74 ; *iniquitatem sibi* M, C, K, SG 359, E 121, L 239, M-R.

Babylone, tantôt comme des degrés du progrès spirituel qui conduit l'âme vers la vie éternelle[1]. Un seul texte, à notre connaissance, paraît lier l'emploi de ces psaumes avec la préparation des catéchumènes au baptême : saint Athanase effectue un parallèle entre les pèlerins qui se dirigent vers Jérusalem et les catéchumènes qui se préparent au baptême[2] ; mais cela n'est pas aussi clair qu'on pourrait le souhaiter.

En réalité, l'emploi exclusif de ces psaumes est une spécificité de la préparation romaine à Pâques. Les autres Pères qui les commentent au cours de leurs sermons liturgiques les emploient manifestement dans un contexte très différent et totalement étranger au carême. Il en est notamment ainsi de saint Augustin, qui a prononcé tous ses sermons sur les psaumes graduels bien en dehors du carême, toujours en semaine[3] et parfois même pour la fête de martyrs : il a prêché sur le psaume 120 pour la fête de sainte Crispine et sur le psaume 127 pour celle de saint Félix de Nole[4]. Il est cependant vraisemblable qu'il ait prêché sur ces psaumes dans le cadre d'une *lectio continua*[5] ou d'une *Bahnlesung*[6],

---

1. F. HOCKEY, « *Cantica graduum* », p. 355-359 ; J. CALES, « Le psautier des montées », *RechSR* 17 (1927), p. 289-297 ; C. KEET, *A Study of the Psalms of Ascent : a Critical and Exegetical Commentary upon Psalms CXX-CXXXIV*, Londres, 1969 ; à Lérins : C. M. KASPER, *Theologie und Askese. Die Spiritualität des Inselmönchtums von Lérins*, Münster, 1991, p. 195.

2. HOCKEY, « *Cantica graduum* », p. 356 ; *PG* 27, 510.

3. A. M. LA BONNARDIÈRE, *Recherches de chronologie augustinienne*, p. 21, 46, 51-52 ; WILLIS, *St Augustine's Lectionary*, p. 23-24. Sur la prédication liturgique de saint Augustin, H. RONDET, « Saint Augustin et les psaumes des montées », p. 3-18.

4. A. M. LA BONNARDIÈRE, « Les *Enarrationes in Psalmos* prêchées par saint Augustin », p. 92 ; WILLIS, *St Augustine's Lectionary*, p. 38-39.

5. La *lectio continua* consiste à lire un livre biblique tout au long, de messe en messe, en commençant à l'endroit où l'on s'était arrêté la fois précédente. Ce système s'oppose donc à un système de péricopes fixes, de type « moderne », c'est-à-dire au moins contemporain de 645, date du plus ancien lectionnaire romain connu : A.-G. MARTIMORT, *Les Lectures liturgiques et leurs livres*, p. 18-20. Sur la *lectio continua* pratiquée par saint Augustin, FRANK, « Die Paschavigil als Ende der Quadragesima », p. 21 ; LA BONNARDIÈRE, *Recherches de chronologie*, p. 163 ; LAMBOT, « Les sermons de saint Augustin pour les fêtes de Pâques », p. 233 ; WILLIS, *St Augustine's Lectionary*, p. 70 ; GAMBER, « Ordo Missae Africanae », p. 145. Sur la *lectio continua* à Milan : Dom J. CLAIRE, « Le rituel des catéchumènes à Milan », p. 131-151 ; chez saint Grégoire le Grand : J. LONGÈRE, *La Prédication médiévale*, p. 29 ; en Gaule : W. CROCE, « Die Adventsliturgie », p. 282-283 ; T. MAERTENS, « L'avent. Genèse historique », p. 80 ; en Espagne : F. VAN DER MEER, *Maiestas Domini*, p. 476-479 ; à Jérusalem : Ch. RENOUX, « La lecture biblique », p. 409 ; M. FERREIRA LAGES, « Étapes de l'évolution du carême », p. 78.

6. La *Bahnlesung* est une forme de *lectio continua* ; elle consiste à lire tout au long

ce qui explique l'absence de rapports entre la liturgie et le texte sur lequel se fondait le sermon. Les sermons de saint Pierre Chrysologue ne fournissent aucun indice d'une utilisation des psaumes graduels pendant le carême ravennate[1] ; il en est de même à Jérusalem[2].

Ainsi, les psaumes 119, 121 à 126, 128 à 130 et 133 n'ont pas fait l'objet d'une interprétation typologique individuelle notable dans la littérature néo-testamentaire et patristique. En revanche, les psaumes 120, 127, 131 et 132 ont reçu une exégèse particulière ; il n'est pas sans intérêt de noter qu'elle n'entretient aucun rapport avec le carême et la préparation à Pâques. Le psaume 120 était chanté à la vigile pascale, à Hippone, car, comme à Aquilée[3], les versets 4 (« *Ecce non dormitabit neque dormiet qui custodit Israhel* ») et 8 (« *Dominus custodiat introitum tuum et exitum tuum* ») étaient interprétés comme une préfiguration de la mort et de la Résurrection du Seigneur[4]. Le psaume 127 était et reste aujourd'hui, pour des raisons faciles à comprendre (v. 3 : « *Uxor tua sicut vitis fructifera in lateribus domus tuae* »), le psaume privilégié de la liturgie du mariage[5]. Le psaume 131 était appliqué soit à la naissance du Christ, Fils de David[6], notamment chez saint Ambroise[7], soit à la Vierge Marie, pour sa fête unique du 15 août, à Jérusalem[8]. Le psaume 132, à cause de l'onction mentionnée au verset 2, « *Sicut unguentum in capite quod descendit in barbam barbam Aaron* », était considéré par saint Ambroise comme une préfiguration du sacrement de la confirmation[9]. Comme il est facile de le constater, tout cela est totalement étranger à l'idée de carême. L'utilisation des psaumes graduels pendant la période de préparation des catéchumènes au baptême est donc une caractéristique propre à la liturgie locale de Rome.

---

un livre biblique, de messe en messe, mais sans forcément recommencer à l'endroit où l'on s'était arrêté la fois précédente : il est possible de sauter certains passages du texte biblique.

1. F. SOTTOCORNOLA, *L'Anno liturgico*, p. 199-200.
2. FERREIRA LAGES, « Étapes de l'évolution du carême à Jérusalem », p. 67-102.
3. CHROMACE D'AQUILÉE, *Sermo* 16 (SC 154, p. 262).
4. H. FRANK, « Die Paschavigil », p. 22, n. 100 ; LAMBOT, « Les sermons », p. 230.
5. P.-M. GY, « Le rituel du mariage », p. 250 et 259.
6. P. BESKOW, *Rex gloriae*, p. 94.
7. H. AUF DER MAUR, *Das Psalmenverständnis*, p. 24.
8. CAPELLE, « [L'Assomption de Marie] Le témoignage de la liturgie », p. 38.
9. DANIÉLOU, *Bible et liturgie*, p. 158-159.

Ils nous introduisent au cœur du substrat historique et culturel de la Ville.

Mais il y a plus. Ces psaumes graduels ne sont pas utilisés à n'importe quel endroit du carême [1] : ils nous permettent de remonter au « carême » de trois semaines, antérieur au carême proprement dit. Rome, après avoir connu diverses formes très archaïques de préparation à Pâques, d'abord sous la forme de deux ou trois jours de jeûne [2] — bien que l'idée d'un *Triduum*, avancée par A. Chavasse, ait été critiquée par Dom H. Frank [3] —, puis d'une semaine de jeûne, a ensuite connu trois semaines de « carême ». Ces trois semaines sont encore attestées en 354, dans la *Depositio martyrum* ; saint Jérôme étant, en Occident [4], le premier témoin du véritable carême, en 384 [5]. Les psaumes graduels des troisième, quatrième et cinquième dimanches du carême confirment cette analyse.

Avant 384, Rome ne connaissait que trois semaines de préparation à Pâques, au cours desquelles les *electi* [6] recevaient une solide formation catéchétique qui les conduisait

---

1. « Les psaumes graduels », p. 5 à 12.

2. Sur cette idée, fondée sur des textes fameux de saint Irénée, de Tertullien et de saint Augustin (*Ep.* 54 ; CSEL 34, p. 160), CALLEWAERT, « La durée et le caractère du carême ancien dans l'Église latine », p. 458 ; CASEL, *La Fête de Pâques*, p. 31 ; SCHÜMMER, *Die altchristliche Fastenpraxis*, p. 59 s. ; Th. TALLEY, *The Origins*, p. 27-31.

3. A. CHAVASSE, « La structure du carême et les lectures des messes quadragésimales », p. 81 ; FRANK, « Die Paschavigil als Ende », p. 1-4 ; W. BÖHNE, « Beginn und Dauer », p. 234, n. 35.

4. En Orient, le premier témoin du carême de quarante jours est plus précoce : il s'agit d'une loi (*Cod. Theod.* IX 35, 4) promulguée à Thessalonique par Théodose le 27 mars 380. Elle interdit toute activité des tribunaux pendant les quarante jours qui précèdent Pâques. Théodose avait été proclamé Auguste par Gratien le 19 janvier 379. Sa décision du 27 mars 380 ne concerne donc que l'Orient : O. SEECK, *Regesten der Kaiser und Päpste für die Jahre 311 bis 476 n. Chr.*, Stuttgart, 1919, p. 255 ; P. JOANNOU, *La Législation impériale et la christianisation de l'Empire romain (311-476)*, Rome, 1972, p. 79 ; J. GAUDEMET dans *RHEF* 33 (1947), p. 43-44 ; A. DI BERARDINO, dans : W. HENKEL (éd.), *Ecclesiae Memoria. Mélanges Josef Metzler*, Rome, 1991, p. 144.

5. Dans sa lettre 24, 4 *ad Marcellam de vita Asellae* (éd. J. LABOURT, t. II, Paris, 1951, p. 13) ; Jérôme y fait l'éloge de la vierge Asella qui venait de mourir. Or, dit-il, *in quadragesima*, elle jeûnait des semaines presque entières : « *Cumque per omnem annum iugi ieiunio pasceretur biduo triduoque sic permanens, tum vero in quadragesima navigii sui vela tendebat omnes paene ebdomadas vultu laetante coniungens.* » Voir Dom A. DE VOGÜÉ, *Histoire littéraire du mouvement monastique dans l'Antiquité*, t. I, Paris, 1991, p. 349-353 ; A. CHAVASSE, « Temps de préparation à la Pâque », p. 125 et « La structure du carême », p. 81-83.

6. On appelait ainsi, à Rome, les catéchumènes prêts à recevoir le baptême : A. CHAVASSE, *Le Sacramentaire*, p. 161 et « Les deux rituels romain et gaulois », p. 79

jusqu'au baptême, au cours de la vigile pascale. Car c'est là
le caractère propre de ce « carême » romain primitif : il est
entièrement et exclusivement ordonné au baptême pascal ;
le thème des quarante jours passés par le Christ au désert
et au cours desquels il fut tenté est un thème postérieur,
totalement absent de l'esprit de cette préparation ; on
n'insiste pas encore sur la pénitence, liée au jeûne du Christ
dans le désert, mais uniquement sur la montée vers le baptême, la seconde naissance, l'illumination. C'est la raison
pour laquelle l'armature de ces trois semaines repose sur la
lectio continua de l'évangile selon saint Jean, et notamment
sur un petit nombre de péricopes baptismales capitales, ainsi
que sur les psaumes graduels, disposés selon l'ordre numérique.

Cette préparation durait trois semaines, la troisième étant
la semaine sainte. Elle comptait trois dimanches, le troisième
étant le dimanche des Rameaux. Elle était donc formée de
deux unités très différentes. La première rassemblait les deux
premières semaines, qui constituaient la préparation proprement dite, sans le moindre souci d'historicisme [1]. Il n'y avait
que trois synaxes par semaine : le dimanche, bien évidemment, auquel s'ajoutaient le mercredi et le vendredi. Les
psaumes graduels étaient répartis sur ces synaxes par ordre
numérique, du psaume 119 au psaume 124. Cette succession régulière des psaumes graduels montre que les seules
fériés anciennes, les seules stations au cours desquelles on
célébrât la messe, étaient les mercredis et les vendredis. De
même, l'exemple de saint Grégoire le Grand et de Maxime
de Turin montre que, quand un sermon n'était pas terminé
le dimanche, on le poursuivait le mercredi suivant, le lundi
et le mardi étant alors aliturgiques [2]. La première attestation
du mot *statio* se trouve dans le *Pasteur* d'Hermas [3], vers 150 ;
il est possible qu'il s'agisse d'un terme d'origine militaire [4] ;

et 91-92 ; Capelle, « L'introduction du catéchuménat à Rome », p. 200-201 ;
Milan, la Gaule et l'Afrique préféraient le terme *competentes* : J. Schmitz, *Gottesdienst*, p. 41 s. ; Roetzer, *Des heiligen Augustinus Schriften*, p. 143-156.

1. Sur la question de l'historicisme dans la liturgie ancienne, voir Taft, « Historicism Revisited », *passim*.

2. Callewaert, « La durée et le caractère », p. 504, n. 180.

3. Mohrmann, « Les origines de la latinité chrétienne à Rome », repris dans
Études, t. III, p. 75-76.

4. E. Dekkers, « L'Église ancienne a-t-elle connu la messe du soir ? », p. 243,

il désigne une synaxe marquée par un *semi ieiunium*[1]. La pratique chrétienne des synaxes du mercredi et du vendredi remonte au moins à la *Didachè* (VIII, 1[2]), sans doute dans le but de se distinguer des réunions cultuelles des juifs. Ces deux synaxes fériales, à l'origine, ne comprenaient pas la célébration du sacrifice eucharistique[3], mais se réduisaient à une avant-messe, qui se concluait sur l'*oratio fidelium*. La psalmodie, par conséquent, y était déjà présente, entre les lectures. Cette pratique n'était pas propre à tous les rits chrétiens de l'Antiquité tardive : attestée à Rome et à Milan[4], en Espagne et en Afrique[5], en Égypte et à Jérusalem[6], son existence est plus problématique à Constantinople et à Antioche[7], qui fixaient leurs synaxes au samedi et au dimanche.

Qu'en reste-t-il, à Rome ? Le psaume sans refrain tiré du psaume 119 a disparu, mais il a été remplacé par un graduel issu du même psaume, *Ad Dominum dum*, et composé lui aussi en *DO* (cinquième mode), actuellement situé au deuxième vendredi, sauf dans le graduel de Sainte-Cécile, où il est au deuxième dimanche ; tout responsorial qu'il est, il a néanmoins conservé la forme littéraire *in directum*, puisqu'il commence par le premier verset du psaume et qu'il suit l'ordre des versets du psautier. Le psaume sans refrain tiré du psaume 120 a en revanche entièrement disparu. Celui qui était tiré du psaume 121 a été remplacé par un graduel tiré du même psaume — parce que son texte fait

---

n. 51 ; MOHRMANN, « Statio », repris dans *Études*, t. III, p. 309, 323 ; V. SAXER, « L'utilisation par la liturgie de l'espace urbain », p. 938, n. 61.

1. SCHÜMMER, *Die altchristliche Fastenpraxis*, p. 74 ; CASEL, *La Fête*, p. 40.

2. JAUBERT, *La Date de la Cène*, p. 61 ; V. SAXER, *Les Rites*, p. 174 ; DUGMORE, *The Influence*, p. 13, 37-38.

3. Ch. PIETRI, « Le temps de la semaine », p. 76.

4. Par saint Jérôme : JANINI, *S. Siricio*, p. 85 ; SCHMITZ, *Gottesdienst*, p. 233. On ne peut rien conclure des sermons de Pierre Chrysologue, qui ne prêchait que le dimanche : SOTTOCORNOLA, *L'Anno liturgico*, p. 144. À Milan il y a, pour le « carême » de trois semaines, cinq synaxes par semaine pour la messe des catéchumènes après tierce (du lundi au samedi, sauf le vendredi qui est *vacat*) et quinze psaumes (5 x 3) chantés dans l'ordre numérique.

5. Les onze *threni* espagnols se trouvent uniquement les mercredis et les vendredis : J. PINELL, « El canto de los *Threni* », p. 335 ; ROETZER, *Des heiligen Augustinus Schriften*, p. 9.

6. VEILLEUX, *La Liturgie*, p. 270-271 ; V. SAXER, *Les Rites*, p. 173 ; FERREIRA LAGES, « Étapes », p. 73 s.

7. P.-M. GY, « La question du système des lectures », p. 255-256 ; F. VAN DE PAVERD, *Zur Geschichte*, p. 423.

allusion à Jérusalem, lieu de la station de la messe de ce jour —, au quatrième dimanche, *Letatus sum* : il n'existe pas de continuité entre les deux pièces, car le graduel est en RÉ (septième mode). En revanche, celui qui utilisait le psaume 122, au troisième dimanche, *Ad te levavi*, et celui qui était tiré du psaume 124, au quatrième dimanche, *Qui confidunt*, ont été conservés. Le psaume 123 a disparu, mais il en reste une trace sous la forme d'un graduel du sanctoral, *Anima nostra*, en DO, qui a en partie conservé la forme littéraire *in directum*, puisqu'il utilise les versets dans l'ordre où ils se présentent dans le psautier.

Ces deux premières semaines reposent également sur trois péricopes johanniques majeures, la rencontre du Christ avec la Samaritaine (Jn 4, 6-42), la guérison de l'aveugle-né (Jn 9, 1-38) et la résurrection de Lazare (Jn 11, 1-54). Dès 550 environ, on les trouve en semaine ; mais là n'est pas leur emplacement primitif[1], comme le montre la comparaison avec Milan, Bénévent et l'Espagne, sans parler des liturgies d'Orient, qui connaissent elles aussi ce jeu de péricopes dominicales[2].

Ces trois péricopes ont une signification exclusivement baptismale[3] : la Samaritaine évoque le salut des Nations et l'eau qui procure la vie éternelle ; son premier emploi, en dehors des évangiles, dans un sens baptismal, se trouve dans Irénée (*Adv. haer.* V, 15, 3), puis dans Tertullien (*De bapt.* 9, 3[4]). La scène de l'aveugle-né a pour thèmes la rémission des péchés et l'illumination, c'est-à-dire la perception de la vérité, par les yeux de la foi et par l'intermédiaire d'une onction, toutes choses qui sont la figure du baptême ; en Orient, les *electi* étaient pour cette raison nommés *photizomenoi*. La résurrection de Lazare, dont le texte fait allusion à l'épisode de l'aveugle-né (Jn 11, 37), est elle aussi une préfiguration du baptême, seconde naissance qui donne la vie éternelle[5].

---

1. HESBERT, « Les dimanches de carême », p. 198-222 ; Dom J. CLAIRE, « Les psaumes graduels », p. 8.
2. À Milan : HEIMING, « Aliturgische Fastenferien », p. 58 ; P. BORELLA, *Il rito*, p. 34 ; SCHMITZ, *Gottesdienst*, p. 333-334 ; B. BAROFFIO, *Die Offertorien*, p. 33 ; en Espagne : PINELL, « El canto de los *Threni* », p. 334 ; en Orient : J. TOMAJEAN, « Les dimanches de carême », p. 357-364.
3. O. CULLMANN, *Les Sacrements*, p. 51-54 et 70-72 ; A. ROSE, « Les grands évangiles baptismaux », p. 10-16.
4. B. FISCHER, « Der patristische Hintergrund », p. 67-70.
5. Elle s'inspire de Sg 18, 22 : LE DÉAUT, *La Nuit pascale*, p. 328.

Cet épisode n'est pas traité comme un classique paradigme de sauvés, comparable par exemple à Daniel dans la fosse aux lions ou à Noé dans l'arche ; dans l'art des catacombes et des sarcophages paléochrétiens, la résurrection de Lazare est plutôt à interpréter comme un rappel de la résurrection de la chair, lors du Jugement général, ou comme une victoire de la foi sur la mort, c'est-à-dire comme une classique anamnèse des merveilles de Dieu, assez comparable du reste à celle que fait Moïse dans le cantique *Attende celum* (Dt 32) ou à celle des Trois-Enfants dans la fournaise (Dn III, 52-90), et non comme un thème strictement baptismal, qui eût du reste été assez déplacé dans les cimetières qu'étaient les catacombes ; on ne peut donc pas établir un lien direct entre la catéchèse baptismale et l'iconographie des catacombes [1].

Ce système d'organisation des péricopes et des psaumes, sous la forme d'une *lectio continua* de Jn et d'une *cantillatio continua* des psaumes graduels, est par nature irréductible au souci de choisir des chants et des lectures en fonction de la décoration des édifices du culte dans lesquels était célébrée la messe. Cela ruine les analyses, méritoires mais fragiles, de Grisar [2]. Prenons un seul exemple : on aurait choisi Saint-Eusèbe pour église stationnale du quatrième vendredi du carême, parce que la péricope de ce jour était la résurrection de Lazare et que ce titre était bâti à l'emplacement d'un ancien cimetière. Le seul problème est que la péricope de Lazare, à l'origine, ne se trouvait nullement au quatrième vendredi — lequel n'existait même pas, puisque le « carême » n'avait alors que trois semaines ! —, où elle n'est arrivée qu'après plusieurs péripéties totalement étrangères à des considérations architecturales ou topographiques. C'est donc par hasard que Lazare se trouve lu le jour où l'organisation stationnale — bien postérieure au « carême » de trois semaines — a choisi Saint-Eusèbe.

Pour la même raison, le lien entre péricopes johanniques et psaumes graduels est difficile à établir, car il ne semble pas avoir été recherché. Ce n'est que bien plus tard qu'il le

---

1. A.-G. MARTIMORT, « L'iconographie des catacombes », p. 106-107 et « Les symboles de l'initiation chrétienne » p. 198 ; GERKE, *Christus*, p. 10 et n. 13-14 ; LUNDBERG, *La Typologie*, p. 39.

2. GRISAR, « Die Stationen und ihre Perikopen », p. 101-140 ; J. F. BALDOVIN, *The Urban Character*, p. 154.

fut, quand on rechercha pour la nouvelle station à Sainte-Croix de Jérusalem des chants dont le texte ferait une allusion à Jérusalem, mais aussi et surtout quand on créa des introïts tirés de l'évangile du jour : sans doute au début du VIᵉ siècle ; c'est donc une idée tardive. Les deux séries semblent avoir été choisies indépendamment l'une de l'autre. Qu'on y prenne cependant garde : ce n'est pas pour autant qu'elles sont hétérogènes l'une à l'autre, et il serait tout à fait exagéré de parler de système hétéroclite. C'est l'idée d'une catéchèse systématique fondée sur les textes les plus importants de la tradition chrétienne qui forge l'unité et l'osmose du système lecture-chant du carême. Malgré ces réserves, ce n'est peut-être pas par hasard que le psaume 122, lié à la péricope de l'aveugle-né, au deuxième dimanche du « carême » de trois semaines, évoque sans cesse les yeux (*Ad te levavi oculos meos,* etc.) et que le psaume 119, qui évoque les lamentations d'un juif exilé de sa patrie et obligé de vivre parmi des païens, est lié à la péricope de la Samaritaine, qui rapporte que le Christ avait dû quitter sa patrie en raison de la persécution qu'il subissait de la part des juifs, pour se réfugier en Samarie, où vivaient des populations méprisées par les juifs à cause de certaines de leurs coutumes, encore païennes. Il se peut également qu'on ait joué sur la proximité entre les mots *Cedar* (Ps 119, 5) et *Sychar* (Jn 4, 5). De même, le lien entre la résurrection de Lazare et le psaume 124 se limite à un thème général, la vertu salvifique d'une foi inébranlable : ceux qui croient dans le Seigneur ne craindront rien (« *Qui confidunt in Domino sicut mons Sion non commovebitur in eternum* », Ps 124, 1) et recevront la vie éternelle (« *qui credit in me et si mortuus fuerit vivet et omnis qui vivit et credit in me non morietur in eternum* », Jn 11, 25-26). Mais au total, ces points de contact sont assez ténus ; les deux séries étaient donc bien indépendantes.

La seconde partie de cette préparation à Pâques était constituée par la troisième et dernière semaine, qui commençait au dimanche des Rameaux et se terminait au cours de la vigile pascale, au soir du samedi saint. La nature, la formation et la composition de cette entité sont profondément différentes de celles des deux premières semaines. En effet, contrairement à elles, la semaine sainte est davantage historicisée et utilise un certain nombre de psaumes sans refrain dont la mélodie appartient au mode de *RÉ*, qui est une modalité étrangère. On a maintes fois fait la démonstration du caractère non romain du mode de *RÉ* ; en voilà une nouvelle preuve : la semaine en *RÉ* possède un *ethos* très différent des deux semaines en *DO*. Comme nous avons choisi de présenter les traits romains avant ceux qui sont le résultat d'une influence étrangère, nous n'analyserons ces pièces en *RÉ* que dans le prochain chapitre ; il s'agit du psaume 21, *Deus Deus meus*, du psaume 101, *Domine exaudi* et du psaume 90, *Qui habitat*. Aucun d'entre eux ne fait partie des psaumes graduels : l'historicisation de la semaine en *RÉ* fait d'elle un ensemble vraisemblablement plus tardif que les deux premières semaines en *DO*.

Quand, vers 384 au plus tard, Rome passa d'une préparation au baptême de trois semaines à un véritable carême de six semaines, l'organisation antérieure subit des modifications. On ajouta trois semaines au début de l'ancienne préparation ; le troisième dimanche, des Rameaux, devint sixième dimanche ; le deuxième dimanche devint cinquième, et ainsi de suite. Que devinrent les anciens formulaires[1] ?

Le formulaire de l'ancien premier dimanche ne put trouver place au nouveau premier dimanche, qui rompait totalement avec l'esprit ancien : on passa en effet de trois à six semaines dans le but d'arriver au total de quarante jours, analogue à celui du jeûne du Christ dans le désert, où il fut tenté. Il ne s'agissait cependant pas d'une simple question d'arithmétique, ce qui eût été bien futile. Il était bien plutôt question d'insuffler à la vieille préparation à Pâques un esprit entièrement nouveau, marqué notamment par le renforcement de l'ascèse et du jeûne, à l'imitation du jeûne du Seigneur[2]. C'est pourquoi on choisit tout naturellement le récit de Mt 4, 1-11 pour évangile du nouveau premier dimanche. L'évangile de la Samaritaine ne put donc prendre place qu'au nouveau deuxième dimanche, et tous les formulaires anciens se réorganisèrent à sa suite, avec une seule exception : l'évangile de Lazare et le psaume 124, qui se trouvaient jusque-là en semaine, au deuxième vendredi, passè-

1. Dom J. CLAIRE, « Les psaumes graduels », *passim* ; A. CHAVASSE, « Le carême romain et les scrutins prébaptismaux avant le IXᵉ siècle », p. 325-381 ; « La structure du carême et les lectures », p. 76-119 ; « Les scrutins baptismaux à Rome », p. 619-639 ; « La discipline romaine des sept scrutins prébaptismaux », p. 227-240.

2. Sur le nombre quarante et sa signification, DANIÉLOU, « Le symbolisme des quarante jours », p. 19-33.

rent au dimanche, le nouveau quatrième dimanche [1]. De ce fait, comme le vendredi précédent n'avait désormais plus de psaume sans refrain, on en créa un nouveau à partir du psaume 125 ; cette hypothèse me semble expliquer la série paradoxale 123-125-124. Comme les deux dernières semaines du nouveau carême n'avaient pas encore de psaume, puisqu'elles étaient neuves, on en créa à partir des psaumes 125 à 130, en continuant la série des psaumes graduels. Toutes ces nouvelles compositions sont en *DO*, comme il est normal. La semaine sainte, en *RÉ*, qui n'avait pas été touchée par cet allongement, ne bougea pas.

Que reste-t-il de ces nouvelles pièces ? Les psaumes sans refrain tirés des psaumes 126, 127 et 130 ont totalement disparu ; il existe bien encore un graduel tiré du psaume 127, mais il s'agit du graduel *Uxor tua* de la messe de mariage, lequel, par surcroît, est en *RÉ* ou, plus exactement, en deuxième mode en *la* : cette pièce n'est donc sûrement pas le *caput mortuum* de l'ancien psaume sans refrain, mais une composition nouvelle et plus tardive. En revanche, le psaume sans refrain tiré du psaume 125 existe encore, mais il a dû trouver refuge dans le sanctoral : c'est maintenant une pièce propre à sainte Agathe (5 février), *Qui seminant* ; on l'a raccourcie, lui ôtant ses quatre premiers versets, qui convenaient bien à la préparation à Pâques, et ne conservant que les deux derniers, qui peuvent aisément être appliqués aux martyrs qui, après avoir souffert pour leur foi, reçoivent la récompense éternelle, comme les moissonneurs qui rentrent les bras chargés de gerbes. Le psaume 128, *Saepe expugnaverunt*, a en revanche survécu sur place, au cinquième dimanche. Quant au psaume 129, *De profundis*, il fut ultérieurement déplacé pour servir de chant au dimanche de la Septuagésime.

Ce nouveau carême était encore adapté à la préparation au baptême des adultes ; il existait trois scrutins qui se tenaient aux nouveaux troisième, quatrième et cinquième dimanches. Le déclin du baptême des adultes, entraîné par l'essor de la chrétienté, et la prépondérance de plus en plus

---

1. En revanche, dans le rit byzantin, le « samedi de Lazare » est le cinquième samedi du carême, veille des Rameaux (qui est encore *vacat* dans l'évangéliaire Π : KLAUSER, *Das römische Capitulare*, p. 23). Cela est attesté par l'*ordo* de ce samedi, qui se trouve dans le *Livre des cérémonies* de Constantin Porphyrogénète (éd. A. VOGT, t. I, Paris, 1935, p. 158).

marquée du pédobaptisme, provoquèrent l'évolution de cette discipline ; le nombre des scrutins passa de trois à sept, qui furent reportés en semaine, en partie pour la raison fort simple qu'on voulait éviter que les grandes stations dominicales, qui étaient jusque-là le cadre des scrutins, ne soient perturbées par les cris des enfants, de plus en plus nombreux, qui demandaient le baptême par l'intermédiaire de leurs parents.

Or, entre-temps, les féries de carême étaient devenues liturgiques, à l'exception des mercredis et des vendredis, qui l'étaient déjà depuis longtemps, et des jeudis, qui ne le devinrent que sous Grégoire II (715-731). Par conséquent, elles eurent désormais un chant de communion ; comme, au même moment, on avait allongé le carême par la création du mercredi des Cendres, on mit en place une série de vingt-six communions psalmiques, classées dans l'ordre numérique des psaumes, s'étendant du mercredi des Cendres au cinquième vendredi — le cinquième samedi étant *vacat* et destiné à le rester encore fort longtemps [1] —, à l'exception des dimanches, déjà pourvus, et des jeudis, inexistants. Tout cela semble avoir eu lieu aux alentours de 520 [2]. Le transfert des scrutins en semaine eut lieu ensuite, entre 550 et 590, en tout cas avant Grégoire le Grand, qui atteste la discipline nouvelle, car la série des vingt-six communions psalmiques fut perturbée par ce transfert. Le scrutin du troisième dimanche passa au vendredi suivant, celui du quatrième dimanche passa au mercredi suivant — le mercredi des grands scrutins — et celui du cinquième dimanche fut placé au vendredi précédent ; à cette occasion, les communions tirées des psaumes 12, 16, 17, 20 et 21 disparurent et furent remplacées par de nouvelles pièces tirées de l'évangile du jour.

La fixation des Quatre-Temps du premier mois (mars) à

---

1. A. CHAVASSE, *Le Sacramentaire*, p. 226. Dans le rit byzantin, ce samedi a en revanche reçu l'évangile de la résurrection de Lazare : c'est le « samedi de Lazare ». Nous y reviendrons plus loin.

2. Dom J. CLAIRE, « Les psaumes graduels », p. 10 ; DONDEYNE, « La discipline des scrutins », p. 779, n. 3 ; CALLEWAERT, « Saint Grégoire, les scrutins », p. 659 et « La durée et le caractère », p. 503-505 ; CHAVASSE, *Le Sacramentaire*, p. 227, « Le carême romain et les scrutins prébaptismaux avant le IXᵉ siècle », p. 339 s., « Les grands cadres de la célébration à Rome *in urbe* et *extra muros* jusqu'au VIIIᵉ siècle », p. 11-12 et « À Rome, au tournant du Vᵉ siècle, additions et remaniements », p. 29 ; BÖHNE, « Beginn und Dauer », p. 231-235.

la première semaine du carême provoqua ensuite des modifications. La pratique ancienne — pas si ancienne que cela,
puisque les Quatre-Temps de mars sont les plus récents des
quatre *Tempora*[1] — était de les fixer en mars, comme leur
nom l'indique. Mais les variations de la date de Pâques, chaque année, faisaient que ces Quatre-Temps se trouvaient
tantôt en carême, quand Pâques tombait tôt, et tantôt avant
le carême, quand Pâques tombait plus tard, ce qui posait
des problèmes quant à la signification, à la nature et au
contenu de ces *Tempora*. On décida finalement, à Rome, de
les intégrer définitivement à la première semaine du carême.
En conséquence, le premier samedi reçut une messe de vigile
qui entraîna la disparition de la messe du lendemain matin,
le deuxième dimanche, qui devint *vacat*. Il vaudrait beaucoup mieux dire que ce fut le samedi qui devint *vacat* : la
messe du samedi soir était en réalité la messe du dimanche,
puisqu'en liturgie le jour va de vêpres à vêpres. Toujours
est-il que cela entraîna la disparition de l'évangile de la
Samaritaine et du psaume 119 ; ce dernier fut remplacé par
un graduel, *Ad Dominum dum*, qui se trouve aujourd'hui au
deuxième vendredi, sauf dans le graduel de Sainte-Cécile,
où il est au deuxième dimanche. Une autre partie de la
messe de la Samaritaine semble être allée se réfugier au quatrième samedi, notamment l'introït *Sitientes*[2]. Quant à la
péricope elle-même, elle trouva place au troisième vendredi.
Quand, beaucoup plus tard, à partir du VIIIe siècle[3], on
recula l'heure de la vigile à l'après-midi du samedi, on créa
une nouvelle messe pour le second dimanche, qui cessa ainsi

---

1. MORIN, « L'origine des Quatre Temps », p. 342-343 ; BROU, « Une ancienne
station romaine », p. 144, n. 3 ; A. CHAVASSE, « Les messes quadragésimales du
sacramentaire gélasien », p. 260-266.

2. Dom J. CLAIRE, « Les psaumes graduels », p. 10 ; PIETSCHMANN, « Die nicht
dem Psalter entnommenen Meßgesangstücke », p. 102-103 ; A.-G. MARTIMORT,
« Les symboles de l'initiation », p. 199. Ce texte messianique, qui fait allusion au
banquet eucharistique céleste (DANIÉLOU, *Bible et liturgie*, p. 208-212), était utilisé
à Bénévent comme chant de la procession des catéchumènes, qui se dirigeaient
vers les fonts baptismaux, au cours de la nuit pascale (voir HESBERT, dans *EL* 61
[1947], p. 193).

3. Cette date varie considérablement en fonction des régions de l'Europe : des
manuscrits conservateurs ont gardé leur deuxième dimanche *vacat*, sans messe de
la Transfiguration, jusqu'au XIe siècle et au-delà ; FRERE, *Studies*, t. I, p. 19, n. a ;
CALLEWAERT, « La semaine *mediana* dans l'ancien carême romain et les Quatre-
Temps », p. 564-565 ; A. CHAVASSE, « Les messes quadragésimales du sacramentaire
gélasien », p. 257.

d'être *vacat* — mais il ne l'avait jamais été, car le vocabulaire nous trompe : c'était le samedi qui n'avait pas de messe — et on lui donna l'évangile de la Transfiguration (Mt 17, 1-9). Certains manuscrits particulièrement conservateurs, comme le manuscrit romano-bénéventain Bénévent VI 33, ont conservé l'évangile de la Samaritaine au deuxième dimanche et n'ont pas encore celui de la Transfiguration [1]. L'ancienne messe de la Samaritaine a donc été entièrement dépecée et dispersée.

Le même phénomène a laissé des traces sur le plan du choix de la basilique stationnale :

Dom. LXX	Saint-Laurent	Dom. III Quad.
Dom. LX	Saint-Paul	[Dom. IV Quad.]
Dom. L	Saint-Pierre	Dom. V Quad.
Dom. I Quad.	Latran	Rameaux
	(Saint-Jean-Baptiste)	
Dom. II Quad.	[Sainte-Marie]	Dom. Resurr.

Comme on le voit, la répartition des stations dominicales, qui sont toutes basilicales, non titulaires — seules les féries du carême ont lieu dans les simples titres — ne doit rien au hasard : elle est, bien au contraire, systématiquement organisée. Le cycle commençait au dimanche de la septuagésime : on allait à Saint-Laurent, puis à Saint-Paul, puis à Saint-Pierre, puis au Latran et dans une basilique consacrée à la Vierge Marie ; ensuite, on recommençait. Ce schéma a cependant été un peu brouillé par deux évolutions : d'une part, en devenant *vacat*, quand les Quatre-Temps du premier mois ont été rattachés à la première semaine du carême de six semaines, le deuxième dimanche a perdu sa station, qui se trouvait fixée à une basilique de Sainte-Marie ; quand, au VIIIe siècle, il a cessé d'être *vacat*, la vigile du samedi ayant été avancée à l'après-midi, on lui donna pour station le titre de Sainte-Marie *in domnica*, qui n'est sûrement pas la station primitive ; il est au contraire très vraisemblable que la station primitive du second dimanche du carême de six semaines, avant qu'il ne devienne *vacat*, ait été soit Sainte-Marie-

1. HESBERT, « Les dimanches de carême dans les manuscrits romano-bénéventains », p. 206.

Majeure, soit Sainte-Marie du Transtévère, c'est-à-dire une grande basilique. La seconde anomalie est présentée par le quatrième dimanche, à Sainte-Croix de Jérusalem ; cette station n'est pas primitive : on se résigna à la choisir car la basilique Saint-Paul était déjà prise, la même semaine, par la messe du mercredi des Grands-Scrutins, à cause du départ des scrutins en semaine : en quittant le quatrième dimanche, les scrutins entraînèrent avec eux leur station à Saint-Paul, de telle sorte que le quatrième dimanche, n'étant plus jour de scrutin, se trouva sans basilique stationnale. C'est alors qu'on choisit la très petite basilique de Sainte-Croix, qui aurait été fort impropre à un tel emploi à l'époque où le quatrième dimanche était jour de scrutin, donc d'affluence de fidèles, tandis que Saint-Paul, très vaste, convenait au contraire très bien.

C'est le fait d'avoir sous-estimé l'importance de cette structure de trois semaines, articulée autour de la *cantillatio continua* des psaumes graduels, qui rend fragile la nouvelle hypothèse formulée par Th. Talley [1] au sujet des origines du carême ; elle repose sur un travail de R. G. Coquin qui n'a jamais fait l'unanimité [2]. Th. Talley, sur la foi de sources littéraires égyptiennes très tardives (XIᵉ-XIVᵉ siècle), pense que le carême de quarante jours était à l'origine lié à l'Épiphanie, non à Pâques, et qu'il a vu le jour à la suite des décisions du premier concile de Nicée. Ce schéma, sans doute conçu plus particulièrement pour s'adapter aux liturgies d'Orient, cadre fort mal avec ce que nous venons de mettre en lumière à propos de Rome, où tout s'explique par un premier temps de préparation de trois semaines. Il nous semble donc impossible d'appliquer ce schéma alexandrin à la Ville de Pierre.

---

1. « The Origin of Lent at Alexandria », p. 87-112 ; « Liturgische Zeit », p. 38-42 ; *The Origins*, p. 168 s.

2. « Une réforme liturgique », p. 186 s. ; *contra* : Ch. PIETRI, *Roma christiana*, t. I, p. 181, n. 5, M. SCHNEIDERS, « The Pre-paschal "Quadragesima" » p. 285-289 et R. TAFT, « The Beginning », p. 411-412.

Les anticipations du carême, à Rome, aux VIe et VIIe siècles.

Le carême, qui avait déjà été allongé par la création du mercredi des Cendres, reçut aux VIe et VIIe siècles successivement trois nouvelles semaines, conçues comme une préparation et une anticipation du carême lui-même. L'idée de prolonger le carême, sans être une idée exclusivement romaine, car on connaît certaines anticipations comparables, quoique très marginales, dans d'autres villes d'Italie[1], n'en est pas moins un particularisme de la Ville de Pierre ; ainsi, la liturgie des Gaules a toujours refusé de telles anticipations, à l'exception de la Provence de saint Césaire d'Arles, pour des raisons géographiques et politiques : jusqu'à la génération des fils de Clovis, la Provence appartient au royaume ostrogoth de Théodoric[2]. Elles n'existent pas non plus à Ravenne et en Afrique[3]. Si Maxime de Turin atteste l'existence de personnes qui, de leur propre chef, jeûnent cinquante jours — et qu'il critique vivement —, il ne s'agit nullement d'une Quinquagésime à proprement parler, contrairement à ce qui se passe à Rome, où cette pratique, loin d'être une initiative privée, mal vue des autorités religieuses, est au contraire un rite officiel et obligatoire[4]. Il faut en outre bien distinguer la question du jeûne de celle du temps liturgique : jeûner une semaine de plus est une chose ; posséder une semaine de la Quinquagésime organisée, avec ses lectures, ses chants et ses oraisons, en est une autre. L'idée d'une cinquantaine marque donc une nouvelle évolution : la préparation à Pâques n'est plus une simple imitation du jeûne du Christ au désert, puisqu'on abandonne le chiffre quarante ; cela signifie vraisemblablement un renforcement de la tendance ascétique et, au contraire, un certain relâchement des tendances historicisantes. On venait ainsi de créer un nouveau temps ; comment, et à l'aide de

---

1. Saint Maxime les atteste à Turin, pour les désapprouver : FROGER, « Les anticipations du jeûne quadragésimal », p. 208 ; CALLEWAERT, « Le carême à Turin », p. 526.

2. MORIN, « Un lectionnaire mérovingien », p. 162-163 ; FROGER, « Les anticipations », p. 214-215 ; CALLEWAERT, « Notes sur le carême primitif gallican », p. 533 ; VOGEL, *Medieval Liturgy*, p. 310.

3. SOTTOCORNOLA, *L'anno liturgico*, p. 202-203 ; WILLIS, *St Augustine's Lectionary*, p. 70.

4. M. MARIANI PUERARI, « La fisionomia delle feste », p. 212, n. 32.

quels formulaires allait-on l'équiper ? Alors que l'époque de la psalmodie sans refrain était désormais révolue, on ne crut cependant pas pouvoir se dispenser d'équiper chacun de ces trois dimanches d'un trait, sur le modèle du carême, ce qui indiquait clairement que ce nouveau temps était conçu comme l'antichambre de ce dernier. On créa d'abord un premier dimanche d'anticipation, la Quinquagésime, puis un second, la Sexagésime ; comme la mode n'était plus aux psaumes graduels, on commença par employer d'autres psaumes, très différents de ceux-ci, pour la L et la LX. Mais, l'inspiration étant venue à manquer, on finit par utiliser le psaume 129 quand il s'agit de créer le dernier de ces dimanches, la LXX.

« *Iubilate Deo omnis terra* ».

VL 5319, f. 38 ; *AMS* n° 36 b	Psautier romain, Ps 99	Vulgate
V. 1		
Iubilate Deo omnis terra [1] *servite Domino in letitia*	*Iubilate Deo omnis terra* *servite Domino* *in laetitia* *intrate in conspectu eius* *in exultatione*	*Iubilate Domino* 2 *omnis terra* *servite Domino in laetitia* *introite in conspectu eius* *in exultatione*
V. 2		
Intrate in conspectu eius *in exultatione*	Ut supra	Ut supra 2
Scitote quod Dominus *ipse est Deus*	*Scitote quod Dominus* *ipse est Deus* *ipse fecit nos* *et non ipsi nos* *nos autem populus eius* *et oves pascuae eius*	*Scitote quoniam* 3 *Dominus* *ipse est Deus* *ipse fecit nos et non ipsi* *nos populus eius* *et oves pascuae eius*
V. 3		
Ipse fecit nos *et non ipsi nos* *nos autem populus eius* *et oves pascuae eius*	Ut supra	Ut supra 3

---

1. *Deo* VL 5319, F 22, C 74, B ; *Domino* M, R, C, K, S, SG 359, E 121, L 239, M-R.

Ce trait du dimanche de la Quinquagésime possède clairement la forme de la psalmodie sans refrain : il commence au début du psaume et prend les versets dans l'ordre numérique. Il existe une seule variante textuelle entre chants romain et grégorien, au premier verset, *Deo / Domino*. Il existe — phénomène fréquent, normal et qui ne doit pas nous alarmer — une divergence entre Rome et la Gaule dans le découpage en versets ; seul C a le même découpage que Rome ; B et M ont un découpage hybride ; seul K possède le découpage grégorien, attesté un siècle plus tard par le cantatorium de Saint-Gall (SG 359).

Ce trait est tiré du psaume 99 ; les sermons de saint Pierre Chrysologue montrent qu'il était utilisé à Ravenne pendant le carême, mais on ignore à quel endroit précis[1]. Il était considéré comme un psaume de l'initiation chrétienne : son verset 4 *(introite portas eius in confessione)* avait entraîné son emploi pour la cérémonie de la *traditio Symboli*[2]. Cela ne nous explique pas la raison qui a présidé au choix de ce texte pour un tel dimanche à Rome. La Quinquagésime semble y avoir été créée au début du VIe siècle : tandis qu'elle est encore ignorée de saint Léon le Grand (440-461), elle est attestée au début du VIe siècle par la notice du pape Télesphore, dans le *Liber pontificalis*, ainsi que par le pape Vigile, en 538[3]. Cette messe, et notamment son trait, n'a aucun caractère funèbre ou pénitentiel ; bien au contraire, il exprime la confiance. Le psaume 99 fut d'ailleurs réutilisé pour fabriquer le verset d'*Alleluia* pour la messe du quatrième dimanche après l'octave de Pâques, et il est justement l'un des exemples pris par Amalaire dans le *Liber officialis* (III, 13[4]) pour expliquer le caractère joyeux du temps pascal.

---

1. SOTTOCORNOLA, *L'anno liturgico*, p. 199.
2. A. ROSE, « Les psaumes de l'initiation chrétienne », p. 288.
3. FROGER, « Les anticipations », p. 215-216 ; A. CHAVASSE, « Le carême romain et les scrutins prébaptismaux », p. 35, « Temps de préparation à la Pâque », p. 130 ; VOGEL, *Medieval Liturgy*, p. 310.
4. Éd. J.-M. HANSSENS, t. II, p. 301.

« *Commovisti* ».

VL 5319, f. 36v ; *AMS* n° 35	Psautier romain, Ps 59	Vulgate
V. 1 *Commovisti Domine terram et conturbasti eam*	*Commovisti terram et conturbasti eam sana contritiones eius quia mota est*	*Commovisti terram*　4 *et turbasti eam sana contritiones eius quia commota est*
V. 2 *Sana contritiones eius quia mota est*	Ut supra	Ut supra　4
V. 3 *Ut fugiant a facie arcus ut liberentur electi tui*	*Dedisti metuentibus te significationem ut fugiant a facie arcus ut liberentur electi tui*	*Dedisti metuentibus te*　6 *significationem ut fugiant a facie arcus ut liberentur dilecti tui*

Cette pièce est moins fidèle que les précédentes à la forme littéraire *in directum* : le psaume 59 a été très fortement raccourci, le premier verset — c'est-à-dire le verset 3, les versets 1 et 2 constituant le titre du psaume — n'a pas été conservé et le verset 5 a été évité. La date plus tardive de la création de cette pièce, affectée au dimanche de la Sexagésime, n'est sans doute pas étrangère au traitement un peu cavalier qu'on a infligé à ce psaume. Il n'existe pas de variante entre les textes romain et grégorien. Le contenu global du psaume 59 se prête fort peu à un emploi liturgique, car il fait allusion à des faits historiques précis — une invasion étrangère et un revers pour Israël — et son *ethos* général nous semble étranger à ce à quoi les six cents pièces de la messe nous ont habitué ; il est donc clair que cette pièce n'a jamais été un psaume sans refrain, par la suite raccourci, mais qu'elle est née directement sous la forme d'un trait, c'est-à-dire pourvue de quelques versets choisis seulement, les autres ne convenant pas. Il faut ajouter à cela que ce psaume n'a, à notre connaissance, donné lieu à aucune interprétation typologique notable, aussi bien dans le *Nouveau Testament* que chez les Pères des cinq premiers siècles : on y lisait la colère de Dieu, provoquée par les infidélités d'Israël, rien de plus[1]. Tous ces arguments, qui se recoupent, montrent que ce trait est une pièce qui présente déjà des marques d'évolution ; ce n'est pas un ancien psaume sans refrain ; il n'appartient pas au vieux fonds du répertoire romain ; ce n'est — sur le plan littéraire — qu'une assez maladroite copie d'ancien. Cela prouve en tout cas qu'on était resté fidèle malgré tout à l'idée qu'une messe de dimanche du carême ou de préparation au carême devait absolument posséder un chant sans refrain, quitte à en fabriquer un peu classique.

La date de la création de la Sexagésime, spécificité romaine, est encore controversée ; elle est attestée en Italie centrale vers 530-540 par la *Règle du Maître*, puis en 546 par l'épistolier de Victor de Capoue[2] ; saint Césaire d'Arles la connaît, mais le quatrième concile d'Orléans la condamne en 541 (can. 2). Rome, en la personne du pape Vigile, l'ignore encore en 538. On a longtemps cru, sur la foi de l'*Hom.* 15, que Grégoire le Grand connaissait la Sexagésime et qu'elle avait été créée par lui ou peu avant son pontificat[3], mais aujourd'hui on préfère tempérer ces fragiles certitudes[4].

« *De profundis* ».

VL 5319, f. 35 ; *AMS* n° 34	Psautier romain, Ps 129	Vulgate	
V. 1 *De profundis clamavi ad te Domine*	*Id.*	*Id.*	1
Domine exaudi vocem meam	*Domine exaudi orationem meam fiant aures tuae intendentes in orationem servi tui*	*Domine exaudi vocem meam fiant aures tuae intendentes in vocem deprecationis meae*	2

---

1. Dom Cl. JEAN-NESMY, *I Padri commentano il Salterio della Tradizione*, Turin, 1983, p. 263-264.

2. FROGER, « Les anticipations », p. 233, n. 1 ; A. CHAVASSE, « Temps de préparation à la Pâque », p. 130 ; SIFFRIN, « Zwei Blätter eines Sakramentars », p. 19-23.

3. FROGER, « Les anticipations », p. 218 ; A. CHAVASSE, « Temps de préparation à la Pâque », p. 131-136.

4. CHAVASSE, « Peut-on dater le sacramentaire ? », p. 111 et « L'évangéliaire romain de 645 : un recueil », p. 48.

V. 2

Fiant aures tue *intendentes* *in oratione servi tui* [1]	Ut supra	Ut supra

V. 3

Si iniquitates observaveris	*Id.*	*Si iniquitates*	3
Domine		*observabis Domine*	
Domine quis sustinebit		*Domine quis sustinebit*	

V. 4

Quia apud te	*Quia apud te*	*Quia apud te*	4
propitiatio est	*propitiatio est*	*propitiatio est*	
et propter legem tuam	*et propter legem tuam*	*propter legem tuam*	
sustinui te Domine	*sustinui te Domine*	*sustinui te Domine*	
	sustinuit anima mea	*sustinuit anima mea*	
	in verbum tuum	*in verbum eius*	

Le texte de ce psaume graduel, qui est aussi un psaume de la pénitence, a été raccourci : les versets 5 à 8 ont disparu. La forme littéraire de ce trait est rigoureusement *in directum* : on part du début du psaume, en respectant l'ordre numérique des versets. Il existe une variante entre romain et grégorien, *oratione / orationem*.

Dans l'Antiquité tardive, les premiers versets de ce psaume étaient surtout employés pour leur tonalité fortement pénitentielle ; ils étaient aussi parfois compris comme la prière de Jonas dans le ventre du monstre marin ; c'est notamment le cas chez saint Augustin et saint Grégoire le Grand [2] ; à ce titre, ce psaume pouvait être interprété comme une prière du Christ, le Seigneur ayant lui-même présenté Jonas et son passage de trois jours dans le ventre du monstre comme un type — le signe de Jonas — de sa mort, de sa descente aux enfers et de sa Résurrection (Mt 12, 38-41 ; Lc 11, 29-32 [3]). La fin du psaume — qui n'a d'ailleurs pas été conservée par le trait — rend en effet un son très différent, beaucoup plus confiant : on voyait dans le verset 6 une prophétie de la Résurrection. C'est ce sens-là qui a été retenu par les artistes qui décoraient les catacombes : dans ces cimetières, l'histoire de Jonas était non pas tant un

---

1. *Oratione* VL 5319, F 22 ; *orationem* C 74, M, C, K, SG 359, E 121, L 239, M-R.

2. JEAN-NESMY, *I Padri*, p. 690-691 ; Y.-M. DUVAL, *Le Livre de Jonas*, p. 45-48.

3. GOPPELT, *Typos*, p. 94 ; M. SIMONETTI, *Profilo storico*, p. 77-78.

« paradigme de sauvé », c'est-à-dire une anamnèse des merveilles accomplies par Dieu, comme par exemple le sacrifice
d'Abraham, qu'une claire allusion à la foi en la Résurrection.
Certaines liturgies non romaines utilisaient le cantique de
Jonas, *Clamavi de tribulatione mea* (Jon 2, 3-10), qui présente
des intertextualités évidentes avec le psaume 129 ainsi
qu'avec l'introït de cette même messe de la Septuagésime[1],
Circumdederunt me dolores mortis (Ps 17, 5, très proche de
Jon 2, 6, *Circumdederunt me aquae*) : le plus souvent, ces rits
le plaçaient à la vigile pascale, comme dans le lectionnaire
gallican de Luxeuil[2] ; saint Ambroise l'atteste en revanche à
Milan, au jeudi saint[3]. Il se trouvait également au jeudi saint
à Bénévent[4]. Ce n'est qu'à partir du haut Moyen Âge qu'on
l'appliqua à la liturgie des défunts.
L'idée selon laquelle on aurait choisi ce chant en raison
du siège de Rome par les Goths, au moment des Guerres
gothiques, n'a aucun fondement ; l'influence des événements
politiques sur la liturgie est possible, et fort compréhensible,
sur les oraisons, qu'on peut rédiger pour la circonstance[5],
non pour les chants, qui étaient transmis oralement — par
opposition aux oraisons, écrites — et constituaient par
conséquent un élément beaucoup plus stable et beaucoup
plus conservateur : on ne pouvait en composer la veille pour
le lendemain. En liturgie, les « chants de circonstance » sont
rares.
Il apparaît difficile de dater la création du dimanche de
la Septuagésime, qui est une particularité exclusivement
romaine ; on croyait son existence attestée par une homélie
(*Hom. 19 in Evang.*) de saint Grégoire le Grand, qu'il aurait
prononcée à Saint-Laurent hors les murs à l'occasion d'un

---

1. Comme le pense Dom Daniel SAULNIER, il est vraisemblable que cet introït
n'est pas primitif à la Septuagésime — pas plus que le trait *De profundis*, du reste :
il est très bien adapté pour la messe de Lazare, au quatrième dimanche du carême
de six semaines ; il en aura été chassé quand les scrutins passèrent en semaine et
que cette messe reçut Sainte-Croix de Jérusalem pour église stationnale, et devint
ainsi le dimanche *de Laetare*.

2. H. SCHNEIDER, « Die biblischen Oden im christlichen Altertum », p. 41.

3. Y.-M. DUVAL, *Le Livre de Jonas*, p. 41, 230.

4. Éd. HESBERT, *Le Codex 10673 de la Bibliothèque vaticane*, Solesmes, 1931,
p. 271-274. C'est une pièce romano-bénéventaire, écrite en *sol (= RÉ)*, avec une
accentuation au grave, donc non romaine.

5. A. CHAVASSE (« Messes du pape Vigile », dans *EL* 64 [1950], p. 163 s.) pense
que certaines oraisons du « sacramentaire léonien » évoquent le siège de Rome par
Vitigès (537-538) ; voir J. JANINI, *S. Siricio*, p. 36-37.

dimanche de la LXX [1]. Cette théorie avait été combattue par A. Chavasse, qui pensait que l'homélie en question avait été en réalité prononcée pour la fête de saint Laurent (10 juillet) et qu'en conséquence ce pape n'attestait pas l'existence du dimanche de la LXX, qui n'aurait été introduit à Rome qu'aux environs de 650 [2] ; mais il est moins affirmatif aujourd'hui et son attribution de l'*Hom.* 19 à la fête de saint Laurent n'a pas fait l'unanimité [3]. Comme la dernière édition du livre de Vogel s'en tient à l'idée d'une introduction vers 650 [4], on peut retenir que ce dimanche a été créé au plus tôt dans la première moitié du VIIe siècle.

Le trait *De profundis* n'a pas été créé au VIIe siècle ; il est plus ancien que le dimanche de la LXX, car le psaume 129 est employé, avec une signification bien arrêtée, dès les évangiles et les écrits patristiques des cinq premiers siècles, contrairement aux psaumes 59 et 99. Les dimanches de la L et de la LX montrent en effet qu'on n'utilisait plus de psaumes graduels à partir du début du VIe siècle ; il serait donc surprenant qu'on ait songé à en employer un en plein VIIe siècle pour le dimanche de la LXX. On semble donc avoir réutilisé une pièce plus ancienne, qu'on a déplacée et remplacée par un graduel, la nouvelle pièce à la mode. Ce psaume sans refrain avait été créé vers la fin du IVe siècle, à l'époque du passage du « carême » de trois semaines au véritable carême ; il se trouvait au cinquième mercredi.

Cela montre qu'au cours de la première moitié du VIIe siècle le rit romain, déjà pratiquement achevé — il ne manquait guère que les jeudis du carême, le samedi après les Cendres, le cinquième samedi et quelques autres messes de ce type — avait déjà du mal à renouveler son répertoire et à trouver des textes neufs. Pris entre tradition — réutiliser des mélodies traditionnelles en les appliquant à des textes nouveaux, mais chargés d'une sève typologique, provenant de l'héritage patristique — et modernité — faire du neuf, à par-

---

1. FROGER, « Les anticipations », p. 218-219 et « L'*Alleluia* dans l'usage romain », p. 27 ; CALLEWAERT, « La durée et le caractère », p. 497.

2. « Temps de préparation », p. 144-145 et « Les plus anciens types », p. 48, n. 1 et p. 55, n. 1.

3. A. CHAVASSE, « L'évangéliaire romain de 645 », p. 48 ; CRAMPTON, « S. Gregory's Homily », p. 333-336, suivi par J. McKINNON, « Antoine Chavasse and the Dating », p. 127.

4. VOGEL, *Medieval Liturgy*, p. 311.

tir de textes non psalmiques ou non scripturaires, sur des mélodies nouvelles —, c'est-à-dire pris à la charnière entre l'Antiquité et le haut Moyen Âge, la liturgie romaine semble avoir hésité entre *vetera* et *nova*, préférant finalement recourir à des solutions d'attente, comme nous en avons ici l'illustration : faire du neuf avec de l'ancien, déplacer des pièces anciennes pour équiper des messes nouvelles. Il faudra attendre les premiers carolingiens pour que cette hésitation soit finalement résolue, dans le sens d'un engagement vers la modernité médiévale, avec tout ce que cela comprend d'innovations : nouvelles mélodies, pièces non psalmiques et nombreuses compositions ecclésiastiques.

Les samedis des Quatre-Temps.

Il n'est naturellement pas question de réexaminer l'histoire des Quatre-Temps, mais seulement de présenter les éléments nouveaux que donne une approche musicale du problème, après avoir brièvement résumé les problèmes qui se posent. Les samedis des Quatre-Temps sont à la fois des vigiles dominicales privilégiées, comme la vigile pascale, et des messes saisonnières et rituelles, fixées aux premier, quatrième, septième et dixième mois de l'année — le premier mois étant le mois de mars — et qui n'appartiennent de ce fait ni au temporal, ni au sanctoral ; par conséquent, de nombreux problèmes se posèrent quand on les fit entrer dans le temporal, sauf en septembre, où rien ne gênait ; ils se sont diversifiés à ce moment car, au départ, ils étaient tous semblables et possédaient le même offertoire unique, *Domine Deus salutis*, le même trait *Laudate Dominum omnes gentes* et les mêmes autres psaumes. Ces messes sont des vigiles du samedi au dimanche, donc de véritables messes dominicales, célébrées très tôt, peu après l'aube du dimanche. Par conséquent, il n'y a pas de messe après tierce ; de ce fait, quand on dit, à la suite des manuscrits, que le dimanche est *vacat*, c'est en réalité le samedi qui n'a pas de messe.

Les Quatre-Temps forment une semaine complète (qui commence le dimanche), avec les trois synaxes anciennes du dimanche, du mercredi et du vendredi. Leurs stations sont moins anciennes, surtout celle du vendredi aux Saints-

Philippe-et-Jacques, la basilique des apôtres, construite par Pélage Ier (556-561) et achevée par Jean III (561-574) — on a abandonné l'idée de la faire remonter à une *basilica Iulia* construite par le pape Jules Ier (337-352) *iuxta Forum Traiani* : cette basilique n'a pas été retrouvée et n'est pas sur l'emplacement de l'actuelle basilique des apôtres : il s'agit de deux édifices distincts [1]. La messe de la fête des deux apôtres, le 1er mai, est en réalité celle de la dédicace de leur basilique, qui serait une sorte de monument votif commémorant la victoire de Narsès sur les Ostrogoths [2]. En revanche, la station des samedis, à Saint-Pierre, est très ancienne, car les ordinations, selon la coutume romaine, ont toujours lieu à Saint-Pierre ; or, les samedis des Quatre-Temps comptent parmi les plus importants (non les seuls) jours d'ordinations [3]. La coïncidence entre les ordinations et les Quatre-Temps explique en partie le fait que ces messes rituelles se soient répandues partout en dehors de Rome : pour suivre la coutume romaine des ordinations, il fallait *ipso facto* adopter les Quatre-Temps. Par surcroît, les sermons de saint Léon prouvent que le dimanche qui précédait la semaine des Quatre-Temps avait lui aussi Saint-Pierre pour basilique stationnale [4].

Les samedis des Quatre-Temps ont conservé intacte la très antique structure lecture-chant-oraison, preuve indiscutable de très grande ancienneté qui établit une parenté avec la vigile pascale, quoique cette dernière présente un état plus évolué : comme on lui a ajouté de nouvelles lectures, pour porter parfois leur nombre total à douze, les plus récentes d'entre elles ne sont pas suivies d'un chant. La structure des samedis des Quatre-Temps se présente de la sorte : l'introït, quatre fois le schéma lecture-graduel-oraison, une cinquième lecture suivie du cantique des Trois-Enfants (Dn 3, 52-90)

1. Ch. PIETRI, *Roma Christiana*, t. I, p. 22-23 ; G. N. VERRANDO, « L'attività edilizia di papa Giulio », p. 1033.

2. KENNEDY, *The Saints*, p. 119 ; G. LUCCHESI, « Osservazioni sull'elenco degli apostoli », p. 507.

3. G. MORIN, « L'origine des Quatre-Temps », p. 338 et « Un opuscule de l'époque carolingienne sur la raison d'être des Quatre-Temps », p. 234, n. 1 ; DUCHESNE, *LP*, t. I, p. CLV ; CHAVASSE, *Le Sacramentaire*, p. 22 ; SAXER, « L'utilisation par la liturgie », p. 949.

4. BROU, « Une ancienne station romaine à Saint-Pierre », p. 143-150 ; A. CHAVASSE, « Le sermon III de saint Léon et la date de la célébration des Quatre-Temps de septembre », *RSR* 44 (1970), p. 273.

et de la cinquième oraison, la sixième lecture, le trait *Laudate Dominum* et l'oraison, puis l'offertoire et la communion.

Un seul trait de la messe des samedis subsiste, les autres ayant été éliminés au profit de quatre graduels ; le cantique des Trois-Enfants, qui est en partie composé sur une corde de *RÉ*, avec des accents au grave, n'est pas romain : il aura été ajouté aux IX⁰-X⁰ siècles. Ce trait *Laudate Dominum* est en *DO*, corde romaine, les Quatre-Temps étant une spécificité romaine. Il est le même à tous les samedis des Quatre-Temps, sauf à ceux de l'avent, où il a été remplacé par le trait *Qui regis*.

La première attestation certaine de l'existence des *Tempora* se trouve dans les sermons de saint Léon, qui les considérait déjà comme immémoriaux ; ils n'ont donc pu être mis en place que vers 380 au plus tard[1]. Ils n'étaient encore que trois, les *Tempora* de mars n'ayant été créés qu'après saint Grégoire le Grand, puisqu'ils ne figuraient pas dans l'*exemplar* que saint Augustin de Cantorbéry apporta avec lui en Bretagne et qu'on utilisa au concile de Clovesho en 747. Il existe un certain nombre d'hypothèses pour expliquer la naissance des Quatre-Temps : la plus importante est celle de Dom G. Morin[2] : les Quatre-Temps seraient une contrefaçon des fêtes saisonnières païennes traditionnelles marquant la récolte du froment (juin), du raisin (septembre) et des olives (décembre) ; on les aurait créés en les concevant comme un moyen, non de christianiser des fêtes païennes, comme le croient les folkloristes, qui ont contribué à accréditer l'idée fausse d'une « légende du Moyen Âge chrétien », mais au contraire de les éliminer par une fête chrétienne ayant un contenu semblable ou approchant[3]. Ce ne serait du reste pas la première fois qu'un tel phénomène se serait produit à Rome : le choix de la date de Noël était vraisemblablement destiné à concurrencer et à éliminer — et non à recouvrir d'un léger vernis chrétien — le *natalis solis invicti*,

---

1. JANINI (*S. Siricio*, p. 21) attribue l'institution des Quatre-Temps à Sirice (384-399), successeur de Damase, à cause de l'hérésie de Jovinien, qui rejetait les jeûnes ; voir A. DE VOGÜÉ, *Histoire littéraire* II, Paris, 1993, p. 273-349 et J.-L. VERSTREPEN, « Origines et instauration des Quatre-Temps à Rome », *RBén* 103 (1993), p. 339-365.

2. MORIN, « L'origine des Quatre-Temps » et L. FISCHER, *Die kirchlichen Quatember*, Munich, 1914.

3. Ch. PIETRI, « Les origines du culte des martyrs », p. 302.

de même que la fête de la Circoncision (1er janvier) devait déraciner la coutume des *kalendas ianuarias*. Cette théorie a été récemment critiquée [1]. Il est d'une part indéniable que les Quatre-Temps ont bien un caractère saisonnier et qu'ils n'appartiennent ni au sanctoral, ni au temporal. Nous en avons la preuve dans les difficultés rencontrées quand on les fit entrer de force dans le temporal : les Quatre-Temps du premier mois (mars), en entrant dans la première semaine du carême, entraînèrent la disparition de la messe de la Samaritaine, ce dimanche devenant *vacat* ; en entrant dans la semaine de la Pentecôte, les Quatre-Temps du quatrième mois (juin) perdirent également une bonne partie de leur caractère de Quatre-Temps et virent leur formulaire assez profondément modifié, les quatre graduels étant remplacés par quatre *Alleluia* ; en entrant dans la troisième semaine de l'avent, les Quatre-Temps du dixième mois (décembre) virent leur thématique entièrement remplacée par de banals thèmes d'avent ; le trait *Laudate Dominum* fut même supplanté par une pièce nouvelle, *Qui regis*. Seuls les Quatre-Temps du septième mois réussirent à s'insérer dans le temporal sans dommage, ni pour lui, ni pour eux. Eux seuls sont restés fidèles à l'esprit des Quatre-Temps, qui est marqué par un temps de pénitence, dans le but d'obtenir du Seigneur sa protection et la bénédiction des fruits de la terre ; les oraisons (quand elles sont restées en place) sont particulièrement claires à ce sujet.

Il existe un certain nombre d'autres hypothèses, qui ont pour dénominateur commun le fait d'être des justifications *a posteriori*. La première, qui fut souvent invoquée dans l'Antiquité, consiste à dire que les Quatre-Temps ont été créés en raison du texte de Za 8, 19 *(Haec dicit Dominus exercituum : ieiunium quarti et ieiunium quinti et ieiunium septimi et ieiunium decimi erit domui Iuda in gaudium et in laetitiam et in sollemnitates praeclaras).* Le texte de Za ne coïncide pas exactement avec la pratique des Quatre-Temps : il n'existe pas de Quatre-Temps du cinquième mois ; par surcroît, les Quatre-Temps ne sont pas un temps de réjouissances, mais de pénitence et de jeûne. Du reste, quand Philastre de Brescia, entre 380 et 390, emploie ce passage de

---

1. T. TALLEY, « The Origin of the Ember Days », p. 465-472 ; VOGEL, *Medieval Liturgy*, p. 389, n. 112.

Za pour justifier la nécessité des jeûnes [1], il n'entend pas par là des Quatre-Temps à la romaine, comme le montrent les dates choisies par lui, et il ne prend pas au pied de la lettre les indications de mois données par Za : il les interprète au contraire comme des indications allégoriques, qui relèvent de la typologie (il existe quatre jeûnes, car il existe quatre évangiles, car Moïse a écrit quatre livres, etc.). L'explication par le texte de Za n'est donc qu'une justification *a posteriori*, qui permettait du reste de justifier aussi bien des Quatre-Temps à la romaine que quatre jeûnes placés à de tout autres moments de l'année, comme c'était par exemple le cas à Brescia.

Une deuxième hypothèse marginale voudrait faire des Quatre-Temps de septembre un souvenir, sinon un héritage direct, de fêtes juives, telle la fête des Tabernacles [2]. Cette hypothèse est très fragile. À l'époque où furent créés les Quatre-Temps, il y avait bien longtemps que les chrétiens de Rome et d'ailleurs avaient perdu tout contact cultuel avec le judaïsme, d'autant plus qu'ils étaient désormais massivement originaires de la gentilité.

Une troisième hypothèse repose sur des calculs mathématiques : le *De solstitia et aequinoctia conceptionis et nativitatis Domini nostri Iesu Christi et Iohannis Baptistae* [3], l'un des trente-huit sermons latins attribués faussement à saint Jean Chrysostome, est un texte vraisemblablement d'origine romaine ; il semble avoir été traduit du grec à la fin du IVᵉ siècle par un certain Pontius Maximus, inconnu par ailleurs [4]. Il est l'un des plus anciens textes attestant l'existence

---

1. *Diversarum hereseon Liber*, cap. 149 : « *Sed cum [Zacharias] dicit quattuor ieiunia, veluti quattuor ieiunandos decernit, non autem nobis dixit aut mensis alicuius aut anni, sed sic absolute praedicavit, ut mysteria Christianitatis in ipsis quattuor ieiuniis nuntiata cognosceremus. Nam per annum quattuor ieiunia in ecclesia celebrantur, in Natale primum, deinde in Pascha, tertio in Ascensione, quarto in Pentecosten* » (CCSL 9, p. 311-313).

2. DANIÉLOU, « Les Quatre-Temps de septembre », p. 114-136. Th. TALLEY (*The Origins*, p. 469) est de notre avis. JAUBERT (*La Date de la Cène*, p. 68-69) voulait mettre les Quatre-Temps en relation avec la division du calendrier ancien en quatre saisons ; mais il n'y avait que trois *Tempora*, à l'époque de saint Léon, comme le montrent la notice du pape Calixte († 222) dans le *LP*, éd. DUCHESNE, t. I, p. 141 (« *Hic constituit ieiunium die sabbati ter in anno fieri, frumenti, vini et olei, secundum prophetiam* »), les actes du concile de Clovesho (747) et une lettre de Grégoire II à saint Boniface (*ep.* 18, MGH, *Ep.* III, Berlin, 1982, p. 268).

3. Éd. *PLS* I, col. 557-567 et B. BOTTE, *Les Origines de la Noël*, p. 93-105.

4. WILMART, « La collection des 38 homélies », p. 316-317 (texte n° 17) ; ALTANER, « Altlateinische Übersetzungen », p. 426 ; FRANK, « Frühgeschichte und Urs-

de Noël et des Quatre-Temps. Il emploie l'expression *Quatuor Tempora* (*PLS*, I, col. 559). Le pseudo-Chrysostome explique que les dates des *Tempora* ont été choisies en raison du moment de la conception et de la naissance de saint Jean Baptiste et du Christ : le Précurseur a été conçu en septembre (date des Quatre-Temps du septième mois), puisqu'il est né en juin (24 juin) (mois des Quatre-Temps du quatrième mois) ; le Sauveur a été conçu en mars (l'Annonciation est le 25 mars) — date des Quatre-Temps du premier mois —, puisqu'il est né en décembre (mois des Quatre-Temps du dixième mois). Les deux conceptions ont eu lieu aux deux équinoxes et les deux nativités aux deux solstices. Ce texte, s'il est très important pour la datation de Noël et des Quatre-Temps, ne nous apprend rien sur l'origine de ces derniers, tant il est clair qu'il ne s'agit que d'une construction intellectuelle visant à justifier *a posteriori* une pratique ancienne, dont on avait fini par oublier la raison d'être : les samedis des Quatre-Temps sont finalement avant tout d'anciennes vigiles dominicales privilégiées[1].

« *Laudate Dominum omnes* ».

VL 5319, f. 48 ; *AMS* n° 46 a	Psautier romain, Ps 116	Vulgate	
V. 1 *Laudate Dominum* *omnes gentes* *et collaudate eum* *omnes populi*	*Id.*	*Laudate Dominum* *omnes gentes* *laudate eum* *omnes populi*	1
V. 2 *Quoniam confirmata est* *super nos* *misericordia eius* *et veritas Domini* *manet in eternum*	*Id.*	*Quoniam confirmata* *est* *super nos* *misericordia eius* *et veritas Domini* *manet in saeculum*	2

prung », p. 17-23 ; J. A. DE ALDAMA, *Repertorium pseudo-chrysostomicum*, Paris, 1965, p. 222-223 ; J.-P. BOUHOT, « Les traductions latines de Jean Chrysostome », p. 31-39 ; W. WENK, *Zur Sammlung der 38 Homilien des Chrysostomus Latinus*, Vienne, 1988, p. 23 ; F. J. LEROY, « Vingt-deux homélies africaines nouvelles attribuables à l'un des anonymes du Chrysostome latin (*PLS* 4) », *RBén* 104 (1994), p. 123-147.

1. Voir VERSTREPEN, « Origines et instauration », p. 364.

Ce psaume très court (il ne compte que deux versets) a été utilisé en entier. Il n'existe pas de variante entre chants grégorien et romain. Les graduels F 22 (f. 25) et C 74 (f. 47v) l'ont placé au deuxième dimanche du carême. Le psaume 116 possède deux sens principaux : l'un n'a que peu de rapports avec cet emplacement liturgique : l'appel des Nations, nouvel Israël (v. 1 : *gentes*) ; saint Paul le cite dans ce sens-là dans l'épître aux Romains (Rm 15, 9-10). C'est pour cette raison qu'il possède une signification baptismale [1]. Ce sens n'est pas primitif dans la liturgie, car le trait *Laudate Dominum* n'est pas primitif à la vigile pascale qui, à l'origine, n'avait pas d'épître, donc ni trait ni *Alleluia*. Ce trait a appartenu aux samedis des Quatre-Temps avant de venir à la vigile pascale. Le second sens de ce psaume, mieux adapté à l'usage qu'en fait la liturgie, est celui d'une brève anamnèse des merveilles accomplies par Dieu, ce qui convient bien à une messe rituelle où l'on demande au Seigneur la protection des récoltes.

Les traits du sanctoral.

Plusieurs fêtes du sanctoral sont dotées d'un trait ; certaines en furent équipées quand la préparation à Pâques, passant graduellement de six à neuf semaines, finit par les atteindre, notamment les années où Pâques tombait tôt ; d'autres, au contraire, ont été ajoutées après que la préparation à Pâques eut atteint ses dimensions maximales avec l'établissement de la Septuagésime. Ce procédé, peu conforme à la pratique antique (dans la *Depositio Martyrum* de 336, la préparation à Pâques se signale par l'interruption totale du sanctoral), fut toléré moyennant l'utilisation d'un trait, qui donnait en quelque sorte à la nouvelle fête un « air de carême » la rendant acceptable. L'enrichissement du sanctoral et l'allongement du temps de pénitence qui précédait Pâques se sont produits en même temps : ils se sont donc disputé les parcelles de l'année liturgique qui restaient libres. Quand ils se télescopèrent, dans les dimanches après l'Épiphanie, il fallut prendre une décision ; on transigea : le sanc-

---

1. A. Rose, « Les psaumes de l'initiation chrétienne », *QLP* 47 (1966), p. 290.

toral entra dans les anticipations du carême, mais muni d'un trait.

Seules trois fêtes, dans le sanctoral romain ancien, ont reçu un trait ; elles s'étagent du 5 février au 12 mars. Chacune d'entre elles est un cas particulier. Sainte Agathe (5 février) a reçu un psaume graduel, qui pourrait fort bien provenir du troisième vendredi du carême de six semaines (le « carême » de trois semaines n'allant que jusqu'au psaume 124). Ce débris aurait finalement, après bien des tribulations, trouvé refuge dans le sanctoral. Saint Valentin (14 février), en revanche, a reçu un psaume qui ne peut provenir de nulle part ailleurs, le psaume 20. Ce martyr appartient au sanctoral romain le plus ancien ; il aura donc été rejoint par la préparation à Pâques. Le pape Grégoire le Grand (12 mars), enfin, a été ajouté bien plus tard, alors que la préparation à Pâques avait déjà sa taille définitive ; on lui a donné un trait, tiré du psaume 111, pour lui donner un aspect plus quadragésimal.

« Qui seminant ».

VL 5319, f. 32 ; AMS n° 30	Psautier romain, Ps 125	Vulgate	
V. 1			
Qui seminant in lacrimis in gaudio metent	*Id.*	*Qui seminant in lacrimis in exultatione metent*	5
V. 2			
Euntes ibant et flebant mittentes semina sua	*Euntes ibant et flebant mittentes semina sua venientes autem venient in exultatione portantes manipulos suos*	*Euntes ibant et flebant portantes semina sua venientes autem venient in exultatione portantes manipulos suos*	6
V. 3			
Venientes autem venient in exultatione portantes manipulos suos [1]	Ut supra	Ut supra	6

---

1. *In* VL 5319, F 22, C 74, K, M-R ; *cum* C, SG 359, E 121, L 239.

Ce psaume graduel a été décapité en raison de son affectation nouvelle à une fête ; les quatre premiers versets, qui convenaient bien à la préparation à Pâques, mais qui étaient en revanche peu propres à une application au sanctoral, ont été supprimés. Il a malgré tout conservé la forme *in directum* de l'ancien psaume sans refrain : les versets subsistants se suivent dans l'ordre du psautier. En passant du temporal au sanctoral, ce psaume graduel n'a gardé que les versets susceptibles de faire allusion à la palme du martyre *(manipulos suos)* et à la récompense éternelle, conquise au prix des tortures ; on peut également y avoir vu une allusion à la célèbre expression de Tertullien *(Apol.* 50, 13 : « *Semen est sanguis Christianorum* »), qui est proche du verset 6 *(mittentes semina sua).* Il existe une variante entre le chant grégorien et le chant romain, au troisième verset : *in exultatione* (Rome) au lieu de *cum exultatione* (grégorien).

L'hypothèse d'un réemploi par le sanctoral d'une pièce du carême repose sur deux arguments : cette pièce est tirée du psaume 125, qui n'est plus à sa place au troisième vendredi ; d'autre part, elle se prête assez mal à un emploi dans le sanctoral : il a fallu pour cela la décapiter ; c'est la preuve que cette pièce n'a jamais été un psaume sans refrain du sanctoral ; elle n'y est entrée que sous la forme déjà moderne d'un trait, c'est-à-dire après avoir été préalablement raccourcie. Par conséquent, elle n'est pas primitive à la fête de sainte Agathe (5 février).

Le pape Symmaque (498-514) avait construit une basilique sur un domaine privé, le *fundus lardarius,* au deuxième mille de la via Aurelia, en l'honneur de cette martyre de Catane, victime de la persécution de Dèce en 251 [1]. Contrairement à sainte Agnès, elle est absente de la *Depositio Martyrum* de 336 et du sanctoral damasien ; son culte semble n'avoir pris son essor, à Rome, qu'avec saint Grégoire le Grand qui, comme il le dit lui-même dans une lettre de mars 594 et dans les *Dialogues* [2], lui dédia, sans doute en 591 ou 592, l'ancienne église des Goths à Subure. Elle avait été fondée par le Suève Flavius Ricimer († 472), qui avait été

---

1. Duchesne, *LP*, t. I, p. 267, n. 30 ; Reekmans, dans *RAC* 44 (1968), p. 184.

2. *Registrum* IV, 19, éd. Norberg, CCSL, p. 237 ; *Dial.* III, 30, 2-6, éd. A. de Vogüé et P. Antin, t. II, Paris, 1979, p. 380-382 (SC 260). Saint Grégoire avait dédié l'église (qui était alors fermée, donc sans doute désaffectée) au culte catholique en y faisant apporter des reliques de saint Sébastien et de sainte Agathe.

magister militum, puis patrice en 457 et finalement consul en 459 ; il l'a fondée après 459, car l'inscription de la dédicace (ICVR II, p. 438, n. 127) le qualifie d'*exconsul*. Oncle du roi des Burgondes Gondebaud, il avait déposé l'éphémère empereur Avitus, beau-père de Sidoine Apollinaire, puis fait assassiner son successeur, Majorien, en 461, qu'il avait remplacé par Sévère III, puis par Anthémius, dont il allait épouser la fille [1]. On ignore cependant si Ricimer était lui-même arien. Cette église ne semble pas avoir été dédiée à sainte Agathe avant l'intervention de saint Grégoire ; sa mosaïque absidale représentait le Christ, entouré par le collège apostolique ; l'édifice était donc sans doute dédié au Sauveur, comme le Latran. C'est la plus ancienne des églises *intra muros* consacrées à cette sainte [2]. Le nom de Sainte-Agathe *dei Goti* n'apparaît qu'avec le Moyen Âge.

L'actuelle messe pourrait dater de la consécration de cette église à sainte Agathe [3] : son formulaire est très original et beaucoup plus solennel que celui des fêtes des autres martyres ; on en réutilisa d'ailleurs une partie quand, plus tard, on créa des messes propres à la Vierge Marie. Cela n'empêche pas que ce trait provienne du carême. L'élimination du psaume 125 semble avoir été provoquée par le passage des scrutins en semaine : les scrutins du troisième dimanche passèrent au vendredi suivant, où se trouvait précisément le psaume 125, qui en fut par conséquent délogé et dut trouver une autre place ailleurs. Or, le passage des scrutins eut lieu avant le début du règne de saint Grégoire, qui atteste déjà leur présence en semaine.

1. M. REYDELLET, *La Royauté*, p. 50-55 ; COURCELLE, *Histoire littéraire*, p. 167-168 et 173-174 ; Ch. PIETRI, « Aristocratie et société cléricale dans l'Italie chrétienne au temps d'Odoacre », *MEFRA* 93 (1981), p. 427.

2. DUCHESNE, *LP*, t. I, p. 313, n. 8 ; DUFOURCQ, *Étude*, t. II, p. 194 s. ; CECCHELLI, « L'arianesimo », p. 765-767 ; Ch. PIETRI, « Clercs et serviteurs laïcs », p. 108.

3. G. VERBEKE, « Saint Grégoire et la messe de sainte Agathe », p. 67-76.

« Desiderium animae ».

VL 5319, f. 32v ; AMS n° 31	Psautier romain, Ps 20	Vulgate
V. 1 *Desiderium anime eius tribuisti ei et voluntate*[1] *labiorum eius non fraudasti eum*	*Id.*	*Id.* 3
V. 2 *Quoniam prevenisti eum in benedictione dulcedinis*	*Quoniam praevenisti eum in benedictione dulcedinis posuisti in capite eius coronam de lapide pretioso*	*Quoniam praevenisti* 4 *eum in benedictionibus dulcedinis posuisti in capite eius coronam de lapide pretioso*
V. 3 *Posuisti super caput eius coronam de lapide pretioso*	Ut supra	Ut supra 4

Ce psaume messianique a perdu les versets 2 et 5-14. Il a cependant conservé la forme *in directum*, les versets se suivant dans l'ordre numérique. Il n'existe pas de variante textuelle entre Rome et le grégorien. Il existe deux interprétations typologiques de ce texte ; la première, la plus ancienne, n'a eu aucun succès dans la liturgie : elle voit dans ce psaume une exaltation de la royauté du Christ ; on la trouve notamment chez saint Augustin et Chromace d'Aquilée[2] à propos du couronnement du Fils par le Père (*Posuisti super caput eius coronam*). Dans le haut Moyen Âge, on semble être revenu à cette première exégèse[3]. Saint Ambroise a préféré voir dans la couronne du verset 3 une prophétie du

---

1. *Voluntatem* M, C, K ; *voluntate* SG 359. F 22 fait de « *Et voluntate...* » un verset à part entière, avec un signe V et une majuscule, mais sans rubriquer cette majuscule.
2. E. BEAUCAMP, « Le psaume 21 (20) », p. 35 et 39 ; CHROMACE, *Sermo* 19 (SC 164, p. 24).
3. J. LECLERCQ, « Les psaumes 20-25 », p. 216-217 ; B. FISCHER, « Die Psalmenfrömmigkeit der Regula S. Benedicti », p. 47 et n. 35.

couronnement d'épines[1]. La seconde interprétation, dès le
IVe siècle, a appliqué ce psaume aux martyrs ; elle a prévalu
dans la liturgie romaine, où le psaume 20 est devenu l'un
des grands psaumes des martyrs ; outre ce trait, il a donné
deux graduels, *Domine prevenisti* et *Posuisti*. Pour l'adapter
aux martyrs, on a remanié le texte du psaume, le premier
verset, « *in virtute tua laetabitur rex* », devenant « *in virtute tua
laetabitur iustus* », ce qui lui enlevait tout caractère messianique. Eusèbe de Césarée (*HE* V, 2, 6) applique le verset 5,
Vitam petiit, aux martyrs de Lyon en 177.

Saint Valentin semble être un martyr originaire de Terni
qu'on aurait peu à peu confondu avec un prêtre romain
homonyme[2]. Il est inconnu de la *Depositio Martyrum*. Le
pape Jules Ier avait bâti en son honneur une basilique *extra
muros*, via Flaminia, qui fut restaurée sous Théodore
(642-649)[3] ; il n'était titulaire d'aucune église *intra muros*. Il
appartient sans doute au sanctoral damasien[4].

« *Beatus vir* ».

VL 5319, f. 33v ; *AMS* nº 32	Psautier romain, Ps 111	Vulgate	
V. 1 *Beatus vir* *qui timet Dominum* *in mandatis eius* *cupit nimis*	*Beatus vir* *qui timet Dominum* *in mandatis eius* *cupiet nimis*	*Beatus vir* *qui timet Dominum* *in mandatis eius* *volet nimis*	1
V. 2 *Potens in terra* *erit semen eius* *generatio rectorum* *benedicetur*	*Id.*	*Id.*	2

---

1. PALANQUE, *Saint Ambroise*, p. 385.
2. DELEHAYE, *Origines du culte*, p. 359 ; DUFOURCQ, *Étude*, t. I, p. 231.
3. DUCHESNE, *LP*, t. I, p. 206, n. 6 ; REEKMANS, « L'implantation monumentale
chrétienne », p. 176 et « Les cryptes des martyrs romains ; état de la recherche »,
p. 277.
4. M. H. SHEPHERD, « The Liturgical Reform of Damasus », p. 855 ; il existe une
incertitude au sujet de l'attribution des fragments nº 49 ; *pro* : FERRUA, *Epigrammata* , p. 197 ; *contra* : SAXER, « Damase et le calendrier des fêtes », p. 62-63.

V. 3

Gloria et divitie   Id.   Id.   3
in domo eius
et iustitia manet
in seculum seculi

Cette pièce est née directement sous la forme d'un trait et n'a jamais été psaume sans refrain : elle n'a pu être créée qu'après 604. La forme littéraire *in directum* a cependant été conservée. Il n'existe aucune variante textuelle entre Rome et le chant grégorien.

Le psaume 111 est l'un des grands psaumes du sanctoral ; outre ce trait, il a donné deux graduels, *Beatus vir* et *Dispersit dedit*. Il était utilisé à Hippone pour la messe d'un Confesseur[1] ; Arnobe le Jeune, qui écrivait à Rome, l'applique à saint Laurent[2]. En raison du verset 9, « *dispersit dedit pauperibus* », ce psaume était à Rome le psaume propre de saint Laurent, qui avait reçu du pape Sixte le trésor de l'Église et l'avait distribué aux pauvres[3], avant de passer à tous les saints dont la vie a été marquée par la générosité et l'aumône, comme saint Martin de Tours, en raison du fameux épisode du partage de la chlamyde. En revanche, à Hippone, on préférait lui appliquer le psaume 54[4]. Le graduel *Dispersit*, du reste, est le graduel propre de la vigile de saint Laurent. Ce n'est qu'à partir du haut Moyen Âge qu'on appliqua le verset 7, « *in memoria eterna erit iustus* », à la liturgie des défunts. Ce trait n'a pas gardé la fin du psaume parce que saint Grégoire ne s'est pas distingué par une générosité particulière. Son culte est attesté à Rome dès le VIIIᵉ siècle[5].

---

1. WILLIS, *St Augustine's Lectionary*, p. 40.
2. Éd. G. MORIN, dans : *Études, textes, découvertes*, Maredsous, 1913, p. 366.
3. G. NAUROY, « Le martyre de Laurent dans l'hymnodie et la prédication », p. 55.
4. V. SAXER, *Morts, martyrs, reliques en Afrique*, p. 213.
5. HESBERT, *AMS*, p. XC.

Un faux trait romain : « Qui regis », au samedi des Quatre-Temps de l'avent.

Cette pièce a été créée en Gaule sur la mélodie romaine traditionnelle des traits en *DO* ; diffusée par les livres romano-francs, elle sera ensuite arrivée à Rome. Deux indices le suggèrent[1] ; tout en étant bien romaine, sa mélodie simplifie un peu le timbre des traits en *DO*, ce qui est habituellement une marque d'emprunt, l'emprunteur simplifiant et normalisant les mélodies qu'il emprunte. D'autre part, le graduel *Excita*, tiré du psaume 79 comme le trait *Qui regis*, n'a pas le même verset à Rome et dans le chant grégorien : quand Rome adopta le trait *Qui regis*, on changea le verset du graduel *Excita*, pour éviter la redite. Rome lui a donné un verset *Fiat manus tua*, tandis que le grégorien a gardé le verset *Qui regis*. La création de ce trait en Gaule explique ce problème de verset.

VL 5319, f. 9 ; *AMS* n° 7 b	Psautier romain, Ps 79	Vulgate	
V. 1			
Qui regis Israhel intende	*Qui regis Israhel intende* *qui deducis velut ovem* *Ioseph* *qui sedes super Cherubin* *appare*	*Qui regis Israhel* *intende* *qui deducis tamquam* *oves Ioseph* *qui sedes super Cherubin* *manifestare*	2
V. 2[2]			
Qui deducis velut ovem *Ioseph*	Ut supra	Ut supra	2
V. 3			
Qui sedes super Cherubim *appare*	Ut supra	Ut supra	2

---

1. O. CULLIN, « La psalmodie directe romaine et grégorienne », p. 280-281.
2. C, K et SG 359 ne font qu'un verset de ces deux versets, que VL 5319 sépare explicitement ; F 22 n'indique pas de signe V avant *Qui deducis*, mais il lui donne cependant une majuscule rubriquée ; il semble donc que F 22 et VL 5319 voient là deux versets, tandis que le grégorien n'en voit qu'un.

| coram *Effrem* [1] *Beniamin* et *Manasse* | *Coram Effrem et Beniamin et Manasse excita potentiam tuam et veni ut salvos facias nos* | *Coram Effraim et Beniamin et Manasse excita potentiam tuam et veni ut salvos facias nos* | 3 |

V. 4
Excita potentiam tuam et veni ut salvos facias nos [2]   Ut supra   Ut supra   3

Cette pièce est née directement sous la forme d'un trait. Il existe deux variantes textuelles entre Rome et le chant grégorien : *Effrem* / *Effraim* et l'omission de *Domine* par Rome. Ce trait a supplanté le trait *Laudate Dominum* au samedi des Quatre-Temps de l'avent ; on avait sans doute fini par le trouver trop général et l'on souhaitait désormais employer une pièce dont le texte fît une allusion claire à l'avent. Tandis que la liturgie romaine de l'Antiquité tardive choisit les psaumes conformément à la typologie biblique et patristique, le Moyen Âge se plaît en revanche à retrouver dans les textes des allusions directes au mystère du jour, même si l'allusion ne se trouve que dans un fragment de verset, tandis que tout le reste du psaume possède une signification tout à fait différente. Il reste cependant vrai que les exégètes du début du Moyen Âge restèrent globalement fidèles à l'exégèse patristique [3].

Ce processus est à l'œuvre dans le choix du psaume 79 pour une messe d'avent. La typologie antique voyait en effet principalement dans ce psaume l'allusion à la vigne du Seigneur, le peuple de Dieu (« *Vineam ex Aegypto transtulisti, eiecisti gentes et plantasti eam* », v. 9), l'Église, placée sous la protection du Bon Pasteur (« *qui deducis velut ovem Ioseph*, v. 2). On voyait par conséquent dans ce psaume un rappel de la nouvelle Alliance, de l'appel des Nations, c'est-à-dire

---

1. *Effrem* VL 5319, F 22, C 74 ; *Effraim* M, C, K, SG 359, E 121, L 239, M-R.
2. *Excita potentiam* VL 5319, F 22, C 74, M, C ; + *Domine* K, SG 339, E 121, L 239, M-R.
3. SPICQ, *Esquisse d'une histoire de l'exégèse latine*, p. 10 ; DE LUBAC, *Exégèse médiévale. Les quatre sens de l'écriture*, 4 vol., Paris, 1953 s. ; M. L. COLISH, « *Psalterium Scholasticorum*. Peter Lombard and the Emergence of Scholastic Psalms Exegesis », *Speculum* 67 (1992), p. 531-548.

une thématique en somme fort proche de celle du cantique de la vigne, Is 5, *Vinea facta est*[1]. L'idée de lier le psaume 79 à cette typologie, très répandue, se retrouve chez des auteurs aussi différents qu'Arnobe le Jeune et Aphraate le Sage persan[2]. On l'associait également à l'idée de royauté du Christ : les sarcophages paléochrétiens montraient le Christ trônant sur Ouranos (*« qui sedes super Cherubim »*)[3].

Ce n'est que plus tard qu'on éprouva le besoin de rompre avec cette typologie traditionnelle et de voir dans ce psaume une préfiguration de l'avent, la venue du Seigneur (v. 2-3 : *« appare... et veni »*). C'est ainsi que le psaume 79 devint le psaume par excellence de l'avent[4]. Le changement intervenu dans la signification donnée à ce psaume remonte au moment de l'introduction de l'avent à Rome. L'idée de transformer un certain nombre de dimanches après la Pentecôte en période de préparation à Noël, une sorte de « carême d'hiver », semble être arrivée à Rome vers le milieu du VIᵉ siècle[5].

Les sacramentaires donnent une image assez confuse de la formation de l'avent romain ; on hésite en effet au sujet du nombre de semaines qui le composaient (six ou quatre), sur une éventuelle réduction de six à quatre semaines et sur la date et les motifs de cette réduction. L'idée selon laquelle ce serait une coutume d'origine gallicane, étrangère à la tradition romaine, comprenant au départ six semaines, ultérieurement réduites à quatre par saint Grégoire le Grand, est abandonnée, car réductrice[6]. La situation est plus claire hors de Rome : l'« avent » gallican était une sorte de période de pénitence qui commençait à la Saint-Martin d'hiver (11 novembre)[7] et un avent de six semaines est bien attesté

1. GRABAR, « Recherches sur les sources juives de l'art paléochrétien », *CA* 11 (1960), p. 63 ; BESKOW, *Rex gloriae*, p. 87-89 ; P. BUIS et J. LECLERCQ, *Le Deutéronome*, Paris, 1963, p. 201.

2. ARNOBE, *In Ps. 79* (éd. K. DAUR, CCSL 25, p. 120) ; APHRAATE, *Exposés* XIX, 5 (SC 359, p. 771-775).

3. MARROU, *MOYCIKOC. ANHR*, p. 60.

4. MAERTENS, « L'avent. Genèse historique de ses thèmes », p. 105-110.

5. A. CHAVASSE, *Le Sacramentaire*, p. 413 s.

6. Comparer A. CHAVASSE en 1953 (« L'avent romain, du VIᵉ au VIIIᵉ siècle », p. 297-298) et en 1981 (« L'épistolier romain du codex de Wurtzbourg », p. 286).

7. SOTTOCORNOLA, *L'anno liturgico*, p. 253 s. ; TALLEY, *The Origins*, p. 151-152. Voir GRÉGOIRE DE TOURS, *Vitae Patrum* XV, 2 et concile de Mâcon I (581-583), can. 9 : « *Ut a feria sancti Martini usque Natale Domini secunda, quarta et sexta sabbati ieiunetur et sacrificia quadragensimali debeant ordine caelebrari. In quibus diebus canones*

à Milan comme à Ravenne [1]. Le témoignage des mélodies romaines et grégoriennes permet-il d'y voir plus clair ?

La proportion anormalement grande de graduels du deuxième mode en *la*, bâtis sur une corde mère de *RÉ*, qu'on trouve dans les messes de l'avent romain, indique une forte influence du chant gallican sur l'avent romain et, par voie de conséquence, d'importants emprunts musicaux par Rome [2]. L'analyse des mélodies permet donc de dire que l'avent est une coutume non romaine, adoptée par la Ville aux environs du milieu du VIᵉ siècle.

C'est encore plus tard que se produisit l'adventisation des Quatre-Temps du dixième mois, provoquée par leur intégration au temporal, c'est-à-dire à la troisième semaine de l'avent, le quatrième dimanche devenant *vacat*. Cela entraîna une catastrophe pour les Quatre-Temps, qui s'adventisèrent entièrement et perdirent leur caractère de *Tempora* ; c'est à la faveur de ce bouleversement que le trait *Laudate Dominum* fut supplanté par *Qui regis*. Ce changement de trait semble s'être produit en Gaule, après l'arrivée de la liturgie romaine, c'est-à-dire à la fin du VIIIᵉ siècle au plus tôt. Cette pièce nouvelle arriva à Rome au IXᵉ siècle avec le chant grégorien. Ce trait est donc une composition de basse époque, non romaine.

Conclusion.

L'étude des mélodies nous a permis de redonner aux traits leur véritable importance, qui est considérable. Les traits en

---

legendos esse speciali definitione sancimus, ut nullus se fateatur per ignorantiam deliquisse. » Ce jeûne, qui va du 11 novembre à Noël, est également attesté par l'*ordo* liturgique de Perpetuus de Tours (GRÉGOIRE DE TOURS, *HF* X, 31, 6 : « *De depositione domni Martini usque Natale Domini : terna in septimana ieiunia* ») ; de même, mais uniquement pour les moines, Tours II (567), can. 18. Voir aussi la pratique gallicane des *vigiliae* (qui pouvaient donner lieu à des abus : voir concile d'Auxerre [561-605], can. 5), des *rogationes* pénitentielles et des *litaniae*, qui étaient des *tridua* pénitentiels copiés sur les Rogations : Lyon II (567-570), can. 6 et l'*Institutio de rogationibus et vigiliis* d'AUNACHARIUS D'AUXERRE (v. 585-592) dans les *Gesta Pontificum Autissiodorensium* (éd. L. M. DURU, *Bibliothèque historique de l'Yonne*, t. I, 1850, p. 328-330).

1. BORELLA, *Il rito*, p. 34 ; TALLEY, *The Origins*, p. 152. À Ravenne : BENZ (*Der Rotulus von Ravenna*, p. 340), qui note que cet avent n'est pas un « carême d'hiver » (il n'est pas pénitentiel) et ignore la thématique de la Parousie, contrairement à l'« avent » gallican : c'est une simple préparation à Noël.

2. Dom J. CLAIRE, « La musique de l'office de l'avent », p. 650-651.

DO sont en effet les vestiges musicaux encore bien visibles de la préparation romaine au baptême pascal, c'est-à-dire à la fois le sommet et le noyau primitif de l'année liturgique de l'*Urbs*, telle qu'elle existait au IVe siècle et sans doute avant. Seules les sources musicales permettent une telle enquête, passionnante, au cœur de l'Antiquité chrétienne de Rome. Cette préparation de trois semaines, axée exclusivement sur le baptême et fondée sur les grands évangiles johanniques et sur le chant *per ordinem* des psaumes graduels, s'est transformée peu à peu en un temps de pénitence et d'ascèse, le moderne carême de six semaines, au fur et à mesure que le baptême des adultes était rendu inutile par les progrès du pédobaptisme.

LES TRAITS DU DEUXIÈME MODE, OU TRAITS EN « RÉ » : LES INFLUENCES EXTÉRIEURES

Il faut faire justice de l'idée, forgée par Dom Hesbert, selon laquelle ces pièces ne seraient pas véritablement des traits, mais seulement des « graduels à plusieurs versets [1] ». Elle cherchait à rendre compte de la différence entre les traits du huitième mode et ceux du deuxième ; les traits en *RÉ*, expliquait-il en se fondant sur l'appellation (inexacte) de « répons graduels » que leur donnent les plus anciens anti- phonaires grégoriens [2], ne sont pas de véritables traits, mais seulement des « graduels à plusieurs versets ». En réalité, ces pièces n'appartiennent pas à la psalmodie responsoriale ; malgré leur caractère profondément étranger à l'*ethos* romain, il s'agit bien d'authentiques traits. Elles sont beau- coup moins nombreuses et beaucoup plus longues que les traits en *DO* et appartiennent toutes au carême, principale-

---

1. *AMS*, p. LI-LII ; voir HUCKE, « Tractusstudien », p. 116 et O. CULLIN, « Pour une réévaluation », p. 41.
2. On la trouve également dans le règlement d'Angilramne de Metz (768-791), successeur de saint Chrodegang, qui prévoit des gratifications aux lecteurs et aux chantres qui auront lu ou chanté les Passions et les grands traits en *RÉ* de la semaine sainte : « *Et ille qui in feria IIII hebdomada maiore responsum gradale cantat, id est "Domine exaudi", denarios IIII accipiat* » (éd. M. ANDRIEU, *RSR* 10 [1930], p. 352).

ment à la semaine sainte, pour des raisons historiques très précises : nous sommes là très loin des psaumes sans refrain romains en *DO*, liés à l'armature du « carême » de trois semaines : c'est un tout autre univers.

Les traits en « RÉ » de la semaine sainte : le fonds authentique.

Contrairement au caractère non historique de la préparation à Pâques de trois semaines, qui reposait sur la *cantillatio continua* des psaumes graduels, en vue du baptême des catéchumènes, la semaine sainte est profondément marquée par une tendance à suivre pas à pas le Christ dans les derniers jours qui ont précédé sa Passion. Cette situation est en général considérée comme non primitive et comme une imitation de ce qui se passait à Jérusalem [1], d'après le témoignage de l'*Itinerarium* de la pèlerine (galicienne ?) Égérie. En réalité, la situation est plus complexe ; il faut préciser et nuancer selon les cas.

La semaine sainte s'ouvre à Rome par le dimanche des Rameaux, sixième et dernier dimanche du carême, qui commémore l'entrée triomphale et messianique du Seigneur à Jérusalem. Il emploie le très important psaume 21 — qu'on attendrait plutôt au vendredi saint, puisque le Christ le récita avant de mourir —, mais n'utilise pas le psaume 23, qui aurait beaucoup mieux convenu pour l'entrée dans la ville sainte [2] : l'historicisation n'est donc pas totale. Le titre de « dimanche des Rameaux » n'est sûrement pas primitif ; la procession des Rameaux en est le seul véritable élément historicisant, mais elle est vraisemblablement d'origine gallicane et non romaine [3], avec des chants en *RÉ*, comme le chant de procession *Collegerunt*. Elle est sans doute arrivée à Rome dans le courant de la seconde moitié du VIIᵉ siècle. C'est l'ajout de la cérémonie de la bénédiction des Rameaux

---

1. H. J. GRÄF, *Palmenweihe und Palmenprozession*, p. 7 ; FERREIRA LAGES, « Étapes », p. 88 ; en dernier lieu, J. BALDOVIN, *The Urban Character* et P. JEFFERY, « Jerusalem and Rome ».

2. E. DINKLER, *Der Einzug in Jerusalem*, p. 53, 56, 66 ; A. ROSE, « Attollite portas », p. 471.

3. KLAUSER, « Eine Stationsliste der Metzer Kirche », p. 181 ; COEBERGH, « Le pape Zacharie », p. 328-332.

qui a entraîné l'historicisation de cette messe dans un sens particulier, celui de l'entrée du Christ à Jérusalem. En effet, les chants anciens de ce dimanche, notamment le trait *Deus Deus meus*[1], montrent bien que cette fête était à l'origine le dimanche *de Passione*, rien de plus : il n'y était question que de la Passion du Christ qui s'approchait. L'historicisation est donc beaucoup plus lâche qu'on pourrait le croire au premier abord, sur la foi du titre fallacieux et postérieur de « dimanche des Rameaux ».

Le lundi et le mardi saints sont des féries relativement récentes et sans contenu historique propre. Leurs stations ne sont pas basilicales, contrairement à toutes les autres féries de cette semaine. Leur thématique est centrée sur la Passion, sans plus de précision historique. Le mercredi est en revanche une férie plus ancienne, mais ce n'est que plus tard qu'on lui assigna le souvenir de la trahison de Judas[2]. Les chants, comme les jours qui précèdent, évoquent la Passion de façon générale. Le jeudi commémore l'institution de l'Eucharistie et le *Mandatum* ; il semble donc plus historicisé, mais il est difficile d'en juger, car les chants et les lectures ne sont pas primitifs, cette messe ne comprenant pas d'avant-messe à l'origine : son introït, qui n'est même pas psalmique, est emprunté au mardi ; son offertoire est emprunté à la messe du troisième dimanche après l'Épiphanie ainsi qu'au troisième mardi du carême ; son graduel n'est pas psalmique ; sa communion est empruntée à la cérémonie relativement récente du *Mandatum*[3]. Au total, cette historicisation n'est donc pas primitive. Le vendredi commémore la Passion et la mort du Christ ; la « messe » des Présanctifiés n'est pas primitive[4]. Le formulaire n'est pas si historicisé que cela : le Christ, avant de mourir, cite le psaume 21 ; or, le

---

1. L'introït *Domine ne longe* est lui aussi tiré du psaume 21 ; le graduel *Tenuisti* pose un problème, dans la mesure où le manuscrit B de l'*AMS*, qui est le plus fidèle aux sources romaines, le place au premier dimanche du carême, non à celui des Rameaux ; il ne s'agit sans doute pas d'une pièce primitive : voir HESBERT, *AMS*, p. L-LI ; l'offertoire *Improperium* est moins ancien, mais il est tiré du psaume 68, qui s'accorde bien au psaume 21 pour traduire les souffrances du Christ. La communion *Pater si non potest* est tirée du début de l'évangile du jour et est extraite de l'agonie au jardin des Oliviers.

2. JAUBERT, *La Date de la Cène*, p. 99.

3. HESBERT, *AMS*, p. LIX ; CHAVASSE, *Le Sacramentaire*, p. 127, « À Rome, le jeudi saint », p. 29-33 et « Aménagements liturgiques, à Rome », p. 76-77 ; BROU, « Le IVᵉ livre d'Esdras », p. 103, n. 1.

4. A. CHAVASSE, *Le Sacramentaire*, p. 93, 102.

psaume du jour était le psaume 90, avant son départ pour le premier dimanche du carême de six semaines ; quant au cantique d'Habacuc, il n'est pas exclusivement lié à la Passion, loin s'en faut : on pourrait aussi bien l'appliquer à la Parousie glorieuse du Christ, non à ses souffrances et à sa kénose ; du reste, certains rits l'assignent à la Vigile pascale. Nombre d'ajouts historicisants eurent lieu fort tard, au VIIᵉ siècle, notamment l'Adoration de la Croix. Le samedi n'a pas de messe et est par conséquent *vacat*. Les chants de la vigile pascale, enfin, dans la nuit du samedi au dimanche, n'évoquent pas la Résurrection (il fallut pour cela attendre la création de la messe *Resurrexi* du dimanche matin, qui est beaucoup plus récente) mais servent uniquement de cadre au baptême.

Au total, l'historicisation de la semaine sainte est à Rome le résultat d'une évolution postérieure à la mise en place des formulaires anciens. L'idée d'une semaine sainte est cependant un commencement d'historicisme assez précoce, puisqu'on a songé à individualiser cette semaine en lui donnant des traits en *RÉ*, modalité étrangère, pour ne pas dire étrange, avec leur descente au *la* grave, pour lui donner un *ethos* particulier. Voilà la seule véritable historicisation ancienne de cette semaine : l'arrivée d'un groupe de chants insolites, autour du seul thème de la Passion rédemptrice du Christ. Les chants de la semaine sainte montrent que l'idée d'un passage, au début du IVᵉ siècle, d'une lecture eschatologique du Nouveau Testament à une lecture plus historicisante, a bien eu lieu dans la réalité [1].

« *Domine exaudi* ».

Ce trait est à la messe du mercredi saint, qui a conservé trois lectures et qui, par conséquent, possède deux chants entre les lectures, le second étant le graduel *Ne avertas*, composé en deuxième mode en *la*, c'est-à-dire lui aussi en *RÉ*.

---

1. Voir R. TAFT, « Historicism Revisited », p. 15 s.

VL 5319, f. 78v ; *AMS* n° 76	Psautier romain, Ps 101	Vulgate	
V. 1 *Domine exaudi* *orationem meam* *et clamor meus* *ad te perveniat* [1]	*Id.*	*Domine exaudi* *orationem meam* *et clamor meus* *ad te veniat*	2
V. 2 *Ne* [2] *avertas* *faciem tuam a me* *in quacumque die tribulor* *inclina ad me* *aurem tuam*	*Ne avertas* *faciem tuam a me* *in quacumque die* *tribulor* *inclina ad me* *aurem tuam* *in quacumque die* *invocavero te* *velociter exaudi me*	*Non avertas* *faciem tuam a me* *in quacumque die tribulor* *inclina ad me* *aurem tuam* *in quacumque die* *invocavero te* *velociter exaudi me*	3
V. 3 *In quacumque die* *invocavero te* *velociter exaudi me* *Domine* [3]	Ut supra	Ut supra	3
V. 4 *Quia defecerunt* *sicut fumus* *dies mei* *et ossa mea sicut in* *frixorio confrixa sunt*	*Quia defecerunt* *sicut fumus* *dies mei* *et ossa mea sicut in* *frixorio confrixa sunt*	*Quia defecerunt* *sicut fumus* *dies mei* *et ossa mea sicut gremium* *aruerunt*	4
V. 5 *Percussus sum* *sicut fenum* *et aruit cor meum* *quia oblitus sum* *manducare panem meum*	*Percussus sum* *sicut faenum* *et aruit cor meum* *quia oblitus sum* *manducare panem* *meum*	*Percussum est* *ut faenum* *et aruit cor meum* *quia oblitus sum* *comedere panem meum*	5

---

1. *Perveniat* VL 5319, F 22, C 74 ; *veniat* M, R, C, K, SG 359, E 121, L 239 ;
lacune M-R.

2. *Ne* VL 5319, F 22, C 74, B, SG 359, E 121 ; *non* M, R, C, K, S, L 239.

3. *Domine* VL 5319, F 22, C 74 ; *Domine* om. M, C, SG 339, E 121, L 239 ;
lacune M-R.

V. 6

Tu exurgens Domine	*Tu exsurgens*	*Tu exsurgens* 14
misereberis Syon	*misereberis Sion*	*misereberis Sion*
quia venit tempus [1]	*quia venit tempus*	*quia tempus*
quia tempus venit	*miserendi eius*	*miserendi eius*
miserendi eius		*quia venit tempus*

Les versets 6 à 13 et 15 à 29 ont été supprimés par les centonisateurs de la *Schola cantorum*. La forme littéraire de cette pièce est *in directum*, bien que la présence du verset 14 soit un élément perturbateur. Ce verset semble avoir été conservé ou ajouté parce qu'on voyait dans le verbe *exsurgere* une prophétie de la Résurrection prochaine [2]. La tonalité générale de cette pièce reste cependant axée sur les douleurs de la Passion. Les variantes textuelles entre Rome et le chant grégorien sont au nombre de quatre : *perveniat / veniat* (v. 1), *ne avertas / non avertas*, l'omission de *Domine* au verset 3 et l'omission de *quia tempus venit* au verset 6.

Dès l'épître aux Hébreux (1, 10-12), les chrétiens ont vu dans les versets 26 à 28 de ce psaume la preuve de la supériorité du Fils par rapport aux anges et, par conséquent, celle de la préexistence du Christ à la Création, de son engendrement avant les siècles, donc de sa divinité. Ce psaume fut donc de fort bonne heure associé au psaume 109 parmi les *Testimonia* de la divinité du Fils [3]. Ce trait ne correspond pas à cette typologie ancienne. Ceux qui ont raccourci ce psaume sans refrain ne se préoccupaient pas de son sens ancien, puisqu'ils ont supprimé les versets 26 à 28, ne conservant que ceux qui pouvaient être considérés comme une prière du Christ souffrant : ils ont ainsi fait entrer ce psaume dans la tonalité de la Passion.

---

1. *Quia venit tempus quia tempus venit* VL 5319, F 22, C 74 ; *quia tempus venit* om. M, C, SG 359, E 121, L 239.

2. Voir saint Paul, 2 Co 6, 2 (« *ecce nunc tempus acceptabile ecce nunc dies salutis* »).

3. BESKOW, *Rex gloriae*, p. 54 ; M. SIMONETTI, « I Salmi », p. 11 ; GRILLMEIER, *Gesù il Cristo*, p. 78.

« Deus Deus meus ».

Cette pièce, d'une importance capitale à tout point de vue, est le trait du dimanche des Rameaux. Comme le graduel du jour, *Tenuisti manum*, tiré du psaume 72, pose un problème d'emplacement liturgique, il est possible qu'on ait à l'origine coupé en deux ce fort long psaume sans refrain, chantant le début entre la leçon prophétique et l'épître, puis la fin entre cette dernière et l'Évangile, avant la création du graduel.

VL 5319, f. 74 ; *AMS* n° 73 b	Psautier romain, Ps 21	Vulgate	
V. 1 *Deus Deus meus* *respice in me* *quare me dereliquisti*	*Deus Deus meus* *respice in me* *quare me dereliquisti* *longe a salute mea* *verba delictorum* *meorum*	*Deus Deus meus* *respice me* *quare me dereliquisti* *longe a salute mea* *verba delictorum meorum*	2
V. 2 *Longe a salute mea* *verba delictorum meorum*	Ut supra	Ut supra	2
V. 3 *Deus meus clamabo* *per diem* *nec exaudies et nocte* *et non ad insipientiam* *mihi*	*Deus meus clamabo* *per diem* *nec exaudies et nocte* *et non ad insipientiam* *mihi*	*Deus meus clamabo* *per diem* *et non exaudies et nocte* *et non ad insipientiam* *mihi*	3
V. 4 *Tu autem* *in sancto habitas* *laus Israhel*	*Id.*	*Id.*	4
In te speraverunt *patres nostri* *speraverunt* *et liberasti eos* [1]	*Id.*	*Id.*	5

---

1. Contrairement à C, qui suit VL 5319, M et SG 359 coupent ce quatrième verset en deux parties, selon le découpage du psautier : *« Tu autem... »* et *« In te speraverunt... »*.

V. 5

Ad te clamaverunt et salvi facti sunt in te speraverunt et non sunt confusi	Id.	Id.	6

V. 6

Ego autem sum vermis et non homo obprobrium hominum et abiectio plebis	Id.	Id.	7

V. 7

Omnes qui videbant me aspernabantur me locuti sunt labiis et moverunt caput	Id.	Omnes videntes me deriserunt me locuti sunt labiis moverunt caput	8

V. 8

Speravit in Domino eripiat eum salvum faciat eum quoniam vult eum	Id.	Id.	9

V. 9

Ipsi vero consideraverunt et conspexerunt me	Dinumeraverunt omnia ossa mea ipsi vero considerave- runt et conspexerunt me	Dinumeraverunt omnia ossa mea ipsi vero consideraverunt et inspexerunt me	18
Diviserunt sibi vestimenta mea et super vestem meam miserunt sortem	Id.	Id.	19

V. 10

Libera me de ore leonis et a cornibus unicornuo- rum [1] humilitatem meam	Id.	Salva me ex ore leonis et a cornibus unicornium humilitatem meam	22

V. 11

Qui timetis Dominum laudate eum universum semen Iacob magnificate eum	Id.	Id.	24

---

1. *Unicornium* L 239. Variante française, ou erreur ? La lacune de M-R nous empêche de juger.

V. 12

Annuntiabitur Domino generatio ventura et annuntiabunt celi iustitiam eius	Adnuntiabitur Domino generatio ventura et adnuntiabunt caeli iustitiam eius populo qui nascetur quem fecit Dominus	Adnuntiabitur Domino generatio ventura et adnuntiabunt iustitiam eius populo qui nascetur quem fecit Dominus	32

V. 13

Populo qui nascetur quem fecit Dominus	Ut supra	Ut supra	32

Ce trait est l'un des plus beaux exemples de psaume sans refrain, dans la mesure où il a conservé presque tous ses versets et en raison de sa longueur. Il n'existe pas de variante entre chants romain et grégorien, chose remarquable pour un texte aussi long et aussi complexe : les pièces les plus anciennes sont aussi les plus fixes. Les différences dans le découpage en versets sont sans signification car le psaume sans refrain étant, comme son nom l'indique, dépourvu de refrain, on ne raisonnait pas encore en termes de versets : le psaume formait une entité non divisible. C'est seulement quand on créa la psalmodie responsoriale qu'on éprouva la nécessité d'isoler un verset, pour l'utiliser comme refrain. Alors, il fallut mieux fixer les contours de chacun des versets de chaque psaume. Dans tous les cas, le découpage définitif de la Bible en chapitres et en versets ne date que de l'intervention de l'Anglais Étienne Langton, qui enseigna à Paris entre 1180 environ et son élection comme archevêque de Cantorbéry, en 1206[1]. Il est donc normal qu'il ait existé un certain flottement au IVe siècle.

Cette pièce, qui est le plus ancien chant conservé de la messe romaine du dimanche avant Pâques, n'a rien à voir avec l'entrée du Christ à Jérusalem, l'adventus du Roi des rois[2], sur le petit d'une ânesse, comme l'avait prophétisé Zacharie (9, 9), non plus qu'avec les Rameaux. Elle témoigne donc d'une couche exégétique et typologique plus ancienne. Ce psaume fait partie des premiers psaumes qui furent christianisés, puisqu'il fut récité par le Christ en croix

---

1. L. LIGHT, « Versions et révisions du texte biblique », dans : P. RICHÉ et G. LOBRICHON, Le Moyen Âge et la Bible, Paris, 1984, p. 85.

2. ALFÖLDY, « Die Ausgestaltung des monarchischen Zeremoniels », p. 88-95.

(Mt 27, 46) et qu'il fait allusion (v. 19) au partage des vête-
ments du Christ entre les soldats (Mt 27, 35). C'est le texte
qui, par excellence, exprime la prière du Christ-Serviteur
souffrant[1] : c'est notamment vrai pour Justin et Clément de
Rome[2]. À Hippone, la liturgie, plus historicisante qu'à
Rome, le chantait le vendredi saint[3] ; sans doute faudrait-il
chercher les raisons qui ont pu empêcher l'utilisation du
psaume 21 au vendredi saint à Rome ; il est possible que le
psaume 90 ait déjà occupé la place ; il existe du reste une
intertextualité entre ces deux psaumes : le verset 22 de *Deus
Deus meus*, comme le verset 13 de *Qui habitat*, font allusion
à la victoire sur les forces du mal, représentées par un certain
nombre d'animaux, dont le lion. On aurait aussi pu choisir
le psaume 68, qui fait allusion à l'éponge trempée dans du
vinaigre[4]. L'utilisation du psaume 21 au début de la semaine
sainte est donc parfaitement conforme à la typologie chrétienne la plus ancienne. Ce trait est donc l'héritier direct de
l'un des plus anciens psaumes sans refrain.

« Qui habitat ».

Cette pièce était à l'origine le psaume sans refrain de la
messe des Présanctifiés du vendredi saint. Il fut ensuite attiré
à celle du premier dimanche du nouveau carême de six
semaines, dans le courant de la seconde moitié du IVᵉ siècle,
pour une raison assez superficielle : l'évangile de la tentation
du Christ, pendant ses quarante jours de jeûne dans le
désert, met le verset 11 de ce psaume sur les lèvres du
diable : *« quoniam angelis tuis mandavit de te... »* (Mt 4, 6).

1. DANIÉLOU, *Études d'exégèse judéo-chrétienne*, p. 28 s. et « Le psaume 21 dans
la catéchèse patristique », p. 17-34 ; GOPPELT, *Typos*, p. 122-125 ; BLANCHARD,
« Le Psautier dans la liturgie », p. 237.
2. Justin : O. LINTON, « Interpretation of the Psalms », p. 147 ; P. PRIGENT,
L'Épître de Barnabé, p. 192 ; Clément de Rome : JAUBERT, introduction de l'*Épître
aux Corinthiens*, Paris, 1971, p. 70 (SC 167). Voir le Clément latin : éd. Dom
G. MORIN dans *Analecta Maredsolana*, t. II, Maredsous, 1894, p. 17.
3. FRANK, « Die Paschavigil », p. 24, n. 120, p. 25 et n. 122 ; ROETZER, *Des
heiligen Augustinus Schriften*, p. 37 ; WILLIS, *St. Augustine's Lectionary*, p. 24 ; mais
H. RONDET (« Saint Augustin et les psaumes des montées », p. 18) pense qu'il est
possible que saint Augustin ait prêché sur le psaume 21 le mercredi saint 415.
4. GOPPELT, *Typos*, p. 121 ; SALMON, *Les « Tituli Psalmorum »*, p. 12, 14 ; CHRO-
MACE D'AQUILÉE, *Sermo* 19 (SC 164, p. 30) ; SIMONETTI, « I Salmi », p. 7 et
Sant'Agostino, p. XI ; nombreuses références dans L. JACQUET, *Les Psaumes et le
cœur de l'homme*, s. l., t. II, 1975-1979, p. 374, 389.

La mise en place de cette nouvelle péricope entraîna, par souci de rationalisation, le déplacement du psaume 90, qui vint ainsi se fixer là où il n'avait rien à faire. Cela entraîna une seconde conséquence : tous les chants de cette messe furent désormais tirés du psaume 90, à commencer par le graduel, *Angelis suis* (du deuxième mode en *la*, c'est-à-dire en *RÉ*), ce qui équivalait à faire répéter trois ou quatre fois le même texte au cours de la même messe. Un tel procédé indique une organisation systématique qui n'est pas primitive.

VL 5319, f. 42v ; *AMS* n° 40 a	Psautier romain, Ps 90	Vulgate	
V. 1 *Qui habitat in adiutorio Altissimi in protectione Dei celi commorabitur*	*Id.*	*Id.*	1
V. 2 *Dicet Dominus* [1] *: susceptor meus es et refugium meum Deus meus sperabo in eum*	*Dicet Domino : susceptor meus es et refugium meum Deus meus sperabo in eum*	*Dicet Domino : susceptor meus es tu et refugium meum sperabo in eum*	2
V. 3 *Quoniam ipse liberavit me de laqueo venantium et a verbo aspero*	*Id.*	*Quoniam ipse liberabit me de laqueo venantium et a verbo aspero*	3
V. 4 *Scapulis suis obumbravit tibi et sub pennis eius sperabis*	*Scapulis suis obumbrabit tibi et sub pinnis eius sperabis*	*In scapulis suis obumbrabit te et sub pinnis eius sperabis*	4
V. 5 *Scuto circumdabit te veritas eius non timebis a timore nocturno*	*Id.*	*Id.*	5

---

1. *Dominus* VL 5319 ; *Domino* F 22, C 74, M, C, SG 339, E 121, L 239, M-R. *Dominus* n'est sans doute pas une erreur de VL 5319, puisque dans l'offertoire *Scapulis suis*, qui est tiré du même texte, VL 5319 et F 22 ont *Dominus* (C 74 a *Domino*). *Dominus* est en outre connu de l'apparat de Dom WEBER.

V. 6

A sagitta volante	*Id.*	*A sagitta volante*	6
per diem		*in die*	
a negotio perambulante		*a negotio perambulante*	
in tenebris		*in tenebris*	
a ruina		*ab incursu*	
et demonio meridiano		*et daemonio meridiano*	

V. 7

Cadent a latere tuo	*Id.*	*Cadent a latere tuo*	7
mille		*mille*	
et decem milia		*et decem milia*	
a dextris tuis		*a dextris tuis*	
tibi autem		*ad te autem*	
non appropinquavit		*non adpropinquabit*	

V. 8

Quoniam angelis suis	*Quoniam angelis suis*	*Quoniam angelis suis*	11
mandavit de te	*mandavit de te*	*mandabit de te*	
ut custodiant te	*ut custodiant te*	*ut custodiant te*	
in omnibus viis tuis	*in omnibus viis tuis*	*in omnibus viis tuis*	

V. 9

In manibus portabunt te	*Id.*	*In manibus*	12
ne umquam offendas		*portabunt te*	
ad lapidem		*ne forte offendas*	
pedem tuum		*ad lapidem*	
		pedem tuum	

V. 10

Super aspidem et basilis-	*Id.*	*Id.*	13
cum ambulabis			
et conculcabis			
leonem et draconem			

V. 11

Quoniam in me sperabit	*Quoniam in me spera-*	*Quoniam in me*	14
liberabo eum	*vit*	*speravit*	
protegam eum	*et liberabo eum*	*et liberabo eum*	
quoniam cognovit	*protegam eum*	*protegam eum*	
nomen meum	*quoniam cognovit*	*quia cognovit*	
	nomen meum	*nomen meum*	

V. 12

Invocavit me	*Invocavit me*	*Clamabit ad me*	15
et ego exaudiam eum	*et ego exaudiam eum*	*et exaudiam eum*	
cum ipso sum	*cum ipso sum*	*cum ipso sum*	
in tribulatione	*in tribulatione*	*in tribulatione*	
	eripiam eum	*eripiam eum*	
	et glorificabo eum	*et clarificabo eum*	

V. 13

Eripiam eum	Ut supra	Ut supra	15
et glorificabo eum			
longitudinem [1] *dierum*	*Longitudine dierum*	*Longitudine dierum*	16
adimplebo eum	*adimplebo eum*	*replebo eum*	
et ostendam illi	*et ostendam illi*	*et ostendam illi*	
salutare meum	*salutare meum*	*salutare meum*	

Les versets 8 à 10 ont disparu ; ce trait est donc resté très proche de l'ancien psaume sans refrain. Il existe une variante textuelle : *Dominus / Domino* (v. 2) et (peut-être) *longitudinem / longitudine* (v. 16). Nous savons que l'emploi de ce psaume au premier dimanche du carême de six semaines n'est pas primitif, pas plus que ce carême lui-même, d'ailleurs. Quel lien peut donc exister entre le vendredi saint et le psaume 90, lien certainement profond et, en tout cas, antérieur à la faible mise en rapport avec les arguties du diable, qui n'est guère qu'anecdotique ?

Les exégètes des cinq premiers siècles ne connaissent que deux interprétations de ce psaume. La première est celle qui a été faite par ceux qui ont créé le carême de six semaines à Rome : la tentation du Christ, nouveau Moïse accomplissant victorieusement un nouvel Exode, avant qu'il n'inaugure son ministère public. Quand ils n'interprètent pas ce psaume comme une prophétie de la tentation du Christ, les exégètes ne retiennent guère que le thème du verset 13, la victoire sur le serpent, le basilic, le lion et le dragon, c'est-à-dire sur les forces du mal, sur le péché. Or, ce thème est un lieu commun du psautier : on le retrouve par exemple dans le psaume 73, 13-14, qu'on retrouve en Is 27, 1 et 51, 9. Il a donné naissance à une iconographie triomphale du Christ, représenté piétinant ces animaux maléfiques [2], qui n'est pas antérieure à la fin du IVe ou au début du Ve siècle, car elle emprunte certains de ses thèmes à l'iconographie impériale, et notamment à la *maiestas Domini* [3].

La seconde interprétation recèle peut-être le sens ancien

---

1. *Longitudinem* VL 5319, F 22, C 74, M, C ; *longitudinem* corrigé en *longitudine* M-R. Le chant grégorien est unanime à donner *longitudine* ; *longitudinem*, qui est une faute, est dans l'apparat de Dom WEBER.
2. B. FISCHER, « Christliches Psalmenverständnis im 2. Jahrhundert », p. 92.
3. FISCHER, « Conculcabis leonem », p. 79 s. ; GERKE, *Christus*, p. 16, 71 ; VAN DER MEER, *Maiestas Domini*, p. 220 s.

de ce psaume dans la liturgie antérieure au carême moderne : la victoire du Christ sur la mort, le triomphe pascal du Ressuscité[1] (*et glorificabo eum*, v. 16) ; cela pourrait expliquer son emploi à la messe des Présanctifiés du vendredi saint, dans le but de rappeler aux fidèles que l'histoire du salut ne s'arrête pas au soir du vendredi et que le Christ n'est mort et n'a été enseveli que pour ressusciter le troisième jour, après avoir terrassé la mort, comme l'écrit saint Paul, 1 Co 15, 54. Cette antique pièce, qui est étrangère à toute historicisation de la semaine sainte, semble avoir été choisie à l'époque du « carême » de trois semaines pour devenir (à l'origine) l'unique chant du vendredi saint, parce qu'on y voyait une prophétie de la Résurrection du Christ et de sa victoire sur la mort, qui pouvait entraîner comme thème secondaire une allusion à la victoire des catéchumènes sur l'esclavage du péché, incarné par le lion et le dragon, et à leur seconde naissance, grâce au sacrement du baptême qu'ils s'apprêtaient à recevoir le lendemain soir. Il existe cependant une marge d'incertitude : cette pièce, composée en *RÉ*, n'est pas romaine d'origine. Elle est cependant arrivée très tôt à Rome, avant la mise en place du carême de six semaines qui est attesté dès 384. Il est également possible que la liturgie d'origine de cette pièce (la Gaule ? Milan ?) l'ait utilisée ailleurs qu'au vendredi saint et que ce bloc erratique n'y ait trouvé place qu'à la faveur de l'interprétation typologique des psaumes propre à Rome. Il est difficile de pousser plus avant.

---

1. QUACQUARELLI, *Il leone*, p. 56 ; B. FISCHER, « Conculcabis leonem et draconem », p. 78, n. 27.

« De necessitatibus » : un faux trait du deuxième mode fabriqué à Rome.

VL 5319, f. 46 ; AMS n° 43 a	Psautier romain, Ps 24	Vulgate	
V. 1			
De necessitatibus meis eripe me Domine	*Tribulationes cordis mei dilatatae sunt de necessitatibus meis eripe me*	*Tribulationes cordis mei multiplicatae sunt de necessitatibus meis erue me*	17
Vide humilitatem meam et laborem meum et dimitte omnia peccata mea	*Id.*	*Vide humilitatem meam et laborem meum et dimitte universa delicta mea*	18
V. 2			
Ad te Domine levavi animam meam	*Id.*	*Id.*	1
Deus meus in te confido non erubescam	*Id.*	*Id.*	2
neque irrideant me inimici mei	*Neque inrideant me inimici mei etenim universi qui te expectant Domine non confundentur*	*Neque inrideant me inimici mei etenim universi qui sustinent te non confundentur*	3
V. 3			
Etenim universi qui te expectant non confundentur	*Ut supra*	*Ut supra*	3
confundantur iniqui [1] *facientes vana*	*Confundantur iniqui facientes vana vias tuas Domine notas fac mihi et semitas tuas edoce me*	*Confundantur omnes iniqua agentes supervacuae vias tuas Domine demonstra mihi et semitas tuas doce me*	4

Il existe une variante textuelle entre les chants romain et grégorien : *iniqui* / *omnes* (v. 4). Cette pièce est le trait du

---

1. *Iniqui* VL 5319, F 22, C 74 ; *omnes* C, SG 359, E 121, L 239, M-R.

mercredi des Quatre-Temps du carême. Il est insolite de trouver un trait à un mercredi des Quatre-Temps, qui ont d'ordinaire deux graduels, et une pièce en *RÉ* à un emplacement liturgique spécifiquement romain : le mercredi à trois leçons. Elle possède en outre la forme littéraire d'un graduel : son premier verset est un verset choisi, les versets 17-18, exactement comme le refrain de la psalmodie responsoriale. Elle revient au début du psaume et à l'ordre numérique des versets à partir du deuxième verset du chant ; nombre de graduels ne procèdent pas autrement. Cette pièce a donc été créée à l'époque où l'on ne fabriquait plus que des pièces responsoriales : pas avant la fin du IVᵉ siècle. Par surcroît, elle est centonisée comme un offertoire : son « refrain » emploie les versets 17 et 18 ; le deuxième verset du « trait » est formé d'un centon des versets 1, 2 et 3 du psaume ; le troisième verset est un collage des versets 3 et 4. Le texte de cette pièce a sans doute été préparé par un maître habitué à composer des offertoires.

Nous en avons une autre preuve dans un mélisme commun à ce trait (au mot *universi*) et à l'*Alleluia* de Pâques, *Pascha nostrum* (sur *immolatus*), qui est lui aussi en *RÉ* et qui date vraisemblablement du VIᵉ siècle, uniquement dans la version grégorienne. Dans le chant romain, seul l'*Alleluia* possède cette vocalise. Il est tout d'abord tentant de faire dériver la pièce appartenant à un genre liturgique postérieur, l'*Alleluia*, de celle qui appartient à un genre ancien, le trait. La forme littéraire responsoriale de *De necessitatibus*, alliée à sa forme mélodique (qui simplifie le timbre ex-gallican des *cantica* en *RÉ*), indique cependant l'inverse. La filière de transmission, complexe (puisque le *De necessitatibus* romain ignore la vocalise), pourrait avoir connu quatre étapes : 1) composition de l'*Alleluia Pascha nostrum* romain, avec le mélisme caractéristique sur *immolatus* (début du VIᵉ s. ?) ; 2) copie de l'*Alleluia* par le grégorien, qui lui emprunte le mélisme (vers 750) ; 3) composition du trait *De necessitatibus* par le grégorien, vers la même date, en reprenant le mélisme de l'*Alleluia* sur *universi* ; 4) copie romaine de ce trait, en le simplifiant et donc en supprimant le mélisme de *universi*. Cela expliquerait que *Pascha nostrum* romain possède ce mélisme, non *De necessitatibus* romain.

La typologie du psaume 24 voyait dans ce texte une prière

du Christ humilié [1] ; ce n'est que plus tard qu'on l'utilisa pour l'avent : le graduel *Universi*, tiré du psaume 24, est en effet le graduel du premier dimanche de l'avent. Du reste, ce dimanche est un peu le symétrique du premier dimanche du carême : tandis que ce dernier utilise exclusivement le psaume 90, le premier dimanche de l'avent n'emploie presque que le psaume 24, à l'exception de l'*Alleluia*, *Excita* (Ps 79) et de la communion *Dominus dabit benignitatem* (Ps 84). On semble avoir voulu, vers le milieu du VIᵉ siècle, établir un parallèle entre le « carême d'hiver », qui prépare l'Incarnation, et le véritable carême, qui prépare la Résurrection, c'est-à-dire renforcer la symétrie entre Noël et Pâques. L'emploi de ce texte au mercredi des Quatre-Temps du carême témoigne donc encore de l'utilisation de la première exégèse ; on pourrait donc émettre l'hypothèse d'une composition postérieure à la fin du Vᵉ siècle, comme nous l'avons dit, mais antérieure à 550 environ, date de l'arrivée de l'avent à Rome. En tout cas, c'est l'avent qui a imposé le psaume 24 aux Quatre-Temps du dixième mois, puisque ce psaume n'a aucun rapport avec la thématique de la vigile dominicale.

L'analyse de sa mélodie [2] corrobore tout ce qui précède : cette pièce a été créée à Rome en copiant le timbre des traits en *RÉ* et en réutilisant le texte de l'introït du vendredi suivant. Quand, dans le courant de la seconde moitié du VIIIᵉ siècle, cette fausse pièce en *RÉ* arriva en Gaule, les chantres francs, reconnaissant leur mélodie simplifiée et régularisée par les compositeurs romains, la corrigèrent et lui redonnèrent la mélodie gallicane du timbre de *RÉ*, avec la vocalise de *universi* : c'est elle qui est passée dans le chant grégorien.

---

1. Leclercq, « Les psaumes 20-25 », p. 223.
2. O. Cullin, « La psalmodie directe romaine et grégorienne », p. 282.

Un vestige du trait romain de l'Épiphanie ? Le graduel « Benedictus Dominus ».

VL 5319, f. 22v ; *AMS* n° 19 a	Psautier romain, Ps 71	Vulgate
R. *Benedictus Dominus* *Deus Israhel* *qui facis*[1] *mirabilia* *magna solus* *in secula*[2]	*Benedictus Dominus* *Deus Israhel* *qui facit mirabilia* *magna solus*	*Benedictus Dominus* 18 *Deus Deus Israhel* *qui facit mirabilia solus*
V. *Suscipiant montes pacem* *populo tuo* *et colles iustitiam*	*Suscipiant montes pacem* *populo tuo* *et colles iustitiam*	*Suscipiant montes* 3 *pacem populo* *et colles iustitiam*

Il existe une variante textuelle entre chants romain et grégorien, *in secula / a seculo* ; *facis* est une incorrection. Le psaume 71, qui est un psaume du Règne du Christ, est le grand psaume de l'Épiphanie, bien plus que le psaume 65, qui n'est employé que par des pièces postérieures, comme l'introït du premier dimanche après l'Épiphanie *(Omnis terra)* et l'offertoire de la même messe, *Iubilate Deo universa.* Le psaume 71, en revanche, équipe certes un offertoire, *Reges Tharsis*, du jour de l'Épiphanie, mais également notre graduel, au premier dimanche après l'Épiphanie. Or, les graduels sont par nature plus anciens que les offertoires (sauf certaines pièces particulièrement tardives), puisqu'ils appartiennent aux chants entre les lectures. Tous les autres chants de ces deux messes sont non psalmiques (à l'exception de l'*Alleluia Te decet hymnus* (Ps 65) qui, du reste, appartient moins à la fête qu'à la liste alléluiatique des dimanches ordinaires : il n'a donc sans doute aucun rapport avec l'Épiphanie) et ne font donc pas partie du répertoire primitif.

Nous hasardons l'hypothèse que ce graduel serait, à cause de la mélodie de son incipit, qui est exactement semblable à celle des traits romains en *DO*, un vestige, certes bien défi-

---

1. *Facis* VL 5319, C 74, M, K, SG 339, E 121 ; *facit* R, B, C, M-R ; lacune L 239.

2. *In secula* VL 5319, F 22, C 74 ; *a seculo* B, C, K, SG 339, E 121, M-R ; *a secula* R ; lacune L 239.

guré par le temps, de l'ancien psaume sans refrain de la fête de l'Épiphanie. Cette fête n'est pas d'origine romaine, mais orientale ; elle est moins ancienne à Rome que Noël, qui est attesté dès 336 par la *Depositio martyrum*[1]. La première attestation de sa célébration à Rome se trouve dans les sermons de saint Léon, qui n'en parle jamais comme d'une nouveauté[2], mais il est possible qu'elle y ait été célébrée dès 419[3], c'est-à-dire juste avant le règne du pape Célestin (422-432), à qui on a attribué l'introduction de la psalmodie responsoriale à Rome[4], d'une façon qui nous semble vraisemblable. Cela pourrait expliquer qu'on ait eu juste le temps de créer un psaume sans refrain pour la fête nouvelle, au tournant du IVe siècle ; cette pièce aura été très peu de temps après (sans doute autour de 430) considérée comme périmée et transformée en psaume responsorial, avant de l'être plus tard encore en graduel. Cela pourrait expliquer que *Benedictus Dominus* ait conservé intact l'incipit des psaumes sans refrain romains en *DO*. Du reste, cela ne peut guère s'expliquer autrement : comment un graduel aussi anodin, qui utilise un verset choisi à la fois comme verset et comme refrain, aurait-il pu, en plein VIe siècle, copier l'incipit des traits en *do*, qui étaient obsolètes depuis longtemps ? Ce graduel conserve donc la marque de l'ancien psaume sans refrain de la messe de l'Épiphanie, avant l'adoption par Rome, dans la première moitié du Ve siècle,

1. En Orient, le parallélisme entre Pâques et l'Épiphanie est clair car l'Épiphanie est une grande fête baptismale : RENOUX, « La lecture biblique », p. 407 et 419 ; COEBERGH, « Les lectures de l'apôtre », p. 144 ; Th. TALLEY, *The Origins*, p. 126. En Occident, en revanche, la discipline interdisait le baptême à Noël au profit du seul *tempus legitime*, Pâques et la Pentecôte : TALLEY, *The Origins*, p. 36, 127, J. GAUDEMET, *L'Église dans l'empire romain*, Paris, rééd. de 1989, p. 61 et SAXER, *Les Rites*, p. 567-595 (avec toutes les sources). Cette discipline fut rappelée par les conciles de Mâcon II (585), can. 3 et Auxerre (561-605), can. 18. On baptisait cependant les Païens à Noël à cause des chants de la troisième messe de Noël, l'*Alleluia Dies sanctificatus* (*venite* gentes *et adorate Dominum*) et le graduel *Viderunt omnes* (*ante conspectum* gentium *revelavit iustitiam suam*) : le baptême de Clovis et des Francs, attesté à Noël par AVIT DE VIENNE (MGH, *Auct. Antiquissimi* VI, 2, p. 75) et celui des Anglo-Saxons par AUGUSTIN DE CANTORBÉRY (GRÉGOIRE LE GRAND, *Reg.* VIII, 29, éd. Norberg, t. II, p. 550-553) en témoignent.

2. BOTTE, *Les origines de la Noël*, p. 34-38, 54 ; voir FRANK, « Zur Geschichte von Weihnachten und Epiphanie. II. Indirekte Zeugnisse », p. 19 ; COEBERGH, « Les péricopes d'évangile de la fête de Noël à Rome », p. 128.

3. COEBERGH, « L'Épiphanie à Rome », p. 304-307 et Ch. PIETRI, *Roma christiana*, t. I, p. 591-592.

4. P. JEFFERY, « The Introduction of Psalmody ».

de la psalmodie responsoriale. Utiliser le psaume 71 comme chant de l'Épiphanie relève par surcroît de la typologie la plus antique, ce qui constitue un indice de grande ancienneté. Si *Benedictus Dominus* avait été créé de toutes pièces à la fin du Vᵉ ou au cours du VIᵉ siècle, on n'aurait sans doute pas eu l'idée d'utiliser le psaume 71, mais bien plutôt un texte non psalmique, comme on l'a fait quand il s'est agi de donner des introïts et des communions à ces messes. Le psaume 71 a en effet été utilisé dès les évangiles pour servir de cadre à la scène de l'adoration des mages (Mt 2, 11), c'est-à-dire à la Révélation du Sauveur aux Nations. On le trouve par la suite employé par Justin, puis par saint Irénée [1]. Il est tantôt appliqué à la royauté messianique du Christ, tantôt à sa naissance virginale, sa première Parousie silencieuse, l'Incarnation, au cours de laquelle le Verbe est descendu dans le sein de la Vierge Marie sans bruit et sans rien altérer, à la manière d'une rosée imprégnant un gazon [2]. Il est aussi à l'origine de l'iconographie de l'Adoration des Mages, dès l'époque des catacombes et des sarcophages paléochrétiens de Rome [3]. L'idée d'employer le psaume 71 pour le psaume sans refrain de l'Épiphanie est par conséquent tout à fait dans l'esprit de la typologie la plus ancienne. Cela nous autorise donc à conclure qu'il n'est pas impossible que le graduel *Benedictus Dominus* soit bien un vestige de l'ancien psaume sans refrain en *DO* de l'Épiphanie.

---

1. G. OTRANTO, *Esegesi biblica e storia in Giustino*, p. 45 ; M.-J. RONDEAU, *Les Commentaires patristiques*, t. II, p. 108 et « Le commentaire des Psaumes de Diodore de Tarse », *RHR* 176 (1969), p. 22.

2. SIMON, *Verus Israel*, p. 192 ; GRILLMEIER, *Gesù il Cristo*, p. 352.

3. WELLEN, *Theotokos*, p. 14-25 ; Ch. PIETRI, « Les premières images de Marie en Occident », p. 594.

CHAPITRE VII

LES CHANTS DU SOLISTE :
LA PSALMODIE À REFRAIN

DÉFINITION ET ORIGINE
DE LA PSALMODIE RESPONSORIALE À ROME

La psalmodie responsoriale antique peut se définir comme une alternance entre un soliste, qui chante les versets du psaume dans l'ordre numérique, et les fidèles, qui répondent au soliste, après chaque verset, un court refrain, tiré d'un fragment de verset du même psaume. Le fragment de verset qu'on choisit pour servir de refrain est un verset choisi en fonction de son sens. C'est une innovation de grande importance : désormais, le psaume ne sera plus envisagé comme une entité en soi, à prendre telle quelle, mais sera au contraire de plus en plus considéré dans les parties qui le composent, les versets, et plus facilement démembré.

Deux confusions sont attachées à la notion de psalmodie à refrain. D'une part, cette forme de psalmodie est abondamment documentée par les Pères des IVe et Ve siècles, et notamment par saint Augustin et saint Ambroise [1], au point qu'on a pu croire qu'il s'agissait de la plus ancienne forme de psalmodie chrétienne [2]. D'autre part, il ne faut pas confondre psalmodie responsoriale et psalmodie antiphonée. Le mot « antiphoné » est lui-même source de confusions ; en toute rigueur, la psalmodie antiphonée est une psalmodie

---

1. Voir HUCKE, « Die Entwicklung », p. 151, n. 14 et E. MONETA CAGLIO, « Lo jubilus ».

2. Ainsi J. DYER (« The Singing of Psalms », p. 535-578 et « Monastic Psalmody », p. 41-74) et J. MCKINNON (« The Fourth-Century Origin », p. 91-106) pensent que la psalmodie responsoriale est première.

alternée à deux chœurs ; telle est la psalmodie monastique
courante en Occident depuis le VIᵉ siècle environ. Cela signifie que chacun des deux chœurs chante un verset à tour de
rôle. La psalmodie antiphonée n'est donc pas un troisième
genre de psalmodie, mais seulement une manière de chanter
la psalmodie sans refrain comme la psalmodie avec refrain.
On peut en effet alterner les versets d'un psaume entre deux
chœurs, qu'il soit chanté avec ou sans refrain [1]. C'est une
forme de psalmodie évoluée et très moderne qui suppose
une communauté cultivée, qui sache tout le psautier par
cœur. La psalmodie antiphonée est donc impraticable en
milieu paroissial, les fidèles n'étant capables — pour ce qui
concerne les chants du propre — que de chanter un court
refrain. Cette manière de psalmodier n'a donc joué aucun
rôle à la messe et n'a été réellement importante qu'à l'office,
dans les monastères, à partir du VIᵉ siècle.

Le passage de la psalmodie sans refrain à la psalmodie
responsoriale n'a rien à voir avec l'histoire politique : il s'est
produit à Rome bien après Constantin, un siècle après l'édit
de tolérance de Milan (janvier 313), vers 420 ; l'Église
constantinienne et théodosienne a donc continué pendant un
siècle à chanter la vieille psalmodie sans refrain de l'époque
de la Petite Paix et des persécutions ; il faut se garder du
mythe de l'Église constantinienne et théodosienne [2].

On sait que la psalmodie responsoriale est née plus tôt en
Orient (à l'exception du monachisme égyptien, semble-t-il [3]),
car la christianisation était à la fois plus ancienne et plus
profonde qu'en Occident. Les récits qui nous racontent sa
création et qui, sur la foi de Théodoret de Cyr (*HE* II, 24,
8-9) et de Socrate (*HE* VI, 8), évoquent par exemple le rôle
qu'auraient joué deux prêtres d'Antioche, Flavien et Diodore, vers 350, sont très vraisemblables [4]. L'introduction de
la psalmodie responsoriale à Rome a été précédée par son

---

1. GINDELE, « Doppelchor », p. 296-297 ; Dom J. CLAIRE, « Le répertoire grégorien de l'office », p. 34 ; MATEOS, *La célébration*, p. 7-26.

2. SHEPHERD, « Liturgical Expressions », p. 61 ; Ch. PIETRI, « La conversion de
Rome et la primauté », p. 227.

3. E. MONETA CAGLIO, « Lo jubilus », p. 70 ; QUASTEN, *Musik und Gesang*,
p. 147 s.

4. Voir Dom J. CLAIRE, « Le répertoire grégorien de l'office », p. 34 ; B. GAIN,
L'Église de Cappadoce au IVᵉ siècle, p. 178 ; SOLOVEY, *The Byzantine Divine Liturgy*,
p. 164 ; HUCKE, « Die Entwicklung », p. 152 s. ; McKINNON, *Music*, p. 104.

adoption par Milan, sous l'épiscopat de saint Ambroise ; Rome, plus conservatrice, ne suivit que quelques décennies plus tard. Saint Ambroise est en effet le plus ancien témoin de ce type de psalmodie en Occident. Les textes qui le démontrent sont célèbres, mais on a longtemps vu dans le fameux récit du siège de la basilique milanaise par les troupes de l'impératrice [1] la première attestation de la psalmodie à deux chœurs et on a donc cru que saint Ambroise avait introduit en Occident la psalmodie antiphonée, ce qui est impossible, pour des raisons de chronologie (il est encore beaucoup trop tôt, en Occident) comme pour des questions d'impossibilité pratique : comment faire chanter aux fidèles un psautier qu'ils ne connaissent pas par cœur ? La psalmodie alternée, antiphonée, est un genre musical de savants, utilisable uniquement dans des milieux spécialisés, comme les abbayes. C'est donc en réalité de la psalmodie responsoriale qu'il s'agit [2]. La première attestation de la psalmodie à refrain, à Rome, se trouve dans les sermons de saint Léon (440-461), qui attestent encore l'alternance entre le soliste et les fidèles, c'est-à-dire l'absence de *Schola cantorum* [3]. L'expression *consona voce* semble indiquer que les fidèles participaient encore à la psalmodie, comme à l'époque de saint Ambroise et de saint Augustin. Cela signifie d'une part que la psalmodie était désormais responsoriale (sinon les

---

1. Voir AUGUSTIN, *Conf.* IX, 6, 14 et IX, 7, 15 (« *Tunc hymni et psalmi ut canerentur secundum morem orientalium partium, ne populus maeroris taedio contabesceret, institutum est, et ex illo in hodiernum retentum, multis iam ac paene omnibus gregibus tuis et per cetera orbis imitantibus* ») ; PAULIN DE MILAN, *Vita Beati Ambrosii episcopi ecclesiae Mediolanensis*, 13 (éd. M. PELLEGRINO, *Paolino di Milano, Vita di S. Ambrogio*, Rome, 1961, p. 68) : « *Hoc in tempore primum antiphonae, hymni et vigiliae in ecclesia Mediolanensi celebrari coeperunt ; cuius celebritatis devotio usque in hodiernum diem non solum in eadem ecclesia, verum per omnes pene provincias occidentis manet.* » Ambroise en parle dans le *Sermo contra Auxentium de basilicis tradendis* (PL 16, 1007-1018 ; éd. G. BANTERLE, *Discorsi e lettere II / III. Lettere (70-77)*, Milan, 1988, p. 114-136, dans l'*ep.* 20 à sa sœur Marcellina (*PL* 16, 994-1002 ; BANTERLE, *op. cit.*, p. 136-153) et dans l'*Explanatio psalmorum XII*, éd. L. F. PIZZOLATO, Rome, 1980, p. 172. Voir J. FONTAINE (éd.), *Ambroise de Milan, Hymnes*, Paris, 1992, p. 20-21 ; E. LAMIRANDE, *Paulin de Milan et la « Vita Ambrosii »*, Paris-Tournai-Montréal, 1983, p. 83 et G. NAUROY dans *Rech. Aug.* 23 (1988), p. 3-86.

2. P. JEFFERY, « The Introduction of Psalmody », p. 160 ; T. BAILEY, « Ambrosian Choral Psalmody », p. 97 ; J. McKINNON, *Music*, p. 127-128 ; SHEPHERD, « Liturgical Expressions », p. 62.

3. *Tract. III*, éd. A. CHAVASSE (CCSL 138), p. 10 : « *Unde et daviticum psalmum, dilectissimi, non ad nostram elationem sed ad Christi Domini gloriam* consona voce *cantavimus.* »

fidèles ne chanteraient pas) et d'autre part que la *Schola* n'existait pas encore, sinon ils ne chanteraient plus [1].

Cette forme de psalmodie a vraisemblablement été adoptée par la Ville sous le pontificat de Célestin Ier, à l'imitation de ce qui existait depuis quelques décennies déjà à Milan. Cela cadre très bien par ailleurs avec les données que nous fournit la musique, comme avec la notice de Célestin, dans le *Liber pontificalis* [2]. On sait du reste que Célestin était un pape actif : il a joué un rôle important dans l'affirmation du primat romain et dans l'envoi de décrétales [3] et de missionnaires *ad gentes* : il aurait envoyé le diacre romain Palladius en Irlande [4] et saint Germain d'Auxerre en Bretagne pour lutter contre le pélagianisme, sans doute en 429 [5].

La « responsa » ou « responsio », premier refrain populaire du psaume responsorial antique.

La psalmodie responsoriale est toujours une psalmodie du soliste (par opposition aux chants de la *Schola cantorum*, comme l'offertoire), exactement comme la psalmodie sans refrain, ainsi que l'attestent abondamment saint Augustin et beaucoup d'autres écrivains de cette époque. La différence

---

1. Tout au moins pour ce qui concerne les chants du propre ; il n'en est pas de même pour les chants de l'ordinaire, que les fidèles ont continué à chanter : il convient de ne pas mélanger ces deux plans.

2. Éd. DUCHESNE, *LP* I, p. 231, n. 1. Cette notice n'est pas la preuve de l'introduction dans la messe des chants de l'introït et de la communion : J. McKINNON, « The Fourth-Century Origin », p. 104. Au IXe siècle, Adon interprétait ce passage du *LP* de la manière suivante (Dom J. DUBOIS et G. RENAUD, *Le Martyrologe d'Adon*, Paris, 1984, p. 120, notice du pape Célestin) : « *Hic constituit ut Psalmi Davidici centum et quinquaginta ante sacrificium antiphonatim canerentur, nam antea tantum epistola recitantur et sanctum Evangelium* », ce qui est faux mais intéressant.

3. Ch. PIETRI, *Roma christiana*, II, p. 1393 ; MACCARRONE, « *Sedes apostolica-vicarius Petri*. La perpetuità del primato di Pietro nella sede e nel vescovo di Roma* », repris dans : *Romana Ecclesia*, I, p. 33.

4. PROSPER D'AQUITAINE (*Epitoma Chronicon*, 1301 ; MGH, *Auct. Ant.*, t. IX, p. 385-485). Voir A. NICHOLS, « The Roman Primacy and the Ancient Irish and Anglo-Celtic Church », dans : *Il primato del vescovo di Roma nel primo millenio*, Vatican, 1991, p. 474-475. Voir les *Canones Hibernenses*, lib. XX, cap. 5, § b : « *Patricius : Si quae questiones in hac insula oriantur, ad sedem apostolicam referantur* » (H. WASSERSCHLEBEN, *Die irische Kanonensammlung*, Leipzig, 1885, p. XXXV).

5. J. RYAN, « The Early Irish Church and the See of Peter », dans : *Le chiese nei regni dell'Europa occidentale e i loro rapporti con Roma sino all'800*, t. II, Spolète, 1960, p. 550 ; R. SCHARF, « Germanus von Auxerre. Chronologie seiner Vita », *Francia* 18 (1991), p. 19.

réside dans le fait que le psaume responsorial[1], contrairement au psaume sans refrain, consiste en l'alternance entre
un soliste, qui chante les versets du psaume un par un, en
entier, et les fidèles qui, entre chaque verset, répondent au
soliste au moyen, non d'un véritable refrain, mais d'une *responsio*, c'est-à-dire d'une brève réponse, plus courte que les
refrains des graduels que l'on trouve dans les plus anciens
manuscrits, qui sont déjà modernes, en ce sens qu'ils témoignent de l'activité de la *Schola cantorum*, qui est responsable
de leur ornementation, de leur allongement et de leur centonisation. Saint Athanase († 373) nous a conservé un bon
exemple de *responsio* (*Apol. pro fuga sua* 24) employée de son
temps en Égypte, *Quoniam in eternum misericordia eius*[2].
Deux sources majeures ont conservé certaines de ces *responsa* : les sermons de saint Augustin et le psautier dit de
saint Germain (Paris, BN lat. 11947), qui est originaire de
la Gaule franque ou de l'Italie et qu'on date du VIᵉ siècle.

Il arrive assez fréquemment à l'évêque d'Hippone d'évoquer, au cours de son sermon, le texte de la *responsa* psalmique que les fidèles ont répondue au soliste quelques instants auparavant[3]. Il est cependant difficile de savoir s'il cite
le texte liturgique de la *responsio*, ou si au contraire il cite
le verset psalmique en entier, tel qu'il se trouve dans le psautier, même quand il emploie le verbe *respondere (respon-
dimus)*, *a fortiori* quand il se contente du verbe *cantare (cantavimus)*. Il est certain que plusieurs de ces *responsa* n'en
sont pas, en raison de leur taille démesurée, comme par
exemple en CCSL LXI (p. 341), où saint Augustin cite deux
versets entiers (Ps 93, 12-13) comme ayant été chantés en
réponse au soliste, ce qui ne se peut pas. En revanche, certaines autres *responsiones* paraissent bien en être effective-

1. L'hymne latine à la Vierge Marie, datée du IVᵉ siècle, publiée sous le nom
trompeur de *Psalmus responsorius*, n'est qu'une composition ecclésiastique sans
aucun rapport avec notre propos (éd. R. ROCA-PUIG, *Himne a la Verge Maria
« Psalmus responsorius », Papir llati del segle IV*, Barcelone, 1965 (2ᵉ éd.) ou
G. H. R. HORSLEY, *New Documents Illustrating Early Christianity*, t. II, Macquarie
University, 1982, nᵒ 92, p. 141-146. Voir E. MONETA CAGLIO, « Lo jubilus »,
p. 53-57.

2. M. HUGLO, « Le répons-graduel », p. 54 ; LE DÉAUT, *La Nuit pascale*, p. 87 ;
J. MCKINNON, *Music*, p. 54.

3. E. MONETA CAGLIO, « Lo jubilus », p. 14, n. 17 ; A.-M. LA BONNARDIÈRE,
« Les *Enarrationes in Psalmos* prêchées par saint Augustin à l'occasion de fêtes de
martyrs », p. 101-102.

ment : elles n'utilisent qu'un demi-verset. Au total, bien que saint Augustin atteste indubitablement la *responsio*, ancêtre du refrain, il n'en reste pas moins vrai qu'il faut se garder de le prendre au pied de la lettre quand il semble citer un texte employé dans la liturgie.

Le psautier de saint Germain contient soixante-dix *responsiones*[1] ; rares sont celles qui atteignent la longueur d'un verset : la plupart n'en emploient qu'une moitié, le plus souvent la première. Ce refrain est le plus souvent un verset choisi, lequel peut fort bien être le premier verset du psaume, comme dans les graduels modernes. Ce psautier contient donc bien de véritables *responsiones* de la psalmodie responsoriale, dans le répertoire gallican, avant que le psaume responsorial ne devienne un graduel et que la *responsio* ne soit transformée en refrain moderne. Assez peu de *responsiones* attestées par saint Augustin ou par le psautier de saint Germain ont un pendant dans la liturgie romaine ancienne, signe d'un assez important remaniement au moment du passage du psaume responsorial au graduel.

L'un des principaux facteurs qui ont entraîné l'abandon progressif de la vieille psalmodie sans refrain et l'engouement pour le psaume responsorial, est l'élévation du niveau de connaissances des fidèles, désormais capables de répondre au soliste. L'Église postconstantinienne est une Église mieux instruite et plus capable. La psalmodie responsoriale en témoigne.

L'adoption de la psalmodie à refrain entraîna l'élimination de nombreux psaumes sans refrain, sauf en carême, où l'un d'entre eux parvint à se maintenir à chaque messe (aux stations anciennes, en tout cas). Certains autres furent transformés en psaume responsorial, moyennant l'ajout d'un verset choisi servant de refrain. Certains graduels ont conservé une forme littéraire *in directum*, dans le répertoire romain mais aussi pour le *psallendum* hispanique[2] : son refrain est un verset choisi, mais son verset part du début du psaume.

À l'époque de saint Augustin, le lecteur pouvait encore se tromper de psaume, comme l'indique un célèbre texte de l'évêque d'Hippone (*In Ps.* 138), preuve que les graduels

---

1. Éd. Dom J. CLAIRE, « Les répertoires liturgiques latins avant l'*octoéchos* », p. 179-180 et M. HUGLO, « Le répons-graduel », p. 59-60, qui est plus complet.
2. O. CULLIN, « Le répertoire de la psalmodie *in directum* », p. 115.

n'existaient pas encore, mais seulement leur ancêtre, le psaume responsorial [1], dont la mélodie était si proche d'une simple psalmodie ornée qu'on pouvait encore prendre par mégarde un chant pour un autre. Comment est-on passé du psaume sans refrain au graduel ? Il existe trois possibilités : ou bien le psaume sans refrain a été transformé en psaume responsorial : on s'est borné à ajouter un refrain. Le psaume sans refrain a également pu être éliminé par un autre psaume responsorial, qui deviendra par la suite notre graduel. La seconde pièce n'est donc pas tirée du même psaume que la première. Elle peut fort bien s'inscrire en rupture avec la typologie psalmique de l'Antiquité tardive, à laquelle le psaume sans refrain était resté fidèle. Dans la plupart des cas, il n'est donc pas très difficile de savoir si l'on a affaire à une couche liturgique d'un tout autre niveau que la précédente, celle de la psalmodie sans refrain et, par conséquent, de proposer une datation, au moins relative. Le psaume *in directum* a pu enfin être, sur le tard, remplacé par une pièce si tardive qu'elle sera née directement sous la forme d'un graduel, sans passer par le stade de psaume responsorial. Plusieurs chemins mènent donc du psaume sans refrain au graduel.

Les graduels sont donc tout ce qui reste du psaume responsorial, à la messe, sauf pendant le temps pascal, où ils ont été éliminés par les *Alleluia*, puisqu'il y a deux *Alleluia* par messe pendant cette période. Le graduel moderne, tel qu'on le trouve dans les plus anciens manuscrits, ne possède plus qu'un seul verset, auquel il a été réduit, ce qui permet cependant de rechanter le refrain et, par là même, de conserver à cette pièce son caractère responsorial, tout en la réduisant : le principe est sauf. Ce refrain est improprement nommé « antienne » : il vaut mieux réserver ce terme aux introïts et aux communions afin d'éviter des confusions. L'ordre original verset-refrain a été inversé : le refrain est dorénavant chanté en premier et a donné son nom au graduel tout entier, par l'intermédiaire de son *incipit* ; pour avoir une idée de la configuration d'origine, il faut rétablir l'ancien ordre, le seul qui soit logique, lequel plaçait le verset en

---

1. McKinnon, *Music*, p. 160 ; Casati, « La liturgia della messa », p. 502-503 ; Paoli-Lafaye, « Les "lecteurs" des textes liturgiques », p. 62 ; Willis, *Saint Augustine's Lectionary*, p. 7-8.

premier. Le verset est la partie la plus ancienne des actuels graduels car le refrain a supplanté l'ancienne *responsio* : il est donc plus moderne et plus évolué que les versets, à tout point de vue : littéraire, liturgique et musical.

Le graduel peut enfin se présenter sous plusieurs formes littéraires différentes. Le refrain peut être un verset choisi, le verset étant le premier verset du psaume ; cela s'apparente à une forme littéraire *in directum*. Le verset et le refrain peuvent aussi ne pas provenir des premiers versets du psaume, mais être tirés de deux versets qui se suivent numériquement. Ils peuvent enfin être l'un et l'autre des versets choisis, sans former de suite numérique. Cela dit, les classifications exclusivement fondées sur la forme littéraire des pièces ne suffisent pas : il faut recouper cet indice avec l'analyse des mélodies qui, seule, permet de trancher[1].

Les mélodies des graduels romains.

Le chant grégorien ne connaît de graduels que de quatre modes, les modes impairs (I, III, V et VII), auxquels il faut ajouter le deuxième mode en *la* (II A), tandis que les *Alleluia*, les offertoires, les introïts et les communions possèdent déjà les huit modes de l'*octoéchos* au complet, signe de moindre antiquité. Dans le chant romain, la question ne se pose naturellement pas en termes de modes d'*octoéchos*, puisqu'ils n'existaient pas quand il a été composé ; il n'existait que trois cordes mères, qui ont chacune donné naissance à une série de graduels : les teneurs *RÉ* (corde mère), *MI* (corde mère, parfois transposé en *si*), *fa* (transposition de *DO*) et très rarement *sol* (transposition de *DO* ou de *RÉ*), auxquelles il faut ajouter l'équivalent romain du deuxième mode en *la* (II A).

---

1. HESBERT, « Le graduel », *passim* ; M. HUGLO, « Le répons-graduel », *passim* ; H. HUCKE, « Die Texte der Offertorien », *passim*.

LE FONDS ROMAIN :
LES GRADUELS EN « DO » (TRANSPOSÉ EN « *fa* »)

Les graduels en *fa* (transposition de la corde mère de *DO*) forment la majorité des graduels romains : cette corde est la corde romaine par excellence ; la corde de *MI*, elle aussi bien romaine, n'a cependant jamais eu une importance comparable. Sur le plan musical, les graduels romains en *DO* forment une sorte de timbre, moins net certes que celui des *cantica* en *sol (= DO)* ou celui des traits en *DO*, mais cependant bien réel.

Les pièces psalmiques.

Elles sont très largement majoritaires, surtout à Rome. La notion même de « graduel non psalmique » est du reste un non-sens, puisque le graduel est le vestige d'un psaume responsorial. Les pièces non psalmiques ne peuvent donc dater que d'une époque où l'on avait perdu de vue les origines du graduel et où il fallait faire flèche de tout bois pour compléter le répertoire ; cela ne peut guère nous faire remonter au-delà du VIIe siècle.

Les féries anciennes de carême : les vendredis.

VL 5319, f. 71v ; *AMS* n° 72	Psautier romain, Ps 34 et 54	Vulgate	
R.			
Pacifice loquebantur mihi inimici mei	*Quoniam mihi quidem pacifice loquebantur et super iram dolose cogitabant*	*Quoniam mihi quidem pacifice loquebantur et in iracundia dolos cogitabant*	34, 20
	A voce inimici et a tribulatione peccatoris quoniam declinaverunt in me iniquitates et in ira molesti erant mihi	*A voce inimici et a tribulatione peccatoris quoniam declinaverunt in me iniquitatem et in ira molesti erant mihi*	54, 4
et in ira molesti erant mihi			

V.

Vidisti Domine	*Vidisti Domine*	*Vidisti Domine* 34, 22
ne sileas	*ne sileas Domine*	*ne sileas Domine*
ne discedas a me	*ne discedas a me*	*ne discedas a me*

Cette pièce est affectée au cinquième vendredi du carême. Le grégorien la classe en cinquième mode. Elle est tirée de deux psaumes différents, ce qui indique clairement qu'elle a été remaniée au moins assez largement. Il n'est aucunement surprenant que ce soit le refrain, non le verset, qui soit ainsi centonisé en profondeur : le refrain est, dans nos modernes graduels, l'élément le moins ancien, sauf exceptions notables. Saint Augustin atteste l'emploi de ce psaume au cinquième jeudi du carême [1]. Dans la typologie antique, le psaume 54 a été interprété comme la voix du Christ trahi et bafoué par les siens, de la même manière que les psaume 21 et 68. Le psaume 34 comme le psaume 54 peuvent fort bien s'appliquer à l'humiliation et aux souffrances du Seigneur ; ils sont donc parfaitement à leur place ici. Cette tonalité pénitentielle n'est cependant plus dans l'esprit du vieux « carême » de trois semaines, tout axé sur la préparation au baptême pascal.

VL 5319, f. 64v ; AMS n° 65 a	Psautier romain, Ps 117	Vulgate	
R. *Bonum est confidere in Domino quam confidere in homine*	*Id.*	*Id.*	8
V. *Bonum est sperare in Domino quam sperare in principibus*	*Id.*	*Id.*	9

Cette pièce se trouve au quatrième vendredi [2] ; elle a été

---

1. WILLIS, *St Augustine's Lectionary*, p. 24.
2. M et R lui ont préféré *Bonum est confiteri*. B a le refrain *Bonum est confidere*, mais le verset *Ad adnuntiandum* est celui du graduel *Bonum est confiteri*. Seuls C, K, S et SG 359 suivent Rome.

reprise plus tard pour équiper le quatorzième dimanche après la Pentecôte. Le grégorien la classe en V^e mode. Elle est tirée du Ps 117, qui est le grand psaume pascal et, partant, le grand psaume du dimanche ; on voit mal le rapport avec les souffrances endurées par le Christ. Cela indique en tout cas assez clairement que cette pièce ne participe pas du même esprit ni de la même thématique que la pièce précédente. C'est très vraisemblablement un indice de ce qu'elles ne sont pas contemporaines : *Bonum est confidere* est très générale, tandis que *Pacifice loquebantur* est fortement historicisée. Comme cette dernière est par surcroît centonisée, elle nous semble moins ancienne. Le refrain est un verset choisi, mais le verset le suit numériquement ; ce pourrait être une trace de forme *in directum*.

VL 5319, f. 52v ; *AMS* n° 51	Psautier romain, Ps 119	Vulgate	
R.			
Ad Dominum	*Id.*	*Ad Dominum*	1
dum tribularer clamavi		*cum tribularer clamavi*	
et exaudivit me		*et exaudivit me*	
V.			
Domine libera	*Id.*	*Domine libera*	2
animam meam		*animam meam*	
a labiis iniquis		*a labiis iniquis*	
et a lingua dolosa		*a lingua dolosa*	

Le psaume 119 est resté dans les manuscrits grégoriens de Bénévent, comme graduel, au samedi *Sitientes*. Le graduel de Sainte-Cécile l'a gardé volontairement au dimanche *vacat*, c'est-à-dire à sa place, alors que les deux autres manuscrits romains ont placé au dimanche *vacat* la messe entière du quatrième dimanche après la Pentecôte. Il n'existe pas de variante entre chants romain et grégorien, malgré l'erreur du cantatorium SG 359 et du manuscrit du Mont-Renaud, qui donnent la leçon de la Vulgate, *cum*. La forme littéraire de ce graduel est *in directum*, car il commence par le premier verset du psaume. Ce psaume n'a rien donné de particulier dans la typologie : il a été choisi indépendamment d'elle, puisqu'il appartient à une série : c'est le premier psaume graduel.

Les stations fériales plus récentes.

Les lundis du carême semblent avoir possédé une messe dès saint Léon[1] ; que cette messe ait été réduite ou non à une avant-messe ne change rien à l'affaire, puisque les graduels sont des chants entre les lectures ; par conséquent, ils étaient présents dans un cas comme dans l'autre ; il n'en serait pas du tout de même des offertoires. Les lundis sont donc un peu moins anciens que les mercredis et les vendredis.

VL 5319, f. 43v ; AMS n° 41	Psautier romain, Ps 83	Vulgate	
R.			
Protector noster	*Protector noster*	*Protector noster*	10
aspice Deus	*aspice Deus*	*aspice Deus*	
et respice super servos tuos	*et respice in faciem* *Christi tui*	*et respice in faciem* *Christi tui*	
V.			
Domine Deus virtutum	*Domine Deus virtutum*	*Domine Deus virtutum*	9
exaudi preces	*exaudi precem meam*	*exaudi orationem meam*	
servorum tuorum	*auribus percipe* *Deus Iacob*	*auribus percipe* *Deus Iacob*	

Ce graduel se trouve au premier lundi du carême ; on le trouve également au samedi des Quatre-Temps du carême, au mercredi de la semaine octave de la Pentecôte, au cinquième dimanche après la Pentecôte et au mercredi des Quatre-Temps de septembre. Le grégorien le classe en cinquième mode. Le refrain comme le verset sont deux versets choisis. Son contenu est assez général : il n'a guère été utilisé par la typologie antique.

VL 5319, f. 55 ; AMS n° 54	Psautier romain, Ps 55	Vulgate	
R.			
Deus	*Pro nihilo* *salvos facies eos*	*Pro nihilo* *salvos facies illos*	8

---

1. A. CHAVASSE, « La structure du carême et les lectures », p. 84 et « Les féries de carême célébrées au temps de saint Léon », p. 556 ; il en était de même à Capoue et à Naples : MORIN, « La liturgie de Naples », p. 543.

	in ira populos confringes Deus	in ira populos confringes Deus	
vitam meam nuntiavi tibi posui lacrimas meas in conspectu tuo	Vitam meam nuntiavi tibi posui lacrimas meas in conspectu tuo sicut in promissione tua	Vitam meam adnuntiavi tibi posuisti lacrimas meas in conspectu tuo sicut et in promissione tua	9
V. Miserere mihi Domine quoniam conculcavit me homo tota die bellans tribulavit me	Id.	Miserere mei Deus quoniam conculcavit me homo tota die inpugnans tribulavit me	2

Cette pièce se trouve au troisième lundi ; le chant grégorien lui a donné une mélodie totalement différente de la mélodie romaine. Le refrain est très centonisé, contrairement au verset : c'est conforme à la logique. Le verset est le premier verset du psaume, contrairement au refrain, qui est une centonisation de versets choisis. Le sens de ce psaume est assez général : l'abandon confiant à Dieu dans les épreuves ; la typologie ne s'y est pas arrêtée de façon significative. La mélodie du refrain cite une vocalise caractéristique du cantique des Trois-Enfants.

VL 5319, f. 61 ; AMS n° 61	Psautier romain, Ps 70	Vulgate	
R. Esto mihi in Deum protectorem et in locum refugii ut salvum me facias	Esto mihi in Deum protectorem et in locum munitum ut salvum me facias quoniam firmamentum meum et refugium meum es tu	Esto mihi in Deum protectorem et in locum munitum ut salvum me facias quoniam firmamentum meum et refugium meum es tu	3
V. Deus in te speravi Domine non confundar in eternum	Id.	In te Domine speravi non confundar in eternum	1

Ce graduel a un sens très général : c'est la prière confiante d'un homme angoissé. Détail remarquable, cette pièce, qui est au quatrième lundi, possède la même mélodie que le graduel *Vindica* des Quatre-Saints-Couronnés ; or, la station du quatrième lundi est justement aux Quatre-Couronnés. Nous sommes donc ici sans doute en présence d'un micro-répertoire local, propre à l'ancienne *Schola* d'un titre. Cette pièce a été réutilisée pour le huitième dimanche après la Pentecôte. La situation de l'*AMS* est assez confuse. Le grégorien classe *Esto mihi* en cinquième mode. Le verset est le premier verset du psaume : est-ce une trace de l'ancienne structure psalmodique ?

VL 5319, f. 67v ; *AMS* n° 68	Psautier romain, Ps 53	Vulgate	
R. *Deus exaudi orationem meam auribus percipe verba oris mei*	*Id.*	*Id.*	4
V. *Deus in nomine tuo salvum me fac et in virtute tua libera me*	*Deus in nomine tuo salvum me fac et in virtute tua iudica me* [1]	*Deus in nomine tuo salvum me fac et in virtute tua iudica me*	3

Cette pièce se trouve au cinquième lundi. Le grégorien la classe en huitième mode, comme sa jumelle, *Deus vita mea*. Le grégorien s'est aligné sur la leçon de la Vulgate, donnant ainsi une variante, *libera / iudica*. La thématique de la pièce est très générale : c'est l'appel d'une victime au Dieu de justice. Le verset est le premier verset du psaume, les versets 1-2 formant le titre du psaume.

VL 5319, f. 68v ; *AMS* n° 69 a	Psautier romain, Ps 42	Vulgate	
R. *Discerne causam meam Domine*	*Iudica me Deus et discerne causam meam de gente non sancta*	*Iudica me Deus et discerne causam meam de gente non sancta*	1

---

1. *Libera* VL 5319, F 22, C 74 ; *iudica* C, K, SG 359, E 121, L 239, M-R.

ab homine iniquo et doloso eripe me	*ab homine iniquo et doloso eripe me*	*ab homine iniquo et doloso erve me*

V.

Emitte lucem tuam et veritatem tuam ipsa me deduxerunt [1] *in montem sanctum tuum*	*Emitte lucem tuam et veritatem tuam ipsa me deduxerunt et adduxerunt in monte sancto tuo et in tabernaculo tuo*	*Emitte lucem tuam et veritatem tuam ipsa me deduxerunt et adduxerunt in montem sanctum tuum et in tabernacula tua* 3

Ce graduel se trouve au cinquième mardi. Le grégorien le classe en cinquième mode. Le refrain a pris le premier verset du psaume pour verset choisi. Il existe une variante entre chants romain et grégorien : ce dernier a ajouté *et adduxerunt*. Le psaume 42 qui, dans la Bible hébraïque, ne fait qu'un avec le psaume 41 (les LXX sont responsables de la scission de ce psaume), a été assez souvent utilisé par les liturgies anciennes comme chant de procession des catéchumènes. C'est en effet un psaume baptismal, que chantaient les néophytes pour retourner du baptistère à l'église, où ils allaient pour la première fois recevoir le saint sacrement ; saint Ambroise l'atteste dans ce sens (*De sacramentis* IV 2, 7) [2]. Ce psaume est donc bien à sa place dans un carême qui était avant tout une préparation au baptême pascal.

VL 5319, f. 53v ; *AMS* n° 52	Psautier romain, Ps 91	Vulgate	
R. *Bonum est confiteri Domino et psallere nomini tuo Altissime*	*Id.*	*Id.*	2
V. *Ad annuntiandum mane misericordiam tuam et veritatem tuam per noctem*	*Id.*	*Id.*	3

---

1. *Et adduxerunt* om. VL 5319, F 22, C 74 ; + *et adduxerunt* C, K, SG 359, E 121, L 239, M-R.

2. DANIÉLOU, *Bible et liturgie*, p. 176 ; H. AUF DER MAUR, *Das Psalmenverständnis*, p. 129-130 ; ROSE, « Les psaumes de l'initiation », p. 281. Saint Augustin l'applique à saint Vincent et à d'autres martyrs : WILLIS, *St Augustine's Lectionary*, p. 30, 40.

Cette pièce est au second samedi ; elle fut ensuite réutilisée pour le douzième dimanche après la Pentecôte. Le grégorien la classe en cinquième mode. La forme littéraire de ce graduel est *in directum*, puisqu'il utilise dans l'ordre numérique les deux premiers versets du psaume (le v. 1 étant le titre). Ce psaume a été souvent appliqué aux martyrs, à cause de son verset 13, *Iustus ut palma florebit*. Il est ici employé dans un sens très différent, assez général (la confiance en Dieu) et qui a des chances d'être plus ancien.

Les Quatre-Temps du carême.

VL 5319, f. 45 ; AMS n° 43 a	Psautier romain, Ps 24	Vulgate	
R.			
Tribulationes cordis mei	*Tribulationes cordis mei*	*Tribulationes*	17
dilatate sunt	*dilatatae sunt*	*cordis mei*	
de necessitatibus meis	*de necessitatibus meis*	*multiplicatae sunt*	
eripe me Domine	*eripe me*	*de necessitatibus meis*	
		erue me	
V.			
Vide humilitatem meam	*Id.*	*Vide humilitatem*	18
et laborem meum		*meam*	
et dimitte		*et laborem meum*	
omnia peccata mea		*et dimitte*	
		universa delicta mea	

Cette pièce est au premier mercredi du carême, c'est-à-dire au mercredi des Quatre-Temps. Le grégorien la classe en cinquième mode. Les versets se suivent dans l'ordre numérique. On a choisi ce psaume parce qu'on l'appliquait au Christ humilié [1]. Ce graduel emploie le même psaume que le trait *De necessitatibus*. On est donc loin, désormais, de la tonalité originelle des Quatre-Temps. Les Quatre-Temps du carême sont ainsi entièrement tournés vers la Passion et la Résurrection et n'ont plus rien d'une fête saisonnière ou d'une vigile dominicale privilégiée (sauf la forme) ; les effets de la fixation des Quatre-Temps du premier mois à la première semaine du carême sont donc patents. Ce sont

---

1. J. LECLERCQ, « Les psaumes 20-25 », p. 223.

d'ailleurs les plus récents de ces *tempora*. On les a peut-être mis en place dans le but de réduire de trois à deux le nombre des périodes d'ordinations : il y avait en effet les Quatre-Temps du premier mois, la première semaine du carême de six semaines et l'ancienne semaine *in mediana* du « carême » de trois semaines. Faire coïncider les deux premières périodes permettait de simplifier le calendrier des ordinations.

VL 5319, f. 48 ; *AMS* n° 178 b	Psautier romain, Ps 89	Vulgate	
R.			
Convertere Domine aliquantulum et deprecare super servos tuos	Id.	Convertere Domine usquequo et deprecabilis esto super servos tuos	13
V.			
Domine refugium factus es nobis a generatione et progenie	Id.	Domine refugium tu factus es nobis in generatione et generatione	1

Cette pièce se trouve au samedi des Quatre-Temps du carême ainsi qu'au lendemain, l'ex-dimanche *vacat* ; elle a ensuite été reprise par le sixième dimanche après la Pentecôte. Le grégorien la classe en cinquième mode. Le verset du graduel est le premier verset du psaume, contrairement au refrain, qui est un verset choisi. Le sens du psaume est très général : fragilité humaine et néant de l'homme face à son Créateur.

Noël.

VL 5319, f. 12 ; *AMS* n° 10	Psautier romain, Ps 117	Vulgate	
R.			
Benedictus qui venit in nomine Domini	Benedictus qui venit in nomine Domini benediximus vos de domo Domini	Benedictus qui venturus est in nomine Domini benediximus vobis de domo Domini	26

Deus Dominus	*Deus Dominus*	*Deus Dominus* 27
et illuxit nobis	*et inluxit nobis*	*et inluxit nobis*
	constituite diem	*constituite diem*
	sollemnem	*sollemnem*
	in confrequentationibus	*in condensis*
	usque ad cornu altaris	*usque ad cornua altaris*

V.		
A Domino factum est	*A Domino factus est*	*A Domino factum est* 23
et est mirabile	*et est mirabile*	*istud*
in oculis nostris	*in oculis nostris*	*hoc est mirabile*
		in oculis nostris

Si son verset 26 se rapporte à l'Épiphanie, en raison de l'allusion à l'apparition du Verbe incarné aux Nations[1], le psaume 117 est plus généralement le psaume du dimanche par excellence, aussi bien à l'office (où il est le psaume propre choisi des laudes dominicales) qu'à la messe. Le graduel *Benedictus qui* se trouve à la seconde messe de Noël. Cette fête d'origine romaine a pour témoins romains la *Depositio Martyrum* de 336, l'Ambrosiaster[2], qui écrivait vraisemblablement à Rome sous Damase (366-384) et les sermons XXI à XXX de saint Léon. Le graduel qui nous occupe se trouve à la seconde messe de Noël, la messe de l'Aurore. On sait que Rome, au moins dès l'époque de saint Grégoire le Grand, avait pour particularité, unique dans toute la chrétienté, de posséder trois messes de Noël : la première, *Dominus dixit ad me*, notre « messe de minuit », le 24 décembre, à Sainte-Marie-Majeure[3], la deuxième, à l'aurore, *Lux fulgebit*, à Sainte-Anastasie et la troisième, *Puer natus est*, le matin du 25 décembre, à Saint-Pierre. Cette situation n'est pas primitive : les trois messes se sont mises en place l'une après l'autre ; la deuxième messe est généralement considérée comme la plus tardive des trois, la troisième étant regardée comme la plus ancienne. Tout cela ne peut être en tout cas antérieur à la création de la liturgie stationnale, c'est-

---

1. DANIÉLOU, *Études d'exégèse*, p. 27.

2. *Quaestiones veteris et novi Testamenti*, éd. A. SOUTER, CSEL 50, 1908 (1963 [2ᵉ éd.]) : *Q.* 53, p. 99. Sur l'Ambrosiaster, voyez G. BARDY, « La littérature patristique des *Quaestiones et responsiones* », *RB* 41 (1932), p. 341-355. En dernier lieu : M.-Y. PERRIN dans la *Prosopographie de l'Italie chrétienne*.

3. Ch. PIETRI (« La Rome de Grégoire », p. 28) note que saint Grégoire utilisait de plus en plus Sainte-Marie-Majeure, qui était beaucoup plus centrale et donc beaucoup plus commode que le Latran.

à-dire à la seconde moitié du Ve siècle, sans doute sous le pontificat d'Hilaire (461-468). La première messe, à Sainte-Marie-Majeure, ne peut être antérieure à la construction de cet édifice, fondé par Sixte III (432-440)[1], bien qu'il soit également possible que Sixte se soit contenté de dédicacer une basilique déjà construite par un de ses prédécesseurs immédiats, comme par exemple Célestin Ier[2] : la fameuse basilique bâtie par Libère et celle de Sixte III ne sont pas un seul et même édifice, comme on le pensait à l'époque de Mgr Duchesne[3]. Cette basilique passa en tête dans la hiérarchie à partir de 803-804[4] ; c'est dire son importance. Il n'est pas possible qu'elle ait été le lieu de la station de la première messe de Noël avant la seconde moitié du Ve siècle.

Sainte Anastasie, inconnue de la *Depositio Martyrum*, est une martyre de Sirmium ; ses reliques étaient conservées à Constantinople. Sa *Passio* la lie à saint Chrysogone et la fait mourir hors de Rome, pour justifier l'absence de reliques dans cette ville[5]. L'église qui lui est dédiée est le seul titre de l'ancienne onzième région augustéenne *(Circus Maximus)*, au pied du Palatin, et pendant longtemps — jusqu'à la dédicace de Saint-Hadrien par le pape Honorius (625-638)[6] — la seule église située dans le centre de Rome. C'était l'église de la cour byzantine à Rome[7] : son importance ne peut donc être antérieure à Justinien et aux guerres gothiques, dans la seconde moitié du VIe siècle, quoiqu'elle semble bien avoir été bâtie sous Damase[8]. Cette église est en outre liée à la pénitence, comme l'indique le fait qu'elle soit le lieu de la

1. KRAUTHEIMER, « The Architecture of Sixtus III », p. 181 ; Ch. PIETRI, *Roma christiana*, t. I, p. 28.

2. KLAUSER, « Rom und der Kult der Gottesmutter », p. 126-131 ; KRAUTHEIMER, *Rome, Profile*, p. 46, 49.

3. DUCHESNE, *LP*, t. I, p. 209, n. 18 et p. 235, n. 2.

4. DUCHESNE, « Les titres presbytéraux et les diaconies », p. 34 et 59 ; SAXER, « L'utilisation par la liturgie », p. 948 ; GEERTMAN, *More veterum*, p. 102.

5. KENNEDY, *The Saints*, p. 190-191 ; DUFOURCQ, *Étude*, t. I, p. 137-139.

6. A. THANNER, *Papst Honorius*, p. 47-48. C'est la disparition du Sénat, après les massacres des guerres gothiques, qui a entraîné l'abandon de la Curie, ce qui a permis (deux siècles après) à Honorius d'y installer Saint-Hadrien : Ch. PIETRI, « La Rome de Grégoire », p. 22-23.

7. DUCHESNE, « Notes sur la topographie de Rome : III. Sainte-Anastasie », p. 45-71 ; A. CHAVASSE, *Le Sacramentaire*, p. 209-211 ; COEBERGH, « Les péricopes d'évangile de la fête de Noël », p. 131-132.

8. KRAUTHEIMER, *Rome, Profile*, p. 34 ; PIETRI, « Recherches sur les *domus ecclesiae* », p. 9 et « Damase, évêque », p. 47. La maison qui se trouve sous le titre n'est pas une *domus ecclesiae*.

collecte du mercredi des Cendres, au moins depuis le VIIe siècle [1]. La deuxième messe de Noël lui était consacrée, ouvrant
une sorte de parenthèse dans la célébration de la Nativité,
comme l'indique Amalaire (*Liber officialis, Prooemium*, 10 [2]).

Il semble que ce soit l'existence de la procession qui, au
cours de la nuit de la Nativité, allait de Sainte-Marie-
Majeure à Saint-Pierre, qui ait donné l'idée de faire une
halte à Sainte-Anastasie. On voit donc que la station à
Sainte-Anastasie est dans tous les cas de seconde venue :
elle a été occasionnée par l'existence des deux autres stations, plus anciennes. Pourquoi s'arrêter ainsi dans cette
église secondaire ? On pense généralement qu'il s'agissait
d'une flatterie ou d'un acte d'allégeance envers les représentants romains de l'exarque de Ravenne. C'est peu probable, compte tenu de leur faiblesse et, au contraire, étant
donné la puissance et l'indépendance acquises par les papes
dès la première moitié du VIIe siècle ; saint Grégoire déjà était
très libre vis-à-vis de Constantinople, de l'exarque et du duc
de Rome ; quant au préfet de Rome, c'est le pape qui le
nommait [3]. N'était-ce donc pas plutôt pour bien affirmer la
présence pontificale en plein cœur du quartier impérial de
Rome, défiant ainsi les prétentions des *basileis* monothélites,
puis iconoclastes ? La liturgie rappelait publiquement et officiellement que le pape était le seul maître à Rome, y compris
dans les quartiers impériaux. Il faut noter que saint Léon a
prononcé son *tractatus* 96 à Sainte-Anastasie, le 25 décembre
457 [4]. Il s'agissait de condamner le monophysisme, qui était
propagé à Rome par des voyageurs orientaux. Une telle
condamnation de la doctrine qui niait l'existence d'une
nature humaine dans le Christ tombait particulièrement à
point le jour même de la fête de l'Incarnation, c'est-à-dire
le jour où précisément il a pris chair et s'est fait homme,
comme le rappelle saint Léon dans ce sermon.

La troisième messe, à Saint-Pierre, la messe de jour, est
en revanche attestée dès Libère (352-366), prédécesseur de

---

1. JUNGMANN, « Pfingstoktav und Kirchenbusse », p. 174-177.
2. Éd. HANSSENS, t. II, p. 15. La seconde messe de Noël possède deux oraisons :
l'une *de Nativitate Domini* et l'autre *de sancta Anastasia*, qui fait mémoire de la
sainte titulaire de l'église dans laquelle a lieu la station.
3. Voir Ch. PIETRI, « La Rome de Grégoire », p. 22-25.
4. Éd. A. CHAVASSE, p. 591-595 (CCSL 138 A).

Damase[1]. La messe primitive de Noël avait donc lieu le matin du 25 décembre, après une vigile nocturne, dont il ne reste rien ; cela montre que Noël est une fête plus récente que Pâques, qui a conservé sa vigile jusqu'à aujourd'hui. Dans tous les cas, une célébration à Saint-Pierre a toutes les chances d'être très ancienne, quand on sait l'importance de cette basilique pour saint Léon : les *tractatus* de ce pape qui sont parvenus jusqu'à nous prouvent en effet qu'il prêchait rarement, pour un petit nombre de fêtes, qui ont pour la plupart Saint-Pierre pour station : les samedis des Quatre-Temps, jours d'ordination (*tract.* 12-20 et 86-94), Noël (*tract.* 21-30), l'Épiphanie (*tract.* 31-38), le dimanche *de Passione* — ou cinquième dimanche de carême, jour d'ordination (*tract.* 52, 54, 56, 58, *etc.*), l'Ascension (*tract.* 73-74), la Pentecôte (*tract.* 75-81) et la fête des apôtres Pierre et Paul, le 29 juin (*tract.* 82-84). Il arrive très rarement que saint Léon prêche en dehors de Saint-Pierre : pour la fête anniversaire de son accession à la papauté (*tract.* 1-5), pour les « collectes[2] » (*tract.* 6-11) et pour quelques autres circonstances mineures[3]. Il pourrait paraître curieux que saint Léon n'ait pas laissé de sermon pour la vigile pascale ni pour le dimanche de Pâques, double apogée de l'année liturgique romaine. Cela nous semble dû au fait que ces messes avaient lieu, la première au Latran, la deuxième à Sainte-Marie-Majeure.

Le formulaire d'une messe, tel qu'il se trouve dans les plus anciens manuscrits, ne peut pas être daté uniquement à l'aide de la station ; les formulaires de Noël sont en effet

---

1. Ch. PIETRI, « Damase évêque », p. 50 et « Histoire, culture et "réforme liturgique" », p. 14.

2. Voir CHAVASSE, CCSL 138, p. CLXXXIV-CLXXXVII.

3. On nous objectera que les *tractatus* 39-50, qui ont été prêchés *de ieiunio quadragesimae*, ont été attribués par A. CHAVASSE (CCSL 138, p. CLXXVIII et CCSL 138 A, p. 209) au premier dimanche du carême. Or, la station de ce dimanche se tient au Latran, non à Saint-Pierre ; rien ne prouve cependant que la station était déjà au Latran. La station du dimanche précédent, la Quinquagésime, annonce du jeûne quadragésimal, se tient à Saint-Pierre. Ne s'agirait-il pas de l'ancienne station du premier dimanche du carême ? Chavasse pense que les sermons *de Passione* (en tout cas, ceux qui ont été prêchés un dimanche) ont été prêchés par saint Léon le sixième et dernier dimanche du carême, c'est-à-dire le dimanche des Rameaux, dont la station est au Latran (CCSL 138, p. CLXXVIII et CCSL 138 A, p. 304). Sachant que saint Léon prêchait peu en dehors de Saint-Pierre, la station à Saint-Pierre du dimanche avant les Rameaux, le cinquième dimanche du carême, est peut-être l'ancienne station du dimanche avant Pâques.

très hétérogènes, car ils sont formés de toutes sortes d'éléments, ajoutés les uns après les autres au moment du passage d'une à deux puis trois messes de Noël. Il serait donc inexact de penser que le formulaire de la deuxième messe est le plus tardif des trois, sous le prétexte que cette messe et sa station sont les plus tardives des trois. Il est en effet très douteux que le graduel *Benedictus qui* ait été créé en plein VIᵉ siècle : on n'aurait jamais eu l'idée d'utiliser un tel psaume pascal, mais on aurait au contraire cherché un texte susceptible de faire allusion aux circonstances historiques de la Nativité, la nuit de Noël et l'adoration des bergers.

L'analyse de la mélodie et de la typologie de ce graduel nous autorisent à y voir un vestige de l'ancien trait de Noël. La Noël primitive (bien avant saint Léon) semble en effet avoir été conçue comme une Pâque d'hiver, l'Incarnation répondant ainsi à la Rédemption. Cette fête ne semble donc pas avoir été historicisée, à l'origine ; elle est en tout cas dépourvue de toute allusion claire à la nuit historique de la Nativité, comme le montre le psaume choisi, le psaume pascal par excellence. Le lien entre Noël et le psaume 117 est du reste attesté également en dehors de Rome, ce qui renforce notre hypothèse. Ainsi, Milan a un *psalmellus Benedictus qui venit*, dont le premier verset est *Confitemini* (Ps 117) à la messe du dimanche après Noël [1]. De même, la liturgie de Jérusalem utilise le Ps 117 pour l'Épiphanie [2] ; or, on sait que l'Orient a connu cette fête avant de connaître Noël : l'Épiphanie est à l'Orient ce que Noël est à l'Occident (*mutatis mutandis*, et en mettant de côté la signification propre de chacune de ces fêtes [3]) : la grande fête hivernale du Seigneur. Il pourrait paraître excessif d'établir un parallèle entre Pâques et Noël, étant donné la suprématie évidente de Pâques en Occident. Il convient cependant de remarquer qu'en Orient, où Noël n'est pas primitive, la fête fixe de l'Annonciation (25 mars) tient lieu de fête de l'Incarnation. Or, elle est si importante que, lorsqu'elle tombe un dimanche du carême, même le dimanche des Rameaux, elle

---

1. *PM*, t. VI, p. 103 ; A. RATTI et M. MAGISTRETTI, *Missale ambrosianum duplex*, Milan, 1913, p. 74.

2. BAUMSTARK, *Liturgie comparée*, p. 166-167.

3. Bien qu'il semble démontré que la Noël romaine et l'Épiphanie orientale aient eu, à l'origine, la même signification : la Nativité ; COEBERGH, « Les péricopes d'évangile », p. 128.

l'emporte sur lui[1]. En Orient, l'Incarnation est plus importante que la Rédemption. Rome en aurait-elle conservé le souvenir ? La liturgie de l'Épiphanie, décrite dans les extraordinaires sermons ariens du IVe siècle découverts par R. Étaix, utilise elle aussi le chant du psaume 117 et son verset *Benedictus qui venit*[2], exactement comme la liturgie des catholiques. Ces ariens étaient-ils contraints au conformisme liturgique pour mieux faire accepter leur anticonformisme doctrinal et ne pas perdre leurs ouailles, habituées à la liturgie catholique ? C'est aussi le plus ancien texte qui atteste l'existence de chants du propre qui sont (pour leur texte) encore utilisés ; il renforce notre conviction, fondée sur l'étude des mélodies : les plus anciens chants remontent au moins au IVe siècle.

Noël et l'Épiphanie étaient-elles fêtées le dimanche avant de l'être à une date fixe ? Le *Liber pontificalis*[3] rapporte que le chant du *Gloria in excelsis*, d'abord réservé à la seule messe de Noël, aurait été généralisé à tous les (autres) dimanches ainsi qu'à toutes les fêtes du sanctoral par le pape Symmaque. Le glissement de Noël aux dimanches ordinaires aurait été plus facile et plus spontané si Noël se célébrait elle-même un dimanche. Mais il y a plus. Comme nous l'avons déjà suggéré à propos du graduel en DO *Benedictus Dominus*, qui se trouve au dimanche après l'Épiphanie dès les plus anciens manuscrits, nous voudrions proposer, à titre d'hypothèse, de voir dans le dimanche après Noël (à ne pas confondre avec le dimanche octave de Noël ou avec la fête de la Circoncision, le 1er janvier) et dans le dimanche après l'Épiphanie, les emplacements primitifs de ces deux fêtes, à Rome. Au dimanche après Noël se trouve le graduel *Benedictus qui*, tiré du grand psaume pascal, le psaume 117 ; l'introït *Dum medium silentium [teneret omnia et nox in suo cursu medium iter haberet, omnipotens Sermo*[4] *tuus Domine de*

---

1. Voir CONSTANTIN PORPHYROGÉNÈTE, *Le Livre des cérémonies, lib.* I, *cap.* 39 (30), éd. A. VOGT, t. I, Paris, 1935, p. 151 (troisième dimanche du carême) et *cap.* 41 (32), p. 164 (Rameaux), etc.

2. Éd. R. ÉTAIX, *Rech. Aug.* 26 (1992) : *Sermo* V (p. 158-159) : « *Hodie autem celebramus Epiphaniam, id est manifestationem Domini nostri Iesu Christi, in qua humana carne hominibus apparuit, sicut in praesenti psalmo dictum est : "Benedictus qui venit in nomine Domini"* ». Voir R. GRYSON, *REAug* 39 (1993), p. 342.

3. *LP*, t. I, p. 263.

4. Sur *Sermo*, pris au sens de *Verbum*, le Verbe de Dieu, le Christ, voir M. O'ROURKE BOYLE, « Sermo : Reopening the Conversation », p. 161-168 et VAL-

celis a regalibus sedibus venit] [1], tiré de Sg 18, 14-15, fait référence à Ex 12, 29, c'est-à-dire au passage de l'ange exter-
minateur, lors de la Pâque historique. La nuit de la Pâque
et celle de Noël sont ainsi mises en parallèle, la nuit de la
mort des premiers-nés d'Égypte et celle de la naissance du
premier-né de la Création (Col 1, 15). Au dimanche après
l'Épiphanie se trouve le graduel *Benedictus Dominus* (Ps 71),
dont l'incipit de la mélodie copie celui des traits romains.

S'y ajoutent les indices d'organisation similaire qu'on
trouve à Milan. Le rit ambrosien possède en effet à la messe
du dimanche après Noël un *psalmellus* (équivalent milanais
du graduel) en *RÉ, Benedictus qui*, dont le verset est le premier verset du psaume 117, *Confitemini Domino quoniam
bonus quoniam in seculum misericordia eius*[2]. Le refrain *Benedictus qui* n'étant pas primitif, Milan chantait donc au
dimanche dans l'octave de Noël (emplacement primitif
de la Noël?) le psaume sans refrain *Confitemini Domino*
(Ps 117), comme à Pâques.

Il n'est donc pas impossible que Noël, puis l'Épiphanie,
aient d'abord été fêtées par Rome au dimanche, avant d'être
déplacées à une date fixe, tombant le plus souvent en
semaine pour des raisons diverses. Cette hypothèse permet-
trait, si elle était exacte, de mettre fin à la querelle de la
fixation de la date de Noël au 25 décembre, en renvoyant
dos à dos la *religionsgeschichtliche Hypothese* (Noël est au
25 décembre pour combattre le *Natalis solis invicti*) et la
Berechnungshypothese (Noël est au 25 décembre pour des
raisons de comput) qui n'ont jamais fait l'unanimité[3],
d'autant plus qu'elles reposent l'une comme l'autre sur un
mince *corpus* de textes, pas toujours très sûrs d'ailleurs. Il
serait du reste logique de penser à une célébration dominicale de Noël, quand on voit le parallèle qu'établissent les

---

GIGLIO, *Le antiche versioni latine*, p. 301 ; chez Tertullien : J. MOINGT, *Théologie
trinitaire de Tertullien*, t. IV, Paris, 1969, p. 188-190 et 253-254. La traduction de
Logos par *Sermo* (au lieu de *Verbum*) est une particularité des versions vieilles-latines
de l'Afrique (dites *Afra*, par opposition aux versions européennes, dites *Itala*).

1. PIETSCHMANN, « Die nicht dem Psalter entnommenen Meßgesangstücke »,
p. 99.

2. *PM*, t. VI, p. 103.

3. Voir VOGEL, *Medieval Liturgy*, p. 305-307 et n. 79 ; Th. TALLEY, *The Origins*,
p. 85-103 ; S.K. ROLL, *Toward the Origins of Christmas*, Kampen, 1995, p. 57-164.

chants entre elle et Pâques [1] et quand on se rappelle qu'il aurait été tout à fait étranger aux mentalités du IVe siècle de placer une telle solennité en semaine, tant était encore grande l'importance du dimanche, jour obligatoire des trois scrutins du baptême, du sacre des évêques et des ordinations. On voit mal pourquoi Noël aurait constitué une exception ; de même que Pâques était fixée au dimanche qui suit le 14 Nisan, Noël pouvait l'être au dimanche qui suivait le solstice d'hiver. Rappelons enfin que le dimanche fut la première (et longtemps l'unique) fête chrétienne à être officiellement célébrée dans le calendrier de l'État romain, à la suite de la décision prise par Constantin au sujet du caractère obligatoire du repos dominical, le 3 mars 321 [2]. Or, la première attestation de Noël date de 336 environ, c'est-à-dire fort peu de temps après. Naturellement, cette analyse n'est qu'une simple hypothèse ; rejetée ou admise, qu'importe, le principal serait qu'elle soit féconde.

VL 5319, f. 13v ; *AMS* n° 11 a	Psautier romain, Ps 97	Vulgate	
R.			
Viderunt omnes fines terre salutare Dei nostri	*Memor fuit misericordiae suae Iacob et veritatis suae domus Israhel viderunt omnes fines terrae salutare Dei nostri*	*Recordatus est misericordiae suae et veritatem suam domui Israhel viderunt omnes termini terrae salutare Dei nostri*	3
iubilate Deo omnis terra	*Iubilate Deo omnis terra cantate et exultate et psallite*	*Iubilate Domino omnis terra cantate et exultate et psallite*	4

---

1. Voir la lettre des évêques Loup de Troyes et Euphronius d'Autun, vers 454, à Talasius d'Angers. Ce dernier semble avoir cru que les vigiles de Pâques, de Noël et de l'Épiphanie avaient le même contenu ; ses deux collègues le détrompent : « *Vigilias Natalis Domini longe alio more quam Paschae vigilias celebrandas : quia illic Nativitatis lectiones legendae sunt, illic iterum Passionis. Epiphaniae quoque solemnitas habet suum specialem cultum* » (éd. C. MUNIER, *Concilia Galliae A. 314-A. 506*, Turnhout, 1963, p. 140).

2. C. MOSNA, *Storia della domenica*, p. 217 ; JOANNOU, *La Législation*, p. 66.

V.

Notum fecit Dominus	*Id.*	*Notum fecit Dominus* 2
salutare suum		*salutare suum*
ante conspectu [1] *gentium*		*in conspectu gentium*
revelavit iustitiam suam		*revelavit iustitiam suam*

Cette pièce est le graduel de la troisième messe de Noël ; le grégorien la classe dans le cinquième mode. Le refrain est centonisé, contrairement au verset. Il existe une variante entre chants romain et grégorien, *conspectu / conspectum*. Ce psaume a parfois été appliqué à l'Épiphanie en raison du verset 2 *(ante conspectu gentium)*, dans lequel on voyait une allusion à l'adoration des mages, c'est-à-dire la manifestation du Christ aux Gentils [2]. Le verset 9 était au contraire tenu pour la prophétie du Jugement universel, lors de la seconde Parousie du Christ *(quoniam venit iudicare terram)* [3]. Le premier sens a prévalu dans le choix de ce psaume pour Noël. Contrairement au graduel *Benedictus qui*, cette pièce est légèrement historicisée, donc plus récente — sans que ce « critère » de plus ou moins grande historicisation des textes constitue à nos yeux un discriminant suffisant à soi seul, bien entendu.

L'avent.

VL 5319, f. 2 ; *AMS* n° 2	Psautier romain, Ps 49	Vulgate
R.		
Ex Sion species *decoris eius*	*Id.*	*Id.* 2
Deus manifestus veniet [4]	*Deus manifestus veniet*	*Deus manifeste veniet* 3
	Deus noster et non silebit	*Deus noster et non silebit*
	ignis in conspectu eius	*ignis in conspectu eius*
	ardebit	*exardescet*
	et in circuitu eius	*et in circuitu eius*
	tempestas valida	*tempestas valida*

---

1. *Conspectu* VL 5319, F 22, C 74, M, R, B, C ; *Conspectum* K, SG 359, E 121, L 239, M-R.

2. Le lectionnaire gallican de Wolfenbüttel l'affecte à l'Épiphanie : Morin, « Le plus ancien monument », p. 8 ; Gamber, *CLLA* 250.

3. Grillmeier, *Gesù il Cristo*, p. 87.

4. *Manifestus* VL 5319, F 22, B ; lacune C 74 ; *manifeste* M, R, K, SG 359, E 121, L 239, M-R.

V.

Congregate illic [1]	*Congregate illi*	*Congregate illi* 5
sanctos eius	*sanctos eius*	*sanctos eius*
qui ordinaverunt	*qui ordinaverunt*	*qui ordinant testamentum*
testamentum eius	*testamentum eius*	*eius*
super sacrificia	*super sacrificia*	*super sacrificia*

Cette pièce est au deuxième dimanche de l'avent ; le grégorien la classe en cinquième mode. Contrairement au verset, le refrain est centonisé. Il existe deux variantes textuelles entre chants romain et grégorien : *manifestus* / *manifeste* et *illic* / *illi*. Ce psaume semble avoir été choisi, au rebours de la typologie ancienne, en raison de l'allusion à la venue du Seigneur, *Deus manifeste veniet*. Ce graduel est à la messe du deuxième dimanche de l'avent, dont la station est Sainte-Croix de Jérusalem : or, tous les chants de cette messe (à l'exception de l'offertoire) font allusion à Jérusalem. Ici, c'est le mot *Sion* qui a entraîné l'utilisation de cette pièce ; nous sommes bien loin de l'exégèse antique et des psaumes graduels du « carême » de trois semaines. La typologie traditionnelle y voyait en revanche une condamnation du formalisme religieux et du ritualisme des scribes et des Pharisiens, condamnation reprise par le Christ en Mt 23. Saint Augustin l'employait au quatrième mercredi du carême [2].

VL 5319, f. 5v ; *AMS* n° 5 a	Psautier romain, Ps 144	Vulgate
R.		
Prope est Dominus	*Prope est Dominus*	*Prope est Dominus* 18
omnibus invocantibus	*omnibus invocantibus*	*omnibus invocantibus*
eum	*eum*	*eum*
omnibus qui invocant	*in veritate*	*omnibus invocantibus*
eum		*eum*
in veritate		*in veritate*

---

1. *Illic* VL 5319, F 22, M ; lacune C 74 ; *illis* S ; *illi* R, B, K, SG 359, E 121, L 239, M-R.
2. WILLIS, *St Augustine's Lectionary*, p. 23.

V.

Laudem Domini	Laudem Domini	Laudationem Domini 21
loquetur os meum	loquetur os meum	loquetur os meum
et benedicat omnis caro	et benedicat omnis caro	et benedicat omnis caro
nomen sanctum eius	nomen sanctum eius	nomini sancto eius
	in aeternum	in saeculum
	et in saeculum saeculi	et in saeculum saeculi

Cette pièce se trouve au mercredi des Quatre-Temps de l'avent. Ce texte, qui n'a aucun rapport avec les Quatre-Temps, a été choisi en raison de l'allusion à l'avent et à la proximité de la venue du Seigneur *(prope est Dominus)*. Cela illustre la totale adventisation des Quatre-Temps du dixième mois. D'après saint Jean Chrysostome, le verset 15 *(et tu das escam illis in tempore oportuno)*, qui fait allusion à l'Eucharistie, était employé à Antioche comme refrain du chant de communion, ce dernier étant tiré du psaume 144[1].

Les dimanches « per annum » : dimanches après la Pentecôte et après l'Épiphanie.

Les dimanches *per annum* sont les dimanches qui n'appartiennent pas à la liturgie stationnale, à l'exception des dimanches du temps pascal, qui n'ont jamais reçu d'église stationnale, sans pour autant faire partie des dimanches *per annum*. Il s'agit notamment des dimanches après la Pentecôte, auxquels il faut ajouter les dimanches après l'Épiphanie qui, pour les trois premiers d'entre eux, ont reçu une station. Les formulaires pour les dimanches ordinaires étaient au nombre de seize dans le sacramentaire gélasien ancien (Vat. Reg. 316[2]). On sait comment on est passé de cette liste, insuffisante pour les vingt-trois dimanches après la Pentecôte, auxquels il faut ajouter les dimanches après l'Épiphanie, à la liste moderne de vingt-trois formulaires : un certain nombre de pièces ont donc été d'abord répétées, puis on leur adjoignit des pièces nouvelles, qui ne font donc pas par-

---

1. J. McKinnon, *Music*, p. 82.

2. Chavasse, « Le calendrier dominical romain », p. 239, « Les plus anciens types », p. 58, 62 ; Brou, « Étude historique sur les oraisons », p. 171 ; Schmidt, « Die Sonntage nach Pfingsten », p. 457.

tie du vieux fonds du répertoire[1] : avant saint Grégoire, il n'y avait que seize graduels pour les dimanches *post Pentecosten*.

VL 5319, f. 51v ; *AMS* n° 50 a	Psautier romain, Ps 78	Vulgate	
R. *Propitius esto Domine* *peccatis nostris*	*Adiuva nos Deus* *salutaris noster* *et propter honorem* *nominis tui* *Domine libera nos* *et propitius esto* *peccatis nostris* *propter nomen tuum*	*Adiuva nos Deus* *salutaris noster* *propter gloriam* *nominis tui* *Domine libera nos* *et propitius esto* *peccatis nostris* *propter nomen tuum*	9
nequando dicant gentes *ubi est Deus eorum*	*Nequando dicant gentes* *ubi est Deus eorum* *et innotescant* *in nationibus* *coram oculis nostris* *vindica sanguinem* *sanctorum tuorum* *qui effusus est*	*Ne forte dicant* *in gentibus* *ubi est Deus eorum* *et innotescat* *in nationibus* *coram oculis nostris* *ultio sanguinis* *servorum tuorum* *qui effusus est*	10
V. *Adiuva nos Deus* *salutaris noster* *et propter honorem* *nominis tui* *libera nos Domine*[2]	Ut supra	Ut supra	9

Cette pièce se trouve au quatrième dimanche après la Pentecôte ; elle fut ensuite reprise pour le deuxième jeudi du carême. On la trouve également au samedi des Quatre-Temps de carême ainsi qu'au dimanche *vacat* qui suit le samedi des Quatre-Temps de la Pentecôte. Le refrain, contrairement au verset, est centonisé. Il existe une variante,

---

1. Étude importante de LE ROUX, « Les graduels des dimanches après la Pentecôte », p. 119-130.
2. *Libera nos Domine* VL 5319, F 22, C 74 ; *Domine libera nos* C, K, SG 359, E 121, L 239, M-R.

libera nos Domine / Domine libera nos. La typologie de ce psaume n'est pas très marquée.

VL 5319, f. 119 ; AMS n° 174	Psautier romain, Ps 8	Vulgate	
R.			
Domine Dominus noster quam admirabile est nomen tuum in universa terra	*Domine Dominus noster quam admirabile est nomen tuum in universa terra quoniam elevata est magnificentia tua super caelos*	*Domine Dominus noster quam admirabile est nomen tuum in universa terra quoniam elevata est magnificentia tua super caelos*	2
V.			
Quoniam elevata est magnificentia tua super caelos	Ut supra	Ut supra	2

Cette pièce se trouve au neuvième dimanche après la Pentecôte. Le refrain et le verset sont tirés du même verset psalmique, ce qui est assez curieux. Ce psaume n'est pas employé ici dans son sens traditionnel ; le psaume 8 est en effet l'un des plus importants psaumes messianiques, dès l'épître aux Hébreux (2, 6-8), qui l'associe à la royauté du Christ, à sa kénose et à son Ascension et sa glorification [1]. Rien de tout cela dans ce graduel.

VL 5319, f. 64 ; AMS n° 64	Psautier romain, Ps 73	Vulgate	
R.			
Respice Domine in testamento tuo [2]	*Respice in testamento tuo quia repleti sunt qui obscurati sunt terrae domorum iniquitatum*	*Respice in testamentum tuum quia repleti sunt qui obscurati sunt terrae domibus iniquitatum*	20

---

1. DANIÉLOU, « La session à la droite », p. 691 ; M.-J. RONDEAU, *Les Commentaires patristiques*, t. I, p. 100 et t. II, p. 281, 287-294 ; GRILLMEIER, *Gesù il Cristo*, p. 41, 78 ; BESKOW, *Rex gloriae*, p. 278.

2. *Testamento tuo* VL 5319, F 22, B ; *testamentum tuum* C 74, C, K, SG 339, E 121, L 239, M-R.

	Ne tradas bestiis animas pauperum tuorum ne obliviscaris in finem	Ne tradas bestiis 19 animam confitentem tibi animas pauperum tuorum ne obliviscaris in finem
et animas pauperum tuorum ne obliviscaris in finem		

V.

| Exurge Domine et iudica causam tuam memor esto obprobrii servorum tuorum | Exsurge Deus iudica causam tuam memor esto inproperiorum tuorum eorum qui ab insipiente sunt tota die | Exsurge Deus 22 iudica causam tuam memor esto inproperiorum tuorum eorum qui ab insipiente sunt tota die |

Cette pièce se trouve au treizième dimanche après la Pentecôte ; elle fut ensuite réutilisée pour le quatrième jeudi du carême. Il existe une variante, *testamento tuo / testamentum tuum*. Les mots *servorum tuorum* se trouvent également dans le graduel *Locus iste,* et *exaudi preces servorum tuorum* dans le graduel *Protector noster.* Ces deux incises proviennent de Esd. 4 [1]. La typologie des Pères voit dans le verset 7 une prophétie de la destruction du Temple par Titus. Les versets 13 et 15 sont une anamnèse des *mirabilia* accomplis par Dieu, notamment la traversée de la mer Rouge et le miracle de l'Horeb.

VL 5319, f. 130v ; AMS n° 190	Psautier romain, Ps 112	Vulgate	
R.			
Quis sicut Dominus Deus noster qui in altis habitat	Id.	Id.	5
et [2] humilia respicit in celo et in terra	Id.	Id.	6
V.			
Suscitans a terra inopem et de stercore erigens pauperem	Id.	Id.	7

Cette pièce se trouve au mercredi des Quatre-Temps de

---

1. BROU, « Le IVe livre d'Esdras dans la liturgie hispanique », p. 102.
2. *Et* VL 5319, F 22 ; lacune C 74 ; *et* om. B, K (n° 190) R (n° 26 *bis*), SG 359, E 121, L 239, M-R.

septembre. Il existe une variante textuelle entre chants romain et grégorien, l'omission de *et*. Ce psaume n'a pas fait l'objet d'une analyse typologique bien marquée.

VL 5319, f. 57 ; *AMS* n° 57 a	Psautier romain, Ps 144	Vulgate	
R. *Oculi omnium* *in te sperant* *Domine* *et tu das illis escam* *in tempore oportuno*	*Oculi omnium* *in te sperant* *Domine* *et tu das escam illis* *in tempore oportuno*	*Oculi omnium* *in te sperant* *et tu das escam illorum* *in tempore oportuno*	15
V. *Aperis tu manum tuam* *et imples omne animal* *benedictione*	*Id.*	*Id.*	16

Cette pièce se trouve au dix-neuvième dimanche après la Pentecôte ; elle a ensuite été réutilisée au troisième jeudi du carême. Le chant grégorien la classe en septième mode.

VL 5319, f. 23v ; *AMS* n° 21 a	Psautier romain, Ps 106	Vulgate	
R. *Misit Dominus* *Verbum suum* *et sanavit eos* *et eripuit eos* *de interitu eorum*	*Misit Verbum suum* *et sanavit eos* *et eripuit eos* *de interitu eorum*	*Misit Verbum suum* *et sanavit eos* *et eripuit eos* *de interitionibus eorum*	20
V. *Confiteantur Domino* *misericordia* [1] *eius* *et mirabilia eius* *filiis hominum*	*Confiteantur Domino* *misericordiae eius* *et mirabilia eius* *filiis hominum*	*Confiteantur Domino* *misericordiae eius* *et mirabilia eius* *filiis hominum*	21

Cette pièce se trouve au deuxième dimanche après l'Épiphanie (f. 23v), ainsi qu'à la messe de la fête de la Dédicace

---

1. *Misericordia* VL 5319, F 22, C 74, R, C ; *misericordie* B, K, SG 359, E 121, M-R ; lacune L 239.

du Latran (9 novembre), au folio 129v[1]. Elle semble primitive au premier emplacement, pour des raisons de typologie : le verset 20 a souvent été appliqué au Verbe *(misit Dominus Verbum suum)* et à son Incarnation[2]. Elle n'a en revanche aucun rapport avec la messe votive de la Dédicace (la messe *Terribilis,* qui se trouve aux folios 136-137) qui, du reste, est une messe dont les autres chants sont clairement d'origine non romaine. Il existe une variante entre chants romain et grégorien, *misericordia / misericordiae.*

VL 5319, f. 25 ; *AMS* n° 26	Psautier romain, Ps 101	Vulgate	
R.			
Timebunt gentes	*Et timebunt gentes*	*Et timebunt gentes*	16
nomen tuum Domine	*nomen tuum Domine*	*nomen Domini*	
et omnes reges terre	*et omnes reges terrae*	*et omnes reges terrae*	
gloriam tuam	*gloriam tuam*	*gloriam tuam*	
V.			
Quoniam edificavit	*Id.*	*Quia aedificabit*	17
Dominus Sion		*Dominus Sion*	
et videbitur		*et videbitur in gloria sua*	
in maiestate sua			

Cette pièce se trouve aux seizième et vingt-quatrième dimanches après la Pentecôte ainsi qu'au troisième dimanche après l'Épiphanie. Le manuscrit de Rheinau (*AMS*, n° 0) possède un autre verset, *Quoniam elevata est* (Ps 8, 2). Les versets 26-28 de ce psaume sont utilisés, dès l'épître aux Hébreux (*Hebr.* I, 10-12), comme une preuve de la supériorité du Christ sur les anges, comme le psaume 109.

---

1. Voir JOUNEL, *Le Culte des saints,* p. 305-307.
2. RONDEAU, *Les Commentaires patristiques,* t. II, p. 178, n. 458 ; GRILLMEIER, *Gesù il Cristo,* p. 174.

L'unique pièce nouvelle composée lors de la création des jeudis de carême (715-731).

VL 5319, f. 70v ; AMS n° 71 a	Psautier romain, Ps 28 et 95	Vulgate
R. Tollite hostias et introite in atria eius	Adferte Domino gloriam nomini eius tollite hostias et introite in atria eius	Adferte Domino 95, 8 gloriam nomini eius tollite hostias et introite in atria eius
adorate Dominum in aula sancta eius	Adorate Dominum in aula sancta eius commoveatur a facie eius universa terra	Adorate Dominum 95, 9 in atrio sancto eius commoveatur a facie eius universa terra
V. Revelavit Dominus condensa et in templo eius omnes dicent gloriam [1]	Vox Domini praeparantis cervos et revelabit condensa et in templo eius omnes dicent gloriam	Vox Domini 28, 9 praeparantis cervos et revelabit condensa et in templo eius omnis dicet gloriam

Cette pièce se trouve au cinquième jeudi du carême. Lorsqu'on donna une messe aux jeudis du carême, sous le pape Grégoire II (715-731), on se borna à réemployer des chants en provenance des dimanches après la Pentecôte [2]. Ce graduel est la seule exception : il fut composé pour la circonstance. On remarquera qu'il est tiré de deux psaumes différents, le psaume 95 et le psaume 28, ce qui est le signe d'une date de composition très basse. Il existe une variante : *omnes dicent gloria / omnes dicent gloriam*. Le psaume 28 est un psaume baptismal (v. 3, *vox Domini super aquas*) [3] ; il était également employé par saint Augustin pour la Dédicace [4] ; à Ravenne, on le chantait pendant le carême et Chromace

---

1. *Gloria* VL 5319, C 74 ; *gloriam* F 22, C, K, SG 359, E 121, L 239, M-R. L 239 donne *omnis dicent*, qui pourrait être une variante.
2. Voir A. CHAVASSE, « *Cantatorium et Antiphonale Missarum* », p. 17-18 ; CALLEWAERT, « Les messes des jeudis de carême », p. 605. Les oraisons des jeudis sont aussi des réemplois : ANDRIEU, « Quelques remarques sur le classement », p. 46, n. 2.
3. LUNDBERG, *La Typologie*, p. 97 ; A. ROSE, « Les psaumes de l'initiation », p. 286, 291.
4. ROETZER, *Des heiligen Augustinus Schriften*, p. 90-91.

d'Aquilée appliquait le verset 4 à la résurrection de Lazare[1]. Le psaume 95, quant à lui, est très célèbre en raison de son verset 10, transformé par les chrétiens en *regnavit a ligno Deus* et utilisé dès Justin comme une prophétie de la Crucifixion[2] ; il fut notamment repris plus tard par Venance Fortunat († après 600) dans sa très belle hymne à la Croix, *Vexilla Regis prodeunt : Impleta sunt quae concinit David fideli carmine : Regnavit a ligno Deus.*

Les graduels du sanctoral : les pièces pour un seul martyr.

On a longtemps raisonné sur les chants du sanctoral romain en se fondant sur les manuscrits de chant grégorien, qu'on croyait romains, alors qu'il s'agit d'un hybride de la tradition romaine et des traditions franques. Cette confusion a empêché tout progrès dans les connaissances, dans la mesure où la répartition des pièces de chant entre les différents saints n'est pas du tout la même à Rome et en Gaule, malgré un certain nombre de points de contact. Le grégorien a en effet dérangé les groupements effectués par Rome parmi des chants du sanctoral, associant autour d'une même pièce des saints que Rome séparait, et répartissant au contraire sur plusieurs pièces différentes des saints que Rome réunissait sur une seule. Dom Hesbert lui-même s'est égaré à propos de la messe des saints Fabien et Sébastien : ne tenant compte que des antiphonaires grégoriens et des sacramentaires, il n'avait pas vu que le chant grégorien avait uni sur une seule messe ces deux saints, que les graduels romains tenaient au contraire séparés et pourvus chacun d'une messe propre[3].

Sur le plan mélodique, on constatera qu'à maintes reprises les pièces du sanctoral sont irrégulières, mal bâties ou mal articulées, ont des vocalises de médiante peu significatives ou sont au contraire envahies de vocalises d'accent surnuméraires qui font, à chaque instant, moduler la pièce au grave, de telle sorte que la corde mère (ou l'une de ses trans-

1. Sottocornola, *L'anno liturgico*, p. 199 ; Chromace, *Sermo* XXVII (SC 164, p. 112).
2. Simon, *Verus Israel*, p. 191 ; G. Otranto, *Esegesi biblica*, p. 150 ; Beskow, *Rex gloriae*, p. 38 ; Daniélou, *Message évangélique*, p. 199.
3. Hesbert, *AMS*, p. LXXXVI.

positions) devient méconnaissable. C'est le signe de ce que les pièces du sanctoral, même du sanctoral le plus ancien, ne peuvent pas prétendre à une grande antiquité.

VL 5319, f. 15 ; *AMS* n° 12	Psautier romain, Ps 108 et 118	Vulgate
R.		
Sederunt principes et adversus me loquebantur [1]	*Etenim sederunt principes et adversum me loquebantur servus autem tuus exercebatur in tuis iustificationibus*	*Etenim* 118, 23 *sederunt principes et adversum me loquebantur servus autem tuus exercebatur in iustificationibus tuis*
et iniqui persecuti sunt me	*Omnia mandata tua veritas iniqui persecuti sunt me adiuva me*	*Omnia* 118, 86 *mandata tua veritas inique persecuti sunt me adiuva me*
V.		
Adiuva me Domine Deus meus salvum me fac propter misericordiam tuam	*Id.*	*Adiuva me* 108, 26 *Domine Deus meus salvum fac me secundum misericordiam tuam*

Cette pièce est le graduel propre du diacre Étienne (26 décembre). Elle est tirée de deux psaumes différents. Il existe une variante textuelle entre Rome et le grégorien, *adversus / adversum*. Le psaume 108 a peu de rapports avec la liturgie des martyrs : il est en effet appliqué dès le discours de saint Pierre (Ac 1, 20) à la trahison de Judas [2]. Le verset 23 du psaume 118 est en revanche très bien adapté à un tel usage, conformément à la typologie, depuis Origène et saint Ambroise [3]. Le très long psaume 118 est formé de vingt-deux strophes ou *capitula*, elles-mêmes constituées de huit versets formant un octonaire. La Tradition en a fait deux lectures : la première, qui n'est sûrement pas à l'œuvre

---

1. *Adversus* VL 5319, F 22, C 74 ; *adversum* R, B, C, K, SG 359, E 121, L 239, M-R.
2. Dom J. DUPONT, « L'interprétation des psaumes », p. 299-300.
3. H. AUF DER MAUR, *Das Psalmenverständnis*, p. 200 et 276.

ici et qui est la plus tardive des deux, a vu dans le verset 62
(*media nocte surgebam ad confitendum tibi*) une allusion à
l'office de nuit, les matines[1]. Certains rits ont utilisé le verset 11 (*in corde meo abscondi eloquia tua ut non peccem tibi,*
allusion au fait que les catéchumènes avaient appris par cœur
le texte du *Credo* quelques jours auparavant) pour la *Traditio
Symboli*[2]. Mais les exégètes les plus anciens voyaient dans
ses versets 23 et 120 une prophétie de la Crucifixion, comme
saint Cyprien (*Testimonia ad Quirinum* III, 20) et de la persécution des justes, comme Origène et saint Ambroise : c'est
cette interprétation qui est à l'œuvre dans ce graduel.

Inconnu de la *Depositio Martyrum*, le culte du Protomartyr
ne s'est répandu qu'après l'invention de ses reliques, en
415[3], à une assez grande vitesse, il est vrai : dès 424-425,
on lui bâtissait une basilique à Hippone ; contrairement à
Rome, la liturgie de cette ville utilisait le psaume 138 pour
sa messe[4]. Jérusalem lui érigea une basilique en 460, tandis
que Rome lui en bâtissait une (Saint-Étienne-le-Rond n'est
pas un titre, mais une basilique) *intra muros* sous Simplicius
(461-468)[5]. Étienne est, par le nombre, le second patron
d'églises en Gaule romaine et franque[6]. Contrairement à la
fête des saints Innocents, celle de saint Étienne appartient
davantage au sanctoral qu'au temporal, puisqu'elle n'est pas
née par scissiparité de la fête de l'Épiphanie[7].

VL 5319, f. 121v ; *AMS* n° 136	Psautier romain, Ps 16	Vulgate	
R. *Probasti Domine cor meum*	*Probasti cor meum*	*Probasti cor meum*	3

1. M. Harl, *La Chaîne palestinienne sur le psaume 118*, Paris, 1972, p. 94
(SC 189).

2. A. Rose, « Les psaumes de l'initiation chrétienne », *QLP* 47 (1966), p. 288.

3. P. Jounel, *Le Culte des saints*, p. 110 ; Krautheimer, « Santo Stefano Rotondo
in Rome and the Rotunda », repris dans : *Studies*, p. 70, 74 ; Delehaye, *Origines
du culte*, p. 96.

4. Saxer, *Morts, martyrs*, p. 180, 210.

5. Duchesne, *LP*, t. I, p. 249, n. 1 ; Delehaye, *Origines du culte*, p. 215. Il
possédait déjà une basilique hors les murs, sur la via Latina, construite par saint
Léon autour de 450 : Krautheimer, « Santo Stefano », p. 70.

6. Ewig, « Kathedralpatrozinien », p. 297.

7. J. Leclercq, « Aux origines du cycle de Noël », p. 14, 20, 23.

| et visitasti nocte | et visitasti nocte
igne me examinasti
et non est inventa in me
iniquitas | visitasti nocte
igne me examinasti
et non est inventa in me
iniquitas | |
| V.
Igne me examinasti
et non est inventa in me
iniquitas | Ut supra | Ut supra | 3 |

Ce graduel appartient en propre à saint Laurent (10 août).
Le verset et le refrain sont tirés du même verset psalmique.
Le choix du verset 3 s'explique facilement par le supplice
du gril que dut subir le diacre du pape Sixte II, martyrisé
en 258[1]. C'est un exemple (rare, il faut bien l'avouer) d'une
influence exercée par les *Gesta martyrum* sur la liturgie. Très
important, notamment à Rome, dont il était l'un des patrons
et des protecteurs[2], le culte du diacre Laurent y est attesté[3]
par la *Depositio Martyrum* et des textes nombreux et
anciens[4]. Pour sa fête, Hippone chantait le psaume 54[5],
mais la Gaule, comme Rome, chantait *Probasti*, comme le
prouve la Préface *(immolatio)* de la messe de saint Laurent
dans le *Missale Gothicum* : « *Vere dignum et iustum est, omni-*
potens sempiterne Deus, tibi in tanti martyris Laurenti laudis
hostias immolare. Qui hostiam viventem hodie in ipsius laevitae
tui beati Laurenti martyris ministerio per florem casti corporis
accepisti. Cuius vocem per hymnidicum modolamini psalmi audi-
vimus, canentis atque dicentis : "Probasti cor meum, Deus, et
visitasti nocte — id est in tenebris saeculi — igne me examinasti
et non est inventa in me iniquitas" [...][6]. »

---

1. DUFOURCQ, *Étude*, t. I, p. 200.
2. PICARD, « Étude sur l'emplacement des tombes des papes », p. 745-746.
3. Voir G. NAUROY, « Le martyre de Laurent dans l'hymnodie », p. 44-82 et
J. FONTAINE (éd.), *Ambroise de Milan, Hymnes*, Paris, 1992, p. 549-581.
4. Vue d'ensemble dans FONTAINE, *Les Hymnes*, p. 559 ; ajouter DAMASE, épigramme 33 (éd. FERRUA, p. 166).
5. V. SAXER, *Morts, martyrs*, p. 213 ; en Gaule franque, E. EWIG, « Die Kathedralpatrozinien », p. 307.
6. *Missale Gothicum*, éd. L. C. MOHLBERG, Rome, 1961, n° 398, p. 98.

VL 5319, f. 16 ; *AMS* n° 31	Psautier romain, Ps 111	Vulgate	
R.			
Beatus vir	*Beatus vir*	*Beatus vir*	1
qui timet Dominum	*qui timet Dominum*	*qui timet Dominum*	
in mandatis eius	*in mandatis eius*	*in mandatis eius*	
cupit nimis	*cupiet nimis*	*volet nimis*	
V.			
Potens in terra	*Id.*	*Id.*	2
erit semen eius			
generatio rectorum			
benedicetur			

Cette pièce est utilisée pour sept fêtes, qui sont celles de saint Jean l'Évangéliste *mane*, saint Félix de Nole (14 janvier), saint Valentin (14 février), saint Adrien (8 septembre), saint Matthieu (21 septembre), saint Césaire (1er novembre) et saint Mennas (11 novembre). Le psaume 111 est très bien adapté à la liturgie des martyrs ; il est d'ailleurs attesté dans cet emploi par saint Augustin [1].

Très souvent, plusieurs saints se partagent la même pièce de chant ; les pièces propres sont en effet assez peu nombreuses dans le sanctoral de ce répertoire ancien, pauvre en pièces de chant. Pourtant, toutes les pièces du sanctoral ont commencé par être propres : ce n'est que l'accroissement du sanctoral, imprévisible à l'origine, qui a transformé nombre de ces pièces propres en pièces communes à plusieurs saints, en raison de réemplois successifs [2]. Les propres ont précédé chronologiquement les communs. Pourquoi a-t-on groupé certains saints déterminés derrière une pièce de chant donnée quand on a constitué ces communs ? Quelle logique préside aux groupements ? Ces groupements ne sont pas les mêmes pour tous les genres liturgiques : ainsi, deux saints peuvent partager le même introït, mais

---

1. WILLIS, *St Augustine's Lectionary*, p. 40.
2. LANG (*Das Commune Sanctorum*, p. 38, 43 et 91) met en relief les quatre facteurs qui ont provoqué la formation d'un commun des saints (p. 38) : la fin de la période de création musicale, l'enrichissement du sanctoral, le désir de constituer un petit *corpus* de pièces pour faciliter la tâche des prêtres les moins capables ou des fidèles les moins instruits, afin que tous puissent prendre part à la liturgie et, pour finir (p. 43), la naissance de la messe privée.

avoir un graduel différent, qu'ils partagent avec d'autres saints.

Il existe quatre possibilités. Les saints peuvent en effet avoir été regroupés pour plusieurs raisons : premièrement, parce qu'ils étaient ensevelis dans la même catacombe, le long de la même voie romaine, parce que leur tombeau relevait de la même région ecclésiastique ou encore parce que leurs *tituli* se trouvaient dans la même région ecclésiastique ; deuxièmement, parce que leur *Passio* les réunit, en faisant par exemple de l'un le mari ou le fils de l'autre ou parce que, d'après leur *Passio*, ils étaient contemporains ou victimes de la même persécution. Troisièmement, parce qu'ils appartiennent (ou n'appartiennent pas) à la *Depositio Martyrum*, à la *Depositio Episcoporum* ou au sanctoral damasien, ou parce que leur culte a été promu à la même époque, par le même pape, qui leur a bâti une basilique au même moment. Enfin, parce qu'ils partageaient la même origine géographique (Rome, l'Orient, la Gaule, etc.), parce que leur fête tombait au cours de la même période de l'année (sanctoral d'août, sanctoral du temps pascal, etc.) ou parce qu'ils appartiennent à la même catégorie de saints (un martyr, plusieurs martyrs, une vierge, un pape, un ou plusieurs confesseurs).

L'hypothèse géographique ne tient pas. Il semble que les catacombes et les basiliques cimitériales n'aient pas eu de clergé propre et qu'elles aient dépendu des titres urbains, sinon pour leur administration et leur entretien, du moins pour leur desserte et pour la célébration du culte, qui n'avait pas lieu les dimanches, mais seulement pour la fête du saint[1] : il n'y a donc aucune chance qu'existe une sorte de répertoire propre à chaque région cimitériale, à chaque catacombe ou à chaque via ; les chants, comme le clergé qui célébrait les fêtes du sanctoral, provenaient de la Ville. Mais il faut également nuancer l'idée selon laquelle chaque cimetière aurait automatiquement relevé d'un *titulus* précis : Charles Pietri a montré que c'était au moins à moitié faux[2]. Toujours est-il que les chants ne nous permettent pas de

---

1. Ch. PIETRI, « Histoire, culture », p. 13 ; J. GUYON, *Le Cimetière*, p. 437 ; A. CHAVASSE, *Le Sacramentaire*, p. 75-77, « Les grands cadres de la célébration », p. 17 et « Les célébrations eucharistiques », p. 69.

2. « Régions ecclésiastiques ».

croire à l'existence de groupements du sanctoral par catacombe : il n'existe pas de recoupements significatifs entre
les associations de martyrs par la géographie des cimetières
et leur regroupement derrière un même répertoire liturgique : les exceptions sont légion.

Les liens établis par les *Vitae* sont à peine plus probants
pour expliquer que plusieurs saints partagent les mêmes
pièces de chant. Les *gesta martyrum* étaient pourtant des
textes célèbres, que chacun avait en tête, surtout aux VIe et
VIIe siècles. Ils ne semblent pourtant pas avoir exercé
d'influence déterminante, pour une raison simple : on ne
peut donner la même pièce de chant à un martyr et à une
vierge, même s'ils sont mari et femme.

Les liens créés par le fait de figurer déjà dans l'une des
deux *Depositiones*, ou d'avoir reçu une épigramme damasienne, semblent très lâches. Des saints qui se trouvent dans
ces documents peuvent fort bien être séparés par la liturgie,
et réunis à d'autres saints qui n'y figurent pas. Il faut dire
qu'il est malaisé de montrer comment on est passé du sanctoral des deux *Depositiones* (rudimentaire au point de paraître
incomplet) au sanctoral damasien (incomplet, puisqu'il
dépend des trouvailles des archéologues : la découverte de
nouvelles inscriptions philocaliennes pourrait tout modifier),
et du sanctoral damasien à celui qu'on trouve dans le martyrologe hiéronymien et dans les plus anciens sacramentaires
(« léonien », gélasien ancien et grégoriens), qui est déjà très
élaboré et beaucoup plus fourni que celui des documents
précédents, plus même que celui qu'on trouve dans les plus
anciens graduels romains. Il n'est pas possible de considérer
comme une évolution linéaire et logique le mouvement qui
nous fait passer, à Rome, du sanctoral des *Depositiones* à
celui du sacramentaire grégorien. C'est pourquoi les tentatives faites pour présenter ces sanctorals sous la forme d'un
unique tableau — comme si l'on passait de l'un à l'autre
sous l'effet d'un mouvement d'évolution régulier et naturel,
et comme si l'on pouvait, en opérant une simple soustraction
entre un sanctoral et celui qui le précède immédiatement
dans le temps, savoir ce qui a été ajouté entre-temps — sont
très faibles [1]. Certains de ces sanctorals sont assez théoriques
ou constituent une sorte de cul-de-sac de l'évolution. Ainsi,

---

1. V. SAXER, « L'utilisation par la liturgie », p. 933.

on voit très mal comment on est passé des *Depositiones* au sanctoral romain « moderne » : huit des douze papes de la *Depositio Episcoporum* ne sont pas passés dans le sanctoral et on ignore sur quelles bases s'est effectué le tri.

C'est finalement l'hypothèse logique qui est la bonne. Le plus souvent, les saints sont en effet regroupés autour d'une pièce de chant en fonction de la catégorie à laquelle ils appartiennent : martyrs, papes, vierges, etc. Cette conclusion est un peu décevante, car ces groupements par genre ne peuvent être antérieurs au VIe siècle. Les chants du sanctoral sont toujours de seconde venue par rapport à ceux du temporal ; l'analyse des mélodies le confirme.

Refermons cette parenthèse. Le graduel qui nous occupe est commun à plusieurs martyrs isolés. La messe *mane* de saint Jean l'Évangéliste est *a priori* moins ancienne que sa messe *in die*, mais il est possible qu'elle ait conservé certaines pièces anciennes qui auraient été chassées de leur emplacement primitif par une modernisation du répertoire et notamment[1] par le remplacement de pièces psalmiques, au texte assez général, par des pièces non psalmiques. Cet emplacement liturgique ne permet donc pas de préjuger de l'âge des pièces qui y sont affectées. Il est possible que le culte de saint Jean ait été relancé à Rome par le pape Hilaire (461-468), qui lui construisit un oratoire attenant au baptistère du Latran[2]. Saint Félix de Nole, *in Pincis* (14 janvier), est absent de la *Depositio Martyrum* ; on ne sait si l'épigramme 59 de Damase est consacrée à Félix de Nole ou à l'antipape Félix, archidiacre et successeur malheureux de Libère[3] ; son titre se trouve dans la cinquième région ecclésiastique, dans les *Horti Pinciani*. Saint Valentin (14 février), patron de Terni, inconnu de la *Depositio Martyrum* mais honoré par Damase, a déjà été vu à propos du trait *Desiderium anime*. Saint Adrien (8 septembre), absent de la *Depositio Martyrum*, est généralement considéré comme un saint qui est entré fort tard dans le sanctoral romain, parce que l'église qui lui est consacrée *intra muros* a été fondée par le pape Honorius dans l'ancienne *aula* du Sénat romain[4], avant

---

1. Voir BERNARD, « Les *Alleluia* », p. 327-331.
2. DUCHESNE, *LP*, t. I, p. 245, n. 3 ; JOUNEL, *Le culte des saints*, p. 158, 329.
3. FERRUA, *Epigrammata*, p. 213-215. Sur l'affaire de sa nomination, sur l'ordre de l'empereur Constance, Ch. PIETRI, « La politique de Constance II », p. 237 s.
4. DUCHESNE, *LP*, t. I, p. 517, n. 43 ; GEERTMAN, *More veterum*, p. 113, 162.

de devenir le lieu de la collecte de la messe de la Purification (2 février) sous Sergius (687-701) et d'être érigée en diaconie vers 783-784 par le pape Hadrien Ier (772-795). Il est cependant possible que son culte ait été introduit à Rome quelques décennies avant la transformation de cet édifice civil en église, transformation qui consacrait la conquête du cœur de l'ancienne Rome par le christianisme[1].

Saint Matthieu (21 septembre), s'il était fêté en pays franc depuis le VIIIe siècle[2], n'a que tardivement reçu un culte à Rome. Il existait certes un *titulus Matthaei, in Merulana,* attesté au synode romain de 499, mais son histoire est fort obscure et il semble avoir disparu par la suite : il n'est plus mentionné au synode de 595 ; par surcroît, il pourrait simplement s'agir du nom du fondateur[3]. Le diacre saint Césaire, martyrisé à Terracine (1er novembre), avait un oratoire sur le Palatin qui servait de chapelle au palais gouvernemental byzantin à Rome ; il est attesté en 603 par saint Grégoire le Grand[4]. Il convient enfin de se méfier de saint Mennas, souvent présenté comme un martyr égyptien (BHL 5921-5924) absent de la *Depositio Martyrum* ; on ajoute encore que sa fête est attestée à Rome sous saint Grégoire le Grand, qui prononça pour cette occasion l'homélie XXXV *in Evang.*[5]. En réalité, il existe deux saints homonymes, par surcroît fêtés le même jour, qui portent ce nom de Mennas. Notre Mennas n'est certainement pas le martyr égyptien, dont la présence dans le sanctoral romain local aurait de quoi surprendre, mais plutôt un confesseur, ermite dans le Samnium à la fin du VIe siècle, dont saint Grégoire en personne a rédigé la *Vita* (BHL 5925-5930) sous la forme d'une notice dans le troisième livre des *Dialogues*[6], à côté d'autres confesseurs italiens comme Paulin de Nole, Sabinus

1. REEKMANS, « L'implantation monumentale chrétienne », p. 877.

2. WILMART, « Le lectionnaire d'Alcuin », p. 173 ; P. JOUNEL, *Le Culte des saints,* p. 289 ; LUCCHESI, « Osservazioni », p. 508.

3. KIRSCH, *Die römischen Titelkirchen,* p. 56 ; GUYON, *Le Cimetière,* p. 431-433.

4. DUCHESNE, *LP,* t. I, p. 377, n. 12 et « Sainte-Anastasie », p. 67-68 ; DUFOURCQ, *Étude,* t. I, p. 139-142, 255-258 ; SAXER, « L'utilisation par la liturgie », p. 948.

5. *PL* 76, 1259 ; P. JOUNEL, *Le Culte des saints,* p. 309 ; Y. DUVAL, *Loca Sanctorum,* t. II, p. 662 ; DUFOURCQ, *Étude,* t. V, p. 141-166. Sur le Mennas égyptien, F. JARITZ, *Die arabischen Quellen zum heiligen Menas,* Heidelberg, 1993.

6. *Dial.* III, 26, éd. A. DE VOGÜÉ et P. ANTIN, t. II, Paris, 1979, p. 366 (SC 260).

de Canosa, Cassius de Narni, Frigdianus (Frediano) de Lucques et Euthicius de Norcia. Il est plus probable qu'il s'agisse ici du confesseur italien que du lointain martyr égyptien. L'insertion de saint Mennas dans le sanctoral romain pourrait donc être le résultat d'une intervention personnelle de saint Grégoire.

Au total, le plus ancien de ces saints nous semble être Valentin. Il est possible que ce psaume 111 lui ait appartenu en propre, à l'origine.

Les graduels du sanctoral : les pièces pour plusieurs martyrs.

VL 5319, f. 18v ; AMS n° 15	Psautier romain, Ps 123	Vulgate	
R.			
Anima nostra	*Anima nostra*	*Anima nostra*	7
sicut passer	*sicut passer*	*sicut passer*	
erepta est	*erepta est*	*erepta est*	
de laqueo venantium	*de laqueo venantium*	*de laqueo venantium*	
	laqueus contritus est	*laqueus contritus est*	
	et nos liberati sumus	*et nos liberati sumus*	
V.			
Laqueus contritus est	Ut supra	Ut supra	7
et nos liberati sumus			
adiutorium nostrum	Id.	Id.	8
in nomine Domini			
qui fecit celum et terram			

Ce psaume figurait à l'origine au deuxième mercredi du « carême » de trois semaines, avec une mélodie différente, avant de passer au troisième mercredi du carême de six semaines, puis de disparaître du temporal. C'est donc un ancien texte du temporal, désaffecté puis réemployé dans le sanctoral. Cette pièce, tirée du psaume 123, qui est un psaume graduel, est utilisée pour les fêtes des martyrs dont le nombre est supérieur à quatre : les Sept-Frères (10 juillet) et les Saints-Innocents (28 décembre) ; c'est donc un simple argument mathématique qui a entraîné le groupement de ces martyrs, lesquels n'ont aucun rapport entre eux, sinon le fait d'être nombreux.

Les Innocents sont en effet des martyrs du Nouveau Testament, dont la fête provient sans doute d'une scission de l'Épiphanie [1] ; ils n'ont jamais eu d'église à Rome : la station de leur fête avait lieu à Saint-Paul-hors-les-Murs, où une partie de leurs reliques était conservée [2]. Leur culte, encore inconnu de saint Augustin, semble être né dans le courant du Ve siècle, puisqu'ils sont pour la première fois attestés par Pierre Chrysologue [3]. Les Sept-Frères (Ianuarius, Felix, Philippus, Silanus, Alexander, Vitalis et Martialis) appartiennent en revanche à la *Depositio Martyrum*. Le culte des sept fils de (attribués à) sainte Félicité (23 novembre), dont l'historique n'est pas simple à reconstituer en raison de l'existence à Rome de plusieurs traditions rivales et contradictoires dès le IVe siècle [4], semble avoir été promu (mais non institué) par Damase, dans le but de déraciner les *Ludi Apollinares* [5]. Il est vraisemblable que ce graduel leur a appartenu, avant la création de la fête des Innocents.

VL 5319, f. 115 ; AMS n° 122 b	Psautier romain, Ps 44	Vulgate	
R.			
Constitues eos principes super omnem terram	*Pro patribus tuis nati sunt tibi filii constitues eos principes super omnem terram*	*Pro patribus tuis nati sunt tibi filii constitues eos principes super omnem terram*	17
memores erunt nominis tui Domine	*Memores erunt nominis tui in omni generatione et progenie propterea populi confitebuntur tibi in aeternum et in saeculum saeculi*	*Memor ero nominis tui in omni generatione et generatione propterea populi confitebuntur tibi in aeternum et in saeculum saeculi*	18
V.			
Pro patribus tuis nati sunt tibi filii	Ut supra	Ut supra	17

---

1. LECLERCQ, « Aux origines », p. 20 ; HENNIG, « Zur liturgischen Lehre », p. 73.
2. GRISAR, *Das Missale*, p. 71.
3. P. JOUNEL, *Le Culte des saints*, p. 330, n. 336.
4. FÉVRIER et J. GUYON, « Septimus ex numero fratrum », p. 397. Leurs corps sont ensevelis dans quatre catacombes différentes (*Depositio Martyrum*, éd. DUCHESNE, *LP*, t. I, p. 11-12) : « *Felicis et Filippi, in Priscillae ; et, in Iordanorum, Martialis, Vitalis, Alexandri ; et, in Maximi, Silani ; hunc Silanum martyrem Novati furati sunt ; et, in Praetextati, Ianuari.* »
5. SHEPHERD, « The Liturgical Reform », p. 857 ; Ch. PIETRI, « Les origines du culte », p. 302 ; FÉVRIER et J. GUYON, « Septimus ex numero fratrum », p. 401.

| *propterea populi* | Ut supra | Ut supra | 18 |
| *confitebuntur tibi* | | | |

Cette pièce est propre aux saints Pierre et Paul ; elle a été par la suite donnée également à saint André, frère de saint Pierre. Le psaume 44, qui est l'un des plus importants psaumes messianiques, avec les psaumes 8, 15 et 109[1], a connu un itinéraire liturgique assez cahotique, du IVᵉ au début du VIIIᵉ siècle ; il est cependant assez aisé de le reconstituer. Il fut d'abord employé pour son verset 2 *(Eructavit cor meum Verbum bonum)* et son verset 3 *(speciosus forma prae filiis hominum)*, appliqués au Christ, qui ont donné le graduel *Speciosus*, en *RÉ*, qui se trouve au dimanche après Noël. Dès l'épître aux Hébreux (1, 8-9), les chrétiens ont en effet vu dans ces deux versets une prophétie de l'engendrement et de l'envoi du Verbe, donc une preuve de la pluralité des Personnes, de la divinité du Fils et de l'Incarnation[2] ; on y voyait également une allusion à la beauté du Christ, reflétée, si l'on en croit les analyses de Gerke, par l'art paléochrétien du IVᵉ siècle[3], et qui répondait à Is 53, 2 *(non est species ei neque decor)*, qui évoque l'idée d'une Incarnation cachée même aux puissances angéliques, qui n'ont pas su reconnaître le Christ, en raison de son apparence[4]. On y voyait enfin une prophétie des outrages subis par le Christ, défiguré par le couronnement d'épines, à cause de *non habens speciem*.

Dans un second temps, ce psaume fut appliqué aux deux princes des apôtres, Pierre et Paul : le graduel *Constitues eos* est le témoin de cette seconde étape. Le verset 17 était utilisé pour son allusion au primat de Pierre. Cela relève donc, non plus de la christologie, mais de l'ecclésiologie, et d'une ecclésiologie déjà assez évoluée : ces pièces ne sauraient

---

1. M.-J. RONDEAU, « Le Commentaire des Psaumes de Diodore », p. 8.

2. BESKOW, *Rex gloriae*, p. 84-85 ; RONDEAU, « Le Commentaire de Diodore », p. 19, 181 ; P. NAUTIN, *Le Dossier d'Hippolyte*, p. 178. Les ariens utilisaient le verset 8 pour affirmer le contraire : J. DOIGNON, « L'Incarnation : la vraie visée du Ps 44, 8 », p. 172. Seul Origène ne partage pas cette typologie traditionnelle du verset 2 : M.-J. RONDEAU, *Les Commentaires patristiques*, t. II, p. 65, 294-297 ; OTRANTO, *Esegesi biblica*, p. 52.

3. *Christus*, p. 12-13, 33 : par opposition au Christ « cynique » du IIIᵉ siècle, hirsute et mal vêtu ; mais que valent ces analyses hégélianisantes et souvent contestables, même sur le simple plan de la chronologie ?

4. WOLINSKI, « Il a planté sa tente », p. 113 (saint Augustin) ; GRILLMEIER, *Gesù il Cristo*, p. 221.

donc être de beaucoup antérieures à la seconde moitié du
Ve siècle, notamment aux pontificats de Damase [1] et de saint
Léon. Charles Pietri a bien étudié la naissance de cette nouvelle titulature de saint Pierre et des papes, marquée notamment par l'apparition des mots *princeps* et *principatus* dans le
vocabulaire de la chancellerie pontificale [2]. La liturgie, une
fois de plus, est au diapason des grands mouvements de l'histoire : les chants sont les témoins de leur époque.

Le psaume 44 fut ensuite appliqué aux vierges, aux VIe et
VIIe siècles, à cause des versets 5 *(Specie tua)*, 8 *(Dilexisti)*,
10 *(Filiae regum)*, 11 *(Audi filia)* et 14 *(Offerentur regi virgines)*, qui évoquent la beauté des jeunes filles et qui ont
chacun donné un graduel, sauf *Filiae regum* et *Offerentur*,
lesquels ont été utilisés pour composer un offertoire [3]. Il fut
enfin mis à contribution à la fin du VIIe et au début du
VIIIe siècle [4] pour les messes de la Vierge Marie, notamment
le verset 3 *(Diffusa est gratia in labiis tuis)*, traité comme une
allusion à la Conception virginale du Christ [5]. Ainsi, du IVe
au VIIIe siècle, le psaume 44 a accompli un véritable périple
exégétique, sans équivalent dans toute la liturgie romaine.

VL 5319, f. 129v ; AMS n° 114 R.	Psautier romain, Ps 78	Vulgate	
	Nequando dicant gentes ubi est Deus eorum et innotescant in nationibus coram oculis nostris	Ne forte dicant in gentibus ubi est Deus eorum et innotescat in nationibus coram oculis nostris	10

1. F. Susman, « Il culto di S. Pietro », p. 50-51 ; H. Chadwick, « Pope Damasus
and the Peculiar Claim of Rome to St. Peter and St. Paul », dans : *Neotestamentica
et patristica. Eine Freundesgabe, Herrn Pr. Dr. Oscar Cullmann zu seinem 60. Geburtstag überreicht*, Leyde, 1962, p. 313-318.
2. *Roma christiana*, t. II, p. 1462-1466 et Susman, « Il culto », p. 50-55, 159.
Synthèse sur l'histoire du culte des deux apôtres à Rome dans Pietri, *Roma christiana*, I, p. 365-380, Maccarrone, « Il pelegrinaggio a S. Pietro. I *Limina Apostolorum* », repris dans : *Romana Ecclesia. Cathedra Petri* I, p. 209-223 et M. Borgolte, *Petrusnachfolge und Kaiserimitation*, Göttingen, 1989, p. 17.
3. Otranto, *Esegesi biblica*, p. 55 ; Pascher, « Der Psalm 44 », p. 153.
4. Frénaud, « Le culte de Notre Dame », p. 157-211.
5. A. Freeman, « Theodulf of Orléans », p. 215 ; Frénaud, « Marie et l'Église »,
p. 53.

Vindica Domine	*vindica sanguinem*	*ultio sanguinis*
sanguinem	*servorum tuorum*	*servorum tuorum*
sanctorum tuorum	*qui effusus est*	*qui effusus est*
qui effusus est		

V.

Posuerunt mortalia	*Id.*	*Posuerunt morticina* 2
servorum tuorum		*servorum tuorum*
escas volatilibus celi		*escas volatilibus caeli*
carnes sanctorum tuorum		*carnes sanctorum tuorum*
bestiis terrae		*bestiis terrae*

Cette pièce est le graduel propre des Quatre-Couronnés
(8 novembre). Ce texte est cité par Ap 6, 10 et Lc 18, 7-8.
Il exprime la plainte du juste persécuté ; il n'a guère laissé
de traces dans la typologie antique. Les Quatre-Couronnés,
pour faire bref (car leur histoire est passablement embrouillée), sont des martyrs originaires de Pannonie. Ils appartiennent à la *Depositio Martyrum* et au martyrologe hiéronymien.
Ils n'ont pas reçu d'épigramme damasienne. Leur culte semble avoir été introduit à Rome au début du IVᵉ siècle [1], mais
leurs reliques n'ont été transférées de Pannonie à Rome que
vers le milieu du VIᵉ siècle [2]. Le titre qui porte leur nom
semble avoir été créé entre 499 et 595, à moins qu'il ne l'ait
été sous Honorius [3].

Les graduels du sanctoral : les pièces pour les vierges et pour la Vierge Marie.

VL 5319, f. 27 ; AMS n° 23b	Psautier romain, Ps 44	Vulgate
R.		
Specie tua	*Speciem tuam*	*Specie tua* 5
et pulchritudine tua [4]	*et pulchritudinem tuam*	*et pulchritudine tua*
intende et prospere	*intende prospere*	*et intende prospere*
procede et regna	*procede et regna*	*procede et regna*

1. J. GUYON, *Le Cimetière aux deux lauriers*, p. 131-132 ; F. DOLBEAU, « Un panégyrique anonyme », p. 48, n. 53 ; DUBOIS, *Les Martyrologes du Moyen Âge latin*,
p. 71-72.
2. En dernier lieu : GUYON, « Les Quatre-Couronnés », p. 545-546.
3. J. GUYON, *Le Cimetière*, p. 431-433 et « Les Quatre-Couronnés », p. 509-510,
543 ; R. KRAUTHEIMER, *Rome, Profile*, p. 72.
4. *Intende et prospere* VL 5319, C 74 ; *intende prospere* F 22, C, K, SG 339, E 121,
M-R ; lacune L 239.

	propter veritatem	*propter veritatem*
	et mansuetudinem	*et mansuetudinem*
	et iustitiam	*et iustitiam*
	et deducet te mirabiliter	*et deducet mirabiliter*
	dextera tua	*dextera tua*

V.

Audi filia et vide [1]	*Audi filia et vide*	*Audi filia et vide* 11
et inclina aurem tuam	*et inclina aurem tuam*	*et inclina aurem tuam*
	et obliviscere	*et obliviscere*
	populum tuum	*populum tuum*
	et domum patris tui	*et domum patris tui*

quia concupivit rex	*Quoniam concupivit rex*	*Et concupiscet rex* 12
speciem tuam	*speciem tuam*	*decorem tuum*
	quia ipse est	*quoniam ipse est*
	Dominus Deus tuus	*Dominus Deus tuus*
	et adorabunt eum	*et adorabunt eum*

Ce graduel est celui des saintes Agnès (21 janvier) et Prisque (18 janvier). La tradition grégorienne connaît un certain désarroi au sujet du choix du verset ; seul M donne le verset romain, *Audi filia* ; B a un verset *Propterea unxit te Deus* ; C, K, S ainsi que SG 359, E 121 et M-R (L 239 est lacuneux), possèdent un verset *Propter veritatem et mansuetudinem*. Il existait une certaine marge de manœuvre, comme pour les offertoires tirés du même psaume 44 : le verset semble avoir mis un certain temps à se fixer et à devenir définitif. La tradition grégorienne n'a pas retenu le verset romain. Il existe une variante textuelle entre chants romain et grégorien, même si le graduel F 22 s'est rallié à la leçon grégorienne, l'omission de *et*.

Sainte Agnès est une sainte romaine qui fait partie de la *Depositio Martyrum*. Son histoire est cependant assez mal connue, principalement en raison du désaccord qui existe entre les trois sources principales. En effet, saint Ambroise avait déjà fait le récit de son martyre dans le *De virginibus ad Marcellinam sororem* I, 2, sans doute écrit en 377 [2] ; le pape Damase lui consacra peu d'années après une épigramme [3] et enfin Prudence lui dédia une hymne du *Peris-*

---

1. La tradition grégorienne pour le verset est très perturbée.
2. FRANCHI DE' CAVALIERI, « S. Agnese nella tradizione », p. 293-301.
3. Éd. FERRUA, n° 37, p. 175 ; FRANCHI DE' CAVALIERI, « S. Agnese nella tradizione », p. 301-311.

tephanon[1]. Tandis que les deux plus anciens témoignages, Ambroise et Damase, s'accordent à peu près sur un récit assez sobre, sans doute parce que leurs auteurs ne disposaient que d'informations assez maigres, le scénario proposé par Prudence est en revanche beaucoup plus élaboré et suit manifestement une autre version de l'histoire de la jeune sainte[2], ce qui démontre que plusieurs versions rivales du récit de son martyre étaient simultanément en circulation à Rome à la fin du IVᵉ siècle ; le phénomène est courant[3]. Quoi qu'il en soit, Agnès reçut un culte de bonne heure à Rome, d'autant plus que Constantina, fille de l'empereur Constantin, lui avait élevé une basilique cimitériale, via Nomentana, sans doute entre 337 et 351[4]. Elle possède une octave, le 28 janvier, ce qui témoigne de sa popularité et de son importance dans l'*Urbs*. En revanche, sainte Prisque a été beaucoup plus tardivement honorée d'un culte à Rome, puisqu'elle est absente aussi bien de la *Depositio Martyrum* que du sacramentaire gélasien ancien, des *comes* d'Alcuin et de Murbach[5]. Le *titulus* qui porte son nom existait toutefois en 499[6]. Au total, ce graduel appartenait vraisemblablement en propre à sainte Agnès, à l'origine.

VL 5319, f. 31v ; AMS n° 30	Psautier romain, Ps 45	Vulgate	
R. *Adiuvavit eam Deus vultu suo Deus in medio eius non commovebitur*	*Deus in medio eius non commovebitur adiuvabit eam Deus vultu suo*	*Deus in medio eius non commovebitur adiuvabit eam Deus mane diluculo*	6

---

1. *Passio Agnetis*, *Hymnus* XIV, éd. LAVARENNE, Paris, 1951, p. 190-200 (CUF).

2. FRANCHI DE' CAVALIERI, « S. Agnese nella tradizione », p. 312.

3. FÉVRIER-GUYON, « Septimus ex numero fratrum », p. 388.

4. R. KRAUTHEIMER, « The Beginning », p. 10, « Mensa », p. 18, 22, 31 ; REEKMANS, « L'implantation monumentale », p. 177 ; J. GUYON, *Le Cimetière*, p. 249-250 ; Ch. PIETRI, « La conversion de Rome », p. 226.

5. HESBERT, *AMS*, p. LXXXV ; CHAVASSE, *Le Sacramentaire*, p. 281 ; TOLOTTI, « Le cimetière de Priscille », p. 311 ; DUFOURCQ, *Étude*, t. I, p. 169-170.

6. Ch. PIETRI, « La conversion de Rome », p. 239 ; KIRSCH, *Die römischen Titelkirchen*, p. 100-103.

V.

Fluminis impetus	Id.	Id.	5
letificat civitatem Dei			
sanctificavit			
tabernaculum suum			
Altissimus			

Cette pièce est le graduel propre de sainte Agathe, dont il a été question à propos du trait *Qui seminant*. Verset et refrain sont des versets choisis. La mélodie grégorienne du verset et du refrain est très originale. La typologie antique n'utilise pas du tout ce psaume de la même manière que la liturgie [1] ; cela confirme notre diagnostic : les pièces du sanctoral sont de seconde venue, d'autant que le culte de cette martyre de Catane ne semble avoir véritablement pris son essor qu'à partir de saint Grégoire.

VL 5319, f. 33v ; *AMS* n° 16 *bis* ; 25	Psautier romain, Ps 44	Vulgate	
R. *Diffusa est gratia* *in labiis tuis* *propterea benedixit te* *Deus* *in eternum*	*Speciosus forma* *prae filiis hominum* *diffusa est gratia* *in labiis tuis* *propterea benedixit te* *Deus* *in aeternum*	*Speciosus forma* *prae filiis hominum* *diffusa est gratia* *in labiis tuis* *propterea benedixit te* *Deus* *in aeternum*	3
	Speciem tuam *et pulchritudinem tuam* *intende prospere* *procede et regna*	*Specie tua* *et pulchritudine tua* *et intende prospere* *procede et regna*	5
V. *Propter veritatem* *et mansuetudinem* *et iustitiam* *et deducet te mirabiliter* *dextera tua*	*propter veritatem* *et mansuetudinem* *et iustitiam* *et deducet te mirabiliter* *dextera tua*	*propter veritatem* *et mansuetudinem* *et iustitiam* *et deducet te mirabiliter* *dextera tua*	

Cette pièce est un graduel propre à la Vierge Marie ; il est utilisé pour l'Annonciation, l'Assomption et la Nativité de Notre Dame. Sans refaire ici l'historique de ces fêtes, il

---

1. Saint Ambroise : H. AUF DER MAUR, *Das Psalmenverständnis*, p. 146-148.

faut rappeler qu'elles sont nées, à Rome, au tournant du VIIe et du VIIIe siècle, avec par conséquent un certain retard sur l'Orient [1].

VL 5319, f. 31 ; AMS n° 29 b	Psautier romain, Ps 47	Vulgate	
R.			
Suscepimus Deus	*Id.*	*Id.*	10
misericordiam tuam			
in medio templi tui			
secundum nomen tuum	*Secundum nomen tuum*	*Secundum nomen*	11
Domine	*Deus*	*tuum Deus*	
ita et laus tua	*ita et laus tua*	*sic et laus tua*	
in fines terre	*in fines terrae*	*in fines terrae*	
	iustitia plena est	*iustitia plena est*	
	dextera tua	*dextera tua*	
V.			
Sicut audivimus	*Sicut audivimus*	*Sicut audivimus*	9
ita et vidimus	*ita et vidimus*	*sic vidimus*	
in civitate Domini	*in civitate Domini*	*in civitate Domini*	
virtutum [2]	*virtutum*	*virtutum*	
	in civitate Dei nostri	*in civitate Dei nostri*	
	Deus fundavit eam	*Deus fundavit eam*	
	in aeternum	*in aeternum*	

Cette pièce est le graduel de la fête de la Purification de la Vierge Marie (2 février). Il existe une variante textuelle entre chants romain et grégorien, *Domini virtutum / Dei nostri* : le grégorien a préféré la leçon du psautier à la leçon liturgique. Ce psaume contient un éloge de Sion, belle et inexpugnable ; il est vraisemblable que c'est pour cette raison qu'on décida d'appliquer ce texte à la Vierge Marie :

---

1. Voir S. MIMOUNI, *Dormition et Assomption de Marie*, Paris, 1995 ; J.-M. GUILMARD, « Une antique fête mariale au 1er janvier dans la ville de Rome ? », *EcclO.* 11 (1994), p. 25-67 ; SAINT-ROCH, « Le 2 février ». L'octave de l'Assomption a été créée par Léon IV (847-855), *LP* II, p. 112. Il ne faut pas exagérer le rôle joué par le pape Sergius dans la création de ces fêtes : il ne semble pas les avoir créées à proprement parler, mais seulement avoir étendu l'observance de la procession de la Purification, qui existait sans doute depuis le pape Théodore, aux trois autres fêtes mariales, avec la collecte à Saint-Hadrien. L'Orient était en avance dans ce domaine : J. LEDIT, *Marie dans la liturgie byzantine*, Paris, 1976, p. 118-126.

2. *Domini virtutum* VL 5319, F 22, C 74, R ; *Dei nostri* M, C, K, SG 359, E 121, L 239, M-R.

saint Ambroise l'appliquait déjà à l'Église [1] ; le verset 7, du reste, fait allusion aux douleurs de l'enfantement *(ibi dolores ut parturientis)*. La première fête mariale fut Noël ; la seconde, qui en dépend, est le 2 février, qui emprunta d'abord largement à Noël (surtout à l'office) avant de recevoir des textes propres tirés de l'Évangile et surtout de magnifier le Temple, décor de la scène du 2 février : d'où *suscepimus [...] in medio Templi tui* ; d'où également les psaumes des vêpres (qui sont restés les psaumes des vierges et de Notre Dame) : *Laetatus sum, Nisi Dominus* et *Lauda Hierusalem.*

Les messes rituelles.

VL 5319, f. 137v ; AMS n° 171	Psautier romain, Ps 19	Vulgate	
R.			
Memor sit Dominus omnis sacrificii tui et holocaustum tuum pingue fiat	Id.	*Memor sit omnis sacrificii tui et holocaustum tuum pingue fiat*	4
V.			
Mittat tibi auxilium de sancto et de Syon tueatur te	Id.	Id.	3

Le graduel VL 5319 est le seul témoin romain de cette pièce, qui n'est attestée dans le chant grégorien que par les manuscrits K et S ; on la trouve également dans le manuscrit du Mont-Renaud (f. 35v). Cette pièce est le graduel de la messe *in ordinatione episcopi*, qui est rare dans les graduels mais qui figurait certainement dans les sacramentaires depuis une époque très ancienne. De fait, elle est psalmique et tirée du psautier romain, non de la Vulgate. La mélodie du refrain part de *fa* et y demeure pour sa flexe *(Dominus)* ; elle monte ensuite à *si (= MI)* grâce à une formule d'into-

---

1. H. Auf der Maur, *Das Psalmenverständnis*, p. 153. Sur la Purification, voir E. Palazzo, « La Purification : étude liturgique », à paraître dans les *Actes du séminaire du professeur Georges Duby. Le culte marial.*

nation caractéristique des pièces en *MI*, ce qui est la preuve qu'elle est modalement centonisée.

VL 5319, f. 138v ; Mont-Renaud, f. 36	Psautier romain, Ps 49	Vulgate	
R. *Immola Deo sacrificium laudis et redde Altissimo vota tua*	*Id.*	*Id.*	14
V. *Congregate illic sanctos eius* [1] *qui ordinaverunt testamentum eius super sacrificia*	*Congregate illi sanctos eius qui ordinaverunt testamentum eius super sacrificia*	*Congregate illi sanctos eius qui ordinant testamentum eius super sacrificia*	5

Le graduel VL 5319 est le seul témoin romain de cette pièce, inconnue de l'*AMS* et de la branche germanique du chant grégorien. Elle est le graduel de la messe *in ordinatione pontificis*. Il existe une variante textuelle entre chants romain et la branche française du grégorien, *illic / illi*. L 239 n'a que l'incipit, sans neumes ; M-R possède l'incipit, mais neumé, de seconde main, en neumes messins, très rares dans ce manuscrit, qui est d'ordinaire neumé en neumes français. Le lien entre L 239 et M-R est donc clair puisque, pour cette pièce, ces deux manuscrits appartiennent au domaine de la notation messine. *Illic* ne semble pas être une erreur du copiste de VL 5319, puisqu'il s'agit d'une variante bien attestée parmi les différents manuscrits du psautier romain. Verset et refrain sont deux versets choisis.

Conclusion.

Sur le plan mélodique, les nombreux graduels romains en *DO* sont souvent stéréotypés ; ils emploient notamment un certain nombre de mélismes d'articulation très caractéristiques, au point de constituer un quasi-timbre. On peut donc dire qu'ils sont loin d'être en voie de centonisation ;

---

1. *Illic* VL 5319 ; *illi* L 239, M-R.

c'est un indice d'ancienneté. Nombre d'entre eux, pour des raisons historiques, typologiques et liturgiques qu'on a essayé de faire apparaître, peuvent même (pour le texte, non pour la mélodie) remonter à l'époque des psaumes responsoriaux, c'est-à-dire au IVe siècle, voire aux psaumes sans refrain, quand le refrain est postiche. C'est notamment le cas du temporal ancien ; dans ce domaine, l'étude des graduels en *DO* permet une avancée significative, par exemple au sujet des origines de Noël. Les graduels les plus anciens, comme les traits, s'accordent bien avec la typologie psalmique de l'Antiquité tardive. La différence est que les accords se font désormais au coup par coup : il n'existe plus de belles séries *per ordinem*, comme par exemple les psaumes sans refrain issus des psaumes-graduels.

Les graduels en « DO » non psalmiques.

Il existe douze graduels non psalmiques dans le chant romain. Seuls trois d'entre eux ne sont pas en *DO* : il s'agit de *Gloriosus*, en *RÉ*, qui est sans doute un vestige de *canticum* gallican ; de *Qui Lazarum*, en deuxième mode en *la*, c'est-à-dire en *RÉ*, de la messe des morts (car Rome et l'*AMS* ignorent encore le graduel *Requiem eternam*) et de *Hodie scietis*, de la vigile de Noël, qui utilise bizarrement le psaume 79 dans son verset et un fragment d'Ex 16 dans son refrain et qui est en deuxième mode en *la* lui aussi. La liturgie romaine était profondément attachée au psautier ; la présence de graduels non psalmiques pourrait passer pour la preuve d'influences étrangères sur la Ville. Or, le faible nombre de pièces non psalmiques en *RÉ* (modalité allogène, à l'origine en tout cas) indique qu'en réalité il s'agit plus vraisemblablement de pièces bien romaines, mais composées sur le tard, aux VIIe et VIIIe siècles, à une époque où la liturgie de Rome tendait à perdre certains des caractères qui avaient fait son originalité, sans doute sous l'effet d'un certain ralentissement de la vie liturgique dans l'*Urbs*, à cause de la très haute antiquité des chants et de l'achèvement du répertoire.

La notion même de graduels non psalmiques est une absurdité, dans la mesure où les graduels sont censés être, pour la plus grande partie d'entre eux en tout cas, les descendants des anciens psaumes responsoriaux du début du

Ve siècle. Or, les graduels non psalmiques ne peuvent pas provenir d'un ancien psaume responsorial ; ils sont donc nés très tard, aux VIIe et VIIIe siècles, directement sous la forme d'un graduel moderne. Du reste, leur forme littéraire, leur emplacement liturgique comme leurs mélodies le démontrent amplement. Les onze graduels romains non psalmiques en *DO* se répartissent de la façon suivante : deux dans le temporal (jeudi saint et Épiphanie), six dans le sanctoral et trois dans les messes rituelles (sacre de l'évêque et du pape, Dédicace). Une partie d'entre eux sont tout bonnement tirés de l'évangile ou de l'épître du jour[1], de la même façon qu'on tira nombre de communions de l'évangile du jour, dans la seconde moitié du VIe siècle. C'est donc un indice supplémentaire de composition tardive.

Nous avons donc dû modifier nos tableaux en conséquence et ne garder que les textes romain et grégorien ainsi que la Vulgate, l'édition de la *Vetus latina* de Beuron étant encore très incomplète. Quand cela était possible, on a également consulté les volumes de Dom Sabatier.

Le temporal.

VL 5319, f. 79 ; *AMS* n° 77 a	Vulgate (Ph 2)
R.	
Christus factus est pro nobis	*Humiliavit semet ipsum* 6
obediens usque ad mortem	*factus oboediens usque ad mortem*
mortem autem crucis	*mortem autem crucis*
V.	
Propter quod et Deus exaltavit illum[2]	*Propter quod et Deus illum exaltavit* 9
et dedit illi nomen	*et donavit illi nomen*
quod est super omnem nomen	*super omne nomen*

Cette pièce est le graduel de la messe *in Cena Domini* du jeudi saint (il y avait deux autres messes ce jour-là : la messe chrismale et celle de la réconciliation des pénitents) ; elle

---

1. Voir KLAUSER, *Das römische Capitulare* (évangéliaire Π), MORIN, « Le plus ancien *comes* » et WILMART, « Le lectionnaire d'Alcuin » (épîtres).

2. *Et Deus* VL 5319, F 22, C 74, M, R, C, K, S ; *et* om. SG 359, E 121, L 239 ; lacune M-R ; *omnem nomen* VL 5319, F 22, R, C ; *omne nomen* C 74, B, K, SG 359, E 121, L 239 ; lacune M-R.

n'est donc pas primitive, puisque cette fête n'avait pas d'avant-messe à l'origine : elle commençait à l'offertoire. Ce graduel date sans doute du VIIe siècle, quand on finit, par souci d'uniformisation, par donner au jeudi saint une avant-messe. Il a été réutilisé par la suite pour l'Invention (3 mai) et l'Exaltation (14 septembre) de la Croix, qui datent elles aussi des VIIe et VIIIe siècles[1]. De fait, la basilique Sainte-Croix de Jérusalem, si elle date de Constantin, n'en était pas moins un fort petit édifice très mal adapté à la liturgie stationnale, car elle était conçue pour être, non un lieu dans lequel le pape pourrait réunir tous les fidèles de Rome, mais plutôt une sorte de chapelle palatine, faisant partie du domaine impérial, sous le contrôle du prince[2]. Elle était donc incapable de recevoir les foules qui se pressaient pour assister à la messe célébrée par le pape ; par conséquent, elle ne devint le lieu d'une station que sur le tard, après le transfert en semaine des scrutins : pas avant le début du VIIe siècle[3]. Il existe une variante textuelle sûre entre chants romain et grégorien, l'omission de *et* par le grégorien ; en revanche, il n'est pas certain que *omnem* / *omne*[4] en soit une, car *omnem nomen* est une faute, sans doute due à l'homophonie.

VL 5319, f. 21 ; *AMS* n° 18	Vulgate (Is 60)	
R.		
Omnes de Saba venient	*Inundatio camelorum operiet te*	6
aurum et tus deferentes	*dromedariae Madian et Efa*	
et laudem Domino annuntiantes	*omnes de Saba venient*	
	aurum et tus deferentes	
	et laudem Domino adnuntiantes	
V.		
Surge et illuminare Ierusalem	*Surge inluminare*	1
quia gloria Domini super te orta est	*quia venit lumen tuum*	
	et gloria Domini super te orta est	

---

1. A. CHAVASSE, *Le sacramentaire*, p. 354, 358 ; FROLOW, *La Relique*, p. 163, 195 ; HESBERT, *AMS*, p. XCIII.
2. R. KRAUTHEIMER, « The Beginning », p. 7, 20 ; Ch. PIETRI, *Roma christiana*, t. I, p. 14-15 et « Régions ecclésiastiques », p. 1039.
3. J. GUYON, *Le Cimetière aux deux lauriers*, p. 251.
4. PIETSCHMANN, « Die nicht dem Psalter entnommenen Meßgesangstücke », p. 112-113.

Ce graduel est au jour de l'Épiphanie[1]. Cette pièce est fortement historicisée, puisqu'elle fait allusion à la caravane des mages, venus d'Orient adorer le Seigneur : elle reprend le texte même de l'épître du jour[2]. Il est possible qu'elle ait supplanté *Benedictus Dominus* (Ps 71), qu'on aura fini par trouver trop vague et trop général, alors qu'au contraire on souhaitait de plus en plus équiper les différentes messes de textes contenant une allusion aussi directe que possible aux mystères célébrés.

Le sanctoral.

VL 5319, f. 19v ; *AMS* n° 16 a	Vulgate (Si 44)	
R.		
Ecce sacerdos magnus	*Enoch placuit Deo*	16
qui in diebus suis	*et translatus est in paradiso*	
placuit Deo	*ut det gentibus paenitentiam*	
V.		
Non est inventus similis illi	*Abraham magnus pater*	20
qui conservaret legem Excelsi[3]	*multitudinis gentium*	
	et non est inventus similis illi in gloria	
	qui conservavit legem Excelsi	
	et fuit in testamento cum illo	

Cette pièce est le graduel des saints Silvestre (31 décembre), Félix, Faustin et Viatrix (23 juillet), Étienne Ier pape (2 août) et Corneille et Cyprien (12 septembre). Le *comes* de Wurtzbourg emploie ce texte comme épître pour le pape Silvestre[4], puis pour le commun des papes[5]. Le grégorien le classe en cinquième mode. Il existe peut-être une variante textuelle entre chants romain et grégorien, *conservare / conser-*

---

1. PIETSCHMANN, « Die nicht dem Psalter entnommenen Meßgesangstücke », p. 109.
2. MORIN, « Le plus ancien *comes* », p. 48 (XVIIII) ; WILMART, « Le lectionnaire d'Alcuin », p. 151.
3. *Conservare* VL 5319, F 22 ; *conservaret* C 74, C, K, SG 359, E 121, M-R ; lacune L 239.
4. MORIN, « Le plus ancien *comes* », p. 47 (XVI).
5. MORIN, « Le plus ancien *comes* », p. 65 (CLXXXII).

varet[1]. Le graduel de Sainte-Cécile semble s'être aligné sur la leçon grégorienne.

Ce graduel est une sorte de commun des papes, saint Cyprien de Carthage († 258) étant aligné sur le pape Corneille. Ce dernier (251-253) est mort en exil à *Centumcellae*; il est probable que la translation de son corps à Rome n'aura pu être effectuée que plusieurs années plus tard, et que la date de sa fête commémore cet événement, non son martyre[2]; sa célèbre épitaphe est en latin mais, comme celles de ses successeurs sont encore en grec, il est vraisemblable qu'elle aura été gravée seulement à la fin du IIIe siècle[3]. Il est absent de la *Depositio Martyrum*, contrairement à Cyprien, qui a plus précocement fait l'objet d'un culte, sans doute parce qu'il a été l'un des principaux défenseurs du primat romain[4]. Son successeur, Étienne Ier (254-257), est un simple confesseur; il appartient à la *Depositio Episcoporum*. Contemporain de saint Cyprien, il s'était d'ailleurs opposé à lui à propos de la réconciliation des hérétiques, que Carthage rebaptisait, contrairement à la discipline romaine, qui allait devenir celle de l'Église universelle[5]. Aucune église ne lui a été consacrée à Rome. Le pape Silvestre (314-335) figure également dans la *Depositio Episcoporum*. C'est l'un des premiers confesseurs dont le culte ait été célébré à Rome, avant saint Martin de Tours[6]. Il possédait un titre, qui semble ne pas avoir été retrouvé, dans la mesure où le *titulus Silvestri* et le *titulus Equitii* (devenu par la suite Saint-Martin *ai monti*) ne peuvent être considérés comme une seule et même église[7]. Simplicius, Faustin et

---

1. PIETSCHMANN, « Die nicht dem Psalter entnommenen Meßgesangstücke », p. 109.

2. DUFOURCQ, *Étude*, t. I, p. 174-175 ; FÉVRIER, « Études sur les catacombes », *CA* 11 (1960), p. 2.

3. BARDY, *La Question des langues*, p. 87 ; MOHRMANN, « Les origines de la latinité », p. 74 ; RUYSSCHAERT, « La commémoration de Cyprien », p. 459 et 473.

4. MACCARRONE, « La dottrina del primato papale », p. 637 et « San Pietro in rapporto a Cristo », p. 125.

5. EUSÈBE, *HE* VII, III s.; Ch. PIETRI, *Roma christiana*, t. I, p. 307-310 ; G. BAVAUD, intr. à *Œuvres de saint Augustin, Traités anti-donatistes*, II : *De baptismo libri VII*, Desclée, 1964 (Bibl. aug. 29).

6. DUCHESNE, *LP*, t. I, p. 200, n. 124 ; DELEHAYE, *Sanctus*, p. 120-121 ; DUFOURCQ, *Étude*, t. V, p. 279-304.

7. Ch. PIETRI, *Roma christiana*, t. I, p. 17-18. La prétendue *domus ecclesiae* qui se trouverait sous le *titulus Equitii* est plutôt une sorte de bazar : PIETRI, « Recherches sur les *domus* », p. 11.

Viatrix (ou Beatrix), certes, ne sont nullement papes, mais saint Félix, qui leur est associé et qui leur a imposé son ascendant, est un pape Félix, probablement l'antipape Félix II [1]. Damase leur a consacré une épigramme et il est fort possible que le culte de Faustin et de Viatrix ait été, sinon introduit par lui, du moins mis ou remis à l'honneur à la suite de son intervention ; la translation de leurs reliques à Sainte-Bibiane eut lieu en 682 ou 683, sous Léon II [2].

VL 5319, f. 17v ; *AMS* n° 14	Vulgate (Jn 21)	
R.		
Exiit sermo inter fratres	*Exivit ergo sermo iste in fratres*	23
ut [3] discipulus ille non moreretur [4]	*quia discipulus ille non moritur.*	
	Et non dixit ei Iesus :	
	« Non moritur » sed :	
	« Si sic eum volo manere donec venio,	
	quid ad te ? »	
V.		
Sed sic eum volo manere	*Dicit ei Iesus :*	22
donec veniam tu me sequere	*« Si sic eum volo manere*	
	donec veniam, quid ad te ?	
	Tu me sequere »	

Cette pièce est le graduel propre à saint Jean l'Évangéliste, *in die*. Son texte est tiré de l'évangile du jour [5]. Il existe deux variantes textuelles entre chants romain et grégorien, toutes deux dans le refrain : *ut / quod* et *moreretur / moritur* [6]. Ce texte non psalmique s'adapte trop bien à la fête qu'il équipe ; cette pièce ne nous semble donc pas primitive : elle aura supplanté, au VIIᵉ ou au VIIIᵉ siècle, une pièce psalmique dont on aura fini par trouver le texte trop général. Il ne reste à

---

1. DUFOURCQ, *Étude*, t. I, p. 243-244 ; SHEPHERD, « The Liturgical Reform », p. 858 ; FRERE, *Studies*, t. I, p. 119.
2. FERRUA, *Epigrammata*, n° 6, p. 97 ; Ch. PIETRI, « Damase évêque », p. 51 ; RUYSSCHAERT, « La commémoration », p. 475 ; DELEHAYE, *Sanctus*, p. 198 ; FRERE, *Studies*, t. I, p. 27.
3. *Ut* VL 5319, F 22, C 74 ; *quod* R, B, C, K, SG 359, E 121, M-R ; lacune L 239.
4. *Moreretur* VL 5319, F 22, C 74, B ; *moritur* R, C, K, SG 359, E 121, M-R.
5. KLAUSER, *Das Römische Capitulare*, p. 13.
6. PIETSCHMANN, « Die nicht dem Psalter entnommenen Meßgesangstücke », p. 112.

Rome aucune trace de la tradition, pourtant antique et pratiquement universelle — à moins qu'il ne s'agisse au contraire d'une « régularisation » opérée, dans un but de cohérence, au Vᵉ siècle — qui consistait à fêter le même jour les deux fils de Zébédée, Jacques et Jean : tel était le cas à Jérusalem[1], à Milan et à Aquilée[2], en Espagne, en Gaule et en Afrique[3]. Fêter saint Jean seul, le 27 décembre, est donc une tradition purement romaine, qu'elle soit primitive ou non.

VL 5319, f. 111v ; *AMS* n° 117	Vulgate (Jn 1 et Lc 1)	
R.		
Fuit homo missus a Deo	*Fuit homo missus a Deo*	Jn 1, 6
cui nomen Iohannes erat	*cui nomen erat Iohannes*	
hic venit	*Hic venit in testimonium*	Jn 1, 7
	ut testimonium perhiberet de lumine	
	ut omnes crederent per illum	
V.		
Ut testimonium perhiberet de lumine	Ut supra	Jn 1, 7
	Et ipse praecedet ante illum	Lc 1, 17
	in spiritu et virtute Heliae	
	ut convertat corda patrum in filios	
	et incredibiles ad prudentiam iustorum	
et parare Domino plebem perfectam[4]	*parare Domino plebem perfectam*	

Cette pièce est propre à la vigile de saint Jean Baptiste. Il existe une variante textuelle entre le chant romain et la branche germanique du grégorien, *parare* / *pararet*[5]. Le découpage du verset 7, à cheval entre le refrain et le verset, est particulièrement absurde ; ce dernier est en outre centonisé d'une manière assez baroque : il y a dans le chant

1. P. JOUNEL, *Le Culte des saints*, p. 260-261 ; DANIÉLOU, *Études d'exégèse*, p. 26 ; KIRSCH, « Le feste », p. 78.

2. BORELLA, *Il rito*, p. 34 ; MORIN, « L'année liturgique à Aquilée », p. 4 (d'après le *Codex Rehdigeranus*).

3. JOUNEL, *Le Culte des saints*, p. 260-261 ; SALMON, *Le Lectionnaire de Luxeuil*, t. II, p. 39 ; Y. DUVAL, *Loca sanctorum*, t. II, p. 621-622 ; WILLIS, *St Augustine's Lectionary*, p. 60.

4. *Parare* VL 5319, F 22, C 74, R, B, C, K, L 239, M-R ; *pararet* SG 339, E 121.

5. PIETSCHMANN, « Die nicht dem Psalter entnommenen Meßgesangstücke », p. 112.

romain une anacoluthe dans la construction du verbe *venire,*
employé d'abord avec *ut* et le subjonctif *(perhiberet),* puis
avec l'infinitif seul *(parare),* pour respecter la leçon biblique ;
la leçon grégoriennne *pararet* indiquerait-elle que les savants
carolingiens ont jugé inacceptable l'anacoluthe romaine et
l'ont corrigée, modifiant ainsi le texte de Lc ? Cette licence
surprenante ne peut s'expliquer que par la date de composition : pas avant le VIIIᵉ siècle. La fin du verset provient de
l'évangile de la messe [1]. La mélodie du refrain est très irrégulière ; le verset est en revanche trop parfait pour être
authentique. Il s'agit très vraisemblablement d'une « copie
d'ancien ».

VL 5319, f. 110v ; *AMS* nº 98	Vulgate (Sg 3)	
R.		
Iustorum anime in manu Dei sunt	*Iustorum autem animae*	1
et non tanget illos tormentum malitie	*in manu Dei sunt*	
	et non tanget illos tormentum mortis	
V.		
Visi sunt oculi [2] *insipientium mori*	*Visi sunt in oculis insipientium mori*	2
	et aestimata est adflictio exitus illorum	
illi autem sunt in pace	*Et quod a nobis est iter exterminii*	3
	illi autem sunt in pace	

Il existe une variante textuelle entre chants romain et grégorien, *oculis / oculi.* Le *comes* de Wurtzbourg emploie ce
texte comme épître pour une messe du commun des
martyrs [3]. Cette pièce est le graduel des saints Marc et Marcellin (18 juin), Félix et Adaucte (30 août) et de la Toussaint (1ᵉʳ novembre). Les uns comme les autres étant
inconnus de la *Depositio Martyrum,* alors qu'ils possèdent en
revanche une épigramme damasienne (quoique cela ne soit
pas absolument certain pour Marc et Marcellin), on attribue
généralement à Damase l'introduction ou l'essor de leur
culte ; cela paraît très plausible [4]. Une basilique était dédiée

---

1. Klauser, *Das römische Capitulare,* p. 30.
2. *Oculi* VL 5319, F 22, C 74, S (nº 125) ; *oculis* C, K, S (nº 98) SG 359, E 121, L 239, M-R ; voir Pietschmann, « Die nicht dem Psalter entnommenen Meßge-sangstücke », p. 110.
3. Morin, « Le plus ancien *comes* », p. 66 (CXC).
4. Marc et Marcellin : Ferrua, *Epigrammata,* p. 114-117 (nº 13 et 14 ; douteux) ; Shepherd, « The Liturgical Reform », p. 856. Félix et Adaucte : Ferrua, *Epigram-*

à Marc et Marcellin, au cimetière de Basileus, près de la via Ardeatina ; les itinéraires du VIIe siècle la mentionnent, mais elle n'a pas encore été retrouvée [1]. Félix et Adaucte étaient ensevelis à Commodille, sur l'Ostiense, où une basilique leur était dédiée [2].

VL 5319, f. 112 ; *AMS* n° 119	Vulgate (Jr 1)

R.

Priusquam te formarem	*Priusquam te formarem*	5
in utero novi te	*in utero novi te*	
et antequam exires de ventre	*et antequam exires de vulva*	
sanctificavi te	*sanctificavi te*	
	prophetam gentibus dedi te	

V.

Misit Dominus manum suam	*Et misit Dominus manum suam*	9
et tetigit os meum	*et tetigit os meum*	
et dixit michi :	*et dixit Dominus ad me :*	
	Ecce dedi verba mea in ore tuo	

Cette pièce est propre à saint Jean Baptiste *in die*. Son texte est emprunté à l'épître de la vigile [3]. Le découpage du texte est insolite : le verset n'offre en effet de sens que si l'on reprend aussitôt le refrain ; à soi seul, il n'a aucune signification. C'est donc encore une pièce tardive, fabriquée au VIIe siècle au plus tôt. C'est en tout cas un témoin de la reprise du refrain *a capite*.

VL 5319, f. 116 ; *AMS* n° 123	Vulgate (Ga 2 et 1 Co 15)

R.

Qui operatus est Petro [4]	*Qui enim operatus est Petro*	Ga 2, 8
in apostolatu	*in apostolatum circumcisionis*	
operatus est et mihi inter gentes	*operatus est et mihi inter gentes*	

---

mata, p. 98 (n° 7) ; SHEPHERD, « The Liturgical Reform », p. 860 ; Ch. PIETRI, « Damase évêque », p. 51 ; RUYSSCHAERT, « La commémoration de Cyprien », p. 475.

1. DUCHESNE, *LP*, t. I, p. 386, n. 4 ; *De locis sanctis*, éd. VALENTINI et ZUC-CHETTI, *Codice topografico*, II, Rome, 1942, p. 110 ; REEKMANS, « L'implantation monumentale », p. 180.

2. DUCHESNE, *LP*, t. I, p. 278, n. 12.

3. WILMART, « Le lectionnaire d'Alcuin », p. 159 ; MORIN, « Le plus ancien *comes* », p. 60 (CXXVIII) ; PIETSCHMANN, « Die nicht dem Psalter entnommenen Meßgesangstücke », p. 109.

4. *Apostolatus* VL 5319 ; *apostolatu* F 22, K, SG 359, E 121 ; *apostolatum* M, B, C, L 239, M-R.

et cognoverunt gratiam Dei *que data est michi*	*Et cum cognovissent gratiam* 9 *quae data est mihi* *Iacobus et Cephas et Iohannes* *qui videbantur columnae esse* *dextras dederunt mihi* *et Barnabae societatis* *ut nos in gentes* *ipsi autem in circumcisionem*

V.

Gratia Dei in me vacua non fuit *sed gratia eius semper in me manet*	*Gratia autem Dei* 1 Co 15, 10 *sum id quod sum* *et gratia eius in me vacua non fuit* *sed abundantius illis omnibus laboravi* *non ego autem sed gratia Dei mecum*

Ce graduel est propre à la messe de saint Paul, le 30 juin. Le texte, sans être exactement tiré de l'épître du jour (Ga 1, 11-20), est cependant issu de la même épître paulinienne [1]. Il existe une variante textuelle entre le chant romain et la branche française du grégorien : *apostolatus* / *apostolatu*. Cette pièce est si tardive que le verset et le refrain ne sont même pas tirés du même texte. Saint Paul fut d'abord fêté avec saint Pierre, le même jour, pour des raisons fort bien mises en évidence par Charles Pietri — vraisemblablement à plusieurs endroits du *suburbium* différents : là n'est pas la question ; ce n'est qu'au VIIe siècle qu'on donna à chacun d'entre eux une fête propre, venant s'ajouter à la fête ancienne du 29 juin [2]. La création de ces deux messes montre qu'on avait alors perdu de vue l'idée de *concordia apostolorum* [3], si importante au Ve siècle, qui associait l'apôtre des Gentils au premier pape et qui avait présidé à l'instauration d'une fête unique — éventuellement célébrée en plusieurs

---

1. PIETSCHMANN, « Die nicht dem Psalter entnommenen Meßgesangstücke », p. 113 ; MORIN, « Le plus ancien *comes* », p. 60 (CXXXII).

2. CHAVASSE, *Le Sacramentaire*, p. 311-316 et « Les fêtes de saint Pierre et de saint Paul », p. 166-167 (les critiques de MARTELLI, « La testimonianza », confondent le plan archéologique, qui atteste certes deux ou trois lieux de culte, avec le plan liturgique, qui montre un passage d'une à trois fêtes) ; SUSMAN, « Il culto », p. 18.

3. Ch. PIETRI, « Concordia apostolorum », p. 275-322 et *Roma christiana*, t. II, p. 1590-1596 ; H. VON HEINTZE, « Concordia Apostolorum », p. 234. Il est cependant vrai que les deux apôtres n'étaient pas considérés comme égaux : SUSMAN, « Il culto », p. 46 ; PICARD, « Étude sur l'emplacement », p. 748 ; Y. DUVAL, *Loca sanctorum*, t. II, p. 635.

lieux le même jour, Saint-Pierre au Vatican, Saint-Paul-hors-les-Murs et à Saint-Sébastien *ad Catacumbas*[1], sur la via Appia.

La messe votive de la Dédicace.

VL 5319, f. 136 ; *AMS* n° 100	Vulgate (Gn 28 (?) ; 4 Esd 8)	
R.		
Locus iste	*Pavensque quam terribilis*	Gn 28, 17
	inquit est locus iste	
	non est hic aliud	
	nisi domus Dei et porta caeli	
a Deo factus est	*Et cuius thronus*	4 Esd 8, 21
inestimabile sacramentum	*inaestimabilis*	
inreprehensibilis est	*et gloria incomprehensibilis*	
	cui adstat exercitus angelorum	
	cum tremore	
Deus cui astant angelorum chori[2]	*Ut supra*	4 Esd 8, 21
exaudi preces servorum tuorum	*Exaudi Domine*	4 Esd 8, 24
	orationem servi tui	
	et auribus percipe	
	precationem figmenti tui	
	intende verba mea	

Ce graduel se trouve à la messe de la Dédicace (13 mai), qu'il ne faut pas confondre, dans les livres romains, avec la fête de la dédicace du Latran (9 novembre). Il existe une variante textuelle entre chants romain et grégorien : *chori / chorus*. Cette pièce est tirée de 4 Esd, qui est un livre deutérocanonique que le début du Moyen Âge croyait authentique ; il a été utilisé principalement par les liturgies non-romaines, notamment en Espagne[3]. Cette fête commémore la dédicace du Panthéon d'Agrippa par Boniface IV (608-615) et sa transformation en église, sous le vocable de Sainte-Marie *ad martyres*, avec l'autorisation de l'empereur

---

1. Ch. Pietri, *Roma christiana*, t. I, p. 366 s. ; M. Borgolte, *Petrusnachfolge*, p. 17.

2. *Chori* VL 5319, F 22, K ; M-R *chorus* corrigé en *chori* ; *chorus* B, C, SG 359, E 121, L 239 ; lacune C 74.

3. Brou, « Le IVᵉ livre d'Esdras » (capital) ; Pietschmann, « Die nicht dem Psalter entnommenen Meßgesangstücke », p. 113-114.

Phocas[1]. On en a déduit, un peu vite, que ces chants auraient été composés à Rome pour la circonstance, le 13 mai 608. En réalité, les chants de cette messe sont vraisemblablement d'origine gallicane, en raison de leur caractère non psalmique, de leurs mélodies et à cause de la présence d'un *Alleluia* et d'un graduel, ce qui est très surprenant dans une messe qui, tombant le 13 mai, se trouve dans le temps pascal : elle devrait avoir deux *Alleluia* et point de graduel. Cette fête a été la première « Toussaint » romaine, avant l'adoption de la Toussaint franque (1er novembre), pas avant le IXe siècle[2]. Puisque le texte de ce graduel semble venir de Gaule, on pourrait le comparer au texte des *tituli* qui ornaient les basiliques de cette région ; certains d'entre eux insistent en effet sur la thématique qui fait de l'église la *domus Dei*[3], qui nous semble proche de celle qui est à l'œuvre dans le graduel *Locus iste* ; cela pourrait contribuer à rendre encore plus probable l'origine du texte de ce graduel.

Conclusions musicales sur les graduels en « DO ».

Pour ce qui concerne le schéma modal des refrains, on note la fréquente incertitude *fa* / *sol* et *sol* / *la*, au sein d'une même pièce dans le chant romain, alors qu'en revanche le grégorien distingue toujours très bien entre ces deux transpositions. Rome oscille souvent entre *sol* = DO et *fa* = DO. Il arrive même que cette incertitude n'ait pas été transposée, comme dans le verset du graduel *Probasti* : sur les mots « *igne* me exa*minasti* », la mélodie hésite clairement entre DO et RÉ, utilisant la même formule que lorsqu'elle hésite sur les transpositions *sol* et *la*. Cette formule stéréotypée est très fréquente dans les introïts. On constate également la rareté des refrains demeurés sur la corde de DO ; c'est le signe de ce qu'ils sont postérieurs aux versets et plus évolués. Il existe

---

1. DUCHESNE, *LP*, t. I, p. 317, n. 2 ; REEKMANS, « L'implantation monumentale », p. 874, 884 ; CECCHELLI, « Continuità storica », p. 111-112 ; KLAUSER, « Rom und der Kult », p. 122-124 ; GEERTMAN, *More veterum*, p. 135.

2. BARRÉ, « La lettre du Pseudo-Jérôme », p. 212, n. 5 ; J. E. CROSS, « Legimus in ecclesiasticis historiis », p. 105-121 ; HUGLO, « Trois livres », p. 274 ; L. PIETRI, « Les origines », p. 59.

3. L. PIETRI, « Pagina in pariete reserata », p. 153.

un assez grand nombre de finales et de schémas modaux pour les refrains, contrairement aux versets. C'est également la preuve du caractère postérieur des refrains, qui sont moins fixes et dont les lignes mélodiques sont plus élaborées.

Le schéma modal des versets demande qu'on distingue entre les deux parties du verset. De l'intonation à la médiante comprise, les versets, plus anciens (pour certains d'entre eux) que les refrains, obéissent à des règles modales plus strictes et sont plus stéréotypés. C'est pourquoi il n'en existe guère que de deux sortes : ceux, anciens — quoiqu'il faille se méfier des « copies d'ancien » —, qui sont restés attachés à la corde mère de *DO* et ceux, plus tardifs, qui modulent au grave pour descendre chercher une finale différente de leur teneur. Les pièces en *DO* pur (teneur et finale) possèdent le plus souvent une vocalise de médiante très caractéristique, archaïque, qui ne module pas au grave mais retourne à *DO* après avoir décrit une arabesque ; nous la retrouverons dans le timbre des graduels en II A (*RÉ* à finale *la*), qui la leur a empruntée, sans doute parce que les compositeurs avaient trouvé pratique de donner à ces pièces en *RÉ* des cadences sur *DO*, c'est-à-dire à la sous-tonique.

Les versets des graduels en *fa (= DO)*, qui sont nombreux, puisqu'il s'agit du mode romain par excellence, constituent un quasi-timbre. Il existe par conséquent un grand nombre de versets pratiquement semblables. La corde de *DO*, le plus souvent, est nettement visible, non transposée, contrairement à ce qui se passe dans les refrains, qui sont moins anciens. Les versets à la mélodie tourmentée ou à la finale modulante appartiennent tous au sanctoral et aux couches les plus récentes du temporal (pièces non psalmiques, dimanches après la Pentecôte, etc.). L'histoire et la liturgie s'accordent donc entièrement avec l'analyse musicale.

En revanche, dans la seconde partie des versets, qui va de la réintonation qui suit la médiante jusqu'à l'avant-dernière distinction logique comprise, les mélodies sont beaucoup moins régulières que dans la première partie et modulent presque toujours pour aller trouver une finale au grave, le plus souvent sur *fa* et sur *la*. Il faut y voir le signe de ce que la vocalise et l'articulation d'avant-dernière distinction logique sont avant tout des particularités non romaines ; Rome préfère insister sur la médiante. Ainsi, le plus bel et le plus célèbre exemple d'ADL se trouve dans le *Gloria* ambrosien, c'est-à-dire dans un répertoire non romain. Il est donc normal que l'ADL de ces mélodies en *DO*, bien romaines, ne soit pas archaïque, mais qu'on l'ait laissé évoluer.

LE FONDS ROMAIN : LES GRADUELS EN *TENEUR* « SI » (= « MI »)

Les graduels en *MI* appartiennent à l'autre corde mère romaine, qui est moins importante toutefois que celle de *DO*. Ces pièces sont en effet peu nombreuses : douze au total, dont quatre seulement dans le sanctoral, d'ailleurs tardif, et aucune dans les messes rituelles. Il n'existe pas de graduel en *MI* non psalmique. Ces graduels ont parfois été transposés en *si*, comme il est naturel. La corde de *MI* semble donc avoir beaucoup moins marqué les graduels que les offertoires ou les antiennes de l'office. Il est vrai qu'elle est inconnue des *cantica* et des traits. Nous avons présenté ces pièces en respectant la forme traditionnelle qu'elles prennent dans les plus anciens manuscrits. : le refrain, dont l'incipit a donné son « nom » à la pièce, puis le verset. Il va cependant de soi que cette disposition n'est pas primitive et ne remonte qu'à l'époque où l'on transforma les psaumes responsoriaux en graduels. Jusque-là en effet, le refrain était second, comme il est du reste logique, et ne venait qu'après chaque verset. Depuis le remaniement subi par ces pièces, le refrain est au contraire devenu premier.

Les dimanches du carême.

VL 5319, f. 53v ; *AMS* n° 53	Psautier romain, Ps 9	Vulgate
R. *Exurge Domine* *non prevaleat homo* *iudicentur gentes* *in conspectu tuo*	*Id.*	*Exurge Domine* 20 *non confortetur homo* *iudicentur gentes* *in conspectu tuo*

V.

In convertendo	*Id.*	*In convertendo* 4
inimicum meum		*inimicum meum*
retrorsum, infirmabuntur		*retrorsum, infirmabuntur*
et perient a facie tua		*et peribunt a facie tua*

Cette pièce est le graduel du troisième dimanche du carême ; elle ne peut remonter au-delà du carême de six semaines. La mélodie du verset est sur *si (MI)*, monté à *do (inimicum meum)* dans les passages syllabiques.

VL 5319, f. 66 ; *AMS* n° 67 a	Psautier romain, Ps 142 et 17	Vulgate
R.		
Eripe me Domine	*Eripe me*	*Eripe me* 142, 9
de inimicis meis	*de inimicis meis*	*de inimicis meis*
	Domine ad te confugi	*Domine ad te confugi*
doce me facere	*Doce me facere*	*Doce me facere* 142, 10
voluntatem tuam	*voluntatem tuam*	*voluntatem tuam*
	quia tu es Deus meus	*quia Deus meus es tu*
	spiritus tuus bonus	*spiritus tuus bonus*
	deducet me in via recta	*deducet me in terra recta*
V.		
	Deus qui das	
	vindictam mihi	*Deus qui dat* 17, 48
	et subdidisti populos	*vindictas mihi*
Liberator meus	*sub me*	*et subdidit populos sub me*
Dominus [1]	*liberator meus Dominus*	*liberator meus*
de gentibus iracundis	*de gentibus iracundis*	*de gentibus iracundis*
ab insurgentibus in me	*Et ab insurgentibus*	*Et ab* 17, 49
exaltabis me	*in me*	*insurgentibus in me*
a viro iniquo eripies me	*exaltabis me*	*exaltabis me*
	a viro iniquo eripies me	*a viro iniquo eripies me*

Ce graduel est au cinquième dimanche du carême. Il existe une variante textuelle entre chants romain et grégorien, *Dominus / Domine* (v. 48). Ce graduel est tiré de deux psaumes différents ; une telle situation ne saurait être primitive ; le psaume 142 semble donc avoir été ajouté. Il est

---

1. *Dominus* VL 5319, F 22, C 74, B ; *Domine* M, R, K, SG 359, E 121, L 239, M-R.

surprenant qu'un chant entre les lectures affecté à un dimanche du carême, c'est-à-dire à un emplacement aussi important, soit aussi mal bâti ; il faut dire que ce dimanche n'existait pas à l'époque du « carême » de trois semaines : il n'est
pas aussi ancien. C'est le seul chant entre les lectures qui
utilise les psaumes 142 et 17. Ce dernier psaume était utilisé
à Hippone à la vigile pascale [1], sans doute en raison de l'allusion à la mort (v. 5 : *circumdederunt me dolores mortis*), qu'on
pouvait aisément appliquer à celle du Christ, ou de l'évocation de sources d'eau vive (v. 16-17), ou encore de la présence du verbe *illuminare* (v. 29, *quoniam tu inluminans lucer-
nam meam Domine*).

Hypothèse sur les graduels des dimanches du carême de six semaines.

Le graduel *Tibi Domine* provient de l'ancienne messe de
la Samaritaine, au deuxième dimanche. Le graduel *Exurge
Domine* se trouve toujours au troisième dimanche. Le graduel *Adiutor in oportunitatibus* appartient à la messe *Circumdederunt me*, du dimanche de la Septuagésime, qui pourrait
bien être l'ancienne messe du dimanche de Lazare, l'ancien
quatrième dimanche du carême de six semaines, comme
nous l'avons vu à propos de son trait, *De profundis*, tiré du
psaume graduel 129. Or, ces trois pièces ont en commun
d'être tirées du même psaume 9 et de reposer sur la même
corde mère de *MI*. Cette coïncidence semble ne pas être
fortuite. On obtient en effet le schéma suivant, pour le
carême de six semaines :

Dom.	Dénomination	Corde	Psaume	Incipit
I	De quadragesima	RÉ	90	Qui habitat (tr.)
II	De Samaritana	MI	9	Tibi Domine
III	De Caeco	MI	9	Exurge Domine... non prevaleat
IV	De Lazaro	MI	9	Adiutor in oportunitatibus
V	De Passione	MI	142(+17)	Eripe me
VI	In Ramis Palmarum	RÉ	21	Deus Deus meus (tr.)

---

1. FRANK, « Die Paschavigil », p. 22, n. 100 ; LAMBOT, « Les sermons », p. 230 ;
WILLIS, *St Augustine's Lectionary*, p. 25.

Cet ensemble est formé de trois parties qui s'individualisent nettement : l'ancien « carême » de trois semaines, en *MI* et avec le psaume 9 (*Tibi Domine, Exurge... non* et *Adiutor in oportunitatibus*) ; le cinquième dimanche *(Eripe me)*, encore en *MI* mais tiré de deux psaumes différents, fait figure de dimanche de transition, à mi-chemin entre l'ancienne préparation de trois semaines et le carême moderne ; en dernier lieu, les deux dimanches extrêmes, le premier *(Qui habitat)* et le sixième *(Deus Deus meus)*, qui sont en *RÉ* et emploient un autre type de psaumes. Ces trois ensembles sont sans doute le reflet de trois étapes historiques.

L'emploi du psaume 9 à trois reprises pourrait être le signe de ce que, à l'époque du psaume responsorial, ce psaume était l'unique psaume responsorial des dimanches du carême : on l'aurait ainsi chanté tous les dimanches pendant le carême, puis la *Schola cantorum* l'aurait scindé en trois graduels, au VIe siècle. Cette structure est troublante par sa régularité et par sa netteté. Nous reconnaissons cependant volontiers qu'il faudrait pour cela admettre que le graduel *Adiutor*, actuellement à la Septuagésime, était autrefois au dimanche de Lazare. Or, ce n'est qu'une hypothèse, même si on peut la considérer comme possible. D'après les volumes de la *Biblia patristica*, le psaume 9 fut très peu utilisé au cours des quatre premiers siècles : il n'est commenté que par Grégoire le Thaumaturge (*De passibili et impassibili in Deum ad Theopompum*[1]), par Clément d'Alexandrie (*Strom.* VI, 51 et VI, 64) ainsi que par Tertullien (*Adv. Marcion.* IV, 14 et IV, 39). On peut à la rigueur y ajouter « Hippolyte de Rome[2] », bien qu'on ne sache si ce commentaire a réellement été écrit par l'Hippolyte romain ou par son homonyme oriental. Quoi qu'il en soit, cela montre au moins l'originalité de l'exégèse romaine, qui semble s'être intéressée à un psaume que personne, dans l'ensemble du monde chrétien, n'avait particulièrement distingué jusque-là. Le sens général du long psaume 9 peut se résumer ainsi : le psalmiste exalte la justice de Dieu, protecteur des pauvres et vainqueur des Nations.

---

1. Éd. PITRA, *Analecta sacra*, t. IV, Paris, 1883, p. 368. L'attribution à Grégoire n'est pas certaine.

2. *In Psalmos* 11, éd. P. NAUTIN, *Le Dossier*, p. 175.

Les féries anciennes du carême.

VL 5319, f. 62v ; AMS n° 63 a	Psautier romain, Ps 33	Vulgate	
R. *Venite filii audite me* *timorem Domini* *docebo vos*	Id.	Id.	12
V. *Benedicam Dominum* *in omni tempore* *semper laus eius* *in ore meo*	Id.	Id.	2

Cette pièce est l'un des deux graduels de la messe rituelle du mercredi des Grands-Scrutins à Saint-Paul-hors-les-Murs. *Beata gens*, l'autre graduel de cette messe — car il y a encore deux lectures avant l'Évangile — est tiré du psaume 32. Le verset romain est tiré du premier verset du psaume, contrairement au verset grégorien, qui est le verset 6 du psaume, *Accedite ad eum et illuminamini*. La disposition romaine est donc la plus ancienne.

Cette pièce pose en effet un grave problème de verset, puisque le chant grégorien a refusé le verset romain, au profit d'un verset *Accedite ad eum* (v. 6), sans doute en raison de la présence du verbe *illuminare*, dont le caractère baptismal est clair et qui s'accorde bien avec le psaume 41 *(Sicut cervus)*, lui aussi employé à la vigile pascale, puisque l'un comme l'autre font une large part au désir de voir Dieu (Ps 41, 3 : *quando veniam et apparebo ante faciem Dei* ; Ps 33, 6 : *accedite ad eum et illuminamini*). Cela pourrait s'expliquer par le fait que, tandis que le chant romain restait fidèle au principe qui veut que le premier verset d'un psaume responsorial soit le premier verset du psaume lui-même *(Benedicam Dominum)*, vestige de l'époque où le psaume responsorial était encore entier, avant sa réduction en graduel, le grégorien a en revanche préféré le principe plus moderne du verset choisi en fonction de la pertinence de son sens (v. 6). Du reste, le chant grégorien classe ce graduel en cinquième mode, ce qui indique un complet réhabillage mélodique.

VL 5319, f. 69 ; *AMS* n° 70	Psautier romain, Ps 29	Vulgate	
R. *Exaltabo te Domine* *quoniam suscepisti me* *nec delectasti inimicos* *meos super me*	*Id.*	*Id.*	2
V. *Domine Deus meus* *clamavi ad te* *et sanasti me*	*Id.*	*Id.*	3
Domine abstraxisti ab *inferis animam meam ;* *salvasti me* *a descendentibus in lacum*	*Id.*	*Id.*	4

Ce graduel est au cinquième mercredi du carême. Le verset est centonisé et le refrain est tiré du premier verset du psaume. Saint Augustin utilisait le psaume 29 pour la consécration des églises[1], en raison du titre du psaume *(Psalmus cantici in dedicatione domus David)*. Ce graduel est le seul chant entre les lectures qui soit tiré du psaume 29.

Les féries plus récentes.

VL 5319, f. 75v ; *AMS* n° 74	Psautier romain, Ps 34	Vulgate	
R. *Exurge Domine* *et intende iudicium meum* *Deus meus* *et Dominus meus* *in causam meam*	*Id.*	*Exsurge* *et intende iudicio meo* *Deus meus* *et Dominus meus* *in causam meam*	23
V. *Effunde framea*[2] *et conclude*	*Effunde frameam* *et conclude*	*Effunde frameam* *et conclude*	3

---

1. WILLIS, *St Augustine's Lectionary*, p. 40, 73.
2. *Framea* VL 5319, M, R, B, C, L 239 ; *frameam* F 22, C 74, K, S, SG 359, E 121 ; lacune M-R.

adversus eos	*adversus eos*	*adversus eos*
qui me persecuntur	*qui me persequuntur*	*qui persequuntur me*
	dic animae meae :	*dic animae meae :*
	salus tua ego sum	*salus tua ego sum*

Ce graduel se trouve au lundi saint. Il existe peut-être une variante textuelle entre le chant romain et la branche germanique du grégorien, *framea / frameam*, bien que *framea* soit une faute.

VL 5319, f. 65 ; AMS n° 66	Psautier romain, Ps 9	Vulgate
R.		
Tibi Domine	*Vides quoniam*	*Vides quoniam* 35 (14)
derelictus est pauper	*tu laborem et dolorem*	*tu laborem et dolorem*
pupillo tu eris adiutor	*consideras*	*consideras*
	ut tradas eos	*ut tradas eos*
	in manibus tuis	*in manus tuas*
	tibi enim	*tibi derelictus est pauper*
	derelictus est pauper	*orfano tu eras adiutor*
	pupillo tu eris adiutor	
V.		
Ut quid Domine	*Id.*	*Ut quid Domine* 22 (1)
recessisti longe		*recessisti longe*
despicis in oportunitatibus		*dispicis in oportunatibus*
in tribulatione		*in tribulatione*
dum superbit impius	*Dum superbit impius*	*Dum superbit* 23 (2)
incenditur pauper	*incenditur pauper ;*	*impius*
	conprehenduntur	*incenditur pauper ;*
	in cogitationibus suis	*conprehenduntur*
	quas cogitant	*in consiliis*
		quibus cogitant

Ce graduel est au quatrième samedi, qui a reçu l'ancienne messe *Sitientes* de la Samaritaine, passée au deuxième dimanche du carême de six semaines, puis déplacée au quatrième samedi quand le deuxième dimanche devint *vacat* à cause de l'entrée des Quatre-Temps du premier mois dans la première semaine du carême. Ses versets ont une double numérotation ; ainsi, le verset 22 de la première numérotation est le verset 1 de la seconde ; le verset du graduel est donc tiré du premier verset du psaume, selon la seconde numérotation. C'est le seul graduel romain qui soit tiré de la seconde partie du psaume 9.

Les dimanches d'anticipation du carême.

VL 5319, f. 34v ; AMS n° 34	Psautier romain, Ps 9	Vulgate
R.		
	Et factus est Dominus refugium pauperum	Et factus est Dominus 10
Adiutor	adiutor	refugium pauperi
in oportunitatibus	in oportunitatibus	adiutor in oportunitatibus
in tribulatione	in tribulatione	in tribulatione
sperent in te	Et sperent in te omnes	Et sperent in te 11
qui noverunt te	qui noverunt nomen	qui noverunt nomen tuum
quoniam	tuum quoniam	quoniam
non derelinquis	non derelinques	non dereliquisti
querentes te	quaerentes te	quaerentes te
Domine	Domine	Domine
V.		
Quoniam non in finem [1]	Quoniam non in finem	Quoniam 19
oblivio erit pauperum	oblivio erit pauperum	non in finem
patientia pauperum	patientia pauperum	oblivio erit pauperis
non peribit in eternum	non peribit in finem	patientia pauperum
		non peribit in finem
exurge Domine	Exsurge Domine	Exsurge Domine 20
non prevaleat homo	non praevaleat homo	non confortetur homo
	iudicentur gentes	iudicentur gentes
	in conspectu tuo	in conspectu tuo

Ce graduel se trouve au dimanche de la Septuagésime, qui n'est sans doute pas son emplacement primitif. Verset et refrain sont centonisés. Il existe une variante textuelle entre chants romain et grégorien, *pauperum / pauperis*.

VL 5319, f. 37v ; AMS n° 36 a	Psautier romain, Ps 76	Vulgate
R.		
Tu es Deus	Tu es Deus	Tu es Deus 15

---

1. *Pauperum* VL 5319, C 74 ; *pauperis* F 22, M, R, B, C, K, SG 359, E 121, L 239, M-R.

qui facis mirabilia solus	*qui facis mirabilia solus*	*qui facis mirabilia*
notam fecisti in gentibus	*notam fecisti in populis*	*notam fecisti in populis*
virtutem tuam	*virtutem tuam*	*virtutem tuam*

V.			
Liberasti in brachio tuo	*Id.*	*Redemisti*	16
populum tuum		*in brachio tuo*	
filios Israhel et Ioseph		*populum tuum*	
		filios Iacob et Ioseph	

Ce graduel est au dimanche de la Quinquagésime. Les versets 17-21 de ce psaume sont assez proches par leur contenu du cantique d'Habacuc[1] ; ils évoquent également la traversée de la mer Rouge.

Le sanctoral.

VL 5319, f. 28 ; AMS n° 143	Psautier romain, Ps 115	Vulgate	
R.			
Pretiosa	*Id.*	*Id.*	15
in conspectu Domini[2]			
mors sanctorum eius			
V.			
Credidi propter quod	*Id.*	*Id.*	1
locutus sum			
ego autem			
humiliatus sum nimis			

Cette pièce est presque inconnue de l'*AMS* : elle n'est en effet attestée que par un seul manuscrit, S, à un seul endroit (n° 143) ; encore faut-il ajouter que S ne possède que l'incipit du refrain et du verset, pas même le texte entier de cette pièce romaine, qui semble avoir éprouvé bien du mal à franchir les Alpes. Elle est inconnue des graduels SG 339, E 121 et L 239 ; parmi les plus anciens manuscrits grégoriens notés, SG 359 la connaît, mais d'assez loin, puisqu'il ne l'a pas neumée et qu'il ne copie pas exactement le texte liturgique romain, comme le montre la variante du refrain, qui

---

1. BÉVENOT, « Le cantique », p. 508.
2. *Pretiosa est* SG 359.

provient pourtant bien d'un psautier romain, mais qui n'est pas celle qu'a retenue la liturgie. En revanche, le manuscrit du Mont-Renaud la mentionne en entier, avec ses neumes et un texte semblable à celui des manuscrits romains (f. 32v). Il n'existe donc pas de variante textuelle entre chants romain et grégorien, malgré la leçon *pretiosa est in conspectu*, attestée par le seul SG 359.

Ce problème est sans doute dû au fait que Fabien et Sébastien possédaient deux messes à Rome, mais une seule en Gaule ; c'est cela qui explique ce problème de transmission : Rome avait donné au grégorien une pièce en trop, dont les chantres francs n'ont visiblement su que faire. Ils l'ont donc supprimée la plupart du temps. Ce psaume est cité par saint Cyprien à propos du martyre pour encourager ses fidèles persécutés (*Ep.* VI[1] et X[2]). Saint Jérôme l'interprète comme une invitation à suivre le sacrifice du Christ et à accepter de témoigner soi-même (Ep. XXII à Eustochium[3]). Cette interprétation martyriale est confirmée par Origène[4] et saint Augustin[5]. Ce graduel est cependant le seul chant entre les lectures qui soit tiré de ce psaume, à Rome. Son verset est tiré du premier verset du psaume.

Sur le plan mélodique, l'incipit du refrain est commun avec celui du graduel en *RÉ Speciosus* du dimanche après Noël. Cela signifie que notre graduel a emprunté une corde de *RÉ* pour fabriquer le début de son refrain ; cela signifie également qu'une pièce du temporal, ancienne, a servi partiellement de modèle pour composer une pièce du sanctoral, plus tardive.

VL 5319, f. 128 ; *AMS* n° 157	Psautier romain, Ps 102	Vulgate	
R. *Benedicite Dominum*[6]	*Benedicite Dominum*	*Benedicite Domino*	20

1. Éd. BAYARD, *Saint Cyprien, Correspondance*, t. I, Paris, 1924, p. 15 (CUF).
2. Éd. BAYARD, t. I, p. 24.
3. Éd. BAYARD, t. I, p. 156-157.
4. Ch. PIETRI, « Saints et démons », p. 64.
5. LA BONNARDIÈRE, « La Bible "liturgique" », p. 156 ; QUASTEN, *Musik und Gesang*, p. 233 ; WILLIS, *St Augustine's Lectionary*, p. 35, 40 ; COURCELLE, *Recherches*, p. 140. Il l'emploie également pour l'octave de Pâques : FRANK, « Die Paschavigil », p. 22, n. 100.
6. *Dominum* VL 5319, F 22, M, K, S, L 239, M-R ; lacune C 74 ; *Domino* B,

omnes angeli eius	*omnes angeli eius*	*angeli eius*
potentes virtutes	*potentes virtute*	*potentes virtute*
qui facitis verbum eius	*qui facitis verbum eius*	*facientes verbum illius*
	ad audiendam vocem	*ad audiendam vocem*
	sermonum eius	*sermonum eius*

V.		
Benedic anima mea	*Id.*	*Benedic anima mea* 1
Dominum [1]		*Domino*
et omnia interiora mea		*et omnia quae intra me*
nomen sanctum eius		*sunt*
		nomini sancto eius

Cette pièce est le graduel propre du saint archange Michel
(29 septembre), en raison de l'allusion aux anges qui se
trouve dans le verset 20, véritable verset choisi. Le verset
est tiré du premier verset du psaume. Il existe trois variantes
textuelles entre chants romain et grégorien, *Dominum* /
Domino, dans le refrain comme dans le verset ; dans le
refrain, ce n'est qu'une variante germanique, tandis que,
dans le verset, cela touche les deux branches grégoriennes.
La troisième variante, *virtutes* / *virtute*, est limitée au groupe
germanique.

Cette messe commémore la dédicace de la basilique de
saint Michel, l'ancien tombeau de l'empereur Adrien ; peu
à peu, cette dédicace est devenue la fête du saint [2]. Son culte
ne s'est vraiment répandu qu'à partir du Ve siècle ; il est
inconnu de la *Depositio Martyrum* ; sa basilique a été restaurée et agrandie par Symmaque.

VL 5319, f. 29 ; *AMS* n° 20	Psautier romain, Ps 109	Vulgate	
R.			
Iuravit Dominus	*Id.*	*Id.*	4
et non penitebit eum			
tu es sacerdos in eternum			

SG 359, E 121 ; *potentes virtutes* VL 5319, F 22, B, L 239, M-R ; *potentes virtute*
M, K, SG 339, E 121.

1. *Dominum* VL 5319, F 22, M ; *Domino* B, K, SG 359, E 121, L 239, M-R.

2. DUCHESNE, *LP*, t. I, p. 268, n. 36 ; CHAVASSE, « Le sermon prononcé », p. 98 ;
Y. DUVAL, *Loca sanctorum*, t. II, p. 623 ; DANIÉLOU, *Les Anges et leur mission*,
p. 85-86, 143-144 ; LEMARIÉ, « Textes relatifs au culte », *passim*.

secundum ordinem
Melchisedech

V.

Dixit Dominus	*Dixit Dominus*	*Dixit Dominus*	1
Domino meo	*Domino meo*	*Domino meo*	
sede a dextris meis	*sede a dextris meis*	*sede a dextris meis*	
	donec ponam	*donec ponam*	
	inimicos tuos	*inimicos tuos*	
	scabellum pedum tuorum	*scabellum pedum tuorum*	

Cette pièce est le graduel des papes Fabien (20 janvier), Grégoire le Grand (12 mars) et Marc (7 octobre), ainsi que de saint Apollinaire (23 juillet). Le verset est tiré du premier verset du psaume, lequel est employé ici dans un sens assez différent de son sens typologique traditionnel — que nous avons vu à propos du graduel *Tecum principium* —, à cause du mot *sacerdos* et de l'allusion au grand prêtre Melchisédech, qui sont responsables de l'emploi de ce psaume dans le cadre du commun des pontifes, auxquels est assimilé Apollinaire, premier évêque de Ravenne, dont le culte fut sans doute introduit à Rome par le pape Honorius, qui lui construisit une église dans le but de faire pièce aux prétentions patriarcales des évêques de Ravenne[1]. Le pape Marc († 336), qui appartient à la *Depositio Episcoporum*, non à la *Depositio Martyrum*, est le fondateur du titre qui porte son nom[2]. Sur le plan mélodique, la vocalise de médiante du refrain, sur *eum*, est une vocalise rare qui, à notre connaissance, ne se retrouve que dans le graduel *Eripe me*, là aussi à la médiante *(meis)*. Cela pourrait suggérer une parenté entre les deux pièces, celle du sanctoral s'étant inspirée de celle du temporal, conformément à la chronologie.

---

1. GEERTMAN, *More veterum*, p. 164 ; RICHARDS, *The Popes*, p. 176-177 et 196-197 ; THANNER, *Papst Honorius*, p. 35-36 et 63. Voir DUCHESNE, *LP*, t. I, p. 326, n. 10, p. 348, n. 5 et p. 519, n. 73.

2. DUCHESNE, *LP*, t. I, p. 203, n. 4-5 ; REEKMANS, « L'implantation monumentale », p. 179 ; PIETRI, *Roma christiana*, t. I, p. 21 ; KRAUTHEIMER, *Rome, Profile*, p. 33.

VL 5319, f. 30 ; *AMS* n° 14	Psautier romain, Ps 20	Vulgate
R. *Domine prevenisti eum* *in benedictione* *dulcedinis* [1] *posuisti in capite eius* *coronam de lapide* *pretioso*	*Quoniam praevenisti* *eum* *in benedictione* *dulcedinis* *posuisti in capite eius* *coronam de lapide* *pretioso*	*Quoniam praevenisti* 4 *eum* *in benedictionibus* *dulcedinis* *posuisti in capite eius* *coronam de lapide* *pretioso*
V. *Vitam petiit et tribuisti ei* *longitudinem dierum* *in seculum seculi*	*Id.*	*Vitam petiit a te* 5 *et tribuisti ei* *longitudinem dierum* *in saeculum* *et in saeculum saeculi*

Il existe une variante textuelle entre chants romain et grégorien, *benedictione* / *benedictionibus*. Le texte du verset *Vitam petiit* est cité par Eusèbe (*HE* V, II, 6 [2]) à propos des martyrs de Lyon en 177. Ce graduel regroupe des saints en fonction de critères thématiques, puisqu'il est utilisé — à deux exceptions près, Eusèbe (14 août) et Nicomède (15 septembre), qui portent cependant un nom grec — pour les martyrs étrangers : orientaux, comme Anastase (22 janvier), Basilide (12 juin) et Théodore (9 novembre), souvent tardifs, ou gaulois, comme Genès d'Arles et la Décollation de saint Jean Baptiste (29 août), et espagnols, comme Vincent de Saragosse (22 janvier) [3].

Anastase était un moine perse martyrisé en 627 ou 628 ; le pape Honorius lui bâtit une basilique *ad Aquas Salvias* [4]. Basilide était lié à Celse ainsi qu'à Nabor et Nazaire, dont les reliques furent inventées par saint Ambroise en 395 [5]. Eusèbe était un prêtre romain, qui semble avoir été en partie

---

1. *Benedictione* VL 5319, F 22, C 74 ; *benedictionibus* R (n° 14) K (n° 147), SG 359, E 121, M-R ; lacune L 239.

2. Éd. G. BARDY, t. II, Paris, 1955, p. 25 (SC 41).

3. C. GARCÍA RODRÍGUEZ, *El culto de los santos en la España romana y visigoda*, Madrid, 1966, p. 257 s.

4. DUCHESNE, *LP*, t. I, p. 522, n. 124 ; REEKMANS, « L'implantation monumentale », p. 190 ; THANNER, *Papst Honorius*, p. 49 ; B. FLUSIN, *Saint Anastase le Perse*, Paris, 1992.

5. J. FONTAINE, « Le culte des martyrs militaires », p. 143 ; V. SAXER, *Morts, martyrs*, p. 242.

confondu avec le pape homonyme mort en déportation en
Sicile vers 309-310 et auquel Damase avait consacré une
épigramme ; il appartenait à la *Depositio Episcoporum* et on
le fêtait le 2 octobre. Le prêtre Eusèbe dont il est ici question est absent de la *Depositio Martyrum*[1]. Le culte de saint
Nicomède a été vraisemblablement introduit à Rome par le
pape Boniface V (619-625)[2]. Saint Théodore est un saint
militaire, comme Nabor ; il était le patron des milices impériales ; son culte pourrait avoir été introduit à Rome au
moment des guerres gothiques et de Bélisaire ; la mosaïque
du titre des Saints-Côme-et-Damien, dédié par Félix IV
(526-530), le représente[3]. Saint Genès d'Arles est, par ordre
chronologique, le second saint gaulois à avoir reçu un culte
à Rome, après saint Martin de Tours[4]. La Décollation de
saint Jean Baptiste pourrait être d'origine gauloise ; elle semble avoir été introduite à Rome sous le pape Théodore
(642-649)[5]. Il semble au total qu'on ait réuni ces saints sous
ce graduel en raison de la consonance orientale de leurs
noms, tout simplement : c'était en quelque sorte le graduel
des saints « exotiques ».

La mélodie du verset est modalement assez floue, jusqu'à
la médiante, sur *ré (ei)* ; le reste ne l'est guère moins : on
peut seulement dire que l'ADL est sur *sol* et la finale sur le
MI grave. Le refrain semble tourner — sans grande netteté — autour du *MI* grave puis remonter au *si*, avant de
descendre chercher sa médiante au *do* grave *(dulcedinis)* ; le
second hémistiche demeure dans le même à-peu-près avant
de descendre au *MI* final. Il est normal qu'une pièce du
sanctoral pose de telles difficultés, puisque le sanctoral,
même ancien, ne saurait (à quelques exceptions près) prétendre à la même ancienneté que les couches profondes du

1. REEKMANS, « L'œuvre du pape Damase », p. 263 ; DELEHAYE, *Étude sur le légendier*, p. 53 ; SAXER, « Damase et le calendrier », p. 78, n. 50.

2. DUFOURCQ, *Étude*, t. I, p. 209-210 ; CHAVASSE, *Le Sacramentaire*, p. 280 et
« Les plus anciens types », p. 32 ; KLAUSER, *Das römische Capitulare*, p. 184.

3. DUFOURCQ, *Étude*, t. V, p. 232 ; Y. DUVAL, *Loca sanctorum*, t. II, p. 663-664 ;
KRAUTHEIMER, *Rome, Profile*, p. 77.

4. DUFOURCQ, *Étude*, t. I, p. 208-209 ; DELEHAYE, *Origines du culte*, p. 341 ;
KLAUSER, *Das römische Capitulare*, p. 185 et « Die liturgischen Austauschbeziehungen », p. 181, n. 42.

5. CHAVASSE, *Le Sacramentaire*, p. 372 ; WILMART, « Le lectionnaire d'Alcuin »,
p. 173 ; BAUMSTARK, dans : MOHLBERG, *Die älteste erreichbare Gestalt*, p. 88*.

temporal. À plus forte raison pour le sanctoral de seconde venue. La musique, très logiquement, s'en ressent.

Conclusions historiques et liturgiques.

On notera que les graduels en *MI* recèlent peu de variantes textuelles entre le chant romain et le chant grégorien sous ses deux formes, française et germanique. Ils équipent surtout le temporal et, à l'intérieur de cette catégorie, exclusivement le cycle de la préparation à Pâques : ils sont en effet tous groupés entre le dimanche de la Septuagésime *(Adiutor in oportunitatibus)* et le lundi saint *(Exurge Domine et intende)*. La fourchette est très réduite et possède une saveur nettement romaine.

Conclusions musicales sur les graduels en « MI ».

Les refrains ne possèdent pas une grande unité modale, notamment pour ce qui concerne les médiantes et les avant-dernières distinctions logiques. La variété est très grande, d'une pièce à l'autre, et il paraît aventureux de chercher à rapporter ces mélodies à un type unique. Seule la finale, *MI*, fédère réellement ces refrains. Aucun d'entre eux (à l'exception peut-être de *Adiutor in oportunitatibus*) ne possède de « double médiante » sur *sol*, contrairement aux versets. Il existe malgré tout un certain nombre de types mélodiques auxquels on peut réduire cet ensemble de refrains. Ainsi, par exemple, le lien entre *Exurge Domine non prevaleat* et *Tu es Deus* est simplement dû à l'emploi de la même vocalise, quatre fois ; cette vocalise se trouve d'ailleurs aussi utilisée (une seule fois) dans le cantique des Trois-Enfants, *Benedictus es in firmamento celi*, en *RÉ*, dans le verset introductif, qui est une sorte de refrain, sur *mirabilis*. Elle se retrouve dans plusieurs graduels, la plupart en *MI*, principalement dans les refrains, le plus souvent à la flexe et à l'ADL, toujours sur la finale du mot[1], jamais sur l'accent.

Les versets apparaissent en revanche beaucoup plus

---

1. L'emplacement primitif du mélisme est sur la finale du mot ; ce n'est que plus tard qu'il alla se placer sur l'accent : Dom J. CLAIRE, « La place traditionnelle du mélisme », p. 291.

fermes sur le plan modal que les refrains. C'est tout à fait normal, puisque les refrains ne sont pas primitifs, étant donné que l'ancienne *responsa* a été entièrement remodelée (et notamment allongée) par la *Schola*. Les versets, même s'ils ont eux aussi été modifiés, n'en sont pas moins la partie la plus ancienne, à l'intérieur des graduels : celle qui a le plus de chances d'avoir conservé des traces de l'ancien psaume responsorial. L'histoire nous l'enseigne, la structure modale le démontre.

Un groupe de versets possède une « double médiante » : médiante et avant-dernière distinction logique du texte sont sur la même note, *sol*, procédé très romain. Il s'agit des graduels de saint Sébastien *(Pretiosa)*, saint Fabien *(Iuravit Dominus)*, le dimanche de la Septuagésime, à Saint-Laurent-hors-les-Murs *(Adiutor in oportunitatibus)*, le troisième dimanche du carême, à Saint-Laurent-hors-les-Murs *(Exurge Domine non prevaleat)*, le quatrième samedi, à Saint-Laurent-hors-les-Murs *(Tibi Domine* ; messe *Sitientes*, anciennement au deuxième dimanche du « carême » de trois semaines) et le lundi saint *(Exurge Domine et intende)*. Que faut-il penser de ces emplacements liturgiques ? On notera le lien entre Fabien et Sébastien, qui sont fêtés le même jour ; on sera surtout très frappé de l'importance de la station à Saint-Laurent *foris muras*, sur la Tiburtine. Ce n'est certainement pas une coïncidence, d'autant plus que ces trois pièces sont tirées du même psaume 9. S'agit-il là de la trace d'un micro-répertoire local ?

Nous avons vu dans les refrains une vocalise très stable, celle du cantique *Benedictus es*. Il se trouve également dans quatre des versets *(Benedicite Dominum omnes* ; *Venite filii* ; *Eripe me* ; *Adiutor in oportunitatibus)* une très longue vocalise caractéristique qui se termine sur *MI*, toujours située dans le premier hémistiche. Elle est médiante dans *Benedicite Dominum* (qui n'a pas de flexe, le texte étant trop court), flexe dans *Venite filii* et sans fonction particulière dans les deux autres graduels : le texte étant très long, ce mélisme est traité à la manière d'une simple vocalise d'intonation. Une vocalise change de fonction et se déplace suivant la longueur du texte : quand il est de longueur moyenne, elle est à la flexe *(Venite filii)* ; quand il est trop court, elle se retrouve plus avant dans le texte, c'est-à-dire à la médiante *(Benedicite Dominum)* ; quand il est trop long, elle recule et se retrouve avant même la flexe, dans la position d'un simple mélisme d'ornementation ou d'intonation (*Eripe me* et *Adiutor in oportunitatibus*). Ainsi, tel mélisme qui fait fonction de flexe dans une pièce peut fort bien se retrouver à la médiante dans une autre pièce. Il en est de même pour les vocalises du second hémistiche : si le texte est très long, telle vocalise, habituellement à l'ADL, peut se trouver décalée et placée dans une position où elle ne joue aucun rôle d'articulation sémantique. Tout dépend donc du texte.

LES APPORTS EXTÉRIEURS :
LES GRADUELS DU MODE DE « RÉ »

Il existe trois sortes de graduels en RÉ dans le répertoire romain : ceux qui sont restés sur leur corde mère de RÉ ; ceux qui ont été transposés en *sol* et ceux qui sont en deuxième mode (grégorien) en *la*, que les spécialistes, pour faire bref, nomment graduels en II A. Les pièces qui sont restées sur leurs cordes mères de RÉ ne posent aucun problème : on est sûr qu'elles sont bien en RÉ. Il n'en est pas de même de celles qui sont écrites en *sol*, car ce *sol* peut aussi bien être la transposition de DO que celle de RÉ. Analyse faite, tous les graduels romains écrits en *sol* sont bien des pièces en RÉ, comme le montre le fait qu'ils utilisent la transposition de la cellule mère de RÉ (*la-do-RÉ* en écriture corde mère, transposée à *ré-fa-sol*), non celle de DO (*sol-la-DO* en écriture corde mère, transposée à *ré-mi-sol*) et l'hexacorde du bémol (avec le *si* bémol). Les pièces en II A ne présentent pas de difficulté de classification : ce sont bien des pièces en RÉ, mais leur finale est sur *la* ; c'est le seul timbre de graduels à Rome, tandis que les *cantica* et les traits, qu'ils soient en DO ou en RÉ, appartenaient tous à un timbre.

Au total, ces pièces sont au nombre de 51, sur environ 150 graduels que compte le répertoire romain. Ce chiffre indique l'importance de l'influence exercée par le mode de RÉ, étranger, sur les chantres romains, à l'époque de la *Schola cantorum*, c'est-à-dire au début du VIe siècle. Ces pièces ne sont pas des emprunts à une liturgie gallicane, mais des compositions romaines sur un mode gallican, ce qui n'est pas la même chose. Il s'agit d'une influence, non d'un emprunt pur et simple. Une rapide statistique donne les résultats suivants : les graduels en *RÉ* sont au nombre de 19, les graduels en *sol* = *RÉ* sont dix et les graduels du deuxième mode en *la* (II A) sont 22 à Rome et 19 en Gaule. Le grand nombre de graduels en II A s'explique aisément par le fait qu'il était très facile d'en composer de nouveaux sans se donner beaucoup de mal, puisqu'ils forment un timbre très ferme.

Les graduels en « RÉ ».

Ces pièces, nombreuses, se trouvent parfois situées à des endroits stratégiques de l'année liturgique romaine, à la messe ; la situation diffère donc entièrement de celle qu'on trouve à l'office, qui ignore *RÉ* dans ses couches les plus anciennes. On pourrait donc se prendre à douter que le mode de *RÉ* soit d'origine non romaine, puisqu'il semble si bien représenté dans des couches anciennes du chant de la Ville. En réalité, d'une part, ces graduels en *RÉ* sont moins anciens que les antiennes de l'office férial, sur lesquelles repose en partie la démonstration de la non-romanité du mode de *RÉ*. D'autre part, c'est la *Schola cantorum* qui est responsable de l'introduction de ces pièces à la modalité exotique, à partir de 461-520, au plus tard en 590, c'est-à-dire vraisemblablement dans le courant du VIᵉ siècle. Ces graduels en *RÉ* ne sont donc pas la preuve de la romanité du mode de *RÉ*.

Le temporal : les dimanches et les féries anciennes du carême.

VL 5319, f. 73v ; *AMS* n° 73 a	Psautier romain, Ps 72	Vulgate	
R.			
Tenuisti manum *dextere mee* [1]	*Tenuisti manum* *dexteram meam*	*Tenuisti manum* *dexteram meam*	24

---

1. *Dextere mee* VL 5319, F 22, C 74 ; *dexteram meam* M, R, B, C, K, S, SG 359, E 121, L 239, M-R.

in voluntate tua	*et in voluntate tua*	*et in voluntate tua*	
deduxisti me	*deduxisti me*	*deduxisti me*	
et cum gloria	*et cum gloria*	*et cum gloria*	
assumpsisti me	*adsumpsisti me*	*suscepisti me*	

V.

Quam bonus	*Quam bonus*	*Quam bonus*	1
Israhel Deus	*Deus Israhel*	*Israhel Deus*	
rectis corde	*his qui recto sunt corde*	*his qui recto sunt corde*	

mei autem	*Id.*	*Id.*	2
pene moti sunt pedes			
pene effusi sunt			
gressus mei			

quia zelavi	*Id.*	*Quia zelavi*	3
in peccatoribus		*super iniquis*	
pacem peccatorum videns		*pacem peccatorum videns*	

Ce graduel se trouve au dimanche des Rameaux. Il existe une variante textuelle entre chants romain et grégorien : *dextere mee / dexteram meam*. Il se pose un problème liturgique, car le manuscrit du Mont-Blandin (n° 40 a) place cette pièce au premier dimanche du carême. Il est possible qu'à l'origine on ait coupé en deux le psaume sans refrain *Deus Deus meus* et qu'on ait chanté chacun des tronçons, l'un entre la leçon prophétique (première lecture) et l'épître (seconde lecture), et l'autre entre cette dernière et l'évangile. Cela expliquerait que la tradition du graduel *Tenuisti* soit ainsi chancelante : il n'est pas primitif. S'y ajoute le fait que le psaume 72 n'a rien donné de particulier dans la typologie ancienne ; c'est d'ailleurs, parmi les genres liturgiques antérieurs au VIe siècle (trait, graduel et offertoire), le seul chant qui soit tiré de ce psaume. Le grégorien classe ce graduel en quatrième mode, ce qui indique un remaniement mélodique.

VL 5319, f. 56v ; *AMS* n° 56	Psautier romain Ps 6	Vulgate	
R.			
Miserere mihi Domine	*Miserere mihi Domine*	*Miserere mei Domine*	3
quoniam infirmus sum	*quoniam infirmus sum*	*quoniam infirmus sum*	
sana me Domine	*sana me Domine*	*sana me Domine*	
	quoniam turbata sunt	*quoniam conturbata sunt*	
	omnia ossa mea	*ossa mea*	

V.

| *Conturbata sunt* | Ut supra | Ut supra | 3 |
| *omnia ossa mea* | | | |

et anima mea	*Et anima mea*	*Et anima mea*	4
turbata est valde	*turbata est valde*	*turbata est valde*	
	et tu Domine usquequo	*et tu Domine usquequo*	

Cette pièce est au troisième mercredi du carême. Le psaume 6, cité par le Christ (Mt 7, 23) est appliqué par la typologie, tantôt à la Résurrection [1], à cause de son titre, qui fait allusion au huitième jour *(In finem in hymnis pro octava psalmus David)*, tantôt au contraire à la Passion du Christ et à la persécution endurée par les justes [2], tantôt à la pénitence [3]. Ce dernier sens, moderne, semble avoir été le plus fréquent. Il convient bien à l'esprit pénitentiel du carême de six semaines. Ce psaume est également employé pour l'offertoire du cinquième lundi du carême, *Domine convertere*. Le verset est curieusement centonisé ; il ne reprend pas le début du psaume : il prend la suite du verset choisi pour refrain.

VL 5319, f. 62v ; AMS n° 63 a	Psautier romain, Ps 32	Vulgate	
R.			
Beata gens	*Id.*	*Beata gens*	12
cuius est Dominus		*cuius est Dominus*	
Deus eorum		*Deus eius*	
populus quem elegit		*populus quem elegit*	
Dominus		*in hereditatem sibi*	
in hereditatem sibi			
V.			
Verbo Domini	*Verbo Domini*	*Verbo Domini*	6
celi firmati sunt	*celi firmati sunt*	*celi firmati sunt*	
et spiritus oris eius [4]	*et spiritu oris eius*	*et spiritu oris eius*	
omnis virtus eorum	*omnis virtus eorum*	*omnis virtus eorum*	

---

1. Origène, Eusèbe, Athanase : KNUTH, *Zur Auslegungsgeschichte*, p. 28-29, 34 ; SALMON, *Les Tituli psalmorum*, p. 18 ; DANIÉLOU, *Bible et liturgie*, p. 379-385.
2. SALMON, *Les Tituli psalmorum*, p. 12 ; SCHRECKENBERG, *Die christlichen Adversus-Judaeos-Texte*, p. 66.
3. KNUTH, *Zur Auslegungsgeschichte*, p. 42-68.
4. *Spiritus* VL 5319, F 22, C 74 ; *spiritu* C, K, SG 359, E 121, L 239, M-R.

Cette pièce se trouve au quatrième mercredi, c'est-à-dire au mercredi des Grands-Scrutins, à Saint-Paul-hors-les-Murs. Le refrain comme le verset sont deux versets choisis. Il existe sans doute une variante textuelle entre chants romain et grégorien : *spiritus / spiritu*. La leçon *spiritus* est fautive, mais les manuscrits romains sont unanimes.

Le mercredi des Grands-Scrutins est une institution très romaine. On pourrait donc à bon droit s'étonner de voir cette messe équipée à l'aide (entre autres) d'un graduel ressortissant à une modalité non romaine. On pourrait alors être tenté de croire que les Grands Scrutins ne sont pas si romains qu'on ne le croit, ou qu'ils ont été entièrement gallicanisés à une certaine époque. En réalité, il faut bien comprendre ce que signifie l'emploi d'une corde modale allogène à un tel emplacement liturgique. Les maîtres de la *Schola*, gens cultivés dont les connaissances n'étaient pas bornées à leur « pré carré » romain, ont eu à cœur de rehausser l'éclat du mercredi en lui donnant un chant qui sorte de l'ordinaire ; pour cela, ils ont eu recours à ce que l'étranger avait de meilleur, sa corde de *RÉ*. Ils n'ont ni pastiché ni copié les pièces gallicanes : ils n'ont pas composé de la musique gallicane, mais de la musique bien romaine. Ils n'ont en effet retenu du chant gallican que sa corde et son vocabulaire : *la-do-RÉ-fa-sol*, rien de plus. Sur ce squelette modal, ils ont réalisé une composition entièrement romaine. Pour bien le comprendre, une comparaison suffira. Quand Debussy s'est inspiré des modes extrême-orientaux pour composer les *Estampes*, il n'a pas pour autant composé de la musique orientale. Ne retenant de ces modes que leur structure, leur échelle mélodique, leur squelette, il a composé l'une des musiques les plus françaises qui soient. Les artistes de la *Schola cantorum* n'ont pas procédé autrement.

Le verset 6, qui fait allusion au Verbe, a été très tôt appliqué au Christ[1]. Par son verset 12, qui peut être compris comme une allusion aux *gentes* et à leur appel, ce psaume fait également partie des psaumes baptismaux[2]. C'est ce der-

---

1. RONDEAU, *Les Commentaires patristiques*, t. II, p. 178, n. 458 ; GRILLMEIER, *Gesù il Cristo*, p. 174 ; SIMONETTI, « Il problema dell'unità di Dio da Giustino », p. 225.
2. A. ROSE, « Les psaumes de l'initiation », p. 280.

nier sens qui nous semble avoir prévalu ici. L'autre graduel de cette messe (deux graduels, car il y a encore deux lectures avant l'évangile), *Venite filii*, en *MI*, est tiré du psaume 33. L'évangile de l'aveugle-né fut d'abord au troisième dimanche, puis au quatrième, quand la Samaritaine fut chassée du premier dimanche ; de là, l'évangile de l'aveugle-né passa au mercredi des Grands-Scrutins. Le psaume 32 est donc parfaitement à sa place dans un tel contexte baptismal. Était-il déjà au dimanche *de Caeco* à l'époque du « carême » de trois semaines ? C'est peu vraisemblable, puisque le psaume 122 s'y trouvait déjà ; on notera que, lorsque cette messe passa en semaine, le psaume 122 resta sur place, de telle sorte que son descendant direct, le trait *Ad te levavi*, se trouve toujours au troisième dimanche. Certes, un seul chant ne suffit pas pour trois lectures : il en faut un de plus ; il est cependant possible qu'on ait coupé chaque psaume sans refrain en deux parties. Il n'est toutefois pas possible d'exclure l'hypothèse que le psaume 32 ait accompagné le psaume 122 depuis une époque assez haute. Il faut donc se demander si la série que forme ce graduel avec son compagnon, tiré du psaume 33, est fortuite, si elle est le fruit d'un agencement systématique et tardif, ou bien si, au contraire, elle est un vestige d'une organisation qui remonterait au moment où l'on commença à éliminer les anciens psaumes sans refrain tirés des psaumes graduels et qui assignait deux psaumes à chaque dimanche, pris dans l'ordre numérique du psautier.

VL 5319, f. 58 ; *AMS* n° 58	Psautier romain, Ps 27	Vulgate
R.		
In Deo speravit cor meum	*Dominus adiutor meus*	*Dominus* 7
et adiutus sum	*et protector meus*	*adiutor meus*
et refloruit caro mea	*et in ipso speravit*	*et protector meus*
et ex voluntate mea	*cor meum*	*in ipso speravit cor meum*
confitebor illi	*et adiutus sum et*	*et adiutus sum*
	refloruit caro mea	*et refloruit caro mea*
	et ex voluntate mea	*et ex voluntate mea*
	confitebor illi	*confitebor ei*
V.		
Ad te Domine clamavi	*Ad te Domine clamavi*	*Ad te Domine clamabo* 1
Deus meus ne sileas	*Deus meus*	*Deus meus ne sileas a me*
ne discedas a me	*ne sileas a me*	*nequando taceas a me*
	et ero similis	*et adsimilabor*
	descendentibus in lacum	*descendentibus in lacum*

Cette pièce se trouve au troisième vendredi. Le chant grégorien la classe en cinquième mode, comme les pièces issues de *DO* ; c'est l'indice d'un remaniement mélodique. La mélodie du verset copie le timbre des graduels en II A. Le psaume 27 ne semble pas avoir particulièrement marqué la typologie. Il a également été utilisé pour le graduel du deuxième mercredi, *Salvum fac populum*. Le verset utilise le premier verset du psaume. Les Francs ont réemployé cette pièce au onzième dimanche après la Pentecôte [1], dans le but d'enrichir leur liste de graduels *post Pentecosten*, ce que Rome n'a jamais fait, préférant répéter des pièces traditionnelles plutôt que d'en créer de nouvelles.

Les féries du carême moins anciennes.

VL 5319, f. 49v ; AMS n° 47	Psautier romain, Ps 69	Vulgate	
R.			
Adiutor meus	*Ego vero egenus*	*Ego vero egenus*	6
et liberator meus esto	*et pauper sum*	*et pauper*	
Domine ne tardaveris	*Deus adiuva me*	*Deus adiuva me*	
	adiutor meus	*adiutor meus*	
	et liberator meus es tu	*et liberator meus es tu*	
	Domine ne tardaveris	*Domine ne moreris*	
V.			
Confundantur	*Id.*	*Confundantur*	3
et revereantur		*et revereantur*	
inimici mei		*qui quaerunt*	
qui querunt		*animam meam*	
animam meam			

Cette pièce est au deuxième lundi. Verset et refrain sont deux versets choisis. Ce psaume, qui n'a rien donné de particulier dans la typologie, est un appel au secours.

---

1. LE ROUX, « Les graduels des dimanches », p. 123, 130.

VL 5319, f. 61v ; AMS n° 62	Psautier romain, Ps 43	Vulgate
R. *Exurge Domine* *fer opem nobis* *et libera nos* *propter nomen tuum*	*Exsurge Domine* *adiuva nos* *et libera nos* *propter nomen tuum*	*Exsurge adiuva nos* 26 *et redime nos* *propter nomen tuum*
V. *Deus auribus nostris* *audivimus* *patres nostri* *annuntiaverunt nobis* *opus quod operatus es* *in diebus eorum* *et* [1] *in diebus antiquis*	*Id.*	*Deus auribus nostris* 2 *audivimus* *patres nostri* *adnuntiaverunt nobis* *opus quod operatus es* *in diebus eorum* *in diebus antiquis*

Ce graduel est au quatrième mardi. Il existe une variante textuelle entre chants romain et grégorien : l'omission de *et [in diebus antiquis]* par le grégorien. Le verset utilise le premier verset du psaume. Saint Ambroise applique ce psaume à la Passion [2] ; le texte convient bien à un temps de deuil et de douleur. Du reste, il a été réutilisé pour l'introït du dimanche de la Sexagésime, *Exurge quare obdormis.*

VL 5319, f. 76v ; AMS n° 75	Psautier romain, Ps 34	Vulgate
R. *Ego autem* *dum mihi molesti essent* *induebam me cilicium* [3] *et humiliabam in ieiunio* *animam meam* *et oratio mea* *in sinu meo* *convertetur*	*Ego autem* *dum mihi molesti essent* *induebam me cilicium* *et humiliabam in ieiunio* *animam meam* *et oratio mea* *in sinu meo* *convertebatur*	*Ego autem* 13 *cum mihi molesti essent* *induebar cilicio* *humiliabam in ieiunio* *animam meam* *et oratio mea* *in sinum meum* *convertetur*

1. *Et* VL 5319, F 22, C 74 ; *et* om. C, K, SG 359, E 121, L 239, M-R.
2. H. AUF DER MAUR, *Das Psalmenverständnis*, p. 139 s.
3. *Cilicium* VL 5319, F 22 ; *cilicio* C 74, B, C, K, SG 359, E 121, L 239 ; lacune M-R ; *ciliciae* R ; *induebam* VL 5319, C 74, R, K, SG 339, E 121 ; *induebant* F 22, C, L 239 ; *induebar* B.

V.

Iudica Domine	Id.	*Iudica Domine*	1
nocentes me		*nocentes me*	
expugna inpugnantes me		*expugna expugnantes me*	
apprehende arma	Id.	*Id.*	2
et scutum			
et exurge			
in adiutorium mihi			

Ce graduel se trouve à la messe du mardi saint. Il existe deux variantes textuelles entre chants romain et grégorien, *induebam* / *induebant* (branche française du grégorien) et *cilicium* / *cilicio*. Saint Augustin utilisait ce psaume pour le cinquième jeudi du carême[1], car il fait directement allusion au jeûne et aux mortifications *(cilicium)*. Le verset, bien qu'il soit centonisé, utilise le début du psaume.

VL 5319, f. 59 ; *AMS* n° 59	Psautier romain, Ps 22	Vulgate	
R.			
Si ambulem	*Nam et si ambulem*	*Nam et si ambulavero*	4
in medio umbre mortis	*in medio umbrae mortis*	*in medio umbrae mortis*	
non timebo mala	*non timebo mala*	*non timebo mala*	
quoniam tu mecum es	*quoniam tu mecum es*	*quoniam tu mecum es*	
Domine	*virga tua et baculus tuus*	*virga tua et baculus tuus*	
	ipsa me consolata sunt	*ipsa me consolata sunt*	
V.			
Virga tua et baculus tuus	Ut supra	Ut supra	4
ipsa me consolata sunt			

Ce graduel est à la messe du troisième samedi. Curieusement, c'est à Rome l'unique pièce ancienne qui soit tirée du psaume 22, très important psaume baptismal, puisqu'il évoque (comme le Ps 79) le thème du Bon Pasteur (v. 1 : *Dominus regit me* : voir Jn 10) et le *refrigerium* : le Bon Pasteur, par l'eau du baptême (v. 2 : *super aquam refectionis educavit me*), libère le néophyte du péché et l'introduit dans la terre où coulent le lait et le miel, qui sont associés à l'Eucharistie (v. 5 : *mensam [...] poculum tuum inebrians quae prae-*

---

1. WILLIS, *St Augustine's Lectionary*, p. 24.

clarum est) [1]. Son utilisation dans ce sens remonte à la plus haute antiquité chrétienne, comme celle du thème iconographique du Bon Pasteur, dans les catacombes et sur les parois des sarcophages et des baptistères paléochrétiens [2]. C'est pourquoi plusieurs liturgies l'ont employé pour le baptême des catéchumènes, lors de leur première communion, à la fin de la vigile pascale [3]. Le verset 4 *(Si ambulem in medio umbre mortis)* était également considéré comme une prophétie de la descente du Christ aux enfers [4]. Ce graduel peut donc prétendre être le descendant d'un psaume responsorial et remonter à une date très haute, bien qu'il soit tiré d'un seul verset, ce qui n'est pas habituel.

Les anticipations du carême.

VL 5319, f. 36 ; AMS n° 35	Psautier romain, Ps 82	Vulgate
R.		
Sciant gentes	*Et cognoscant*	*Et cognoscant* 19
quoniam nomen tibi Deus	*quoniam nomen tibi*	*quia nomen tibi Dominus*
tu solus altissimus	*Dominus*	*tu solus altissimus*
super omnem terram	*tu solus altissimus*	*in omni terra*
	super omnem terram	
V.		
Deus meus	*Deus meus*	*Deus meus* 14
pone illos ut rotam [5]	*pone illos ut rotam*	*pone illos ut rotam*
et velud stipulam	*et sicut stipulam*	*sicut stipulam*
ante faciem venti	*ante faciem venti*	*ante faciem venti*

---

1. DANIÉLOU, *Études d'exégèse*, p. 141 s., « Le psaume 22 et l'initiation », p. 54-69, « Le psaume 22 dans l'exégèse », p. 191-211 ; QUACQUARELLI, *L'ogdoade*, p. 70 s. ; FISCHER, « Die Psalmenfrömmigkeit », p. 27 ; V. SAXER, *Les rites*, p. 206 ; LUNDBERG, *La Typologie*, p. 146 s.

2. GERKE, *Christus*, p. 8, 44 s. ; QUASTEN, « Das Bild des Guten Hirten », *passim* ; KIRSCH, « Sull'origine dei motivi », p. 261.

3. DANIÉLOU, « Le psaume 22 dans l'exégèse », p. 193 ; ROSE, « Les psaumes de l'initiation », p. 286 ; il existait même dans certaines liturgies, comme à Naples, au quatrième dimanche du carême, une *traditio* du psaume 22, comme il existait une *traditio Symboli* : DANIÉLOU, *Bible et liturgie*, p. 241-143.

4. DANIÉLOU, « Le psaume 22 dans l'exégèse », p. 190.

5. *Velud* VL 5319, F 22 ; *sicut* C 74, B, K, S (n° 35), R (n° 183), SG 359, E 121, L 239, M-R.

Ce graduel est au dimanche de la Sexagésime. Il existe une variante textuelle entre chants romain et grégorien, *velut / sicut.*. Le psaume 82 est une plainte adressée à Dieu, pour obtenir la victoire face à des persécuteurs. Il est cependant abusif d'y voir une allusion au siège de Rome à l'époque des guerres gothiques. Le verset et le refrain sont deux versets choisis.

VL 5319, f. 39v ; *AMS* n° 37 b	Psautier romain, Ps 56	Vulgate	
R. *Miserere mei Deus miserere mei quoniam in te confidit anima mea*	*Miserere mei Deus miserere mei quoniam in te confidit anima mea et in umbra alarum tuarum spero donec transeat iniquitas*	*Miserere mei Deus miserere mei quoniam in te confidit anima mea et in umbra alarum tuarum sperabo donec transeat iniquitas*	2
V. *Misit de celo et liberavit me dedit in obprobrium conculcantes me*	*Misit de caelo et liberavit me dedit in obprobrium conculcantes me misit Deus misericordiam suam et veritatem suam*	*Misit de caelo et liberavit me dedit in obprobrium conculcantes me misit Deus misericordiam suam et veritatem suam*	4

Ce graduel se trouve à la messe du mercredi des Cendres. Le refrain est tiré du premier verset du psaume ; le verset ne suit pas immédiatement. Ce psaume n'a pas laissé de souvenir notable dans la typologie ; l'Ambrosiaster (*Quaest.* 44) utilise le verset 10 *(Confitebor tibi in populis Domine ; psalmum dicam tibi inter gentes)* pour montrer que le salut a également été promis aux Nations [1]. Le thème général du psaume est plutôt une demande de protection. Le mercredi des Cendres, ou mercredi de la Quinquagésime, était, depuis sa création, non le *caput Quadragesimae,* mais seulement le *caput ieiunii.* On croit généralement qu'il n'est apparu

---

1. *Quaestiones Veteris et Novi Testamenti,* éd. A. SOUTER, Vienne, 1908 (1963 [2ᵉ éd.]), p. 78 (CSEL 50).

qu'après saint Grégoire le Grand[1], mais la question est encore discutée : il pourrait être antérieur à 590[2]. Dans la mesure où cette messe a reçu la première des vingt-six communions psalmiques mises en place vers 520, il nous semble préférable de penser que cette messe a été créée dans le courant du VIe siècle, même si saint Grégoire n'en parle pas.

Les Quatre-Temps.

VL 5319, f. 47v ; *AMS* n° 45 a	Psautier romain, Ps 85	Vulgate	
R.			
Salvum fac servum tuum *Deus meus* *sperantem in te*	*Custodi animam meam* *quoniam sanctus sum* *salvum fac servum tuum* *Deus meus* *sperantem in te*	*Custodi animam* *meam* *quoniam sanctus sum* *salvum fac servum tuum* *Deus meus* *sperantem in te*	2
V.			
Auribus percipe Domine *orationem meam*	*Auribus percipe Domine* *orationem meam* *et intende voci* *deprecationis meae*	*Auribus percipe* *Domine* *orationem meam* *et intende voci* *orationis meae*	6

Cette pièce est le graduel du vendredi (et parfois du samedi) des Quatre-Temps du carême. Le texte du psaume, très général, est un appel à l'aide en temps d'épreuves, qui s'adapte bien à l'*ethos* du carême de six semaines.

---

1. FROGER, « Les anticipations », p. 209 et « L'Alléluia dans l'usage romain », p. 8 ; JUNGMANN, « Pfingstoktav », p. 177 (cette messe pouvait exister dès le Ve siècle, mais ne serait devenue *caput Quadragesimae* qu'au VIIe s.) ; VOGEL, « Le "Liber Pontificalis" », p. 112 ; BÖHNE, « Beginn und Dauer », p. 224, 230.
2. CHAVASSE, « Le carême romain », p. 337. Sur les vingt-six communions, indice de l'ancienneté du mercredi des Cendres, HESBERT, *AMS*, p. XLVII-XLVIII et J. McKINNON, « The Roman Post-Pentecostal Series », p. 176.

Le temps de Noël.

VL 5319, f. 20v ; *AMS* n° 17	Psautier romain, Ps 44	Vulgate	
R. *Speciosus forma* *pre filiis hominum* *diffusa est gratia* *in labiis tuis*	*Speciosus forma* *prae filiis hominum* *diffusa est gratia* *in labiis tuis* *propterea benedixit te* *Deus* *in aeternum*	*Speciosus forma* *prae filiis hominum* *diffusa est gratia* *in labiis tuis* *propterea benedixit te* *Deus* *in aeternum*	3
V. *Eructavit cor meum* *Verbum bonum* *dico ego opera mea regi* *lingua mea* *calamus scribe* *velociter scribentis*	*Id.*	*Id.*	2

Ce graduel est au dimanche après Noël. Le verset est tiré du premier verset du psaume. Comme dans le cas du graduel *Constitues eos*, en *DO*, le psaume 44 est ici utilisé en raison du verset 3, qui fait allusion à la beauté du Christ : cela s'accorde bien avec la typologie la plus ancienne ; c'est donc là l'emploi primitif de ce psaume dans la liturgie romaine. Si notre hypothèse au sujet du graduel *Benedictus qui* (Ps 117), en *DO*, se révèle peu convaincante, il est alors possible de noter que, si Pâques a conservé un trait, ancien psaume sans refrain, *Confitemini*, déguisé en graduel par l'adjonction du refrain *Haec dies*, Noël a en revanche un vrai graduel : le lien avec le trait ancien semble perdu, ou en tout cas plus éloigné ; c'est un indice de datation. Une vocalise de ce graduel est commune avec le trait *Commovisti*. La mélodie du refrain semble partir de *si* = *MI* (monté à *do*), puisque son incipit emprunte celui du graduel en *MI*, *Pretiosa*.

L'avent.

VL 5319, f. 1 ; *AMS* n° 1 a	Psautier romain, Ps 24	Vulgate	
R. *Universi qui te expectant* *non confundentur* *Domine*	*Neque inrideant me* *inimici mei* *etenim universi* *qui te expectant* *Domine* *non confundentur*	*Neque inrideant me* *inimici mei* *etenim universi* *qui sustinent te* *non confundentur*	3
V. *Vias tuas Domine* *notas fac mihi* *et semitas tuas edoce me*	*Confundentur iniqui* *facientes vana* *vias tuas Domine* *notas fac mihi* *et semitas tuas edoce me*	*Confundantur* *omnes iniqua* *agentes supervacuae* *vias tuas Domine* *demonstra mihi* *et semitas tuas doce me*	4

Ce graduel est à la messe du premier dimanche de l'avent. On a utilisé ce psaume en raison de la présence du verbe *expectare* au verset 3, qui s'appliquait bien à l'avent ; c'est un motif de choix un peu mince, qui ne permet pas de conclure à une grande ancienneté : pas avant le début du VIe siècle [1].

Les dimanches après la Pentecôte.

VL 5319, f. 127 ; *AMS* n° 44	Psautier romain, Ps 16	Vulgate	
R. *Custodi me Domine* *ut pupillam oculi* *sub umbra* *alarum tuarum* *protege me*	*A resistentibus* *dexterae tuae* *custodi me Domine* *ut pupillam oculi* *sub umbra* *alarum tuarum* *protege me*	*A resistentibus* *dexterae tuae* *custodi me* *ut pupillam oculi* *sub umbra* *alarum tuarum* *proteges me*	8

---

1. MAERTENS, « L'avent », p. 73 et n. 105.

V.

De vultu tuo	De vultu tuo	De vultu tuo	2
iudicium meum	iudicium meum	iudicium meum	
prodeant [1] oculi mei	prodeat oculi mei	prodeat oculi tui	
videant equitatem	videant aequitatem	videant aequitates	

Ce graduel se trouve au dixième dimanche après la Pentecôte comme au mercredi des Quatre-Temps de septembre ; il fut repris sous Grégoire II pour le premier jeudi du carême. Il existe trois variantes textuelles entre chants romain et grégorien : *prodeant / prodeat, mei / tui* et *equitatem / equitates*.

Le sanctoral.

VL 5319, f. 112v ; *AMS* n° 120 b	Psautier romain, Ps 132	Vulgate	
R.			
Ecce quam bonum et quam iucundum habitare fratres in unum	*Id.*	*Id.*	1
V. 1			
Sicut unguentum in capite quod descendit in barbam barbam Aaron	Sicut unguentum in capite quod descendit in barbam barbam Aaron quod descendit in ora vestimenti eius	Sicut unguentum in capite quod descendit in barbam barbam Aaron quod descendit in ora vestimenti eius	2
V. 2			
	Sicut ros Hermon quod descendit in montem Sion quoniam illic	Sicut ros Hermon qui descendit in montes Sion quoniam illic	3
Mandavit Dominus [2]	mandavit Dominus	mandavit Dominus	

---

1. *Prodeant*, VL 5319, F 22 ; C 74 *prodeant* corrigé en *prodeat* ; *prodeat* B, K, S, SG 359, E 121, L 239, M-R ; *oculi mei* VL 5319, F 22, C 74 ; *oculi tui* C, K, SG 359, E 121, L 239 ; M-R illisible ; *equitatem* VL 5319, F 22, C 74, C, M-R ; *equitates* K, SG 359, E 121, L 239.

2. Seuls C, S et SG 359 possèdent les deux versets ; M et K n'ont que le premier et B n'a que le second.

benedictionem et vitam   *benedictionem et vitam*   *benedictionem et vitam*
usque in seculum   *usque in saeculum*   *usque in saeculum*

Cette pièce est le graduel des saints Jean et Paul ; elle est également utilisée par le vingt et unième dimanche après la Pentecôte. Les saints Jean et Paul, que leur *Passio* présente assez conventionnellement comme deux eunuques[1] (comme Nérée et Achillée ou Prote et Yacinthe), sont inconnus de la *Depositio Martyrum* ; il n'est pas certain qu'il s'agisse vraiment d'une confusion avec saint Paul apôtre et saint Jean-Baptiste, comme le croyait Delehaye[2]. L'existence de leur *titulus* (qui n'est pas une ancienne *domus ecclesiae*) est attestée en 410 au plus tard, puisqu'il a été fondé par le sénateur Pammachius, mort cette année-là[3]. Ils semblent cependant être entrés assez tard dans les listes de saints du canon de la messe[4]. Curieusement, ce graduel possède deux versets, ce qui, dans le cas d'un graduel du sanctoral, n'est pas l'indice d'une grande ancienneté (contrairement à *Haec dies*), mais au contraire celui d'un ajout tardif, d'autant que certains des manuscrits de l'*AMS* hésitent à leur sujet. Dans les pièces et les genres anciens, un tel procédé est une marque d'ancienneté ; en revanche, dans les pièces et les genres tardifs, le même procédé est une preuve d'ajout tardif ; ce qui importe n'est pas le procédé, mais l'âge du genre liturgique. Cette pièce fut réutilisée en 1392 par Clément VII à Avignon pour la nouvelle messe *Salva nos, ad tollendum Schisma*[5].

---

1. DUFOURCQ, *Étude*, t. I, p. 145-152.
2. *Étude sur le légendier*, p. 127. *Contra* : FRÈRE, *Studies*, t. I, p. 109 et DUFOURCQ, *Étude*, t. I, p. 150.
3. KIRSCH *Die römischen Titelkirchen*, p. 26-32 ; Ch. PIETRI, « Recherches sur les *domus* », p. 11 et *Roma christiana*, t. I, p. 481 ; KRAUTHEIMER, « The Beginnings », p. 3-4 ; MARROU, « Autour de la bibliothèque », p. 197 ; TRINCI CECCHELLI, « Osservazioni », p. 551, n. 1 ; GEERTMAN, *More veterum*, p. 154.
4. KENNEDY, *The Saints*, p. 78.
5. AMIET, « La messe *Pro unitate Ecclesiae* », p. 312-315.

VL 5319, f. 26 ; AMS n° 22	Psautier romain, Ps 88	Vulgate	
R. *Inveni David servum meum oleo sancto unxi eum* [1]	*Inveni David servum meum in oleo sancto meo unxi eum*	*Inveni David servum meum in oleo sancto meo linui eum*	21
manus enim mea auxiliabitur ei et brachium meum confortabit eum	*Id.*	*Manus enim mea auxiliabitur ei et brachium meum confirmabit eum*	22
V. *Nihil proficiet inimicus in eo* [2] *et filius iniquitatis non nocebit ei*	*Id.*	*Nihil proficiet inimicus in eo et filius iniquitatis adponet nocere eum*	23

Ce graduel est une sorte de commun des papes, puisqu'il est utilisé pour les messes des saints papes Marcel (16 janvier), Sixte II (6 août) et Clément (23 novembre). Il existe deux variantes textuelles entre chants romain et grégorien : *oleo sancto* / *in oleo sancto* et *nocebit ei* / *nocebit eum*. Les papes Marcel (308-309) et Clément († 97 ?) sont absents à la fois de la *Depositio Martyrum* et de la *Depositio Episcoporum*, tandis que Sixte II (257-258) figure en revanche dans la *Depositio Martyrum*. Le pape Clément, crédité de la paternité de l'*Epître aux Corinthiens*, est l'un des premiers papes. Il n'a été considéré comme un martyr qu'assez tard : pas avant le Martyrologe hiéronymien et les sacramentaires [3]. Le titre qui porte son nom n'est pas une ancienne *domus ecclesiae* et pourrait remonter à Damase et Sirice [4]. Des trois papes examinés ici, il semble être celui qui reçut le culte le plus tardif. Le pape Marcel a reçu une épigramme damasienne ; le titre qui porte son nom semble avoir existé depuis le début du

---

1. *Oleo sancto* VL 5319, F 22, C 74 ; *oleo sancto meo* C ; *in oleo sancto meo* K ; *in oleo sancto* SG 359, SG 339, E 121, M-R ; lacune L 239.

2. *Non nocebit ei* VL 5319, F 22, C 74 ; *non nocebit eum*, C, K, SG 359, E 121, M-R.

3. DELEHAYE, *Étude sur le légendier*, p. 104 ; KENNEDY, *The Saints*, p. 121-125 ; DUFOURCQ, *Étude*, t. I, p. 160-162.

4. Ch. PIETRI, « Recherches sur les *domus* », p. 10, *Roma christiana*, t. I, p. 622 et « Damase, évêque », p. 47.

Vᵉ siècle [1]. Le pape Sixte II est sans doute celui dont le culte est le plus ancien, puisqu'il est seul attesté par la *Depositio Martyrum* [2]. Le *titulus* qui porte son nom est attesté par les actes du synode de 595 ; il est possible qu'il s'agisse du même édifice que la *basilica Crescentiana*, sans doute bâtie sous Anastase (399-401) [3].

Le psaume 88, appliqué aux papes en raison de l'allusion à l'onction de leur sacre (v. 21), fait dans cette acception un emprunt à une exégèse très moderne. Le sens typologique primitif de ce psaume était en effet fort différent : les versets 27-28 (associés au Ps 96, 7) étaient appliqués au Christ, premier-né de la Création et bien-aimé du Père (voir Mc 1, 10 et 12, 6 ; Mt 11, 27 ; Col 1, 15, 18 ; He 1, 6) [4]. Nous sommes très loin ici d'une semblable exégèse. L'application de ce psaume au culte des papes n'est donc pas primitive.

VL 5319, f. 122 ; *AMS* n° 137	Psautier romain, Ps 36	Vulgate	
R.			
Os iusti meditabitur sapientia [5] *et lingua eius loquetur iudicium*	*Os iusti meditabitur sapientiam et lingua eius loquetur iudicium*	*Os iusti meditabitur sapientiam et lingua eius loquetur iudicium*	30
V.			
Lex Dei eius in corde ipsius et non supplantabuntur gressus eius	*Id.*	*Id.*	31

1. DUCHESNE, *LP*, t. I, p. 228, n. 1. Le titre de Saint-Marcel est attesté avec certitude par le schisme de 419, à la mort du pape Zosime ; les partisans de Boniface le firent consacrer dans cette église : Ch. PIETRI, *Roma christiana*, t. I, p. 452-453 ; E. WIRBELAUER, dans *Klio* 76 (1994), p. 410-415.

2. HESBERT, *AMS*, p. CII ; CHAVASSE, *Le Sacramentaire*, p. 281 ; SHEPHERD, « The Liturgical Reform », p. 858.

3. PIETRI, *Roma christiana*, t. I, p. 474-476.

4. GRILLMEIER, *Gesù il Cristo*, p. 142, 163 ; DURAND, « Le Christ "premier-né" », p. 65.

5. *Sapientia* VL 5319, F 22 ; lacune C 74 ; *sapientiam* K, SG 359, E 121, M-R ; lacune L 239.

Ce graduel équipe une partie du sanctoral du mois d'août : Tiburce et Suzanne (11 août) — qu'il ne faut pas confondre avec Tiburce et Valérien, fêtés le 14 avril —, Agapit (18 août) — qu'il ne faut pas confondre avec le diacre de Sixte II, compagnon de Felicissimus (5 août) — et Hermès (28 août). Il existe peut-être une variante textuelle entre chants romain et grégorien : *sapientia* / *sapientiam*, bien que *sapientia* soit une faute. Tiburce, enseveli à *inter duas lauros*, appartient au sanctoral damasien ; ce pape a, sinon introduit, du moins favorisé son culte [1]. Agapit, patron de Préneste, avait été honoré par le pape Félix III (483-492), qui avait bâti en son honneur une basilique votive via Tiburtina, non loin de celle de saint Laurent [2]. Hermès fait partie de la *Depositio Martyrum* ; il appartient également au sanctoral damasien ; il est possible que ce pape ait joué un rôle assez important dans l'essor de son culte [3]. Le pape Pélage II (579-590) lui avait bâti une basilique via Salaria *vetus* [4]. Tout cela cadre bien avec ce qu'on sait de l'intervention de Damase dans le férial romain : pour reprendre la belle formule de Charles Pietri, « il établit au cœur de l'été une saison pieuse [5] ».

VL 5319, f. 121 ; AMS n° 134	Psautier romain, Ps 33	Vulgate
R. *Timete Dominum omnes sancti eius quoniam nihil deest timentibus eum*	*Id.*	*Timete Dominum omnes sancti eius quoniam non est inopia timentibus eum* 10
V.	*Divites eguerunt et esurierunt*	*Divites eguerunt et esurierunt* 11

---

1. SHEPHERD, « The Liturgical Reform », p. 859 ; GUYON, « L'œuvre de Damase », p. 240-242 et *Le Cimetière aux deux lauriers*, p. 103, 341 ; PIETRI, « Damase, évêque », p. 51 ; SAXER, « Damase et le calendrier », p. 76, n. 43 ; RUYSSCHAERT, « La commémoration de Cyprien », p. 475.

2. DUCHESNE, *LP*, t. I, p. 253, n. 5 ; REEKMANS, « L'implantation monumentale », p. 196 ; DELEHAYE, *Origines du culte*, p. 333.

3. SHEPHERD, « The Liturgical Reform », p. 859 ; RUYSSCHAERT, « La commémoration de Cyprien », p. 475.

4. DUCHESNE, *LP*, t. I, p. 310, n. 4 ; HUELSEN, *Le chiese*, p. 262.

5. « Damase, évêque », p. 52.

Inquirentes autem	*inquirentes autem*	*inquirentes autem*
Dominum	*Dominum*	*Dominum*
non deficient omni bono	*non deficient omni bono*	*non minuentur omni bono*

Ce graduel est propre à saint Cyriaque (8 août), quoiqu'il ait été par la suite repris pour la messe de la vigile de la Toussaint. Cyriaque est attesté dès la *Depositio Martyrum*, qui l'associe à quatre autres saints, dont Largus et Smaragde. Sa *Passio* fait de lui un diacre du pape Marcel[1]. Honorius avait reconstruit la basilique qui lui était dédiée et qui se trouvait très éloignée de Rome[2]. Il semble n'exister aucun lien entre ce saint et le *titulus* homonyme. Il est très difficile d'expliquer les raisons pour lesquelles ce martyr a reçu un graduel propre. Le psaume 33 a été également utilisé pour le sanctoral par le graduel *Clamaverunt iusti*. Là n'est pas le sens typologique primitif de ce psaume, comme nous l'avons vu à propos du graduel *Venite filii*, des grands scrutins.

Un ancien « Canticum » gallican de la vigile pascale : « Gloriosus ».

Nous avons déjà étudié cette pièce non psalmique dans le chapitre consacré aux *cantica* en RÉ. Elle appartient en propre aux saints Abdon et Sennen (30 juillet), qui font partie de la *Depositio Martyrum* comme — selon toute vraisemblance — du sanctoral damasien[3].

Conclusions musicales sur les graduels en « RÉ » : la structure des refrains.

Ces graduels peuvent se classer en deux grands groupes. Certains présentent un schéma modal simple et clair, tandis que d'autres semblent au contraire avoir une structure confuse ou en tout cas difficile à réduire à un type simple. Le groupe qui contient les pièces mal bâties rassemble pratiquement tout le sanctoral, dont la musique démontre qu'il est de seconde venue, à quelques exceptions près. Un certain

---

1. DUFOURCQ, *Étude*, t. I, p. 132-133.
2. DUCHESNE, *LP*, t. I, p. 326, n. 12 ; THANNER, *Papst Honorius I.*, p. 40.
3. Ch. PIETRI, « Damase, évêque », p. 52.

nombre de ces pièces, jouant sur l'amphibologie du *sol*, emploient une vocalise empruntée aux traits du huitième mode en *sol (= DO)*. C'est du reste la vocalise de loin la plus fréquente dans les refrains de graduels en *RÉ*, puisqu'elle revient dix-huit fois. Les compositeurs des graduels en *RÉ* ont eu recours à un mélisme en *sol (= DO)* pour leur servir, tantôt de flexe, tantôt de médiante, tantôt encore d'ADL. Il ne faut pas s'étonner de ces emprunts qui semblent ne pas respecter les séparations entre cordes modales. En réalité, il est très fréquent qu'une pièce construite sur une corde emprunte pour quelques instants un fragment d'une autre corde, avec son vocabulaire et son ornementation, par exemple parce qu'on l'a trouvée pratique pour servir de cadence modulante. Quand une corde est empruntée, son ornementation l'accompagne ; c'est cela qui explique qu'on trouve le même mélisme dans des pièces qui ne sont pas écrites sur la même corde. Certaines autres pièces emploient un mélisme très répandu ailleurs, notamment chez les graduels en II A et qui y joue toujours le rôle d'ADL, à la fois dans les refrains et les versets.

La structure des versets.

On note l'existence de plusieurs phénomènes : l'emprunt passager d'une corde de *DO*, avec ses mélismes, procédé commode pour se procurer une cadence modulante à bon compte ; les versets possèdent beaucoup plus de vocalises caractéristiques que les refrains, qui sont relativement plus sobres ; contrairement à ce qu'on observe dans le cas des graduels en *DO*, l'avant-dernière distinction logique du texte est le lieu privilégié de la vocalise, puisque les vocalises spécifiques à l'ADL sont plus nombreuses que celles qui sont spécifiques à la flexe et à la médiante. C'est le signe que cette modalité n'est pas d'origine romaine : privilégier l'ADL aux dépens de la médiante est en effet un trait gallican, hispanique et milanais. Il est très rare qu'un verset ou un refrain possède la même vocalise à la flexe et à la médiante, ou à la médiante et à l'ADL ; il est encore plus rare qu'une pièce possède la même vocalise à la médiante et à l'ADL. Les refrains ne connaissent pas ces mélodies à un seul élément (teneur = finale), contrairement aux versets ; faut-il y voir le signe de la plus grande antiquité des versets ? C'est très probable, puisqu'une mélodie tourmentée, qui module au grave, est une mélodie évoluée.

Les graduels en « sol » (= RÉ).

Ces dix pièces reposent sur *sol*, simple transposition de la corde mère de *RÉ*. On peut bien sûr s'interroger pour savoir si cette transposition est sans signification, un simple artifice au moment du passage à l'écrit, pour des raisons de commodité (à cause de l'*ambitus* ou pour éviter un changement de clé, par exemple), ou si au contraire elle est le fruit de la volonté délibérée de transposer les mélodies, pour des raisons modales (par exemple, pour profiter d'une amphibologie). Il semble que la solution se trouve entre les deux.

Les dimanches et les féries anciennes du carême.

VL 5319, f. 59v ; AMS n° 60	Psautier romain, Ps 121	Vulgate	
R.			
Letatus sum	*Laetatus sum*	*Laetatus sum*	1
in his que dicta sunt	*in his quae dicta sunt*	*in his quae dicta sunt*	
mihi :	*mihi :*	*mihi :*	
in domo Domini ibimus [1]	*in domum Domini ibimus*	*in domum Domini ibimus*	
V.			
Fiat pax in virtute tua	*Id.*	*Id.*	7
et abundantia			
in turribus tuis			

Ce graduel se trouve au quatrième dimanche du carême, dit de *Laetare*. Il est tiré d'un psaume graduel, bien que sa mélodie ne soit plus celle des traits en *DO*. Il n'existe en effet plus de trait tiré du psaume 121 : on en a gardé le texte, mais on a pris une mélodie en *RÉ*, sans doute en vogue à l'époque où eut lieu la substitution. Il est donc vraisemblable que cette pièce, malgré ce réhabillage mélodique, qui a également entraîné la perte de la forme littéraire *in*

---

1. *Domo* VL 5319, R ; *domum* F 22, C 74, C, K, SG 359, E 121, L 239, M-R.

directum, conserve le souvenir de l'ancien psaume sans refrain du premier vendredi du carême de trois semaines, passé ensuite au quatrième dimanche du carême de six semaines quand la messe de Lazare, qui utilisait le psaume 124, en fut chassée par le passage en semaine des scrutins. C'est alors seulement que le psaume 121 arriva au quatrième dimanche et que ce dernier prit sa physionomie actuelle de dimanche de *Laetare* à Sainte-Croix de Jérusalem. Il est vraisemblable qu'on a choisi ce psaume 121 parce que les versets 2 et 3 utilisent le mot *Hierusalem* ; tous les chants des deux messes qui ont Sainte-Croix pour station font allusion à la ville sainte, à l'exception des offertoires. La raison de la présence du psaume 121 à ce dimanche est donc purement anecdotique : là n'était évidemment pas son emplacement primitif. Il existe peut-être une variante textuelle entre chants romain et grégorien : *domo* / *domum*, mais VL 5319 est très isolé. Ce graduel a été repris pour le dix-huitième dimanche après la Pentecôte.

VL 5319, f. 51 ; *AMS* n° 49	Psautier romain, Ps 27	Vulgate
R. *Salvum fac* *populum tuum* *Domine* *et benedic* *hereditatem tuam* [1]	*Salvum fac* *populum tuum* *Domine* *et benedic* *hereditatem tuam* *et rege eos et extolle illos* *usque in saeculum*	*Salvum fac* 9 *plebem tuam* *et benedic hereditati tuae* *et rege eos et extolle eos* *usque in aeternum*
V. *Ad te Domine clamavi* *Deus meus ne sileas a me* *et ero similis* *descendentibus in lacum*	*Id.*	*Ad te Domine clamabo* 1 *Deus meus ne sileas a me* *nequando taceas a me* *et adsimilabor* *descendentibus in lacum*

1. *Hereditatem tuam* VL 5319, F 22, C 74 ; *hereditati tue* C, K, SG 359, E 121, L 239, M-R.

Cette pièce se trouve au deuxième mercredi du carême. Il existe une variante textuelle entre chants romain et grégorien : *hereditatem tuam / hereditati tue*. Le texte du verset est tiré du premier verset du psaume. La mélodie du refrain n'est pas très claire sur le plan modal.

Les anticipations du carême.

VL 5319, f. 40v ; *AMS* n° 38	Psautier romain, Ps 54	Vulgate
R.		
Iacta cogitatum tuum	*Iacta in Deum*	*Iacta super Dominum* 23
in Domino	*cogitatum tuum*	*curam tuam*
et ipse te enutriet	*et ipse te enutriet*	*et ipse te enutriet*
	non dabit in aeternum	*non dabit in aeternum*
	fluctuationem iusto	*fluctuationem iusto*
V.		
Dum clamarem	*Ego autem*	*Ego autem* 17
ad Dominum	*ad Dominum clamavi*	*ad Dominum clamavi*
	et Dominus exaudivit me	*et Dominus salvabit me*
	Vespere mane et meridie	*Vespere et mane* 18
	narrabo et adnuntiabo	*et meridie*
exaudivit vocem meam	*et exaudiet vocem meam*	*narrabo et adnuntiabo*
		et exaudiet vocem meam
ab his qui	*Liberabit in pace*	*Redimet in pace* 19
appropinquant mihi	*animam meam*	*animam meam*
	ab his qui	*ab his qui*
	adpropiant mihi	*adpropinquant mihi*
	quoniam inter multos	*quoniam inter multos*
	erant mecum	*erant mecum*

Cette pièce semble avoir d'abord été au deuxième mardi du carême, avant de passer au troisième dimanche après la Pentecôte puis, plus tard encore, au jeudi après les Cendres. Le verset est centonisé comme celui d'un offertoire, ce qui augure mal de son ancienneté, d'autant plus qu'on saisit mal le lien logique entre *exaudivit vocem meam* et *ab his qui appropinquant mihi*. Cette centonisation est l'œuvre de la *Schola*.

VL 5319, f. 41 ; AMS n° 196 a	Psautier romain, Ps 89	Vulgate	
R. *Domine refugium* *factus es nobis* *a generatione et progenie*	*Id.*	*Domine refugium* *tu factus es nobis* *in generatione* *et generatione*	1
V. *Priusquam fierent* *montes* [1] *aut formaretur orbis terre* *a seculo et usque in* *seculum* *tu es Deus*	*Priusquam fierent* *montes* *aut firmaretur orbis* *terrae* *a saeculo et usque in* *saeculum* *tu es Deus*	*Priusquam montes* *fierent* *et formaretur terra et* *orbis* *a saeculo usque in* *saeculum* *tu es Deus*	2

Ce graduel, après avoir été au vingtième dimanche après la Pentecôte, passa au vendredi après les Cendres. Il existe trois variantes textuelles entre chants romain et grégorien : *fierent montes / montes fierent, orbis terre / terra et orbis* et l'omission de *usque* par le grégorien. Verset et refrain sont tirés des deux premiers versets du psaume.

Cette pièce pose de très importants problèmes mélodiques dans le répertoire romano-franc [2] qui, curieusement, lui a donné une mélodie du timbre en II A, ce qui indique que ce répertoire a entièrement réhabillé ce graduel romain. L'adaptation du texte à cette mélodie est très défectueuse, ce qui explique qu'une dizaine de manuscrits grégoriens aient préféré lui donner une autre mélodie, en septième mode : ce phénomène se constate uniquement dans les manuscrits monastiques français, comme Saint-Aubin d'Angers (Angers, BM 96 et BM 97, du XIIᵉ siècle) ou Saint-Martin de Tours (Paris, BN lat. 9434, du XIᵉ siècle). Les moines, qui avaient parfaitement remarqué que la mélodie en II A convenait mal à ce graduel, lui ont fait subir un nouveau réhabillage complet, en septième mode, à la faveur d'une intertextualité avec le graduel *Benedictus Dominus*, sur le mot *montes*. Cette nouvelle mélodie, qui peut remonter

---

1. *Fierent montes, orbis terre* et *usque* VL 5319, F 22, C 74 ; *montes fierent, terra et orbis* et l'omission de *usque* C (n° 39 a) R, B, K (n° 196 a), SG 339, E 121, L 239 ; M-R n'a que l'incipit du verset, *priusquam montes*.
2. FRÉNAUD, « Les témoins indirects », p. 55.

au XIᵉ siècle, n'a cependant pas réussi à supplanter la mélodie en II A, qui est donc restée attachée à ce graduel, dans la très grande majorité des manuscrits de chant grégorien.

Les Quatre-Temps.

VL 5319, f. 44v ; *AMS* n° 42	Psautier romain, Ps 140	Vulgate
R.		
Dirigatur oratio mea	*Dirigatur oratio mea*	*Dirigatur oratio mea* 2
sicut incensum	*sicut incensum*	*sicut incensum*
in conspectu tuo	*in conspectu tuo*	*in conspectu tuo*
Domine	*elevatio manuum*	*elevatio manuum*
	mearum	*mearum*
	sacrificium vespertinum	*sacrificium vespertinum*
V.		
Elevatio manuum	Ut supra	Ut supra 2
mearum		
sacrificium vespertinum		

Verset et refrain sont tirés du même verset psalmique. Ce graduel semble primitif au samedi des Quatre-Temps du carême, en raison de l'allusion au lucernaire, les vêpres (*sacrificium vespertinum*), dès la *Didachè* [1] et, ensuite, dans les sermons de saint Jean Chrysostome et de saint Augustin [2]. Il a certes été appliqué également au thème de l'orante (v. 2, *elevatio manuum mearum*), ainsi qu'à celui de la Crucifixion [3], mais là n'est pas l'interprétation principale de ce psaume. Ce graduel nous paraît donc en accord avec la typologie la plus ancienne. De fait, les samedis des Quatre-Temps sont d'anciennes vigiles dominicales privilégiées, attestées pour la première fois par saint Léon, mais qui sont certainement plus anciennes : rien ne s'oppose à ce qu'on les fasse remonter à la fin du IVᵉ siècle. C'est donc par la suite que ce graduel passa au vendredi des Quatre-Temps de septembre et

---

1. J. McKinnon, *Music*, p. 110 ; Dom J. Claire, « Le répertoire grégorien de l'office », p. 29.

2. Guillaumin, « Bible et liturgie », p. 162 ; Willis, *St Augustine's Lectionary*, p. 29.

3. V. Saxer, « Il étendit les mains », p. 336, n. 3 ; Cyprien, *Testimonia ad Quirinum* III, 20.

au premier mardi du carême. Le grégorien l'emploie en outre au dix-neuvième dimanche après la Pentecôte, pour passer de vingt à vingt-trois graduels et ainsi éviter de répéter deux fois le même graduel pendant le temps *post Pentecosten*[1]. Ce souci de variété est une préoccupation étrangère aux habitudes romaines, restées plus traditionnelles que celles de la Gaule franque sur ce point comme sur bien d'autres : dans la tradition orale, on aime en effet à répéter fréquemment un texte ou une mélodie, car cela crée un sentiment de familiarité et de sécurité, outre l'évident avantage de faciliter la compréhension et la participation active des fidèles.

Le graduel « Benedictus Dominus » : l'ancien psaume sans refrain de l'Épiphanie ?

Nous avons déjà vu ce graduel à propos des traits en *RÉ*. Nous avons proposé d'y voir l'ancien psaume sans refrain de la fête romaine de l'Épiphanie. La mélodie de son refrain part de *sol*, en copiant l'incipit des traits du huitième mode en *sol (DO)*. Le très long mélisme de *montes*, dans le verset, est placé sur l'accent du mot ; on le retrouve, toujours placé sur l'accent, dans le verset de *Domine refugium* et de *Clamaverunt iusti*.

Les dimanches de l'avent.

VL 5319, f. 4 ; AMS n° 4	Psautier romain, Ps 79	Vulgate	
R. Qui sedes Domine super cherubim	Qui regis Israhel intende qui deducis velut ovem Ioseph qui sedes super Cherubin appare	Qui regis Israhel intende qui deducis tamquam oves Ioseph qui sedes super Cherubin manifestare	2
excita potentiam tuam et veni	Coram Effrem et Beniamin et Manasse	Coram Effraim et Beniamin et Manasse	3

---

1. LE ROUX, « Les graduels des dimanches », p. 130.

	excita potentiam tuam et veni ut salvos facias nos	excita potentiam tuam et veni ut salvos facias nos	
V. Qui regis Israhel intende qui deducis velut ovem Ioseph	Ut supra	Ut supra	2

Ce graduel est au troisième dimanche de l'avent. Le refrain est centonisé ; verset et refrain sont tirés des deux premiers versets du psaume. Comme pour le trait *Qui regis*, l'exégèse qui établit un rapport entre le psaume 79 et l'avent n'est pas primitive. Elle cadre bien en revanche avec la date présumée de l'introduction de cette coutume à Rome, le milieu du VIᵉ siècle [1]. C'est de cette époque que datent ce graduel et le trait *Qui regis*.

Le sanctoral.

VL 5319, f. 109v ; *AMS* n° 99	Psautier romain, Ps 33	Vulgate	
R. *Clamaverunt iusti et Dominus exaudivit eos et ex omnibus tribulationibus eorum liberavit eos*	*Id.*	*Clamaverunt iusti et Dominus exaudivit et ex omnibus tribulationibus eorum liberavit eos*	18
V. *Iuxta est Dominus his qui tribulato sunt corde et humiles spiritu salvavit*	*Iuxta est Dominus his qui tribulato sunt corde et humiles spiritu salvabit*	*Iuxta est Dominus his qui tribulato sunt corde et humiles spiritu salvabit*	19

Ce graduel du commun de plusieurs martyrs est utilisé pour les messes des saints Marcellin et Pierre (2 juin), Gervais et Protais (19 juin), Félix, Simplicius, Faustin et Viatrix (29 juillet), Hippolyte, Pontien et Cassien [2]

---

1. MAERTENS, « L'avent », p. 73 s.

(13 août), et Côme et Damien (27 septembre). Bien qu'ils ne fassent pas partie de la *Depositio Martyrum*, Marcellin et Pierre avaient fini par compter parmi les plus célèbres martyrs de Rome et par éclipser la popularité de saint Gorgon, qui était enseveli non loin d'eux. En effet, l'empereur Constantin ayant bâti à *inter duas lauros* une vaste basilique à proximité de la tombe de ces martyrs victimes de la persécution de Dioclétien, leur popularité semble avoir beaucoup profité de ce voisinage purement fortuit ; un siècle plus tard, Damase leur consacra une longue épigramme, signe de l'essor de leur culte, pourtant obscur à l'époque de la rédaction de la *Depositio Martyrum*. Le titre *intra muros* qui porte leur nom a joué un rôle beaucoup moins important que la basilique attenante au tombeau de sainte Hélène ; il semble avoir été créé entre 499 et 595, car rien ne prouve qu'il s'agisse du même édifice que le *titulus Nicomedis* attesté en 499 [1]. Leurs reliques furent dérobées en 827, à l'instigation d'Eginhard, pour son monastère de Seligenstadt [2].

Gervais et Protais sont des martyrs milanais dont les reliques ont été inventées par saint Ambroise en 386, juste après la levée du siège (le 3 avril) de la basilique Portienne, dans laquelle il s'était retranché avec les fidèles [3]. Le titre romain qui portait leur nom, avant qu'il ne soit remplacé par celui de saint Vital, a été fondé par Innocent Ier (401-417) [4]. Faustin et Viatrix semblent devoir l'essor de leur culte à l'intervention de Damase, qui a construit leur basilique *ad Sextum Philippi*, sur la catacombe de Generosa [5]. On leur ajouta plus tard Simplicius et l'antipape Félix II. La

---

1. M. BLESS-GRABHER, *Cassian von Imola. Die Legende eines Lehrers und Märtyrers und ihre Entwicklung von der Spätantike bis zur Neuzeit*, Berne, 1978.

2. J. GUYON, *Le Cimetière aux deux lauriers*, p. 431-433 et « Les Quatre-Couronnés », p. 546.

3. PIETRI, *Roma christiana*, t. I, p. 30 ; P. GEARY, *Furta sacra. Thefts of Relics in the Central Middle Ages*, Princeton, 1978, p. 54-58 et 143-146 ; SHEPHERD, « The Liturgical Reform », p. 856 ; RUYSSCHAERT, « La commémoration », p. 475 ; SEELIGER, « Einhards römische Reliquien », p. 58-75.

4. J. FONTAINE *et alii*, *Ambroise de Milan, Hymnes*, p. 487-512 ; COURCELLE, *Recherches sur les Confessions*, p. 139-153 ; PALANQUE, *Saint Ambroise*, p. 164.

5. DUCHESNE, *LP*, t. I, p. 222, n. 4 ; PIETRI, *Roma christiana*, t. I, p. 476-477 ; KRAUTHEIMER, *Rome, Profile*, p. 33 ; FRERE, *Studies*, t. I, p. 99 ; CHAVASSE, « Les grands cadres », p. 13.

6. Ch. PIETRI, « Damase, évêque », p. 51 ; RUYSSCHAERT, « La commémoration », p. 475 ; SHEPHERD, « The Liturgical Reform », p. 858 ; P. PERGOLA, « *Nereus et Achilleus* », p. 218.

translation de leurs reliques à Sainte-Bibiane eut lieu sous
Léon II (682-683)[1]. L'ancien antipape schismatique Hippolyte se trouve dans la *Depositio Martyrum* ; Damase lui a
consacré une épigramme. Prudence (*Perist.* XI) atteste l'existence d'une basilique qui lui était dédiée via Tiburtina, près
de Saint-Laurent[2]. Le culte des saints ciliciens Côme et
Damien remonte à Symmaque († 514), mais la diaconie qui
porte leur nom ne fut bâtie *in via sacra*, au cœur de la Rome
impériale, que sous Félix IV († 530) et ne fut intégrée à la
liturgie stationnale qu'au VIIIᵉ siècle[3].

Au total, les saints les plus anciens de ce groupe semblent
être Marcellin et Pierre, Faustin et Viatrix et peut-être Hippolyte, qui ont en commun de faire partie du sanctoral
damasien. Il est cependant difficile de dire pour lequel de
ces martyrs fut d'abord destiné le graduel *Clamaverunt iusti*.

VL 5319, f. 3 ; *AMS* nº 3	Psautier romain, Ps 44	Vulgate	
R.			
Dilexisti iustitiam	*Dilexisti iustitiam*	*Dilexisti iustitiam*	8
et odisti iniquitatem	*et odisti iniquitatem*	*et odisti iniquitatem*	
	propterea unxit te Deus	*propterea unxit te Deus*	
	Deus tuus	*Deus tuus*	
	oleo laetitiae	*oleo laetitiae*	
	prae consortibus tuis	*prae consortibus tuis*	
V.			
Propterea unxit te Deus[4]	Ut supra	Ut supra	8
oleo letitie			

Ce graduel se trouve aux messes des saintes Lucie de
Syracuse (13 décembre) et Sabine (29 août) qui, l'une
comme l'autre, sont absentes de la *Depositio Martyrum*. Le
psaume 44 n'est pas ici employé dans son sens typologique

---

1. DUFOURCQ, *Étude*, t. I, p. 243-244 ; DELEHAYE, *Sanctus*, p. 198 ; FRERE, *Studies*, t. I, p. 27, 119.
2. SHEPHERD, « The Liturgical Reform », p. 859.
3. DUCHESNE, *LP*, t. I, p. 152, n. 11 et p. 280, n. 3 ; KIRSCH, *Die Stationskirchen*, p. 154-159 ; GEERTMAN, *More veterum*, p. 109, n. 2, p. 113 ; REEKMANS, « L'implantation monumentale », p. 876 ; M. PERRAYMOND, dans *Studi e Materiali di storia delle religioni* 60 (1994), p. 243-279.
4. *Deus tuus* om. F 22, C 74 ; *Deus tuus* sine neumis VL 5319 ; *Deus tuus* M, B, K, SG 359, E 121, L 239, M-R.

primitif. Le verset et le refrain sont tirés du même verset, ce qui indique une époque de composition assez basse.

Il existe une variante textuelle entre chants romain et grégorien : ce dernier suit la leçon du psautier, tandis que les manuscrits romains préfèrent une leçon liturgique qui omet *Deus tuus*. Le copiste du texte du graduel VL 5319, connaissant par cœur le psautier, a écrit la leçon normale, « livresque », avec *Deus tuus*. Mais le copiste de la musique, qui est passé après lui, ne s'y est pas trompé et a laissé les mots *Deus tuus* sans neumes, rétablissant ainsi la véritable leçon liturgique. Cela illustre la supériorité des manuscrits liturgiques notés par rapport à ceux qui sont dépourvus de notation musicale : un manuscrit noté court beaucoup moins de risques d'être fautif, car il est toujours corrigé par le scribe de la musique, lequel, dans la très grande majorité des cas, ne peut pas manquer de s'apercevoir des erreurs commises par le scribe du texte, puisqu'il se retrouve, selon les cas, tantôt avec une mélodie trop longue — quand des mots ont été oubliés par le copiste du texte, par exemple à la suite d'un saut du même au même —, tantôt au contraire avec une mélodie trop courte — en cas de dittographie ou d'ajout de mots présents dans le texte psalmique, mais absents du texte liturgique.

Sainte Lucie de Syracuse, qu'il ne faut pas confondre avec sainte Lucie romaine (16 septembre), ne semble pas avoir reçu de culte à Rome avant le VIIe siècle [1]. L'église qui porte son nom, *in septem vias*, n'est pas attestée avant le règne de Léon III (795-816). Le culte de sainte Sabine, martyre des environs de Terni, semble également tardif : la translation de ses reliques dans le titre qui porte son nom, à la fin du VIIe siècle au plus tard, a dû lui donner une impulsion décisive [2]. Le fait que cet édifice remonte aux années 420-440, sous les pontificats de Célestin Ier et de Sixte III, ne change rien à l'affaire [3] : rien ne prouve en effet qu'il ait été dès

---

1. S. PRICOCO (éd.), *Storia della Sicilia e tradizione agiografica nella tarda antichità*, Soveria Mannelli, 1988, p. 95-135.

2. DUCHESNE, *LP*, t. I, p. 236, n. 17 ; CHAVASSE, *Le Sacramentaire*, p. 373 ; HESBERT, *AMS*, p. CIV ; DELEHAYE, *Origines du culte*, p. 360.

3. MARROU, « Sur les origines du titre », p. 213-215 ; KRAUTHEIMER, *Rome, Profile*, p. 34, 45 ; PIETRI, « Recherches sur les *domus* », p. 11, *Roma christiana* I, p. 504-506 et « Appendice prosopographique à la *Roma christiana* », dans *MEFRA* 89 (1977), p. 381 (sur le prêtre Pierre d'Illyrie).

cette époque consacré à cette sainte ; il est possible qu'il ait fallu attendre le VIIe siècle, d'autant plus qu'il semble avoir existé deux Sabine, une Romaine et une Ombrienne [1]. Ce titre est d'ailleurs l'église stationnale du mercredi des Cendres, qui n'est pas antérieur au début du VIe siècle.

VL 5319, f. 30v ; AMS n° 165 a	Psautier romain, Ps 44	Vulgate	
R. Audi filia et vide et inclina aurem tuam	Audi filia et vide et inclina aurem tuam et obliviscere populum tuum et domum patris tui	Audi filia et vide et inclina aurem tuam et obliviscere populum tuum et domum patris tui	11
quia concupivit rex speciem tuam	Quoniam concupivit rex speciem tuam quia ipse est Dominus Deus tuus et adorabunt eum	Et concupiscet rex decorem tuum quoniam ipse est Dominus tuus et adorabunt eum	12
V. Specie tua et pulchritudine tua intende prospere procede et regna [2]	Speciem tuam et pulchritudinem tuam intende prospere procede et regna propter veritatem et mansuetudinem et iustitiam et deducet te mirabiliter dextera tua	Specie tua et pulchritudine tua et intende prospere procede et regna propter veritatem et mansuetudinem et iustitiam et deducet te mirabiliter dextera tua	5

Ce graduel appartient aux messes de sainte Cécile (22 novembre) et de l'octave de sainte Agnès (28 janvier). Le psaume 44 est ici une nouvelle fois appliqué aux vierges ; il avait fini par devenir le texte par excellence pour leurs messes, formant ainsi une sorte de commun des vierges. Le refrain est centonisé. Verset et refrain sont des versets choisis.

Il existe sans doute une divergence textuelle entre chants romain et grégorien, *intende et prospere / intende prospere* ; *et*

---

1. DUFOURCQ, *Étude*, t. I, p. 165.
2. *Intende et prospere* VL 5319 ; *intende prospere* F 22, C 74, K, SG 339, E 121, M-R ; lacune L 239.

prospere paraît être la véritable leçon liturgique ancienne de Rome, puique *intende prospere*, qui est donnée par les graduels F 22 et C 74, est simplement la leçon du psautier romain ; l'isolement de VL 5319 n'est sans doute pas le signe de son erreur, puisqu'il emploie la même leçon, *et prospere*, dans toutes les pièces qui utilisent le psaume 44, 5, c'est-à-dire le graduel *Specie tua*, l'*Alleluia Specie tua* et les trois offertoires *Diffusa est, Filie regum* et *Offerentur*. Certes, le témoignage de F 22 et de C 74 est moins ferme à cet égard : F 22 omet toujours *et*, sauf dans l'*Alleluia* ; quant à C 74, il est partagé à égalité entre la mention de *et* (graduel *Specie tua* ; les trois offertoires) et son omission (le présent graduel et l'*Alleluia*). La fermeté de VL 5319 nous incline à prendre son témoignage au sérieux.

Sainte Agnès est la seule vierge de la *Depositio Martyrum* qui ait toujours un culte dans la liturgie romaine à l'époque de saint Grégoire, puisque celui des saintes Félicité et Perpétue — qui n'appartiennent pas à la catégorie des vierges — semble avoir subi une sorte d'éclipse. La basilique dédiée à sainte Agnès, via Nomentana, a été bâtie peu après la mort de Constantin, entre 337 et 351, sous le pape Jules [1]. Agnès fait partie du sanctoral de Damase [2] comme de celui de Prudence (*Perist.* XIV). Elle possède deux fêtes, le 21 et son octave le 28 janvier. Le culte de sainte Cécile est en revanche à la fois plus obscur et plus tardif : il ne semble s'être répandu qu'à partir du Vᵉ siècle, car le IVᵉ siècle l'ignore totalement [3] ; le titre qui porte son nom est attesté en 499 [4]. La plus ancienne attestation de son culte à Rome pourrait être le récit de l'arrestation du pape Vigile (537-555), le 22 novembre 545 [5]. Ce graduel semble donc avoir été prévu à l'origine pour Agnès seule.

---

1. KRAUTHEIMER, « The Beginning », p. 10, « Mensa. Coemeterium », p. 22 ; J. GUYON, *Le Cimetière*, p. 249-250 ; Ch. PIETRI, *Roma christiana*, t. I, p. 47-51.
   2. SHEPHERD, « The Liturgical Reform », p. 855.
   3. PIETRI, *Roma christiana*, t. I, p. 501-502.
   4. KIRSCH, *Die Stationskirchen*, p. 129 et *Die römischen Titelkirchen*, p. 113-114 ; PIETRI, « Recherches sur les *domus* », p. 9.
   5. KIRSCH, *Der stadtrömische christliche Festkalender*, p. 88 ; Ch. PIETRI, « La conversion de Rome et la primauté du pape », p. 239 ; voir C. SOTINEL, « Autorité pontificale et pouvoir impérial sous le règne de Justinien : le pape Vigile », *MEFRA* 104 (1992), p. 455-456.

Conclusions sur les graduels en « sol » (= « RÉ »).

Dans les refrains, la finale *do* est propre aux médiantes, puisqu'elle est inconnue des ADL. Il est rare qu'une pièce possède ses cadences de médiante et d'ADL sur la même note ; c'est néanmoins le cas de *Salvum fac populum* (*fa* ; même vocalise) et de *Dilexisti (sol)*. Aucune raison liturgique ou historique ne semble avoir présidé à ce choix, dicté uniquement par les nécessités de la musique. Les refrains sont dotés d'un petit nombre de mélismes, contrairement aux versets, qui en sont beaucoup mieux pourvus. C'était déjà la même situation parmi les graduels en RÉ pur. En revanche, aucun verset ne possède la même vocalise à deux articulations contiguës (médiante et ADL, par exemple). Les ADL sont les articulations les plus stéréotypées, puisqu'elles possèdent le plus petit nombre de vocalises *hapax*. C'est également vrai pour les refrains. On notera enfin l'évolution plus grande des refrains, comme il est logique ; ils sont en effet souvent sur la transposition *sol*, tandis que les versets demeurent mieux accrochés à la corde de RÉ. Il existe cependant quelques exceptions : *Letatus sum* et *Dirigatur* ont un refrain qui part de RÉ, donc non transposé. Les pièces les moins bien construites sont celles du sanctoral (*Clamaverunt iusti*, *Audi filia* et *Dilexisti*), ainsi que celles du temporal tardif, comme *Domine refugium*, dont la tradition mélodique, notamment dans le répertoire grégorien, est particulièrement embrouillée. L'ex-trait de l'Épiphanie *Benedictus Dominus* semble avoir pâti de son éviction par le graduel *Omnes de Saba*, qui a entraîné sa transformation en graduel et un réhabillage mélodique assez malheureux dans l'ensemble.

Les graduels du deuxième mode en « la » (corde de « RÉ »).

Les graduels du deuxième mode à finale *la* occupent une place à part dans le répertoire liturgique romain. Seuls de tous les graduels, ils forment un timbre vigoureux et très stéréotypé, à la manière des traits en DO et en RÉ, tandis que les autres graduels possèdent le plus souvent des mélodies originales ; certains graduels en DO possèdent certes des caractéristiques communes, au point de former une sorte de quasi-timbre, mais ils sont très loin de posséder l'uniformité des graduels en II A. Leur seconde caractéristique [1] est que, contrairement à ce qui se passe pour toutes les pièces du répertoire grégorien, le chant grégorien ne s'est pas contenté de garder le schéma modal romain, il a aussi gardé l'ornementation avec une grande fidélité. Ce fait, auquel s'ajoute l'emploi d'une corde non romaine, constitue un fort indice, qui permet de conclure que ce timbre est d'origine gallicane. Le timbre, non les pièces elles-mêmes, car rien n'interdit de composer à Rome des graduels sur le modèle d'un timbre gallican : rien n'est même plus facile. Quand les mélodies romaines arrivèrent en Gaule, vers le milieu du VIIIe siècle, les chantres francs durent reconnaître leurs mélodies ; ils les adoptèrent en leur redonnant leur aspect d'origine, qui avait été modifié (c'est-à-dire simplifié, régularisé et uniformisé) lors du passage à Rome. C'est pourquoi les chants romain et grégorien sont si proches l'un de l'autre, non seulement pour la ligne mélodique, mais aussi pour l'ornementation. Il existe également à Milan un timbre de *psalmelli* — nom local des graduels — en II A, qui pourraient être eux aussi les ancêtres du timbre romain en II A. Ce ne serait pas le seul emprunt romain à Milan, comme le montre par exemple l'adoption des grandes antiennes *O* de l'avent [2]. Il existe certaines différences entre Rome et le grégorien : Rome a composé plusieurs pièces en II A qui sont restées sans parallèle dans le grégorien. Ce timbre n'a donc pas la même surface dans les deux répertoires :

---

1. Voir H. HUCKE, « Die gregorianische Gradualeweise des 2. Tons und ihre ambrosianischen Parallelen : Ein Beitrag zur Erforschung des ambrosianischen Gesanges », dans *Archiv für Musikwissenschaft* 13 (1956), p. 285-314 ; N. VAN DEUSEN, *An Historical and Stilistic Comparison*, p. 401 ; B. RIBAY, « Les graduels en II A », *EG* 22 (1988), p. 43-107 et « Comparaisons de formules : ROM, MIL, GREG dans les graduels "en II A" », *Requirentes modos musicos. Mélanges offerts à Dom Jean Claire, maître de chœur*, Solesmes, 1995, p. 83-118 ; voir Don TURCO, « La versione melodica », p. 65-72.

2. Voir S. GASSER, *EG* 24 (1992), p. 53-84.

Les graduels en II A : tableau de correspondance entre les chants romain et grégorien.

Chant romain	Chant grégorien	Emplacement
Accords : le même graduel est en II A dans les deux répertoires		
Tollite portas	II A	Fer. IV QT Adv.
Ostende	II A	Fer. VI QT Adv.
In sole posuit	II A	Sab. QT Adv.
A summo celo	II A	Sab. QT Adv.
Domine Deus virtutum	II A	Sab. QT Adv.
Excita	II A	Sab. QT Adv.
Hodie scietis	II A	Vig. Nat. Domini
Tecum principium	II A	Nat. Domini I
Angelis suis	II A	Dom. I Quad.
Ab occultis meis	II A	Fer. III hebd. III Qd.
Ne avertas	II A	Fer. IV de Passione
Hec dies	II A	Dom. Resurr. Dni
Exultabunt sancti	II A	Primi et Feliciani, etc.
Dispersit	II A	Laurentius, de vigilia
In omnem terram	II A	Oct. Petri et Pauli, etc.
Nimis honorati	II A	Vig. Petri et Pauli, etc.

Une pièce romaine en II A est d'un autre mode dans le chant grégorien

Posuisti	I	
Ego dixi Domine	V (avec cependant quelques traces de II A)	
Benedicam Dominum	VII (avec quelques traces de II A)	
Liberasti nos	VII	

Une pièce romaine en II A est ignorée des plus anciens manuscrits grégoriens non notés *(AMS)*

Qui Lazarum	Ø	
Uxor tua	Ø	

Une pièce grégorienne en II A est d'un autre mode à Rome

Sol	*Domine refugium*	

Une pièce grégorienne en II A n'existe pas à Rome

Ø	*Iustus ut palma*	
Ø	*Requiem eternam*	

Total romain : 22   Total grégorien : 19   Total général : 25

Ce tableau appelle un certain nombre de remarques. La plus grande partie du timbre est commune aux deux répertoires, soit seize pièces sur vingt-cinq. Dans huit cas sur seize, il s'agit de pièces affectées à l'avent et à Noël. Dans quatre autres cas, il s'agit de pièces du sanctoral, notamment Pierre et Paul. S'y ajoute le graduel du premier dimanche du carême, qui n'est pas primitif, puisqu'il répète le psaume 90, déjà chanté en majeure partie par le trait *Qui habitat*. Quand on a créé de nouvelles pièces à Rome, le grégorien les a classées dans un autre mode, ou les a ignorées. Les quatre pièces qui sont à Rome en II A, mais que la Gaule a classées dans un autre mode, sont aux dimanches après la Pentecôte (*Ego dixi, Benedicam Dominum* et *Liberasti nos*) et au sanctoral tardif *(Posuisti)* : à compositions tardives, emplacements liturgiques tardifs.

Il existe aussi quelques spécificités franques : *Iustus ut palma* (Ps 91, 13-14, 3) est le grand texte du sanctoral gallican antérieur aux réformes liturgiques du milieu du VIIIe siècle. Les plus anciens manuscrits grégoriens le placent à la messe des saints Jean l'Evangéliste *mane* (n° 13, M, B, C, K, S), Jean Baptiste *mane* (n° 118 a, M, B, K, S), Matthieu *de vigilia* (n° 154, B, K, S), Hermès (n° 144, K, S) et Chrysogone (n° 167, K). Il s'agit donc très vraisemblablement de l'ancien graduel des deux saint Jean *in die*, relégué à la messe *mane* lors de l'arrivée du chant romain en Gaule. Visiblement attachés à cette pièce, les chantres francs se sont contentés de la déplacer légèrement en l'affectant à un endroit secondaire. Le graduel *Requiem*, quant à lui, est ignoré de l'*AMS* ; il faut cependant dire que sa place est surtout dans les rituels, avec la messe des morts. Son absence dans les graduels est donc aisément explicable.

Ce timbre semble avoir été le timbre festif par excellence, dans son répertoire d'origine. Comme il est très présent aux Quatre-Temps de l'avent, il est possible qu'il soit arrivé à Rome vers 550, date vraisemblable de la création de l'avent à Rome. La présence à Rome de ce timbre allogène est liée à l'activité de la *Schola cantorum*, grande novatrice. Cela dit, les spécialistes de la *Schola* ont fort bien pu introduire ce timbre à la fin du Ve siècle et le réemployer plus tard quand il s'est agi de créer des graduels pour l'avent ; il est également possible qu'ils aient adopté des pièces gallicanes, puisque, comme nous l'avons dit, il existe fort peu de différences entre les versions grégorienne et romaine. L'intérêt d'un timbre est qu'il peut à tout moment être réutilisé pour enrichir le répertoire ; cela le rend aussi plus difficilement datable, car sa période d'utilisation peut s'étirer sur des décennies entières, comme c'est le cas ici : en plein Xe siècle, on avait encore recours à lui ; il était devenu le « timbre à tout faire ». Il en est exactement de même pour le timbre des *Alleluia* du deuxième mode, qui empruntent une partie de leur mélodie aux graduels en II A.

« Haec dies » : un vestige de l'ancien psaume sans refrain du dimanche, « Confitemini Domino ».

Cette pièce exceptionnelle est un cas unique de graduel qui, non content d'avoir gardé la forme de l'ancien psaume responsorial, a également conservé, encore clairement visible, celle de l'ancien psaume sans refrain qui l'a précédé. Le graduel du dimanche de Pâques a en effet conservé six versets, faits de huit versets ou fragments de versets du psaume 117, les versets 1, 2, 3, 16, 22, 23, 26 et 27, sans compter le refrain, verset choisi tiré du verset 24. À cause d'une intertextualité tout à fait fortuite entre le psaume 117, 2 (*Dicat nunc Israhel*) et le psaume 106, 2 (*Dicant nunc qui redempti sunt*), ce dernier, par attraction, a été interpolé dans le graduel. Nous allons commencer par donner le texte de cet ancien psaume sans refrain, non pas tel qu'il se présente dans les manuscrits, mais tel qu'on peut le reconstituer à l'aide du manuscrit du Mont-Blandin, particulièrement archaïque en cet endroit. On lui a laissé son refrain postiche [1], tiré du verset 24.

VL 5319, f. 83v s. ; AMS n° 80	Psautier romain, Ps 117	Vulgate
[R. *Hec dies* *quam fecit Dominus* *exultemus et letemur in ea*	*Id.*	*Haec est dies* [24] *quam fecit Dominus* *exsultemus et laetemur in ea*]
V. 1 *Confitemini Domino*	*Id.*	*Id.* 1

---

1. Dom J. CLAIRE, « Le rituel quadragésimal », p. 140, n. 7 ; CULLIN, « Le répertoire de la psalmodie », p. 107.

quoniam bonus
quoniam in seculum
misericordia eius

V. 2 *Dicat nunc Israhel* *quoniam bonus* *quoniam in seculum* *misericordia eius*	*Id.*	*Id.*	2
V. 3 [*Dicat nunc* *domus Aaron* [1]]	*Dicat nunc* *domus Aaron* *quoniam bonus* *quoniam in saeculum* *misericordia eius*	*Dicat nunc* *domus Aaron* *quoniam in saeculum* *misericordia eius*	3
V. 4 [*Dicant nunc* *qui timent Dominum* [2]]	*Dicant nunc omnes* *qui timent Dominum* *quoniam bonus* *quoniam in saeculum* *misericordia eius*	*Dicant nunc* *qui timent Dominum* *quoniam in saeculum* *misericordia eius*	4
V. 5 *Dextera Domini* *fecit virtutem* *dextera Domini* *exaltavit me*	*Id.*	*Dextera Domini* *fecit virtutem* *dextera Domini* *exaltavit me* *dextera Domini* *fecit virtutem*	16
V. 6 *Lapidem* *quem reprobaverunt* *edificantes* *hic factus est* *in caput anguli*	*Id.*	*Id.*	22
a Domino factum est *et est mirabile* *in oculis nostris*	*A Domino factum est* *et est mirabilis* *in oculis nostris*	*A Domino factum est* *istud* *hoc est mirabile* *in oculis nostris*	23
V. 7 *Benedictus qui venit* *in nomine Domini* *benediximus vos*	*Id.*	*Benedictus qui* *venturus est* *in nomine Domini*	26

---

1. *Dicat nunc domus Aaron* B seul (n° 80 et 82).
2. B seul (n° 80 et 83).

de domo Domini [1]		*benediximus vobis*
		de domo Domini
Deus Dominus	*Deus Dominus*	*Deus Dominus* 27
et illuxit nobis	*et inluxit nobis*	*et inluxit nobis*
	constituite diem	*constituite diem*
	sollemnem	*sollemnem*
	in confrequentationibus	*in condensis*
	usque ad cornu altaris	*usque ad cornua altaris*
[V. 8]		
Dicant nunc	*Dicant nunc*	*Dicant* Ps 106, 2
qui redempti sunt	*qui redempti sunt*	*qui redempti sunt*
a Domino	*a Domino*	*a Domino*
quos redemit	*quos redemit*	*quos redemit*
de manu inimici	*de manu inimici*	*de manu inimici*
et de regionibus	*de regionibus*	*de regionibus*
congregavit eos	*congregavit eos*	*congregavit eos*

Il existe une seule variante textuelle entre chants romain et grégorien : l'omission de *benediximus vos de domo Domini* par le grégorien. L'histoire matérielle du graduel peut être reconstituée de la façon suivante : dès les plus anciens manuscrits, les versets de ce psaume sont répartis entre le jour de Pâques et les différentes féries de la semaine *in albis*. À l'origine, cependant, les versets étaient tous rassemblés au seul dimanche de Pâques [2]. C'est seulement par la suite qu'ils furent séparés et répartis sur la semaine *in albis*, ce qui a sans doute permis leur conservation : s'ils étaient restés réunis, la plupart d'entre eux eussent en effet été supprimés, comme il en est advenu de tous les autres psaumes sans refrain, puis responsoriaux, transformés en graduels. Seul le manuscrit B, qui est le plus romain de tous les manuscrits de l'*AMS*, les a tous gardés rassemblés le même jour. Quant au verset *Dicant nunc qui redempti sunt*, il est évident qu'il s'agit d'une interpolation, absente de la pièce originelle, appelée à cet endroit par une intertextualité fortuite, car ce verset n'appartient pas au psaume 117. Une nouvelle fois, seul B a conservé la trace du verset originel, *Dicat nunc*

---

1. *Benediximus vos de domo Domini* om. C, K (n° 85), SG 359, E 121, L 239 ; lacune M-R ; *Benedictus qui venturus est* B.
2. FERRETTI, *Esthétique*, p. 163 ; Dom J. CLAIRE, « La musique de l'office de l'avent », p. 651.

domus Aaron (v. 3 du Ps 117), comme il est seul à avoir gardé la trace du verset *Dicant nunc qui timent*.

Comme le cantique de la vigne (Is 5), le psaume 117 est lié à la prophétie de la Passion et de la Résurrection du Christ, qui se l'applique à lui-même dans la parabole des vignerons homicides. Ce psaume est également lié à l'évocation des deux Parousies du Christ, la première, son Incarnation et l'Adoration des mages [1] et la seconde, son retour glorieux pour juger les vivants et les morts [2]. Il n'en reste pas moins vrai que, dès les premiers temps du christianisme, comme l'atteste le discours de saint Pierre devant le Sanhédrin (Ac 4, 10-11), son verset 24, *haec dies quam fecit Dominus*, a été appliqué au dimanche de la Résurrection [3], de sorte que ce psaume est l'un des principaux psaumes pascals. C'est la raison pour laquelle, dans un second temps, on l'appliqua tout naturellement au dimanche, petite Pâque hebdomadaire : il devint le psaume du dimanche par excellence [4]. C'était donc faire un choix très judicieux que de jeter son dévolu sur le psaume 117 pour l'affecter au dimanche de la Résurrection. La typologie, la liturgie et l'analyse musicale se recoupent ici admirablement. Ce « graduel » est donc en réalité l'ancien psaume sans refrain *Confitemini*, qu'on chantait à l'origine pour les fêtes du Seigneur et tous les dimanches, commémoration hebdomadaire de la Résurrection. Ce n'est que bien plus tard que les différents versets de cette pièce furent répartis sur l'ensemble des féries de la semaine *in albis*. Comme le jeudi *in albis* en a reçu un, *Lapidem quem reprobaverunt*, cette dispersion ne peut avoir eu lieu avant le début du VIIe siècle, puisque cette férie, qui vaquait encore à l'époque de saint Grégoire, semble être la plus tardive de cette semaine [5]. La mélodie de ce graduel a été fort bien étudiée [6], ce qui nous dispense d'y revenir.

---

1. DANIÉLOU (*Études d'exégèse*, p. 27) lie ce psaume à l'Épiphanie.

2. Dès Hippolyte : *Adv. Caium*, fragm. 7 (D'ALÈS, *La Théologie*, p. 199).

3. PRIGENT, *L'Épître*, p. 172 ; FRANK, « Die Paschavigil », p. 22, n. 100 ; ROETZER, *Des heiligen Augustinus Schriften*, p. 20 ; LAMBOT, « Les sermons », p. 231 ; WILLIS, *St. Augustine's Lectionary*, p. 25, 27.

4. DANIÉLOU, *Bible et liturgie*, p. 343 ; AMBROSIASTER, *Quaestio* 95 (éd. A. SOUTER, CSEL 50, p. 167) et *Quaestio* 107 (p. 249) ; CHROMACE D'AQUILÉE, *Sermo* 17 (éd. J. LEMARIÉ, SC 154, p. 274).

5. CHAVASSE, *Le Sacramentaire*, p. 74 et « Aménagements liturgiques », p. 82-83.

6. FERRETTI, *Esthétique grégorienne*, p. 163-174 ; O. CULLIN, « De la psalmodie sans refrain », p. 7-11 et « Le répertoire de la psalmodie in directum », p. 107.

Le carême.

VL 5319, f. 41v ; AMS n° 40 a	Psautier romain, Ps 90	Vulgate	
R.			
Angelis suis *mandavit de te* *ut custodiant te* *in omnibus viis tuis*	*Quoniam angelis suis* *mandavit de te* *ut custodiant te* *in omnibus viis tuis*	*Quoniam angelis* *suis* *mandabit de te* *ut custodiant te* *in omnibus viis tuis*	11
V.			
In manibus portabunt te *ne unquam offendas* *ad lapidem* *pedem tuum*	*Id.*	*In manibus* *portabunt te* *ne forte offendas* *ad lapidem* *pedem tuum*	12

Il était assez incongru de faire répéter deux fois le psaume 90 au cours de la même messe, par ce graduel, puis par le trait *Qui habitat*. Il s'agit donc d'une addition : ce graduel est né, sur le tard, directement sous la forme d'un graduel, par attraction avec le trait *Qui habitat*, lui-même attiré à cet endroit par le texte de l'Évangile et les ratiocinations du diable : il n'a jamais été psaume responsorial.

VL 5319, f. 77v ; AMS n° 76	Psautier romain, Ps 68	Vulgate	
R.			
Ne avertas faciem tuam *a puero tuo* *quoniam tribulor* *velociter exaudi me*	*Id.*	*Et ne avertas* *faciem tuam* *a puero tuo* *quoniam tribulor* *velociter exaudi me*	18
V.			
Salvum me fac Deus *quoniam intraverunt* *aque* *usque ad animam meam*	*Salvum me fac Deus* *quoniam introierunt* *aquae* *usque ad animam meam*	*Id.*	2
infixus sum *in limo profundi* *et non est substantia*	*Infixus sum* *in limum profundi* *et non est substantia* *veni in altitudinem* *maris* *et tempestas demersit me*	*Infixus sum* *in limum profundi* *et non est substantia* *veni in altitudines maris* *et tempestas demersit me*	3

Ce graduel est au mercredi saint. Le psaume 68 est particulièrement bien adapté à cet emplacement, puisqu'il s'agit d'un des principaux psaumes de la Passion, avec le psaume 21, qui a donné le trait *Deus Deus meus*, en *RÉ* lui aussi. Le verset 22 de ce psaume prophétise l'une des scènes de la Crucifixion (*dederunt in escam meam fel*; voir Mt 27, 48). Saint Pierre appliquait le verset 26 au traître Judas, pour marquer sa déchéance de son ministère apostolique (Ac 1, 20)[1]. Les Pères ne l'ont pas interprété autrement[2]. Par conséquent, ce graduel, sans remonter lui-même à une haute antiquité, peut fort bien nous avoir conservé la trace d'un ancien psaume sans refrain aujourd'hui disparu, qui employait le psaume 68. Le verset, centonisé, utilise les deux premiers versets du psaume.

VL 5319, f. 56 ; *AMS* n° 55	Psautier romain, Ps 18	Vulgate	
R. *Ab occultis meis munda me Domine*	*Delicta quis intellegit ab occultis meis munda me Domine*	*Delicta quis intellegit ab occultis meis munda me*	13
et ab alienis parce servo tuo	*Et ab alienis parce servo tuo si mei non fuerint dominati tunc immaculatus ero et emundabor a delicto maximo*	*Et ab alienis parce servo tuo si mei non fuerint dominati tunc immaculatus ero et emundabor a delicto maximo*	14
V. *Si mei non fuerint dominati tunc immaculatus ero et emundabor a delicto maximo*	Ut supra	Ut supra	14

Ce graduel est au troisième mardi. Le refrain est centonisé. C'est l'un des quatre graduels tirés du psaume 18, avec

---

1. DUPONT, « L'interprétation des psaumes », p. 299-300.
2. GOPPELT, *Typos*, p. 121 ; PRIGENT, *L'Épître*, p. 195-196 ; SALMON, *Les tituli psalmorum*, p. 12, 14.

A summo celo, In sole posuit (avent) et *In omnem terram* (sanctoral), qui sont tous les trois en II A, comme *Ab occultis*. Le contenu typologique de ce psaume se prête peu à une application au carême.

Le temps de Noël.

VL 5319, f. 11 ; AMS n° 9 a	Psautier romain, Ps 109	Vulgate	
R.			
Tecum principium	*Id.*	*Id.*	3
in die virtutis tue			
in splendoribus sanctorum			
ex utero ante luciferum			
genui te			
V.			
Dixit Dominus	*Dixit Dominus*	*Dixit Dominus*	1
Domino meo	*Domino meo*	*Domino meo*	
sede a dextris meis	*sede a dextris meis*	*sede a dextris meis*	
donec ponam	*donec ponam*	*donec ponam*	
inimicos tuos	*inimicos tuos*	*inimicos tuos*	
scabellum pedum tuorum	*scabellum pedum tuorum*	*scabillum pedum tuorum*	

Ce graduel est à la première messe de Noël. C'est l'un des deux graduels tirés du psaume 109, l'autre étant *Iuravit Dominus*, en *MI*. Le verset est tiré du premier verset du psaume — qui est passé dans le *Gloria in excelsis (Qui sedes ad dexteram Patris, miserere nobis)* comme dans le *Credo (Et ascendit in celum : sedet ad dexteram Patris)* —, tandis que le refrain est choisi. Le psaume 109 est mis ici à contribution en parfait accord avec certains aspects de sa typologie la plus authentique et la plus ancienne. Dès l'épître aux Hébreux (1, 3), ce psaume fut principalement appliqué à l'Ascension, à la session glorieuse du Christ-grand prêtre à la droite du Père et à sa Royauté [1] ; il servait également à démontrer la pluralité des Personnes [2].

1. DANIÉLOU, *Études d'exégèse*, p. 42 s., « La session », p. 691-697, *Bible et liturgie*, p. 415 s. et « Les psaumes dans la liturgie », p. 40-56 ; GOPPELT, *Typos*, p. 97, 197 ; DUPONT, « L'interprétation des psaumes », p. 294 ; RONDEAU, « Le commentaire des psaumes », p. 18 ; GRILLMEIER, *Gesù il Cristo*, p. 77 s.
2. RONDEAU, « Le commentaire des psaumes », p. 19 et *Les Commentaires patristiques*, t. II, p. 30, 297-299.

Curieusement, le répertoire romain n'a pas retenu ce sens typologique, pourtant fort ancien. Il a préféré insister sur le verset 3, dans lequel il est question de la génération du Christ. Cette exégèse est moins bien représentée et moins classique que la précédente ; elle interprète ce verset comme une prophétie de l'engendrement du Christ par le Père avant les siècles, plutôt que comme une préfiguration de la nuit historique de la Nativité proprement dite. Elle se rencontre notamment chez Diodore de Tarse, Justin et Méliton de Sardes [1], mais également chez les autres Pères de l'Antiquité. Seuls Tertullien (*Adv. Marc.* V, 9, 7-8) et saint Augustin (*Enarr. in Ps* 109, 16), très isolés, l'appliquent à la nuit de Noël [2]. C'est justement cette exégèse ancienne, certes, mais marginale et originale, qu'a choisie la liturgie de Rome.

De fait, il suffit de lire les *tractatus* XXI-XXX, prêchés par saint Léon à l'occasion de Noël, pour s'apercevoir que le psaume qu'il cite le plus volontiers est le psaume 109, 1, dans les *tract.* XXV, 5, XXVIII, 6 et XXIX, 2. Le problème est qu'il n'utilise pas le verset 3, mais seulement le verset 1, pour évoquer la divinité du Christ et sa glorification, dans le cadre de brefs résumés de l'économie du salut qui n'ont rien à voir avec le récit de la nuit historique de la Nativité. Il faut cependant ajouter que cette absence n'a guère de signification, dans la mesure où ce pape, dans ces sermons, est le plus souvent abstrait, contrairement à saint Augustin. Il ne faut donc pas s'attendre à y trouver l'écho concret de la liturgie en vigueur à l'époque de son pontificat.

VL 5319, f. 10 ; AMS n° 8	[Non psalmique]	Vulgate (Ex 16 et Ps 79)
R. *Hodie scietis quia veniet Dominus et salvabit vos* [3]		*Dixeruntque* Ex 16, 6 *Moses et Aaron ad omnes filios Israhel vespere scietis quod Dominus*

---

1. RONDEAU, « Le commentaire des psaumes », p. 12 ; OTRANTO, *Esegesi*, p. 43-44 ; MÉLITON, *Sur la Pâque* 82 (SC 123, p. 106).

2. M.-J. RONDEAU, « Le commentaire des psaumes », *RHR* 176 (1969), p. 32 et 177 (1970), p. 11 ; A. ROSE, « L'influence des Septante », p. 298.

3. *Nos* VL 5319, F 22, B, C ; *vos* C 74, K, SG 359, E 121, L 239, M-R.

eduxerit vos
de terra Aegypti

et mane videbitis *gloriam eius*		*Et mane* Ex 16, 7 *videbitis* *gloriam Domini* *audivit enim* *murmur vestrum* *contra Dominum* *nos vero quid sumus* *quia mussitatis contra nos*

Psautier romain,
Ps 79

V. *Qui regis Israhel intende* *qui deducis velud ovem* *Ioseph* *qui sedes super cherubim* *appare*	*Id.*	*Qui regis Israhel* 2 *intende* *qui deducis tamquam* *oves Ioseph* *qui sedes super Cherubin* *manifestare*
coram Effrem *Beniamin et Manasse*	*Coram Effrem* *et Beniamin et Manasse* *excita potentiam tuam* *et veni* *ut salvos facias nos*	*Coram Effraim* 3 *et Beniamin et Manasse* *excita potentiam tuam* *et veni* *ut salvos facias nos*

Cette pièce bigarrée, dont le refrain n'est pas psalmique[1], se trouve à la vigile de Noël. Il existe peut-être une variante textuelle entre chants romain et grégorien, *nos / vos*, bien que *nos* soit une faute. Ce texte n'est pas celui de l'épître du jour ; il n'est pas impossible qu'il garde la trace d'une ancienne leçon prophétique, disparue dans le courant du VIᵉ siècle. Le verset, centonisé, est tiré des premiers versets du psaume 79, qui est l'un des principaux psaumes de l'avent, puisqu'il évoque l'Incarnation. Le refrain, tiré de Ex 16, semble établir un lien entre la libération d'Égypte et l'Incarnation qui, l'une comme l'autre, représentent une victoire sur la servitude : celle, historique, des Hébreux et celle, typologique (mais bien réelle) de l'humanité pécheresse, rachetée par le nouvel Adam et libérée par le nouveau Moïse. Ainsi bâtie, cette pièce ne semble pas pouvoir reven-

---

1. PIETSCHMANN, « Die nicht dem Psalter entnommenen Meßgesangstücke », p. 109.

diquer une grande ancienneté, d'autant plus que la vigile de Noël elle-même n'est pas primitive. Elle semble avoir subi l'attraction de l'avent ; on pourrait donc la dater des environs de 550, date vraisemblable de l'adoption de ce temps liturgique à Rome.

Les Quatre-Temps de l'avent.

VL 5319, f. 5 ; AMS n° 5 a	Psautier romain, Ps 23	Vulgate	
R.			
Tollite portas	*Tollite portas*	*Adtollite portas*	7
principes vestras	*principes vestri*	*principes vestras*	
et elevamini porte	*et elevamini portae*	*et elevamini portae*	
eternales	*aeternales*	*aeternales*	
et introivit rex glorie	*et introibit rex gloriae*	*et introibit rex gloriae*	
V.			
Quis ascendet	*Quis ascendit*	*Quis ascendit*	3
in montem Domini	*in montem Domini*	*in montem Domini*	
aut quis stabit	*aut quis stabit*	*aut quis stabit*	
in loco sancto eius	*in loco sancto eius*	*in loco sancto eius*	
innocens manibus	*Innocens manibus*	*Innocens manibus*	4
et mundo corde	*et mundo corde*	*et mundo corde*	
	qui non accepit in vano	*qui non accepit in vano*	
	animam suam	*animam suam*	
	nec iuravit in dolo	*nec iuravit in dolo*	
	proximo suo	*proximo suo*	

Ce graduel se trouve au mercredi. Le verset est centonisé. La typologie du psaume 23 est très ancienne. Son verset 7, *tollite portas*, fut d'abord utilisé tantôt pour l'entrée triomphale du Christ à Jérusalem [1], tantôt pour sa descente aux enfers, sa libération des patriarches et sa victoire sur la mort [2], tantôt enfin pour l'Ascension [3]. Ce n'est que plus tard qu'on l'appliqua à l'Incarnation, c'est-à-dire à l'entrée du

---

1. DINKLER, *Der Einzug*, p. 53, 56, 66 ; P. DUFRAIGNE, *Adventus Augusti, Adventus Christi*, Paris, 1994.
2. LUNDBERG, *La Typologie*, p. 93 ; DANIÉLOU, *Bible et liturgie*, p. 130-131 ; BESKOW, *Rex gloriae*, p. 103-106 s.
3. DANIÉLOU, « Les psaumes dans la liturgie de l'Ascension », p. 40-56 ; RONDEAU, *Les Commentaires patristiques*, t. I, p. 39 ; LUNDBERG, *La Typologie*, p. 94 ; ROSE, « Attollite portas », p. 478.

Christ dans le monde [1]. Ce graduel est donc le témoin de la typologie ancienne ; les chants entre les lectures du répertoire romain n'utilisent qu'une seule fois le psaume 23, précisément dans cette pièce, ce qui est par conséquent la preuve d'un léger infléchissement de la typologie.

VL 5319, f. 6v ; *AMS* n° 6	Psautier romain, Ps 84	Vulgate	
R. *Ostende nobis Domine* *misericordiam tuam* *et salutare tuum da nobis*	*Id.*	*Id.*	8
V. *Benedixisti Domine* *terram tuam* *avertisti captivitatem* *Iacob*	*Id.*	*Id.*	2

Ce graduel est au vendredi. Le verset est tiré du premier verset du psaume. C'est le seul chant entre les lectures qui utilise le psaume 84. Saint Augustin l'employait pour Noël [2]. L'allusion à la venue du Messie a motivé son emploi pendant l'avent.

VL 5319, f. 7 ; *AMS* n° 7 a	Psautier romain, Ps 18	Vulgate	
R. *In sole posuit* *tabernaculum suum* *et ipse tamquam sponsus* *procedens de thalamo suo*	*In sole posuit* *tabernaculum suum* *et ipse tamquam sponsus* *procedens de thalamo* *suo* *exultavit ut gigans* *ad currendam viam*	*In sole posuit* *tabernaculum suum* *et ipse tamquam sponsus* *procedens de thalamo suo* *exultavit ut gigans* *ad currendam viam suam*	6

---

1. MAERTENS, « L'avent. Genèse historique », p. 105-110 ; ROSE, « Attollite portas », p. 473.

2. WILLIS, *St. Augustine's Lectionary*, p. 22.

V.

A summo celo	A summo caelo	A summo caeli 7
egressio eius	egressio eius	egressio eius
et occursus eius	et occursus eius	et occursus eius
usque ad summum eius	usque ad summum	usque ad summum eius ;
	eius ; nec est	nec est
	qui se abscondat	qui se abscondat
	a calore eius	a calore eius

Cette pièce est l'un des quatre graduels du samedi. La typologie du psaume 18 est très ancienne. Dès les Pères apostoliques, il a été considéré comme une prophétie et un résumé de la mission du Christ *(egressio eius)* qui, par son Incarnation, a épousé la nature humaine *(tamquam sponsus)* [1]. On appliquait également ce psaume à la Manifestation du Christ aux Gentils, l'Épiphanie, notamment en Afrique [2], ou encore à la Résurrection [3]. Le verset 7, qui évoque la course du soleil dans le ciel, permettait de voir en Jésus-Christ le *sol iustitiae* [4]. Le verset 6 *(exultavit ut gigas)* pourrait quant à lui autoriser un rapprochement entre le Christ et Hercule ; cette hypothèse n'a pas fait l'unanimité [5]. Au total, la typologie de ce psaume est très riche et fort ancienne. Même si l'avent romain ne peut remonter avant le milieu du VIe siècle, il est donc possible que l'emploi du psaume 18 par ces graduels, l'appliquant à l'Incarnation, soit un vestige d'un usage beaucoup plus ancien.

---

1. HAMMAN, « L'utilisation des psaumes », p. 152 ; RONDEAU, « Le commentaire des Psaumes de Diodore », *RHR* 176 (1969), p. 22 ; ROSE, « L'influence des Septante », p. 291-292 ; FRÉNAUD, « Marie et l'Église », p. 49.

2. MOREAU, « La liturgie de l'Épiphanie », p. 77-79 ; LA BONNARDIÈRE, « La Bible « liturgique » », p. 155.

3. SALMON, *Les tituli psalmorum*, p. 14.

4. FISCHER, « Le Christ dans les psaumes », p. 94 ; DÖLGER, *Sol Salutis, passim*.

5. SIMON, « Remarques sur la catacombe », p. 289-296 et *Hercule et le christianisme*, p. 63 s. ; GOODENOUGH, *Jewish Symbols*, t. X, p. 123 ; DANIÉLOU, *Les origines du christianisme latin*, p. 39-40. *Contra* : Y.-M. DUVAL, *Le Livre de Jonas*, p. 15. Le Christ est présenté comme un géant dans le *Pasteur d'*HERMAS (SC 53 *bis*, p. 300-301) : c'est une influence de l'apocalyptique juive (N. BROX, *Der Hirt des Hermas*, Göttingen, 1991, p. 51) ; voir la fresque du mausolée de Clodius Hermès, dans la catacombe de Saint-Sébastien, qui représente un personnage muni d'une *virga* entouré d'une foule de très petits personnages (*Catacombe di Roma e d'Italia*, 3, *San Sebastiano*, éd. A. FERRUA, cité du Vatican, 1990 [2e éd.], p. 71) ; voir M. DULAEY, « Le symbole de la baguette dans l'art paléochrétien », *REAug*. 19 (1973), p. 24.

VL 5319, f. 7v ; *AMS* n° 7 b	Psautier romain, Ps 79	Vulgate
R. *Excita Domine* *potentiam tuam* *et veni ut salvos facias* *nos*	*Coram Effrem* *et Beniamin et Manasse* *excita potentiam tuam* *et veni ut salvos facias* *nos*	*Coram Effraim* 3 *et Beniamin et Manasse* *excita potentiam tuam* *et veni ut salvos facias* *nos*
V. *Fiat manus tua Domine* [1] *super virum dextere tue* *et super filium hominis* *quem confirmasti tibi*	*Fiat manus tua* *super virum dexterae* *tuae* *et super filium hominis* *quem confirmasti tibi*	*Fiat manus tua* 18 *super virum dexterae tuae* *et super filium hominis* *quem confirmasti tibi*

Ce graduel est l'un des quatre graduels du samedi. Il existe un très important problème de verset, en raison de l'utilisation de ce verset par les Francs pour composer le trait *Qui regis Israhel*. Rome, qui ignorait ce trait nouveau, n'a par conséquent pas éprouvé le besoin de priver son graduel *Excita* de son verset *Fiat manus*. Quant au psaume 79, il s'agit de l'un des psaumes de l'avent par excellence.

VL 5319, f. 7v ; *AMS* n° 7 b	Psautier romain, Ps 79	Vulgate
R. *Domine Deus virtutum* *converte nos* *et ostende faciem tuam* *et salvi erimus*	*Id.*	*Deus converte nos* 4 *et ostende faciem tuam* *et salvi erimus*
V. *Excita Domine* *potentiam tuam* *et veni ut salvos facias* *nos*	*Coram Effrem* *et Beniamin et Manasse* *excita potentiam tuam* *et veni ut salvos facias* *nos*	*Coram Effraim* 3 *et Beniamin et Manasse* *excita potentiam tuam* *et veni ut salvos facias* *nos*

Ce graduel se trouve lui aussi au samedi.

---

1. *Qui regis Israhel...* B, C, K, S, SG 359, E 121, L 239, M-R ; *Domine Deus virtutum* R.

VL 5319, f. 7 ; AMS n° 7 a	Psautier romain, Ps 18	Vulgate	
R.			
A summo celo	A summo caelo	A summo caeli	7
egressio eius	egressio eius	egressio eius	
et occursus eius	et occursus eius	et occursus eius	
usque ad summum eius	usque ad summum eius ;	usque ad summum eius ;	
	nec est qui se abscondat	nec est qui se abscondat	
	a calore eius	a calore eius	
V.			
Celi enarrant gloriam Dei	Id.	Caeli enarrant	2
et opera manuum eius		gloriam Dei	
annuntiant		et opera manuum eius	
firmamentum [1]		adnuntiat firmamentum	

Cette pièce est au samedi. Il existe sans doute une variante
textuelle entre chants romain et grégorien, *annuntiant* /
annuntiat, si l'on accepte de retenir la leçon de C 74, seule
conforme au psautier romain et qui s'accorde avec la leçon
du graduel *In omnem terram*, qui emprunte le même texte.

Au total, ces pièces de l'avent apparaissent comme une
couche liturgico-musicale très homogène, ne serait-ce que
par le choix des psaumes, ce qui est le signe d'une mise en
place simultanée. Elles sont également le témoin de la totale
adventisation des Quatre-Temps du dixième mois, qui ont
perdu leur caractère de Quatre-Temps, même si le texte
de certaines d'entre elles, qui reflète une typologie très
ancienne, peut garder le souvenir lointain de compositions
antérieures. Ces cinq graduels — *Excita* ne compte pas,
n'étant pas primitif — pourraient avoir été les cinq graduels
de l'ancien avent gallican de six semaines [2]. Il est également

---

1. *Annuntiat* VL 5319, F 22, C, K, SG 339, E 121, M-R ; *annuntiant* C 74 ;
lacune L 239. Le graduel *In omnem terram*, qui emploie le même verset, possède,
dans le manuscrit VL 5319 lui-même, la leçon *annuntiant*. Saint Léon, *Tractatus* 19
(éd. A. CHAVASSE, CCSL CXXXVIII, p. 77), cite ce verset en entier ; cela ne nous
est malheureusement d'aucun secours, puisque les manuscrits des *Tractatus* se partagent entre *annuntiat* et *annuntiant*, de telle sorte qu'il est très difficile de trancher
et de savoir quelle était la véritable leçon romaine. Il faut bien voir également que
annuntiat est la leçon de la Vulgate, des manuscrits de l'*AMS* (C et K) et de
SG 359 (c'est également une leçon milanaise et hispanique), tandis que *annuntiant*
est la leçon du psautier romain. C'est pourquoi nous avons pris le parti de retenir
annuntiant, comme le graduel de Sainte-Cécile, le psautier romain et le graduel *In
omnem terram*.

2. Dom J. CLAIRE, « La musique de l'office de l'avent », p. 650.

possible que certains d'entre eux aient été fabriqués à Rome,
sur une mélodie gallicane : le timbre en II A, très stéréotypé
et très souple à la fois, se prêtait bien à ce genre de procédé.

Les dimanches après la Pentecôte.

VL 5319, f. 113 ; AMS n° 173	Psautier romain, Ps 40	Vulgate
R.		
Ego dixi	*Id.*	*Ego dixi* 5
Domine miserere mei		*Domine miserere mei*
sana animam meam		*sana animam meam*
quia peccavi tibi [1]		*quoniam peccavi tibi*
V.		
Beatus qui intellegit	*Beatus qui intellegit*	*Beatus qui intellegit* 2
super egenum	*super egenum*	*super egenum*
et pauperem	*et pauperem*	*et pauperem*
in die mala	*in die mala*	*in die mala*
liberavit eum Dominus	*liberabit eum Dominus*	*liberabit eum Dominus*

Ce graduel se trouve au premier dimanche après la Pentecôte. Le grégorien le classe en cinquième mode, ce qui
indique un réhabillage mélodique (c'est moins vrai pour le
verset). Il existe une variante textuelle entre chants romain
et grégorien : *quia / quoniam*. Le verset est tiré du premier
verset du psaume. Le verset 10 de ce texte a été appliqué
par les Pères à la trahison de Judas [2] ; il est clair qu'il n'en
est rien ici. Ce graduel est le seul chant entre les lectures
qui soit tiré du psaume 40.

VL 5319, f. 118v ; AMS n° 180 a	Psautier romain, Ps 43	Vulgate
R.		
Liberasti nos Domine	*Liberasti enim nos*	*Salvasti enim nos* 8
ex affligentibus nos	*ex affligentibus nos*	*de adfligentibus nos*

---

1. *Quia* VL 5319, F 22 ; lacune C 74 ; *quoniam* K, SG 359, E 121, L 239 et
M-R.

2. GOPPELT, *Typos*, p. 120 ; H. AUF DER MAUR, *Das Psalmenverständnis*,
p. 113-115.

et eos qui nos oderunt confudisti	et eos qui nos oderunt confudisti	et odientes nos confudisti
V.		
In Deo laudabimur tota die [1] et in nomine tuo confitebimur in secula	Id.	In Deo laudabimur 9 tota die et in nomine tuo confitebimur in saeculum

Ce graduel est au septième dimanche après la Pentecôte. Il existe une variante entre chants romain et grégorien, *et in nomine tuo / et nomini tuo*. La variante *nomini tuo*, qui a finalement été retenue par le chant grégorien, est propre au psautier de Lyon [2] : c'est une vieille leçon franque, antérieure aux Carolingiens et à l'entrée du psautier gallican dans la Vulgate. Le grégorien classe cette pièce en septième mode, ce qui indique un changement de mélodie lors du passage en Gaule.

VL 5319, f. 124v ; AMS n° 184	Psautier romain, Ps 33	Vulgate	
R.			
Benedicam Dominum [3] in omni tempore semper laus eius in ore meo	Id.	Id.	2
V.			
In Domino laudabitur anima mea audiant mansueti et letentur	Id.	Id.	3

Ce graduel se trouve répété aux onzième et quinzième dimanches après la Pentecôte. Il existe une variante entre le chant romain et la branche germanique du grégorien, *Dominum / Domino*. *Benedicam Domino* n'est pas la leçon de la Vulgate, mais une leçon tirée d'une vieille-latine franque. Le

---

1. *Et in nomine tuo* VL 5319, F 22, R, B (n° 180 a), K (n° 198) ; lacune C 74 ; *et nomini tuo* SG 359, E 121, L 239, M-R.

2. Dom R. WEBER, *Le Psautier romain*, p. XIX-XX.

3. *Dominum* VL 5319, F 22, M, K, S (n° 184), B (n° 185 b), L 239, M-R ; lacune C 74 ; *Domino* SG 359, E 121.

refrain est tiré du premier verset du psaume, lequel n'est pas employé ici dans son sens typologique traditionnel. Il existe un lien entre le II A romain et le septième mode grégorien au mot *tempore*.

Le sanctoral.

Ce timbre en II A, très stéréotypé, était pratique pour créer à peu de frais de nombreuses pièces tardives, c'est-à-dire pour les messes de vigiles et d'octaves. C'était peut-être l'ancien timbre festif gallican *in die*, que Rome aura réutilisé à satiété pour les vigiles et les octaves.

VL 5319, f. 110 ; *AMS* n° 113 b	Psautier romain, Ps 149	Vulgate	
R.			
Exultabunt sancti in gloria letabuntur in cubilibus suis	*Id.*	*Id.*	5
V.			
Cantate Domino canticum novum ; laudatio eius [1] *in ecclesia sanctorum*	*Cantate Domino canticum novum ; laus eius in ecclesia sanctorum*	*Cantate Domino canticum novum ; laus eius in ecclesia sanctorum*	1

Ce graduel est utilisé pour la messe des saints Prime et Félicien (9 juin), Processus et Martinien (2 juillet), Félicissime et Agapit (6 août) — qu'il ne faut pas confondre avec Agapit seul, au 18 août —, Timothée et Hippolyte (22 août) et Prote et Yacinthe (11 septembre), c'est-à-dire le sanctoral de l'été. Il existe une variante textuelle entre chants romain et grégorien : *laudatio / laus*. Félicissime et Agapit appartiennent à la *Depositio Martyrum* : c'étaient deux des diacres de Sixte II [2] ; ils font également partie du sanctoral damasien [3]. Timothée et Hippolyte font partie de la *Depositio Mar-*

---

1. *Laudatio* VL 5319, F 22, C 74 ; *laus* K (n° 113 b), SG 359, E 121, L 239, M-R.
2. DUCHESNE, *LP*, t. I, p. 155, n. 4 ; FERRUA, *Epigrammata*, p. 122.
3. SHEPHERD, « The Liturgical Reform », p. 858 ; V. SAXER, « Damase et le calendrier », p. 75, n. 41.

tyrum comme du sanctoral damasien[1] ; Prote et Yacinthe également[2]. En revanche, Prime et Félicien sont absents de la *Depositio Martyrum*. Leurs reliques, qui étaient ensevelies assez loin de Rome, à Nomentum, furent transportées *intra muros* par Théodore († 649), dans une chapelle de la basilique Saint-Étienne-le-Rond. Il est donc fort possible que leur culte ne date que de cette translation[3]. Procès et Martinien, les geôliers de saint Pierre, sont également absents de la *Depositio Martyrum*. La basilique *extra muros* qui porte leur nom est attestée dès l'époque de l'empereur Théodose, mais rien n'indique que leur culte public remonte aussi haut[4].

VL 5319, f. 121 ; *AMS* n° 135	Psautier romain, Ps 111	Vulgate	
R. *Dispersit dedit pauperibus* *iustitia eius manet* *in seculum seculi*	*Id.*	*Id.*	9
V. *Potens in terra* *erit semen eius* *generatio rectorum* *benedicetur*	*Id.*	*Id.*	2

Ce graduel est propre à la vigile de saint Laurent (9 août). L'application de ce verset psalmique à Laurent est attestée à Rome par Arnobe le Jeune[5]. Saint Augustin l'emploie pour les confesseurs[6]. Le répertoire romain l'utilise également

---

1. KIRSCH, *Der stadtrömische christliche Festkalender*, p. 30-31 ; SHEPHERD, « The Liturgical Reform », p. 859.
2. M.-G. MARA, *I martiri*, p. 87-90 ; SHEPHERD, « The Liturgical Reform », p. 860 ; KIRSCH, *Der stadtrömische christliche Festkalender*, p. 32-33.
3. DUCHESNE, *LP*, t. I, p. 333-334, n. 9 ; HESBERT, *AMS*, p. XCV ; P. JOUNEL, *Le Culte des saints*, p. 244 ; DELEHAYE, *Origines du culte*, p. 300 et *Sanctus*, p. 198 ; DUFOURCQ, *Étude*, t. I, p. 213.
4. DUCHESNE, *LP*, t. I, p. 222, n. 2 ; PICARD, « Étude sur l'emplacement », p. 775 ; SUSMAN, « Il culto », p. 87 ; REEKMANS, « L'implantation monumentale », p. 182 ; DELEHAYE, *Origines du culte*, p. 332.
5. MORIN, *Études, textes, découvertes*, Maredsous, 1913, p. 366.
6. WILLIS, *St. Augustine's Lectionary*, p. 40.

pour le trait en *DO*, *Beatus vir*, de saint Grégoire et pour le graduel en *DO*, *Beatus vir*.

VL 5319, f. 126v; *AMS* n° 27 b	Psautier romain, Ps 20	Vulgate	
R. *Posuisti Domine super caput eius coronam de lapide pretioso*	*Quoniam praevenisti eum in benedictione dulcedinis posuisti in capite eius coronam de lapide pretioso*	*Quoniam praevenisti eum in benedictionibus dulcedinis posuisti in capite eius coronam de lapide pretioso*	4
V. *Desiderium anime eius tribuisti ei et voluntate labiorum eius* [1] *non fraudasti eum*	*Id.*	*Id.*	3

Ce graduel est utilisé pour la vigile de l'apôtre Matthieu (17 septembre), ainsi que pour le pape Calixte (14 octobre). Il existe une variante textuelle entre le chant romain et la branche française du grégorien, *voluntate* / *voluntatem*. Le psaume 20 est également employé pour le trait en *DO* de saint Valentin, *Desiderium anime* et pour le graduel *Domine prevenisti* en *MI*. Calixte appartient à la *Depositio Martyrum* et à la *Depositio Episcoporum*, comme au sanctoral damasien ; c'est le plus ancien martyr du férial romain, exception faite des saints Pierre et Paul[2]. C'est le seul pape isolé par son graduel ; de fait, c'est aussi le seul pape qui, entre 217 et 314 au moins, fut enterré via Aurelia, *in cimiterio Calepodi*[3]. La version grégorienne de ce graduel ressemble au graduel (grégorien) *Sacerdotes eius*, inconnu à Rome, et à l'*Alleluia Posuisti*.

---

1. *Voluntate* VL 5319, F 22, SG 339, E 121 ; lacune C 74 ; *voluntatem* C, K, L 239, M-R.
2. PICARD, « Étude sur l'emplacement », p. 727 ; S. LORENZ, « Papst Calixt I. (217-222) : Translationen und Verbreitung seines Reliquienkultes bis ins 12. Jahrhundert », dans : K. HERBERS *et alii* (éd.), *Ex ipsis rerum documentis. Festschrift für Harald Zimmermann*, Sigmaringen, 1991, p. 213-232.
3. BORGOLTE, *Petrusnachfolge*, p. 30.

VL 5319, f. 114v ; AMS n° 160	Psautier romain, Ps 138	Vulgate
R. *Nimis honorati sunt amici tui Deus nimis confortatus est principatus eorum*	*Mihi autem nimis honorificati sunt amici tui Deus nimis confortatus est principatus eorum*	*Mihi autem* 17 *nimis honorificati sunt amici tui Deus nimis confirmati sunt principatus eorum*
V. *Dinumerabo eos et super arenam multiplicabuntur*	*Dinumerabo eos et super harenam multiplicabuntur resurrexi et adhuc tecum sum*	*Dinumerabo eos* 18 *et super harenam multiplicabuntur exsurrexi et adhuc sum tecum*

Ce graduel est propre aux vigiles des apôtres Pierre et Paul (29 juin) et Simon et Jude (27 octobre). Le mot *principatus* a été traité comme une allusion au primat de Pierre et de ses successeurs, comme le verset 17 du psaume 44, *Constitues eos* ; c'est la présence de ce mot qui a entraîné l'emploi de ce psaume. Cela ne peut guère remonter avant le début du Vᵉ siècle [1].

VL 5319, f. 117 ; AMS n° 121 (7 a)	Psautier romain, Ps 18	Vulgate
R. *In omnem terram exivit sonus eorum et in fines orbis terre verba eorum*	*Id.*	*Id.* 5
V. *Celi enarrant gloriam Dei et opera manuum eius annuntiant firmamentum* [2]	*Id.*	*Caeli enarrant* 2 *gloriam Dei et opera manuum eius adnuntiat firmamentum*

Il semble exister une variante textuelle entre chants romain et grégorien : *annuntiant / annuntiat*, malgré l'isole-

---

1. Ch. PIETRI, *Roma christiana*, t. II, p. 1462-1466.
2. *Adnuntiant* VL 5319 ; lacune C 74 ; incipit seul L 239 ; *adnuntiat* F 22, C, K (n° 7 a, verset), SG 359, E 121, M-R.

ment de VL 5319, car *annuntiant* est la leçon principale du psautier romain. Cette pièce se trouve aux messes des saints Simon et Jude (*in die*, 28 octobre), à l'octave des saints Pierre et Paul (6 juillet) ainsi qu'à la vigile de saint André, frère de Pierre (29 novembre). C'est également le cas à Hippone et à Turin[1]. On est loin désormais de la typologie primitive, qui appliquait ce psaume à l'Incarnation.

Les messes rituelles.

VL 5319, f. 139 v	Vulgate (cf. Jn 11 et 4 Esd 2)
R.	
Qui Lazarum resuscitasti *ad monumentum fetidum*	Cf. Jn 11
tu ei Domine dona requiem *et locum indulgentie*	? (4 Esd 2, 34 ?)
V.	
	Ideoque vobis dico gentes 4 Esd 2, 34 *quae auditis et intellegitis* *expectate pastorem vestrum* *requiem aeternitatis dabit vobis*
Requiem eternam dona ei Domine	*quoniam in proximo est ille* *qui in finem saeculi adveniet*
et lux perpetua luceat ei	*Parati estote ad praemia* 4 Esd 2, 35 *quia lux perpetua lucebit vobis* *per aeternitatem temporis*

Ce graduel, qui n'est pas psalmique, est inconnu des plus anciens manuscrits de chant grégorien, notés ou non. Il est tiré de 4 Esd, à l'exception de l'incipit du refrain, qui est une composition ecclésiastique faisant allusion à la résurrection de Lazare (Jn 11). Ce texte ne fait pas partie de ceux qui étaient lus aux messes *in agenda mortuorum*[2]. Il n'est pas tiré de la Vulgate. Rome l'emploie pour la messe des défunts. Comme il ne se trouve pas non plus dans le graduel de Saint-Pierre F 22 ni dans le graduel de Sainte-Cécile, le

---

1. WILLIS, *St. Augustine's Lectionary*, p. 13, 32 et 72 ; saint Maxime : WILLIS, *St. Augustine's Lectionary*, p. 98.
2. MORIN, « Le plus ancien *comes* », p. 68 (n° CCXI-CCXII) ; WILMART, « Le lectionnaire d'Alcuin », p. 163-164 (n° CCXXXI-CCXXXIII).

manuscrit VL 5319 en est le seul témoin romain. Le répertoire grégorien, quant à lui, disposait déjà de son propre graduel, *Requiem eternam* (4 Esd 2, 34-35), inconnu de Rome [1] comme des plus anciens graduels grégoriens, avec ou sans notation musicale, à l'exception du manuscrit du Mont-Renaud qui, à cet endroit-là, n'a toutefois pas été neumé (f. 37). Cette absence dans les manuscrits de chant est normale : la place de cette pièce était dans les rituels.

VL 5319, f. 139 ; M-R, f. 36v	Psautier romain, Ps 127	Vulgate	
R. *Uxor tua* *sicut vitis abundans* *in lateribus domus tue*	*Uxor tua* *sicut vitis abundans* *in lateribus domus tuae* *filii tui* *sicut novellae olivarum* *in circuitu mensae tuae*	*Uxor tua* *sicut vitis abundans* *in lateribus domus tuae* *filii tui* *sicut novella olivarum* *in circuitu mensae tuae*	3
V. *Filii tui sicut novelle* *olivarum* [2] *in circuitu mense tue*	Ut supra	Ut supra	3

Cette pièce est inconnue des plus anciens manuscrits grégoriens neumés, à l'exception du manuscrit du Mont-Renaud, comme de ceux qui ne le sont pas *(AMS)*. Le graduel VL 5319 en est le seul témoin romain. Il semble exister une variante textuelle entre chants romain et grégorien (Mont-Renaud), *novelle* (pluriel ; psautier romain) / *novella* (singulier ; Vulgate) ; il est cependant possible que le copiste du graduel du Mont-Renaud se soit inconsciemment aligné sur la Vulgate, qu'il savait par cœur, au détriment de la leçon liturgique, laquelle pouvait fort bien être *novelle*. C'est le graduel de la messe de mariage [3]. Il est tiré d'un seul verset psalmique, qui fait allusion à la fécondité du mariage.

---

1. BROU, « Le IVᵉ livre d'Esdras », p. 108, n. 1.
2. *Novella* M-R.
3. P. L. REYNOLDS, *Marriage in the Western Church*, Leyde, 1994.

CONCLUSION : LES GRADUELS DU DEUXIÈME MODE
EN « *LA* » ET L'HISTOIRE DE ROME.

La *Schola cantorum* a introduit à Rome le grand timbre
festif gallican, l'une des mélodies gallicanes qui étaient sans
doute les plus connues à l'époque. Elle a donc utilisé l'« air
national gallican » pour équiper une partie de son propre
sanctoral, et notamment la messe des apôtres de l'*Urbs*, en
profitant au passage pour la doter d'un texte à l'ecclésiologie
évoluée. C'était un bon moyen de mettre au service de
Rome ce que la Gaule franque possédait de meilleur en fait
de chant liturgique, et de rappeler par la même occasion la
subordination de cette dernière au Siège romain et, pourquoi
pas, comme saint Grégoire aimait à le rappeler au roi Childebert, les liens privilégiés qui existaient traditionnellement
entre les Mérovingiens et Rome [1]. Rome réutilisa ce timbre
pour équiper à bon compte les messes rituelles.

Conclusion générale : les chants du soliste et l'histoire de la Rome tardo-antique.

Les chants du soliste, responsoriaux ou non, nous ont
permis d'établir l'ancienneté du passage au latin dans l'*Urbs*,
même si la Rome chrétienne n'a pas eu de littérature latine
aussi précoce que les *Actes* des martyrs scillitains et les
œuvres de Tertullien. Ces mélodies latines furent d'abord
très peu nombreuses : une ou deux, guère davantage. On
préférait en effet employer des timbres très formulaires,
marqués par l'emploi de la *Gestaltvariation*, c'est-à-dire
des mélodies utilisant un petit nombre de cellules mélodiques stéréotypées et progressant exclusivement par intervalles conjoints, non par sauts de quarte ou de quinte (par
exemple). Ces mélodies étaient encore très proches de la
psalmodie d'où elles tiraient leur origine, c'est-à-dire d'un
simple récitatif, orné de vocalises (les mélismes) qui servaient à ponctuer le texte, notamment à la médiante du verset.

Ces chants anciens ont généralement gardé une grande

---

1. Ch. et L. PIETRI, « Église universelle et *respublica christiana* », p. 661-664 ;
L. PIETRI, « Grégoire le Grand et la Gaule », p. 125.

fidélité à la typologie des Pères comme à l'iconographie chrétienne de l'Antiquité tardive ; il est vrai que les plus importants d'entre eux, qui ont pris place aux endroits stratégiques de l'année liturgique, notamment à la vigile pascale et aux grands dimanches du carême, nous semblent pouvoir remonter à la Petite Paix de l'Église, juste avant la persécution de Dioclétien. La constitution par les chrétiens de Rome d'un répertoire musical approprié à leur liturgie est donc approximativement contemporaine de celle de leur répertoire iconographique et de leur typologie.

En l'absence de textes, certaines de ces pièces de chant nous ont paru à même d'éclairer l'histoire de la formation de l'année liturgique romaine, et notamment celle de la création de la fête de Noël, comme celle de la mise en place, par étapes, du carême moderne.

L'ajout d'un refrain, avant le milieu du V⁰ siècle, a constitué une innovation capitale, qui témoigne des progrès réalisés par la catéchèse à Rome dès l'époque de saint Léon, voire avant. Les fidèles sont désormais capables de répondre au soliste un court fragment de psaume. La musique nous semble en avoir subi un certain contrecoup : cela a en effet bloqué toute évolution musicale, car ce chant de non-spécialistes devait impérativement rester simple, c'est-à-dire à la portée du plus grand nombre. C'est en cela que les chants du soliste sont étroitement au service de la liturgie, bien avant d'être au service du texte sacré qu'ils portent. L'action de la *Schola cantorum*, au VI⁰ siècle, est responsable du raccourcissement et de l'ornementation de ces pièces, ainsi que de l'introduction de la modalité de *RÉ*, comme en témoigne le timbre en II A.

DEUXIÈME PARTIE

L'ŒUVRE
DE LA « SCHOLA CANTORUM »
ROMAINE

VIe-VIIIe siècle

CHAPITRE VIII

LA « SCHOLA CANTORUM ».
UNE NOUVELLE PÉRIODE
DE L'HISTOIRE MUSICALE DE ROME

L'offertoire, premier chant de la « Schola cantorum ».

L'offertoire [1] est le premier chant du propre de la messe qui ne soit pas situé entre les lectures et qui, par conséquent, ne réponde pas à une lecture : cette particularité, loin d'être sans conséquence, constitue au contraire une innovation tout à fait capitale : le chant liturgique parvient avec l'offertoire à s'émanciper des lectures, à conquérir une sorte d'indépendance et à exercer en fin de compte une fonction entièrement nouvelle : il accompagne désormais une action, le rite (puis la procession) de l'offrande. Il acquiert ainsi un sens nouveau, puisque, sans être réduit à une fonction purement décorative, il sert désormais à mettre en valeur les évolutions du clergé : il entre dans le rituel. Certes, on est ainsi assez loin de l'esprit antique, qui ne concevait pas — à la messe — de chant psalmique (les hymnes, comme nous l'avons vu, posent en effet des problèmes très différents) sans lecture préalable. Il serait cependant abusif d'y voir une sorte de perte du sens ou une dégradation par rapport à une hypothétique « pureté des origines » ; il s'agit en réalité d'une conquête et d'un progrès de la musique, non d'une décadence ou d'une sclérose. Le chant s'enrichit en effet en jouant un rôle nouveau pour lui et en conquérant des domaines qui, jusque-là, lui échappaient.

---

1. Nous n'aborderons ici que des questions d'ordre historique et liturgique, en réservant pour un chapitre *ad hoc* les problèmes musicaux nouveaux posés par ce genre liturgique ; ils sont en effet suffisamment nombreux et complexes pour mériter un développement à part.

Les offertoires sont peu nombreux : une centaine, contre cent cinquante graduels, introïts et communions ; il y a donc beaucoup moins — un tiers — d'offertoires propres que de graduels, d'introïts ou de communions propres. Cette relative rareté mérite d'attirer l'attention. Alors qu'on semble avoir prévu un graduel propre pour pratiquement toutes les messes — y compris pour celles du sanctoral, au départ tout au moins ; quand, par la suite, on porta de nouveaux saints sur les autels, de nombreux graduels propres devinrent communs —, on n'a visiblement pas conçu l'offertoire comme un genre devant équiper chaque messe d'une pièce propre. Les offertoires propres à un saint sont rares, comme les offertoires propres à un dimanche après la Pentecôte : les réemplois sont très fréquents, beaucoup plus que pour les graduels, les introïts et les communions.

Ce chant, qui se trouvait dans la seconde partie de la messe, était au départ inconnu des synaxes aliturgiques, comme l'étaient la plupart des féries du carême (à l'exception des féries anciennes, mercredis et vendredis), qui ne comprenaient qu'une avant-messe que concluait l'*oratio fidelium*, suivie du renvoi final. Point de liturgie eucharistique, point d'offertoire. Ces féries cessèrent d'être aliturgiques à l'époque de la mise en place de la série des vingt-six communions psalmiques du carême, qui eut lieu entre l'intégration à la première semaine du carême du jeûne du premier mois et le transfert en semaine des scrutins dominicaux, car la série n'a pas été modifiée par le premier de ces deux phénomènes, tandis qu'elle l'a été par le second [1] ; quand ces féries acquirent une « messe des fidèles », elles possédèrent alors un offertoire. Elles sont par conséquent devenues liturgiques dans le courant du VIᵉ siècle, sans doute avant 530 [2] ; les offertoires des féries du carême ne peuvent donc pas être plus anciens que cette date. Les lundis semblent avoir été liturgiques un peu plus tôt que mardis et samedis, dès l'époque de saint Léon. Quant aux jeudis, ils ont dû attendre Grégoire II et ont réemployé des pièces qui, à une seule exception près (le graduel *Tollite hostias*), provenaient toutes des messes des dimanches après la Pentecôte. Le genre litur-

---

1. Dom J. CLAIRE, « Les psaumes graduels, p. 10 ; A. CHAVASSE, *Le Sacramentaire*, p. 227, « Les grands cadres », p. 11-12 ; HESBERT, *AMS*, p. XLVII.
2. A. CHAVASSE, « Les grands cadres de la célébration », p. 11.

gique des offertoires ne forme donc pas un bloc ; contrairement aux traits et aux graduels, il a été mis en place progressivement : les dimanches et les principales fêtes d'abord, puis les féries du carême ; en revanche, l'avant-messe posséda une psalmodie dès le départ et dans l'ensemble de l'année liturgique. L'offertoire n'a donc pas le caractère indispensable, obligatoire et automatique que revêt la psalmodie (avec ou sans refrain) entre les lectures ; si en effet on ne conçoit pas d'avant-messe sans chants répondant aux lectures, on peut fort bien concevoir un offertoire silencieux, comme cela a sans doute été le cas pendant un siècle environ ; le moine et poète Walahfrid Strabon († 849), fidèle de l'impératrice Judith, précepteur de Charles le Chauve de 829 à 838, puis abbé de Reichenau, en témoigne encore [1] :

Offertorium quod inter offerendum cantatur, quamvis a prioris populi consuetudine in usum Christianorum venisse dicatur, tamen quis specialiter addiderit officiis nostris aperte non legimus, sicut et de antiphona quae ad communionem dicitur, possumus fateri ; cum vere credamus priscis temporibus Patres sanctos silentio obtulisse vel communicasse, quod etiam hactenus in sabbato sancto Paschae observamus.

Bien qu'on dise que l'offertoire qu'on chante pendant la cérémonie de l'offrande soit entré dans l'usage des chrétiens à la suite d'un emprunt à la coutume des juifs, les livres ne nous disent cependant nulle part clairement qui en particulier l'a ajouté à nos cérémonies ; nous reconnaissons volontiers qu'il en est de même pour l'antienne qu'on chante pendant la communion ; à vrai dire, il nous semble que jadis, nos saints Pères dans la foi offraient les oblats et communiaient en silence, comme nous pouvons le voir aujourd'hui encore à la messe du samedi saint.

L'offertoire romain n'évoque que très rarement la cérémonie de l'offrande, la procession et les oblats [2]. Cela pour-

---

1. *Libellus de exordiis et incrementis quarundam in observationibus ecclesiasticis rerum*, éd. A. BORETIUS et V. KRAUSE, MGH *Leges* II, *Capitularia regum Francorum 2*, 1897, p. 500. L'observation de Walahfrid est exacte : cette messe n'a ni offertoire ni communion. Cela dit, malgré l'absence d'antienne de communion (dont parle Walahfrid), on devait quand même chanter, par exemple le psaume 33.

2. C'est pareil à Milan (B. BAROFFIO, *Die Offertorien*, p. 23 et n. 4), mais différent pour les *sacrificia* hispaniques, qui ne sont d'ailleurs pas de vrais offertoires.

rait sembler *a priori* assez étonnant ; ça l'est moins quand on sait que cette procession s'est affectuée en silence pendant environ un siècle, entre la construction des grandes basiliques constantiniennes, *terminus ante quem non* et (au plus tard) l'époque où les féries du carême cessèrent d'être aliturgiques (vers 530, ou un peu plus tôt, dès 440-461 pour les lundis [1] ?). Tentons de ranger par ordre chronologique les principales basiliques chrétiennes connues, ayant été construites ou dont la construction avait été commencée sous Constantin [2]. Le Latran a été bâti dans les quinze premières années du règne de Constantin ; le concile tenu par le pape Miltiade contre les donatistes s'y réunit dès 313 ; Sainte-Croix de Jérusalem a été construite vers 320-330 ; Saint-Paul, via Ostiense, fut bâti sous Constantin, puis reconstruit et agrandi sous Valentinien II, Théodose et Arcadius, autour de 386 ; Saint-Pierre fut commencé avant 333 et ne fut achevé qu'après 354 ; la basilique des Saints Marcellin-et-Pierre, via Labicana, est plus tardive, quoique construite du vivant de l'empereur, et n'était qu'un *coemeterium* — une basilique funéraire, comme Sainte-Agnès, la *basilica Apostolorum* (Saint-Sébastien) *ad Catacumbas* et Saint-Laurent *in agro Verano* —, flanqué d'un mausolée ; cet édifice n'était pas destiné à recevoir la célébration régulière de la messe ni à servir au culte des martyrs ; la première basilique de Saint-Laurent, via Tiburtina, qu'il ne faut pas confondre avec la *basilica maior*, construite plus tard, sous Sixte III, date du règne de Constantin, et qui fut démolie sous Pélage II (579-590) ; enfin, Sainte-Agnès, via Nomentana, date sans doute des années 337-351 ; elle est en tout cas postérieure au règne de Constantin.

Ce chant n'est pas indispensable à la procession de l'offrande : s'il était absent, rien ne manquerait. Il n'existe donc pas de parallèle satisfaisant entre l'offertoire et la psalmodie de l'avant-messe : l'offertoire n'est pas à la procession de l'offrande ce que la psalmodie est aux lectures. On voit bien par là le caractère secondaire et facultatif de l'offertoire. Si ce chant est psalmique comme les traits et les graduels, en raison de l'attachement du chant romain au psautier,

---

1. A. CHAVASSE, « Les féries de carême célébrées », p. 556.
2. Sur la chronologie de ces constructions, voir Ch. PIETRI, *Roma christiana* et « La conversion de Rome ».

l'origine textuelle est le seul point commun entre ces deux groupes de chants. L'offertoire est une fausse psalmodie : c'est une sorte d'« hymne », l'*offertorium*, déguisée en psalmodie puis travestie par la suite en graduel au moyen de l'ajout de versets. On voit combien était grande l'habileté des chantres romains et leur attachement à la Tradition ; pour faire du neuf, ils ont eu recours à une forme ancienne qui, par son origine, le psautier, dépayserait moins l'auditeur. Il semble même que ces chantres, désireux de créer un chant nouveau, aient délibérément joué sur l'amphibologie possible entre la vraie psalmodie de la messe (entre les lectures) et ce chant de l'offrande.

L'offertoire romain se compose d'un *offertorium* et d'un ou de plusieurs *versus* (la distinction est très claire dans Amalaire, *Lib. Off.* III, 39) ; comme ce n'est pas un chant entre les lectures, il ne provient pas d'une ancienne psalmodie qui aurait été raccourcie par la suite ; c'est donc à tort qu'on le présente parfois comme le résidu d'un ancien psaume complet. En définitive, on peut résumer ainsi l'évolution des plus anciens chants du propre de la messe : tous ceux qui proviennent d'une ancienne psalmodie ont été raccourcis (trait et graduel) ; tous ceux qui n'en proviennent pas ont été allongés (offertoire, *Alleluia*). L'*offertorium* ne doit pas être appelé « antienne »[1], car cela introduirait une confusion avec les antiennes de l'office ainsi qu'avec celles de la messe (introït et communion), d'autant plus qu'une antienne est toujours le refrain d'une psalmodie ; or, l'offertoire n'a jamais été lié à la psalmodie.

Le premier genre liturgique spécifiquement romain : vers la séparation des rits.

Tous les répertoires liturgiques de l'Antiquité tardive ont connu la succession de la psalmodie sans refrain et de la psalmodie responsoriale ; tous possèdent donc, sous des noms divers, des chants qui descendent de ces deux grandes formes psalmodiques. Ainsi, le *tractus* romain (et, plus tard, grégorien) se nomme *cantus* à Milan[2] et *psallendum* en Es-

---

1. HUCKE, « Die texte », p. 194.
2. Dom J. CLAIRE, « Les psaumes graduels », p. 9 ; voir T. BAILEY, *The Ambrosian Cantus*, Ottawa, 1987.

pagne[1]. De même, le *graduale* romain (puis grégorien) se nomme *psalmellus* à Milan, *responsorium* à Bénévent[2] et en Gaule, et *psallendum* en Espagne.

Il n'en va pas de même pour l'*offertorium* romain. Les autres répertoires connaissent certes un chant qui accompagne l'offertoire, mais il nous semble recouvrir des réalités très différentes. Le *sacrificium* hispanique est très différent de l'offertoire romano-grégorien, puisqu'il est très rarement psalmique (un sur dix seulement), notamment aux principales fêtes[3]. Il en est de même pour l'« offertoire » bénéventain : certains de ces « offertoires » sont interchangeables avec les communions, phénomène inconnu de Rome ; ils sont même très proches des *ingressae* (nom bénéventain de l'introït) et des communions[4] ; ils ne possèdent pas de versets, alors que les longs versets mélismatiques sont la principale caractéristique de l'offertoire à la romaine ; certaines messes ont deux « offertoires », d'autres n'en ont pas, ce qui est un peu insolite ; les mélodies sont très simples, alors que les offertoires romains (et leurs descendants grégoriens) sont connus pour être les plus mélismatiques de tous les chants de la messe[5]. La liturgie ambrosienne possède des *offerenda*, nom local de l'offertoire ; Milan a encore moins d'offertoires que les chants romain et grégorien : environ quatre-vingts, dont vingt-six ont un texte commun avec Rome ; un grand nombre d'entre eux ne sont pas psalmiques et un nombre non négligeable ne sont pas même bibliques, ce qui est aussi peu romain que possible[6]. Par surcroît, ceux qui ont plusieurs versets sont très rares : trois seulement[7]. Quand le grégorien et l'ambrosien ont un offertoire commun, on s'aperçoit qu'il s'agit toujours d'un emprunt de Milan au grégorien, non d'une pièce authentiquement mila-

---

1. Le *psallendum* hispanique n'est pas toujours un graduel et le *threnos* n'est pas un trait ; O. CULLIN, « De la psalmodie sans refrain », p. 18 et « Le répertoire de la psalmodie », p. 111-115, a montré que les *threni* sont des compositions qui n'ont rien du trait véritable et que les *psallenda* sont un genre hétérogène, qui mêle d'anciennes pièces sans refrain et des pièces véritablement responsoriales. Sur les traits bénéventains, KELLY, *The Beneventan Chant*, p. 76.

2. KELLY, *The Beneventan Chant*, p. 75.

3. LEVY, « Toledo, Rome », p. 83 ; BAROFFIO, *Die Offertorien*, p. 22, n. 1.

4. BAROFFIO, *Die Offertorien*, p. 31, n. 2, qui estime que ces « offertoires » sont en réalité des communions.

5. KELLY, *The Beneventan Chant*, p. 77-78.

6. BAROFFIO, *Die Offertorien*, p. 16-17, 22 ; LEVY, « Toledo, Rome », p. 83.

7. BAROFFIO, « Osservazioni sui versetti », p. 56.

naise [1]. Milan a en général copié un seul verset grégorien, le troisième, c'est-à-dire le plus orné, conformément au goût ambrosien pour les longues vocalises [2]. Certains de ces *offerenda* sont communs à l'office, où ils servent par exemple de répons *cum infantibus* [3]. Les pièces non psalmiques ne sont pas des emprunts au grégorien et constituent un fonds authentiquement milanais [4] ; nombre d'entre elles sont en *RÉ*, corde modale non romaine [5]. Il a donc existé à Milan un petit nombre de compositions anciennes, non psalmiques et en *RÉ*, accompagnant le rite de l'offertoire ; à ce vieux fonds se sont ajoutées des pièces grégoriennes, arrivées dans le courant du Xe siècle, en partie grâce à l'action des monastères placés sous la Règle de saint Benoît. Les différences avec Rome et avec le chant grégorien sont néanmoins nombreuses.

Nous ne connaissons guère les chants de la messe gallicane que par un petit nombre de textes. Le plus célèbre est l'*Expositio antiquae liturgiae gallicanae* du Pseudo-Germain de Paris, qui pourrait dater de la seconde moitié du VIIe siècle. Ce texte évoque un chant qui prend place pendant l'offertoire et qu'il nomme *sonus* [6], dénomination qui pourrait avoir été empruntée par le Pseudo-Germain au *De ecclesiasticis officiis* d'Isidore [7], qui lui même cite Si 50, 18 :

---

1. Dom J. CLAIRE, « Les psaumes graduels », p. 10, n. 15 ; LEVY, « Toledo, Rome », p. 83 ; HUCKE, « Der Übergang von mündlicher zu schriftlicher Musiküberlieferung », p. 190 ; BAROFFIO, « Il canto Gregoriano nel secolo VIII », p. 16.

2. BAROFFIO, « Osservazioni sui versetti », p. 57.

3. BAROFFIO, *Die Offertorien*, p. 20 ; sur cette question, MONETA CAGLIO, « I responsori *cum infantibus* » (liste des pièces p. 511-533). Rome connaît également ce phénomène : trois offertoires servent aussi de répons de matines : *Oravi Deum*, *Precatus est Moyses* et *Recordare mei*.

4. BAROFFIO, *Die Offertorien*, p. 34.

5. BAROFFIO, *Die Offertorien*, p. 61.

6. PORTER, *The Gallican Rite*, p. 31-34 ; DUCHESNE, *Origines du culte*, p. 215-218 ; G. NICKL, *Der Anteil des Volkes an der Messliturgie im Frankenreiche von Chlodwig bis Karl den Grossen*, Innsbruck, 1930, p. 37-38.

7. Éd. C. M. LAWSON, Turnhout, 1989 (CCSL 113), p. 16.

Pseudo-Germain, *Ep.* I, 17 [1]	Isidore, *De eccl. Off.* I, 14	Si 50, 18 (Vulgate)
De sono. Sonum autem quod canitur quando procedit oblatio, hinc traxit exordium : praecepit Dominus Moysi ut faceret tubas argenteas quas levite clangerent quando offerebatur hostia et hoc esset signum per quod intellegeret populus qua hora inferebatur oblatio, et omnes incurvati adorarent Dominum, donec veniret columpna ignis aut nubis quae benediceret sacrificium. Nunc autem procedentem ad altarium corpus Christi, non iam tubis inreprehensibilibus sed spiritalibus vocibus praeclara Christi magnalia	*Offertoria quae in sacrificiorum honore canuntur Ecclesiasticus liber indicio est veteres cantare solitos quando victimae immolabantur. Sic enim dicit :* « *Porrexit, inquid, sacerdos manum suam in libationem et libavit de sanguine uvae et fudit in fundamento altaris odorem divinum excelso principi. Tunc exclamaverunt filii Aaron in tubis productilibus et sonaverunt et auditam fecerunt magnam vocem in memoriam coram Deo.* » *Non aliter et nunc in sonitu tubae, id est in vocis praedicatione,*	*Tunc exclamaverunt filii Aaron, in tubis productilibus sonaverunt et auditam fecerunt magnam vocem in memoriam coram Deo.*

---

1. Éd. E. C. RATCLIFF, Londres, 1971, p. 10 (Henry Bradshaw Society, 98). Nous traduisons ainsi le Pseudo-Germain : « Du *sonus*. Le *sonus*, qui est chanté pendant la procession de l'offrande, tire son origine de ce que le Seigneur avait ordonné à Moïse de fabriquer des trompettes d'argent, dont les lévites joueraient quand on offrirait une victime [en sacrifice] ; ce bruit serait le signe au moyen duquel le peuple saurait l'heure du sacrifice afin qu'ainsi tous, prosternés, puissent adorer le Seigneur, pendant que descendrait la colonne de feu et de nuée pour bénir le sacrifice. Mais de nos jours, quand le corps du Christ est porté à l'autel, l'Église, en une douce musique, ne chante plus les merveilles accomplies par le Christ à l'aide de trompettes sans défaut, mais avec des voix immatérielles. » Pour ISIDORE (*De eccl. Off.* I, 14) nous proposons la traduction suivante : « L'Ecclésiaste rapporte que les Anciens avaient coutume de chanter des chants d'offrande *(offertoria)* en l'honneur des sacrifices, quand ils immolaient des victimes. Il est en effet écrit : "Le prêtre étendait sa main sur la libation, faisait couler le jus de la grappe et le répandait à la base de l'autel, ce qui était une odeur divine pour le Roi très-haut. Alors les fils d'Aaron faisaient sonner les trompettes de métal et faisaient entendre une grande clameur pour servir de mémorial devant Dieu" [Si 50, 15-16 ; la numérotation moderne des versets n'est pas celle de la Vulgate]. Ce n'est pas autrement que, de nos jours, nous entonnons des chants "en sonnant de la trompette", c'est-à-dire en élevant la voix et, chantant des louanges au Seigneur, nous nous réjouissons à la fois avec nos cœurs et notre corps dans le sacrifice véritable, par le sang duquel le monde a été racheté. »

dulci melodia psallit *Ecclesia.*	*cantus accendimus, si-* *mulque corde et cor-* *pore laudes Domino* *declamantes iubilamus* *in illo scilicet vero* *sacrificio, cuius san-* *guine salvatus est* *mundus.*

Ce chant est très problématique. Le texte d'Isidore ne le décrit pas, mais se contente d'effectuer un rapprochement avec une pratique cultuelle de l'ancienne Alliance, dans le but de justifier cette coutume chrétienne en lui trouvant un précédent et en montrant le passage du matériel (les trompettes) au spirituel (les chants), c'est-à-dire, très classiquement, sur le modèle des épîtres de saint Paul, le passage du temps de la Loi à celui de la Grâce. Il n'est pas dit si ce chant était psalmique ou non. Isidore et le Pseudo-Germain font allusion à Nb 10 ainsi qu'à d'autres passages du Pentateuque. Le Pseudo-Germain n'a pas copié servilement Isidore : il n'a fait qu'emprunter l'idée d'un rapprochement, à la faveur du verbe *sonare*, employé par Si et cité par Isidore.

Mgr Duchesne pensait pouvoir identifier ce *sonus* avec une sorte de version occidentale du *Cheroubikon* byzantin, parce qu'il se termine par un triple *Alleluia*[1]. Il faut cependant signaler que ce chant n'a été introduit à la messe byzantine qu'au VIe siècle, vraisemblablement en 573-574, sous le règne de l'empereur Justin II (565-578)[2]. On sait par surcroît que nombre d'antiennes de l'office romain et grégorien se terminent par un triple *Alleluia* ; ce n'est pas un trait propre au *Cheroubikon* et qui permette de l'identifier à coup sûr. Le *Cheroubikon* appartient à l'ordinaire de la messe, non au propre, contrairement à l'offertoire romain[3], et n'est pas à

---

1. *Origines du culte*, p. 217 ; voir Porter, *The Gallican Rite*, p. 34 ; Quasten, « Oriental Influence », p. 70.

2. Solovey, *The Byzantine Divine Liturgy*, p. 226 ; Rose, « L'usage et la signification », p. 214 ; Taft, *The Great Entrance*, p. 53-118 et 487-488 (texte édité, avec les trois *Alleluia* finaux, p. 54-55). Van de Paverd (*Zur Geschichte*) étudie l'offertoire à Antioche (p. 236-251) et à Constantinople (p. 468-472) sans faire allusion au *Cheroubikon*, qui n'existe pas encore, puisque Van de Paverd se fonde sur les sermons de saint Jean Chrysostome.

3. Strunk, « The Chants of the Byzantine-Greek Liturgy », p. 318.

proprement parler un chant d'offrande ; on ne peut donc
pas établir de parallèle entre *sonus* et *Cherubikon*[1].

Le second de ces textes est l'*Ordo romanus* XV, 144[2], daté
d'entre 750 et 787 environ, qui désigne l'offertoire — de la
messe romano-franque, non de la messe gallicane, désormais
abolie — sous le nom de *offerenda, quod Franci dicit sonum*.
Cet *Ordo* a donc été copié par un clerc romanisant, qui critique les survivances franques dans la liturgie et établit une
sorte d'équivalence entre l'offertoire à la romaine (désormais
seul en vigueur) et le *sonus* de l'ancien rit gallican[3]. Cette
équivalence, comme le montre Andrieu, est approximative :
c'est une *interpretatio gallica* du mot *sonus*, associé à sa traduction franque *offerenda*[4] ; le copiste a choisi le mot romain
le moins éloigné de la réalité franque. Au total, il est difficile
de dire ce qu'était exactement ce chant gallican, en raison
du manque de sources. On peut en revanche affirmer que
ce chant, quel qu'il soit, n'a rien à voir avec l'offertoire
romano-grégorien.

Reste l'Afrique romaine. Un célèbre passage de saint
Augustin (*Retractationum Libri* II, 11) a parfois été interprété
comme étant la première attestation d'un chant d'offertoire
dans une liturgie occidentale :

*Inter haec Hilarus quidam vir tribunitius laicus catholicus nescio unde
adversus Dei ministros — ut fieri assolet — inritatus morem, qui tunc
esse apud Carthaginem coeperat, ut hymni ad altare dicerentur de Psalmorum libro, sive ante oblationem, sive cum distribueretur populo quod
fuisset oblatum, maledica reprehensione ubicumque poterat lacerabat,
asserens fieri non oportere. Huic respondi iubentibus fratribus, et vocatur
liber ipse* Contra Hilarum[5].

---

1. R. TAFT, *The Great Entrance*, p. 65 et 73, n. 82.

2. Éd. ANDRIEU, *Les OR*, t. III, p. 123 et *CCM*, K. HALLINGER (éd.), t. I, Siegburg, 1963, p. 73.

3. Très importante discussion dans ANDRIEU, *Les OR*, t. III, p. 73-79.

4. BOUHOT, « Les sources de l'*Expositio Missae* », p. 161 et n. 2.

5. Éd. A. MUTZENBECHER, Turnhout, 1984 (CCSL 57, p. 98) : « Sur ces entrefaites, un certain Hilaire, ancien tribun et laïque catholique, pour un motif dont
j'ignore l'origine, se dressant contre le clergé — c'est du dernier banal — et se
lançant dans une opposition impie, s'était mis à critiquer partout où il le pouvait
la coutume, qui venait alors d'être adoptée à Carthage, de chanter à l'autel des
compositions tirées du psautier, soit avant l'*oblatio*, soit pendant la distribution aux
fidèles de ce qui venait d'être consacré, prétendant qu'il ne fallait pas le faire. À
la demande de mes frères dans le sacerdoce, je lui ai répliqué dans un livre intitulé
Contre Hilaire. »

Ce texte n'est pas très clair et se prête à plusieurs interprétations différentes. On a cru qu'il pouvait être compris comme une allusion à un chant d'offertoire, l'offertoire étant cette partie de la messe qui est située immédiatement *ante oblationem*, si l'on traduit ce mot par « canon », « procession de l'offrande » ou « dépôt des oblats sur l'autel [1] ». En réalité, il est si ambigu qu'il vaut mieux éviter d'en tirer, comme par force, des éléments qu'il est incapable de nous livrer : il pourrait en effet s'appliquer à la création d'un chant d'introït bien mieux qu'à celle de l'offertoire [2], voire à l'introduction de la psalmodie responsoriale en Afrique [3]. On ne peut donc rien dire de l'offertoire africain, sinon qu'il est peu vraisemblable qu'il ait pris les formes de ce que nous connaissons sous ce nom à Rome.

Ce tour d'horizon des diverses liturgies occidentales met en évidence l'originalité de la liturgie locale de la Ville qui, pour la première fois dans son histoire, a créé un chant qui n'avait d'équivalent nulle part ailleurs, sinon sous des formes très différentes de celles qu'il prend à Rome, et parfois en raison d'influences qui datent seulement de la période carolingienne. On saisit là — uniquement sur le plan musical, bien entendu — le début de l'individualisation des rits occidentaux et la fin de cette sorte de « tronc commun » qui existait depuis les origines. Les chants, en s'émancipant des lectures et en sortant de l'avant-messe, vont désormais recouvrir une plus grande diversité d'aspects, chaque rit acquérant progressivement un *ethos* et une physionomie propres. Rome est le seul centre spirituel occidental à s'être ainsi doté d'un chant d'offertoire, psalmique, flanqué le plus souvent de plusieurs versets, caractérisés par l'ampleur et la complexité de leurs vocalises. C'est une page de l'histoire du chant liturgique qui se tourne. Après la relative unité liturgico-musicale des premiers siècles, et avant le retour à une relative unité, à la faveur de l'intervention des premiers Carolingiens, s'ouvre dans cette sorte d'entre-deux une période de diversification plus marquée, qu'on peut situer

---

1. DUCHESNE, *Origines du culte*, p. 184 ; JUNGMANN, *The Mass*, t. II, p. 27 ; ROETZER, *Des heiligen Augustinus Schriften*, p. 116-117 ; V. SAXER, *Vie liturgique*, p. 248 ; « Le culte chrétien au IVᵉ siècle », p. 208 ; R. TAFT, *The Great Entrance*, p. 67.

2. Dom B. BAROFFIO, *Die Offertorien*, p. 5 ; J. DYER, « Augustine and the *Hymni* », p. 93 et 98-99.

3. J. MCKINNON, *Music*, p. 166 et « The Fourth-Century Origin », p. 103.

entre le Ve et le milieu du VIIIe siècle, et ce, à l'initiative de Rome.

L'ENTRÉE EN SCÈNE DE LA « SCHOLA CANTORUM » ROMAINE

Regrouper en *scholae* les détenteurs d'une charge ou d'un office curial ou aulique est une tradition de l'Empire romain tardif, reprise par l'Église de Rome. Ainsi, il existait à Rome une *schola* des notaires, des lecteurs et des sous-diacres, et saint Grégoire créa lui-même une *schola* pour regrouper les sept *defensores regionarii* et leur primicier, destinés à aider les diacres à administrer le temporel des domaines pontificaux[1]. La *Schola cantorum* n'est donc qu'une *schola* parmi d'autres. Ces *scholae* étaient des corps — le terme appartient au vocabulaire militaire — qui rassemblaient tous les spécialistes d'un domaine donné. Ainsi, de même que la *schola* des notaires (*notarii, scriniarii*) était formée de la réunion des sept notaires régionnaires, la *Schola cantorum* était très vraisemblablement à l'origine, par analogie, le regroupement des principaux solistes des *tituli*, c'est-à-dire des principaux maîtres du chant romain[2].

Le rôle joué par saint Grégoire le Grand : entre mythe et réalité.

Grégoire le Grand[3] a-t-il créé la *Schola cantorum* romaine ? Est-il le principal responsable, ou au moins l'un des initiateurs, de la création du chant liturgique de Rome ? Ces

---

1. Ch. PIETRI, « Clercs et serviteurs laïcs », p. 111 ; T. F. X. NOBLE, « Literacy and the Papal Government in Late Antiquity and the Early Middle Ages », dans : R. McKITTERICK (éd.), *The Uses of Literacy in Early Mediaeval Europe*, Cambridge, 1990, p. 85.

2. NOBLE, *The Republic*, p. 219 ; PIETRI, *Roma christiana*, t. I, p. 676 ; HALPHEN, *Études*, p. 42-43.

3. Voir R. GODDING, *Bibliografia di Gregorio Magno (1890-1989)*, Rome, 1990 et *AB* 110 (1992), p. 142-157. Sur l'administration de Rome par saint Grégoire : G. JENAL, « Gregor der Große und die Stadt Rom », dans : *Herrschaft und Kirche. Beiträge zur Entstehung und Wirkungsweise episkopaler und monastischer Organisationsformen*, Stuttgart, 1988, p. 109-145.

questions ne sont pas neuves ; notre recherche nous paraît cependant permettre d'apporter de nouveaux arguments au dossier.

Le petit *corpus* des sources littéraires qui témoignent de l'existence (ou de la croyance en l'existence) d'une œuvre liturgique propre à ce pape n'a pas changé depuis un siècle, et Dom Ashworth, qui a repris le même sujet en 1959, n'a pas trouvé grand-chose à ajouter aux *Véritables origines du chant grégorien* de Dom G. Morin[1], qui datent de 1890, sinon quelques rectifications de détail. C'est dire qu'il y a peu de choses à attendre de ces textes, clairsemés, brefs et souvent obscurs, dont par surcroît l'authenticité n'est pas toujours bien assurée. Nous avons examiné ce dossier dans deux articles ; aussi nous contenterons-nous de résumer ici nos conclusions[2].

Les principales sources sont, par ordre chronologique, la fameuse lettre de saint Grégoire à Jean, évêque de Syracuse (octobre 598)[3] ; deux passages du *De institutione catholica* (ou *Succinctus dialogus ecclesiasticae institutionis*) attribué à l'archevêque Egbert d'York (732-766[4]), écrit après 747 ; la *Vita* anonyme de saint Grégoire par un moine de Whitby (BHL 3637[5]) ; une lettre du pape Hadrien Ier à Charlemagne[6] ; le prologue *Gregorius Praesul* de l'antiphonaire grégorien, daté de la fin du VIIIe siècle ; le témoignage d'Agobard de Lyon († 840) dans le *Liber de correctione antiphona-*

---

1. Maredsous, 1904 (2e éd.), d'abord paru dans la *RBén* 7 (1890) ; ASHWORTH, « The Liturgical Prayers », p. 109-114.

2. Ph. BERNARD, « Bilan historiographique de la question des rapports entre les chants "vieux-romain" et "grégorien" », *EcclO* 11 (1994) et « L'origine des chants de la messe selon la tradition musicale du chant romain ancien, improprement dit "chant vieux-romain" », dans *L'Eucharistie : célébrations, rites, piétés (Actes de la 41e semaine Saint-Serge, juin 1994)*, Rome, 1995, p. 19-97. La meilleure synthèse sur le *Fortleben* de saint Grégoire est celle de F. CLARK, *The Pseudo-Gregorian Dialogues*, t. I, Leyde, 1987, p. 49-178.

3. *Ep.* IX, 26, éd. L. HARTMANN, t. 2 (MGH, *Epistulae*, 2), 1893 (rééd. 1957), p. 59-60 ; éd. D. NORBERG, Turnhout, 1982, p. 586-587 (CCSL 140 A). Elle est citée par Jean Diacre et par Amalaire.

4. *PL* 89, 441. Voir BULLOUGH, « Roman Books », p. 30-33 et ASHWORTH, « The Liturgical Prayers », p. 109.

5. Éd. B. COLGRAVE, *The Earliest Life of Gregory the Great, by an Anonymous Monk of Whitby*, Lawrence (Texas), 1968, remplacé par l'éd. de Cambridge, 1985 ; voir les critiques de B. LÖFSTEDT, « Zur *Vita Gregorii Magni* des Mönchs von Whitby », *Orpheus*, n. s. 11 (1990), p. 331-336.

6. *PL* 98, 1252 ; MANSI, t. XIII, rééd. Graz, 1960, p. 763 ; P. JAFFÉ et G. WATTENBACH, *Regesta Pontificum Romanorum*, t. I, Leipzig, 1885 (2e éd.), p. 305, n° 2483.

rii[1], qui critique ce même Prologue ; la *Vita beati Gregorii papae* de Jean Diacre (Iohannes Diaconus Hymmonides ; vers 825-880 ?), membre de la Curie sous Jean VIII[2] (écrite vers 872) ; deux passages du *Libellus de exordiis et incrementis quarundam in observationibus ecclesiasticis rerum* de Walahfrid Strabon[3], fondés sur le Prologue *Gregorius Praesul* ; enfin, la lettre du pape Léon IV à un abbé Honorat (probablement abbé de Farfa).

Le texte d'Egbert — qui a sans doute pour véritable auteur son successeur sur le siège d'York, Ælberht[4] — évoque la fixation de la date des Quatre-Temps et est à rapprocher de la lettre écrite vers 824 par Amalaire à Hilduin, abbé de Saint-Denis depuis 814 (mais aussi abbé de Saint-Médard de Soissons, Saint-Germain-des-Prés, Saint-Ouen de Rouen et Salonnes) et archichapelain de Louis le Pieux de 819 à 830, l'*Epistula Amalarii ad Hilduinum abbatem de diebus ordinationum et quatuor temporum*[5], dans laquelle Ama-

---

1. *Cap.* XV, éd. MGH, *Epistulae* V, 1899 (rééd. 1978), éd. E. DÜMMLER, *Ep.* 18, p. 236 ; L. VAN ACKER, *Agobardi Lugdunensis opera omnia*, Turnhout, 1981, p. 347.

2. *Vita beati Gregorii papae* II, 6 (*PL* 75, 90) ; voir W. BERSCHIN, *Biographie und Epochenstil*, t. III, Stuttgart, 1991, p. 372-387 ; M. CARELLA et I. RANIERI, « Contributi per una nuova edizione della *Vita Gregorii* di Giovanni Immonide », *Annali della facoltà di lettere e filosofia*, Bari, 19-20 (1976-1977), p. 181-200 ; N. BARTOLOMUCCI et M. CARELLA, « Il cod. Arch. S. Pietro B 43 nella tradizione della *Vita Gregorii* di Giovanni Immonide », dans : *Invigilata lucernis. Rivista dell'Istituto di latino dell'Università di Bari*, 7-8 (1985-1986), p. 225-262. Cette *Vita* est précédée d'un *carmen* dédié au pape Jean VIII (872-882) : *Suscipe Romuleos, Pastor venerande, triumphos* ; il ne faut pas la confondre avec la *Vita Gregorii* écrite par Paul Diacre (vers 720/730-797), chancelier de Didier, roi des Lombards, puis, après la victoire franque, moine au Mont-Cassin. Plus ancienne, elle est aussi moins précise que celle de Jean Diacre ; c'est surtout un recueil de récits édifiants et miraculeux, qui ne dit rien de l'intervention du pape dans la liturgie. Incipit de la *Vita* de Paul Diacre (BHL 3639) : « *Gregorius urbe Romulea* [ou *Roma*] *patre Gordiano matre vero Silvia...* » (éd. critique par H. GRISAR, dans *ZKT* 11 (1887), p. 162-173 et par W. STUHLFATH, *Gregor I. der Große*, Heidelberg, 1913, p. 98-108 ; incipit de celle de Jean Diacre (BHL 3641) : « *Nuper ad vigilias beati Gregorii, Romani pontificis* [Praef.] ; *Gregorius genere Romanus arte philosophus, Gordiani, viri clarissimi...* » Sur Jean Diacre et son rôle auprès du pape Jean VIII, ZIMMERMANN, « Die Päpste des "dunklen Jahrhunderts" », p. 71-72.

3. *Cap.* XXI (*PL* 114, 948) et XXIV (*PL* 114, 956) ; MGH *Leges* II, *Capitularia regum Francorum* 2, 1897, p. 473-516 (éd. A. BORETIUS et V. KRAUSE).

4. S. RANKIN, « The Liturgical Background of the Old English Advent Lyrics : a Reappraisal », dans : M. LAPIDGE et H. GNEUSS (éd.), *Learning and Literature in Anglo-Saxon England. Studies Presented to Peter Clemoes*, Cambridge, 1985, p. 321.

5. Éd. HANSSENS, t. I, p. 341-358. Amalaire explique (n° 7-8, p. 342) que son ami Pierre, abbé de Nonantola, n'était pas d'accord avec lui au sujet de la date des ordinations du premier mois (mars). Tandis que Pierre les fixait à la première semaine du carême, comme à Rome, Amalaire préférait les laisser à la première

laire entretient son correspondant de la différence entre la
discipline romaine et la discipline franque au sujet de la fixation des Quatre-Temps. Egbert s'exprime en effet de la
sorte :

> *Nos autem in ecclesia Anglorum idem primi mensis ieiunium, ut nos-*
> *ter didascalus beatus Gregorius, in suo antiphonario et missali libro, per*
> *pedagogum nostrum beatum Augustinum transmisit ordinatum et res-*
> *criptum, indifferenter de prima hebdomadae quadragesimae observamus.*
> [...] *Hoc autem ieiunium* [du quatrième mois] *idem beatus Gregorius*
> *per praefatum legatum in antiphonario suo et missali, in plena hebdo-*
> *mada post Pentecosten Anglorum ecclesiae celebrandum destinavit.*
> *Quod non solum nostra testantur antiphonaria, sed et ipsa quae cum*
> *missalibus suis conspeximus apud apostolorum Petri et Pauli limina*[1].

Egbert, né vers 678, évêque d'York de 732 à 766, a été
l'élève et l'ami de Bède le Vénérable (672/673-735). Il est
également l'auteur d'une petite partie du pénitentiel qui
porte son nom. Le texte que nous discutons est généralement considéré comme authentique, mais ce n'est nullement
une certitude, d'autant qu'on a par ailleurs attribué à cet
évêque un certain nombre d'autres textes qui sont en réalité
apocryphes, comme les *Excerptiones e dictis et canonibus sanc-*
torum Patrum concinnatae. Cela dit, nous savons en effet
qu'Egbert s'est bien rendu à Rome en 735, où il a reçu le

---

semaine du mois de mars, indépendamment de la date des Quatre-Temps. La
discipline décrite par Amalaire est la discipline ancienne, tandis que celle que suivait Pierre de Nonantola est la discipline moderne, que décrit la lettre d'Egbert
d'York. Egbert et Pierre attribuent à saint Grégoire l'idée d'intégrer au temporal
les Quatre-Temps de mars et de juin, afin d'éviter les désordres produits chaque
année par le changement de la date de Pâques et l'« effet de ciseaux » entraîné par
le chassé-croisé entre des Quatre-Temps qui ne bougent pas, puisqu'ils sont liés
à un mois de l'année, et le carême et la semaine octave de la Pentecôte qui se
déplacent d'une année sur l'autre. L'intégration des Quatre-Temps à la première
semaine de carême a été attribuée à saint Grégoire parce qu'elle est réalisée dans
le sacramentaire dit « grégorien » (A. CHAVASSE, « Les messes quadragésimales »,
p. 265 et « La structure du carême », p. 89), mais c'est douteux, car le compilateur
de ce sacramentaire semble être Honorius, non Grégoire.
1. *PL* 89, 441 : « Quant à nous, dans l'Église des Angles, nous fixons toujours
le jeûne du premier mois à la première semaine du carême, de même que notre
maître saint Grégoire l'a ordonné et décidé dans son antiphonaire et son sacramentaire, transmis à nous par notre apôtre saint Augustin de Cantorbéry. [...] De
même, saint Grégoire, par l'intermédiaire du même légat, dans son antiphonaire
et son sacramentaire, a décidé que l'Église des Angles célébrerait le jeûne du quatrième mois dans la semaine après la Pentecôte. Cela est démontré non seulement
par nos propres antiphonaires, mais également par ceux que nous avons pu consulter, avec le sacramentaire qui les complète, quand nous sommes allés à Rome. »

diaconat ainsi que le *pallium* des mains du pape Grégoire III.
L'allusion à un séjour à Rome, où il aurait consulté les
manuscrits romains, n'est donc pas imaginaire. Il n'en reste
pas moins vrai que la discipline qu'il décrit n'est pas la discipline primitive, qui fixait bien au premier mois les Quatre-
Temps de mars, quelle que soit la date de Pâques, donc
quelle que soit la date du début du carême. « Egbert » — ou
plutôt Ælberht — est en revanche le témoin d'une situation
moderne. Le passage de l'une à l'autre était en effet déjà
réalisé, à Rome, en 735, comme le confirment les actes du
concile de Clovesho, en 747, qui attestent l'envoi par Rome
d'un *exemplar* de l'antiphonaire romain. Le texte d'Egbert
est le seul qui rende saint Grégoire responsable de la fixation
des Quatre-Temps ; c'est une affirmation sans fondement ;
nul ne sait en effet qui a pris l'initiative d'intégrer les
Quatre-Temps du premier mois à la première semaine du
carême et les Quatre-Temps du quatrième mois à la semaine
après la Pentecôte. Le terme *missale* doit être traduit par
« sacramentaire », puisqu'il n'existait pas encore de missels
pléniers au sens moderne du terme : ils ne sont apparus qu'à
partir de la fin du Xᵉ siècle [1]. Dans le cas où ce texte serait
apocryphe, il faudrait se demander dans quelle mesure son
rédacteur a été influencé par le prologue *Gregorius praesul*.
Ce document est donc peu utile.

Les seuls textes qui fassent de saint Grégoire le créateur
de la *Schola cantorum* romaine sont celui, tardif mais célèbre,
de Jean Diacre, et le Prologue anonyme de l'Antiphonaire
grégorien, *Gregorius praesul*, desquels dépendent tous les
écrits ultérieurs. La plus ancienne *Vita* de saint Grégoire,
écrite vers 714 par un moine de Whitby, ne dit rien du
chant. Les deux seuls textes solides sont la lettre de saint
Grégoire lui-même à l'évêque de Syracuse, qui atteste une
intervention portant sur le *Kyrie* et l'*Alleluia*, et sa lettre sur
le remaniement de la *Schola* et l'exclusion des diacres ; ce
pape n'a en effet reconnu nulle part être le responsable du
restant de l'œuvre qui lui est attribuée. L'unique intervention liturgique attribuée à saint Grégoire par le *Liber Pontificalis* est l'allongement du *Hanc igitur*. L'étude de l'ensemble
des sources indique que la paternité grégorienne de ces
réformes liturgiques est d'origine romaine et a sans doute vu

---

1. MARTIMORT, *Les Lectures liturgiques*, p. 43, n. 36.

le jour sous le pape Hadrien ; elle a été ensuite répandue par les Carolingiens.

Il est vraisemblable que saint Grégoire a composé certaines des oraisons contenues dans le sacramentaire qui porte son nom [1], comme le montre l'analyse littéraire de ces oraisons et leur comparaison avec les écrits du pape, laquelle semble mettre en évidence une parenté de style et de vocabulaire, bien qu'une telle méthode puisse se révéler parfois fragile, comme on l'a vu quand on a cru voir des liens littéraires entre certaines oraisons du sacramentaire « léonien » et les *Tractatus* de ce pape, en tirant hâtivement la conclusion que ces oraisons ne pouvaient guère avoir été écrites que par lui [2]. On est allé jusqu'à attribuer à saint Grégoire la responsabilité de la compilation du sacramentaire qui porte son nom, ou en tout cas celle d'avoir opéré certaines modifications notables de son plan, comme par exemple d'avoir fait fusionner le temporal et le sanctoral. On pensait naguère pouvoir dater cette intervention avec précision (594 ?) [3]. Cette idée est aujourd'hui abandonnée [4] : on estime plutôt que ce livre a été compilé sous le règne du pape Honorius. Il est également douteux que saint Grégoire ait remanié l'évangéliaire de la messe (plus précisément, sa plus ancienne forme, datée des environs de 645, que Klauser a désignée sous le nom d'évangéliaire Π) [5]. Il est en revanche possible que le pape soit l'auteur de la réorganisation de la semaine *in albis* [6], d'autant plus que le témoignage des chants nous semble le confirmer.

D'autre part, de son propre aveu, dans la lettre à Jean de Syracuse, saint Grégoire a déplacé (ou introduit, s'il ne l'était pas encore) le *Pater* à la messe, désormais récité après

---

1. ASHWORTH, « The Liturgical Prayers », p. 117-161 ; CAPELLE, « La main de saint Grégoire », p. 162-170.

2. LANG (« Anklänge an Orationen », p. 283-310) a bien vu que ces points de contact pourraient tout aussi bien provenir d'un emprunt par saint Léon, dans le texte de ses sermons, du texte d'oraisons écrites bien avant son pontificat ; il conclut cependant que cette objection n'est pas vraisemblable.

3. CHAVASSE, « Temps de préparation à la Pâque », p. 132-133 et « Les plus anciens types », p. 46.

4. VOGEL, *Medieval Liturgy*, p. 79 ; MCKINNON, « Antoine Chavasse ».

5. CHAVASSE, « Les plus anciens types », p. 40 ; *contra* : LE ROUX, « Les graduels des dimanches », p. 120, n. 2. Sur cet évangéliaire Π, MARTIMORT, *Les Lectures liturgiques*, p. 52-53.

6. CHAVASSE, « Temps de préparation à la Pâque », p. 144 ; « Les plus anciens types », p. 74.

le canon. Enfin, dernière intervention liturgique extra-musicale de saint Grégoire, il a — d'après le *Liber pontificalis*[1] et la lettre à Jean de Syracuse — ajouté au *Hanc igitur* du canon la finale : *diesque nostros in tua pace disponas...*[2].

Sur le plan musical, il est certain que saint Grégoire a remanié la discipline et la forme du *Kyrie*, bien qu'on ne sache pas très bien ce qu'était la discipline antérieure, à laquelle il a mis fin. Il est également sûr qu'il a fait sortir l'*Alleluia* de la messe du temps pascal pour en étendre l'emploi à toute l'année liturgique, à l'exception du carême, où il n'a jamais pénétré. Le texte de sa célèbre lettre à Jean de Syracuse se présente ainsi[3] :

Veniens quidam de Sicilia dixit mihi quod aliqui amici eius, vel Graeci vel latini nescio, quasi sub zelo sanctae Romanae ecclesiae, de meis dispositionibus murmurarent dicentes : Quomodo ecclesiam Constantinopolitanam disponit comprimere, qui eius consuetudines per omnia sequitur ? Cui cum dicerem : Quas consuetudines sequimur ? respondit : Quia alleluia dici ad missas extra Pentecosten tempora fecisti, quia subdiaconos spoliatos procedere, quia Kyrieleison dici, quia orationem Dominicam mox post canonem dici statuisti. Cui ego respondi quia in nullo eorum aliam ecclesiam secuti sumus.

Quelqu'un qui revenait de Sicile m'a dit que certains de ses amis, italiens ou grecs, qu'importe, comme jaloux de la sainte Église romaine, se plaignaient de mes réformes en ces termes : « Comment Grégoire peut-il prétendre réduire l'Église de Constantinople, lui qui imite ses coutumes en tout ? » Comme je lui disais : « Quelles sont ces coutumes qu'ils disent que j'imite ? », il me répondit : « C'est que vous avez ordonné de chanter l'*Alleluia* en dehors du temps pascal, de retirer leurs ornements de procession aux sous-diacres, de chanter le *Kyrie* et de réciter le *Pater* juste après le canon ». Je lui ai répondu que je n'avais imité d'Église étrangère en rien de tout cela.

---

1. *LP*, t. I, p. 312 et 313, n. 5 : *Hic augmentavit in praedicationem canonis* diesque nostros in tua pace dispone, *et cetera* (« Il ajouta à la récitation du canon les mots : *diesque nostros in tua pace dispone,* etc. »).

2. CHAVASSE, *Le Sacramentaire*, p. 472 ; JUNGMANN, *The Mass*, II, p. 180 ; BOTTE et MOHRMANN, *L'Ordinaire*, p. 23 ; GY, « Doctrine eucharistique de la liturgie », p. 188 et n. 2.

3. Éd. NORBERG, CCSL 140 A, p. 586-587. Jean de Syracuse est le plus important correspondant de saint Grégoire en Italie du Sud ; voir PITZ, *Papstreskripte*, p. 236 et RIZZO, « Una polemica », p. 169-190.

Nam ut alleluia hic non diceretur, de Hierosolymorum ecclesia ex beati Hieronymi traditione tempore beatae memoriae Damasi papae traditur tractum. Et ideo magis in hac re illam consuetudinem amputavimus quae hic a Graecis fuerat tradita.

En effet, on rapporte, sur la foi de saint Jérôme, à l'époque du pape Damase, d'heureuse mémoire, que la coutume de ne pas chanter l'*Alleluia* en dehors du temps pascal provient de l'Église de Jérusalem. Par conséquent, en agissant comme je l'ai fait, j'ai au contraire supprimé une coutume qui avait été introduite à Rome par les Grecs.

Subdiaconos autem ut spoliatos procedere facerem, antiqua consuetudo ecclesiae fuit. Sed quid placuit cuidam nostro pontifici nescio, qui eos vestitos procedere praecepit. Nam vestrae ecclesiae numquid traditionem a Graecis acceperunt ? Unde habent ergo hodie ut subdiaconi in eis in tunicis procedant, nisi quia hoc a matre sua Romana ecclesia perceperunt ?

Quant à ma décision de priver les sous-diacres d'ornements, c'était autrefois une antique tradition de l'Église (romaine). Mais j'ignore pourquoi il a semblé bon à l'un de nos pontifes d'ordonner qu'ils portent un ornement. En effet, vos Églises ont-elles reçu leur tradition des Grecs ? Comment se fait-il donc que chez elles aujourd'hui les sous-diacres portent la tunique pendant les processions, si ce n'est parce qu'elles ont reçu cette coutume de leur mère, l'Église romaine ?

Kyrieleison autem nos neque diximus neque dicimus, sicut a Graecis dicitur, quia in Graecis omnes simul dicunt, apud nos autem a clericis dicitur, a populo respondetur et totidem vocibus etiam Christeeleison dicitur, quod apud Graecos nullomodo dicitur. In cotidianis autem missis alia quae dici solent tacemus, tantummodo Kyrieleison et Christeeleison dicimus, ut in his deprecationis vocibus paulo diutius occupemur.

Nous ne chantons pas et n'avons jamais chanté le *Kyrie* comme les Grecs, car chez eux tout le monde chante *Kyrie eleison*, tandis que chez nous il est alterné entre clergé et peuple et nous employons aussi bien les mots *Christe* [que *Kyrie*], ce que les Grecs ne font jamais. Aux messes fériales, nous ne chantons pas les autres choses qu'on chante d'habitude [*sc.*, qui accompagnent habituellement l'alternance des *Kyrie* et des *Christe*], mais nous chantons seulement *Kyrie eleison* et *Christe eleison*, afin de nous absorber un peu plus longtemps dans ces cris de supplication.

Orationem vero Dominicam idcirco mox post precem dicimus, quia mos apostolorum fuit, ut ad ipsam solummodo orationem oblationis hostiam consecrarent, et valde mihi inconveniens visum est ut precem quam scolasticus composuerat super oblationem diceremus et ipsam traditionem quam Redemptor noster composuit super eius corpus et sanguinem non diceremus. Sed et Dominica oratio apud Graecos ab omni populo dicitur, apud nos vero a solo sacerdote.

Si nous récitons[1] l'oraison dominicale aussitôt après la fin du canon, c'est parce que la coutume des apôtres était de ne consacrer l'Eucharistie [litt., l'hostie — la victime — de l'oblation] qu'au moyen de la seule récitation du *Pater* ; assurément, il m'a toujours semblé difficilement acceptable de réciter sur l'hostie la prière [le canon] qu'un grammairien avait rédigée et de ne pas réciter sur son corps et sur son sang la prière que notre Rédempteur avait lui-même composée. Et puis le *Pater*, chez les Grecs, est récité par tous les fidèles, tandis que chez nous il l'est par le seul prêtre.

In quo ergo Graecorum consuetudines secuti sumus, qui aut veteres nostras reparavimus aut novas et utiles constituimus, in quibus tamen alios non probamur imitari ? Ergo vestra caritas, cum occasio dederit, ut ad Catanesem civitatem pergat, vel in Syracusana ecclesia eos quos credit aut intellegit quia de hac re murmurare potuerunt, facta collocutione, doceat et quasi alia ex occasione eos instruere non desistat. Nam de Constantinopolitana ecclesia quod dicunt, quis etiam dubitet sedi apostolicae esse subiectam ? Quod et piissimus domnus imperator et frater noster eiusdem civitatis episcopus assidue profitentur. Tamen si quid boni vel ipsa vel altera ecclesia habet, ego et minores meos, quos

Par conséquent, en quoi avons-nous imité les coutumes des Grecs, nous qui avons tantôt remis en vigueur d'anciennes coutumes de chez nous, tantôt qui en avons institué de nouvelles et d'utiles, par quoi on ne peut cependant nous convaincre d'en avoir imité d'étrangères ? Par conséquent, que votre Excellence, quand elle aura l'occasion de se rendre à Catane ou à Syracuse, fasse la leçon à ceux qu'elle croira ou saura avoir protesté à ce sujet, après en avoir débattu avec eux, et qu'elle n'hésite pas à les reprendre en utilisant le premier prétexte. En effet, si l'on en juge d'après ce que dit l'Église de Constantinople, qui doutera de

---

1. Ce passage pose un important problème de traduction, bien exposé par I. FURBERG, *Das Pater Noster in der Messe*, Lund, 1968, p. 72 s. et R. CHÉNO, « *Ad ipsam solummodo orationem*. Comment comprendre la lettre de Grégoire le Grand à Jean de Syracuse ? », *RSPT* 76 (1992), p. 443-456.

ab illicitis prohibeo, in bono imitari paratus sum. Stultus est enim qui in eo se primum existimat, ut bona quae viderit discere contemnat. [CCSL 140 A, p. 586-587.]

sa soumission au Siège apostolique ? Le très pieux seigneur l'Empereur et notre frère l'évêque de Constantinople le proclament sans relâche. Cependant, si l'une ou l'autre de ces Églises possède quelque bonne coutume, je suis prêt, moi et ceux qui dépendent de moi, à les imiter dans ce bien, tout en veillant à les protéger du mal. En effet, est bien sot qui croit être le meilleur sous prétexte qu'il croit indigne de lui de faire sien ce qu'il voit de bien.

On accuse donc saint Grégoire d'avoir servilement imité des coutumes provenant de Constantinople : l'usage de l'*Alleluia* en dehors du temps pascal, les ornements des sous-diacres, l'emploi du *Kyrie* et la place du *Pater*. Il se justifie de la manière suivante. Si Rome, jusqu'à son pontificat, ne chantait l'*Alleluia* à la messe que pendant la cinquantaine pascale, c'était parce qu'elle suivait l'usage de Jérusalem, en accord avec la tradition transmise au pape Damase par saint Jérôme (il s'agit en réalité de la correspondance apocryphe entre « Jérôme » et « Damase ») [1]. En faisant sortir l'*Alleluia* du temps pascal, Grégoire a donc mis fin à une coutume étrangère. Pour les ornements des diacres, il n'a fait que revenir à la discipline romaine originelle ; du reste, si les sous-diacres de Constantinople portent la tunique, c'est parce qu'ils avaient imité Rome, quand cette dernière avait abandonné sa tradition première qui privait les sous-diacres de la tunique. Ce sont les Grecs qui sont les imitateurs. Pour le chant du *Kyrie*, Grégoire a introduit une modification en ajoutant l'invocation *Christe eleison*, que les Grecs ignorent, puisqu'ils ne chantent que *Kyrie eleison* ; le pape a donc mis fin à un point de contact entre Rome et Constantinople. Il a par surcroît supprimé aux messes des féries les intentions

---

1. BLANCHARD, « La correspondance apocryphe » ; R. REYNOLDS, « An Early Medieval Mass Fantasy : the Correspondence of Pope Damasus and St Jerome on a Nicene Canon », dans : P. LINEHAN (éd.), *Proceedings of the 7th International Congress of Medieval Canon Law (1984)*, Vatican, 1988, p. 73-89 ; S. REBENICH, *Hieronymus und sein Kreis*, Stuttgart, 1992, p. 141 s.

auxquelles le peuple répond soit *Kyrie*, soit *Christe*. Cela signifie au passage qu'il n'a pas touché au *Kyrie* des messes des dimanches et des grandes fêtes du sanctoral. Quant au *Pater*, il était chanté plus avant dans le cours de la messe, dans l'ensemble des rits : il était toujours précédé d'au moins la Fraction et, le plus souvent, il était récité juste avant la communion. Grégoire a donc anticipé le moment de le chanter, dans le but de le rapprocher du canon, voire de l'y faire pénétrer[1]. Il tente de se justifier en disant que les apôtres n'avaient d'autre canon que le seul *Pater* et qu'il préférait consacrer le pain et le vin avec une prière composée par le Seigneur lui-même qu'avec le texte d'un *scolasticus*[2]. Il conclut sa lettre en disant qu'il n'a en rien imité Constantinople ; qu'il demande à l'évêque de Syracuse de faire la leçon, sous le premier prétexte, à ceux qui prétendent le contraire ; que Constantinople, en paroles tout au moins, est soumise au Siège romain ; que, finalement, il est prêt à adopter toutes les coutumes que l'on voudra, pourvu qu'elles soient meilleures que celles de Rome.

Dom B. Fischer a rendu saint Grégoire responsable d'avoir réduit à quatre les douze leçons de la vigile pascale (en réalité six ; elles étaient ensuite répétées en grec) et d'avoir raccourci et centonisé les trois *cantica* que cette cérémonie comporte[3]. Cette affirmation repose essentiellement sur la comparaison entre les différents sacramentaires, donc sur le présupposé que le sacramentaire « grégorien » a pour principal ordonnateur saint Grégoire, ce qui n'est nullement assuré, bien au contraire. Il est douteux que saint Grégoire soit le responsable de cette modification. En réalité, seule la *Schola* a pu raccourcir ces chants et leur donner leur actuel aspect centonisé ; ce phénomène s'est produit sans doute plus d'un siècle avant le règne de saint Grégoire.

Saint Grégoire serait surtout l'auteur de la compilation de

---

1. Le *Pater* à la messe : FURBERG, *Das Pater Noster*, p. 16-30 ; A. KAI-YUNG CHAN, *Il « Padre Nostro » nei principali commenti patristici e il suo uso nella Liturgia latina*, Rome, 1993, p. 213-225 ; E. J. CUTRONE, « The Lord's Prayer and the Eucharist. The Syrian tradition », dans *Eulogema. Studies in honor of Robert Taft*, Rome, 1993, p. 93-126 ; V. GROSSI, *La catechesi battesimale agli inizi del V secolo. Le fonti agostiniane*, Rome, 1993, p. 65-66.

2. Les *scolastici* étaient des personnages officiels de l'administration ; saint Grégoire a plusieurs fois correspondu avec eux ; voir FURBERG, *Das Pater Noster*, p. 63-111 et R. A. KASTER, *Guardians of Language*, Berkeley, 1988.

3. « Die Lesungen », p. 18 et 49.

l'antiphonaire de la messe, comme l'affirme le texte célèbre
qui sert de prologue à certains des plus anciens antiphonaires de la messe grégoriens sans notation musicale et qui
commence par les mots *Gregorius praesul*. Ce Prologue *Gregorius praesul* n'est cependant pas sans poser quelques difficultés [1]. Il ne semble pas d'origine romaine ; son auteur anonyme était vraisemblablement un des savants chargés par
Pépin le Bref d'acclimater la liturgie de Rome dans le
royaume des Francs. Il semble avoir été rédigé dans la
seconde moitié du VIIIe siècle. Il reflète donc ce que les
savants, les maîtres et les évêques francs pensaient de saint
Grégoire, non ce qu'on savait à Rome, comme le montre la
grande brièveté de sa notice dans le *Liber pontificalis*. Le texte
du prologue, qui est transmis dans les manuscrits sous au
moins six formes différentes, se présente ainsi :

Gregorius praesul meritis et nomine dignus	Le prélat Grégoire, s'élevant à l'honneur suprême, duquel il est
[Unde genus ducit] summum conscendit honorem	digne par ses mérites comme par sa naissance, restaurant l'héri-
Qui renovans monumenta patrum- que priorum	tage des Anciens, composa pour la *Schola cantorum* ce recueil de
Tum conposuit hunc libellum musi- cae artis	l'art musical. Au nom du Très-Haut.
Scolae cantorum. In nomine Dei summi.	

Ce prologue semble avoir été réutilisé par Jean Diacre
(vers 872) [2], qui l'a partiellement paraphrasé dans un certain
nombre de ses *carmina* (ou des *carmina* à lui attribués) [3].
Paradoxe : le *Liber pontificalis*, romain, ne sait pourtant pas
grand-chose de l'œuvre du pape ; les Francs semblent en
revanche beaucoup mieux renseignés. La vérité semble rési-

---

1. HESBERT, *AMS*, p. XXXIV et n. 4 ; B. STÄBLEIN, « "Gregorius Praesul", der
Prolog zum römischen Antiphonale », dans : *Musik und Verlag. Festschrift für Karl
Vötterle*, Kassel, 1968, p. 537-561 ; S. RANKIN, « Carolingian music », dans :
R. MCKITTERICK (éd.), *Carolingian Culture : Emulation and Innovation*, Cambridge,
1994, p. 277. Nous citons le texte du manuscrit de Monza.
2. Il ne faut pas le confondre avec le diacre Jean, auteur de la lettre à Sénarius,
au VIe siècle.
3. Éd. E. DÜMMLER, MGH *Poet.* II, 1884 (rééd. 1964), p. 686 et K. STRECKER,
MGH *Poet.* IV, fasc. 2-3, Berlin, 1964, p. 1069-1071. Voir H. WALTHER, *Initia
carminum ac versuum Medii Aevi posterioris latinorum*, Göttingen, 1959, n° 7372 ;
D. SCHALLER et E. KÖNSGEN, *Initia Carminum Latinorum saeculo undecimo antiquiorum*, Göttingen, 1977, n° 5723.

der dans le fait que l'entourage des premiers rois carolingiens et ces rois eux-mêmes, portant une sincère admiration à la Ville de Pierre et à ses successeurs, auxquels ils venaient de s'allier, étaient naturellement portés à croire que saint Grégoire, qui était le pape qui avait le plus écrit et dont les œuvres étaient les plus célèbres (notamment les *Dialogues* — authentiques ou non, qu'importe — et les *Moralia in Iob*), était le plus grand de tous les papes et devait par conséquent être le principal responsable de la liturgie qui émanait de Rome. Il faut noter que le Prologue est plus ancien que la *Vita* de Jean Diacre ; il ne peut donc avoir été influencé par elle. Le Prologue *Gregorius praesul* doit être mis en relations avec une lettre écrite par la pape Hadrien à Charlemagne vers 791 pour lui expliquer qu'il est inutile d'ajouter le *Filioque* au texte du *Credo*. Parmi ses arguments figure le suivant : « *Sed et sancta catholica et apostolica Ecclesia ab ipso sancto Gregorio papa ordo missarum, sollemnitatum, orationum suscipiens, pluras nobis edidit orationes, ubi Spiritum sanctum per Dominum nostrum Iesum Christum infundi atque illustrari et confirmari nos suppliciter petere docuit*[1]. »

Le célèbre texte de Jean Diacre[2], qui attribue la création de la *Schola cantorum* à saint Grégoire, ne mérite aucun crédit, car il se borne à amplifier ce que les textes antérieurs disaient déjà. Jean Diacre ne disposait d'aucune source nouvelle ; il n'a connu et utilisé — habilement, il est vrai — que le *Liber pontificalis* et le *Registrum* de saint Grégoire, notamment la lettre du pape à Jean de Syracuse, qu'il cite expressément tout en la paraphrasant. Il est même responsable d'une version passablement rocambolesque de l'histoire de la romanisation du chant gallican ; tout ce qu'il sait est de seconde main :

In domo Domini, more sapientissimi Salomonis, propter musicae compunctionem dulcedinis, antiphonarium centonem cantorum studiosissimus nimis utiliter compilavit. Scholam quoque cantorum,	Ensuite, à la manière du très sage Salomon, dans la maison du Seigneur, en raison de la componction que provoque la douceur de la musique, il compila avec le plus grand soin

---

1. Éd. E. DÜMMLER, MGH, *Epist.* V, Berlin, 1899, p. 10-11.
2. Voir (par exemple) P. RICHÉ, *Éducation et culture*, p. 217 et R. MCKITTERICK, « Royal Patronage of Culture in the Frankish Kingdoms under the Carolingians : Motives and Consequences », dans : *Committenti e produzione artistico-letteraria nell'alto medioevo occidentale*, t. I, Spolète, 1992, p. 121 (*Semaines de Spolète*, 39).

quae hactenus eisdem institutio-
nibus in sancta romana Ecclesia
modulatur, constituit ; eique cum
nonnullis praediis duo habitacula,
scilicet alterum sub gradibus basi-
licae beati Petri Apostoli, alterum
vero sub Lateranensis patriarchii
domibus fabricavit, ubi usque hodie
lectus eius, in quo recubans modu-
labatur, et flagellum ipsius, quo
pueris minabatur, veneratione
congrua cum authentico antipho-
nario reservatur, quae videlicet loca
per praecepti seriem sub interposi-
tione anathematis ob ministerii
quotidiani utrobique gratiam sub-
divisit. [PL 75, 90.]

le recueil *[cento]* de l'antiphonaire, très utilement pour les
chantres. Il fonda aussi le collège des chantres, qui maintenant encore pratique le chant
dans la sainte Église romaine sur
les bases établies par lui. Joints
à d'autres propriétés qu'il lui
affecta, il fit bâtir à l'intention
de ce collège deux bâtiments,
l'un au pied de la basilique du
bienheureux apôtre Pierre et
l'autre à proximité des bâtiments
du *Patriarchium* du Latran, où
l'on conserve aujourd'hui encore
avec la vénération convenable,
outre son antiphonaire authentique, le lit de repos sur lequel
il dirigeait les leçons de chant
ainsi que le martinet avec lequel
il menaçait les enfants ; il répartit le revenu de ces biens entre
les deux bâtiments, sous peine
d'anathème, comme rémunéra-
tion du service quotidien.

Il est en effet certain que la *Schola* existait avant le règne
de saint Grégoire, comme le prouve la série des vingt-six
communions psalmiques du carême. Il ne s'agit plus de
chants du soliste, mais bien de chants de la *Schola* ; or, nous
savons que ces communions ont été mises en place entre
l'intégration à la première semaine du carême des Quatre-
Temps du premier mois (qui n'a pas modifié la série, preuve
qu'elle n'était pas encore en place) et le départ en semaine
des scrutins dominicaux (qui l'a perturbée). Par conséquent,
ces communions ont été mises en place dans le courant du
VIe siècle, plutôt vers 520, soit soixante-dix années environ
avant l'avènement de saint Grégoire[1]. La *Schola* existait

---

1. Dom J. CLAIRE, « Les psaumes graduels », p. 9-10 ; CHAVASSE, « Le carême
romain et les scrutins », p. 339 s. ; « La structure du carême », p. 88-90, 109 ; « Les
scrutins baptismaux », p. 627-628 ; « La discipline romaine des sept scrutins »,
p. 228-230 ; « Les grands cadres », p. 11-12 ; « À Rome, au tournant », p. 29.

donc déjà vers 520, puisqu'elle est l'auteur de ces communions. Saint Grégoire n'est donc pas son fondateur.

Il est en revanche exact que saint Grégoire a remanié la
composition de la *Schola*, en éliminant les diacres pour rendre impossible la promotion au diaconat — dont Charles
Pietri a montré l'importance à Rome[1] — de personnages à
belle voix[2]. Le chant solennel du psaume responsorial, sur
les marches de l'ambon, était en effet réservé à l'origine aux
diacres. On peut être sûr de cette réforme, puisqu'elle est
attestée par saint Grégoire lui-même, dans un discours prononcé au cours d'un synode tenu à Saint-Pierre, le 5 juillet
595[3] :

In sancta hac Romana ecclesia, cui divina dispensatio praeesse me voluit, dudum consuetudo est valde reprehensibilis exorta, ut quidam ad sacri altaris ministerium cantores eligantur et in diaconatus ordine constituti modulationi vocis serviant, quos ad praedicationis officium elemosinarumque studium vacare congruebat. Unde fit plerumque, ut ad sacrum ministerium, dum blanda vox quaeritur, quaeri congrua vita neglegatur et cantor minister Deum moribus stimulet, cum populum vocibus delectat. Qua de re praesenti decreto constituo, ut in sede hac sacri altaris ministri cantare non debeant solumque evangelicae lectionis officium inter missarum sollemnia exsolvant. Psalmos vero ac reliquas lectiones censeo per subdiaconos vel, si necessitas exigit, per minores ordines exhiberi. Si quis autem

Dans notre sainte Église de Rome, à la tête de laquelle la faveur divine à voulu me placer, une habitude tout à fait condamnable est née depuis quelque temps, qui consistait à choisir de certains chantres pour accomplir le service de l'autel ; ces chantres, ayant obtenu le diaconat, n'accomplissaient de service qu'avec leur voix, tandis que dans le même temps ils laissaient à l'abandon le ministère de la Parole et la charge de la distribution des aumônes. Il en résulta la plupart du temps que, pour promouvoir aux ordres sacrés, on recherchait les jolies voix et on négligeait de rechercher des personnes menant une vie convenable à cet état : le chantre, devenu ministre, qui charme les fidèles de sa voix, courrouce Dieu par sa conduite.

---

1. *Roma christiana*, t. I, p. 150-156, 714-718.

2. COEBERGH (« Le sacramentaire gélasien », p. 63) note que cela a fait baisser le nombre des ordinations de diacres, comme en témoignent les chiffres que donnent les notices du *LP*.

3. *Incipit decretum ad clerum in basilica beati Petri apostoli* (*Ep*. V, 57), MGH *Epistolae* 1, éd. P. EWALD et L. HARTMANN, 1957 [2e éd.], p. 363 ; voir FAIVRE, *Naissance d'une hiérarchie*, p. 360-361.

contra hoc decretum meum venire temptaverit, anathema sit.

Pour cette raison, j'ordonne par le présent décret que, dans cette Église, il soit interdit aux ministres du saint autel de chanter, mais qu'ils se bornent à lire l'Évangile à la messe. En revanche, j'ordonne que le chant des psaumes et la proclamation des autres lectures soient accomplis par les sous-diacres, à moins qu'on ne soit forcé de recourir à des clercs appartenant aux ordres mineurs. Que tous ceux qui essayeront de s'opposer à cette décision soient anathèmes.

La *Schola* n'a pas non plus été créée par le pape Vitalien (657-672), malgré l'expression malheureuse *Vitaliani*, employée au tournant d'une phrase par le moine de Saint-Gall, Ekkehard V, au XIIIᵉ siècle, soit six siècles après les faits supposés, pour désigner les chantres qui, d'après lui, entouraient ce pape quand il célébrait ; cette affirmation d'Ekkehard repose tout bonnement sur l'amplification d'un passage de la *Vita Gregorii* de Jean Diacre (II, 8 ; *PL* 75, 91 B), qui indique que ce pape avait envoyé des chantres en Angleterre pour prendre la relève de ceux que saint Grégoire avait envoyés avec saint Augustin de Cantorbéry [1]. On a cru pouvoir l'utiliser à l'appui de théories au sujet des origines du chant romain et des rapports entre chant romain et chant grégorien [2]. Croyant que le chant grégorien était né à Rome, on a pensé que ce vocable *(Vitaliani)* désignait une création nouvelle du pape Vitalien, qui aurait ainsi institué une seconde *Schola* romaine, spécialisée dans un nouveau chant, propre au pape et influencé par la liturgie byzantine, le chant grégorien, opposé au chant du reste de Rome, c'est-à-dire

---

1. STÄBLEIN (*Die Gesänge des altrömischen Graduale*, p. 142*) reprend le texte des *Acta sanctorum*, avril I, 582 a : « *Hic est ille Vitalianus praesul, cuius adhuc cantum quando Apostolicus celebrat, quidam qui dicuntur Vitaliani, solent edere in praesentia eius* » (« C'est le grand pape Vitalien, à partir du règne duquel [?], quand le pape célébrait la messe, un groupe [de chantres] qu'on nommait les *Vitaliani* interprétait son chant en sa présence »).

2. VAN DIJK, « Gregory the Great, Founder », p. 345. Voir nos critiques dans « Sur un aspect controversé », p. 169-171 et dans « Bilan historiographique ».

au chant romain. Les Carolingiens auraient par la suite introduit en Gaule le seul chant grégorien. Outre le fait que cette théorie est maintenant périmée, ce texte est par surcroît inutilisable, car entièrement légendaire. En réalité, le grand souci des historiographes de Saint-Gall était de rattacher leur abbaye, par tous les moyens, à l'histoire du chant grégorien ; la tâche était ardue, car cette abbaye avait été dans les années 750, sous l'abbatiat d'Otmar, un bastion de la résistance au Pippinides et, partant, à la liturgie romano-franque et au chant grégorien.

Pourquoi a-t-on finalement surévalué l'importance de saint Grégoire dans le domaine musical ? La clé doit être cherchée dans l'intervention des premiers Carolingiens et dans l'alliance conclue entre les maires du palais d'Austrasie et la papauté. Nous y reviendrons de façon approfondie quand nous étudierons l'arrivée du chant romain en Gaule franque.

L'évolution de la « Schola ».

Conçue au départ pour être le rassemblement des anciens solistes des titres, la corporation des maîtres du chant romain, la *Schola cantorum* devint progressivement une étape dans le *cursus* clérical romain, accueillant des enfants qui étaient destinés à l'Église et qui, après y avoir reçu une solide formation — les sept arts libéraux, sans doute avec une insistance particulière dans le domaine de la lecture et de la proclamation des textes sacrés —, pouvaient entrer, pour les plus doués d'entre eux, dans le corps des *cubicularii* du Latran où ils achevaient leur formation, qui pouvait les porter jusqu'aux plus hautes charges de l'Église de Rome [1]. Ces *cubicularii* étaient en quelque sorte l'équivalent romain et ecclésiastique des *nutriti* du palais des rois francs. Ce n'est donc qu'à partir du VIIIᵉ siècle ou de la fin du siècle précédent que la *Schola* se transforma en une sorte de « maîtrise », nous donnant l'image classique que nous ont conservée d'elle les *Ordines Romani*.

---

1. T. NOBLE, *The Republic*, p. 224.

Un moyen de dater la naissance de la « Schola » : la fin de l'alternance entre le soliste et les fidèles.

Il est possible de proposer une datation approximative de la naissance de cette institution. L'alternance entre le soliste et les fidèles est encore attestée par les sermons de saint Léon, tandis que saint Grégoire ne connaît déjà plus que l'alternance entre membres de la Schola ; cette dernière est donc née entre 461 et 590, sans doute plus près de 461 que 590. Par surcroît, la série des vingt-six communions psalmiques du carême a été mise en place aux alentours de 520. Les deux dates concordent donc pour délimiter une période, qui est la fin du premier quart du VIᵉ siècle.

La psalmodie responsoriale ancienne, entre les lectures, se caractérisait par l'alternance entre un ou plusieurs solistes, qui chantaient les versets du psaume, et les fidèles qui, entre chacun de ces versets, reprenaient un court refrain. Désormais, cette réponse est assurée par la Schola elle-même [1]. Il serait cependant réducteur de parler de « cléricalisation » de la messe en présentant cette évolution comme la « confiscation » du chant par le clergé, les fidèles étant désormais réduits à une « passivité » de simples auditeurs [2]. C'était en réalité un progrès indispensable au développement de l'art musical ; un archéologisme et un passéisme bornés, en maintenant en place les vieilles formes sclérosées — le psaume sans refrain et le psaume responsorial —, auraient interdit toute évolution et tout progrès du chant liturgique, tout accès à des formes supérieures d'élaboration et de complexité ; cela aurait constitué un frein à la créativité et à la recherche intellectuelles et musicales. Quant à la « passivité » des fidèles, ce n'est qu'un poncif anachronique.

---

1. E. MONETA CAGLIO, « Lo jubilus », p. 14-16 et 184-212.
2. Par ex., V. SAXER, « Le culte chrétien au IVᵉ siècle », p. 207 ; A. ANGENENDT, « Missa specialis. Zugleich ein Beitrag zur Entstehung der Privatmessen », Frühmittelalterliche Studien 17 (1983), p. 185, Kaiserherrschaft und Königstaufe, Berlin, 1984, p. 45 et « Die Liturgie und die Organisation des kirchlichen Lebens auf dem Lande », dans : Cristianizzazione ed organizzazione ecclesiastica delle campagne nell'alto medioevo, I, Spolète, p. 1982, p. 176-178 (le Moyen Âge n'aurait rien compris au christianisme et l'aurait trahi).

L'œuvre propre de la « *Schola* » : le style de la « *Schola* ».

Les maîtres de la *Schola* romaine ont raccourci les psaumes sans refrain et les psaumes responsoriaux, créant ainsi simultanément les graduels et les traits ; les graduels et les traits anciens, c'est-à-dire ceux qui proviennent bien d'un ancien psaume (responsorial ou sans refrain) raccourci par la *Schola*, sont donc exactement contemporains : le psaume sans refrain est plus ancien que le psaume responsorial, mais leurs descendants, le trait et le graduel, sont nés en même temps, réélaborés par les mêmes hommes. La *Schola* a également créé de nouvelles pièces, nées directement sous la forme, réduite et ornée, du graduel et du trait : c'est le cas des graduels non psalmiques, qui ne proviennent évidemment pas d'un ancien psaume responsorial. Elle a en outre procédé au remaniement et à l'allongement des refrains des graduels, mettant ainsi fin à la *responsio* simple, telle qu'on la trouve par exemple dans le psautier de saint Germain. Par conséquent, dans les graduels, tels qu'ils se présentent aujourd'hui à nous dans les plus anciens manuscrits, l'élément le plus ancien est le verset, qui a été beaucoup moins remanié que le refrain ; c'est en tout cas vrai pour les graduels anciens, qui descendent d'un ancien psaume responsorial raccourci par la *Schola*. En revanche, dans le cas de graduels créés sur le tard par la *Schola*, comme nombre de graduels non psalmiques du sanctoral ou des messes votives et rituelles, il va de soi que le refrain et le verset sont contemporains.

Raccourcissant les anciens chants entre les lectures, sauf le cantique des Trois Enfants, qui doit être d'origine franque, la *Schola* en a considérablement développé l'ornementation [1]. Il faut sur ce point distinguer entre les anciens chants entre les lectures, dont la *Schola* hérita (traits et graduels anciens), de ceux qu'elle composa *ex novo* (graduels récents, principalement non psalmiques ; offertoires ; *Alleluia*, etc.). Les chants anciens proviennent du raccourcissement d'une ancienne psalmodie et consistaient donc à l'origine en une récitation proche de l'unisson, sur une corde

---

1. Dom J. CLAIRE, « Les psaumes graduels », p. 11-12 ; HUGLO, « Le répons-graduel », p. 68.

mère, les articulations du texte psalmique étant soulignées au moyen de vocalises, partant de la corde et y retournant au terme de leur arabesque, à la manière d'une ponctuation musicale. L'action de la *Schola* a consisté à ajouter à ces mélismes anciens, indispensables, un nombre de plus en plus grand de mélismes nouveaux, ne jouant plus de rôle de ponctuation, mais uniquement décoratifs. Le cas est net dans les pièces créées directement par la *Schola* : leurs mélismes ne servent plus à rien, sinon à embellir la mélodie. La *Schola* a donc libéré l'ornementation de son rôle traditionnel de ponctuation du texte[1].

Ces longs mélismes ornementaux ont une personnalité et une identité : ils sont en quelque sorte le « grand air » des chantres de l'époque, qui étaient sûrement célèbres dans toute la Ville pour leur virtuosité, comme en témoignent les mélodies parvenues jusqu'à nous ; les plus caractéristiques de ces vocalises pourraient être attribuées à l'un de ces maîtres anonymes dont la réunion formait la *Schola* romaine. Leur anonymat présent ne doit donc pas faire oublier qu'ils furent jadis célèbres pour être (par exemple) le morceau de bravoure de tel maître de la *Schola* de tel *titulus*. La *Schola* constitue donc une étape capitale dans le développement de l'art musical à Rome. Grâce à elle, la musique fut un peu moins l'*ancilla verbi* qu'elle avait été pendant les premiers siècles — fonction qui n'est nullement dévalorisante, bien au contraire, puisqu'elle a permis de très belles réussites, dont témoignent les traits. Il est parfois même possible de retrouver des bribes de répertoire local propre à l'ancienne *Schola* ou aux anciens solistes d'un titre, avant leur réunion dans la *Schola* romaine plénière. Il en est ainsi, par exemple, des liens mélodiques qui peuvent exister entre une pièce de la fête d'un saint et une pièce du carême qui est chantée quand la station se tient dans l'église dédiée au saint en question. De tels points de contact ne doivent rien au hasard et sont attribuables à la survivance d'un fragment d'ancien répertoire local ou micro-local, ayant surnagé dans le « grand

---

1. Dom J. CLAIRE, « La place traditionnelle du mélisme », p. 290-291 : plus le temps passe, plus le mélisme sort de la phrase (quittant la médiante et l'avant-dernière distinction logique du texte, c'est-à-dire les articulations traditionnelles) et rentre dans le mot (quittant la syllabe finale pour venir se placer sur l'accent tonique).

répertoire » unique après la réunion de tous les principaux solistes de la Ville.

Le « style de la *Schola* » se signale enfin par les longs et caractéristiques récitatifs de *torculus* qu'on trouve notamment dans les versets d'offertoires et d'*Alleluia*. Ils consistent simplement en de longues récitations *recto tono* en *MI*, bâties sur la répétition inlassable de *torculus* (neumes de trois notes, dont la deuxième est plus aiguë que les deux autres), procédé typiquement romain (mais aussi bénéventain, sous la forme de séries de *podatus*), inconnu du chant gallican et par conséquent rejeté par le grégorien.

L'action de la *Schola* ne s'est pas limitée à la messe ; il en est de même à l'office. Le psaume sans refrain de l'office fut réduit à un seul verset pour donner le verset des vêpres, tandis que le psaume responsorial de l'office était à son tour raccourci à deux versets (le minimum pour permettre la reprise du refrain, comme pour le graduel de la messe), prenant ainsi sa forme définitive, celle du répons prolixe de matines et du répons bref de saint Benoît[1].

Les offertoires ont un texte qui est généralement très centonisé : c'est une nouvelle façon d'utiliser le texte biblique, qui est désormais « digéré » et non plus utilisé comme un matériau brut[2]. Cela témoigne d'une nouvelle époque de l'exégèse *liturgique* (non de l'exégèse en général) des textes bibliques ; cela témoigne également de l'activité de la *Schola*, qui a assez librement découpé le texte psalmique des anciens psaumes sans et avec refrain, pour les transformer respectivement en trait et en graduel. Le procédé est encore plus accentué dans les offertoires, avec la différence que ces derniers, contrairement aux chants entre les lectures, sont nés directement sous la forme centonisée que nous leur connaissons. La plus ou moins grande centonisation d'une pièce peut fournir un élément de datation, à condition de noter que dans les genres centonisés, comme l'offertoire, les pièces non centonisées sont tardives ; c'est par exemple le cas de l'offertoire *Domine Iesu Christe* ; en revanche, dans les genres non centonisés, les pièces centonisées sont tardives ;

---

1. Dom J. CLAIRE, « Le cantatorium romain », p. 57-59 (*versus* du mode de *RÉ*) et 71-72 (*versus* du mode de *DO*) ; « Le répertoire grégorien de l'office », p. 34-35 (répons de matines).
2. Dom DUBOIS, « Comment les moines », p. 262 et 288-291.

c'est le cas d'un certain nombre de graduels. Le degré de
centonisation d'une pièce n'a donc pas de signification en
soi et ne doit pas être utilisé de manière systématique.

La *Schola* a également introduit certaines pièces non psalmiques, comme par exemple les très caractéristiques offertoires en *RÉ*. L'intervention des professionnels de la *Schola*
a donc fait reculer la part de la psalmodie et des chants
psalmiques en assouplissant le quasi-monopole qu'exerçait le
psautier depuis les origines.

La *Schola* a enfin répandu (mais non introduit) la modalité
de *RÉ* à Rome. Il s'agit principalement des *cantica* en *RÉ*,
des traits du deuxième mode, des graduels en II A (et des
autres graduels en *RÉ*), des *Alleluia* du timbre de *RÉ* (ainsi
que les autres *Alleluia* en *RÉ*) et des offertoires, introïts et
communions en *RÉ*. La modalité de *RÉ* est inconnue des
couches les plus anciennes de la liturgie de Rome, c'est-
à-dire les antiennes de l'office férial ; cette modalité est donc
d'origine extra-romaine [1]. C'est confirmé par le fait que les
régions non romaines, et notamment la Gaule, affection-
naient cette corde modale, phénomène que ne changea pas
l'arrivée du chant romain en Gaule : les pièces grégoriennes
qui ne font pas partie du « répertoire authentique », c'est-
à-dire celles qui ne proviennent pas de Rome et qui ont été
composées en Gaule, entre la seconde moitié du VIIIᵉ et la
fin du IXᵉ siècle, sont très souvent en *RÉ* : malgré l'arrivée
du répertoire romain, ces régions ont continué à composer
en utilisant leur « mode national ». La présence de pièces en
RÉ dans le répertoire romain peut donc être considérée
comme une influence étrangère.

De quand date cette influence ? Seule la *Schola* romaine
peut avoir été responsable de la diffusion de cette nouveauté ; tandis que l'alternance entre le soliste et les fidèles
interdisait toute innovation de ce type, les fidèles n'étant pas
des professionnels et n'étant par conséquent capables que
de répéter des formes bien connues (les non connaisseurs
sont toujours plus conservateurs que les spécialistes), l'alternance nouvelle entre artistes, à l'intérieur de la *Schola*, permettait en revanche de rompre avec les formes tradition-

---

1. Dom J. CLAIRE, « Les répertoires liturgiques latins », p. 52 et 87 (par exemple) ; « La psalmodie responsoriale antique », p. 14 s. ; « La musique de l'office de
l'avent », p. 653-654.

nelles en introduisant des pièces et un mode nouveaux, chose facile pour ces professionnels cultivés qui devaient, au rebours des fidèles, être friands de curiosités et d'exotisme. La *Schola* romaine n'a pas « importé » les pièces en *RÉ* qu'on trouve dans le répertoire romain : les plus anciennes d'entre elles appartenant à des timbres, il a suffi d'en introduire une seule puis d'en créer de nouvelles sur le même modèle. Comme ces timbres sont très stéréotypés, il est impossible de retrouver aujourd'hui cette pièce qui a servi de patron pour toutes les autres. D'autres pièces, plus récentes, appartiennent également à des timbres, comme les *Alleluia* en *RÉ* du type *Dies sanctificatus*; l'archétype de la série doit avoir été importé à Rome par la *Schola*. Il existe enfin des pièces en *RÉ* qui ne font partie d'aucun timbre ; dans ce dernier cas, soit elles ont été copiées individuellement (comme c'est vraisemblablement le cas du cantique des Trois-Enfants), soit les maîtres de la *Schola* ont imité la structure modale générale de ce type de compositions.

LES DONNÉES DE LA LITURGIE : L'ORAISON « SUPER OBLATA » ET LA PROCESSION DE L'OFFRANDE

La procession de l'offrande n'est pas primitive, de même que n'est pas primitive l'idée d'une offrande, par les fidèles, de la matière du sacrifice[1] ; elle est pratiquement absente des écrits des Pères ; les rares exceptions, Justin et Irénée, ne considèrent pas cette oblation comme un acte liturgique et ne lui attribuent aucune valeur sacrificielle[2]. L'idée de proposer aux fidèles d'offrir les oblats destinés à être consacrés au cours du canon est plus tardive, et l'idée d'accompagner le tout à l'aide d'un chant l'est plus encore.

L'offertoire primitif, à Rome, ne comprenait que l'oraison *super oblata*, notre secrète ; en revanche, en dehors de Rome, la situation était plus complexe ; c'était notamment le cas

---

1. Bibliographie dans W. PETKE, « Von der klösterlichen Eigenkirche zur Inkorporation in Lothringen und Nordfrankreich im 11. und 12. Jahrhundert », *RHE* 87 (1992), n. 143 et 186.

2. Voir COPPENS, « Les prières », p. 185-196 et « L'offrande des fidèles », p. 106-113 ; CLARK, « The Function ».

en Gaule franque, qui y fit un certain nombre d'ajouts, avec lesquels on a été beaucoup trop sévère, entre le VIᵉ et le XIᵉ siècle [1].

Il est difficile de savoir à quoi servait exactement le chant de l'offertoire. Pour le savoir, les documents les plus anciens, les *Ordines Romani* I et IV, ne remontent qu'à la fin du VIIᵉ siècle. En effet, la prétendue *Tradition apostolique*, compilation anonyme attribuée, sur des bases très fragiles, à un Hippolyte dont nous ne savons pas s'il s'agit du martyr romain, de l'évêque oriental homonyme ou de plusieurs anonymes, n'est vraisemblablement pas d'origine romaine. Par surcroît, elle ne connaît pas encore de chant d'offertoire. Or, les *Ordines Romani* sont témoins d'une situation déjà très évoluée. Il n'est cependant pas possible de retracer l'évolution qui a précédé. L'idée d'un développement harmonieux de l'offertoire romain, de la *Tradition apostolique* aux *Ordines Romani*, n'est qu'une reconstruction arbitraire qui simplifie considérablement la complexité de la situation en présentant la *Tradition apostolique* comme un document romain, alors qu'il s'agit en réalité de la reconstitution faite par D. Botte d'une compilation dont nous ne connaissons ni le ou les auteurs, ni le lieu d'origine, ni la date exacte.

Le plus sage est donc de s'en tenir aux *Ordines Romani*, et aux seuls *Ordines Romani* véritablement romains, c'est-à-dire essentiellement les *Ordines Romani* I et IV [2]. On nous reprochera peut-être de ne considérer que la seule messe papale [3] ; l'offertoire romain était sans doute moins élaboré en l'absence du pape [4]. La liturgie que nous étudions est

---

1. Il est abusif de réduire ces oraisons à de simples apologies, car ce terme désigne plutôt, de façon très péjorative, les *contestationes* qu'on trouve dans les sacramentaires gallicans (déjà en partie romanisés), comme par exemple le *Missale gothicum*. Voir A. NOCENT, « Les apologies », p. 187-188.

2. Démonstration de leur caractère romain dans MARTIMORT, *Les « Ordines », les ordinaires*, p. 21, 26 s.

3. Sur les différentes zones liturgiques de Rome (liturgie papale, liturgie des titres et liturgie des *coemeteria* suburbains), CHAVASSE, *Le Sacramentaire*, p. 75-77, « Le sermon prononcé », p. 52, « L'évangéliaire romain de 645 », p. 49 et « À Rome, l'envoi », p. 8 ; CAPELLE, « Le vendredi saint », p. 106 ; FRÉNAUD, « Le culte de Notre Dame », p. 174 ; KENNEDY, *The Saints*, p. 169.

4. En tout cas, il existait bien, à toutes les messes (sauf aux féries aliturgiques, bien évidemment), quel que soit le célébrant. La question du *fermentum* a fait naître toutes sortes de théories exagérées, en vertu desquelles les prêtres titulaires, recevant le *fermentum* envoyé par le pape, auraient célébré des messes sans offertoire ni canon et, par voie de conséquence, sans consécration, rendue inutile par l'envoi d'espèces déjà consacrées ; voyez par exemple NAUTIN, « Le rite du *fermentum* » et

celle de la ville de Rome, donc celle de son évêque, le pape, en tout cas depuis qu'il peut réunir une assemblée plénière des fidèles de sa ville dans un édifice unique, c'est-à-dire depuis la construction des grandes basiliques constanti-niennes. La liturgie des évêques suburbicaires ou des prêtres des *tituli* et des *coemeteria* ne saurait en effet sérieusement passer pour plus romaine que celle du pape ; elle n'en est d'ailleurs qu'une forme simplifiée. La liturgie papale n'est pas une amplification de celle des *tituli* ; c'est celle des *tituli* qui est une réduction de celle du pape. Les autres formes de cette liturgie n'en sont que des simplifications ou des versions contaminées par l'arrivée à Rome d'usages francs ou d'autres provenances. Il nous semble donc légitime de nous fonder sur ces descriptions de la seule liturgie du pape, car c'est la plus romaine de toutes. D'autre part, cette plu-ralité liturgique ne vaut pas pour le chant : le répertoire musical romain était le même pour tous, pape, évêques suburbicaires, prêtres titulaires et clergé des basiliques *extra muros*, même si l'*Ordo Missae* pouvait être parfois un peu différent selon les endroits, variant selon la personne et la dignité du célébrant.

Or, dès les *Ordines Romani (OR)*, l'offertoire est formé de plusieurs éléments, répartis entre l'*Oremus* qui suit la lecture de l'Évangile — qui n'est plus suivie d'aucune oraison des fidèles, puisque le pape va *statim* chercher les oblats (*OR* I, n° 69) — et le *per omnia secula seculorum* qui précède la Pré-face. Les *Ordines Romani* I et IV présentent ainsi son déroul-lement [1] : l'*Oremus* met fin à l'avant-messe (*OR* I, n° 69) ; le pape accomplit alors le *Lavabo* (*OR* IV, n° 36) et va cher-cher les offrandes en commençant par celles des hommes (*OR* I, n° 69 et IV, n° 38). C'est à ce moment que la *Schola* commence à chanter l'offertoire (*OR* IV, n° 38). Il va ensuite

---

SAXER, « L'utilisation par la liturgie », p. 928-930 et 1067. Il semble qu'on ait confondu consécration avec rite d'affirmation de la communion avec l'évêque de Rome : le *fermentum* servait à affirmer cette unité, non à consacrer le pain et le vin. Ces vues de l'esprit ont été réfutées par Ch. PIETRI, « Religion savante », p. 24, « Histoire, culture », p. 20 et « Régions ecclésiastiques », p. 1067 ; de même, CHA-VASSE, « À Rome, l'envoi de l'Eucharistie », p. 24, n. 13 et HAMMAN, « Valeur et signification », p. 107, n. 1 ; LAMPE, *Die stadtrömischen Christen*, p. 306, 337 et n. 106 (contre la notion de *Zentralgottesdienst* appliquée à une période trop ancienne).

1. Éd. ANDRIEU, *Les OR*, t. II, Louvain, 1948. Les passages qui nous intéressent se situent aux p. 91-95 (*OR* I) et 160-163 (*OR* IV).

chercher celles des femmes (*OR* I, n° 75 et IV, n° 41), après quoi il retourne s'asseoir (*OR* I, n° 76 et IV, n° 42) ; l'archidiacre et les diacres accomplisssent à leur tour le *Lavabo* (*OR* I, n° 77 et IV n° 44). Le pape monte alors à l'autel, sur lequel ont été déposés les oblats (*OR* I, n° 77-82 et IV, n° 49), on fait signe à la *Schola* d'arrêter le chant (*OR* I, n° 85-86 et IV n° 51) : la Préface commence (*OR* I, n° 87).

Le moment de la récitation de la *super oblata* n'est pas indiqué ; en théorie, il doit se situer juste avant le *per omnia secula seculorum* qui la conclut, donc tout à fait à la fin de l'offertoire. La procession est celle du clergé, non celle des fidèles ; à Rome, c'est en effet le clergé qui se déplace pour aller chercher les offrandes, non la foule qui vient les apporter.

Ces deux textes nous livrent la raison d'être du chant de l'offertoire. Le point important est en effet de savoir à quel moment précis la *Schola* commence à chanter et à quel moment elle s'arrête. L'*Ordo Romanus* I n'indique que le moment où elle doit s'arrêter (n° 85-86) : quand les oblats, une fois recueillis des mains des fidèles par le pape et par l'archidiacre et les diacres, sont portés sur l'autel. La séquence finale de l'offertoire semble donc être : le dépôt des oblats sur l'autel (1), la fin du chant (2), la récitation de la *super oblata* dans le silence complet, la *Schola* ayant cessé de chanter l'offertoire (3) puis la Préface. Le pape fait signe au maître de la *Schola* qu'il est temps de s'arrêter ; on procède de la même façon pour l'introït et la communion, ce qui est normal : tous ces chants accompagnent des actions liturgiques. Le moment où la *Schola* commence à chanter est plus difficile à découvrir, puisque l'*Ordo Romanus* I n'en dit rien. L'*Ordo Romanus* IV pallie heureusement cette lacune (n° 38) : l'offertoire commence dès que le pape se lève pour aller chercher les offrandes des fidèles ; il semble donc que cette pièce servait à accompagner tout le temps que mettait le clergé pour aller chercher les offrandes des fidèles, les rapporter et les installer sur l'autel. Le pape ne recevait pas lui-même les offrandes de tous les fidèles, hommes et femmes : il se contentait, symboliquement, de recevoir les premières, de chaque côté de la nef, puis laissait à son clergé le soin de s'occuper du reste et revenait s'asseoir. Le clergé qui entourait le pape était nombreux et, au Latran au moins, il existait sept autels d'argent conçus spécialement dans le but de recevoir les oblats, un seul autel ne suffisant plus.

Un bon nombre d'offertoires (notamment leurs versets) utilisent un petit nombre de mélodies stéréotypées qui relèvent d'un style mélodique aisément reconnaissable entre tous et qui semble avoir été l'apanage de la *Schola* romaine, style marqué par la répétition inlassable d'un petit nombre de cellules mélodiques, indifféremment au texte. L'une des caractéristiques des chants anciens est de refuser toute forme d'expressivité : la mélodie ne décrit pas, ne mime pas le texte, n'en accompagne pas le sens. C'est une belle marque d'archaïsme. Le chant grégorien, en revanche, plus moderne et plus proche de nos critères actuels, est un chant beaucoup plus expressif. Quoi qu'il en soit, ces mélodies romaines stéréotypées sont très proches d'une simple récitation de type psalmodique et peuvent aisément s'adapter à tous les versets d'un psaume, quel que soit le texte ou sa signification. Dans les grandes circonstances ou dans les cas de grand concours de peuple, aux principales fêtes, on pouvait donc aisément allonger le chant à l'aide de ces « chevilles musicales ».

Le dépôt solennel des oblats sur l'autel, attesté par les *Ordines Romani*, semble être né de la construction des grandes basiliques constantiniennes qui, pour la première fois, permirent à l'évêque de Rome de réunir en assemblée plénière l'ensemble de ses fidèles. Cette innovation architecturale que fut l'adaptation de la basilique, jusque-là édifice judiciaire, commercial ou religieux, aux nécessités du culte et de la liturgie des chrétiens, a-t-elle pour autant suggéré l'idée d'une procession solennelle de l'oblation ? Le dépôt des oblats sur l'autel est attesté par la liste des donations faites par Constantin aux nouvelles basiliques chrétiennes dont il venait d'entreprendre la construction, qui nous a été conservée par la notice de Silvestre dans le *Liber pontificalis*[1]. Elle prévoit sept autels d'argent pour le Latran, s'ajoutant à l'autel majeur *(altaria VII ex argento purissimo)* qui ne pouvaient guère servir à autre chose qu'à la proces-

---

1. *LP*, t. I, p. 172 ; voir KLAUSER, « Die Konstantinischen Altäre », p. 181 et « Das Querschiff », p. 264-267 ; U. SÜSSENBACH, *Christuskult und kaiserliche Baupolitik bei Konstantin*, Bonn, 1977, p. 51-54 ; PIETRI, *Roma christiana*, t. I, p. 105 et « La conversion de Rome », p. 236 ; S. DE BLAAUW, *Cultus et decor*, Delft, 1987, p. 65-67 et « Architecture and Liturgy in Late Antiquity and the Middle Ages », *ALW* 33 (1991), p. 29.

sion de l'offrande ou au simple dépôt des oblats. Il n'est donc pas certain qu'on ait cherché à tirer parti des nouvelles facilités qu'allait donner cette modification de la nature des lieux de culte. La liste de donations ne prévoit de tables d'autels supplémentaires que pour la seule basilique du Latran, la cathédrale de Rome, le *patriarchium*. Que signifie cette préférence ? Certes, on sait que le compilateur du *Liber pontificalis* a abrégé à plusieurs endroits la liste de donations, mais là n'est certainement pas la solution. Cela ne signifie pas forcément que la cérémonie de l'offrande était propre à la seule liturgie du pape, mais simplement que le Latran était l'endroit où le pape réunissait tous les fidèles en un seul lieu, ce qui n'arrivait pas dans les autres basiliques, car la liturgie stationnale n'existait pas encore.

Nous ne pensons donc pas que la construction des basiliques constantiniennes ait facilité l'introduction d'un rituel solennel emprunté au cérémonial aulique [1]. Il est en effet peu probable qu'on ait conçu l'idée d'instituer une procession des oblats lors de l'annonce de la décision prise par Constantin de donner aux chrétiens des basiliques qui leur seraient propres. L'antériorité du rite nous semble plus vraisemblable : ce genre de conception vient de loin et ne s'improvise pas ; il repose en effet non sur des notions de décorum, mais sur une certaine théologie, laquelle ne s'élabore pas du jour au lendemain. Si l'on porte solennellement les offrandes à l'autel, ce n'est pas par goût de la pompe ou des déploiements de faste, ni à cause d'une imitation du cérémonial impérial dû à une prétendue « *Einreihung der Bischöfe in das spätrömische Rangklassensystem* [2] », mais c'est par analogie avec le culte que les anges rendent à Dieu dans le ciel, autour de son trône, et cela afin que le culte terrestre soit à l'image du culte céleste : tout cela repose sur des fondements théologiques, non sur des considérations de mise en scène. On objectera sans doute que les lieux de culte chrétiens, avant Constantin, se prêtaient peu à une grande procession, en raison de leur exiguïté. En réalité, les petites

---

1. Ch. PIETRI, « Damase évêque », p. 50.
2. Cette idée fausse exposée par Th. KLAUSER (*Der Ursprung der bischöflichen Insignien und Ehrenrechte*, Krefeld, 1949), largement vulgarisée, a été réfutée par E. JERG, *Vir venerabilis*, Vienne, 1970, p. 35-45. Voir M. HEINZELMANN, dans : F. PRINZ (éd.), *Herrschaft und Kirche. Beiträge zur Entstehung und Wirkungsweise episkopaler und monastischer Organisationsformen*, Stuttgart, 1988, p. 33.

domus ecclesiae qu'on avait cru découvrir sous certains titres romains ne sont pas des églises, mais seulement des maisons de rapport, voire de simples bazars. Rien n'empêchait les chrétiens de Rome de louer de grands édifices pour la célébration hebdomadaire de leur culte, sauf en temps de persécution, bien entendu ; mais alors, le problème ne se posait plus, puisque le culte — qui est un culte public — était suspendu, étant rendu impossible par les menées policières. On semble parfois concevoir le culte chrétien, antérieurement à la construction des basiliques constantiniennes, sur un mode misérabiliste : en 313, les chrétiens seraient sortis des catacombes pour occuper brusquement les palais. C'est inexact ; la communauté chrétienne de Rome n'a pas attendu Constantin pour célébrer son culte dans de vastes bâtiments, dignes d'être le lieu de grandes célébrations ; elle en avait les moyens financiers et la possibilité juridique [1]. Simplement, il n'en reste rien, en raison des confiscations et des destructions. On a abusivement extrapolé le cas de l'« église » de Doura Europos, qui apparaît aujourd'hui comme peu représentative [2]. Constantin n'a fait que donner aux chrétiens des bâtiments permanents, privés et officiels, rien de plus.

Ainsi, d'une façon comparable à la procession de l'offrande, la création d'un chant nouveau n'est pas liée à l'intervention de l'empereur Constantin, puisqu'il a fallu attendre longtemps pour qu'on crée un nouveau genre liturgique ; on ne peut donc pas parler d'« Église constantinienne » pour le chant liturgique. Le changement de cadre de la liturgie n'a pas entraîné immédiatement de modification dans le nombre et la nature des chants de la messe. La Paix de l'Église semble n'avoir rien changé aux formes extérieures du culte divin, au moins sur le plan musical. La liturgie se révèle avoir été plus conservatrice que l'architecture. La procession de l'offrande, au Latran, avec ses sept tables d'autel, eut lieu en silence jusqu'à la fin du Vᵉ siècle. L'histoire architecturale et l'histoire de la musique n'évoluent pas de conserve ; tandis que les lieux de culte étaient nouveaux

---

1. MEEKS, *The First Urban Christians*, p. 52, 73 ; DE VISSCHER, « Le régime juridique », p. 273 ; W. WISCHMEYER, *Von Golgatha zum Ponte Molle*, Göttingen, 1992, p. 80-82.

2. PIETRI, « Recherches sur les *domus ecclesiae* », p. 4 ; GUTMAN, « Early Synagogue », p. 1334.

— de vastes basiliques, permettant pour la première fois à l'évêque de Rome de réunir tous ses fidèles —, la liturgie avait conservé ses formes traditionnelles, conformément à la nature du culte divin, indifférent aux modes et au décorum.

LES ÉVOLUTIONS ULTÉRIEURES

L'ajout des versets et leur suppression.

L'étude de la mélodie des versets montre qu'ils ne sont pas primitifs. De fait, les *Ordines Romani* font bien la distinction entre l'*offertorium* d'une part et les *versus* de l'autre, comme par exemple dans la formule : *cum versibus suis.* L'ajout des versets pourrait être contemporain de la mise en place des vêpres festives de Pâques et des deuxièmes et troisièmes versets des *Alleluia* qui s'y trouvent. Il existe plusieurs manières de montrer que les versets des offertoires sont plus récents que les *offertoria.* L'étude du texte montre d'abord que les versets posent davantage de problèmes que l'*offertorium.* Ils sont en effet à la fois plus centonisés, parfois à la diable, et portent davantage de variantes textuelles entre chant romain et grégorien, alors que les *offertoria*, sauf exception, ne posent guère ce genre de problèmes. Il arrive par surcroît que les versets corrigent une erreur commise dans l'*offertorium*, ce qui prouve bien qu'ils sont plus récents que lui. Il peut s'agir d'une faute de grammaire, comme dans l'offertoire *Iustitie Domini.* Les centonisateurs avaient eu en effet la main un peu lourde. Le refrain qu'ils avaient composé par centonisation commence avec un substantif au féminin *(iustitie)*, sujet de la phrase, mais se termine avec un adjectif au neutre *(dulciora)* : « Iustitie *Domini rectae laetificantes corda* [... *iudicia Domini vera...*] * *et* dulciora *super mel et favum.* »

Pour fabriquer ce refrain, ils ont en effet supprimé toute une partie du psaume 18, c'est-à-dire la seconde moitié du verset 9 *(praeceptum Domini lucidum inluminans oculos)*, tout le verset 10 *(timor Domini sanctus permanet in saeculum saeculi iudicia Dei vera iustificata in semetipsa)* et la première moitié du verset 11 *(desiderabilia super aurum et lapidem pretiosum multum).* Ils ne se sont pas aperçu tout de suite qu'à cause de la suppression de *iudicia* (v. 10), leur refrain passait du féminin *(iustitie)* au neutre *(dulciora)* et que cet adjectif neutre *dulciora* final (qui se rapportait à *iudicia,* disparu dans la centonisation) devenait ainsi fautif, puisqu'il ne s'accordait nullement avec le substantif *iustitiae.* Les chantres ont corrigé leur erreur dans le premier verset, où ils ont ajouté *et iudicia...,* afin de rétablir le neutre.

Tous les chants des messes à Sainte-Croix de Jérusalem font une allusion à Jérusalem. Or, dans l'offertoire *Laudate Dominum quia,* du quatrième dimanche du carême, l'allusion ne vient que dans le troisième et ultime verset *(benedictus Dominus ex Sion),* preuve qu'on n'a réparé que tardivement cette absence, ce qui semble indiquer que l'*offertorium* a été composé avant le choix de la station à Sainte-Croix et que les versets sont venus tardivement.

Il existe enfin des offertoires sans versets et des offertoires qui se partagent les mêmes versets. C'est notamment le cas des trois offertoires des vierges, *Diffusa est, Offerentur* et *Filie regum,* qui utilisent tous le psaume 44. De même, *Confessio et pulchritudo* partage ses versets avec *Letentur celi,* et *Desiderium anime* avec *In virtute tua.* Ces exemples indiquent bien que la tradition des versets est moins fixe, donc plus récente, que celle des *offertoria.*

Il existe un certain nombre d'indices concordants dans le domaine des mélodies. D'une part, les chantres francs qui ont composé les offertoires grégoriens ont le plus souvent refusé les mélodies romaines des versets, ce qui indique que la tradition était sur ce point-là encore insuffisamment fixée. Ils n'ont en revanche fait aucune difficulté pour accepter les mélodies romaines des *offertoria,* qui étaient sans doute beaucoup mieux fixées, étant entrées dans l'usage depuis plus longtemps. Par surcroît, plus on avance dans les versets, plus les compositeurs romains renoncent à employer de véritables mélodies originales. Ce qui distingue principalement les versets des offertoires romains de leurs correspondants grégoriens, c'est en effet l'emploi d'un petit nombre de formules stéréotypées, indifférentes à la teneur du texte, et donc entièrement inexpressives. On nomme *Gestaltvariation* cet archaïque procédé de récitatifs ornés, dont une des formes, le *Vesperstil,* était commune à d'assez nombreux versets d'offertoires ainsi qu'à quelques *Alleluia* supposés

« grecs » (mais en réalité bien romains) qui la leur ont empruntée[1]. C'est une des raisons pour lesquelles ces mélodies romaines tardives sont inexpressives et indifférentes au sens du texte chanté, ce qui les oppose nettement aux mélodies grégoriennes, toujours vigilantes dans ce domaine. C'est également ce qui explique en partie que les chantres francs les aient rejetées.

L'ajout des versets fit regarder l'*offertorium* comme un refrain (ce qu'il n'était pas à l'origine) ; mais comme il était souvent trop long et trop orné, la tradition franque préféra n'en reprendre entre chaque verset qu'une partie seulement, souvent la seconde moitié ou la fin ; cette partie de l'*offertorium* se nomme réclame ; on parle donc de reprise du « refrain » (c'est-à-dire l'*offertorium* !) *a latere*. Le grégorien aligna donc l'*offertorium* sur le modèle des répons brefs (repris *a latere* dès les origines), lui faisant ainsi subir la même évolution qu'aux répons prolixes (d'abord *a capite*). L'arrivée du chant grégorien à Rome entraîna l'adoption du principe de la reprise *a latere*, non sans difficultés, qui sont souvent restées nettement inscrites dans la centonisation des textes comme dans la forme des mélodies. Cette réclame, n'étant pas primitive à Rome, est fréquemment l'occasion de désaccords entre manuscrits[2]. La discipline de la reprise *a latere* n'est donc pas primitive ; sur un plan plus général, le P. Jousse a montré que l'idée même de reprendre un texte depuis le début (discipline *a capite*, primitive à Rome) était une marque propre de la tradition orale, donc un indice d'ancienneté[3]. Tout concorde donc.

UN NOUVEAU CADRE LITURGIQUE : LA STATION

L'étymologie du mot *statio* et l'origine des antiques synaxes fériales du mercredi et du vendredi ont été évoquées

1. Voir BERNARD (« Les versets des *Alleluia* et des offertoires », dans MeS 3 (1995), p. 5-40 où la question est étudiée en détail.

2. Dom J. CLAIRE, « Le répertoire grégorien de l'office », p. 35-43 ; LE ROUX, « Les répons *de psalmis* », p. 130 ; HUGLO, « Les remaniements de l'antiphonaire », p. 98 et « Trois livres manuscrits », p. 273.

3. *Le Style oral*, p. 64 et *L'Anthropologie du geste*, t. I, p. 258.

à propos des psaumes sans refrain en *DO*. Il reste à montrer comment ce système a évolué pour se transformer en une sorte de liturgie itinérante, destinée à matérialiser l'unité de l'Église locale autour de son pasteur. Cette organisation présuppose la multiplication des lieux de culte, c'est-à-dire des *tituli*. Elle n'a donc pu être mise en place qu'après l'achèvement du réseau constitué par ces derniers, vraisemblablement sous le pape Hilaire[1] († 468) : sa notice dans le *Liber pontificalis* lui attribue avec vraisemblance la constitution d'une vaisselle liturgique *(ministeria)* propre à la liturgie stationnale[2], et le titre de Saint-Silvestre (qui est un édifice distinct du *titulus Equitii*) est exclu de la station[3] ; il n'est en effet devenu station du quatrième jeudi du carême que sous Grégoire II au plus tôt. Or, cette église a été restaurée par Symmaque, l'un des successeurs immédiats d'Hilaire[4]. Si la liste stationnale n'avait pas déjà été close à l'époque de Symmaque, ce dernier l'y eût certainement fait figurer, puisqu'il venait de lui donner un nouveau lustre. Cela nous renvoie donc à l'un de ses prédécesseurs, qui peut être Hilaire. La basilique de Saint-Étienne-le-Rond *(in Macello)*, sur le Coelius, qui a été fondée par Simplicius[5], est depuis l'origine station du cinquième vendredi du carême ; la liste stationnale paraît donc avoir été parachevée aux alentours de 468. Charles Pietri estimait vraisemblable que la décision d'étendre la liturgie stationnale aux grandes basiliques *extra muros* ait été prise par saint Grégoire[6]. S'agit-il cependant encore de la station, au sens premier (et véritable) de réunion plénière des fidèles de l'*Urbs* tout entière ? Ce n'est pas certain. Cette extension est à l'imitation de la station mais se distingue de la station proprement dite, puisque seuls les

---

1. CHAVASSE, « Les grands cadres de la célébration », p. 14 ; PIETRI, « Régions ecclésiastiques », p. 1055. Sur l'organisation des *tituli* et l'évolution de leur clergé à l'époque de saint Grégoire, PIETRI, « Clercs et serviteurs laïcs », p. 108-110.
2. *LP*, t. I, p. 244 : « *In Urbe vero Roma constituit ministeria qui circuirent constitutas stationes.* »
3. Ch. PIETRI, *Roma christiana*, t. I, p. 18 ; GEERTMANN, *More Veterum*, p. 106, 113 ; CALLEWAERT, « La durée et le caractère », p. 495 ; A. CHAVASSE, « L'organisation stationnale », p. 31.
4. *LP* I, p. 188, n. 4. Le bâtiment qui a été mis au jour sous cette église n'est pas une *domus ecclesiae*, mais plutôt une sorte de bazar : Ch. PIETRI, « Recherches sur les *domus ecclesiae* », p. 11.
5. *LP*, t. I, p. CXL et 249, n. 1 ; KRAUTHEIMER, « Santo Stefano », p. 74 ; PIETRI, « Régions ecclésiastiques », p. 1038.
6. « La Rome de Grégoire », p. 28.

volontaires se rendent (en quasi-pèlerinage) dans ces basiliques, parfois assez éloignées des remparts de Rome et qui
n'avaient pas de clergé propre, n'étant que des *coemeteria*,
non des églises véritables dans lesquelles on célébrait régulièrement l'Eucharistie.

La station était également liée aux sept régions ecclésiastiques — les *tituli* sont en revanche à l'origine entièrement
indépendants du découpage en régions [1] —, puisque chacune
de ces régions devait fournir des clercs pour assister le pape,
à tour de rôle, pour la liturgie stationnale. Ces sept régions
existaient cependant bien avant la création de cette organisation liturgique itinérante. Quand le clergé d'une région
assistait l'*apostolicus* en vertu de ce tour de rôle, ce dernier
n'envoyait pas de *fermentum* dans cette région et on n'y célébrait pas la messe ce jour-là, même après le retour dudit
clergé. Cela eût en effet constitué une tâche trop lourde pour
ceux dont c'était le tour de service.

Ainsi, le pape quitte le *patriarchium* ou Saint-Pierre pour
célébrer dans chacun des titres (à quelques exceptions près [2])
à tour de rôle, selon un ordre qu'on ne peut expliquer à
l'aide de schémas systématiques. On peut seulement dire
qu'il existe une différence entre les stations basilicales (pour
les grandes fêtes et les dimanches du carême) et les stations
dans les simples *tituli* (pour les féries du carême) et que
l'ordre de succession des stations basilicales des dimanches
du carême et de ses trois semaines d'anticipation répond à
une logique claire, mais sans doute pas primitive. En tout
cas, ce n'est pas une « organisation pastorale [3] », car les titres (contrairement aux basiliques cimitériales *extra muros*)
étaient distribués dans Rome au hasard des donations et des
possibilités des évergètes — évergétisme impérial au départ
puis, les largesses publiques s'amenuisant, évergétisme aris-

---

1. Pietri, « Régions ecclésiastiques », p. 1046 s.

2. Callewaert, « La durée et le caractère », p. 495 : trois églises romaines seulement ne sont pas (plus) utilisées pour la station : Saint-Martin *ai monti*, Sainte-
Praxède et Sainte-Marie du Transtévère. Pour cette dernière, il faut cependant
ajouter qu'elle a très vraisemblablement été la station du deuxième dimanche du
carême, avant qu'il ne devienne *vacat* à cause du rattachement des Quatre-Temps
de mars à la première semaine du carême. Les deux autres églises étaient primitivement station des mercredis et des vendredis des Quatre-Temps. Callewaert avait
vu que les Quatre-Temps avaient supprimé ces trois stations.

3. Chavasse, « L'organisation stationnale du carême », p. 17-32 et « À Rome, au
tournant du Ve siècle », p. 28.

tocratique[1] —, donc très irrégulièrement, des quartiers entiers *(rioni))* en étaient dépourvus, tandis que certains autres en possédaient plusieurs, fort proches l'un de l'autre. Il est donc impossible de parler de « quadrillage », comme le fait A. Chavasse. Il est également inexact de supposer que les stations de la semaine de la Quinquagésime sont plus périphériques que les autres en raison du caractère tardif (VIᵉ siècle ?) de cette semaine ; on voit mal en effet pour quelle raison les stations anciennes se seraient concentrées dans le centre de Rome, puisque les chrétiens n'y avaient pratiquement aucun lieu de culte (le sol appartenait à l'État et sa donation aurait provoqué des difficultés administratives[2]) et puisqu'en outre les chrétiens eux-mêmes, comme la plupart des païens, n'habitaient pas dans le centre de Rome mais plutôt sur les collines et à la périphérie.

Par surcroît, cette analogie avec certaines pratiques et un certain vocabulaire modernes est un pur anachronisme. Les papes avaient en effet mis en place cette liturgie, non dans le désir de se montrer à leurs fidèles et d'être ainsi « plus proches d'eux », mais pour affirmer qu'ils étaient l'unique pasteur de l'Église locale de Rome, par-delà la multiplicité des prêtres qui offraient le sacrifice dans chacun des *tituli* : ce n'était pas du spectacle, mais de l'ecclésiologie.

Le fermentum.

Le véritable but était en effet de marquer encore davantage l'unité de l'Église locale de Rome en rassemblant autour du pape l'ensemble de son clergé et des fidèles, dans chacune des églises de Rome, à tour de rôle[3]. Naturellement, l'affluence était plus grande les dimanches qu'en semaine, pendant le carême, raison pour laquelle les stations fériales se tenaient dans les petits *tituli*. On y avait du reste pensé très tôt et cela semble avoir été l'un des principaux traits distinctifs de l'ecclésiologie de l'Église fondée par saint

---

1. Pietri, *Roma christiana*, t. I, p. 558-559 ; « Donateurs et pieux établissements », p. 443 ; « Aristocratie et société cléricale », p. 417 ; « La conversion de Rome », p. 231.

2. Ch. Pietri, « Régions ecclésiastiques », p. 1042. Ce n'est donc pas par crainte de choquer les païens.

3. Chavasse, « Les célébrations eucharistiques », p. 72 ; Coebergh, « Le sacramentaire gélasien », p. 45-88.

Pierre ; l'institution précoce du *fermentum* en témoigne, puisqu'elle va exactement dans le même sens.

La décrétale *Si instituta* du pape Innocent Ier à Decentius de Gubbio (19 mars 416)[1] atteste pour la première fois l'envoi de parcelles consacrées par le pape au clergé des titres *intra muros* (le clergé des basiliques suburbaines n'étant pas concerné), dans le but de montrer que les prêtres qui, le dimanche, célèbrent la messe dans leur titre et ne vont pas assister le pape, sont cependant bien en communion avec lui (« *ut se a nostra communione maxime illa die* [le dimanche] *non iudicent separatos* »)[2]. Il est difficile de faire remonter cette institution beaucoup plus haut ; il nous semble en tout cas impossible de la faire remonter à la lettre, conservée par Eusèbe (*HE* V, XXIV, 14-17)[3], envoyée par Irénée au pape Victor (189-v. 199), pour lui conseiller la modération et lui rappeler que ses prédécesseurs n'avaient pas refusé d'être en communion avec les quartodécimans de Rome et que, lors de la visite de saint Polycarpe à Rome, vers 154, le pape Anicet (154-166/167) lui avait « cédé l'Eucharistie »[4]. Qu'a donc exactement donné Anicet à Polycarpe de Smyrne ? Une parcelle consacrée par le pape, que Polycarpe plongerait dans son calice, en manière d'immixtion[5] ? Il faut bien distinguer entre ce qu'on envoie à un égal, un évêque, ce qu'on envoie à un subordonné, simple prêtre, et ce qu'on envoie à de simples laïcs. L'anecdote contée en *HE* V, XXIV, 15, semble viser de simples laïcs quartodécimans ; quant à Polycarpe, il n'était à aucun titre le subordonné d'Anicet. Il est donc probable que le pape a envoyé de simples eulogies à son illustre collègue quartodéciman. Dans tous les cas, même s'il s'agissait bien de l'envoi de parcelles consacrées par Anicet, Victor a interrompu cette coutume, de telle sorte qu'il est impossible que le *fermentum* d'Innocent Ier ait un rapport avec la pratique antérieure à Victor, puisque ce dernier l'avait abolie, non sans peine, comme en témoigne la réticence d'Irénée et sa lettre de pro-

---

1. Éd. CABIÉ, p. 26-28 (texte) et p. 50-53 (commentaire).
2. Éd. CABIÉ, p. 26, l. 97-98.
3. Éd. G. BARDY, t. II, Paris, 1955, p. 70-71 (SC 41).
4. Voir LA PIANA, « The Roman Church », p. 216-218 ; PIETRI, *Roma christiana*, t. I, p. 631 ; HAMMAN, « Valeur et signification », p. 107 ; CHAVASSE, « À Rome, l'envoi », p. 7-10 ; SIMONETTI, « Roma cristiana », p. 117.
5. Sur ce sujet, ANDRIEU, *Immixtio*, p. 5 par exemple.

testation, conservée par Eusèbe. Il est enfin possible qu'Anicet ait simplement cédé à Polycarpe la présidence de l'Eucharistie dans la concélébration commune.

D'autre part, le *fermentum* n'est pas envoyé par le pape à tous les prêtres catholiques de Rome pour affirmer qu'ils ne sont pas hérétiques ou schismatiques et qu'ils appartiennent bien à la Grande Église ; il est au contraire destiné uniquement à ceux d'entre eux qui font partie du clergé subordonné à l'autorité de l'évêque de Rome (et encore, uniquement le clergé qui officie *intra muros* : le clergé des *coemeteria* en est dispensé). L'envoi du *fermentum* à Polycarpe n'aurait donc pas du tout pris le même sens, puisque cela aurait été un moyen de montrer la catholicité de Polycarpe, alors que le véritable *fermentum*, tel qu'il est décrit pour la première fois par la lettre *Si instituta*, est un signe de subordination et d'unité d'un clergé local autour de son chef légitime. Ce à quoi Irénée fait allusion dans sa lettre ne peut donc pas être le *fermentum*, au sens moderne, c'est-à-dire tel qu'il exista entre Innocent et les *Ordines Romani*. Le *fermentum*, attesté pour la première fois sous sa forme classique sous Innocent n'était ni une sorte d'eulogie, ni une messe des Présanctifiés (messe sans canon, dans laquelle on utilise des espèces consacrées la veille, comme le vendredi saint en Occident ou comme presque tout au long du carême, en Orient), ni une sorte d'avant-messe, dans laquelle la consécration se serait faite uniquement par immixtion.

La station ne touchait cependant pas toute l'année liturgique, mais seulement les grandes fêtes, les Quatre-Temps et le carême ; elle n'existait ni pour les dimanches du temps pascal ni pour les dimanches après la Pentecôte et après l'Épiphanie, c'est-à-dire pour la majeure partie de l'année liturgique ; la liturgie stationnale n'était donc pas la règle. Pour le sanctoral, la réunion avait lieu le plus souvent dans l'église (généralement *intra muros*) dédiée au saint dont on célébrait la fête. Pour ceux auxquels aucune église n'était dédiée, on en utilisait une autre : les Innocents étaient fêtés à Saint-Paul-hors-les-Murs [1]. En toute rigueur, on ne parle de liturgie stationnale que pour le temporal, l'ensemble du clergé se réunissant derrière son évêque. Dans le cas du sanctoral, en revanche, il ne se produit pas ce grand

---

1. KIRSCH, *Die Stationskirchen*, p. 240-241.

concours de clergé et il est par surcroît normal que chaque
saint soit fêté dans sa basilique, c'est-à-dire que le lieu de
la fête change d'un saint à l'autre. Tout cela n'a rien de
proprement stationnal.

Peut-on parler de station liturgique à Jérusalem au IVᵉ siècle ?

Rome a-t-elle imité certaines grandes métropoles religieuses de l'Orient ? L'usage d'une liturgie itinérante, présidée par l'évêque, est en effet bien attesté à Constantinople
et à Jérusalem [1] bien avant le règne du pape Hilaire. La liturgie de Jérusalem est décrite en 384 par la pèlerine Égérie
dans son *Itinerarium* [2]. Cette liturgie itinérante, si elle est
bien présidée par l'évêque, semble cependant, d'une part, se
limiter à la semaine sainte et à la semaine *in albis* et, d'autre
part, participer, non de la volonté d'affirmer l'unité de
l'Église locale, mais de celle de suivre les pas du Christ,
c'est-à-dire de revivre, heure par heure, sa Passion et sa
Résurrection, sur les lieux mêmes qui en furent le théâtre.
Par surcroît, cette station touche non seulement la messe,
mais également l'office, puisque les différents offices de la
journée sont dits en différents endroits, ce qui n'existe pas
du tout à Rome. Différence capitale : il ne s'agit plus
d'ecclésiologie, fondée sur une réflexion théologique, comme
à Rome, mais d'une véritable Imitation de Jésus avant la
lettre, fondée sur une démarche historique. C'est là un tout
autre univers : la station à la romaine n'est pas du tout
mimétique ou historicisante. Peut-on alors continuer à parler
de liturgie stationnale à Jérusalem en établissant un parallèle
avec Rome ? Il n'y a presque rien de commun entre les deux
phénomènes. Il existe donc bien un modèle stationnal
romain, assez vigoureusement individualisé et qui ne doit
rien aux grandes métropoles chrétiennes de l'Orient. En établissant une station itinérante, le pape Hilaire ne s'est pas

---

1. BALDOVIN, *The Urban Character*; JEFFERY, «Jerusalem and Rome (and
Constantinople) ». VAN DE PAVERD (*Zur Geschichte*, p. 14), estime qu'en revanche
Antioche ne connaissait pas la liturgie stationnale.
2. Éd. P. MARAVAL, Paris, 1982 (SC 296), chap. 24 à 49 (p. 234-319). Voir
E. D. HUNT, *Holy Land pilgrimage in the Later Roman Empire*, Oxford, 1982,
p. 107-127 et P. MARAVAL, *Lieux saints et pèlerinages d'Orient*, Paris, 1985,
p. 214-217.

placé dans le sillage de Jérusalem ; il n'a fait que revenir à une vieille idée bien romaine, qui remonte au moins au *fermentum* : matérialiser l'unité de l'Église locale derrière son unique pasteur. La station romaine, plus récente que la liturgie historicisante de Jérusalem, nous semble de ce fait beaucoup plus évoluée. Jérusalem ne fait que mimer les évangiles, tandis que Rome concrétise une vision de l'Église locale : c'est toute la différence d'élaboration qui existe entre l'histoire et la théologie.

Rome a été imitée par un certain nombre d'autres métropoles religieuses occidentales, dont les deux principales sont Tours, la ville de saint Martin, et Metz, la ville de saint Arnoul.

Le sixième évêque de Tours, Perpetuus (458/459-488/489), est l'auteur d'un remarquable calendrier stationnal [1] que son successeur Grégoire (*Historia Francorum* X, 31) nous a heureusement conservé.

Il s'agit d'un document en deux parties. La première donne la liste des jours de jeûne qui doivent être observés au cours de l'année. Ces jours de jeûne, toujours répartis dans ce cadre de la semaine, sont très précisément les mercredis et les vendredis, auxquels s'ajoutent parfois les lundis, dont on sait par saint Léon qu'ils ont cessé d'être aliturgiques assez tôt : après les mercredis et les vendredis, ce sont les plus anciennes stations fériales du carême [2]. Tout est donc en accord avec la pratique romaine. Le texte *de ieiuniis* se présente ainsi [3] :

> *Post quinquagesimum, quarta, sexta feria usque natale sancti Iohannis.*

---

1. Voir L. PIETRI, *La Ville de Tours*, p. 432-484. On trouve également des indications stationnales dans les oraisons 256-259 du *Missale Gallicanum Vetus* (éd. L. C. Mohlberg, Rome, 1958, p. 55-56).

2. CHAVASSE, « Les féries de carême célébrées au temps de saint Léon », p. 556.

3. Éd. MGH, *Scriptores rerum Merovingicarum*, t. I, 1, éd. B. KRUSCH et W. LEVISON, 1965 (2ᵉ éd.), p. 529-530. Voir K. F. STROHEKER, *Der senatorische Adel im spätantiken Gallien*, Darmstadt, 1970 (2ᵉ éd.), p. 203-204. Nous traduisons ainsi ces cinq lignes de Grégoire de Tours : « Après la Cinquantaine [le temps pascal, du dimanche de Pâques à celui de la Pentecôte] et jusqu'à la saint Jean [Baptiste, le 24 juin], jeûne les mercredis et les vendredis. Du 1ᵉʳ septembre au premier octobre, jeûne deux fois par semaine. Du 1ᵉʳ octobre jusqu'à la saint Martin [d'hiver, le 11 novembre], jeûne deux fois par semaine. De la saint Martin à Noël, jeûne trois fois par semaine. De la saint Hilaire [13 janvier] jusqu'à la mi-février, jeûne deux fois par semaine. »

De Kalendis Septembris usque Kalendas Octobris bina in septimana ieiunia.

De Kalendis Octobris usque depositionem domni Martini bina in septimana ieiunia.

De depositione domni Martini usque Natale Domini terna in septimana ieiunia.

De natale sancti Hilarii usque medio Februario bina in septimana ieiunia.

Cela donne le schéma suivant (à gauche), que nous comparons à l'*ordo* romain (à droite) :

Tours	Rome
Du Dom. Pent. au 24 juin (Io. Bapt.) : jeûne.	Dom. I-IV p. Pent. (cette première série s'arrête le 29 juin (Pierre et Paul).
Juillet et août : pas de jeûne.	Dom. V-IX p. Pent. (cette deuxième série s'arrête le 10 août, saint Laurent) ; pas de jeûne entre les Quatre-Temps de juin et de septembre.
Du 1er septembre au 1er octobre : jeûne.	Quatre-Temps de Sept. ; Dom. X-XV p. Pent. (cette troisième série s'arrête le 29 septembre, fête de saint Michel).
Du 1er octobre au 11 novembre (saint Martin) : jeûne.	Dom. XVI-XXIV p. Pent.
Du 11 novembre au 25 décembre : jeûne renforcé (6 semaines d'avent).	Quatre semaines d'avent : jeûne renforcé pour préparer Noël.
Du 25 décembre au 13 janvier : pas de jeûne.	De Noël à l'Épiphanie (6 janvier) : pas de jeûne.
Du 13 janvier (saint Hilaire) au 15 février : jeûne.	Dimanches après l'Épiphanie, avant le dimanche de la Quinquagésime.

Le découpage de Perpetuus correspond d'assez près à celui du calendrier de Rome, à l'exception notamment des six semaines d'avent. Son calendrier exclut le carême (et ses éventuelles anticipations) et tout le temps pascal, c'est-à-dire le sommet de l'année liturgique. Il faut en conclure que ce calendrier des jours jeûnés ne concerne que les semaines ordinaires, c'est-à-dire toute l'année liturgique moins le cycle pascal, pendant lequel le jeûne est interdit : préparation à Pâques (carême) et temps pascal (les cinquante jours qui mènent de la Résurrection à la descente de l'Esprit sur le Cénacle). Par conséquent, Perpetuus n'a réglé que ce qui n'était pas réglé, puisque tout le cycle de Pâques, noyau primitif de l'année liturgique, était vraisemblablement organisé depuis fort longtemps.

La seconde partie du calendrier fixe la liste des vigiles, pour toute l'année liturgique, temporal et sanctoral confondus, en commençant par Noël, ce qui constitue un indice d'ancienneté. Ces « vigiles » sont une nuit entière de prières, que conclut la messe, aux premières lueurs du jour. En liturgie, une « journée » va en effet de vêpres à vêpres, non d'un lever du soleil à l'autre : la messe de la nuit de Pâques est la messe de Pâques ; celle du « samedi » des Quatre-Temps est en réalité messe dominicale. La liste de Perpetuus a pour particularité d'être assortie de la mention du lieu de ces vigiles. Cette indication n'est donnée que pour le temporal et pour les principales fêtes du sanctoral :

Sanctoral	Temporal
	Noël (25 décembre)
Jean l'Évangéliste (27 décembre)	
	Épiphanie (6 janvier)
Chaire de saint Pierre (22 février)	
Résurrection de N.S.J.C. (fête gallicane fixe, le 27 avril) [1]	Pâques (fête mobile universelle)
	Ascension
	Pentecôte
Jean Baptiste (24 juin)	
Pierre et Paul (29 juin)	
Saint Martin d'été (4 juillet)	
Symphorien (22 août)	
Décollation de saint Jean Baptiste (29 août)	
Litorius (13 septembre)	
Saint Martin d'hiver (11 novembre)	
Brice (13 novembre)	
Hilaire de Poitiers (13 janvier)	

L'ensemble du temporal est célébré dans la cathédrale, à l'exception du jeudi de l'Ascension, vraisemblablement parce qu'il s'agit de la plus tardive des fêtes du temporal ancien. Le sanctoral majeur, quant à lui, se tient soit dans la cathédrale, soit à Saint-Martin, soit à Saint-Litorius, soit aux

---

1. STROBEL, *Texte zur Geschichte*, p. 122-123.

Saints-Pierre-et-Paul. Le temporal ne connaît que deux « stations », la cathédrale et la basilique de Saint-Martin ; les
mêmes fêtes, à Rome, ne sont réparties qu'entre deux édifices, le Latran et le Vatican : Noël (messe de jour, la plus
ancienne), l'Épiphanie, l'Ascension et la Pentecôte sont à
Saint-Pierre, tandis que la vigile pascale se tient au Latran,
en raison des nécessités du baptême. Il manque dans l'*ordo*
de Perpetuus les stations fériales du carême et de la semaine
in albis. Il n'en reste pas moins que nous avons là une liturgie stationnale qui témoigne éloquemment du prestige précoce de la liturgie de Rome en Gaule.

Trois siècles plus tard, Metz possède elle aussi une liste
de stations, attribuée à saint Chrodegang (742-766), sans
que cette attribution soit certaine[1]. Ce document se trouve
dans le manuscrit Paris, BN lat. 268. Il s'agit d'une véritable
liturgie stationnale, qui inclut toute l'année liturgique, y
compris les féries du carême, et qui les distribue sur les
nombreuses églises de la capitale de l'Austrasie, qui devient
ainsi une nouvelle Rome : cet *ordo* est clairement conçu à
l'imitation de ce qui se passait à Rome, avec la différence
qu'il en a perdu le contenu théologique : à Jérusalem, on
imitait le Christ ; à Metz, on copie le pape.

Conclusion.

Les *offertoria* les plus anciens peuvent avoir été mis en
place avant la création de la liturgie stationnale ; ils datent
de la fin du Ve siècle, comme la *Schola*. La station semble
ne pas avoir existé à l'époque de saint Léon, puisque ses
(trop peu nombreux) sermons — mais on prêchait peu, à
Rome, contrairement à ce qui se passait ailleurs[2] — paraissent attester que les messes des dimanches du carême,
comme les messes des dimanches qui précèdent les Quatre-
Temps[3] et celles des samedis des Quatre-Temps, les messes

---

1. KLAUSER, « Eine Stationsliste » (commentaire p. 166-183) ; KLAUSER et BOUR,
Un document du IXe siècle (éd. p. 3-4, étude de l'attribution à saint Chrodegang
p. 6-7) ; REYNOLDS, « A Visual Epitome », p. 241-242 ; autre éd. du texte dans
PELT, *Études sur la cathédrale*, p. 29-35.
2. CHAVASSE, « Les célébrations eucharistiques », p. 73 ; LONGÈRE, *La Prédication*,
p. 29, n. 31 et Dom A. OLIVAR, *La predicación cristiana antigua*, Barcelone, 1991,
p. 309, 315-316.
3. BROU, « Une ancienne station romaine », p. 143-150.

d'ordination et la principale messe de Noël, avaient toujours lieu à Saint-Pierre. Les versets des offertoires sont en revanche postérieurs à la mise en place de la station, puisqu'il leur arrive d'y faire allusion.

Sur le plan liturgique, l'offertoire à la romaine est l'introït de la messe des fidèles. Il est devenu un chant de procession grâce à l'ajout de versets, mais à l'origine, quand il était limité au seul *offertorium*, c'était le plus court des chants de la messe, avec l'*Alleluia*. Il n'accompagnait pas la procession de l'offrande, accomplie par le clergé, qui ne fut créée que plus tard, mais il marquait simplement le moment où l'on posait les oblats sur l'autel.

Quant à la forme littéraire, l'offertoire est devenu une sorte de second graduel à cause de l'ajout d'un ou de plusieurs versets par la *Schola* ; l'*offertorium* a acquis le caractère d'un refrain, très proche de celui d'un graduel. Il semble donc avoir évolué par amphibologie avec ce dernier, qui était le fruit d'un remaniement par la *Schola* des anciens psaumes responsoriaux, donc une forme familière aux solistes de la *Schola*. L'offertoire connut un dernier avatar quand on supprima ses versets, à partir du Xe siècle, se trouvant ainsi aligné sur les antiennes de la messe, l'introït et la communion.

Les textes des chants font-ils des allusions à l'église stationnale ? Les allusions véritables sont rares et tardives (celles à Sainte-Croix de Jérusalem en sont un bon exemple) et la plupart de ce qu'on prenait pour tel n'est que le fruit du hasard, comme le démontre le fait que les textes les plus anciens (ceux des traits du carême) aient été mis en place bien avant la création de la station et selon une distribution fondée sur l'ordre numérique des psaumes, qui exclut par conséquent tout rapport entre les chants et les édifices qui sont le lieu de leur exécution. Il en est de même pour les communions psalmiques du carême, plus tardives que les traits, mais distribuées elles aussi en fonction de l'ordre numérique des psaumes. Quant aux pièces de chant non psalmiques, elles sont le plus souvent choisies en raison d'une intertextualité avec le texte de l'épître ou de l'évangile du jour ; les autres le sont pour des raisons de typologie baptismale (l'introït *Sitientes*, par exemple, tiré d'*Isaïe*, est très bien adapté à la messe de la Samaritaine et à la préparation des catéchumènes, en marche vers le baptême pascal) : il ne faut donc y chercher — sauf exception — aucune allusion à la topographie ou à la décoration des édifices. Le choix des textes qui seront utilisés comme chants apparaît donc comme lié uniquement à des considérations liturgiques, c'est-à-dire intrinsèques. Les interférences avec des facteurs extrinsèques, tels que les sujets représentés par les mosaïques absidales, ont été exceptionnelles.

CHAPITRE IX

LA MODALITÉ
DES OFFERTOIRES ROMAINS

Introduction : des problèmes de méthode.

Les offertoires, contrairement aux genres liturgiques précédents, sont rétifs à entrer dans le cadre du classement par cordes modales : ils sont encore psalmiques (pas toujours), mais ne sont plus psalmodiques (ou pas souvent). L'offertoire est le premier chant qui ne soit pas la réponse à une lecture. Certaines des pièces qui composent ce nouveau genre ont été composées indépendamment de toute corde modale et déjà en rapport avec un système de classification par les finales. Nous aurons ainsi à affronter des chants qui utilisent toutes sortes de cordes modales, sans se rattacher à aucune d'entre elles en particulier : les offertoires, non contents d'être centonisés sur le plan textuel, le sont en effet aussi sur le plan modal.

Les *cantica*, les traits et les graduels d'une corde donnée pouvaient emprunter par endroits (au début du verset ou à la médiante, par exemple) certains de leurs éléments à une autre corde, tout en se laissant toujours rattacher aisément à leur corde véritable. Ainsi, les graduels en II A empruntent des fragments de corde de *DO*, utilisée comme corde de repos ; les traits en *RÉ* empruntent certaines cadences à la tierce de leur finale sur *fa (= DO)* ; les *cantica* en *DO* romains (qui ont copié la mélodie grégorienne) citent dans leur intonation la formule du *versus* de *RÉ*, tandis que les *cantica* en *DO* grégoriens emploient trois teneurs, dont la deuxième est un emprunt à la corde *MI*. Il serait facile de multiplier ces exemples.

La situation est différente dans un assez grand nombre d'offertoires qui utilisent plusieurs teneurs successives sans se laisser rattacher à aucune d'elles en particulier, ou qui au contraire n'en utilisent aucune qui soit réellement décelable. Ils sont donc nés directement sous une forme modalement centonisée, qui ignore le vieux système des cordes mères. Leur classement est donc parfois malaisé, voire impossible. Il faut cependant essayer, afin d'éviter d'avoir recours au classement par modes d'*octoechos*, qui est (même chez ces pièces relativement tardives) encore très artificiel, dans la mesure où nombre d'offertoires ne se rattachent à tel mode que par une unique note, leur note finale. Tandis que les pièces anciennes (qui proviennent toutes d'une ancienne psalmodie) peuvent, dans la suite des temps, s'éloigner de leur corde d'origine, sur laquelle elles ont été composées, en raison de l'apport progressif d'une ornementation mélismatique de plus en plus élaborée et de l'emprunt de teneurs qui peuvent finir par brouiller les pistes, ces offertoires sont inclassables dès leur apparition, car ils ne sont pas le résidu d'une ancienne psalmodie qui aurait été par la suite raccourcie et ornée : bien au contraire, la centonisation modale, fruit d'une longue série d'apports dans les genres anciens, est chez eux parfaitement primitive et aucune corde ancienne particulière ne se cache sous leur abondante ornementation.

LA MODALITÉ DE L'« OFFERTORIUM »

La généalogie des cordes modales, appliquée aux *offertoria*, c'est-à-dire à la partie ancienne des offertoires, induit le classement suivant :

Corde mère	Modalité archaïque puis évoluée	Mode d'*octoechos*
DO	Finale *do*	8ᵉ mode archaïsant *sol* = DO, sans aigu (pas représenté)
		6ᵉ mode archaïsant *fa* = DO
	Finale *la*	2ᵉ mode authentisant (un seul cas)
	Finale *sol*	8ᵉ mode authentisant à DO fort (quel que soit le grave : *sol* = RÉ ou *sol* = DO)

	Finale *fa*	5ᵉ mode authente venant de *DO*, dont l'aigu est comparable au 6ᵉ mode
	Finale *mi*	3ᵉ mode authente venant de *DO* (un seul cas : *Filie regum* grégorien)
RÉ	Finale *ré*	8ᵉ mode archaïsant (*sol* = *RÉ*), avec le bémol, sans aigu.
		2ᵉ mode archaïsant en *ré*, ou en *la* = *RÉ*
	Finale *la*	4ᵉ mode authentisant (avec le bémol)
	Finale *sol*	7ᵉ mode authente, dont l'aigu est comparable au 2ᵉ mode
MI	Finale *mi*	4ᵉ mode archaïsant
	Finale *la* (avec le bécarre)	1ᵉ mode (authente)
	Finale *la* (avec le bémol)	3ᵉ mode (authente)

Ainsi, les modes authentes (1ᵉʳ, 3ᵉ, 5ᵉ et 7ᵉ) n'ont en général chacun qu'une seule forme. En revanche, les modes plagaux se présentent différemment : le deuxième, le quatrième et le huitième ont deux formes, une archaïsante et une authentisante ; le sixième n'a qu'une seule forme, archaïsante ; le huitième en a en principe trois. Il faudra ajouter à ces catégories celle des pièces qui, tardives et trop centonisées sur le plan modal, ne se rattachent à aucune corde et qui, pour cette raison, sont inclassables à l'intérieur du système des cordes mères.

Les cordes mères romaines : DO et MI.

La corde « DO ».

— Finale *do* : sixième mode archaïsant (finale *fa* = *DO*) ; c'est le mode qui peut être le plus aisément rattaché à une corde :

— *Desiderium anime.*
— *Domine convertere.*
— *Domine Deus in simplicitate.*
— *Domine in auxilium.*
— *Factus est* (la version romaine est très semblable à *Sperent in te* ; le grégorien, en revanche, quoique bâti sur *fa* d'un bout à l'autre de la pièce, a une cadence finale sur *mi*).

— *Gloriabuntur* (version romaine ; le grégorien est en revanche attiré par *do*, c'est-à-dire la quinte aiguë).

— *In virtute tua.*

— *Iustitie Domini* (la version romaine est en 6ᵉ mode pur, tandis que le grégorien a une finale différente, *mi*, et se trouve très proche de *Factus est*).

— *Sperent in te* (version romaine uniquement : le grégorien le classe en troisième mode).

— Une pièce inclassable, en sixième mode :

— *Confitebor Domino.*

— Finale *la* : deuxième mode authentisant :

— *Filie regum* (version romaine uniquement : elle finit sur *la* ; le grégorien, qui finit en *mi*, est du troisième mode).

— *Expectans* romain (la version grégorienne finit sur *fa* et se trouve en cinquième mode).

— *Benedic anima* (romain seulement : le grégorien se termine sur *fa* et appartient au cinquième mode).

— *Populum humilem* (romain uniquement : le grégorien se termine sur *fa* et appartient au cinquième mode ; la version romaine possède un important développement sur *la* = *RÉ*).

Pour ces trois pièces, *Expectans*, *Benedic anima* et *Populum humilem*, le grégorien, qui est modalement en avance sur la version romaine, puisqu'il est plus récent, a déjà adopté une finale *fa*, qui est tardive, puisqu'elle fait sortir la pièce de l'échelle pentatonique *([fa] sol la DO RÉ MI)*. Le refus de cette finale *fa* par la version romaine est un trait d'archaïsme.

— Finale *sol* : huitième mode authentisant (*DO* à finale *sol*).

— a. Cas général :

— *Benedictus qui venit.*

— *Bonum est confiteri* (grégorien seulement ; Rome en a fait un deuxième mode à finale *la*, écrit en *ré*).

— *Deus enim firmavit.*

— *Domine Deus salutis.*

— *Emitte Spiritum.*

— *Exaudi Deus.*

— *Mirabilis Deus.*

— *Portas celi.*

— *Scapulis suis.*

— *Erit nobis* (romain : tout entier autour de *DO*, avec

une cadence finale sur *sol* = huitième mode ; la version grégorienne est inclassable).

— b. Cas particulier : *sol* = *RÉ* : ces pièces possèdent le bémol, la tierce mineure *ré-mi-fa* (= *sol-la-si* bémol) et l'aigu du *RÉ*.

— *Gressus meos.*
— *Inmittet angelum.*
— *Inveni David.*

— c. Cas particuliers divers.

—*DO* descendant à *sol* avec des passages en *sol* = *RÉ*.

— *Levabo oculos.*
— *Ave Maria* (surtout grégorien ; le romain a moins de *RÉ*).

— *Sol* = *RÉ* et *sol* = *DO*.

— *Angelus Domini.* Cette pièce joue sur l'amphibologie du *sol*.

— *Sol* = *RÉ*, avec *DO* descendant à *sol* (huitième mode) et *RÉ* descendant à *sol* (septième mode = plagal + authente).

— *Precatus est.*
— *Oratio mea.*

— *DO* descendant à *sol* et importante corde *si* (= *MI*) :

— *Benedictus es... et ne tradas* (en grégorien uniquement ; dans la version romaine, *MI* est si important que ce chant se retrouve en troisième mode).

— *Confitebuntur celi* (romain uniquement : le grégorien est en septième mode, *RÉ* descendant à *sol*).

— *Improperium.*

— *DO* descendant à *sol*, corde *si* = *MI* et *sol* = *RÉ* :

— *Diffusa est.*
— *Si ambulavero.*

— Finale *fa* : cinquième mode :

— *Intende voci.*
— *Iubilate Deo omnis.*
— *Reges Tharsis.*
— *Sanctificavit.*

— *Benedic anima* (grégorien uniquement ; la version romaine se termine sur *la* et se trouve en deuxième mode).

— *Expectans* (grégorien uniquement ; la version romaine finit sur *la* et se trouve en deuxième mode).

— Finale *mi* : troisième mode : un seul cas :

— *Filie regum* (grégorien uniquement) : *do* descendant

à *mi* ; c'est d'ailleurs une pure finale, car c'est le seul *mi* de toute la pièce.

La corde « MI ».

—Finale *MI* : quatrième mode archaïsant (les accents montent, mais les finales retombent toujours sur *MI*, avec parfois des cadences sur *sol* ; ces pièces finissent sur la corde mère) :

— *Confessio et pulchritudo* (uniquement dans la version romaine).

— *Confortamini.*

— *Domine fac mecum.*

— *Letentur celi.*

— *Lauda anima mea* (avec un fort épisode à la quarte, le *la* aigu).

— *Perfice gressus.*

— *Repleti sumus* (romain seulement ; l'*Alleluia* final, très artificiel, se termine sur *ré*).

— *Tui sunt celi* (uniquement en grégorien, très archaïsant, qui finit sur *mi*).

— Pièces inclassables du quatrième mode :

— *Confessio et pulchritudo* (en grégorien uniquement).

— *Confirma hoc.*

— *Intonuit.*

— *Iustus ut palma.*

— *Terra tremuit.*

— Finale *mi* : quatrième mode (*MI* empruntant sur *la* une corde *RÉ* assez développée). C'est un cas particulier du groupe qui précède : c'est un plagal particulier.

— *Benedixisti.*

— *Illumina.*

— *Oravi Deum.*

— Finale *si (= MI)* : troisième mode (*si = MI* descendant à *mi* finale et remontant à *si = MI*). C'est une sorte de faux authente : après être descendue d'une quinte, la mélodie remonte pour retrouver son point de départ. La future finale grave des authentes n'est donc encore que simple terme grave :

— *Eripe me... Domine.*

— Finale *la (= mi)* : troisième mode (authente ; *si = MI*, monté par attraction à *do*, descendant à *mi*). Cette catégorie équivaut à celle qui réunit les pièces en *MI*, descendant, par le bémol, trouver une finale sur *la*. En effet, *si-la-sol-fa-MI* = *MI-ré-do-si* bémol-*la*, puisque l'intervalle *fa-MI* = l'intervalle *si* bémol-*la* : *MI* est transposé sur *la* :

— *Benedictus es... et ne tradas* (romain uniquement : le grégorien est en *DO* descendant à *sol*, avec un peu de *MI*).

— *Benedictus es... in labiis.*

— *Constitues eos* (grégorien et romain : on pourrait croire que la version romaine finit en *fa*, mais c'est une illusion : VL 5319, qui la fait finir en *fa*, a été corrigé dans la marge, f. 115v ; quant à F 22, f. 87, il indique bien une finale *mi*).

— *Deus tu convertens.*

— *Domine exaudi.*

— *Domine vivifica.*

— *Exulta satis.*

— *Mihi autem.*

— *Sperent in te* grégorien (le romain a un sixième mode très différent).

— Finale *la* (avec le bécarre) : premier mode authente :

— *Confitebor tibi.*

— Pièces inclassables du premier mode (elles ont cependant la quinte du premier mode) :

— *Benedicam Dominum.*

— *Gloria et honore.*

— *Iubilate Deo universa.*

— *Letamini.*

— *Offerentur.*

— *Recordare.*

— *Repleti sumus* (en grégorien uniquement).

— *Super flumina.*

Une corde mère étrangère à l'ethos romain primitif : « RÉ ».

— Finale *ré* : deuxième mode archaïsant :

La corde *RÉ* est visible, mais il y a également une corde *fa (= DO)*, accent normal du *RÉ*, qui joue parfois un rôle important.

— Le deuxième mode archaïsant proprement dit :

— *Ad te Domine.*

— *Anima nostra.*

— *Benedicite gentes.*

— *Bonum est confiteri* (romain uniquement ; le grégorien est en *DO*).

— *De profundis.*

— *Deus Deus meus.*

— *Domine Iesu Christe* (n'est pas d'origine romaine, mais gallicane, avant de passer dans le grégorien).

— *In te speravi.*

— *Laudate Dominum quia.*

— *Meditabor.*

— *Tollite portas.*

— *Vir erat* (avec des épisodes à la quarte, en *sol* = *RÉ*).

— Les pièces en *RÉ* avec un grave important :

— *Dextera Domini.*

— *Exaltabo te.*

— *Veritas mea.*

— Finale *sol* : septième mode :

— *Confitebuntur celi* (grégorien seul ; le romain a *DO* pour corde mère et va chercher sa finale à *sol*).

— *Eripe me de inimicis.*

Les pièces qui n'appartiennent à aucun mode connu.

— *Erit vobis* grégorien (finale *fa* ; la version romaine est en sixième mode avec une fin sur *sol* = huitième mode).

— *Tui sunt celi* romain (il finit sur *ré* ; le grégorien est en quatrième mode).

Les pièces pour lesquelles on ne décèle pas de lien de parenté entre la version romaine et la version grégorienne.

— *Ascendit Deus* (les finales sont différentes).

— *In die sollemnitatis* (premier mode ; l'*Alleluia* final est différent. Dans la version grégorienne, toutes les cadences d'incises sont sur *mi*, sauf la dernière qui est sur *sol* mais qui sert de raccord à un *Alleluia* qui finit sur *ré*. En revanche, la version romaine n'a que trois cadences sur *mi*). Ce cas se rapproche donc du *Repleti sumus* romain.

— *Repleti sumus* (grégorien seul, malgré l'identité de finale, *ré* ; mais cette finale *ré* est due à un *Alleluia* ; elle est donc suspecte de n'être pas primitive).

LA MODALITÉ DES VERSETS

Nous avons montré le caractère adventice des versets à l'aide d'une l'analyse purement historique et liturgique de la cérémonie de l'offrande. Pour s'en assurer davantage, il reste à interroger les mélodies : les versets d'une même pièce partagent-ils tous la même corde modale ? La modalité de l'*offertorium* se retrouve-t-elle dans les versets, ou bien ces derniers sont-ils modalement indépendants par rapport à l'*offertorium*, et dans quelles proportions ? Comment se présentent ces mélodies de versets : mélodies originales, ou « timbres » ?

Les pièces dont les « offertoria » sont en « DO ».

Les emplacements liturgiques des pièces dont les versets partagent la modalité de l'*offertorium* sont essentiellement Noël et son cycle (*Deus enim firmavit* et *In virtute tua*), les vendredis du carême (*Benedic anima*, *Domine in auxilium*, *Intende voci* et *Populum humilem*), diverses autres pièces du carême, dont un dimanche *(Iustitie Domini)* et certaines pièces des martyrs (*Desiderium anime*, *Gloriabuntur* et *Mirabilis Deus*). Ces emplacements sont donc, pour la grande majorité d'entre eux, anciens et importants.

Parmi les offertoires en *DO*, il existe approximativement autant de pièces non centonisées (20) que de pièces qui le sont (21). Le grand mode de *DO*, qui était le plus répandu à Rome, a donc été le plus touché par les phénomènes de centonisation modale. Sans doute était-ce le plus vulnérable, en raison de la possibilité de greffer sur lui des fragments d'autres cordes, à la faveur de l'amphibologie du *sol (= RÉ)* ou du *fa* (transposition de *DO* ou accent de *RÉ*) comme du *do* (corde *DO* ou ancien *si*, transposition de *MI*, monté ensuite à *do*).

Les emplacements liturgiques des pièces modalement incertaines ou dont les versets ne partagent pas la modalité de l'*offertorium* sont beaucoup moins anciens et importants que ceux des pièces non centonisées. On trouve en effet la litanie majeure *(Confitebor Domino)*, le sanctoral des vierges et de la Vierge Marie (*Filie regum*, *Ave Maria* et *Diffusa est*), ainsi que celui des papes *(Inveni David)*, des dimanches après la Pentecôte (*Expectans, Inmittet angelum, Precatus est* et *Si ambulavero*), diverses féries du carême secondaires (*Domine Deus salutis, Exaudi Deus, Gressus meos* et *Levabo oculos*), plusieurs féries de la semaine *in albis* (*Angelus Domini* et *Portas celi*) et les deux dimanches du carême à problèmes, le premier *(Scapulis suis)* et le dernier *(Improperium)*. Cela indique vraisemblablement que les pièces non centonisées sont plus anciennes que les autres. Les offertoires non psalmiques se répartissent approximativement à parts égales entre les deux groupes, puisque *Domine Deus in simplicitate, Erit vobis* et *Sanctificavit* ne sont pas centonisés sur le plan musical, contrairement à *Angelus Domini, Ave Maria, Oratio mea* et *Precatus est*. Ces pièces se comportent donc exactement comme les autres et peuvent donc être d'origine romaine. Une seule pièce a des versets qui relèvent clairement d'une corde différente de celle de l'*offertorium*, *Expectans* (quatrième mardi du carême et quatorzième dimanche après la Pentecôte) : l'*offertorium* est en *DO* et les versets en *MI*. C'est donc, au sein du mode de *DO*, le seul exemple d'une pièce modalement disparate.

Les pièces dont les « offertoria » sont en « MI ».

Les pièces dont l'*offertorium* et les versets sont entièrement en *MI* paraissent anciennes et importantes : on les trouve en effet aux grandes fêtes, Noël (*Letentur celi* et *Tui sunt celi*), Pâques *(Terra tremuit)* et Pentecôte *(Confirma hoc)*, à des endroits importants du carême, un mercredi, un vendredi et un dimanche (*Domine fac mecum, Benedictus es... et ne tradas* et *Confitebor tibi*) ; on notera le lien entre *Confessio et pulchritudo* et *Letentur celi*, qui possèdent un verset en commun et se retrouvent dans le même groupe musical. On trouve enfin le début de la semaine sainte, du lundi au mercredi (*Eripe me... Domine, Custodi me* et *Domine exaudi*).

La centonisation modale est plus rare dans le mode de *MI* que dans les autres modes, puisque douze pièces seulement sont centonisées, contre vingt-deux qui ne le sont pas. Cela peut signifier que ce mode était le plus ferme et le plus stable ; cela peut cependant tout aussi bien indiquer que le style C, très facile à utiliser et à multiplier en raison de son caractère formulaire et de sa simplicité (pour ne pas dire de son simplisme), a rendu tout simplement inutile l'emprunt de fragments d'autres cordes modales. Ce n'était pas le cas en *DO* et en *RÉ* qui, le plus souvent, ne sont modalement centonisés que parce qu'ils utilisent justement le style C, en *MI*. Les emplacements liturgiques de ces pièces semblent moins anciens que ceux des pièces non centonisées ; on trouve en effet des dimanches après la Pentecôte (*Oravi Deum*, *Recordare* et *Super flumina*), le sanctoral des vierges (*Offerentur*), l'avent et les anticipations du carême (*Benedixisti* et *Benedictus es... in labiis*), ainsi que les dimanches du temps pascal (*Lauda anima* et *Iubilate Deo universa*) ; ce dernier se trouve aussi au premier dimanche après l'Épiphanie, c'est-à-dire parmi les dimanches ordinaires.

Les offertoires non psalmiques en *MI* sont répartis assez équitablement entre les deux groupes : ceux dont la mélodie est centonisée (*Oravi Deum* et *Recordare*) et ceux dont la mélodie ne l'est pas (*Confortamini*, *Exulta satis* et *In die sollemnitatis*). On avait noté le même phénomène avec les offertoires non psalmiques en *DO*.

Les pièces dont les « offertoria » sont en « RÉ ».

Seules sept pièces sont modalement centonisées, contre neuf qui ne le sont pas. Il ne semble pas exister de corrélation entre les emplacements liturgiques des offertoires en *RÉ* et les contours des deux groupes, pièces modalement centonisées et pièces non centonisées. Cela semble être une conséquence du caractère marginal du mode de *RÉ* à Rome.

Le style des versets.

En règle générale, le ou les versets sont donc tous du même mode et sont en outre du même mode que leur *offertorium*. Les assemblages disparates sont en effet relativement minoritaires. Cependant, la liste des offertoires dont les versets ne relèvent pas de la même corde modale que l'*offertorium* n'est pas aussi courte qu'on aurait pu le prévoir ; il faut mettre ce phénomène sur le compte de la centonisation des offertoires.

Les mélodies des versets des offertoires romains se présentent sous plusieurs formes très différentes. Il existe, à côté des habituelles mélodies originales, trois styles mélodiques stéréotypés qui équipent chacun un groupe de textes.

Le premier est en *DO* et se rencontre notamment dans l'offertoire *Benedic anima* (nous l'appellerons « style A ») ; il existe une parenté entre ce style mélodique A et certaines mélodies d'introït (par exemple, *Eduxit eos Dominus* ou *Exultate Deo*) et de communion *(Gustate et videte)*. La ressemblance avec cette communion est parfaite : elle pourrait être le prototype de nombreux versets d'offertoire. À l'origine, le chant de communion appartenait à l'ordinaire de la messe, non au propre : on chantait chaque fois le psaume 33, bien adapté à la situation *(gustate et videte quoniam suavis est Dominus)*. Cela semble attesté en Orient par les *Constitutions apostoliques* [1], à Jérusalem par saint Cyrille et à Constantinople [2] par Jean Chrysostome, à Milan par saint Ambroise, en Afrique par saint Augustin [3]. Nous n'en avons en revanche aucune preuve pour le rit propre de Rome. La communion *Gustate*, tout en n'étant vraisemblablement pas un vestige de cette unique communion primitive, pourrait en avoir conservé un souvenir, comme le montre l'emploi qu'elle fait — et elle seule — du style mélodique A.

Le deuxième style mélodique stéréotypé est en *RÉ* : c'est le fameux *Versperstil* des *Alleluia* des vêpres festives de Pâques et de la semaine *in albis ;* nous l'avons appelé « style B ». Ce style mélodique répétitif (ou « style circulaire »), bien qu'il repose sur une corde qui n'était pas romaine à l'origine, est cependant bien romain et n'est en aucune manière « byzantin ».

Le troisième style circulaire, avec ses récitations de *torculus*, en *MI*, équipe lui aussi un certain nombre d'*Alleluia* des vêpres (« style C »). Le caractère disparate de certains offertoires est souvent dû à l'emploi de l'un de ces styles mélodiques stéréotypés pour équiper partie ou tout d'un ou de plusieurs versets supplémentaires ; leur utilisation est en effet plus rare dans les *offertoria*. Chez les offertoires comme

---

1. *Const. apost.* VIII 13, 16, éd. M. METZGER, Paris, 1987, p. 210 (SC 336).

2. *Catéchèses mystagogiques* V, 20, éd. A. PIÉDAGNEL, Paris, 1988 (2ᵉ éd.), p. 168-170 (SC 126 *bis*). À Antioche, d'après saint Jean Chrysostome, le chant de communion est tiré du psaume 144 *(Oculi omnium)* : VAN DE PAVERD, *Zur Geschichte*, p. 395-397. Le psaume 33 est le tropaire de communion byzantin de la messe des Présanctifiés : CODRINGTON, *The Liturgy of Saint-Peter*, p. 3.

3. *De mysteriis* IX, 58, éd. O. FALLER et G. BANTERLE, Milan-Rome, 1982, p. 166. Le *transitorium* (nom ambrosien de la communion) du lundi de Pâques est justement *Accedite*, tirée du psaume 33, 6 ; CASATI, « La liturgia della messa », p. 503 ; ROETZER, *Des heiligen Augustinus Schriften*, p. 134.

chez les antiennes de l'office, il s'était peu à peu produit une sorte de « course au deutérus » (= *MI*), c'est-à-dire un engouement pour ce « mode à la mode », qui a conduit à l'employer partout, notamment dans des pièces relevant d'une autre corde, au prix de la dénaturation de leur identité modale.

Dans les pièces dont l'*offertorium* est en *DO*, l'emploi des styles B et C est très rare ; la lutte est au contraire entre les mélodies originales et le style A ; ce dernier devient majoritaire dans les versets et il l'est de plus en plus au fur et à mesure qu'on s'éloigne de l'*offertorium*. Le style répétitif est donc principalement un phénomène de verset. Dans les pièces en *DO* centonisées, le même phénomène s'observe, mais il est un peu moins prononcé. Les offertoires en *MI* ignorent pratiquement les styles répétitifs en *DO* (A) et en *RÉ* (B) et ne connaissent que C, en *MI*. Il existe une nette progression entre l'*offertorium* et les versets : alors que les mélodies originales sont encore majoritaires dans l'*offertorium*, elles deviennent nettement minoritaires dans les versets, tandis que le style C prend au contraire la première place. Cela confirme le caractère postérieur des versets. Pour les pièces dont l'*offertorium* est en *RÉ*, les résultats de l'*offertorium* et du premier verset sont conformes à ceux que nous avons déjà rencontrés.

L'étude des mélodies, après celle des textes et de la liturgie, confirme donc le caractère postérieur des versets des offertoires. Quand on a cherché à allonger l'*offertorium*, on a eu recours à trois principaux quasi-timbres. Il est donc normal qu'ils apparaissent majoritairement dans les versets. Naturellement, dans les pièces tardives, c'est-à-dire contemporaines de la création des versets, ils entrent en jeu dès l'*offertorium*. Ces offertoires, dont l'*offertorium* porte très majoritairement, voire exclusivement, la trace de l'emploi d'un style répétitif, sont au nombre d'une douzaine [1]. Cette catégorie de pièces comprend essentiellement le sanctoral, des messes votives, la fin de la semaine *in albis* et quelques féries du carême, reprises ensuite par les dimanches après la Pentecôte ou par une messe rituelle. La fin de la semaine

---

1. Il s'agit de *Gloriabuntur, Domine Deus in simplicitate, Sperent in te, Memor sit, Domine in auxilium, Domine convertere, In virtute tua, Factus est Dominus, Desiderium anime, Erit vobis, Reges Tharsis, Repleti sumus* et *Confitebuntur celi.*

in albis a sans doute été remaniée par saint Grégoire et la messe des saints Philippe et Jacques date de la construction de leur église, la *basilica apostolorum*, par Pélage Ier (556-561) et son successeur Jean III (561-574), qui leur fut dédiée un 1er mai, vers 560. Le style C, en *MI*, était donc sans doute de mode entre 550 et 600. La majorité des pièces non psalmiques ne se trouvent pas dans cette catégorie. Elles possèdent donc un *offertorium* équipé d'une mélodie propre ; c'est l'indice de ce qu'elles ne sont pas si tardives ni si étrangères à Rome qu'on le croit parfois.

Il reste à mesurer la fidélité avec laquelle le chant grégorien a copié les offertoires romains. Les *offertoria* grégoriens copient généralement leur modèle romain, avec cependant quelques exceptions, qui rejettent entièrement le modèle romain : il s'agit de *Ascendit Deus* (premier mode), *Benedic anima* (cinquième), *Benedictus es... et ne tradas* (huitième), *Bonum est confiteri* (huitième), *Factus est* (quatrième) et *Repleti sumus* (premier). D'autres *offertoria* grégoriens, peu nombreux, copient Rome assez librement[1]. Le rejet de la mélodie romaine est le plus souvent dû non à une simple réécriture mélodique, mais à un total changement de mode (en termes de modalité évoluée), qui correspond souvent (mais pas toujours) à un changement de corde (en termes de modalité archaïque) ou à une centonisation modale qui a abouti à introduire dans la composition en question un fragment de corde allogène. Une importante variante textuelle peut aussi avoir entraîné un remodelage mélodique : c'est par exemple le cas de *Benedictus qui* ; cependant, le plus souvent, un changement de texte n'empêche nullement la copie assez fidèle de la mélodie romaine par le grégorien. Le principal facteur de rejet de la mélodie romaine par les chantres francs est l'emploi des mélodies circulaires qu'on trouve surtout dans les versets, notamment le style C. Le grégorien a systématiquement refusé cette *Gestaltvariation*, procédé propre aux chants liturgiques de l'Antiquité, qui étaient à bout de souffle à la fin du VIIIe siècle, époque qui préférait la musique expressive. Les chantres francs ont beaucoup mieux copié les *offertoria* romains que les versets ;

---

1. Il s'agit de *Benedictus qui, Confessio et pulchritudo, Confitebuntur celi, Confortamini, De profundis, Desiderium anime, Domine Deus in simplicitate, Domine exaudi, Erit vobis, Gloriabuntur, In conspectu angelorum* et *Sperent in te.*

le pourcentage de copie décroît régulièrement, des premiers aux troisièmes versets. Cela montre que les *offertoria* sont plus anciens que les versets, et que parmi ceux-ci les deuxièmes et troisièmes versets sont plus récents que les premiers. Il n'existe pas de différence significative de traitement entre les pièces psalmiques et celles qui ne le sont pas ; la plus ou moins grande fidélité du grégorien au chant romain est en effet dans cette catégorie de pièces exactement ce qu'elle est dans les autres. Rien ne prouve donc que ces offertoires soient d'origine gallicane ou hispanique, malgré le caractère insolite de leur texte ; du reste, leur modalité est souvent romaine, sur une corde *DO* ou *MI*.

CHAPITRE X

LES OFFERTOIRES EN « DO »

Les offertoires sont peu nombreux mais très longs et souvent complexes, car ils sont centonisés. Par surcroît, ils posent fréquemment des problèmes de versets (omis, ajoutés ou intervertis par certains manuscrits ou par l'un des répertoires). C'est pourquoi il est utile d'en donner une édition pratique. Nos tableaux sont bâtis comme ceux des graduels ; la seule innovation est qu'on a indiqué l'emplacement de la réclame au moyen d'un astérisque (*). La réclame est le fragment d'*offertorium* qui est repris après chaque verset : il s'agit par conséquent d'une reprise *a latere*, conformément à la tradition franque, non d'une reprise *a capite (da capo)*, à la romaine. Le principe même de la réclame, c'est-à-dire l'idée selon laquelle il suffit de reprendre la fin du refrain, la réclame, non le refrain tout entier, est d'origine franque et semble n'avoir été introduit à Rome qu'à partir du IXᵉ siècle, non sans difficultés, en même temps que le chant grégorien. Les manuscrits — à l'intérieur d'un même répertoire — sont d'ailleurs parfois en désaccord sur l'endroit où doit commencer la réclame, sans parler des divergences entre les deux chants, romain et grégorien ; il semble que cet endroit n'ait pas été fixé dès le départ, d'autant plus qu'il n'est pas primitif à Rome.

On a suivi l'ordre donné par les cordes modales, quand c'était possible ; cet ordre correspond en effet à l'ordre chronologique. Pour effectuer ce classement, on s'est fondé sur la corde modale de l'*offertorium* : il est en effet préférable de classer les chants à partir de leur partie la plus ancienne.

FINALE « DO » : LE SIXIÈME MODE ARCHAÏSANT

Les offertoires que les théoriciens et les savants carolingiens ont classés en sixième mode constituent, à l'intérieur
de ce genre liturgique, les pièces les plus faciles à rattacher
à une corde modale : la mélodie, au lieu de prendre son
envol (et de brouiller ainsi les cartes, en relâchant les liens
qui l'unissent à une corde), se borne à suivre assez étroitement la corde de *DO*, éventuellement transposée à *fa*. Ces
mélodies sont donc dites « archaïsantes ». En ce sens, on
pourrait dire que, dans les offertoires, seul ce sixième mode
est vraiment corde, tout le reste étant plus près du mode
(modalité évoluée) que de la corde (modalité archaïque).

VL 5319, f. 122v ; *AMS* n° 139	Psautier romain, Ps 20	Vulgate	
Off. *Desiderium anime eius tribuisti ei Domine et voluntate labiorum eius non fraudasti eum*	*Desiderium animae eius tribuisti ei et voluntate labiorum eius non fraudasti eum*	*Desiderium animae eius tribuisti ei et voluntate labiorum eius non fraudasti eum*	3
posuisti in capite eius coronam de lapide pretioso	*Quoniam praevenisti eum in benedictione dulcedinis posuisti in capite eius coronam de lapide pretioso*	*Quoniam praevenisti eum in benedictionibus dulcedinis posuisti in capite eius coronam de lapide pretioso*	4
⋆ *desiderium anime eius tribuisti ei*	Ut supra	Ut supra	3
V. 1 *Vitam petiit et tribuisti ei* [1] *longitudinem dierum in seculum seculi*	Id.	*Vitam petiit a te et tribuisti ei longitudinem dierum in saeculum et saeculi*	5
V. 2 GREG (B, S ; Ø ROM)			
	Quoniam dabis eum	*Quoniam dabis eum*	7

---

1. *Domine* SG 339, E 121, L 239 ; *Domine* om. VL 5319 ; *longitudinem dierum
in seculum seculi* om. SG 339, E 121, L 239, M-R.

	in benedictionem	benedictionem
	in saeculum saeculi	in saeculum saeculi
Letificabis eum	*laetificabis eum*	*laetificabis eum*
in gaudio	*in gaudio*	*in gaudio*
cum vultu tuo	*cum vultu tuo*	*cum vultu tuo*

V. 3 GREG (B, S ; Ø ROM)

Inveniatur manus tua	*Inveniatur manus tua*	*Inveniatur manus tua*	9
omnibus inimicis tuis	*omnibus inimicis tuis*	*omnibus inimicis tuis*	
dextera tua inveniat	*dextera tua inveniat*	*dextera tua inveniat*	
omnes qui te oderunt	*omnes qui te oderunt*	*qui te oderunt*	
Domine			

Il existe un problème de verset entre chants romain et grégorien : le grégorien a ajouté à l'unique verset romain deux versets supplémentaires, *Laetificabis* et *Inveniatur*[1]. VL 5319 est le seul témoin romain, en raison de la lacune du graduel de Sainte-Cécile. Le premier verset, *Vitam petiit*, appartient aussi à l'offertoire *In virtute tua*, avec une mélodie presque semblable. La réclame romaine, très maladroite, se borne à faire répéter le début de l'*offertorium*, tandis que la réclame grégorienne prévoit la reprise à *et voluntate*, ce qui est une vraie reprise *a latere* : il est clair que Rome a éprouvé quelque mal à adopter le principe de la réclame. Il existe deux variantes textuelles entre chants romain et grégorien : le grégorien a ajouté *Domine* au verset 5 et a supprimé *longitudinem dierum in seculum seculi*.

La mélodie de l'*offertorium* est stéréotypée et emploie le même style mélodique que l'unique verset, que se partagent d'ailleurs *Desiderium anime* et *In virtute tua*. C'est en effet notre style A ; il est normal qu'on ait eu recours à lui pour les saints non romains Eusèbe (14 août), Genès d'Arles (25 août) et Mennas (11 novembre), auxquels il faut ajouter la décollation du Précurseur (29 août). Cet *offertorium*, qui n'a pas de verset qui lui soit propre, est-il bien ancien ? Le sanctoral qu'il équipe semble indiquer le contraire.

---

1. HUCKE, « Zur Aufzeichnung », p. 300.

VL 5319 f. 68 ; AMS n° 68	Psautier romain, Ps 6	Vulgate
Off. *Domine convertere et eripe animam meam *salvum me fac propter misericordiam tuam*	*Convertere et eripe animam meam salvum me fac propter misericordiam tuam*	*Convertere Domine 5 eripe animam meam salvum me fac propter misericordiam tuam*
V. 1 *Domine ne in ira tua arguas me neque in furore tuo corripias me*	*Id.*	*Domine 2 ne in furore tuo arguas me neque in ira tua corripias me*
V. 2 *Miserere mihi Domine quoniam infirmus sum sana me Domine quoniam conturbata sunt omnia ossa mea*	*Id.*	*Miserere mei Domine 3 quoniam infirmus sum sana me Domine quoniam conturbata sunt ossa mea*

Il n'existe ni problème de verset ni variante textuelle. La mélodie relève entièrement du style mélodique A, aussi bien dans l'*offertorium* que dans les versets. Cette pièce équipe le cinquième lundi du carême. Elle fut ensuite reprise pour le deuxième dimanche après la Pentecôte et pour la messe des défunts *Rogamus te,* en concurrence avec l'offertoire gallican en *RÉ, Domine Iesu Christe.*

VL 5319 f. 136v ; AMS n° 100	Vulgate (1 *Paral.* 29, 17-18 ; 2 *Paral.* 7, 8, 11-12, 1, 3)
Off. *Domine Deus in simplicitate cordis mei letus obtuli universa et populum tuum qui repertus est vidi cum ingenti gaudio*	*Scio Deus meus quod probes corda 17 et simplicitatem diligas unde et ego in simplicitate cordis mei laetus obtuli universa haec et populum tuum qui hic reppertus est vidi cum ingenti gaudio tibi offerre donaria*
★ Deus Israel custodi hanc voluntatem	*Domine Deus Abraham et Isaac 18 et Israhel patrum nostrorum*

custodi in aeternum hanc voluntatem
cordis eorum
et semper in venerationem tui
mens ista permaneat

V. 1 (ROM ; v. 2 GREG)

Fecit Salomon sollemnitatem
in tempore illo [1]

Fecit ergo Salomon sollemnitatem   8
in tempore illo
septem diebus et omnis Israhel cum eo
ecclesia magna valde
ab introitu Emath
usque ad torrentem Aegypti

Conplevitque Salomon   11
domum Domini
et domum regis et omnia quae
disposuerat in corde suo
ut faceret in domo Domini
et in domo sua

et prosperatus est

et prosperatus est

et apparuit ei Dominus

Apparuit autem ei Dominus nocte   12
et ait :
Audivi orationem tuam
et elegi locum istum mihi
in domum sacrificii

V. 2 (ROM ; v. 1 GREG)

Cumque conplesset Salomon   1
fundens preces
ignis descendit de caelo
et devoravit holocausta et victimas

Maiestas Domini edificavit templum

et maiestas Domini implevit domum

videbant omnes filii Israhel

Sed et omnes fili Israhel videbant   3
descendentem ignem

gloriam Domini descendentem
super domum

et gloriam Domini
super domum
et corruentes proni in terram

et adoraverunt
et collaudaverunt Dominum

super pavimentum
stratum lapide adoraverunt
et laudaverunt Dominum
quoniam bonus
quoniam in aeternum misericordia eius

Le graduel VL 5319 est le seul témoin romain des versets.
Or, la situation est confuse. Les versets se présentent tout

1. *Fecit Salomon sollemnitatem in tempore illo fecit Salomon sollemnitatem in tempore illo* C, SG 339, E 121, L 239, M-R ; *fecit Salomon sollemnitatem in tempore illo* VL 5319.

d'abord dans les deux répertoires dans un ordre différent : dans le grégorien, ils sont placés dans l'ordre numérique des versets du livre des *Paral.* Il est difficile de dire quel était l'ordre primitif. Il peut s'agir d'une erreur du copiste du manuscrit VL 5319, car son témoignage est incontrôlable. Il existe un désaccord entre chants romain et grégorien : la répétition par ce dernier de *fecit Salomon sollemnitatem in tempore illo.* Un lapsus du copiste de VL 5319 est possible.

La mélodie de cette pièce est entièrement fondée sur le style mélodique A. Cet offertoire, bien qu'il ne soit pas psalmique, repose cependant sur une corde modale *a priori* romaine. Il fait partie de la messe rituelle *Terribilis* de la dédicace des églises. Or, ce formulaire est d'origine gallicane, comme semble l'indiquer le choix de textes aussi « baroques » et la modalité de certaines des autres pièces de chant : l'introït. *Terribilis,* l'*Alleluia Adorabo* et la communion *Domus mea* sont en *RÉ,* tandis que le graduel *Locus iste* est nettement en *DO.* Ce formulaire, d'après sa modalité, semble hybride. Les deux antiennes sont en *RÉ* et plutôt gallicanes, tandis que le graduel et l'offertoire appartiennent l'un et l'autre à un timbre commun à tous les répertoires.

VL 5319 f. 52v ; *AMS* n° 51	Psautier romain, Ps 39	Vulgate	
Off.			
	Conplaceat tibi Domine ut eripias me	*Conplaceat tibi Domine*	14
Domine in auxilium meum respice	*Domine in auxilium meum respice*	*ut eruas me Domine ad adiuvandum me respice*	
confundantur et revereantur inimici mei qui querunt [1] *animam meam ut auferant eam*	*Confundantur et revereantur simul qui quaerunt animam meam ut auferant eam avertantur retrorsum et erubescant qui cogitant mihi mala*	*Confundantur et revereantur simul qui quaerunt animam meam ut auferant eam convertantur retrorsum et revereantur qui volunt mihi mala*	15
* *Domine in auxilium respice*	Ut supra	Ut supra	15

---

1. *Inimici mei* VL 5319, F 22, C 74 ; *Inimici mei* om. C, K, E 121, SG 339, L 239, M-R.

V. 1

Expectans expectavi	*Expectans expectavi*	*Expectans expectavi*	2
Dominum	*Dominum*	*Dominum*	
et respexit me	*et respexit me*	*et intendit mihi*	
et exaudivit	*Et exaudivit*	*Et exaudivit*	3
deprecationem meam	*deprecationem meam*	*preces meas*	
	et eduxit me	*et eduxit me*	
	de lacu miseriae	*de lacu miseriae*	
	et de luto fecis	*et de luto fecis*	
	et statuit supra petram	*et statuit super petram*	
	pedes meos	*pedes meos*	
	et direxit gressus meos	*et direxit gressus meos*	

V. 2

Avertantur retrorsum	Ut supra	Ut supra	15
et erubescant			
qui cogitant mihi mala			

Les manuscrits B, C et S ainsi que ceux de Laon et du Mont-Renaud — c'est-à-dire les manuscrits français — ont interverti les deux versets, sans doute pour réunir les deux moitiés du verset 15. Il faut cependant ajouter que le même manuscrit S, au n° 64 (quatrième jeudi du carême), place les versets dans l'ordre romain, *Expectans* puis *Avertantur*. Cela semble indiquer que cet ordre était fragile. Il existe une variante textuelle, l'omission de *inimici mei* par le grégorien (v. 15). La mélodie de la pièce tout entière repose sur le seul style A. Elle a d'abord équipé le deuxième vendredi du carême, avant d'être reprise pour le quinzième dimanche après la Pentecôte puis finalement pour le quatrième jeudi du carême. Ces réemplois illustrent bien la pauvreté du répertoire romain ancien.

VL 5319 f. 65v ; *AMS* n° 66	Psautier romain, Ps 17	Vulgate	
Off. ROM (Ø GREG)			
	Praevenerunt me	*Praevenerunt me*	19
	in die adflictionis meae	*in die adflictionis meae*	
	et factus est Dominus	*et factus est Dominus*	
Factus est Dominus	*protector meus*	*protector meus*	

firmamentum meum	*Domine firmamentum meum*	*Dominus firmamentum* 3 *meum*
	et refugium meum	*et refugium meum*
	et liberator meus	*et liberator meus*
	Deus meus adiutor meus	*Deus meus adiutor meus*
	sperabo in eum	*et sperabo in eum*
	protector meus	*protector meus*
	et cornu salutis meae	*et cornu salutis meae*
	adiutor meus	*et susceptor meus*
et salvum me fecit	*Eripuit me*	*Eripiet me* 18
ab inimicis meis	*de inimicis meis*	*de inimicis meis*
potentibus	*fortissimis*	*fortissimis*
* et ab his	*et ab his qui oderunt me*	*et ab his qui oderunt me*
qui oderunt me	*quoniam confortati sunt*	*quoniam confirmati sunt*
	super me	*super me*

V. 1 ROM (*offertorium* **GREG**)

Factus est Dominus	Ut supra	Ut supra 19
firmamentum meum	Ut supra	Ut supra 3
et refugium meum		
* et liberator meus		
sperabo in eum		

V. 2 ROM (v. 1 **GREG**)

Persequar inimicos meos	*Id.*	*Id.* 38
et comprehendam illos		
et non convertar		
donec deficiant		

V. 3 ROM (v. 2 **GREG**)

Precinxisti me virtutem [1]	*Et praecinxisti me*	*Et praecinxisti me* 40
ad bellum ;	*virtute ad bellum ;*	*virtute ad bellum ;*
et supplantasti	*subplantasti omnes*	*subplantasti*
inimicos meos subtus me	*insurgentes in me*	*insurgentes in me*
	subtus me	*subtus me*
et inimicorum meorum	*Id.*	*Et inimicos meos* 41
dedisti mihi dorsum		*dedisti mihi dorsum*
et odientes me		*et odientes me disperdisti*
disperdidisti		

Les problèmes de versets posés par cette pièce ont été soulevés à maintes reprises par ceux qui voulaient y voir

---

1. *Virtutem* VL 5319, C 74 ; *virtute* C, E 121, SG 339, L 239, M-R.

l'indice de la faiblesse de la tradition orale[1]. Ce n'est qu'un poncif. Il est plus conforme à l'esprit des compositeurs de cette époque de penser que les chantres francs, ne comprenant pas pourquoi Rome répétait le même verset psalmique dans l'*offertorium* et dans le premier verset, ont « corrigé » ce qu'ils croyaient sans doute être une imperfection : en liturgie, c'est toujours l'emprunteur qui simplifie. Il n'est en effet pas possible qu'il s'agisse d'une erreur du copiste du graduel VL 5319, puisque le graduel de Sainte-Cécile est d'accord avec lui. Ainsi, le grégorien a ignoré l'*offertorium* romain et a transformé le premier verset romain en *offertorium* grégorien. C'est la raison pour laquelle le grégorien n'a que deux versets, contre trois à Rome. La leçon *virtutem* (v. 40), donnée par les deux manuscrits romains, pourrait n'être qu'une erreur. Cette pièce est l'offertoire du samedi *Sitientes*, quatrième samedi du carême de six semaines, qui est très vraisemblablement l'ancien dimanche de la Samaritaine, le premier dimanche du « carême » de trois semaines. La mélodie n'utilise que le style A.

VL 5319 f. 112v ; *AMS* n° 120 b	Psautier romain, Ps 5	Vulgate
Off.		
	Et laetentur omnes qui sperant in te in aeternum exultabunt et inhabitabis in eis	*Et laetentur omnes* 12 *qui sperant in te in aeternum exultabunt et habitabis in eis*
Gloriabuntur in te omnes [2]*qui noverunt nomen tuum Domine*	*et gloriabuntur in te omnes qui diligunt nomen tuum*	*et gloriabuntur in te omnes qui diligunt nomen tuum*
quoniam tu Domine benedices iustum [3] *⋆ Domine ut scuto bone voluntatis tue coronasti nos*	*Id.*	*Quoniam tu* 13 *benedices iusto Domine ut scuto bonae voluntatis coronasti nos*

---

1. HUCKE, « Zur Aufzeichnung », p. 297 ; TREITLER, « Oral, Written and Literate Process », p. 476-480 ; JEFFERY, *Re-Envisioning*, p. 25-31.
2. *Noverunt* VL 5319, F 22 ; *diligunt* C 74, C, K, SG 339, E 121, L 239, M-R ; *Domine* VL 5319, F 22, C 74 ; *Domine* om. C, K, SG 339, E 121, L 239, M-R.
3. *Benedices iustum* VL 5319, C 74 ; *benedicis iustis* SG 339, E 121 ; *benedices iusto* F 22, C, K, L 239, M-R ; *coronasti eos* SG 339, E 121 ; *coronasti nos* C, K, L 239, M-R.

V. 1			
Verba mea	Id.	Id.	2
auribus percipe			
Domine intellege			
clamorem meum			
	Quoniam ad te orabo	*Quoniam ad te orabo*	4
	Domine mane	*Domine*	
et exaudi me	*et exaudies vocem*	*mane exaudies vocem*	
	meam	*meam*	
V. 2 ?			
Quoniam ad te orabo	Ut supra	Ut supra	4
Domine mane			
et exaudies vocem meam			

Le graduel de Sainte-Cécile et le grégorien, contrairement au graduel VL 5319, considèrent *Quoniam ad te orabo* comme un second verset, au lieu d'en faire la fin du premier et unique verset. Il est difficile de savoir qui a tort et qui a raison, mais on se souviendra de la grégorianisation du graduel de Sainte-Cécile. Le premier verset, *Verba mea*, est emprunté à l'offertoire *Intende vocis*. Cela explique que la plupart des manuscrits grégoriens n'aient pas jugé utile de le noter en entier. Il existe quatre variantes textuelles entre chants romain et grégorien : *noverunt* / *diligunt*, l'omission de *Domine* (v. 12) par le grégorien, *benedices iustum* (Rome) / *benedicis iustis* (branche germanique du grégorien) / *benedices iusto* (F 22 et branche française du grégorien), *coronasti nos* (Rome et la branche française du grégorien) / *coronasti eos* (branche germanique du grégorien). Cette pièce équipe une partie du sanctoral qui va de juin à septembre, notamment Jean et Paul (26 juin), Processus et Martinien (2 juillet) et Côme et Damien (27 septembre). La mélodie consiste en l'utilisation répétitive du style A.

VL 5319 f. 15v ; AMS n° 12	Psautier romain, Ps 20	Vulgate	
Off.			
In virtute tua Domine	*Domine in virtute tua*	*Domine in virtute tua*	2
letabitur iustus	*laetabitur rex*	*laetabitur rex*	
et super salutare tuum	*et super salutare tuum*	*et super salutare tuum*	
exultavit vehementer	*exultabit vehementer*	*exultabit vehementer*	

* desiderium anime eius tribuisti ei	Desiderium animae eius tribuisti ei et voluntate labiorum eius non fraudasti eum	Desiderium animae eius tribuisti ei et voluntate labiorum eius non fraudasti eum 3

V. 1

Vitam petiit et tribuisti ei longitudinem dierum in seculum seculi	Id.	Vitam petiit a te et tribuisti ei longitudinem dierum in saeculum et in saeculum saeculi 5

V. 2 GREG (Ø ROM)

Magna est gloria eius in salutari tuo magna est gloria eius in salutari tuo gloriam et magnum decorem impones super eum	Magna est gloria eius in salutari tuo gloriam et magnum decorem inpones super eum	Magna gloria eius in salutari tuo gloriam et magnum decorem inpones super eum 6

Cet offertoire pose quelques difficultés. Il a été supplanté par l'offertoire *Elegerunt* dans un nombre assez grand de manuscrits, notamment dans les zones de moindre rayonnement de la liturgie romaine. Par surcroît, les manuscrits grégoriens possèdent un second verset, ignoré de Rome, *Magna est gloria eius in salutari tuo magna est gloria eius in salutari tuo gloriam et magnum decorem impones super eum*. Cet offertoire, qui est un commun pour un seul martyr, équipe notamment les messes de saint Étienne (mais la Gaule préfère *Elegerunt*) et de saint Césaire de Terracine (1er novembre). L'ensemble de la pièce emploie le style A. Il existe cependant un court passage sur *la* = MI *(super salutare)*.

VL 5319, f. 54v ; AMS n° 53	Psautier romain, Ps 18	Vulgate
Off.		
Iustitie Domini recte letificantes corda	Iustitiae Domini rectae laetificantes corda praeceptum Domini lucidum inluminans oculos	Iustitiae Domini 9 rectae laetificantes corda praeceptum Domini lucidum inluminans oculos

	Desiderabilia super	*Desiderabilia super*	11
	aurum	*aurum*	
	et lapidem pretiosum	*et lapidem pretiosum*	
	multum	*multum*	
* *et dulciora super mel*	*et dulciora super mel*	*et dulciora super mel*	
et favum [1]	*et favum*	*et favum*	
nam et servus tuus	*Nam et servus tuus*	*Etenim servus tuus*	12
custodiet eam [2]	*custodiet ea*	*custodit ea*	
	in custodiendo illa	*in custodiendis illis*	
	retributio multa	*retributio multa*	

V. 1

Preceptum Domini	Ut supra	Ut supra	9
lucidum			
illuminans oculos			
timor Dei sanctus	*Timor Domini sanctus*	*Timor Domini sanctus*	10
permanet in seculum	*permanet in saeculum*	*permanens in saeculum*	
seculi [3]	*saeculi*	*saeculi*	
iudicia Dei vera	*iudicia Dei vera*	*iudicia Domini vera*	
	iustificata in semetipsa	*iustificata in semet ipsa*	

V. 2

Et erunt ut complaceant	*Et erunt ut conplaceant*	*Et erunt ut*	15
eloquia oris mei	*eloquia oris mei*	*conplaceant*	
et meditatio cordis mei	*et meditatio cordis mei*	*eloquia oris mei*	
in conspectu tuo semper	*in conspectu tuo semper*	*et meditatio cordis mei*	
	Domine adiutor meus	*in conspectu tuo semper*	
	et redemptor meus	*Domine adiutor meus*	
		et redemptor meus	

Il existe quatre variantes textuelles entre chants romain et grégorien : *dulciora* (Rome et la branche française du grégorien) / *dulciores* (branche germanique du grégorien, avec des repentirs dans le manuscrit d'Einsiedeln), *eas* (branche germanique du grégorien) / *ea* (Rome et la branche française du grégorien), *permanet* / *permanens* et *iudicia Dei* / *iudicia Domini*. Cet offertoire du troisième dimanche du carême est en entier en style A.

---

1. *Dulciora* VL 5319, F 22, C 74, R, C, K, L 239, M-R ; *dulciores* SG 339 ; *dulciora* corrigé en *dulciores* E 121.

2. *Eam* VL 5319, F 22, R, M-R (féminin sing.) ; *eas* SG 339, E 121 (féminin plur.) ; *ea* C 74, C, K, L 239 (neutre plur.). *Eam* est fautif : il faut un pluriel, et plutôt un neutre qu'un féminin.

3. *Permanet* VL 5319, F 22 ; *permanens* C, SG 339, E 121, L 239, M-R ; *Dei* VL 5319, C 74 ; *Domini* C, SG 339, E 121, L 239, M-R.

VL 5319, f. 68v ; *AMS* n° 69 b	Psautier romain, Ps 9	Vulgate
Off.		
Sperent in te omnes *qui noverunt nomen tuum* *Domine* *quoniam non derelinquis* *querentes te*	*Et sperent in te* *omnes qui noverunt* *nomen tuum* *quoniam non derelinques* *quaerentes te Domine*	*Et sperent in te* 11 *qui noverunt nomen tuum* *quoniam non dereliquisti* *quaerentes te Domine*
* *psallite Domino* *qui habitat in Sion*	*Psallite Domino* *qui habitat in Sion* *adnuntiate inter gentes* *mirabilia eius*	*Psallite Domino* 12 *qui habitat in Sion* *adnuntiate inter gentes* *studia eius*
	Quoniam requirens *sanguinem eorum* *memoratus est*	*Quoniam requirens* 13 *sanguinem eorum* *recordatus est*
quoniam non est oblitus *orationes pauperum* [1]	*et non est oblitus* *orationem pauperum*	*non est oblitus* *clamorem pauperum*
V. 1		
	Quoniam fecisti *iudicium meum* *et causam meam*	*Quoniam fecisti* 5 *iudicium meum* *et causam meam*
Sedes super thronum *et iudicas equitatem* [2]	*sedes super thronum* *qui iudicas aequitatem*	*sedisti super thronum* *qui iudicas iustitiam*
increpasti gentes *et periit impius*	*Increpasti gentes* *et periit impius* *nomen eorum delisti* *in aeternum* *et in saeculum saeculi*	*Increpasti gentes periit* 6 *impius* *nomen eorum delisti* *in aeternum* *et in saeculum*
	Et ipse iudicabit *orbem terrae* *in aequitate*	*Et ipse iudicabit orbem* 9 *terrae* *in aequitate*
iudicare populum *cum iustitia*	*iudicabit populos* *cum iustitia*	*iudicabit populos* *in iustitia*
et factus es *refugium pauperum*	*Et factus est Dominus* *refugium pauperum* *adiutor in* *oportunitatibus* *in tribulatione*	*Et factus est Dominus* 10 *refugium pauperi* *adiutor in oportunitatibus* *in tribulatione*
V. 2 *Cognoscetur Dominus* *iudicia faciens*	*Cognoscitur Dominus* *iudicia faciens*	*Cognoscitur Dominus* 17 *iudicia faciens*

---

1. *Orationem* C, K, E 121, SG 339, L 239 ; *orationes* VL 5319, F 22, C 74, M-R.

2. *Et iudicas* VL 5319, C 74 ; *qui iudicas* C, E 121, SG 339, L 239, M-R.

	in operibus manuum	*in operibus manuum*
	suarum	*suarum*
	conprehensus est peccator	*conprehensus est peccator*
	Quoniam non in finem	*Quoniam non in* 19
quoniam patientia	*oblivio erit pauperum*	*finem*
pauperum	*patientia pauperum*	*oblivio erit pauperis*
non peribit in finem	*non peribit in finem*	*patientia pauperum*
		non peribit in finem
desiderium pauperum	*Desiderium pauperum*	*Desiderium pauperum* 38
exaudivit Deus	*exaudivit Dominus*	*exaudivit Dominus*
	desideria cordis eorum	*praeparationem cordis*
	exaudivit auris tua	*eorum*
		audivit auris tua

On relève deux variantes textuelles : *orationes pauperum /
orationem pauperum* ainsi que *et iudicas / qui iudicas*. Cet
offertoire du cinquième mardi du carême est tout entier en
style A. La centonisation a laissé *iudicare* (v. 9), qui est gram-
maticalement incorrect.

Une pièce inclassable en sixième mode.

VL 5319, f. 102v ; *AMS* n° 94 b	Psautier romain, Ps 108	Vulgate	
Off. *Confitebor Domino nimis in ore meo et in medio multorum laudabo eum*	Id.	Id.	30
qui astitit [1] *ad dexteram pauperis ut salvam faceret a persequentibus animam meam*	*Quia adstetit a dextris pauperis ut salvam faceret a persequentibus animam meam*	*Quia adstitit a dextris pauperis ut salvam faceret a persequentibus animam meam*	31
* *Alleluia*			

---

1. *Astitit* VL 5319, F 22, C 74 ; *adsistit* C, K, L 239, E 121, SG 339 ; lacune
M-R ; *adstetit* R.

V. 1
Adiuva me Domine
Deus meus
salvum me fac
propter misericordiam
tuam

ut [1] *sciant quia manus*
tua
et tu Domine fecisti eam

V. 2

Adiuva me Domine 26
Deus meus
salvum fac me
secundum misericordiam
tuam

Ut sciant quia manus
tua haec est
et tu Domine fecisti eam

Et sciant quia manus 27
tua haec
tu Domine fecisti eam

Maledicent illi
et tu benedices
qui insurgunt in me
confundantur
servus autem tuus
laetabitur

Maledicent illi 28
et tu benedices
qui insurgunt in me
confundantur
servus autem tuus
laetabitur

Qui insurgunt in me
confundantur
servus tuus letabitur

induantur
qui detrahebant mihi
reverentia [2]

Induantur
qui detrahunt mihi
reverentiam
et operiantur sicut
deploide
confusionem suam

Induantur 29
qui detrahunt mihi
pudore
et operiantur sicut
deploide
confusione sua

Chants romain et grégorien n'ont pas la même réclame :
tandis que le grégorien prévoit la reprise à *ut salvam faceret*
(v. 31), ce qui est une bonne reprise *a latere*, Rome s'est
contenté d'ajouter un *Alleluia* final qui tient lieu de réclame,
ce qui indique que Rome a éprouvé quelque mal à adapter
ses *offertoria* au nouveau principe de la réclame. On note des
incertitudes dans la tradition du texte psalmique, les manuscrits grégoriens n'étant pas unanimes : certaines leçons de
L 239 semblent aberrantes (*faciet*, v. 31 ; omission de *ut*,
v. 27). Les variantes sûres nous paraissent donc être *astitit*
/ *asistit*, sans doute *et tu* / *haec tu* et peut-être *reverentia* /
reverentiam. Cette pièce de la messe de la Litanie Majeure
(25 avril), événement qui revêtait une très grande importance à Rome [3], semble être plutôt en DO. Le style A est

---

1. *Et tu* VL 5319, C 74 ; *haec tu* C, L 239 (*haecdi* !) E 121, SG 339.
2. *Reverentia* VL 5319, C 74, C, E 121 ; *reverentiam* L 239 SG 339.
3. Plus ancienne attestation dans saint Grégoire (DUCHESNE, *LP*, t. II, 4 et n. 17
et HESBERT, *AMS*, p. XCII) ; éd. NORBERG, CCSL 140 A, appendice IV, p. 1096.
Sur l'*OR* XXI, qui décrit la litanie majeure : ANDRIEU, *Les OR*, t. III, p. 239-243.

presque absent, sauf à certains endroits du second verset *(induantur qui detrahebant)*.

FINALE « LA » : LE DEUXIÈME MODE AUTHENTISANT

VL 5319, f. 27v ; AMS n° 23 b	Psautier romain, Ps 44	Vulgate	
Off.			
Filie regum in honore tuo	*Filiae regum in honore*	*Id.*	10
adstitit regina	*tuo*		
a dextris tuis	*adstetit regina*		
in vestitu deaurato	*a dextris tuis*		
circumdata varietate	*in vestitu deaurato*		
	circumamicta varietate		

V. 1
Eructavit

V. 2 ROM
Specie tua

V. 2 GREG
Virga recta est

Filie regum	Folio	V. 1	V. 2
VL 5319	27v	*Eructavit*	*Specie tua*
C 74	25v	*Eructavit*	*Specie tua*
B	n° 23 b	*Eructavit*	*Specie tua*
C	n° 23 b	*Eructavit*	*Virga recta est*
S	n° 23 b	*Eructavit*	*Virga recta est*
SG 339	22	*Eructavit*	*Virga recta est*
E 121	62	*Eructavit*	*Virga recta est*
L 239	141 (renvoie à un endroit aujourd'hui lacuneux)		
M-R	9	*Eructavit*	*Virga recta est*

À Rome, cet offertoire possède les mêmes versets que l'offertoire *Diffusa est*. Il n'en est pas de même dans le chant grégorien, où le second verset est *Virga recta est*. Il est possible que cette pièce soit tardive à Rome, comme l'indique son texte, qui paraît avoir été emprunté à la Vulgate. On aura créé sur le tard un nouvel *offertorium*, auquel on aura donné deux versets déjà existants, empruntés à l'offertoire *Diffusa est*. L'*offertorium* utilise en partie le style A *(a dextris tuis)*, contrairement aux deux versets, qui sont dotés d'une mélodie originale qui comprend parfois des récitations *recto tono* sur DO (v. 1 : *opera mea regi* ; v. 2 : *intende et prospere)* qui, à la vérité, ressemble fort au style B, moins le panache mélodique final. Cela dit, ce mélisme caractéristique semble séparable de cette récitation, puisqu'il est en revanche bien présent dans d'autres pièces en deuxième mode authentisant, comme par exemple *Bonum est confiteri*. Or, ce style est globalement en *RÉ*.

TROIS PIÈCES MOINS ÉVOLUÉES MODALEMENT
À ROME QU'EN GRÉGORIEN

Expectans, Populum humilem et *Benedic anima* ont pour point commun de finir en *fa* dans le chant grégorien, mais en *sol (Populum)*, un ton plus haut, voire en *la (Expectans* et *Benedic)*, deux tons plus haut, dans le chant romain. Ils ne sont donc en cinquième mode qu'en grégorien. Cette divergence de finale n'est pas anecdotique : les deux finales graves auxquelles descendent les chants, à l'intérieur de l'échelle pentatonique traditionnelle, sont *la* et *sol*. Elles furent utilisées par les chants dès qu'ils commencèrent à quitter leur corde mère pour aller chercher une finale nouvelle, non plus à l'unisson de la teneur, sur la corde, mais à la quinte grave : ce sont des authentes. Comme seules deux finales étaient possibles, *sol* et *la*, elles furent vite occupées : *la* servit de finale à *MI* et *sol* à *RÉ*. Quand apparut le cinquième mode (corde de *DO* descendant à *fa*), ces deux finales anciennes, faisant partie de l'échelle pentatonique, étaient donc déjà prises. Les compositeurs décidèrent alors, au bout d'un certain temps, de sortir de cette échelle et de descendre à *fa*. La différence entre la version romaine et la version grégorienne de ces trois pièces tient donc en ceci, que les compositeurs romains, plus attachés à la tradition, n'ont pas osé faire descendre ces chants à *fa* et les ont laissés, qui sur *sol*, qui sur *la*. Les compositeurs francs, en revanche, plus libres et plus hardis, prirent les premiers l'initiative de les faire descendre à *fa*. La version romaine n'est donc pas descendue à *fa* par analogie avec les deux anciens modes à quinte, *MI* allant à *la* et *RÉ* allant à *sol*.

VL 5319, f. 61v; *AMS* n° 62	Psautier romain, Ps 39	Vulgate	
Off. *Expectans expectavi* *Dominum* *et respexit me*	*Id.*	*Expectans expectavi* *Dominum* *et intendit mihi*	2
et exaudivit *deprecationem meam*	*Et exaudivit* *deprecationem meam* *et eduxit me de lacu* *miseriae* *et de luto fecis* *et statuit supra petram* *pedes meos* *et direxit gressus meos*	*Et exaudivit preces* *meas* *et eduxit me de lacu* *miseriae* *et de luto fecis* *et statuit super petram* *pedes meos* *et direxit gressus meos*	3
* *et inmisit in os meum* *canticum novum* *hymnum Deo nostro*	*Et inmisit in os meum* *canticum novum* *hymnum Deo nostro* *videbunt multi et* *timebunt* *et sperabunt in Domino*	*Et inmisit in os meum* *canticum novum* *carmen Deo nostro* *videbunt multi et* *timebunt* *et sperabunt in Domino*	4
V. 1 GREG (Ø ROM) *Statuit supra petram* *pedes meos* *et direxit gressus meos*	Ut supra	Ut supra	3
V. 1 ROM (v. 2 GREG) *Multa fecisti tu* *Domine Deus meus* *mirabilia tua et* *cogitationibus tuis* *non est qui* [1] *similis tibi*	*Multa fecisti tu* *Domine Deus meus* *mirabilia tua et* *cogitationibus tuis* *non est quis similis tibi* *adnuntiavi et locutus* *sum* *multiplicati sunt* *super numerum*	*Multa fecisti tu* *Domine Deus meus* *mirabilia tua et* *cogitationibus tuis* *non est qui similis sit tibi* *adnuntiavi et locutus sum* *multiplicati sunt* *super numerum*	6
bene nuntiavi *iustitiam tuam* *in ecclesia magna*	*Bene nuntiavi* *iustitiam tuam* *in ecclesia magna* *ecce labia mea* *non prohibebo* *Domine tu cognovisti*	*Adnuntiavi iustitiam* *in ecclesia magna* *ecce labia mea* *non prohibebo* *Domine tu scisti*	10
V. 2 ROM (v. 3 GREG) *Domine Deus* *tu cognovisti*	Ut supra	Ut supra	10

---

1. *Qui* VL 5319, SG 339, E 121, M-R; *quis* C 74, C, L 239.

iustitiam tuam	Iustitiam tuam	Iustitiam tuam 11
non abscondi	non abscondi	non abscondi
in corde meo	in corde meo	in corde meo
veritatem tuam	veritatem tuam	veritatem tuam
et salutare tuum dixi	et salutare tuum dixi	et salutare tuum dixi
	non celavi misericordiam	non abscondi
	tuam	misericordiam tuam
	et veritatem tuam	et veritatem tuam
	a synagoga multa	a concilio multo
	Ego vero egenus	Ego autem 18
	et pauper sum	mendicus sum
	Dominus curam habet	et pauper
	mei	Dominus sollicitus est mei
	adiutor meus	adiutor meus
adiutor meus Domine	et liberator meus es tu	et protector meus tu es
et protector meus	Domine ne tardaveris	Deus meus ne tardaveris

Il se pose un problème de versets ; le graduel VL 5319 semble avoir commis une erreur en faisant de *bene nuntiavi* un second verset, alors que le graduel de Sainte-Cécile et la tradition grégorienne le considèrent comme la fin du premier verset. Les manuscrits grégoriens, à l'exception de celui du Mont-Blandin, qui ne connaît que les deux versets romains, ont intercalé un nouveau verset entre l'*offertorium* et le premier verset romains ; ce verset *Statuit* est tiré du verset 3 du psaume, perturbant ainsi l'ordre numérique des versets du psaume suivi par la pièce ; il n'est donc sans doute pas primitif. Pour le texte, l'hésitation entre *qui* et *quis* (v. 6) est telle qu'il est difficile de savoir s'il y a là une variante textuelle ou non. L'*offertorium*, moins la réclame, est entièrement bâti sur le style A, sur lequel tranche nettement la réclame, qui possède une mélodie originale finissant sur *la*. La réclame est donc mélodiquement très différente de l'*offertorium* ; il n'est pas impossible qu'elle ait été tardivement ajoutée ou qu'on ait retravaillé la fin de l'*offertorium* pour le transformer en réclame. Le premier et le deuxième versets sont construits entièrement en style C, tandis que le troisième possède, outre ce style C, des développements originaux. Il est en tout cas clair que l'*offertorium* est en *DO* et que les versets sont en *MI*. Il faut noter que l'*offertorium* de style A se termine habituellement sur *fa (= DO)*, tandis qu'ici la réclame, qui le modifie, le fait finir sur *la*, qui a pu être considéré par ceux qui ont ajouté les versets comme la transposition de *MI* ou comme un moyen d'accrocher des versets en *MI* après un *offertorium* en *DO* : la réclame sert donc de pont modal entre l'*offertorium* et les versets, grâce à sa finale *la*. Cette pièce équipe la messe du quatrième mardi du carême.

VL 5319, f. 47v ; *AMS* n° 45 a	Psautier romain, Ps 102	Vulgate
Off. *Benedic anima mea* *Dominum* [1] *et noli oblivisci* *omnes retributiones eius*	*Id.*	*Benedic anima mea* 2 *Domino* *et noli oblivisci* *omnes retributiones eius*
	Qui satiat in bonis *desiderium tuum ;* *qui coronat te* *in miseratione* *et misericordia*	*Qui replet in bonis* 5 *desiderium tuum*
* *et renovabitur sicut* *aquile* *iuventus tua*	*renovabitur sicut aquilae* *iuventus tua*	*renovabitur ut aquilae* *iuventus tua*
V. 1 *Qui propitiatur* *omnibus iniquitatibus tuis*	*Qui propitius fit* *omnibus iniquitatibus* *tuis* *qui sanat omnes* *languores tuos*	*Qui propitiatur* 3 *omnibus iniquitatibus tuis* *qui sanat omnes* *infirmitates tuas*
et redimet de interitu *vitam tuam* [2]	*Qui redemit de interitu* *vitam tuam*	*Qui redimit de interitu* 4 *vitam tuam*
	qui satiat in bonis *desiderium tuum*	5 (ROM)
qui coronat te *in miseratione* *et misericordia*	*qui coronat te* *in miseratione* *et misericordia*	*qui coronat te* *in misericordia* *et miserationibus* *qui replet* [5 Vulgate] *in bonis* *desiderium tuum*
	renovabitur sicut aquilae *iuventus tua*	*renovabitur ut aquilae* *iuventus tua*

---

1. *Dominum* VL 5319, F 22, C 74 ; *Domino* B, C, K, S, SG 339, E 121, L 239, M-R.
2. *Redimet* VL 5319, C 74, C, L 239, M-R ; *redimit* SG 359, E 121.

V. 2

	Misericordia autem *Domini* *a seculo est* *et usque in saeculum* *saeculi*	*Misericordia autem* 17 *Domini* *ab aeterno*
	super timentes eum	*super timentes eum*
Iustitia eius *super filios filiorum*	*et iustitia eius* *super filios filiorum*	*et iustitia illius* *in filios filiorum*
custodientibus *testamentum eius* *et mandata eius* *ut faciant ea*	*Custodientibus* *testamentum eius* *et memoria retinentibus* *mandata eius* *ut faciant ea*	*His qui servant* 18 *testamentum eius* *et memores sunt* *mandatorum ipsius* *ad faciendum ea*
Dominus in celo *paravit sedem suam* *et regnum eius* *omnium dominabitur*	*Id.*	*Dominus in caelo* 19 *paravit sedem suam* *et regnum ipsius* *omnibus dominabitur*

Le découpage des versets 4 et 5 n'est pas le même dans le psautier romain que dans la Vulgate. Il existe deux variantes textuelles : *Dominum* / *Domino* (v. 2) et *redimet* / *redimit* (qui est une contagion de la Vulgate), où le grégorien se partage en une branche germanique, passée à la leçon moderne, tirée de la Vulgate, et une branche française, restée fidèle à la leçon romaine. La mélodie de l'*offertorium* est une mélodie originale en *DO* ; les deux versets emploient en revanche le style A. Cette pièce équipe la messe du premier vendredi du carême.

VL 5319, f. 64v ; *AMS* n° 65 a	Psautier romain, Ps 17	Vulgate
Off.		
Populum humilem *salvum facies Domine* *et oculos superborum* *humiliabis*	*Quoniam tu populum* *humilem* *salvum facies* *et oculos superborum* *humiliabis*	*Quoniam tu* 28 *populum humilem* *salvum facies* *et oculos superborum* *humiliabis*
* *quoniam quis deus* *preter te Domine*	*Quoniam quis deus* *praeter Dominum* *aut quis deus* *praeter Deum nostrum*	*Quoniam quis deus* 32 *praeter Dominum* *et quis deus* *praeter Deum nostrum*

V. 1

	Et in tribulatione mea invocavi Dominum et ad Deum meum clamavi et exaudivit de templo sancto suo vocem meam	Cum tribularer 7 invocavi Dominum et ad Deum meum clamavi exaudivit de templo suo vocem meam
Clamor meus in conspectu eius introibit in aures eius	et clamor meus in conspectu eius introivit in aures eius	et clamor meus in conspectu eius introibit in aures eius

V. 2

	Deus qui das vindictam mihi et subdidisti populos sub me	Deus qui dat 48 vindictas mihi et subdidit populos sub me
Liberator meus de gentibus iracundis	liberator meus Dominus de gentibus iracundis	liberator meus de gentibus iracundis
ab insurgentibus in me exaltabis me	Et ab insurgentibus in me exaltabis me a viro iniquo eripies me	Et ab insurgentibus 49 in me exaltabis me a viro iniquo eripies me

Le texte ne pose aucun problème. La mélodie de l'*offertorium* de cette pièce du quatrième vendredi du carême est une mélodie originale en *DO*, mais les deux versets utilisent le style A.

FINALE « SOL » : LE HUITIÈME MODE AUTHENTISANT

VL 5319, f. 95v ; AMS n° 86	Psautier romain, Ps 117	Vulgate
Off. Benedictus qui venit in nomine Domini benediximus vos de domo Domini	Benedictus qui venit in nomine Domini benediximus vos de domo Domini	Benedictus qui 26 venturus est in nomine Domini benediximus vobis de domo Domini
Deus Dominus * et illuxit nobis Alleluia alleluia	Deus Dominus et inluxit nobis constituite diem sollemnem	Deus Dominus 27 et inluxit nobis constituite diem sollemnem

	in confrequentationibus usque ad cornu altaris	in condensis usque ad cornua altaris	
V. 1 Hec dies quam fecit Dominus exultemus et letemur in ea	Id.	Haec est dies quam fecit Dominus exultemus et laetemur in ea	24
V. 2 Lapidem quem reprobaverunt hedificantes hic factus est in caput anguli	Id.	Lapis quem reprobaverunt aedificantes factus est in caput anguli	22
a Domino factum est et est mirabile in oculis nostris	A Domino factus est et est mirabilis in oculis nostris	A Domino factum est istud hoc est mirabile in oculis nostris	23

Cet offertoire a été créé en raison de l'épître du jour, le samedi *in albis*, tirée de 1 P 2, 1-10, dans laquelle saint Pierre cite le psaume 117, 22 *(Lapis quem reprobaverunt)*, à moins qu'au contraire on n'ait ajouté le second verset en raison de l'arrivée de cette lecture. VL 5319 a commis l'erreur d'omettre *benediximus vos de domo Domini*, en faisant un *homoioteleuton* : les graduels de Sainte-Cécile et de Saint-Pierre portent la leçon complète. La mélodie de l'*offertorium* et du premier verset est originale, bien qu'elle utilise par endroits un style quasi psalmodique. La fin du second verset emploie en revanche le style A. Cette pièce est à la messe du samedi *in albis*, l'octave ancienne du baptême.

VL 5319, f. 12v ; *AMS* n° 10	Psautier romain, Ps 92	Vulgate	
Off.			
	Dominus regnavit decorem induit induit Dominus fortitudinem et praecinxit se virtutem	Dominus regnavit decore indutus est indutus est Dominus fortitudine et praecinxit se	1
Deus enim firmavit orbem terre qui non commovebitur	etenim firmavit orbem terrae qui non commovebitur	etenim firmavit orbem terrae qui non commovebitur	

parata sedes tua Deus * *ex tunc a seculo tu es*	*Parata sedis tua Deus* *ex tunc a saeculo tu es*	*Parata sedis tua* 2 *ex tunc a saeculo tu es*
V. 1 *Dominus regnavit* *decorem induit* *induit Dominus* *fortitudinem* [1] *et precinxit se virtutem*	Ut supra	Ut supra 1
V. 2		
	A vocibus aquarum *multarum* *mirabilis elationes maris* *mirabilis in excelsis* *Dominus*	*A vocibus aquarum* 4 *multarum* *mirabiles elationes maris* *mirabilis in altis Dominus*
Mirabilis in excelsis *Dominus*		
testimonia tua Domine [2] *credibilia facta sunt nimis* *domui tue decet sancta* *Domine in longitudine* *dierum*	*Testimonia tua Domine* *credibilia facta sunt* *nimis* *domui tuae* *decent sancta* *Domine in longitudine* *dierum*	*Testimonia tua* 5 *credibilia facta sunt nimis* *domum tuam* *decet sanctitudo* *Domine in longitudine* *dierum*

On relève cinq variantes textuelles entre chants romain et grégorien : *fortitudinem* / *fortitudine* (les manuscrits français sont restés fidèles à la leçon romaine, contrairement aux manuscrits allemands), *virtutem* / *virtute* (le manuscrit du Mont-Renaud a conservé la leçon romaine), l'omission de *Domine* par le grégorien (v. 5), *domui tue* / *domum tuam* et *decet* / *decent* (le manuscrit du Mont-Renaud a conservé la leçon romaine). La mélodie de cette pièce est originale et parfois quasi-psalmodique ; l'incipit de l'*offertorium* utilise brièvement le style C, en *MI*. La longue vocalise finale n'est sûrement pas primitive. Cet offertoire est à la deuxième messe de Noël, à l'aurore.

---

1. *Fortitudinem* VL 5319, C 74, C, L 239, M-R ; *fortitudine* SG 339, E 121 ; *virtute* C, SG 339, L 239, E 121 ; *virtutem* VL 5319, C 74, M-R.
2. *Testimonia tua Domine* VL 5319, C 74 ; *Domine* om. C, SG 339, L 239, E 121, M-R ; *domui tuae* VL 5319, C 74 ; *domum tuam* C, SG 339, E 121, L 239, M-R ; *decet* VL 5319, C 74, C, M-R ; *decent* SG 339, E 121, L 239.

VL 5319, f. 48v ; AMS n° 46 a-b	Psautier romain, Ps 87	Vulgate	
Off.			
Domine Deus salutis meae in die clamavi et nocte coram te	Id.	Domine Deus salutis meae die clamavi et nocte coram te	2
* intret oratio mea in conspectu tuo Domine	Intret oratio mea in conspectu tuo inclina aurem tuam ad precem meam Domine	Intret in conspectu tuo oratio mea inclina aurem tuam ad precem meam	3
V. 1 Inclina aurem tuam ad precem meam Domine	Ut supra	Ut supra	3
longe fecisti notos meos a me	Longe fecisti notos meos a me posuerunt me in abominationem sibi traditus sum et non egrediebar	Longe fecisti notos meos a me posuerunt me abominationem sibi traditus sum et non egrediebar	9
	Oculi mei infirmati sunt prae inopia	Oculi mei languerunt prae inopia	10
clamavi ad te Domine tota die expandi manus meas ad te	clamavi ad te Domine tota die expandi manus meas ad te	clamavi ad te Domine tota die expandi ad te manus meas	
V. 2 (ROM ; v. 3 GREG)			
	Aestimatus sum cum descendentibus in lacum	Aestimatus sum cum descendentibus in lacum	5
Factus sum sicut homo sine adiutorio	factus sum sicut homo sine adiutorio	factus sum sicut homo sine adiutorio	
inter mortuos liber	Inter mortuos liber sicut vulnerati dormientes proiecti in monumentis quorum non meministi amplius et quidem ipsi de manu tua expulsi sunt	Inter mortuos liber sicut vulnerati dormientes in sepulchris quorum non es memor amplius et ipsi de manu tua repulsi sunt	6
traditus sum et non egrediebar	Ut supra	Ut supra	9

V. 2 GREG (Ø ROM)		
Et ego ad te Domine	*Et ego ad te Domine*	*Et ego ad te Domine* 14
clamavi	*clamavi*	*clamavi*
et mane oratio mea	*et mane oratio mea*	*et mane oratio mea*
preveniet te	*praeveniet te*	*praeveniet te*
Egens sum ego	*Egens sum ego*	*Pauper sum ego* 16
in laboribus	*et in laboribus*	*et in laboribus*
a iuventute mea	*a iuventute mea*	*a iuventute mea*
	exaltatus autem	*exaltatus autem*
	humiliatus sum	*humiliatus sum*
	et confusus	*et conturbatus*

Le chant grégorien a ajouté un verset *Et ego ad te* à cet offertoire romain, intercalé entre le verset 1 et le verset 2 romains pour respecter au moins approximativement l'ordre numérique des versets du psaume 87. Ce verset possède une variante psalmique : l'omission de *et] in laboribus* (v. 16). Cela exclut qu'il ait été tiré du psautier romain comme de la Vulgate ; il provient donc d'une vieille-latine franque. La mélodie de cette pièce est originale ; le style C fait quelques incursions passagères (v. 1 : *notos meos ad me* ; v. 2 : *sine adiutorio*). Cette pièce équipe les samedis des Quatre-Temps.

VL 5319, f. 106v ; AMS n° 105	Psautier romain, Ps 103	Vulgate
Off.		
Emitte Spiritum tuum	*Id.*	*Emittes spiritum tuum* 30
et creabuntur		*et creabuntur*
et renovabis faciem terre		*et renovabis faciem terrae*
* sit gloria Domini	*Sit gloria Domini*	*Sit gloria Domini* 31
in secula	*in saeculum saeculi*	*in saeculum*
alleluia	*laetabitur Dominus*	*laetabitur Dominus*
	in operibus suis	*in operibus suis*
V. 1		
Benedic anima mea	*Benedic anima mea*	*Benedic anima mea* 1
Dominum [1]	*Dominum*	*Domino*
Domine Deus meus	*Domine Deus meus*	*Domine Deus meus*
magnificatus es	*magnificatus es*	*magnificatus es*
vehementer	*vehementer*	*vehementer*
	confessionem et decorem	*confessionem et decorem*
	induisti	*induisti*

---

1. *Dominum* VL 5319, C 74 ; *Domino* B, C, S, E 121, SG 339, L 239, M-R.

V. 2

Confessionem et decorem induisti	Ut supra	Ut supra	1
amictum lumen [1] sicut vestimentum	Amictus lumine sicut vestimento extendens caelum sicut pellem	Amictus lumine sicut vestimento extendens caelum sicut pellem	2

V. 3

Extendens celum sicut pellem	Ut supra	Ut supra	2
qui tegit [2] in aquis superiora eius qui ponit nubem ascensum suum	Qui tegis in aquis superiora eius qui ponit nubem ascensum suum qui ambulat super pinnas ventorum	Qui tegis in aquis superiora eius qui ponis nubem ascensum tuum qui ambulas super pinnas ventorum	3

On relève cinq variantes textuelles : *Dominum* / *Domino* (v. 1), *lumen* (théoriquement fautif) / *lumine* (la leçon *amictum* de VL 5319 pourrait n'être qu'une erreur), *vestimentum* / *vestimento* (à l'exception des manuscrits français, qui suivent Rome), *ponit* / *ponis* (sauf Compiègne) et *suum* / *tuum* (sauf Compiègne). En revanche, la leçon *tegit* (v. 3) est sans doute une erreur du graduel VL 5319. L'*offertorium* et le premier verset possèdent une mélodie originale, dans ce style quasi psalmodique qui caractérise les offertoires en DO à finale *sol* (huitième mode). La mélodie du deuxième et du troisième versets emploie en revanche le style A. Cette pièce équipe la messe de la vigile de la Pentecôte. Cette messe n'a pas une grande antiquité, puisqu'elle a été mise en place à l'imitation de celle de la vigile pascale : c'est une « copie d'ancien ».

VL 5319, f. 55 ; *AMS* n° 54	Psautier romain, Ps 54	Vulgate	
Off. *Exaudi Deus* *orationem meam*	Id.		
		Exaudi Deus *orationem meam*	2

---

1. *Amictum lumen sicut vestimentum* VL 5319, C 74 ; *amictus lumine sicut vestimento* E 121, SG 339 ; *amictus lumine sicut vestimentum* C, L 239 ; *amictus lumen sicut vestimentum* M-R.

2. *Tegit... ponit* VL 5319 ; *tegis... ponit* C 74 ; *tegis... ponis* SG 339, E 121, L 239, M-R ; *tegis... ponet* C ; *tuum* E 121, SG 339, L 239, M-R ; *suum* C.

et ne dispexeris		*et ne despexeris*	
deprecationem meam		*deprecationem meam*	
* *intende in me*	*Intende in me*	*Intende mihi*	3
et exaudi me	*et exaudi me*	*et exaudi me*	
	contristatus sum	*contristatus sum*	
	in exercitatione mea	*in exercitatione mea*	
	et conturbatus sum	*et conturbatus sum*	

V. 1			
Conturbatus sum	Ut supra	Ut supra	3
a voce inimici	*A voce inimici*	*A voce inimici*	4
et a tribulatione	*et a tribulatione*	*et a tribulatione*	
peccatoris	*peccatoris*	*peccatoris*	
	quoniam declinaverunt	*quoniam declinaverunt*	
	in me iniquitates	*in me iniquitatem*	
	et in ira molesti erant	*et in ira molesti erant*	
	mihi	*mihi*	
et expectabam eum	*Expectabam eum*	*Expectabam eum*	9
qui me salvum faceret	*qui me salvum faceret*	*qui salvum me fecit*	
	a pusillo animo	*a pusillanimitate spiritus*	
	et tempestate	*et a tempestate*	

V. 2			
Ego autem	*Ego autem*	*Ego ad Deum*	17
ad Deum clamavi	*ad Dominum clamavi*	*clamavi*	
	et Dominus exaudivit me	*et Dominus salvabit me*	
libera animam meam	*Liberabit in pace*	*Redimet in pace*	19
	animam meam	*animam meam*	
	ab his qui adpropiant	*ab his qui adpropinquant*	
	mihi	*mihi*	
	quoniam inter multos	*quoniam inter multos*	
	erant mecum	*erant mecum*	
et extende [1] *manum tuam*	*Extendit manum suam*	*Extendit manum*	21
in retribuendo illis	*in retribuendo illis*	*suam*	
	contaminaverunt	*in retribuendo*	
	testamentum eius	*contaminaverunt*	
		testamentum eius	

Il existe peut-être une variante textuelle, *extende / extendes*, mais elle ne se trouve dans aucun psautier ancien, à notre connaissance. L'*offertorium* et le second verset de cet offertoire de la messe du troisième lundi du carême possèdent une mélodie originale. Le premier verset est plus complexe,

---

1. *Extende* VL 5319, C 74 ; *extendes* C (*extendens* = *extendes*) SG 339, E 121, L 239, M-R.

puisqu'il possède une longue récitation en style C, c'est-
à-dire sur *MI (a voce inimici et a tribulatione)*. C'est une
preuve de centonisation modale. Le passage entre *MI* et *DO*
est facile, puisque les récitations sur *do* peuvent être soit la
véritable corde mère de *DO*, intacte, soit une ancienne récitation sur *MI*, transposée à *si*, puis montée ensuite à *do* par
attraction.

VL 5319, f. 104 ; AMS n° 98	Psautier romain, Ps 67	Vulgate	
Off.			
Mirabilis Deus	*Id.*	*Mirabilis Deus*	36
in sanctis suis		*in sanctis suis*	
Deus Israhel		*Deus Israhel*	
ipse dabit virtutem		*ipse dabit virtutem*	
et fortitudinem plebis sue		*et fortitudinem plebi suae*	
* benedictus Deus alleluia		*benedictus Deus*	
V. 1			
Exurgat Deus	*Exsurgat Deus*	*Exsurgat Deus*	2
et dissipentur inimici eius	*et dissipentur inimici eius*	*et dissipentur inimici eius*	
ut fugiant[1]	*et fugiant a facie eius*	*et fugiant*	
qui oderunt eum	*qui oderunt eum*	*qui oderunt eum*	
a facie eius		*a facie eius*	
V. 2			
	Sicut deficit fumus	*Sicut deficit fumus*	3
	deficiant sicut fluit cera	*deficiant sicut fluit cera*	
	a facie ignis	*a facie ignis*	
Pereant peccatores	*sic pereant peccatores*	*sic pereant peccatores*	
a facie Dei	*a facie Dei*	*a facie Dei*	
iusti epulentur	*Et iusti epulentur*	*Et iusti epulentur*	4
exultent in conspectu Dei	*exultent in conspectu Dei*	*exultent in conspectu Dei*	
delectentur in letitia	*delectentur in laetitia*	*delectentur in laetitia*	

On note une variante textuelle, *ut fugiant / et fugiant*.
L'*offertorium* de cette pièce du sanctoral de l'été (du 3 mai
au 22 août) est tout entier bâti à l'aide d'une mélodie originale, tandis que les deux versets, dans leur seconde moitié,
emploient le style A.

---

1. *Ut fugiant* VL 5319, C 74 ; *et fugiant* C, SG 339, E 121, L 239 ; M-R illisible.

VL 5319, f. 91 ; AMS n° 83	Psautier romain, Ps 77	Vulgate
Off.		
	Et mandavit nubibus desuper et ianuas caeli aperuit	Et mandavit nubibus 23 desuper et ianuas caeli aperuit
Portas celi aperuit Dominus		
et pluit illis manna ut ederent panem celi dedit illis	Et pluit illis manna manducare panem caeli dedit eis	Et pluit illis manna 24 ad manducandum et panem caeli dedit eis
* panem angelorum manducavit homo alleluia	Panem angelorum manducavit homo frumentationem misit eis in abundantiam	Panem angelorum 25 manducavit homo cibaria misit eis in abundantiam
V. 1 Adtendite popule meus legem meam [1] inclinate aurem vestram in verba oris mei	Adtendite populus meus legem meam inclinate aurem vestram in verba oris mei	Adtendite populus meus 1 legem meam inclinate aurem vestram in verba oris mei
V. 2 Aperiam in parabolis os meum loquar propositiones ab initio seculi	Id.	Aperiam in parabola 2 os meum eloquar propositiones ab initio

Il existe une variante entre chants romain et grégorien, *legem meam / in legem meam*. Le texte de l'*offertorium* est bien adapté à la semaine *in albis*, puisqu'il fait allusion à la manne et au pain des anges, préfiguration de la première communion que viennent de recevoir les catéchumènes quelques jours auparavant. En revanche, rien de tel ne se trouve dans les versets, ce qui montre qu'ils sont moins anciens. La mélodie de l'*offertorium* est originale, mais elle emploie aussi le style B (en *RÉ*) sur les mots *panem celi dedit illis*. Le premier verset utilise en partie, outre une mélodie originale, le style A ; le second verset ne connaît que lui. Cette pièce se trouve au mercredi *in albis*. Le second verset du psaume 77 est cité par Mt 13, 35 pour justifier le fait que Jésus parle aux foules en paraboles.

---

1. *Legem* VL 5319, C 74 ; *in legem* C, E 121, SG 339, L 239 ; lacune M-R.

VL 5319, f. 43 ; AMS n° 40 b	Psautier romain, Ps 90	Vulgate
Off.		
Scapulis suis obumbravit tibi Dominus et sub pennis eius sperabis	Scapulis suis obumbrabit tibi et sub pinnis eius sperabis	In scapulis suis 4 obumbrabit te et sub pinnis eius sperabis
* scuto circumdabit te veritas eius	Scuto circumdabit te veritas eius non timebis a timore nocturno	Scuto circumdabit te 5 veritas eius non timebis a timore nocturno
V. 1		
Dicet Domino susceptor meus es	Dicet Domino : Susceptor meus es et refugium meum Deus meus sperabo in eum	Dicet Domino : 2 Susceptor meus es tu et refugium meum Deus meus sperabo in eum
non timebis a timore nocturno	Ut supra	Ut supra 5
a sagitta volante per diem	A sagitta volante per diem a negotio perambulante in tenebris a ruina et daemonio meridiano	A sagitta volante in die 6 a negotio perambulante in tenebris ab incursu et daemonio meridiano
V. 2		
Quoniam angelis suis mandavit de te ut custodiam te [1] in omnibus viis tuis	Quoniam angelis suis mandavit de te ut custodiant te in omnibus viis tuis	Quoniam angelis suis 11 mandabit de te ut custodiant te in omnibus viis tuis
(Ø ROM)	In manibus portabunt te ne umquam offendas ad lapidem pedem tuum	In manibus portabunt 12 te ne forte offendas ad lapidem pedem tuum
V. 3		
Super aspidem et basiliscum ambulabis et conculcabis leonem et draconem	Id.	Super aspidem 13 et basiliscum ambulabis conculcabis leonem et draconem

---

1. *In omnibus viis tuis* VL 5319, C 74 ; *in omnibus viis tuis* om. S, SG 339, E 121, L 239, M-R ; *ne umquam offendas ad lapidem pedem tuum* add. C, SG 339, E 121, L 239, M-R ; om. VL 5319, C 74.

quoniam in me speravit	Quoniam in me speravit	Quoniam in me	14
liberabo eum	et liberabo eum	speravit	
	protegam eum	et liberabo eum	
	quoniam cognovit	protegam eum	
	nomen meum	quia cognovit	
		nomen meum	

On relève deux variantes textuelles entre chants romain et grégorien : l'omission par ce dernier de *in omnibus viis tuis* et au contraire l'ajout de *ne umquam offendas ad lapidem pedem tuum*. Cette pièce du premier dimanche du carême est modalement centonisée. L'*offertorium* est globalement en *DO*, mais porte des traces d'influence de *MI* : *scapulis suis obum* est nettement sur *si = MI* ; *Dominus* est sur *MI* ; *pennis* est sur *si = MI*. Le deuxième verset est d'ailleurs entièrement en style C. Le premier et le troisième versets, qui possèdent une mélodie originale, sont en revanche en *DO*.

VL 5319, f. 94 ; *AMS* n° 85	Vulgate (Ex 12, 14 ; 13, 3 ; 14, 13-14)
Off.	
Erit vobis hic dies memorialis alleluia	*Habebitis autem hanc diem* 12, 14
et diem festum celebrabitis sollemnem	*in monumentum*
Domino	*et celebrabitis eam sollemnem Domino*
* *in proienies vestris legitimum*	*in generationibus vestris*
sempiternum diem	*cultu sempiterno*
alleluia alleluia [1]	
V. 1 (C 74 L 239 *AMS* ; v. 2	*Et ait Moses ad populum* 13, 3
SG 339 E 121)	*mementote diei huius*
In mente habete diem istum	*in qua egressi estis*
in qua existis [2]	*de Aegypto et de domo servitutis*
de terra Egypti et de domo servitutis	*quoniam in manu forti*
in manu enim potenti	*eduxit vos Dominus*
liberavit vos Dominus	*de loco isto ut non comedatis*
	fermentatum panem

---

1. *Alleluia alleluia* VL 5319, F 22, C 74 ; *alleluia alleluia alleluia* C, K, SG 339, E 121, L 239.

2. *In quo existis* B, C, SG 339, E 121, L 239 (C 74 : *qua*) ; *et [de domo servitutis]* om. C, SG 339, E 121, L 239.

V. 2 (C 74 L 239 *AMS* ; v. 1
SG 339 E 121)

Dixit Moyses ad populum :	*Et ait Moses ad populum :* 14, 13
bono animo estote	*nolite timere*
et veniet vobis salus a Domino Deo	*state et videte magnalia Domini*
	quae facturus est hodie
	Aegyptios enim quos nunc videtis
	nequaquam ultra videbitis
	usque in sempiternum
et pugnavit pro vobis	*Dominus pugnabit pro vobis* 14, 14
	et vos tacebitis

Le graduel de Sainte-Cécile (f. 86) est le seul témoin romain des versets : on a gratté ceux du graduel VL 5319 et une main tardive, en *gotica urbana* de la fin du XIIᵉ siècle ou du début du XIIIᵉ siècle, a écrit à leur place le verset de l'*Alleluia Epi si Kyrie*, qui avait été oublié ou qui n'existait pas encore ; lors de la copie du manuscrit, on n'avait écrit et noté que le mot *Alleluia*, passant ensuite directement à l'offertoire. Il se pose un problème de versets : le graduel de Sainte-Cécile présente ses versets dans l'ordre inverse de celui du grégorien, c'est-à-dire dans l'ordre numérique des versets de l'Exode ; cet ordre est également celui qu'ont choisi les manuscrits français. Les manuscrits allemands semblent donc être responsables de la permutation des versets. L'ajout d'un *Alleluia* par le grégorien est une variante textuelle ; *in quo* / *in qua* et *et de domo servitutis* / *de domo servitutis* pourraient en être aussi, mais nous ne pouvons contrôler le témoignage de C 74.

À Milan, cette pièce est l'offertoire de la Pentecôte [1] ; à Rome, elle se trouve au vendredi *in albis*, qui semble avoir été remanié à la suite d'une intervention de saint Grégoire [2]. La modalité de son *offertorium* présente des traces de centonisation modale : elle emprunte le style A (sur les mots *memorialis alleluia et diem festum celebrabitis*, etc.), donc une corde de *DO*, mais son incipit semble regarder vers *RÉ*, sur les deux syllabes *erit*. Les deux versets (dans C 74, témoin

---

1. LEVY, « Toledo, Rome », p. 66 ; Dom B. BAROFFIO, *Die Offertorien*, p. 25 et n. 1.
2. CHAVASSE, « Les plus anciens types », p. 74 : saint Grégoire semble responsable de l'organisation de la fin de la semaine *in albis* qui, avant lui, s'arrêtait au mercredi (à l'exception du samedi, octave ancienne du baptême) ; il aurait décalé les formulaires du début de la semaine pour en équiper la fin.

romain unique) utilisent entièrement le style A. La version grégorienne de l'*offertorium* est inclassable et n'a retenu de la mélodie romaine que le schéma modal le plus élémentaire. Aux passages qui, à Rome, sont en style A, donc en *DO* à peu près rectiligne, le grégorien module volontiers au grave (*sollemnem Domino* se termine sur *mi* et *in progenies* tourne autour de *ré*). Les versets grégoriens sont en revanche volontiers rectilignes sur *fa* (v. 1 : *Dixit Moyses ad populum bono animo estote*) ou *DO* (v. 1 : *et veniet vobis salus a Domino Deo et pugnabit* ; v. 2 : *In mente habete diem istum* ; *in manu enim potenti liberavit vos*), avec cependant un passage sur *sol* (= *RÉ ?*) dans le v. 2 *(in quo existis de terra Egypti de domo servitutis)*.

VL 5319, f. 35 ; *AMS* n° 34	Psautier romain, Ps 91	Vulgate	
Off.			
Bonum est confiteri Domino et psallere nomini tuo Altissime	*Id.*	*Id.*	2
* bonum est confiteri Domino	Ut supra	Ut supra	2
V. 1 *Quam magnificata sunt opera tua Domine nimis profunde facte sunt cogitationes tue*	*Id.*	*Id.*	6
V. 2 *Ecce inimici tui Domine peribunt et dispergentur omnes qui operantur iniquitatem*	*Quoniam ecce inimici tui Domine peribunt et dispergentur omnes qui operantur iniquitatem*	*Quoniam ecce inimici tui peribunt et dispergentur omnes qui operantur iniquitatem*	10
V. 3 *Exaltabitur sicut unicornis cornu meum et senectus mea in misericordia uberi*	*Et exaltabitur sicut unicornis cornu meum et senectus mea in misericordia uberi*	*Et exaltabitur sicut unicornis cornu meum et senectus mea in misericordia uberi*	11
quia respexit oculus tuus [1]	*Et respexit oculus tuus*	*Et despexit oculus meus*	12

---

1. *Oculus tuus* VL 5319, C 74 ; *oculus meus* C, E 121, SG 339, L 239, M-R.

inimicos meos	inimicos meos	inimicis meis
et insurgentes in me	et insurgentes in me	et insurgentibus in me
malignantes audivit	malignantes audivit	malignantibus audiet
auris tua	auris tua	auris mea

Il existe un problème de réclame : il a fallu réemployer le début de l'*offertorium*, ce qui indique que le passage de la reprise *a capite* à la reprise *a latere* ne s'est pas fait sans difficulté. Il existe une variante textuelle entre chants romain et grégorien : *oculus tuus / oculus meus* (v. 12). L'*offertorium* est globalement en *DO*, malgré une finale (*altissi*me) qui fait entendre la cellule mère de *RÉ* : *RÉ do la do RÉ*. Les versets (qui possèdent la même finale que l'*offertorium*) semblent être en *RÉ*, puisqu'ils emploient le style B. Il ne nous semble pas possible de dire qu'on a donné des versets en *RÉ* à une pièce qui, à l'origine, était en *DO* ; en effet, comme nous pouvons le voir, l'*offertorium*, globalement en *DO*, portait cependant déjà la marque, discrète, de *RÉ*, tandis que les versets, en style B, portent des traces de *DO* tout en étant globalement en *RÉ*. Cette pièce est donc modalement centonisée ; tout repose sur l'amphibologie du *fa*, qui peut être la transposition de *DO* ou l'accent naturel de *RÉ*. Il est donc facile de passer de l'un à l'autre et les compositeurs n'ont pas manqué de jouer avec cette ambiguïté. Cette pièce équipe la messe de la Septuagésime, qui est sans doute postérieure à saint Grégoire, mais la datation de la messe n'entraîne pas toujours la datation concomitante des chants qui l'équipent.

LES CAS PARTICULIERS

« *Sol* » = « *RÉ* »

Trois pièces en huitième mode, *Gressus meos*, *Inmittet angelum* et *Inveni David*, hésitent (peut-être volontairement) entre *DO* et *RÉ*. Elles sont transposées sur *sol*, note qui peut être chez elles, selon les endroits, tantôt *DO*, tantôt *RÉ*. De *RÉ*, elles possèdent notamment la montée à l'aigu et la tierce mineure *ré-mi-fa* (transposition de *sol-la-si* bémol).

VL 5319, f. 59 ; AMS n° 59	Psautier romain, Ps 118	Vulgate
Off. *Gressus meos dirige Domine secundum eloquium tuum* * *ut non dominentur* [1] *omnis iniustitia Domine*	*Gressus meos dirige secundum eloquium tuum ut non dominetur mei omnis iniustitia*	*Gressus meos dirige* 133 *secundum eloquium tuum et non dominetur mei omnis iniustitia*
V. 1 *Declaratio sermonum tuorum illuminat me et intellectum dat* [2] *parvulis*	*Id.*	*Declaratio* 130 *sermonum tuorum inluminat et intellectum dat parvulis*
V. 2 *Cognovi Domine quia equitas iudicia tua et in veritate tua humiliasti me*	*Id.*	*Cognovi Domine* 75 *quia aequitas iudicia tua et veritate humiliasti me*

Il ne se pose pas de problème de verset, mais il existe en revanche deux variantes textuelles : *dominentur / dominetur* et *dat / dans*. Cette pièce du troisième samedi du carême possède une mélodie originale.

VL 5319, f. 46v ; AMS n° 44	Psautier romain, Ps 33	Vulgate
Off. *Inmittet angelum Dominus* [3] *in circuitu timentium eum et eripiet eos*	*Id.*	*Vallabit angelus* 8 *Domini in circuitu timentium eum et eripiet eos*
* *gustate et videte quoniam suavis est Dominus*	*Gustate et videte quoniam suavis est Dominus beatus vir qui sperat in eum*	*Gustate et videte* 9 *quoniam suavis est Dominus beatus vir qui sperat in eo*

1. *Dominentur* VL 5319, F 22, C 74 ; *dominetur* C, K, E 121, SG 339, L 239, M-R.

2. *Dat* VL 5319, C 74, M-R ; *dans* C, E 121, SG 339, L 239.

3. *Inmittet angelum Dominus* VL 5319, C 74, B, C, L 239 ; *immittet angelus Dominus* F 22 ; *immittit angelus Domini* K, S, SG 339, E 121 ; *inmittet angelus Domini* M-R.

V. 1
Benedicam Dominum [1]   *Id.*   *Id.*   2
in omni tempore
semper laus eius
in ore meo

V. 2
In Domino laudabitur   *Id.*   *Id.*   3
anima mea
audiant mansueti
et letentur

magnificate Dominum   *Magnificate Dominum*   *Magnificate Dominum* 4
mecum   *mecum*   *mecum*
et exaltemus nomen eius   *et exaltemus nomen eius* *et exaltemus nomen eius*
in invicem   *in invicem*   *in id ipsum*

V. 3
Accedite ad eum   *Accedite ad eum*   *Accedite ad eum*   6
et illuminamini   *et inluminamini*   *et inluminamini*
et vultus vestri   *et vultus vestri*   *et facies vestrae*
non erubescant [2]   *non erubescent*   *non confundentur*

iste pauper clamavit   *Id.*   *Iste pauper clamavit* 7
et Dominus exaudivit   *et Dominus exaudivit*
eum   *et de omnibus*
et ex omnibus   *tribulationibus eius*
tribulationibus eius   *salvavit eum*
liberavit eum

Le copiste du graduel de Sainte-Cécile n'a pas fait figurer
le troisième verset ; il n'est pas sûr qu'il s'agisse d'un oubli.
Il existe deux variantes textuelles sûres : *inmittet angelum
Dominus / inmittit angelus Domini* (branche germanique du
grégorien) et *benedicam Dominum / benedicam Domino* (branche germanique du grégorien). La lacune de C 74 nous
interdit de savoir si la leçon *erubescant,* donnée par VL 5319,
est une authentique leçon romaine ou une erreur. La mélodie de l'*offertorium* et des deux premiers versets est originale,
tandis que celle du troisième emploie le style A. Cette pièce
était à la messe du treizième dimanche après la Pentecôte,
avant de passer à celle du premier jeudi du carême, sous
Grégoire II.

---

1. *Dominum* VL 5319, C 74, C, S, L 239 M-R ; *Domino* B, SG 339, E 121.
2. *Erubescent* SG 339, E 121, L 239 ; M-R ill. ; *erubescant* VL 5319, C ; lacune
C 74.

VL 5319, f. 19v ; *AMS* n° 16 a	Psautier romain, Ps 88	Vulgate
Off.		
Inveni David	*Inveni David*	*Inveni David* 21
servum meum	*servum meum*	*servum meum*
oleo sancto [1] *unxi eum*	*in oleo sancto meo*	*in oleo sancto meo*
	unxi eum	*linui eum*
* *manus enim mea*	*Id.*	*Manus enim mea* 22
auxiliabitur ei		*auxiliabitur ei*
et brachium meum		*et brachium meum*
confortabit eum		*confirmabit eum*
V. 1		
	Domine Deus virtutum	*Domine Deus virtutum* 9
	quis similis tibi	*quis similis tibi*
Potens es Domine	*potens es Domine*	*potens es Domine*
et veritas tua	*et veritas tua*	*et veritas tua*
in circuitu tuo	*in circuitu tuo*	*in circuitu tuo*
	Tunc locutus es	*Tunc locutus es* 20
	in aspectu filiis tuis	*in visione sanctis tuis*
	et dixisti :	*et dixisti :*
posui adiutorium	*posui adiutorium*	*posui adiutorium*
super potentem	*super potentem*	*in potentem*
et exaltavi electum	*et exaltavi electum*	*exaltavi electum*
de plebe mea	*de plebe mea*	*de plebe mea*
V. 2		
Veritas mea	*Et veritas mea*	*Et veritas mea* 25
et misericordia mea	*et misericordia mea*	*et misericordia mea*
cum ipso	*cum ipso et in nomine*	*cum ipso et in nomine*
et in nomine meo	*meo*	*meo*
exaltabitur cornu eius	*exaltabitur cornu eius*	*exaltabitur cornu eius*
Et ponam	*Id.*	*Et ponam* 30
in seculum seculi		*in saeculum saeculi*
sedem [2] *eius*		*semen eius*
et thronum eius		*et thronum eius*
sicut dies celi		*sicut dies caeli*

Cette pièce pose des problèmes difficiles à résoudre. Le graduel de Sainte-Cécile n'a pas copié le verset *Veritas mea* et SG 339 n'a pas neumé le début de ce même verset, de *Veritas mea...* à *cornu eius*. Il est difficile de dire s'il s'agit

---

1. *Oleo sancto* VL 5319, F 22, C 74, M-R ; *et in oleo sancto* C, K, SG 339, E 121 ; lacune L 239.
2. *Semen* SG 339 ; *sedem* C, E 121 ; *semen* corrigé en *sedem* M-R.

de la coïncidence de bévues de scribe ou du signe que ce verset est tardif et a éprouvé du mal à entrer dans la tradition, puisque les autres manuscrits le connaissent et le neument. La seconde difficulté réside dans l'ajout du verset 30 *(et ponam...)* à la fin du deuxième verset. Si le grégorien est unanime à ce sujet, le graduel VL 5319 (seul témoin romain de ce verset, puisque le graduel de Sainte-Cécile n'a pas mentionné le verset *Veritas mea*) a laissé ce passage *sine neumis*. Faut-il en conclure qu'il s'agit d'un ajout grégorien, que connaissait le copiste du texte, influencé par le grégorien, mais que n'a pas neumé le copiste de la musique, parce que le répertoire romain ignorait cet ajout ? Il est difficile de trancher.

Il existe une variante textuelle entre chants romain et grégorien, *oleo sancto* (Rome et le Mont-Renaud) / *et in oleo sancto*. Quant à *sedem* / *sedem*, il semble que *sedem* soit la seule leçon grégorienne correcte, le manuscrit SG 339 étant très isolé et celui du Mont-Renaud ayant finalement corrigé en *sedem* ce qui apparaissait comme une simple erreur, sans doute provoquée par contamination avec la Vulgate. Cette pièce du commun des papes possède une mélodie originale qui est globalement en *DO*, malgré la présence fragmentaire du style C, donc d'une corde *MI* d'emprunt, sur les mots *brachium meum (off.) et veritas tua* (v. 1).

« DO » descendant à « sol » avec des passages en « sol » = « RÉ ».

VL 5319, f. 43v ; AMS n° 41	Psautier romain, Ps 118	Vulgate
Off.		
Levabo[1] *oculos meos et consi021derabo mirabilia tua Domine*	*Revela oculos meos et considerabo mirabilia de lege tua*	*Revela oculos meos et* 18 *considerabo mirabilia de lege tua*
	Vias meas enuntiavi et exaudisti me	*Vias meas enuntiavi* 26 *et exaudisti me*
ut doceas me iustitiam tuam	*doce me iustificationes tuas*	*doce me iustificationes tuas*

---

1. *Levabo* VL 5319, F 22, C 74, R, B, C, K, S, L 239, M-R ; *revela* E 121, SG 339.

	Manus tuae fecerunt me	*Manus tuae* 73
	et plasmaverunt me	*fecerunt me*
	da mihi intellectum	*et plasmaverunt me*
* *da mihi intellectum*	*ut discam mandata tua*	*da mihi intellectum*
ut discam mandata tua [1]		*et discam mandata tua*

V. 1

Legem pone mihi Domine	*Legem pone mihi*	*Legem pone mihi* 33
et viam iustificationum	*Domine*	*Domine*
exquiram	*viam iustificationum*	*viam iustificationum*
	tuarum	*tuarum*
	et exquiram eam semper	*et exquiram eam semper*
et in [2] *preceptis tuis*	*In mandatis tuis*	*In mandatis tuis* 15
me exercebor	*me exercebo*	*exercebor*
	et considerabo vias tuas	*et considerabo vias tuas*

V. 2

Veniant mihi Domine [3]	*Veniant mihi*	*Veniant mihi* 77
miserationes tue et vivam	*miserationes tuae*	*miserationes tuae*
quia lex tua	*et vivam*	*et vivam*
meditatio mea est	*quia lex tua*	*quia lex tua*
	meditatio mea est	*meditatio mea est*

(GREG ; Ø ROM)

et consolatio mea	*Nam et testimonia tua*	*Nam et testimonia tua* 24
iustificationes tuae sunt	*meditatio mea est*	*meditatio mea*
	et consolatio mea	*et consilium meum*
	iustificationes tuae sunt	*iustificationes tuae*

Il existe plusieurs variantes textuelles : *levabo* (Rome et la branche française du grégorien) / *revela* (branche germanique du grégorien), *ut discam mandata tua* (Rome et la branche germanique du grégorien) / *ut discam mandata Domine* (branche française du grégorien), *in preceptis* / *a preceptis*, *veniant mihi Domine* (Rome et le manuscrit du Mont-Blandin) / *veniant super me*, la suppression de *et vivam* par le grégorien et l'ajout par le grégorien de *et consolatio mea iustificationes tuae sunt*. La variante *ut discam mandata Domine* n'affecte que deux manuscrits français et n'est donc pas certaine. L'*offertorium* commence en *sol* = *RÉ*, puisqu'il utilise *ré-fa-*

---

1. *Ut discam mandata tua* VL 5319, F 22, C 74, K, E 121, SG 339, M-R ; *ut discam mandata Domine* C, L 239.

2. *In* VL 5319, C 74 ; *a* C, E 121, SG 339, L 239, M-R.

3. *Veniant mihi Domine miserationes tue et* (VL 5319 ; *ut* C 74) *vivam* VL 5319, C 74 ; *veniant super me miserationes tuae quia lex tua meditatio mea est* E 121, SG 339, L 239 ; *veniant super me* /// S ; *veniat super me miserationes tuas* C ; *veniant mihi miserationes tue* B.

sol, qui est la transposition de la cellule mère de *RÉ (la-do-RÉ)*. Ensuite, il reste sur *sol* sans retoucher le *RÉ*. Cet *offertorium* possède donc des passages qui sont plutôt en *RÉ*, à cause de la présence du *fa*. Il est néanmoins globalement en *DO*, comme ses versets, avec une mélodie originale. Cette pièce est au premier lundi du carême.

VL 5319, f. 34 ; *AMS* n° 5 b et 7 *bis*	Vulgate (Lc 1, 28 ; 42 ; 34-35)	
Off. *Ave Maria gratia plena* *Dominus tecum* [1]	*Et ingressus ad eam dixit* *Ave gratia plena Dominus tecum*	28
	Et exclamavit voce magna et dixit *benedicta tu inter mulieres* *et benedictus fructus ventris tui*	42
benedicta tu in mulieribus * *et benedictus fructus ventris tui*		
V. 1 *Quomodo in me fiet hoc* *que virum non cognosco*	*Dixit autem Maria ad angelum* *quomodo fiet istud* *quoniam virum non cognosco*	34
Spiritus Domini superveniet in te *et virtus Altissimi obumbravit tibi*	*Et respondens angelus dixit ei* *Spiritus sanctus superveniet in te* *et virtus Altissimi obumbrabit tibi* *ideoque et quod nascetur sanctum* *vocabitur Filius Dei*	35
V. 2 *Ideoque* [2] *quod nascetur ex te sanctum* *vocabitur Filius Dei*	Ut supra	35

Il ne se pose pas de problème de verset, mais il existe en revanche une variante textuelle entre Rome et la branche française du grégorien, d'une part, et la branche germanique du grégorien, de l'autre [3] : l'incise *Dominus tecum* est un ajout tardif de la liturgie de Rome. L'ajout de *et* (v. 35) n'est documenté que par le graduel VL 5319, puisque le manuscrit de Saint-Pierre ne possède pas les versets et que le gra-

---

1. *Dominus tecum* om. B, C, K, SG 339, E 121 ; *Dominus tecum* non om. VL 5319, F 22, C 74, L 239, M-R.
2. *Ideoque quod* C 74, SG 339, E 121, L 239, M-R ; *ideoque et quod* VL 5319.
3. HESBERT, *AMS*, p. XXXIX ; PIETSCHMANN, « Die nicht dem Psalter entnommenen Messgesangstücke », p. 128-129 ; Dom J. CLAIRE, « L'offertoire *Ave Maria* », *RG* 37 (1958), p. 179.

duel de Sainte-Cécile omet cette copule, qui se trouve dans la Vulgate ; c'est donc vraisemblablement une erreur.

Cette pièce est tardive [1] : c'est l'offertoire de l'Annonciation ; certains manuscrits grégoriens, comme par exemple Laon, le placent également au mercredi des Quatre-Temps de l'avent, en double avec l'offertoire normal, *Confortamini*, qui n'est pas psalmique non plus. La présence de l'offertoire *Ave Maria* au mercredi des Quatre-Temps de l'avent est simple à expliquer : c'est le mercredi *Missus est*, qui tire son nom de l'incipit de sa péricope évangélique (Lc 1, 26) [2]. Cette pièce est tout entière une mélodie originale. La mélodie romaine de l'*offertorium*, dont l'incipit est martial (pour des oreilles modernes), est ambiguë, puisqu'elle utilise à la fois la corde de *DO*, descendant d'une quarte pour aller trouver sa finale à *sol*, et le *sol* transposition de *RÉ*. Elle demeure cependant globalement sur *DO*. Le style C est présent dans le premier verset. La mélodie grégorienne démontre que l'incise *Dominus tecum* est un ajout, puisque sa mélodie est de style différent de celle du reste de l'*offertorium*. Il n'en est pas de même dans le chant romain, où cette incise est pourvue d'une mélodie de même style que le reste.

« Sol » = « RÉ » et « sol » = « DO ».

VL 5319, f. 87 ; *AMS* n° 81 a	Vulgate (Mt 28, 2 ; 5-7 et Lc 24, 36 ; 39)
Off.	
	Et ecce 2 *terrae motus factus est magnus* *angelus enim Domini descendit de caelo*
Angelus Domini descendit de celo	*et accedens revolvit lapidem* *et sedebat super eum*
et dixit mulieribus	*Respondens autem angelus* 5 *dixit mulieribus* *nolite timere vos* *scio enim quod Iesum qui crucifixus est*
quem queritis	*quaeritis*

---

1. Frénaud, « Le culte de Notre Dame », p. 180.
2. Klauser, *Das römische Capitulare*, p. 43 (n° 242).

surrexit * sicut dixit alleluia

V. 1

Euntes dicite discipulis eius

ecce precedet [1] vos in Galileam
ibi eum videbitis

V. 2

Iesus stetit in medio eorum et dixit
pax vobis

videte
quia ipse ego sum [2]

Non est hic surrexit enim sicut dixit 6
venite videte locum ubi positus erat

Et cito euntes dicite discipulis eius 7
surrexit a mortuis
et ecce praecedit vos in Galilaeam
ibi eum videbitis ecce dixi vobis

Dum haec autem loquuntur   36
ipse stetit in medio eorum et dicit eis :
Pax vobis

Videte manus meas et pedes meos 39
quia ipse ego sum ; palpate me et videte
quia spiritus carnem et ossa non habet
sicut me videtis habere

On relève une variante textuelle entre chants romain et grégorien : *ipse ego / ego ipse*. Cet offertoire est au lundi de Pâques. Certaines des antiennes de *Magnificat* des vêpres pascales reposent sur ce texte ; par exemple, *Cito euntes* (au dimanche) et *Stetit Iesus in medio* (au mardi) [3]. Le second verset, qui est tiré de Lc, prend exactement la suite de l'évangile du jour (Lc 24, 13-35) [4] ; c'est un extrait de l'évangile du lendemain (Lc 24, 36-47). Quant à Mt 28, 2, 5-7, qui est utilisé par l'*offertorium* et le premier verset, c'est le texte de l'évangile de la vigile pascale (Mt 28, 1-7) [5]. Cette pièce à la mélodie originale joue sur l'amphibologie du *sol*, notamment dans l'*offertorium*. Les versets sont plus clairement en *DO*. Le premier emprunte parfois le style C *(in Galileam)*, au point que l'on peut se demander si la récitation sur *do* qui équipe les mots *ibi eum* est réellement la corde de *DO* ou plutôt celle de *MI*, transposée sur *si* et montée à *do* par attraction. Il a été copié par *Beatus es Simon Petre*.

1. *Precedet* C, SG 339, E 121 ; *precedit* L 239.

2. *Quia ipse ego sum* VL 5319, C 74 ; *quia ego ipse sum* C, SG 339, E 121, L 239 ; lacune M-R.

3. Andrieu, *Les OR*, t. III, p. 366 et 368.

4. Klauser, *Das römische Capitulare*, p. 24, n° 93.

5. Pietschmann, « Die nicht dem Psalter entnommenen Messgesangstücke », p. 128.

« Sol » = *« RÉ »*, *« DO »* descendant à *« sol »* et *« RÉ »* descendant à *« sol »* (plagal + authente).

VL 5319, f. 121v ; *AMS* n° 135	Vulgate (Jb 16, 18-20 ; 23, 10-12)	
Off.		
Oratio mea munda est et ideo peto	*Haec passus sum*	18
	absque iniquitate manus meae	
	cum haberem mundas ad Deum preces	
ut detur locus voci mee in celo	*Terra ne operias sanguinem meum*	19
	neque inveniat locum in te latendi	
	clamor meus	
quia ibi est iudex meus	*Ecce enim in caelo testis meus*	20
et conscius meus in excelso	*et conscius meus in excelsis*	
* *ascendat ad Dominum*	*?*	
deprecatio mea		
V. 1		
Probavit me Dominus sicut aurum	*Ipse vero scit viam meam*	10
	et probavit me quasi aurum	
	quod per ignem transit	
	Vestigia eius secutus est pes meus	11
	viam eius custodivi	
vias meas custodivit [1]	*et non declinavi ex ea*	
et a preceptis eius non discessi	*A mandatis labiorum eius*	12
	non recessi	
	et in sinu meo abscondi verba oris eius	

Le graduel VL 5319 est le seul témoin romain du verset ; sa leçon *vias meas custodivit* (troisième personne) dit le contraire du texte biblique (*vias eius custodivi* : première personne), le sujet du verbe *custodire* n'étant plus le même. Le sens auquel on aboutit est néanmoins satisfaisant : le texte n'est ni absurde, ni fautif sur le plan du latin ; il pourrait s'agir d'une harmonisation et d'un alignement sur *probavit me Dominus sicut aurum*.

Cet offertoire de la vigile de saint Laurent est modalement centonisé. Il est globalement en *DO*, descendant d'une quarte à *sol*. On notera cependant la présence du style C sur les mots *et ideo peto (offertorium)* et *et a preceptis* (v.). On

---

1. *Vias meas custodivit* VL 5319 ; *vias eius custodivi* SG 339, E 121, M-R ; lacune L 239.

peut du reste se demander si la récitation sur *do (ut detur locus voci)* est réellement en *DO* ou s'il ne s'agit pas plutôt d'une corde de *MI*.

VL 5319, f. 51v ; *AMS* n° 50 a	Vulgate (Ex 32, 11-13 ; 13, 5 ; 32, 14 ; 16, 9-10 ; 33, 17 ; 34, 8-7)
Off.	
Precatus est Moyses	*Moses autem orabat* 32, 11
in conspectu Domini Dei sui et dixit	*Dominum Deum suum dicens*
precatus est Moyses	
in conspectu Domini Dei sui et dixit :	
quare Domine irasceris in populo tuo [1]	*Cur Domine irascitur furor tuus contra*
	populum tuum
	quem eduxisti de terra Aegypti
	in fortitudine magna
	et in manu robusta
	Ne quaeso dicant Aegyptii callide 12
	eduxit eos
	ut interficeret in montibus
	et deleret e terra
parce ire animi tui [2]	*quiescat ira tua*
	et esto placabilis
	super nequitia populi tui
memento Abraham Isaac et Iacob	*Recordare Abraham Isaac* 13
quibus iurasti	*et Israhel*
	servorum tuorum quibus iurasti
	per temet ipsum dicens
	multiplicabo semen vestrum
	sicut stellas caeli
	et universam terram hanc
	de qua locutus sum
	dabo semini vestro
	et possidebitis eam semper
	Cumque te introduxerit Dominus 13, 5
	in terram Chananei et Hetthei
	et Amorrei et Evei et Iebusei
	quam iuravit patribus tuis ut daret tibi
dare terram fluentem lac et mel	*terram fluentem lacte et melle*
	celebrabis hunc morem sacrorum
	mense isto

---

1. *Populum tuum* L 239 ; *populo tuo* C, K, E 121, SG 339, M-R.
2. *Animi tui* VL 5319, F 22, C 74 ; *animae tuae* C, K, SG 339 E 121 L 239 M-R.

* *et placatus factus est Dominus*
de malignitate quam dixit facere
populo suo

Placatusque est Dominus   32, 14
ne faceret malum quod locutus fuerat
adversus populum suum

V. 1 ROM, C, M-R (v. 2 GREG)
Dixit Moyses et Aaron
dixit Moyses et Aaron
ad omnem synagogam
populorum Israhel
accedite ante Deum [1]

Dixitque Moses ad Aaron   16, 9
dic universae congregationi
filiorum Israhel
accedite coram Domino
audivit enim murmur vestrum

Cumque loqueretur Aaron   10
ad omnem coetum filiorum Israhel
respexerunt ad solitudinem
et ecce gloria Domini apparuit in nube

maiestas Domini apparuit in nubes

et exaudivit murmurationem vestram
in tempore

Ut supra   9

V. 2 ROM, C, M-R (v. 1 GREG)
Dixit Dominus ad Moysen

Dixit autem Dominus ad Mosen 33,17
et verbum istud quod locutus es faciam
invenisti enim gratiam coram me
et te ipsum novi ex nomine

invenisti gratiam in conspectu meo
et scio te pre omnibus

et festinans Moyses inclinavit se
in terram et adoravit

Festinusque Moses curvatus est 34, 8
pronus in terram et adorans

dicens scio quia misericors es in milibus
auferens iniquitatem et peccata

Qui custodis misericordiam in milia 7
qui aufers iniquitatem et scelera
atque peccata
nullusque apud te per se innocens est
qui reddis iniquitatem patrum
in filiis ac nepotibus
in tertiam et quartam progeniem

L'ordre romain des versets est l'inverse de celui qui a été choisi par les manuscrits grégoriens, à l'exception toutefois des manuscrits de Compiègne et du Mont-Renaud, c'est-à-dire d'une partie des manuscrits français. Le manuscrit de Laon a cependant suivi les manuscrits germaniques. L'ordre romain aboutit à placer les versets dans l'ordre des livres de l'Exode. Il est difficile de dire laquelle de ces deux dispositions est primitive. Il existe en outre une variante textuelle : *animi tui* / *animae tuae* ; en revanche, pour *populorum Israhel* / *filiorum Israhel*, VL 5319 est isolé. Cette pièce possède une

---

1. *Populorum Israhel* VL 5319 ; *filiorum Israhel* C 74, C, SG 339, E 121, L 239, M-R.

mélodie originale, malgré un long passage en style A : *acce-dite ante Deum maiestas Domini apparuit in nubes et exaudivit murmurationem vestram* (v. 1).

« DO » descendant à « sol » et corde « si » = « MI ».

VL 5319, f. 100v ; *AMS* n° 93 a-b	Psautier romain, Ps 88	Vulgate	
Off.			
Confitebuntur celi	*Id.*	*Confitebuntur caeli*	6
mirabilia tua Domine		*mirabilia tua Domine*	
et veritatem tuam		*etenim veritatem tuam*	
in ecclesia sanctorum		*in ecclesia sanctorum*	
* *Alleluia alleluia*			
V. 1			
Misericordias tuas	*Id.*	*Misericordias Domini*	2
Domine		*in aeternum cantabo*	
in eternum cantabo		*in generationem*	
in generatione et progenie		*et generationem*	
pronuntiabo [1]		*adnuntiabo*	
veritatem tuam		*veritatem tuam*	
in ore meo		*in ore meo*	
V. 2			
Quoniam quis in nubibus	*Id.*	*Quoniam quis*	7
equabitur Domino		*in nubibus*	
aut quis similis erit Deo		*aequabitur Domino*	
inter filios Dei		*similis erit Domino*	
		in filiis Dei	
Deus qui glorificatur	*Deus qui glorificatur*	*Deus qui glorificatur*	8
in consilio sanctorum	*in consilio sanctorum*	*in consilio sanctorum*	
	magnus et metuendus	*magnus et horrendus*	
	super omnes	*super omnes*	
	qui in circuitu eius sunt	*qui in circuitu eius sunt*	

On relève une variante textuelle entre chants romain et grégorien, *pronuntiabo / adnuntiabo* (v. 2). Cet offertoire du sanctoral du temps pascal (Georges, 23 avril ; Vital, 28 avril ; Philippe et Jacques, 1er mai ; Pancrace et ses compagnons, 12 mai) est globalement en *DO* descendant à *sol*, mais son

---

1. *Pronuntiabo* VL 5319, C 74 ; *adnuntiabo* C, L 239, SG 339, E 121 ; lacune M-R.

offertorium emprunte une corde *si = MI,* sous la forme du style C *(mirabilia tua Domine et veritatem tuam).* Les deux versets sont entièrement en style C.

VL 5319, f. 75 ; AMS n° 73 b	Psautier romain, Ps 68	Vulgate	
Off.			
	In conspectu tuo sunt	*In conspectu tuo sunt*	21
	omnes tribulantes me	*omnes qui tribulant me*	
	inproperium expectavit	*inproperium expectavit*	
Improperium expectavit	*cor meum*	*cor meum*	
cor meum	*et miseriam et sustinui*	*et miseriam et sustinui*	
et miseriam et sustinui	*qui simul mecum*	*qui simul contristaretur*	
qui simul contristaretur	*contristaretur*	*et non fuit*	
et non fuit	*et non fuit*	*et qui consolaretur*	
consolantem me	*consolantem me*	*et non inveni*	
quesivi et non inveni	*quaesivi et non inveni*		
* et dederunt	*Et dederunt*	*Et dederunt*	22
in escam meam fel	*in escam meam fel*	*in escam meam fel*	
et in siti mea	*et in siti mea*	*et in siti mea*	
potaverunt me aceto	*potaverunt me aceto*	*potaverunt me aceto*	
V. 1			
Salvum me fac Deus	*Salvum me fac Deus*	*Id.*	2
quoniam intraverunt	*quoniam introierunt*		
aque	*aquae*		
usque ad animam meam	*usque ad animam meam*		
V. 2			
Adversus me	*Adversum me*	*Adversum me*	13
exercebantur [1]	*exercebantur*	*exercebantur*	
qui sedebant in porta	*qui sedebant in porta*	*qui sedebant in porta*	
et in me psallebant	*et in me psallebant*	*et in me psallebant*	
qui bibebant vinum	*qui bibebant vinum*	*qui bibebant vinum*	
V. 3			
Ego vero	*Ego vero*	*Ego vero*	14
orationem meam	*orationem meam*	*orationem meam*	
ad te Domine	*ad te Domine*	*ad te Domine*	
tempus beneplaciti Deus	*tempus beneplaciti Deus*	*tempus beneplaciti Deus*	
in multitudine	*in multitudine*	*in multitudine*	
misericordie tue	*misericordiae tuae*	*misericordiae tuae*	
	exaudi me in veritate	*exaudi me in veritate*	
	salutis tuae	*salutis tuae*	

---

1. *Adversus* VL 5319, C 74 ; *adversum* B, C, S, E 121, SG 339, L 239 ; lacune M-R.

Le copiste du graduel de Sainte-Cécile n'a pas mentionné
le dernier verset ; est-ce réellement un oubli ? Il existe une
variante textuelle entre chants romain et grégorien, *adversus
/ adversum*. La mélodie de l'*offertorium*, globalement en *DO*,
emprunte le style C sur les mots *et misericordia et sustinui qui
simul*. Les versets ignorent le style C. Cette pièce est au
dimanche des Rameaux.

« *DO* » *descendant à* « *sol* », *corde* « *si* » = « *MI* » *et* « *sol* » = « *RÉ* ».

VL 5319, f. 31 ; *AMS* n° 28	Psautier romain, Ps 44	Vulgate	
Off.			
	Speciosus forma	*Speciosus forma*	3
	prae filiis hominum	*prae filiis hominum*	
Diffusa est gratia	*diffusa est gratia*	*diffusa est gratia*	
in labiis tuis	*in labiis tuis*	*in labiis tuis*	
propterea benedixit te	*propterea benedixit te*	*propterea benedixit te*	
Deus	*Deus*	*Deus*	
in eternum	*in aeternum*	*in aeternum*	
	Sedis tua Deus	*Sedis tua Deus*	7
	in saeculum saeculi	*in saeculum saeculi*	
et in seculum seculi	*virga recta est*	*virga directionis*	
	virga regni tui	*virga regni tui*	
V. 1			
Eructavit cor meum	*Eructuavit cor meum*	*Eructavit cor meum*	2
Verbum bonum	*verbum bonum*	*verbum bonum*	
dico ego opera mea regi	*dico ego opera mea regi*	*dico ego opera mea regi*	
	lingua mea calamus	*lingua mea calamus*	
	scribae	*scribae*	
	velociter scribentis	*velociter scribentis*	
V. 2			
Specie tua	*Speciem tuam*	*Specie tua*	5
et pulchritudine tua [1]	*et pulchritudinem tuam*	*et pulchritudine tua*	
intende et prospere	*intende prospere*	*et intende prospere*	
procede et regna	*procede et regna*	*procede et regna*	
	propter veritatem	*propter veritatem*	
	et mansuetudinem	*et mansuetudinem*	
	et iustitiam	*et iustitiam*	
	et deducet te mirabiliter	*et deducet te mirabiliter*	
	dextera tua	*dextera tua*	

---

1. *Intende prospere* C 74, C, L 239, E 121, SG 339 ; *et intende prospere* M-R.

Les deux versets sont communs à cet offertoire et à l'offertoire *Offerentur* ; il est probable que le plus ancien des deux est *Offerentur*. Le chant grégorien emprunte donc son verset *Eructavit* à l'offertoire *Offerentur*, de la messe de sainte Lucie (13 décembre) ; par conséquent, il ne le copie pas ou il n'indique que son incipit quand il le reprend dans l'offertoire *Diffusa est*. C'est cela qui explique que L 239 ne possède en apparence qu'un seul verset, *Specie tua*, le seul verset de cet offertoire qui soit nouveau à cet endroit du manuscrit ; c'est également ce qui explique que E 121 ait copié le verset *Eructavit* en seconde position : ayant déjà été copié le 13 décembre, il était considéré comme secondaire et on n'a copié son incipit que pour mémoire.

Diffusa est	Folio	V. 1	V. 2
VL 5319	31	*Eructavit*	*Specie tua*
C 74	3v	*Eructavit*	*Specie tua*
C	N° 28	*Eructavit*	*Specie tua*
S	N° 28	*Eructuavit*	*Specie tua*
SG 339	25	*Eructuavit* (incipit seul)	*Specie tua*
M-R	10	*Eructuavit*	*Specie tua*
L 239	26	*Specie tua*	*Eructuavit* (f. 10 ; Ø f. 26)
E 121	70	*Specie tua*	0 (déjà copié aux ff. 6 et 63)

Les chants romain et grégorien s'accordent donc pour le choix et l'ordre des versets. Cela dit, contrairement à Rome, le grégorien ne donne pas les deux mêmes versets aux trois offertoires des vierges tirés du psaume 44. Le chant romain est plus stéréotypé : c'est une marque d'ancienneté. Un répertoire traditionnel ne répugne jamais aux répétitions, bien au contraire, tandis qu'un répertoire neuf, comme le grégorien, cherche au contraire à éviter les répétitions autant qu'il est possible, dans un désir de variété qui est étranger à une mentalité traditionnelle. Il existe une variante textuelle entre chants romain et grégorien : *intende et prospere / intende prospere* (v. 5) ; le manuscrit du Mont-Renaud, isolé, donne la leçon de la Vulgate, *et intende prospere* ; le graduel de Sainte-Cécile est grégorianisé. L'*offertorium* emprunte brièvement une corde *MI*, par le biais du style C *(benedixit te Deus)*.

VL 5319, f. 57v ; *AMS* n° 57 a-b	Psautier romain, Ps 137	Vulgate
Off.		
Si ambulavero	*Si ambulavero*	*Si ambulavero* 7
in medio tribulationis	*in medio tribulationis*	*in medio tribulationis*
vivificabis me Domine	*vivificabis me*	*vivificabis me*
et super iram	*et super iram*	*super iram*
inimicorum meorum	*inimicorum meorum*	*inimicorum meorum*
extendis [1] *manum tuam*	*extendisti manum tuam*	*extendisti manum tuam*
* *et salvum me fecit*	*et salvum me fecit*	*et salvum me fecit*
dextera tua	*dextera tua*	*dextera tua*
V. 1		
In quacumque die	*In quacumque die*	*In quacumque die* 3
invocavero te	*invocavero te exaudi me*	*invocavero te exaudi me*
exaudi me Domine	*multiplicabis*	*multiplicabis me*
multiplicabis	*in anima mea*	*in anima mea virtute*
in anima mea	*virtutem tuam*	
virtutem tuam		
V. 2		
Adorabo ad templum	*Adorabo ad templum*	*Adorabo ad templum* 2
sanctum tuum	*sanctum tuum*	*sanctum tuum*
et confitebor nomini tuo	*et confitebor nomini tuo*	*et confitebor nomini tuo*
Domine	*super misericordiam*	*super misericordia tua*
super misericordiam tuam	*tuam*	*et veritate tua*
et veritatem tuam	*et veritatem tuam*	*quoniam magnificasti*
	quoniam magnificasti	*super omne*
	super nos	*nomen sanctum tuum*
	nomen sanctum tuum	

Il existe sans doute une variante textuelle : *extendis / extendes* ; elle est mince, mais les manuscrits romains sont unanimes. Cette pièce n'est pas centonisée : comme elle se trouve au dix-huitième dimanche après la Pentecôte (emplacement primitif) et au troisième jeudi du carême, elle est vraisemblablement tardive. La liturgie en donne ici une confirmation. La mélodie est tout entière originale : une teneur *DO* qui va trouver sa finale à *sol*. La version grégorienne, contrairement à la version romaine, possède une

---

1. *Extendis* VL 5319, F 22, C 74, C ; *extendes* K, E 121, SG 339, L 239, M-R.

nette corde *si* = *MI* sur *et salvum me facit*. La vocalise de *meorum* cite le *RÉ*.

FINALE « FA » (CINQUIÈME MODE)

VL 5319, f. 58v ; AMS n° 58	Psautier romain, Ps 5	Vulgate	
Off.			
Intende voci orationis mee ** rex meus et Deus meus*	*Id.*	*Id.*	3
quoniam ad te orabo *Domine*	*Quoniam ad te orabo* *Domine mane* *et exaudies vocem meam*	*Quoniam ad te orabo* *Domine mane* *exaudies vocem meam*	4
V. 1			
Verba mea auribus *percipe Domine* *intellege clamorem meum*	*Id.*	*Id.*	2
et exaudi me	Ut supra	Ut supra	4
V. 2			
Dirige in conspectu tuo *viam meam*	*Deduc me Domine* *in tua iustitia* *propter inimicos meos* *dirige in conspectu tuo* *viam meam*	*Domine deduc me* *in iustitia tua* *propter inimicos meos* *dirige in conspectu meo* *viam tuam*	9
et letentur omnes *qui sperant in te Domine* *in eternum gloriabuntur*	*Et laetentur omnes* *qui sperant in te* *in aeternum exultabunt* *et inhabitabis in eis* *et gloriabuntur in te* *omnes*	*Et laetentur omnes* *qui sperant in te* *in aeternum exultabunt* *et habitabis in eis* *et gloriabuntur in te* *omnes*	12
qui diligunt nomen tuum *Domine*	*qui diligunt nomen tuum*	*qui diligunt nomen tuum*	

L'*offertorium* et le premier verset de cette pièce du troisième vendredi du carême possèdent une mélodie originale, tandis que la seconde moitié du deuxième verset (à partir de *qui sperant...*) emploie le style A.

VL 5319, f. 24 ; *AMS* n° 19 b	Psautier romain, Ps 99	Vulgate
Off. *Iubilate Deo omnis terra* [1] *servite Domino in letitia* *intrate in conspectu eius* *in exultatione*	*Id.*	*Iubilate Domino* 2 *omnis terra* *servite Domino in laetitia* *introite in conspectu eius* *in exultatione*
* *quia Dominus* *ipse est Deus*	*Scitote quod Dominus* *ipse est Deus* *ipse fecit nos* *et non ipsi nos* *nos autem populus eius* *et oves pascuae eius*	*Scitote quoniam* 3 *Dominus ipse est Deus* *ipse fecit nos* *et non ipsi nos* *populus eius* *et oves pascuae eius*
V. 1 *Ipse fecit nos* *et non ipsi nos* *nos autem populus eius* *et oves pascue eius*	*Ut supra*	*Ut supra* 3
V. 2	*Intrate portas eius* *in confessione* *atria eius* *in hymnis confessionum*	*Introite portas eius* 4 *in confessione* *atria eius* *in hymnis confitemini illi*
Laudate nomen eius	*laudate nomen eius*	*laudate nomen eius*
quoniam suavis est *Dominus* *in eternum* *misericordia eius* *et usque in seculum seculi* *veritas eius*	*Id.*	*Quoniam suavis* 5 *Dominus* *in aeternum* *misericordia eius* *et usque in generationem* *et generationem* *veritas eius*

On note une variante textuelle entre chants romain et grégorien : ce dernier répète le début du verset 2, *Iubilate Deo omnis terra iubilate Deo omnis terra*. Cette pièce du quatrième lundi du carême (et du deuxième dimanche après l'Épiphanie) possède une mélodie originale, à laquelle s'ajoute parfois le style B (*intrate in conspectu eius*, avec le mélisme terminal ; *et oves pascuae*, sans mélisme) et le style A (tout le second verset).

---

1. *Iubilate...* (une seule fois) VL 5319, F 22, C 74 ; *iubilate Deo omnis terra iubilate Deo omnis terra* C, K, SG 339, E 121, M-R ; lacune L 239.

VL 5319, f. 21v ; *AMS* n° 18	Psautier romain, Ps 71	Vulgate	
Off. *Reges Tharsis et insule* *munera offerent* *reges Arabum et Saba* *dona adducent*	*Id.*	*Id.*	10
et adorabunt eum *omnes reges terre* * *omnes gentes servient ei*	*Id.*	*Et adorabunt eum* *omnes reges* *omnes gentes servient ei*	11
V. 1 *Deus iudicium tuum* *regi da* *et iustitiam tuam* *filio regis* *iudicare populum tuum* *in tua iustitia* [1] *et pauperes tuos in iudicio*	*Id.*	*Deus iudicium tuum* *regi da* *et iustitiam tuam* *filio regis* *iudicare populum tuum* *in iustitia* *et pauperes tuos in iudicio*	2
V. 2 *Suscipiant montes* *pacem populo tuo* *et colles iustitiam*	*Id.*	*Suscipiant montes* *pacem populo* *et colles iustitiam*	3
V. 3 *Orietur in diebus eius* *iustitia* *et abundantia pacis* *donec extollatur luna*	*Id.*	*Orietur in diebus eius* *iustitia* *et abundantia pacis* *donec auferatur luna*	7
et dominabitur *a mari usque ad mare*	*Et dominabitur* *a mari usque ad mare* *et a flumine* *usque ad terminos* *orbis terrae*	*Et dominabitur* *a mari usque ad mare* *et a flumine* *usque ad terminos* *orbis terrarum*	8

Il existe une variante textuelle entre chants romain et grégorien : *in tua iustitia / cum iustitia*. Cette pièce fait un assez grand usage du style B (en *RÉ*) dans l'*offertorium* et le premier verset, tandis qu'elle se fonde plutôt sur le style A dans les deux autres, surtout le troisième. Elle est globalement en *DO*.

---

1. *In tua iustitia* VL 5319, C 74 ; *cum iustitia* C, SG 339, E 121, M-R ; lacune L 239.

VL 5319, f. 130v ; *AMS* n° 197	Vulgate (Ex 29, 36 ; 24, 5, 17 ; 34, 2, 4-6, 8-9 ; 33, 17, 13, 20-23 ; Ps 140, 2)

Off.

	Et vitulum pro peccato offeres	29, 36
	per singulos dies ad expiandum	
	mundabisque altare cum immolaris	
Sanctificavit Moyses altare Domino	*expiationis hostiam*	
	et ungues illud in sanctificationem	
offerens super illud holocausta	*Misitque iuvenes de filiis Israhel*	24, 5
et immolans victimas	*et obtulerunt holocausta*	
	immolaveruntque victimas pacificas	
	Domino vitulos	
	Dirigatur oratio mea	Ps 140, 2
	sicut incensum in conspectu tuo	
	elevatio manuum mearum	
fecit sacrificium vespertinum	*sacrificium vespertinum*	
in odorem suavitatis Domino [1]		?
	Erat autem species	24, 17
	gloriae Domini	
	quasi ignis ardens	
	super verticem montis	
* *in conspectu filiorum Israhel*	*in conspectu filiorum Israhel*	

V. 1 ROM GREG
Locutus est Dominus ad Moysen dicens

	Esto paratus mane	34, 2
ascende ad me in montem Syna	*ut ascendas statim in montem Sinai*	
et stabis super cacumen eius	*stabisque mecum super verticem montis*	

V. 2 ROM

	Excidit ergo duas tabulas lapideas	4
	quales ante fuerant	
	et de nocte consurgens	
	ascendit in montem Sinai	
Surgens Moyses ascendit in montem	*sicut ei praeceperat Dominus*	
ubi constituit ei Deus	*portans secum tabulas*	
et descendit ad eum Dominus in nube	*Cumque descendisset Dominus*	5
et astitit	*per nubem*	
	stetit Moses cum eo	
	invocans nomen Domini	

---

1. *Domino* VL 5319, F 22 ; *Domino Deo* R, K, E 121, SG 339, L 239, M-R ; lacune C 74.

ante faciem eius	*Quo transeunte coram eo ait* 6 *Dominator Domine Deus* *misericors et clemens* *patiens et multae miserationis ac verus*

V. 3 ROM

Videns Moyses procidens *adoravit*	*Festinusque Moses curvatus est* 8 *pronus in terram et adorans*
dicens :	*Ait :* 9

V. 4 ROM

Obsecro Domine	*Si inveni gratiam in conspectu tuo* *Domine* *obsecro ut gradiaris nobiscum* *populus enim durae cervicis est* *et auferas iniquitates nostras*
dimitte peccata populi tui	*atque peccata nosque possideas*
et dixit ad eum Dominus *faciam secundum verbum tuum*	*Dixit autem Dominus* 33, 17 *ad Mosen* *et verbum istud quod locutus es faciam* *invenisti enim gratiam coram me* *et te ipsum novi ex nomine*

V. 5 ROM (v. 2 GREG)

Oravit Moyses Dominum et dixit *Si inveni gratiam in conspectu tuo* *ostende mihi te ipsum manifeste* *et videam te* [1]	*Si ergo inveni gratiam* 13 *in conspectu tuo* *ostende mihi viam tuam ut sciam te* *et inveniam gratiam ante oculos tuos*

V. 6 ROM

Et locutus est ad eum Dominus dicens : *Non enim videbit me homo* *et vivere potest*	*Rursumque ait : Non poteris videre* 20 *faciem meam* *non enim videbit me homo et vivet*

V. 7 ROM

Sed esto super altitudinem lapidum [2]	*Et iterum ecce inquit est locus* 21 *apud me* *stabis super petram*
	Cumque transibit gloria mea 22 *ponam te in foramine petrae* *et protegam dextera mea*
et protegat te dextera mea *donec pertranseat*	*donec transeam*

---

1. *Et videam* VL 5319 ; *ut videam* E 121, SG 339, L 239, M-R.

2. *Lapidum* VL 5319 ; *lapidis* E 121, SG 339 ; *protegam* E 121, SG 339 ; *protegat* VL 5319, L 239, M-R ; *pertranseam* E 121, SG 339, L 239, M-R.

V. 8 ROM

Dum pertransiero	*Tollamque manum meam* 23
auferam manum meam	*et videbis posteriora mea*
et tunc videbis gloriam meam	*faciem autem meam videre non poteris*
faciem autem meam non videbis[1]	
quia ego sum Deus	?
ostendens mirabilia in terra	

Le graduel VL 5319 est l'unique témoin romain des versets ; or, il a découpé le texte en huit petits versets, chiffre qui paraît peu vraisemblable ; ce serait un *hapax* dans le chant romain. C'est peut-être le reflet d'une pratique responsoriale ; ce découpage pourrait reposer sur des motifs bien réels, même s'ils nous échappent. Il existe en outre plusieurs variantes textuelles : l'ajout de *Deo* par le grégorien (dans l'*offertorium*), *et videam / ut videam*, *lapidum* (pluriel) / *lapidis* (singulier), *protegat... pertranseat* (Rome) / *protegat... pertranseam* (branche française du grégorien, hybride parfait entre Rome et la Francie de l'Est) / *protegam... pertranseam* (branche germanique du grégorien, alignée sur la Vulgate) et *faciem autem meam non videbis / facies autem mea non videbitur tibi*. Cet offertoire du dix-septième dimanche après la Pentecôte, centonisé à l'extrême, possède une mélodie originale mais utilise parfois un style mélodique proche du style A *(in conspectu filiorum)*.

VL 5319, f. 128v ; *AMS* n° 157	Psautier romain, Ps 137	Vulgate
Off. ROM, B (v. 1 K, S, GREG)		
	Confitebor tibi Domine	*Confitebor tibi Domine* 1
	in toto corde meo	*in toto corde meo*
	quoniam exaudisti	*quoniam audisti*
	omnia verba oris mei	*verba oris mei*
	et in conspectu	*in conspectu angelorum*
In conspectu angelorum	*angelorum*	*psallam tibi*
psallam tibi[2]	*psallam tibi*	

---

1. *Facies autem mea non videbitur tibi* E 121, SG 339, L 239, M-R.
2. *Psallam tibi* VL 5319, F 22 ; *psallam tibi Domine* L 239, SG 339, E 121, M-R.

* et adorabo *ad templum* *sanctum tuum* [1] *et confitebor nomini tuo* *Domine*	*Adorabo ad templum* *sanctum tuum* *et confitebor nomini tuo* *super misericordiam* *tuam* *et veritatem tuam* *quoniam magnificasti* *super nos* *nomen sanctum tuum*	*Adorabo ad templum* 2 *sanctum tuum* *et confitebor nomini tuo* *super misericordia tua* *et veritate tua* *quoniam magnificasti* *super omne* *nomen sanctum tuum*
V. 1 ROM B **(Ø GREG)** *Confitebor tibi Domine* *in toto corde meo* *quoniam exaudisti* *omnia verba oris mei*	Ut supra	Ut supra 1
V. 2 ROM B **(Ø GREG)** *Confiteantur tibi Domine* *omnes reges terre quoniam* *audierunt omnia verba* *oris tui*	Id.	*Confiteantur tibi* 4 *Domine* *omnes reges terrae quia* *audierunt omnia verba* *oris tui*

Le graduel VL 5319 est la seule source romaine pour les versets. Cet offertoire est inconnu de la tradition grégorienne, à l'exception du manuscrit du Mont-Blandin, qui constitue ici une sorte de cul-de-sac de l'évolution, puisqu'il n'a été suivi par aucun des manuscrits grégoriens notés. Ces derniers, à l'image des manuscrits de Corbie et de Senlis, ont préféré à la pièce romaine un offertoire *Stetit angelus*, non-psalmique (Ap 8, 3-4) et inconnu à Rome, dont la mélodie a été calquée sur celle de l'offertoire grégorien *Viri galilei*[2]. *Stetit angelus* possède cependant un verset *In conspectu*, de telle sorte qu'une comparaison reste possible avec Rome. On semble avoir conservé l'ancien *offertorium* romain, en le transformant en verset et en lui adjoignant un nouvel *offertorium*, *Stetit angelus*, l'*Apocalypse* étant plus en vogue en Gaule qu'à Rome[3]. Si l'on veut bien admettre le

---

1. *Et confitebor nomini tuo* VL 5319, F 22 ; *et confitebor tibi* L 239, SG 339, E 121, M-R.
2. STEINER, « Some Questions », p. 174 ; PIETSCHMANN, « Die nicht dem Psalter entnommenen Messgesangstücke », p. 130.
3. VAN DER MEER, *Maiestas*, p. 471-476.

principe d'une comparaison entre l'*offertorium* de *In conspectu* romain et le verset de l'offertoire *Stetit angelus* grégorien, il existe alors deux variantes textuelles : l'ajout de *Domine* par le grégorien (v. 1) et *nomini tuo / tibi*. La mélodie de cette pièce repose principalement sur l'emploi du style A, notamment dans les versets ; l'*offertorium* ne l'ignore pas mais lui préfère le plus souvent une mélodie originale.

VL 5319, f. 138 ; *AMS* n° 171	Psautier romain, Ps 19	Vulgate	
Off. *Memor sit Dominus* *omnis sacrificii tui* *et holocaustum tuum* *pingue fiat*	*Id.*	*Memor sit* *omnis sacrificii tui* *et holocaustum tuum* *pingue fiat*	4
V. 1 GREG (Ø ROM) *Mittat tibi auxilium* *de sancto* *et de Sion tueatur te*	*Mittat tibi auxilium* *de sancto* *et de Sion tueatur te*	*Mittat tibi auxilium* *de sancto* *et de Sion tueatur te*	3
V. 2 GREG (Ø ROM) *Letabimur in salutari tuo* *et in nomine Domini* *Dei nostri* *magnificabimur*	*Laetabimur* *in salutari tuo* *et in nomine Domini* *Dei nostri* *magnificabimur*	*Laetabimur* *in salutari tuo* *et in nomine Dei nostri* *magnificabimur*	6

Cette pièce ne nous est connue à ce jour que par un seul témoin romain, le graduel VL 5319. Dans la tradition grégorienne, seuls les manuscrits de Senlis et du Mont-Renaud (f. 35v) la connaissent ; encore faut-il ajouter que ce dernier ne l'a pas neumée. Les autres anciens graduels notés, E 121, SG 339 et L 239, l'ignorent. Elle appartient à la messe rituelle du sacre des évêques ; il est donc normal que les manuscrits de chant ne la connaissent pas. VL 5319 ne lui a pas donné de versets ; cela ne signifie pas que cet offertoire emprunte ses versets à un autre offertoire, puisque c'est le seul qui soit tiré du psaume 19. On a indiqué les versets grégoriens qui se trouvent dans le manuscrit du Mont-Renaud. Il est possible que Rome lui ait donné des versets empruntés à un autre offertoire tiré d'un psaume différent ; le plus vraisemblable est cependant que cette pièce n'ait jamais eu de versets à Rome ; elle aura été composée à une époque où, non content de ne plus composer de versets d'offertoire, on devait commencer à les supprimer dans la pratique. La mélodie est entièrement fondée sur l'emploi du style A.

Conclusion.

Les offertoires en *DO* constituent la plus nombreuse catégorie d'offertoires romains. Ils ne forment cependant pas un groupe très homogène : il n'y a en effet que peu de points communs entre les pièces modalement centonisées, difficiles à rattacher à leur corde, et les offertoires du sixième mode archaïsant, qui sont pratiquement rectilignes. Les problèmes de versets et les désaccords entre chants romain et grégorien ne sont pas rares. Ce qui frappe sans doute le plus dans ces longues pièces, c'est la très grande virtuosité des compilateurs et des centonisateurs de la *schola cantorum*, qui permet de mesurer avec précision à quel point le psautier était désormais assimilé, compris de l'intérieur et digéré par ces maîtres et ces artistes [1]. La rumination du texte psalmique, qui est évidemment à la base de ces compositions, montre qu'il ne s'agit pas uniquement de musique : la centonisation est le procédé qui vient naturellement à la plume ou à la bouche de quiconque s'est rendu maître du texte biblique par sa fréquentation quotidienne. Les offertoires sont donc là pour témoigner de la haute tenue du milieu culturel de Rome au VIᵉ siècle.

---

1. Cf. Dom J. Dubois, « Comment les moines du Moyen Âge », p. 262, 280-288.

CHAPITRE XI

LES OFFERTOIRES EN « MI »

Ce mode romain se présente dans les offertoires sous trois formes. Il est rare qu'il soit écrit en *MI*; le plus souvent, il est transposé en *si* ou en *la*. Il utilise parfois le style C, qui a évité ou retardé la montée des *si* à *do* et des *MI* à *fa*, qui se produit souvent en cas de récitatif *recto tono*. Cette évolution modale a souvent masqué la corde de *MI* (ou l'une de ses transpositions). Ce phénomène s'observe très bien aux cadences d'incises qui, en règle générale, sont des lieux privilégiés pour l'observation du mode d'une pièce. Souvent, c'est tout spécialement à ces endroits-là qu'à Rome (non à Bénévent ou en Aquitaine) on a fait monter les *si* à *DO* et les *MI* à *fa*, de telle sorte qu'à première vue nombre de ces pièces paraissent floues sur le plan modal, les véritables contours ayant été estompés.

FINALE « MI » : QUATRIÈME MODE ARCHAÏSANT

VL 5319, f. 122 ; *AMS* n° 136	Psautier romain, Ps 95	Vulgate	
Off. *Confessio et pulchritudo* *in conspectu eius* ** sanctitas et* *magnificentia* *in sanctificatione eius*	*Id.*	*Confessio et pulchritudo* *in conspectu eius* *sanctimonia et* *magnificentia* *in sanctificatione eius*	6
V. 1 *Cantate Domino* *canticum novum* *cantate Domino* *omnis terra*	*Id.*	*Id.*	1

V. 2

Cantate Domino	*Id.*	*Cantate Domino* 2
et [1] *benedicite nomen eius*		*benedicite nomini eius*
benenuntiate de die		*adnuntiate diem de die*
in diem		*salutare eius*
salutare eius		

Cet offertoire emprunte les deux versets de l'offertoire *Letentur* de la première messe de Noël. Il est vraisemblable que ces deux pièces aient à l'origine formé un tout [2]. Il existe une variante textuelle entre chants romain et grégorien, l'omission de *et* par le grégorien au verset 2. L'emploi du psaume 95 a été entraîné par l'allusion à la Nativité *(quoniam venit)*. Cet emploi n'a donc aucun rapport avec l'emploi typologique traditionnel du psaume 95, qui remonte au moins à Justin et à Tertullien et qui insistait sur le verset 10 *(regnavit [a ligno] Deus)*. L'ajout de l'incise *a ligno*, qui semble tenir à l'emploi d'une sorte de *targum* chrétien très ancien, permettait aux Chrétiens de faire le lien entre ce verset et la thématique du Serviteur souffrant et de voir dans le psaume 95 une préfiguration de la Passion [3]. Il est clair que rien de tout cela n'est à l'œuvre dans cet offertoire ; c'est normal, puisqu'il s'agit d'une pièce du sanctoral. Cette pièce de la messe du diacre romain Laurent est demeurée accrochée à sa corde, en *MI* pur, soit sous la forme d'une récitation *recto tono (et pulchri-)*, soit sous la forme du style C *(et magnificentia in sanctificatione)*. Il en est de même pour les versets.

VL 5319, f. 11v ; AMS n° 9 a	Psautier romain, Ps 95	Vulgate
Off.		
Letentur celi	*Laetentur caeli*	*Laetentur caeli* 11
et exultet terra	*et exultet terra*	*et exultet terra*
	moveatur mare	*commoveatur mare*
	et plenitudo eius	*et plenitudo eius*

---

1. *Et* VL 5319, B ; *et* om. S, SG 339, E 121, M-R ; lacune C 74, L 239.

2. Dom B. BAROFFIO, *Die Offertorien*, p. 30, n. 1.

3. SIMON, *Verus Israel*, p. 191 ; OTRANTO, *Esegesi*, p. 150 ; DANIÉLOU, *Message évangélique*, p. 199 ; BESKOW, *Rex gloriae*, p. 38 et 99.

* *ante faciem Domini* *quoniam venit*	*Ante faciem Domini* *quoniam venit* *quoniam venit* *iudicare terram* *iudicabit orbem terrae* *in aequitate* *et populos in veritate sua*	*A facie Domini* *quia venit* *quoniam venit* *iudicare terram* *iudicabit orbem terrae* *in aequitate* *et populos in veritate sua*	13
V. 1 *Cantate Domino* *canticum novum* *cantate Domino* *omnis terra*	*Id.*	*Id.*	1
V. 2 *Cantate Domino* *et* [1] *benedicite nomen eius* *bene nuntiate de die* *in diem* *salutare eius*	*Id.*	*Cantate Domino* *benedicite nomini eius* *adnuntiate diem de die* *salutare eius*	2

Il existe une variante textuelle entre chants romain et grégorien : ce dernier a omis *et* (v. 2). Il est possible que cet offertoire ait à l'origine formé un tout avec l'offertoire *Confessio et pulchritudo* [2]. Sa mélodie est en *MI* pur et emploie partiellement le style C dès l'*offertorium*.

VL 5319, f. 77 ; *AMS* n° 75	Psautier romain, Ps 139	Vulgate	
Off. *Custodi me Domine* *de manu peccatoris* * *et ab hominibus iniquis* *eripe me Domine*	*Custodi me Domine* *de manu peccatoris* *ab hominibus iniquis* *libera me* *qui cogitaverunt* *subplantare gressus meos*	*Custodi me Domine* *de manu peccatoris* *ab hominibus iniquis* *eripe me* *qui cogitaverunt* *subplantare gressus meos*	5
V. 1 ROM, B (v. 3 S ; Ø GREG) *Dixi Domino* *Deus meus es tu* *exaudi Domine* *vocem meam*	*Dixi Domino* *Deus meus es tu* *exaudi Domine* *vocem orationis meae*	*Dixi Domino* *Deus meus es tu* *exaudi Domine* *vocem deprecationis meae*	7

---

1. *Et* VL 5319, C 74 ; *et* om. C, S, E 121, SG 339, L 239, M-R.
2. Dom BAROFFIO, *Die Offertorien*, p. 30, n. 1.

V. 2 ROM (Ø GREG)

Dominus	*Domine Domine*	*Domine Domine* 8
virtus salutis mee	*virtus salutis meae*	*virtus salutis meae*
	obumbra caput meum	*obumbrasti super caput*
	in die belli	*meum*
		in die belli
cognovi quoniam faciet	*Cognovi quoniam faciet*	*Cognovi quia faciet* 13
iudicium inopum	*Dominus*	*Dominus*
et vindictam pauperum	*iudicium inopum*	*iudicium inopis*
	et vindictam pauperum	*et vindictam pauperum*

V. 3 ROM (v. 2 C, S, GREG)

Quia cogitaverunt [1]	Ut supra	Ut supra 5
supplantare gressus meos		
absconderunt superbi	*Absconderunt superbi*	*Absconderunt superbi* 6
laqueos mihi	*laqueos mihi*	*laqueum mihi*
	et funes extenderunt	*et funes extenderunt*
	in laqueo pedibus meis ;	*in laqueum ; iuxta iter*
	iuxta iter	*scandalum posuerunt*
	scandalum posuerunt	*mihi*
	mihi	

V. 1 C, S, GREG (Ø ROM)

Eripe me Domine	*Eripe me Domine*	*Eripe me Domine* 2
ab homine malo	*ab homine malo*	*ab homine malo*
a viro iniquo libera me	*a viro iniquo libera me*	*a viro iniquo eripe me*

Il se pose un problème de verset ; des trois versets romains, le grégorien n'a retenu que le dernier ; il lui a ajouté un autre verset, inconnu de Rome, qu'il a placé avant lui. Le grégorien a donc tout simplement « rétabli » l'ordre numérique des versets : la disposition romaine est par conséquent la *lectio difficilior*. B, qui a conservé le verset *Dixi Domino* en le laissant à sa place de premier verset, est le manuscrit le plus proche de Rome, comme il est habituel. S est à mi-chemin entre Rome et le grégorien, puisqu'il a conservé le verset *Dixi Domino* (mais il n'a pu s'empêcher de « rétablir » l'ordre numérique des versets), tandis que C est franchement du côté grégorien. Il existe en outre une variante textuelle : *quia / qui* (v. 5). Le verset *Eripe* me, ajouté par le grégorien, ne peut pas provenir de la Vulgate,

---

1. *Quia* VL 5319, C 74, S ; *qui* C, L 239, SG 339, E 121.

à cause de la leçon *libera me* ; cette variante provient d'une vieille-latine franque. L'*offertorium* de cette pièce du mardi saint est en *MI*, transposé tantôt sur *la (et ab hominibus iniquis...)*, tantôt sur *si (de manu)*. La mélodie est originale. Il en est de même pour le premier verset. Le deuxième et le troisième utilisent en revanche le style C.

VL 5319, f. 5v ; *AMS* n° 5 a	Vulgate (Is 35, 4-6 ; 7, 13-14)	
Off.		
Confortamini et iam nolite timere	*Dicite pusillanimis*	4
ecce enim Deus noster	*confortamini nolite timere*	
retribuet iudicium	*ecce Deus vester ultionem adducet*	
* *ipse veniet et salvos nos faciet*	*retributionis Deus*	
	ipse veniet et salvabit vos	
V. 1		
Tunc aperientur oculi cecorum	*Tunc aperientur oculi caecorum*	5
et aures surdorum audient	*et aures surdorum patebunt*	
tunc ascendet claudus quasi cervus	*Tunc saliet sicut cervus claudus*	6
et clara erit lingua mutorum	*et aperta erit lingua mutorum*	
	quia scissae sunt in deserto aquae	
	et torrentes in solitudine	
V. 2		
Audite itaque domus David	*Et dixit audite ergo domus David*	13
non [1] *pusillum vobis*	*numquid parum vobis est*	
certamen prestare hominibus	*molestos esse hominibus*	
quoniam Dominus prestat certamen	*quia molesti estis et Deo meo*	
propterea dabit vobis Dominus signum	*Propter hoc dabit Dominus ipse*	14
ecce Virgo in utero concipiet	*vobis signum*	
et pariet filium	*ecce virgo concipiet et pariet filium*	
et vocabitur nomen eius Emmanuel	*et vocabitis nomen eius Emmanuel*	

Le graduel VL 5319 est le seul témoin romain des versets ; l'absence de versets dans le graduel de Sainte-Cécile est anormale. Il existe deux variantes textuelles entre chants romain et grégorien : *non pusillum* (Rome et la branche française du grégorien) / *num pusillum* (branche germanique du grégorien), et *quoniam Dominus prestat certamen* (Rome et la branche française du grégorien) / *quoniam Domino prestatis*

---

1. *Num* SG 339, E 121 ; *non* VL 5319, C, L 239 ; *non* corrigé en *num*, M-R ; *quoniam Domino prestatis certamen* SG 339, E 121 ; *quoniam Dominus prestat certamen* VL 5319, C, L 239, M-R ; lacune C 74.

certamen (branche germanique du grégorien). En revanche,
VL 5319 semble s'être mépris en copiant *concipiet* au lieu
de *accipiet* (v. 14), car c'est la leçon de la Vulgate, de même
que *ascendit* au lieu de *ascendet* (v. 6), car la phrase réclame
un futur *(clara erit lingua)*, non un présent. Cette pièce est
l'offertoire du mercredi des Quatre-Temps de l'avent. Elle
est entièrement adventisée : on a choisi Is 35, 4-5 en raison
de l'allusion à la venue de Dieu et à la Rédemption *(ipse
veniet et salvabit vos)*, mais sans doute aussi — et surtout —
à cause d'une intertextualité entre les paroles de l'ange, dans
l'évangile du jour (Lc 1, 30 : « *Ne timeas, Maria* ») et le verset 4 de Is *(confortamini et iam nolite timere)*. Il est à noter
que l'ange cite lui-même Isaïe *(« Ecce Virgo in utero... »)* ;
ainsi, l'offertoire tiré de Is cite l'Évangile qui lui-même cite
Is ; c'est une belle mise en abyme de la promesse de la venue
du Sauveur. On a supprimé la fin du verset 6, qui faisait
sans doute allusion au miracle de l'Horeb, dont on n'avait
que faire ici. Is 7, 13 est l'un des plus importants *testimonia*
utilisés par les chrétiens, dès la rédaction des évangiles, pour
démontrer la réalité de l'Incarnation (Mt 1, 23). Il est également cité par Justin (I *Apol.* 33).

Cet offertoire appartient au mode de *MI*. Le chant ambrosien, qui possède lui aussi cette pièce, à la messe du cinquième dimanche de l'avent, a conservé les récitatifs sur *si*
(= MI) [1], tandis que les manuscrits romains les ont fait monter à *do*. Ces récitations *recto tono* sur *do* sont donc en réalité
des *si*, transposition de *MI*, montés à *do*. Cette pièce, qui
possède une mélodie originale, a gardé quelques très courts
passages en style C *(et iam ; oculi ; aures)*, tandis qu'une
grande partie du chant est formée d'anciens récitatifs sur *si*,
montés à *do : confortamini, ecce (off.), et clara* (v. 1), *non
pusillum vobis certamen prestare, dabit vobis* et *et vocabitur
nomen* (v. 2).

VL 5319, f. 56v ; AMS n° 56	Psautier romain, Ps 108	Vulgate	
Off. *Domine fac mecum*	*Et tu Domine*	*Et tu Domine*	21

---

1. Éd. *PM*, t. VI, p. 31. La récitation sur *si* est visible sur les mots *non pusillum vobis certamen praestare.*

misericordiam tuam	*Domine fac mecum* *misericordiam* *propter nomen tuum*	*Domine fac mecum*
propter nomen tuum ** quia suavis est* *misericordia tua*	*quia suavis est* *misericordia tua* *libera me*	*propter nomen tuum* *quia suavis* *misericordia tua libera me*

V. 1
Deus laudem meam   *Id.*
ne tacueris
quia os peccatoris et dolosi
super me apertum est

Deus laudem meam   2
ne tacueris
quia os peccatoris
et os dolosi
super me apertum est

V. 2 ROM, B, L 239
(v. 3 SG 339, E 121)
Locuti sunt adversum me *Id.*
lingua dolosa
et sermonibus odii
circumdederunt me
et expugnaverunt me
gratis

Locuti sunt adversum   3
me
lingua dolosa
et sermonibus odii
circuierunt me
et expugnaverunt me
gratis

V. 3 ROM, B, L 239
(v. 2 SG 339, E 121)
Pro eo ut diligerent me   *Id.*
detrahebant mihi
ego autem orabam

Pro eo ut me diligerent   4
detrahebant mihi
ego autem orabam

Les manuscrits grégoriens de la famille germanique ont inversé les versets 2 et 3, contrairement au manuscrit du Mont-Blandin et au manuscrit de Laon. Le manuscrit du Mont-Renaud, comme C et S, ignore le verset *Locuti sunt*. Nous ne savons pas pour quelle raison la branche germanique du grégorien a éprouvé le besoin d'intervertir ces deux versets, ce qui dérange l'ordre numérique des versets. Il n'existe aucune variante textuelle. La mélodie de l'*offertorium* est originale, contrairement à celle des versets, qui emploient fréquemment, voire exclusivement, dans le cas du verset 3, le style C. Cette pièce est au troisième mercredi du carême.

VL 5319, f. 98v ; AMS n° 89	Psautier romain, Ps 145	Vulgate	
Off.			
Lauda anima mea	*Lauda anima mea*	*Lauda anima mea*	2
Dominum	*Dominum*	*Dominum*	
laudabo Dominum	*laudabo Dominum*	*laudabo Dominum*	
in vita mea	*in vita mea*	*in vita mea*	
* *psallam Deo meo*	*psallam Deo meo*	*psallam Deo meo*	
quamdiu ero	*quamdiu ero*	*quamdium fuero*	
alleluia	*nolite confidere*	*nolite confidere*	
	in principibus	*in principibus*	
V. 1			
Qui custodit veritatem	*Qui custodit veritatem*	*Qui custodit veritatem*	7
in seculum	*in saeculum*	*in saeculum*	
facit iudicium iniuriam	*facit iudicium iniuriam*	*facit iudicium iniuriam*	
patientibus	*patientibus*	*patientibus*	
dat escam esurientibus [1]	*dat escam esurientibus*	*dat escam esurientibus*	
	Dominus erigit elisos		
	Dominus solvit		
	compeditos	*Dominus solvit conpeditos*	
V. 2			
Dominus erigit elisos	*Ut supra*	*Ut supra*	7
Dominus solvit			
compeditos			
custodit Dominus	*Dominus custodit*	*Dominus custodit*	9
pupillum	*advenam*	*advenas*	
et advenam et viduam	*pupillum et viduam*	*pupillum et viduam*	
suscipiet	*suscipiet*	*suscipiet*	
et viam peccatorum	*et viam peccatorum*	*et viam peccatorum*	
exterminavit [2]	*exterminabit*	*disperdet*	
regnavit Dominus	*Regnabit Dominus*	*Regnabit Dominus*	10
in eternum	*in aeternum*	*in saecula*	
Deus tuus Sion	*Deus tuus Sion*	*Deus tuus Sion*	
in seculum seculi	*in saeculum saeculi*	*in generationem*	
		et generationem	

Le manuscrit du Mont-Renaud est lacuneux. Il existe deux variantes textuelles : *facit / faciens* (au moins dans la branche germanique du grégorien) et peut-être *viam / vias* (ce pourrait être une erreur de VL 5319). Le choix du verset 9 pour le second verset tient sans doute à une intertextualité avec le texte de l'épître de la même messe du premier

1. *Facit* VL 5319, C 74, C ; *faciens* SG 339, E 121 ; *faciet* L 239 ; lacune M-R.
2. *Viam* VL 5319, C ; *vias* C 74, SG 339, E 121, L 239.

dimanche après l'octave de Pâques (1 P 2, 11), le mot *advena* : «*Carissimi, obsecro tamquam advenas et peregrinos abstinere vos a carnalibus desideriis...*» La mélodie de l'*offertorium* est originale, contrairement à celle du premier verset, qui emploie le style C, et contrairement à celle du second verset qui, outre le style C, est également fondée sur le style A. Les limites de la centonisation mélodique, dans ce dernier verset, correspondent exactement à celles de la centonisation du texte : le verset 7 du psaume est mis en musique à l'aide du style C, tandis que le verset 9, à l'aide duquel on semble avoir allongé cette pièce, repose sur le style A.

VL 5319, f. 36v ; AMS n° 35	Psautier romain, Ps 16	Vulgate	
Off.			
Perfice gressus meos in semitis tuis ut non moveantur vestigia mea	*Id.*	*Id.*	5
	Ego clamavi quoniam exaudisti me Deus	*Ego clamavi quoniam exaudisti me Deus*	6
inclina aurem tuam et exaudi verba mea	*inclina aurem tuam mihi et exaudi verba mea*	*inclina aurem tuam mihi et exaudi verba mea*	
* *mirifica misericordias tuas qui salvos facis sperantes in te Domine*	*Mirifica misericordias tuas qui salvos facis sperantes in te*	*Mirifica misericordias tuas qui salvos facis sperantes in te*	7
V. 1			
Exaudi Domine [1] *iustitiam meam intende deprecationis mee auribus percipe orationem meam*	*Exaudi Domine iustitiam meam intende deprecationi meae auribus percipe orationem meam non in labiis dolosis*	*Exaudi Domine iustitiam meam intende deprecationem meam auribus percipe orationem meam non in labiis dolosis*	2
V. 2 (Ø C 74)			
	A resistentibus dexterae tuae	*A resistentibus dexterae tuae*	8

---

1. *Intende deprecationis mee* VL 5319 ; *intende ad deprecationem meam* C 74 ; *intende deprecationem meam* B, C, E 121, SG 339, L 239, M-R ; *auribus percipe orationem meam* om. C 74.

Custodi me Domine	custodi me Domine	custodi me
ut pupillam oculi	ut pupillam oculi	ut pupillam oculi
sub umbra alarum	sub umbra alarum	sub umbra alarum
tuarum	tuarum	tuarum
protege me	protege me	proteges me
	Exsurge Domine	Exsurge Domine 13
	praeveni eos	praeveni eum
	et subverte eos	et subplanta eum
et eripe animam meam [1]	eripe animam meam	eripe animam meam
ab impio	ab impio	ab impio
	framea	frameam tuam

V. 3

Ego autem cum iustitia	Ego autem cum iustitia	Ego autem in iustitia 15
apparebo	apparebo	apparebo
in conspectu tuo satiabor	in conspectu tuo satiabor	conspectui tuo satiabor
dum manifestabitur	dum manifestabitur	cum apparuerit
gloria tua	gloria tua	gloria tua

Il existe deux variantes textuelles entre chants romain et grégorien : *intende deprecationis meae / intende deprecationem meam* et *et eripe animam meam ab impio / eripe me Domine ab impio*. Certes, VL 5319 est seul à donner *intende deprecationis mee*, puisque C 74 porte *intende ad deprecationem meam* ; mais *intende deprecationi meae* est la leçon du psautier romain, alors que *intende deprecationem meam* est celle de la Vulgate. La leçon de VL 5319 semble donc être la bonne. La mélodie de cette pièce du dimanche de la Sexagésime est largement fondée sur l'emploi du style C, surtout dans les versets.

VL 5319, f. 103v ; *AMS* n° 95	Psautier romain, Ps 89	Vulgate
Off.		
Repleti sumus mane	Repleti sumus mane	Repleti sumus mane 14
misericordia tua [2]	misericordia tua	misericordia tua
et veritate tua		

1. *Et eripe animam meam ab impio* VL 5319 ; *eripe me Domine ab impio* C, E 121, SG 339, L 239, M-R ; lacune C 74.

2. *Misericordia tua et veritate tua* C 74 ; *misericordia tua et veritatem tuam* F 22 ; *misericordiam tuam et veritatem tuam* VL 5319 ; *misericordia tua et exultavimus* K, E 121, SG 339, L 239 ; *in omnibus diebus nostris* VL 5319, F 22, C 74 ; *in omnibus diebus nostris* om. C, K, E 121, SG 339, L 239 ; lacune M-R.

et exultabimus	et exultavimus	et exultavimus
et delectati sumus	et delectati sumus	et delectati sumus
in omnibus diebus nostris	in omnibus diebus nostris	in omnibus diebus nostris
* alleluia		

V. 1

Domine refugium	Id.	Domine refugium 1
factus es nobis		tu factus es nobis
a generatione et progenie		in generatione et
		generatione

V. 2

Priusquam fierent montes	Priusquam fierent	Priusquam montes 2
aut formaretur orbis terre	montes	fierent
a seculo et usque [1]	aut firmaretur orbis	et formaretur terra
in seculum	terrae	et orbis
tu es Deus	a saeculo	a saeculo
	et usque in saeculum	usque in saeculum
	tu es Deus	tu es Deus

Il existe dans cette pièce trois variantes textuelles entre chants romain et grégorien : l'omission de *et veritate tua* et de *in omnibus diebus nostris* par ce dernier, ainsi que *usque in saeculum / in saeculum*. Cette pièce propre de la messe des saints Philippe et Jacques (1er mai) repose entièrement sur le style C, dès l'*offertorium*. Elle date vraisemblablement de la première moitié du VIe siècle, comme leur basilique romaine.

VL 5319, f. 14 ; AMS n° 11 b	Psautier romain, Ps 88	Vulgate
Off.		
Tui sunt celi	Id.	Tui sunt caeli 12
et tua est terra		et tua est terra
orbem terrarum		orbem terrae
et plenitudinem eius		et plenitudinem eius
tu fundasti		tu fundasti
* iustitiam et iudicium	Iustitia et iudicium	Iustitia et iudicium 15
preparatio sedis tue	praeparatio sedis tuae	praeparatio sedis tuae
	misericordia et veritas	misericordia et veritas
	praeibunt ante faciem	praecedent faciem tuam
	tuam	

---

1. *Et usque in seculum* VL 5319, C 74 ; *et in saeculum* E 121, SG 339, L 239.

V. 1

	Deus qui glorificatur	*Deus qui glorificatur* 8
	in consilio sanctorum	*in consilio sanctorum*
Magnus et metuendus	*magnus et metuendus*	*magnus et horrendus*
super omnes	*super omnes*	*super omnes*
qui in circuitu eius sunt	*qui in circuitu eius sunt*	*qui in circuitu eius sunt*
tu dominaris potestati [1]	*Tu dominaris potestati*	*Tu dominaris* 10
maris motum autem	*maris motum autem*	*potestatis*
fluctuum eius tu mitigas	*fluctuum eius tu mitigas*	*maris motum autem*
		fluctuum eius tu mitigas

V. 2

Misericordia et veritas	Ut supra	Ut supra 15
prehibunt ante faciem		
tuam		
	Quoniam gloria	*Quoniam gloria* 18
	virtutis eorum tu es	*virtutis eorum tu es*
et in beneplacito tuo	*et in beneplacito tuo*	*et in beneplacito tuo*
exaltabitur cornu nos-	*exaltabitur cornu nos-*	*exaltabitur cornu nos-*
trum	*trum*	*trum*

V. 3

Tu humiliasti sicut	*Id.*	*Tu humiliasti sicut* 11
vulneratum superbum		*vulneratum superbum*
et in virtute brachii tui		*in brachio virtutis tuae*
dispersisti inimicos tuos		*dispersisti inimicos tuos*
	Tuum brachium	*Tuum brachium* 14
	cum potentia	*cum potentia*
firmetur manus tua	*firmetur manus tua*	*firmetur manus tua*
et exaltetur dextera tua	*et exaltetur dextera tua*	*et exaltetur dextera tua*
Domine		

Le graduel de Sainte-Cécile ignore le troisième verset. *Potestati / potestatis* pourrait être une variante romaine. Cet offertoire se situe à la troisième messe de Noël. Sa version grégorienne, très archaïsante, est en *MI* ; sa version romaine aussi, mais elle est plus complexe : son *offertorium* est en *MI* et utilise le style C. Cependant, par ses versets, elle est difficilement classable, malgré quelques passages indiscutablement en *MI* : *eius sunt, mitigas* (v. 1), *veritas, exaltabitur* (v. 2), *sicut vulneratum superbum* et *firmetur* (v. 3).

---

1. *Potestatis* E 121, SG 339, M-R ; *potestati* VL 5319, L 239 ; *potestates* (= *potestatis* ?) C, K ; *potestatem* C 74.

PIÈCES INCLASSABLES DU QUATRIÈME MODE

VL 5319, f. 107v ; *AMS* n° 106	Psautier romain, Ps 67	Vulgate	
Off.			
	Manda Deus	*Manda Deus*	29
	virtuti tuae	*virtutem tuam*	
Confirma hoc Deus	*confirma hoc Deus*	*confirma Deus hoc*	
quod operatus es in nobis	*quod operatus es in nobis*	*quod operatus es nobis*	
a templo sancto tuo [1]	*a templo sancto tuo*	*A templo tuo*	30
quod est in Hierusalem	*quod est in Hierusalem*	*in Hierusalem*	
* *tibi offerunt reges*	*tibi offerunt reges*	*tibi adferunt reges*	
munera	*munera*	*munera*	
Alleluia			
V. 1			
Cantate Domino	*Cantate Deo*	*Cantate Deo*	5
psalmum dicite	*psalmum dicite*	*psalmum dicite*	
nomini eius	*nomini eius*	*nomini eius*	
iter facite ei	*iter facite ei*	*iter facite ei*	
qui ascendit	*qui ascendit*	*qui ascendit*	
super occasum	*super occasum*	*super occasum*	
Dominus nomen est illi	*Dominus nomen est ei*	*Dominus nomen illi*	
	gaudete in conspectu eius	*et exultate in conspectu*	
	turbabuntur a facie eius	*eius*	
		turbabuntur a facie eius	
V. 2			
In ecclesiis	*In ecclesiis benedicite*	*Id.*	27
benedicite Deum [2]	*Dominum*		
Dominum de fontibus	*Deum de fontibus Israhel*		
Israhel			
V. 3			
Regna terre	*Regna terrae*	*Regna terrae*	33
cantate Deo	*cantate Deo*	*cantate Deo*	
psallite Domino	*psallite Domino*	*psallite Domino*	
	psallite Deo	*psallite Deo*	
qui ascendit [3]	*Qui ascendit*	*Qui ascendit*	34
super celos celorum	*super caelos caelorum*	*super caelum caeli*	
ad orientem	*ad orientem*	*ad orientem*	
	ecce dabit vocem suam	*ecce dabit voci suae*	
	vocem virtutis suae	*vocem virtutis*	

---

1. *Sancto* VL 5319, F 22, C 74 ; *sancto* om. R, C, K, L 239, E 121, SG 339, M-R ; *offerunt* VL 5319, F 22, C 74 ; *offerent* L 239, E 121, SG 339, M-R.
2. *Deum Dominum* VL 5319, F 22, C 74 ; *Deo Domino* S, L 239, E 121, SG 339, M-R.
3. *Super* VL 5319, C 74 ; *super* om. L 239, E 121, SG 339, M-R.

On relève quatre variantes textuelles : *a templo sancto tuo* / *a templo tuo*, *offerunt* / *offerent*, *Deum Dominum* / *Deo Domino*, et l'omission de *super* par le grégorien au verset 34. Cet offertoire de la Pentecôte est clairement en *MI* ; son *offertorium* possède une mélodie originale et utilise peu le style C, contrairement aux trois versets, notamment les deux derniers.

VL 5319, f. 17v ; AMS n° 14	Psautier romain, Ps 91	Vulgate	
Off. *Iustus ut palma florebit* * *sicut cedrus que in Libano est multiplicabitur*	*Iustus ut palma florebit et sicut cedrus Libani multiplicabitur*	*Iustus ut palma florebit ut cedrus Libani multiplicabitur*	13
V. 1 *Bonum est confiteri Domino et psallere nomini tuo Altissime*	*Id.*	*Id.*	2
V. 2 VL 5319 (v. 3 C 74, GREG) *Plantatus in domo Domini in atriis domus Dei nostri florebit*	*Plantati in domo Domini in atriis domus Dei nostri florebunt*	*Plantati in domo Domini in atriis Dei nostri florebunt*	14
V. 3 VL 5319 (v. 2 C 74, GREG) *Ad annuntiandum mane misericordiam tuam et veritatem tuam per noctem*	*Id.*	*Id.*	3

Seul le graduel VL 5319 place le verset *Plantatus* avant le verset *Ad adnuntiandum*, ce qui est contraire à l'ordre numérique des versets du psaume 91 et laisse soupçonner une erreur de sa part. Il est cependant également possible que le grégorien ait rangé dans l'ordre numérique des versets qui, mis en place à Rome l'un après l'autre et sans aucun esprit de système, ne respectaient pas cet ordre trop régulier ; le principe de la *lectio difficilior* est en faveur de VL 5319. Cette

pièce de la messe *in die* des deux saint Jean est en *MI* ;
l'*offertorium* et le deuxième verset possèdent une mélodie
originale, tandis que le premier et le troisième verset
n'emploient guère que le style C.

VL 5319, f. 89 ; *AMS* n° 82	Psautier romain, Ps 17	Vulgate	
Off. *Intonuit de celo Dominus* *et Altissimus dedit* *vocem suam*	*Et intonuit de caelo* *Dominus* *et Altissimus dedit* *vocem suam*	*Et intonuit de caelo* *Dominus* *et Altissimus dedit* *vocem suam*	14
* *et apparuerunt* *fontes aquarum* *alleluia*	*Et apparuerunt* *fontes aquarum* *et revelata sunt* *fundamenta* *orbis terrae* *ab increpatione tua* *Domine* *ab inspiratione spiritus* *irae tuae*	*Et apparuerunt* *fontes aquarum* *et revelata sunt* *fundamenta* *orbis terrarum* *ab increpatione tua* *Domine* *ab inspiratione spiritus* *irae tuae*	16
V. 1 *Diligam te Domine* *virtus mea*	*Id.*	*Diligam te Domine* *fortitudo mea*	2
Domine *firmamentum meum* [1] *et refugium meum* *et liberator meus*	*Domine* *firmamentum meum* *et refugium meum* *et liberator meus* *Deus meus adiutor meus* *sperabo in eum* *protector meus* *et cornu salutis meae* *adiutor meus*	*Dominus* *firmamentum meum* *et refugium meum* *et liberator meus* *Deus meus adiutor meus* *et sperabo in eum* *protector meus* *et cornu salutis meae* *et susceptor meus*	3
V. 2	*Deus qui das* *vindictam mihi* *et subdidisti populos* *sub me*	*Deus qui dat* *vindictas mihi* *et subdidit populos sub me* *liberator meus*	48
Liberator meus *de gentibus iracundis*	*liberator meus Dominus* *de gentibus iracundis*	*de gentibus iracundis*	

---

1. *Domine* VL 5319, C 74 ; *Dominus* C, L 239, SG 339, E 121 ; lacune M-R.

ab insurgentibus	*Et ab insurgentibus*	*Et ab insurgentibus* 49
in me	*in me*	*in me*
exaltabis me	*exaltabis me*	*exaltabis me*
a viro iniquo eripies me	*a viro iniquo eripies me*	*a viro iniquo eripies me*

On note une variante textuelle entre chants romain et grégorien, *Domine / Dominus* (v. 3). La réclame fait allusion aux eaux du baptême : cette pièce est l'offertoire du mardi *in albis*, la semaine de l'octave du baptême ; le texte est donc approprié pour la circonstance, bien qu'on puisse se demander si cette allusion est primitive, puiqu'elle ne se trouve que dans la réclame. L'introït de cette même messe est *Aqua sapientiae*. La mélodie est en *MI* ; originale dans l'*offertorium*, elle est fondée sur le style C dans les versets.

VL 5319, f. 84 ; AMS n° 80	Psautier romain, Ps 75	Vulgate
Off.		
	De caelo iudicium	*De caelo auditum* 9
	iaculatum est	*fecisti iudicium*
Terra tremuit et quievit	*terra tremuit et quievit*	*terra timuit et quievit*
dum resurgeret [1]	*Dum exsurgeret*	*Cum exsurgeret* 10
in iudicio Deus	*in iudicio Deus*	*in iudicium Deus*
* *Alleluia*	*ut salvos faceret*	*ut salvos faceret*
	omnes quietos terrae	*omnes mansuetos terrae*
V. 1		
Notus in Iudea Deus	*Id.*	*Id.* 2
in Israhel		
magnum nomen eius		
V. 2		
Et factus est in pace	*Id.*	*Id.* 3
locus eius		
et habitatio eius in Sion		
V. 3		
Ibi confregit [2]	*Ibi confregit*	*Ibi confregit* 4
cornu arcum scutum	*cornua arcum scutum*	*potentias arcuum scutum*
gladium et bellum	*gladium et bellum*	*et gladium et bellum*
illuminans tu mirabiliter	*Id.*	*Inluminas tu* 5
a montibus eternis		*mirabiliter*
		de montibus aeternis

---

1. *In iudicio* VL 5319, F 22, C 74, R, B, E 121, SG 339 ; *in iudicium* C, K, L 239 ; lacune M-R.
2. *Scutum gladium et bellum* VL 5319, C 74 ; *scutum et gladium* E 121, SG 339, L 239.

On relève deux variantes textuelles entre chants romain et grégorien : *gladium et bellum* / *et gladium et bellum* et *in iudicio* / *in iudicium*. La seconde variante semble exclusivement française, mais la lacune de M-R nous interdit d'être affirmatif. Cet offertoire du dimanche de Pâques est en *MI*. Il emploie le style C beaucoup plus rarement que les autres offertoires du même mode, sauf dans les deux derniers versets. L'*offertorium* et le premier verset reposent en effet sur une mélodie originale, en *MI* elle aussi.

FINALE « MI »

VL 5319, f. 4v ; AMS n° 4	Psautier romain, Ps 84	Vulgate	
Off.			
Benedixisti Domine terram tuam avertisti captivitatem Iacob	*Id.*	*Id.*	2
*remisisti iniquitatem plebis tue [1]	*Remisisti iniquitatem plebis tuae operuisti omnia peccata eorum*	*Remisisti iniquitates plebis tuae operuisti omnia peccata eorum*	3
V. 1			
Operuisti omnia peccata eorum	Ut supra	Ut supra	3
mitigasti omnem iram tuam	*Mitigasti omnem iram tuam avertisti ab ira indignationis tuae*	*Mitigasti omnem iram tuam avertisti ab ira indignationis tuae*	4
V. 2			
Ostende nobis Domine misericordiam tuam et salutare tuum da nobis	*Id.*	*Id.*	8

Il existe une variante textuelle, propre à L 239 : *plebi* au lieu de *plebis* ; cette leçon *plebi*, qui pourrait paraître isolée,

---

1. *Plebis* VL 5319, F 22, R, K, SG 339, E 121, M-R ; *plebi* C 74, L 239.

se retrouve dans le même manuscrit à l'offertoire *Deus tu convertens* ; il semble donc ne pas s'agir d'une erreur. Cette pièce est au troisième dimanche de l'avent. Sa réclame — qui peut avoir été ajoutée — évoque le rachat du péché par l'Incarnation. L'allusion à l'avent n'arrive que dans le dernier verset, qui possède d'ailleurs le même texte que l'offertoire *Deus tu convertens*, du dimanche précédent. Cette pièce en *MI* n'emploie pas le style C mais une mélodie originale marquée par des récitatifs qui sont presque tous montés de *si* à *do*. Il reste cependant quelques traces de l'ancien *si* = *MI* sur les mots ope*ruisti omnia*, dans le verset 1.

VL 5319, f. 49 ; *AMS* n° 52	Psautier romain, Ps 12	Vulgate
Off.		
	Respice et exaudi me	*Respice exaudi me* 4
	Domine Deus meus	*Domine Deus meus*
Illumina oculos meos	*inlumina oculos meos*	*inlumina oculos meos*
ne umquam [1] *obdormiam*	*ne umquam obdormiam*	*ne umquam obdormiam*
in morte	*in mortem*	*in mortem*
* *nequando dicat*	*Nequando dicat*	*Nequando dicat* 5
inimicus meus	*inimicus meus*	*inimicus meus*
prevalui adversus eum	*praevalui adversus eum*	*praevalui adversus eum*
	qui tribulant me	*qui tribulant me*
	exultabunt	*exultabunt*
	si motus fuero	*si motus fuero*
V. 1		
Usquequo Domine	*Usquequo Domine*	*Usquequo Domine* 1
oblivisceris me in finem	*oblivisceris me in finem*	*oblivisceris me in finem*
	quousque avertis	*usquequo avertis*
	faciem tuam a me	*faciem tuam a me*
quamdiu ponam	*Quamdiu ponam*	*Quamdiu ponam* 2
consilium [2]	*consilium*	*consilia*
in animam meam	*in animam meam*	*in anima mea*
	dolorem in corde meo	*dolorem in corde meo*
	per diem	*per diem*
V. 2		
Respice in me	Ut supra	Ut supra 4
et exaudi me		

1. *Ne umquam* VL 5319, F 22, C 74 ; *nequando* C, K, SG 339, E 121, L 239, M-R.
2. *Consilium* VL 5319, C 74 ; *consilia* C, SG 339, E 121, L 239, M-R.

	Ego autem	*Ego autem* 6
	in tua misericordia	*in misericordia tua*
	sperabo	*speravi*
	exultabit cor meum	*exultabit cor meum*
	in salutari tuo	*in salutari tuo*
cantabo Domino	*cantabo Domino*	*cantabo Domino*
qui bona tribuit mihi	*qui bona tribuit mihi*	*qui bona tribuit mihi*
	et psallam	*et psallam*
	nomini tuo Altissime	*nomini Domini altissimi*

Il existe deux variantes textuelles : *ne umquam* / *nequando*
et *consilium* / *consilia*. Cette pièce se trouve au deuxième
samedi du carême et (à Rome) au deuxième dimanche ex-
vacat. Comme le précédent, cet offertoire ignore le style C
au profit de récitations sur *MI*, montées à *fa*, comme sur
les mots *prevalui adversus (offertorium)*. La plupart du temps,
la corde n'est pas nette, quoique les finales des incises soient
généralement sur *MI* ou *si*.

VL 5319, f. 130 ; *AMS* n° 189 b	Vulgate (Dn 9, 4. 17. 19-20 ; 10, 9. 11. 13)
Off. *Oravi Deum meum* *ego Danihel dicens*	*Et oravi Dominum Deum meum* 4 *et confessus sum et dixi :* *obsecro Domine Deus* *magne et terribilis* *custodiens pactum et misericordiam* *diligentibus te et custodientibus* *mandata tua*
exaudi Domine *preces servi tui* *illumina faciem tuam* *super sanctuarium tuum*	*Nunc ergo exaudi Deus noster* 17 *orationem servi tui* *et preces eius* *et ostende faciem tuam* *super sanctuarium tuum* *quod desertum est propter temet ipsum*
* *et propitius intende populum istum*	*Exaudi Domine placare Domine* 19 *adtende et fac* *ne moreris propter temet ipsum* *Deus meus*
super quem invocatum est *nomen tuum Deus*	*quia nomen tuum invocatum est* *super civitatem et super populum tuum*

V. 1 GREG (Ø ROM)

Adhuc me loquente et orante	*Cumque adhuc loquerer et orarem* 20
et narrante peccata mea	*et confiterer peccata mea*
et delicta populi mei Israhel	*et peccata populi mei Israhel*
	ut prosternerem preces meas
	in conspectu Dei mei
	pro monte sancto Dei mei

V. 2 GREG (Ø ROM)

Audivi vocem dicentem mihi	*Et audivi vocem sermonum eius* 9
	et audiens iacebam consternatus
	super faciem meam
	vultusque meus herebat terrae
Danihel	*Et dixit ad me :* 11
intellege verba que loquor tibi	*Danihel vir desideriorum*
quia ego missus sum ad te	*intellege verba quae ego loquor ad te*
	et sta in gradu tuo
	nunc enim sum missus ad te
	cumque dixisset mihi sermonem istum
	steti tremens
	Princeps autem regni Persarum 13
	restitit mihi viginti et uno diebus
	et ecce Michahel
	unus de principibus primis
nam et Michahel venit	*venit in adiutorium meum*
in adiutorium meum	*et ego remansi ibi*
	iuxta regem Persarum

Contrairement au chant grégorien, Rome ne possède pas de verset pour cet offertoire, ce qui ne plaide pas en faveur de son ancienneté. Cet insolite offertoire du seizième dimanche après la Pentecôte ignore entièrement le style C ; les cadences d'incises sont généralement sur *MI* (*dicens* ; *servi tui* ; *intende* ; *Deus*). La récitation sur *fa*, aux mots *super quem*, est un ancien *MI*. Les pièces non psalmiques apparaissent à partir du formulaire du seizième dimanche après la Pentecôte ; or, le sacramentaire gélasien ancien (Vat. Reg. 316) ne comprenait que seize formulaires de messes pour les dimanches ordinaires de l'année liturgique[1]. Dès qu'on atteint ce cap, il est donc normal qu'apparaissent des formulaires *sui generis*, non psalmiques.

---

1. H. SCHMIDT, « Die Sonntage nach Pfingsten », p. 457 ; BROU, « Étude historique sur les oraisons », p. 167 et 169 ; CHAVASSE, « Les plus anciens types », p. 58 et 62.

FINALE « SI »

VL 5319, f. 76 ; *AMS* n° 74	Psautier romain, Ps 142	Vulgate	
Off.			
*Eripe me de inimicis meis Domine * ad te confugi*	*Id.*	*Id.*	9
doce me facere voluntatem tuam quia Deus meus es tu	*Doce me facere voluntatem tuam quia tu es Deus meus spiritus tuus bonus deducet me in via recta*	*Doce me facere voluntatem tuam quia Deus meus es tu spiritus tuus bonus deducet me in terra recta*	10
V. 1			
	Domine exaudi orationem meam auribus percipe obsecrationem meam in veritate tua	*Domine exaudi orationem meam auribus percipe obsecrationem meam in veritate tua*	1
Exaudi me in tua iustitia	*exaudi me in tua iustitia*	*exaudi me in tua iustitia*	
et ne intres in iudicio [1] *cum servo tuo Domine*	*Et non intres in iudicio cum servo tuo quia non iustificabitur in conspectu tuo omnis vivens*	*Et non intres in iudicio cum servo tuo quia non iustificabitur in conspectu tuo omnis vivens*	2
V. 2 ROM (Ø AMS GREG)			
	Memor fui dierum antiquorum et meditatus sum in omnibus operibus tuis et in factis	*Memor fui dierum antiquorum meditatus sum in omnibus operibus tuis in factis manuum tuarum*	5
In factis manuum tuarum meditabor Domine	*manuum tuarum meditabor*	*meditabar*	

Le chant grégorien ignore le second verset, *In factis*. Les manuscrits de la branche germanique présentent une variante textuelle, *iudicio / iudicium* (v. 2). Cet offertoire du lundi saint possède un *offertorium* bâti sur une mélodie originale ; les deux versets utilisent plutôt le style C.

---

1. *Iudicio* VL 5319, C 74, L 239 ; *iudicium* E 121, SG 339 ; lacune M-R.

FINALE « LA » = MI : TROISIÈME MODE AUTHENTE

VL 5319, f. 71v ; AMS n° 72	Psautier romain, Ps 118	Vulgate	
Off.			
Benedictus es Domine doce me iustificationes tuas	*Id.*	*Id.*	12
Benedictus es Domine [1] *doce me iustificationes tuas*	Ut supra	Ut supra	12
	Feci iudicium et iustitiam ne tradas me persequentibus me	*Feci iudicium et iustitiam non tradas me calumniantibus me*	121
et ne tradas [2]			
	Elige servum tuum in bonum ut non calumnientur mihi superbi	*Suscipe servum tuum in bonum non calumnientur me superbi*	122
a calumniantibus in me [3]			
* *et respondebo exprobrantibus mihi verbum*	*Et respondebo exprobrantibus mihi verbum quia speravi in sermonibus tuis*	*Et respondebo exprobrantibus mihi verbum quia speravi in sermonibus tuis*	42
V. 1			
Vidi non servantes pactum et tabescebam Domine	*Vidi non servantes pactum et tabescebam quia eloquia tua non custodierunt*	*Vidi praevaricantes et tabescebam quia eloquia tua non custodierunt*	158
quando facies de persequentibus me iudicium	Ut supra	Ut supra Voir 121-122	
V. 2			
Appropiaverunt persequentes me iniqui	*Adpropiaverunt persequentes me iniqui a lege autem tua longe facti sunt*	*Adpropinquaverunt persequentes me iniquitate a lege autem tua longe facti sunt*	150

---

1. *Om.* B, C, K, S, SG 339, E 121, L 239, M-R.
2. *Et ne tradas* VL 5319, F 22, C 74 ; *et non tradas* C, K, SG 339, E 121, L 239, M-R.
3. *A calumniantibus in me* VL 5319, F 22, C 74 ; *calumniantibus me superbis* C, K, SG 359, E 121, L 239, M-R.

confundantur et	Confundantur superbi	Confundantur superbi 78
revereantur quia	quia	quia
iniuste iniquitatem	iniuste iniquitatem	iniuste iniquitatem
fecerunt in me	fecerunt in me	fecerunt in me
	ego autem exercebor	ego autem exercebor
	in mandatis tuis	in mandatis tuis

Il se pose tout d'abord un problème de découpage du texte. Le graduel F 22 (f. 43) ne possède pas les versets de cet offertoire, mais son *offertorium* est formé de l'*offertorium* et du premier verset de la version qu'on trouve dans le graduel VL 5319. Le graduel de Sainte-Cécile (f. 68) est d'accord avec F 22. Leur premier verset est *Vidi non servantes*. Les manuscrits grégoriens sont d'accord avec F 22 et C 74 pour le découpage mais, contrairement à eux, ils ne répètent pas *Benedictus es Domine doce me iustificationes tuas*. La suppression de la répétition de *Benedictus es...* me semble être une *lectio facilior* : la Gaule, ne comprenant pas la raison de cette répétition, l'aura supprimée. Ces répétitions, malgré leur caractère insolite, sont un des traits typiques des offertoires romains : le texte authentique est donc vraisemblablement celui des trois graduels romains, avec la répétition. En revanche, le bon découpage semble être celui des graduels F 22 et C 74 et du grégorien : le copiste de VL 5319 a commis une erreur. Il existe par ailleurs trois variantes textuelles entre les chants romain et grégorien : l'omission de la répétition de *benedictus es...* (v. 12), *ne tradas / non tradas* et *a calumniantibus in me / calumniantibus me superbis*. Cet offertoire du cinquième vendredi du carême possède un *offertorium* à la mélodie originale, malgré quelques traces de style C. Les versets font en revanche grand usage de ce dernier.

VL 5319, f. 38v ; *AMS* n° 36 b	Psautier romain, Ps 118	Vulgate
Off.		
Benedictus es Domine doce me iustificationes tuas	Benedictus es Domine doce me iustificationes tuas	Benedictus es Domine 12 doce me iustificationes tuas
benedictus es Domine doce me iustificationes tuas	Ut supra	Ut supra 12

* in labiis meis *pronuntiavi omnia* *iudicia oris tui*	Id.	Id.	13

V. 1

Beati immaculati in via *qui ambulant* *in lege Domini*	Id.	*Id.*	1
beati qui scrutantur *testimonia eius* *in toto corde* *exquirunt eum*	Id.	*Beati qui scrutantur* *testimonia eius* *in toto corde exquirent* *eum*	2

V. 2 VL 5319, C 74
(fin du v. 1 GREG)

Aufer a plebe tua *obprobrium* *et contemptum* *quia mandata tua* *non sumus obliti* *Domine*	*Aufer a me* *obprobrium* *et contemptum* *quia testimonia tua* *exquisivi*	*Aufer a me* *obprobrium et* *contemptum* *quia testimonia tua* *exquisivi*	22

V. 2 GREG ; v. 3 C 74
(VL 5319 : v. 3 *sine*
***neumis*)**

In via testimoniorum *tuorum* *delectatus sum* *sicut in omnibus divitiis*	Id.	*In via testimoniorum* *tuorum* *delectatus sum* *sicut in omnibus divitiis*	14

V. 3 GREG ; v. 4 C 74
(VL 5319 : v. 4 *sine*
***neumis*)**

Viam iniquitatis Domine *amove a me* *viam iniquitatis Domine* *amove a me* *et de lege tua miserere mei*	*Viam iniquitatis* *amove a me* *et de lege tua* *miserere mei*	*Viam iniquitatis* *amove a me* *et lege tua* *miserere mei*	29
viam veritatis elegi [1] *iudicia tua* *non sum oblitus*	*Viam veritatis elegi* *iudicia tua* *non sum oblitus*	*Viam veritatis elegi* *iudicia tua* *non sum oblitus*	30
viam mandatorum *tuorum cucurri* *dum dilataris* *cor meum* [2]	*Viam mandatorum* *tuorum cucurri* *dum dilatares* *cor meum*	*Viam mandatorum* *tuorum cucurri* *cum dilatasti* *cor meum*	32

---

1. *Iudicia tua* VL 5319, C 74, C ; *iudicia tua iudicia tua* SG 339, E 121 ; *iudicia tua iustitiam tuam* L 239 ; *iudicia tua iustitia tua* M-R.

2. *Dum dilatasti* C ; *cum dilatares* E 121, SG 339 ; *dum dilatares* L 239 ; *cum dilataris (-es ?)* M-R ; *dum dilataris* VL 5319, C 74. Cette leçon est une authentique leçon romaine : elle figure dans l'apparat de Dom WEBER.

Le graduel VL 5319 commet ici la même erreur que dans l'offertoire *Benedictus es... et ne tradas* : à la faveur de la répétition, il a transformé en premier verset la fin de l'*offertorium*, comme l'indique l'emplacement de la réclame. Contrairement à ce qui se passe pour l'offertoire *Benedictus es... et ne tradas*, le grégorien a conservé la répétition, qui est si romaine. Il existe cependant un important problème de découpage du texte. La tradition grégorienne fait de *Aufer a plebe* la fin du premier verset, tandis que Rome le considère comme le second verset. À l'inverse, le grégorien possède deux versets qui, s'ils sont bien dans le graduel VL 5319, y figurent seulement *sine neumis* ; certes, le graduel de Sainte-Cécile les connaît et les a neumés, mais il s'agit sans doute d'une influence grégorienne, car cette pièce se retrouve ainsi avec quatre versets, ce qui semble beaucoup. La version du manuscrit VL 5319 nous semble donc être la version romaine primitive, tandis que celle du manuscrit C 74 représente une contamination par la tradition grégorienne. Il est très difficile de savoir si les versets 14, 29, 30 et 32, copiés *sine neumis* dans VL 5319 et entièrement notés dans le graduel de Sainte-Cécile, sont un ajout grégorien, copié ensuite par C 74, ou au contraire une véritable leçon romaine, oubliée par VL 5319.

Il existe par surcroît deux variantes textuelles, d'ailleurs situées dans la partie de l'offertoire qui fait litige : la répétition de *iudicia tua* par le grégorien (branche germanique ; la branche française remplace la répétition par *iustitia tua*) et *dum dilataris* (Rome) / *cum dilatares* (branche germanique du grégorien) / *dum dilatares* (Laon). Cette pièce de la messe du dimanche de la Quinquagésime est très différente de celle qui précède, malgré la communauté d'incipit : la mélodie des versets est souvent montée à *do*, malgré quelques passages restés sur *si* ; la fin du premier d'entre eux utilise partiellement le style A (ou en tout cas quelque chose qui y ressemble : *testimonia eius*), en *DO*.

VL 5319, f. 115v ; *AMS* n° 122 b	Psautier romain, Ps 44	Vulgate	
Off.			
	Pro patribus tuis nati sunt tibi filii	*Pro patribus tuis nati sunt tibi filii*	17

Constitues eos principes	*constitues eos principes*	*constitues eos principes*
super omnem terram	*super omnem terram*	*super omnem terram*
memores erunt	*Memores erunt*	*Memor ero* 18
nominis tui	*nominis tui*	*nominis tui*
* in omni progenie	*in omni generatione*	*in omni generatione*
et generatione	*et progenie*	*et generatione*
	propterea populi	*propterea populi*
	confitebuntur tibi	*confitebuntur tibi*
	in aeternum	*in aeternum*
	et in saeculum saeculi	*et in saeculum saeculi*
V. 1		
Eructavit cor meum	*Eructavit cor meum*	*Eructavit cor meum* 2
Verbum bonum [1]	*verbum bonum*	*verbum bonum*
	dico ego opera mea regi	*dico ego opera mea regi*
	lingua mea calamus	*lingua mea calamus*
	scribae	*scribae*
	velociter scribentis	*velociter scribentis*
V. 2		
Lingua mea calamus	*Ut supra*	*Ut supra* 2
scribe velociter scribentis		
speciosus forma	*Speciosus forma*	*Speciosus forma* 3
pre filiis hominum	*prae filiis hominum*	*prae filiis hominum*
diffusa est gratia	*diffusa est gratia*	*diffusa est gratia*
in labiis tuis	*in labiis tuis*	*in labiis tuis*
	propterea benedixit te	*propterea benedixit te*
	Deus	*Deus*
	in aeternum	*in aeternum*
V. 3		
Propterea benedixit te	*Ut supra*	*Ut supra* 3
Deus		
in eternum		
accingere gladio tuo	*Accingere gladium tuum*	*Accingere gladio tuo* 4
circa femur potentissime	*circa femur potentissime*	*super femur tuum*
		potentissime

On note une variante textuelle, l'ajout de *dico ego opera
mea regi* (v. 2) par le grégorien ; il est peu vraisemblable que
VL 5319 ait oublié cette incise ; la présence de *dico ego* dans
le grégorien ressemble à une *lectio facilior* : les chantres
francs, ne comprenant pas pourquoi Rome avait centonisé
son texte au point de ne pas retenir la seconde moitié du

---

1. *Dico ego opera mea regi* SG 339, E 121, L 239, M-R ; *dico ego opera mea regi*
om. VL 5319 ; lacune C 74.

verset 2, auront voulu « rétablir » la situation. La mélodie de cette pièce de la messe des deux apôtres de Rome est modalement assez ambiguë. L'*offertorium* a en effet été attiré par *do* ; le *MI* aigu n'apparaît jamais et le *MI* grave n'est atteint que par la finale et son anticipation, *generatione*. Le *si* ne joue aucun rôle particulier. Le premier verset procède de même ; quant au second verset, son *do* a fini par attirer l'emploi du style B, qui est en *RÉ*. Le *do* du troisième verset a de son côté entraîné l'utilisation du style A. La corde de *MI* est ainsi bien difficile à découvrir, ce qui est du reste normal dans une pièce du sanctoral qui, malgré ses titulaires, ne peut prétendre faire partie du lot des offertoires les plus anciens.

VL 5319, f. 2v ; *AMS* n° 2	Psautier romain, Ps 84	Vulgate	
Off.			
Deus tu convertens vivificabis nos et plebs tua letabitur in te	*Id.*	*Deus tu conversus vivificabis nos et plebs tua laetabitur in te*	7
* *ostende nobis Domine misericordiam tuam et salutare tuum da nobis*	*Id.*	*Id.*	8
V. 1 *Benedixisti Domine terram tuam avertisti captivitatem Iacob*	*Id.*	*Id.*	2
remisisti iniquitatem plebis tue	*Remisisti iniquitatem plebis tuae operuisti omnia peccata eorum*	*Remisisti iniquitates plebis tuae operuisti omnia peccata eorum*	3
V. 2 *Misericordia et veritas obviaverunt sibi*	*Misericordia et veritas obviaverunt sibi iustitia et pax conplexae sunt se*	*Misericordia et veritas obviaverunt iustitia et pax osculatae sunt*	11
veritas de terra orta est et iustitia de celo prospexit	*Id.*	*Id.*	12

Bien que cette pièce soit au deuxième dimanche de l'avent, dont la station est Sainte-Croix, aucune allusion n'est faite à Jérusalem [1] ; cela dit, l'offertoire est un genre relativement indifférent à l'emplacement de la station. Faut-il conclure que cette pièce a été mise en place avant la création de la liturgie stationnale ? Antérieurement à la création de l'avent, les dimanches avant Noël étaient des dimanches *per annum* et ne comprenaient donc pas de station, et probablement pas de messe propre non plus : on répétait un formulaire commun ; dans tous les cas, Sainte-Croix n'est devenue station qu'au moment du passage des scrutins en semaine. D'autre part, *Deus tu convertens* pourrait n'avoir pas été prévue pour être affectée à cette messe, l'offertoire primitif étant peut-être *Exsulta satis*. L'*offertorium* et le premier verset possèdent une mélodie originale, sur *si*, qui vient trouver sa finale sur *MI*. Le second verset en est proche, bien qu'il porte les traces (peu marquées) d'un embryon de style C, parfois monté de *si* à *do* (*veritas*).

VL 5319, f. 78v ; *AMS* n° 76	Psautier romain, Ps 101	Vulgate	
Off. *Domine exaudi* *orationem meam* *et clamor meus* *ad te perveniat*	*Id.*	*Domine exaudi* *orationem meam* *et clamor meus* *ad te veniat*	2
V. 1 GREG ; suite de l'*offertorium* ROM *Ne avertas* *faciem tuam a me*	*Ne avertas* *faciem tuam a me* *in quacumque die* *tribulor* *inclina ad me* *aurem tuam* *in quacumque die* *invocavero te* *velociter exaudi me*	*Non avertas* *faciem tuam a me* *in quacumque die tribulor* *inclina ad me* *aurem tuam* *in quacumque die* *invocavero te* *velociter exaudi me*	3
* *ne avertas* *faciem tuam a me* [2]	Ut supra	Ut supra	3

1. Voir HESBERT (*AMS*, p. XXXVII) qui tente d'expliquer.
2. *Ne avertas faciem tuam a me ne avertas faciem tuam a me* VL 5319, C 74 ; le

V. 2 GREG (Ø ROM,
B, S, L 239)

		Percussus sum	*Percussum est* 5
		sicut faenum	*ut faenum*
		et aruit cor meum	*et aruit cor meum*
		quia oblitus sum	*quia oblitus sum*
Quia oblitus sum		*manducare panem*	*comedere panem meum*
manducare panem meum		*meum*	

V. 1 ROM
V. 3 SG 339, E 121
V. 2 B, S, L 239

Tu exurgens Domine [1]		*Tu exsurgens*	*Tu exsurgens* 14
misereberis Syon		*misereberis Sion*	*misereberis Sion*
quia venit tempus		*quia venit tempus*	*quia tempus miserendi*
quia tempus venit		*miserendi eius*	*eius*
miserendi eius			*quia venit tempus*

Sainte-Cécile et le grégorien placent la réclame à *et clamor*, alors que la répétition de *ne avertas...* indique que Rome avait originellement prévu une réclame *ne avertas faciem tuam a me*. Il se pose en outre un problème de verset : le grégorien a aligné cet offertoire sur le trait *Domine exaudi* de la même messe (le trait, le graduel et l'offertoire du mercredi saint sont en effet tirés du même psaume 101), qui possède un verset 1, *Ne avertas*, et un verset 4, *Percussus sum*, duquel est tiré *Quia oblitus sum*. C'est cet alignement sur le trait qui explique également que le manuscrit de Laon ait écrit *non avertas* (au lieu de *ne avertas*) ; c'est en effet la leçon du trait : les chantres francs auront remanié l'offertoire romain *Domine exaudi* en l'alignant sur un de leurs traits en *RÉ*, dont le découpage en versets leur était plus familier que celui de cet offertoire étranger. Le manuscrit de Laon ignore le verset *Quia oblitus sum*, ce qui est le signe de la plus grande romanité de la branche française de la tradition grégorienne par rapport à la tradition germanique. Il existe en outre trois variantes textuelles : *ne avertas faciem tuam a me ne avertas faciem tuam a me / ne avertas faciem tuam ne avertas faciem tuam a me*, l'omission de *Domine (tu exurgens Domine)* et *quia*

---

premier *a me* est omis par E 121, SG 339 ; *non avertas faciem tuam non avertas faciem tuam a me* L 239.

1. *Domine* VL 5319 C 74 ; *Domine* om. S, E 121, SG 339, L 239 ; *quia venit tempus quia tempus venit miserendi eius* VL 5319, C 74 ; *quia tempus miserendi eius quia venit tempus* E 121, SG 339, L 239.

*venit tempus quia tempus venit miserendi eius / quia tempus mise-
rendi eius quia venit tempus.* La mélodie de l'*offertorium* et
celle du verset n'ont rien de commun, sinon la corde
modale. Le premier consiste en une mélodie originale, volu-
bile et dans laquelle la corde de *MI* est très estompée. Le
verset est en revanche entièrement fondé sur le style C.

VL 5319, f. 41 ; *AMS* n° 39 b	Psautier romain, Ps 118	Vulgate
Off.		
	Humiliatus sum usquequaque	*Humiliatus sum* 107 *usquequaque*
Domine vivifica me secundum eloquium tuum	*Domine vivifica me secundum verbum tuum*	*Domine vivifica me secundum verbum tuum*
	Servus tuus sum ego da mihi intellectum	*Servus tuus sum ego* 125 *da mihi intellectum*
* *ut sciam testimonia tua*	*ut sciam testimonia tua*	*et sciam testimonia tua*
V. 1 *Fac cum servo tuo Domine secundum magnam misericordiam tuam*	*Fac cum servo tuo secundum misericordiam tuam et iustificationes tuas doce me*	*Fac cum servo tuo* 124 *secundum misericordiam tuam et iustificationes tuas doce me*
et ne auferas de ore meo verbum veritatis	*Et ne auferas de ore meo verbum veritatis usquequaque quia in iudiciis tuis speravi*	*Et ne auferas de ore* 43 *meo verbum veritatis usquequaque quia in iudiciis tuis supersperavi*
V. 2	*Manus tuae fecerunt me et plasmaverunt me*	*Manus tuae fecerunt* 73 *me et plasmaverunt me*
Da mihi intellectum ut discam mandata tua	*da mihi intellectum ut discam mandata tua*	*da mihi intellectum et discam mandata tua*
et voluntaria oris mei fac mihi in beneplacito Domine	*Voluntaria oris mei beneplacita fac Domine et iudicia tua doce me*	*Voluntaria oris mei* 108 *beneplacita fac Domine et iudicia tua doce me*

Le graduel de Sainte-Cécile (f. 39) ne possède que le premier verset. Cet offertoire du vendredi après les Cendres

possède une mélodie originale, souvent montée à *do*, malgré des passages qui ont gardé le *si (fac cum)*.

VL 5319, f. 9v ; *AMS* n° 7 b et 7 *bis*   Vulgate (Za 9, 9-10 ; 2, 10-11)

Off.

Exulta satis filia Sion	*Exulta satis filia Sion* 9, 9
predica filia Ierusalem	*iubila filia Ierusalem*
* *ecce rex tuus veniet* [1] *tibi*	*ecce rex tuus veniet tibi*
sanctus et salvator	*iustus et salvator ipse*
	pauper et ascendens super asinum
	et super pullum filium asinae

V. 1

	Et disperdam quadrigam 9, 10
	ex Ephraim
	et equum de Hierusalem
Loquetur pacem gentibus	*et dissipatur arcus belli*
et potestas eius a mari usque ad mare	*et loquetur pacem gentibus*
et a flumine usque ad terminos	*et potestas eius a mari usque ad mare*
orbis terre	*et a fluminibus usque ad fines terrae*

V. 2

Quia ecce venio	*Lauda et laetare filia Sion* 2, 10
et habitabo in medio tui	*quia ecce ego venio*
dicit Dominus omnipotens	*et habitabo in medio tui ait Dominus*
et confugient ad te	*Et adplicabuntur gentes multae* 2, 11
in illum diem [2] *omnes gentes*	*ad Dominum*
et erunt tibi in plebe	*in die illa et erunt mihi in populum*
	et habitabo in medio tui
	et scies quia Dominus exercituum
	misit me ad te

Ce texte, que la liturgie du samedi des Quatre-Temps de l'avent a appliqué à l'Incarnation aux alentours du milieu du VIᵉ siècle, était au contraire plus traditionnellement appliqué à l'*ingressus* messianique du Christ dans Jérusalem, assis sur le petit d'une ânesse, c'est-à-dire au dimanche des Rameaux : le rapprochement a été fait par le Christ lui-même, qui s'est ainsi clairement présenté comme le Sauveur annoncé par ce passage de Zacharie (Mt 21, 1-9) [3]. Il est

---

1. *Veniet* VL 5319, F 22, C 74, R ; *venit* C, K, SG 339, E 121, L 239, M-R.
2. *In illum diem* VL 5319 ; *in illa die* C, SG 339, E 121, L 239, M-R ; omission C 74 ; *in plebem* SG 339, E 121, L 239 ; *in plebe* C, M-R.
3. DINKLER, *Der Einzug*, p. 47-50.

donc naturel de constater que l'avent, de création tardive à
Rome, emploie les prophéties de l'Ancien Testament au
rebours de la typologie traditionnelle héritée de l'Antiquité
tardive. Il faut ajouter que Za 9, 10 cite le psaume 71, 8,
qui est le grand psaume de l'Épiphanie, qui a donné le graduel *Benedictus Dominus* et l'offertoire *Reges Tharsis*. Le graduel de Sainte-Cécile (f. 8v) n'a pas de versets. Il existe deux
variantes textuelles : *veniet / venit* et *in illum diem / in illa
die*. En revanche, la leçon *in plebe* pourrait n'être qu'une
incorrection. Cette pièce possède une mélodie originale.

VL 5319, f. 114v ; *AMS* n° 121	Psautier romain, Ps 138	Vulgate
Off. *Mihi autem nimis* *honorificati sunt* *amici tui Deus* * *nimis confortatus est* *principatus eorum*	*Id.*	*Mihi autem nimis* 17 *honorificati sunt* *amici tui Deus* *nimis confirmati sunt* *principatus eorum*
V. 1 ROM (v. 2 GREG) *Intellexisti* *cogitationes meas a longe* *semitas tuas* *et directionem meam* *investigasti*	*Intellexisti* *cogitationes meas a longe* *semitam meam* *et directionem meam* *investigasti*	*Intellexisti* 3 *cogitationes meas de longe* *semitam meam* *et funiculum meum* *investigasti*
V. 1 GREG (Ø ROM) *Domine probasti me* *et cognovisti me* *tu cognovisti sessionem* *meam* *et resurrectionem meam*	*Domine probasti me* *et cognovisti me* *tu cognovisti sessionem* *meam* *et resurrectionem meam*	*Domine probasti me* 2 *et cognovisti me* *tu cognovisti sessionem* *meam* *et surrectionem meam*
V. 2 ROM (v. 3 GREG) *Ecce tu Domine* *cognovisti* *omnia novissima* *et antiqua* *tu formasti me* *et posuisti super me* *manum tuam*	*Id.*	*Ecce Domine* 5 *tu cognovisti* *omnia novissima* *et antiqua* *tu formasti me* *et posuisti super me* *manum tuam*

Le graduel VL 5319, seul témoin romain des versets de cet offertoire, n'en connaît que deux, tandis que le grégorien en donne trois ; est-ce parce qu'il souhaitait partir du premier verset du psaume 138, le verset 2 *(Domine probasti me)*, tandis que Rome, plus centonisatrice et plus irrégulière, aurait préféré commencer seulement à partir du verset 3 ? On hésite entre *lectio facilior* grégorienne ou erreur romaine. Cette pièce n'est pas du tout centonisée : placée à la messe propre de saint Paul (30 juin), elle n'est pas très ancienne. La mélodie de l'*offertorium* est le plus souvent originale, tandis que celle des deux versets (notamment le premier) repose sur le style C. Certains courts passages de l'*offertorium* sont eux-aussi en style C (*ho*norifi*cati* ; *ni*mis confor*tatus*).

FINALE « LA » : PREMIER MODE AUTHENTE

VL 5319, f. 67 ; *AMS* n° 67 b	Psautier romain, Ps 118	Vulgate	
Off. *Confitebor tibi Domine*	*Confitebor tibi Domine in directione cordis in eo quod didici iudicia iustitiae tuae*	*Confitebor tibi in directione cordis in eo quod didici iudicia iustitiae tuae*	7
in toto corde meo	*In toto corde meo exquisivi te ne repellas me a mandatis tuis*	*In toto corde meo exquisivi te non repellas me a mandatis tuis*	10
retribue servo tuo vivam et custodiam sermones tuos	*Id.*	*Retribue servo tuo vivifica me et custodiam sermones tuos*	17
* *vivifica me secundum verbum tuum Domine*	*Adhesit pavimento anima mea vivifica me secundum verbum tuum*	*Adhesit pavimento anima mea vivifica me secundum verbum tuum*	25
V. 1 ROM (v. 2 GREG) *Viam veritatis elegi*	*Viam veritatis elegi iudicia tua non sum oblitus*	*Viam veritatis elegi iudicia tua non sum oblitus*	30

da mihi intellectum	*Id.*	*Id.*	34
et scrutabor legem tuam			
et custodiam illam			
in toto corde meo			
inclina cor meum	*Inclina cor meum*	*Inclina cor meum*	36
in testimonia tua	*in testimonia tua*	*in testimonia tua*	
et non in avaritia	*et non in avaritiam*	*et non in avaritiam*	
	Averte oculos meos	*Averte oculos meos*	37
	ne videant vanitatem	*ne videant vanitatem*	
in via tua vivifica me	*in via tua vivifica me*	*in via tua vivifica me*	
	Amputa obprobrium	*Amputa obprobrium*	39
	meum	*meum*	
	quod suspicatus sum	*quod suspicatus sum*	
	iudicia enim tua	*quia iudicia tua iucunda*	
iudicia enim tua iocunda	*iucunda*		

Ajouts GREG (Ø ROM)

deprecatus sum	*Deprecatus sum*	*Deprecatus sum*	58
vultum tuum	*faciem tuam*	*faciem tuam*	
in toto corde meo	*in toto corde meo ;*	*in toto corde meo ;*	
	miserere mei	*miserere mei*	
	secundum eloquium	*secundum eloquium tuum*	
	tuum		
quia dilexi legem tuam	*Quomodo dilexi legem*	*Quomodo dilexi legem*	97
	tuam Domine	*tuam*	
	tota die meditatio mea		
	est	*tota die meditatio mea est*	

V. 1 GREG (Ø ROM)

Beati inmaculati in via	*Beati inmaculati in via*	*Beati inmaculati in via*	1
qui ambulant in lege	*qui ambulant in lege*	*qui ambulant in lege*	
Domini	*Domini*	*Domini*	
Beati qui scrutantur	*Beati qui scrutantur*	*Beati qui scrutantur*	2
testimonia eius	*testimonia eius*	*testimonia eius*	
in toto corde	*in toto corde*	*in toto corde*	
exquirunt eum	*exquirunt eum*	*exquirent eum*	

Le grégorien a non seulement ajouté un premier verset *Beati immaculati*, intercalé entre l'*offertorium* et l'unique verset romain (pour respecter l'ordre numérique des versets du psaume), mais il a par surcroît allongé ce dernier au moyen des deux premiers versets du psaume 118, *deprecatus sum vultum tuum in toto corde meo quia dilexi legem tuam*. La leçon *in avaritia* (v. 36) qu'on lit dans C 74 et VL 5319 et qui

demanderait un accusatif singulier de la première déclinai-
son, est une faute de grammaire entraînée par la proximité
de *in testimonia tua* (accusatif neutre pluriel). Cette pièce du
cinquième dimanche du carême possède une mélodie originale. Elle est modalement assez différente des autres pièces
en *MI*, puisque le *si* n'apparaît pas, la corde de *MI* étant
transposée sur *la*.

UNE PIÈCE ISOLÉE EN « SI » = « MI », FINALE « MI »

VL 5319, f. 50v ; *AMS* n° 48 b	Psautier romain, Ps 50	Vulgate	
Off.			
Miserere michi Domine secundum magnam misericordiam tuam	*Miserere mei Deus secundum magnam misericordiam tuam et secundum multitudinem miserationum tuarum*	*Miserere mei Deus secundum misericordiam tuam secundum multitudinem miserationum tuarum*	3
* dele Domine iniquitatem meam	*dele iniquitatem meam*	*dele iniquitatem meam*	
V. 1			
Quoniam iniquitatem meam ego agnosco et delictum meum coram me est semper	*Id.*	*Quoniam iniquitatem meam ego cognosco et peccatum meum contra me est semper*	5
V. 2			
Tibi soli peccavi et malum coram te feci miserere mei ut iustificeris Domine in sermonibus tuis	*Tibi soli peccavi et malum coram te feci ut iustificeris in sermonibus tuis et vincas dum iudicaris*	*Tibi soli peccavi et malum coram te feci ut iustificeris in sermonibus tuis et vincas cum iudicaris*	6

Cette pièce du deuxième mardi du carême, seule du répertoire qui utilise le psaume 50, le *Miserere*, ne pose aucun
problème ; elle possède une mélodie originale dans l'*offertorium* et utilise le style C dans les deux versets.

PIÈCES INCLASSABLES DU PREMIER MODE

VL 5319, f. 50 ; *AMS* n° 47	Psautier romain, Ps 15	Vulgate	
Off. *Benedicam Dominum* [1] *qui mihi tribuit* *intellectum*	*Benedicam Dominum* *qui mihi tribuit* *intellectum insuper* *et usque ad noctem* *increpaverunt me* *renes mei*	*Benedicam Domino* *qui tribuit mihi* *intellectum insuper* *et usque ad noctem* *increpaverunt me* *renes mei*	7
providebam Deum [2] *in conspectu meo semper* * *quoniam a dextris est* *mihi* *nec* [3] *commovear*	*Providebam Dominum* *in conspectu meo semper* *quoniam a dextris est* *mihi* *ne commovear*	*Providebam Dominum* *in conspectu meo semper* *quoniam a dextris est* *mihi* *ne commovear*	8
V. 1 *Conserva me Domine* *quoniam in te speravi*	*Id.*	*Id.*	1
ego dixi : *Deus meus es tu*	*Dixi Domino :* *Deus meus es tu* *quoniam bonorum* *meorum* *non indiges*	*Dixi Domino :* *Dominus Deus meus es tu* *quoniam bonorum* *meorum* *non eges*	2
Dominus pars *hereditatis mee*	*Dominus pars* *hereditatis meae* *et calicis mei ;* *tu es qui restituisti* *mihi hereditatem tuam*	*Dominus pars* *hereditatis meae* *et calicis mei ;* *tu es qui restitues* *hereditatem meam mihi*	5
	Quoniam *non derelinques* *animam meam* *in inferno* *nec dabis sanctum tuum* *videre corruptionem*	*Quoniam* *non derelinques* *animam meam in inferno* *non dabis sanctum tuum* *videre corruptionem*	10

---

1. *Dominum* VL 5319, F 22, C 74, C, K, S, L 239, M-R ; *Domino* B, SG 339, E 121.
2. *Deum* K, L 239, E 121 ; *Deo* C, M-R ; *eum* (*Deum* ?) SG 339.
3. *Nec* VL 5319, F 22, C 74, (corrigé en *ne*) K, L 239 ; *ne* C, SG 339, E 121, M-R. *Nec* est une authentique leçon romaine que Dom WEBER indique dans l'apparat.

V. 2

Notas mihi fecisti[1]	notas mihi fecisti	notas mihi fecisti
vias vite	vias vitae	vias vitae
adimplebis me letitia	adimplebis me laetitia	adimplebis me laetitia
cum vultu tuo	cum vultu tuo	cum vultu tuo
delectatione[2]	delectationes	delectatio in dextera tua
in dextera tua	in dextera tua	usque in finem
usque in finem	usque in finem	

Il existe quatre variantes textuelles entre chants romain et grégorien : *delectatione / delectationes, mihi fecisti / fecisti mihi, nec / ne* et *Benedicam Dominum / Benedicam Domino* (branche germanique du grégorien). *Providebam Deum / providebam Deo* n'est une variante que dans C et le manuscrit du Mont-Renaud, qui sont isolés du reste de la tradition manuscrite ; ce n'est donc pas une véritable variante. Le total fait donc quatre. Cette pièce du deuxième lundi du carême possède une mélodie originale. Sa modalité n'est pas claire : un neume stéréotypé *mi-ré-fa*, toujours le même, intervient aux cadences d'incises, aussi bien dans l'*offertorium* que dans le verset, dans le but manifeste de brouiller les cartes : alors qu'on s'attend à ce que la mélodie retombe sur sa corde, et donne ainsi sa « carte d'identité modale » ; ce neume, qu'on trouve souvent employé dans ce répertoire, a pour fonction de dissimuler un *MI*.

VL 5319, f. 16v ; *AMS* n° 13	Psautier romain, Ps 8	Vulgate
Off.		
	Minuisti eum	Minuisti eum 6
	paulo minus ab angelis	paulo minus ab angelis
Gloria et honore	gloria et honore	gloria et honore
coronasti eum	coronasti eum	coronasti eum
* et constituisti eum	Et constituisti eum	Et constituisti eum 7
super opera	super opera	super opera
manuum tuarum	manuum tuarum	manuum tuarum
Domine		

---

1. *Mihi fecisti* VL 5319, C 74, B, S ; *fecisti mihi* C, SG 339, L 239, E 121, M-R ; *delectatione* VL 5319 ; *delectationes* C 74 ; *et delectationes* C, E 121, L 239, SG 339, M-R.

2. *Delectationes* C 74. *Delectatione* est une authentique variante romaine, attestée par Dom WEBER.

V. 1

Domine Dominus noster	Id.	Id. 2
quam admirabile est		
nomen tuum		
in universa terra		
quoniam elevata est		
magnificentia tua		
super celos		

V. 2

Quis est homo	Quid est homo	Quid est homo 5
quod memor es eius	quod memor es eius	quod memor es eius
aut filius hominis	aut filius hominis	aut filius hominis
quoniam visitas eum	quoniam visitas eum	quoniam visitas eum

Seul VL 5319 possède la leçon *quis est homo*. Cette pièce du sanctoral (Valentin, 14 février ; vigile des deux saints Jean, etc.) possède une mélodie originale. L'incipit, très proche de celui de *Confessio et pulchritudo* et de *Confirma hoc*, évoque la corde de *MI*. Le second verset est composé en style A, donc *DO*. On semble donc avoir accouplé des versets en *DO* à un *offertorium* en *MI*.

VL 5319, f. 22v ; *AMS* n° 21 b	Psautier romain, Ps 65	Vulgate
Off. Iubilate Deo universa terra iubilate Deo universa terra	Iubilate Deo omnis terra	Iubilate Deo 1 omnis terra
psalmum dicite nomini eius	Psalmum dicite nomini eius date gloriam laudi eius	Psalmum dicite 2 nomini eius date gloriam laudi eius
* venite et audite et narrabo vobis omnes qui timetis Deum quanta fecit Dominus anime meae alleluia	Venite et audite me et narrabo vobis omnes qui timetis Dominum quanta fecit animae meae	Venite audite 16 et narrabo omnes qui timetis Deum quanta fecit animae meae
V. 1 Reddam tibi vota mea reddam tibi vota mea	Introibo in domum tuam in holocaustis reddam tibi vota mea	Introibo in domum 13 tuam in holocaustis reddam tibi vota mea

que distinxerunt labia mea	Quae distinxerunt labia mea haec locutum est os meum in tribulatione mea	Quae distinxerunt labia mea et locutum est os meum in tribulatione mea	14
V. 2 Locutum est os meum in tribulatione mea locutum est os meum in tribulatione mea	Ut supra	Ut supra	14
holocausta medullata offeram tibi	Holocausta medullata offeram tibi cum incensu et arietibus offeram tibi boves cum hircis	Holocausta medullata offeram tibi cum incensu arietum offeram tibi boves cum hircis	15

Cette pièce du quatrième dimanche après Pâques et du premier après l'Épiphanie ne pose aucun problème de texte et possède une mélodie originale.

VL 5319, f. 28 ; AMS n° 24 b	Psautier romain, Ps 31	Vulgate	
Off. Letamini in Domino et exultate iusti * et gloriamini omnes recti corde	Id.	Id.	11
V. 1 Beati quorum remisse sunt iniquitates et quorum tecta sunt peccata	Id.	Id.	1
V. 2 Pro hac orabit ad te omnis sanctus in tempore oportuno verumtamen in diluvio aquarum multarum ad eum non approximabunt [1]	Id.	Id.	6

1. *Approximabunt* VL 5319, C 74 ; *proximabunt* C, SG 339, E 121, L 239 ; ill. M-R.

On relève une variante textuelle entre chants romain et grégorien, *approximabunt / proximabunt.* Cet offertoire du sanctoral (Sébastien, 20 janvier ; Tiburce et Valérien, 14 avril, etc.) possède une mélodie originale, qu'il est difficile de rattacher à une corde. Certains passages sont en effet sur *RÉ* (*et exultate*, par exemple) ; sa contrepartie grégorienne est d'ailleurs presque en entier en *RÉ*. Cette pièce est donc centonisée sur le plan modal, non sur celui du texte.

VL 5319, f. 3v ; *AMS* n° 3 et 16 *bis*	Psautier romain, Ps 44	Vulgate	
Off.			
	Circumamicta varietate	*Circumamicta*	
Offerentur regi virgines [1]	*adducentur regi virgines*	*varietatibus*	15
posteam proxime eius	*postea proximae eius*	*adducentur regi virgines*	
offerentur tibi	*adferentur tibi*	*post eam proximae eius*	
		adferentur tibi	
adducentur	*In laetitia et exultatione*	*Adferentur*	16
in letitia et exultatione	*adducentur*	*in laetitia et exultatione*	
adducentur	*in templum regis*	*adducentur*	
in templum regis [2]		*in templum regis*	
* *Offerentur regi virgines*	Ut supra	Ut supra	15
V. 1			
Eructavit (voir *Diffusa est*)			2
V. 2 ROM			
B (version *maior*) ; Ø GREG			
Specie tua (voir *Diffusa est*)			5
V. 2 GREG (Ø ROM)			
Adducentur	Ut supra	Ut supra	16
in letitia et exultatione			
adducentur			
in templum regis			

---

1. *Posteam* VL 5319, F 22, C 74, SG 339, E 121, M-R ; *postea* L 239.
2. *In templo regi Domino* B (version *maior*, n° 3) ; *in templo regis* C (n° 3) ; *in templum regi Domino* C (n° 16 *bis*).

Le grégorien possède deux offertoires différents sur le même texte, un dit *maior* et un autre dit *minor*. L'*Offerentur* romain est l'ancêtre du *minor*, le *maior* étant une création carolingienne sans antécédent à Rome [1]. Il se pose un problème de verset : tandis que Rome donne à cette pièce les mêmes versets qu'à l'offertoire *Diffusa est*, le grégorien a préféré lui assigner un second verset *Adducentur*, tiré du verset 16, au lieu de *Specie tua*. C'est sans doute la raison pour laquelle le grégorien a été obligé de tronquer l'*offertorium* et d'en supprimer la seconde moitié, sans quoi cela aurait entraîné une répétition du même verset 16 dans l'*offertorium* et dans le second verset. Seul le manuscrit du Mont-Blandin, dans la version *maior* il est vrai, a conservé un second verset *Specie tua*, comme à Rome ; les autres ont au contraire *Adducentur (minor)* ou *Diffusa est (maior)* pour second verset. B semble ainsi avoir gardé une trace, certes un peu lointaine, de son ancêtre romain. Il est très dommage que B ait indiqué les versets de la version *maior* (*AMS*, n° 3), mais ait négligé de copier ceux de la version *minor* ; ne serait-ce pas parce qu'ils étaient les mêmes que dans la version *maior* ? L'omission par le grégorien de *adducentur in letitia et exultatione adducentur in templum regis* dans l'*offertorium* est la seule variante textuelle. Cette pièce possède une mélodie originale dans l'*offertorium*, tandis que les deux versets sont au contraire proches du style B (moins le panache mélismatique), c'est-à-dire plutôt de *RÉ*. L'*offertorium* semble être plutôt en *DO*.

VL 5319, f. 134, *AMS* n° 197	Vulgate (Est 14, 12-14 et Jr 18, 20)	
Off.		
Recordare mei Domine	*Memento Domine*	12
	et ostende te nobis	
	in tempore tribulationis nostrae	
	et mihi da fiduciam rex deorum	
omni potentatui dominans	*et universae Domine potestatis*	
da sermonem rectum [2] *et benesonantem*	*Tribue sermonem conpositum*	13
in os meum	*in ore meo*	
ut placeant verba mea	*in conspectu leonis*	
in conspectu principis	*et transfer cor illius*	
	in odium hostis nostri	

---

1. FRÉNAUD, « Les témoins indirects », p. 59-60.
2. *Et benesonantem* om. SG 339, E 121 ; non om. L 239, M-R.

everte cor eius
in odium repugnantium nobis
et in eos qui consentiunt eis

ut et ipse pereat
et ceteri qui ei consentiunt

Nos autem libera in manu tua
Deus noster in eternum

Nos autem libera manu tua   14
et adiuva me
nullum alium habentem auxilium
nisi te Domine
habes omnium scientiam

V. Laon M-R (Ø ROM)

Numquid redditur   Jr 18, 20
pro bono malum
quia foderunt foveam animae meae

Recordare quod steterim
in conspectu tuo
ut loquerer pro eis bona
et averterem indignationem tuam
ab eis

recordare quod steterim
in conspectu tuo
ut loquerer pro eis bonum
et averterem indignationem tuam
ab eis

Le texte est extrait de la prière d'Esther. Le graduel VL 5319 place le verset à *Nos autem*; mais le graduel de Saint-Pierre possède ce « verset ». Cela indique que le copiste du graduel VL 5319 s'est trompé et que l'ensemble du texte forme un long *offertorium*, sinon le graduel de Saint-Pierre ne l'aurait pas copié. Les manuscrits de Laon (f. 163) et du Mont-Renaud (f. 42v) possèdent un verset *Recordare quod steterim* et considèrent par conséquent l'ensemble du texte comme un *offertorium*. En revanche, SG 339, E 121 ignorent ce verset *Recordare quod steterim* et placent leur verset à *Everte*. Il faut cependant noter que les neumes indiquent que L 239 ne possède pas la même mélodie que SG 339; ce problème mélodique explique le problème de verset : à mélodie différente, texte différent. Sous une forme légèrement modifiée, ce verset ajouté par L 239 s'est par la suite détaché de l'offertoire *Recordare* pour devenir un offertoire à part, *Recordare Virgo*. Le texte de ce verset est si proche de la Vulgate (sauf *bona / bonum*) qu'il s'agit sans doute d'une création grégorienne française : cet offertoire romain n'a jamais possédé de verset. Il existe enfin une variante textuelle entre Rome et la branche française du grégorien d'une part, et la branche germanique du grégorien, de l'autre : l'omission par cette dernière de *et benesonantem*. Cet offertoire du vingtième dimanche après la Pentecôte possède une mélodie originale qui est modalement inclassable. On peut

seulement dire que l'incipit grégorien est en *sol* = *RÉ*, la
version romaine étant moins nette à cet endroit.

VL 5319, f. 70v ; *AMS* n° 71 a-b	Psautier romain, Ps 136	Vulgate	
Off. *Super flumina Babylonis* *illic sedimus et flevimus* *dum recordaremur tui* *Sion*	*Id.*	*Super flumina* *Babylonis* *illic sedimus et flevimus* *cum recordaremur Sion*	1
V. 1 *In salicibus in medio eius* *suspendimus organa* *nostra*	*Id.*	*Id.*	2
quoniam illic *interrogaverunt nos* *qui captivos duxerunt nos* *verba cantionum* *et qui adduxerunt nos* [1] *hymnum cantate nobis* *de canticis Sion*	*Quia illic* *interrogaverunt nos* *qui captivos* *duxerunt nos* *verba cantionum* *et qui abduxerunt nos :* *Hymnum cantate nobis* *de canticis Sion*	*Quia illic* *interrogaverunt nos* *qui captivos duxerunt nos* *verba cantionum* *et qui abduxerunt nos :* *Hymnum cantate nobis* *de canticis Sion*	3
quomodo cantavimus [2] *canticum Domini* *in terra aliena*	*Quomodo cantabimus* *canticum Domini* *in terra aliena*	*Quomodo cantabimus* *canticum Domini* *in terra aliena*	4
V. 2 *Si oblitus fuero tui* *Hierusalem* *obliviscatur me* *dextera mea*	*Id.*	*Si oblitus fuero tui* *Hierusalem* *oblivioni detur* *dextera mea*	5
adhereat lingua mea [3] *faucibus meis* *si non meminero tui* *si tui non meminero*	*Adhereat lingua mea* *faucibus meis* *si non meminero tui* *si non proposuero tui* *Hierusalem* *in principio* *laetitiae meae*	*Adhereat lingua mea* *faucibus meis* *si non meminero tui* *si non praeposuero* *Hierusalem* *in principio laetitiae meae*	6

---

1. *Verba cantionum* VL 5319, C 74 ; *verba canticorum* C, SG 339, E 121, L 239, M-R.

2. *Canticum Domino* VL 5319.

3. *Si non meminero tui si tui non meminero* VL 5319, C 74 ; *si non meminero tui* om. C, SG 339, E 121, L 239, M-R.

V. 3

Memento Domine	*Id.*	*Memor esto Domine* 7
filiorum Edom		*filiorum Edom*
in die Hierusalem		*diem Hierusalem*
qui dicunt :		*qui dicunt :*
Exinanite exinanite [1]		*Exinanite exinanite*
quousque ad fundamen-		*usque ad fundamentum*
tum in ea		*in ea*
filia Babylonis misera	*Filia Babylonis misera*	*Filia Babylonis misera* 8
	beatus qui retribuit tibi	*beatus qui retribuet tibi*
	retributionem quam	*retributionem tuam*
	tu retribuisti nobis	*quam retribuisti nobis*

On relève trois variantes textuelles : *verba cantionum / verba canticorum*, l'omission de *si non meminero tui* ainsi que de *Qui dicunt exinanite exinanite quousque ad fundamentum in ea filia Babylonis misera* par le grégorien. Cet offertoire du dix-neuvième dimanche après la Pentecôte, repris ensuite au cinquième jeudi du carême, possède une mélodie originale, proche du style formulaire. Elle est inclassable, car il est très difficile de savoir si ses *sol* sont la transposition de *DO* ou celle de *RÉ*.

Conclusion.

Les offertoires en *MI* équipent une série d'emplacements liturgiques importants : il s'agit principalement de Noël *(Tui sunt celi)*, Pâques *(Terra tremuit)*, la Pentecôte *(Confirma hoc)*, le cinquième dimanche du carême *(Confitebor tibi)* et la fête des saints Pierre et Paul *(Constitues eos)*. Il semble donc que ce mode ait été considéré à Rome, à un certain moment (quand on composa les offertoires), comme le mode festif par excellence à la messe.

---

1. *Qui dicunt exinanite exinanite quousque ad fundamentum in ea* om. C, SG 339, E 121, L 239, M-R.

CHAPITRE XII

LES OFFERTOIRES EN « RÉ »

Introduction.

Les pièces en *RÉ* sont, là comme ailleurs, dans le chant liturgique romain, une minorité, ainsi qu'il sied à une modalité allogène. Cela ne signifie cependant pas que Rome a importé de l'extérieur un petit nombre de pièces se rattachant à cette corde ; cela indique plutôt que cette corde et son vocabulaire (non les pièces elles-mêmes), une fois importés à Rome par les spécialistes de la *Schola*, n'ont été employés que dans un nombre restreint de cas pour créer, sur place, des pièces nouvelles : elles sont donc bien romaines, mais composées sur une corde et avec un vocabulaire étrangers.

FINALE « RÉ » : DEUXIÈME MODE ARCHAÏSANT

Dans le deuxième mode archaïsant proprement dit, la corde de *RÉ*, bien visible, peut se doubler d'un embryon de corde de *DO*, dû au rôle parfois important joué par le *fa*, accent normal de *RÉ*.

VL 5319, f. 1 ; *AMS* n° 1 a	Psautier romain, Ps 24	Vulgate	
Off.			
Ad te Domine levavi *animam meam*	*Id.*	*Id.*	1
Deus meus in te confido *non erubescam*	*Id.*	*Id.*	2

neque irrideant me	Neque irrideant me	Neque irrideant me	3
inimici mei	inimici mei	inimici mei	
* etenim universi	etenim universi	etenim universi	
qui te expectant	qui te expectant	qui sustinent te	
non confundentur	Domine	non confundentur	
	non confundentur		

V. 1			
Dirige me in veritate tua	Id.	Dirige me	5
et doce me		in veritatem tuam	
quia tu es Deus		et doce me	
salutaris meus		quoniam tu es Deus	
et te sustinui tota die		salvator meus	
		et te sustinui tota die	

V. 2			
Respice in me	Respice in me	Respice in me	16
et miserere mei Domine	et miserere mei	et miserere mei	
	quoniam unicus	quia unicus	
	et pauper sum ego	et pauper sum ego	

custodi animam meam	Id.	Custodi animam	20
et eripe me		meam	
non confundar		et erve me	
quoniam invocavi te		non erubescam	
		quoniam speravi in te	

Cette pièce du premier dimanche de l'avent, du vendredi des Quatre-Temps de l'avent et du deuxième mercredi du carême, possède une mélodie originale qui oscille entre *RÉ* et son accent *fa*.

VL 5319, f. 18v ; AMS n° 15	Psautier romain, Ps 123	Vulgate	
Off.			
Anima nostra sicut passer	Id.	Id.	7
erepta est			
de laqueo venantium			
laqueus contritus est			
* et nos liberati sumus			
V. 1			
Nisi quod Dominus	Id.	Nisi quia Dominus	1
erat in nobis		erat in nobis	
dicat nunc Israhel		dicat nunc Israhel	
nisi quia Dominus	Nisi quia Dominus	Nisi quia Dominus	2
erat in nobis	erat in nobis	erat in nobis	
	dum insurgerent	cum insurgerent	
	homines in nos	in nos homines	

V. 2

Torrentem pertransivit	Id.	Id.	5
anima nostra ;			
forsitan pertransisset			
anima nostra			
aquam intolerabilem			

Benedictus Dominus	Benedictus Dominus	Benedictus Dominus	6
qui non dedit nos	qui non dedit nos	qui non dedit nos	
in captione [1]	in captionem	in captionem	
dentibus eorum	dentibus eorum	dentibus eorum	

On relève une variante textuelle entre chants romain et grégorien, *captione / captionem*. La mélodie de cette pièce du sanctoral (les Innocents, les sept Frères et les *santi quattro*) est principalement fondée sur le style B, notamment dans le premier et le troisième verset. Le second verset et l'*offertorium* ne l'emploient pas mais le préparent, par l'importance qu'ils donnent au *fa*. La mélodie cite à plusieurs reprises la cellule-mère de *RÉ*, *la-do-RÉ* (altissi*me* ; cogitationes tu*e* ; iniquita*tem* ; qui*a* re*s*pexit ; insurge*nte*s ; maligna*nte*s ; tu*a*).

VL 5319, f. 63 ; AMS n° 63 a	Psautier romain, Ps 65	Vulgate	
Off.			
Benedicite gentes [2]	Benedicite gentes	Benedicite gentes	8
Dominum Deum nostrum	Deum nostrum	Deum nostrum	
et obaudite voci	et obaudite vocem	et auditam facite vocem	
laudis eius	laudis eius	laudis eius	
qui posuit animam meam	Id.	Qui posuit animam	9
ad vitam		meam ad vitam	
et non dedit commoveri		et non dedit	
pedes meos		in commotionem	
		pedes meos	

---

1. *Captione* VL 5319, C 74, C ; *captionem* SG 339, E 121, M-R [L 239 est lacuneux].

2. *Dominum Deum nostrum* VL 5319, F 22, C 74, R, C, K, L 239, M-R ; *Domino Deo nostro* E 121, SG 339 ; *voci* VL 5319, F 22, C 74 ; *vocem* C, K, L 239, E 121, SG 339, M-R ; *laudis* VL 5319, F 22, C 74, K, SG 339, E 121 ; M-R a *laudis*, mais le *-s* semble avoir été exponctué ; *laudi* C, L 239.

* benedictus Dominus	Id.	Benedictus Deus 20
qui non amovit		qui non amovit
deprecationem meam		orationem meam
et misericordiam suam		et misericordiam suam
a me		a me

Alleluia

V. 1

Iubilate Deo omnis terra	Id.	Id. 1
psalmum dicite	Psalmum dicite	Psalmum dicite 2
nomini eius [1]	nomini eius	nomini eius
date gloriam laudis eius	date gloriam laudi eius	date gloriam laudi eius

V. 2

	Dicite Deo	Dicite Deo 3
	quam terribilia sunt	quam terribilia sunt
	opera tua	opera tua Domine
	in multitudine	in multitudine operis tuae
	virtutis tuae	mentientur tibi inimici tui
In multitudine virtutis tue	mentientur tibi	
mentientur tibi inimici tui	inimici tui	
omnis terra adoret te	Omnis terra adoret te	Omnis terra adorent te 4
et psallat tibi	et psallat tibi	et psallant tibi
Altissime	psalmum dicat	psalmum dicant
	nomini tuo	nomini tuo
	Altissime	

V. 3

Venite et videte	Venite et videte	Venite et videte 5
opera Domini	opera Domini	opera Dei
quam terribilis in consiliis	quam terribilis	terribilis in consiliis
super filios hominum	in consiliis	super filios hominum
	super filios hominum	
ad ipsum	Ad ipsum	Ad ipsum 17
ori meo [2] clamavi	ore meo clamavi	ore meo clamavi
et exultavit sub lingua	et exaltavi sub lingua	et exaltavi sub lingua
mea	mea	mea
propterea exaudivit me	Id.	Propterea exaudivit 19
Deus [3]		Deus
et intendit voci		adtendit voci
deprecationis meae		deprecationis meae

Le copiste du graduel de Sainte-Cécile a interverti les

---

1. *Laudis* VL 5319, C 74 ; *laudi* C, L 239, E 121, SG 359, M-R. *Laudis* se trouve dans l'apparat de Dom WEBER.

2. *Ab ipso ori meo* VL 5319 ; *ad ipsum ori meo* C 74, C ; *ad ipsum ore meo* L 239, E 121, SG 339, M-R.

3. *Deprecationis* VL 5319, C 74 ; *orationis* C, L 239, E 121, SG 339, M-R.

versets 1 et 2 de cette pièce ; un correcteur a ajouté le signe Ø au-dessus de l'incipit de chacun de ces versets pour indiquer qu'il fallait rétablir l'ordre. De la même façon, le copiste de Laon 239 (f. 72) avait d'abord oublié le verset 2 *(Iubilate)*, mais il l'a ajouté en marge. Il n'y a donc pas de problème de verset. Il existe cependant deux variantes textuelles entre chants romain et grégorien : *Dominum Deum nostrum / Domino Deo nostro* (v. 8) et *deprecationis / orationis* (v. 19). La mélodie de cette pièce de la messe rituelle du mercredi des Grands Scrutins cite la cellule-mère de *RÉ*, le plus souvent incomplète *(do-RÉ)*, ne partant donc pas du *la*, et ne s'arrêtant pas au *RÉ* mais montant à son accent naturel, *fa*. Ce *fa* peut prendre une certaine importance, au point d'appeler, par amphibologie, une corde de *DO*. C'est notamment le cas dans le deuxième et le troisième verset, qui utilisent partiellement le style A, en *DO*. L'*offertorium*, en revanche, est une mélodie originale et le premier verset emploie le style B.

VL 5319, f. 133v ; *AMS* n° 198	Psautier romain, Ps 129	Vulgate	
Off.			
De profundis clamavi ad te Domine	*Id.*	*Id.*	1
Domine exaudi orationem meam	*Domine exaudi orationem meam fiant aures tuae intendentes in orationem servi tui*	*Domine exaudi vocem meam fiant aures tuae intendentes in vocem deprecationis meae*	2
V. 1 (B, S, GREG ; Ø ROM)			
Fiant aures tue intendentes in orationem servi tui	Ut supra	Ut supra	2
V. 2 (S, GREG ; Ø ROM)			
Si iniquitates observaberis Domine Domine quis sustinebit	*Si iniquitates observaveris Domine Domine quis sustinebit*	*Si iniquitates observabis Domine Domine quis sustinebit*	3

Cet offertoire du vingt et unième dimanche après la Pentecôte est le seul qui soit tiré du psaume 129. Le graduel VL 5319 ne possède pas de versets et on voit mal où il pourrait les trouver, puisqu'il n'existe pas d'autre offertoire tiré de ce psaume dans le répertoire romain ; il est donc possible qu'il n'en ait jamais possédé, car il s'agit d'une pièce tardive et d'origine gallicane ou grégorienne. Le chant grégorien lui a donné deux versets, *Fiant aures* et *Si iniquitates*, que le manuscrit de Laon n'a pas neumés. Cette pièce possède une mélodie originale en *RÉ*, qui monte chercher ses accents sur *fa*.

VL 5319, f. 98 ; *AMS* n° 88 a-b	Psautier romain, Ps 62	Vulgate	
Off.			
Deus Deus meus *ad te de luce vigilo*	*Deus Deus meus* *ad te de luce vigilo* *sitivit in te anima mea* *quam multipliciter* *et caro mea*	*Deus Deus meus* *ad te de luce vigilo* *sitivit in te anima mea* *quam multipliciter tibi* *caro mea*	2
* *et in nomine tuo* *levabo manus meas* *alleluia*	*Sic benedicam te* *in vita mea* *et in nomine tuo* *levabo manus meas*	*Sic benedicam te* *in vita mea* *in nomine tuo* *levabo manus meas*	5
V. 1 *Sitivit in te anima mea* *quam multipliciter* *et caro mea*	Ut supra	Ut supra	2
	In deserto *et in invio et in inaquoso* *sic in sancto apparui tibi*	*In terra deserta* *et invia et inaquosa* *sic in sancto apparui tibi*	3
et viderem virtutem *tuam* [1] *et gloriam tuam*	*ut viderem virtutem* *tuam* *et gloriam tuam*	*ut viderem virtutem tuam* *et gloriam tuam*	
V. 2			
	Sic memor fui tui *super stratum meum*	*Si memor fui tui* *super stratum meum*	7
In matutinis *meditabor in te*	*in matutinis* *meditabor in te*	*in matutinis* *meditabar in te*	

---

1. *Et viderem* VL 5319, C 74 ; *ut viderem* C, SG 339, L 239, E 121 ; lacune M-R.

quia factus es	Id.	Quia fuisti	8
adiutor meus		adiutor meus	
et in velamento		et in velamento	
alarum tuarum		alarum tuarum	
exultabo		exultabo	

On note une variante textuelle certaine entre chants romain et grégorien : *et viderem / ut viderem* (v. 3). Cet offertoire du deuxième dimanche après Pâques, après un curieux incipit en *MI*, empruntant le style C, retrouve peu à peu sa corde de *RÉ* : les cadences d'incises de l'*offertorium* sont toutes en *MI*, sauf la dernière, qui est sur *RÉ*. Il ne faut pas tenir compte de l'*Alleluia* final, qui est adventice et qui fait monter la pièce de *RÉ* à une finale *mi*. Les deux versets possèdent une mélodie originale dont l'incipit est en *RÉ* pur et dont la mélodie monte ensuite à *la* = *RÉ*.

VL 5319, f. 140	SG 339, f. 114

Off.

Domine Iesu Christe rex glorie	*Domine Iesu Christe rex glorie*
libera animas omnium *fidelium*	*libera animas fidelium defunctorum*
defunctorum	
de morte eterna *et de profundo lacis*	*de* manu inferni
libera eas de ore leonis	*et de profundo laci*
ne absorbeat eas tartarus	*libera eas de ore leonis*
ne cadant in obscuris	*ne absorbeat eas tartarus*
sed signifer sanctus Michael	*nec cadant in obscuris*
representet eas	*sed signifer sanctus Michael*
in lucem sanctam	*representet eas*
* *quam olim Abrahe promisisti*	*in lucem sanctam*
et semini eius	*quam olim Abrahe promisisti*
	et semini eius

V. 1 (ROM)

Hostias et preces	Ø
tibi Domine laudis offerimus	
tu suscipe pro animabus istis	
quorum hodie memoriam facimus	
fac eos Domine de morte	
transire ad vitam	

Cette pièce est inconnue des plus anciens manuscrits grégoriens non notés ; elle est également absente des manuscrits d'Einsiedeln, de Laon et du Mont-Renaud ; seul SG 339 la connaît (f. 114), mais sans ses versets ; elle était encore inconnue du *cantatorium* (SG 359, copié vers 920). Cela ne signifie pas pour autant qu'elle soit de création tardive : les sacramentaires la connaissent en effet ; une telle pièce rituelle n'a rien à faire dans les graduels et les *cantatoria*, et son absence est normale. Le graduel VL 5319 en est le seul témoin romain. Il existe deux variantes textuelles : l'omission de *omnium* par le grégorien et *de morte eterna / de manu inferni* ; en revanche, *lacis / laci* peut être une simple erreur de VL 5319. Son texte, ou la source de son texte, est connu de certaines oraisons du *Missale Gallicanum Vetus* [1]. La mélodie de cette pièce, bien qu'elle soit originale, relève d'un style quasi-psalmodique. Elle est en *RÉ* pur d'un bout à l'autre.

VL 5319, f. 44v ; *AMS* n° 42	Psautier romain, Ps 30	Vulgate	
Off. *In te speravi Domine* *dixi tu es Deus meus*	*Ego vero* *in te speravi Domine* *dixi : Tu es Deus meus*	*Ego autem* *in te speravi Domine* *dixi : Deus meus es tu*	15
* in manibus tuis *tempora mea*	*In manibus tuis* *tempora mea* *libera me et eripe me* *de manibus inimicorum* *meorum* *et a persequentibus me*	*In manibus tuis* *sortes meae* *eripe me* *de manu inimicorum* *meorum* *et a persequentibus me*	16
V. 1 *Illumina faciem tuam* *super servum tuum* *et salvum me fac* *propter misericordiam* *tuam*	*Inlumina faciem tuam* *super servum tuum* *et salvum me fac* *in tua misericordia*	*Inlustra faciem tuam* *super servum tuum* *salvum me fac* *in misericordia tua*	17
Domine non confundar *quoniam invocavi te*	*Domine non confundar* *quoniam invocavi te* *erubescant impii* *et deducantur* *in infernum*	*Domine ne confundar* *quoniam invocavi te* *erubescant impii* *et deducantur* *in infernum*	18

---

1. Notamment l'oraison 124 (éd. L. C. Mohlberg, Rome, 1958, p. 33) et sans doute aussi l'oraison 120, p. 32. Voir J. NTEDIKA, *L'Évocation de l'au-delà dans la prière pour les morts*, Louvain, 1971, p. 66-67.

V. 2

Quam magna multitudo	Quam magna multitudo	Quam magna	20
dulcedinis tue Domine	dulcedinis tuae Domine	multitudo	
quam abscondisti	quam abscondisti	dulcedinis tuae	
timentibus te	timentibus te	quam abscondisti	
perfecisti autem	et perfecisti eam	timentibus te	
sperantibus in te	sperantibus in te	perfecisti eis qui	
in conspectu filiorum	in conspectu filiorum	sperant in te	
hominum	hominum	in conspectu filiorum	
		hominum	

Cet offertoire du premier mardi du carême possède une mélodie originale dans l'*offertorium* ; ses deux versets sont au contraire marqués par le style A, en *DO*, dont la présence est due à l'habituelle amphibologie du *fa*, accent de *RÉ* ou transposition de *DO*. Quand, dans une pièce en *RÉ*, l'accent sur *fa* tend à devenir corde à son tour, il attire naturellement à lui le style A. Dans les deux versets, ce *fa* prend une importance telle que le *RÉ* n'est pratiquement plus cité par la mélodie. On a donc greffé deux versets en *DO* sur un *offertorium* en *RÉ*, à la faveur de l'amphibologie du *fa*.

VL 5319, f. 60 ; AMS n° 60	Psautier romain, Ps 134	Vulgate	
Off.			
Laudate Dominum	Laudate Dominum	Laudate Dominum	3
quia benignus est	quoniam benignus est	quia bonus Dominus	
psallite nomini eius	Dominus	psallite nomini eius	
quoniam suavis est [1]	psallite nomini eius	quoniam suave	
	quoniam suavis est		
* omnia quecumque	Omnia quaecumque	Omnia quae	6
voluit	voluit Dominus fecit	voluit Dominus	
fecit in celo et in terra	in caelo et in terra	fecit in caelo et in terra	
	in mari et in abyssis	in mare et in omnibus	
		abyssis	
V. 1			
Qui statis	Id.	Id.	2
in domo Domini			
in atriis domus Dei nostri			

---

1. *Suavis* VL 5319, F 22, C 74, R, C, K, L 239, M-R ; *suave* E 121, SG 339.

quia ego cognovi	*Quia ego cognovi*	*Quia ego cognovi* 5
quoniam [1] *magnus est*	*quod magnus est*	*quod magnus est*
Dominus	*Dominus*	*Dominus*
et Deus noster	*et Deus noster*	*et Deus noster*
pre omnibus diis	*prae omnibus diis*	*prae omnibus diis*

V. 2

Domine nomen tuum	*Domine nomen tuum*	*Domine nomen tuum* 13
in eternum	*in aeternum*	*in aeternum*
et memoriale tuum	*Domine memoriale tuum*	*Domine memoriale tuum*
in secula seculorum	*in saeculum saeculi*	*in generationem et*
		generationem

iudicavit Dominus	*Quia iudicabit Dominus*	*Quia iudicabit* 14
populum suum	*populum suum*	*Dominus*
et in servis suis	*et in servis suis*	*populum suum*
consolabitur	*consolabitur*	*et in servis suis*
		deprecabitur

V. 3

Qui timetis Dominum	*Domus Levi*	*Domus Levi* 20
benedicite Deum	*benedicite Dominum*	*benedicite Domino*
	qui timetis Dominum	*qui timetis Dominum*
	benedicite Dominum	*benedicite Domino*

benedictus Dominus	*Id.*	*Id.* 21
ex Sion		
qui habitat in Hierusalem		

On relève deux variantes textuelles : *suavis / suave* (mais les manuscrits de la branche française du grégorien restent fidèles à la leçon romaine) et *quoniam / quod*. Cette pièce est l'offertoire du dimanche de *Laetare*, dont la station est à Sainte-Croix de Jérusalem ; or, l'allusion à Jérusalem n'arrive que dans le troisième et dernier verset, comme un ajout tardif. On semble s'être préoccupé assez tardivement de faire subir aux offertoires des messes dont la station était Sainte-Croix le traitement qui consistait à leur donner un texte faisant, d'une manière ou d'une autre, allusion à la Ville sainte. La mélodie de l'*offertorium* est une mélodie originale, qui commence en *RÉ* pur et monte vite trouver son accent sur *fa*, mouvement mélodique à la faveur duquel intervient le style B, en *RÉ*. La montée à *fa* et son amphibologie ont en revanche entraîné l'emploi exclusif du style A dans les trois versets, notamment dans les deux derniers.

---

1. *Quoniam* VL 5319, C 74 ; *quod* C, E 121, SG 339, L 239, M-R.

VL 5319, f. 46 ; *AMS* n° 43 a	Psautier romain, Ps 118	Vulgate
Off. *Meditabar in* *mandatis tuis* [1] *que dilexi valde*	*Et meditabor in* *mandatis tuis* *quae dilexi nimis*	*Et meditabar in* 47 *mandatis tuis* *quae dilexi*
* *et levabo* [2] *manus meas* *ad mandata tua que* *dilexi*	*Et levavi manus meas* *ad mandata tua quae* *dilexi vehementer* *et exercebor* *in tuis iustificationibus*	*Et levavi manus meas* 48 *ad mandata quae dilexi* *et exercebar* *in iustificationibus tuis*
V. 1 *Pars mea Dominus* [3] *dixi custodire legem tuam*	*Portio mea Domine* *dixi custodire legem* *tuam*	*Portio mea Dominus* 57 *dixi custodire legem tuam*
deprecatus sum [4] *vultum tuum* *in toto corde meo*	*Deprecatus sum* *faciem tuam* *in toto corde meo* *miserere mei* *secundum eloquium* *tuum*	*Deprecatus sum* 58 *faciem tuam* *in toto corde meo* *miserere mei* *secundum eloquium tuum*
V. 2 *Miserere mei secundum* *eloquium tuum*	Ut supra	Ut supra 58
quia cogitavi vias tuas *et converti pedes meos* *in testimonia tua*	Id.	*Cogitavi vias meas* 59 *et avertisti pedes meos* *in testimonia tua*

On relève trois variantes textuelles : *et levabo* / *elevabo*
(branche germanique du grégorien), *Domine* / *Dominus* et
deprecatus / *precatus*. En revanche, *meditabar* / *meditabor*
(branche française du grégorien) est sans doute une erreur.
Cet offertoire des mercredis des Quatre-Temps (à l'exception de celui de l'avent) commence en *RÉ*, monte chercher
un accent à *fa* et y reste accroché, à la faveur de l'emploi
du style B. Les deux versets semblent plus proches de *DO*

1. *Meditabar* VL 5319, C 74, SG 339, E 121 ; *meditabor* F 22, B, C, K, S, L 239 ;
M-R illisible.
2. *Et levabo* VL 5319, F 22, C, K, L 239, M-R ; *elevabo* SG 339, E 121 ; *levavi*
C 74.
3. *Dominus* VL 5319, C 74, S ; *Domine* B, C, SG 339, E 121, L 239, M-R.
4. *Deprecatus* VL 5319, C 74 ; *precatus* C, SG 339, E 121, L 239, M-R.

que de *RÉ* et utilisent partiellement le style A, surtout le premier d'entre eux.

VL 5319, f. 10v ; *AMS* n° 8	Psautier romain, Ps 23	Vulgate	
Off. *Tollite portas* *principes vestras* *et elevamini porte* *eternales* * *et introibit rex glorie*	*Tollite portas* *principes vestri* *et elevamini portae* *aeternales* *et introibit rex gloriae*	*Adtollite portas* *principes vestras* *et elevamini portae* *aeternales* *et introibit rex gloriae*	9
V. 1 *Domini est terra* *et plenitudo eius* *orbis terrarum* *et universi qui habitant in* *eo*	Id.	*Domini est terra* *et plenitudo eius* *orbis terrarum* *et qui habitant in eo*	1
V. 2 *Ipse super maria* *fundavit eam* [1] *et super flumina* *preparavit eam*	*Ipse super maria* *fundavit eam* *et super flumina* *praeparavit illam*	*Ipse super maria* *fundavit eum* *et super flumina* *praeparavit eum*	2

En raison de l'absence (voulue ?) des versets de cet offertoire dans le graduel de Sainte-Cécile, le graduel VL 5319 est le seul témoin des versets *Domini est terra* et *Ipse super maria*, puisqu'il n'existe pas d'autre offertoire tiré de ce psaume et que l'unique graduel tiré du psaume 23, *Tollite portas*, n'utilise pas les versets 1 et 2. On note deux désaccords qui sont peut-être des variantes textuelles : *fundavit eam / fundavit eum* et *preparavit eam / preparavit eum*. Cet offertoire de la vigile de Noël possède une mélodie originale, à l'exception de quelques passages en style B *(terrarum)*, dans le premier verset. Le second verset est en *la = RÉ*.

---

1. *Eam... eam* VL 5319 ; *eum... eum* C, SG 339, E 121, L 239, M-R (*eam* corrigé en *eum*).

VL 5319, f. 132 ; AMS n° 196 a	Vulgate (Jb 1, 1 ; 2, 7 ; 6, 2-3, 11-12 ; 7, 7)
Off. *Vir erat in terra Hus nomine Iob* [1] *simplex et rectus ac timens Deum*	*Vir erat in terra Hus nomine Iob* 1, 1 *et erat vir ille simplex et rectus* *ac timens Deum* *et recedens a malo*
quem Satan petiit ut temptaret *et data est ei potestas a Domino* *in facultate et in carne eius* *perdiditque omnem substantiam ipsius* *et filios*	voir Jb 2, 1-6
	Egressus igitur Satan 2, 7 *a facie Domini*
carnem quoque eius *gravi ulcere vulnerabit*	*percussit Iob ulcere pessimo* *a planta pedis usque ad verticem eius*
V. 1 (ROM-GREG) *Utinam appenderentur peccata mea* *Utinam appenderentur peccata mea* *quibus iram merui* *quibus iram merui* *et calamitas et calamitas et calamitas* *quam patior*	*Utinam adpenderentur* 6, 2 *peccata mea* *quibus iram merui* *et calamitas quam patior in statera*
haec gravior appareret [2]	*Quasi harena maris* 3 *haec gravior appareret* *unde et verba mea dolore sunt plena*
V. 2 (GREG) *Que est enim* [3] *que est enim* *que est fortitudo mea ut sustineam* *aut quis finis meus ut patienter agam* *aut finis meus ut patienter agam*	*Quae est enim* 11 *fortitudo mea ut sustineam* *aut quis finis meus ut patienter agam*
V. 3 (GREG) *Numquid fortitudo lapidum* *est fortitudo mea* *aut caro mea enea est* *aut caro mea enea est*	*Nec fortitudo lapidum* 12 *fortitudo mea* *nec caro mea aerea est*

---

1. *Hus* VL 5319, F 22 ; *Hus* om. R, B, K, S, SG 339, E 121, L 239, M-R ;
lacune C 74.

2. *Et gravior apparet* VL 5319 ; *haec gravior appareret* SG 339, E 121, L 239,
M-R.

3. *Que est enim fortitudo mea ut sustineam* SG 339, E 121, L 239.

V. 4 (GREG)

Quoniam quoniam quoniam	*Memento quia ventus est*	7, 7
non revertetur oculus meus	*vita mea*	
ut videam bona ut videam bona	*et non revertetur oculus meus*	
ut videam bona	*ut videat bona*	
ut videam bona ut videam bona		
ut videam bona		
ut videam bona ut videam bona		
ut videam bona		

Il se pose un problème de versets semblable à celui qui se posait pour l'offertoire *Sanctificavit*. L'unique témoin romain propose un très grand nombre de versets très courts, tandis qu'au contraire le grégorien ne propose que quatre versets. La solution grégorienne est la plus classique ; le manuscrit VL 5319 pourrait cependant être le témoin d'un phénomène bien réel, par exemple une pratique responsoriale ou antiphonique très complexe, dont il est difficile de percer le mystère, et qui est à rapprocher des curieuses alternances de certains versets des vêpres pascales [1]. Il existe une variante textuelle entre Rome et le grégorien, l'omission de *Hus* par ce dernier. Cet offertoire du vingtième dimanche après la Pentecôte possède une mélodie originale, répétitive et très formulaire. Son texte, avec ses répétitions entêtantes, est tout à fait insolite ; c'est même un cas unique dans l'ensemble du répertoire romain de la messe. Il ne s'agit cependant pas d'une erreur, puisque tous les manuscrits sont d'accord à ce sujet. Loin d'être une absurdité, cela fait certainement partie du style propre de cette pièce [2] et se retrouve d'ailleurs dans le grégorien.

---

1. Voir K. GINDELE, « Spuren der alt-monastischen Alleluja-Psalmodie in der altrömischen Ostervesper », *Studien und Mitteilungen zur Geschichte des Benediktinerordens und seiner Zweige* 83 (1972), p. 156-161.

2. J. RAASTED, « Byzantine Liturgical Music and its Meaning for the Byzantine Worshipper », dans R. Morris (éd.), *Church and People in Byzantium*, Birmingham, 1986, p. 57.

LES PIÈCES EN « RÉ » AVEC UN GRAVE IMPORTANT

VL 5319, f. 25 ; AMS n° 26	Psautier romain, Ps 117	Vulgate	
Off. *Dextera Domini* *fecit virtutem* * *dextera Domini* *exaltavit me*	*Id.*	*Dextera Domini* *fecit virtutem* *dextera Domini* *exaltavit me* *dextera Domini* *fecit virtutem*	16
non moriar sed vivam *et narrabo opera Domini*	*Id.*	*Id.*	17
V. 1 *In tribulatione* *invocavi Dominum* *et exaudivit me* *in latitudine*	*Id.*	*De tribulatione* *invocavi Dominum* *et exaudivit me* *in latitudine* *Dominus*	5
quia Dominus *adiutor meus est*	*Dominus mihi* *adiutor est* *non timebo* *quid faciat mihi homo*	*Dominus mihi adiutor* *non timebo* *quid faciat mihi homo*	6
V. 2 *Inpulsus versatus sum* *ut caderem* *et Dominus suscepit me*	*Inpulsus versatus sum* *ut caderem* *et Dominus suscepit me*	*Inpulsus eversus sum* *ut caderem* *et Dominus suscepit me*	13
et factus est mihi *in salutem*	*Confitebor tibi Domine* *quoniam exaudisti me* *et factus es mihi* *in salutem*	*Confitebor tibi* *quoniam exaudisti me* *et factus es mihi* *in salutem*	21

Cette pièce du troisième mardi du carême, reprise ensuite au jeudi saint puis au troisième dimanche après l'Épiphanie, possède une mélodie originale, qui descend parfois au *la* grave, et qui emploie le style B dans son premier verset, non dans le second.

VL 5319, f. 40 ; *AMS* n° 37 b	Psautier romain, Ps 29	Vulgate	
Off. *Exaltabo te Domine* *quoniam suscepisti me* *nec delectasti inimicos* *meos super me*	*Id.*	*Id.*	2
* *Domine clamavi ad te* *et sanasti me*	*Domine Deus meus* *clamavi ad te* *et sanasti me*	*Domine Deus meus* *clamavi ad te* *et sanasti me*	3
V. 1 *Domine abstraxisti ab* *inferis animam meam ;* *salvasti me* *a descendentibus in lacum*	*Domine abstraxisti ab* *inferis animam meam ;* *salvasti me* *a descendentibus in* *lacum*	*Domine eduxisti ab* *inferno animam meam ;* *salvasti me* *a descendentibus in lacum*	4
V. 2 *Ego autem dixi* *in mea abundantia* *non movebor in eternum*	*Id.*	*Ego autem dixi* *in abundantia mea* *non movebor in aeternum*	7
Domine in bona *voluntate tua* [1] *prestitisti decori meo* *virtutem*	*Domine in bona* *voluntate tua* *praestitisti decori meo* *virtutem* *avertisti faciem tuam* *a me* *et factus sum* *conturbatus*	*Domine* *in voluntate tua* *praestitisti decori meo* *virtutem* *avertisti faciem tuam* *et factus sum conturbatus*	8

On relève une variante textuelle entre chants romain et grégorien, l'omission par ce dernier de *bona* (v. 8). Cet offertoire du mercredi des Cendres, réemployé ensuite au dixième dimanche après la Pentecôte, possède un incipit en *MI*, par le biais du style C. Il retrouve ensuite sa corde *la = RÉ*, avec des montées à *do* (accent, non corde). Il cite parfois la cellule de *RÉ*, transposée à *la (la-sol-mi-sol-la)*, notamment sur *Domine clamavi (off.), in labiis* (v. 1) et *Domine in bona voluntate* (v. 2). Certains passages du verset 1 ressemblent beaucoup au style B, moins le panache mélismatique *(ab inferis)*.

---

1. *Bona* VL 5319, C 74 ; *bona* om. C, SG 339, E 121, L 239, M-R.

VL 5319, f. 26v ; *AMS* n° 22	Psautier romain, Ps 88	Vulgate	
Off. *Veritas mea* *et misericordia mea* *cum ipso* ★ *et in nomine meo* *exaltabitur cornu eius*	*Et veritas mea* *et misericordia mea* *cum ipso* *et in nomine meo* *exaltabitur cornu eius*	*Et veritas mea* *et misericordia mea* *cum ipso* *et in nomine meo* *exaltabitur cornu eius*	25
V. 1			
	Tunc locutus es *in aspectu filiis tuis* *et dixisti :*	*Tunc locutus es* *in visione sanctis tuis* *et dixisti :*	20
Posui adiutorium *super potentem* *et exaltavi electum* *de plebe mea* [1]	*posui adiutorium* *super potentem* *et exaltavi electum* *de plebe mea*	*posui adiutorium* *in potentem* *exaltavi electum* *de plebe mea*	
V. 2 *Misericordiam meam* *non dispergam ab eo*	*Misericordiam autem* *meam* *non dispergam ab eo* *neque nocebo* *in veritate mea*	*Misericordiam autem* *meam* *non dispergam ab eo* *neque nocebo* *in veritate mea*	34
et sedes eius *in conspectu meo*	*Et sedis eius sicut sol* *in conspectu meo* *et sicut luna perfecta* *in aeternum* *et testis in caelo fidelis*	*Et thronus eius* *sicut sol* *in conspectu meo* *et sicut luna perfecta* *in aeternum* *et testis in caelo fidelis*	38

Le copiste du graduel de Sainte-Cécile n'a pas mentionné de premier verset. Il existe peut-être une variante textuelle, l'ajout de *meum* par le grégorien dans le verset 20, à moins qu'il ne s'agisse d'un oubli de VL 5319, incontrôlable à cause de la lacune de C 74. Cette pièce du commun des papes possède une mélodie originale, qui cite parfois la cellule mère de *RÉ*.

---

1. *Adiutorium meum* SG 339, E 121, M-R ; *adiutorium* C.

FINALE « SOL »

VL 5319, f. 69v ; AMS n° 70	Psautier romain, Ps 58	Vulgate
Off. *Eripe me de inimicis meis* *Deus meus* *et ab insurgentibus in me* ** libera me Domine*	*Eripe me de inimicis* *meis Deus meus* *et ab insurgentibus in me* *libera me*	*Eripe me de inimicis* 2 *meis Deus* *et ab insurgentibus in me* *libera me*
V. 1 *Quia ecce captaverunt* *animam meam* *et irruerunt fortes in me*	*Quia ecce occupaverunt* *animam meam* *inruerunt in me fortes*	*Quia ecce ceperunt* 4 *animam meam* *inruerunt in me fortes*
V. 2 *Quia factus es* *adiutor meus* *et refugium meum* *in die tribulationis meae*	*Ego autem cantabo* *virtutem tuam* *et exultabo mane* *misericordiam tuam* *quia factus es* *susceptor meus* *et refugium meum* *in die tribulationis meae*	*Ego autem cantabo* 17 *fortitudinem tuam* *et exultabo mane* *misericordiam tuam* *quia factus es* *susceptor meus* *et refugium meum* *in die tribulationis meae*

Le manuscrit de Laon a interverti les deux versets ; ce n'est qu'une bévue sans conséquence. Cet offertoire du cinquième mercredi du carême possède une mélodie originale.

Conclusion sur les offertoires en « RÉ ».

Contrairement à la situation que nous avons rencontrée avec les traits et les graduels, et contrairement aussi à celle qu'on rencontrera avec les *Alleluia*, les pièces en *RÉ*, dans le genre liturgique constitué par les offertoires, sont peu nombreuses et assez marginales. Aucune d'entre elles n'occupe en effet d'emplacement liturgique de premier plan, ce qui est insolite quand on songe à l'importance prise au contraire par les pièces en *RÉ* dans les autres genres liturgiques. On a finalement le sentiment que *RÉ* n'a été employé par les offertoires que pour jouer en quelque sorte les utilités. Il est vrai que certaines de ces mélodies se réduisent pratiquement à de simples récitatifs quasi psalmodiques : une corde de *RÉ* qui monte chercher ses accents à *fa.* Les offertoires en *RÉ* sont donc au total un parent pauvre du répertoire de la messe romaine.

Les offertoires non psalmiques.

Les offertoires non psalmiques sont très particuliers. Un bon nombre d'entre eux semblent en effet ne pas être d'origine romaine, car on les trouve bien implantés dans le reste de l'Italie, ainsi qu'en Espagne et en Gaule ; on les désigne donc parfois sous le nom générique d'« offertoires internationaux [1] ». Leurs emplacements liturgiques sont tardifs : jeudis du carême, dimanches après la Pentecôte (*Oravi Deum* ; *Precatus est Moyses* ; *Recordare* ; *Sanctificavit Moyses* ; *Vir erat*), avent (*Exulta satis* ; *Confortamini*), messes rituelles (*Domine Deus in simplicitate* ; *Domine Iesu Christe*), semaine *in albis* (*Angelus Domini* ; *Erit vobis* ; *In die sollemnitatis*) et sanctoral tardif (*Ave Maria* ; *Beatus es* ; *Oratio mea*). Deux d'entre eux, *Domine Iesu Christe* [2] et *Beatus es*, sont pratiquement inconnus des plus anciens manuscrits de chant grégorien. Leur analyse musicale donne cependant des résultats inattendus : contrairement à ce qu'on pouvait s'attendre à trouver, seule une faible minorité de ces pièces relèvent de la corde de *RÉ*, c'est-à-dire d'une modalité non romaine. Certes, Rome n'a pas l'apanage exclusif des cordes de *DO* et de *MI* ; la faiblesse de la représentation de la corde non romaine par excellence est cependant tout à fait remarquable. Il y a plus. Un certain nombre de ces offertoires emploient l'un des trois styles répétitifs et quasi psalmodiques. Or, ces styles sont profondément contraires à l'esthétique franque (c'est-à-dire gallicane puis grégorienne), qui ne les a jamais utilisés et qui les a volontairement supprimés des pièces romaines qu'elle avait reçues. L'utilisation d'un style circulaire par ces pièces n'est nullement exceptionnel, mais bien courant. Ces pièces ignorent absolument le style B, qui est en *RÉ*, et lui préfèrent les styles A *(DO)* et

---

1. K. LEVY, « Toledo, Rome », *passim.* Voir Dom BAROFFIO, *Die Offertorien*, p. 33 et n. 1 et Dom J. CLAIRE, « Les psaumes graduels », p. 10, n. 15.

2. À l'exception de SG 339 (f. 114), qui ne possède cependant que l'*offertorium*, non les versets.

C *(MI)*, qui sont exclusivement romains. La greffe du style C sur des pièces en *DO* pourrait être due à la montée des *si* à *do* ; dans une étape ultérieure, on aura fini par prendre ces *do* pour une véritable corde de *DO*, ce qui aura attiré le style A.

Il faut donc conclure que les mélodies romaines des offertoires non psalmiques ne permettent pas de prouver que ces pièces sont des importations étrangères, bien au contraire. L'idée d'employer ces textes pouvait certes être dans l'air, dans l'Occident des VIIe et VIIIe siècles, ce qui expliquerait que plusieurs liturgies différentes les aient utilisés. Il n'en reste pas moins vrai que leurs mélodies semblent tout à fait romaines, sauf peut-être *Vir erat*, dont le texte est si curieux et qui est en *RÉ*. Il est également possible que les compositeurs romains aient donné des mélodies autochtones à des textes liturgiques étrangers. Ces pièces ne semblent donc pas être de simples copies de pièces gallicanes ou hispaniques.

LES OFFERTOIRES INCLASSABLES

Il existe dans le chant romain un très petit nombre d'offertoires qu'on ne peut rattacher à aucune corde. Nous les avons pour cette raison rangés à part et désignés sous le nom de « pièces inclassables » — à l'intérieur du système des cordes mères, s'entend : elles sont en revanche tout à fait classables selon les critères de la modalité évoluée, c'est-à-dire le système des huit modes. Mais ces critères ne nous apprennent rien, puisqu'ils ont été forgés après coup et uniquement en fonction d'un classement par les finales, qui n'est pas antérieur à la seconde moitié du VIIIe siècle.

« *In die sollemnitatis* ».

VL 5319, f. 93 ; *AMS* n° 84	Vulgate (Ps 80, 4. 9. 13. 10-11 ; Ex 13, 5 ; voir Ex 20, 5 ; Ex 20, 2-3)
Off. *In die sollemnitatis vestre* *dicit Dominus*	*Canite in initio mensis tuba* Ps 80, 4 *in die insignis sollemnitatis vestrae* [1]
inducam vos	*Cumque te introduxerit* Ex 13, 5 *Dominus* *in terram Chananei et Hettei* *et Amorrei et Evei et Iebusei*
* *in terram fluentem lac et mel* *alleluia*	*quam iuravit patribus tuis ut daret tibi* *terram fluentem lacte et melle* *celebrabis hunc morem sacrorum* *mense isto*
V. 1 *Audi populus meus et loquar* [2] *Israhel si me audieris*	*Audi populus meus et loquar* Ps 80, 9 *Israhel et testificabor tibi Israhel* *si me audieris*
dabo vobis desideria cordis vestri	*Et dimisi eos* Ps 80, 13 *secundum desideria cordis eorum* *et ibunt in voluntatibus suis*
V. 2 *Non adorabitis deos alienos* [3]	*Non erit in te deus recens* Ps 80, 10 *neque adorabis deum alienum*
quia ego sum Dominus Deus vester	*Ego enim sum Dominus* Ps 80, 11 *Deus tuus* *qui eduxi te de terra Aegypti*
qui eduxit vos de terra Egypti	*dilata os tuum et ego adimplebo illud*

Le graduel VL 5319 est le seul témoin romain du second verset, que ne connaissait pas le copiste du graduel de Sainte-Cécile. Il existe deux variantes textuelles : *populus meus* (Rome et la branche française du grégorien) / *popule meus* (branche germanique du grégorien) et peut-être *deos alienos* / *deum alienum*. Cet offertoire est au jeudi *in albis*.

---

1. Pour le psaume 80, nous donnons le texte du psautier romain, non celui de la Vulgate.

2. *Popule meus* SG 339, E 121 ; *populus meus* VL 5319, F 22, B, C, S, L 239.

3. *Deos alienos* VL 5319 ; *Deum alienum* B, C, SG 339, E 121, L 239 ; lacune C 74.

Son texte est très complexe. Certains des fragments de ses versets peuvent avoir été tirés aussi bien du psaume 80 que de l'Exode, en raison des nombreuses réminiscences de ce livre dans le psautier.

« Ascendit Deus ».

VL 5319, f. 105v ; AMS n° 102 a	Psautier romain, Ps 46	Vulgate	
Off. *Ascendit Deus in iubilatione* [1] * *et Dominus in voce tube alleluia*	*Id.*	*Ascendit Deus in iubilo Dominus in voce tubae*	6
V. 1 *Omnes gentes plaudite manibus iubilate Deo in voce exultationis*	*Id.*	*Id.*	2
VL 5319 : v. 2 ; GREG et C 74 : v. 3 *Subiecit populos nobis et gentes sub pedibus nostris*	*Id.*	*Id.*	4
GREG et C 74 : v. 2 *Quoniam Deus* [2] *summus terribilis et* [3] *rex magnus super omnes deos* [4]	*Id.*	*Quoniam Dominus excelsus terribilis rex magnus super omnem terram*	3

Il existe une variante textuelle entre chants romain et grégorien dans l'*offertorium* : l'omission de *et* dans le verset 6 ; en revanche, les trois désaccords qu'on constate dans le dernier verset sont problématiques, puisque C 74 est le seul témoin romain, incontrôlable : l'omission de *et* dans le verset 3, *Deus / Dominus* et *omnes deos / omnem terram*. Cette

---

1. *Et* VL 5319, F 22, C 74 ; *et* om. C, K, SG 339, L 239, E 121, M-R.

2. *Deus* C 74, Psautier romain ; *Dominus* B, C, S, SG 339, L 239, E 121, M-R, Vulgate.

3. *Et* C 74, Psautier romain ; *et* om. C, SG 339, L 239, E 121, M-R, Vulgate.

4. *Omnes deos* C 74, Psautier romain ; *omnem terram* C, SG 339, L 239, E 121, M-R, Vulgate.

dernière variante est assez problématique, dans la mesure où certains manuscrits du psautier romain possèdent également *omnem terram* (le manuscrit S de l'édition de Dom Weber) : on ne peut donc savoir si le fait que le grégorien ait choisi *omnem terram* est une influence de la Vulgate ou s'il s'agit simplement d'une leçon romaine que Dom Weber a laissée dans son apparat critique. Il existe en outre un problème dans l'ordre et le nombre des versets. Le graduel VL 5319 n'en connaît que deux, *Omnes gentes* et *Subiecit,* tandis que le graduel de Sainte-Cécile, en parfait accord avec toute la tradition grégorienne, en donne trois, *Omnes gentes, Quoniam Deus* et *Subiecit.* Il est possible que l'état primitif de cette pièce soit celui que donne VL 5319 ; les compositeurs francs se seront aperçu, lors de l'arrivée du chant romain en Gaule, de ce que le verset 3 du psaume 46 n'était pas utilisé ; ils auront donc « rétabli » l'ordre des versets en intercalant un nouveau verset, *Quoniam Dominus,* tiré du verset 3, entre *Omnes* (v. 2) et *Subiecit* (v. 4).

Beatus es Simon.

VL 5319, f. 117 ; Ø AMS et GREG	Vulgate (Mt 16, 17 ; 13 ; 16)
Off.	
Beatus es Simon Petre	*Respondens autem Iesus dixit ei :* 17
* *quia caro et sanguis*	*Beatus es Simon Bariona*
non revelavit tibi	*quia caro et sanguis non revelavit tibi*
sed Pater meus qui est in celis	*sed Pater meus qui in caelis est*
V. 1	
	Venit autem Iesus 13
	in partes Caesareae Philippi
Iesus dixit discipulis suis :	*et interrogabat discipulos suos dicens :*
Quem me dicunt homines	*Quem dicunt homines*
esse Filium hominis ?	*esse Filium hominis ?*
respondens Petrus dixit :	*Respondens Simon Petrus dixit :* 16
Tu es Christus Filius Dei vivi	*Tu es Christus Filius Dei vivi*

Cet offertoire est à la messe de l'octave des saints Pierre et Paul. Il est inconnu des plus anciens manuscrits grégoriens, qui ont gardé l'offertoire *Exultabunt sancti,* du Commun des martyrs, qui est psalmique et plus général

(*AMS* n° 125). Le texte de *Beatus es* est tiré de l'évangile de la messe du 29 juin (Mt 16, 13-19), non de celui de l'octave (Mt 14, 22-33) [1]. La mélodie est celle de l'offertoire *Angelus Domini*.

Conclusions : les offertoires et la Rome du début du VI° siècle.

Cette période de l'histoire de Rome a été d'une très grande richesse dans le domaine musical. Le chant est passé, de l'alternance entre le soliste et les fidèles, aux seuls maîtres de la *Schola cantorum*, qui ont ainsi mis fin à une sorte de goulot d'étranglement qui bridait les progrès du chant. Nous n'en voulons pour preuve que la composition de l'offertoire lui-même : c'est en effet le premier chant qui ne réponde pas à une lecture, le premier chant librement créé.

Ce même début du VI° siècle a vu en outre la naissance de la station liturgique et le développement de cette forme de liturgie qui, si elle n'est pas exclusivement propre à Rome, n'en constitue pas moins l'une des principales caractéristiques du génie de sa liturgie traditionnelle ; par surcroît, elle a contribué à ancrer la liturgie dans la topographie de l'*Urbs* et à lui donner cet enracinement microlocal qui fait une partie de son intérêt.

Si les offertoires sont des chants aux textes très centonisés, c'est parce que des spécialistes comme les artistes de la *Schola* pouvaient facilement se retrouver dans des compilations ainsi hachées, alors que le peuple s'y serait perdu. Le refrain populaire interdit en effet la centonisation du texte psalmique. Le passage des mélodies à la *Schola* a permis par conséquent une prodigieuse diversification des mélodies, qui s'est notamment manifestée par l'abandon de la technique du timbre stéréotypé. Ces mélodies nouvelles, très ornées, sont en outre centonisées sur le plan modal ; on assiste en effet à la fin du VI° siècle à la fin de la période de composition antique, qui était exclusivement liée aux cordes mères, d'autant plus que l'offertoire est le premier chant de la messe qui ne provienne pas d'une psalmodie.

La *Schola* a enfin provoqué l'emploi massif de la modalité de *RÉ*, c'est-à-dire d'une modalité non romaine. Elle a été

---

1. KLAUSER, *Das römische Capitulare*, p. 31 (n° 142 et 146).

volontiers adoptée par les maîtres romains, qui étaient plus friands d'exotisme et moins conservateurs que les fidèles, prisonniers de leur inculture. Ainsi enrichi et orné, le chant liturgique de l'*Urbs* a donc été très profondément remanié par la *Schola* ; c'est donc à juste titre qu'on peut dire qu'elle a inauguré une seconde période de l'histoire musicale romaine.

CHAPITRE XIII

LES « ALLELUIA » DE LA MESSE

Introduction.

Si les *Alleluia* de la messe sont nés dès la fin du IVe siècle, comme le montrent les témoignages patristiques, liturgiques et musicaux, ils n'ont connu leur plein développement qu'avec Grégoire le Grand et au cours du VIIe siècle, c'est-à-dire pendant la période de l'histoire romaine qui est traditionnellement considérée comme ayant subi de très fortes influences byzantines. L'étude des mélodies des *Alleluia* sera donc l'occasion de vérifier l'exactitude de cette notion de « période byzantine de Rome ».

L'*Alleluia* de la messe romaine est un chant qui ne répond pas à une lecture, bien qu'il se trouve placé entre les lectures ; il a été ajouté aux seuls véritables chants entre les lectures que sont le psaume sans refrain (devenu trait) et le psaume responsorial (devenu graduel). Contrairement à ces derniers, il n'a d'ailleurs lui-même jamais été un psaume complet. C'est un chant qui représente un tournant dans l'histoire de la composition à Rome, qui semble alors arriver à une sorte de palier et connaître un certain ralentissement. L'*Alleluia* de la messe romaine serait-il lié non à la lecture qui le précède, mais à celle qui le suit, l'évangile ? Dans le rit hispanique, l'*Alleluia* se trouve en effet après l'évangile, non avant [1] ; cela fait de ce chant une sorte d'acclamation *post Evangelium*. Nous avons répondu à cette hypothèse à propos du nombre des lectures de la messe romaine avant le milieu du VIe siècle : l'*Alleluia* romain n'est pas un chant

---

1. A.-G. Martimort, « Origine et signification », p. 813. Voir J. McKinnon, « The Patristic Jubilus », p. 70, n. 33. Brou (« L'*Alléluia* dans la liturgie mozarabe » p. 20-21) indique que l'*Alleluia* hispanique se trouve « après l'homélie qui suit l'évangile », non immédiatement après l'évangile.

entre les lectures, ni même une acclamation qui répond à l'évangile, mais un chant ajouté dans le courant du VIe siècle aux seuls véritables chants entre les lectures que sont le graduel et le trait. Cette hypothèse est donc inutile et se trouve contredite par le témoignage des chants.

L'*Alleluia* de la messe réalise la synthèse du répertoire déjà existant, auquel il a emprunté tous les éléments qui le composent : il est en effet formé de trois parties différentes, qui n'ont ni la même origine ni le même âge. La première est une acclamation, à la mélodie généralement syllabique (*allelu-*), le plus souvent empruntée à des antiennes de l'office. Elle est suivie d'une *iubilatio*, qui est une longue vocalise sur la syllabe *-ia*, elle-même le plus souvent empruntée à des traits, à des graduels ou à des offertoires. Le tout est enfin suivi d'un verset, le plus souvent psalmique, surtout dans les pièces anciennes, auquel ont parfois été ajoutés par la suite un ou deux autres versets.

LES ÉTAPES DE L'HISTOIRE DE L'« ALLELUIA »
DE LA MESSE ROMAINE :
DES ORIGINES AU Ve SIÈCLE

La période de formation.

L'*Alleluia* est à l'origine une acclamation hébraïque qui est liée avant tout à une vingtaine de psaumes, les psaumes *Alleluia*, auxquels elle sert de titre [1]. Elle semble avoir été reprise par la liturgie chrétienne très tôt, comme en témoigne l'Apocalypse (19, 1 et 19, 6), qui décrit la liturgie céleste célébrée pour la glorification de Dieu, après la destruction de Babylone, et les noces de l'Agneau [2]. Cette acclamation est ainsi liée dès son origine à l'idée qu'il faut se réjouir des prodiges accomplis par le Seigneur, donc à celle de joie. Son emploi repose également sur l'idée qu'on se faisait de la liturgie céleste à partir du témoignage de l'Apocalypse.

---

1. Ce sont les psaumes 104-106, 110-118, 134-135 et 145-150. Voir KNIAZEFF, « Des acclamations dans la liturgie », p. 139.
2. ROSE, « L'usage et la signification de l'*Alleluia* », p. 205-206.

Or, d'autre part, le graduel (réduction du psaume sans refrain) de Pâques est le psaume 117, qui est un psaume *Alleluia*, dont le verset choisi, qui a entraîné l'utilisation de ce psaume à cet endroit de l'année liturgique, est *Hec dies quam fecit Dominus, exultemus et letemur in ea*, qui fait allusion au dimanche de la Résurrection et résume toute l'idée de joie pascale. C'est cette insistance sur la joie pascale qui a logiquement entraîné l'utilisation de l'*Alleluia* à l'office et à la messe.

L'*Alleluia* semble n'être devenu un chant *liturgique* chrétien (nous insistons sur cette restriction) qu'à partir du moment où l'on introduisit la psalmodie responsoriale, dans le courant de la seconde moitié du IVe siècle : c'était en effet un refrain tout désigné pour les psaumes du temps pascal. C'est cela qui a rendu techniquement possible son emploi en tant que chant à proprement parler ; jusque-là, on pouvait certes l'employer comme acclamation ou comme doxologie : ce n'était pas encore un chant au sens moderne de ce terme. Par conséquent, l'adoption du chant de l'*Alleluia* ne doit rien à d'hypothétiques influences de la liturgie synagogale sur le culte chrétien : en plein IVe siècle, c'est tout à fait impossible. L'emploi chrétien de l'acclamation, de la doxologie puis du chant *Alleluia* vient de l'usage intensif que les chrétiens font du psautier dans le culte, de leur interprétation du psaume 117 et de leur invention de la psalmodie responsoriale. Point n'est donc besoin d'aller chercher des influences extérieures pour expliquer ce processus. Or, de fait, l'usage du chant liturgique de l'*Alleluia* n'est attesté qu'à partir des Pères du IVe siècle, Jérôme, Augustin et Ambroise. Chronologiquement, tout concorde donc.

Le lien entre les psaumes « Alleluia » et les « Alleluia » romains.

Laudate Deum était l'une des traductions latines possibles d'*Alleluia*, comme l'indique saint Augustin (*Sermo* 225) [1]. C'est cela qui explique la fréquence des *incipit* en *lauda* et

---

1. *PL* 38, 1186 : *Nostis enim, quia* Alleluia *latine dicitur :* Laudate Deum, *et in hoc verbo consonantes ore, et consentientes corde, exhortamur nos invicem ad laudandum* Deum. Voir M. THIEL, *Grundlagen und Gestalt der Hebräischkenntnisse des frühen Mittelalters*, Spolète, 1973, p. 233 et M. KLÖCKENER, art. « Alleluia », dans *Augustinus-Lexikon*, Bâle-Stuttgart, t. 1, col. 239-241.

en *laudate* chez les psaumes *Alleluia*. Cette explication a été reprise par toutes les *expositiones missae* carolingiennes[1]. Existe-t-il par conséquent un lien privilégié entre les psaumes *Alleluia* et les versets choisis par les maîtres de la *schola cantorum* romaine pour servir de texte à un *Alleluia* de la messe[2] ? En réalité, les textes des *Alleluia* romains ont été choisis sans qu'on se soit beaucoup préoccupé d'employer préférentiellement des psaumes *Alleluia* à cet effet. Il semblerait donc qu'on n'ait eu l'idée d'employer la plupart des psaumes *Alleluia* pour fabriquer des *Alleluia* de la messe que sur le tard, notamment pour la liste alléluiatique des dimanches après la Pentecôte : ce serait une sorte de systématisation tardive, les *Alleluia* plus anciens étant en revanche plutôt tirés de textes déjà marqués sur le plan typologique par leur emploi par des pièces beaucoup plus anciennes, comme les traits et les graduels : c'est par exemple le cas de *Laudate Dominum omnes* et de beaucoup d'autres. Cela peut également s'expliquer parce qu'un assez grand nombre d'*Alleluia* ont été créés en fonction du texte de l'introït, de la communion ou des lectures de la messe du jour, dont ils utilisent tantôt le même psaume, voire le même verset psalmique, tantôt le même verset évangélique.

Restent donc essentiellement les deux *Alleluia* tirés du psaume 117, le psaume pascal par excellence. On sait du reste par saint Augustin qu'à Hippone, l'*Alleluia* du dimanche de Pâques était justement *Hic est dies quam fecit Dominus*[3]. L'actuel *Alleluia* romain du dimanche de Pâques, *Pascha nostrum*, ne peut prétendre à être la pièce originelle de la messe de Pâques, pour quatre raisons : elle n'est pas psalmique, mais tirée du texte de l'épître du jour, procédé moderne ; elle est en *RÉ*, donc dans une modalité non romaine : elle a donc été composée à Rome, mais sur un mode de type gallican, à l'époque (relativement tardive) où ce genre de mélodies en *RÉ* étaient de mode dans l'*Urbs* ; sa *iubilatio* est trop longue et trop élaborée pour être primitive ; enfin, la messe du dimanche de Pâques n'est pas la messe ancienne de Pâques, qui est celle de la vigile pascale.

---

1. EKENBERG (*Cur cantatur*, p. 73) cite les *expositiones* « *Primum in ordine* » et « *Introitus missae quare* ».

2. Voir GINDELE, « Das *Alleluia* im *Ordo Officii* », *passim*.

3. LAMBOT, « Les sermons de saint Augustin pour les fêtes de Pâques », p. 231.

Cela dit, d'autre part, l'*Alleluia* de la vigile pascale, *Confitemini Domino quoniam bonus*, n'a aucune antiquité : l'ajout d'une épître, d'un *Alleluia* et d'un trait, après les *cantica*, à la vigile pascale, est postiche ; il est par surcroît absurde de placer un *Alleluia* après un trait, ce qui associe deux chants antinomiques et modifie l'ordre habituel des chants : quand l'*Alleluia* est accompagné d'un chant qui n'est pas un autre *Alleluia* (le graduel, hors du temps pascal), l'*Alleluia* est toujours en seconde position, jamais en première [1]. C'est ainsi qu'on fit rentrer dans le rang cette messe qui, au début du VIᵉ siècle, devait déjà sembler bien étrange et bien « incomplète », puisqu'elle ne possédait que des lectures vétéro-testamentaires et l'évangile. Comme l'on avait fini par croire qu'elle n'avait pas d'avant-messe, on lui en ajouta donc une, de type moderne, par analogie, pour l'aligner sur le modèle des autres messes. Pour ce faire, on réutilisa le trait *Laudate Dominum omnes* des samedis des Quatre-Temps et on choisit un verset d'*Alleluia* dans le psaume 117, le grand psaume pascal. Pour ces quatre motifs, nous ne pouvons pas accepter l'hypothèse selon lequel *Confitemini Domino* serait l'*Alleluia* primitif de Pâques à Rome [2].

Tandis que la Gaule a copié la mélodie de l'acclamation et de la courte *iubilatio* de cet *Alleluia* romain, les deux répertoires se séparent au sujet de la mélodie du verset, pour laquelle le grégorien n'a pas copié le chant romain : alors que le verset du *Confitemini* romain copie un fragment du trait romain *Commovisti*, sa contrepartie grégorienne réutilise des passages des deux seuls graduels grégoriens du huitième mode, *Deus exaudi* et sa copie *Deus vitam meam*, qui semblent tardifs, puisqu'ils sont eux-mêmes centonisés et citent des extraits des graduels grégoriens des deuxième et troisième modes [3].

Quant à *Hec dies*, sa version romaine est très différente de sa version grégorienne ; tandis que cette dernière a été pourvue d'une mélodie du timbre grégorien du huitième mode,

---

1. Noté par K. LEVY, « The Italian Neophytes' Chants », p. 181.

2. JAMMERS, *Das « Alleluia »*, p. 31-38 ; voir K. SCHLAGER, *Thematischer Katalog*, p. 9 ; P. WAGNER, « Origine de la mélodie », p. 195 (corrigé dans son *Einführung*, t. III, p. 397, n. 2) et Dom POTHIER, « L'*Alleluia* du samedi saint et celui des Rogations », p. 143-145.

3. La mélodie grégorienne de cette pièce a été étudiée par A. MADRIGNAC, dans *EG* 21 (1986), p. 44-45.

la version romaine possède au contraire une mélodie originale, qui forme un petit timbre, avec les *Alleluia Beatus vir* et *Qui confidunt*, qui partagent une partie de sa mélodie. Le verset de *Hec dies* est semblable à celui de *Beatus vir*, sauf aux mots *in mandatis* et *cupit nimis (Beatus vir)* et *exultemus et*, ainsi que *-mur in ea (Hec dies)*. L'acclamation et la *iubilatio* de *Hec dies* romain copient par surcroît un passage du graduel en *(fa =) DO Viderunt omnes* et un mélisme du trait en *(sol =) DO Commovisti*. La version grégorienne a donc régularisé, simplifié et réhabillé son ancêtre romain, procédé classique quand un répertoire copie un autre, à moins qu'elle n'ait été créée qu'au VIIIe siècle, en Gaule, *ex nihilo*. *Hec dies* romain est le seul *Alleluia* de mélodie originale dont la fin du verset ne reprenne pas celle de la *iubilatio*. Cette particularité est simplement due au fait que cette pièce utilise certains passages du graduel *Hec dies*, obéissant à la loi : « même mot, même mélodie » ; il s'agit du mot *dies* et du mélisme de terminaison du verset.

Les *Alleluia* tirés de textes autres que des psaumes *Alleluia* constituent une seconde catégorie, plus nombreuse que la première. Il est donc net qu'on choisissait le plus souvent le texte de l'*Alleluia* en fonction de la typologie traditionnelle, c'est-à-dire en fonction des pièces plus anciennes qui existaient déjà. On a donc continué d'employer le psaume 88 pour les papes, le psaume 44 pour les vierges, les psaumes 46 et 67 pour l'Ascension, le psaume 2 pour Noël, le psaume 92 pour Noël (comme l'offertoire *Deus enim firmavit*), et ainsi de suite, indépendamment de la notion de psaume *Alleluia*. La tradition liturgique et la typologie traditionnelle romaines ont donc été les plus fortes. L'emploi de *Te decet hymnus* (Ps 64) peut provenir du souvenir de la signification du grec *hymneite (laudate)*, à la manière du cantique des Trois Enfants (Dn 3, 52-90) et du *Te Deum*, qui emploie plusieurs versets du psaume 64. Toutes les opportunités ne semblent pas avoir été saisies ; ainsi, pour *Iubilate Deo*, on a préféré employer le psaume 99 *(iubilate Deo omnis terra servite Domino in letitia)*, alors que le psaume 65 *(iubilate Deo omnis terra psalmum dicite nomini eius)* a pour titre : *In finem canticum psalmi resurrectionis*, qui aurait permis de l'appliquer encore mieux au temps pascal. Rien n'a donc été fait de façon systématique, mais plutôt au coup par coup.

Une genèse complexe.

L'*Alleluia* de la messe est formé de plusieurs parties qui se sont ajoutées les unes aux autres très progressivement ; il s'agit, par ordre d'ancienneté, de l'acclamation, de la *iubilatio* et du verset.

L'acclamation.

Certaines acclamations des *Alleluia* de la messe sont la copie de celle des *Alleluia* syllabiques de l'office, qui sont depuis le IV⁰ siècle le refrain de la psalmodie responsoriale [1]. C'est notamment le cas de l'acclamation romaine du timbre de *RÉ*, qui est syllabique et identique en tout point à celle d'un *Alleluia* de l'office [2]. L'*Alleluia* de la messe étant plus récent que celui de l'office, il était normal qu'il lui emprunte certains de ses éléments. D'autre part, l'acclamation de la mélodie romaine du timbre de *MI* se retrouve, identique, dans l'*Alleluia* syllabique de certaines antiennes d'introïts romains du temps pascal : *Clamaverunt sancti*, *Ecce oculi* et *Iubilate Deo*, qui tous équipent des messes du sanctoral du temps pascal. Il est probable que ces antiennes d'introït soient les ancêtres de l'acclamation du timbre d'*Alleluia* en *MI*.

La « iubilatio ».

On a longtemps cru que le *iubilus* dont parlent les Pères du IV⁰ siècle était une allusion aux vocalises de l'*Alleluia* de la messe [3]. En réalité, à cette époque-là, l'*Alleluia* de la messe n'existait pas encore sous sa forme moderne, et celui de l'office, étant naturellement syllabique, ne pouvait pas être l'occasion de *iubilare*. Au mieux, l'*Alleluia* de la messe, à la fin du IV⁰ siècle, n'est encore qu'une sorte d'acclamation, comme *Amen* [4], ou une doxologie qui sert à conclure un

---

1. Dom J. CLAIRE, « Aux origines de l'*Alleluia* », p. 21 et « Le répertoire grégorien de l'office », p. 36 ; LE ROUX, « Aux origines de l'office festif », p. 117, 120 et 127 ; DE VOGÜÉ, « La Règle du Maître et la lettre apocryphe », p. 365 ; G. OURY, « Psalmum dicere cum alleluia », p. 99 ; MONETA-CAGLIO, « Lo jubilus », p. 64.

2. Dom J. CLAIRE, « Aux origines de l'*Alleluia* », p. 27, exemple 11.

3. Par exemple, JUNGMANN, *The Mass*, t. I, p. 429-430.

4. J. McKINNON, *Music in Early Christian Literature*, p. 155.

chant ; par conséquent, tout lien avec une longue vocalise est exclu. Cette idée fausse a donc été à juste titre abandonnée [1].

Le problème est maintenant de savoir quelle est l'exacte signification de la *iubilatio* dans les écrits des Pères du IVᵉ siècle, et notamment pour saint Augustin. E. Moneta-Caglio pense que la *iubilatio* est le refrain de la psalmodie responsoriale, chanté par les fidèles en réponse aux versets psalmiques chantés par le soliste [2]. J. McKinnon estime en revanche que le *iubilus* dont parle saint Augustin n'est pas un chant liturgique réellement chanté pendant la messe, mais seulement une allusion à un chant tout à fait profane, documenté depuis Varron, qui consistait en une sorte de chant de rameurs (le *celeuma*) [3], ou de cri improvisé de paysans, que l'évêque jugeait à même de servir d'exemple pour bien faire comprendre à ses auditeurs ce qu'était la joie pascale ; saint Augustin n'emploierait donc l'expression *iubilare sine verbis* que pour donner une image de ce que l'on doit ressentir quand l'expression de l'enthousiasme religieux, de la joie chrétienne, dépasse les capacités des moyens d'expression habituels, et notamment celles du langage articulé ; la *iubilatio* ou le *iubilus* n'auraient donc jamais été un chant liturgique.

Que faut-il en penser ? McKinnon avance un certain nombre d'arguments, dont les principaux sont les suivants [4] : d'une part, comme la *iubilatio* exclut par nature l'idée de chanter un texte *(iubilare sine verbis)*, elle ne peut pas être le refrain populaire chanté par les fidèles en réponse au soliste, c'est-à-dire la *responsio* dont il a été question à propos des origines de la psalmodie responsoriale, puisque ce refrain est un extrait de verset psalmique, donc un texte. D'autre part, saint Augustin, dans ses sermons, parle du chant de la *iubilatio* au futur, alors qu'il devrait en parler au passé s'il s'agissait bien d'un chant entre les lectures, chanté avant le

---

1. Moneta Caglio, « Lo Jubilus », p. 21 et 82 ; Bernard, « Les *Alleluia* mélismatiques », p. 322 ; Dom Claire, « Aux origines de l'*Alleluia* », p. 18 ; J. McKinnon, *Music*, p. 10 et 156 et « The Patristic Jubilus », p. 62.

2. « Lo jubilus », p. 8.

3. J. McKinnon, « The Patristic Jubilus », p. 61, 64 et 66-67 ; D. J. Sheerin, « Celeuma in Christian Latin : Lexical and Literary Notes », *Traditio*, 38 (1982), p. 55, n. 46 ; M. Heinzelmann et J.-C. Poulin, *Les Vies anciennes de sainte Geneviève de Paris. Études critiques*, Paris, 1986, p. 139.

4. « The Patristic Jubilus », p. 65.

sermon. Enfin, l'évêque d'Hippone n'établit jamais de lien entre la *iubilatio* et le chant du psaume ; quand il incite ses fidèles à *iubilare*, c'est toujours absolument : il n'emploie jamais l'expression *psalmum iubilare* ou une autre expression approchante. La première et la troisième de ces objections sont liées : la *iubilatio* est-elle réellement un chant liturgique (ou un fragment de chant, la partie la plus caractéristique d'un chant), lié à un court texte psalmique ?

E. Moneta Caglio pourrait avoir répondu par avance à la critique de J. McKinnon, en produisant un passage des *Enarrationes in XII Psalmos Davidicos*, homélies prononcées par saint Ambroise à la fin de sa vie, qui paraît établir un lien entre la *iubilatio* et le refrain des fidèles. Voulant faire l'éloge de la psalmodie et montrer que tous les fidèles, sans exception ni considérations de sexe, d'âge ou de dignité, hommes et femmes, jeunes et vieux, empereurs et simples sujets, montrent un consensus pour chanter les psaumes, il écrit : *psalmus cantatur ab imperatoribus, iubilatur a populis*[1] : le psaume est chant pour les empereurs et chant de joie pour les fidèles, tant et si bien que le chant du psaume par tous les fidèles au cours des cérémonies religieuses parvient à mettre un terme aux bavardages, réussissant là où les injonctions répétées du diacre avant les lectures liturgiques échouent parfois. Il reste cependant vrai que ce texte ne peut pas être considéré comme une description concrète du déroulement du chant, de telle sorte qu'il est difficile de prétendre que ce court fragment constitue véritablement une preuve. En réalité, l'argument le plus solide doit être cherché dans les mélodies elles-mêmes.

Il existe en effet dans les mélodies un lien certain entre la *iubilatio* et le refrain populaire répondant à la psalmodie du soliste. Les réticences de J. McKinnon sont peut-être dues au fait qu'il se représente le *iubilus* du IVᵉ siècle sous la forme d'une vocalise que chantaient les fidèles, et il en conclut que c'est absurde. Ce n'est pas certain, pour des raisons que nous allons tenter de faire apparaître. La *iubilatio* était liée à la psalmodie du soliste, et plus précisément à la

---

1. AMBROISE, *Enarrationes in XII Psalmos Davidicos*, expl. *Psalmi 1*, cap. 9, éd. M. Petschenig, Vienne, 1919, p. 8, 17 (CSEL 64) et *Sant'Ambrogio, Commento a dodici salmi*, éd. L. F. Pizzolato, Milan, 1980, p. 46 (*Sant'Ambrogio, Opere esegetiche* VII, 1). Voir AUF DER MAUR, *Das Psalmenverständnis*, p. 25 et MONETA CAGLIO, « Lo jubilus », p. 21.

psalmodie responsoriale ; elle était donc antérieure à la *Schola,* à son style et à ses compositions. Cette *iubilatio* du soliste était ce que nous avons appelé dans nos analyses un mélisme d'articulation ; son rôle était de ponctuer les grandes articulations du texte. Il pouvait s'agir par exemple d'un mélisme de médiante (notamment à Rome) ou d'avant-dernière distinction logique du texte (surtout hors de Rome, où l'ADL avait plus d'importance que la médiante). Cette vocalise était le « grand air » du soliste en question ; c'était à n'en pas douter une mélodie célèbre (sur le plan local), la « marque de fabrique » des mélodies liturgiques de l'église ou de la cathédrale dans laquelle exerçait le maître en question. Comme elle portait sur une seule syllabe, elle était effectivement *sine verbis.*

Il reste donc à expliquer par quel biais cette vocalise du soliste est devenue le refrain des fidèles. Cette évolution s'est produite dans le courant de la seconde moitié du IVe siècle, par le biais de la syllabisation de la *iubilatio* du soliste [1]. Pour permettre en effet aux fidèles de répondre au soliste, on a tout simplement syllabisé la vocalise du soliste, que chacun connaissait par cœur, car c'était un « morceau de bravoure », comme dans notre moderne *bel canto.* Pour ce faire, on a placé une syllabe du nouveau refrain, la *responsio,* sur chaque note du *iubilus* du soliste, obtenant ainsi à bon compte un refrain populaire facile à reprendre. Quant au lien entre ces refrains primitifs et l'*Alleluia,* il faut aller le chercher dans le fait que cette acclamation biblique était à la fois facile à retenir par les fidèles, non spécialistes, et bien adaptée pour le temps pascal et la liturgie des dimanches ordinaires. La *iubilatio* pouvait ainsi devenir refrain populaire de la psalmodie *via* une *Textierung,* une syllabisation. Les mélodies confirment cette hypothèse. Naturellement, tous les refrains alléluiatiques ne proviennent pas de l'ancien *iubilus.* Ainsi, la *iubilatio* est pratiquement inconnue de l'office [2] ; comme elle provient du psaume responsorial, devenu ensuite graduel, elle est propre à la messe. Les *Alleluia* de l'office, syl-

---

1. MONETA CAGLIO, « Lo jubilus », p. 22 ; Dom J. CLAIRE, « Aux origines de l'*Alleluia* », p. 20.
2. Il existe quelques exceptions : on trouve des embryons de *iubilus* après certaines antiennes *Alleluia* dans le chant romain (cf. Dom CLAIRE, *EG* 15 (1975), p. 102), et il y a des antiennes en *MI* à *iubilus* modulant dans l'antiphonaire de HARTKER (*ibid.,* p. 107).

labiques dès le départ, n'ont donc pas du tout les mêmes origines que ceux de la messe, qui sont, pour les plus anciens d'entre eux, le résultat de la syllabisation de l'ancien *iubilus*[1].

L'union des deux éléments et la naissance de l'« Alleluia » de la messe.

Au début du VIe siècle environ, ces deux éléments, jusque-là entièrement distincts, ont fusionné et on leur a ajouté un verset psalmique. L'acclamation provenait d'antiennes de l'office[2] ; la *iubilatio* était issue du psaume responsorial de la messe ; quant au verset, il semble avoir été ajouté pour deux raisons : d'une part, par analogie avec le graduel, sorte de fausse fenêtre pour la symétrie ; d'autre part, parce qu'il fallait bien qu'il y ait au moins un verset, puisque l'acclamation et la *iubilatio* constituaient un refrain : pour pouvoir reprendre un refrain, il faut au moins un verset. C'est pour cette même raison que la *Schola*, qui a fortement réduit les psaumes responsoriaux et les a ainsi transformés en graduels, leur a cependant laissé un verset ; faute de quoi le refrain n'aurait plus servi à rien. L'*Alleluia* de la messe est donc né d'un processus de cristallisation très complexe.

Ces versets, comme la *iubilatio*, font de très nombreux emprunts à des traits, à des graduels et à des offertoires, comme il est normal pour un genre liturgique relativement tardif : il cite tous ses prédécesseurs, exactement comme les offertoires citent les versets des graduels. C'est ainsi que la liturgie fait du neuf avec de l'ancien.

La signification de l'*Alleluia* de la messe est avant tout pascale ; ce chant fut donc employé d'abord au seul dimanche de Pâques, comme semble l'indiquer Sozomène vers

---

1. La question des origines du refrain de la psalmodie de l'office est très discutée ; selon MONETA CAGLIO, (« Lo jubilus », p. 64-65 et 81) l'*Alleluia* de l'office jouerait davantage le rôle d'une doxologie que celui d'un véritable refrain ; T. BAILEY pense au contraire que la doxologie *Gloria Patri* a été le premier refrain employé. Voir GINDELE, « Das *Alleluia* im *Ordo Officii* », *passim*.
2. Dom J. CLAIRE, « Aux origines de l'*Alleluia* », p. 21 (principe général), 36-39 (pièces en *RÉ*), 47-49 (pièces en *DO*) et 55-57 (pièces en *MI*).

450[1], puis tous les dimanches du temps pascal[2], commémoration hebdomadaire de la Résurrection. En revanche, il est douteux que l'*Alleluia* de la messe ait à l'origine équipé tous les dimanches de l'année mais que, par la suite, l'usage de ce chant ait été peu à peu limité au seul temps pascal, la *Pentekostè*, en raison du développement de plus en plus important de la préparation au baptême, qui avait pris un tour pénitentiel en devenant notre moderne carême. C'est peu problable pour des raisons de chronologie : l'*Alleluia* de la messe, étant né (sous sa forme moderne, qu'il a encore aujourd'hui) dans les parages du VIe siècle, est donc arrivé alors que le carême de six semaines était déjà en place depuis longtemps et qu'on commençait même à lui adjoindre une quinquagésime de préparation. Par conséquent, il ne faut pas imaginer un mouvement de balancier : l'*Alleluia* à tous les dimanches, puis chassé du carême et réduit au seul temps pascal par suite de la mise en place du carême de six semaines, puis de nouveau étendu à tous les dimanches par saint Grégoire, carême exclu. Ce schéma embrouillé est inexact, puisque l'*Alleluia* de la messe n'est né qu'au VIe siècle. Il a donc été chanté à Pâques, puis pendant le temps pascal (à moins qu'il n'ait été dès le départ chanté pendant toute la *Pentekostè*, si Sozomène se trompe[3]), puis à tous les dimanches ordinaires, le carême et ses anticipations étant donc exclus.

C'est donc à tort qu'on écrit parfois que « le trait remplace l'*Alleluia* pendant le carême[4] ». En réalité, ce chant n'a jamais pénétré dans le carême, où il n'a par conséquent pas été remplacé par le trait. Bien au contraire, c'est l'*Alleluia* qui, en sortant du temps pascal, a chassé les traits là où ils

1. *Hist. eccl.* VII, 19 (*Sozomenus Kirchengeschichte*, éd. J. BIDEZ et G. C. HANSEN, Berlin, 1960, p. 330 ; *Die griechischen christilichen Schriftsteller* 50). Voir FROGER, « L'*Alleluia* dans l'usage romain », p. 9 et 26 ; T. BAILEY, *The Ambrosian Alleluias*, p. 8 et J. MCKINNON, *Music*, p. 103.

2. FROGER, « L'*Alleluia* dans l'usage romain », p. 9 et 23 ; SCHLAGER, *Thematischer Katalog*, p. 5 ; BAILEY, *The Ambrosian Alleluias*, p. 6.

3. Examen dans FROGER, « L'*Alleluia* dans l'usage romain », p. 23-25. Le *Contra Vigilantium* de saint Jérôme semble en effet indiquer que Rome chantait l'*Alleluia* pendant le temps pascal, non le seul jour de Pâques. Mais s'agit-il bien de celui de la messe ?

4. JUNGMANN, *The Mass*, t. I, p. 430 ; A.-G. MARTIMORT, « Origine et signification », p. 814.

existaient, sauf du carême, où ils ont pu fort heureusement subsister.

La pratique romaine est attestée par le diacre Jean dans sa lettre au comte Senarius, dignitaire de la cour de Théodoric au début du VIe siècle, qui signale que d'autres Églises chantent l'*Alleluia* toute l'année[1]. La pratique africaine, attestée par saint Augustin[2], comme celle de Milan, dont témoigne saint Ambroise[3], est semblable à celle de Rome. Il existe en effet des exceptions à cette restriction de l'emploi de l'*Alleluia* : en Espagne et à Constantinople, où l'on avait conservé la discipline ancienne et où l'on continuait à le chanter tous les dimanches[4].

À l'origine, le chant de l'*Alleluia* ne recouvrait pas exclusivement cette notion pascale (et dominicale) ; il était également employé aux funérailles, sans parler de son usage non liturgique ou paraliturgique. Il en existe de nombreuses attestations dans les lettres de saint Jérôme : on l'enseignait aux petits enfants et on pouvait le chanter soi-même hors de tout contexte cultuel, par exemple quand on éprouvait une élévation. C'était donc aussi une forme d'oraison jaculatoire relevant de la prière personnelle, et non pas obligatoirement du culte public[5]. On le chantait également pour des circonstances qui n'avaient rien de festif : il fut chanté pour les funérailles de Fabiola en 399, comme le rapporte saint Jérôme dans sa lettre à Oceanus[6], comme deux siècles

---

1. *Epistola Iohannis diaconi ad Senarium* XIII, éd. A. WILMART, dans *Analecta reginensia. Extraits des manuscrits latins de la reine Christine conservés au Vatican*, Vatican, 1933, p. 178 (S e T 59) : « [...] *Sive enim usque ad Pentecosten Alleluia cantetur, quod apud nos fieri manifestum est, sive alibi toto anno dicatur, laudes Dei cantat Ecclesia ; sed reservatur aliquid apud nos paschali reverentiae, ut maioribus gaudiis et quasi mentibus innovatis ad laudem Dei recurrat affectus* [...] ».

2. *Ep.* 55 (*PL* 33, 220 et CSEL 34, p. 169-213). Voir FROGER, « L'*Alleluia* dans l'usage romain », p. 33-35 ; J. MCKINNON, *Music*, p. 159, 162.

3. BAILEY, *The Ambrosian Alleluias*, p. 8.

4. BROU, « L'*Alleluia* dans la liturgie mozarabe », p. 19 s. ; FROGER, « L'*Alleluia* dans l'usage romain », p. 42-44 ; BLANCHARD, « La correspondance apocryphe », p. 384-385 ; SCHLAGER, *Thematischer Katalog*, p. 5. Elle est aussi attestée par la correspondance apocryphe de « Jérôme » à « Damase » : « *In Ecclesia autem a sancta Resurrectione usque ad sanctum Pentecosten finiatur inter dierum spatia quinquaginta, propter novitatem sanctae Paschae, ut vox ista laudis canatur in aleph quod est Alleluia, quod graece dicitur prologus, latine praefatio* » (éd. BLANCHARD, « La correspondance apocryphe », p. 385).

5. Par exemple : *Ep.* 107 *ad Laetam* : *cap.* 1, éd. I. HILBERG, *Sancti Eusebii Hieronymi epistulae*, Vienne, 1912 (CSEL 55), *cap.* 4 (p. 295) ; *ep.* 108 *(Epitaphium sanctae Paulae)*, *cap.* 26 (p. 345).

6. *Ep.* 77, 11, éd. I. HILBERG, *Sancti Eusebii Hieronymi epistulae*, Vienne, 1912,

plus tard pour celles de sainte Radegonde, morte le 13 août 587 (*Vita sanctae Radegundis*, II, 24)[1]. Il ne faut donc pas mélanger l'usage *liturgique* de l'*Alleluia*, à la messe, au cours du culte public et officiel que l'Église rend à Dieu, avec l'emploi que les fidèles peuvent en faire en leur privé, lors de circonstances qu'ils choisissent librement, ou à l'occasion de rites familiaux (les funérailles, le mariage) dont le déroulement peut être commandé par des traditions que nous appellerions folkloriques et qui ne doivent rien à la liturgie proprement dite.

Les mélodies originales grecques et latines, leur mode et leur emploi liturgique.

Les *Alleluia* les plus anciens sont des mélodies originales :

Incipit	Mode	Emplacement liturgique
Adorabo	RÉ	Ancienne messe gallicane de la Dédicace[2]
Beatus vir	DO	Martyr hors-Temps pascal
Cantate Domino...	Vesperstil	Vêpres du samedi *in albis*
quia (f. 96)		
Confitebor tibi	RÉ	Dom. III p. oct. Pasch. (etc.)

---

p. 48 (CSEL 55) : « *totius urbis populos exsequias congregabat. Sonabant psalmi et aurata tecta templorum reboans in sublime Alleluia quatiebat.* » Voir WIORA, « Jubilare sine verbis », p. 48 ; FROGER, « L'*Alleluia* dans l'usage romain », p. 26 ; McKINNON, *Music in Early Christian Literature*, p. 141.

1. BECK, *Annotationes ad textus*, p. 90. Voir GRÉGOIRE DE TOURS, *Historia Francorum* IX, 2 (éd. R. BUCHNER, *Gregor von Tours. Zehn Bücher Geschichten*, t. II, Darmstadt, 1956, p. 231).

2. On croit souvent que cette pièce, comme l'ensemble du formulaire de la dédicace, a été composée en 608, à l'occasion de la dédicace par Boniface IV de l'ancien Panthéon d'Agrippa, propriété de l'État impérial, devenu Sainte-Marie *ad martyres* avec l'accord de l'empereur Phocas, le 13 mai de cette même année. C'est inexact : en réalité, les textes et les mélodies des chants de cette messe *Terribilis* sont gallicans : il s'agit de l'ancienne messe gallicane de la Dédicace, non du formulaire romain qui servit le 13 mai 608. Du reste, *Adorabo* est en *RÉ*. Il n'y avait pas de messe à Rome sur le thème de la dédicace : la dédicace romaine d'une église consistait simplement dans la mise des reliques dans l'autel et la célébration de la messe du saint titulaire (ici, la Toussaint). Sur la dédicace du Panthéon, voir REEKMANS, « L'implantation monumentale chrétienne dans le paysage urbain », p. 874 et 884 ; CHAVASSE, « Aménagements liturgiques, à Rome, au VIIᵉ et au VIIIᵉ siècles », p. 83 ; GEERTMAN, *More Veterum*, p. 135.

Confitemini... et invocate	Vesperstil	Vêpres du mercredi *in albis*
Confitemini... quoniam (f. 83)	DO ?	Vigile pascale
Confitemini... quoniam (f. 102 v)	DO ?	Litanie majeure (25 avril)
Deute galliasometha	Vesperstil	Vêpres du samedi *in albis*
Domine refugium	Vesperstil	Vêpres du lundi *in albis*
Dominus regnavit	RÉ	Noël II ; dimanche dans l'octave de Noël ; vêpres du dimanche de Pâques
Epi si Kyrie	MI	Fer. VI *in albis* ; Dom. III p. Pasch.
Gaudete iusti	MI	Martyrs (dont TP)
Hec dies	DO	Sab. *in albis*
In exitu Israhel	Vesperstil	Vêpres du lundi *in albis*
Iubilate Deo omnis	MI	Dom. IV p. oct. Pasch.
Letatus sum (f. 94)	Vesperstil	Vêpres du vendredi *in albis*
O Kyrios	RÉ	Vêpres du dimanche de Pâques ; Fer. II *in albis*
Omnes gentes	Vesperstil	Vêpres du samedi *in albis*
O Pimenon	Vesperstil	Vêpres du lundi *in albis*
Oty Theos	RÉ	Dom. oct. Pasch. ; Dom. II p. Pasch.
Paratum cor (f. 89 v)	Vesperstil	Vêpres du mardi *in albis*
Pascha nostrum	RÉ	Dimanche de Pâques
Preoccupemus	RÉ	Dom. II p. oct. Pasch.
Prosechete laos	Vesperstil	Vêpres du mardi in albis
Qui confidunt	DO	Fer. V *in albis* ; vêpres du vendredi *in albis*
Qui sanat	MI	Dom. I p. Pent.
Quoniam confirmata	DO	Dom. II p. Pasch. (etc.)
Spiritus Domini	MI	Pentecôte
Te decet hymnus	RÉ	Dom. p. Epiph. ; vêpres du mercredi *in albis*
Venite exultemus	RÉ	Fer. III *in albis* ; vêpres du dimanche de Pâques
Y urani diigunte	Vesperstil	Vêpres du samedi *in albis*

Il y a dans cette liste très peu de pièces du sanctoral, car il est presque entièrement équipé en timbre de *RÉ*. Cette corde de *RÉ* est nettement sur-représentée à Noël, à l'Épiphanie (*Dominus regnavit, Te decet hymnus*), ainsi qu'à Pâques et aux dimanches du temps pascal. Le parallélisme entre Noël et Pâques se confirme avec ces pièces pourtant tardives (VIᵉ siècle). Il est normal que la Pâque d'hiver possède le très important *Alleluia Dominus regnavit*, puisque celle de printemps possède *Pascha nostrum* et ses frères en *RÉ*. Quant à la sur-représentation des pièces centons en *RÉ* pendant le temps pascal, qui est le berceau de l'*Alleluia* de la messe, il faut la rapprocher de l'importance prise par les traits en *RÉ* pendant la semaine sainte. Il faut y ajouter *Hec dies*, l'ancien psaume sans refrain de Pâques, lui aussi trait en *RÉ*, devenu graduel du deuxième mode en *la* à la suite de l'intervention de la *Schola*. Le mode de *RÉ* semble ainsi avoir été le « mode à la mode » à l'époque où la *Schola cantorum* naissante a façonné son répertoire (en refaçonnant le répertoire ancien), au début du VIe siècle. Or, c'est le moment où se sont mis en place les plus anciens *Alleluia* de la messe, les centons, et notamment les centons en *RÉ* dont il est ici question. On peut donc avancer l'hypothèse d'un lien de cause à effet entre les débuts de la *Schola*, la mise en place de l'*Alleluia* et l'importance du mode de *RÉ*.

Un siècle et demi après saint Augustin, l'*Alleluia* de la messe est donc désormais une réalité. Il est formé de mélodies originales, peu nombreuses, mais souvent en *RÉ* et pratiquement toutes différentes les unes des autres, qui empruntent une partie de leurs éléments aux genres liturgiques plus anciens, notamment aux graduels. Le début du VIIe siècle leur a ajouté des mélodies stéréotypées, les timbres. Il en existe un par corde mère.

LES TIMBRES DE « DO », « RÉ » ET « MI » : LA SORTIE DU TEMPS PASCAL ET SES CONSÉQUENCES

DO et *MI* sont romains d'origine ; en revanche, les pièces en *RÉ* relèvent d'une modalité allogène. Cela ne signifie nullement qu'ils aient été composés en Gaule et apportés tels quels à Rome, bien au contraire. Les chantres romains se sont bornés à composer des pièces romaines sur cette modalité étrangère, qui était facile à copier, surtout pour des spécialistes : un mode ancien (avant l'*octoechos*) n'est finalement rien d'autre qu'une teneur, fixée sur une corde mère qui est liée à une cellule mère. Pour *RÉ*, la corde est *RÉ* et la cellule est *la-do-RÉ*. À partir de ces données, qui sont très simples, il est facile de composer toutes les mélodies qu'on souhaite.

Timbres et emplacements liturgiques dans le chant romain.

Incipit	Emplacement liturgique romain
DO *Dominus dixit*	Noël I
Dominus in Sina	Ascension
Nimis honorati	Apôtres
Diffusa est	Vierges et Vierge Marie
Specie tua	Vierges
Lauda Hierusalem	Dom. II p. Pent., etc.
Lauda anima	Dom. VII p. Pent., etc.
Ostende	Dom. II Adv.
Mittat tibi	*In ordinatione pontificis*
RÉ *Dies sanctificatus*	Noël III
Video celos	Étienne
Hic est discipulus	Jean Év.
Hi sunt qui	Innocents
Vidimus stellam	Épiphanie
Disposui	Papes
Inveni David	Papes
Iustus non conturbabitur	Martyrs hors temps pascal
Sancti tui	Martyrs hors temps pascal
Tu es Petrus	Pierre
Magnus sanctus Paulus	Paul
Quoniam Deus	Dom. XXI p. Pent.
MI *Ascendit Deus*	Ascension
Emitte Spiritum	Pentecôte
Laudate pueri	Temps pascal, Dom. XVI p. Pent.
Cantate Domino... laudatio	Côme et Damien
Confitebuntur	Martyrs du temps pascal
Exsultabunt sancti	Martyrs du temps pascal
Qui posuit	Dom. III p. Pent.
Laudate Dominum... quoniam	Dom. VI p. Pent.
Cantate Domino... cantate	Dom. XIV p. Pent.
Cantate Domino... quia	Dom. XV p. Pent., etc.
Letatus sum	Dom. XVII p. Pent.
Laudate Dominum... omnes	Dom. XX p. Pent.
Excita	Dom. I et III adv.

Les emplacements liturgiques liés à ces timbres ne sont pas dus au hasard. Le timbre de *DO* a été employé pour donner des *Alleluia* aux vierges et à la sainte Vierge (non aux martyrs) et aux dimanches après la Pentecôte, ainsi que pour une messe rituelle. Le timbre de *RÉ* a servi à équiper le cycle de Noël, les papes, les deux apôtres Pierre et Paul — la musique a donc gardé le souvenir de la *concordia apostolorum* — et les martyrs (fêtés en dehors du temps pascal) ; le timbre de *RÉ* est le principal timbre du sanctoral ; était-ce parce que cette mélodie était l'ancien timbre festif gallican, emprunté par la *Schola* romaine ? Le timbre des graduels du second mode en *la* (dits « en II A ») pourrait être l'ancien timbre festif gallican, copié et adapté par Rome. Il n'est pas exclu qu'il en soit de même pour les *Alleluia* en *RÉ*. Cela expliquerait l'importance de ce timbre dans le sanctoral, notamment aux fêtes des deux apôtres Pierre et Paul : le 29 juin était la « fête nationale » de l'*Urbs*. Le timbre de *MI*, pour finir, se trouve avant tout dans le temps pascal (à la fois dans le temporal et le sanctoral) et aux dimanches après la Pentecôte. Il existe donc une spécialisation thématique des pièces et des mélodies des timbres. Tout cela ne semble pas pouvoir remonter très haut.

Ces timbres sont ce que les musicologues allemands appellent des *Kontrafakta*[1] ou des *Mehrfachtextierungen*[2], c'est-à-dire l'adaptation d'une seule et même mélodie stéréotypée à plusieurs textes différents. Il n'est malheureusement pas possible, à l'aide d'une analyse mélodique interne, de retrouver la pièce qui a servi de modèle à tout le timbre, c'est-à-dire son prototype[3]. Une simple analyse esthétique ne permet pas de dater les différentes pièces qui forment un timbre. Rien ne ressemble en effet autant à une pièce ancienne qu'une copie plus récente, parce que les mélodies des timbres sont toujours très souples et s'adaptent par conséquent très bien à un grand nombre de textes, moyennant certaines conditions, assez souples, de longueur, de ponctuation interne et d'accentuation. Nous n'avons pu trouver aucune pièce qui, par la maladresse avec laquelle elle entrerait dans un timbre, trahisse sa date de composition tardive : toutes les pièces entrent correctement dans leur timbre respectif.

---

1. HUSMANN, « Justus ut palma », p. 113 ; SCHLAGER, « Choraltextierung und Melodieverständnis », p. 314.
2. SCHLAGER, « Choraltextierung und Melodieverständnis », p. 315.
3. *Contra* : SCHLAGER, « Choraltextierung und Melodieverständnis », p. 317, 326.

C'est là la principale faiblesse de l'esthétique grégorienne, au sens classique de ce terme : elle permet rarement de dater une pièce de chant. La diérèse est-elle plus ancienne que la synérèse [1] ? L'aphérèse, la syncope et l'apocope sont-elles plus anciennes que la prosthèse, l'épenthèse et l'épithèse [2] ? Nullement ; tous ces procédés de composition sont exactement contemporains et ont été utilisés simultanément, en fonction de la longueur des textes à équiper de mélodies. C'est la raison de la supériorité des analyses modales sur les analyses esthétiques : contrairement à la modalité, l'esthétique est rarement capable de dater une pièce de chant. On ne peut donc fonder une recherche historique sur la seule esthétique : il y faut la modalité. C'est pourquoi les progrès décisifs dans le domaine des chants liturgiques de l'Antiquité tardive et du haut Moyen Âge n'ont pas été entraînés par la découverte des lois de l'esthétique, ce qui était chose faite dès 1920 et même avant ; il a fallu attendre la découverte et la formulation des lois de la modalité, au début des années 1960. Les lacunes de l'esthétique expliquent donc le retard pris par l'étude des chants par rapport à celle des lectures et des oraisons, qui n'étaient pas handicapées par l'insuffisance de leurs instruments d'approche.

---

1. La synérèse est, en esthétique grégorienne, la réunion sur une seule syllabe de plusieurs notes ou groupes de notes qui, normalement, c'est-à-dire à l'intérieur d'un timbre défini, sont chantés sur plusieurs syllabes différentes ; on a recours à ce procédé en cas de texte court. La diérèse est le procédé inverse, qui est employé pour les textes longs.

2. L'aphérèse, la syncope et l'apocope sont des procédés qui consistent à supprimer des notes à une formule d'un timbre, quand le texte à équiper est trop court. On parle d'aphérèse quand la partie supprimée se situe au début de la mélodie du timbre, de syncope quand il s'agit de la partie centrale, et d'apocope quand il s'agit de la partie finale. La prosthèse, l'épenthèse et l'épithèse sont les procédés inverses, qui consistent à allonger une mélodie-timbre à l'aide d'un récitatif à l'unisson, quand le texte à équiper est particulièrement long : FERRETTI, *Esthétique grégorienne*, p. 73-85. SCHLAGER (« Choraltextierung und Melodieverständnis », p. 317) pense que, dans le cas du timbre d'*Alleluia* grégorien en *RÉ*, la forme longue est plus ancienne que la forme courte, et que (p. 326) les formes courtes sont le fruit du raccourcissement des formes longues. C'est douteux : formes longues et formes courtes sont contemporaines, parce que c'est naturellement au même moment qu'on mit en musique des versets psalmiques tantôt courts, tantôt longs.

Le rôle personnel de saint Grégoire est-il perceptible ?

Grégoire le Grand a fait sortir l'*Alleluia* (de la messe) du temps pascal[1] ; il l'atteste lui-même dans sa lettre à Jean de Syracuse (IX, 26), déjà évoquée à propos des origines de la *Schola cantorum*. Le passage en question demande néanmoins un certain nombre d'explications, parce qu'il n'est pas facile à interpréter :

Nam ut Alleluia hic non[2] diceretur, de Hierosolymorum ecclesia ex beati Hieronymi traditione tempore beatae memoriae Damasi papae traditur tractum. Et ideo magis in hac re illam consuetudinem amputavimus quae hic a Graecis fuerat tradita[3].	On raconte en effet que la coutume d'ici [Rome], consistant à ne pas chanter l'*Alleluia*, provient de l'Église de Jérusalem, sur un rapport fait par saint Jérôme à l'époque du pape Damase, de bienheureuse mémoire. Par conséquent, dans ce domaine, nous avons plutôt supprimé une coutume qui avait été introduite ici [à Rome] par les Grecs [l'Église de Jérusalem].

Le pape explique qu'avant son intervention, l'Église de Rome ne chantait pas l'*Alleluia*, ou plutôt qu'elle ne le chantait pas à la messe ; il n'en était pas de même à l'office, comme nous l'avons vu. Or, saint Grégoire a fait sortir l'*Alleluia* (de la messe) du temps pascal et l'a fait chanter toute l'année, sauf en carême, où il n'a jamais pénétré, puisque certains lui reprochent que « *Alleluia dici ad missas extra Pentecosten tempora fecisti[4]* ». Or, explique Grégoire, cette coutume de contenir le chant de l'*Alleluia* (à la messe) à l'intérieur du seul temps pascal, était d'origine grecque, et plus précisément hiérosolomitaine : « On raconte que cette habitude provient de l'Église de Jérusalem, transmise par le bien-

---

1. Martimort, « Origine et signification », p. 826-829 ; Bailey, *The Ambrosian Alleluias*, p. 18. En dernier lieu, G. Sanders, dans : *De Tertullien aux Mozarabes. Mélanges Jacques Fontaine*, t. 1, Paris, 1992, p. 223-238 et Ph. Bernard, dans *Eccl. O.* 11 (1994).

2. Il existait jadis une discussion, pour savoir s'il fallait conserver la négation ou au contraire supprimer le *non* ; la phrase de saint Grégoire s'explique très bien sans qu'il soit nécessaire de supprimer la négation. Voir Martimort, « Origine et signification », p. 827.

3. *Registrum*, IX, 26, éd. Norberg, CCSL 140 A, p. 586, lignes 12-15.

4. *Ibid.*, lignes 7-8.

heureux Jérôme à l'époque du pape Damase, d'heureuse mémoire. » On croyait en effet à Rome à cette époque, sur la foi de la correspondance apocryphe de Jérôme à Damase, que le solitaire de Bethléem avait donné un certain nombre de conseils liturgiques au pape en question. Ce document était célèbre à Rome dès le début du VIᵉ siècle, où on le considérait comme authentique, puisqu'il a été utilisé par le rédacteur du *Liber pontificalis*[1].

Cette correspondance apocryphe se compose de deux lettres ; dans la première, « Damase » se plaint auprès de « Jérôme » du peu d'éclat des cérémonies liturgiques de Rome. « Jérôme » lui répond donc dans la seconde lettre et lui donne des conseils pour remédier à cette situation. L'auteur inconnu de la réponse commence par présenter ce que la critique littéraire moderne nomme de « petits faits vrais », qui ont pour but de créer un « effet de réel », c'est-à-dire de faire croire que « Jérôme » écrit bien de Jérusalem et qu'il décrit réellement ce qu'il voit, c'est-à-dire ce qu'on pratiquait dans la cité sainte à son époque. Après quoi, « Jérôme » préconise deux mesures : ajouter le *Gloria Patri* complet (la petite doxologie) à la fin de tous les psaumes (à l'office) et étendre l'usage de l'*Alleluia* à toute l'année liturgique ; il introduit cependant aussitôt une restriction :

In ecclesia autem a sancta Resurrectione usque ad sanctum Pentecosten finiatur inter dierum spatia quinquaginta, propter novitatem Paschae, ut vox ista laudis canatur in aleph quod est Alleluia, quod graece dicitur prologus, latine praefatio[2].	De la sainte Résurrection jusqu'à la sainte Pentecôte, l'Église délimite un espace de cinquante jours en raison de la proximité de Pâques, pour qu'on chante cette parole de louanges, l'*aleph* [c'est-à-dire la lettre *a*, support de la vocalise de l'*Alleluia*], c'est-à-dire l'*Alleluia*, ce qui en grec se dit « prologue » et en latin « préface ».

L'*Alleluia* restera donc limité à la *pentekostè*. Cette réponse de « Jérôme » s'accorde parfaitement avec la lettre du diacre

---

1. Voir BLANCHARD, « La correspondance apocryphe », *passim* ; R. REYNOLDS, « An Early Medieval Mass Fantasy » ; S. REBENICH, *Hieronymus und sein Kreis*, p. 141 s. et A. DE VOGÜÉ, *Histoire littéraire*, t. II.
2. Éd. BLANCHARD, « La correspondance apocryphe », p. 385.

Jean à Sénarius. « Jérôme » dit en effet que Jérusalem limite l'*Alleluia* de la messe au temps pascal. C'est la raison pour laquelle saint Grégoire peut dire qu'en l'en faisant sortir, il n'a nullement imité les Grecs, mais au contraire mis fin *(amputavimus)* à une coutume grecque (de Jérusalem), attestée par la lettre de « Jérôme ». Saint Grégoire s'est donc bien appuyé sur un document (authentique ou non, là n'est pas la question) pour fonder son argumentation dans sa réponse à l'évêque Jean. Il semble cependant n'y croire qu'à moitié, puisqu'il emploie la forme « on raconte » *(traditur)*, c'est-à-dire « "Jérôme" rapporte ». Blanchard pense que saint Grégoire joue hypocritement sur les mots en feignant de croire que les Grecs de son époque limitaient l'*Alleluia* (à la messe) au seul temps pascal, ce qui n'était plus le cas [1]. Cette hypothèse nous paraît inutile : saint Grégoire est de bonne foi et indique qu'il se fonde sur une tradition qui est tenue pour vraie à Rome depuis un temps déjà immémorial ; qu'elle soit fausse n'est pas son problème. Blanchard attribue cette feinte au désir de cacher la rupture faite dans la Tradition par cette innovation. En réalité, saint Grégoire n'a fait que mettre fin à une anomalie ; il était en effet assez incohérent de chanter l'*Alleluia* toute l'année (hors carême) à l'office, mais seulement pendant le temps pascal à la messe. Dorénavant, la discipline sera la même à la messe comme à l'office ; il s'agit donc d'une simple harmonisation. Pour faire sortir l'*Alleluia*, la *Schola* de saint Grégoire dut trouver très rapidement un assez grand nombre de pièces nouvelles, puisqu'elle n'avait pas la possibilité d'en composer. C'est de là que les timbres d'*Alleluia* tirent leur origine.

Des prototypes originaux pour les timbres ?

Il est logique que, pour composer très vite un assez grand nombre de pièces nouvelles, on ait trouvé pratique de s'inspirer de compositions plus anciennes, qu'on simplifia et systématisa pour l'occasion. Ces mélodies originales sont donc les prototypes des trois timbres. Ainsi, l'acclamation et la *iubilatio* de *Quoniam confirmata* sont exactement les mêmes que celles du timbre de *DO*, dont il pourrait par conséquent être le prototype. De même, des contacts mélodiques

---

1. *Ibid.*, p. 388.

indiquent que *Dominus regnavit* [1], qui est vraisemblablement l'*Alleluia* primitif de Noël, pourrait être le précurseur du timbre de *RÉ*, et *Gaudete iusti* celui du timbre de *MI*.

L'ajout progressif des versets et les prétendus psaumes alléluiatiques.

On a pu croire que les *Alleluia* étaient le résultat de la réduction d'un ancien psaume alléluiatique, pour trois raisons principales :

— Par analogie avec le graduel et avec le trait, dont la plupart des versets ont effectivement disparu, mais c'est une fausse analogie, pour deux raisons. D'une part, parce que l'*Alleluia* n'est pas un chant entre les lectures et n'a donc pas évolué comme eux ; d'autre part, pour des raisons chronologiques : l'*Alleluia* est né après l'époque où la *Schola* réduisait la longueur des pièces de chant ; il a vu le jour à une époque où la tendance était au contraire à l'allongement des chants, comme en témoignent les offertoires et leurs versets ainsi que les *Alleluia* à deux ou trois versets.

— En raison de l'existence d'*Alleluia* de la messe qui possèdent deux, voire trois versets ; le problème est que cette situation n'est pas primitive, comme le prouve le fait que, souvent, ces versets supplémentaires soient équipés d'une mélodie différente de celle de leur premier verset. Ainsi, par exemple, nombre d'*Alleluia* centons ont reçu un second verset en *Vesperstil* quand on les réemploya aux vêpres festives de la semaine *in albis*.

— Enfin, à cause d'une interprétation erronée du *amputavimus* de la lettre de saint Grégoire à Jean de Syracuse. On a voulu faire dire à saint Grégoire qu'il avait amputé les *Alleluia*, donc qu'il les avait raccourcis en ne leur laissant qu'un seul verset [2]. Il s'agit évidemment d'un faux sens, comme l'indique le contexte général du passage concerné.

La liturgie comparée corrobore enfin notre observation : on sait en effet que le rit hispanique ignore les seconds versets d'*Alleluia* et que dans la liturgie byzantine, l'*Alleluia*

---

1. Étudié par P. WAGNER, *Einführung*, t. III, p. 400.

2. Voir SCHLAGER, *Thematischer Katalog*, p. 7 et n. 33 ; FROGER, « L'*Alleluia* dans l'usage romain », p. 13. SCHLAGER (« Anmerkungen », p. 214) montre que les seconds versets des *Alleluia* ne sont pas primitifs, mais le résultat d'ajouts.

de la messe n'a jamais été psaume alléluiatique[1]. On ne voit pas pourquoi Rome ferait exception à cette règle ; l'*Alleluia* de la messe romaine est donc le résultat d'un continuel allongement, des origines jusqu'au VIIIe siècle.

LES VIIe ET VIIIe SIÈCLES :

LES VÊPRES PASCALES ET LES PRÉTENDUS « ALLELUIA » GRECS[2]

Un timbre du VIIe siècle : le « Vesperstil ».

La présence dans les manuscrits romains de plusieurs *Alleluia* de texte grec pose un problème intrigant. On pense souvent qu'ils résultent de la « domination byzantine » à Rome entre 550 et 750 et on en conclut que l'usage même de chanter l'*Alleluia* à la messe à Rome est une imitation de l'Orient[3]. Est-ce certain ? Ces *Alleluia* « grecs » sont très hétérogènes. Ils appartiennent en effet à trois types bien différents : d'une part, quatre mélodies entièrement en *Vesperstil*, dont nous avons parlé à propos des offertoires : *Deute galliasometha*, *O pimenon*, *Prosechete laos* et *Y urani*. D'autre part, une mélodie centon en *MI*, *Epi si Kyrie*. Enfin, deux mélodies centons en *RÉ*, *O Kyrios* et *Oty Theos megas*.

Les quatre premières pièces sont habillées en *Vesperstil*, qui est une sorte de timbre qui ne leur est nullement propre, puisqu'il est également partagé par plusieurs *Alleluia* de texte latin. Par surcroît, ce *Vesperstil* provient de mélodies de versets d'offertoires romains, comme par exemple *Anima nostra*, *Ascendit Deus* et *Benedicite gentes*. Ces quatre *Alleluia* de texte grec ne possèdent pas une seule note grecque, puisqu'ils appartiennent à un timbre entièrement romain[4]. Il faut par surcroît noter que ces vêpres ne sont pas primitives : les pièces qui les équipent proviennent généralement

---

1. BROU, « L'*Alleluia* dans la liturgie mozarabe », p. 22 ; J. MATEOS, *La Célébration*, p. 135.

2. Sur ces vêpres, BERNARD, « Les *Alleluia* mélismatiques » et « Les versets des *Alleluia* et des offertoires », dans *M e S* 3 (1995), p. 5-40.

3. Voir MARTIMORT, « Origine et signification », p. 831, 833-834 ; EKENBERG, *Cur Cantatur*, p. 71 ; Dom B. BAROFFIO, « Le origini del canto liturgico nella Chiesa », p. 33-34.

4. Voir STRUNK, « The Chants of the Byzantine-Greek Liturgy », p. 324.

de la messe[1] ; on s'est contenté de leur ajouter un second verset en *Vesperstil,* qui n'est autre qu'une copie de certains versets d'offertoires ; dans un second temps, on a créé des pièces nouvelles, dont les quatre *Alleluia* « grecs », entièrement en *Vesperstil.* Il ne s'agit donc nullement de « vêpres grecques », qu'on pourrait opposer au reste du répertoire romain.

Epi si Kyrie pose un problème de sources, puisqu'il a été copié de seconde main dans le graduel VL 5319 (son unique témoin romain), sur un grattage (f. 94) qui a effacé les versets de l'offertoire *Erit nobis.* C'est un centon en *MI* qui possède une mélodie qui ne lui est pas propre non plus, puisqu'il la partage avec les *Alleluia* latins *Iubilate Deo, Qui sanat* et *Spiritus Domini,* le tout formant une sorte de petit timbre, lui aussi romain, puisque tout porte à croire que les versets latins sont plus anciens que le verset « grec », notamment *Spiritus Domini,* à la Pentecôte. Par surcroît, une partie de la *iubilatio* de *Epi si Kyrie* est la copie exacte d'un mélisme emprunté à plusieurs graduels romains : *Adiutor, Benedicite Dominum, Eripe me, Exaltabo te, Exurge... et intende, Exurge... non prevaleat, Iuravit Dominus, Pretiosa, Tibi Domine, Tu es Deus* et *Venite filii.*

O Kyrios, centon en *RÉ,* emprunte nombre de ses éléments au timbre de *RÉ* romain, notamment l'acclamation, la *iubilatio* ainsi que certaines parties du verset. Dans de telles conditions, le plus vraisemblable est que *O Kyrios* soit un texte en grec sur une mélodie latine. Reste *Oty Theos megas,* autre centon en *RÉ.* Sa *iubilatio* reprend la fin de celle de *Dominus regnavit,* c'est-à-dire le mélisme terminal de plusieurs graduels romains. Ce n'est certes pas une preuve de la romanité du reste de la mélodie d'*Oty Theos megas* ; c'en est en tout cas une présomption.

Nous concluons donc que tous ces *Alleluia* de texte grec possèdent une mélodie romaine[2]. Si l'on reprenait la question des chants occidentaux, notamment romains et grégoriens, censés être la copie d'un tropaire grec, on s'apercevrait

---

1. SMITS VAN WAESBERGHE, « De Glorioso Officio... Dignitate Apostolica », p. 124.

2. Voir THODBERG, *Der byzantinische Alleluiarionzyklus,* p. 173-185 ; sur leur interprétation, voir C. GINDELE, « Spuren der altmonastischen Alleluja-Psalmodie in der altrömischen Ostervesper », *Studien und Mitteilungen zur Geschichte des Benediktinerordens und seiner Zweige* 83 (1972), p. 156-161.

à l'examen de la fragilité de bien des affirmations péremp-
toires de naguère ; il a en effet longtemps été de mode
d'expliquer une partie non négligeable de l'histoire de la
liturgie et de la culture romaines par le paresseux *deus ex
machina* d'influences culturelles orientales, sinon byzantines,
qui dispensaient d'avoir à rechercher sérieusement la cause
des phénomènes dans l'histoire de Rome même. Cette problématique nous semble aujourd'hui bien dépassée [1]. Il existe
certes des chants romains ou grégoriens qui possèdent une
contrepartie dans la liturgie de Constantinople. Cela ne suffit pas pour en conclure que la version latine est la simple
copie d'un original oriental. Deux raisons s'y opposent en
effet : d'une part, les mélodies sont toujours très différentes
de celles des supposés modèles byzantins, à moins qu'elles
ne paraissent s'en rapprocher par des liens si ténus que la
simple prudence veuille qu'on n'en tire aucune conclusion.
La seconde raison est que le texte grec lui-même, dans la
plupart des cas, n'a pas été traduit et copié purement et
simplement : les Latins n'en ont gardé qu'une partie, en
général le début, et ont entièrement réécrit la suite selon
leurs goûts. Il faut donc conclure que les Latins se sont très
librement inspirés de certains chants byzantins, dont ils ont
rejeté la mélodie et n'ont conservé qu'une partie du texte.
Il nous paraît difficile d'en tirer l'idée d'une « domination
byzantine à Rome » ; c'est même le contraire qui est vrai.

Prenons quelques exemples célèbres de « copies » romaines
de chants byzantins. Il s'agit principalement de chants de
l'office, non de la messe. Les cas les plus fréquemment cités
sont les antiennes *Veterem hominem* [2], les grandes antiennes

---

1. Elle a été reprise par P. JEFFERY (« The Lost Chant Tradition of Early Christian Jerusalem : Some Possible Melodic Survivals in the Byzantine and Latin Chant
Repertories », *EMH* 11 [1982], p. 151-190) qui voudrait voir dans certaines
mélodies grégoriennes la copie (au moins partielle) de modèles hiérosolomitains ;
mais ses exemples sont tous des textes utilisés dans toutes les liturgies chrétiennes
et ne sont donc pas probants : on n'avait nullement besoin de copier Jérusalem
pour avoir l'idée d'employer le psaume 117, 26 *(Benedictus qui venit in nomine
Domini)*, qui est peut-être le verset le plus employé par tous les rits (p. 160),
d'Antioche à Tolède.

2. M. HUGLO « Relations musicales entre Byzance et l'Occident », p. 272 ;
STRUNK, « The Chants of the Byzantine-Greek Liturgy », p. 301 ; D. HILEY, *Western
Plainchant*, Oxford, 1993, p. 530.

O[1] des vêpres de l'Avent, l'antienne *Adorna thalamum*[2], mais
également tous les textes commençant par *Hodie*[3] et un certain nombre d'autres chants de ce type. Le phénomène
d'emprunts a été plus important dans le Sud de l'Italie qu'à
Rome, sans qu'il faille pour autant en exagérer l'ampleur[4] ;
c'est ainsi le cas de l'*Adoramus crucem tuam* bénéventain[5].
Certains *transitoria* (communions) ambrosiens, comme
Corpus Christi accepimus, sont bâtis sur des textes qui sont
la contrepartie de *koinonika* byzantines[6]. Au total, les copies
occidentales de mélodies byzantines n'ont pas été très fré-
quentes.

Il existe un dernier exemple fameux d'adaptation supposée : c'est l'*Alleluia Dies sanctificatus*, qui est censé être la
copie de l'*Allelouia Ymera agiasmeni* byzantin. Son texte, non
biblique, serait la traduction d'un texte liturgique grec qui
n'a pas encore été retrouvé[7]. On discute depuis longtemps
pour savoir si la mélodie est d'origine grecque[8], car elle non
plus n'a pas encore été retrouvée dans les livres liturgiques
byzantins. Cette pièce est inconnue des répertoires milanais

---

1. S. GASSER, « Les antiennes *O* », *EG* 24 (1992) ; BAUMSTARK, *Liturgie comparée*,
p. 114.

2. STRUNK, « The Chants of the Byzantine-Greek Liturgy », p. 305-306.

3. BAUMSTARK, *Liturgie comparée*, p. 107 (seul le texte a été copié, non la mélodie) ; BROU, « Les chants en langue grecque », p. 165-180 et HESBERT, « L'*Antiphonale Missarum* » de l'ancien rit bénéventain », *EL* 52 (1938), p. 40.

4. Sur les influences grecques dans la liturgie de Bénévent, R. GYUG, *Missale
Ragusinum*, p. 12-13. Cela dit, F. DOLBEAU a montré que, souvent, les Latins
prétendument bilingues d'Italie du Sud se bornaient à corriger le mot-à-mot que
leur livrait un interprète grec : « Le rôle des interprètes dans les traductions hagiographiques d'Italie du Sud », dans : G. CONTAMINE éd., *Traduction et traducteurs
au Moyen Âge*, Paris, 1989, p. 154. Dans le Sud de l'Italie, la vraie domination
byzantine date parfois seulement du Xe siècle (Tarente est rebâtie vers 967) et
l'écrasante majorité de la population reste latine, même dans les grandes villes :
voir J.-M. MARTIN, *La Pouille du VIe au XIIe siècle*, Rome, 1993, p. 166 et 512-515 :
à Bari, l'apogée du grec ne date que du XIe siècle.

5. On semble avoir voulu garder la mélodie grecque, malgré la traduction qui
modifiait le nombre des syllabes ; pour cela, on n'a pas hésité à commettre des
incorrections grammaticales dans la version latine pour conserver la mélodie originale : HESBERT, « L'*Antiphonale Missarum* de l'ancien rit bénéventain. Le vendredi
saint », *EL* 60 (1946), p. 105-106.

6. STRUNK, « The Chants of the Byzantine-Greek Liturgy », p. 329.

7. STÄBLEIN, « Der Tropus *Dies sanctificatus* », p. 51 ; MARTIMORT, « Origine et
signification », p. 833.

8. Voir BROU, « L'*Alleluia* gréco-latin *Dies sanctificatus* », *RG* 23 (1938),
p. 173-174 et 24 (1939), p. 86 ; WELLESZ, *Eastern Elements*, p. 25 et 43 ;
COCHRANE, « The *Alleluia* in Gregorian Chant », p. 216 ; THODBERG, *Der byzantinische Alleluiarionzyklus*, p. 195 ; K. SCHLAGER, « Choraltextierung », p. 318-319.

et hispaniques [1]. Cette question a été mal posée dès le départ, parce qu'on ne savait pas quels étaient les véritables rapports entre chants romain et grégorien. La version grégorienne de *Dies sanctificatus* appartient en effet à un timbre, le timbre du deuxième mode, dont la mélodie provient exclusivement de pièces grégoriennes : le cantique d'Habacuc *Domine audivi* (aux mots *operuit celos*), la fin du graduel *Domine prevenisti* et la fin du graduel *Os iusti*. La mélodie grégorienne ne peut donc pas provenir de Constantinople. Il en est de même de la version romaine : *Dies sanctificatus* appartenant au grand timbre de *RÉ*, le plus probable est qu'on aura adapté ce texte sur la mélodie du timbre, qui est entièrement romaine, puisqu'elle est tirée d'extraits de pièces romaines plus anciennes. On a trouvé une version de cet *Alleluia* en grec dans le manuscrit Londres, BL Egerton 2615, mais sa mélodie est à la fois différente de celle de Rome et de celle du grégorien ; il doit s'agir d'une fabrication médiévale, postgrégorienne. En réalité, on n'a retrouvé ni le texte grec, ni la mélodie byzantine censés être le modèle de cette pièce [2].

Est-il possible d'aller plus loin ? Il existe une intertextualité entre le texte de *Dies sanctificatus*, celui du répons des matines de Noël *Hodie nobis de celo* et un sermon de saint Léon, le *tractatus* XXII pour la fête de Noël :

---

1. T. BAILEY, *The Ambrosian Alleluias*, p. 89 ; BROU, « L'*Alleluia* dans la liturgie mozarabe », p. 33-35 et 40-42.
2. THODBERG, *Der byzantinische Alleluiarionzyklus*, p. 195.

Alleluia Dies sanctificatus [1]	Répons *Hodie nobis de celo* [2]	Saint Léon, *Tractatus* XXII [3]
Dies sanctificatus illuxit nobis ; venite gentes et adorate Dominum quia hodie descendit lux magna super terram.	*Hodie illuxit nobis dies redemptionis nove, preparationis antiquae, felicitatis aeternae.*	*Exultemus in Domino, dilectissimi, et spiritali iocunditate laetemur, quia inluxit dies redemptionis novae, praeparationis antiquae, felicitatis aeternae.*

Il semble clair que le répons et le sermon de saint Léon sont liés, et que l'un des deux est la copie de l'autre. Est-ce le pape qui fait une allusion à la liturgie du jour, ou la liturgie qui s'inspire d'un sermon léonien ? Il est difficile de le dire. Quant au texte de l'*Alleluia*, il semble s'être souvenu à la fois de l'un et de l'autre. En tout cas, tout cela nous ramène à Rome même et nous dispense de faire un long détour par l'Orient ou par Constantinople. *Dies sanctificatus* nous paraît finalement être un texte aussi romain que sa mélodie.

Conclusions musicales et liturgiques.

Le *Vesperstil,* supposé grec, est en réalité bien romain. Il a été boudé par le Nord, Milan et la Gaule, tandis qu'au contraire l'Italie méridionale y était plus sensible. C'est sans doute l'expression d'un *ethos* régional [4]. Il est également l'illustration de l'épuisement du chant romain à la veille de son passage en Gaule, malgré la volonté de continuer à renouveler et à enrichir quand même le contenu des célébrations. Il met enfin en évidence le caractère contemporain

---

1. VL 5319, f. 14. Traduction : « Une journée sainte nous illumine ; venez, Nations, et adorez le Seigneur, car aujourd'hui une grande lueur est descendue sur terre. »

2. Ms. Lucca, Bibl. Cap. 601, f. 32 (éd. *PM,* t. IX, p. 235). Traduction : « Aujourd'hui brille pour nous le jour de la Rédemption nouvelle, le jour de l'antique préparation, le jour de l'éternelle félicité. »

3. Éd. CHAVASSE, CCSL 138, p. 90. Traduction : « Exultons dans le Seigneur, mes bien chers frères, et réjouissons-nous d'un plaisir spirituel : en effet, le jour de la Rédemption nouvelle, de l'antique préparation, de l'éternelle félicité, resplendit. »

4. Sur ce sujet, voir AVENARY, « The Northern and Southern Idioms », p. 34 s.

des versets d'offertoires et des versets supplémentaires d'*Alleluia*, puisqu'ils participent du même style mélodique : comme la musique est toujours l'expression de son époque, à un même style musical correspond toujours une même strate chronologique. Quant aux prétendus « *Alleluia* grecs », ils sont tous romains. Au total, les influences byzantines à Rome semblent avoir été une réalité dans le domaine architectural, non dans le domaine musical[1]. L'étude des *Alleluia* nous introduit donc dans une problématique plus large : celle de toute l'histoire culturelle de Rome aux VIIe et VIIIe siècles.

Les « *Alleluia* » et l'histoire de Rome aux VIIe et VIIIe siècles : une byzantinisation ?

L'existence d'une prétendue période « byzantine » de Rome est un stéréotype qui remonte à l'historiographie allemande de la seconde moitié du XIXe siècle, et notamment à la *Geschichte der Stadt Rom im Mittelalter* (1855-1872) du protestant Ferdinand Gregorovius et à la *Geschichte der Stadt Rom* (1866-1870) du catholique Alfred von Reumont[2], dont les idées ont été reprises ensuite par tous, notamment par le manuel classique de E. Caspar (*Geschichte des Papsttums von den Anfängen bis zur Höhe der Weltherrschaft*, dont le second tome s'intitule *Das Papsttum unter Byzantinischen Herrschaft*[3]). Ces histoires se représentent l'État pontifical comme une sorte de petit royaume d'opérette, qui ne se délivrait d'une domination que pour tomber aussitôt dans une autre. Entre deux apogées censées être les règnes des deux Grégoire, Grégoire le Grand et Grégoire VII, l'État de saint Pierre serait ainsi passé d'une « période ostrogothique » à une « période byzantine », puis à une « période franque », pour finir par une « période germanique ». C'est une erreur, comme l'ont montré les travaux les plus récents[4] et comme

1. HUGLO, « Liturgia e musica sacra », p. 317 ; BULLOUGH, « Alcuin and the Kingdom », p. 6.

2. Sur ces deux historiens, FORNI, *La questione di Roma medievale*, p. 89 et G. ARNALDI, « Gregorovius als Geschichtsschreiber der Stadt Rom : das Frühmittelalter. Eine Würdigung », dans : A. ESCH et J. PETERSEN (éd.), *Ferdinand Gregorovius und Italien. Eine kritische Würdigung*, Tübingen, 1993, p. 117-130.

3. Tübingen, 1933. Voir CONTE, *Chiesa e primato*, p. 32-33.

4. Notamment T. S. BROWN, *Gentlemen and officers. Imperial administration and*

nous semble le confirmer notre propre analyse des mélodies des *Alleluia.*

On a exagéré l'importance de l'emprise de Constantinople sur Rome : elle est impuissante à influencer les élections pontificales [1]. Grégoire le Grand, qui entretient de bons rapports avec l'empereur Phocas, est largement indépendant et s'occupe de tout dans l'*Urbs* [2], notamment du ravitaillement, de la défense et de l'administration, police et justice comprises ; dans la guerre contre les Lombards, il mène sa propre diplomatie, favorable à une paix de compromis, au point de s'attirer en 593 la réprobation de l'empereur Maurice, qui souhaitait la guerre à outrance, tandis que le duc de Rome, représentant de l'exarque de Ravenne, est réduit à jouer les seconds rôles ; quant au préfet de Rome, il tient désormais ses pouvoirs du pape [3].

Les deux principaux arguments de ceux qui croient à une « Rome byzantine » sont les fameux « papes grecs » et les « monastères grecs » de Rome. C'est devenu un lieu commun d'imaginer une byzantinisation de Rome au VIIe siècle à cause de la présence sur la chaire de Pierre d'une série de papes « grecs » : Théodore (642-649) [4], les Siciliens Agathon (678-681) [5] et Léon II (682-683) [6], Jean V (685-686) [7],

aristocratic power in Byzantine Italy A. D. 554-800, Londres, 1984, p. 67-69, 144-145.

1. GUSSONE, *Thron und Inthronisation,* p. 174.

2. HERRIN, « Constantinople, Rome and the Franks », p. 91 ; Ch. PIETRI, « La Rome de Grégoire », p. 24-25 ; JENAL, « Gregor der Große und die Stadt Rom », p. 117, 134 s. Dans un premier temps, c'est avec l'encouragement impérial que les évêques avaient été amenés à intervenir de plus en plus dans les affaires temporelles. J. DURLIAT, *De la ville antique à la ville byzantine. Le problème des subsistances,* Rome, 1990, p. 123-183 ; B. SIRKS, *Food for Rome. The Legal Structure of the Transportation and Processing of Supplies for the Imperial Distributions in Rome and Constantinople,* Amsterdam, 1991.

3. P. TOUBERT, *Les Structures du Latium,* t. II, p. 935 s. ; O. BERTOLINI, *Roma e i Longobardi,* Rome, 1972, p. 17-19 ; T. S. BROWN, *Gentlemen,* p. 11 et 139.

4. « Grec » dont la famille était sans doute originaire de Jérusalem : *LP,* t. I, p. 331-335, à nuancer avec la remarque de DUCHESNE, *ibid.,* p. 333, n. 1. Sur l'œuvre accomplie par ce pape, MARTIMORT, « Origine et signification », p. 834, n. 120 ; CHAVASSE, « Les plus anciens types », p. 30 ; P. CORSI, « La politica italiana di Costante II », dans : *Bisanzio, Roma e l'Italia nell' alto Medioevo,* t. II, Spolète, 1988, p. 754.

5. *LP,* t. I, p. 350-358. Il s'opposa au monothélisme, comme son successeur Léon II. Voir CONTE, *Chiesa e primato,* p. 33.

6. *LP,* t. I, p. 359-362.

7. Syrien originaire d'Antioche ; *LP,* t. I, p. 366-367. Il avait été apocrisiaire sous Agathon.

Conon (686-687)[1], Sergius Ier (687-701)[2], les « grecs » Jean VI (701-705) et Jean VII (705-707)[3], les « Syriens » Sisinnius (708) et Constantin Ier (708-715)[4]. L'élection de Grégoire II (715-731) est censée avoir mis fin à cette série, à vrai dire souvent interrompue par des pontificats « romains » ou italiens[5] qui n'ont pas été négligeables, et plutôt composée de pontificats courts.

Ces papes « orientaux » de la première moitié du VIIe siècle ont-ils pour autant appliqué une politique de byzantinisation ou d'orientalisation de Rome, sur les plans culturel, liturgique et administratif ? Ont-ils été les dévoués serviteurs ou le cheval de Troie du *basileus* ? Nous en doutons. C'étaient en réalité des hommes qui avaient fait toute leur carrière dans les bureaux romains[6] ; ils n'avaient d'oriental que leurs origines familiales. Encore la plupart d'entre eux étaient-ils nés en Occident, comme Sergius Ier, qui avait vu le jour en Sicile, qui était certes une partie de l'Italie plus byzantinisée que d'autres, mais Rome y intervenait fréquemment et y possédait d'importants domaines agricoles, grâce auxquels les papes pouvaient ravitailler l'*Urbs*, comme le prouvent les lettres de saint Grégoire[7]. Les recherches les plus récentes montrent que l'élection de ces papes ne doit rien à d'hypothétiques pressions qu'auraient exercées les exarques[8]. Ils se sont comportés en Romains, comme tous leurs prédécesseurs : Agathon et Léon II ont lutté contre le monothélisme oriental ; quant à Sergius, il a résisté vigoureusement à l'ecclésiologie césaropapiste de Constantinople. Comme il semble avoir été le plus marquant de ces papes, il ne nous

---

1. Thrace, élevé en Sicile, il avait fait toute sa carrière dans l'administration romaine : *LP*, t. I, p. 368-370.

2. *LP*, t. I, p. 371-382.

3. *LP*, t. I, p. 383-387.

4. *LP*, t. I, p. 388-395.

5. Il s'agit des pontificats de Martin (649-653), Toscan, d'Eugène (654-657), Romain, de Vitalien (657-672), Campanien, d'Adéodatus (672-676), Romain, de Donus (676-678), Romain et de Benoît II (684-685), Romain lui aussi.

6. NOBLE, *The Republic*, p. 185-186 ; CONTE, *Chiesa e primato*, p. 33.

7. La Sicile dépend non de l'exarque de Ravenne ou de celui de Carthage, mais d'un préteur ou d'un patrice : GOUBERT, *Rome, Byzance et Carthage*, p. 239-248 et DIEHL, *Études*, p. 41.

8. MANGO, « La culture grecque et l'Occident », p. 700 ; SANSTERRE, *Les Moines grecs*, t. I, p. 20 ; G. LE BRAS, « L'Église romaine et les grandes églises occidentales après la mort de Grégoire le Grand », dans : *Caratteri del secolo VII in Occidente*, I, Spolète, 1958, p. 214-216.

paraît pas inutile de nous attarder sur sa biographie ; la source principale est, naturellement, le *Liber pontificalis* (*LP*, t. I, p. 371) :

Sergius, natione Syrus, Antiochiae regionis, ortus ex patre Tiberio in Panormo Siciliae, sedit ann. XIII mens. VIII dies XXIII. Hic Romam veniens sub sanctae memoriae Adeodato pontifice, inter clerum Romanae ecclesiae connumeratus est ; et quia studiosus erat et capax in officio cantelenae, priori cantorum pro doctrina est traditus. Et acolytus factus, per ordinem ascendens, a sanctae memoriae Leone pontifice in titulo sanctae Susannae, qui et Duas domos vocatur, presbiter ordinatus est. His tempore presbiteratus sui inpigre per cymiteria diversa missarum sollemnia celebrabat.

Serge, originaire de Syrie, né à Palerme en Sicile d'un père nommé Tibère, régna treize ans, huit mois et vingt-trois jours. Venu à Rome à l'époque du pape Adéodat, de sainte mémoire, il fut mis au nombre du clergé de l'Église romaine ; et comme il aimait le chant, pour lequel il était doué, on le confia au chef des chantres pour le former. Il devint acolyte, montant en grade en respectant les étapes, puis le pape Léon, de sainte mémoire, l'ordonna prêtre du titre de Sainte-Suzanne, qu'on surnomme le titre des Deux-Maisons. Tout le temps qu'il fut prêtre, il célébra infatigablement la messe dans diverses basiliques cimitériales.

Ce prêtre du titre de Sainte-Susanne (l'ex-*titulus Gaii*[1]), qui avait suivi tous les degrés de la hiérarchie ecclésiastique romaine (*per ordinem*[2]), avait été élu avec l'appui de la plus grande partie du clergé et de l'armée de Rome pour mettre fin à la crise qui, après la mort de Conon, avait opposé l'archiprêtre Théodore à l'archidiacre Pascal, tous deux élus papes en même temps par deux factions populaires rivales[3]. Il avait auparavant servi plus de dix ans dans l'administra-

---

1. Antérieur au premier tiers du V⁰ siècle : PIETRI, « La conversion de Rome », p. 231. Voir C. ATKINSON, « On the Origins of the *Missa Graeca* », dans : *Nordisk Kollokvium V for Latinsk Liturgiforskning* (14-17 juin 1981), Aarhus, 1982, qui, d'après K. W. STEVENSON (« The Origins and Development of Candlemas : A Struggle for Identity and Coherence ? », dans : *Time and Community* [Mélanges Thomas J. Talley], Washington, 1990, p. 59), pense que Sergius a peut-être introduit des chants en grec dans la fête (nouvelle à Rome) de la Purification de la Vierge Marie (2 février).

2. Le *LP* emploie parfois l'expression synonyme *per gradus* : FAIVRE, *Naissance d'une hiérarchie*, p. 352.

3. RICHARDS, *The Popes*, p. 207-208.

tion pontificale : d'abord *prior* de la *Schola cantorum* sous Adéodatus, il avait ensuite été nommé prêtre titulaire de Sainte-Susanne (église de la quatrième région ecclésiastique) par Léon II. Son pontificat a été long (treize années), surtout si on le compare à ceux qui l'ont précédé (Léon II, Benoît II, Jean V et Conon n'ont guère régné qu'un an en moyenne) et à ceux qui l'ont suivi (Jean VI, Jean VII et Constantin n'ont régné que quelques années chacun). C'est donc le plus long règne entre Vitalien[1] et Grégoire II.

En 691-692, Justinien II avait réuni à Constantinople, *in Trullo*, un concile, dit Quinisexte, qui rédigea cent deux canons disciplinaires dans le but de compléter les canons purement théologiques du sixième concile œcuménique. Sergius refusa de signer le tome que lui avait envoyé l'empereur[2] ; le protospathaire Zacharias, envoyé en 693 par Justinien II pour mettre le pape en état d'arrestation, échoua car, l'armée romaine ayant choisi le camp du pape, une émeute l'obligea à chercher refuge auprès de celui-là même qu'il devait arrêter[3]. Cela dit, contrairement à une idée répandue, il ne semble pas que ce soit pour riposter à l'interdiction, formulée par le canon 82 du concile *in Trullo*, de représenter le Christ sous la forme d'un agneau, que Sergius a introduit à la messe le chant de l'*Agnus Dei*[4] pour accompagner la fraction. Il était certes particulièrement bien placé pour introduire cette réforme, puisqu'il avait été à la tête de la *Schola cantorum*[5], ce qui prouve encore une fois qu'il était

---

1. V. MONACHINO, « I tempi e la figura del papa Vitaliano (657-672) », dans : *Storiografia e storia. Studi in onore di Eugenio Duprè Theseider*, t. II, Rome, 1974, p. 573-588.

2. C. HEAD, *Justinian II of Byzantium*, Madison, 1972, p. 72-79 ; H. OHME, *Das Concilium Quinisextum und seine Bischofliste*, Berlin, 1990, p. 55-61.

3. GUILLOU, *Régionalisme et indépendance*, p. 209 ; RICHARDS, *The Popes*, p. 210-211 ; G. NEDUNGATT (éd.), *The Council in Trullo revisited*, Rome, 1995.

4. Sources : MANSI, t. XI, 978-979 et *LP*, t. I, p. 376. ANDRIEU, *Les OR*, t. II, p. 50-51 et T. NOBLE, *The Republic*, p. 17, ont été réfutés par H. J. VOGT, « Der Streit um das Lamm. Das Trullanum und die Bilder », *Annuarium historiae conciliorum* 20 (1988), p. 135-141. Le rédacteur du *LP* explique en outre que Sergius a organisé une grande procession *(letania)*, de Saint-Hadrien à Sainte-Marie-Majeure, pour les quatre fêtes de la Vierge Marie (Nativité, Annonciation, Purification et Assomption) : voir G. WOLF, *Salus populi Romani. Die Geschichte römischer Kultbilder im Mittelalter*, Weinheim, 1990, p. 37-39. Sur l'histoire de la fraction, déplacée par les liturgistes francs de la fin du VIIIᵉ siècle, CAPELLE, « Le rite de la fraction », surtout p. 39. Le remplacement du troisième *miserere nobis* par *dona nobis pacem* ne date que du XIᵉ siècle.

5. SMITS VAN WAESBERGHE l'a également rendu responsable de l'adoption des

entièrement romanisé, car on n'aurait jamais placé à ce poste
de confiance un homme peu au fait des traditions liturgiques
de l'*Urbs*. Ce nouveau chant, qui fait partie de l'ordinaire,
non du propre, n'existe pas dans les autres rits, ce qui est
normal, puisqu'il s'agit d'une création tardive et unilatérale
de Rome. Il est certes vrai que Milan possédait un chant de
la fraction, faisant partie du propre, donc variable, le *confractorium* ; le problème est cependant que les mélodies de ces
confractoria, qui sont au nombre d'environ quatre-vingts, et
notamment celles des *confractoria* du temporal, semblent
avoir été copiées sur celles de communions grégoriennes [1],
ce qui repousse donc leur date de composition aux IXᵉ-
Xᵉ siècles. On ne sait donc pas exactement ce qu'étaient ces
confractoria, qui semblent avoir été créés fort tard. Il est donc
difficile de savoir si Sergius s'est inspiré de l'existence de ce
chant milanais de la fraction (à supposer qu'il ait déjà
existé), ou bien s'il a innové librement. Les indications que
fournissent les mélodies semblent donner la préférence à la
seconde hypothèse.

Pour composer ce chant nouveau, Sergius a utilisé un passage scripturaire, Jn 1, 29, dans lequel le Baptiste désigne
le Christ en ces termes : « *Ecce agnus Dei, qui tollit peccatum
mundi* », qui est une allusion au Serviteur souffrant d'Isaïe
(Is 53, 6-7) et à la typologie de la Passion rédemptrice du
Christ : le Seigneur s'est chargé de toutes les fautes et s'est
offert en sacrifice pour le rachat des péchés (Rm 3, 24-25 ;
He 9, 11 ; 2 Co 5, 21, etc.). Appliquer cela à la fraction
relève d'un type d'exégèse déjà éloigné de celui que prati-
quaient les Pères et de celui qui était à l'œuvre dans les plus
anciens chants du propre. Un tel infléchissement s'explique
cependant bien par la date tardive d'introduction de ce
chant. Contrairement à la tradition de l'Antiquité chrétienne, qui privilégie la prière *per Christum* (prière au Père
par le Fils, pour reprendre la terminologie de Jungmann),
l'*Agnus Dei* est une prière *ad Christum*, adressée directement
au Fils, ce qui la place dans un courant johannique [2], plus
moderne. D'autre part, il faut noter que les litanies se ter-

---

vêpres pascales avec les « *Alleluia* grecs » : « De Glorioso Officio... Dignitate Apostolica », p. 128.
   1. K. LEVY, dans *NOHM*, II, 2ᵉ éd., p. 88 ; HILEY, *Western Plainchant*, Oxford,
1993, p. 168-171 et 540-549.
   2. ANDRIEU, *Les OR*, t. II, p. 49 ; JUNGMANN, *The Place of Christ*, p. 259. Contrai-

minent (depuis quand ?) par *Agnus Dei*, et que le *Gloria in excelsis* cite cette expression (*Domine Deus, Agnus Dei*). Cela a aussi pu inspirer le pape. Enfin, par leur mélodie, le *Kyrie* et l'*Agnus Dei* proviennent des litanies.

Enfin, Sergius a transféré en 688 la tombe de Léon le Grand, le pape du concile de Chalcédoine et de l'orthodoxie dogmatique, qui se trouvait jusque-là dans la sacristie de Saint-Pierre, pour la placer dans la nef, au cœur de la basilique ; c'était clairement une riposte symbolique au concile Quinisexte et aux prétentions de Justinien II [1]. Il serait facile de trouver d'autres exemples de papes « orientaux » qui se sont comportés en pontifes romains. Nombreux sont ceux qui ont restauré les églises et les basiliques romaines, comme tout bon pape romain l'aurait fait. Leur longue formation dans les bureaux pontificaux avait justement fait d'eux des Romains. Quant à Jean VII, il fit décorer de fresques l'église Sainte-Marie-Antique, marquant ainsi du sceau de la puissance pontificale le centre du pouvoir impérial, le Forum [2].

Voilà pour les « papes grecs ». Il reste à aborder la question de la prétendue domination byzantine à Rome au VIIe siècle et dans la première moitié du VIIIe siècle. En réalité, les signes de l'essor de la puissance pontificale sont nombreux à cette même époque ; nous n'en retiendrons que quelques exemples. Ainsi, vers 717-719, Grégoire II a racheté Cumes aux Lombards : c'était la première fois qu'un pape mettait la main sur un territoire impérial pour se constituer un État [3] ; Grégoire III a condamné à nouveau l'iconoclasme

---

rement à ce que croit Jungmann, l'*Agnus Dei* n'est pas une hymne, mais une litanie (voir *Agnus* XVIII). Jungmann pense que la liturgie gallicane de la même époque avait adopté l'*Agnus Dei* ; il se fonde (p. 261 et n. 1) sur une oraison du *Missale Gothicum*, qui est une *post Sanctus* de la messe du jeudi saint (*Missale Gothicum*, éd. L. C. MOHLBERG, Rome, 1961, p. 57, n° 211) : « *Agnus Dei, qui tollis peccata mundi, respice in nos et miserere nobis. Factus nobis ipse hostia, qui sacerdos, ipse praemium, qui redemptor, a malis omnibus, quos redemisti, custodi, salvator.* » Ce texte ne suffit pas pour conclure à l'adoption du *chant* de l'*Agnus Dei* par les Francs.

1. M. BORGOLTE, *Petrusnachfolge und Kaiserimitation*, Göttingen, 1989, p. 76, 92 et 96.

2. BORGOLTE, *Petrusnachfolge*, p. 97-98 ; NOBLE, (*The Republic*, p. 18) semble croire que Jean VII a également bâti un palais sur le Palatin ; en réalité, c'est le père de Jean, Platon, qui avait fait restaurer le palais impérial du Palatin, siège du représentant de l'exarque (DUCHESNE, *LP*, t. I, p. 386, n. 1), car il était chargé de la *cura palatii urbis Romae* au nom de l'empereur : C. BRÜHL, « Die Kaiserpfalz bei St. Peter und die Pfalz Ottos III. auf dem Palatin », dans : *Aus Mittelalter und Diplomatik*, II, Hildesheim, 1989, p. 4.

3. NOBLE, *The Republic*, p. 26 : Grégoire II travaillait pour son propre compte.

dans un concile romain de 731[1], malgré les menaces de
Constantinople ; Zacharie, élu en 741, semble avoir été le
premier pape à ne pas envoyer de demande de reconnaissance de son élection à Constantinople[2] ; l'État pontifical,
dès Zacharie, est en effet totalement indépendant de l'empereur, qui n'est même plus mentionné dans les actes officiels
du pontife romain, et l'exarque s'humilie face à lui ; enfin,
à partir de 730 environ, il n'y a plus trace d'un apocrisiaire
pontifical à Constantinople. Le pape était beaucoup plus
puissant que l'exarque et que le duc de Rome : en 725,
l'empereur Léon III avait échoué à faire assassiner Grégoire II et avait été impuissant à imposer l'iconoclasme à
Rome ; l'exarque de Ravenne ne pouvait rien contre Grégoire II[3].

L'idée d'une orientalisation de certaines grandes capitales
occidentales entre 650 et 730 environ est une très ancienne
problématique, qu'on a également appliquée à Milan (à
cause de la présence d'Auxence)[4], à Bénévent (à cause de
sa situation géographique), mais aussi à Aquilée (le *rito
patriarchino*)[5] et à Ravenne, dont Baumstark voulait même
faire « le centre syrien de l'Occident[6]. » On en a dit autant
de la Gaule et de sa liturgie ; Mgr Duchesne n'affirmait-il
pas : « Il est reconnu de tout le monde que la liturgie gallicane, en ce qui la distingue de l'usage romain, offre tous
les caractères des liturgies orientales [...]. Cette ressemblance étroite, cette identité essentielle, suppose une importation. La liturgie gallicane est une liturgie orientale[7] » ?
Tout cela est à revoir.

---

1. HERRIN, « Constantinople, Rome and the Franks », p. 98.
2. Pour tout cet exposé, nous nous fondons sur NOBLE, *The Republic*, p. 50 s.
3. NOBLE, *The Republic*, p. 34, 38 : « The creation of a papal Republic may be
dated to the years between 729 and 733 » (p. 40). Les deux exarchats de Ravenne
et de Carthage avaient été créés en 568 par l'empereur Maurice pour reprendre
en main l'Occident, notamment face aux Lombards.
4. DUCHESNE, *Origines du culte*, p. 97 ; BORELLA, *Il rito*, p. 79.
5. Sa liturgie se rapproche en réalité de celle de Milan : G. CUSCITO, « Il patriarca
Paolino e la liturgia di Aquileia », dans : *Aquileia e le Venezie nell'alto Medioevo*,
Udine, 1988, p. 149 ; J. LEMARIÉ, dans : *Chromace d'Aquilée, Sermons*, t. I, Paris,
1969, p. 89 (SC 154) ; K. LEVY, dans *NOHM* II, 2ᵉ éd., p. 79-82 ; R. GERARDI,
« La liturgia aquileiese patriarchina », *Lateranum* 53 (1987), p. 1-73 ; H. KRAH-
WINKLER, *Friaul im Frühmittelalter*, Vienne, 1992, p. 67.
6. *Liturgie comparée*, p. 201. Réfuté par SOTTOCORNOLA, *L'Anno liturgico*,
p. 321-322 et 376-386 et par MANGO, « La culture grecque et l'Occident », p. 684.
7. DUCHESNE, *Origines du culte*, p. 96.

L'argument des « papes grecs » et de la « domination byzantine » à Rome ne tenant pas, il reste à aborder celui des monastères grecs de Rome, et de l'influence liturgique qu'on leur prête. Il existait en effet à Rome aux VIIe et VIIIe siècles un petit nombre de monastères de rit grec, peuplés de moines d'origine orientale[1] ; les plus importants étaient Saint-Césaire *in Palatio*, Saint-Grégoire *in Clivo Scauri*, Saint-Silvestre *inter duos hortos*, ou encore les Saints-Étienne-et-Cassien. On a voulu faire de ces monastères le cheval de Troie des liturgies orientales et des influences byzantines sur la liturgie de Rome[2]. Est-ce exact ?

Ces établissements étaient peu nombreux : on compte en effet à Rome, pendant la période qui nous occupe, treize ou quatorze monastères « grecs » de rits divers, donc divisés entre eux ; c'étaient de petites communautés : qu'on n'imagine pas de grands monastères, comme le *Centula* du IXe siècle. Par surcroît, ces moines vivaient repliés sur eux-mêmes, puisque leur rit, qu'ils conservaient jalousement[3], leur interdisait de participer à la liturgie latine des églises de Rome, ce dont ils se souciaient d'ailleurs fort peu. Du reste, à Ravenne, capitale de l'exarchat, les monastères grecs semblent n'avoir joué aucun rôle liturgique : il ne s'est pas produit une interpénétration entre les deux liturgies, mais seulement des conflits, parfois aigus, entre clergé latin et clergé grec[4]. S'y ajoute enfin le fait que ces moines « grecs », loin d'être les partisans et les propagateurs du monothélisme, de l'iconoclasme et de la politique de Constantinople en général, en étaient tous des opposants farouches[5]. Sur le simple plan des échanges culturels qui auraient pu avoir lieu entre ce clergé de rit grec et leurs homologues romains, on a pu montrer le peu de connaissance que les Occidentaux avaient du grec, avec une exception notable : le concile romain de

---

1. GEERTMAN, *More Veterum*, p. 115-119 ; FERRARI, *Early Roman Monasteries*, p. 88-91 et 281-296.

2. Par exemple, Dom B. BAROFFIO, « Il canto Gregoriano nel secolo VIII », p. 18.

3. SANSTERRE, « Le monachisme byzantin », p. 708 et 720 ; BROWN, « The Background », p. 39-40.

4. GUILLOU, *Régionalisme et indépendance*, p. 170, 172.

5. P. CONTE, « Il *consortium fidei apostolicae* tra vescovo di Roma e vescovi nel secolo VII », dans : M. MACCARRONE (éd.), *Il primato del vescovo di Roma nel primo millenio*, cité du Vatican, 1991, p. 369-370 ; P. CLASSEN, « Italien zwischen Byzanz und dem Frankenreich », dans : *Nascita dell' Europa carolingia : un' equazione da verificare*, t. II, Spolète, 1981, p. 924-926.

649, en présence de Maxime le Confesseur[1]. Du reste, l'apogée de la connaissance du grec à Rome ne se situe qu'à l'époque d'Anastase le Bibliothécaire, sous le règne de Jean VIII[2], donc largement après la prétendue période « byzantine ».

Le vrai motif de l'installation de moines grecs à Rome doit donc être cherché dans une direction tout à fait différente, dans l'hospitalité traditionnelle de Rome, et surtout dans la volonté des papes d'être vraiment les chefs de toute l'Église universelle, et non pas seulement des sortes de patriarches d'une Église exclusivement latine[3]. Ce sont donc les papes les plus puissants et les plus romains, comme l'énergique Grégoire II, qui ont favorisé l'installation des moines de rit grec, non les papes les plus faibles et les plus orientaux. Installer des moines de rit grec à Rome était un élément de la puissance pontificale, non une preuve de faiblesse : cela donnait au pontife romain une allure plus œcuménique. C'est ce qui explique qu'aucun des monastères de rit grec ne soit antérieur au VIIᵉ siècle, et que leur installation ait continué après l'écroulement de l'exarchat, en 751, c'est-à-dire au moment de l'apogée de la puissance pontificale[4]. Rome n'a pas subi l'arrivée des moines grecs, elle l'a provoquée et favorisée.

Après ce détour historique et historiographique, nous pouvons revenir aux chants de la messe romaine, et en particulier aux *Alleluia* que l'on disait « grecs ». Le caractère véritablement romain de ces prétendues pièces grecques va dans le sens de ce que nous savons : la Rome des années 700 (l'époque de l'*OR* XXVII) n'était nullement une colonie byzantine. Bien au contraire, le contenu de certains *Ordines romani* semble établir que les papes tenaient à posséder un cérémonial digne de celui de l'empereur, certainement pour rivaliser avec lui et indiquer qu'ils étaient indépendants vis-

---

1. COURCELLE, *Les Lettres grecques*, p. 320, 340 ; P. LEMERLE, *Le Premier Humanisme byzantin*, Paris, 1971, p. 17-21 ; MANGO, « La culture grecque et l'Occident », p. 695 ; SANSTERRE, *Les Moines grecs*, t. I, p. 76.

2. SANSTERRE, *Les Moines grecs*, t. I, p. 69. Il traduisit en 876 la *Passio* de Denys l'Aréopagite pour Charles le Chauve. La connaissance du grec dans l'Occident du haut Moyen Âge est cependant restée toujours faible : BISCHOFF, « Das griechische Element », p. 262-263 ; en dernier lieu : *The Secret Nectar of the Greeks : The Study of Greek in the West in the Early Middle Ages*, éd. M. HERREN, Londres, 1989.

3. SANSTERRE, « Le monachisme byzantin à Rome », p. 719.

4. *Ibid.*, p. 704 et *Les Moines grecs*, t. I, p. 39.

à-vis de lui. Cela indique une modification : tandis que
l'offertoire, qui date du Vᵉ siècle, n'a sans doute rien d'une
imitation du cérémonial aulique impérial, et tandis que dans
les basiliques constantiniennes on a continué pendant près
d'un siècle à célébrer une liturgie antérieure dans sa forme
à l'édit de Milan, les papes de la seconde moitié du VIIᵉ siècle
semblent ne pas avoir hésité à imiter le cérémonial de
Constantinople, en tout cas tel qu'on pouvait se le représenter à Rome, non tel qu'il était en réalité. Mais s'agit-il
réellement d'une imitation ? Pour qu'il y ait imitation, il faut
qu'il y ait eu un modèle ; or, les pièces grecques des vêpres
festives de Pâques n'existent pas à Constantinople. Elles ont
été introduites pour redoubler les vêpres latines, dans le but
d'indiquer que le grec, la langue de l'empereur et des Églises
de rit grec, était aussi celle du pape et de la liturgie de
Rome, de même que les fresques de Sainte-Marie-Antique,
l'église du Forum, le centre du pouvoir impérial de naguère,
célébraient les saints papes, et notamment Martin Iᵉʳ, mort
en déportation, victime des prétentions de Constantinople.
Les *Alleluia* en grec des vêpres festives de Pâques constituent
avec leurs contreparties latines un rituel bilingue qui fait de
la liturgie de l'évêque de Rome une liturgie véritablement
œcuménique, non une liturgie locale, une des multiples
liturgies chrétiennes, une partie d'un tout qui la dépasse :
bien au contraire, elle englobe les liturgies de rit grec, elle
est la plus universelle de toutes[1].

Il est d'autant plus exagéré de voir dans ces quelques
pièces en grec la preuve d'une influence byzantine à Rome,
que nous savons par le *Livre des cérémonies* de Constantin
Porphyrogénète, que vers le milieu du Xᵉ siècle la liturgie
byzantine possédait des chants en latin, qui étaient interprétés de façon tout à fait officielle[2]. Ainsi, le chapitre 83
(74) du livre II atteste que les chantres byzantins, pendant
les processions qui conduisaient les cortèges impériaux du
palais jusqu'à Sainte-Sophie, chantaient les « acclamations »
latines suivantes : *De Maria Virgine natus et Magi de Oriente
cum muneribus adorantes* (Noël), *Iohannes in Iordane baptizat*

---

1. S. L. De Blaauw, *Cultus et decor. Liturgie en architectuur in laatantick en mid-
deleeuws Rome*, Delft, 1987, p. 34.
2. Lib. II, *cap.* 83 (74) (éd. A. Vogt, t. II, Paris, 1939, p. 169-170) et II, 84
(75) (p. 171-172).

Dominum secundum illum vocat : de te volo (*sic* ; Épiphanie),
Cum crucifixus est et sepultus et tertia die resurrexit (Pâques),
Cum mandavit Spiritum sanctum super tuos apostolos (Pentecôte) et *Cum transfiguratus est in montem* (Transfiguration).
Toutes ces acclamations latines étaient suivies du répons
*Christus Deus noster conservet imperium vestrum per multos et
bonos annos.* Or, nul n'a jamais tenté d'en tirer argument
pour démontrer la « romanisation » de la liturgie byzantine
vers 950, et nul n'a jamais parlé du Xᵉ siècle comme de la
« période latine de Constantinople » ; pourtant, ces chants de
procession en latin valent largement les fameux « *Alleluia*
grecs ». Pourquoi, alors, l'inverse serait-il vrai, et pourquoi
devrait-on imaginer une « période byzantine de Rome » sous
prétexte que les vêpres festives de Pâques étaient adornées
de quelques *Alleluia* au texte grec ? La réponse est simple :
on a trouvé dans ces *Alleluia* des traces de byzantinisation
parce qu'on en cherchait, puisque le VIIᵉ siècle était censé
être une période de domination culturelle byzantine à Rome.
C'est donc le résultat d'un *a priori.*

LA SITUATION ROMAINE À LA FIN DU VIIIᵉ SIÈCLE
ET LE PASSAGE EN GAULE

Il ne faut pas confondre le nombre total des textes d'*Alleluia* avec celui des différentes mélodies d'*Alleluia.* Il existe
en effet plusieurs textes qui ont reçu deux mélodies différentes, une mélodie originale et un timbre, le *Vesperstil.* Il
nous faut en outre chercher à savoir ce que sont devenus
ces *Alleluia* romains quand leur répertoire passa en Gaule,
entre 742 et 751. Ce qui frappe tout d'abord, c'est le fait
que la très grande majorité de ces pièces soient bien passées
du chant romain dans le grégorien, malgré la prétendue fragilité de ce genre liturgique. Les deuxièmes et troisièmes
versets romains, comme les pièces « grecques », ont en revanche éprouvé beaucoup de difficultés à passer en Gaule, sauf
dans le manuscrit du Mont-Blandin, plus fidèle à Rome.
Cela n'est pas surprenant : ces versets supplémentaires ne
servaient à rien dans une liturgie qui ne savait pas ce

qu'étaient les vêpres festives de Pâques et qui n'avait pas à affirmer le primat et la catholicité du pape.

Les *Alleluia* romains entièrement refusés par le grégorien sont *Cantate Domino... laudatio*, *Hi sunt qui*, *Laudate Dominum quoniam* et *Magnus sanctus Paulus*. Ceux qui ne sont attestés que par un seul manuscrit grégorien neumé sont le premier verset de *Cantate Domino... quia* (le Mont-Blandin et Einsiedeln, mais *sine neumis*), le second verset de *Cantate Domino... quia* (le Mont-Blandin), le premier verset de *In exitu Israhel* (Compiègne et Einsiedeln) et son second verset (Einsiedeln), *Laudate Dominum quoniam* (Rheinau), *Mittat tibi* (Laon 239 et le Mont-Blandin, Compiègne et Corbie) et *Quoniam confirmata* (Laon 239). Ceux qui ne sont attestés que par les manuscrits allemands neumés (Saint-Gall et Einsiedeln) sont *Cantate Domino... cantate*, *Confitebuntur celi* et *Lauda Hierusalem*. Deux *Alleluia* sont attestés par Laon et Einsiedeln (le v. 2 de *Laudate pueri* et *Qui posuit*). Ces pièces ont donc réussi à pénétrer en Gaule, mais elles n'ont pu entrer dans le répertoire grégorien authentique.

Les chantres francs et l'apprentissage des « Alleluia » romains.

La structure de la *iubilatio* du timbre romain de *DO* se présente comme suit :

		DO	RÉ	DO							
	1	si	la	do	si	la	sol				
I	2	si	la	do	si	la	sol	+	la	sol	fa
II	3	()	la	do	si	la	sol				
	4	si	la	do	si	la	sol				

Cette *iubilatio* a donc pour caractéristique principale de répéter quatre fois la même cellule mélodique. Il suffit de la comparer à la version grégorienne, le timbre du huitième mode, pour voir que les deux mélodies n'ont rien de commun. En revanche, pour la mélodie du verset, la struc-

ture est la même dans les deux répertoires ; seule l'ornementation diffère [1] :

Première phrase :   début sur *do* (formule A b)
                     demi-cadence sur *si* (formule A f)
                     récitation sur *si* (sur *do*, à Rome ; formule B a)
                     cadence sur *sol* (formule B g)

Seconde phrase :   récitation sur *sol* (sur *do*, à Rome ; formule C d)
                     demi-cadence sur *do* (formule C d)
                     demi-cadence sur *fa* (formule C e)
                     cadence finale sur *sol* (formule D f)

Le grégorien a donc copié le verset romain, mais a rejeté
l'acclamation et la *iubilatio*. La fin du mélisme grégorien provient du graduel grégorien *Dilexisti* ; la fin du verset a été
empruntée au *canticum Sicut cervus* grégorien. La formule de
cette pièce de la vigile pascale qui est commune au *canticum*
et au timbre d'*Alleluia* grégorien est justement l'unique formule de *Sicut cervus* qui ne se retrouve pas dans les autres
cantica grégoriens de la vigile pascale.

Le problème se pose différemment pour le timbre de *RÉ*.
La mélodie romaine de l'acclamation et de la *iubilatio* a clairement été copiée par sa contrepartie grégorienne [2]. La structure mélodique du verset se présente en revanche comme
suit, dans les deux répertoires :

		Rome	Chant grégorien	Formule romaine
Première phrase :	incipit	*fa*	*ré*	A a
	demi-cadence	*sol*	*ré*	A b
	récitation	*sol*	*ré*	B a
	cadence	*do*	*do*	B d
Deuxième phrase :	incipit	*ré*	*ré*	C a
	demi-cadence	*sol*	*fa*	C c
	récitation	*sol*	*fa*	C c
	cadence	*ré*	*ré*	C e

---

1. Sur la version grégorienne du timbre d'*Alleluia* en *DO*, SCHLAGER, « Choraltextierung », p. 321 s.
2. Tableaux musicaux dans BERNARD, « Les alleluia mélismatiques ».

Troisième phrase :	incipit	*fa*	*ré*	A a
	demi-cadence	*sol*	*ré*	A b
	récitation	*()*	*ré*	A c
	cadence finale	*ré*	*ré*	D e

Le verset grégorien est donc très différent de sa contre-partie romaine. Seules les notes modales sont les mêmes, notamment les cadences sur *RÉ* : en d'autres termes, il n'y a de commun que le mode entre les deux mélodies. La forme de la mélodie est entièrement différente ; le verset grégorien en *RÉ* est une centonisation à partir du cantique grégorien d'Habacuc *Domine audivi*, de la fin des graduels grégoriens *Domine prevenisti* et *Os iusti*[1]. Le verset du timbre de *RÉ* grégorien ne possède donc pas une seule note qui soit romaine.

L'explication de ce phénomène de rejet est simple. À Rome, le mode de *RÉ* est un emprunt aux liturgies non romaines, comme Milan, Bénévent et surtout la Gaule, dont c'était en quelque sorte le « mode national ». Par comparaison, le *RÉ* romain est donc édulcoré par les habitudes esthétiques romaines et par le retravail que les maîtres de la *Schola* ont fait subir à cette corde modale d'origine gallicane pour l'adapter à leur goût musical. Par conséquent, quand les *Alleluia* romains en *RÉ* sont arrivés en Gaule, les chantres francs ont aussitôt vu que c'était du *RÉ*, mais que ce *RÉ* n'était qu'un ersatz, un succédané de *RÉ*, et ils lui ont substitué leur *RÉ*, beaucoup plus pur que sa pâle copie romaine : le principal n'était-il pas que la pièce reste en *RÉ* ? La substitution était à leurs yeux légitime, puisque dans le domaine de *RÉ*, ils étaient à leur affaire, c'était leur spécialité modale et esthétique. Du verset romain, les chantres francs n'ont donc gardé que la corde modale : le squelette.

Le timbre de *MI*[2], pour finir, se présente en deux parties, dans les versets des deux répertoires :

---

1. Voir FERRETTI, *Esthétique grégorienne*, p. 187, n. 1 ; WAGNER, *Einführung*, t. III, p. 417 ; SCHLAGER, « Anmerkungen », p. 216 ; BROU, « L'*Alleluia* gréco-latin *Dies sanctificatus* », *RG* 24 (1939), p. 203.

2. La version grégorienne a été étudiée par SCHLAGER, « Choraltextierung », p. 324 s.

		Rome	Chant grégorien	Formules
I	1	Début sur la	= Rome	A a
	2	demi-cadence *MI*		A b
	3	Retour au *la*, sans imitation de l'*alleluia*, et demi-cadence *sol*	Reprise du début de l'*Alleluia*.	A c
II	4	Cadence médiane sur *do*	Cadence médiane sur *ré*	B d
	5	Réintonation et demi-cadence sur *mi-fa*	Même réintonation : demi-cadence sur *mi*	C c
	6	Reprise de la fin de la *iubilatio*	Reprise de la *iubilatio* tout entière	D e

Les chantres francs ont donc adopté intégralement la mélodie du timbre romain de *MI*, acclamation, *iubilatio* et verset. Seule l'ornementation diffère.

Ainsi, chaque timbre a été traité par les maîtres carolingiens d'une manière différente, avec beaucoup de liberté. Ils ont accepté la mélodie romaine du timbre de *DO* pour les versets mais ont en revanche refusé son acclamation et sa *iubilatio* ; ils ont fait exactement l'inverse pour le timbre de *RÉ*. Quant à celui de *MI*, ils ont encore choisi une solution différente : comme cette mélodie leur convenait, ils l'ont intégralement copiée. Il est aisé de voir de quelle manière ont procédé les artistes francs : ils ont procédé au cas par cas, avec beaucoup de souplesse, et n'ont conservé que ce qui leur paraissait adaptable à leurs goûts et à leurs habitudes esthétiques. En revanche, les mélodies originales ont été généralement copiées en entier, à la manière du timbre de *MI*, sauf exceptions notables. Par conséquent, à l'intérieur du répertoire grégorien, le départ entre l'élément romain qui a été copié et les restes de mélodies gallicanes qui ont réussi à subsister après l'hybridation des deux répertoires, ne se fait pas entre une pièce et une autre, mais à l'intérieur même de chaque pièce de chant.

La reprise (ou non) de la fin de la *iubilatio* par l'explicit du verset des *Alleluia* grégoriens, souvent signalée comme un phénomène caractéristique, ne peut donc pas être un moyen offert au musicologue pour distinguer les pièces anciennes des pièces plus récentes, puisqu'elle est due uniquement au phénomène d'hybridation du chant romain par les maîtres francs et à la copie sélective que ces derniers ont opérée. Cela n'a donc aucune signification chronologique [1].

Le refus franc d'adopter certains « Alleluia » romains.

Un petit nombre de pièces romaines, très minoritaires, n'ont pas réussi à pénétrer dans le chant grégorien :

Incipit	Mélodie	Emplacement liturgique
Cantate... laudatio	*MI*	Martyrs (Côme et Damien)
Confitebuntur celi (inconnu des mss français)	*MI*	Martyrs (Philippe et Jacques)
Hi sunt qui	*RÉ*	Innocents
Magnus sanctus Paulus	*RÉ*	Paul
Lauda Hierusalem (inconnu des mss fr.)	*DO*	Dom. II p. Pent.
Qui posuit (?)	*MI*	Dom. III p. Pent.
Laudate Dominum quoniam	*MI*	Dom. VI p. Pent.
Cantate... cantate (inconnu des mss fr.)	*MI*	Dom. XIV p. Pent.
Cantate... quia	*MI*	Dom. XV p. Pent., etc.
Quoniam confirmata (sauf Laon)	Centon *DO*	Dom. XIX p. Pent., etc.
In exitu Israhel (sauf E 121)	*Vesperstil*	Fer. II p. Pasch., *ad vesperas*
Mittat tibi (sauf Laon)	*DO*	*In ordinatione pontificis*

Le timbre de *MI* est très sur-représenté dans cette liste. C'est vraisemblablement un aspect de la « course au deutérus » propre à Rome, c'est-à-dire l'attirance pour le mode de *MI*. Il est donc normal, ou en tout cas compréhensible, que ces pièces soient restées ignorées en Gaule, qui n'a pas compris pourquoi il y avait tous ces *Alleluia* en *MI* dans le répertoire romain et les a donc supprimés et remplacés par d'autres, en *RÉ*, qui convenaient mieux à l'*ethos* franc.

D'autre part, il s'agit presque exclusivement de pièces qui appartiennent à l'un des quatre timbres que nous avons dégagés : *DO, RÉ, MI* et le *Vesperstil* ; c'est normal, puisque

---

1. HUSMANN, « *Alleluia*, Vers und Sequenz », p. 34 ; K. SCHLAGER, « Choraltextierung und Melodieverständnis », p. 326 et « Anmerkungen », p. 208, n. 31.

les pièces qui possèdent une mélodie originale, étant plus anciennes et plus traditionnelles, avaient logiquement plus de chances de passer dans le répertoire romano-franc. Le grégorien a principalement écarté des *Alleluia* qui, à Rome, équipaient des dimanches après la Pentecôte, c'est-à-dire des pièces qui constituaient la liste alléluiatique romaine. Ce phénomène est normal, puisqu'on sait que la liste alléluiatique est la partie d'un répertoire local ou régional la plus fragile. Le rejet de ces *Alleluia* par le grégorien est donc simplement la preuve que ce rit possédait ses propres listes alléluiatiques ; il n'y a pas à s'en inquiéter.

Le chant grégorien n'a pas réagi uniment, mais plutôt en se séparant en deux branches. Ainsi, deux pièces ont échappé aux seuls manuscrits français (Laon et le Mont-Renaud) ; le graduel L 239 a conservé deux *Alleluia* qui sont restés ignorés de tous les autres manuscrits. L'adoption du répertoire romain ne s'est donc pas faite de façon mécanique, ni même identique dans toutes les régions franques.

L'*Alleluia* propre des Innocents et celui de saint Paul, en *RÉ*, n'ont pas été retenus par le grégorien. On notera à ce propos que la station de la messe des Innocents se tient justement à Saint-Paul-hors-les-Murs [1] : or, ces deux pièces possèdent le même type de texte, non psalmique, voire non biblique, phénomène très rare dans les *Alleluia*, elles font partie du même timbre *(RÉ)* et ont connu le même sort, puisqu'elles ne sont pas entrées dans le grégorien. Il n'est donc pas impossible que nous tenions là les traces d'un ancien répertoire microlocal propre à la basilique de la voie d'Ostie : le sanctoral local de Saint-Paul. Voilà en tout cas l'exemple d'une influence exercée par la station sur le choix d'une mélodie.

LES ÉVOLUTIONS POSTÉRIEURES AU DÉBUT DU IXe SIÈCLE

Après le VIIIe siècle, les *Alleluia* de la messe romaine ont connu trois principales évolutions : d'une part, la fixation d'une liste alléluiatique pour les dimanches ordinaires est

---

1. KIRSCH, *Die Stationskirchen*, p. 240-241.

devenue une réalité et, d'autre part, on a constitué des communs pour le sanctoral de seconde venue. Enfin, à partir du IXᵉ siècle, des *Alleluia* et des tropes, grégoriens pour la plupart, sont entrés dans les manuscrits romains, surtout dans le plus ancien d'entre eux, le graduel de Sainte-Cécile (1071), dont la semaine *in albis* a été profondément bouleversée.

La fixation de la liste alléluiatique romaine et l'absence de la messe « Omnes gentes »

L'intérêt de la connaissance et de l'étude de la liste alléluiatique romaine[1] est très grand, en raison même de sa fixation tardive ; à partir du IXᵉ siècle, chaque église, chaque monastère choisit ou forgea en effet sa liste alléluiatique assez librement. Cela dit, s'il est désormais bien connu que ces listes permettent de localiser un manuscrit, elles permettent également (et surtout, dans la perspective romaine qui est la nôtre) de déterminer l'importance de l'influence romaine ancienne (c'est-à-dire antérieure à l'arrivée du répertoire grégorien en Italie, au IXᵉ siècle) sur les manuscrits liturgiques d'Italie centrale ; elles permettent donc de mesurer l'aire de rayonnement culturel romaine dans une vaste région. La liste alléluiatique romaine se présente comme suit :

Dom. I p. Pent.	*Qui sanat*
II	*Lauda Hierusalem*
III	*Qui posuit*
IV	*Iubilate Deo*
V	*Venite exultemus* (Dom. I p. oct. Apostolorum)
VI	*Laudate Dominum quoniam*
VII	*Lauda anima mea*
VIII	*Dominus regnavit*
IX	*Te decet hymnus*
X	*Preoccupemus* (Dom. I post sancti Laurentii)
XI	*Confitebor tibi*
XII	*Adorabo*
XIII	*Paratum cor*
XIV	*Cantate Domino* (lequel ?)

---

1. En dernier lieu, P.-M. GY, « La liturgie des chanoines réguliers », p. 187.

XV	*Cantate Domino* (lequel ?)
XVI	*Laudate pueri* (Dom. I post sancti Angeli)
XVII	*Letatus sum*
XVIII	*Qui confidunt*
XIX	*Quoniam confirmata*
XX	*Laudate Dominum omnes gentes*
XXI	*Quoniam Deus magnus*
XXII et XXIII	require antea
XXIV	*Dominus regnavit*

La naissance des « Alleluia » des communs.

L'essor du sanctoral, à partir du IXᵉ siècle, a obligé les chantres, qui ne disposaient plus d'assez de pièces propres et ne pouvaient plus en composer, à former plusieurs groupes d'*Alleluia* destinés à équiper les messes des différents saints, en fonction de leur catégorie : confesseurs, martyrs, confesseurs pontifes, vierges, apôtres [1]. Ces groupes, qui sont le plus souvent placés tout à fait à la fin des manuscrits, ne sont naturellement pas primitifs, puisque toutes ces pièces communes ont commencé par être des pièces propres. Il est le plus souvent impossible de dire pour quel saint particulier chacune de ces pièces a été d'abord composée.

Tropes et séquences.

Les tropes et les séquences sont des pièces de chant propres à la période grégorienne « classique » (IXᵉ-XIIᵉ siècle) qui ont pour caractéristique principale tantôt de réutiliser un texte préexistant (tropes dits « logogènes »), tantôt de réutiliser une mélodie ancienne, souvent très mélismatique, en la syllabisant et en l'adaptant à un nouveau texte de composition ecclésiastique, qui commente le texte scripturaire primitif (tropes dits « mélogènes ») ; c'est donc une sorte de farciture. Les tropes et leurs dérivés ont constitué le plus clair de l'activité créatrice du chant liturgique occidental entre la formation du chant grégorien (entre 743 et 840 environ) et la naissance de la polyphonie en Aquitaine (les débuts de l'école de Saint-Martial datent du XIIᵉ siècle). J. Boe [2] a mon-

1. O. LANG, *Das Commune Sanctorum*, p. 37-49.
2. « Italian and Roman Verses », p. 344.

tré que tous les tropes et toutes les séquences qu'on trouve dans les manuscrits romains, et notamment dans VL 5319 et C 74, ne sont pas forcément d'origine grégorienne, c'est-à-dire en provenance d'outre-Alpes, mais que certains d'entre eux sont originaires de Bénévent, voire de Rome même. Ces tropes de *Kyrie* romains seraient *Adest reducta dies* et *Devote canentes*[1]. Rome a également reçu à la même époque, c'est-à-dire à partir du IXᵉ siècle, divers chants grégoriens, tels l'*Alleluia Confitemini* de la vigile pascale et divers chants de l'ordinaire de la messe, *Kyrie*, *Gloria*[2], *Sanctus* et *Agnus* grégoriens.

Conclusion générale : les « Alleluia » de la messe et la culture romaine à l'époque du pape Sergius.

Toute l'année liturgique romaine est désormais équipée de pièces de chant, selon un *ordo* qui variera peu par la suite ; les modifications apportées par les siècles suivants ont en effet été relativement mineures. À la fin du VIIᵉ siècle, tandis que les papes se constituaient un État, bien avant l'intervention de Pépin le Bref, le chant liturgique de l'Église de Rome a acquis maturité et stabilité. Le problème est que ce répertoire antique souffre d'un certain nombre de défauts et de faiblesses qui vont mettre en péril sa survie : il possède peu de pièces, son style esthétique est répétitif et inexpressif. Tous ces éléments font que ce vieux répertoire local risquait d'éprouver quelque mal à passer le seuil de la réorganisation carolingienne. La suite des événements allait le confirmer, comme nous allons le voir.

---

1. « Italian and Roman Verses », p. 348 et 355-356, ainsi que « Hymns and Poems at Mass », p. 519. *Devote canentes*, dont le texte fait allusion à la topographie romaine, aurait été composé pour la procession de l'Assomption, au cours de laquelle on chantait le *Kyrie* cent fois. Textes et mélodies sont édités p. 357-384. Voir l'*OR* L, *cap.* XLIX, 3, éd. ANDRIEU, *Les OR*, t. V, p. 358.

2. Sur les *Gloria* grégoriens entrés dans les manuscrits romains, J. BOE, « Gloria A and the Roman Easter Vigil ».

TROISIÈME PARTIE

L'INTERVENTION FRANQUE
LA NAISSANCE ET L'EXPANSION
DU CHANT GRÉGORIEN

VIIIᵉ-XIIIᵉ siècle

CHAPITRE XIV

LA NAISSANCE
DU CHANT « GRÉGORIEN »
(VERS 743-VERS 840)

Introduction.

Le répertoire romain est désormais entièrement constitué et n'évolue plus, sinon à l'aide d'artifices, comme l'emploi de timbres, l'emprunt de mélodies étrangères, la prolifération de vocalises sans fonction particulière ou la centonisation modale. L'existence en Austrasie d'une puissante dynastie de maires du palais, éclairés, cultivés, formés par des ecclésiastiques d'élite et bien conseillés, comme le désir des papes de relancer l'unification de l'Église latine, ainsi que des circonstances politiques particulièrement difficiles en Italie même, vont entraîner l'expansion progressive de ce chant bien au-delà des frontières de l'Italie centrale, aux dépens des liturgies locales.

LA LITURGIE DANS LE « REGNUM » FRANC
AVANT L'INTERVENTION PIPPINIDE ET PONTIFICALE

La liturgie romaine, à son arrivée en Gaule, s'est mesurée à de très anciennes traditions autochtones. Il est cependant difficile de savoir exactement ce à quoi ressemblaient ces liturgies gallicanes, dans la mesure où leurs sources, qui nous sont parvenues sous une forme déjà en partie romanisée, sont très dispersées et parfois d'interprétation malaisée. Il n'existe par surcroît aucun manuscrit de chant gallican qui soit noté et qui date de l'époque qui a précédé 742, puisque les notations musicales n'avaient pas encore été inventées. Il faut donc rechercher les débris de ces anciens répertoires dans les manuscrits grégoriens postérieurs, datés des Xᵉ et XIᵉ siècles, et il faut pour cela savoir démêler, dans leur contenu, la part grégorienne de la part proprement gallicane. La tâche n'est donc pas aisée. Nous entendons par liturgies « gallicanes » l'ensemble constitué par la liturgie ou les liturgies en usage sur le territoire de l'ancienne Gaule romaine (c'est-à-dire la Narbonnaise et les *Tres Galliae*), depuis l'évangélisation de ces régions jusqu'en 751, à l'exclusion des autres liturgies non romaines, comme par exemple celles de l'Espagne et de Milan.

Les sources littéraires de la messe gallicane.

En règle générale, ces textes sont souvent négligés ou sous-estimés, à tort, car ils ne sont ni si rares ni si pauvres qu'on pourrait le croire. Il faut certes attendre Amalaire, donc le règne de Louis le Pieux, pour trouver à l'œuvre chez un écrivain le souci moderne de décrire avec précision le contenu des célébrations en nommant toutes les pièces, ou en tout cas les plus importantes d'entre elles, par leur incipit. Les auteurs plus anciens se bornent le plus souvent à les désigner à l'aide de termes génériques (*cantilena, modulatio, melodia, hymnus*, etc.) qui, faute d'être suffisamment précis, sont parfois délicats à utiliser.

Il n'en reste pas moins vrai que les lettres de Sidoine Apollinaire sont une mine de renseignements : on y trouve par exemple une description de la nouvelle cathédrale de Lyon (*Ep.* II, 10) bâtie par Patiens, l'épitaphe de Claudien Mamert, qui *psalmorum hic modulator et phonascus / ante altaria fratre gratulante / instructas docuit sonare classes* (*Ep.* IV, 11), ou encore le récit de l'institution des Rogations par son frère Mamert, évêque de Vienne, en 472-473 (*Ep.* V, 14 et

VII, 1 [1]) et l'aveu que Sidoine a rédigé des Préfaces *(contestatiunculae)* pour la messe *(Ep.* VII, 3 [2]).

Il en est de même pour les nombreux sermons de saint Césaire d'Arles ; le sermon 76 atteste le chant du psaume 50 aux laudes [3]. Si la *Regula ad virgines* de saint Césaire comme la *Règle* de saint Aurélien d'Arles sont riches, notamment dans le domaine des hymnes, elles ne s'intéressent cependant qu'à l'office, non à la messe [4]. La très importante *Institutio de rogationibus et vigiliis* de l'évêque Aunacharius d'Auxerre, écrite entre 585 et 592 et conservée dans les *Gesta pontificum Autissiodorensium,* qui répartit avec l'accord du roi Gontran *rogationes, vigiliae* et *litaniae* entre tous les édifices religieux du diocèse selon un tour de rôle, constitue une source capitale pour l'histoire de la liturgie en Gaule avant la réforme carolingienne [5]. Les autres règles monastiques gauloises sont tout aussi riches : la Règle de saint Ferréol (chap. 12) atteste le chant du psautier *per ordinem* à l'office [6], de même que la *Regula monachorum* de saint Colomban (chap. 7) [7] ; celle que Donat, évêque de Besançon, avait écrite pour l'abbaye de Jussa-Moutier, fondée par sa mère vers 636, décrit le *cursus* et la psalmodie [8].

Les œuvres de Grégoire de Tours, notamment l'*Historia Francorum,* livrent des détails intéressants dans le domaine

1. Voir AVIT DE VIENNE, *Homilia VI in Rogationibus,* éd. R. PEIPER, MGH, *Auct. Ant.* VI, 2, p. 110 et FAUSTE DE RIEZ, *Homilia* XXV (24) *de Letaniis,* éd. I. LEROY et F. GLORIE, *Eusebius « Gallicanus » : Collectio homiliarum,* Turnhout, 1970, p. 295-298 (CCSL 101). Les sacramentaires gallicans contiennent des messes pour ces Rogations : *Missale Gallicanum Vetus,* n° 40-41 (éd. L. C. Mohlberg, Rome, 1958, p. 55-57). Voir R. W. MATHISEN, *Roman Aristocrats in Barbarian Gaul,* Austin, 1993, p. 105-118.

2. Voir BOULEY, *From Freedom to Formula,* p. 185.

3. *Sermo* 76, 3, éd. M.-J. DELAGE, *Césaire d'Arles, Sermons au peuple,* t. III, p. 222 (SC 330). Voir W. E. KLINGSHIRN, *Caesarius of Arles. The Making of a Christian Community in Late Antique Gaul,* Cambridge, 1994.

4. Voir G. MUSCHIOL, *Famula Dei : Zur Liturgie in merowingischen Frauenklöstern,* Münster, 1994.

5. Éd. L. M. DURU, dans *Bibliothèque historique de l'Yonne,* t. I, 1850, p. 328-330 (*PL* 138, 219-364 ; une nouvelle éd. est préparée par P. Janin). Voir P. SALMON, *L'Office divin. Histoire de la formation du Bréviaire,* Paris, 1959, p. 79-84 et ATSMA, « Klöster und Mönchtum im Bistum Auxerre », p. 9-10 et 77-87.

6. V. DESPREZ, *Règles monastiques d'Occident (IV-VI° s.),* Bellefontaine, 1980, p. 305.

7. A. DE VOGÜÉ, *S. Colomban, Règles et pénitentiels monastiques,* Bellefontaine, 1989, p. 60-63.

8. G. MOYSE, « Les origines du monachisme dans le diocèse de Besançon », *BEC* 131 (1973), p. 407.

liturgique [1], par exemple le calendrier tourangeau des vigiles et des jeûnes de l'évêque Perpetuus. De même, l'épisode du passage de Chramne à Dijon, un dimanche (*HF* IV, 16), révèle que la messe gallicane comprenait trois lectures : le prophète, l'apôtre et l'Évangile ; un autre passage célèbre (*HF* II, 34) atteste la création des Rogations par saint Mamert de Vienne ; un autre, tout aussi fameux, évoque la constitution d'un sacramentaire par Sidoine Apollinaire, évê-que de Clermont d'Auvergne (*HF* II, 22). La *vita* du saint abbé Venant se déroule dans un cadre entièrement litur-gique, pendant les *missarum sollemnia* [2]. Il n'y est en revanche que rarement question des chants, sinon de façon elliptique, sauf à propos du psaume graduel, que Grégoire dit à juste titre être interprété par le diacre (*HF* VIII, 3). Les *carmina* de son ami Venance Fortunat, évêque de Poitiers vers 600, contiennent eux aussi des renseignements de nature liturgi-que, comme par exemple l'épitaphe de Chalétricus, évêque de Chartres [3].

Quant aux *Vitae sanctorum* mérovingiennes, qui n'ont été que brièvement étudiées sous l'angle liturgique par B. Beck [4], elles ne livreront toutes leurs richesses que lorsqu'on dispo-sera de bonnes éditions critiques, ce qui n'est pas le cas actuellement. Cependant, la Vie de saint Didier de Cahors (*Vita beati Desiderii episcopi Cadurcensis*, chap. 9), mort en 655 et qui fut *nutritus* puis *thesaurarius* de Clotaire II

---

1. Voir M. WEIDEMANN, *Kulturgeschichte der Merowingerzeit nach den Werken Gregors v. Tours*, II, Mayence, 1982, p. 215-237 et M. HEINZELMANN, *Gregor von Tours (538-594)*. « *Zehn Bücher Geschichte* », *Historiographie und Gesellschaftskonzept im 6. Jahrhundert*, Darmstadt, 1994.

2. *Liber Vitae Patrum* XVI, 2, éd. B. KRUSCH, *SRM*, t. I pars 2, Hanovre, rééd. 1969, p. 275-276.

3. *Carmen* IV, 7 (éd. M. Reydellet, Paris, 1994, p. 138), v. 15-16 : Chalétricus s'intéressait au chant liturgique : *organa psalterii cecinit modulamine dulci / et tetigit laudi plectra beata Dei*. Voir J. W. GEORGE, *Venantius Fortunatus*, Oxford, 1992, p. 86.

4. *Annotationes ad textus*. La première partie rassemble les renseignements litur-giques au sujet du baptême (p. 1-27), la deuxième est consacrée à la messe (p. 28-47), la troisième à l'office (p. 48-74), la quatrième à l'extrême-onction et à la sépulture (p. 75-97) et la dernière au culte des reliques (p. 98-124). Les chants ne sont évoqués qu'à deux endroits : à propos du chant de l'*Alleluia* pour les funérailles de sainte Radegonde, d'après la *Vita sanctae Radegundis* II, 24 (p. 90) et à propos du chant de communion dans la *Vita Columbani abbatis discipulorumque eius* II, 16 (MGH, *SRM*, t. IV, p. 135), qui semble être une composition ecclé-siastique proche du *Venite populi* : *Hoc sacrum corpus Domini et salvatoris sanguinem sumite vobis in vitam perennem*. Voir C. DE CLERCQ, *La Législation religieuse*, p. 99-101.

(584-629) avant d'être nommé en 630 par son fils Dagobert Ier sur le siège de Cahors, nous livre une remarquable
description des vases sacrés donnés par Didier aux églises
de son diocèse, notamment de *turres* pour l'offertoire selon
le rit gallican[1]. Les *vitae* sont riches de telles mentions ; il
suffit de se donner la peine de les recenser.

Les diplômes royaux mérovingiens attestent la *laus perennis*
dans certaines grandes abbayes franques ; c'est notamment
le cas de ceux qui ont été accordés par sainte Bathilde,
épouse de Clovis II († 657) et régente pour ses trois fils
avant de se retirer à Chelles vers 664, qui souhaitait introduire le *sanctus regularis ordo* dans les *seniores basilicae* du
royaume[2]. Les collections de lettres, comme les *Epistulae
Austrasicae*, peuvent contenir d'intéressants détails, comme
la lettre écrite par saint Remi de Reims à Falco, évêque de
Liège, pour lui reprocher d'avoir procédé à des ordinations
illicites à Mouzon, c'est-à-dire sur le territoire de Remi : elle
atteste l'existence d'un *primicerius scholae* et d'un *primicerius
lectorum*[3].

L'épigraphie, quoique souvent négligée, n'en constitue pas
moins une autre source de première importance pour la
connaissance de la liturgie de la Gaule romaine puis franque.
Il suffit en effet de songer à l'épitaphe de saint Nizier de
Lyon[4], à celles, très célèbres, des évêques de Vienne du
Ve siècle[5], ou encore à celle d'Hymnemodus, premier abbé
de Saint-Maurice d'Agaune, qui fait allusion à la *laus*

---

1. *La vie de saint Didier évêque de Cahors*, éd. R. POUPARDIN, Paris, 1900, p. 19 ;
voir O. NUSSBAUM, *Die Aufbewahrung der Eucharistie*, Bonn, 1979, p. 320-321. Sur
Didier, voir HEINZELMANN, « Bischof und Herrschaft », p. 73-80 ; J. DURLIAT, « Les
attributions civiles des évêques mérovingiens », *Ann. du Midi* 91 (1979),
p. 237-254.

2. E. EWIG, « Das Privileg des Bischofs Berthefrid von Amiens für Corbie von
664 und die Klosterpolitik der Königin Balthild », repris dans : *Spätantikes u. fränkisches Gallien* II, p. 562, 580, 582 ; J. NELSON, « Queens as Jezebels : the Careers
of Brunhild and Balthild in Merovingian History », repris dans : *Politics and Ritual
in Early Medieval Europe*, Londres-Ronceverte, 1986, p. 38-41.

3. *Ep.* 4, CCSL 117, p. 411. Voir D. NORBERG dans *Journal of Medieval Latin*
1 (1991), p. 46-51.

4. LE BLANT, *Inscriptions chrétiennes de la Gaule antérieures au VIIIe siècle*,
25 = DIEHL, ILCV 1073, v. 11-12 : *psallere precipue normamque tenere canendi /
primus et alterutrum tendere voce chorum* ; voir HEINZELMANN, *Bischofsherrschaft in
Gallien*, Munich, 1976, p. 170. Voir R. FAVREAU, « L'épigraphie comme source
pour la liturgie », dans : R. NEUMÜLLERS-KLAUSER, *Vom Quellenwert der Inschriften
(Vorträge und Berichte der Fachtagung Esslingen 1990)*, Heidelberg, 1992, p. 65-134.

5. H.-I. MARROU (éd.), *Recueil des inscriptions chrétiennes de la Gaule antérieures à*

perennis[1]. De même, les *tituli*, ces poèmes rédigés pour orner les murs des édifices religieux et dont nous possédons de remarquables exemples par Paulin de Nole, Sidoine Apollinaire (*Ep.* IV, 18 pour la basilique Saint-Martin de Tours, rebâtie par Perpetuus) ou Venance Fortunat, sont susceptibles de contenir des renseignements d'ordre liturgique[2].

Dans le même ordre d'idées, les testaments mérovingiens sont souvent d'une très grande richesse, en raison de la minutie propre à ce genre d'actes. C'est par exemple le cas de celui de l'évêque Bertrand du Mans (27 mars 616) et de celui de Burgundofara — sainte Fare — (rédigé vers 633-634), sœur de saint Faron de Meaux, fondatrice et première abbesse de Faremoutiers[3].

La principale source littéraire sur la messe gallicane est cependant constituée par les deux lettres attribuées à saint Germain de Paris. Malheureusement, ce document, conservé, parmi d'autres textes (notamment le *Liber scintillarum* de Defensor de Ligugé), sous le titre générique d'*Expositio antiquae liturgiae gallicanae*, dans un unique manuscrit (Autun, BM 184, f. 113v-122v ; *olim* grand séminaire G. III), daté du début du IXe siècle et sans doute originaire des environs de Tours, pose un problème d'authenticité. Alors que, depuis leur découverte, on considérait ces lettres, publiées pour la première fois par Dom Edmond Martène[4], comme authentiques[5], Dom A. Wilmart[6], dans un article

---

la Renaissance carolingienne, t. II, vol. XV, *Viennoise du Nord*, éd. F. DESCOMBES, Paris, 1985 : Avitus (n° 81), Domninus (n° 87), Panthagatus (n° 95), Hesychius (n° 97) et Namatius (n° 99). Voir M. HEINZELMANN, *Bischofsherrschaft*, p. 64 et 227-229.

1. ILCV 1648 B, datée de 516 : voir ATSMA, « Die christlichen Inschriften Galliens », p. 17-19, M. ZUFFEREY, *Die Abtei Saint-Maurice d'Agaune im Hochmittelalter (830-1258)*, Göttingen, 1988, p. 32 et K. H. KRÜGER, *Königsgrabkirchen*, Munich, 1971, p. 66.

2. L. PIETRI, « *Pagina in pariete reserata* » et « Les *tituli* de la basilique Saint-Martin édifiée à Tours par l'évêque Perpetuus (3ᵉ quart du Vᵉ siècle) », dans : *Mélanges d'histoire ancienne offerts à William Seston*, Paris, 1974, p. 419-431.

3. Voir U. NONN, « Merowingische Testamente. Studien zum Fortleben einer römischen Urkundenform im Frankenreich », dans : *Archiv für Diplomatik* 18 (1972), p. 1-129 ; M. WEIDEMANN, *Das Testament des Bischofs Berthramn von Le Mans vom 27. März 616*, Mayence, 1986 ; J. GUÉROUT, « Le testament de sainte Fare », *RHE* 60 (1965), p. 761-821.

4. *Thesaurus novus anecdotorum*, t. V, Paris, 1717, p. 91-100, repris par MIGNE dans la *PL* 72, 89-98.

5. DUCHESNE, *Origines du culte*, p. 200.

6. Art. « Germain de Paris (Lettres attribuées à) », *DACL* VI, 1, Paris, 1924, col. 1066-1090.

classique paru en 1924 dans le *Dictionnaire d'archéologie chrétienne et de liturgie*, rejeta cette attribution sur la base d'une intertextualité entre certains passages de ces lettres, d'une part, et le *De ecclesiasticis officiis* d'Isidore de Séville († 636), d'autre part. Considérant que le modèle ne pouvait avoir été que le texte d'Isidore, et qu'en conséquence sa copie supposée ne pouvait être attribuée à un évêque mort en 576, Dom Wilmart retira à saint Germain la paternité de ces lettres et en recula la date de rédaction à la seconde moitié du VIIᵉ siècle, Isidore étant mort en 636. Cet article rencontra l'approbation générale[1]. La question a été entièrement reprise par A. Van der Mensbrugghe[2], qui a cherché à rendre à Germain la paternité de ces lettres. La nouvelle édition critique du *De ecclesiasticis officiis* d'Isidore, procurée en 1989 par Lawson, a cependant montré de manière définitive que l'auteur des lettres avait utilisé une recension fautive du *De ecclesiasticis officiis* d'Isidore, puisqu'il dépend des manuscrits de la classe CJ[3]. Cela dit, et quelle que soit notre déception, cette liturgie est indubitablement gallicane : elle diffère en effet profondément de ce à quoi Rome nous a habitués.

Le texte est cependant d'interprétation malaisée, dans la mesure où il affectionne les analogies et les interprétations symboliques, qui sont devenues plus tard la marque propre de l'exégèse d'Amalaire, notamment dans le *Liber officialis*. Ainsi, le chant de l'introït *(antiphona ad praelegendum)* est justifié au moyen d'un rapprochement avec plusieurs épisodes de l'*Ancien Testament* et des évangiles qui évoquent l'*ingressus* de Dieu ou de son Fils, auxquels est allégoriquement assimilé le prêtre qui fait son entrée dans l'église ; on aurait préféré une description plus réaliste. Il n'en reste pas moins que ce type d'exégèse est très proche de celui des mystagogies du Pseudo-Denys et de Maxime le Confesseur (présent à Rome pour le synode de 649), au point qu'il soit permis de se demander si des traductions latines officieuses

---

1. QUASTEN, « Oriental Influence », p. 56 ; JUNGMANN, *The Mass*, t. I, p. 46 n. 12 ; DIX, *The Shape*, p. 459 ; GRIFFE, « Aux origines de la liturgie gallicane », p. 23 ; R. CABIÉ, « Les lettres attribuées », p. 188 ; VOGEL, *Introduction*, p. 225-226 ; A.-G. MARTIMORT, « La liturgie de la messe en Gaule », p. 204-205.

2. « Pseudo-Germanus Reconsidered », p. 172-184, suivi par GAMBER, *Ordo antiquus gallicanus*, p. 12 et les traducteurs de VOGEL, *Medieval Liturgy*, p. 275.

3. LAWSON, CCSL 113, Turnhout, 1989, p. 58*-64* et 151*. Confirmé par F. J. THOMSON, « SS. Cyril and Methodius as a Mythical Western Heresy : Trilinguism », *AB* 110 (1992), p. 88-89.

et sans doute partielles de ces deux textes (ou d'un seul des deux) n'étaient pas déjà en circulation en Occident au VIIe siècle. Ainsi, par exemple, comme la Mystagogie de Maxime, celle du Pseudo-Germain passe directement de la préface à la communion, en évitant soigneusement de parler du canon, en raison de la discipline de l'arcane ; cette coïncidence est-elle un hasard ?

L'*Ordo Missae* du Pseudo-Germain se présente ainsi[1] :

Pseudo-Germain de Paris[2]	Liturgie romaine ancienne
Antiphona ad praelegendum	*Antiphona ad introitum*
Aius (Trisagion)	Ø
Kyrie	*Kyrie*
Cantique du *NT* : Zacharie (*Benedictus Dominus Deus Israhel* ; Lc 1, 68-79) ; remplacé en carême par *Sanctus Deus archangelorum*[3].	Cantique du *NT* : *Gloria in excelsis* : Lc 2, 14.
[Collectio post prophetiam]	[Collecte]
[Lecture I : Prophète]	[Lecture I : Prophète]
Ø (?)	Psaume responsorial
[Lecture II : Apôtre]	[Lecture II : Apôtre]
Cantique des Trois-Enfants (*Benedictus es in firmamento celi*)	Psaume sans refrain *(tractus)*, ou cantique aux Quatre-Temps, ou *Alleluia*
Responsorium	Ø (placé entre les deux premières lectures)
[Lecture III : Évangile] (encadrée par le chant de l'*Aius*)	[Lecture III : Évangile]
Sermon	[Peu fréquent à Rome]
[Oratio fidelium]	*[Oratio fidelium]*
Sonus	*Offertorium* romain *(ou antiphona post Evangelium* ambrosienne ?)
Laudes	Ø (*Sanctus* ou *offertorium* ?)

---

1. Pour les lectures et les oraisons, on a conservé entre crochets les grands traits de l'*Ordo Missae* du Pseudo-Germain ; ils sont indispensables pour repérer les principales articulations de la cérémonie.

2. Nous nous fondons sur l'*Epistula* I, sauf pour le détail du chant du carême *Sanctus Deus archangelorum*, qui nous est donné uniquement par l'*Epistula* II.

3. PSEUDO-GERMAIN, *Ep.* II, cap. 4 (éd. RATCLIFF, p. 18).

[Prière eucharistique]   *[Canon actionis]*

Antiphona ad confractionem   *Agnus Dei* (après 687)

Psaume 33   *Antiphona ad communionem*

Cette structure gallicane possède de nombreux parallèles dans les autres liturgies non romaines, comme l'Espagne et Milan, qui en rendent la compréhension plus aisée [1]. Est-elle pour autant entièrement étrangère à l'*ethos* romain, qui — lit-on souvent — préfère la simplicité, la clarté et la sobriété ? Il faut se garder de commettre cette erreur d'optique et ne pas juger la Gaule d'après des principes romains, d'autant plus que, finalement, comme le montre cette comparaison, l'*Ordo Missae* romain n'est pas si éloigné de sa contrepartie gallicane : seul le *responsorium* n'est pas à sa place et jure avec l'organisation romaine ; encore pourrait-il s'agir d'une erreur de l'unique manuscrit.

L'introït est nommé *antiphona ad praelegendum* ; cette expression indique que le chant qui accompagnait l'entrée du clergé (non celle des fidèles) était, tout comme à Rome, une antienne qui accompagnait une psalmodie en lui servant de refrain. Ce pourrait donc être le résultat d'une influence romaine précoce en Gaule. D'autre part, elle révèle en revanche que la Gaule désignait son introït, non par référence à l'entrée du clergé, comme à Rome, mais par rapport aux lectures qui allaient suivre, ce qui est différent. Cette terminologie a le mérite de faire une allusion à la chronologie : à la messe, les lectures sont en effet plus anciennes que le chant qui accompagne l'entrée du prêtre [2] ; c'est pourquoi il est légitime de désigner ce dernier par rapport à ce à quoi il prélude. La présence d'un chant d'entrée prouve en elle même que la liturgie du Pseudo-Germain est moderne : elle n'a pas conservé cet archaïsme qui consiste à omettre tout introït et à commencer directement la messe par la collecte (comme au vendredi saint à Rome) ou par

---

1. On en trouvera un choix dans Duchesne, *Origines du culte*, p. 200-240.

2. À Rome : De Clerck, *La « Prière universelle »*, p. 293-294 ; à Milan : Schmitz, *Gottesdienst*, p. 316-317 ; en Afrique : Casati, « La liturgia della Messa », p. 489 ; Roetzer, *Des heiligen Augustinus Schriften*, p. 98 ; en Gaule : Griffe, « Aux origines de la liturgie gallicane », p. 24-25.

les lectures elles-mêmes (comme au samedi saint)[1]. Elle ne saurait donc remonter avant le début du VIᵉ siècle.

Le curieux *Aius* (*Hagios o Theos*), s'il s'agit bien du Trisagion, n'est utilisé à Rome qu'à la messe du vendredi saint pour l'Adoration de la croix. Remplace-t-il ici le *Gloria in excelsis* à la romaine ? Nous ne saurions l'affirmer[2]. Pour un observateur romain, il est en tout cas surnuméraire, puisqu'il précède le *Kyrie*, alors qu'à Rome au contraire le *Gloria* suit le *Kyrie*. Cela dit, à Milan, le *Kyrie* (qui est syllabique, car Milan ignore le *Kyrie* mélismatique à la romaine) est lié à la fin du *Gloria* et par conséquent le suit. Le cantique de Zacharie, qui arrive sur ces entrefaites (sauf en carême, où il est remplacé par une composition ecclésiastique qui semble le paraphraser, *Sanctus Deus archangelorum*), crée une redondance à l'intérieur de cette solennelle préparation aux lectures.

Les lectures commencent ensuite ; comme à Rome jusqu'au milieu du VIᵉ siècle environ, elles n'ont pas encore été réduites à deux[3]. Là s'arrête la comparaison, puisque la position des chants par rapport à elles est assez difficile à expliquer, étant donné qu'ils ne semblent pas répondre à une lecture, ce qui est pourtant leur unique fonction. À en croire le Pseudo-Germain, rien ne répond à la première lecture, la leçon prophétique ; il manquerait donc un chant. En revanche, la seconde lecture est suivie de deux chants, c'est-à-dire un de trop. Il semble donc y avoir à cet endroit un déséquilibre dont il est difficile de rendre compte. Le *responsorium* (psaume responsorial) évoqué par le Pseudo-Germain ne répond pas à une lecture et ne sert donc apparemment à rien. La Gaule, comme l'Espagne[4], chantait le cantique des Trois-Enfants tous les dimanches, comme un chant de l'ordinaire de la messe, alors que Rome le réservait — était-ce primitif ? — aux samedis des Quatre-Temps. La lecture de l'Évangile est encadrée par le chant de l'*Aius*, sorte de surcharge inconnue à Rome. Cela dit, si l'on considère ce *trisagion* comme une acclamation *post evangelium*, on

---

1. Dom J. CLAIRE, « Le répertoire grégorien de l'office », p. 28-29.
2. Voir NICKL, *Der Anteil des Volkes*, p. 19.
3. Voir Ph. BERNARD, dans *BEC* 151 (1993), p. 185-192.
4. Concile de Tolède IV, can. 14, en 633 : éd. J. VIVES, *Concilios visigóticos e hispano-romanos*, Barcelone-Madrid, 1963, p. 197 et G. MARTINEZ DIEZ et F. RODRIGUEZ, *La colección canónica hispana*, t. V, Madrid, 1992, p. 203-204.

peut alors le rapprocher de l'*Alleluia* du rit hispanique, qui est situé après l'évangile, voire du *Te decet laus* romain, qui est l'acclamation qui suit l'évangile de matines dans la Règle de saint Benoît. Ce *trisagion* gallican n'est donc pas entièrement insolite.

Après le début de la seconde partie de la messe, le *sonus* occupe la place de l'*offertorium* romain, tout en en différant assez profondément ; il se pourrait aussi[1] que ce *sonus* corresponde en réalité non à l'offertoire romain, mais à l'*antiphona post Evangelium* ambrosienne, inconnue à Rome, tandis que le *Laudes*, qui est un *Alleluia* ou une sorte de chant alléluiatique, serait le véritable offertoire.

La dernière partie de la messe, le cycle de la communion, possède une *antiphona ad confractionem* variable qui correspond au *confractorium* milanais, contrairement à l'*Agnus Dei* romain, qui ne change jamais, que les autres rits ignorent[2] et qui n'a été créé qu'à la fin du VIIᵉ siècle. Le chant de la fraction gallican appartient donc au propre, comme à Milan, tandis que celui de Rome fait partie de l'ordinaire. On ignore cependant quel est le degré d'authenticité des *confractoria* milanais, dans la mesure où la plupart d'entre eux semblent avoir été copiés sur des communions grégoriennes à une époque assez basse, sans doute le IXᵉ ou le Xᵉ siècle[3]. Sur 75 *confractoria* environ, 31 se retrouvent en effet dans le répertoire grégorien sous la forme d'une communion : Milan fut l'emprunteur[4]. Quant au *trecanum* qui le suit, il n'a jamais existé ; il s'agit d'une confusion avec le mot *trisagion* écrit en caractères grecs et en majuscules[5].

Au total, d'après le Pseudo-Germain, la liturgie de la Gaule romaine puis mérovingienne affectionnait la prolixité et le faste. Toutes ces splendeurs devaient paraître, par contraste, surchargées et obsolètes à un esprit romain[6]. Il ne fait donc pas de doute que l'arrivée de la liturgie romaine

---

1. Duchesne, *Origines*, p. 217. La *Vita sancti Hugberti* (MGH, *SRM*, t. VI, p. 489 ; Beck, *Annotationes ad textus*, p. 38-39) évoque un chant d'offertoire mal défini.
2. Comme la Gaule, Milan ne connaît pas l'*Agnus Dei* : K. Levy, dans *NOHM* II, 2ᵉ éd., p. 88.
3. Cattaneo, « I canti della frazione », p. 152-153 ; Borella, *Il rito*, p. 197-198.
4. Dom J. Claire, « Les psaumes graduels », p. 10, n. 15 ; Hucke, « Der Übergang », p. 190 ; B. Baroffio, « Il canto Gregoriano nel VIII secolo », p. 16.
5. Ph. Bernard, *Francia* 23 (1996), p. 95-98.
6. Porter, *The Gallican Rite*, p. 52-53.

en Gaule, par contraste, a dû profondément impressionner l'élite des clercs francs par sa moderne simplicité et par la sobriété de sa pompe. C'est là en définitive qu'il faut chercher les véritables raisons du succès de la romanisation du culte franc, non dans l'action de la police de Charlemagne : il ne servait à rien d'imposer la liturgie romaine, ses qualités intrinsèques l'imposaient à elles seules.

Les principales sources liturgiques de la messe gallicane.

Comme il n'existe plus ni graduel ni *cantatorium* gallican, nous n'avons donc de témoin liturgique gallican que pour les lectures et les oraisons. En effet, les plus anciens manuscrits de chant copiés en Gaule qui nous soient parvenus sont déjà grégoriens, sans exception.

Les plus importants sacramentaires gallicans sont le *Missale Gallicanum Vetus* (Cité du Vatican, BAV Palat. lat. 493), qui est un manuscrit formé de trois parties distinctes, de la seconde moitié du VIIIᵉ siècle ; il contient un sacramentaire qui provient vraisemblablement de la constellation de monastères formée par Chelles, Jouarre, Rebais et Faremoutiers, c'est-à-dire du bassin parisien [1] ; il en est de même pour le *Missale Francorum* (Cité du Vatican, BAV Reg. lat. 257), lui aussi copié au VIIIᵉ siècle [2]. Le *Missale Gothicum* (Cité du Vatican, BAV Reg. lat. 317), daté de 700 environ, provient peut-être de Luxeuil ou du diocèse d'Autun [3]. Le Missel de Bobbio (Paris, BN lat. 13246), copié au VIIIᵉ siècle, peut-être à Bobbio, où il a été découvert, reflète un usage liturgique franc [4]. Les « messes de Mone » (Karlsruhe,

---

1. GAMBER, *Codices liturgici* 1, n° 212 à 214, p. 164-166 ; BIERBRAUER, « Missale Gallicanum Vetus », p. 68 ; R. McKITTERICK, « Frauen und Schriftlichkeit im Frühmittelalter », dans : H.-W. GOETZ (éd.), *Weibliche Lebensgestaltung im Frühen Mittelalter*, Cologne-Weimar-Vienne, 1991, p. 69-95 (ici, p. 73) et « Nuns' scriptoria in England and Francia in the eighth century », *Francia* 19 (1992), p. 20-21. Éd. L. C. MOHLBERG *et alii*, *Missale Gallicanum Vetus*, Rome, 1958.

2. GAMBER, *Codices liturgici* 1, n° 410, p. 231-232 ; MÜTHERICH, « Les manuscrits enluminés en Neustrie », p. 326 ; McKITTERICK, « Nuns' scriptoria », p. 20-21. Éd. L. C. MOHLBERG, *Missale Francorum*, Rome, 1957.

3. GAMBER, *Codices liturgici* 1, n° 210, p. 161-162 ; BIERBRAUER, « Missale Gothicum », p. 62 ; MÜTHERICH, « Les manuscrits enluminés en Neustrie », p. 326 ; Éd. L. C. MOHLBERG, *Missale gothicum*, Rome, 1961.

4. GAMBER, *Codices liturgici* 1, n° 220, p. 167-169 ; Éd. E. A. LOWE, *The Bobbio*

Badische Landesbibl. Cod. Augiensis 253), conservées dans
un manuscrit du VIIᵉ siècle, sont sept formulaires de messes
qui portent le nom de leur premier éditeur en 1850 ; ils sont
peut-être burgondes [1]. En tout cas, les analyses qui, sur la
base d'une attribution de ces manuscrits à la Bourgogne,
faisaient de cette région le cœur de la liturgie gallicane, l'épicentre de la créativité liturgique du *regnum* franc, semblent
périmées.

Ces magnifiques sacramentaires, auxquels il faut ajouter
le palimpseste Munich, BSB lat. 14429, montrent que la
liturgie de la Gaule n'était nullement en décadence au
VIIIᵉ siècle, bien au contraire [2]. Ils permettent de savoir quel
était le nombre des oraisons à la messe gallicane et quel était
le nom qu'on leur donnait ; ils permettent surtout d'étudier
de près le style de composition littéraire des textes euchologiques francs, qui est à l'image des chants : ils sont très
solennels et d'une grande virtuosité oratoire ; il faut certainement voir la main des grands aristocrates cultivés
qu'étaient la plupart des évêques du Vᵉ siècle, comme
Sidoine, dans un grand nombre de ces oraisons, qui n'ont
rien de « barbare ». Il est aussi à noter que ces manuscrits,
bien qu'anciens et tous antérieurs au règne de Pépin le Bref,
sont déjà en partie romanisés : certains d'entre eux témoignent ainsi de la présence en Gaule du sacramentaire gélasien ancien (Vat. Reg. 316) [3] dès la fin du VIIᵉ siècle. C'est
le signe que les influences romaines précoces n'ont pas manqué et que 751 ne fut nullement une « année zéro » pour la
romanisation du culte franc. Cela dit, seuls les textes étant
alors transportables à l'aide de manuscrits — les notations
musicales n'existant pas encore et la transmission de la musique restant par conséquent purement orale —, la liturgie
romaine ne pouvait envoyer en Gaule que ses oraisons et

Missal, 3 vol., Londres, 1917-1924 (HBS 53, 58 et 61) ; les vol. 58 et 61 ont été
réédités en un seul tome en 1991.

1. GAMBER, *Codices liturgici*, 1, n° 203, p. 159 s. ; Éd. L. C. MOHLBERG, dans
Missale gallicanum vetus, Rome, 1958, p. 61-91.

2. R. MCKITTERICK, dans : H. B. CLARKE et M. BRENNAN (éd.), *Colombanus
and Medieval Monasticism*, Oxford, 1981, p. 185 et 192 et B. BISCHOFF, *Paléogra-
phie*, Paris, 1985, p. 215. Sur leur orthographe, voir M. VAN UYTFANGHE, dans
Romanica Gandensia 16 (1976), p. 15 ; J. HERMAN, dans : M. ILIESCU et W. MARX-
GUT (éd.), *Latin vulgaire-Latin tardif III*, Tübingen, 1992, p. 173-186 et M. BAN-
NIARD, *Viva voce*, Paris, 1992, p. 289.

3. En dernier lieu : MCKITTERICK, « Nuns' scriptoria », p. 6, n. 15 et 11.

l'*ordo* de ses lectures, non ses mélodies, que seul un chantre se déplaçant en personne pouvait transmettre. Cela explique que le chant soit la partie de la liturgie romaine que les Francs ont adoptée en dernier, environ cinquante ans après avoir commencé à copier des oraisons romaines dans leurs manuscrits, quand leurs souverains firent enfin venir en Gaule des membres de la *Schola cantorum* romaine, avec l'accord et l'appui actif des papes, voire à leur initiative.

Les principaux lectionnaires gallicans sont le lectionnaire de Luxeuil (Paris, BN lat. 9427), copié à Luxeuil entre la fin du VII⁰ siècle et le début du siècle suivant, qui pourrait avoir été destiné à une église de Langres [1], et le lectionnaire palimpseste de Wolfenbüttel (Herzog-August Bibl., Cod. 4160 = Weissemburgensis 76), du début du VI⁰ siècle, sans doute originaire du Sud de la Gaule [2].

Les sources canoniques : les « Statuta Ecclesiae antiqua » et les canons conciliaires des « regna » francs de l'ancienne Gaule romaine.

Ces documents contiennent un assez grand nombre de renseignements de nature liturgique et musicale, même si certains, comme les *Statuta Ecclesiae antiqua,* qui ont été repris par le *Missale Gallicanum Vetus,* s'intéressent surtout aux questions de discipline. Par exemple, l'usage du chant du *Kyrie* est attesté par le deuxième concile de Vaison, en 529 (canon 3) [3], conformément à l'usage romain ainsi qu'aux Règles de saint Césaire et de saint Aurélien d'Arles ; de même, l'interdiction de la Quinquagésime — pratique romaine — par le premier concile d'Orléans, en 511 (canon 24) [4] et le quatrième concile d'Orléans, en 541 (canon 2) [5]. Dans ce dernier cas, cette apparente tentative de résistance à la romanisation, qui pourrait sembler à

---

1. GAMBER, *Codices liturgici* 1, n° 255, p. 176. Éd. P. SALMON, *Le Lectionnaire de Luxeuil,* 2 vol., Rome, 1944 et 1953. Voir R. G. BABCOCK, « The Luxeuil Prophets and the Gallican Liturgy », *Scriptorium* 47 (1993), p. 52-55.

2. GAMBER, *Codices liturgici* 1, n° 250, p. 174-176. Éd. A. DOLD, *Das älteste Liturgiebuch der lateinischen Kirche,* Beuron, 1936 (T. und A. 26-28).

3. Éd. GAUDEMET-BASDEVANT, t. I, p. 190.

4. *Ibid.,* p. 86.

5. *Ibid.,* p. 266-268. Voir DE CLERCQ, *La Législation religieuse,* p. 30.

contre-courant, se comprend fort bien à condition de prendre ces canons conciliaires pour ce qu'ils sont, c'est-à-dire la condamnation d'une pratique pénitentielle jugée excessive, non celle d'un temps liturgique particulier, originaire d'une métropole particulière : pour les Pères de ces deux conciles d'Orléans, la Quinquagésime (et la Sexagésime) posaient un problème de discipline, non un problème liturgique. Il ne s'agissait pas de s'opposer à Rome, mais au rigorisme pénitentiel, quelle que fût son origine. On sait qu'un certain nombre d'évêques francs n'aimaient guère saint Colomban, connu pour ses prouesses ascétiques [1]. L'apparente contradiction est ainsi résolue.

Les canons conciliaires de l'époque mérovingienne sont surtout importants sur le plan liturgique parce qu'ils démontrent que la Gaule ne connaissait pas un état d'« anarchie liturgique » aux VIIe et VIIIe siècles, pour reprendre une formule souvent utilisée, mais au contraire une unité liturgique à l'échelle de chaque province ecclésiastique, derrière le métropolitain. Plusieurs conciles mérovingiens, de toute région et de toute époque, montrent que les métropolitains veillaient à ce que leur liturgie soit adoptée par leurs suffragants et par les prêtres de ces derniers [2]. Il n'est pas non plus exclu que plusieurs provinces ecclésiastiques aient suivi la même liturgie en s'alignant sur le rit en vigueur chez un métropolitain particulièrement respecté en raison de son *auctoritas*, laquelle dépendait de ses origines familiales, de son âge, de ses liens avec le pouvoir royal, de l'histoire de sa *civitas* et de sa province, de sa réputation de sagesse ou de sainteté et de sa compétence à résoudre des problèmes dif-

---

1. SCHÄFERDIEK, « Columbans Wirke », p. 183-184. La controverse entre Colomban et l'épiscopat franc portait également sur la date de Pâques ; Colomban s'en explique dans sa lettre adressée au clergé franc (*Ep.* II, dans *Sancti Columbani opera*, éd. G. S. M. WALKER, Dublin, 1957, p. 12-22). Voyez aussi VOLLRATH, *Die Synoden Englands*, p. 49-55.

2. Voir concile de Vannes (461-491), can. 15 (CCSL 148, p. 155) ; Epaone (517), can. 27 : *« Ad celebranda divina officia ordinem, quem metropolitani tenent, provinciales eorum observare debebunt »* ; Arles V (554), can. 1 : *« Ut oblatae, quae in sancto offeruntur altario, a conprovincialibus episcopis non aliter nisi ad formam Arelatensis offerantur ecclesiae »* ; d'autres conciles prévoient une uniformité liturgique non seulement sur le plan provincial, mais aussi sur le plan « national » : voir Agde (506), can. 13 : *« Symbolum etiam placuit ab omnibus ecclesiis una die, idest ante octo dies dominicae Resurrectionis, publice in ecclesia a sacerdote competentibus tradi »* ; Orléans I (511), can. 24 et 27 (sur la durée de la préparation à Pâques et les Rogations).

ficiles dans les domaines politique et religieux. En cas de doute, on consultait ce genre de personnages et on s'alignait sur eux.

Le timbre des traits en *RÉ* diffère profondément du grand timbre des graduels en *RÉ*, les graduels dits « en II A ». Or, ces « graduels » étaient à l'origine, pour les plus anciens d'entre eux en tout cas, des psaumes sans refrain ; le phénomène de transformation du psaume sans refrain en psaume responsorial, grâce à l'ajout d'un refrain factice, est particulièrement facile à observer pour le « graduel » *Haec dies*. « Traits en *RÉ* » anciens et « graduels en II A » anciens sont donc, les uns comme les autres, d'anciens psaumes sans refrain. Or, leurs mélodies n'ont rien de commun, sinon la corde mère. Ce peut être un indice de la différenciation qui pouvait exister entre différents répertoires gallicans. Il nous semble aventureux de vouloir en dire davantage, étant donné le silence des sources. Les sacramentaires et les lectionnaires que nous avons évoqués brièvement semblent d'ailleurs parler en faveur de l'unicité de l'*Ordo Missae* partout en Gaule : même nombre de lectures, même nombre d'oraisons, même usage du cantique des Trois-Enfants. Les Règles de saint Césaire et de saint Aurélien d'Arles paraissent au contraire témoigner en faveur de l'existence de particularismes régionaux dus, dans leur cas, à la plus grande proximité par rapport à l'Italie et à l'appartenance à un royaume non franc, le royaume ostrogoth de Théodoric et de ses successeurs. La spécificité d'Arles est donc due à une situation politique particulière. Il en est de même de la Septimanie, autour de Narbonne, qui resta wisigothique d'Euric à Charles Martel et dont l'épiscopat, convoqué par un ordre royal depuis le concile d'Agde (506), participait aux conciles espagnols ; sa liturgie était sans doute très proche de celle de la péninsule Ibérique[1] : *cuius regio, eius consuetudo*.

---

1. Voir Tolède III (589), can. 2 (éd. Vives, *Concilios visigóticos*, p. 125), Tolède IV (633), can. 11-14 (p. 195-197).

Conclusion : les caractères propres des anciennes liturgies gallicanes.

La liturgie romaine est, dans le choix comme dans le nombre des textes employés, plus variée que son homologue et rivale franque, possède une plus grande diversité, préfère la solennité au *pathos*, n'aime pas les longs et indiscrets épanchements de la sensibilité individuelle, utilise davantage le psautier et moins l'Ancien Testament, les apocryphes et les compositions ecclésiastiques, comme par exemple les *Gesta martyrum* et les *Vitae sanctorum*. En cela, la liturgie gallicane est d'une certaine manière plus archaïque que celle de Rome. La liturgie romaine ancienne possède en effet des traits bien marqués, qui n'appartiennent qu'à elle. Cette personnalité de la liturgie de l'*Urbs*, si marquée et si caractéristique, alliée au prestige du Siège romain, explique qu'elle ait pu peu à peu triompher partout en Europe occidentale : sa valeur a fait son succès ; l'intervention plus ou moins autoritaire des rois n'a fait que sanctionner après coup ces qualités intrinsèques, sans lesquelles elle n'aurait pu connaître une pareille diffusion.

LA ROMANISATION DU CULTE FRANC :
L'ALLIANCE ENTRE LES PAPES ET LES MAIRES DU PALAIS

L'état de la question repose essentiellement sur les travaux de Cyrille Vogel[1]. Or, il se faisait du VIIIᵉ siècle une idée qui est aujourd'hui dépassée, au moins sur trois points capitaux. Le premier est ce qu'on pourrait appeler la « légende noire du VIIIᵉ siècle » ; le deuxième est l'insistance systématique sur des considérations d'intérêt politique, donc sur le cynisme supposé des premiers Carolingiens, qui réduirait leur réforme liturgique à de simples mesures de police intérieure

---

1. Il s'agit essentiellement de « Les échanges liturgiques » (1960), « La réforme cultuelle sous Pépin » et « La réforme liturgique sous Charlemagne » (1965), « Saint Chrodegang » (1967) et « Les motifs de la romanisation » (1979). S'y ajoute son manuel, *Introduction aux sources*, paru d'abord sous forme d'articles dans les *Studi Medievali* 3 (1962), p. 1-98 et 4 (1963), p. 435-569, qui ont été complétés et réunis en un volume en 1965. Voir aussi A. HÄUSSLING, *Mönchskonvent und Eucharistiefeier*, p. 174-181.

ou à du protectionnisme dirigé contre de supposées influences byzantines en Gaule ; le troisième, plus général, consiste dans le fait d'avoir adopté le point de vue des Francs, comme s'il était entendu une fois pour toutes que les rapports de forces entre les premiers Carolingiens et les papes avaient été très favorables aux premiers et comme si la papauté avait été le jouet de la politique franque. Nos propres recherches nous ont au contraire conduit à reprendre l'histoire de la naissance du chant grégorien en nous plaçant non plus du point de vue franc, comme on le fait d'habitude, mais de celui de Rome, ce qui change tout. Et si les premiers Carolingiens avaient été les fidèles serviteurs des papes ?

La naissance de la « respublica sancti Petri[1] ».

On a exagéré l'idée d'un VIIIe siècle de « décadence » et d'« anarchie » universelles. Ce catastrophisme repose sur un petit nombre de textes, dont certains nous semblent avoir été mal interprétés. Le premier est une lettre d'Hilduin de Saint-Denis à Louis le Pieux, datée de 835 environ, dans laquelle cet abbé, d'après C. Vogel, affirmerait que les livres liturgiques gallicans sont en lambeaux et hors d'usage et que, par conséquent, la liturgie gallicane était en plein déclin vers 740[2]. C'est un contresens. En réalité, Hilduin dit seulement que les derniers livres liturgiques gallicans, périmés depuis l'introduction de la liturgie romaine en Gaule, vers

---

1. H. Fuhrmann (*Quellen zur Entstehung des Kirchenstaates*, Göttingen, 1967) édite quelques-unes des sources.

2. « Les échanges liturgiques », p. 203 ; éd. E. Dümmler, MGH, *Epistolae*, V, Berlin, 1899, rééd. Munich, 1978, p. 330 : [l'histoire de l'envoi de saint Denis en Gaule par le pape Clément, dit Hilduin, est corroborée par les vieux sacramentaires gallicans qu'il a pu trouver] : « *Cui adstipulari videntur antiquissimi, et nimia pene vetustate consumpti, missales libri continentes missae ordinem more Gallico, qui ab initio receptae fidei usu in hac occidentali plaga est habitus, usque quo tenorem, quo nunc utitur, Romanum susceperit. In quibus voluminibus habentur duae missae, quae sic inter celebrandum ad provocandam divinae miserationis clementiam, et corda populi ad devotionis studium excitanda, tormenta martyris sociorumque eius succincte commemorant, sicut et reliquae missae ibidem scriptae aliorumque apostolorum vel martyrum, quorum passiones habentur notissimae, decantant. Quarum missarum cantus, sensus et verba, adeo passionis eorundem, quam vobis misimus, seriei concordare videntur, ut nulli sit dubium, a teste illorum martirii agones eorum fuisse descriptos, et ex ipsa veraci historia memoriam tormentorum suorum in prefatis precibus fuisse mandatam.* »

740, c'est-à-dire depuis un siècle, et qu'on n'avait cependant pas détruits, mais pieusement conservés, sont en mauvais état en 835, quand il essaya de s'en servir pour y trouver des renseignements sur le culte de saint Denis, obéissant ainsi aux ordres que lui avait donnés Louis le Pieux dans une précédente lettre. L'empereur pensait en effet qu'il avait été rétabli sur son trône en 834, à Saint-Denis justement, grâce à la *potestas* du saint martyr Denis ; il voulait donc le remercier en faisant compiler par Hilduin un dossier, qui renfermerait tout ce qu'on pouvait savoir au sujet du premier évêque de Paris. L'état d'usure des sacramentaires gallicans exhumés par Hilduin lors de cette mission officielle est banal pour des manuscrits qui étaient restés sans servir, enfermés dans des coffres ou placés sur des étagères, pendant plus de quatre-vingts ans. Vogel, qui a tronqué le texte, a oublié que l'abbé Hilduin écrit un siècle après les débuts de la romanisation du culte franc : il ne décrit donc pas la situation de 735, mais celle de 835. Quand Hilduin dit que ces livres sont en mauvais état, il veut simplement dire qu'ils sont très vieux, donc très fiables pour reconstituer l'histoire de saint Denis. Il ne décrit donc pas la « décadence » de la liturgie franque en 735. On sait du reste que les *sacra volumina* étaient souvent conservés, non dans la bibliothèque, mais dans le trésor, et qu'ils jouissaient à ce titre d'une protection qui leur était reconnue officiellement par les diplômes d'immunité accordés par les rois et les évêques. C'est le cas par exemple d'un diplôme de Clotaire III en 662 [1]. En cas de péril, les moines emportaient le trésor de l'abbaye avec eux, et les livres liturgiques qui en faisaient normalement partie, comme les reliquaires en métal précieux. *Non liquet.*

On cite ensuite une lettre du pape Paul Ier à Pépin [2], dans laquelle le pape annonce au roi qu'il lui envoie un certain nombre de livres :

---

1. J.-M. PARDESSUS, *Diplomata, chartae, epistolae, leges aliaque instrumenta ad res gallo-francicas spectantia*, II, Paris, 1849, n° 343 p. 124. Voir EWIG, « Das Privileg des Bischofs Audomar von Térouanne von 663 », dans : *Spätantikes und fränkisches Gallien*, II, p. 524 et « Das Privileg des Bischofs Berthefrid von Amiens für Corbie von 664 », *ibid.*, p. 549 ; B. BISCHOFF, *Mittelalterliche Schatzverzeichnisse, I : Von der Zeit Karls des Grossen bis zur Mitte des 13. Jahrhunderts*, Munich, 1967, p. 96.

2. *Codex Carolinus*, ep. 24, éd. MGH, *Epist.* III, W. GUNDLACH (éd.), Berlin, 1892 (Munich, 1978), p. 529.

Direximus itaque excellentissime praecellentiae vestrae et libros, quantos reperire potuimus : id est antiphonale et responsale, insimul artem gramaticam [sic] *Aristolis* [sic], *Dionisii Ariopagitis geometriam, orthografiam, grammaticam, omnes Greco eloquio scriptas, nec non et horologium nocturnum.*

C'est pourquoi nous avons envoyé à Votre Majesté tous les livres que nous avons pu trouver, à savoir un antiphonaire et un responsorial ; de même, l'*ars grammatica* d'Aristote et les livres écrits par Denys l'Aréopagite sur la géométrie, l'orthographe et la grammaire, tous ouvrages écrits en grec ; nous y avons ajouté une horloge qui permet de savoir l'heure la nuit.

Cette lettre, rédigée vers 758, indique que le pape a envoyé à Pépin plusieurs sortes de livres. Les manuscrits liturgiques viennent en premier : un antiphonaire et un responsorial ; ce dernier type d'ouvrage, tombé en désuétude depuis la fin du haut Moyen Âge, contenait uniquement les grands répons de matines. C'était donc un extrait de l'antiphonaire. Paul n'envoie que des manuscrits de l'office, pour aider l'Église franque à se réformer, notamment au moyen de l'adoption de la vie canoniale, qui entraînait pour les clercs séculiers (avant tout pour ceux qui vivaient dans l'entourage de l'évêque, les chanoines) l'obligation de réciter les offices. La réforme de l'Église franque et de son clergé s'est faite en partie grâce à cette obligation nouvelle, inscrite dans la Règle de saint Chrodegang. Le deuxième type d'ouvrages est constitué par certaines des œuvres de Denys l'Aréopagite, cet auteur anonyme du VIe siècle dont les écrits mystiques ont tant fait pour le culte de saint Denis de Paris et pour l'angélologie occidentale, dans la mesure où Hilduin, dans sa *Vita sancti Dionysii*, les a attribués à saint Denis de Paris. De tels ouvrages ne pouvaient qu'intéresser la puissante abbaye de Saint-Denis et son patron (et ancien *alumnus*), Pépin. Quelques décennies plus tard, vers 830, Louis le Pieux allait d'ailleurs charger l'abbé Hilduin (815-840 / 844) de traduire du grec ces écrits fondamentaux pour le culte de saint Denis, à partir d'un manuscrit offert en 827 par l'empereur Michel II [1], jusqu'à ce qu'Abélard

---

1. Ms Paris, BN gr. 437 ; voir LOWDEN, « The Luxury Book », p. 250 ; D. NEBBIAI DALLA GUARDA, *La Bibliothèque de l'abbaye de Saint-Denis du IXe au XVIIIe siècle*, Paris, 1985, p. 29-30.

s'aperçoive de la méprise. La traduction définitive de ces ouvrages est due non à Hilduin, mais à Jean Scot Érigène (env. 810-env. 877), sous le règne de Charles le Chauve. C'était donc de la part du pape Paul un magnifique cadeau pour l'abbaye dans laquelle avait eu lieu le second sacre de Pépin, des mains du pape Étienne II, en 754. La dernière catégorie de livres est formée d'ouvrages de grammaire. Le passage de cette lettre où il est question d'Aristote et de Denys est considéré comme suspect (mais les critiques ne sont pas unanimes), soit que le copiste ait confondu Denys avec quelque grammairien homonyme, soit qu'il ait corrigé sa source pour y ajouter des noms d'auteurs de belle apparence [1].

On n'a pas manqué de soulever le problème posé par cet envoi d'ouvrages en grec, d'autant que le pape prétend n'avoir que cela à sa disposition *(quantos reperire potuimus)*, ce qui est inexact, puisqu'il envoie également des livres liturgiques latins. On en a déduit abusivement que la bibliothèque du Latran était si appauvrie que Paul en était réduit à envoyer au roi des Francs des livres grecs inutilisables en Gaule, c'est-à-dire du rebut [2]. En réalité, ces ouvrages, tout grecs qu'ils fussent, pouvaient être du plus haut intérêt pour les Francs, notamment les écrits de Denys l'Aréopagite ; quant à l'envoi de manuscrits liturgiques, qui ne sont nullement grecs, il témoigne clairement de la volonté pontificale de pousser fermement le roi des Francs à réformer l'Église de son *regnum* en commençant par l'office, peu à peu imposé à tous les clercs, en tout cas en ville. Cette lettre n'est donc pas la preuve de la décadence du savoir et des bibliothèques à Rome. La réalité est au contraire que la bibliothèque pontificale était à l'époque de Charlemagne et d'Hadrien suffisamment pourvue en livres pour permettre l'envoi d'exemplaires de référence, les *codices authentici*, dont les plus célèbres sont le manuscrit de la *Collectio Dionysio-Hadriana*

---

1. Pour l'authenticité : Théry, *Études dionysiennes*, t. I, p. 1-3 ; Loenertz, « La légende parisienne », p. 180 ; Lowden, « The Luxury Book », p. 250, n. 4. *Contra* : Luscombe, « Denis the Pseudo-Areopagite », p. 136, n. 12 ; A. Siegmund, *Die Überlieferung der griechischen christlichen Literatur in der lateinischen Kirche bis zum zwölften Jahrhundert*, Munich, 1949, p. 182-183.

2. Vogel, « Les échanges liturgiques », p. 190-191 s. et *Medieval Liturgy*, p. 148 ; Klauser, « Die liturgischen Austauschbeziehungen », p. 172.

(offert à Charlemagne en 774) et celui du sacramentaire *Hadrianum, immixtum.*

Ajoutons à cela que l'image d'une papauté décadente au VIIIe siècle, idée qui — pour le XXe siècle — remonte à un article de Klauser[1], sans doute accréditée par les guerres avec les Lombards et par les différents appels lancés aux rois francs, qui pourraient faire croire à une papauté faible et aux abois, est une idée aujourd'hui abandonnée : on préfère insister sur la puissance des papes et l'habileté de la diplomatie pontificale tout au long du VIIIe siècle, à la fois face à Constantinople et aux Lombards du Nord et des duchés du Sud (Spolète et Bénévent), conduisant, bien avant l'intervention de Pépin, à la naissance d'une *respublica sancti Petri*, indépendante de l'empereur, de son exarque et du duc de Rome, réduits à l'impuissance, dès les années 730.

Concluons. Les papes, possesseurs d'une très riche bibliothèque, souhaitaient inciter les Francs à envoyer des scribes à Rome pour y copier eux-mêmes les documents originaux, ce dont ils étaient parfaitement capables, puisqu'ils disposaient du personnel compétent qui est nécessaire pour accomplir cette tâche ; si Wala, abbé de Corbie, fut cependant autorisé à en emporter un en 825, ce fut sans doute en raison de son appartenance à la famille carolingienne : il était neveu de Pépin III et donc cousin germain de Charlemagne[2].

La politique de Rome en matière de rit : du pluralisme à l'unification.

L'histoire de la naissance de la liturgie romano-franque et du chant grégorien, vue du côté romain, se confond (quoique pas toujours entièrement) avec celle de l'affirmation du primat de Rome. Contrairement aux autres patriarcats du

---

1. Th. KLAUSER, « Die liturgischen Austauschbeziehungen », p. 141-142, 148 s. Inutile de dire que l'image d'une Rome en pleine décadence à l'époque du pape Hadrien est depuis longtemps périmée, étant contredite par les faits. Cet article de Klauser fut sans doute la première source d'inspiration de Cyrille Vogel, qui en a développé les principales idées fausses en les accentuant encore plus (déclin de la papauté, décadence culturelle franque, etc.).

2. L'épisode est rapporté par Amalaire dans le prologue de son antiphonaire perdu (éd. HANSSENS, t. I, p. 361) ; voir E. LESNE, *Histoire de la propriété ecclésiastique en France*, IV, Lille, 1938, p. 69.

monde chrétien (Jérusalem, Antioche, Constantinople et Alexandrie), qui toléraient assez largement les *diversitates*[1], la papauté est très précocement passée de la simple affirmation de l'unité de foi à celle de l'unité de rit, la première entraînant la seconde : quand on imite Rome dans les domaines les plus importants, comme le dogme, on doit *a fortiori* la suivre dans les plus petits détails (mais sont-ce des détails ?), comme le rituel et l'*Ordo Missae*, qui sont les signes visibles de l'unité de foi. Tout l'édifice repose sur le primat de saint Pierre, toujours vivant en ses successeurs, ainsi que sur l'affirmation concomitante que Rome est la mère de toutes les Églises en Occident.

Six ou sept grands textes jalonnent cette histoire, qui a abouti, à partir du milieu du VIIIe siècle, à la naissance d'un nouveau chant liturgique qui s'est ensuite imposé à tout l'Occident : le chant grégorien. Il s'agit de la décrétale de Damase *ad Gallos episcopos*, qui constitue la première prise de position nette de Rome contre les *diversitates* ; de la décrétale de Sirice à Himère de Tarragone, le 2 février 385, qui demande l'alignement sur le rit romain ; des lettres 54 et 55 de saint Augustin à Januarius, écrites vers 400, consacrées au pluralisme liturgique dans l'Église ; de la décrétale d'Innocent à Decentius de Gubbio, le 19 mars 416, dans laquelle le pape affirme la doctrine selon laquelle Rome serait la mère de toutes les Églises en Occident ; du canon 15 du concile de Vannes, réuni entre 461 et 491, dans lequel le métropolitain de Lyonnaise Troisième, Perpetuus de Tours, cherche à unifier la liturgie de sa province en affirmant que l'unité de foi doit entraîner l'unité de rit ; de la décrétale de Vigile à Profuturus de Braga, le 29 juin 538, accompagnée de *libelli* liturgiques et d'un *Ordo Missae*, qui rappelle la nécessité d'adopter la *consuetudo* romaine ; enfin, du pragmatique *libellus responsionum* de saint Grégoire (590-604) à Augustin de Cantorbéry et de sa lettre à son ami Léandre de Séville sur le nombre des immersions dans le rituel du baptême.

Ces textes montrent que Rome a cherché très tôt, dès

---

1. Voir Socrate, *HE* V, 22 (*PG* 67, 625-646) ; Sozomène, *HE* VII, 19 (*Sozomenus Kirchengeschichte*, éd. J. Bidez et G. C. Hansen, Berlin, 1960, p. 330-332 ; GCS 50). Je remercie mon ami Michel-Yves Perrin, qui a bien voulu me signaler ces références.

Damase, à répandre son rit — et non pas uniquement son dogme ou son comput pascal — dans tout l'Occident, avec beaucoup de fermeté et de constance, comme en témoignent les décrétales des papes Sirice, Innocent et Vigile, mais aussi avec beaucoup de pragmatisme et de souplesse, en fonction des circonstances et de la nécessité de préserver la concorde et de ne pas scandaliser les fidèles, comme le montrent les deux textes de saint Grégoire le Grand et les lettres de saint Augustin à Januarius. Du reste, ces deux procédés ne sont nullement contradictoires : on ne peut pas dire que saint Grégoire soit revenu en arrière par rapport aux visées de ses prédécesseurs. Cette évolution n'est d'autre part à aucun titre une « trahison » de l'« esprit véritable » du christianisme antique par le Moyen Âge naissant. Il n'est naturellement pas question d'écrire ici une histoire du développement du primat romain, mais seulement de rappeler un certain nombre d'épisodes qui ont eu une importance dans la genèse du chant grégorien et qui en expliquent la naissance : point d'affirmation du primat de Rome dans tous les domaines, point de réforme liturgique carolingienne, point de chant grégorien.

Les prémices : la décrétale de Damase « ad Gallos episcopos ».

La décrétale *Dominus inter caetera*[1], conservée dans un petit nombre de manuscrits et sans nom d'auteur, a très vraisemblablement été écrite par le pape Damase à la demande des évêques de la Gaule romaine, qui souhaitaient connaître son avis au sujet d'un certain nombre de problèmes. Outre le fait qu'elle emploie un vocabulaire nouveau *(« ex sedis apostolicae auctoritate »)* et un ton plus autoritaire, cette lettre évoque pour la première fois l'idée que la discipline romaine doit être copiée partout (chap. 9) :

---

1. Éd. E. C. BABUT, *La Plus Ancienne Décrétale*, Paris, 1904, p. 78-79. Voir Ch. PIETRI, *Roma christiana* I, p. 764-772 ; MACCARRONE, « Sedes apostolica-Vicarius Petri », p. 12-15.

Catholicorum episcoporum unam confessionem esse debere apostolica disciplina conposuit. Si ergo una fides est, manere debet et una traditio. Si una traditio est, una debet disciplina per omnes ecclesias custodiri. Diversis regionibus quidem ecclesiae sunt conditae, sed per omnem mundum unitate fidei catholica una est appellata. Nam et sic legimus : « Una est columba mea, una est perfecta mea, una est genetrici suae. »

La règle que les apôtres nous ont transmise veut que tous les évêques catholiques doivent confesser une même foi. Si donc il n'y a qu'une seule foi, il ne doit demeurer qu'une seule tradition. S'il n'y a qu'une seule tradition, toutes les Églises ne doivent respecter qu'une seule discipline. Certes, les Églises ont été fondées dans différentes parties du monde, mais par l'unité de la foi l'Église catholique est une dans le monde entier. Nous pouvons en effet lire : « *Una est columba mea, una est perfecta mea, una est genetrici suae* » (Ct 6, 8).

L'argumentation de Damase, loin de considérer que les désaccords dans le domaine des rits et des coutumes n'ont pas d'importance tant que demeure solidement l'unité de foi, fonde au contraire la nécessité de l'unité de rit sur l'unité de foi : quand on professe un même dogme, on doit *a fortiori* suivre les même coutumes, car l'unité de coutumes est le signe et la conséquence de l'unité de foi. Cette argumentation est déjà, sous une forme moins élaborée, très proche de celle du pape Innocent Ier, dans deux textes célèbres.

La décrétale « Si instituta » d'Innocent Ier à Decentius de Gubbio (19 mars 416).

Dans cette décrétale[1], Innocent avertit son suffragant Decentius de Gubbio, en Ombrie, de se conformer à la *consuetudo* romaine, notamment dans le domaine du baiser de paix, de la lecture des diptyques, de l'obligation de jeûner le samedi et de l'inutilité d'envoyer le *fermentum* aux prêtres qui se trouvent dans les campagnes, c'est-à-dire en matière de rit. L'argumentation sur laquelle Innocent fonde son

---

1. Éd. CABIÉ, *La Lettre du pape Innocent Ier*, p. 18-20, dont nous reprenons la traduction.

droit d'intervenir autoritairement en matière liturgique est la suivante :

Si instituta ecclesiastica ut sunt a beatis apostolis tradita integra vellent servare Domini sacerdotes, nulla diversitas, nulla varietas in ipsis ordinibus ac consecrationibus haberetur. Sed dum unusquisque non quod traditum est, sed quod sibi visum fuerit, hoc existimat esse tenendum, inde diversa in diversis locis vel ecclesiis aut teneri aut celebrari videntur ; ac fit scandalum populis, qui dum nesciunt traditiones antiquas humana praesumtione corruptas, putant sibi aut ecclesias non convenire, aut ab apostolis vel apostolicis ipsis contrarietatem inductam.

Si ceux qui ont part au sacerdoce étaient décidés à garder dans leur intégrité les institutions de l'Église telles qu'elles ont été transmises par les bienheureux apôtres, il n'y aurait aucune divergence, aucune variation dans la teneur des rites et des prières liturgiques. Mais dès lors que, pour chacun, ce n'est plus la tradition mais son propre jugement qui devient la règle à observer, il s'ensuit qu'apparaissent des différences dans les différents lieux ou Églises en matière de discipline ou de liturgie ; et cela devient un scandale pour le peuple : ignorant que les anciennes traditions ont été corrompues par la présomption des hommes, il pense qu'il n'y a pas d'unité entre les Églises ou bien que les oppositions ont été introduites par les apôtres ou leurs disciples eux-mêmes.

Quis enim nesciat aut non avertat id quod a principe apostolorum Petro Romanae ecclesiae traditum est, ac nunc usque custoditur ab omnibus debere servari nec superduci aut introduci aliquis quod aut auctoritatem non habeat, aut aliunde accipere videatur exemplum, praesertim cum sit manifestum in omnem Italiam, Gallias, Spanias, Africam atque Siciliam et insulas interiacentes nullum instituisse ecclesias, nisi eos quos venerabilis apostolus Petrus aut eius successores constituerint sacerdotes. Aut legant si in his provinciis alius

Ce qui a été transmis à l'Église romaine par Pierre, le premier des apôtres, et qui est conservé jusqu'à maintenant — qui donc l'ignorerait ou refuserait d'y prêter attention ? — c'est cela qui doit être observé par tous, sans que rien ne soit ajouté ou introduit qui manque de cette autorité ou prétende recevoir d'ailleurs son modèle. D'autant qu'il est clair que, dans toute l'Italie, les Gaules, les Espagnes, l'Afrique, la Sicile et les îles disséminées entre ces pays, personne n'a fondé

apostolorum invenitur aut legitur docuisse. Qui si non legunt, quia nusquam inveniunt, oportet eos hoc sequi, quod ecclesia Romana custodit a qua eos principium accepisse non dubium est, ne dum peregrinis assertionibus student, caput institutionum videantur omittere.

d'Église, sinon ceux à qui le vénérable apôtre Pierre ou ses successeurs ont conféré le sacerdoce. Ceux qui en doutent, qu'ils fassent des recherches pour savoir si, dans ces provinces, on trouve la présence d'un autre apôtre ou l'attestation de son enseignement. Et s'ils ne trouvent cela dans aucun document — car rien de tel n'apparaît nulle part — ils doivent suivre les traditions de l'Église romaine de laquelle, sans aucun doute, ils tirent leur origine, de peur qu'en prêtant l'oreille à des affirmations étrangères, ils croient bon de négliger la source de leurs institutions.

Il n'est pas sans intérêt de comparer la décrétale d'Innocent avec le canon 15 du concile de Vannes (461-491), réuni sous la présidence du métropolitain de Lyonnaise Troisième, Perpetuus de Tours, à l'occasion du sacre de son suffragant Paterne et de son installation sur le siège de Vannes [1] :

Rectum quoque duximus, ut vel intra provinciam nostram sacrorum ordo et psallendi una sit consuetudo, et sicut unam cum Trinitatis confessione fidem tenemus, unam et officiorum regulam teneamus ; ne variata observatione in aliquo devotio nostra discrepare credatur.

Nous avons aussi à juste titre décidé, que les rites sacrés et la manière de chanter seront partout les mêmes à l'intérieur de notre province, et que de même que nous professons une seule foi quand nous confessons la Trinité, nous respections la même discipline pour les offices ; afin que la variation des observances ne laisse aucunement croire à une variation de foi.

Perpetuus réutilise ici à son profit l'argumentation qu'Innocent emploie à l'avantage exclusif du Siège romain :

―――――――

1. Éd. C. Munier, Concilia Galliae A. 314-A. 506, Turnhout, 1963, p. 155 (CCSL 148).

plusieurs rits à l'intérieur d'une même province ecclésiastique pourraient laisser croire à l'existence de différences de foi et entraîner scandales et discordes parmi les fidèles ; l'unité de rit doit donc symboliser et matérialiser concrètement l'unité de foi, afin d'assurer la concorde. Perpetuus comprend clairement le chant liturgique dans cette unité, ce qui montre bien que pour lui ce n'était nullement un détail, mais bien une partie essentielle de la liturgie.

Revenons donc à l'interprétation des premières lignes de la décrétale *Si instituta* que nous avons citées. Vogel vide de son sens le désir de centralisation exprimé par Innocent Ier en alléguant des raisons géographiques et administratives : Rome serait intransigeante en l'Italie suburbicaire (à laquelle appartient Gubbio) [1], mais tolérante en dehors de ce « domaine réservé ». Cette échappatoire est vaine, dans la mesure où, comme l'a montré Charles Pietri, Innocent englobe l'ensemble de la chrétienté occidentale — et non pas la seule Italie suburbicaire — dans le domaine géographique d'intervention du Siège romain, au moyen d'une argumentation qui s'imposa par la suite [2] et fut notamment reprise textuellement par Nicolas Ier (858-867 [3]) puis par Grégoire VII quand il entreprit de supprimer les rits hispaniques [4] : toutes les Églises d'Occident ont été fondées par saint Pierre ou par des missionnaires envoyés par lui ou par ses successeurs ; si leurs coutumes ont fini par différer de celle de Rome, c'est en raison de négligences et d'hérésies (Grégoire VII pensait notamment au contact avec les Wisigoths ariens, à l'adoptianisme et à l'occupation musulmane) [5] ; elles doivent donc revenir à leur état primitif, que

---

1. Voir B. BAVANT, « Le duché byzantin de Rome. Origine, durée et extension géographique », *MEFRM* 91 (1979), p. 41-88.

2. Par exemple par le pape Boniface (418-422) dans sa lettre *Institutio* du 11 mars 422 aux évêques de Thessalie : *Ep.* 14, *PL* 20, 777. Voir PIETRI, *Roma christiana*, t. II, p. 923-933 (Innocent) et 1108-1130 (Boniface) ; ULLMANN, *Gelasius Ier*, p. 38-44.

3. CONGAR, *L'Ecclésiologie*, p. 211 et n. 30 : Nicolas Ier cite Innocent.

4. BROU, « Bulletin de liturgie mozarabe, 1936-1948 », p. 462-468 ; DAVID, *Études historiques*, p. 343 et 398 ; CONGAR, *L'Ecclésiologie*, p. 193 ; ORLANDIS, *La Iglesia en la España*, p. 315 ; UBIETO ARTETA, « La introducción del rito romano », p. 300. La lettre du pape Innocent, ou décrétale *Si Instituta*, a connu un grand succès et a été transmise dans les collections de décrétales : PIETRI, *Roma christiana*, t. II, p. 932 ; CABIÉ, *La Lettre*, p. 12-16.

5. J. C. CAVADINI, *The Last Christology of the West. Adoptionism in Spain and Gaul*, Univ. of Pennsylvania Press, 1993, *passim*.

l'Église de Rome a en revanche fidèlement conservé[1] : les liturgies non romaines ne sont que des déformations de la liturgie de Rome, qui était aussi la leur à l'origine. Isidore de Séville n'affirme-t-il pas : « *Ordo autem missae vel orationum, quibus oblata Deo sacrificia consecrantur, primum a sancto Petro est institutus ; cuius celebrationem uno eodemque modo universus peragit orbis*[2] » ? L'argumentation de Grégoire VII ne diffère en rien de celle d'Innocent Iᵉʳ. Il y a là une belle continuité dans la politique romaine, de Damase à Grégoire VII. Ajoutons pour finir que cette décrétale fondamentale est citée deux fois, par longs extraits, dans la *Collectio Vetus Gallica*, qui est la plus ancienne et la plus importante collection canonique franque, compilée à Lyon vers 600 (entre 585 et 626 / 627[3]). Ce n'est pas un cas isolé : la décrétale *Etsi tibi* du même Innocent Iᵉʳ à Victrice de Rouen (15 février 404[4]) va exactement dans le même sens, en affirmant nettement l'obligation de suivre la discipline romaine partout en Occident ; elle est citée en 567 par le canon 21 du concile de Tours[5], à propos des vierges consacrées, ce qui prouve qu'on la considérait comme un texte faisant autorité : l'unité de foi entraîne nécessairement l'unité de rit.

---

1. « *Quis enim nesciat aut non advertat id quod a principe apostolorum Petro Romanae Ecclesiae traditum est, ac nunc usque custoditur ab omnibus debere servari nec superduci aut introduci aliquid quod aut auctoritatem non habeat, aut aliunde accipere videatur exemplum, praesertim cum sit manifestum in omnem Italiam, Gallias, Spanias, Africam atque Siciliam et insulas interiacentes nullum instituisse Ecclesias, nisi eos quos venerabilis apostolus Petrus aut eius successores constituerint sacerdotes. Aut legant si in his provinciis alius apostolorum invenitur aut legitur docuisse. Qui si non legunt, quia nusquam inveniunt, oportet eos hoc sequi, quod Ecclesia Romana custodit a qua eos principium accepisse non dubium est, ne dum peregrinis assertionibus student, caput institutionum videantur omittere* » (éd. CABIÉ [*La Lettre du pape Innocent*, p. 18-20]).

2. *De ecclesiasticis officiis* I, xv (éd. C. M. LAWSON, Turnhout, 1989, p. 16-17 ; CCSL 113).

3. *Collectio Vetus Gallica* XVIII, 2 et XXII, 2. MORDEK (*Kirchenrecht und Reform*, p. 51) note à juste titre l'importance de la décrétale *Si instituta* pour les canonistes francs de la fin du VIᵉ siècle ; il la date et la localise p. 79.

4. *PL* 20, 479-480.

5. Éd. GAUDEMET et BASDEVANT, t. II, p. 368 (SC 354) ; voir PIETRI, *Roma christiana* II, p. 982-986.

Une politique constante et vigoureuse : les décrétales de Sirice et de Vigile.

Suivant l'ordre chronologique des faits, nous allons voir que sur les bases doctrinales établies par Damase et Innocent, Rome et l'épiscopat espagnol ont très tôt, et avec une belle constance, cherché à romaniser la discipline, le rit et la liturgie des Espagnes. Les conditions politiques ont été durablement défavorables dans la péninsule, à cause des hérésies (avant les invasions), puis en raison de la présence des envahisseurs ariens, Wisigoths et Suèves, de la maladresse et de l'échec de la reconquête impériale à l'époque de Justinien, qui rendit suspectes les interventions pontificales, Rome se trouvant dans le camp de l'envahisseur byzantin, et enfin par la faute de l'occupation musulmane, qui bloqua le processus de romanisation du début du VIIIᵉ siècle jusqu'à la *Reconquista* des royaumes du Nord, au début du XIᵉ siècle. Sans ce dernier accident historique, tout indique que l'Espagne aurait romanisé sa liturgie, ce qui renforce notre idée selon laquelle Rome, très vite et partout où c'était possible, a essayé d'imposer ses *consuetudines* (et non sa seule foi), avec l'appui des épiscopats nationaux. Voyons en effet les textes.

Le premier concile de Saragosse (380) et le premier concile de Tolède (400) encadrent chronologiquement la décrétale *Directa ad decessorem* de Sirice à Himère de Tarragone (2 février 385 [1]). Elle s'insère donc dans le contexte de la lutte contre le priscillianisme, qui a été l'un des principaux objets de ces deux synodes. Ce contexte à lui seul indique que le contenu de la lettre de Sirice n'était nullement facultatif.

Comme l'indique Sirice au début de sa lettre, Himère avait envoyé un questionnaire à son prédécesseur Damase, mort en 384. Contrairement à la lettre de Vigile à Profuturus, qui aborde également des problèmes d'ordre litur-

---

1. *PL* 84, 630-638. Voir FUHRMANN, *Einfluß und Verbreitung*, t. II, p. 262 ; ORLANDIS et RAMOS-LISSON, *Die Synoden auf der Iberischen Halbinsel*, p. 83-84 ; PIETRI, *Roma christiana*, II, p. 1045-1056 ; MACCARRONE, « Sedes apostolica », p. 15-22 ; H. MORDEK, « Der römische Primat in den Kirchenrechtssammlungen des Westens vom IV. bis VIII. Jahrhundert », dans : *Il primato del vescovo di Roma*, cité du Vatican, 1991, p. 544-545 ; K. SCHÄFERDIEK, *Die Kirche in den Reichen der Westgoten u. Suewen bis zur Errichtung der westgotischen katholischen Staatskirche*, Berlin, 1967, p. 120-135 ; K. SCHATZ, *La Primauté du pape*, Paris, 1992, p. 56.

gique, il n'est ici question que de points de discipline très classiques, comme par exemple l'interdiction de rebaptiser les hérétiques (canon 1), l'interdiction de baptiser en dehors de Pâques et de la Pentecôte, sauf en cas de nécessité urgente (canon 2) ou encore la condamnation de l'inceste et de la bigamie. C'est cependant un texte important, car il a infléchi le style des décrétales romaines pour le rapprocher de celui des édits impériaux [1]. C'est aussi l'un des premiers textes romains qui affirme aussi nettement le primat pontifical en matière disciplinaire et le nécessaire alignement des *consuetudines* sur son modèle : dans la conclusion, Sirice insiste auprès de son collègue sur la nécessité de faire appliquer ces décisions non seulement dans le ressort d'Himère, mais aussi dans toutes les provinces ecclésiastiques de la péninsule Ibérique : ce n'est donc ni un texte facultatif, ni une consultation à but limité. Cette décrétale témoigne donc bien de l'existence d'une ferme volonté pontificale de faire triompher la tradition romaine partout en Occident. Elle a connu un grand succès en Espagne : Isidore de Séville la cite comme étant particulièrement remarquable, dans l'élogieuse notice qu'il a consacrée au pape Sirice dans le *De viris illustribus* [2].

La lettre de Vigile à Profuturus, datée du 29 juin 538, se situe dans le même axe, puisqu'elle a principalement trait au rituel du baptême, en liaison avec la doctrine trinitaire. La conversion des Suèves au catholicisme est le tournant qui a permis une accélération du processus de romanisation dans la péninsule. Le premier concile de Braga (561) est le premier concile réuni après la conversion des Suèves. Désireux de fixer des normes aux nouveaux catholiques, il reprend certains des problèmes évoqués par Vigile dans sa réponse à Profuturus et nous permet de beaucoup mieux en comprendre la signification. Son canon 4 se présente en effet ainsi [3] :

---

1. E. JERG, *Vir venerabilis*, Vienne, 1970, p. 47.
2. ISIDORE, *De viris illustribus* 16 (*PL* 83, 1092). Dans cet ouvrage, Isidore n'a consacré de notice qu'à trois étrangers seulement : les papes Sixte Ier, Sirice et Grégoire le Grand ; tous les autres personnages auxquels il consacre une *laudatio* sont originaires de la péninsule Ibérique. C'est dire à quel point l'intervention de Sirice était importante à ses yeux.
3. Éd. VIVES, *Concilios visigóticos*, p. 72 ; voir DAVID, *Études historiques*, p. 83-118 ;

De ordine missarum. Item pla-cuit, ut eodem ordine missae cele-brentur ab omnibus, quem Profu-turus condam huius metropolitanae ecclesiae episcopus ab ipsa aposto-licae sedis auctoritate suscepit scrip-tum.	Sur le déroulement de la messe. Il a de même été décidé que tous emploieraient le même *ordo*, que Profuturus, autrefois évêque de cette métropole, avait reçu sous forme écrite de l'auto-rité du Siège apostolique.

Il est donc clair que le pape ne s'est pas contenté d'envoyer une lettre : il y a certainement joint un *libellus* contenant le canon ou l'*Ordo Missae* romain, voire les deux [1]. Le pape avait envoyé au métropolitain un dossier qui conte-nait tout ce qui était nécessaire à une première romanisation. De la même manière, le canon 5 indique que, pour admi-nistrer le sacrement du baptême, on suivra le rituel envoyé par Rome à Profuturus. Vogel, qui croit que la lettre était un simple avis amical, est obligé de conclure que le concile de Braga a fait du zèle intempestif, en rendant obligatoire ce que Vigile se contentait de porter à la connaissance de Profuturus [2]. C'est une erreur. Bien au contraire, le concile s'est guidé à l'aide de cette lettre, qu'il cite et qui, par consé-quent, avait été précieusement conservée dans les archives, ce qui prouve l'importance qu'y attachait l'épiscopat espa-gnol [3]. Du reste, lorqu'on demande son avis à Rome, cela signifie qu'on reconnaît au Siège romain l'*auctoritas* néces-saire pour dire le droit et régler les problèmes qu'on ne s'estime pas capable de résoudre soi-même.

Le concile de Braga a eu recours à la discipline romaine non seulement parce qu'elle était romaine, mais parce que

---

COEBERGH, « Problèmes de l'évolution historique », p. 281 ; BOULEY, *From Freedom to Formula*, p. 169-175 ; ANDRIEU, *Les Ordines romani*, t. II, p. XXIX. Sur Vigile, voir C. SOTINEL, « Autorité pontificale et pouvoir impérial sous le règne de Justi-nien : le pape Vigile », *MEFRA* 104 (1992), p. 439-463.

1. Selon PINELL (« Unité et diversité », p. 249), Tolède IV (633) visait à revenir sur cette romanisation qui aurait été jugée excessive. ORLANDIS et RAMOS-LISSON (*Die Synoden*, p. 149-154) ne disent rien de tel.

2. *Medieval Liturgy*, p. 372 : « there is the liberalism of Vigilius [537-555] who sent Profuturus of Braga, the metropolitan of Galicia, an ordinarium missae *and a baptismal formulary [now lost] by way of liturgical example without demanding that he use them* [...]. Canons 4 and 5 of the Synod of Braga (563) [sic] *certainly went beyond the intentions of Vigilius by declaring the Roman* consuetudines *to be obligatory.* » De même, K. F. MORRISON, *Tradition and Authority in the Western Church, 300-1140*, Princeton, 1969, p. 124-129.

3. Bien vu par ORLANDIS et RAMOS-LISSON, *Die Synoden auf der Iberischen Hal-binsel*, p. 77 et 81.

les Pères conciliaires estimaient que c'était le meilleur moyen d'éliminer les dernières traces d'arianisme et de priscillianisme qui auraient pu se trouver cachées dans la liturgie des Suèves. Cela signifie qu'en 561 on avait encore en vue l'époque de Sirice et d'Himère : 561 est dans la continuité de 538, voire de 385. Cela indique enfin que les Pères espagnols de Braga tenaient déjà exactement le même raisonnement que Grégoire VII plusieurs siècles plus tard : pour éliminer définitivement les séquelles du priscillianisme, la meilleure solution est d'adopter la liturgie de Rome, qu'on sait vierge de telles influences [1].

La conversion au catholicisme du roi wisigoth Reccarède, en 586 / 587, rendit obligatoire la tenue d'un grand concile, à la fois pour fêter solennellement l'événement et pour prendre les mesures nécessaires pour accueillir les Wisigoths dans l'Église espagnole. Le troisième concile de Tolède, en 589, se tint donc en présence de la quasi-totalité de l'épiscopat espagnol, puisque soixante-douze évêques s'y rendirent [2], sous la présidence de Léandre de Séville. C'était donc peu de temps avant la date de la lettre de Grégoire le Grand au frère d'Isidore (avril 591) que nous évoquerons plus loin et qui se situe ainsi, exactement comme les missives de Sirice et de Vigile, dans le contexte de la lutte contre l'hérésie et dans le sillage (ou dans les prémices) d'un important concile. Décrétales romaines et conciles espagnols sont donc inextricablement liés, d'un bout à l'autre de la période. La romanisation de la liturgie espagnole était donc entreprise : seule la conquête arabe allait briser cet élan. Déjà, Isidore de Séville († 636), dans le *De ecclesiasticis officiis* (I, 14), appelle *offertorium*, à la romaine, le *sacrificium*, chant d'offertoire espagnol.

Nous pouvons donc conclure que Rome a cherché à introduire son rit en Espagne à l'aide d'un épiscopat bien disposé. Rome a pour cela envoyé les documents nécessaires à la réussite de cette entreprise qui, finalement, n'a échoué qu'à cause de l'effondrement brutal et imprévisible du royaume wisigoth sous les coups des Arabes, en 711. La

---

1. C'était déjà l'opinion d'AMBROISE DE MILAN (*Ep.* 42, 5 : *PL* 16, 1125) : J. N. D. KELLY, *Early Christian Creeds*, Londres, 1972 (3ᵉ éd.), p. 106.

2. ORLANDIS et RAMOS-LISSON, *Die Synoden auf der Iberischen Halbinsel*, p. 101-103.

défaite et l'occupation armée entraînèrent un certain repli de l'Église espagnole sur elle-même, dans le but légitime de se protéger. La romanisation, pourtant bien partie, fut donc brutalement gelée, bien malgré l'épiscopat de la péninsule, et ne fut reprise qu'au début du XIe siècle. L'origine de la romanisation des rits locaux, en Europe occidentale, est Rome. Rois et évêques, loin de prendre l'initiative, ne sont que les serviteurs d'une politique romaine.

Il existe cependant trois textes célèbres, deux de saint Grégoire et un de saint Augustin, qui semblent contredire les décrétales de Damase et d'Innocent et défendre la pluralité des rits et des liturgies. Cette contradiction apparente est aisée à résoudre.

Les deux réponses « ad inquisitiones Ianuarii » de saint Augustin (Ep. 54-55).

Ces deux lettres[1] ont été écrites aux alentours de 400. La lettre 54, trop longue pour que nous la transcrivions ici, peut se résumer en quelques mots. Augustin répond à son correspondant que la Tradition de l'Église est faite de deux éléments. Le premier, la tradition écrite, est formé de la *fides* et de la *lex* (chap. I, l. 4-14), c'est-à-dire de tout ce que le Christ nous enseigne dans les *divinae Scripturae* canoniques (chap. V, l. 8). Le second, la tradition orale, se compose de la *traditio* qui est observée dans toutes les Églises et qui, pour cette raison, doit être si ancienne qu'elle remonte aux apôtres (chap. I, 15-22) ; il s'agit par exemple de l'observance de certaines grandes fêtes chrétiennes, comme la Pentecôte. Dans ces deux domaines-là, aucune liberté ni diversité n'est permise entre les Églises. Il n'en est pas de même pour les simples *consuetudines*, c'est-à-dire les observances qui varient d'une Église à l'autre, comme par exemple sur le point de savoir s'il faut jeûner le samedi (chap. II, 2, l. 4-15). Dans ce domaine-là, comme l'avait enseigné saint Ambroise (chap. II, 3, l. 1-10), chacun doit abandonner orgueil et zèle querelleur et respecter la coutume en vigueur à l'endroit où il se trouve, c'est-à-dire ne pas chercher à

---

1. Éd. A. GOLDBACHER, Vienne, 1895, p. 158 s. (CSEL 34). Voir M. KLÖCKENER, « Augustins Kriterien zu Einheit und Vielfalt in der Liturgie nach seinen Briefen 54 und 55 », *LJb* 41 (1991), p. 24-39.

imposer ailleurs les habitudes de son Église ni tenter dans le sens inverse d'introduire dans son Église des coutumes étrangères : « *Cum Romam venio, ieiuno sabbato ; cum hic* [Milan] *sum, non ieiuno : sic etiam tu, ad quam forte ecclesiam veneris, eius morem serva, si cuiquam non vis esse scandalum nec quemquam tibi.* » Le but à atteindre est principalement d'éviter toute occasion de scandale et de discorde parmi les fidèles, c'est-à-dire de préserver la *caritas* et la *dilectio* entre membres de l'Église.

On notera au passage que ce texte ruine l'« argument des pieux pèlerins », souvent employé pour expliquer l'arrivée « spontanée » des oraisons romaines en Gaule dans la première moitié du VIIIe siècle (les chants et les oraisons se déplaceraient spontanément, sans la volonté des autorités officielles, grâce aux initiatives individuelles des pèlerins revenus de Rome ou de Jérusalem [1]) et condamne donc toute forme de « créativité » ou de « spontanéité » liturgique. Il faut toujours un appui officiel pour que les coutumes liturgiques (oraisons, chants) se déplacent ; faute de quoi, c'est l'échec : il suffit de penser à l'antiphonaire compilé par Amalaire, initiative individuelle et donc sans lendemain.

La lettre à Januarius contredit-elle les efforts centralisateurs de Rome ? Augustin, se fondant sur un avis de saint Ambroise, condamne les initiatives individuelles qui sont intempestives car dénuées d'*auctoritas* : le seul argument des individus qui cherchent à imposer leurs idées en matière de rit, c'est leur vanité et un faux sentiment de supériorité : « *nisi quod ipsi faciunt, nihil rectum aestimant* » (chap. II 3). En d'autres termes, Augustin condamne les simples particuliers qui prétendent imposer comme norme générale leur conduite particulière. En revanche, il ne rejette pas *a priori* l'intervention du Siège romain, c'est-à-dire d'une autorité légitime, habilitée à intervenir dans les matières disciplinaires ; ce d'autant plus que l'évêque d'Hippone, qui suit en cela son confrère de Milan, vise avant tout à faire disparaître les querelles de personnes, dans un but simplement disciplinaire, non à énoncer une règle générale à portée ecclé-

---

1. Voir VOGEL, *Medieval Liturgy*, p. 70 : « *we have no idea who first brought the Gelasian Sacramentary to Gaul. It was probably pious pilgrims...* » ; P. JEFFERY, « The Lost Chant Tradition of Early Christian Jerusalem : Some Possible Melodic Survivals in the Byzantine and Latin Chant Repertories », *EMH* 11 (1992), p. 162.

siologique. Son but est en effet très restreint et très terre à
terre : pour empêcher les querelles, chacun fera comme tout
le monde à l'endroit où il se trouve. C'est la règle du conformisme liturgique et de la prudence, qui vise à supprimer les
causes de scandale et d'émulation déplacée entre fidèles, en
fixant concrètement pour chacun une norme de conduite :
tout est en effet parti d'une interrogation de la mère de saint
Augustin qui, habituée en Afrique à jeûner le samedi et
découvrant qu'à Milan ce jour n'était pas jeûné, ne savait
plus que faire (chap. II, 3). Augustin ne cherche donc pas
à définir une ecclésiologie. Son texte ne contredit donc nullement celui d'Innocent, puisqu'il ne se situe pas sur le
même plan. Il témoigne simplement du fait que le primat
romain, pour s'imposer, doit savoir être souple, au moins
dans un premier temps. On retrouve la même idée dans la
pensée de saint Grégoire.

Saint Grégoire et l'unité de « consuetudo » : retour en arrière ou simple pragmatisme ?

L'histoire de l'unification liturgique de l'Occident se
résume-t-elle en une évolution rectiligne, allant de la liberté
à la réduction autoritaire des diversités, c'est-à-dire du lati-
tudinarisme de saint Grégoire à l'autoritarisme[1] de Grégoire VII et à la suppression des rits locaux et régionaux non
romains[2] ? L'action de saint Grégoire a-t-elle entraîné un
retour en arrière dans ce processus ? Tout repose sur le
Libellus responsionum envoyé par saint Grégoire à saint
Augustin de Cantorbéry[3] et sur une autre de ses lettres, très
célèbre, à Léandre de Séville, qui indiquent que, l'unité de
la foi restant sauve, peu importe la diversité des coutumes
locales, notamment sur le plan liturgique. L'échange entre
Grégoire et Augustin, qui était sans doute prieur du monas-

---

1. R. ELZE (« Gregor VII. und die römische Liturgie », p. 180 s.) a montré que
la réputation de réformateur de la liturgie, qui est attachée au nom de Grégoire VII,
doit beaucoup aux affirmations du *Micrologus de ecclesiasticis observationibus* de BER-
NOLD DE CONSTANCE, écrit peu après la mort du pape.

2. MORRISON, *Tradition and Authority*, p. 124-129 ; GY, « La papauté et le droit
liturgique », p. 229 ; BULLOUGH, « Roman Books », p. 24-25 ; MEYVAERT, « Diversity Within Unity », p. 142 s. ; DAVID, *Études historiques*, p. 89, 96.

3. BÈDE LE VÉNÉRABLE, *HE, lib. I, cap.* XXVII (éd. J. E. KING, *Baedae opera his-
torica*, Londres, 1930, p. 120). Voir LEVISON, *England and the Continent*, p. 17 et
n. 1 ; SCHIEFFER, *Winfrid-Bonifatius*, p. 168 ; WALLACE-HADRILL, *Bede's Ecclesiastical History*, p. 38-39.

tère fondé par le pape *in Clivo Scauri*[1] avant d'être envoyé par lui en Angleterre, se présente ainsi :

— *Interrogatio Augustini : Cum una sit fides, sunt ecclesiarum diversae consuetudines, et altera consuetudo missarum in sancta Romana Ecclesia, atque altera in Galliarum tenetur ?*

— Question d'Augustin : Comment se fait-il que, tandis que la foi est la même, les coutumes des Églises divergent ? Autre est le rit de la messe dans la sainte Église romaine, autre est celui qui est observé en Gaule.

— *Respondit Gregorius papa : Novit fraternitas tua Romanae Ecclesiae consuetudinem, in qua se meminit nutritam. Sed mihi placet, sive in Romana, sive in galliarum, seu in qualibet Ecclesia, aliquid invenisti quod plus omnipotenti Deo possit placere, sollicite eligas, et in Anglorum Ecclesia, quae adhuc ad fidem nova est, institutione praecipua, quae de multis Ecclesiis colligere potuisti, infundas. Non enim pro locis res, sed pro bonis rebus loca amanda sunt. Ex singulis ergo quibusque Ecclesiis, quae pia, quae religiosa, quae recta sunt elige, et haec quasi in fasciculum [vasculo][2] collecta, apud Anglorum mentes [mensam] in consuetudinem depone.*

— Réponse du pape Grégoire : Vous connaissez, mon frère, la tradition de l'Église romaine, dans laquelle vous vous souvenez d'avoir été élevé. Cependant, si vous avez découvert dans l'Église romaine, dans celle des Gaules ou dans une autre Église, quelle qu'elle soit, quelque coutume qui puisse être plus agréable à Dieu tout-puissant, nous vous demandons de l'adopter avec sollicitude et de répandre dans l'Église des Angles, qui est encore récente dans la foi, au moyen d'une décision particulière, ce que vous aurez pu rassembler à partir de traditions multiples. En effet, ce ne sont pas les institutions qui doivent être aimées en raison de leur lieu d'origine, mais ce sont ces lieux qui doivent être aimés en raison des bonnes institutions qu'ils possèdent. Par conséquent, choisissez dans chaque Église ce qu'il s'y trouve de pieux, de digne de servir au culte, de bon, et rassemblez-le comme en une gerbe puis

---

1. FERRARI, *Early Roman Monasteries*, p. 145.
2. MEYVAERT (« Le *Libellus responsionum* à Augustin », p. 546) pense que *fasciculum* est la corruption de *vasculo*, comme *mentes* est la corruption de *mensam*.

rendez-le coutumier dans les esprits des Angles.

L'authenticité de cette lettre a été mise en doute dès le VIIIe siècle par saint Boniface, qui trouvait que la réponse donnée à Augustin au sujet de la consanguinité était contraire à la véritable discipline romaine, d'autant plus que l'original de la lettre s'était révélé introuvable dans les archives du Latran ; ajoutons à cela l'absence de ce *Libellus responsionum* dans les manuscrits du *Registrum* de saint Grégoire[1]. Les arguments de P. Meyvaert en faveur de l'authenticité sont assez peu convaincants et sont loin de faire l'unanimité[2]. Il estime en effet que l'absence de la lettre dans le *Registrum* de saint Grégoire, comme le fait que, dès la première moitié du VIIIe siècle, l'original se soit révélé introuvable dans les archives romaines, s'expliquerait par le fait que cette lettre n'aurait pas été diffusée en Angleterre à partir de Rome, mais qu'elle aurait fait l'objet d'une copie officieuse, dans le Sud de la Gaule, lors de son envoi[3].

Il faut voir dans cette lettre moins un esprit de système que la volonté de tenir compte avec pragmatisme des difficultés de l'évangélisation en Angleterre et de la romanisation de ses coutumes, car cette terre majoritairement païenne avait par surcroît subi l'influence de la liturgie franque : Berthe, fille de Caribert Ier, roi de Paris (561-567) depuis la mort de Clotaire Ier, et épouse du roi Ethelbert du Kent, était une princesse franque qui était venue dans l'île avec un évêque franc, Liudhard[4]. Les souvenirs du christianisme breton, antérieur à la conquête de l'île par les Saxons, sem-

---

1. HUNTER BLAIR, *The World of Bede*, p. 64 ; WALLACE-HADRILL, « Rome and the Early English Church », p. 523-524 ; MEYVAERT, « Le *Libellus responsionum* à Augustin », p. 544-547 ; KOTTJE, *Studien zum Einfluss*, p. 110-116. Sur le genre épistolaire du *responsum* pontifical à l'époque de saint Grégoire, PITZ, *Papstreskripte*, p. 48-49 et 203-207.

2. Les historiens anglais sont favorables à l'authenticité, tandis que les historiens allemands sont plutôt contre : BRECHTER, « Zur Bekehrungsgeschichte der Angelsachsen », p. 194-196 ; PRINZ, « Papa Gregorio Magno », p. 11 ; R. WEIGAND, « Fälschungen als Paleae im Dekret Gratians », dans : *Fälschungen im Mittelalter*, t. II, Hanovre, 1988, p. 305 (le *Responsum Gregorii* serait un faux, fabriqué en Angleterre entre 720 et 730) ; MODESTO, *Gregor der Grosse*, p. 206, n. 6. La question de l'authenticité des *responsiones* est liée à celle de l'authenticité des *Dialogues*, contestée par Francis CLARK, *The Pseudo-Gregorian Dialogues*.

3. MEYVAERT, « Le *Libellus responsionum* à Augustin », p. 547. Voir CHADWICK, « Gregory the Great and the Mission », p. 208 et n. 32, p. 211.

4. BÈDE, *HE* I, cap. XXV (éd. KING, t. I, p. 108-110). Voir JENAL, « Gregor der

blent avoir été très affaiblis entre le milieu du Vᵉ siècle, documenté par la *Vita sancti Germani Autissiodorensis* de Constance de Lyon [1], et l'époque de saint Augustin ; le rit gallican avait pris une partie de la place laissée libre. Il eût donc été particulièrement impolitique d'intervenir brutalement en faveur de la romanisation totale, d'autant plus que les arrières de la mission de saint Augustin étaient mal assurés : saint Grégoire comptait sur l'épiscopat franc parce qu'il était, sur le plan géographique, tout désigné pour mener la rechristianisation de l'Angleterre [2]. Or, il était très autonomiste et ne souhaitait pas encore établir de liens de dépendance formels avec Rome [3] ; force était de temporiser en sauvant l'essentiel, ce qui explique l'attitude de saint Grégoire et ses conseils à Augustin [4].

De son côté, la lettre (*Registrum* I, 41) envoyée par le pape à Léandre de Séville en avril 591 répond à une interrogation qui lui avait été posée par son ami à propos du nombre des immersions au cours de la cérémonie du baptême [5] :

Grosse und die Anfänge », p. 802 ; RICHTER, « The English Link », p. 101 ; VOLLRATH, *Die Synoden Englands*, p. 33. WALLACE-HADRILL, « Rome and the Early English Church », p. 526-530 ; A. LOHAUS, *Die Merowinger und England*, Munich, 1974, p. 5-30 ; A. DIERKENS, « Prolégomènes à une histoire des relations culturelles entre les îles britanniques et le continent pendant le haut Moyen Âge », dans : H. ATSMA (éd.), *La Neustrie. Les pays au nord de la Loire de 650 à 850*, II, Sigmaringen, 1989, p. 373 ; I. N. WOOD, « Frankish hegemony in England », dans : M. O. H. CARVER (éd.), *The Age of Sutton Hoo : the Seventh Century in North-Western Europe*, Woodbridge, 1992, p. 239.

1. Éd. R. BORIUS, Paris, 1965 (SC 112). Le premier voyage en Bretagne effectué par saint Germain pour y combattre le pélagianisme date de 429 et le second, accompli pour le même motif, semble avoir eu lieu aux alentours de 440-444.

2. Deux délégués « anglais » (sans doute d'origine franque), Pierre, abbé de Cantorbéry, et Justus, évêque de Rochester, assistaient au très important concile de Paris (10 octobre 614) réuni par Clotaire II (GAUDEMET et BASDEVANT, *Les Canons*, t. II, p. 524). Voir I. WOOD, « The Mission of Augustine of Canterbury to the English », *Speculum* 69 (1994), p. 5 s.

3. Les analyses les plus détaillées sur la question des rapports entre l'épiscopat gaulois et Rome à l'époque mérovingienne se trouvent dans F. BEISEL, *Studien zu den fränkisch-römischen Beziehungen. Von ihren Anfängen bis zum Ausgang des 6. Jahrhunderts*, Idstein, 1987, p. 172 s.

4. Voir MEYVAERT, « Le *Libellus reponsionum* à Augustin », p. 544 ; L. PIETRI, « Grégoire le Grand et la Gaule », p. 119 et 126 ; LEVY, « Toledo, Rome », p. 49. CHADWICK (« Gregory the Great and the Mission », p. 203) note en outre, p. 211, que ce texte a été réutilisé par Nicolas Iᵉʳ dans sa correspondance avec les Bulgares au sujet du mariage. Voir P. A. HOLMES, « Nicholas I's *Reply to the Bulgarians* Revisited », *EcclO* 7 (1990), p. 131-143.

5. *Gregorii I papae Registrum Epistolarum*, éd. P. EWALD et L. M. HARTMANN, MGH, *Epistulae*, I, Berlin, 1887, rééd. Berlin, 1957, p. 57-58 ; autre éd. : NORBERG, CCSL 140, p. 47-49. Nous utilisons le texte établi par Norberg. Voir

De trina vero mersione baptis-   À propos de la triple immer-
matis, nil repondi verius potest   sion baptismale, je n'ai rien de
quam ipsi sensistis, quia in una   mieux à répondre que ce que
fide nil officit sanctae Ecclesiae   vous avez écrit vous-même : tant
consuetudo diversa.   que la foi est une, l'existence de
rits différents ne gêne aucune-
ment la sainte Église.

Tandis que le rit romain prévoyait trois immersions baptismales, dans un sens trinitaire, les Espagnols n'en prati-
quaient qu'une seule, pour insister davantage sur l'unité de
Dieu. Grégoire autorise son ami Léandre à conserver son
rit, en arguant du fait que, « tant que la foi est une, l'existence de rits différents ne gêne aucunement la sainte Église ».
Les liturgistes du Moyen Âge sont les premiers à avoir cru
que cette lettre contredisait la traditionnelle volonté centra-
lisatrice de Rome ; c'est pourquoi Alcuin, dans sa lettre 137,
a tenté vainement d'en nier l'authenticité et d'accuser les
ariens de l'avoir forgée, au lieu d'essayer de résoudre la
contradiction apparente [1].

Cette lettre de saint Grégoire au frère d'Isidore a été insérée dans la *Collectio Hispana* [2], qui est une collection de
canons conciliaires et de décrétales pontificales, compilée en
Espagne vers le milieu du VIIe siècle [3]. Elle s'y trouve en
compagnie de la lettre de Sirice à Himère et de celle d'Innocent Ier à Decentius de Gubbio. On la trouve aussi dans les
actes du concile Tolède IV (633) [4] et dans les décrétales
pseudo-isidoriennes, qui sont la collection canonique la plus

---

ORLANDIS et RAMOS-LISSON, *Die Synoden auf der Iberischen Halbinsel*, p. 151 ;
J. ORLANDIS, « El primado romano en la España Visigoda », dans : *Il primato del
vescovo di Roma*, cité du Vatican, 1991, p. 462-464 ; J. KRINKE, « Der spanische
Taufritus im frühen Mittelalter », dans : J. VINCKE (éd.), *Gesammelte Aufsätze zur
Kulturgeschichte Spaniens*, t. 9, Münster, 1954, p. 33-116.

1. Éd. E. DÜMMLER, MGH, *Ep.* IV, 2, rééd. Munich, 1978, p. 215 : « *Epistolam
vero, quam beati Gregorii de simpla mersione dicunt esse conscriptam, in epistolari suo
libro, qui de Roma nobis adlatus est, non invenimus. Alias vero omnes perspeximus in
eo libro, quem ad occidentalium partium ecclesias pontifices vel reges scripserat. Ideo dubii
sumus, an illius sit, an ab aliquo huius sectae auctore sub eius nomine scripta sit.* » Voir
A. KLEINCLAUSZ, *Alcuin*, Paris, 1948, p. 96-98.

2. *PL* 84, 831-834 (n° 97) ; G. MARTINEZ-DIEZ et F. RODRIGUEZ, *La Colección
canónica hispana*, 4 vol., 1966-1988.

3. MARTINEZ-DIEZ, *La Colección*, t. I, p. 279, 322-325.

4. Can. 6, éd. VIVES, *Concilios visigóticos*, p. 191-193 ; G. MARTINEZ-DIEZ et
F. RODRIGUEZ, *La Colección canónica hispana*, t. V, Madrid, 1992, p. 189-190.

diffusée au Moyen Âge[1]. C'est la preuve que les Espagnols considéraient que ces textes contenaient non de simples conseils, mais des règles à suivre obligatoirement : ce n'étaient pas des avis amicaux, mais des ordres.

Cela étant établi, comment comprendre ces deux textes ? Que signifie cet apparent libéralisme, qui semble revenir en arrière et contredire plusieurs siècles de patients efforts entrepris par Rome pour imposer sa discipline et son rit ? D'une part, saint Grégoire ne nous semble aucunement libéral, comme le montre sa lettre à Jean de Syracuse : il n'hésite pas à justifier ses réformes liturgiques à l'aide d'arguments qui ne sont pas toujours très convaincants, notamment en ce qui concerne le *Pater*. S'y ajoute le fait que saint Grégoire affirme très nettement dans cette lettre le primat de la discipline romaine (sur celle de Constantinople, en l'occurrence), primat qu'il fonde sur l'origine romaine de toutes les Églises : toutes ont été fondées par saint Pierre ou par ses successeurs ; tout au moins, toutes ont à l'origine reçu de Rome leur discipline et leur rit : « *nisi quia hoc a matre sua Romana Ecclesia perceperunt* », ce qui est très exactement l'argument employé par Innocent Ier dans sa lettre à Décentius, qui sera repris ensuite par Grégoire VII[2]. La fin de la lettre, dans laquelle saint Grégoire affirme être prêt à adopter toutes les coutumes liturgiques étrangères que l'on voudra, à la condition qu'elles soient meilleures que celles de Rome, ne nous semble être qu'une formule d'humilité, dont la fonction est essentiellement rhétorique : « *Stultus est enim qui in eo se primum existimat, ut bona quae viderit discere contemnat.* » Il faut aussi tenir compte du contexte historique général en Espagne : nous sommes aux tout débuts de la conversion de la monarchie wisigothique au catholicisme, puisqu'elle eut lieu sous Reccarède en 587 et fut solennellement confirmée par le concile de Tolède III en 589, un an seulement avant l'avènement de Grégoire le Grand ; il

1. FUHRMANN, *Einfluss und Verbreitung*, t. I, p. 168. Éd. HINSCHIUS, *Decretales Pseudo-Isidorianae*, p. 520-523 (Sirice à Himère), 527-529 (Innocent à Décencius) et 732-733 (Grégoire à Léandre). On y trouve aussi le *De libris recipiendis et non recipiendis* attribué à saint Gélase (HINSCHIUS, p. 635-637). Sur ce texte, voir PIETRI, *Roma christiana*, t. I, p. 881-884.

2. MODESTO, *Gregor der Grosse*, p. 205-206 ; MACCARRONE, « La teologia del primato romano del secolo XI », dans : *Ecclesia Romana. Cathedra Petri*, I, Rome, 1991, p. 546 et « Devozione a S. Pietro, missione ed evangelizzazione nell'alto medioevo », *ibid.*, p. 330.

convenait donc de ne pas brusquer les choses et d'éviter tout triomphalisme. Cette conversion coïncide par surcroît avec la reprise de contacts entre Rome et l'Espagne après le long refroidissement provoqué par la tentative de reconquête de la péninsule par les armées impériales à partir de 530 environ ; dans ce contexte, les évêques catholiques de la péninsule, obéissant au pape, qui était lui-même dans le camp de l'envahisseur impérial, risquaient de faire passer les catholiques espagnols, aux yeux des rois wisigoths ariens, pour des traîtres et des partisans des armées byzantines. La nécessité d'éviter une telle assimilation avait obligé Rome à la plus grande prudence, afin d'éviter des représailles contre les catholiques ; la révolte d'Herménégild en 580-582, rapportée par Grégoire de Tours (*HF* V, 38), n'avait pas non plus arrangé les relations entre Rome et les Wisigoths : le fils aîné du roi Léovigild s'était converti au catholicisme et s'était révolté contre son père, avec l'appui de Constantinople. Le retour à la paix et la conversion de Reccarède ne dispensaient donc pas de procéder avec lenteur et charité, afin d'éviter de froisser les susceptibilités [1].

Il existe donc bien une constante, de Damase à Grégoire VII : celle du renforcement constant du primat romain, bien mis en évidence par la *Roma christiana* de Charles Pietri, dont les interventions de Damase, de Sirice, d'Innocent Ier, de Boniface Ier, de Vigile, sont autant d'étapes, visant à imposer la discipline romaine à l'ensemble de l'Occident. On a sans doute un peu négligé l'action de ces papes de l'Antiquité tardive. Il n'est donc pas possible d'opposer brutalement un supposé « libéralisme de l'époque patristique » à un « centralisme médiéval ».

---

1. ORLANDIS, « El primado romano en la España Visigoda », p. 460-462 ; K. BUND, *Thronsturz und Herrscherabsetzung im Frühmittelalter*, Bonn, 1979, p. 559-562 ; M. REYDELLET, *La Royauté*, p. 481-485 ; W. GOFFART, « Byzantine Policy in the West Under Tiberius II and Maurice : the Pretenders Hermenegild and Gundovald (579-585) », *Traditio* 13 (1957), p. 73-118 ; voir *El concilio III de Toledo. XIV centenario, 589-1989*, Tolède, 1991.

Les suites de l'action de saint Grégoire : le concile de Clovesho (septembre 747)[1].

Loin d'avoir stoppé l'avancée du rit de Rome, l'action de saint Grégoire l'a relancée. Depuis une initiative prise en 672 par l'archevêque Théodore († 690), moine de Tarse envoyé en Angleterre en 669 par le pape Vitalien[2], l'épiscopat anglais se réunissait en effet (théoriquement) tous les ans à Clovesho pour y tenir un synode national. En réalité, nous ne savons rien des éventuels conciles de Clovesho antérieurs à 716. Entre cette date et le début du IXᵉ siècle, il y eut sept synodes de Clovesho. Celui qui nous intéresse est le plus important et le troisième connu. Il réunit, sous la présidence du roi de Mercie, Ethelbald, et de l'archevêque Cuthbert de Cantorbéry, onze de ses suffragants et un certain nombre de prêtres et de clercs inférieurs. La Northumbrie constituant depuis 735 une province ecclésiastique indépendante avec son propre archevêque, à York, elle n'avait pas député de représentants à ce synode. Ce ne fut donc qu'un synode de la province de Cantorbéry, non un synode national anglais[3] ; il est vrai cependant que le royaume de Mercie était alors dominant en Angleterre et que le soutien apporté à Cuthbert par le roi Ethelbald suffisait à soi seul à faire de la réunion un événement de première importance[4].

Les actes de ce concile réunissent un certain nombre de documents. Le premier est une lettre de Boniface à Cuthbert, dans laquelle il lui expose les décisions prises par un concile franc contemporain, qui pourrait fort bien être le grand *concilium germanicum* de 743 ; par l'intermédiaire de la lettre de Boniface, ce dernier a profondément influencé la rédaction des canons de Clovesho. Le deuxième document est une lettre du pape Zacharie au même Cuthbert, qui contient une admonestation aux évêques présents et leur

---

1. HADDAN et STUBS, *Councils*, t. III, p. 360-385. Les canons de ce concile ont été résumés par Guillaume de Malmesbury († 1142) au début des *Gesta Pontificum Anglorum*, lib. I (*PL* 179, 1444-1446).
2. VOLLRATH, *Die Synoden Englands*, p. 95 ; en dernier lieu, C. CUBITT, « Pastoral Care and Conciliar Canons : the Provisions of the 747 Council of *Clofesho* », dans : J. BLAIR et R. SHARPE, *Pastoral Care Before the Parish*, Leicester, 1992, p. 193-211.
3. VOLLRATH, *Die Synoden Englands*, p. 143.
4. Sur la politique religieuse de ce roi : SCHARER, *Die angelsächsische Königsurkunde*, p. 159 s.

rappelle notamment leur devoir de réformer leur Église, alors touchée par un certain nombre de maux, par exemple la simonie ; elle fut lue publiquement en guise d'introduction aux débats. Le troisième texte réunit les canons proprement dits, qui sont au nombre de trente.

Ce concile engagea de nouveau, et de façon définitive, l'unification et la romanisation du culte dans toute l'Angleterre : le canon 18 dit explicitement que l'Église d'Angleterre doit s'aligner sur la discipline romaine pour participer pleinement à la prière unanime que l'Église universelle, unique épouse du Christ, adresse au Père *una voce*. Cette romanisation, loin de toucher uniquement, ou même principalement, les questions de dogme les plus essentielles ou les règles disciplinaires les plus élémentaires (la date de Pâques, par exemple), est descendue jusqu'à l'identité de rit avec Rome. À Clovesho, en 747, l'Église anglaise adopte donc la liturgie romaine, y compris le chant romain, jusqu'à la conquête normande (1066), qui imposa définitivement le chant grégorien dans l'île.

Le concile de Clovesho a procédé par ordre hiérarchique. Les canons 1 à 7 concernent les évêques. Les canons 8 à 12 concernent les prêtres ; on leur demande d'accomplir leur ministère avec soin (can. 8), notamment l'administration du baptême et la prédication, tout en donnant le bon exemple par leurs mœurs (can. 9), de savoir et comprendre en latin le *Credo* et le *Pater*, le texte du Canon et les formules du baptême, tout en étant capables de les traduire et de les expliquer en langue vulgaire (can. 10), de professer une seule foi, notamment en la sainte Trinité, et de savoir enseigner les articles du *Credo* aux fidèles d'une manière intelligible (can. 11), enfin de ne pas chanter ou laisser chanter de chants profanes dans les églises, et de chanter et lire les cantilènes et les textes sacrés d'une manière impersonnelle, c'est-à-dire sans théâtralisation et sans « mettre l'intonation » : c'est une proclamation solennelle, non un exercice de mime (can. 12)[1]. Les canons 19 à 22 sont destinés aux

---

1. HADDAN et STUBS, *Councils*, t. III, p. 366-367 : « *Item ut presbyteri simplici voce et modesta Sancta canant in Ecclesiis. Duodecimo adjunxerunt edicto : Ut presbyteri saecularium poetarum modo in ecclesia non garriant, ne tragico sono sacrorum verborum compositionem ac distinctionem corrumpant vel confundant, sed simplicem sanctamque melodiam secundum morem Ecclesiae sectentur : qui vero id non est idoneus adsequi, pronunciantis modo simpliciter legendo, dicat atque recitet quicquid instantis temporis ratio*

moines. Les canons 23 à 30 évoquent enfin les laïcs et les clercs inférieurs. Le plus important, le plus long et le plus beau de ce dernier groupe de dispositions est le canon 27, consacré à la psalmodie et à la spiritualité de la prière chantée et psalmodiée. Les Pères conciliaires invitent les clercs qui psalmodient à prendre la peine d'étudier le sens des mots qu'ils prononcent afin de bien le comprendre et de recueillir ainsi tous les fruits de leur prière ; quant à ceux qui ne comprennent pas bien le latin, ils leur conseillent de s'unir d'intentions à la prière officielle de toute l'Église.

Les canons qui nous intéressent sont les canons 13 à 18, qui règlent les questions liturgiques en unifiant les *diversitates* sur le modèle de la *consuetudo* romaine. Le texte du canon 13 est à cet égard d'un intérêt exceptionnel [1] :

Tertio decimo definitur decreto : Ut uno eodem modo Dominicae dispensationis in carne sacrosanctae festivitates, in omnibus ad eas rite competentibus rebus, id est, in Baptismi officio, in Missarum celebratione, in cantilenae modo celebrantur, juxta exemplar videlicet quod scriptum de Romana habemus Ecclesia. Itemque ut per gyrum totius anni natalitia sanctorum uno eodemque die, juxta martyrologium ejusdem Romanae Ecclesiae, cum sua sibi convenienti psalmodio [sic] seu cantilena venerentur.

Le canon 13 décide : que tout ce qui touche aux fêtes sacrées dans le domaine des rites, fêtes où le Seigneur est distribué dans sa Chair, à savoir la célébration du baptême et la messe et le chant, soit accompli d'une seule et unique manière, conformément au modèle de l'Église romaine que nous possédons sous forme écrite. De même, qu'on célèbre les fêtes des saints tout au long de l'année un seul et même jour, conformément au martyrologe de ladite Église romaine, et avec la psalmodie et le chant qui vont avec.

Ce texte prouve la présence d'un *exemplar* de l'antiphonaire romain (mais aussi du martyrologe et des autres livres liturgiques) en Angleterre [2]. Est-il possible de dater cet *exemplar* ? Sans doute, grâce au canon 18, qui atteste que cet *exemplar* romain, auquel il est fait allusion pour la seconde

---

poscit, et quae episcopi sunt non praesumant [...]. » Le concile autorise donc les prêtres qui ne sont pas capables de chanter correctement à lire simplement les textes des chants, plutôt que de mal les chanter.

1. HADDAN et STUBS, *Councils*, t. III, p. 367.
2. VOLLRATH, *Die Synoden Englands*, p. 147.

fois, ne connaissait pas encore les Quatre-Temps du premier
mois, plus tard intégrés à la première semaine du carême :
le canon 18 ne connaît en effet que les trois plus anciens
tempora, ceux du quatrième, du septième et du dixième
mois [1] :

De jejunio quarti, septimi, et decimi mensis. Octavo decimo statutum est mandato : Ut jejuniorum tempora, id est, quarti, septimi, et decimi mensis *nullus negligere praesumat. Sed ante horum initia per singulos annos ammoniatur plebs, quatenus legitima universalis Ecclesiae sciat atque observet jejunia, concorditerque universi id faciant : nec ullatenus in ejusmodi discrepent observatione, sed secundum* exemplar, *quod juxta ritum* Romanae Ecclesiae descriptum *habemus, studeant celebrare.*

À propos du jeûne du quatrième, du septième et du dixième mois. Le dix-huitième canon décide : que nul n'ose négliger les périodes de jeûne, à savoir ceux du quatrième, du septième et du dixième mois. Que chaque année, avant leur début, on avertisse les fidèles afin qu'ils connaissent et respectent les jeûnes officiels de toute l'Église, et que tous les accomplissent unanimement ; qu'en aucune manière il n'y ait de diversités dans leur observance, mais qu'ils s'appliquent au contraire à les accomplir suivant le modèle conforme au rit de l'Église romaine que nous possédons.

Les Pères conciliaires possédaient donc un *exemplar* du graduel romain dans lequel il n'y avait encore que les *tria tempora*. On notera que, lorsque Guillaume de Malmesbury résuma ce canon au début des *Gesta Pontificum Anglorum*, il corrigea automatiquement le titre en l'alignant sur la discipline de son époque, la première moitié du XIIᵉ siècle : « *Ut jejunia quatuor temporum observentur* [2] ». Or, les Quatre-Temps du premier mois existaient à Rome vers 650, date de rédaction probable de l'archétype romain de l'évangéliaire Π, puisqu'il les possède [3], de même que le *comes* de Wurtzbourg [4]. En revanche, la notice du pape Calixte dans

---

1. HADDAN et STUBS, *Councils*, t. III, p. 368.
2. HADDAN et STUBS, *Councils*, t. III, p. 361 ; *PL* 179, 1445 ; voir THOMSON, *William of Malmesbury*, p. 44.
3. KLAUSER, *Das römische Capitulare Evangeliorum*, p. 19-20, formulaires n° 59-61.
4. MORIN, « Le plus ancien *comes* », p. 50, n° XLII-L.

le *Liber pontificalis*[1], rédigée vers 530, ne les connaît pas encore et les *tractatus* de saint Léon ne connaissent que les *tempora* du dixième et du septième mois[2]. Comme il est impossible que Rome ait envoyé aux Angles, vers 747, un manuscrit périmé ne possédant que trois *tempora*, cela signifie que cet *exemplar* est arrivé en Angleterre au moins un siècle avant la date du concile : cela nous ramène à l'époque de saint Augustin de Cantorbéry. On sait du reste par Alcuin que les *libelli* romains circulaient en abondance en Angleterre[3]. Cela dit, les Quatre-Temps du premier mois étant déjà passés à la première semaine du carême, le jeûne propre des Quatre-Temps était dilué dans le jeûne quadragésimal ; les rédacteurs ont donc aussi bien pu trouver inutile de signaler ces Quatre-Temps « honoraires ».

Le concile de Clovesho ne s'est pas contenté de romaniser la liturgie insulaire ; tout comme en Gaule franque au même moment, il a entraîné un phénomène d'hybridation de la liturgie romaine avec certaines coutumes indigènes auxquelles les Angles tenaient beaucoup. On lit en effet dans le canon 16[4] :

---

1. *LP* I, p. 141 : « *Hic constituit ieiunium die sabbati ter in anno fieri, frumenti, vini et olei, secundum prophetiam* » ; voir CHAVASSE, « Les messes quadragésimales du sacramentaire gélasien », p. 260. De même, la lettre 18 de Grégoire II à Boniface (1er décembre 722/723), qui évoque les dates des ordinations, ne connaît encore que trois *tempora* désignés comme tels : éd. MGH, *Ep.* III, éd. E. DÜMMLER, Berlin, 1892 (Munich, 1978), p. 268.

2. Les *tractatus* prêchés pour le jeûne du dixième mois portent les numéros XII à XX dans l'édition CHAVASSE (CCSL 138-138 A) ; ceux qui l'ont été à l'occasion du jeûne du septième mois portent les numéros LXXXVI à XCIV. Le problème est que les évêques de Rome prêchaient rarement : en tout cas, pas tous les dimanches, semble-t-il. On ne sait donc pas si le témoignage des sermons de saint Léon suffit pour démontrer que les *tempora* du premier et du quatrième mois n'existaient pas encore sous son pontificat. Ce pourrait n'être qu'un argument *a silentio*, avec les risques que comporte ce genre d'arguments. Nous préférons donc ne rien conclure de cette absence, faute de textes plus explicites.

3. ALCUIN, *Ep.* 226 à Eanbald II, archevêque d'York (MGH, *Ep.* IV, éd. E. DÜMMLER, Berlin, 1895, p. 370) : Alcuin lui reproche de poser de sottes questions : « *De ordinatione et dispositione missalis libelli, nescio cur demandasti. Numquid non habes Romano more ordinatos libellos sacratorios abundanter ? Habes quoque et veteris consuetudinis sufficienter sacramentaria maiora. Quid opus est nova condere, dum vetera sufficiunt ?* »

4. HADDAN et STUBS, *Councils*, t. III, p. 368.

Sexto decimo condixerunt capitulo : Ut Laetaniae, id est, rogationes, a clero omnique populo his diebus cum magna reverentia agantur, id est, die septimo kalendarum Maiarum, juxta ritum Romanae Ecclesiae : quae et Laetania major apud eam vocatur. Et idem quoque secundum morem priorum nostrorum, tres dies ante Ascensionem Domini in cœlos cum jejunio usque ad horam nonam et Missarum celebratione venerantur.

Il a été convenu dans le canon seize : que les litanies, c'est-à-dire les supplications, soient accomplies avec grande dévotion par le clergé et tout le peuple aux jours fixés, à savoir le 25 avril, suivant le rit de l'Église romaine, dans laquelle cette litanie est appelée « litanie majeure ». De même, que, suivant la coutume de nos ancêtres, les trois jours avant l'Ascension du Seigneur aux cieux soient marqués par un jeûne jusqu'à la neuvième heure et par la célébration de la messe.

Les Angles, au milieu du VIIIe siècle, considèrent donc que les Rogations, qui sont d'origine gauloise et non insulaire, ont été instituées par leurs ancêtres. On a en tout cas ici la preuve que l'évêque Liudhard, arrivé parmi la suite de la reine Berthe, n'est pas resté inactif à la cour royale du Kent. En cent cinquante ans environ, les Rogations ont donc été « naturalisées » par le clergé et les fidèles de l'Église anglaise [1].

Concluons. Comme partout, Rome a entrepris d'imposer son rit en Angleterre, avec le consentement exprès des autochtones. Cette intervention n'a pas eu lieu au même moment qu'en Gaule, puisqu'elle a commencé avec pratiquement un siècle et demi d'avance, grâce aux bonnes dispositions de l'épiscopat anglais et à cause de l'absence de l'institution métropolitaine en Gaule. Elle a cependant abouti au même moment à cause des retards provoqués par l'évangélisation de l'Angleterre.

---

1. Sur les influences continentales sur la liturgie anglo-saxonne, voir P. SIMS-WILLIAMS, *Religion and Literature in Western England 600-800*, Cambridge, 1990, p. 310 s.

Les prémices de la romanisation de la liturgie en Gaule franque.

La naissance du chant grégorien est inséparable de l'histoire d'un long siècle de réforme carolingienne, entre 743 et 840. Loin d'être terminée à la mort de Charlemagne, lequel avait parfaitement conscience de l'inachèvement de son œuvre [1], elle ne fut menée à bien que sous son fils.

La légende noire de l'Église franque du VIIIᵉ siècle : un retour à la barbarie ?

L'Église franque est réputée avoir connu un long passage difficile à la fin du VIIᵉ siècle et pendant toute la première moitié du siècle suivant : vie conciliaire suspendue, listes épiscopales interrompues, sièges épiscopaux vacants ou confiés à des laïcs, monastères dépouillés, églises spoliées, décadence morale et intellectuelle du clergé. Tout cela demande cependant à être réexaminé de très près.

En réalité, la crise n'a duré (au maximum) que de 675 à 743, c'est-à-dire entre l'assassinat de Childéric II, ce fils de Clovis II et de sainte Bathilde qui fut l'un des derniers Mérovingiens énergiques, raison pour laquelle on l'assassina [2], et le *concilium germanicum* réuni par Carloman. C'est donc une période relativement courte. Les maux que l'on attribue à cette crise existaient d'ailleurs bien avant elle ; ainsi, les laïcisations de terres d'Église avaient déjà été pratiquées par Dagobert (629-639) [3]. Les difficultés politiques rencontrées par les Mérovingiens après que sainte Bathilde se fut retirée à Chelles (664-665), ne ralentirent ni leurs gratifications aux églises, ni leurs fondations d'abbayes [4]. Cela limite le cœur de la crise de l'Église franque au seul « règne » du *subregulus* Charles Martel, d'autant plus que divers indices semblent indiquer que jusqu'aux années 690, le roi

---

1. J. SEMMLER, « Karl der Grosse und das fränkische Mönchtum », p. 255-256.
2. R. A. GERBERDING, *The Rise of the Carolingians and the « Liber Historiae Francorum »*, Oxford, 1987, p. 78 ; K. F. WERNER, « La place du VIIᵉ siècle dans l'évolution politique et institutionnelle de la Gaule franque », dans : J. FONTAINE et J. N. HILLGARTH, *Le Septième Siècle. Changements et continuités*, Londres, 1992, p. 193.
3. M. ROUCHE, « *Religio calcata et dissipata* ou les premières sécularisations de terres d'Église par Dagobert », dans : *Le Septième Siècle*, p. 241.
4. PRINZ, *Frühes Mönchtum*, p. 177-181.

mérovingien était encore capable de se faire obéir, au moins dans certains cas [1]. La vraie rupture ne date donc sans doute que du moment où Charles Martel obtint le titre de *princeps Francorum*, vers 717, tandis que son père Pépin II n'était encore que *dux* [2].

On désigne Charles Martel comme principal responsable de cette crise ; à vrai dire, cette peu flatteuse paternité n'est qu'un *topos* littéraire né vers le milieu du IXe siècle, donc longtemps après les faits. Hincmar de Reims s'en fait l'écho dans la lettre *Litterae dominationis vestrae* écrite par les évêques des provinces de Reims et de Rouen, rassemblés à Quierzy autour de leur métropolitain, pour refuser de se rendre au concile que Louis le Germanique voulait réunir le 25 novembre 858. Dans cette lettre, Hincmar le menace d'une mort précoce et de la damnation éternelle, comme Charles Martel, s'il ne quitte pas le royaume de son demi-frère Charles le Chauve, qu'il avait envahi en 858 [3] : « *Quia vero Karolus princeps, Pippini regis pater, qui primus inter omnes Francorum reges ac principes, res ecclesiarum ab eis separavit atque divisit, pro hoc solo maxime est aeternaliter perditus, signis manifestatur evidentibus.* »

On a donc exagéré la gravité de la situation et on a fait de fausses fenêtres pour la symétrie, opposant un Charles Martel « impie » à ses fils « dévots », en accordant une confiance indue aux écrivains du IXe siècle, responsables de la création de la légende noire du *princeps* Charles, *Kirchenfeind*, sorte de Chilpéric du VIIIe siècle. Les écrivains contemporains de son règne, comme l'auteur du *Liber historiae*

---

1. Voir I. N. WOOD, *The Merovingian Kingdoms*, Londres, 1994, p. 262-263, qui commente un jugement de Childebert III, du 14 mars 697 (*Chartae latinae antiquiores*, éd. A. ATSMA et J. VEZIN, t. XIV, Dietikon-Zurich, 1982, n° 581).

2. FRÉDÉGAIRE, *Continuationes*, à partir du chap. 11, c'est-à-dire après la victoire de Vinchy (717) et l'installation de Thierry IV sur le trône (721-737). H. WOLFRAM (*Intitulatio I. Lateinische Königs- und Fürstentitel bis zum Ende des 8. Jahrhunderts*, Graz, 1967, p. 151) pense au contraire que Pépin II fut le premier Pippinide à porter ce titre, mais il se fonde sur le *Liber historiae Francorum*, qui me semble de moindre valeur que les continuations de Frédégaire.

3. *Epistola synodi Carisiacensis ad Hludowicum regem Germaniae directa*, éd. A. BORETIUS et V. KRAUSE, MGH, *Capitularia*, II, Hanovre, 1897, n° 297 p. 427-441 (p. 432). Voir FLODOARD, *Historia Remensis ecclesia* III, 20 (MGH, SS XIII, p. 511) ; DEVISSE, *Hincmar*, I, p. 281 et 322, n. 91 ; C. CAROZZI, « Les Carolingiens dans l'au-delà », dans : M. SOT (éd.), *Haut Moyen Âge. Culture, éducation et société. Études offertes à Pierre Riché*, La Garenne-Colombes, 1990, p. 369. Hincmar n'est pas l'inventeur de ce *topos* : on le trouve déjà dans la *Vita Eucherii* et la *Vita Maximini*.

Francorum et surtout les continuateurs de Frédégaire, le décrivent au contraire sous un jour très favorable (un guerrier fort et victorieux, nouveau Josué)[1] ; Grégoire III souhaitait placer l'Église de Rome sous sa protection[2] et Willibrord l'a mentionné dans son calendrier[3], aux côtés par exemple du pape Sergius, qui avait sacré Willibrord évêque, de la reine Plectrude, bienfaitrice d'Echternach, et des évêques Basinus de Trèves et Théodore de Cantorbéry.

Les donations pieuses des princes carolingiens aux monastères francs ne se sont pas taries sous Charles Martel : elles se sont au contraire poursuivies régulièrement dans les abbayes contrôlées par les Pippinides, comme Saint-Trond, Amay ou Lobbes[4]. Le *princeps* Charles savait donc prendre, principalement pour solder une armée de *vassi* efficaces qui fût à même de relever les défis de l'heure, notamment la menace que constituaient les raids musulmans ; mais il savait aussi donner[5]. Il a confié ses deux fils à Saint-Denis, pour qu'ils y soient élevés, ce qui ne s'était jamais vu sous les Mérovingiens et ne se revit jamais plus sous les premiers Carolingiens, pourtant réputés pieux, contrairement à leur aïeul. Charles alla même jusqu'à se faire enterrer dans cette abbaye[6].

Le VIIIe siècle a certes été une période de difficultés, en

---

1. NONN, « Das Bild Karl Martells in den lateinischen Quellen vornehmlich des 8. u. 9. Jahrhunderts », *FMS* 4 (1970), p. 107 et « Die Schlacht bei Poitiers 732 », dans : R. SCHIEFFER (éd.), *Beiträge zur Geschichte des Regnum Francorum*, Sigmaringen, 1990, p. 43 ; en dernier lieu, J. JARNUT, U. NONN et M. RICHTER (éd.), *Karl Martell in seiner Zeit*, Sigmaringen, 1994.

2. E. HLAWITSCHKA, « Karl Martell, das Römische Konsulat und der Römische Senat », dans : *Die Stadt in der europäischen Geschichte. Festschrift Edith Ennen*, Bonn, 1972, p. 105-106 ; H. MORDEK, « Rom, Byzanz und die Franken im 8. Jahrhundert. Zur Überlieferung und Kirchenpolitischen Bedeutung der synodus Romana Papst Gregors III. vom Jahre 732 », dans : *Person und Gemeinschaft im Mittelalter. Festschrift Karl Schmid*, Sigmaringen, 1988, p. 130, n. 37. Voir FRÉDÉGAIRE, *Continuationes*, chap. 22.

3. W. LEVISON, « À propos du calendrier de S. Willibrord », repris dans : *Aus rheinischer und fränkischer Frühzeit*, Düsseldorf, 1948, p. 343 ; A. ANGENENDT, « Willibrord im Dienste der Karolinger », dans : *Annalen des historischen Vereins für den Niederrhein* 175 (1973), p. 76-79 ; J. GERCHOW, *Die Gedenküberlieferung der Angelsachsen*, Berlin, 1988, p. 203-204.

4. A. DIERKENS, « Notes sur la politique monastique du maire du palais Charles Martel », dans : *Karl Martell in seiner Zeit*, Sigmaringen, 1994, p. 277-294.

5. PRINZ, *Frühes Mönchtum*, p. 208-209.

6. Sa sincérité est attestée par la lettre de recommandation écrite par Grégoire II en décembre 722-723 (MGH, *Ep.* III, n° 20, p. 269) au bénéfice de Boniface ; voir BÜTTNER, « Bonifatius », p. 136 et F. PRINZ, *Frühes Mönchtum*, p. 260.

Gaule comme en Italie ; il convient cependant de ne pas les exagérer. C'est aussi le siècle des débuts de la réorganisation carolingienne. Les recherches les plus récentes aboutissent à des conclusions très nuancées sur l'état de la culture dans l'Occident, à la veille de l'avènement de Pépin : les foyers de renouveau, comme les abbayes des *regna* périphériques du monde franc, n'étaient pas rares et leur activité était très grande [1]. Le VIIIe siècle n'est donc pas un siècle de déclin, et encore moins de « décadence », loin s'en faut. H. Mordek a montré par exemple que le palais d'Aix avait cherché à réformer l'Église franque en relançant la diffusion d'une collection canonique gallicane ancienne, compilée vers 600, à Lyon [2], sous le nom de *Collectio Vetus Gallica (CVG)*. Elle était souvent jointe à la *Collectio Dionysio-Hadriana (CDH)* romaine, dont le pape Hadrien Ier avait donné un *authenticus* à Charlemagne lors de son voyage romain de 774 [3]. Ces deux collections ne se gênaient nullement, la *CVG* étant une collection systématique et la *CDH* une collection historique : bien au contraire, elles se complétaient mutuellement. Cela prouve que Charlemagne n'avait pas l'intention de remplacer les collections gallicanes (comme la *CVG*) par une collection romaine (comme la *CDH*), mais au contraire de les diffuser conjointement. Charlemagne considérait donc que la *CVG* était un instrument de valeur pour la réforme de l'Église de son *regnum* et, partant, que le droit canon franc du début des VIIe et VIIIe siècles n'était nullement décadent, puisqu'il pouvait rivaliser avec celui de Rome [4], de l'avis même des savants et des maîtres de la cour d'Aix-la-Chapelle ; cela indique aussi que l'activité conciliaire des Gaules n'était pas négligeable.

Il faut ajouter à cela que l'image traditionnelle de l'Église franque du VIIIe siècle n'est autre que celle que nous renvoie saint Boniface dans ses lettres, notamment dans la fameuse

---

1. RICHÉ, *Éducation et culture*, p. 479-498 ; SCHIEFFER, *Winfrid-Bonifatius*, p. 205, 234 ; SEMMLER (« Karl der Grosse und das fränkische Mönchtum », p. 261) est à nuancer à l'aide de OEXLE, *Forschungen*, p. 131.

2. MORDEK, *Kirchenrecht und Reform*, p. 79 et « Der römische Primat in den Kirchenrechtssammlungen des Westens vom IV. bis VIII. Jahrhundert », dans : *Il primato del vescovo di Roma*, cité du Vatican, 1991, p. 553.

3. BISCHOFF, « Die Hofbibliothek », p. 44 ; MORDEK, *Kirchenrecht und Reform*, p. 151, 160 ; P. CLASSEN, « Karl der Grosse, das Papsttum und Byzanz », dans : *Karl der Grosse*, I, *Persönlichkeit u. Geschichte*, Düsseldorf, 1965, p. 565.

4. MORDEK, *Kirchenrecht und Reform*, p. 161.

Ep. 50, dans laquelle il félicite le pape Zacharie de son élection, lui annonce l'intention de Carloman, fils aîné de Charles Martel, de réunir un grand concile réformateur et lui brosse un tableau alarmant de l'état dans lequel se trouve selon lui l'Église franque, qui souffre de la simonie, du nicolaïsme, de l'intervention des laïcs et notamment des maires du palais et des Grands, de l'interruption des listes épiscopales et de la déchéance générale du clergé [1]. Or, cette vision des choses est manifestement exagérée et déformée par sa propre expérience anglo-saxonne. Saint Boniface se plaint en effet auprès de Zacharie de constater l'absence en Gaule d'une stricte hiérarchie d'évêques, coiffés par des archevêques. Or, une telle structure était propre à l'Angleterre, pays natal de saint Boniface, et n'avait jamais été en vigueur en Gaule franque [2] ; c'était même l'une des constantes majeures et des principales caractéristiques de l'Église des Gaules, depuis le IVᵉ siècle, donc bien avant Boniface. La lenteur de la mise en place d'une organisation métropolitaine en Gaule, même dans le Midi, est bien illustrée par la rivalité entre Vienne et Arles, réglée au concile de Turin en 398, comme par les problèmes d'Hilaire d'Arles [3], autour de 450. L'Église des Gaules était très décentralisée et n'avait pas de grande métropole religieuse, comparable à Rome et à Milan, qui fût capable de fédérer au moins un certain nombre de diocèses (dont les frontières étaient d'ailleurs floues et disputées, comme en témoigne l'affaire d'Hilaire d'Arles, sous le pontificat de Léon le Grand [4]), afin d'imposer une discipline commune : Lyon, Tours et Vienne n'étaient pas des villes d'une importance exceptionnelle, Arles était déchue et Trèves, malgré les prétentions de ses évêques des IVᵉ et

---

1. Éd. RAU, *Briefe des Bonifatius*, p. 140-148. Critique : I. WOOD, « Administration, Law and Culture in Merovingian Gaul », dans : R. McKITTERICK (éd.), *The Uses of Literacy in Early Mediaeval Europe*, Cambridge, 1990, p. 78.

2. W. HARTMANN, *Die Synoden der Karolingerzeit*, p. 49-50 ; JENAL, « Gregor der Grosse und die Anfänge », p. 807. Sur l'influence exercée par saint Boniface sur le vocabulaire des capitulaires francs de Carloman et de Pépin, voir J. HANNIG, *Consensus fidelium. Frühfeudale Interpretationen des Verhältnisses von Königtum und Adel am Beispiel des Frankenreiches*, Stuttgart, 1982, p. 170-178.

3. E. LESNE, *La Hiérarchie épiscopale. Provinces, métropolitains, primats...*, Paris, 1905, p. 2-7.

4. M. HEINZELMANN, *Bischofsherrschaft in Gallien*, p. 76-84 et « The "affair" of Hilary of Arles (445) and Gallo-Roman Identity in the Fifth Century », dans : J. DRINKWATER et H. ELTON (éd.), *Fifth-Century Gaul : a Crisis of Identity ?*, Cambridge, 1992, p. 239-251.

VIᵉ siècles, notamment Maximin (330-347) et Nizier (525 / 526-566), était excentrée[1] et concurrencée par Reims et Metz. Il serait donc incohérent de reprocher aux Francs de n'être pas organisés comme l'était l'Angleterre.

De même, si nombre d'évêchés et de monastères avaient été confiés à des laïcs, ce n'était point une nouveauté qu'on pût mettre sur le compte des soixante années précédentes, puisque c'était un mal dont souffrait l'Église franque depuis le VIIᵉ siècle au moins : l'édit de Clotaire II (614) réserve au roi le droit de convoquer les conciles et de choisir les évêques, malgré le principe de l'élection *a clero et populo* ; le mal remonte d'ailleurs sans doute à Clovis lui-même : le premier concile mérovingien ne s'était-il pas réuni à Orléans, le 10 juillet 511, sur son ordre exprès[2] ? D'autre part, il y eut de remarquables abbés et évêques laïcs, cultivés et amis des arts, à commencer par Angilbert de Saint-Riquier, ainsi qu'en témoigne la chronique d'Hariulf, sans parler du comte Vivien, sous la direction duquel Saint-Martin de Tours fut à son apogée (844-851), avant sa destruction par les Normands en 853. R. McKitterick a remarquablement réfuté le sot stéréotype d'un Moyen Âge de ténèbres, durant lequel les clercs se seraient réservé le monopole de la culture : les aristocrates laïcs et leurs épouses étaient souvent cultivés[3]. Enfin, l'institution des abbés laïcs, qui dura plusieurs siècles, a surtout (sinon exclusivement) existé à partir de la seconde moitié du IXᵉ siècle[4] : les rois des Francs furent abbés laïcs de Saint-Denis, ce qui n'entraîna pas pour autant un déclin

---

1. LANGGÄRTNER, *Die Gallienpolitik*, p. 19-21 ; H. H. ANTON, « Die Trierer Kirche und das nördliche Gallien in spätrömischer und fränkischer Zeit », dans : H. ATSMA, *La Neustrie*, t. II, Sigmaringen, 1989, p. 53-73.

2. L'*epistola ad regem* qui précède les canons s'exprime en effet en ces termes : « *Domno suo catholicae ecclesiae filio Chlothovecho gloriosissimo regi omnes sacerdotes, quos ad concilium venire iussistis* » (éd. GAUDEMET et BASDEVANT, t. I, p. 70). Voir L. PIETRI, « Grégoire le Grand et la Gaule », p. 123. Il convient cependant de ne pas généraliser : nombre de conciles mérovingiens se sont réunis sans l'intervention d'un roi. Il est largement abusif de faire de l'épiscopat franc le jouet du pouvoir. Les évêques savaient être indépendants, malgré l'existence indéniable de phénomènes d'intervention royale, qui ne sont quoi qu'il en soit nullement à interpréter dans le sens d'on ne sait quelle prétendue « servilité » des prélats francs. Clovis était davantage le serviteur des évêques que les évêques n'étaient ses agents.

3. Sur Vivien, R. LEJEUNE, « Les portraits de Vivien de Tours et de l'artiste dans la Bible de Charles le Chauve », *RBén.* 103 (1993), p. 169-185. R. McKITTERICK, « Frauen und Schriftlichkeit im Frühmittelalter », dans : H. W. GOETZ (éd.), *Weibliche Lebensgestaltung im Frühen Mittelalter*, Cologne, 1991, p. 65-118.

4. F. FELTEN, *Äbte und Laienäbte*, p. 141 et 288.

de cet établissement, bien au contraire. Il convient donc de relativiser la noirceur du tableau brossé par les lettres de l'apôtre des Saxons et de ne pas prendre au pied de la lettre ce qui n'est que propagande carolingienne ; l'image d'Épinal des « rois fainéants » inventée par Eginhard est encore trop souvent efficace aujourd'hui.

Voilà pour les raisons négatives qui, selon Vogel, ont poussé Pépin à organiser une romanisation de la liturgie franque. Nous venons de voir ce qu'elles valent. Il reste donc à examiner ses raisons positives qui, elles non plus, ne nous paraissent pas satisfaisantes. La première consiste à mettre en avant des considérations de politique intérieure et de police : une seule liturgie aurait été un puissant facteur d'unité dans le *regnum*, d'autant plus que la papauté, d'après Vogel, ne soupçonnait absolument pas l'importance de ce qu'entreprenaient les carolingiens, étant donné la tolérance (supposée) du Siège apostolique en matière de rits et de coutumes. La seconde, la plus importante aux yeux de Vogel, relève de la diplomatie et de la politique étrangère : romaniser définitivement la Gaule aurait été un bon moyen de faire pièce à de supposées influences byzantines, au moment de la querelle des images et de la crise iconoclaste[1].

La Gaule précarolingienne, tête de pont de l'Orient ?

La raison de la romanisation de la liturgie franque a-t-elle été la volonté carolingienne d'interdire toute influence byzantine en Gaule et de s'opposer à la politique iconoclaste menée par Constantinople[2] ? C'est douteux. On a en effet exagéré l'importance qu'aurait exercé l'Orient, ses marchands, son monachisme et ses liturgies sur la Gaule mérovingienne[3]. Tout remonte à Mgr Duchesne qui, dans un article fondateur mais controversé dès sa parution, voulait faire de la liturgie gallicane une importation orientale qui aurait été introduite à Milan par l'évêque Auxence et se

---

1. Par exemple, « Les motifs de la romanisation », p. 34 et 41 ; « La réforme cultuelle sous Pépin », p. 183 ; « La réforme liturgique sous Charlemagne », p. 219-220.

2. Voir LANNE, « Rome et Nicée II », où sont surtout développés (p. 219-224) les arguments d'Hadrien Iᵉʳ en 786.

3. QUASTEN, « Oriental influence », *passim* ; BERSCHIN, *Medioevo greco-latino*, p. 31-34 ; EWIG, « Die Verehrung orientalischer heiliger », p. 396 ; I. HEIDRICH,

serait ensuite diffusée dans tout le reste de l'Occident, sauf à Rome[1]. Cette théorie est abandonnée depuis longtemps[2]. L'argumentation de Quasten se fonde en revanche sur la lettre du Pseudo-Germain de Paris. Sur le plan musical, ses arguments sont la présence du Trisagion (ou de quelque chant qui en est proche) et du *sonus*[3]. Nous avons déjà évoqué le *sonus*, pour dire qu'il n'était pas du tout certain qu'il s'agisse d'une forme occidentalisée du *Cheroubikon*, comme le croyait Quasten. Quant au Trisagion, la question est elle aussi controversée. Le texte du Pseudo-Germain parle en effet du chant de l'*Aius*[4] en termes peu précis. On ne sait pas exactement ce qu'est ce curieux *Aius* ; certes, le plus vraisemblable est qu'il s'agisse du Trisagion, chant attesté en Orient pour la première fois au concile de Chalcédoine (8 octobre 451)[5], bien que plusieurs en doutent[6]. On est en revanche certain que ce chant n'est pas d'origine romaine et qu'il n'est entré qu'au XIᵉ siècle dans la liturgie du vendredi saint. Quoi qu'il en soit, si c'est là la seule marque de

---

« Syrische Kirchengemeinden im Frankenreich des 6. Jahrhunderts », dans : *Aus Archiven und Bibliotheken. Festschrift für Raymund Kottje*, Francfort, 1992, p. 21-32 (ici, p. 29) ; T. STERNBERG, *Orientalium More Secutus. Räume und Institutionen der Caritas des 5. bis 7. Jahrhunderts in Gallien*, Münster, 1991, p. 13 (trompé par les *Missarum Sollemnia* de JUNGMANN) ; sur les marchands orientaux en Gaule, voir M. ROUCHE, « Marchés et marchands en Gaule. Du Vᵉ au Xᵉ siècle », dans : *Mercati e mercanti nell' alto medioevo : l'area euroasiatica e l'area mediterranea*, Spolète, 1993, p. 407-409 et H. SIEMS, *Handel und Wucher im Spiegel frühmittelalterlicher Rechtsquellen*, Hanovre, 1992, p. 36-46 et 421-426. J. FONTAINE a montré que les valeurs du monachisme en Gaule étaient très proches de celles de l'aristocratie gallo-romaine : « L'ascétisme chrétien dans la littérature gallo-romaine d'Hilaire à Cassien », dans : *Accad. Naz. dei Lincei* 370 (1973), p. 87-115 et « Valeurs antiques et valeurs chrétiennes dans la spiritualité des grands propriétaires terriens à la fin du IVᵉ siècle occidental », dans : *Epektasis (Mélanges J. Daniélou)*, Paris, 1972, p. 571-595. Voir M. E. BRUNERT, *Das Ideal der Wüstenaskese und seine Rezeption in Gallien bis zum Ende des 6. Jahrhunderts*, Münster, 1994, p. 146.

1. « Sur l'origine de la liturgie gallicane », p. 31-37. Voir PORTER (*The Gallican Rite*, p. 13-18) qui pense que la liturgie franque a subi principalement des influences hispaniques (p. 20, 33 et 48).

2. GRIFFE, « Aux origines de la liturgie gallicane », p. 43. Contre l'origine orientale, BOULEY, *From Freedom to Formula*, p. 181-182.

3. QUASTEN, « Oriental Influence », p. 57-61 (Trisagion) et 70-71 *(sonus)*.

4. *Expositio antiquae liturgiae gallicanae*, cap. 4 (éd. RATCLIFF, p. 4). En Occident, le missel de Bobbio possède des collectes *post Aios* : BROU, « Le Trisagion de la messe », p. 333.

5. JANERAS, « Les byzantins et le Trisagion », p. 471 ; SOLOVEY, *The Byzantine Divine Liturgy*, p. 184-185.

6. PORTER (*The Gallican Rite*, p. 21) pense que le Trisagion véritable n'est entré dans la liturgie gallicane qu'au VIIᵉ siècle ; de même, GRIFFE, « Aux origines de la liturgie gallicane », p. 26.

l'influence exercée par l'Orient sur la liturgie franque, il n'y avait vraiment pas de quoi redouter un raz de marée. En 750 environ, les rits de la Gaule franque ne couraient donc aucun risque de byzantinisation. Il est inexact de croire que la réforme liturgique carolingienne ait eu pour motif la crainte d'influences byzantines et la volonté d'y mettre un terme.

La romanisation de l'Église franque : une affaire avant tout politique ?

Tout démontre que l'arrivée du chant liturgique romain en Gaule n'est pas le fruit de la seule initiative pippinide, Rome restant passive. Elle n'est pas non plus le fruit de l'action de la monarchie pippinide à proprement parler : Rome a poussé les premiers Carolingiens à adopter une politique de réformes que les papes souhaitaient depuis fort longtemps voir mener en Gaule, la principale puissance chrétienne d'Occident, comme le prouvent sans ambiguïté les lettres de saint Grégoire[1]. La Gaule franque était un objectif capital pour la politique romaine, qui la concevait comme la plaque tournante de l'évangélisation (et de la romanisation concomitante) de l'Occident.

Par conséquent, le fait que le pape Hadrien ait envoyé son exemplaire personnel du sacramentaire, loin d'être une preuve de désintérêt ou d'incompréhension, montre que Rome n'entendait rien négliger pour que réussisse la romanisation du culte franc, qu'elle désirait depuis fort long-

---

1. L. PIETRI, « Grégoire le Grand et la Gaule », p. 125 ; L. et C. PIETRI (« Église universelle et *respublica christiana* », p. 660-661) montrent que saint Grégoire, qui considère ordinairement les *reges* barbares (notamment les Wisigoths et les Angles) comme de simples occupants-usufruitiers *(possessores)* de la terre impériale dont le *basileus* est toujours l'unique propriétaire véritable, fait une exception remarquable pour les Francs, qu'il tient pour les maîtres légitimes de la Gaule en raison du baptême de Clovis. Voir sa lettre au roi Childebert (*Reg.* VI, 6 ; éd. NORBERG, CCSL, t. I, p. 373-374) : « *Quanto ceteros homines regia dignitas antecedit, tanto ceterarum gentium regna regni vestri profecto culmen excellit. Esse autem regem, quia sunt et alii, non mirum est, sed esse catholicum, quod alii non merentur, hoc satis est. Sicut enim magnae lampadis splendor in taetrae noctis obscuritate luminis sui claritate fulgescit, ita fidei vestrae claritas inter aliarum gentium obscuram perfidiam rutilat ac coruscat* [...]. » Voir REYDELLET, *La Royauté*, p. 456-457 et H.-X. ARQUILLIÈRE, *L'Augustinisme politique*, Paris, 1955 (2e éd.), p. 140.

temps [1]. Certes, ce sacramentaire stationnal — qui n'était d'ailleurs pas exclusivement papal [2] — demandait quelques compléments pour être pleinement utilisable hors de Rome ; Hadrien, qui n'était pas sot, savait bien que les Francs étaient parfaitement capables de se charger de ce travail de mise à jour, comme ils l'ont du reste montré, sous la direction de saint Benoît d'Aniane [3]. On a trop insisté sur les lacunes de ce manuscrit et trop répété qu'il demandait des compléments ; on en a conclu qu'il était « inutilisable » et que le pape n'y entendait rien. C'est un lourd contresens. Hadrien a envoyé un document officiel impeccable (son livre personnel, *immixtum* : sans interpolations gallicanes ou non romaines), un *authenticus*, laissant avec pragmatisme les savants francs le compléter à leur guise, pourvu que ce fût dans l'esprit de la tradition romaine. Nul ne saurait prétendre qu'ils ont échoué ; l'*Hadrianum* n'était pas « inutilisable », même à l'état brut. Dom Deshusses a d'ailleurs montré que, dans l'intervalle, on le complétait spontanément au moyen du sacramentaire gélasien franc et que cela ne gênait personne [4].

Il n'est donc pas exact que les papes ne comprenaient pas ce que voulaient Pépin puis Charlemagne et n'étaient pas demandeurs : d'après Vogel, l'*Hadrianum*, demandé par Charlemagne à Hadrien (772-795) et envoyé par lui au roi par l'intermédiaire de Jean, abbé de Ravenne [5], n'étant pas

1. Klauser, « Die liturgischen Austauschbeziehungen », p. 182.

2. Deshusses, *Le Sacramentaire grégorien*, I, p. 52, n. 3 ; « Le sacramentaire grégorien pré-hadrianique », p. 216.

3. « Le supplément au sacramentaire grégorien », p. 61-65 et « Le sacramentaire grégorien pré-hadrianique », p. 229-231. Les analyses de J. Décréaux (*Le Sacramentaire de Marmoutier (Autun 19 bis) dans l'histoire des sacramentaires carolingiens du IX⁰ siècle*, t. I, Rome, 1985, p. 196-234), qui voudrait faire de Hélisachar, et non de Benoît d'Aniane, le responsable final de l'élaboration de l'*Hadrianum* supplémenté, sont discutables : voir E. Palazzo, *Les Sacramentaires de Fulda. Étude sur l'iconographie et la liturgie à l'époque ottonienne*, Münster, 1994, p. 116, n. 33.

4. « Le supplément au sacramentaire », p. 59 : « Il apparaît donc que la solution officieuse, sinon officielle, donnée à la fin du VIII⁰ siècle [avant l'intervention de Benoît d'Aniane] au problème du sacramentaire était celle-ci : usage du Grégorien et subsidiairement du Gélasien franc, ce dernier étant ajusté, mis "à la page", par l'addition de compléments plus ou moins importants. »

5. *Codex Carolinus*, *Ep.* 89 (MGH, *Epist.* III, *Merow. et Karol. aevi* I, éd. W. Gundlach, Berlin, 1892, réed. Munich, 1978, p. 626) : « *De sacramentorio vero a sancto disposito praedecessori nostro, deifluo Gregorio papa : immixtum vobis emitteremus, iam pridem Paulus grammaticus a nobis eum pro vobis petente secundum sanctae nostrae ecclesiae tradicionem, per Iohannem monachum atque abbatem civitatis Ravennantium*

immédiatemement utilisable en dehors de Rome, puisqu'il s'agissait d'un livre avant tout adapté aux fonctions réservées au pape, aurait été envoyé à la suite d'un simple malentendu : Charlemagne désirait un instrument de travail, destiné à être copié et répandu dans tout le *regnum* ; Hadrien, ne comprenant pas, lui envoya son livre personnel, ouvrage de luxe, croyant que le roi des Francs désirait un cadeau [1]. Il nous semble que ce serait prêter beaucoup de naïveté au Siège romain. Il existait au contraire entre Rome et les Francs une alliance consciente et un désir ouvertement affirmé de mener une action commune : les rôles joués par Carloman, Boniface et Zacharie en témoignent. Rome a attendu le moment propice, c'est-à-dire l'existence d'un pouvoir ami et débiteur, pour imposer sa discipline et son rit en Gaule ; s'il n'avait pas été possible de le faire jusque-là, ce n'était pas faute de l'avoir désiré. Le problème était que les papes manquaient d'interlocuteurs en Gaule, ne disposaient pas d'une hiérarchie d'archevêques, ne pouvaient plus guère compter sur le vicaire des Gaules, qui était traditionnellement l'évêque d'Arles [2], et ne savaient pas sur quel roi franc miser, le *regnum* de Clovis étant régulièrement divisé en plusieurs *Teilreiche* qui pouvaient être rivaux et dont les frontières ne recoupaient pas celles des provinces ecclésiastiques, ce qui gênait le contrôle exercé par les métropolitains sur leurs suffragants [3]. L'Église franque était en effet traditionnellement une Église provinciale, à l'intérieur de laquelle régnait une centralisation à l'échelle de chaque province. Cela n'était pas fait pour faciliter l'intervention romaine. La papauté préférait au contraire promouvoir des structures ecclésiales centrées autour de la personne d'un ou de plusieurs archevêques, comme cela se fit en Angleterre dès saint Grégoire. À cette époque, l'archevêque est toujours l'homme de Rome. L'absence d'archevêques en Gaule (jusqu'à la nomination de saint Boniface) explique l'impuissance des

vestrae regali emisimus excellentiae. » Voir DESHUSSES, « Le sacramentaire grégorien pré-hadrianique », p. 216 et BISCHOFF, « Die Hofbibliothek », p. 44.

1. VOGEL, *Medieval Liturgy*, p. 85. Voir FRIED, « Ludwig der Fromme, das Papsttum », p. 236-237.

2. L. PIETRI, « Grégoire le Grand et la Gaule », p. 108, 122 ; LANGGÄRTNER, *Die Gallienpolitik*, p. 166 s.

3. EWIG, « Beobachtungen zu den Bischofslisten der merowingischen Konzilien und Bischofsprivilegien », dans : *Spätantikes und fränkisches Gallien* II, p. 447.

papes à intervenir. Quand une Église était ainsi difficile à maîtriser, Rome était obligée d'employer des procédés obliques, officieux, comme par exemple la mission, qui court-circuitait rois (plus ou moins bien intentionnés) et évêques (plus ou moins capables) pour s'adresser directement aux populations. Saint Grégoire n'a pas agi autrement, quand il a envoyé saint Augustin dans le Kent. Ce dernier, aussitôt arrivé et introduit, organisa la nouvelle Église sur le modèle romain, c'est-à-dire avec un archevêque à sa tête, comme le montrent notamment les dispositions prises par le concile de Clovesho de 747. Ce n'est que sous Louis le Pieux (814-840) que les pouvoirs des métropolitains furent rétablis en Gaule franque et que les contours des *missatica* furent alignés sur ceux des provinces ecclésiastiques[1].

Une réforme provoquée par Rome et appuyée par des princes éclairés.

Était-ce alors pour des motifs de politique intérieure que les Carolingiens ont promu le chant grégorien ? La première tentative pippinide de prise du pouvoir était déjà ancienne, puisqu'elle remontait à Grimoald, fils de Pépin Ier, et à son fils Childebert l'Adopté, en 656 ; les premiers Pippinides qui aient joué un rôle politique marquant, Arnoul de Metz et Pépin Ier, apparaissent dès 613 au premier plan pour trahir Brunehaut et aider Clotaire II à s'emparer de toute la Gaule. Est-ce parce que l'attachement des Francs à leur dynastie traditionnelle était grand que, même affaiblis, les Mérovingiens purent se maintenir au pouvoir encore un grand siècle ? En réalité, nombre de lignages aristocratiques, qui tenaient en main les *regna* périphériques du monde franc, comme les Agilolfingiens de Bavière, étaient légitimistes parce qu'ils préféraient un Mérovingien faible à un Pippinide fort ; quant à Pépin II, Charles Martel et Pépin III, il semble qu'ils aient volontairement maintenu les Mérovingiens en état de survie artificielle afin d'éviter que le trône ne tombe entre des mains moins malhabiles, en attendant d'être suf-

---

1. H. BÜTTNER, « Mission und Kirchenorganisation des Frankenreiches bis zum Tode Karls des Grossen », dans *Karl der Grosse* I, p. 485 ; EWIG, « Descriptio Franciae », *ibid.*, p. 175 ; WERNER, « Missus-Marchio-Comes », dans : *Vom Frankenreich zur Entfaltung Deutschlands und Frankreichs*, Sigmaringen, 1984, p. 114.

fisamment forts pour s'en emparer eux-mêmes. D'autre part, la réalité du pouvoir n'appartenait pas purement et simplement aux maires du palais pippinides ; ils ne pouvaient gouverner qu'au nom d'un Mérovingien et jamais directement en tant que Pippinides. Leur ascension fut donc lente, semée d'embûches et de revers.

Cela étant posé, il reste à savoir ce qu'a été réellement l'événement de 751, quand Pépin III déposa le dernier Mérovingien. Ce n'est pas un « coup d'État » à l'état pur : la prise du pouvoir par Pépin fut en effet à demi légale, même si le principe héréditaire était mis à mal, puisque la coutume des Francs était de choisir leur roi dans la famille mérovingienne. Pépin a respecté le principe électif, lui aussi traditionnel dans la monarchie franque dès avant Clovis[1]. En temps « normal », les deux principes s'accordent, puisque le roi élu est pris dans la famille mérovingienne. Il peut cependant arriver qu'ils entrent en conflit et que la balance finisse par pencher — pour quelque temps — en faveur de l'un d'entre eux. Lors de leur première tentative, à l'époque de Childebert l'Adopté, les Pippinides avaient plutôt essayé de faire jouer le principe héréditaire à leur profit, en vain. Instruit par cet échec, Pépin III décida de parvenir légalement au pouvoir, par l'élection, c'est-à-dire avec l'appui d'une grande partie de l'aristocratie franque, sans laquelle les Pippinides ne pouvaient rien et de laquelle il avaient en vain essayé de faire l'économie en 656. Il ne s'agit donc pas d'un coup d'État à proprement parler.

En outre, les fils de Charles Martel étaient certainement des princes pieux et éclairés : Pépin avait été formé à Saint-Denis ; son aîné, Carloman, allait prendre l'initiative de convoquer un concile réformateur, alors que rien ne l'y obligeait, avant de décider librement (et non sous la pression de son frère cadet) d'embrasser la vie monastique et de se retirer en 747 sur le mont Soracte, à Rome, puis au Mont-

---

1. R.-H. BAUTIER, « Sacres et couronnements sous les Carolingiens et les premiers Capétiens : recherches sur la genèse du sacre royal français », repris dans : *Recherches sur l'histoire de la France médiévale*, Londres, 1991, p. 8-17.

Cassin[1]. Les travaux récents[2] ont du reste montré tout l'avantage qu'il y avait à prendre au sérieux la piété des premiers Carolingiens pour comprendre convenablement toute l'histoire de la période. L'alliance entre Rome et les maires du palais pippinides se plaçait dans le cadre d'une *spiritalis compaternitas* (ou *pactum paternitatis*) déjà traditionnelle et attestée par exemple en 689, quand Sergius Ier baptisa le roi anglo-saxon Caedwalla : le pape devenait ainsi le père spirituel des premiers Carolingiens[3], et dès 722/723 Grégoire II donnait à Charles Martel le titre de *filius*[4].

L'idée de réformer l'Église franque, dans tous les domaines (la restauration du temporel, le rétablissement de la hiérarchie, l'amélioration de la formation des prêtres et la réforme de la liturgie) procède d'ailleurs du même creuset intellectuel que l'idée du sacre, sur le modèle des rois de l'Ancien Testament[5]. Il ne s'agissait pas purement et simplement de « légitimer » un « coup d'État » au moyen d'une mise en scène à laquelle se serait prêtée l'Église, mais de confirmer Pépin par l'*auctoritas* du pape, notamment face aux fils de Carloman, son aîné. Il s'agit aussi d'une nouvelle idée de ce qu'est la royauté chrétienne et de ce qu'est la souveraineté royale. La réforme liturgique que Rome avait persuadé Pépin d'entreprendre n'est qu'une petite partie d'un ambitieux ensemble ; c'est donc une question religieuse avant d'être une question politique, contrairement à ce que

1. Plusieurs rois anglais en avaient déjà fait autant : Oswiu de Northumbrie (670), Caedwalla de Wessex (688), Coenred de Mercie et Offa de l'Essex (709), et Ine de Wessex (726) : ANGENENDT, *Taufe und Politik*, p. 144-146 ; KRÜGER, « Königskonversionen », p. 173-183 ; C. STANCLIFFE, « Kings Who Opted Out », dans : *Ideal and Reality in Frankish and Anglo-Saxon Society. Studies Presented to J. M. Wallace-Hadrill*, Oxford, 1983, p. 154-176 ; B. JUSSEN, *Patenschaft und Adoption im frühen Mittelalter*, Göttingen, 1991. Sur la conversion de Carloman, en dernier lieu, M. BECHER, « Neue Überlegungen zum Geburtsdatum Karls des Grossen », *Francia* 19 (1992), p. 45-46.

2. WERNER, « Hludovicus Augustus », notamment p. 12, 66-70 s. ; NOBLE, *The Republic of St. Peter*, p. 63 ; BÜTTNER, « Bonifatius », p. 139. *Contra* : SCHÜSSLER, « Die fränkische Reichsteilung », p. 105 et KRÜGER, « Königskonversionen », p. 185-196.

3. O. ENGELS, « Zum päpstlich-fränkischen Bündnis », p. 21-23 ; FRIED, « Ludwig der Fromme, das Papsttum », p. 234 ; BÜTTNER, « Bonifatius », p. 144 ; A. ANGENENDT, « Das geistliche Bündnis der Päpste mit den Karolingern (754-796) », dans : *Historisches Jahrbuch* 100 (1980), p. 40-57.

4. MGH, *Ep.* III, n° 20 (p. 269), datée de 722/723 et 28 (p. 278-280), datée de 732 environ.

5. M. BLOCH, *Les Rois thaumaturges*, p. 68-69.

croyait Vogel, qui faisait de Pépin un aventurier et un roué, en mal de légitimation[1]. À la manière de Clotaire II[2], Pépin souhaitait disposer de bons évêques, instruits, dévoués et capables, dotés d'une liturgie moderne, c'est-à-dire romaine, non dans le but d'en faire les exécuteurs de ses basses œuvres mais, tout au contraire, dans celui de se reposer sur eux en leur confiant d'importantes responsabilités.

L'alliance entre les papes et les Pippinides a été conclue assez tôt et a connu trois grandes étapes : les premiers contacts, sous Pépin II et Charles Martel, donc de 690 à 741 ; le premier concile réformateur, réuni par Carloman en 743, et la consultation de Zacharie par Pépin III en 751, par le truchement de Fulrad de Saint-Denis et Burchard de Wurtzbourg. La première étape peut se décomposer en trois temps : premièrement, l'arrivée de Willibrord-*Clemens* († 739) sur le continent en 690 et son envoi par Pépin II († 714) à Rome pour y être sacré évêque par Sergius en 692[3]. Deuxièmement, en 722, Winfrid-Boniface est envoyé à Rome par Charles Martel auprès de Grégoire II pour être sacré évêque avant d'être envoyé *ad gentes*[4] ; le *princeps* écrit en 723/724 à tous les évêques et à tous les détenteurs d'*honores* pour leur annoncer que Boniface est dorénavant placé sous sa protection et dans son *mundeburdium*[5] ; il deviendra archevêque et recevra le *pallium* vers 732, des mains de Grégoire III. Enfin, Grégoire III (731-741) propose en 739 à Charles Martel (qu'il désigne sous les termes de *dux et princeps Francorum* et de *subregulus*) d'être le défenseur attitré de l'Église romaine, en invoquant des raisons

---

1. Ainsi, PORTER (*The Gallican Rite*, p. 54) estime que Pépin a romanisé la liturgie de son *regnum* par reconnaissance envers Zacharie et Étienne II, qui avaient favorisé sa marche vers le pouvoir, d'autant plus qu'Étienne II avait procédé en 754 à la seconde onction royale de Pépin et de ses deux fils, Carloman et Charles.

2. *Chlotharii II edictum* (Paris, 18 octobre 614), éd. BORETIUS, MGH, *Capitularia*, t. I, p. 20-23. Voir HEINZELMANN, « Bischof und Herrschaft », p. 77-78.

3. *LP* I, p. 376 ; voir H. BÜTTNER, « Mission und Kirchenorganisation des Frankenreiches », dans : *Karl der Grosse* I, p. 462-464 ; MACCARRONE, « Devozione a S. Pietro, missione ed evangelizzazione nell'alto medioevo », dans : *Romana Ecclesia-Cathedra Petri* I, p. 345-346.

4. En 719, il est encore prêtre (MGH, *Ep.* III, n° 12, p. 258) ; sacré évêque, il prête serment d'obéissance à Grégoire II, le 30 novembre 722/723 (MGH, *Ep.* III, n° 16, p. 265-266). Voir G. TANGL, « Die Passvorschrift des Königs Ratchis und ihre Beziehung zu dem Verhältnis zwischen Franken und Langobarden vom 6.-8. Jahrhundert », dans *Quellen und Forschungen aus italienischen Archiven und Bibliotheken* 38 (1958), p. 20.

5. MGH, *Ep.* III, n° 22, p. 270-271.

religieuses [1]. Ce dernier semble avoir refusé et s'être contenté d'envoyer des cadeaux au pape : il était malade et avait encore besoin de l'appui militaire des Lombards contre les Arabes [2].

On notera qu'exactement au même moment, le duc des Bavarois, Theodo († vers 717), faisait venir des missionnaires étrangers pour réformer son Église — Emmeram de Poitiers, Rupert de Worms et Corbinien de Freising — et qu'il se rendit en 716 à Rome pour faire avaliser cette politique par Grégoire II. Le pape accepta, désireux de moderniser les structures de l'Église de Bavière, qui serait dorénavant réorganisée autour d'un métropolitain dépendant directement de Rome. Grégoire II a mené exactement la même politique avec Charles Martel [3].

Il reste à déterminer le rôle exact joué par le pape Zacharie en 750-751. Trois textes expliquent que le pape a ordonné de déposer Childéric III : il s'agit des *Annales royales*, de la *Clausula de unctione Pippini*, texte anonyme écrit vers 767, et de la continuation de Frédégaire [4]. On considère le plus souvent qu'il s'agit d'une intempérance de langage des annalistes austrasiens et que le pape n'était nullement en mesure d'ordonner quoi que ce fût ; il semble pourtant que, dans le cadre de cette alliance, les Francs étaient les obligés du pape — même si ce dernier avait besoin d'eux contre les menaces lombardes, comme en témoigne le voyage (qui n'est nullement une fuite [5]) d'Étienne II en Gaule, en 754 — et que Zacharie a réellement joué un rôle actif, voire de premier plan, dans la prise du pouvoir par

1. Éd. MGH, *Epist.* III, rééd. Munich, 1978, p. 477-479 ; voir TANGL, « Die Passvorschift », p. 22-24 ; R. SCHNEIDER, « Fränkische Alpenpolitik », dans : *Die transalpinen Verbindungen der Bayern, Alemannen und Franken bis zum 10. Jahrhundert*, Sigmaringen, 1987, p. 31.

2. P. CLASSEN pensait cependant que Charles Martel avait quand même aidé Grégoire III d'une manière ou d'une autre, car Charlemagne fait allusion à une aide accordée à Rome par son grand-père : « Italien zwischen Byzanz und dem Frankenreich », p. 948.

3. Voir *LP* I, p. 398 ; J. JAHN, *Ducatus Baiuvariorum. Das baierische Herzogtum der Agilolfinger*, Stuttgart, 1991, p. 73-75.

4. *Annales regni Francorum*, ad a. 749, éd. G. H. PERTZ, MGH, *SS* I, Hanovre, 1826, rééd. Stuttgart, 1976, p. 136 ; *Clausula*, éd. A. STOCLET, « La *Clausula de unctione Pippini regis* », p. 2-3 ; FRÉDÉGAIRE, *Continuatio*, cap. 33 (éd. WALLACE-HADRILL, *The Fourth Book*, p. 102).

5. TANGL, « Die Passvorschift », p. 59-62.

Pépin ; le style de sa réponse est celui d'un ordre ou d'une décrétale officielle [1].

Le rôle de saint Boniface, envoyé officiel de Rome et nommé en 743 archevêque de tout le *regnum* franc, y compris de ses marges germaniques, n'a pas été moindre, malgré les entraves que lui imposait le partage de Vieux-Poitiers (742) : après la mort de Charles Martel (22 octobre 741) et l'élimination de Griffon, leur demi-frère, Pépin avait obtenu la Bourgogne, la Provence, le Sud de l'Alsace, l'Ouest de la Neustrie et surtout une partie de l'Austrasie, notamment Metz [2], Reims, Verdun et Trèves, tandis que Carloman avait gardé l'Est de l'Austrasie (Liège, Cologne), le Nord de l'Alsace, le Nord de la *Francia* (Beauvais, Laon, Senlis, Meaux et Noyon), la Thuringe et l'Alémanie [3]. Or, après 747, Carloman avait abdiqué et Pépin, après avoir dans un premier temps poursuivi la politique de conciles réformateurs entamée par son aîné, avait effectué un retour en arrière stratégique dans cette politique de réformes, n'étant pas encore suffisamment assuré pour l'imposer aux Grands, de telle sorte que l'autorité de saint Boniface s'était trouvée réduite à son seul évêché de Mayence, ce qui était assez dérisoire [4]. Pépin III ne pouvait pas encore réformer l'Église de son *regnum*, car il avait besoin de l'appui de l'aristocratie qui détenait certains évêchés, comme par exemple le célèbre Milo de Trèves, l'une des principales cibles des protestations de Boniface [5].

Dans ce cadre, les mots employés par les annalistes prennent un sens très fort : les *Annales royales* affirment que Zacharie a ordonné *(iussit)* d'élever Pépin sur le trône ; quant au continuateur de Frédégaire, il explique que Pépin est devenu roi par l'ordre du pape *(auctoritate praecepta)*. Les textes s'accordent et cadrent bien avec les données de la

---

1. LEVISON, *England and the Continent*, p. 115 ; SCHIEFFER, *Winfrid-Bonifatius*, p. 258.

2. Ce qui explique que Chrodegang ait eu affaire à Pépin, non à Carloman.

3. SCHÜSSLER, « Die fränkische Reichsteilung von Vieux-Poitiers », p. 60, 87.

4. *Ibid.*, p. 101-102 ; EWIG, « Descriptio Franciae », dans : *Karl der Grosse* I, *Persönlichkeit und Geschichte*, Düsseldorf, 1965, p. 172 ; E. HLAWITSCHKA, « Die Vorfahren Karls des Grossen », *ibid.*, p. 68.

5. EWIG, « Milo et eiusmodi similes », dans : *Spätantikes und fränkisches Gallien* II, p. 189-219 ; R. KAISER, *Bischofsherrschaft zwischen Königtum und Fürstenmacht*, Bonn, 1981, p. 62 ; H. H. ANTON, *Trier im frühen Mittelalter*, Paderborn, 1987, p. 160-162.

liturgie ; il faut donc les prendre au sérieux : le Siège romain est effectivement intervenu activement dans l'élection de Pépin. Il ne l'a pas fait sans de profonds motifs. Cette alliance fut renouvelée par Pépin et Étienne II lors de son séjour dans le royaume franc, à Ponthion, sans doute le 6 janvier 754[1]. L'hypothèse d'une mesure avant tout politique visant à affirmer l'unité du *regnum* franc (un seul *regnum*, une seule liturgie) ne tient donc pas[2]. Il faut plutôt tenir compte de la sincère admiration éprouvée par les Pippinides pour la Rome des empereurs et pour ceux qui ont conservé et transmis leur œuvre, les papes. La ville des empereurs est devenue celle de Pierre, comme l'a montré Charles Pietri. Carloman puis Pépin sont fiers de s'allier avec la papauté, qui a recueilli et transfiguré l'héritage des Césars. En cela, ils sont en position d'infériorité par rapport à Zacharie puis à Étienne II, malgré les difficultés politiques que rencontre la papauté face aux Lombards : le rapport de forces ne se modifie en effet qu'avec Charlemagne, en raison des graves problèmes rencontrés par Léon III : ce pape, d'origine plutôt humble, dut affronter les ambitions de l'aristocratie, notamment celles de la parentèle de son prédécesseur Hadrien[3]. Ce statut d'obligé explique que Zacharie ait pu jouer un rôle non négligeable dans l'accession de Pépin au pouvoir ; il est encore démontré par l'attitude respectueuse de Pépin à l'égard d'Étienne II lors de leur première rencontre à Ponthion, en janvier 754 : le roi des Francs, conformément au rituel antique, se prosterna devant le seigneur apostolique[4].

---

1. SCHIEFFER, *Winfrid-Bonifatius*, p. 262 ; DRABEK, *Die Verträge*, p. 15 s.

2. P.-M. GY, « L'unification liturgique » (*RSPT* 59, 1975), p. 601.

3. Voir CLASSEN, *Karl der Grosse, das Papsttum und Byzanz. Die Begründung des karolingischen Kaisertums*, Sigmaringen, 1985, p. 43-47 ; NOBLE, *The Republic of St. Peter*, p. 199-201 ; S. VACCA, *Prima sedes a nemine iudicatur. Genesi e sviluppo storico dell'assioma fino al Decreto di Graziano*, Rome, 1993, p. 83-95. La cérémonie qui eut lieu à Saint-Pierre, au cours de laquelle le pape prêta serment pour se disculper, était assez semblable à celle que Damase avait organisée pour se disculper des accusations lancées contre lui par le juif Isaac (*LP* I, p. 214, n. 15 ; PIETRI, *Roma christiana*, t. I, p. 422 et n. 3) et au serment qu'avaient prêté Pélage (556-561) (*LP* I, p. 303, qui cite le texte de ce *sacramentum purgationis*) et Pascal Ier (*ARF*, ad a. 823 ; Thegan, *VL* c. 30 ; Astronomus, *VL* c. 37). Voir O. HAGENEDER, « *Das crimen maiestatis*, der Prozess gegen die Attentäter Papst Leos III. und die Kaiserkrönung Karls des Grossen », dans : *Festschrift für Friedrich Kempf*, Sigmaringen, 1983, p. 55-79.

4. DUCHESNE, *LP* I, p. 447 : « *Ipseque* [Pépin] *in palatio suo, in loco qui vocatur Ponticone, ad fere trium milium spatium, descendens de equo suo, cum magna humilitate*

Les premières mesures concrètes de romanisation.

Le concile du 21 avril 743 (traditionnellement nommé *Concilium Germanicum*), tenu en un lieu inconnu, sous la présidence de saint Boniface et de son allié Carloman, en présence d'un petit nombre d'évêques réformateurs (six) et — semble-t-il — en l'absence des *optimates*[1], évoque la généralisation de l'emploi de la Règle de saint Benoît dans le *regnum* franc[2]. Elle y était certes déjà connue depuis longtemps[3], mais elle ne s'imposa véritablement que sous Louis le Pieux, grâce à l'intervention de saint Benoît d'Aniane († 821), voire plus tard encore dans de nombreux cas[4]. En revanche, l'allusion à l'*Ordo Missae*, dans le paragraphe 3 des actes de ce concile, qui a été alléguée à l'appui de l'idée d'une romanisation du chant dès 743, ne nous semble viser en réalité que la conformité du texte employé par chaque prêtre avec l'*exemplar* de son évêque. Carloman souhaitait en effet que les évêques se préoccupassent de l'orthodoxie du texte du canon de la messe récité par les prêtres de leur diocèse *(parrochia)*[5], sans doute dans le but de s'assurer de la validité de la consécration, donc de celle des messes célébrées parfois loin du contrôle de l'évêque, puisque le terme

---

terrae prostratus, una cum sua coniuge, filiis et optimatibus, eundem sanctissimum papam suscepit »; *Annales Mettenses priores* ad a. 753, éd. B. de Simson, MGH, *SRG in usum scholarum* 10, Hanovre, 1905, p. 45. Voir FRITZE, *Papst und Frankenkönig*, p. 63-66 et SCHIEFFER, *Winfrid-Bonifatius*, p. 262.

1. Éd. BORETIUS, MGH, *Capitularia regum Francorum*, Leg. II, 1, p. 24-26. Voir HARTMANN, *Die Synoden der Karolingerzeit*, p. 50-53 ; HANNIG, *Consensus*, p. 175. Ce concile n'est pas « germanique », Carloman ne possédait pas toute l'Austrasie : SCHÜSSLER, « Die fränkische Reichsteilung von Vieux-Poitiers », p. 91. Sur sa date : K. U. JÄSCHKE, « Die Gründungszeit der mitteldeutschen Bistümer und das Jahr des Concilium Germanicum », dans : *Festschrift Walter Schlesinger*, Cologne, 1974, t. II, p. 120-125 ; SEMMLER, « Mönche und Kanoniker im Frankenreiche Pippins III. und Karls des Grossen », dans : *Untersuchungen zu Kloster und Stift*, Göttingen, 1980, p. 78.

2. Paragraphe 7, l. 8 : *ibid.*, p. 26.

3. En dernier lieu, G. MOYSE, « Monachisme et réglementation monastique en Gaule avant Benoît d'Aniane », dans : *Sous la règle de saint Benoît*, Genève-Paris, 1982, p. 3-19 ; la Règle de saint Benoît fut imposée à son diocèse par saint Léger d'Autun vers 670 : MORDEK et REYNOLDS, « Bischof Leodegar », p. 90.

4. WALLACE-HADRILL, *The Frankish Church*, p. 229, 264 ; J. SEMMLER, « Le souverain occidental et les communautés religieuses du début du XIe siècle », *Byzantion* 61 (1991), p. 46 et « Benedictus II : Una regula-Una consuetudo », dans : W. LOURDEAUX et D. VERHELST (éd.), *Benedictine Culture 750-1050*, Louvain, 1983, p. 1-49.

5. DUCHESNE, *LP* I, p. 157, n. 3 ; CHAVASSE, *Le Sacramentaire*, p. 83 ; CABIÉ, *La Lettre*, p. 27, n. 2.

parrochia désignait, non un diocèse en son entier, mais uniquement ou principalement sa partie rurale, par opposition à la ville où résidait l'évêque. Une fois l'an, pendant le carême, tous les prêtres, notamment ceux qui résidaient dans les campagnes, devraient donc aller en ville rendre des comptes à leur évêque, qui examinerait leur connaissance de la forme des sacrements, les interrogerait sur leur *credo* et vérifierait que le canon qu'ils employaient pour célébrer la messe assurait bien la pleine validité du sacrement de l'Eucharistie. Au total, ce terme d'*Ordo Missae* ne nous semble donc faire allusion qu'au seul canon, non aux chants. Quant au mot *prex*, il peut désigner aussi bien le canon que les trois autres oraisons de la messe romaine, la collecte, la secrète et la postcommunion :

Decrevimus quoque secundum canones, ut unusquisque presbyter in parrochia habitans episcopo subiectus sit illi in cuius parrochia habitet, et semper in quadragesima rationem et ordinem ministerii sui, sive de baptismo sive de fide catholica sive de precibus et ordine missarum, episcopo reddat et ostendat.	Nous [Carloman] avons en outre décidé que, conformément aux canons, tout prêtre résidant dans un diocèse obéisse à l'évêque du diocèse dans lequel il se trouve et que chaque année, au moment du carême, il lui rende compte de sa manière d'accomplir son ministère, aussi bien en ce qui concerne [la façon d'administrer] le baptême, l'orthodoxie de sa foi, les oraisons et le canon de la messe.

Cela dit, l'allusion à la Règle de saint Benoît peut contenir en germe une romanisation des chants, dans la mesure où cette Règle (XIII, 10) semble enjoindre à ceux qui la pratiquent de chanter *sicut psallit ecclesia Romana*[1]. On sait du reste que Charlemagne a fait venir du Mont-Cassin un *exemplar* (ou ce qu'il croyait être tel) de la Règle[2], car elle avait la réputation d'être la plus romaine de toutes[3],

1. Éd. DE VOGÜÉ et J. NEUFVILLE, t. II, Paris, 1972, p. 520 (SC 182).
2. J. SEMMLER, « Karl der Grosse », p. 265.
3. J. WOLLASCH, « *Benedictus abbas Romensis*. Das römische Element in der frühen benediktinischen Tradition », dans : N. KAMP et J. WOLLASCH (éd.), *Tradition als historische Kraft*, Berlin, 1982, p. 122 et 137.

sans doute en raison de l'éloge de saint Benoît qu'on trouve dans les *Dialogues* de saint Grégoire le Grand. Il est cependant vrai que cette phrase se situe dans un contexte très particulier, puisqu'il s'agit du choix des cantiques aux matines, non de l'imitation des mélodies romaines elles-mêmes. On sait en effet que la Règle de saint Benoît s'inspire de la Règle du Maître, mais que sa principale source est l'*Ordo* romain des offices. C. Callewaert[1] a été le premier à démontrer que saint Benoît ne s'appesantit sur un détail de l'office que lorsqu'il s'agit d'une innovation de son cru, qui ne se trouve pas dans l'office romain. En revanche, quand saint Benoît reprend une disposition romaine, ce qui arrive très souvent, il ne s'y arrête pas puisqu'elle est supposée connue de ses lecteurs. Dans ce contexte, l'incise *sicut psallit ecclesia Romana* nous semble avant tout vouloir dire que, sur la question de savoir quels cantiques il convient de chanter aux matines, saint Benoît se borne à reprendre les dispositions de l'office romain sans y rien changer.

Malgré la brève tentative de la reine Berte, veuve de Pépin le Bref, de renouer l'alliance avec les Lombards en faisant épouser par son fils aîné Charlemagne la fille du roi Didier — peut-être était-ce un souvenir de la politique de Charles Martel, qui avait fait adopter son fils Pépin par le roi Liutprand en 737 —, Charlemagne poursuivit la politique de ses ancêtres[2]. L'*Admonitio generalis* du 23 mars 789 fait donc une claire allusion à l'adoption du chant liturgique romain[3] :

1. « Vesperae antiquae », p. 105, 108. Voir Dom J. CLAIRE, « Le répertoire grégorien de l'office », p. 27.

2. PAUL DIACRE, *Historia Langobardorum* VI, 53. Voir J. JARNUT, « Die Adoption Pippins durch König Liutprand und die Italienpolitik Karl Martells », dans : *Karl Martell in seiner Zeit*, Sigmaringen, 1994, p. 218-220 et J. T. HALLENBECK, *Pavia and Rome : The Lombard Monarchy and the Papacy in the Eighth Century*, Philadelphie, 1982, p. 122-128.

3. Éd. MGH, *Capitularia regum Francorum*, t. I, Hanovre, 1883, *cap.* 80, p. 61. Voir WALLACE-HADRILL, *The Frankish Church*, p. 259 s. ; R. MCKITTERICK, *The Frankish Church*, p. 1 s. ; B. BAROFFIO, « Il canto Gregoriano nel secolo VIII », p. 12 ; W. MÜLLER-GEIB, *Das Allgemeine Gebet der Sonn- und feiertäglichen Pfarrmesse im deutschen Sprachgebiet*, Altenberge, 1992, p. 65-69.

Omni clero. Ut cantum Roma-
num pleniter discant, et ordinabili-
ter per nocturnale vel gradale offi-
cium peragatur, secundum quod
beatae memoriae genitor noster
Pippinus rex decertavit ut fieret,
quando Gallicanum tulit ob una-
nimitatem apostolicae sedis et sanc-
tae Dei aeclesiae pacificam concor-
diam.

Pour l'ensemble du clergé :
qu'il apprenne à la perfection le
chant de Rome et qu'il célèbre
l'office conformément à l'*ordo*, à
l'aide d'un *nocturnale* et d'un
graduel, conformément à ce
qu'avait ordonné de faire notre
père, le roi Pépin, d'heureuse
mémoire, quand il supprima le
chant gallican afin de faire
comme le Siège romain et
d'obtenir que la sainte Église de
Dieu vive dans une concorde
pacifique.

On notera le soin que Pépin et son fils ont mis à insister
sur l'importance du chant, et non pas seulement sur celle
du sacramentaire et de ses oraisons. Ce pourrait être le signe
d'une familiarité encore assez grande avec la tradition antique, qui faisait des chants les égaux des lectures et des
oraisons, aussi bien à la messe qu'à l'office. La nécessité de
la *concordia* est un motif traditionnel dans les actes des
conciles comme dans les exposés des motifs qu'on trouve
dans les capitulaires carolingiens : il faut assurer la paix au
moyen de l'*unanimitas*, et toute l'Église doit chanter *una
voce*, car les *diversitates* peuvent être une cause de scandale
et de discorde : *una fides, una consuetudo*. Dans l'accomplis-
sement de cette tâche, outre certains évêques comme Chrodegang, les clercs de la *capella* carolingienne jouèrent certainement un important rôle : plusieurs chantres sont
attestés parmi eux [1].

Après avoir examiné les arguments de Vogel, nous
pensons en définitive que, dès 743, voire avant, les Pippinides ont accepté de mettre en œuvre le très vieux projet
romain de romaniser entièrement la liturgie des Églises occidentales, et avant tout celle du *regnum* franc, par respect et
par admiration pour les successeurs de Pierre, avec le conseil
et l'appui de ces derniers, parfois directement (Étienne II
vint en personne à Ponthion puis à Saint-Denis en 754),
parfois par l'intermédiaire de leurs hommes de confiance
(Boniface est en 743 l'apocrisiaire permanent de Zacharie

---

1. FLECKENSTEIN, *Die Hofkapelle*, p. 65, 232-233.

près la cour franque : *missus sancti Petri*[1]), et à leur initiative. Nous n'avons donc pas cru devoir retenir l'idée d'une réforme liturgique provoquée avant tout par des raisons de politique intérieure ou de relations étrangères, suivant d'ailleurs en cela certaines des recherches les plus récentes sur la question de la Réforme carolingienne[2]. Il nous a au contraire paru nécessaire de réévaluer l'importance de la sincérité des maires du palais et celle, encore plus déterminante, de la puissance romaine et de l'opiniâtreté avec laquelle elle allait enfin pouvoir mettre en pratique un projet vieux de plus de cent ans, projet que saint Grégoire caressait déjà : introduire les *consuetudines* romaines dans la pratique liturgique de l'Église franque.

1. Capitulaire de Carloman (21 avril 743), éd. BORETIUS, MGH, *Capitularia reg. Francorum*, *Leg*. II, 1, p. 25, paragraphe 1, lignes 5-6. Voir J. HERRIN, « Constantinople, Rome and the Franks », p. 94-95 ; Boniface se dit lui-même *legatus Romanae ecclesiae*.

2. R. MCKITTERICK, *The Frankish Church*, p. 129 ; SCHIEFFER, *Winfrid-Bonifatius*, p. 197.

CHAPITRE XV

L'HYBRIDATION DES DEUX CHANTS ET LA NAISSANCE DU CHANT « GRÉGORIEN »

LES SOURCES GRÉGORIENNES SANS NOTATION MUSICALE

Les plus anciens manuscrits[1] de la messe grégoriens conservés sont dépourvus de notation musicale ; au nombre de six, ils ont fait l'objet d'une remarquable édition par Dom Hesbert en 1935 dans l'*Antiphonale Missarum Sextuplex*. Le problème que posent ces manuscrits est celui de leur datation ; le répertoire de la messe ayant été fixé très tôt, ils sont très proches les uns des autres et les indices permettant de les dater avec certitude font parfois défaut. Leur seconde faiblesse est qu'étant dépourvus de mélodies, ils n'ont pas été contrôlés par un copiste des neumes : leur texte est donc très souvent fautif. Leur témoignage n'est véritablement exploitable que sur le plan strictement liturgique, notamment pour ce qui concerne l'organisation de l'année liturgique et la répartition des pièces de chant tout au long de cette année.

Le manuscrit de Monza, Tesoro della Basilica S. Giovanni, 88 (*olim* Cod. CIX), est un *cantatorium* copié dans un endroit inconnu, dans le courant du deuxième tiers du IXᵉ siècle[2]. Le manuscrit de Rheinau (Zurich, Zentralbibl., Rheinau 30) est un graduel suisse daté de la fin du VIIIᵉ

---

1. Nous renonçons à donner ici une description codicologique complète des manuscrits : cela a déjà été fait par maints codicologues avertis.

2. GAMBER, *Codices liturgici*, t. I/2, nº 1310, p. 500 ; *contra* : BELLONI et FERRARI, *La Biblioteca Capitolare di Monza*, p. 193-194.

siècle[1] ; son sanctoral est très pauvre, ce qui ne facilite pas la tâche de qui voudrait localiser son *scriptorium* d'origine ; il ne possède pas encore le trait *Eripe me* au vendredi saint, ce qui est une marque d'archaïsme.

Le document dit « antiphonaire du Mont-Blandin », plus complexe, est un graduel contenu dans le manuscrit Bruxelles, Bibl. Royale lat. 10127-10144, qui provient de l'abbaye Saint-Pierre du Mont-Blandin près de Gand, dans la bibliothèque de laquelle il se trouvait depuis le XIIIᵉ siècle. Il est daté du dernier quart du VIIIᵉ siècle[2]. Ce manuscrit est un recueil composite, mais très homogène et très complet, qui comprend des formulaires liturgiques destinés à permettre à un prêtre d'accomplir son ministère sous tous ses aspects. Il contient en effet, outre le graduel qui nous intéresse (f. 90-115), un pénitentiel, une collection canonique, un extrait de sacramentaire-lectionnaire (*liber sacramentorum excarpsus*, f. 125-135v, qui contient seulement les messes des plus grandes fêtes[3]) et plusieurs *ordines* romains (*ordo* des lectures liturgiques, traité de comput ecclésiastique, *ordo* du jeudi saint, du baptême *in articulo mortis*, bénédictions diverses). C'est donc un recueil destiné à un prêtre séculier qui célèbre seul : puisque le sacramentaire *excarpsus* contient aussi les lectures, cela indique qu'il était fait pour permettre à un prêtre de se passer de diacre et de sous-diacre[4]. Coebergh en conclut avec vraisemblance qu'il s'agit du « *vade-mecum* d'un prêtre rural, ayant besoin d'avoir sous la main tous les textes indispensables à l'exercice de son ministère sacerdotal[5] ».

Ce recueil n'a donc pas été copié à Saint-Pierre de Gand,

---

1. GAMBER, *Codices liturgici*, t. I/2, n° 1325, p. 506. *Contra* : HESBERT, *AMS*, p. XII.

2. GAMBER, *Codices liturgici*, t. I/2, n° 1320 ; ANDRIEU, *Les OR*, t. I, p. 91-6 ; HESBERT, *AMS*, p. XV.

3. Éd. COEBERGH, dans *Testimonia orationis christianae antiquioris*, Turnhout, 1977, p. 85-97 (CCCM 47). Il s'agit de onze formulaires qui comportent les lectures et les oraisons pour la troisième messe de Noël, le dimanche dans l'octave de Noël, l'Épiphanie, le premier dimanche après l'Épiphanie, le premier et le quatrième dimanche du carême, la vigile pascale, le dimanche de Pâques, le premier dimanche après l'octave de Pâques, l'Ascension et la litanie majeure (25 avril). Le texte s'interrompt au milieu de l'évangile de la litanie majeure en raison d'une lacune du document, qui devait compter quelques autres fêtes, notamment la Pentecôte.

4. ANDRIEU, *Les OR*, t. I, p. 96.

5. COEBERGH, *Testimonia orationis*, p. 81.

mais dans un *scriptorium* inconnu, situé dans le Nord de la Gaule. Il a été découvert dans la bibliothèque du Mont-Blandin par le savant chanoine de Bruges Pamelius (Jacques de Joigny de Pamele, † 1587), déjà auteur de l'édition *princeps* du *Micrologus* de Bernold de Constance (1565), qui a compris l'importance du manuscrit de Gand et l'a utilisé en 1571 dans une sorte d'édition de l'antiphonaire de saint Grégoire, réalisée à l'aide de plusieurs manuscrits anciens, dont celui de Gand, dont il a d'ailleurs traité le texte avec une certaine liberté [1].

C'est le manuscrit grégorien qui est resté le plus proche de sa source romaine. Rien ne prouve qu'il ait existé des liens particuliers entre le Mont-Blandin et Rome : les deux principales sources sur l'abbaye, les *Annales Blandinienses* [2] et la *Ratio fundationis* [3], ne disent rien de tel. Une fois éliminés les éléments légendaires contenus dans ces deux documents [4], qui remontent sans doute à une source unique, il demeure que cette abbaye était en déclin en 754. Fondée par saint Amand († env. 676) sous le double vocable des saints Pierre et Paul, entre 650 et 674-675, dirigée par son ami l'abbé Jean, cette abbaye, après une période obscure pour laquelle nous ne savons presque rien, pas même les noms des abbés, fut ensuite dirigée par l'abbé Célestin, un Irlandais, qui eut le tort de vouloir intervenir dans les rivalités politiques qui opposaient Charles Martel aux Neustriens de Ragenfrid. Célestin ayant pris le parti des adversaires du *dux et princeps Francorum*, il fut déposé par lui en 719 et le monastère fut confié à des abbés laïques [5]. Le Mont-Blandin ne connut un nouvel essor que sous Louis le Pieux, qui nomma Eginhard — remarquable abbé laïc — à sa tête en 814-815 [6]. Après sa mort, l'abbaye connut une

---

1. Dans la *Liturgia latinorum*, 2 vol., Cologne, 1571 : t. II : *Liturgicon Ecclesiae Latinae*, p. 54-177.

2. *Annales Blandinienses*, éd. L. BETHMANN, dans MGH, *Scriptorum tomus* V, éd. H. G. PERTZ, Hanovre, 1844, p. 20-34 (pour l'année 754, p. 22).

3. *Ratio fundationis seu aedificationis Blandiniensis coenobii, quod est situm in territorio Gandensi in loco Blandinium dicto*, éd. O. HOLDER-EGGER, dans MGH, *Scriptorum tomus* XV, pars II, éd. G. H. PERTZ, Hanovre, 1888, p. 622-624.

4. Pour les débuts de l'abbaye, leur rédacteur s'est inspiré des *Gesta abbatum Fontanellensium* : GRIERSON, « The Early Abbots », p. 130 et 139 ; *Monasticon Belge*, t. VII, p. 97.

5. *Monasticon Belge*, t. VII, p. 97 ; GRIERSON, « The Early Abbots », p. 145.

6. F. J. FELTEN, *Äbte und Laienäbte im Frankenreich*, Stuttgart, 1980, p. 49, 116,

sorte d'alternance entre des abbés laïcs robertiens et les comtes de Flandre. Il fallut attendre que le comte de Flandre Arnoul Ier nomme abbé Gérard de Brogne, vers 930 ou 941 [1], pour que le Mont-Blandin exerce un véritable rayonnement spirituel et intellectuel. Par conséquent, on peut dater l'apogée de cette abbaye de la seconde moitié du Xe siècle, sous l'abbé Womar, disciple de saint Gérard.

Le manuscrit de Compiègne (Paris, BN lat. 17436) est un manuscrit de grand luxe qui contient un graduel et un célèbre antiphonaire qui est connu traditionnellement sous le nom d'« antiphonaire de Charles le Chauve [2] ». Le graduel date quant à lui du troisième quart du IXe siècle et était sans doute utilisé par la chapelle Sainte-Marie de Compiègne [3], fondée vers 876 par Charles le Chauve et dédiée solennellement le 5 mai 877 par les deux nonces apostoliques, venus de la part du pape Jean VIII demander à l'empereur d'intervenir en Italie contre les Arabes [4]. Cette chapelle était conçue comme une copie de la chapelle palatine d'Aix-la-Chapelle et était desservie par cent clercs ; le pape lui avait donné des reliques des saints Corneille et Cyprien et lui avait accordé le privilège d'avoir un autel de bois, comme au Latran. Ce fut la principale résidence de Charles le Chauve [5].

Le manuscrit de Corbie (Paris, BN lat. 12050), l'ancienne

---

283 (remarquable) ; W. MOHR, *Studien zur Klosterreform des Grafen Arnulf I. von Flandern*, Louvain, 1992, p. 55-57, 67, 85.

1. *Monasticon Belge*, t. VII, p. 99-101 ; A. DIERKENS, *Abbayes et chapitres entre Sambre et Meuse (VIIe-XIe siècles)*, Sigmaringen, 1985, p. 243-244 ; J. SEMMLER, « Das Erbe der karolingischen Klosterreform im 10. Jahrhundert », dans : R. KOTTJE et H. MAURER (éd.), *Monastiche Reformen im 9. und 10. Jahrhundert*, Sigmaringen, 1989, p. 42-43 et 70-72.

2. Éd. par Dom HESBERT (*CAO*, t. I) ; malgré sa date, il l'a éliminé de l'archétype en raison du grand nombre de fautes commises par le copiste (*CAO*, t. VI, p. 387). Voir M. HUGLO, « Observations codicologiques sur l'antiphonaire de Compiègne (Paris, BN lat. 17436) », dans *De Musica et cantu. Studien zur Geschichte der Kirchenmusik und der Oper. Helmut Hucke zum 60. Geburtstag*, Hildesheim, 1993, p. 117-129.

3. HESBERT, *AMS*, p. XIX ; GAMBER, *Codices liturgici*, t. I/2, n° 1330, p. 507 ; P. E. SCHRAMM et F. MÜTHERICH, *Denkmale der deutschen Könige und Kaiser*, Munich, 1962, n° 45, p. 131 ; FROGER (« Le lieu de destination et de provenance ») pense que ce manuscrit était peut-être destiné à Saint-Médard de Soissons (p. 353).

4. FLECKENSTEIN, *Die Hofkapelle*, p. 152-154 ; M. VIEILLARD-TROIEKOUROFF, « La chapelle du palais de Charles le Chauve à Compiègne », *CA* 21 (1971), p. 89-108.

5. C. BRÜHL, *Fodrum, Gistum, Servitium Regis*, Cologne-Graz, I, 1968, p. 41.

abbaye royale mérovingienne, a été copié à Corbie en 853[1] ; s'il ne possède plus de versets d'offertoires, il a en revanche maintenu l'indétermination de nombreux versets d'*Alleluia* et il indique le mode des introïts et des communions, c'est-à-dire des pièces qui sont destinées à être accompagnées par une psalmodie ; c'est donc l'un des plus anciens tonaires conservés. Le manuscrit de Senlis (Paris, Bibl. Sainte-Geneviève 111), enfin, a été écrit à Saint-Denis pour le compte de Senlis entre 877 et 882[2].

LES SOURCES GRÉGORIENNES NOTÉES

Les sources « françaises ».

Le graduel Laon, BM 239, est originaire des environs de Laon et a été copié vers 930[3] ; noté à l'aide de neumes messins, il n'est pas dépourvu de lacunes. Le fait que la grande majuscule *A* de *Ad te levavi*, au début du manuscrit, relève du style franco-saxon et soit proche de celui du *scriptorium* de Saint-Amand[4], n'indique rien de particulier quant à l'origine du manuscrit. Il a été copié à l'époque où Laon jouait le rôle de forteresse carolingienne face aux prétentions des Robertiens, c'est-à-dire à un moment où cette ville, perchée au sommet d'une butte-témoin située en avant de la *cuesta* d'Île-de-France, était une pièce maîtresse dans la politique royale et où son rayonnement culturel était l'un des plus grands de son histoire[5].

Le manuscrit du Mont-Renaud, qui appartient à une collection privée, est un livre composite qui comprend un graduel auquel fait suite un antiphonaire[6] ; il a été copié au

---

1. GAMBER, *Codices liturgici*, t. I/2, n° 1335, p. 507 ; D. GANZ, *Corbie*, p. 56-57 et 145-146.

2. GAMBER, *Codices liturgici*, t. I/2, n° 1322, p. 505 ; HESBERT, *AMS*, p. XXIII.

3. GAMBER, *Codices liturgici*, t. I/2, n° 1350, p. 511-512. CONTRENI, *The Cathedral School of Laon*, p. 161.

4. A. BOUTEMY, « Un trésor injustement oublié », p. 114 ; CONTRENI, *The Cathedral School of Laon*, p. 42.

5. J. LUSSE, *Laon et le Laonnois du V au X siècle*, Nancy, 1992, p. 230 s.

6. GAMBER, *Codices liturgici*, t. I/2, n° 1307, p. 499 ; voir D. SAULNIER, dans *EG* 24 (1992), p. 135-180.

Xe siècle à Noyon. Il n'était pas destiné à être neumé ; aussi la notation a-t-elle été insérée entre chaque ligne de texte, parfois avec difficulté. Il faut donc bien distinguer non seulement le graduel de l'antiphonaire, mais également la date de la copie du texte de celle de la copie des neumes.

Les sources germaniques.

Le manuscrit Sankt Gallen, Stiftsbibliothek 339, est un graduel copié à Saint-Gall, peut-être avec la participation du reclus Hartker (env. 980-1011), à qui l'on doit en outre le plus ancien antiphonaire neumé, le manuscrit Sankt Gallen, Stiftsbibl. 390-391. Il date de la première moitié du XIe siècle[1]. Le célèbre manuscrit Sankt Gallen, Stiftsbibl. 359, est un *cantatorium* (manuscrit qui ne contient que les chants entre les lectures, c'est-à-dire les traits, les graduels et les *Alleluia*) copié dans cette abbaye vers 922-925, sous l'abbatiat d'Hartmann[2]. Sa forme oblongue est due au réemploi de tables d'ivoire du Ve siècle, vraisemblablement originaires de Constantinople, qui lui servent d'écrin et qui sont sans doute arrivées là par l'intermédiaire de Rome[3]. Les signes d'usure qu'il porte et les nombreuses annotations qui ont été ajoutées en marge au cours des temps montrent que ce manuscrit a été utilisé pendant des siècles, au moins jusqu'en plein XIIIe siècle[4]. Rien ne prédisposait pourtant Saint-Gall à être un centre d'expansion du chant grégorien, dans la mesure où son abbé Otmar fut un opposant farouche à l'expansion pippinide en Alémanie après la victoire de Carloman à Cannstatt en 746 et fut déposé en 759 sur ordre de Pépin III ; ce n'est d'ailleurs que sous le règne de Louis le Germanique (v. 806-876) qu'un abbé de Saint-Gall, Gri-

---

1. GAMBER, *Codices liturgici*, t. I/2, n° 1357, p. 514-515 ; DUFT, « Die Stiftsbibliothek St. Gallen », p. 26, « Sankt-Galler Buchmalerei », p. 108 et « Gesangbücher », p. 116 ; WATTENBACH et HOLTZMANN, t. I, *Das Zeitalter des Ottonischen Staates*, p. 226-249 et t. VI, *Das Ostfränkische Reich*, p. 740-755.
2. GAMBER, *Codices liturgici*, t. I/2, n° 1315, p. 501-502 ; DUFT et SCHNYDER, *Die Elfenbein-Einbände*, p. 102 ; DUFT, « Die Stiftsbibliothek St. Gallen », p. 26, « Die Elfenbein-Einbände der Stiftsbibliothek », p. 65, « Gesangbücher », p. 115 et « Die Äbte Gozbert, Grimalt », p. 72.
3. DUFT et SCHNYDER, *Die Elfenbein-Einbände*, p. 99 et 113 ; DUFT, « Die Elfenbein-Einbände der Stiftsbibliothek », p. 65.
4. DUFT et SCHNYDER, *Die Elfenbein-Einbände*, p. 124-125.

mald, devint archichapelain [1]. C'est donc artificiellement que Notker le Bègue rattache Saint-Gall à l'histoire du chant grégorien.

Pour finir, le manuscrit Einsiedeln, Stiftsbibl. 121 (1151), est un graduel copié sans doute à Einsiedeln dans la seconde moitié du Xe siècle [2], c'est-à-dire précisément à l'époque de l'apogée de cette abbaye. Elle avait été fondée par Eberhard, qui était *praepositus* à Strasbourg, vers 934, avec l'appui de Hermann, le duc d'Alémanie ; l'abbatiale avait été dédiée en 948 [3].

La question des neumes et la date de leur invention.

Il ne nous appartient pas ici de dire ce que sont les différents neumes — c'est l'affaire des paléographes et des sémiologues —, mais seulement de les aborder sous l'angle historique. Même si l'on met de côté les tentives sans lendemain, comme les ébauches de notation qu'on trouve dans certains manuscrits à partir des années 830 [4], il a existé dès l'origine plusieurs familles de neumes. Elles sont nées là où est né le chant grégorien, c'est-à-dire entre Seine et Rhin. Il en existe plusieurs familles : les deux principales sont celle qui est dite « messine » (ou lorraine) et celle qui est dite « sangallienne » (et qui est en réalité allemande) [5]. Ces deux

---

1. R. SPRANDEL, *Das Kloster St. Gallen in der Verfassung des karolingischen Reiches*, Fribourg, 1958, p. 24-25 ; M. BORGOLTE, *Geschichte der Grafschaften Alemanniens in fränkischer Zeit*, Sigmaringen, 1984, p. 40-48 ; J. SEMMLER, « Pippin III. und die fränkischen Klöster », *Francia* 3 (1975), p. 107 ; A. BORST, *Mönche am Bodensee. 610-1525*, Sigmaringen, 1978, p. 32-48 ; A. STOCLET, *Autour de Fulrad de Saint-Denis*, Genève, 1993, p. 210-219 ; FLECKENSTEIN, *Die Hofkapelle*, p. 107, 170-173.

2. GAMBER, *Codices liturgici*, t. I/2, n° 1355, p. 513 ; LANG, *Das Commune Sanctorum*, p. 17 ; voir *Codex 121 Einsiedeln*, 2 vol., Weinheim, Acta humaniora, 1991 : vol. 1 (fac-similé) ; vol. 2 : études par O. Lang, A. von Euw, R. Fischer, G. Joppich, J. Duft, A. Haug, G. Björkvall et R. Jacobsson ; C. R. par O. LANG dans *ALW* 34 (1992), p. 203-207.

3. H. KELLER, *Kloster Einsiedeln im ottonischen Schwaben*, Fribourg, 1964, p. 13-14 et 27-30 ; J. SALZGEBER, dans *Helvetia Sacra*, IIIe partie, vol. I, éd. E. GILOMEN-SCHENKEL, Berne, 1986, p. 517-594.

4. S. RANKIN, « From Memory to Record : Musical Notations in Manuscripts From Exeter », *Anglo-Saxon England* 13 (1984), p. 97 ; L. TREITLER, « The Early History of Music Writing in the West », *JAMS* 35 (1982), p. 237-279 et « The "Unwritten" and "Written" Transmission of Medieval Chant and the Start-up of Musical Notation », *Journal of Musicology* 10 (1992), p. 131-191.

5. Les principales autres sont les notations paléofranque, aquitaine, bretonne et française. Certes, la notation aquitaine est importante, ne serait-ce qu'en raison de

notations sont dites *in campo aperto* ou en neumes purs, car elles n'utilisent pas de lignes de portée, qui ne furent inventées que dans l'Italie de la première moitié du XIᵉ siècle ; mais la diastématie, elle, commence en France, dans le manuscrit Laon 239 et surtout dans les manuscrits aquitains. Les deux familles de neumes reposent donc sur le même principe : utilisant des signes conventionnels qui dérivent pour certains d'entre eux des accents, elles indiquent, avec une très grande précision et une très grande finesse, le nombre des notes, leur hauteur relative et le rythme ou certaines des nuances expressives de l'exécution[1]. En revanche, comme elles ignorent les lignes de portée, elles sont incapables de restituer la hauteur absolue de chaque note. Pour la retrouver, on a utilisé le tonaire de Saint-Bénigne de Dijon (ms Montpellier, fac. de médecine H. 159, XIᵉ s.), dont la notation neumatique est doublée d'une notation alphabétique, et les manuscrits messins et sangalliens plus tardifs, dorénavant sur lignes, utilisés comme pierre de Rosette, qui ont permis de déchiffrer ces neumes.

Les neumes purs ne sont donc pas encore une notation véritablement moderne, c'est-à-dire une notation qui autorise la lecture à vue, le déchiffrement d'une mélodie que l'exécutant n'a jusque-là jamais déchiffrée ni même entendue ; il faudra pour cela attendre l'invention des lignes de portée, des clés et du guidon, dans le courant de la première moitié du XIᵉ siècle, en Italie et en Aquitaine. Ils ne constituent qu'un simple aide-mémoire, pour aider la tradition orale, qui était jusque-là le seul moyen de conserver et de diffuser une mélodie ; or, elle avait été mise à mal par l'arrivée du chant romain et la naissance d'un nouveau répertoire hybride. Les neumes purs ne remplacent donc pas la mémoire : ils viennent à son secours.

---

son degré d'élaboration dans le domaine de la diastématie (non dans celui des formes neumatiques, où elle est pauvre). Il n'en reste cependant pas moins vrai qu'elle est née loin de l'épicentre de la création de la liturgie romano-franque, qui est l'entre Seine et Rhin. Aussi la laisserons-nous de côté. Bonne présentation des différentes notations neumatiques par Dom J. HOURLIER, *La Notation musicale des chants liturgiques latins*, Solesmes, 1960.

1. La graphie des neumes dits « généraux » (*punctum* et *virga*) provient effectivement des accents grave et aigu. En revanche, les neumes dits « spéciaux » (qui figurent toutes les formes de notes de passage — *quilisma* et *oriscus* — et l'unisson) ont des graphies purement conventionnelles qui proviennent des signes de ponctuation, de contraction et d'abréviation.

La question des motifs qui ont pu pousser savants et artistes carolingiens à inventer ce nouveau moyen de retenir les chants est controversée, mais le lien qui existe entre le chant grégorien et les neumes montre qu'ils sont vraisemblablement nés pour permettre la mémorisation (peut-être)[1] et l'expansion (sûrement) de ce nouveau chant. La mémoire ne suffisait plus : elle était perturbée par la très grande proximité entre chants gallican et grégorien (en tout cas en ce qui concerne l'ornementation). S'il est en effet facile de retenir deux mélodies qui sont très différentes, il est beaucoup moins aisé d'apprendre deux chants qui se ressemblent beaucoup, tout en différant par une multitude de petits détails. C'est encore plus vrai quand ces chants sont nombreux : six cents à la messe et deux mille à l'office. Les notations neumatiques sont donc une conséquence de la naissance du nouveau chant, c'est-à-dire d'une crise : la rupture (ou la menace d'une rupture) de la tradition orale séculaire ; ils sont à la fois un moyen de préserver un patrimoine menacé et de répandre une invention nouvelle[2]. Il sont en outre directement liés à la politique carolingienne de modernisation, qui consistait à promouvoir systématiquement l'écrit au détriment de la tradition orale héritée de l'Antiquité[3].

Il existe cependant une exception : l'Espagne, qui n'a pas attendu l'arrivée du répertoire grégorien pour inventer dès le VIIIe siècle une notation neumatique très semblable dans son principe à celles de Saint-Gall et de Metz. On ignore pourquoi l'Espagne a créé cette notation, alors que la plus grande partie de cette péninsule était protégée du grégorien par l'occupation musulmane. Les neumes hispaniques sont donc les seuls qui n'aient rien à voir avec le grégorien. Cela semble indiquer que l'Espagne a traversé une crise qui a

---

1. Voir R. McKITTERICK, « Royal Patronage of Culture in the Frankish Kingdoms Under the Carolingians : Motives and Consequences », dans : *Committenti e produzione artistico-letteraria nell'alto medioevo occidentale*, t. I, Spolète, 1992 (Semaines de Spolète, 39), p. 124 : « *The idea of an invention of neums as a way of recording musical practice goes against the grain of current understanding of the development of script.* »

2. K. SCHMID (« Mönchtum und Verbrüderung », dans : R. KOTTJE et H. MAURER (éd.), *Monastische Reformen im 9. und 10. Jahrhundert*, Sigmaringen, 1989, p. 138) le démontre fort bien à propos des *Libri vitae*.

3. Voir les travaux de R. McKITTERICK, *The Carolingians and the Written Word*, Cambridge, 1989.

entraîné la nécessité d'aider, au moyen de l'écriture, la mémoire des clercs, qui risquait de défaillir. Est-ce une conséquence de l'invasion arabe, qui aurait pu faire naître chez les artistes la peur de voir la culture religieuse nationale sombrer sous les coups de l'occupant ? Ce n'est pas impossible ; en tout cas, la chronologie ne l'interdit pas [1].

L'aspect le plus controversé de la question des neumes est celui qui concerne la date exacte de leur invention. Pendant longtemps, on a tenu à une date basse, le début du Xᵉ siècle, pour deux raisons essentielles : l'absence de témoins manuscrits plus anciens et la certitude que le chant grégorien était romain. Il est inutile de dire que l'absence de témoins antérieurs à 920 environ (date du *cantatorium* de Saint-Gall) ne prouve rien, dans la mesure où nous pouvons être assurés que les pertes et les destructions considérables qui ont affecté les bibliothèques anciennes peuvent fort bien être responsables de l'absence de tels documents [2]. On pourrait certes objecter que les plus anciens graduels grégoriens conservés, édités par Dom Hesbert dans l'*AMS*, qui datent de l'époque où, selon nous, les neumes existaient déjà (le IXᵉ siècle), ne sont pas neumés — pas encore, dira-t-on. Ce n'est cependant pas une preuve de l'absence de notation neumatique avant le Xᵉ siècle, car nous savons qu'à toutes les époques il a existé de très nombreux manuscrits qui, volontairement, étaient laissés sans neumes, alors que la notation musicale existait depuis longtemps déjà.

Dès leur apparition dans les manuscrits du début du Xᵉ siècle, les neumes atteignent leur perfection : ils n'évolueront plus, sinon pour régresser et perdre progressivement leurs qualités ; en 920, ils sont déjà à leur apogée. Ils sont en outre déjà partagés en plusieurs familles régionales qui ont eu le temps de s'individualiser et de se différencier très nettement [3]. Par conséquent, il est clair qu'ils ont déjà derrière

---

1. M. HUGLO, « La notation wisigothique est-elle plus ancienne que les autres notations européennes ? », dans : *Actas del congreso internacional, España en la música de Occidente (Salamanque, 1985)*, Madrid, 1987, p. 19-26.

2. K. LEVY, « On the Origins of Neumes », p. 61, 70, 79, 82 et « The Two Carolingian Archetypes », p. 502 ; Dom BAROFFIO, « Il canto Gregoriano nel VIII secolo », p. 13 ; voir S. RANKIN, « From Memory to Record : Musical Notations in Manuscripts from Exeter », dans : *Anglo-Saxon England* 13 (1984), p. 97-112 et « Carolingian music », dans : R. MCKITTERICK (éd.), *Carolingian Culture : Emulation and Innovation*, Cambridge, 1994, p. 301.

3. K. LEVY, « The Two Carolingian Archetypes », p. 502 et MCKITTERICK,

eux au moins plusieurs décennies d'existence expérimentale, au cours desquelles ils ont pu acquérir peu à peu ces qualités de précision et de finesse, et se diversifier en plusieurs branches. Cela dit, les neumes paléofrancs, qui sont les plus anciens, sont rudimentaires : ils ne sont qu'un mimétisme (non une chironomie), car ils indiquent le mouvement de la mélodie (ascendant ou descendant), non le nombre des notes qui montent ou descendent.

La théorie favorable à une date basse présente en outre pour ses promoteurs [1] l'avantage de mettre en avant l'importance supposée de l'improvisation, qui aurait selon eux joué un rôle considérable, dans l'intervalle entre l'arrivée du chant romain en Gaule franque et la création des neumes, dans la mise en forme définitive du grégorien. Cette hypothèse entraînerait de graves conséquences si elle était vérifiée, puisqu'elle revient à dire que nous ne possédons plus les véritables mélodies, mais seulement le résultat de leur déformation par l'infidélité de chantres improvisateurs du IXe siècle. En réalité, l'existence indéniable de petites « variantes » mélodiques, d'un manuscrit à l'autre, par exemple entre VL 5319 et F 22, pour une même pièce de chant, ne prouve rien : ce sont de simples notes de passage sans importance, non la preuve de l'improvisation ou de la fantaisie des chantres [2]. Ainsi, qu'un copiste ait écrit la séquence *do-mi*, en laissant le *ré* à vide, ou qu'il ait au contraire rempli l'intervalle de cette tierce majeure en ajoutant un *ré*, obtenant ainsi la séquence *do-ré-mi*, ne modifie nullement la ligne générale de la mélodie. D'aussi insignifiantes « variantes »

« Royal Patronage of Culture », p. 125. En revanche, son argument, développé p. 503, selon lequel l'*Admonitio generalis* de 789 attesterait les neumes dans son chapitre 72, parce qu'il y est question de *psalmos, notas, cantus, compotum, grammaticam*, qu'on doit apprendre aux enfants, ne nous convainc pas. Le mot *nota* ne nous semble pas désigner ici une notation musicale, mais seulement le fait d'apprendre à lire et peut-être à écrire ou à prendre des notes en tachygraphie ou à l'aide de notes tironiennes (MGH, *Capitularia regum Francorum*, vol. I, éd. A. BORETIUS, *Legum sectio* 2, Hanovre, 1883, p. 60).

1. L. TREITLER, « Oral, Written, and Literate Process », p. 474, 481 et 485 ; « Centonate Chant », p. 15 et 22-23 ; HUCKE, « Musikalische Formen », p. 7 et 33, « Toward a New Historical View », p. 453-454, « Der Übergang von mündlicher zu schriftlicher Musiküberlieferung », p. 180, 185, 187, « Gregorianische Paläographie », p. 61-64, « Gregorianische Fragen », p. 326-330 ; CUTTER, « Oral Transmission », p. 193 et « The Old-Roman Chant Tradition », p. 180.

2. D. HUGHES, « Evidence for the Traditional View », p. 382 et « Variants in Antiphon Families », p. 34.

sont nombreuses et n'ont aucune signification particulière. Lorsqu'on comble un intervalle de tierce au moyen d'une note de passage, on ne crée pas une véritable variante mélodique pour autant. Affirmer le contraire revient à commettre un anachronisme fondé sur le souci très moderne de la « petite note » : capital pour un compositeur comme Webern, dont la plupart des pièces, très denses et très concentrées, ne dépassent pas deux minutes d'exécution (toutes les notes comptent), ce souci n'existe pas pour les répertoires liturgiques anciens, dont la prolixité est si grande qu'une note ajoutée ou supprimée ne les change en rien.

Il en est de même pour la conclusion qu'il n'a jamais existé d'archétype de l'antiphonaire grégorien, puisqu'il existe des « variantes ». On entend généralement par « archétype » un manuscrit unique (ou un groupe de manuscrits identiques) qui aurait servi de modèle à toutes les régions de l'empire franc [1]. Cette question de l'archétype est à l'origine d'une controverse ancienne, parce qu'elle a été mal posée dès le départ et a été attisée par la parution du *Corpus Antiphonalium Officii* de Dom Hesbert, qui souhaitait retrouver l'archétype de l'antiphonaire de l'office grégorien à partir d'un sondage fondé sur le classement des listes de répons de matines des dimanches de l'avent, rassemblées à partir de plus de huit cents manuscrits provenant de toute l'Europe de rit latin. Ces travaux ont été publiés en six volumes, de 1963 à 1979. Pour comprendre ce problème, il faut distinguer la messe de l'office et l'archétype de composition de l'archétype de diffusion, de même qu'il faut distinguer l'archétype du texte de celui de la mélodie, qui ne vont pas forcément ensemble. L'existence d'un archétype pour la messe ne fait pas de doute, comme le prouve le caractère stéréotypé des formulaires, dans tout l'Occident, dès les plus anciens témoins conservés, les manuscrits de l'*AMS*. Les tableaux préparatoires à l'édition critique du texte neumatique du graduel grégorien par les moines de Solesmes, qui sont une sorte de « *Sextuplex* amélioré et neumé », prouvent

---

1. Pour l'antiphonaire et les listes de répons de matines, utilisées à titre de sondage, F. Huot donne la définition suivante (« À la recherche de l'archétype », p. 372) : « Par archétype, il faut entendre la liste de base qui, diversement modifiée dans l'espace et le temps, a donné naissance aux usages particuliers. » Cette définition ne distingue pas assez entre archétype de composition et archétype de diffusion.

la précoce fermeté des mélodies de la messe : les « variantes » ne touchent que des notes de passage, facultatives et sans signification modale. C'est la preuve qu'il a existé un archétype du graduel grégorien de la messe.

Le problème est très différent pour l'office, où il a toujours existé une très grande diversité dans le choix des pièces, d'un diocèse à l'autre, voire d'une cathédrale ou d'un monastère à l'autre. F. Huot et M. Huglo[1] n'ont abordé que la question de l'archétype de l'antiphonaire de l'office, tandis que K. Levy et H. Hucke étudiaient plutôt celui du graduel de la messe. Il est à noter que les divergences (de détail) assez nombreuses que Dom Hesbert, qui ne croyait pas à l'antériorité du chant romain par rapport au grégorien, a relevées entre les deux antiphonaires romains[2], Archivium Cap. S. Petri in Vaticano B 79 et Londres, BL Add. 29988, à l'appui de sa théorie de l'inexistence d'une tradition romaine véritablement ancienne, ne sont en réalité que le fruit de deux phénomènes : d'une part, la grégorianisation partielle du manuscrit de Londres qui, comme l'a découvert Dom J. Claire, provient de Sainte-Croix de Jérusalem et qui est resté moins ferme que le manuscrit B 79, qui provient de Saint-Pierre ; d'autre part, la « course au deutérus » qui a poussé à remanier un grand nombre d'antiennes en les alignant sur le mode de *MI*, qui semble avoir été très en vogue à Rome au XIIe siècle. La tradition romaine de l'antiphonaire est donc en réalité unique : il a existé un archétype de l'antiphonaire romain. Existe-t-il cependant un archétype de l'antiphonaire grégorien ? Les résultats auxquels Dom Hesbert a abouti semblent indiquer le contraire. Il existe certes une base commune à un grand nombre de manuscrits, une sorte de plus petit dénominateur commun. Il n'en reste pas moins vrai que la diversité est grande. Cela semble indiquer qu'il a existé un modèle romain, mais que les copies grégoriennes ont assez vite évolué dans des directions différentes, en fonction des diverses traditions locales. Cela peut

---

1. Huot, « À la recherche de l'archétype », *passim* ; Huglo, « L'antiphonaire : archétype ou répertoire originel ? », *passim*.
2. *CAO*, t. I, p. XXIII, n. 4 ; *CAO*, t. V, p. 268, 285, 300-301 ; *CAO*, t. VI, p. 103-104, 165. C'est à nuancer selon les genres liturgiques ; ainsi, par exemple, Cutter (*The Old-Roman Responsories*, p. 110) a montré qu'il existait peu de divergences entre ces deux antiphonaires pour les mélodies des répons du deuxième mode.

signifier qu'il a existé un archétype de composition, élaboré entre Seine et Rhin, non un archétype de diffusion. Quoi qu'il en soit, il ne fait pas de doute que le chant grégorien, pour la messe comme pour l'office, est né à partir d'une tradition romaine unique, diffusée en Austrasie par des chantres romains. Comme l'office était, par nature, plus libre que la messe, il est normal que les manuscrits grégoriens de l'office présentent une assez grande diversité. Ce n'est nullement la preuve de l'existence d'une première étape marquée par l'improvisation ou par on ne sait quelle prétendue créativité des chantres francs.

Nous pouvons maintenant revenir à la question de l'invention des neumes. Nous voudrions ajouter un dernier argument. Il était naturel de faire naître les neumes sur le tard, dans la mesure où l'on s'imaginait que le chant grégorien était romain. Or, nous savons maintenant qu'il est carolingien et nous avons établi le lien qui existe entre sa naissance et celle des notations neumatiques. Certes, il n'est pas question de faire remonter leur naissance au moment de la création du répertoire grégorien, c'est-à-dire dès 743-751 : ce serait une date trop haute, d'autant plus que les neumes n'ont été utiles que pour diffuser le grégorien, non pour le créer. Plusieurs décennies se sont donc écoulées avant qu'on ne passe de la première étape à la seconde. Il est donc vraisemblable que les neumes *in campo aperto* soient nés, comme le pense K. Levy, autour de l'an 800, malgré l'absence de témoins manuscrits remontant aussi haut.

CHAPITRE XVI

TROIS GÉNÉRATIONS
DE LITURGISTES FRANCS

CHRODEGANG DE METZ

Saint Chrodegang, évêque de Metz de 742 à 766, est, au sein de la première génération des liturgistes carolingiens, celle qui a travaillé aux côtés de saint Boniface, de Carloman — dont il fut le *nutritus* avant de devenir son référendaire en 737[1] — et de son cadet Pépin, la figure de proue de l'introduction du rit romain en Gaule franque. Outre le fait de diriger l'Église de Metz, ville de saint Arnoul et des ancêtres de Pépin, il avait reçu le *pallium*, que lui avait accordé Étienne II en 754. La notice que lui consacre Paul Diacre se trouve dans les *Gesta episcoporum Mettensium*[2], histoire ecclésiastique de l'Église de Metz depuis les apôtres jusqu'à l'archichapelain Angilramne, instigateur de l'œuvre, écrite vers 783. Ce texte, qui repose certainement sur de bonnes sources, évoque le rôle joué par Chrodegang dans l'introduction du chant romain dans son diocèse :

1. SCHIEFFER, *Winfrid-Bonifatius*, p. 265 ; EWIG, « Saint Chrodegang », p. 232 et « Beobachtungen zur Entwicklung », p. 220 ; SEMMLER, « Chrodegang », p. 229-230 ; N. GAUTHIER, *L'Évangélisation*, p. 398-405 ; WALLACE-HADRILL, *The Frankisch Church*, p. 175-176 ; OEXLE, « Die Karolinger und die Stadt », p. 285-290 ; SCHEIBELREITER, *Der Bischof*, p. 125 ; M. WERNER, *Der lütticher Raum in frühkarolingischer Zeit*, Göttingen, 1980, p. 197-216 ; E. HLAWITSCHKA, « Zu den Grundlagen des Aufstiegs der Karolinger », repris dans : *Stirps Regia*, Francfort, 1988, p. 44-45 ; LIPPHARDT, *Der karolingische Tonar von Metz*, p. 1-6.
   2. MGH, *Scriptores* II, éd. G. H. PERTZ, Hanovre, 1829 (Stuttgart, 1976), p. 267-268. Voir BAROFFIO, « Il canto Gregoriano nel VIII secolo », p. 11, n. 6 ; SEMMLER, « Mönche und Kanoniker im Frankenreiche Pippins III. und Karls des Grossen », dans : *Untersuchungen zu Kloster und Stift*, Göttingen, 1980, p. 79 ; W. GOFFART, *The Narrators of Barbarian History (A.D. 500-800). Jordanes, Gregory of Tours, Bede, and Paul the Deacon*, Princeton, 1988, p. 373-378.

Iam hinc vir egregius et omnibus praeconiis efferendus, Chrodegangus antistes eligitur, ex pago Hasbaniensi oriundus, patre Sigramno, matre Landrada, Francorum ex genere primae nobilitatis progenitus. Hic in palatio maioris Karoli ab ipso enutritus, eiusdemque referendarius extitit, ac demum Pippini regis temporibus pontificale decus promeruit. Fuit autem omnino clarissimus omnique nobilitate coruscus, forma decorus, eloquio facundissimus, tam patrio quamque etiam latino sermone imbutus, servorum Dei nutritor, orfanorum viduarumque non solum altor sed et clementissimus tutor. Cumque esset in omnibus locuples, a Pippino rege omnique Francorum caetu singulariter electus, Romam directus est, Stephanumque venerabilem papam, ut cunctorum vota anhelabant, ad Gallias evocavit. Hic clerum adunavit, et ad instar coenobii intra claustrorum septa conversari fecit, normamque eis instituit, qualiter in ecclesia militare deberent; quibus annonas vitaeque subsidia sufficienter largitus est, ut perituris vacare negotiis non indigentes, divinis solummodo officiis excubarent. Ipsumque clerum abundanter lege divina Romanaque imbutum cantilena, morem atque ordinem Romanae ecclesiae servare praecepit, quod usque ad id tempus in Mettensi ecclesia factum minime fuit. Hic fabricare iussit una cum adiutorio Pippini regis rebam sancti Stephani prothomartyris, et altare ipsius atque cancellos, presbiterium arcusque per girum. Similiter et in ecclesia beati Petri maiori presbi-

On élut ensuite évêque Chrodegang, homme remarquable et porté par les louanges de tous ; il était originaire du *pagus* de *Hasbania*, son père avait nom Sigramnus et sa mère Landrada, il était Franc et issu de la première noblesse. Il fut formé dans le palais du maire Charles par ses soins, devint son référendaire et gagna finalement la dignité épiscopale à l'époque du roi Pépin. Il était excellent en tout, sa noblesse étincelait, ses traits étaient agréables, son éloquence abondante aussi bien dans sa langue maternelle qu'en latin, c'était un père pour le clergé, il était non seulement le pain des orphelins et des veuves, mais aussi leur miséricordieux protecteur. Comme il était plein de qualités, il fut tout particulièrement choisi par le roi Pépin et l'ensemble des Francs, envoyé à Rome pour inviter en Gaule le vénérable pape Étienne, comme tous le désiraient ardemment. À Metz, il rassembla le clergé et le fit vivre à l'intérieur d'une clôture, à l'imitation d'un monastère, et il institua une règle destinée aux clercs, fixant la manière avec laquelle ils devraient mener le combat spirituel ; il leur accorda en quantité suffisante de la nourriture et tout ce qui est nécessaire à la vie, afin que, ne manquant de rien, ils ne soient plus astreints à des occupations pénibles et qu'ils puissent se consacrer uniquement à l'office divin. Leur ayant lui-même inculqué sans parcimonie la loi divine et le

terium fieri iussit. Construxit etiam ambonem auro argentoque decoratum, et arcus per girum throni ante ipsum altare [...].

chant romain, il leur prescrivit de suivre le rit et la coutume de l'Église de Rome, chose presque inouïe jusque-là dans l'Église de Metz. Avec l'aide du roi Pépin, il fit ériger pour l'église du saint protomartyr Étienne un trône, un autel et des chancels, un presbyterium et un arc triomphal. Il fit de même bâtir un presbyterium dans l'église Saint-Pierre. Il y fit également construire un ambon orné d'or et d'argent et un arc qui surplombait le trône devant l'autel [...].

Chrodegang, porté sur le siège de Metz en raison de ses qualités personnelles et de la fidélité de sa famille à Charles Martel dans les difficiles années 714-720, est le responsable de l'introduction du chant romain dans son diocèse. C'est allé de pair avec une réforme du clergé, désormais plus strictement astreint aux offices en commun, moyennant l'amélioration de ses conditions matérielles d'existence : réforme du clergé et réforme liturgique sont toujours liées [1]. Il est normal que cette réforme ait été introduite d'abord à Metz, capitale de l'Austrasie depuis Sigebert Ier, et dont saint Arnoul, l'un des ancêtres de la dynastie pippinide, avait été l'évêque [2]. Cela explique que cette ville, simple évêché, ait éclipsé nombre de métropoles par son importance comme par son rayonnement [3]. Elle devait encore avoir un évêque de sang royal peu de temps après la mort de Chrodegang, en la personne de Drogon (801-855), fils de Charlemagne et de sa concubine Regina [4], qui dirigea l'Église de Metz de 823 à sa mort et qui fut un fidèle serviteur de Louis le Pieux,

---

1. OEXLE, *Forschungen*, p. 154. Sur la Règle imposée par Chrodegang à son clergé, CHÂTILLON, « La crise de l'Église aux XIe et XIIe siècles », p. 8-11 ; HÄUSSLING, *Mönchskonvent und Eucharistiefeier*, p. 148-149.

2. Sur saint Arnoul, la généalogie pippinide et Metz, OEXLE, « Die Karolinger und die Stadt », p. 252-274 et J. JARNUT, *Agilolfingerstudien. Untersuchungen zur Geschichte einer adligen Familie im 6. und 7. Jahrhundert*, Stuttgart, 1986, p. 14-28. Sur Metz, C. BRÜHL, *Palatium und Civitas* II, Cologne-Vienne, 1990, p. 41-62.

3. OEXLE, « Die Karolinger und die Stadt », p. 283.

4. PFISTER, « L'archevêque de Metz Drogon », p. 101 ; WERNER, « Hludovicus Augustus », p. 50.

son demi-frère, qui en fit son archichapelain et son homme de confiance, avant de devenir celui de Lothaire Ier et d'être nommé légat pontifical par Serge II[1]. Les plats de reliure en ivoire qui ornent son sacramentaire personnel (manuscrit Paris, BN lat. 9428), copié après 844, et qui décrivent — entre autres choses — des scènes représentant divers moments de la célébration de la messe, sont à juste titre célèbres et constituent un important document liturgique, bien qu'ils soient difficiles à interpréter[2]. Même si Drogon n'a laissé aucun écrit, il n'est pas douteux qu'il ait poursuivi les réformes entreprises par Chrodegang, directement ou par l'intermédiaire de ses chorévêques, puisqu'il résidait souvent à Aix pour servir les intérêts de l'Église comme ceux de l'État[3] ; les plats de reliure de son sacramentaire en témoignent, dans la mesure où ils ne sont compréhensibles que pour qui connaît les *Ordines Romani* romano-francs, dont ils suivent les rubriques[4].

La réforme entreprise par Chrodegang avait déjà été approfondie par son successeur immédiat, Angilramne, qui fut évêque de 768 à 791, après une vacance de deux ans et demi[5], due au fait que Metz était une ville si importante pour les Carolingiens qu'ils n'y nommaient d'évêque que lorsqu'ils disposaient d'un candidat de confiance. Angilramne est l'auteur d'un intéressant règlement qui fixe la rétribution des clercs auxquels on confiait les lectures et les chants longs et difficiles de la semaine sainte[6]. Il subsiste un document qui atteste l'activité romanisatrice de saint Chrodegang : l'*ordo* stationnal édité par Klauser[7] à partir du manuscrit Paris, BN lat. 268, daté du IXe siècle, aux

1. PFISTER, « L'archevêque de Metz Drogon », p. 115-120 ; *LP* II, p. 89.

2. Voir REYNOLDS, « A Visual Epitome », p. 245 s. et « Image and Text », p. 65-74 ; PALAZZO, « L'enluminure à Metz », p. 23-24 ; J.-P. CAILLET, « Metz et le travail de l'ivoire vers l'an Mil », dans : D. IOGNA-PRAT et J.-C. PICARD (éd.), *Religion et culture autour de l'an Mil. Royaume capétien et Lotharingie*, Paris, 1990, p. 315-337.

3. PFISTER, « L'archevêque de Metz Drogon », p. 108-109.

4. REYNOLDS, « A Visual Epitome », p. 251-253 et « Image and Texte », p. 62 s.

5. FLECKENSTEIN, *Die Hofkapelle*, p. 48-49 ; OEXLE, « Die Karolinger und die Stadt », p. 293-311, notamment p. 298.

6. Éd. M. ANDRIEU, « Règlement d'Angilramne de Metz (768-791) », *RSR* 10 (1930), p. 349-369.

7. KLAUSER et BOUR, *Un document du IXe siècle*, p. 3-4 ; KLAUSER, « Eine Stationsliste », p. 166-183 ; commentaire de HÄUSSLING, *Mönchskonvent und Eucharistiefeier*, p. 207-208 et SAINT-ROCH, « L'utilisation liturgique », p. 1103-1115.

folios 145-153v. Même s'il est légèrement incomplet, puisqu'il commence au jeudi de la Quinquagésime, lendemain du mercredi des Cendres, et même s'il n'est pas assuré que Chrodegang en soit personnellement responsable, cet *ordo* témoigne néanmoins avec certitude de l'introduction à Metz d'une liturgie étroitement copiée sur celle de Rome. La réforme de Chrodegang semble au total avoir été plus efficace qu'on ne le croit généralement, sur la base d'une importance exagérée accordée à l'action de saint Benoît d'Aniane [1].

REMI DE ROUEN

Au même moment, une lettre du pape Paul Ier au roi Pépin, conservée dans le *Codex Carolinus*, atteste la présence à Rouen dont l'évêque était Remi, le demi-frère du roi, de Syméon, *secundarius* (ou *secundicerius*) de la *Schola cantorum* romaine, que Remi avait fait venir pour enseigner le chant romain à son clergé [2]. Le pape rappelle à Pépin qu'il a toujours fait ce qui était en son pouvoir pour lui être agréable :

Unde, susceptis in presenti a Deo protecte excellentiae vestrae syllabis, nempe relectis, protinus cuncta, quae ferebantur in illis, libenter adimplevimus. In eis siquidem conperimus exaratum, quod presentes Deo amabilis Remedii germani vestri monachos Symeoni scole cantorum priori contradere deberemus ad instruendum eos psalmodii modulationem, quam ab eo adprehendere tempore, quo illic in vestris regiminibus extitit, nequiverunt ; pro quo valde ipsum vestrum asseritis germanum tristem

C'est pourquoi, recevant en ce moment même les lettres de Votre Excellence, que Dieu protège, et les ayant même relues, nous avons volontiers exécuté immédiatement tout ce qu'elles contenaient. Nous y avons trouvé écrit que nous devions confier à Syméon, prieur de la *Schola cantorum*, les actuels moines de votre frère Remi, aimable à Dieu, afin qu'il leur apprenne la psalmodie, qu'ils n'ont pas pu apprendre de lui à l'époque où il se trouvait dans votre ro-

---

1. O. G. OEXLE, *Forschungen zu monastischen und geistlichen Gemeinschaften im westfränkischen Bereich*, Munich, 1978, p. 154-155 et 157.

2. *Codex Carolinus*, ep. 41 : MGH, *Ép*. III, éd. W. GUNDLACH, Berlin, 1892 ; rééd. Munich, 1978, p. 553-554.

effectum, in eo quod non eius perfecte instruisset monachos.

yaume ; vous affirmez que votre frère a été profondément peiné de ce que Syméon n'avait pu former ses moines à la perfection.

Et quidem, benignissime rex, satisfacimus christianitatem tuam, quod, nisi Georgius, qui eidem scolae praefuit, de hac migrasset luce, nequaquam eundem Simeonem a vestri germani servitio abstolere niteremur. Sed defuncto praelato Georgio et in eius isdem Symeon, utpote sequens illius, accedens locum, ideo pro doctrina scolae eum ad nos accersivimus. Nam absit a nobis, ut quippiam, quod vobis vestrisque fidelibus onerosum existit, peragamus quoquomodo ; potius autem, ut praelatum est, in vestrae caritatis dilectione firmi permanentes, libentissimae, in quantum virtus subpetit, voluntati vestrae obtemperandum decertamus.

Certes, très bienveillant roi, nous aurions volontiers satisfait votre majesté chrétienne : si Georges, qui dirigeait cette même *Schola,* n'était mort, nous n'aurions pas cherché à enlever ledit Syméon au service de votre frère. Mais ce même Georges étant mort, et Syméon prenant sa place comme il est naturel, puisqu'il était son second, nous l'avons donc fait venir auprès de nous, pour qu'il instruise notre *Schola.* En effet, loin de nous le désir de faire quoi que ce soit qui pourrait être désagréable à vous ou à vos sujets ; mais demeurant au contraire dans votre amitié avec une solide affection, comme nous l'avons déjà dit, nous avons décidé qu'il fallait obéir à votre volonté très empressée, autant que nous le permettent nos forces.

Propter quod et prefatos vestri germani monachos sepe dicto contradimus Simeoni eosque obtime collocantes sollerti industria eandem psalmodii modolationem instrui praecepimus et crebro in eadem, donec perfectae eruditi efficiantur.

C'est pourquoi nous avons confié lesdits moines de votre frère au susdit Syméon et, après les avoir bien installés, nous avons ordonné qu'on leur apprenne la psalmodie avec un zèle adroit et fréquemment dans la *Schola cantorum,* jusqu'à ce qu'ils soient parfaitement formés.

Cette lettre célèbre [1] établit qu'à la demande de l'évêque de Rouen, Rome avait envoyé en Neustrie le second per-

---

1. Voir KLAUSER, « Die liturgischen Austauschbeziehungen », p. 177 et HÄUSSLING, *Mönchskonvent,* p. 180, n. 30.

sonnage de la *Schola cantorum*, nommé Syméon. Les notations musicales n'existant pas encore, c'était en effet le seul
moyen de transmettre le chant romain. Le *primicerius*, un
certain Georges, étant mort, le pape Paul rappela Syméon
à Rome pour lui succéder ; comme il voulait trouver un
moyen de répondre quand même à la volonté émise par
Remi, que ses moines (plutôt ses chanoines, le clergé de la
cathédrale) apprissent le chant romain (non la psalmodie en
elle-même : la Gaule savait naturellement psalmodier depuis
des siècles), le pape décida de proposer à Remi d'envoyer
des membres de son clergé à Rome, pour y suivre des leçons
au sein de la *Schola*.

Ce texte prouve que les Francs et les papes n'ont rien
négligé pour répandre en Gaule le chant de Rome : la
papauté n'a pas hésité à se défaire provisoirement du second
personnage de sa *Schola* et à l'envoyer au loin, avec tous les
risques que cela comprenait, sans parler des perturbations
qu'une telle absence pouvait provoquer à Rome même.
C'était en effet certainement un gros sacrifice pour les papes,
que de se séparer pour un temps indéterminé d'un personnel
aussi qualifié et aussi difficile à remplacer : Syméon était
assurément — avec quelques autres — la mémoire vivante
de la tradition liturgique de Rome. L'envoyer dans une ville
de première importance et dont l'évêque était de sang royal,
représentait un enjeu considérable. Rouen était en effet la
principale capitale neustrienne, Pépin II lui avait accordé dès
690 environ une importance de premier plan dans son dis-
positif militaire et politique, et Charles Martel, qui l'avait
confiée à son propre neveu Hugo, en avait fait la plaque
tournante de la reconquête de la Neustrie, révoltée en 714[1].
Cela montre à quel point Rome s'est engagée dans la romanisation du culte franc et, partant, à quel point Vogel s'est
égaré en imaginant que les papes ne savaient pas ou ne
comprenaient pas ce qui se passait. Bien au contraire, Rome
jouait gros : à juste titre, car la romanisation de la liturgie
du plus puissant royaume chrétien d'Occident n'était pas un
mince enjeu. Si Rouen n'a pas réussi à jouer un rôle de
premier plan dans la romanisation du culte franc, ce n'est

---

1. Ewig, « Die fränkischen Teilungen und Teilreiche (511-613) », dans : *Spätantikes u. fränkisches Gallien* I, p. 165 ; R. A. Gerberding, *The Rise of the Carolingians and the Liber Historiae Francorum*, Oxford, 1987, p. 97.

nullement à cause du raid normand du 14 mai 841[1] : c'est tout simplement dû au fait que Rouen avait adopté le chant romain pur, tandis que Metz, sa rivale victorieuse, diffusait le chant « grégorien », cet hybride de chant romain et de chant gallican.

Le fait que Pépin ait nommé son demi-frère à Rouen et que Remi ait demandé à Paul Ier de consentir un effort particulier en faveur de son siège, montre que Rouen était l'un des principaux centres nerveux neustriens, comme le prouvent les *Gesta sanctorum patrum Fontanellensis coenobii*, plus couramment nommés *Gesta abbatum Fontanellensium*[2]. Ce remarquable texte, daté des années 833-840[3], se présente sous la forme d'une série de biographies d'abbés de Fontenelle, monastère fondé vers 649 par Wandregisilus de Verdun (saint Wandrille, † 668) avec l'aide de saint Ouen (Dado), évêque de Rouen et ancien *nutritus* du roi Dagobert. Ce document éclaire utilement les rapports entre l'Église franque et Rome et l'influence exercée par le Siège romain sur la liturgie des Gaules.

LES « GESTA ABBATUM FONTANELLENSIUM »

Les *Gesta* de Fontenelle sont une histoire de cette abbaye, rédigée sous l'abbatiat d'Anségise (822-835) et dont le but est, un siècle après les premiers faits relatés, de présenter artificiellement l'histoire de l'abbaye comme une longue décadence, due à une série de lamentables abbés laïques, débauchés et illettrés, à laquelle aurait mis fin la réforme entreprise par Anségise, commanditaire de l'œuvre. On a longtemps pris les affirmations de ce texte au pied de la lettre, alors qu'il ne s'agit en réalité que de *topoi* propres à

---

1. N. GAUTHIER, « Rouen pendant le Haut Moyen Âge », p. 17-19 ; KAISER, *Bischofsherrschaft*, p. 152.
2. Éd. LÖWENFELD, MGH. Voir A.-M. GENEVOIS, J.-F. GENEST et A. CHALANDON, *Bibliothèques de manuscrits médiévaux en France. Relevé des inventaires du VIIe au XVIIIe siècle*, Paris, 1987, p. 215, n° 1746 ; NEBBIAI-DALLA GUARDA, *I documenti*, p. 52.
3. Peu après la mort de l'abbé Anségise (20 juillet 833) : FONTAINE, « La culture carolingienne », p. 32 ; LEVISON, « Zu den Gesta », p. 244.

la littérature réformatrice du haut Moyen Âge : pour magnifier l'action entreprise par Anségise, présentée comme une réforme, le rédacteur a noirci ses prédécesseurs d'une manière souvent caricaturale[1]. Si l'on met de côté ces réserves, ces *Gesta* sont très instructifs.

Déjà, la *vita* de Wandrille rapporte que l'église abbatiale de Fontenelle avait été dédiée par son fondateur à saint Pierre[2] — patronage nullement innocent —, et que Wandrille avait envoyé son neveu Godo (le futur saint Gond) à Rome pour y chercher des reliques représentatives *(pignora)*, afin de les placer dans le nouvel édifice. Le pape Vitalien avait accédé à son désir et lui avait en outre offert des « *volumina diversa Sanctarum Scripturarum veteris ac novi Testamenti maximeque ingenii beatissimi atque apostolici papae Gregorii*[3] », ce qui montre que le désir de Rome de romaniser la Gaule en offrant des manuscrits n'a nullement attendu le milieu du VIIIe siècle ; un siècle auparavant, les livres romains commençaient déjà à circuler[4], notamment les ouvrages de saint Grégoire.

Au cours de la lutte qui opposa Charles Martel aux Neustriens après le soulèvement consécutif à la mort de Pépin II, l'abbé Benignus, partisan des Pippinides, fut chassé par les Neustriens et remplacé par un abbé Wando ; quand il eut reconquis la région, après la victoire de Vinchy en 717, Charles Martel exila l'intrus à Maastricht et nomma des abbés fidèles[5]. Parmi eux, se distingue Hugo, fils de Drogon (fils aîné de Pépin II et de Plectrude) et par conséquent neveu de Charles, nommé par lui (723-730), qui cumulait les évêchés de Rouen, de Paris et de Bayeux et était en outre abbé de Fontenelle et de Jumièges[6]. Homme de confiance du *princeps* Charles, il était chargé de contrôler la Neustrie.

1. F. J. FELTEN, *Äbte und Laienäbte*, p. 6-20, 31, 110, n. 47 s. (remarquable).

2. Éd. LÖWENFELD, MGH, p. 15 ; voir EWIG, « Die Kathedralpatrozinien », p. 277-287 et « Der Petrus- und Apostelkult », p. 326.

3. Éd. LÖWENFELD, MGH, p. 15 ; LEVISON, « Zu den Gesta », p. 256.

4. RICHE, *Éducation et culture*, p. 382, 399 ; G. NORTIER, *Les Bibliothèques médiévales*, p. 172.

5. Voir LEVISON, « Zu den Gesta », p. 262 ; FELTEN, *Äbte und Laienäbte*, p. 111, 120-124 ; J. SEMMLER, « Zur Pippinidisch-karolingischen Sukzessionskrise 714 bis 723 », *Deutsches Archiv* 33 (1977), p. 12 ; EWIG, « Descriptio Franciae », dans : *Karl der Grosse* I, p. 163 ; DIERKENS, « Notes sur la politique monastique », p. 286 ; A. ANGENENDT, « Willibrord im Dienste der Karolinger », *Annalen des historischen Vereins für den Niederrhein* 175 (1973), p. 101-102.

6. Éd. LÖWENFELD, MGH, p. 26 ; voir KAISER, *Bischofsherrschaft*, p. 74-75 ;

Son successeur, Lando (730-734), était également archevêque de Reims. L'abbé suivant, Teutsindus, était aussi abbé de Saint-Martin de Tours ; son successeur, Wido (738-739), *propinquus* de Charles Martel, duquel il avait aussi obtenu l'abbaye de Saint-Vaast d'Arras, fut finalement exécuté pour complot — il était peut-être partisan de Grifon, demi-frère de Carloman et de Pépin III [1] — et remplacé par Raginfridus (Rainfroy), partisan de la réforme de saint Boniface, parrain de Pépin et évêque de Rouen, que son filleul dut déposer en 742 pour le remplacer par son demi-frère, Remi [2], dont il a été question plus haut.

Grâce à la protection des Pippinides, qui en avait fait leur bastion, Fontenelle connut un bel essor, qui nous vaut de la part du rédacteur des *Gesta* une série de précieux extraits du catalogue de la bibliothèque de l'abbaye à différents stades de sa constitution. Ces listes contiennent des preuves de l'intervention romaine en Gaule et de la romanisation de la culture et de la liturgie franques. Si la liste des accroissements dont bénéficia la bibliothèque des moines sous l'abbé Wando (742-747) ne contient pas de livres liturgiques, elle évoque cependant en bonne place un manuscrit écrit en *Romana littera*, c'est-à-dire sans doute en onciale [3], qui devait provenir de Rome : l'insistance du rédacteur des *Gesta* sur ce détail montre bien qu'il considérait ce genre d'écriture comme une rareté et comme une importation étrangère [4]. L'abbé suivant, Austrulfus, entretenait des rapports assez réguliers avec Rome. Il en avait fait venir des

---

I. HEIDRICH, « Die Urkunden Pippins d. M. und Karl Martells : Beobachtungen zu ihrer zeitlichen und räumlichen Streuung », dans : *Karl Martell in seiner Zeit*, Sigmaringen, 1994, p. 31.

1. A. J. STOCLET, « Evindicatio et petitio. Le recouvrement de biens monastiques en Neustrie sous les premiers Carolingiens », dans : H. ATSMA (éd.), *La Neustrie*, t. II, Sigmaringen, 1989, p. 137, n. 59.

2. Éd. LÖWENFELD, MGH, p. 28-29 (Lando), p. 34 (Wido), p. 36 (Remi) ; FELTEN, *Äbte und Laienäbte*, p. 123.

3. VEZIN, « Les *scriptoria* de Neustrie », p. 314 ; NORTIER, *Les Bibliothèques médiévales*, p. 173 ; MCKITTERICK, *The Carolingians and the Written Word*, p. 156 et 173-175 ; PETITMENGIN, « À travers les inventaires », p. 33 ; B. BISCHOFF, « Die alten Namen der lateinischen Schriftarten », dans : *Mittelalterliche Studien* I, Stuttgart, 1966, p. 2 : « *Untiales sunt littere magne quae in initiis librorum ad ornatum fiunt ut in antiphonariis.* »

4. Éd. LÖWENFELD, MGH, p. 38. Voir aussi p. 41, le récit de la découverte d'un trésor, sous l'abbé Austrulfus, qui contenait notamment un livre des évangiles écrit en *Romana littera*.

reliques de saint Georges, avec l'accord de Zacharie[1] ; il mourut en 753 à Saint-Maurice d'Agaune au cours d'un pèlerinage *ad limina*. Son successeur, Wido *laicus* (Witlaïc), déjà abbé de Saint-Martin de Tours, enrichit la bibliothèque de Fontenelle en offrant notamment un *antiphonarium Turonensis*[2]. Ce n'est pas la première fois que l'on constate l'existence de liens entre Saint-Martin et Fontenelle ; le *scriptorium* martinien était très actif à cette époque et diffusait au loin bibles et manuscrits liturgiques[3]. Le successeur de Wido, Gervoldus, dans le siècle diplomate et chapelain de la reine Berthe, épouse de Pépin et mère de Charlemagne, « *scolam in eodem coenobio esse instituit, quoniam pene omnes ignaros invenit litterarum, ac de diversis locis plurimum Christi gregem aggregavit optimique cantilenae sonis, quantum temporis ordo sinebat, edocuit*[4] ». Par surcroît, parmi les livres qu'il acheta à l'extérieur ou qu'il fit copier à Fontenelle, se trouvaient un livre des évangiles *Romana littera scriptum* et surtout un *antiphonarium Romanae ecclesiae volumen unum*[5], ce qui prouve que Fontenelle avait romanisé son chant liturgique au moyen de documents romains et que ses moines étaient désormais formés dans une *Schola* organisée pour la première fois sous le règne de Pépin[6]. Il n'est d'ailleurs pas exclu, étant donné les rapports étroits entre Fontenelle et le siège de Rouen, que certains des moines envoyés par Remi à Rome aient été originaires de Fontenelle ; à leur retour, ils auront enseigné le chant romain à leurs frères dans la *Schola* fondée par Gervoldus, en s'appuyant sur leur mémoire et sur des manuscrits rapportés de Rome et destinés à servir d'aide-mémoire.

Les *Gesta* se terminent sur l'abbatiat d'Anségise[7], neveu

---

1. Éd. LÖWENFELD, MGH, p. 42.

2. Éd. LÖWENFELD, MGH, p. 44. Voir HEUCLIN, « Les abbés des monastères neustriens », p. 330.

3. VEZIN, « Les *scriptoria* de Neustrie », p. 310. L'apogée du *scriptorium* de Saint-Martin se situe sous les abbatiats de Fridugise (804-834) et de l'abbé laïque Vivien, au cours desquels les bibles de Tours acquièrent une grande renommée : elles étaient de grand format et se présentaient en un seul volume. Le *scriptorium* de Saint-Martin en produisait en grandes quantités, principalement destinées à être vendues ou offertes à l'extérieur.

4. Éd. LÖWENFELD, MGH, p. 47.

5. *Ibid.*, p. 48.

6. FONTAINE, « La culture carolingienne », p. 39-40 ; HEUCLIN, « Les abbés des monastères neustriens », p. 333.

7. WERNER, « Hludowicus Augustus », p. 85.

de Gervoldus et homme de confiance d'Eginhard. Il fit
notamment copier et fabriquer par ses moines plusieurs
manuscrits liturgiques, dont les plus notables étaient un lectionnaire et un antiphonaire : « *lectionarium etiam in membrano purpureo similiter scribere iussit, decoratum tabulis
eburneis ; antiphonarium similiter in membrano purpureo
argenteis scriptum litteris ornatumque tabulis eburneis*[1].»
C'étaient par conséquent des manuscrits de luxe, copiés sur
du parchemin préalablement teinté de pourpre et écrit en
lettres d'argent, protégés par une reliure décorée de tables
d'ivoire sculptées, exactement comme le *cantatorium* de
Monza.

LEIDRADE DE LYON

Un tour d'horizon des sources littéraires de la romanisation du culte et du chant dans le *regnum* franc doit faire
figurer Leidrade. Ce prélat réformateur, originaire de la
Bavière, peut-être moine à Freising vers 779, fut appelé à
la cour d'Aix par Charlemagne[2]. Il appartient donc à la
deuxième génération des liturgistes francs romanisants : celle
qui a œuvré sous Charlemagne. Avec l'appui du souverain,
qui avait su remarquer ses qualités, il succéda au tournant
du siècle à Adon sur le siège de Lyon ; s'il rendit encore des
services remarqués à son empereur, comme ses deux missions à Urgel pour tenter d'obtenir la soumission de l'évêque
Félix, qui était passé à l'adoptianisme, il se distingua surtout
par la réforme qu'il entreprit dans son diocèse pour amé-
liorer l'instruction du clergé, bâtir ou restaurer églises et
monastères et poursuivre la romanisation de la liturgie[3],

---

1. Éd. LÖWENFELD, MGH, p. 53. Voir NORTIER, *Les Bibliothèques médiévales*,
p. 174. Sur les lectures et les livres de lectures à Fontenelle, on peut aussi consulter
NEBBIAI DALLA GUARDA, « Les listes médiévales », p. 309-312.
2. OEXLE, *Forschungen*, p. 134-135. L'identification avec un diacre de Freising
attesté en 779 puis en 782 est probable. La présence d'une colonie bavaroise à
Lyon, amenée par la nomination d'un Bavarois sur le siège lyonnais, est démontrée
par la présence à Lyon de copistes dont l'écriture est celle des *scriptoria* de Bavière :
ibid., p. 135, n. 178 et SEMMLER, « Karl der Grosse », p. 273.
3. BOSHOF, *Erzbischof Agobard*, p. 21-23 et p. 268, n. 56 ; OEXLE, « Die Karolinger und die Stadt », p. 291 ; FELTEN, *Äbte und Laienäbte*, p. 266.

comme le prouve une lettre de Leidrade à Charlemagne pour rendre compte de son administration vers 813, peu de temps avant la mort de celui-ci [1]. Leidrade lui rappelle qu'il lui doit son élévation sur le siège de Lyon :

Denique postquam secundum iussionem vestram saepedictam ecclesiam suscepi, iuxta vires parvitatis mee, omni industria egi ut clericos officiales habere potuissem, sicut iam, Deo favente, ex magna parte habere videor. Et ideo officio pietatis vestre placuit, ut ad peticionem meam michi concederetis unum de Metensi ecclesia clericum, per quem, Deo iuvante et mercede vestra annuente, ita in Lugdunensi ecclesia instauratus est ordo psallendi, ut iuxta vires nostras secundum ritum sacri palatii omni ex parte agi videatur quicquid ad divinum persolvendum officium ordo exposcit.

Ensuite, après avoir pris, sur votre ordre, la direction de la susdite Église [de Lyon], j'ai agi avec toute l'application que me permettent les forces de ma chétive personne afin d'obtenir un clergé qui dise bien les offices, comme cela semble être en grande partie le cas aujourd'hui, grâce à Dieu. Et donc, dans ce but, il a plu à votre Piété de m'accorder, sur ma demande, un clerc de l'Église de Metz, par l'intermédiaire duquel, avec l'aide de Dieu et grâce à vos largesses, l'Église de Lyon a adopté une manière de chanter en tout point semblable — dans la mesure de nos forces — à ce que réclame l'*ordo* de l'office divin, conformément au rit en usage au palais impérial.

Nam habeo scholas cantorum, ex quibus plerique ita sunt eruditi ut eciam alios erudire possint. Preter hec, habeo scholas lectorum, non solum qui officiorum lectionibus exercentur, sed eciam qui in divinorum librorum meditacione spiritalis intelligencie fructus consequuntur. Ex quibus nonnulli de libro Evangeliorum sensum spiritalem iam ex parte adipisci possunt. Alii adiuncto libro eciam Apostolorum, plerique vero librum Prophetarum secundum spiritalem intelli-

Je dispose en effet d'écoles pour les chantres, dans lesquelles ont été formés des chantres capables en outre d'en former d'autres par la suite. Je dispose aussi d'écoles pour former des lecteurs qui ne se bornent pas à se préparer aux lectures des offices, mais qui, méditant les livres sacrés, en reçoivent aussi les fruits de l'intelligence spirituelle. Un certain nombre d'entre eux sont déjà en partie capables d'accéder

---

1. Il faut utiliser l'édition de A. COVILLE, *Recherches sur l'histoire de Lyon du V au IX siècle (450-800)*, Paris, 1928, p. 283-287 (284-285 pour l'extrait cité ici), non celle des MGH : voir OEXLE, *Forschungen*, p. 134, n. 173.

genciam ex parte adepti sunt. Similiter libros Salomonis vel libros Psalmorum atque eciam Iob. In libris conscribendis in eadem ecclesia, in quantum potui, elaboravi. Similiter vestimenta sacerdotum et ministeria procuravi.

au sens spirituel des évangiles. D'autres y ajoutent même celui des écrits des apôtres, et la plupart ont en partie acquis la compréhension spirituelle des livres des Prophètes. Il en est de même pour les livres de Salomon, pour le Psautier et aussi pour Job. Dans cette même Église de Lyon, j'ai travaillé autant que j'ai pu à faire copier des livres. J'ai également fourni aux prêtres des ornements et de la vaisselle liturgique.

Cette lettre se présente comme une supplique à Charlemagne : Leidrade, sentant sans doute la mort venir, ou souhaitant préparer sa retraite à Saint-Médard de Soissons, voudrait obtenir l'assurance que l'œuvre qu'il a accomplie à Lyon ne sera pas remise en cause par les successeurs qu'on lui donnera après son décès[1]. Sa lettre montre clairement que les Églises franques — celle de Lyon, en l'occurrence — ont eu directement recours à des chantres de Metz pour apprendre ce qu'elles croyaient être le chant romain, et qui était en réalité le chant grégorien[2]. Cela confirme le rôle décisif joué par la ville de saint Arnoul. Plusieurs pensent que le clerc messin auquel Leidrade fait allusion pourrait avoir été le jeune Amalaire, et que c'est à l'occasion de ce séjour à Lyon qu'il aurait rencontré le futur diacre Florus et qu'aurait pris naissance entre ces deux hommes l'inimitié qui devait se transformer plus tard en une vive hostilité[3] ; aucune certitude n'est possible. En outre, Leidrade lie clairement l'introduction du rit romain à Lyon à la réforme de l'Église lyonnaise : le chant n'est qu'un des ingrédients de cette réforme, qui repose aussi sur l'amélioration de l'instruction des clercs, désormais formés dans des *scholae*, sur l'enrichissement du fonds des bibliothèques qui sont mises à leur disposition et sur le renouvellement des ornements et de la vaisselle liturgiques. Chant grégorien signifie réforme

---

1. OEXLE, *Forschungen*, p. 136-137.
2. HÄUSSLING, *Mönchskonvent*, p. 333 ; BISCHOFF, « Die Hofbibliothek », p. 48.
3. DUC, *Étude sur l'« Expositio missae »*, p. 52 ; BOSHOF, *Erzbischof Agobard*, p. 268, n. 56.

de l'Église[1]. Conformément à la volonté de Charlemagne, exprimée dans les grands capitulaires, Leidrade veut que les lecteurs comprennent le sens de ce qu'ils lisent.

HÉLISACHAR DE SAINT-RIQUIER

Hélisachar de Saint-Riquier fait partie de la troisième génération des liturgistes francs, comme Agobard, Benoît d'Aniane et Jonas d'Orléans : ces personnages, non francs, puisque issus des régions périphériques de l'Empire, ne sont entrés en scène que sous Louis le Pieux quand celui-ci, ancien roi d'Aquitaine, les amena avec lui à Aix en 814 quand il succéda à son père[2]. Ami et élève d'Alcuin[3], Hélisachar fut sans doute le précepteur de Louis ; il devint son premier chancelier, puis son *missus* pour la Marche d'Espagne[4]. Après avoir librement résigné sa charge en 819 pour la céder à l'Anglo-Saxon Fridugise[5], il fit partie des révoltés de 830, derrière Pépin d'Aquitaine, et fut exilé pour cette raison. Il ne revint d'exil que pour participer à la seconde révolte des fils de Louis le Pieux, en 833, aux côtés de Lothaire[6] ; on perd sa trace ensuite. Sa lettre à Nébridius, archevêque de Narbonne, est importante pour la connaissance de la situation liturgique dans l'empire franc vers 819-822 ; elle est citée par Amalaire dans le prologue de

1. Le lien très étroit entre la réforme du clergé et celle de la liturgie a été fort bien vu par OEXLE, *Forschungen*, p. 154.

2. WERNER, « Hludovicus Augustus », p. 54-55 et n. 192, p. 75, n. 269. Sur les rapports entre Louis le Pieux et la papauté, voir A. HAHN, « Das Hludowicianum. Die Urkunde Ludwigs d. Fr. für die römische Kirche von 817 », *Archiv für Diplomatik* 21 (1975), p. 15-135 et Ph. DEPREUX, « Empereur, empereur associé et pape au temps de Louis le Pieux », *Revue belge de philologie et d'histoire* 70 (1992), p. 893-906.

3. WERNER, « Hludovicus Augustus », p. 56, n. 195.

4. HUGLO, « Trois livres », p. 272 et « D'Hélisachar à Abbon de Fleury », *RBén* 104 (1994), p. 204-230 ; FLECKENSTEIN, *Die Hofkapelle*, t. I, p. 81 et 107 ; sur ses missions dans la Marche d'Espagne, voir *Annales Regni Francorum (ARF)* ad a. 827 et *Astronomus, Vita Hludowici, cap.* 41.

5. Ce n'est donc pas une disgrâce : FLECKENSTEIN, *Die Hofkapelle*, p. 81 ; OEXLE, *Forschungen zu monastischen und geistlichen Gemeinschaften*, p. 39.

6. En 830 : THEGAN, *Vita Hludowici, cap.* 36 ; en 833 : NITHARD, *Historiarum libri IV, cap.* 4. Voir K. BRUNNER, *Oppositionelle Gruppen im Karolingerreich*, Vienne, 1979, p. 103.

l'antiphonaire qu'il avait compilé et qui n'est pas parvenu jusqu'à nous [1] :

Meminisse credimus sanctam paternitatem vestram, quod dudum quando apud Aquasgrani palatium me offitium palatinum, vosque propter ecclesiastica dirimenda imperialis iussio obstringeret, et frequenter una nocturnis horis ad divinum celebrandum offitium conveniremus, animumque nostrum sacrae scripturae lectio serenum efficeret ; sed ut referre solebatis responsoria auctoritate et ratione carentia, versusque qui in quibusdam responsoriis a nostris vestrisque cantoribus inconvenienter aptabantur, animum vestrum magna ex parte obnubilarent, mihi imperando iniunxeritis, ut adhibito sollerti studio pro captu ingenii in divinarum scripturarum pratis versus convenientes indagarem, et in responsoriis auctoritate et ratione refertis, congruis in locis aptarem. Sed licet hoc negotium vires meas excedere, meamque insipientiam tale quid nullo modo posse iudicaverim, non praesumpsi tamen omittere, quin id quod vestra sanctitas imperaverat summa cum devotione exequerer, fisus in illius gratuita misericordia, qui potens est per inutilem et exiguum servum vestro sancto desiderio satisfacere, et quod vestrae devotioni et meritis debebatur meae quoque imperitiae administrare. Adgrediens itaque hoc opus, aggregatisque hinc inde antiphonariis cantoribusque, adhibita etiam librorum copia et peritis

Je suis sûr, saint Père, que vous vous rappelez que naguère, quand nous étions attachés au palais d'Aix par ordre de l'empereur, moi pour remplir une charge aulique, vous pour régler les problèmes de l'Église, et que nous nous retrouvions souvent ensemble la nuit pour réciter l'office divin, la lecture de la Bible rendait notre esprit serein ; mais, comme vous vous plaigniez fréquemment de ce que les répons, n'étant conformes ni à la tradition ni au bon sens, et les versets de certains répons, ayant été mal harmonisés par mes chantres et par les vôtres, vous chagrinaient beaucoup, vous m'aviez ordonné de chercher des versets adaptés en y mettant le zèle ingénieux qui est nécessaire pour acquérir de l'inspiration dans toute l'étendue de l'Écriture sainte et, après les avoir reliés à leurs répons conformément à la tradition et au bon sens, de les placer aux endroits convenables. Mais bien que cette tâche ait pu dépasser mes forces et que mon ignorance ait été telle que je pensais en être incapable, je n'ai cependant pas osé me dérober : bien plus, j'ai exécuté avec le plus grand respect ce que votre Sainteté m'avait ordonné, certain de satisfaire votre désir sacré grâce à la miséricorde gra-

---

1. Éd. MGH, *Epistulae*, t. 5, 1899, p. 307-309. Voir FRIED, « Ludwig der Fromme, das Papsttum », p. 238.

lectoribus, coepimus diligenter concordiam probare antiphonario-rum. Sed quamquam in gradali cantu, qui solummodo auctoritate sanctarum scripturarum nitet, minime discordare possent, in noc-turnali tamen, qui sive ex auctori-tate divina seu ex sanctorum patrum dictis compositus extat, paucissimi in unum concordare reperti sunt ; quoniam quaedam in eis scriptorum vitio depravata, quaedam imperitorum voto ablata, quaedam etiam sunt admixta. Unde liquido patet, quod antipho-narius bene apud urbem Romanam ab auctore suo editus in nocturna-libus officiis, ab his quos supra memoravimus magna ex parte sit violatus.

Quamquam igitur ab his, qui capacitatis ingenio pollent, facile queant approbanda eligi et impro-banda reici, propter simplices tamen minusque capaces modis omnibus imperiis vestris parendum fuit. Collatione ergo antiphonario-rum celebrata eorumque lectione diligenter approbata, utque magna

tuite de Celui qui est puissant par son petit et inutile serviteur, et résolu à attribuer à votre piété et à vos mérites ce qui serait dû à mon incapacité. C'est pour-quoi, entreprenant ce travail, et après avoir rassemblé de tous côtés des antiphonaires et des chantres, utilisant même un grand nombre de livres et des chantres habiles, j'ai entrepris avec zèle de collationner les antiphonaires. Cependant, tan-dis qu'ils ne peuvent que très peu différer quand il s'agit des chants de la messe, qui reposent uniquement sur des textes scrip-turaires, très rares sont les chants des nocturnes qui, com-me c'est visible, sont fondés sur l'autorité divine et sur les paroles des saints Pères, que j'ai trouvés semblables d'un manus-crit à l'autre ; en effet, certains ont été déformés par les bévues des copistes, certains ont été éli-minés à la demande des inca-pables, d'autres encore ont été réunis en un seul. Il est donc très clair que l'antiphonaire, pour les offices nocturnes, avait été correctement élaboré à Rome par son responsable, mais qu'il a été en grande partie mis à mal par ceux que nous venons d'évoquer.

Quoi que j'aie donc retenu ce qui pouvait être facilement chanté par les chantres d'élite et que j'aie rejeté ce qu'ils jugeaient indigne, j'ai cependant dû obéir de toute manière à vos ordres à cause des chantres qui sont frustes et moins compé-tents. Par conséquent, après

dissonantia perspecta est, anti-
phonas et responsoria quae erant
auctoritate et ratione carentia,
quae etiam digne in Dei laudibus
cantari nequibant, respuimus. Ea
vero quae auctoritate plena sunt
locis suis ordinavimus, eisque ex
eadem auctoritate amminiculante
eorundem librorum copia versus
congruentissimos iuxta capacitatem
ingenii nostri adscivimus, ut vide-
licet iuxta sanctionem vestram,
unde responsorium erat, inde etiam
conveniens foret et versus. Erant
sane quaedam antiphonae vel res-
ponsoria auctoritate plena et in Dei
laudibus decentia quae neque a
nostris neque a vestris cantoribus
sciebantur. Unde nostri fuit studii
quosdam melodiae artis magistros
advocare, a quibus vestri nostrique
ea avidissime didicere. Ita vero res
divina amminiculante gratia suc-
cessit, ut quod auctoritas et ratio
vindicabat in eodem opere ponere-
tur, et quod deerat plurimorum
documento suppleretur ; quodque
vitio scriptorum, insolentia canto-
rum, aliquibus in locis depravatum
erat aut quorundam imperitorum
demptum vel additum fuerat, artis
studio corrigeretur limaque rectitu-
dinis poliretur.

avoir effectué la collation des antiphonaires et approuvé leur choix avec zèle, comme j'avais examiné attentivement le grand désaccord qui régnait entre eux, j'ai rejeté les antiennes et les répons qui n'étaient conformes ni à la tradition ni au bons sens et qui même ne pouvaient pas être chantés avec dignité pour louer Dieu. En revanche, j'ai mis à leur place les antiennes et les répons qui étaient entièrement conformes à la tradition et, en nous appuyant sur cette même tradition, puisée dans les mêmes livres, nous leur avons adjoint dans la mesure de nos capacités les versets les mieux adaptés, afin que, conformément à votre décision, là où il y aurait un répons, le verset soit lui aussi convenable. Il y avait assurément un certain nombre d'antiennes et de répons en pleine conformité avec la tradition et propres pour louer Dieu, qui n'étaient connus ni de nos chantres, ni des vôtres. Par conséquent, nous avons pris soin de faire appel à certains maîtres dans l'art musical, desquels vos chantres comme les miens apprendraient ces pièces avec un très vif désir. L'opération a donc réussi avec le secours de la grâce divine, si bien que les chants qui reposaient sur la tradition et le bon sens ont été insérés dans cet ouvrage, et que ceux qui en manquaient ont été remplacés à la demande de la majorité ; de même, les chants qui, en certains endroits, avaient été dé-

*Quia ergo hoc opus vestra ius-
sione peractum vestraeque devotioni est dedicatum, etsi non illis
quibus forte non placebit, nostris
tamen vestrisque cantoribus precipue necessarium, humiliter exoro,
ut a paternitate vestra benigne sus-
cipiatur et in Dei laudibus devotis-
sime utatur. His vero quibus animo
sedet ad diligenter transcribendum
hoc opus commodate. Fastidiosis
autem et ingratis ad reprehenden-
dum potius quam ad discendum
paratis minime pandite. Eos itaque
quibus commodatum fuerit depos-
cite, ut nihil ex eo demant, nihil in
eo addant vel mutent ; quoniam
iuxta beati Hieronimi sententiam
« nihil profuit emendasse libros, nisi
emendatio librariorum diligentia
conservetur ». In praefato namque
opere si quippiam quolibet modo
non humilitatis, sed mordacitatis
voto reprehendi potest, sciatur
potius id simplici dissimulatione
actum quam neglegentia aut impe-
ritia pretermissum ; quoniam opor-
tebat quod multorum longo et devo-
tissimo usu in divinis cultibus
detritum erat, nostro etiam silentio
potius comprobari quam presump-
tione aliqua tangendo preiudicari.
Quicquid namque in eo ordinatum
sanctitas reppererit vestra, nisi
neglegentia rursus aut incuria de-*

formés par les bévues des
copistes ou par l'initiative des
chantres, ou qui avaient été supprimés ou ajoutés par certains
maladroits, ont été corrigés avec
le soin de l'art et polis à l'aide
de la lime de l'exactitude.

C'est donc la raison pour
laquelle je vous supplie humble-
ment, mon Père, d'accepter avec
bienveillance ce travail, accompli
sur votre ordre et dédié à votre
éminence, et qui peut-être ne
plaira cependant pas à nos
chantres ni aux vôtres, bien qu'il
leur soit éminemment indispensable, et de l'employer avec une
très grande dévotion pour louer
Dieu. Mettez ce travail à la disposition de ceux qui ont la
volonté de le copier diligem-
ment. Ne le montrez pas aux
orgueilleux et aux ingrats qui
sont plutôt prêts à le critiquer
qu'à l'apprendre. Réclamez
donc aux copistes à qui ce travail aura été confié, de ne rien
en enlever, de ne rien y ajouter
et de ne rien y changer ; en effet,
comme l'écrit saint Jérôme, « il
ne sert à rien de corriger les
livres, si les copistes ne tiennent
pas compte de ces correc-
tions [1] ». En effet, si, dans l'ouvrage dont je viens de parler,
quelque chose peut être critiqué
de quelque manière avec viru-
lence plutôt qu'avec charité,
qu'on sache que c'est le résultat
d'un simple oubli, plutôt que de
la négligence ou de l'incompé-
tence ; il valait mieux en effet

---

1. Ce passage de saint Jérôme est également cité par Benoît d'Aniane dans le
prologue *Hucusque* (éd. DESHUSSES, *Le Sacramentaire grégorien*, t. I, p. 353).

pravatum fuerit, nihil reor repperiri posse quod non in Dei laudibus aut auctoritate sicut premissum est sacra, aut sanctorum patrum dictis compositum, aut multorum usu pia devotione longo iam tempore vindicatum, decenter assumi potest. Quia autem sicut premisimus nostris vestrisque cantoribus hoc opus oportunum esse iudicavimus, oportet ut sive ab his sive ab illis summopere observetur, quatinus versus convenienter positi atque ordinati secundum artis cantilenae modum honeste canantur et in responsoriorum convenientibus locis aptentur. Quapropter necesse est, qui ad melodiae artis normam decoremque compositi sunt, et cantoribus magnum documentum et, ut ita dixerim, quendam ducatum in eadem arte prebent, bene intelligantur ; ut his bene notis nullatenus in quoquam ab eiusdem artis auctoritate oberretur.

que ce qui avait été usé par le long et très pieux usage qu'en ont fait de nombreuses personnes pour le culte divin, soit confirmé par notre abstention, plutôt qu'il lui soit porté préjudice en y portant la main avec imprudence. En effet, je crois que votre Sainteté ne pourra rien trouver dans mon ouvrage (sauf s'il est à nouveau déformé par la négligence ou par l'incapacité) qui ne puisse être convenablement employé pour louer Dieu, soit qu'il repose sur la tradition sacrée, comme il a été dit, soit qu'il soit composé à l'aide des écrits des saints Pères, soit qu'il puisse revendiquer le long usage qu'en auront fait de nombreuses personnes avec une pieuse dévotion. C'est la raison pour laquelle j'ai jugé ce travail opportun, comme je l'ai dit à mes chantres ainsi qu'aux vôtres, et il faut qu'il soit mis en pratique avec grand soin par les uns et par les autres, en chantant avec soin les versets, convenablement placés et ordonnés conformément aux règles de l'art du chant, et reliés aux répons aux bons endroits. Il faut pour cela que ce travail soit bien compris, lui qui a été composé conformément aux règles et à la dignité de l'art du chant, et qui, dans la pratique de cet art, fournit aux chantres un grand modèle et, pour ainsi dire, une sorte de guide ; de cette manière, ces principes étant respectés, on ne pourra en aucune manière et en rien dévier de la tradition de cet art.

Hélisachar a effectué un travail officiel, qui lui a été commandé par les autorités ecclésiastique et civile ; c'est toute la différence avec le travail entrepris par Amalaire, qui n'est qu'une initiative privée, dépourvue d'*auctoritas*, ce qui explique son insuccès. La lettre d'Hélisachar témoigne de la perturbation entraînée en Gaule par l'arrivée du chant romain, notamment à propos des grands répons de matines. Tandis que la coutume romaine était de reprendre le répons (qui servait de refrain) en entier après le verset, *da capo*, les Francs avaient au contraire l'habitude de n'en reprendre que le second hémistiche, *a latere*. Les textes des répons romains étaient faits pour une reprise *da capo* et pouvaient devenir incompréhensibles si, pour la reprise, on les tronquait, enchaînant leur second hémistiche à la fin du texte du verset. C'est la raison pour laquelle Hélisachar, à la demande du métropolitain de Narbonne, dut remanier un certain nombre de versets de répons pour les adapter à la reprise *a latere*, qui est restée la règle depuis [1]. Reprendre un texte *da capo* est un procédé de tradition orale très archaïque, tandis que la reprise *a latere* est au contraire un procédé moderne [2] ; l'histoire des grands répons de matines en témoigne. L'intervention d'Hélisachar n'a donc pas été arbitraire, mais provoquée par une nécessité absolue et urgente : faire en sorte que la reprise du second hémistiche du répons, à la suite du verset, offre un sens satisfaisant. Elle témoigne en outre du sérieux avec lequel la romanisation du culte franc a été entreprise : l'abbé de Saint-Riquier a lui-même collationné les manuscrits, exactement comme un éditeur moderne établirait le texte critique de l'œuvre qui l'intéresse ; il a choisi les meilleures leçons et, quand aucune n'était satisfaisante, il en a rédigé de nouvelles, tout en veillant à innover le moins possible, car il était conscient de ses limites, tout savant qu'il fût. Amalaire, qui était le plus grand liturgiste de son temps, parle avec éloges du travail accompli par Hélisachar [3].

---

1. Dom J. CLAIRE, « Le répertoire grégorien de l'office », p. 43 ; LE ROUX, « Les répons de *psalmis* », p. 130 ; HUGLO, « Les remaniements de l'antiphonaire », p. 98 s. et « Trois livres manuscrits », p. 273.
2. JOUSSE, *Le Style oral*, p. 64 et *L'Anthropologie du geste*, t. I, p. 258 s. ; HUGLO, « Die Adventsgesänge », p. 14.
3. Prologue *Cum longo tempore* de l'antiphonaire perdu, *cap.* 10 (éd. HANSSENS, t. I, p. 362). Amalaire atteste en outre qu'Hélisachar s'était entouré de toute une équipe de savants.

AGOBARD DE LYON

Agobard, peut-être originaire de Septimanie [1], fut l'un des deux chorévêques de Leidrade, auquel il succéda en 816 quand il se retira à Saint-Médard de Soissons [2]. L'appui de l'empereur lui fut plus qu'utile, une partie de l'épiscopat considérant que la nomination d'Agobard était contraire aux canons, qui prévoyaient qu'un siège ne pouvait être occupé par deux évêques vivants. Agobard, au début de sa carrière, est donc clairement un fidèle de Louis. S'il est plus connu que les personnages précédents, c'est à cause d'un malentendu tenace. Il est en effet considéré, bien à tort, comme un personnage autoritaire, excessif et batailleur, à cause de sa rivalité avec Amalaire et des diverses retouches qu'il fit subir à la liturgie de son diocèse. C'était en réalité un homme attaché au respect de la légalité et de la parole donnée ; par-dessus tout, il tenait à ce que perdure l'unité de l'empire nouvellement restauré par Charlemagne [3], contre les effets pervers de la vieille tradition franque des partages successoraux, le principe héréditaire n'ayant pas encore été tempéré par celui de la primogéniture. Or, les idéaux modernes de la génération de Charlemagne étaient mis en péril par la décision prise par Louis le Pieux de remettre en cause l'*ordinatio imperii* de 817, au profit de son quatrième fils Charles, né d'un autre lit que ses trois aînés Lothaire, Pépin et Louis. Prenant pour des raisons théologiques le parti de Lothaire, Agobard tenta en 833 de s'opposer au revirement de l'empereur, s'enfuit en Italie après l'échec de la révolte et fut déposé en 835 au synode de Thionville, tandis que Louis le Pieux nommait Amalaire pour le remplacer à Lyon, jusqu'à ce que Florus et Agobard lui-même parviennent à le faire condamner et déposer au synode de Quierzy en 838 [4].

Agobard était beaucoup plus « moderne » que nombre de

1. BOSHOF, *Erzbischof Agobard*, p. 28-31.
2. CABANISS, « Agobard », p. 50-51 ; BOSHOF, *Erzbischof Agobard*, p. 32 ; OEXLE, *Forschungen zu monastischen und geistlichen Gemeinschaften*, p. 59.
3. BOSHOF, « Einheitsidee », p. 179-180. BRUNNER (*Oppositionelle Gruppen*, p. 111) préfère en revanche une explication exclusivement politique, en termes de rivalités entre factions aristocratiques ; sans doute est-ce un peu excessif.
4. BOSHOF, *Erzbischof Agobard*, p. 38 s. et 195 s. ; HARTMANN, *Die Synoden der Karolingerzeit*, p. 194-196.

ses contemporains. Il a laissé des traités contre le vieux principe de la personnalité des lois (*Liber adversus legem Gundobadam ad Ludovicum*, écrit entre 817 et 822), contre la pratique de l'ordalie[1] (*Liber de divinis sententiis contra iudicium Dei*), contre les superstitions populaires liées aux phénomènes naturels[2] (dans le *Liber de grandine et tonitruis* et le *De quorumdam illusione signorum ad Bartholoeum*), contre l'usurpation des biens d'Église par de puissants laïcs (dans le *De dispensatione ecclesiasticarum rerum*), la corruption (dans le *De iniustitiis ad Matfredum*, lettre adressée à Matfred, comte d'Orléans, sans doute entre 826 et 828) et les hérésies (notamment dans le *Liber adversus dogma Felicis Urgellensis*). Quant au *De picturis et imaginibus*, qui condamne le culte des images en des termes proches de ceux qu'employait l'iconoclaste évêque de Turin, Claude, il est probable qu'Agobard en est réellement l'auteur ; on a également pensé à Florus de Lyon et à Claude de Turin, mais c'est peu vraisemblable[3].

Tout cela n'est pas le fait d'un attardé ou d'un nostalgique. Loin d'être un autocrate, il a plusieurs fois veillé à justifier sa manière d'administrer son diocèse, notamment dans le *De antiphonario ad cantores ecclesiae Lugdunensis*, le *Liber contra obiectiones Fredegisi abbatis* et le *De modo regiminis ecclesiastici ad clericos et monachos Lugdunenses*. Cet homme cultivé aimait les manuscrits et en offrait volontiers[4]. Quant aux réformes liturgiques entreprises par lui et notamment son monobiblisme, elles étaient de faible ampleur et elles n'ont guère eu de retentissement ; elles étaient d'ailleurs liées à sa louable volonté de réformer son Église[5]. Il semble enfin que, dans le conflit qui l'opposa à Amalaire, ce fut le diacre Florus qui souffla sur le feu pour attiser la rivalité entre les

---

1. Voir R. BARTLETT, *Trial by Fire and Water. The Medieval Judicial Ordeal*, Oxford, rééd. 1988, p. 72-73.

2. CABANISS, « Agobard », p. 52-53 ; PLATELLE, « Agobard, évêque de Lyon », *passim*.

3. BOSHOF, *Erzbischof Agobard*, p. 139 s. ; BOUREAU, « Les théologiens carolingiens », p. 258 ; H. FELD, *Der Ikonoklasmus des Westens*, Leyde, 1990, p. 29-30. Claude et Agobard partageaient la même répulsion pour les superstitions populaires ; c'est sans doute cela qui les poussa à condamner le culte des images, comme étant susceptible de donner naissance à de telles fausses croyances. Voir concile d'Elvire, can. 36 (VIVES, *Concilios*, p. 8), vers 300/306.

4. BOSHOF, *Erzbischof Agobard*, p. 159 s.

5. *Ibid.*, p. 75 s. ; KLAUSER, « Die liturgischen Austauschbeziehungen », p. 185.

deux hommes, laquelle tourna finalement à l'avantage d'Agobard, qui put revenir d'exil et reprendre la direction de son diocèse.

Agobard a décrit précisément son travail de réforme dans le *De antiphonario*, parfois aussi désigné sous le titre de *De correctione antiphonarii*. Cet ouvrage, qui aborde exclusivement le problème de l'antiphonaire de l'office au travers des grands répons de matines, est formé de quatre parties : une introduction, une discussion, fondée sur une série d'exemples, une réflexion générale, nourrie de nombreuses citations patristiques et conciliaires, et une conclusion. L'introduction (chap. I-IV) [1] pose les bases du monobiblisme d'Agobard : il ne faut rien ajouter à la Parole de Dieu [2]. Ce principe, contraire aux règles de l'Église hispanique [3], est en revanche parfaitement conforme à la tradition romaine : les chants les plus anciens répondent aux lectures et l'on répond à la Parole de Dieu au moyen des paroles qu'Il nous a enseignées, tout particulièrement les psaumes. La décision d'Agobard n'a donc rien d'arbitraire ni d'« espagnol » : il est normal qu'un chant qui répond à une lecture — comme le font les répons de matines — soit scripturaire. L'évêque de Lyon, se conformant à la discipline romaine, a donc supprimé tous les répons qui ne répondaient pas à cette définition [4]. Ce souci d'éliminer les textes non scripturaires faisait partie de tout un train de mesures visant à extirper les fausses croyances et les superstitions populaires dans le diocèse de Lyon ; or, les *vitae* et les *gesta martyrum*, parfois employés par les chants de l'office, par exemple pour fournir le texte des antiennes et des répons propres à un saint donné, étaient soupçonnés par Agobard, à juste titre d'ailleurs, de contenir de telles légendes hagiographiques [5]. La simple prudence

---

1. Éd. VAN ACKER, p. 337-339.

2. Éd. VAN ACKER, p. 338, *cap.* II, l. 11. Voir HESBERT, *AMS*, p. XXXIV.

3. Qui accepte les textes non scripturaires dans la liturgie : concile de Tolède IV (633), can. 13, éd. VIVES, *Concilios*, p. 196 ; MARTINEZ DIEZ et RODRIGUEZ, *La colección canónica*, t. V, p. 201-202.

4. « *Hac de causa et antiphonarium pro viribus nostris magna ex parte correximus, amputatis his, quae vel superflua, vel levia, vel mendatia aut blasphema videbantur* » (éd. VAN ACKER, p. 339, *cap.* III, l. 1-3).

5. Sur le refus légitime de Rome d'utiliser les *Vitae sanctorum* ou les *Gesta martyrum* dans un cadre liturgique, pour éviter d'éventuels risques de fausses croyances (et sur l'attitude parfois différente des autres Églises occidentales), voir DUFOURCQ, *Étude*, t. I, p. 386 ; DE GAIFFIER, « La lecture des actes des martyrs », p. 138-145 ; DELEHAYE, *Sanctus*, p. 192-194 ; PIETRI, *Roma christiana*, t. I, p. 607, « Donateurs

conseillait donc de s'en tenir à la Bible et notamment au psautier.

La deuxième partie illustre ce prologue à l'aide d'exemples. Le premier est le répons *Dum ortus fuerit,* qui est un centon formé du psaume 18, 6 et d'une composition ecclésiastique : *Dum ortus fuerit sol de caelo, videbitis regem regum procedentem a Patre, tamquam sponsum de thalamo suo.* Agobard note avec raison que ce centon mélange l'engendrement éternel du Christ par le Père avant tous les siècles, avec sa nativité historique, du sein virginal de Marie : la procession du Fils *de thalamo* est donc une absurdité. Le second répons possède le texte suivant : *De illa occulta habitatione sua egressus est Filius dei, descendit visitare et consolari omnes, qui eum de toto corde desiderabant.* C'est également une absurdité : le Christ n'était pas *occultus* et n'avait pas besoin de venir consoler les hommes, puisqu'on savait par les prophètes qu'il allait venir et qu'on l'attendait[1]. Le troisième exemple retenu par Agobard est le répons *Descendit de caelis missus ab arce Patris, introivit per aurem Virginis in regionem nostram indutus stolam purpuream, et exivit per auream portam lux et decus universae fabricae mundi*[2]. Agobard fait observer que le verbe *descendere* n'a pas de sujet (la construction de la phrase est donc incorrecte) et qu'il est par surcroît ridicule et puéril d'imaginer que le Verbe se serait fait chair *per aurem Virginis,* sans parler du risque d'attirer les sarcasmes des sots. Le quatrième exemple est le célèbre répons *Tenebrae factae sunt* :

Répons : *Tenebrae factae sunt, dum crucifixissent Iesum Iudaei,*
*   * et circa horam nonam exclamavit Iesus voce*
    magna : Deus, Deus, ut quid me dereliquisti ?

---

et pieux établissements », p. 437 et « Les origines du culte des martyrs », p. 301 ; SAXER, *Morts, martyrs,* p. 78-79 et 200. RUWET (« Lecture liturgique », p. 188) note que les lectures faites à la messe ne sont pas toutes liturgiques : il peut exister des lectures d'édification, par exemple pendant le sermon, à titre d'illustration : des sortes d'*exempla* avant la lettre ; ces lectures non liturgiques peuvent fort bien citer des passages de *Vitae,* même à Rome.

1. Éd. VAN ACKER, p. 340, *cap.* VI, l. 3-4.
2. *Ibid.,* p. 341, *cap.* VII, l. 3-6. Voir CATTA, « Le texte du répons *Descendit* », p. 79 ; HUGLO, « Le dogme de Chalcédoine », p. 222 ; en dernier lieu, T. KELLY, dans *Acta Musicologica* 60 (1988).

Verset :   *Tunc unus ex militibus lancea latus eius perforavit, et inclinato capite emisit spiritum* [1].

Tout va bien quand on reprend le répons *da capo*, mais les problèmes commencent quand on veut le reprendre *a latere*, car cela inverse l'ordre des faits, tel que les évangiles les rapportent : la transfixion a lieu avant la mort du Christ, contrairement au récit historique. Il était donc utile de corriger cette pièce, qui n'était pas faite pour une reprise *a latere*.

Au total, on est donc d'accord avec Agobard pour rejeter ces pièces non scripturaires, parfois de mauvais goût, souvent fautives, toujours inutiles. L'office divin n'a rien perdu à leur suppression. Du reste, comme elles étaient presque toutes d'origine gallicane, Agobard n'a guère touché à l'élément romain de la liturgie romano-franque.

La troisième partie du *De antiphonario* est une collection de textes patristiques rassemblés par Agobard pour appuyer sa démonstration sur des autorités. Il cite longuement la lettre de saint Grégoire à Jean de Syracuse [2], déjà célèbre à cette époque, ainsi que le prologue *Gregorius praesul* de l'antiphonaire [3]. Il cite également un texte de saint Augustin (*Confessions* X, 33, 50), dans lequel l'évêque d'Hippone rapporte que saint Athanase d'Alexandrie exigeait que ses chantres chantent les psaumes d'une manière telle, *ut pronuntianti vicinior esset quam canenti* [4] ». Cela montre que la psalmodie entre les lectures, avant l'intervention de la *Schola*, n'était qu'une psalmodie *recto tono* ornée de mélismes de ponctuation, de telle sorte qu'elle pouvait paraître assez proche de la simple cantillation des lectures.

La dernière partie est la conclusion, dans laquelle Agobard affirme qu'il a supprimé de l'antiphonaire de l'office toutes les pièces de chant qui n'étaient pas scripturaires [5]. On pourrait s'étonner de voir Agobard ne s'intéresser qu'à l'office, non à la messe. Deux raisons expliquent ce phénomène. La première est que l'évêque de Lyon s'adresse à ses chantres,

---

1. Éd. VAN ACKER, p. 342, *cap.* VIII, l. 3-7. Voir HUGLO, « Les remaniements », p. 107 et HESBERT, *Le Problème de la Transfixion*, p. 47-48.
2. Éd. VAN ACKER, p. 347-348, *cap.* XV, l. 6-20. Amalaire en fait autant : *Liber Officialis* IV, 26 (éd. HANSSENS, t. II, p. 485-487).
3. Éd. VAN ACKER, p. 347, *cap.* XV, l. 1-2.
4. *Ibid.*, p. 346, *cap.* XIV, l. 16-17.
5. *Ibid.*, p. 349, *cap.* XVII, l. 1-5 et 10-13.

dont le plus clair du travail était de chanter les offices, sept fois le jour, tandis que la messe les occupait beaucoup moins. La seconde est que l'office, étant moins stéréotypé que la messe, était beaucoup plus perméable aux pièces excentriques ou critiquables, voire à de baroques compositions locales sans autorité. Ces deux faits éclairent l'attitude d'Agobard. Il conclut son ouvrage en recommandant à ses chantres d'utiliser de bons livres [1] :

Habet Ecclesia librum mysteriorum fide purissima et concinna brevitate congestum, habet et librum lectionum et divinis libris congrua ratione collectum, ita etiam et hunc tertium officialem librum, id est antiphonarium [...] ; [...] *una a nobis atque eadem custodiatur forma orationum, forma lectionum et forma ecclesiasticarum modulationum* [...].

Que l'Église possède un sacramentaire compilé avec une fidélité sans défaut et une artistique concision ; qu'elle ait aussi un lectionnaire compilé selon un ordre conforme à celui de la Bible, et également ce troisième livre nécessaire pour les offices, c'est-à-dire l'antiphonaire [...] ; [...] qu'on respecte une seule et même discipline pour les oraisons, les lectures et les mélodies sacrées [...].

Cela démontre qu'Agobard sait que la messe et l'office sont formés à partir de la séquence lecture-chant-oraison, dont il range les éléments par ordre d'importance décroissante : oraisons (dont celles du canon), lectures et chants.

On peut donc conclure qu'Agobard a pris à juste titre la décision de contrôler le texte des chants en usage dans son diocèse, notamment à l'office, et qu'il a corrigé ou supprimé un petit nombre de pièces qui étaient effectivement défectueuses pour des raisons le plus souvent techniques (le passage de la reprise *a capite* à la reprise *a latere*). Loin d'être la marque d'un caractère ombrageux ou autoritaire, ces améliorations, qui n'ont rien d'arbitraire, visaient simplement à tenir compte des perturbations provoquées par l'arrivée du rit romain en Gaule.

---

1. *Ibid.*, p. 351, *cap.* XIX, l. 3-6 et 11-13.

AMALAIRE DE METZ

Amalaire, qui est l'un des plus grands liturgistes de l'époque carolingienne (env. 775-env. 850) et qui a réalisé l'essentiel de sa carrière sous Louis le Pieux (814-840), comme son rival Agobard, fut finalement déposé par le concile de Quierzy en septembre 838 à cause de ses théories un peu personnelles sur le *corpus triforme* du Christ : l'hostie, partagée en trois fragments lors de la fraction, représenterait le Christ, les fidèles vivants (l'Église militante) et les fidèles défunts (l'Église triomphante). Ratramne de Corbie écrivit d'ailleurs le *De corpore et sanguine Domini* vers 843, à la demande de Charles le Chauve, qui souhaitait y voir plus clair au sujet de cette querelle, dans laquelle entra également Paschase Radbert, auteur lui aussi d'un *De corpore et sanguine Domini*[1]. Le dossier de Quierzy se compose de trois éléments : une *epistula* envoyée par le diacre Florus à Drogon de Metz, à l'archevêque Heti de Trèves, à Aldric du Mans, à Albéric de Langres et à Hraban Maur, abbé de Fulda et métropolitain de Mayence, pour accuser Amalaire d'hérésie ; l'*oratio* (discours) prononcé par Florus à Quierzy ; enfin, la *Relatio de concilio* qui se trouve en tête de l'*Opusculum de causa fidei* de Florus[2]. Il convient toutefois de noter que l'exégèse allégorique d'Amalaire, loin d'être le fruit de sa fantaisie, participe d'une longue et riche tradition, marquée notamment par l'*Expositio* du Pseudo-Germain, le *De ecclesiasticis officiis* d'Isidore de Séville et, en Orient, le *De ecclesiastica hierarchia* du Pseudo-Denys l'Aréopagite et la *Mystagogie* de saint Maxime le Confesseur († 13 août 662)[3].

Les œuvres d'Amalaire attestent très clairement l'hybridation des chants romain et gallican et la naissance du grégorien. Les principaux textes concernés sont le prologue *Postquam scripsi* du *Liber Officialis*, le *Liber de correctione antipho-*

---

1. Cabaniss, « Agobard », p. 70 ; voir J.-P. Bouhot, *Ratramne de Corbie*, p. 85-87 et H. de Lubac, *Corpus mysticum*, Paris, 1949, p. 297 s.

2. *Epistula*, éd. MGH, *Ep.* V, p. 267 ; *Oratio*, éd. MGH, *Concilia II, Concilia aevi karolini 2*, éd. A. Werminghoff, Hanovre-Leipzig, 1906, p. 768-778 ; *Relatio*, éd. MGH, *ibid.*, p. 778-782.

3. Voir A. Kolping, « Amalar von Metz und Florus von Lyon. Zeugen eines Wandels im liturgischen Mysterienverständnis in der Karolingerzeit », ZKT 73 (1951), p. 425 et n. 5 ; R. Bornert, *Les Commentaires byzantins de la divine liturgie du VIIe au XVe siècle*, Paris, 1966, p. 124 ; L. Thunberg, « Symbol and Mystery in

narii et le prologue *Cum longo tempore*[1] qui accompagnait primitivement l'antiphonaire compilé par Amalaire, aujourd'hui perdu.

Amalaire décrit très précisément son cheminement intellectuel dans le prologue de son antiphonaire perdu. Il est parti de la constatation[2] que les antiphonaires (de l'office) de son diocèse de Metz différaient entre eux, vraisemblablement au sujet du choix des pièces et de leur affectation dans le courant de l'année liturgique ; c'est normal, en raison du caractère souvent local ou régional de l'office : le problème ne touche pas la messe, déjà codifiée depuis longtemps. Ces livres messins étaient grégoriens : ils avaient été copiés sur des modèles qui remontaient à l'époque de Chrodegang et de l'hybridation des chants romain et gallican. Ne sachant comment les corriger ni quelles leçons retenir ou rejeter, Amalaire, ignorant qu'il existait une différence entre les chants romain et grégorien, décida de se fier aux seuls manuscrits romains. Profitant donc d'une ambassade à Rome auprès du pape Grégoire IV, vers 827, il lui demanda de lui donner un modèle romain. Le pape éluda sa requête en prétextant qu'il n'avait plus de livres (sous-entendu, de livres *à prêter ou à donner* : la phrase n'est pas à prendre absolument et ne signifie aucunement que la bibliothèque du *patriarchium* était vide) et lui conseilla de s'adresser à Wala, l'abbé de Corbie, qui venait justement d'en emporter quelques temps auparavant[3]. De retour en Gaule, Amalaire se rendit donc à Corbie et y compara les manuscrits romains rapportés par Wala aux principaux antiphonaires en usage dans le diocèse de Metz. Grande fut sa surprise quand il s'aperçut que ces manuscrits romains différaient souvent des antiphonaires francs qui étaient pourtant censés en être la

---

St. Maximus the Confessor, with Particular Reference to the Doctrine of Eucharistic Presence », dans : F. HEINZER et C. SCHÖNBORN (éd.), *Maximus Confessor. Actes du symposium sur Maxime le Confesseur, Fribourg, 2-5 sept. 1980*, Fribourg, 1982, p. 285-308 ; E. MAZZA, *La mistagogia. Una teologia della liturgia in epoca patristica*, Rome, 1988 ; *Mystagogie : pensée liturgique d'aujourd'hui et liturgie ancienne*, Rome, 1993 (39e Conférences Saint-Serge).

1. *Lib. Off.*, éd. HANSSENS, t. II, p. 13-18 ; *Lib. de corr. antiph.*, éd. HANSSENS, t. II ; *Cum longo tempore*, éd. HANSSENS, t. I, p. 361-363. Voir *Clavis scriptorum latinorum medii aevi*, I, Turnhout, 1994, p. 114-143.

2. Prologue *Cum longo tempore*, cap. 1-4 (éd. HANSSENS, t. I, p. 361).

3. FRIED, « Ludwig der Fromme, das Papsttum », p. 264.

fidèle copie[1]. Il entreprit donc de « corriger » les manuscrits grégoriens de Metz en les romanisant en partie. Amalaire ne s'est en effet pas borné à aligner ses antiphonaires sur ceux de Rome : comme il l'explique dans le *Liber de ordine antiphonarii*, il a au contraire choisi, cas par cas, la solution qui lui paraissait être la meilleure, créant ainsi une seconde hybridation arbitraire. Parfois, il a changé l'ordre des pièces[2] ; parfois, il a aligné le texte liturgique sur la leçon biblique ; parfois encore, il a ajouté des pièces romaines qui étaient inconnues à Metz[3] ; parfois au contraire, il a ajouté des pièces gallicanes traditionnelles dans son diocèse et que Rome ignorait[4] ; il a enfin créé des pièces nouvelles[5].

Amalaire a connu de très près les sources romaines : il a vu les manuscrits romains et a interrogé des responsables de la *Schola cantorum*[6]. Il décrit donc avec une grande exactitude — qu'on peut facilement vérifier à l'aide des manuscrits romains, notamment VL 5319 — les offices doubles et les vêpres festives de Pâques avec leurs *Alleluia* de la messe, qui n'existent pas hors de Rome et qu'Amalaire n'aurait pu connaître à l'aide de documents grégoriens. Cet homme cultivé connaissait également la liturgie de Constantinople, où il s'était rendu en ambassade à la demande de Charlemagne, en 813, en compagnie de son ami Pierre, abbé de

---

1. Dans le *Liber de ordine antiphonarii*, *cap.* XLIV, 1 (éd. HANSSENS, t. III, p. 81), Amalaire constate avec surprise que les antiphonaires messins ne contiennent pas que des matériaux romains (*nescio unde eas* [certaines antiennes, visiblement d'origine gallicane] *collegissent metenses*) ; c'est la preuve de l'hybridation des deux répertoires. Voir LEAHY, « Archivio di San Pietro », p. 82-84. Nous ne pouvons accepter l'idée avancée par Leahy, selon laquelle les manuscrits romains consultés par Amalaire auraient différé des manuscrits (grégoriens) de Metz parce que la liturgie romaine aurait changé entre 750 et 830. Cela revient à nier le phénomène d'hybridation qui est seul responsable des désaccords entre Rome et Metz.

2. Par exemple, *cap.* XIII, 16, à propos des grandes antiennes « O » de l'avent (éd. HANSSENS, t. III, p. 46) ; *cap.* XXXV, 4 (*ibid.*, p. 72) ; *cap.* XLIII, 2-4 (*ibid.*, p. 79), etc.

3. Par exemple, *cap.* V, 18 (éd. HANSSENS, p. 29) ; *cap.* VI, 24 (*ibid.*, p. 34) ; *cap.* X, 1 (*ibid.*, p. 41) ; *cap.* XV, 4 (*ibid.*, p. 50).

4. Par exemple *cap.* VIII, 13 (éd. HANSSENS, t. III, p. 39) ; *cap.* X, 4 (*ibid.*, p. 41) ; *cap.* XXVIII, 6 (*ibid.*, p. 64) ; *cap.* LVII, 1 (*ibid.*, p. 90).

5. Analyse de HANSSENS, *Tabellae...*, t. III, p. 167.

6. Prologue *Postquam scripsi*, *cap.* 1 (Amalaire a interrogé des chantres de Saint-Pierre : éd. HANSSENS, t. II, p. 13) ; *liber de ordine antiphonarii*, prologue, *cap.* 1 et 6 (Amalaire a questionné l'archidiacre romain Théodore : éd. HANSSENS, t. III, p. 13-14).

Nonantola[1]. Il était donc capable de pratiquer la discipline de la liturgie comparée.

Son antiphonaire, résultat de ce travail de savant, est perdu ; nous en savons cependant assez sur lui, grâce à la description qu'il en donne, pour pouvoir le comparer aux manuscrits romains ainsi qu'aux antiphonaires messins qui nous sont parvenus. La comparaison aboutit à la conclusion qu'il s'agissait d'une tentative théorique, assez artificielle, qui fut sans lendemain[2]. Elle revenait en effet à hybrider le chant romain avec le grégorien (lequel était déjà le fruit d'une hybridation), c'est-à-dire à re-romaniser le grégorien. C'était en tout cas une sorte d'édition critique, avec des sigles qui, en marge, indiquaient au lecteur l'origine de chaque pièce de chant : « R », quand il s'agissait d'une pièce romaine (inconnue de Metz), « M », quand il s'agissait au contraire d'une pièce messine inconnue de Rome[3], et « IC » *(propter indulgentiam et caritatem)* quand il s'agissait d'une initiative prise par Amalaire, c'est-à-dire d'une pièce de son propre cru, ni romaine ni grégorienne, manquant d'*auctoritas* et qui risquait par conséquent de lui attirer des critiques. Cette façon de procéder est très proche de la méthode employée dans ses œuvres exégétiques par Raban Maur, abbé de Fulda puis archevêque de Mayence, qui est l'exact contemporain d'Amalaire ; Raban, qui compilait beaucoup les auteurs anciens, dans le but fort estimable de mettre un bon instrument de travail à la disposition des étudiants, indiquait toujours ses sources dans la marge, au moyen d'abréviations, car il avait peur d'être accusé de plagiat[4]. Amalaire n'a pas procédé autrement.

---

1. « *Hunc psalmum* [Ps 94] *audivi Constantinopoli in ecclesia Sanctae Sophiae in principio missae celebrari* » (*Liber de ordine antiphonarii, cap.* XXI, 4 ; éd. HANSSENS, t. III, p. 57) ; *ARF* ad a. 813 et 814 ; Thegan, *Vita Hludowici, cap.* 9 ; Astronomus, *Vita Hludowici, cap.* 23.

2. MONTEROSSO, « Il *Liber de Ordine Antiphonarii* », p. 53 ; HESBERT, « L'antiphonaire d'Amalaire », *passim*. Les préjugés de D. Hesbert contre les manuscrits romains le conduisent à les mésestimer sous prétexte qu'ils ne sont pas conformes à la tradition grégorienne (p. 177) : c'est justement la preuve qu'ils sont romains. Il aboutit à la constatation — opposée aux prémisses qu'il avait posées — que l'antiphonaire d'Amalaire était proche des deux antiphonaires romains conservés (p. 189) et que, par conséquent, ces deux manuscrits doivent bien d'une manière ou d'une autre refléter l'usage de Rome.

3. Prologue *Cum longo tempore* de son antiphonaire perdu, *cap.* 8 (éd. HANSSENS, t. I, p. 362).

4. Voir F. BRUNHÖLZL, « Zur geistigen Bedeutung des Hrabanus Maurus », dans :

LES « EXPOSITIONES MISSAE » CAROLINGIENNES

Les principales *expositiones missae* carolingiennes, anonymes ou non, nous apprennent peu, car elles s'intéressent surtout aux oraisons et notamment à celles du canon ; quand elles évoquent les chants, il s'agit toujours de ceux de l'ordinaire de la messe, non de ceux du propre. Ainsi, les *Eclogae de ordine romano et de quattuor orationibus in missa* d'Amalaire [1] sont un commentaire de l'*Ordo Missae* romano-franc en son entier, depuis la procession d'entrée jusqu'à l'*Ite missa est*. En conséquence, ce texte s'intéresse avant tout aux rubriques et à l'*ordo*, c'est-à-dire au déroulement de la cérémonie et aux différents rôles joués par le célébrant et son clergé : l'aspect extérieur de la célébration est placé au premier plan. Les explications sont souvent de nature allégorique. Cet ouvrage est donc peu instructif sur le plan musical.

Il en est de même pour l'*Expositio Missae* du diacre Florus de Lyon, qui fit ses études à Lyon dans l'école fondée par Leidrade, avant d'en devenir l'écolâtre ; étant mort vers 860, il a été l'exact contemporain d'Amalaire et d'Agobard. Sa remarquable explication de la messe, si elle est très approfondie sur le plan théologique, beaucoup plus que toutes les autres *expositiones* de la même époque, ne s'intéresse guère qu'au texte du canon, qu'elle commente presque ligne à ligne [2] ; le reste de la messe est à peine évoqué.

L'exposition *Dominus vobiscum* [3] commence avec le dialogue préparatoire aux oraisons, notamment à la collecte (chap. 1) ; elle passe ensuite directement au *Per omnia secula seculorum* qui conclut la secrète (chap. 3-4), puis à la préface

R. KOTTJE et H. ZIMMERMANN (éd.), *Hrabanus Maurus, Lehrer, Abt und Bischof*, Mayence, 1982, p. 5-6 ; G. CONSTABLE, « Forgery and Plagiarism in the Middle Ages », *Archiv für Diplomatik* 29 (1983), p. 28 ; Ph. LE MAÎTRE, « Les méthodes exégétiques de Raban Maur », dans : M. SOT (éd.), *Haut Moyen Âge. Culture, éducation et société. Études offertes à Pierre Riché*, Paris, 1990, p. 347 ; G. BROWN, « The Carolingian Renaissance », dans : R. MCKITTERICK (éd.), *Carolingian culture. Emulation and Innovation*, Cambridge, 1994, p. 40.

1. Éd. HANSSENS, t. III, 229-265. Sur Amalaire auteur d'*expositiones missae*, SCHAEFER, « Latin Mass Commentaries », p. 36-37.

2. *Cap.* XII-LXXIV, éd. P. DUC, *Étude sur l'« Expositio missae »*, p. 99-150 ; sur ce nouveau type d'exégèse, voir KOLPING, « Amalar von Metz ».

3. Éd. HANSSENS, t. I, p. 284-338.

(chap. 4-19), au *Sanctus* (chap. 19-23) et au canon (chap. 24-57), au *Pater* (chap. 58-64) et à son embolisme (chap. 65-68), pour se terminer avec la fraction et l'*Agnus Dei* (chap. 69-73) et l'*Ite missa est* final (chap. 74). Cette *expositio missae* n'est donc d'aucun secours pour l'histoire des chants du propre de la messe. L'exposition *Quotiens contra se* s'intéresse surtout à la préface (col. 1483-1494) et au *Pater* (col. 1495-1499) : le reste de la messe est à peine survolé. Il en est de même pour l'exposition *Primum in ordine*[1].

Conclusion.

L'élite franque a adopté le chant grégorien. Les progrès de ce chant sont inséparables de la réforme de l'Église ; ce sera encore vrai à l'époque de Grégoire VII : là où arrive le grégorien, là se réforme l'Église. La victoire de ce chant n'a donc pas été le résultat d'un coup de force : elle allait dans le sens de l'histoire et du progrès. La sobriété du chant grégorien, son économie de moyens, ne peuvent que frapper. Il y a moins de lourdeurs dans le style grégorien, car l'ornementation est plus discrète et on ne cherche pas le tour de force, la surcharge. C'est aussi un style mélodique moins répétitif, grâce à la suppression systématique de l'ornementation romaine, souvent fastidieuse. Par rapport à l'ancien répertoire gallican, le grégorien a notamment supprimé les accents au grave et adopté la ligne mélodique romaine, plus sobre que celle des pièces gallicanes conservées, comme par exemple le chant de procession *Collegerunt*[2]. Le grégorien est donc le fruit de la réorganisation carolingienne, de la transmission aux Francs par Rome d'un souffle venu de l'Antiquité, et du renouveau des études latines.

Le style mélodique grégorien est marqué en outre par un net élargissement de la palette musicale : ce répertoire compte en effet davantage de pièces et montre fréquemment un louable souci de variété. C'est ce qui explique que le grégorien ait créé des pièces nouvelles pour éviter de fasti-

---

1. *Quotiens contra se* : *PL* 96, 1481-1502 ; *Primum in ordine* : *PL* 138, 1173-1186.
2. Sauf dans les récitatifs du célébrant, comme par exemple le chant de la préface, car les tons gallicans ont dans ce domaine réussi à supplanter les tons romains, dont rien n'a subsisté : Dom J. CLAIRE, « L'évolution modale dans les récitatifs liturgiques », p. 130-131 et 139-140.

dieuses répétitions (très frappantes dans le répertoire romain), notamment dans le sanctoral et les dimanches après la Pentecôte. Il faut ajouter à cela que le grégorien procède moins par degrés conjoints — qui est la marque des compositions les plus archaïques [1] — et davantage par sauts de quarte ou — plus rarement — de quinte, à la manière moderne.

Le chant grégorien est le premier chant véritablement moderne. En effet, contrairement au chant romain et aux autres chants hérités de l'Antiquité tardive, comme par exemple l'ambrosien et le bénéventain, il est expressif : la mélodie mime les sentiments évoqués par le psalmiste et colle au texte qu'elle équipe. Les mélodies sont donc plus évoluées et emploient moins de cellules mélodiques stéréo-typées ; c'est la raison pour laquelle les mélodies grégo-riennes ont un air et possèdent des thèmes : c'est de la musi-que moderne. Les répertoires archaïques étaient en revanche totalement inexpressifs, notamment parce qu'ils étaient encore très proches de la simple psalmodie des origines : les vocalises soulignaient les articulations logiques du texte au lieu de mettre en valeur les mots les plus importants du texte. On a souvent remarqué que les vocalises romaines, ambrosiennes et bénéventaines portaient sur des mots insi-gnifiants, comme des conjonctions de coordination ou des adverbes : les mélodies liturgiques archaïques (entendez : celles qui ont précédé le grégorien) sont indifférentes au sens des mots qui les portent, car elles sont encore très proches d'une simple psalmodie ornée, d'une cantillation. Les excep-tions sont rares. Tout cela explique le vif succès remporté sans peine par le grégorien : ce chant est un moyen d'expres-sion moderne, qui surclassait largement le chant romain ancien, tout en tirant directement sa source de lui. « *Nihil innovetur, nisi quod traditum est* [2]. »

---

1. AVENARY (« The Northern and Southern Idioms », p. 38-40) souligne l'oppo-sition qui existe entre les *centric melodies* (qui procèdent par intervalles conjoints) et les *gapped melodies* (qui procèdent davantage par sauts de tierce ou de quarte).

2. VINCENT DE LÉRINS, *Commonitorium* VI, 6 (écrit en 434), éd. R. DEMEULE-NAERE, Turnhout, 1985, p. 154.

CHAPITRE XVII

L'EXPANSION DU CHANT GRÉGORIEN DANS L'OCCIDENT CHRÉTIEN (DÉBUT DU IXe SIÈCLE- FIN DU XIIIe SIÈCLE)

Il reste à aborder la question de l'expansion du nouveau chant grégorien dans toute l'Europe occidentale, et notamment en Italie et à Rome, entre le IXe siècle et la fin du XIIIe siècle. Ce chant moderne, porteur d'une réforme de l'Église, possédait de nombreux atouts qui expliquent sa réussite. En remplaçant progressivement les vieux répertoires liturgiques régionaux et méditerranéens, hérités de l'Antiquité tardive, au profit d'une unification réalisée autour d'un chant élaboré entre Seine et Rhin, le chant grégorien a entraîné une mutation capitale de la liturgie de toute l'Église latine. C'est à n'en pas douter la seconde révolution de l'histoire liturgique de l'Occident, la première étant le passage du grec au latin et la fixation des formulaires, sans doute dans le courant de la seconde moitié du IIIe siècle. Désormais, dans des villes aussi différentes et éloignées les unes des autres que Naples, Cologne et Séville, on chantera partout les mêmes pièces de chant, le même jour, sur la même mélodie. Cette seconde révolution, opérée pour la plus grande part entre le IXe et le XIe siècle, ne doit pas être séparée de l'idée de réforme de l'Église et encore moins de celle de l'affirmation du primat romain.

Avant d'aborder la question du devenir de la liturgie ancienne de l'*Urbs*, désormais concurrencée sur ses propres terres, il n'est pas inutile de faire un tour d'horizon des différents rits régionaux qui étaient encore vivants au début du IXe siècle, dans le but d'établir une série de comparaisons entre la grégorianisation des chants non romains et celle du chant romain lui-même. Nous ne prétendons nullement écrire ni même résumer l'histoire de ces anciennes liturgies, mais seulement mettre au premier plan tout ce qui concerne leur rencontre avec le nouveau chant grégorien et ce qui s'ensuivit de ces contacts, afin de voir ce qu'a été la grégorianisation des liturgies non romaines, avant de mieux comprendre, à la lumière de ces rapprochements, ce qu'elle a été à Rome même.

L'EXTINCTION DES RÉPERTOIRES LITURGIQUES NON ROMAINS
HÉRITÉS DE L'ANTIQUITÉ

Le chant ambrosien et le tournant du IXe siècle : la résistance au grégorien.

La liturgie milanaise a connu deux périodes principales : une période d'indépendance et de création, puis une période de romanisation, à partir de la fin du VIIIe siècle ; cela est bien connu. Les origines de ce rit sont en revanche moins claires, comme en témoigne la querelle qui s'était élevée à la fin du siècle dernier entre Mgr Duchesne et les autres liturgistes de son temps, notamment Probst, Magistretti, Dom Cagin et Dom Cabrol. Tandis que, selon Mgr Duchesne, le rit ambrosien faisait partie d'un vaste ensemble qu'il nommait « les liturgies gallicanes » et qui comprenait finalement toutes les liturgies non romaines de l'Antiquité tardive, pour les autres l'ambrosien constituait en revanche l'état primitif de la liturgie romaine ancienne, avant qu'elle n'évolue et ne prenne sa forme moderne, puisque saint Ambroise déclarait suivre la liturgie de Rome et notamment son canon[1]. Ces débats historiographiques, qui ont leur intérêt, sont aujourd'hui dépassés, et nul ne se risque plus à utiliser ce genre de grandes explications trop schématiques[2].

Milan est tout d'abord une grande capitale impériale de

---

1. Historiographie dans BORELLA, *Il rito*, p. 38-45 ; BAILEY, « Ambrosian Choral Psalmody », p. 84, 86.

2. Contre PROBST, etc. : VERBEKE, « S. Grégoire et la messe », p. 75 ; CATTIN, *La monodia*, p. 43.

l'Antiquité tardive, notamment à partir de l'établissement de la tétrarchie. Maximien, César depuis le 1er mars 286, y réside jusqu'à son élévation au rang d'Auguste (17-19 septembre 286), puis le César Constance, à partir du 1er mars 293. L'Église de Milan possède un cadre architectural en accord avec l'importance de sa fonction administrative et politique, et notamment une cathédrale double [1], donc une année liturgique en deux parties, avec une *pars estiva* et une *pars hiemalis* [2] ; c'est d'ailleurs l'une des caractéristiques les plus fameuses de la liturgie de Milan.

Loin d'être uniquement une capitale de l'Empire, Milan est également devenue une grande métropole religieuse dans le courant de la seconde moitié du IVe siècle grâce à l'action et au prestige de son évêque saint Ambroise († 397) : on lui écrivait de loin pour lui demander conseil et il n'hésitait pas lui-même à prendre des initiatives et à mener le jeu diplomatique et politique, au point que parfois le Siège romain paraissait en retrait et en situation d'infériorité par rapport à lui, même à l'époque de Damase. Ainsi, pour ne prendre que quelques exemples, fort de l'appui de l'empereur Gratien, Ambroise a été en première ligne dans la lutte contre l'arianisme et dans la reconquête des diocèses de l'Italie du Nord, de la plaine padane et de l'Illyricum [3]. Cette reconquête s'est notamment manifestée par la tenue du synode d'Aquilée en 381, où Damase ne fut même pas représenté ; Ambroise est même intervenu dans les affaires de Rome en demandant à Gratien de sévir contre les partisans d'Ursinus [4] ; il a également essayé de jouer un rôle en Orient et en Afrique [5] sans toujours avoir l'accord de Rome, et ses initiatives ont parfois gêné Damase plus qu'elles ne lui ont facilité la tâche. Le chant liturgique de Milan est réellement l'expression artistique et spirituelle d'une Église de premier plan.

Sans évoquer la question des sources liturgiques mila-

---

1. BAILEY, *The Ambrosian Alleluias*, p. VII ; HUBERT, « Les "cathédrales doubles" », p. 168 ; voir P. PIVA, *La cattedrale doppia : una tipologia architettonica e liturgica del Medioevo*, Bologne, 1990 et *Antiquité tardive*, 4 (1996).

2. BAROFFIO, *Die Offertorien*, p. 3, n. 2.

3. PIETRI, *Roma christiana*, t. I, p. 782-785 et II, p. 897-909 ; PALANQUE, *Saint Ambroise*, p. 49 et 68, 71.

4. PIETRI, *Roma christiana*, t. I, p. 748-754 ; PALANQUE, *Saint Ambroise*, p. 94.

5. PIETRI, *Roma christiana*, t. I, p. 860-866 et II, p. 1156-1166.

naises [1], ce qui dépasserait notre propos, il nous est possible de dire brièvement ce qu'est le chant ambrosien. C'est tout d'abord un chant antique, aussi ancien que les chants romain, bénéventain, gallican et hispanique ; ses couches les plus anciennes, notamment la psalmodie sans refrain, sont antérieures à saint Ambroise [2]. Il n'est cependant pas exclu que ses couches plus récentes, notamment les *psalmelli*, c'est-à-dire l'équivalent milanais des graduels, ce qui reste des anciens psaumes responsoriaux, aient été profondément influencées par Ambroise, dans la mesure où il est très vraisemblablement le responsable de l'introduction de la psalmodie à refrain en Occident. Il est donc possible, pour des raisons de chronologie, que le chant milanais soit plus « ambrosien » que le chant romain n'est « grégorien ».

Sur le plan esthétique général, en raison de son âge, le chant ambrosien est simple, inexpressif et répétitif, comme les autres répertoires liturgiques de l'Antiquité tardive. Il emploie donc largement les récitatifs ornés et la *Gestaltvariation* [3], à la manière du *Vesperstil* romain. Pour la même raison, il possède peu de pièces de chant et, à ce titre, il est encore plus « répétitif » que le chant romain ; c'est notamment vrai pour les *Alleluia* et les offertoires. Sur le plan musical, comme dans les autres liturgies non romaines, l'importance de la corde de *RÉ* [4] est très prononcée, surtout pour les chants du temps pascal.

---

1. BORELLA, *Il rito*, p. 19-34 ; *Fonti e paleografia del canto ambrosiano*, éd. M. HUGLO, L. AGUSTONI, E. CARDINE et E. MONETA CAGLIO, Milan, 1956 (Archivio Ambrosiano, VII), quasiment exhaustif à sa date ; bonne liste de manuscrits dans BAROFFIO, *Die Offertorien*, p. 11-15. La source la plus ancienne de la musique de Milan est l'*ordo* rédigé par Beroldus, qui était *custos* de la cathédrale de Milan vers 1130 ; sur Beroldus, voir l'art. « Beroldus-Codex » de A. CAVANNA, dans le *Lexikon des Mittelalters*, t. I, Lieferung X, Munich-Zurich, 1980, col. 2014. L'*ordo* de Beroldus a été publié et commenté par M. MAGISTRETTI, *Beroldus sive Ecclesiae Ambrosianae Mediolanensis Kalendarium et ordines saec. XII*, Milan, 1894. Beroldus étant d'un siècle antérieur aux plus anciens manuscrits milanais avec notation musicale, il est un peu le *Sextuplex* de Milan.

2. BAROFFIO, *Die Offertorien*, p. 1, n. 1.

3. *Ibid.*, p. 68-69, « Il canto Gregoriano nel secolo VIII », p. 17 et « Le origini del canto liturgico nella Chiesa latina », p. 30. La *Gestaltvariation* est à la fois une esthétique musicale et un procédé de composition propre aux répertoires antiques, qui consiste à employer de courtes cellules mélodiques stéréotypées, fréquemment répétées à l'intérieur d'une même pièce et d'une pièce à l'autre, sans souci de variété ni d'expressivité, en introduisant parfois de légères variantes, notamment dans les simples notes de passage sans signification modale. Le français parle de « style formulaire ». Le *Vesperstil* relève donc de la *Gestaltvariation*.

4. BAROFFIO, *Die Offertorien*, p. 61 ; Dom J. CLAIRE, « L'évolution modale dans

La liturgie de Milan est encore plus primitive que celle de Rome : on y a en effet conservé fort tard, et souvent même jusqu'à aujourd'hui, un certain nombre d'archaïsmes tout à fait remarquables. C'est notamment le cas des féries du carême, qui sont restées aliturgiques : à Milan, en carême, la messe n'était célébrée que les samedis et les dimanches ; les autres jours, on avait recours à la liturgie des Présanctifiés : il n'y avait qu'une avant-messe suivie directement de la communion des fidèles, à l'aide d'espèces consacrées le samedi ou le dimanche précédent[1]. Il est admirable qu'un rit ait conservé de tels archaïsmes jusqu'au début du IX͏ᵉ siècle. Contrairement à Rome, Milan a gardé à leur emplacement primitif les grands évangiles des dimanches du carême : la tentation du Christ, la Samaritaine, Abraham, l'aveugle-né et Lazare[2]. Il en est de même pour la lecture *per ordinem* de la Genèse et des Proverbes, au cours d'une synaxe non eucharistique quotidienne qui préparait les catéchumènes adultes au baptême[3]. Comme tous les répertoires anciens non romains, Milan est beaucoup moins attaché à l'emploi du Psautier que Rome[4].

Comme les autres répertoires anciens, le chant ambrosien était à bout de souffle vers 800 ; la période de composition était terminée depuis plusieurs décennies. Le vieux chant ambrosien s'est donc brusquement trouvé placé en situation de concurrence très inégale avec le très perfectionné et très moderne chant grégorien ; comme il était resté très archaïque, il a subi le choc de plein fouet. La tradition milanaise a tenté d'expliquer ce phénomène en esquivant le véritable problème, c'est-à-dire les lacunes et les insuffisances du chant ambrosien, dues à son âge, c'est-à-dire en rendant Charlemagne responsable d'une tentative d'éviction violente du rit ambrosien : l'*Historia Mediolanensis* de Landulfus senior (*lib.* II, *cap.* 10-12), s'en est fait l'écho, sous une forme particulièrement dramatique et romancée[5]. Landulfus († apr.

---

les récitatifs liturgiques », p. 131-132 et « Les répertoires liturgiques latins avant l'*octoechos* », p. 87 et 88, n. 3.

1. BAROFFIO, *Die Offertorien*, p. 33 ; HEIMING, « Aliturgische Fastenferien », p. 54, 56.

2. HEIMING, « Aliturgische Fastenferien », p. 58.

3. Dom J. CLAIRE, « Le rituel quadragésimal », p. 131-151.

4. BAROFFIO, *Die Offertorien*, p. 22.

5. Lib. II, *cap.* 10-12, éd. BETHMAN et WATTENBACH, MGH, *SS*, t. VIII, p. 49-50 ; trad. it. : A. VISCONTI, *La Cronaca milanese di Landolfo Seniore*, Milan,

1085) est un écrivain qui a toujours exalté le particularisme milanais face aux prétentions romaines [1]. Ce texte très célèbre rapporte l'histoire suivante : Charlemagne, de passage à Rome à l'époque du règne d'Hadrien, réunit un synode pour traiter des questions religieuses ; cette réunion décide, sous sa pression, l'abolition du rit ambrosien. Le roi des Francs veille à l'application de cette mesure en faisant acheter ou confisquer de force tous les manuscrits milanais qu'il peut trouver, puis en les faisant brûler ou en les emportant avec lui de l'autre côté des Alpes ; finalement, le rit ambrosien n'est pas aboli, grâce à un prodige attribué à une intervention divine : on plaça côte à côte, sur l'autel majeur de la basilique Saint-Pierre de Rome, un livre milanais et un livre romain, qui furent laissés là fermés et scellés ; après un jeûne de trois jours, on revint voir le résultat. Devant la foule admirative, les deux manuscrits s'ouvrirent tout seuls et on conclut de ce miracle à l'égalité des deux rits, ce qui sauva l'ambrosien. Ce récit est entièrement légendaire, comme l'avait déjà souligné Mgr Duchesne [2]. Rien ne prouve en effet que Charlemagne ait tenté une suppression autoritaire du rit milanais ; la grégorianisation de l'ambrosien semble avoir été à la fois spontanée, provoquée par le désir d'imiter le grégorien et de moderniser la vieille liturgie locale, et entraînée par l'arrivée d'évêques et d'abbés francs réformateurs. Plus tard, sous l'empire ottonien, la poursuite de la grégorianisation de la liturgie milanaise fut facilitée par le fait que cette ville se trouvait dans la *Reichsitalien*, contrairement à Rome [3], donc dans une zone d'intervention directe des empereurs.

1928. Sur ce texte et son auteur, voir BUSCH, « Landulfi Senioris Historia », p. 1-30. Dans le même genre, les *Versi Gregorii, Ambrosii, Karoli, Pauli de canto romano vel ambrosiano* racontent comment Charlemagne aurait organisé une sorte de duel entre deux jeunes chantres, l'un représentant le chant grégorien, l'autre le chant ambrosien, dans le but d'éprouver la valeur de ce dernier : T. F. KELLY, *The Beneventan Chant*, p. 24.

1. ZERBI, « La Chiesa ambrosiana di fronte alla Chiesa Romana », p. 175 ; BUSCH, « Landulfi Senioris Historia Mediolanensis-Überlieferung, Datierung und Intention », p. 1-30 ; O. CAPITANI, « Storiografia e riforma della Chiesa in Italia (Arnolfo e Landolfo Seniore di Milano) », dans : *La storiografia altomedievale*, t. II, Spolète, 1970, p. 557-629 et 729-741.

2. *Origines du culte*, p. 109 ; WATTENBACH, LEVISON et LÖWE, *Vorzeit und Karolinger*, IVᵉ cahier, *Italien und das Papsttum*, p. 407 ; BORELLA, « Influssi carolingi », p. 74-75 et *Il rito*, p. 121-125 ; E. CATTANEO, *Il breviario ambrosiano*, Milan, 1943, p. 40-44.

3. WATTENBACH et HOLTZMANN, *Die Zeit der Sachsen*, IIIᵉ partie : *Italien*, p. 918.

La simple comparaison entre les mélodies ambrosiennes et les mélodies grégoriennes permet de comprendre aisément et rapidement la raison pour laquelle l'ambrosien fut vite grégorianisé. Ce n'est pas pour de sottes raisons de pressions politiques ou policières, qui n'expliquent rien, que l'Église de Milan adopta partiellement le grégorien : c'est parce que ce répertoire symbolisait pour elle le progrès et la réforme.

Nous connaissons les réformateurs : il s'agit notamment d'évêques — au premier plan desquels on peut compter les évêques Odelbert de Milan (793-813), Waldo de Pavie et Ratold de Vérone — et d'abbés francs (mais pas uniquement), nommés par Aix ou (et) librement élus par les moines et les clercs italiens, désireux de faire venir chez eux des réformateurs dont la réputation de haute tenue spirituelle et morale devait être grande, afin de se mettre à leur école[1]. Ce sont également eux qui ont répandu à Milan l'usage de la minuscule caroline[2], c'est-à-dire d'une écriture à la fois moderne, pratique et plus lisible que tout ce qui existait jusque-là. Il en a été de même pour les sacramentaires ; on constate en effet l'arrivée des sacramentaires francs, notamment le gélasien du VIIIe siècle[3], dans le diocèse de Milan, dès le début du IXe siècle. L'arrivée du psautier romain, porté par les chants, qui a au même moment remplacé en partie le psautier milanais, ne s'explique pas autrement. Cette influence franque s'est poursuivie sous Lothaire Ier (795-855) puis sous son fils Louis II (v. 825-875) qui, avant de devenir empereurs, furent rois d'Italie et vécurent donc à Pavie[4].

---

1. F. MANACORDA, *Ricerche sugli inizii della dominazione dei Carolingi in Italia*, Rome, 1968, p. 55-61 et 73 ; E. HLAWITSCHKA, *Franken, Alemannen, Bayern und Burgunder in Oberitalien (774-962)*, Fribourg, 1960, p. 30-32 ; K. SCHMID, « Zur Ablösung der Langobardenherrschaft durch die Franken », dans : *Gebetsgedenken und adliges Selbstverständnis im Mittelalter*, Sigmaringen, 1983, p. 301-302 ; H. HOUBEN, « Karl der Grosse und die Absetzung des Abtes Potho von San Vincenzo am Vulturno », *Quellen und Forschungen aus italienischen Archiven und Bibliotheken* 65 (1985), p. 405-417 et A. CASTAGNETTI, *Minoranze etniche, dominanti e rapporti vassallico-beneficiari*, Vérone, 1990, p. 15-23.

2. M. FERRARI, « Libri liturgici e diffusione della scrittura carolina nell'Italia settentrionale », dans : *Culto cristiano e politica imperiale carolingia*, Todi, 1979, p. 267-279.

3. BORELLA, *Il rito*, p. 93-102 ; DESHUSSES, « Le supplément au sacramentaire », p. 70 ; HLAWITSCHKA, *Franken*, p. 49.

4. J. FLECKENSTEIN, *Die Hofkapelle der deutschen Könige*, I, Stuttgart, 1959, p. 126 s.

La réalité de la grégorianisation de l'ambrosien est cependant assez complexe. La liturgie milanaise semble avoir généralement réagi de deux manières différentes. Tantôt elle a copié (à sa façon, au prix d'un remodelage) certaines pièces grégoriennes, assez nombreuses à la vérité[1], notamment quand elle n'avait rien à proposer à la place. Les chantres milanais ont choisi de préférence ce qui, dans le chant grégorien, était le plus proche de l'*ethos* milanais, et notamment les passages contenant le plus de vocalises, comme par exemple les derniers versets des offertoires grégoriens. Tantôt, les chantres milanais se sont contentés de déplacer les vieilles pièces de chant ambrosien, en mettant au contraire bien en vue les pièces grégoriennes, ce qui permettait de sauver une bonne partie de l'ancien répertoire de Milan, demeuré pratiquement intact dans les endroits secondaires de l'année liturgique : vigiles et octaves des fêtes du temporal comme du sanctoral, le grégorien prenant en revanche la part du lion, c'est-à-dire les messes *in die* des fêtes les plus importantes. On a donc modernisé en priorité les points clés de l'année liturgique, laissant le reste à l'appréciation des chantres, qui ont recyclé d'anciennes pièces ambrosiennes délogées de leur emplacement primitif par de nouveaux chants empruntés au grégorien. Le chant milanais et la liturgie même de Milan étaient si archaïques, si rudimentaires, que les réformateurs qui les ont partiellement grégorianisés à partir du IXᵉ siècle n'ont pratiquement fait que les compléter en empruntant au grégorien ce qui leur manquait. Ainsi, par exemple, les chants des messes de Pâques et de Noël sont désormais grégoriens à Milan (en simplifiant un peu, et compte tenu de l'habituel remodelage idiomatique qui accompagne toujours l'emprunt de chants étrangers, qu'on adapte au goût local) ; en revanche, au dimanche après Pâques et au dimanche après Noël, se trouvent les anciennes messes milanaises, qu'on a déplacées. De même, on trouve recyclée au dimanche avant la Pentecôte (et non après, car il n'était pas question de faire passer après la Pentecôte des pièces du temps pascal) l'ancienne messe ambrosienne de l'« Ascension-Pentecôte », les deux fêtes étant encore indivises dans ce vieux rit.

---

1. Dom B. BAROFFIO, « I libri liturgici : specchio della cultura », p. 265.

Le chant bénéventain : naufrage et fidélité (IXᵉ-XIᵉ siècle).

Il est plus difficile de définir ce qu'était le chant bénéventain, dans la mesure où ce répertoire a supporté le choc
de l'arrivée du grégorien beaucoup moins bien que Milan
ne l'avait fait, puisqu'il ne nous est parvenu qu'un nombre
assez faible de chants bénéventains. Le naufrage est encore
plus total en ce qui concerne les textes euchologiques et les
lectures, puisque aucun sacramentaire et aucun lectionnaire
bénéventain[1] ne nous est parvenu, ce qui n'est pas le cas
de Milan. Cela dit, on tend de plus en plus à penser que
ce chant était si archaïque qu'il ne comptait, à l'état brut,
qu'un petit nombre de pièces ; les découvertes de nouveaux
témoins manuscrits n'apportent en effet presque rien de
neuf, ce qui semble indiquer que nous possédons l'essentiel
de ce répertoire, qui devait donc être assez mince, ce qui
est normal pour un chant ancien.

Les manuscrits qui nous sont parvenus entiers sont profondément grégorianisés, infiniment plus que ne le sont les
manuscrits milanais ; quant aux sources réellement bénéventaines, il s'agit avant tout de palimpsestes à la lecture difficile
et de feuilles volantes ayant par hasard survécu au temps[2].
Le plus ancien manuscrit complet, Bénévent VI 33, même
s'il possède encore quelques particularités et un certain nombre de pièces de chant en bénéventain pur, est déjà entièrement grégorien. Contrairement à ce qui se passe dans la
liturgie de Rome, les influences byzantines semblent avoir
été une réalité à Bénévent, comme en témoigne la traduction
latine de certains chants grecs[3], dont il convient toutefois
de ne pas s'exagérer l'importance. Il existe en effet une séparation nette entre les deux chants, les deux rits et les deux
clergés, latin et grec[4] : aucune interpénétration ne s'est produite entre les deux. Les chants bénéventains qui utilisent

---

1. MARTIMORT, *Les Lectures liturgiques*, p. 50-51.

2. Voir Dom B. BAROFFIO, « Il canto Gregoriano nel secolo VIII », p. 14. Ces sources ont été rassemblées par Th. F. KELLY dans le t. 21 de la *Paléographie Musicale*, Solesmes, 1993.

3. KELLY, *The Beneventan Chant*, p. 27 et 204-217 ; Dom B. BAROFFIO, « I libri liturgici : specchio della cultura », p. 250-251 ; GYUG, *Missale Ragusinum*, p. 12-13.

4. VON FALKENHAUSEN, *Untersuchungen über die byzantinische Herrschaft*, p. 151-157.

un texte en grec translittéré semblent avoir effectué leur translittération de manière moins fautive que les prétendus « *Alleluia* grecs » romains [1].

Cet ancien chant du Sud de la péninsule, qui n'a de « bénéventain » que le lieu de conservation de la plupart des meilleurs manuscrits, n'a nullement été inventé par les Lombards et apporté avec eux du Nord vers le Sud [2]. Certes, l'apogée de Bénévent se situe à l'époque du duché lombard de Bénévent, avant et après l'intervention de Charlemagne, la chute du roi Didier (774) et la création du royaume d'Italie à la place de l'ancien royaume lombard du Nord pour Pépin en 781 ; malgré les demandes pressantes du pape Hadrien, Charlemagne laissa subsister les duchés lombards de Spolète et de Bénévent, avec le statut de vassaux ; bien lui en prit, car le duc Grimoald, fils d'Arichis († 787), lui fut fidèle et entretint une cour brillante dans sa capitale [3]. Pourtant, à cette époque, on ne composait plus rien en style bénéventain, de même qu'à Rome on ne composait plus rien en style romain, ni à Milan en style ambrosien. Le bénéventain n'est donc pas un « chant lombard » ; il existait bien avant l'arrivée de ces envahisseurs en 568. Ses couches les plus anciennes, qui sont, là comme ailleurs, la *lectio cum cantico* [4] et la psalmodie sans refrain, datent du IVᵉ siècle, comme partout. Il est donc bien plus ancien que les années 560-800.

Il existe une parenté entre Bénévent et Milan [5], qui partagent un certain nombre de pièces de chant (surtout celles dont les textes ne sont pas scripturaires), mais on ne peut dire pour autant que l'une de ces deux liturgies soit dérivée de l'autre, et encore moins que le bénéventain soit la forme méridionale de l'ambrosien ou même encore que l'ambro-

---

1. HESBERT, « L'*Antiphonale Missarum* de l'ancien rit bénéventain : le vendredi-saint », *EL* 60 (1946), p. 105.

2. HESBERT, *Le Codex 10673* (*PM*, t. XIV), p. 84-92 ; KELLY, *The Beneventan Chant*, p. 6-9.

3. P. CLASSEN, « Karl der Grosse, das Papsttum und Byzanz », dans *Karl der Grosse*, I, p. 560 ; O. BERTOLINI, « Carlomagno e Benevento », *ibid.*, p. 616 s. ; W. TREADGOLD, *The Byzantine Revival*, Stanford, 1988, p. 89-92.

4. KELLY, *The Beneventan Chant*, p. 156-160 (*cantica* bénéventains de Jonas et des Trois-Enfants).

5. KELLY, « Beneventan and Milanese Chant », *Journal of the Royal Musical Association* 112 (1987), p. 173-195 et *The Beneventan Chant*, p. 74, 181-203 ; HUGLO, « L'ancien chant bénéventain », p. 281-283 ; T. BAILEY, « Ambrosian Chant in Southern Italy », *Journal of the Plainsong & Mediaeval Music Society* 7 (1983), p. 1-7.

sien soit l'ancêtre du bénéventain [1]. Si les textes des IXe et Xe siècles nomment volontiers le bénéventain *cantus ambrosianus* [2], cela signifie seulement que dans l'Italie de cette époque on nommait « ambrosiennes », par synecdoque, toutes les coutumes liturgiques qui n'étaient pas romaines ou (surtout) romano-franques. Les points de contact entre Milan et Bénévent relèvent plutôt d'un jeu d'influences réciproques et très complexes [3], qui est antérieur à l'arrivée du grégorien en Italie et dont l'étude est aujourd'hui particulièrement ardue, car l'irruption du grégorien dans la péninsule a créé une sorte de « pénéplaine liturgico-musicale » : en envahissant tout et en s'hybridant aux anciens rits de la péninsule, il a gommé les anciens reliefs.

L'arrivée du chant grégorien dans le domaine géographique du rit bénéventain n'est pas directement liée à la présence franque en Italie du Sud, qui a été très incomplète ; elle n'est donc pas le résultat d'une décision autoritaire de l'autorité politique. Cette irruption a produit deux phénomènes très différents. D'une part, la disparition quasiment totale du rit « vieux-bénéventain » ; de l'autre, la naissance d'un chant hybride, quoique presque entièrement grégorien, avec de fortes influences de la version romaine locale du grégorien, mais aussi avec quelques traces de particularités de l'ancienne liturgie bénéventaine : on appelle ce rit et ce chant « romano-bénéventains [4] ». Ils sont très bien connus, grâce à d'excellents manuscrits : les plus vieux manuscrits romano-bénéventains pourvus d'une notation musicale, et notamment le missel Bénévent, Arch. Cap. VI 33 (fin X[e]-début XIe s.), sont aussi anciens que le graduel romain de Sainte-Cécile (1071) et de peu postérieurs au *cantatorium* grégorien de Saint-Gall (920-925). C'est dire l'intérêt qu'ils présentent.

La survie de certaines messes bénéventaines a pris des voies différentes de celles que Milan avait empruntées pour recycler son vieux répertoire tout en accueillant le grégorien : dans les manuscrits Bénévent, Arch. Cap. VI 38 et VI 40,

---

1. AVERY, « The Beneventan Lections », p. 452 et 454.

2. KELLY, « Montecassino and the Old Beneventan Chant », p. 80.

3. KELLY, *The Beneventan Chant*, p. 186 ; Dom B. BAROFFIO, « I codici liturgici : specchio della cultura », p. 249-25.

4. HESBERT, « L'*Antiphonale Missarum* de l'ancien rit bénéventain », *EL* 52 (1938), p. 29 s.

qui sont les principaux témoins du chant vieux-bénéventain, on a copié pour dix-neuf messes le formulaire grégorien, puis aussitôt après l'ancienne messe bénéventaine, conformément à la loi des doublets [1]. Cette disposition pourrait prouver que la liturgie de Bénévent ne possédait que ces dix-neuf formulaires de messe, qu'on devait répéter plusieurs fois au cours de l'année liturgique.

Le chant et le rit romano-bénéventains sont restés fidèles au grégorien pur le plus ancien. C'est particulièrement net en ce qui concerne les grands évangiles baptismaux des dimanches du carême (la Samaritaine, l'aveugle-né, etc. [2]) ; il en est de même pour l'omission de la messe *Omnes gentes* du septième dimanche après la Pentecôte [3], qui rapproche les manuscrits romano-bénéventains des manuscrits romains et de l'antiphonaire du Mont-Blandin, le plus romain des plus anciens antiphonaires grégoriens sans notation musicale. Cette fidélité liturgique se double d'une fidélité musicale, puisque les manuscrits bénéventains ont conservé sur *si* les récitations qui, étant des transpositions de la corde mère de *MI*, sont déjà montées au *do* dans presque tous les autres manuscrits de la même époque [4]. Par conséquent, de manière en apparence paradoxale, les grands manuscrits romano-bénéventains, dont les plus notables sont le missel Benevento, Arch. cap. VI 33, le graduel Benevento, Arch. cap. VI 34 (XIᵉ s.) et le graduel Rome, BAV, lat. 10673 (XIᵉ s.), constituent avant tout une source pour l'histoire du grégorien, voire du chant romain, et secondairement seulement pour celle de Bénévent.

Pour avoir conservé ces archaïsmes, dignes des manuscrits

---

1. T. KELLY, *Les Témoins manuscrits du chant bénéventain*, Solesmes, 1992, p. XII ; M. HUGLO, « L'ancien chant bénéventain », p. 269 : « Toute pièce de chant formant doublet et repoussée au second rang là où une seule pièce est nécessaire habituellement, est le vestige d'un état plus ancien qui comportait cette seconde pièce — et elle seule — comme pièce choisie à ce poste. »

2. HESBERT, *Le Codex 10673*, p. 129-144 et « Les dimanches du carême », p. 206 (mais, à partir de la p. 213, il tente à tort de montrer que cette organisation des péricopes dominicales ne provient pas de Rome) ; GYUG, *Missale Ragusinum*, p. 16-17.

3. HESBERT, « La messe *Omnes gentes* », RG 17 (1932), p. 88-89 et *Le Codex 10673*, p. 125-129. Tandis que les manuscrits bénéventains ignorent totalement ce formulaire, le manuscrit du Mont-Blandin l'a copié *in extenso* en se bornant à ajouter une rubrique disant que ce dimanche VII n'est pas dans les antiphonaires romains.

4. GAJARD, « Les récitations modales », p. 23.

du *Sextuplex*, le chant grégorien a donc dû arriver précocement en Italie du Sud : d'après T. Kelly, dès la fin du VIIIᵉ siècle [1] ; l'analyse des variantes textuelles des manuscrits grégoriens d'Italie du centre et du Sud confirme ce jugement. Le chant grégorien n'a pas attendu qu'Otton Iᵉʳ et Jean XIII érigent Bénévent en archevêché, en 969 [2], pour arriver dans ces contrées méridionales.

Or, justement, d'après les variantes neumatiques, il semble que le chant grégorien soit venu en Italie du Sud directement en provenance de l'Aquitaine [3], non en passant par le Nord de l'Italie : l'édition critique du graduel grégorien par les moines de Solesmes montre en effet que le groupe des manuscrits romano-bénéventains est étroitement apparenté à celui des manuscrits aquitains [4], et que les deux forment une famille à part, nettement différenciée de toutes les autres familles neumatiques, ce qui surprend au premier abord, mais se laisse aisément expliquer : les communications entre Narbonne et Naples (par exemple) étaient plus faciles par voie maritime directe, par le *Sinus Gallicus* et le *Fretum Gallicum*, qu'en traversant successivement par voie de terre la Septimanie, la Provence, en franchissant les Alpes et redescendant enfin toute l'Italie. Les conclusions de l'analyse de la tradition neumatique sont confirmées par l'étude des variantes textuelles et des variantes mélodiques.

On peut dater approximativement le moment où l'on cessa de composer en bénéventain pour adopter la forme grégorienne que nous avons appelée romano-bénéventaine [5]. Quand, au début du IXᵉ siècle, sans doute en 838, on composa les chants de la messe pour la fête de la translation à Bénévent des reliques de l'apôtre saint Barthélemy (25 août), les chants choisis étaient déjà en grégorien pur [6].

---

1. *The Beneventan Chant*, p. 22 et « Montecassino and the Old Beneventan Chant », p. 54.

2. VON FALKENHAUSEN, *Untersuchungen*, p. 152.

3. Voir ROUCHE, *L'Aquitaine, des Wisigoths aux Arabes*, p. 11-12 : c'est la région comprise entre « la Loire, les Cévennes et les Pyrénées ».

4. [Dom J. FROGER], *Le Graduel romain. Édition critique par les moines de Solesmes*, t. IV, *Le Texte neumatique* ; vol. I, *Le Groupement des manuscrits*, Solesmes, 1960, p. 241-243, 275 et 280.

5. HESBERT, « *L'Antiphonale Missarum* de l'ancien rit bénéventain », *EL* 52 (1938), p. 35.

6. HESBERT, *Le Codex 10673*, p. 450-451 ; KELLY, *The Beneventan Chant*, p. 73. Sur la translation de saint Barthélemy à Bénévent, voir S. REHLE, *Missale Beneventanum*, p. 38.

En revanche, en 760, la translation des reliques des Douze Frères (1er septembre) à Sainte-Sophie de Bénévent avait donné lieu à la composition de chants encore bénéventains, quoique un peu évolués. Ces deux dates délimitent une fourchette.

Le passage d'un chant à l'autre a vraisemblablement eu lieu au début du IXe siècle, donc avant l'arrivée d'Otton Ier, et même avant que les Carolingiens n'aient réussi à se faire obéir en Italie méridionale, à supposer qu'ils aient jamais réussi dans cette entreprise. Cela indique que les pressions du pouvoir politique n'ont pas joué de rôle significatif dans l'adoption du grégorien, contrairement à ce qu'on assure habituellement. Le responsable est le clergé local qui, séduit par les qualités intrinsèques du grégorien, souhaitait certainement un *aggiornamento* de l'antique liturgie autochtone, déjà bien essoufflée et dont le style mélodique, particulièrement archaïque [1], inexpressif et répétitif (Bénévent ne possédait qu'une seule mélodie d'*Alleluia* de la messe [2]), avec ses interminables récitatifs de *podatus* [3] et son emploi de la *Gestaltvariation*, devait apparaître bien dépassé. Étienne IX (Frédéric de Lorraine, ancien moine du Mont-Cassin, 1057-1058) abolit les derniers restes de chant bénéventain au Mont-Cassin en 1058 [4]. Cette politique fut poursuivie par l'abbé Désiderius, futur pape Victor III (1086-1087), qui connaissait ce chant, pour l'avoir entendu quand il était moine au Mont-Cassin. C'est donc l'élite des savants du monde bénéventain qui a réalisé la suppression de cet ancien répertoire, qui apparaissait fort peu satisfaisant à ceux-là mêmes qui l'avaient pratiqué pendant de longues années. Comme à Milan, l'initiative d'adopter le grégorien est partie de l'intérieur, et de l'élite des réformateurs.

---

1. Dom B. BAROFFIO, « Le origini del canto liturgico », p. 36.

2. Dom J. CLAIRE, « L'évolution modale dans les répertoires liturgiques occidentaux », p. 234 ; M. HUGLO, « L'ancien chant bénéventain », p. 284.

3. Un *podatus* est un neume de deux notes, la seconde des deux étant plus aiguë que la première. Sur leur emploi lassant par les mélodies bénéventaines, Dom J. CLAIRE, « L'évolution modale dans les répertoires liturgiques occidentaux », p. 204 ; M. HUGLO, « L'ancien chant bénéventain », p. 282 ; Dom B. BAROFFIO, « Le origini del canto liturgico », p. 44-46 ; G. CATTIN, *La monodia*, p. 54.

4. AVERY « The Beneventan Lections », p. 433 et 445 ; KELLY, *The Beneventan Chant*, p. 39 ; COWDREY, *The Age of Abbot Desiderius*, p. 58 ; MACCARRONE, « La teologia del primato romano del secolo XI », dans : *Romana Ecclesia-Cathedra Petri* I, p. 585.

La disparition du chant hispanique (XIe siècle).

S'il n'est pas possible d'écrire ici une synthèse sur le chant liturgique espagnol, on doit quand même aborder cette question exclusivement sous l'angle de ses rapports avec le chant grégorien. La péninsule ibérique possédait depuis toujours sa propre liturgie, partagée entre deux branches différentes, approximativement localisées, l'une à Tolède et dans sa région, et l'autre à León et aux alentours[1]. Elles se distinguaient l'une de l'autre par un certain nombre de détails ; ainsi, la famille de Tolède semble avoir été plus conservatrice, puisqu'elle ne célébrait que les féries anciennes du carême[2] et n'a pas modernisé les *cantica* de la vigile pascale en leur donnant un refrain, ce que la famille de León n'a pas hésité à faire[3].

En raison de sa situation géographique, la liturgie hispanique entretenait des rapports certains avec l'Afrique, mais aussi avec la Gaule[4] — les Pyrénées ne constituaient nullement une frontière liturgique, pas plus que les colonnes d'Hercule — et l'Italie, voire avec l'Irlande[5]. Cette liturgie espagnole est encore mal connue ; on peut cependant dire que, de même que l'Espagne est sur le plan géographique un pont entre l'Europe et l'Afrique, le rit espagnol semble avoir réalisé une synthèse à partir d'éléments glanés parfois à l'extérieur de la péninsule, notamment en Gaule franque, avec un génie particulier. Ainsi, pour certains rites, par exemple les ordinations, le rit hispanique était très composite dès le IXe siècle, de même que le rit « romain » était en réalité « romano-franc » ; il ne faudrait donc pas s'imaginer qu'au XIe siècle un « rit hispanique » chimiquement pur fut sup-

---

1. PINELL, « Unité et diversité », p. 252 s. et « El canto de los "Threni" », p. 321 s.

2. Sur les deux parties du carême espagnol (les trois dernières semaines sont les plus anciennes), BROU, *Le Joyau des antiphonaires latins*, p. 103 et PINELL, « El oficio hispano-visigótico », p. 413.

3. PINELL, « Unité et diversité », p. 255-256 et « El canto de los "Threni" », p. 335-336 ; FERNANDEZ DE LA CUESTA, *Historia*, p. 130 (l'antiphonaire de León a donné aux *threni* un refrain invariable, *Quis dabit capiti meo*) ; K. LEVY, dans *NOHM*, t. II, 2e éd., p. 107.

4. Sur les liens entre le psautier hispanique et les psautiers en usage dans l'Afrique de saint Cyprien, CAPELLE, *Le Texte du psautier latin en Afrique*, p. 45, 114 et 222 ; sur les « offertoires internationaux », LEVY, « Toledo, Rome », p. 83 ; PORTER, *The Gallican Rite*, p. 10 et 48.

5. HILLGARTH, « Ireland and Spain », p. 9 et 16.

planté par un « rit romain » lui aussi vierge de toute influence extérieure [1].

Le chant liturgique espagnol pose un problème de sources tout à fait spécifique ; c'est l'exact inverse de la situation bénéventaine. Nous possédons en effet de magnifiques manuscrits espagnols, souvent très anciens, comme le fameux antiphonaire de León (León, Archivo Catedralicio, 8), daté de la fin du Xe siècle et copié sur un modèle du VIIe siècle, mais les mélodies y sont encore notées en neumes hispaniques purs ; or, ce chant a été supprimé avant que ses mélodies n'aient eu le temps d'être transcrites sur lignes, donc sous une forme lisible pour nous. Ces manuscrits sont donc indéchiffrables, puisque nous ne savons pas à quoi correspondent ces neumes [2].

Le rit hispanique a-t-il été autoritairement supprimé par Grégoire VII, malgré la résistance du clergé espagnol ? C'est plus qu'à moitié faux ; d'une part, on n'a pas attendu Grégoire VII pour commencer la romanisation de la liturgie espagnole : le processus était en cours depuis le VIe siècle, voire depuis Damase et Sirice. D'autre part, il n'est pas douteux que cette romanisation ait été souhaitée par une bonne partie du clergé espagnol, notamment par ses éléments réformés. Il ne s'agit donc pas purement et simplement d'une réforme très tardive et imposée de l'extérieur. Reprenons en effet l'analyse des faits.

On peut dater les premières interventions romaines (connues) dans le domaine du rit et des coutumes espagnoles du *responsum* de Sirice à Himère de Tarragone et de la lettre du pape Vigile à Profuturus de Braga (29 juin 538). Les canons 4 et 5 du concile de Braga (561) ont rendu obligatoire la discipline « conseillée » par Sirice. Une partie du clergé espagnol a donc très tôt souhaité s'aligner sur la *consuetudo* romaine, avec l'appui actif des papes de l'Antiquité tardive. La poursuite de la romanisation du culte espa-

---

1. R. E. REYNOLDS, « The Ordination Rite in Medieval Spain : Hispanic, Roman, and Hybrid », dans : B. F. REILLY (éd.), *Santiago, Saint-Denis, and saint Peter. The reception of the Roman liturgy in León-Castile in 1080*, New York, 1985, p. 139-140, 147.

2. Sur ce naufrage et les quelques débris qui en ont réchappé, Dom J. CLAIRE, « L'évolution modale dans les répertoires liturgiques occidentaux », p. 204-205 ; FERNANDEZ DE LA CUESTA, *Historia de la Música*, p. 105-106, 161 ; K. LEVY, dans *NOHM*, t. II, p. 104.

gnol avait été brusquement interrompue par l'irruption des envahisseurs musulmans ; les débuts de la Reconquête relancèrent le mouvement après ce long moratoire imprévu. Il ne s'agit donc, dans l'attitude romaine du début du XIe siècle, que de la reprise d'une entreprise ancienne, non d'un revirement ou d'un attrait soudain pour une contrée jusque-là un peu négligée.

Le premier motif de la reprise de la romanisation du culte de la péninsule nous semble tenir à la volonté des rois espagnols de réformer l'Église de leur royaume tout en s'ouvrant enfin sur l'Europe, c'est-à-dire de moderniser les coutumes et par là-même de rattacher définitivement l'Espagne à la chrétienté occidentale, à la faveur de la *Reconquista*. La romanisation du culte participe donc d'un dessein politique et spirituel de beaucoup plus grande ampleur, à l'intérieur duquel il est nécessaire de la resituer[1].

Dans la péninsule ibérique, la réforme carolingienne toucha d'abord les comtés francs qui constituaient la Marche d'Espagne, créée par Charlemagne en 801 après la prise de Barcelone par le futur Louis le Pieux[2]. Ainsi, la romanisation put commencer dès le IXe siècle, notamment sous l'impulsion de saint Benoît d'Aniane[3], puis au XIe siècle, grâce au comte de Barcelone, Berenguer Ramón Ier (1018-1035[4]). Le grand monastère catalan de Ripoll fut ainsi réformé avec l'aide de Cluny vers 1008, sous l'impulsion de l'abbé de Cluny Odilon (994-1049[5]). La réforme religieuse de la Catalogne connut ensuite un important rayonnement[6]. La seconde région à avoir adopté la réforme,

---

1. J. F. O'CALLAGHAN, « The Integration of Christian Spain into Europe : the Role of Alfonso VI of León-Castilla », dans : B. F. REILLY (éd.), *Santiago, Saint-Denis, and saint Peter. The Reception of the Roman liturgy in León-Castile in 1080*, New York, 1985, p. 101-120.

2. A.-G. MARTIMORT, « Sources, histoire et originalité de la liturgie catalano-languedocienne », dans : *Liturgie et musique (IX-XIVe s.)*, Toulouse, 1982, p. 30 ; A. OLIVAR, « Survivances wisigotiques dans la liturgie catalano-languedocienne », dans : *ibid.*, p. 169 ; R. E. REYNOLDS, « Baptismal Rite and Paschal Vigil in Transition in Medieval Spain : a New Text in Visigothic Script », *Mediaeval Studies* 55 (1993), p. 262.

3. SEMMLER, « Karl der Grosse und das fränkische Mönchtum », p. 260 et 279.

4. BISHKO, « Ferdinand I and the Origins », p. 9-10 et 57 s. ; SOTO RABANOS, « Introducción del Rito Romano », p. 164 ; UBIETO ARTETA, « La introducción del rito romano », p. 301.

5. DAVID, *Études historiques*, p. 359 ; J. HOURLIER, *Saint Odilon, abbé de Cluny*, Louvain, 1964, p. 68.

6. BISHKO, « Ferdinand I and the Origins », p. 15-20.

par ordre chronologique, a été l'Aragon, sous le roi Sancho Ier Ramírez (1063-1094). Il se reconnut vassal du pape en 1068, lors de sa visite à Rome, et la grégorianisation de la liturgie de son *regnum* s'engagea dès 1071-1074 (date de la copie du graduel de Sainte-Cécile, lui-même très grégorianisé[1]). La Navarre l'imita à partir de 1076.

C'est donc en dernier que le León[2] puis la Castille s'ouvrirent à la réforme. L'initiative partit du roi Sancho III El Mayor (1000-1035), qui avait conquis l'Aragon, la Castille et le León sur les Arabes. Vers 1021-1025, il confia le monastère aragonais de San Juan de la Peña à l'abbé Paternus, formé à Cluny, pour qu'il y introduise la Règle de saint Benoît et les usages francs[3]. Les liens entre Sancho le Grand et l'abbé Odilon de Cluny furent étroits dès 1025 ; il s'agissait alors surtout de liens personnels entre le roi et la grande abbaye, à laquelle Sancho III avait demandé de prier et d'intercéder en sa faveur ainsi qu'en celle de son royaume et de ses sujets[4]. La situation changea avec le règne d'Alphonse VI (1065-1109), qui s'était fait le *socius* de Cluny, à laquelle il s'était engagé à payer régulièrement un *census*[5], dont l'abbaye avait grand besoin pour ses nombreuses fondations et toutes ses constructions. À partir de 1065, Alphonse VI fit venir des moines de Cluny dans son royaume pour y introduire la liturgie franque et le chant grégorien, et leur confia des monastères, surtout à partir des années 1073-1077[6]. Des liens étroits unissaient le roi à l'abbé Hugues le Grand ; en 1072, ce dernier avait obtenu la libération d'Alphonse VI, qui avait été emprisonné après sa défaite face à son frère Sancho II ; il épousa du reste une nièce de l'abbé Hugues[7].

---

1. ORLANDIS, *La Iglesia*, p. 315 ; REILLY, *The Kingdom of León-Castilla*, p. 99 ; BISHKO, « Ferdinand I and the Origins », p. 54 ; SOTO RABANOS, « Introducción del Rito Romano », p. 164 ; DAVID, *Études historiques*, p. 395-397.

2. Notamment à l'aide d'influences franques : BISHKO, « Ferdinand I and the Origins », p. 9-11.

3. COWDREY, *The Cluniacs*, p. 216 ; BISHKO, « Ferdinand I and the Origins », p. 4 ; REILLY, *The Kingdom of León-Castilla*, p. 94.

4. COWDREY, *The Cluniacs*, p. 218.

5. BISHKO, « Ferdinand I and the Origins », p. 25 et 38.

6. COWDREY, *The Cluniacs*, p. 226-227 ; REILLY, *The Kingdom of León-Castilla*, p. 95 ; DAVID, *Études historiques*, p. 360. L'important monastère de Sahagún fut confié à Cluny en 1079.

7. REILLY, *The Kingdom of León-Castilla*, p. 95 ; BISHKO, « Ferdinand I and the Origins », p. 1 et 31-35 ; SOTO RABANOS, « Introducción del Rito Romano », p. 164.

De son côté, l'intervention des papes date d'Alexandre II (1061-1073[1]), non de Grégoire VII qui, dans ce domaine comme dans bien d'autres, n'a fait que reprendre la politique de ses prédécesseurs. Il s'est formé deux alliances : d'une part, Rome avec l'Aragon ; d'autre part, la Castille et le León avec Cluny[2]. La situation est donc plus complexe que s'il s'était simplement agi d'un jeu entre Rome et l'épiscopat espagnol. Dans cette affaire, chacun des partenaires poursuivait le même but : l'ancrage de l'Espagne à l'Europe. Il ne semble pas y avoir eu de résistance organisée, et encore moins de résistance officielle. Ce phénomène est révélateur de l'unanimité qui règnait parmi les élites. Comme à Milan, l'imaginaire local a dramatisé cet épisode : on rapportait qu'un « duel judiciaire » aurait eu lieu à Burgos, le 9 avril 1077 et aurait opposé un champion du rit hispanique à un champion du nouveau rit, un Franc, lequel aurait été vaincu[3]. Les légendes pieuses qui circulaient à propos d'une supposée résistance « patriotique » des Espagnols à l'abolition du rit hispanique ressemblent beaucoup aux fables de Landulfus de Milan[4]. Cela a contribué à faire naître l'idée que toute l'Espagne se serait opposée à des mesures impopulaires, imposées de l'extérieur, ce qui est inexact. Si l'on a ainsi inventé de telles histoires à Milan et en Espagne, c'est très vraisemblablement pour dissimuler *a posteriori* le fait que les élites espagnoles étaient favorables au changement de rit, et que par conséquent l'initiative est partie de l'intérieur. Quoi qu'il en soit, tout fut conclu au concile de Burgos de mai 1080 qui, en présence du cardinal Richard, légat de Grégoire VII et abbé de Saint-Victor de Marseille, et conformément à la volonté d'Alphonse VI et de ses évêques, abolit définitivement le rit hispanique[5].

---

1. DAVID, *Études historiques*, p. 343 ; COWDREY, *The Cluniacs*, p. 219.

2. BISHKO, « Ferdinand I and the Origins », p. 68.

3. REILLY, *The Kingdom of León-Castilla*, p. 101 ; O'CALLAGHAN, « The Integration », p. 107.

4. Voir O'CALLAGHAN, « The Integration », p. 105. Les sources qui évoquent l'introduction du rit « romain » en Espagne au XIe siècle sont les lettres pontificales (D. MANSILLA, *La documentación pontificia hasta Inocencio III (965-1216)*, Rome, 1955 et E. CASPAR, *Das Register Gregors VII.*, 2 vol., Berlin, 1920-1923) et les chroniques espagnoles, notamment la *Crónica de San Juan de la Peña*, éd. A. Ubieto Arteta, Valence, 1961 et la *Crónica Najerense*, éd. A. Ubieto Arteta, Valence, 1966.

5. GARCÍA Y GARCÍA, « Reforma gregoriana », p. 258 ; REILLY, *The Kingdom of León-Castilla*, p. 101 et 111-112 ; COWDREY, *The Cluniacs*, p. 237.

Il reste à faire deux remarques pour finir. D'une part, quant aux motifs allégués par Rome à l'appui de la romanisation, rien n'a changé depuis la lettre d'Innocent Ier à Décentius de Gubbio : la liturgie hispanique était considérée comme une déviation de la liturgie romaine[1], dont les formulaires auraient été par surcroît entachés de priscillianisme. D'autre part, les réformateurs, comme les moines envoyés par Cluny, s'intéressaient surtout à l'introduction de la Règle de saint Benoît, donc à l'office, et secondairement à la messe[2].

L'expansion du chant grégorien sur la rive droite du Rhin (IXe-Xe siècle).

L'examen des quelque 450 variantes qui existent dans les textes des chants de la messe entre la version romaine[3], d'après les trois graduels VL 5319, F 22 et C 74, et la version grégorienne, d'après les six plus anciens manuscrits sans notation musicale, édités par Dom Hesbert dans l'*AMS* et les plus anciens manuscrits neumés, E 121, SG 339 et SG 359, L 239 et M-R, met en évidence l'existence (uniquement pour le texte, non pour les mélodies) de deux familles à l'intérieur du chant grégorien : la première, qui est la plus ancienne et la plus proche de Rome, est formée des manuscrits de l'entre Seine et Rhin (le Mont-Blandin, Laon 239 et le Mont-Renaud), tandis que la seconde, qui dérive de la première et qui est plus éloignée des manuscrits romains, regroupe les témoins d'outre-Rhin (E 121, SG 339-359), qui pourraient dériver de l'antiphonaire de Corbie *via* la très importante abbaye de Corvey, *Corbeia nova*, fondée en Saxe le 6 août 822 sur ordre de Louis le Pieux, et sous la direction de l'abbé de Corbie, Adalard ;

---

1. ORLANDIS, *La Iglesia*, p. 315 ; DAVID, *Études historiques*, p. 343 et 396, 398 ; SOTO RABANOS, « Introducción del Rito Romano », *passim*.

2. Comme en témoigne l'anecdote selon laquelle le grégorien serait entré en pratique en Castille pour la première fois pour none du mardi de la seconde semaine du carême : DAVID, *Études historiques*, p. 396 ; UBIETO ARTETA, « La introducción del Rito Romano », p. 308.

3. Cette liste de variantes est parue, dans *EL* 110 (1996), p. 210-251 ; voir son analyse, « Les variantes textuelles entre "vieux-romain" et "grégorien" : quelques résultats », dans : *Requirentes modos musicos. Mélanges Dom Jean Claire*, Solesmes, 1995, p. 63-82.

elle fut dédiée à saint Étienne. Son emplacement, à un carrefour routier et fluvial (et non au désert), était destiné à faire d'elle le principal point d'appui de l'évangélisation de la Saxe ; les moines de Corbie y apportèrent leur liturgie et leur chant [1].

Quoi qu'il en soit, ces variantes textuelles montrent que les manuscrits les plus célèbres, Einsiedeln et Saint-Gall, ne représentent sur le plan des textes qu'une version secondaire du chant grégorien, quand il s'implanta dans les régions non franques très péniblement conquises par Charlemagne, comme la Saxe. Comme ces territoires ne furent véritablement christianisés que sous Louis le Pieux, à la faveur de la pacification, il est donc normal que les manuscrits « allemands » soient les témoins d'un texte plus récent d'au moins cinquante ans que celui de la *Francia* de l'Ouest, berceau de la liturgie romano-franque dès les années 740. Le chant grégorien n'a donc conquis les territoires non francs de l'Est que dans le courant de la première moitié du IXe siècle.

Conclusion : essai d'histoire comparée des phénomènes d'hybridation liturgique.

Nous n'avons évoqué tout ce qui précède, qui nous a parfois mené très loin de Rome et de l'entre Seine et Rhin, que pour mieux voir en quoi l'hybridation qui a conduit à la création du grégorien est originale et unique. Elle se distingue en effet nettement de tous les autres phénomènes d'hybridation liturgico-musicale qui se sont produits dans le courant du haut Moyen Âge. L'hybridation du chant romain avec celui de la Gaule a entraîné la création du grégorien, dans lequel le gallican est très présent, par l'intermédiaire de son ornementation traditionnelle, bien que l'apport romain soit de très loin le plus important, puisqu'il consiste dans le schéma mélodique et modal de chacune des pièces

1. H. H. KAMINSKY, *Studien zur Reichsabtei Corvey in der Salierzeit*, Cologne-Graz, 1972, p. 17-19 ; WERNER, « Hludowicus Augustus », p. 95 ; L. WEINRICH, *Wala. Graf, Mönch und Rebell. Die Biographie eines Karolingers*, Lübeck-Hambourg, 1963, p. 35-41 ; W. STÜWER, « Die Geschichte der Abtei Corvey », dans : *Kunst und Kultur im Weserraum. 800-1600 (Ausstellung des Landes Nordrhein-Westfalen. Corvey, 1966)*, 4e éd., Münster, 1967, p. 5-18 ; K. H. KRÜGER, « Die Corveyer Gründungsberichte des 12. Jahrhunderts im Liber Vitae », dans : K. SCHMID et J. WOLLASCH (éd.), *Der Liber Vitae der Abtei Corvey. Studien zur Corveyer Gedenküberlieferung und zur Erschließung des Liber Vitae*, Wiesbaden, 1989, p. 8-28.

de chant et l'ensemble de leurs textes. Cette hybridation a été très différente de celle qui se produisit entre le grégorien et le bénéventain, laquelle a entraîné la disparition complète de ce dernier et la création du répertoire romano-bénéventain, qui est quasiment grégorien. L'hybridation du grégorien avec l'ambrosien n'a pas empêché la survie de ce dernier, intégrant au passage un assez grand nombre de pièces grégoriennes, plus ou moins réécrites ou adaptées au goût local. Enfin, l'arrivée du grégorien en Espagne a provoqué la disparition du chant hispanique, sans entraîner la création d'un rit hybride hispano-grégorien, sans doute parce qu'il était trop tard : au XIᵉ siècle, le vieux répertoire espagnol était à bout de souffle, la période de création étant terminée depuis longtemps.

Ainsi, plus un chant a été hybridé tôt par le chant romain, mieux il a survécu. Par ordre chronologique, on trouve en effet le gallican, premier chant liturgique latin à avoir été romanisé, dès 742-751 : il a transmis au grégorien toute son ornementation, quelques chants et nombre de récitatifs liturgiques. On trouve ensuite l'ambrosien, hybridé à partir du début du IXᵉ siècle, donc environ cinquante ans après le gallican ; il a assez bien survécu, quoique passablement adultéré par l'apport de mélodies grégoriennes. Se place ensuite le répertoire bénéventain, atteint par l'arrivée du grégorien vers la même époque ; il a certes disparu, mais a aussi fossilisé l'empreinte de la liturgie romano-franque la plus pure : le grégorien des manuscrits de Bénévent est l'une des meilleures formes de grégorien, juste derrière la version originale, celle qui a été élaborée entre Seine et Rhin. On trouve enfin le chant hispanique, hybridé au XIᵉ siècle, qui a sombré sans pour autant donner naissance à une forme de grégorien intéressante en quoi que ce soit, contrairement au bénéventain.

L'ARRIVÉE DU CHANT GRÉGORIEN À ROME ET L'ÉLIMINATION DU CHANT ROMAIN (Xᵉ-XIIIᵉ SIÈCLES)

Le chant liturgique de la Ville a connu quatre phases principales de grégorianisation, qui ont conduit à son élimination progressive. La première, dès la fin du VIIIᵉ siècle et le début

du IXe siècle, a été provoquée par le désir des premiers carolingiens d'aider les papes à réformer les grands monastères
romains ; la deuxième, aux Xe et XIe siècle, a été marquée
par la réforme d'Albéric II, puis par l'intervention ottonienne, et enfin par la réforme grégorienne ; la troisième, aux
XIIe et XIIIe siècle, a été entraînée par l'adoption du missel
de la Curie romaine, répandu par les Franciscains ; la dernière, définitive, a été provoquée par le séjour de la papauté
à Avignon, qui a définitivement rompu les liens qui existaient entre l'*Urbs* et sa liturgie primitive.

Charlemagne et les monastères romains.

On croit volontiers que les rapports entre Léon III et
l'empereur étaient des rapports de maître à sujet, et qu'en
conséquence l'État pontifical appartenait sinon au *regnum*
franc, du moins à l'empire carolingien, en tant que princi-
pauté satellite. En réalité, cela n'est vrai, surtout après le
couronnement impérial de la Noël 800, que si l'on adopte
un point de vue exclusivement franc : celui du *Ludovicia-
num*, ce *pactum* par lequel, sans doute en juillet 817, lors
d'un séjour à Aix, Louis le Pieux confirma au pape Pascal Ier
la possession des terres données à saint Pierre par Pépin en
756 (après la promesse de Quierzy en 754) et par Charlemagne en 774, accorda la jouissance de revenus à prélever
sur les duchés lombards de Toscane et de Spolète et octroya
à l'Église romaine la *defensio ecclesiae Romanae* ainsi qu'un
privilège d'immunité et la libre élection du pape. Il est exact
que ce diplôme fait de la *respublica sancti Petri* une sorte de
vaste immunité à l'intérieur de l'empire carolingien, le pape
étant seulement traité comme un métropolitain immuniste
un peu plus prestigieux que les autres ; Louis se réserve un
droit d'intervention dans les affaires romaines en cas de
troubles (c'est-à-dire en permanence [1]). Il n'en reste pas

---

1. A. HAHN, « Das Hludowicianum. Die Urkunde Ludwigs d. Fr. für die römische Kirche von 817 », *Archiv für Diplomatik* 21 (1975), p. 88 (« *Nicht souveräne
Herrschaft wurde dem Papsttum also überlassen, sondern nur Herrschaftsrechte innerhalb
des Reiches* »), 96-99, 108-109, etc. Le privilège d'immunité entraînait l'exercice de
la justice par l'immuniste, mais seulement pour les conflits de faible importance ;
pour les cas graves (lèse-majesté, crimes de sang), qui pouvaient entraîner la peine
capitale, la juridiction de l'immuniste n'était pas compétente : F. L. GANSHOF,

moins vrai que les papes avaient une tout autre façon
d'interpréter ce texte, par lequel — d'après eux — l'empereur se plaçait entièrement à leur service ; il y avait donc un
malentendu sciemment entretenu entre Rome et les Francs,
chacun estimant être le maître de l'autre. Il nous a semblé
de bonne méthode d'adopter le point de vue pontifical pour
comprendre de l'intérieur le processus par lequel Rome
répandit sa liturgie dans tout l'empire.

Les recherches les plus récentes ont établi que Charlemagne n'a pas purement et simplement contrôlé la *respublica
sancti Petri* après 800 — il a cependant fallu parfois que
Hadrien proteste pour interdire ce qu'il considérait de son
point de vue comme des empiétements francs. Quoi qu'il en
soit, l'empereur n'a jamais battu monnaie sur le territoire de
la *respublica* [1] ; il ne l'a jamais érigé ou divisé en un ou plusieurs *missatica* ; il n'y a jamais rendu la justice ni prélevé
d'impôts ou de taxes d'aucune sorte [2]. Le royaume d'« Italie »
donné à son fils Pépin ne comprenait pas la *respublica*, mais
seulement l'ancien royaume lombard du Nord, autour de
Pavie. La *respublica* pontificale était, au yeux des papes, un
royaume entièrement indépendant, en vertu du *Constitutum
Constantini*, la fausse donation de Constantin, datée des
années 750. Ce texte célèbre, d'après lequel Constantin
aurait abandonné au pape Silvestre la jouissance des *regalia*
impériaux et la plénitude du pouvoir dans la ville de saint
Pierre [3], fut employé par les papes pour revendiquer une

« L'immunité dans la monarchie franque », dans : *Les Liens de vassalité et les immu-
nités* (*Recueils de la société Jean Bodin*, t. I), Bruxelles, 1958 (2ᵉ éd.), p. 209. C'est
ce qui explique le mécontentement de Louis le Pieux en 823 lorsqu'il apprit que
Pascal Iᵉʳ avait de son propre chef jugé et fait mettre à mort le *primicerius* Théodore
et le *nomenclator* Léon (*Annales Regni Francorum*, ad a. 823), et cela démontre bien
que, pour Louis, le pape n'était qu'un immuniste. D'autre part, comme l'immunité
carolingienne entraînait généralement la nomination d'un avoué, qui tenait l'avoue-
rie de Saint-Pierre ? Était-ce Pépin († 810), roi d'Italie résidant à Pavie, puis son
fils Bernard († 818), puis Lothaire ?

1. C'est au contraire Hadrien qui a commencé à battre monnaie à son seul nom,
sans plus mentionner celui de l'empereur : HERRIN, « Constantinople, Rome and
the Franks », p. 102 ; J. DEER, « Die Vorrechte des Kaisers in Rom (772-800) »,
dans *Schweitzer Beiträge zur allgemeinen Geschichte* 15 (1957), p. 15 et A. G. BER-
MAN, *Papal Numismatic. The Emancipation of the Papal State*, South Salem (N. Y.),
1991 (2ᵉ éd.).

2. NOBLE, *The Republic*, p. 280-298.

3. *Das Constitutum Constantini, cap.* 14, éd. H. FUHRMANN, Hanovre, 1968,
p. 86-88. Voir A. STOCLET, « Les établissements francs à Rome au VIIIᵉ siècle »,
dans : M. SOT (éd.), *Haut Moyen Âge. Culture, éducation et société* (*Mélanges Pierre*

entière souveraineté sur Rome et son territoire : quand ils venaient à Rome, les Carolingiens ne résidaient pas *intra muros* dans le palais impérial, mais à l'extérieur de la Ville, dans un nouveau palais situé près de Saint-Pierre. L'idée d'une Rome gouvernée au IXe siècle par des Carolingiens tout-puissants est largement une fabrication de la propa- gande byzantine, qui n'était pas désintéressée dans cette affaire ; on la trouve en effet dans la Chronique universelle de Théophane († en 817 ou 818 [1]), qui prétend que Rome est tombée entre les mains des Francs le jour où le pape Léon III a dû demander de l'aide à Charlemagne pour se rétablir sur son trône, après l'attentat dont il avait été la victime. Or, Théophane, au même endroit de sa Chronique, rapporte le couronnement impérial de Charlemagne avec beaucoup d'ironie ; à l'en croire, Léon III, voulant oindre Charlemagne, l'aurait badigeonné d'huile de la tête aux pieds ; l'exagération satirique, qui vise à ridiculiser le nouvel empereur, est patente. Il ne faut donc pas faire confiance à Théophane et à la vision byzantine d'une Rome assujettie au diktat franc.

C'est donc à la fois dans le but de se placer au service du pape (du point de vue romain), et pour imposer son influence ou pour disposer à Rome même d'agents à sa dévotion (du point de vue franc), que Charlemagne a proposé son aide pour réformer certains des plus grands monastères de Rome et certains des monastères proches de l'*Urbs*, comme celui de Farfa [2], l'ancienne abbaye lombarde, dont les abbés Ragambaldus (781 ?-786), Altbertus (né à Paris) et Mauroaldus (790 ?-802 ?) étaient d'origine franque,

---

Riché), La Garenne-Colombes, 1990, p. 243-244 ; C. BRÜHL, « Die Kaiserpfalz bei St. Peter und die Pfalz Ottos III. auf dem Palatin », dans : *Aus Mittelalter und Diplomatik* I, Hildesheim, 1989, p. 5-7 ; BORGOLTE, *Petrusnachfolge*, p. 108-116 ; CLASSEN, « Karl der Grosse, das Papsttum u. Byzanz », p. 550.

1. THÉOPHANE, *Chronographia*, a. m. 6289, éd. C. DE BOOR, Leipzig, t. I, 1883, p. 472. Cette chronique couvre la période qui va de 284 (début du règne de Dio- clétien) à 813 (avènement de l'empereur Léon V). Théophane était iconodoule (ou proche des iconodoules) et fut pour cette raison emprisonné deux ans par Léon V, puis envoyé en exil à Samothrace, où il mourut peu après, un 12 mars.

2. NOBLE, *The Republic*, p. 141 et 157-159 ; BRÜHL, *Fodrum, Gistum*, p. 412. Le texte de deux des diplômes d'immunité accordés par Charlemagne à Farfa en 775 et 776 se trouve dans le *Chronicon Farfense*, éd. BALZANI, t. I, p. 161-162.

contrairement à leur prédécesseur, septième abbé de Farfa, Probatus (770 ? – 781 ?), qui était originaire de la Sabine [1].

Tout indique cependant que l'arrivée du chant grégorien à Rome ne doit rien à des pressions politiques ou militaires qu'aurait exercées le nouvel empereur franc. À Rome, même sous Léon III, le pape était le maître, même s'il devait parfois hausser le ton et quoi qu'en disent les historiens de Byzance ou, plus près de nous, ceux du *Kulturkampf*. L'initiative est donc partie de l'échelon local, par exemple d'évêques ou d'abbés qui désiraient réformer leurs chanoines ou leur monastère sur le modèle illustre des réformateurs du *regnum* franc, Chrodegang, Leidrade, Alcuin et leurs successeurs.

L'histoire de Rome aux Xe-XIIe siècles : le chant grégorien et les Ottoniens.

Liutprand de Crémone, Jean XII et la légende du « siècle de fer ».

L'histoire de la Papauté a été marquée au Xe siècle par des luttes de factions ; le *Liber Pontificalis* est d'ailleurs resté interrompu au beau milieu de la notice d'Étienne V (885-891). Albéric, duc de Rome de 932 à sa mort en 954, est responsable de la première tentative de remise en ordre des affaires religieuses romaines [2], avec l'aide de l'abbé saint Odon de Cluny, qui vint six fois à Rome dans ce but mais mourut trop tôt, en 942, après s'être surtout occupé des grandes abbayes *extra muros*, notamment de Farfa, où il imposa la Règle de saint Benoît, et un peu moins des monastères de l'*Urbs* [3]. La sincérité d'Albéric n'était pas feinte et

---

1. *Chronicon Farfense*, éd. BALZANI, t. I, p. 155 (Probatus), 163 (Ragambaldus), 165 (Altbertus).

2. HAMILTON, « The Monastic Revival », p. 46-63 ; ZIMMERMANN, *Das dunkle Jahrhundert*, p. 85-87 ; F. SCHNEIDER, *Rom und Romgedanke*, p. 188.

3. HAMILTON, « The Monastic Revival », p. 47-50 ; SPINELLI, « Aspetti italiani del pontificato », p. 302. Saint Odon a notamment réformé Sainte-Agnès *foris portam Nomentanam* et Saint-Paul-hors-les-Murs : FERRARI, *Early Roman Monasteries*, p. 30 et 265 ; voir aussi p. 147 (Albéric réforme Saint-Grégoire *in Clivo Scauri*), 204 (Albéric crée un monastère dans sa propre maison : Sainte-Marie *in aventino*) et 403. Sur la réforme de Farfa, ZIMMERMANN, *Das dunkle Jahrhundert*, p. 90-91 et *Papstabsetzungen des Mittelalters*, Graz, 1968, p. 77-92 et 235-272.

l'on assista à un réel renouveau de la discipline ecclésiastique. Son fils, le jeune Octavien, devenu pape en 955 sous le nom de Jean XII, est censé avoir ruiné cette fragile renaissance ; le célèbre récit des prétendus désordres de toute espèce qui auraient eu lieu sous son règne est si célèbre et a tant servi de pierre angulaire aux tentatives de démonstration d'une déchéance de Rome au Xe siècle (donc à la ruine de sa liturgie traditionnelle, sujet de notre étude) que nous ne pouvons nous dispenser d'y revenir[1], en accomplissant pour cela un détour historiographique.

Les deux textes de Liutprand de Crémone († 972) sur lesquels repose en effet notre connaissance de cet épisode[2], l'*Antapodosis* et le *De rebus gestis Ottonis*, ont facilité la naissance de généralisations abusives ; bien souvent, on a cru Liutprand sur parole et on en a conclu à une déchéance de la papauté et de la culture religieuse romaine au Xe siècle, entraînant comme conséquence logique et inéluctable l'adoption du grégorien. Cela nous semble largement exagéré, comme nous allons essayer de le montrer.

Jean XII est accusé par Liutprand d'avoir passé ses journées à banqueter en compagnie de femmes de mauvaise vie, d'avoir négligé ses devoirs religieux les plus élémentaires (quand il célébrait la messe, il ne croyait pas digne de lui de communier), d'avoir vécu en blasphémateur (il ordonnait les diacres dans les écuries) et en simoniaque (les évêchés étaient à vendre au plus offrant). Il serait finalement mort entre les bras d'une femme mariée. Tout cela est hautement rocambolesque. Seuls les préjugés de certains historiens modernes, comme le cardinal Baronius[3], ont pu permettre le colportage de telles fables, comparables à l'histoire de la

---

1. L'affaire est résumée sous une forme classique par ANDRIEU, *Les OR*, t. I, p. 511 s.

2. *De rebus gestis Ottonis Magni Imperatoris*, cap. X : *Liutprandi episcopi Cremonensis Opera*, 3e éd., MGH, *Scriptores rerum germanicarum in usum scholarum*, t. 41, éd. J. BECKER, Hanovre-Leipzig, 1915 (rééd. Hanovre, 1977), p. 159-175 (*cap.* X, p. 167).

3. Sur son rôle dans la formation de la légende du « *saeculum obscurum* », ARNALDI, « Mito e realtà », p. 47 s. ; F. SCHNEIDER, *Rom und Romgedanke*, p. 179 ; ZIMMERMAN, « Der Bischof von Rom », p. 643-645 et « Die Päpste des "dunklen Jahrhunderts" », p. 70-71 ; H. FUHRMANN, « Widerstände gegen den päpstlichen Primat im Abendland », dans : *Il primato del vescovo di Roma nel primo millenio*, cité du Vatican, 1991, p. 728 ; G. DE LIBERO, *Cesare Baronio, padre della storia ecclesiastica*, Rome, 1939 et H. JEDIN, *Kardinal Caesar Baronius. Der Anfang der katholischen Kirchengeschichtsschreibung im 16. Jahrhundert*, Munster, 1978.

papesse Jeanne. Le jeune pape [1] était en réalité le fils d'un homme cultivé et sincèrement pieux ; il a donc reçu l'éducation d'un prince distingué et éclairé. Nous savons d'autre part qu'il a poursuivi activement la restauration du Latran et la réforme de Subiaco et de Farfa, de même qu'il a réuni un synode romain pour combattre la simonie et qu'il a cherché à mener une diplomatie indépendante [2]. Ses contemporains le considéraient comme un pape légitime : les archevêques anglais continuaient à se rendre *ad limina* pour recevoir leur pallium, et tout l'épiscopat occidental continuait à écrire à Rome pour prendre conseil ou demander des directives ou des privilèges [3]. Parmi les contemporains, nul ne semble donc avoir remarqué quoi que ce soit d'anormal dans la conduite de Jean XII.

Il ne faut pas oublier d'autre part que Liutprand était l'obligé de l'empereur, qui l'avait fait sacrer évêque de Crémone en 961, quand il s'était rendu maître de l'Italie du Nord [4]. Le récit de Liutprand est donc rien moins qu'impartial. Son but est de justifier la légitimité du synode romain qui, sous la présidence d'Otton [5], jugea et déposa illégalement le pape, en faveur d'un laïc, le protoscriniaire Léon, malgré l'opposition violente des Romains, qui étaient très attachés à leur jeune pape [6]. Chacun s'accorde à reconnaître la perfidie qui anime Liutprand envers Rome ainsi que son

1. Santifaller, *Zur Geschichte*, p. 172-175 ; W. Chraska, *Johannes XII. Eine Studie zu einem problematischen Pontifikat*, Aalen, 1973 ; Zimmermann, *Papstabsetzungen des Mittelalters*, Vienne, 1968, p. 259 s.

2. Zimmermann, *Das dunkle Jahrhundert*, p. 135 et « Der Bischof von Rom », p. 653.

3. Zimmermann, *Das dunkle Jahrhundert*, p. 136 et « Der Bischof von Rom », p. 654 ; Fichtenau, « Vom Ansehen des Papsttums », p. 119-120.

4. Sutherland, *Liudprand of Cremona*, p. 78 ; Zimmermann, « Der Bischof von Rom », p. 652.

5. Et non sur son ordre ; si la déposition de Jean avait été le fait de la seule volonté de l'empereur, il s'y serait certainement pris autrement. Quel intérêt avait-il en effet à faire élire un simple laïc ? Cela allait rendre beaucoup plus difficile la reconnaissance et la légitimation de Léon VIII, et Otton ne pouvait manquer de le savoir pertinemment. L'existence d'un parti romain opposé à Jean, et la réalité de l'élection de Léon grâce à l'influence de ce parti (non par ordre exprès d'Otton qui, du reste, connaissait à peine l'ancien protoscriniaire, qu'il avait dû rencontrer une seule fois), semblent donc avérées ; du reste, aucune des sources ne dit que l'empereur ait imposé une créature et le synode qui a décidé la déposition a siégé si longtemps qu'on ne saurait parler de parodie de procès, bien au contraire : les débats ont été longs et sérieux : Zimmermann , « Parteiungen und Papstwahlen », notamment p. 330, 334, 337-339.

6. Cette information est donnée par les actes du synode que Jean XII réunit à

goût pour les calomnies[1]. Pour justifier le coup de force, il explique que l'intervention d'Otton était indispensable pour libérer le trône de Pierre de la prostitution de Marozie et de l'impiété de Jean XII. Ces récits fabuleux n'auraient aucune importance, s'il n'était que la vision classique du Xe siècle romain repose en grande partie sur l'*Antapodosis* et sur le *De rebus gestis Ottonis*. Ainsi, Abbon de Fleury, qui était très favorable à la rénovation ottonienne, partageait déjà cette version des faits[2], qui est responsable de la théorie d'une grégorianisation de Rome au Xe siècle provoquée par le déclin culturel de l'*Urbs* et l'influence salvatrice des Ottoniens.

Pourtant, le fait que le savant abbé de Ferrières, Loup († env. 862), ait eu l'idée de s'adresser au pape Benoît III (855-858) pour lui demander de lui prêter des manuscrits d'œuvres classiques ou patristiques introuvables en France[3], indique que les hommes cultivés de cette époque considéraient les bibliothèques romaines comme les plus riches de leur temps et qu'ils s'adressaient au pape quand ils voulaient obtenir des ouvrages particulièrement rares. Rome n'a donc jamais cessé d'être un foyer savant et spirituel de première importance. D'autre part, les IXe et Xe siècles ont compté des papes remarquables : il suffit de penser à Jean VIII (872-882), qui couronna empereur Charles le Chauve à la Noël 875 puis Charles le Gros, dernier grand empereur carolingien, le 12 février 881, et dont Jean Diacre Hymmonides, qui lui dédia sa *Vita Gregorii*, faisait un nouveau saint Grégoire le Grand[4]. Le pontificat de Jean X (914-928),

---

Rome pour condamner Léon VIII, après le départ d'Othon (MANSI, *Sacrorum conciliorum...*, t. XVIII, col. 472). Pour faire du protoscriniaire un pape, on dut le promouvoir successivement à tous les ordres sacrés, en l'espace de quarante-huit heures, contrairement à la règle des interstices ; voir ANDRIEU, « La carrière ecclésiastique », p. 109-110 ; SUTHERLAND, *Liudprand of Cremona*, p. 83-84. Voir ZIMMERMANN, « Die Päpste des "dunklen Jahrhunderts" », p. 74-75.

1. VINAY, « La "Commedia" di Liutprando », p. 392, 408, 421 ; PIAZZONI, « Biografie dei papi », p. 375, 381 ; STAUBACH, « Historia oder Satira ? », p. 465 ; ARNALDI, « Mito e realtà », p. 40 ; LEYSER, « Ends and Means in Liudprand », p. 137 ; SCHUMMER, « Liudprand of Cremona », p. 201 ; GUSSONE, *Thron und Inthronisation*, p. 214.

2. AIMOIN DE FLEURY, *Vita Abbonis* XI, éd. *PL* 139, 401 ; voir BEZZOLA, *Das Ottonische Kaisertum*, p. 155-156.

3. MGH, éd. DÜMMLER, *Ep.* 103, p. 90-91 ; éd. L. LEVILLAIN, *Ep.* 100, t. II, p. 121-125 ; voir PELLEGRIN, « Les manuscrits de Loup », p. 21-23 et VON SEVERUS, *Lupus von Ferrières*, p. 79 et 125.

4. ZIMMERMANN, « Die Päpste des "dunklen Jahrhunderts" », p. 71-72.

ancien archevêque de Ravenne, fut lui aussi un pontificat de
haute tenue : il fit redécorer le Latran, couronner empereur
Bérenger de Frioul (915) et fut l'âme de l'armée qui écrasa
les Sarrasins au Garigliano (916) ; son activité diplomatique
avec les Balkans et l'Orient fut intense [1]. Quant aux « papes
allemands », dont nous allons reparler, tous furent d'honorables, voire de remarquables, successeurs de Pierre ; c'était
notamment le cas de Léon IX (1049-1054 [2]). Nous pouvons
donc conclure qu'il ne faut pas exagérer l'importance d'un
certain nombre de dysfonctionnements, qui ont pu donner
l'impression fausse d'un naufrage complet. En définitive, la
version des faits alléguée par Liutprand relève avant tout
d'un antique *topos* littéraire, la critique de Rome, sentine de
tous les vices, la grande Prostituée (Ap 17) et la maîtresse
de fausseté. Ce genre littéraire remonte au moins à la troisième *Satire* de Juvénal et aussi à Salluste [3].

La seconde source sur laquelle repose la mauvaise réputation de Jean XII est le discours d'Arnoul d'Orléans au
concile de Saint-Basle de Verzy, près de Reims, en juin 991.
Ce discours très virulent est l'un des manifestes du « gallicanisme » du Xe siècle ; il s'attaque avec violence à Rome,
explicitement traitée de grande Prostituée, en des termes que
n'aurait pas démentis Juvénal. Il trouve sa source dans la
rivalité qui opposait Hugues Capet à Charles de Lorraine,
le dernier Carolingien. Grâce à la trahison de l'évêque de
Laon, Adalbéron, Hugues avait fini par capturer Charles en
compagnie de son allié Arnoul, archevêque de Reims, bâtard
de Lothaire IV et neveu de Charles de Lorraine, qu'Hugues
avait lui-même nommé sur le siège de Reims peu de temps
auparavant. Hugues décida de juger Arnoul pour trahison (il
avait violé le serment de fidélité qu'il avait prêté au Capétien) et réunit à cet effet tous les évêques du *regnum* pour
un synode, les 17 et 18 juin 991, à l'abbaye Saint-Basle de
Verzy. Or, le pape Jean XV étant resté silencieux pendant
le déroulement de l'affaire qui opposait Charles de Lorraine

---

1. ZIMMERMANN, *Das dunkle Jahrhundert*, p. 44-56.

2. WATTENBACH et HOLTZMANN, *Die Zeit der Sachsen*, IIIe partie, *Italien*, p. 848.

3. BENZINGER, *Invectiva in Romam*, p. 39-43 ; FICHTENAU, « Vom Ansehen des
Papsttums », p. 122 ; P. LEHMANN, *Die Parodie im Mittelalter*, Stuttgart, 1963
(2e éd.), p. 25-68 ; G. TELLENBACH, « Die Stadt Rom in der Sicht ausländischer
Zeitgenossen », dans : *Ausgewählte Abhandl. und Aufsätze* I, Stuttgart, 1988,
p. 265-304.

et Arnoul de Reims au Capétien, le concile tourna vite en une sorte de procès de la papauté : Arnoul, l'évêque d'Orléans, prononça un violent réquisitoire contre Rome et les papes, dans lequel il rappelait le souvenir récent des « dévergondages » de Jean XII, traitait Jean XV d'Antéchrist et faisait l'éloge d'Otton Ier et de son fils, sur un ton très proche de celui de l'*Antapodosis* de Liutprand[1]. Ce discours avait été largement inspiré par Gerbert d'Aurillac, futur pape, pour l'heure chanoine de Reims, qui avait cru devenir archevêque de Reims à la mort d'Adalbéron, mais Hugues lui avait préféré Arnoul de Reims ; Gerbert devait finalement devenir archevêque de cette métropole à l'issue de ce concile. Or, Abbon de Fleury était présent à Saint-Basle ; cela explique que sa pensée concorde avec celle d'Arnoul d'Orléans. Quant à Gerbert, il avait rencontré Otton Ier à Rome lors de son voyage de 970 et s'était mis à son service[2]. L'affaire entraîna l'excommunication de Gerbert par Jean XV au concile de Mouzon, en 995. Le discours d'« Arnoul-Gerbert » a été réutilisé au XVIe siècle par les Protestants, qui prétendaient en tirer argument pour justifier leur rejet du « papisme » et de ses « débauches[3] ». De leur côté, les Gallicans y virent un précédent faisant jurisprudence et démontrant que l'Église de France avait traditionnellement le droit de régler ses problèmes sans en appeler à Rome[4].

Liutprand, Gerbert, Abbon et Arnoul d'Orléans ont donc le même commun dénominateur : ils sont proches des Ottoniens, soit qu'ils les servent directement, soit qu'ils les admirent. Cela ne peut que nous amener à critiquer leurs affir-

---

1. Le texte du discours a été édité par PERTZ, MGH, *SS*, t. III, Hanovre, 1839, p. 672. Voir RICHÉ, *Gerbert d'Aurillac*, p. 126-136 ; CONGAR, *L'Ecclésiologie*, p. 180-186 ; MACCARRONE, « La teologia del primato romano del secolo XI », dans : *Romana Ecclesia Cathedra Petri* I, Rome, 1991, p. 553 ; H. ZIMMERMANN, « Die Beziehungen Roms zu Frankreich im Saeculum obscurum », dans : R. GROSSE (éd.), *L'Église de France et la Papauté*, Bonn, 1993, p. 43-46 ; S. VACCA, *Prima sedes a nemine iudicatur. Genesi e sviluppo storico dell' assioma fino al Decreto di Graziano*, Rome, 1993, p. 151-155 ; M. BUR, *La Formation du comté de Champagne (v. 950-v. 1150)*, Nancy, 1977, p. 121.

2. RICHÉ, *Gerbert d'Aurillac*, p. 33, 165.

3. Sur la reprise de ce stéréotype par la rhétorique des protestants allemands, qui opposaient la « corruption » de Rome aux « vertus » des Ottons, FALCO, *La polemica*, p. 80.

4. V. MARTIN, *Les Origines du gallicanisme* I, Paris, 1939, p. 89-90 (définition p. 31).

mations et, partant, à penser que l'idée d'une grégorianisation d'une liturgie romaine décadente au Xe siècle n'est rien
d'autre qu'un poncif. Si l'on en croit la vulgate liturgique,
entre la mort de Grégoire le Grand (fin de l'époque patristique, la « belle époque ») et l'avènement de Grégoire VII (fin
du terrible « âge de fer » et début du « redressement »), la
papauté, Rome et la culture romaine auraient connu une
longue déchéance, pendant laquelle elles auraient subi le
joug du pouvoir laïque, carolingien puis ottonien. Cette
vision réductionniste de l'histoire de Rome repose sur une
historiographie obsolète. Nous pouvons donc conclure : le
chant grégorien n'est pas arrivé à Rome à cause d'une décadence, mais à la faveur d'une réforme de l'Église. L'adoption
du grégorien n'est donc pas la preuve du déclin de la
papauté, mais au contraire le signe qu'elle veut se réformer
et que, pour ce faire, elle va chercher ce qui existe de meilleur comme moyens de réforme.

À cause de son indépendance, Jean XII fut déposé et
Otton Ier, à partir de 963[1], puis ses successeurs, imposèrent
une série de papes allemands (ou français, comme Sylves-
tre II, Gerbert d'Aurillac) qui appartenaient à leur parentèle
(Grégoire V était le cousin d'Otton III) ou qui s'étaient
signalés à eux par leur compétence à résoudre des problèmes
difficiles et par leur fidélité. Il en est ressorti une expression
fameuse mais injuste, les « papes allemands », qui semble due
à Grégoire VII. Il faut s'entendre : cela ne signifie nullement
que la Chaire de saint Pierre fut alors occupée par une série
de personnages serviles, qui auraient imposé à Rome des
coutumes germaniques et à la tyrannie desquels l'élection de
Grégoire VII aurait mis fin[2]. En réalité, la réforme grégorienne n'a rien changé de radical, car les papes allemands
étaient déjà tout acquis aux idées de réforme. Leur liturgie,
« romaine » (c'est-à-dire romano-franque) et leur chant,
« grégorien », ne possédaient aucune particularité germanique ; partout où ils sont passés, ils ont d'ailleurs bataillé

1. TOUBERT, *Les Structures du Latium*, t. II, p. 935 s. ; FRECH, « Die deutschen
Päpste » (uniquement pour les pontifes ayant régné sous les Saliens, de Clément II
à Étienne IX).

2. G. TELLENBACH, « Zur Geschichte der Päpste », p. 170 ; K. J. HERRMANN, *Das
Tuskulanerpapsttum (1012-1046). Benedikt VIII., Johannes XIX., Benedikt IX.*, Stuttgart, 1973, p. 29.

pour imposer la liturgie « romaine [1] ». Ces papes n'ont pas plus mené de politique « allemande » que leur prédécesseur Sergius et les « papes grecs » n'avaient mené de politique « byzantine ». Il convient donc de se méfier du succès de la formule de Grégoire VII, qui laisse supposer injustement que ces années auraient été marquées par une sorte de longue parenthèse non romaine. À bien des égards, Grégoire VII n'a fait que reprendre ce que ses prédécesseurs avaient déjà commencé.

La naissance de la Curie moderne et l'histoire du chant liturgique romain.

Il en résulta une réelle renaissance de la papauté, grâce à ces pontifes imposés certes par l'autorité impériale, mais néanmoins sincèrement acquis aux idées de réforme de l'Église, notamment par le biais du développement de la cour pontificale, de la modernisation de ses différents bureaux et de la naissance de la Curie, sur le modèle ottonien. Au début du IXe siècle, l'administration de la *Respublica* de saint Pierre était très élaborée : c'était sans doute la plus efficace d'Europe occidentale [2]. Elle reposait avant tout sur sept personnages principaux, qui existaient au moins depuis la fin du VIe siècle [3] : le *primicerius* et le *secundicerius* des notaires, le *primicerius* des *defensores*, le *sacellarius*, l'*arcarius*, le *vestatarius*, le *nomenclator*, auxquels on peut ajouter le *superista*, le *vicedominus* et, à partir du VIIIe siècle, le *bibliothecarius* et le *protoscriniarius*.

Le *primicerius* et le *secundicerius* des notaires étaient à la tête de l'importante *schola* des notaires, qui remonte au moins à saint Grégoire [4]. La dignité de *primicerius*, y compris celle de *primicerius notariorum*, était très répandue dans

---

1. FRECH, « Die deutschen Päpste », p. 323, donne un bon exemple pour Léon IX.
2. NOBLE, *The Republic*, p. 228.
3. ANDRIEU, *Les OR*, t. II, p. 38-46 ; NOBLE, *The Republic*, p. 216-250 ; MARTIMORT, *Les « ordines »*, p. 43.
4. NOBLE, *The Republic*, p. 218-219. À Milan, au XIIe siècle, il existait un *primicerius* à la tête de chaque *ordo* : notaires, *Schola cantorum*, prêtres, etc., possédaient chacun leur *primicerius* : c'est attesté par Beroldus, éd. M. MAGISTRETTI, *Beroldus sive Ecclesiae Ambrosianae Mediolanensis Kalendarium et ordines saec. XII*, Milan 1894, par ex. p. 35 et n. 4, p. 152-155.

l'administration de l'Empire chrétien ; elle est attestée par la *Notitia Dignitatum* au IVᵉ siècle [1]. Les *notarii* étaient les conseillers personnels du pape ; ils s'occupaient également des archives et de la chancellerie *(scrinium)*. Les *defensores*, comme les diacres, étaient régionnaires et, par conséquent, au nombre de sept ; saint Grégoire les avait organisés en *schola* en 598. Leur rôle était de protéger les pauvres, de superviser la distribution des aumônes et de servir de juges de paix pour les affaires mineures. Le *sacellarius*, aidé de l'*arcarius*, dirigeait les services financiers ; il pouvait également occuper temporairement les fonctions de nonce [2], voire de plus hautes charges : le pape Grégoire II fut *sacellarius* avant de monter sur le trône de Pierre. Le *vestatarius*, enfin, était responsable de tous les objets utilisés par le culte : vaisselle et linges sacrés ; il était aidé par le *nomenclator*, qui était à la fois cérémoniaire et chef du protocole.

Le *superista* était le commandant en chef de l'armée pontificale ; il finit par éclipser dans ce domaine le duc de Rome. Quant au *vicedominus*, c'était le maire du palais du Latran ; à ce titre, il commandait aux *mansionarii* (les employés du *patriarchium*) et aux *cubicularii*, qui étaient de jeunes *nutriti* qui commençaient leur carrière en se formant dans les bureaux de l'administration pontificale ; un certain nombre d'entre eux, enfants, avaient appartenu à la *Schola cantorum*, qui était en quelque sorte l'antichambre de la fonction de *cubicularius*. À ces fonctions anciennes, héritées de la fin de l'Antiquité tardive, il convient d'ajouter pour terminer le *bibliothecarius* et le *protoscriniarius*, qui n'acquirent de l'importance que dans le courant du VIIIᵉ siècle.

Cette structure, sans doute assez en avance sur son temps au début du IXᵉ siècle, semble ne plus avoir évolué ou, en tout cas, pas assez vite. Elle prit ainsi un certain retard et, à la fin du Xᵉ siècle, elle était devenue insuffisante pour les besoins de plus en plus grands de l'administration de l'Église latine. Sa rénovation fut entreprise à l'initiative des « papes allemands » ; loin d'être une marque d'asservissement ou d'inféodation de la papauté au pouvoir de l'empereur, ce

---

1. O. SEECK, *Notitia dignitatum*, Berlin, 1876 (rééd. Francfort, 1962), *indices*, p. 307 ; voir P. S. BARNWELL, *Emperors, prefects & kings. The Roman West, 395-565*, Londres, 1992, p. 161.

2. HALPHEN, *Études*, p. 38 ; ELZE, « Das *Sacrum Palatium Lateranense* », p. 52.

n'était guère que la reprise de la vieille politique d'alliance entre la papauté et l'empereur, contre l'aristocratie romaine, qui était une stratégie traditionnelle des papes depuis que Charlemagne et Léon III avaient fait cause commune contre la parentèle du défunt pape Hadrien, en 799-800. En ce sens, c'est plutôt la période d'Albéric II qui fait figure d'épisode anormal : une alliance de la noblesse romaine et de la papauté contre l'empereur, non celle des « papes allemands ».

L'un des meilleurs indices de la rénovation de l'administration romaine est l'apparition de l'expression *Sacrum Palatium Lateranense* ; attestée pour la première fois en 813, elle devint fréquente après 950 et remplaça le vieux vocable *Patriarchium*. Dans cette structure, sept *iudices* pontificaux constituaient le sommet de la hiérarchie administrative des bureaux pontificaux vers 950, sur le modèle des *iudices* de la cour impériale. On semble avoir imité l'organisation du *palatium* impérial de Pavie ; du reste, Jean XIV, élu en 983 grâce à l'intervention d'Otton II, avait été évêque de Pavie et archichancelier de l'Empire [1]. On peut saisir les modifications apportées au gouvernement temporel de l'Église romaine de deux manières : d'une part, grâce aux descriptions de la liturgie stationnale, qui donnent l'ordre des préséances et énumèrent donc l'ensemble des participants, en indiquant leurs fonctions et leurs titres ; d'autre part, grâce à la titulature des signataires des diplômes émis par la chancellerie pontificale, réorganisée vers 970 sur le modèle ottonien. C'est ainsi qu'eut lieu sous Jean XV la première apparition du titre de *notarius et scriniarius sacri palatii*, qui est le signe de la naissance d'un corps de notaires spécialisés, alors que jusque-là il n'existait à Rome qu'un corps unique de notaires ; la chancellerie était dirigée par un évêque *bibliothecarius*. L'augmentation très importante du nombre des diplômes émis par la chancellerie a entraîné la création d'un second responsable, le *cancellarius sacri palatii*, attesté pour la première fois en 1005 environ.

Cette réforme a notamment été marquée par une nette modification du rôle joué par les diacres et le collège diaconal. Les diacres sont passés de sept à dix-huit, et la naissance du collège cardinalice est un fait acquis vers la fin du

---

1. SALMON, *L'Office divin au Moyen Âge*, p. 133 ; ELZE, « Das *Sacrum Palatium Lateranense* », p. 29 et 34.

XIe siècle : un diplôme de Léon IX parle pour la première fois du titre de *cardinalis diaconus* en 1049 [1]. On recrute de plus en plus de cardinaux étrangers aux familles romaines, ce qui n'a pu manquer d'avoir des retentissements sur la vie liturgique romaine.

Il faut y ajouter l'introduction de profondes modifications à l'intérieur de la chapelle pontificale [2]. Le titre nouveau de *capellanus* est attesté pour la première fois en 1026 ; c'est généralement un évêque. Ce n'est toutefois qu'avec Urbain II (1088-1099) et son successeur Pascal II (1099-1118) que le mot *capellanus* acquiert son sens moderne de « haut dignitaire assistant le pape ». Grande est l'importance des sous-diacres ordonnés par le pape lui-même : ils ne dépendent que de lui, non de l'évêque de leur diocèse d'origine ; de nombreux sous-diacres et chapelains deviennent cardinaux, alors qu'il est très rare qu'ils deviennent évêques. Les chapelains étaient rarement prêtres ; souvent sous-diacres, ils vivaient en communauté au Latran, sans doute depuis Anastase IV (1153-1154).

Pour finir sur ces réformes, Innocent III a réorganisé la chancellerie. Elle est désormais dirigée par des cardinaux qui sont d'anciens chapelains. Sous Innocent IV, on commence à saisir le début d'une nouvelle évolution : l'essor du nombre des chapelains, dont la plupart ne résident pas à Rome, mais dans les différentes provinces de la chrétienté latine, pour y défendre les intérêts de Rome. Leur nombre passe de cinquante à deux cents environ ; comme ils n'appartiennent plus à l'entourage du pape, ils sont chapelains à titre honorifique. Par conséquent, les bureaux romains s'internationalisent : ces chapelains honoraires sont rarement romains, mais plutôt originaires d'autres villes d'Italie, puis, au XIIe siècle, non italiens [3]. La chapelle pontificale était dirigée au XIIIe siècle par le camérier ; son rôle était de s'occuper du Trésor et des Finances. Les camériers étaient alors majoritairement des Italiens non romains. L'apogée de la chapelle

---

1. BRODERICK, « The Sacred College », p. 8-9 ; HÜLS, *Kardinäle*, p. 3-44 ; FÜRST, *Cardinalis*, p. 99-111 ; ROBINSON, *The Papacy*, p. 35-36, 51 s.
2. COWDREY, *The Age of Abbot Desiderius*, p. 55.
3. ELZE, « Die päpstliche Kapelle », p. 190-192 ; BRODERICK, « The Sacred College », p. 16-19 ; ROBINSON, *The Papacy*, p. 71-73 ; J. VERGER, « Les juristes languedociens et l'Italie au XIIIe siècle », dans : P.-M. GY (éd.), *Guillaume Durand, évêque de Mende*, Paris, 1992, p. 55-56.

pontificale se situe du reste au XIIIe siècle ; ensuite, les chapelains sont devenus des chapelains au sens moderne du mot, c'est-à-dire qu'ils ont été réduits à leur fonction spirituelle [1].

Cette internationalisation du haut clergé romain est certainement l'un des principaux facteurs qui ont contribué à répandre le chant grégorien à Rome, notamment dans les églises (les vieux *tituli*) dont les cardinaux étrangers étaient titulaires. C'est très vraisemblablement ce qui explique la grégorianisation partielle du graduel de Sainte-Cécile [2] ; il s'est agi d'une lente infiltration. Ce phénomène s'est naturellement amplifié à partir du XIIIe siècle et surtout au XIVe siècle, quand la papauté d'Avignon en vint à créer une majorité de cardinaux français, qui ne connaissaient que le chant grégorien [3].

Le Pontifical romano-germanique (PRG), les Ottons et la liturgie de Rome [4].

L'arrivée du PRG (vecteur du chant grégorien) à Rome est traditionnellement fixée au plus tard à l'époque des ordinations des papes Léon VIII (6 décembre 963) et Jean XIII (1er octobre 965), après la déposition de Jean XII. On pense en effet que ces ordinations n'ont pas été faites selon le rite

1. ELZE, « Die päpstliche Kapelle », p. 203.
2. Sur les cardinaux titulaires de cette église aux XIe et XIIe siècles, liste dans HÜLS, *Kardinäle, Klerus*, p. 154-157. Sur la naissance du lien entre chaque cardinal et un *titulus*, FÜRST, *Cardinalis*, p. 60-62.
3. Sur l'importance nouvelle prise par les cardinaux et les curialistes originaires d'Allemagne au XIVe siècle, C. SCHUCHARD, *Die Deutschen an der päpstlichen Kurie im späten Mittelalter (1378-1447)*, Tübingen, 1987. Sur la composition du Sacré Collège (par nations), de Clément V à Grégoire XI, B. GUILLEMAIN, *La Cour pontificale d'Avignon (1309-1376). Étude d'une société*, Paris, 1962, p. 183-192 : à la prépondérance italienne du XIIIe siècle (jusqu'en 1304) succède une prépondérance française.
4. « Le pontifical résulte, en principe, de la combinaison entre *ordines* (livrets contenant la description des rites à accomplir) non eucharistiques et des formulaires correspondant au sacramentaire (qui contient les formulaires euchologiques, mais non la description des cérémonies) » (VOGEL, *Le PRG*, t. III, p. 3, n. 1). Voir LEROQUAIS, *Les Pontificaux*, p. XVIII et ANDRIEU, *Les OR*, t. I, p. 473. Le *PRG* est une compilation d'*ordines* romains hybridés par des éléments francs (d'où son nom « romano-germanique »), effectuée vers 950 par un moine de l'abbaye Saint-Alban de Mayence : VOGEL, *Le PRG*, t. III, p. 5 ; ANDRIEU, *Les OR*, t. I, p. 494-506 ; E. PALAZZO, *Les Sacramentaires de Fulda*, Münster, 1994, p. 153-156. Le contenu du *PRG* est par la suite substantiellement entré dans le pontifical romain moderne.

romain traditionnel, mais selon le rite romano-franc, ce qui constituerait *ipso facto* la preuve de la présence du PRG dans l'*Urbs*[1], donc le premier indice daté de l'arrivée à Rome des coutumes liturgiques franques. Le problème est qu'on a récemment découvert dans des manuscrits italiens du Xe siècle un rituel des ordinations proche de celui du sacramentaire gélasien du VIIIe siècle, lequel pourrait par conséquent avoir été utilisé pour les ordinations de Léon VIII et de Jean XIII, et non le PRG, comme on le croyait jusque-là[2]. Il semble en revanche que le PRG (ou en tout cas un *ordo* contenu dans cette compilation, la *Benedictio reginae*) ait bien été utilisé pour le couronnement de l'impératrice Théophano, épouse d'Otton II, le 14 avril 972, à Rome, dans la basilique Saint-Pierre[3].

Le second moyen traditionnel de dater l'arrivée du PRG à Rome est une décision du pape Grégoire V (996-999) — le premier des « papes allemands » —, datée du 22 avril 998[4] qui, à la demande d'Otton III, qui lui même cédait au désir de l'abbé Alawich II (997-1000), accorde divers privilèges à l'abbaye de Reichenau : l'abbé et ses successeurs ne dépendront plus de l'ordinaire pour la bénédiction abbatiale, mais la recevront du pape lui-même, privilège très rare dans l'Allemagne de cette époque[5] ; quand il célébrera la messe, l'abbé de Reichenau aura le droit de porter la dalmatique et les sandales, comme un évêque. L'abbé Alawich était très proche de l'empereur et l'avait accompagné en 998 dans son voyage en Italie ; il avait reçu à cette occasion la bénédiction abbatiale du pape Grégoire V[6]. Les moines, en échange, devront à chaque bénédiction abbatiale fournir au pape un sacramentaire, un évangéliaire, un épistolier et deux chevaux blancs. Naturellement, les livres en question, notamment le

---

1. ANDRIEU, *Les OR*, t. I, p. 514 ; VOGEL, *Le PRG*, t. III, p. 49. Dom B. BAROFFIO (« I libri liturgici : specchio della cultura », p. 255-256) note que les plus anciennes copies italiennes du PRG datent de la fin du Xe siècle.

2. REYNOLDS, « The Ritual of Clerical Ordination », p. 438-439.

3. GUSSONE, « Trauung und Krönung », p. 170.

4. JAFFÉ, *Regesta*, t. I, n° 3881, p. 493 ; H. ZIMMERMANN, *Papstregesten 911-1024*, Vienne, 1969, n° 825, p. 329-330 et *Papsturkunden 896-1046*, t. II, Vienne, 1985, n° 592 p. 1117-1118 ; SANTIFALLER, *Zur Geschichte*, p. 72 ; VOGEL, *Le PRG*, t. III, p. 49, n. 92 ; ANDRIEU, *Les OR*, t. I, p. 515, n. 3.

5. MAURER, « Rechtliche Anspruch », p. 264 ; GÖLLER, « Die Reichenau als römisches Kloster », p. 440-442.

6. MAURER, « Rechtliche Anspruch », p. 263-265 ; ZIMMERMANN, *Papstregesten*, p. 329.

sacramentaire, ne pouvaient guère être que des livres romano-francs. Vogel en a tiré la conclusion que les *scriptoria* romains étaient alors incapables de fournir des livres au pape [1] ; c'est un contresens. En effet, par ce document, Reichenau ne devenait pas le fournisseur exclusif du pape dans le domaine des livres nécessaires au culte ; c'était seulement un cadeau, une sorte de don recognitif, visant à marquer symboliquement les liens privilégiés créés entre Rome et l'abbaye, en remerciement des privilèges concédés [2], comme le prouve sans équivoque l'obligation de fournir en outre deux chevaux : qui oserait en conclure à une pénurie dans les haras italiens ? Offrir ce genre de cadeaux était un moyen banal et très souvent employé par une abbaye pour remercier un pontife qui venait de lui octroyer un privilège [3]. De toute façon, dans l'Antiquité tardive, l'*oblatio equorum* à l'empereur, fixée par le Code théodosien, était de règle pour un haut fonctionnaire bénéficiant d'une nomination ou d'une promotion [4].

Cette lettre de Grégoire V, traditionnellement alléguée pour montrer par quelles voies la liturgie carolingienne est arrivée à Rome, ne parle pas des livres de chant, mais seulement des livres de tradition écrite, qui contiennent les lectures et les oraisons. C'est la preuve que le chant romain a réussi à subsister avec plus de succès que les textes euchologiques. Ainsi, de même que le chant romain a été la partie de la liturgie de l'*Urbs* qui fut adoptée en dernier par les Francs, le chant grégorien a été la partie de la liturgie carolingienne qui s'imposa en dernier à Rome. Ce phénomène est simplement dû au caractère propre de la tradition orale ; pour implanter une liturgie étrangère à un endroit déterminé, il suffit d'avoir un sacramentaire et un lectionnaire. Le problème est tout différent pour les chants : les livres ne suffisent pas, la portée guidonienne n'ayant été inventée que dans le courant de la première moitié du XIᵉ siècle : il est

---

1. Vogel, *Medieval Liturgy*, p. 247, n. 271. Voir ANDRIEU, *Les OR*, t. I, p. 515.

2. MAURER, « Rechtliche Anspruch », p. 265 et n. 68 ; ZIMMERMANN, *Papstregesten*, p. 329.

3. Nombreux exemples : A. STOCLET, « La *Clausula de unctione Pippini* », p. 39, pour Saint-Gall ; GÖLLER (« Die Reichenau als römisches Kloster », p. 441) cite le cas de l'évêque de Bamberg.

4. R. DELMAIRE, *Largesses privées et « res privata ». L'« aerarium » impérial et son administration du IVᵉ au VIᵉ siècle*, Rome, 1989, p. 314. Il s'agissait de l'offrande de trois chevaux, renouvelable tous les quatre ans.

nécessaire de faire venir des chantres, puisque la notation neumatique n'indique pas encore la hauteur absolue des notes et ne constitue donc qu'une sorte d'aide-mémoire. C'est pourquoi les chants sont toujours la partie la plus solide de la liturgie. Si le pape Grégoire V n'a pas demandé de livres de chant à Reichenau, c'est parce qu'il savait qu'ils lui auraient été inutiles, puisqu'ils n'avaient pas cours à Rome, en tout cas à la chapelle du pape et au Latran. Cette lettre est donc aussi une preuve indirecte de l'existence et de la solidité du chant romain ancien à la fin du Xe siècle.

Le privilège obtenu par Alawich est connu grâce à deux sources ; la première est romaine, la seconde impériale. La lettre de Grégoire V, qui ne nous est pas parvenue, a été résumée par une confirmation de Jean XIX à l'abbé Bern datée du 28 octobre 1031, ainsi que par le cardinal Deus-dedit († env. 1099[1]) : moine à Tulle, arrivé à Rome avec la suite d'un prélat inconnu, devenu cardinal à son tour en 1078, il fut l'un des plus fermes soutiens de la réforme gré-gorienne : il est d'ailleurs l'auteur d'un *Libellus contra inva-sores et symoniacos*. Sa *Collectio canonum*, qui contient le résumé en question (*Lib.* III, *can.* CCV), dédiée au pape Victor III (l'ex-abbé du Mont-Cassin Désiderius), parut en 1086 ou 1087. Deusdedit affirme avoir trouvé ce texte à Rome dans un missel du Latran, qui était vraisemblablement l'un de ces manuscrits offerts par les abbés de Reichenau au pape le jour de leur bénédiction abbatiale[2] :

Item in alio carticio tomo et in missale Lateranensis palatii legitur monasterium in Alamannia, quod Sinlezzesaugia dicitur, cum omnibus sibi pertinentiis ditioni et tuitioni sedis apostolicae subditum esse et abbas illius loci consecratur a Romano pontifice cum dalmatica et sandaliis interventu imperatoris Octonis. Debet pensionis nomine in sui consecratione codicem sacramentorum I, epistolarum I, evan-

On lit de même dans un autre registre en papyrus et dans un missel conservé au palais du Latran, que le monastère dit de Reichenau, en Alémanie, avec toutes ses possessions, relève de l'autorité et de la protection du Siège apostolique, et que son abbé, à la demande de l'empereur Otton, reçoit du pontife romain la bénédiction ainsi que la dalmatique et les sandales

---

1. Voir H. van de Wouw dans le *Lexikon des Mittelalters*, III, 4, Munich-Zurich, 1984, col. 739-740.

2. Maurer, « Rechtliche Anspruch », p. 263 ; Zimmermann, *Papstregesten*, p. 330.

geliorum I, equos albos II ; habet privilegia a Romanis pontificibus[1]. pontificales. À titre de cens en échange de sa consécration, cet abbé doit offrir un sacramentaire, un épistolier, un évangéliaire et deux chevaux blancs ; il détient des privilèges pontificaux.

Deusdedit affirme avoir trouvé dans deux documents qu'il désigne d'une façon très vague, dont un missel du *palatium* du Latran (par opposition aux missels qu'utilisaient les chanoines qui desservaient la basilique), un texte selon lequel les abbés de Reichenau *(Sinlezzesaugia)*, en remerciement *(pensionis nomine)* de divers privilèges, devront *in consecratione* offrir au pape, à perpétuité, des manuscrits et des chevaux blancs. *In consecratione* peut aussi bien vouloir dire « en raison de la bénédiction abbatiale qu'ils ont reçue », ce qui n'excluerait pas un paiement annuel ou en tout cas répété, que « à l'occasion de leur bénédiction abbatiale », donc une fois dans leur vie. Le bref résumé de Deusdedit a été fidèlement repris par le chanoine de Sainte-Marie-Majeure, Censius, camérier des papes Clément III (1187-1191) et Célestin III (1191-1198) dans une compilation, le *Liber censuum*[2], qui visait à mettre à jour les registres dans lesquels l'Église de Rome notait les cens qui lui étaient dus.

La seconde source du privilège obtenu par l'abbé Alawich est une lettre d'Otton III[3], qui rappelle l'affaire de l'obtention du privilège, l'approuve et le confirme au moyen de la sanction impériale, en l'assortissant de menaces à l'encontre de ceux qui ne le respecteraient pas. En revanche, la lettre d'Otton ne dit rien des cadeaux demandés par Grégoire V à l'abbaye de Reichenau. Sur ce plan, Deusdedit est donc notre seule source.

Le manuscrit Vatican, Barberini lat. 711 (*olim* XIV, 84)

1. Éd. VON GLANVELL, *Die Kanonessammlung*, p. 362-363. Sur ce *tomus carticius*, voir L. SANTIFALLER, *Beiträge zur Geschichte der Beschreibstoffe im Mittelalter*, Graz, 1953, p. 42, 49, 158.

2. Le texte de Deusdedit (qui résume la lettre de Grégoire V), repris par Censius, se trouve dans : P. FABRE et L. DUCHESNE, *Le Liber censuum de l'Église romaine*, Paris, 1910, p. 350, n° 24. La comparaison entre le texte de Deusdedit et celui de Censius montre que ce dernier a fidèlement copié le cardinal.

3. Éd. MGH, *Diplomata regum et imperatorum Germaniae*, tomus II, pars prior : *Ottonis II. diplomata*, Hanovre, 1888, p. 703-705, n° 279.

est-il l'un des manuscrits offerts par Reichenau à la papauté ? C'est un lectionnaire monastique du Xe siècle qui était utilisé à Rome par l'église de San Salvatore della Corte et qui était originaire d'un endroit de l'Allemagne où le culte de saint Gall était de première importance [1]. Il a été attribué au *scriptorium* de Reichenau à cause de la mauvaise qualité des enluminures, mais l'écriture et la décoration des initiales sont bien de Saint-Gall [2]. Le catalogue de la récente exposition de Cologne date cet évangéliaire du dernier quart du Xe siècle et l'attribue à Saint-Gall, sans faire allusion à Reichenau [3]. Ce manuscrit n'est pas à l'usage de Rome, puisqu'il donne une importance de premier plan à saint Gall, qui n'appartenait pas au férial romain. C'est la preuve que les manuscrits offerts par Reichenau aux papes étaient peu utilisables à Rome, puisque leur sanctoral était celui de leur *scriptorium* d'origine, et que les papes avaient peu à attendre des cadeaux de Reichenau, d'autant plus qu'il ne s'agissait sans doute pas d'un don annuel, mais d'un cadeau qui se pratiquait lors de la bénédiction d'un nouvel abbé. Si Rome avait dépendu de Reichenau pour la fourniture de manuscrits liturgiques, il y aurait vite eu pénurie dans l'*Urbs*. Dans tous les cas, ce genre de paiement en nature pouvait fort bien se faire non avec des manuscrits contemporains, mais avec des manuscrits très anciens (carolingiens, par exemple) et, par conséquent, périmés et inutilisables [4]. Il est par surcroît clair que, quand on offre un manuscrit en cadeau à un grand personnage, cela ne signifie pas que la bibliothèque de ce dernier est vide. Ainsi, par exemple, quand les moines de Saint-Amand donnèrent une Bible (Paris, BN lat. 2) à Charles le Chauve, qui aurait oser en conclure que l'empereur ne possédait pas de Bible dans sa bibliothèque [5] ? Par conséquent, le fait qu'on offre des manuscrits liturgiques à Grégoire V (et à ses successeurs, à

---

1. SALMON, *Les Manuscrits liturgiques latins*, t. II, cité du Vatican, 1969, n° 72, p. 42-43.

2. HOFFMANN, *Buchkunst und Königtum*, t. I, p. 394 (reproduction t. II, planche 212).

3. *Vor dem Jahr 1000. Abendländische Buchkunst zur Zeit der Kaiserin Theophanu*, Cologne, 1991, p. 105-109 (notice n° 26).

4. DODWELL et TURNER, *Reichenau Reconsidered*, p. 3-4. Ce n'est pas non plus la preuve que Reichenau était devenu un grand centre de copie de manuscrits : elle était au contraire renommée pour la mauvaise qualité de ses enluminures.

5. MCKITTERICK, *The Carolingians and the Written Word*, p. 157.

perpétuité !) ne prouve nullement que ce pape et ses successeurs en manquaient ou craignaient d'en manquer. La thèse d'une décadence perpétuelle de Rome et de ses *scriptoria*, fausse à l'époque de Charlemagne et d'Hadrien, l'est encore (encore davantage ?) à l'époque des papes réformateurs du XIᵉ siècle. Les ateliers de copistes romains ont fourni aux églises de Rome tous les manuscrits liturgiques dont elles avaient besoin.

La réforme grégorienne et l'influence du Mont-Cassin.

On attribue à Grégoire VII (1073-1085) un rôle liturgique, non seulement dans la romanisation de la liturgie hispanique, mais également à Rome même. En réalité, la réforme introduite par ce pape ne s'oppose nullement à l'œuvre de ses prédécesseurs immédiats, malgré le célèbre *Teutonicis concessum est regimen nostrae Ecclesiae*, qui ne visait d'ailleurs pas les influences culturelles allemandes à Rome, mais seulement l'origine géographique de certains des précédents papes (ou celle de leurs protecteurs impériaux) et la volonté affichée par Grégoire VII d'être plus indépendant vis-à-vis du pouvoir impérial. Il n'était pas le moins du monde question de faire retour à la liturgie romaine ancienne pour le sacramentaire : pour Grégoire VII, il était évident que le sacramentaire (romano-franc) et le pontifical (romano-germanique) qu'il utilisait étaient parfaitement romains. Du reste, la réputation de réformateur de la liturgie qui est parfois attachée à son nom est dans une large mesure une création de Bernold de Constance, qui a écrit le *Micrologus de ecclesiasticis observationibus*[1] peu après la mort de Grégoire[2]. Ce remarquable commentaire de la liturgie carolingienne attribue notamment au pape la fixation des Quatre-Temps du premier mois à la première semaine du carême, l'interdiction de jeûner le samedi et le transfert de la station de la troisième messe de Noël du Vatican à Sainte-

---

1. *PL* 151, 973-1022. Sur l'importance de cet ouvrage, SCHAEFER, « Latin Mass Commentaries », p. 37.
2. ELZE, « Gregor VII. und die römische Liturgie », p. 180.

Marie-Majeure. Tout cela est naturellement pure invention : nul ne sait qui sont les responsables de ces réformes [1].

L'œuvre réformatrice de Grégoire VII se situe donc dans le droit fil de ce qu'avaient entrepris ses prédécesseurs, y compris dans le domaine liturgique. Elle a abouti à un renforcement de l'influence du chant grégorien à Rome, mais elle n'a pas réussi à éliminer le chant romain, comme le prouve le fait qu'on ait continué à copier des manuscrits romains jusqu'au début du XIIIe siècle. La seule intervention nette de Grégoire VII dans le domaine liturgique consiste dans l'accroissement très sensible du sanctoral pontifical : le calendrier liturgique de Rome, qui ne comprenait jusque-là qu'une douzaine de papes, fut complété par lui et leur nombre fut progressivement porté à quarante environ [2]. Grégoire VII ne s'intéressait nullement aux mélodies, mais uniquement aux textes liturgiques. C'est la raison pour laquelle la politique culturelle de ce pape, très active dans le domaine des textes euchologiques comme dans celui des arts figuratifs [3], s'est désintéressée des chants liturgiques.

Desiderius du Mont-Cassin et Rome : la poursuite de la grégorianisation.

Desiderius succéda à Grégoire VII sous le nom de Victor III. Ce moine était devenu abbé du Mont-Cassin en 1057 ; cardinal du titre de Sainte-Cécile du Transtévère depuis 1059 [4], il fut élu pape le 24 mai 1086 et mourut le 16 septembre de l'année suivante. Son règne fut bref, mais son influence semble avoir été réelle sur la culture et la liturgie de Rome. Son passage à la tête du *scriptorium* du Mont-Cassin a été marqué par un essor des études et de la déco-

---

1. Ce pape semble cependant être l'auteur d'une réforme de l'office par la décrétale *In die Resurrectionis* : P.-M. GY, « L'unification liturgique », *RSPT* 59 (1975), p. 603. En revanche, le changement de station à Noël semble antérieur à Grégoire VII : SCHIMMELPFENNIG, « Die Bedeutung Roms », p. 51.

2. JOUNEL, *Le Culte des saints*, p. 169-181 ; ELZE, « Gregor VII. und die römische Liturgie », p. 184 ; GY, « L'unification liturgique », dans : *Liturgie de l'Église particulière*, p. 156.

3. H. TOUBERT, « L'idéal de *Renovatio* grégorienne », dans : *Un art dirigé*, p. 94.

4. HÜLS, *Kardinäle*, p. 154-157 ; ROBINSON, *The Papacy*, p. 213-214 ; CONNOLLY, « The Graduale of Saint Cecilia », p. 436 s. ; COWDREY, *The Age of Abbot Desiderius*, p. 52, n. 17.

ration de manuscrits [1] ; son *scriptorium* acquit d'ailleurs un style très personnel, qui se reconnaît à l'emploi de lévriers multicolores pour décorer les enluminures. Il exerça en outre une influence réformatrice à Rome, où l'on avait recours aux services des moines du Mont-Cassin dans l'administration de la Curie : l'abbaye était devenue un réservoir de bons serviteurs. Une fois élu (tout en demeurant abbé du Mont-Cassin), il poursuivit la réforme de l'Église et s'attaqua à la simonie et au nicolaïsme [2]. Il est vraisemblable que son passage comme cardinal-prêtre de Sainte-Cécile soit responsable de la grégorianisation partielle de la liturgie de ce *titulus*, comme en témoigne le graduel de Sainte-Cécile. La chronologie ne l'interdit pas, puisque le manuscrit date de 1071, tandis que Désiderius était devenu cardinal en 1059. Il n'est pas étonnant qu'un abbé réformateur ait répandu le chant grégorien, bien au contraire : l'adoption du chant grégorien est à cette époque synonyme de réforme religieuse.

Le Latran, ses chanoines et le répertoire romano-franc.

Le Latran était le siège de la Curie romaine. La basilique était desservie par un chapitre de chanoines. Or, ce chapitre avait été réformé selon les principes de la *vita communis*, rappelés au synode du Latran en 1059, à l'aide d'une fournée de chanoines de San Frediano de Lucques [3], dès le règne d'Alexandre II (1061-1073), c'est-à-dire Anselme de

---

1. H. TOUBERT, « Le bréviaire d'Oderisius », p. 187 ; COWDREY, *The Age of Abbot Desiderius*, p. 20, 25 s. ; ADACHER, « Considerazioni sulla decorazione » ; ADACHER et OROFINO, *L'età dell'abate Desiderio*, t. I, *Manoscritti cassinesi*, p. 195-219 ; PACE, « Studi sulla decorazione libraria », p. 72-73 ; OROFINO, « La prima fase della miniatura », p. 54-57 ; H. BLOCH, *Monte Cassino*, t. I, p. 71-82 et pl. 31-49 du t. III, p. 1159-1169 ; H. BELTING, *Studien zur beneventanischen Malerei*, Wiesbaden, 1968 ; T. F. KELLY, « Early Polyphony at Montecassino », dans : F. DELLA SETA et F. PIPERNO (éd.), *In cantu et in sermone for Nino Pirrotta on his 80th birthday*, Florence, 1989, p. 5.

2. R. GRÉGOIRE, « Le Mont-Cassin dans la réforme de l'Église de 1049 à 1122 », dans : *Il monachesimo e la riforma ecclesiastica*, Milan, 1971, p. 25-29 ; COWDREY, *The Age of Abbot Desiderius*, p. 56, 59 et 83-90.

3. KITTEL, « Der Kampf um die Reform », p. 217 ; GY, « Interactions entre liturgies », p. 136-137 ; SERVATIUS, *Paschalis II.*, p. 105-106 ; LAUDAGE, *Priesterbild*, p. 287-290 ; VAN DIJK, *The Origins*, p. 71 et 75 ; SCHMIDT, « Die Kanonikerreform », p. 204-209. SCHWARZMAIER (*Lucca und das Reich*) retrace les origines et la fondation de San Frediano, *extra muros* (p. 19) et la période carolingienne, durant

Lucques, ancien évêque de cette ville[1]. Les chanoines du Latran restaient cependant indépendants de Lucques, leur véritable supérieur étant le pape lui-même, représenté par un cardinal[2]. Cette réforme est certainement responsable de la grégorianisation de la liturgie de la basilique, puisque nous savons que la liturgie des chanoines de Lucques était romano-franque : San Frediano avait en effet été réformé sur le modèle des grandes familles de chanoines réguliers du royaume de France.

Les sources.

Les deux principales sources sur la liturgie en usage au Latran[3] sont le célèbre *Ordo* du prieur Bernhard (env. 1139-1145) et le Missel Rome, Archivio di Stato, Ssmo Salvatore 997, qui date du XIIᵉ siècle et était en usage dans une église proche du Latran et dépendant de lui. Ces deux sources étant de très bonne qualité, il nous est possible de nous faire une idée précise de la situation au XIIᵉ siècle.

L'*Ordo officiorum ecclesiae Lateranensis* a été rédigé par un prieur du Latran nommé Bernhard, futur cardinal-prêtre du titre de Saint-Clément, puis cardinal-évêque de Porto et de Sainte-Rufine ; on ne sait rien de lui avant son arrivée au Latran ; il semble qu'il ne soit pas d'origine romaine et il paraît exclu qu'il soit lui-même un ancien chanoine de San Frediano de Lucques[4]. Il apparaît dans les sources en 1145 ; à cette date, il était encore prieur du Latran. Il fut créé cardinal du titre de Saint-Clément par le pape Eugène III à la fin de la même année.

L'*Ordo* dont il est l'auteur date d'environ 1139-1145[5] ; il fixe et décrit avec précision le déroulement des offices dans

---

laquelle il note (p. 303-305) l'introduction énergique de la Règle des chanoines à Lucques, à la manière de Chrodegang à Metz.

1. Anselme avait succédé au premier évêque réformateur de Lucques, Jean II (1023-1056), qui avait essayé de réformer les chanoines de sa cathédrale, à partir de 1048, avec l'appui du pape Léon IX ; encore n'y était-il pas parvenu entièrement : KITTEL, « Der Kampf um die Reform », p. 213-214.

2. MACCARRONE, « I papi del secolo XII e la vita comune del clero », dans : *La vita comune del clero nei secoli XI e XII*, t. I, Milan, 1962, p. 377.

3. Sur la structure de l'office au Latran, SALMON, *L'Office divin au Moyen Âge*, p. 88-104.

4. L. FISCHER, *Bernhardi cardinalis et Lateranensis ecclesiae prioris*, p. XVI.

5. SALMON, *L'Office divin au Moyen Âge*, p. 128-129 ; MARTIMORT, *Les « ordines », les ordinaires*, p. 71-72.

la basilique, à l'usage de la communauté de chanoines qui la desservait. Certains détails de sa rédaction prouvent que les chanoines du Latran, réformés à l'aide de chanoines de Lucques, ne connaissaient plus que la liturgie romano-franque internationale et le chant grégorien. Ils n'étaient donc plus capables de suivre la liturgie traditionnelle de Rome quand le pape venait au Latran célébrer la messe ou les offices, avec sa *Schola*, donc en chant romain ancien, par exemple quand la station l'exigeait. En ces circonstances, les chanoines cédaient la place au clergé stationnal qui accompagnait le pape et se retiraient dans une chapelle ou dans une église du voisinage pour y réciter leur office, qui était en grégorien. Plusieurs passages de cet *ordo* le démontrent [1] : il s'agit des chapitres qui règlent la liturgie les jours où la station est au Latran, c'est-à-dire les jours où le pape, la Curie et la *Schola cantorum* se rendent dans la vieille basilique ; ces jours-là, la liturgie des chanoines est très perturbée, non à cause de l'éminente dignité de leurs visiteurs, mais parce que les intrus n'ont pas la même liturgie, et en tout cas pas le même chant liturgique qu'eux, ce qui empêche les chanoines de participer aux célébrations. Ces jours de station à Saint-Jean sont le premier dimanche du carême, le dimanche des Rameaux, le jeudi saint, la vigile pascale, le samedi *in albis* et le dimanche octave de Pâques, jours auxquels il faut ajouter la fête patronale du Latran, la Saint-Jean (24 juin).

Le premier de ces passages règle la conduite que devront suivre les chanoines pour la fête de saint Jean l'Évangéliste comme pour toutes les fêtes où la station amène le pape, avec toute la Curie, à venir célébrer la messe au Latran [2] :

---

1. Le *cap.* 82 de l'*ordo* de Bernhard (éd. L. FISCHER, p. 30) indique que trois ou quatre chanoines du Latran, désignés pour cette tâche, chantaient les versets du trait du premier dimanche du carême *(Qui habitat)* en alternance avec la *schola* du pape, donc un verset sur deux. Cela signifie-t-il qu'on alternait la version grégorienne des chanoines avec la version romaine de la *Schola* ? C'était techniquement possible, puisque le trait en question appartient au timbre des traits en *RÉ* ; or, la version romaine et la version grégorienne de ce timbre sont très proches l'une de l'autre et ne diffèrent que par l'ornementation (et à certains endroits, elles ont la même ornementation). Il était donc tout à fait possible d'alterner les deux versions sans que cela apparaisse choquant.

2. L. FISCHER, *Bernhardi cardinalis et Lateranensis ecclesiae prioris*, cap. 35, p. 14-15.

Summopere namque nobis observandum est, quod in hac festivitate beati Iohannis, cuius missam domnus apostolicus celebrare debet, sicut in ceteris stationibus, sic honeste decet nos habere, ut alii videntes opera nostra bona glorificent patrem nostrum qui in celis est. [...]. Cum igitur omni tempore deceat nos irreprehensibilem vitam ducere, presertim in huius omnibus ecclesie stationibus, ad quas tam istius civitatis populi concursus ex diversis mundi partibus instantissime advenire solet, custodiendum est, ne cuiusquam visio offendatur, sed quod nostre deceat sanctitati religionem. Ergo, ut pretextati sumus, studiosius claustrum observetur usque ad domni pape adventum in vestiarium. Si vero priori libuerit et fratres decenter ob reverentiam tanti patris ad eum ire voluerit, in prioris relinquitur arbitrio ; sin autem, omnes gregatim decenter atque honeste post accessionem pontificis ad altare in chorum adeamus ibique tertiam atque sextam privatim dicentes, donec missa expleta fuerit, honeste perseveremus. Iste enim modus in omnibus stationibus observetur, quando apostolicus venerit celebrare missam. Quando vero ipse defuerit, tunc nos facimus omnia et in missa et in processione sicut in aliis sollempnitatibus.

Nous devons en effet observer avec le plus grand soin, qu'en cette fête de saint Jean, dont le pape doit célébrer la messe [au Latran], nous devons respecter les coutumes comme pour les autres stations, afin que les autres, voyant nos bonnes œuvres, glorifient notre Père, qui est aux cieux. [...]. Comme nous devons mener sans cesse une vie irréprochable, il nous faut respecter ce que réclame notre état, afin que nul ne voie quelque chose qui le choque, surtout lors des stations de toute l'Église, auxquelles se rendent habituellement de grandes foules de gens tant de Rome que des diverses parties du monde. Donc, comme nous l'avons déjà dit, il faut respecter la clôture avec soin jusqu'à l'arrivée du seigneur pape dans la sacristie. Mais, en raison du respect dû à un Père si grand, s'il plaît au prieur et aux chanoines d'aller avec bienséance au devant de lui, que cela soit laissé à la discrétion du prieur ; dans le cas contraire, aussitôt que le pontife est monté à l'autel, tous ensemble nous nous rendons au chœur avec dignité et bienséance, et nous y restons avec dignité, récitant à voix basse tierce et sexte, jusqu'à ce que la messe soit finie. Cette règle sera observée pour toutes les stations où le pape vient célébrer la messe [au Latran]. Mais dans le cas contraire, nous accomplirons tout, messe et procession, comme pour les autres fêtes.

Chaque fois que la station est au Latran, les chanoines, qui ne sont pas capables de suivre la liturgie du pape en chant romain, se retirent en leur particulier pour réciter leur office en grégorien et ne s'associent pas à la liturgie du pape : *privatim dicentes*. Il en est de même pour la fête du Précurseur[1] :

Maiorem autem missam domnus papa cum episcopis et cardinalibus, scola et tota curia ad maius altare sollempniter celebrat. Ad quam missam nos in simul omnes in nostro choro pariter convenimus, ac ibi honeste usque ad finem misse morantes, privatim inter nos tertiam et sextam dicimus.

Le seigneur pape célèbre solennellement la grand-messe au maître-autel avec les évêques, les cardinaux, la *Schola* et toute la Curie. Pendant ce temps, tous ensemble, nous nous rassemblons dans notre chœur et, demeurant là sagement jusqu'à la fin de la messe, nous y disons entre nous tierce et sexte à voix basse.

Le prieur Bernhard indique bien que les chanoines procéderont toujours de la sorte quand la station sera au Latran[2] :

Quando domnus papa cum cardinalibus et cum sacris reliquiis descendit de palatio, nos facimus omnia sicut in vigilia sancti Iohannis baptiste.

Quand le seigneur pape vient de son palais avec les cardinaux et les reliques sacrées, nous agissons en tout comme pour la vigile de saint Jean Baptiste.

Le second passage est encore plus explicite ; il règle la fête de saint Jean Baptiste ; ces deux textes sont liés l'un comme l'autre aux deux principales fêtes du Latran, originellement dédié au seul Sauveur et ensuite dédié au Précurseur[3] :

1. *Ibid., cap.* 277, p. 142.
2. *Ibid., cap.* 298, p. 154.
3. HILAIRE (461-468) a bâti la chapelle de l'Évangéliste et celle du Baptiste qui jouxtent le baptistère : DUCHESNE, *LP*, t. I, p. 245, n. 3. Le cycle des stations basilicales des dimanches du carême montre que le Latran était dédié au Précurseur dès le VIe siècle, car il suit la hiérarchie des titulaires par ordre croissant : dimanche de la LXX à Saint-Laurent, LX à Saint-Paul-hors-les-Murs, L à Saint-Pierre, premier dimanche du carême au Latran (donc, Jean Baptiste) et second dimanche dans une église dédiée à la Vierge Marie (sans doute Sainte-Marie du Transtévère) ; après quoi, le cycle recommence.

Quia enim Deo propitio in hac ecclesia regularium canonicorum vita servatur et ex diversis terrarum partibus clerici ad serviendum Deo ibidem conveniunt, Romanorum more cantare nesciunt. Et cum de antiqua consuetudine sit, ut canonici tam in vigilia quam etiam in matutinis ex una parte chori officium peragere debeant, necessario ante aliquos dies duobus ex fratribus, qui providi sint, a priore iniungitur, ut electos et strenuos V vel VI cantores invitent, qui hoc officium peragere valeant et scole ab altero latere consistenti ipsorum loco concorditer vicissitudinem reddant. In quibus vigiliis vel matutinis III prime lectiones cum suis responsoriis canonicorum sunt. Quarum lectionum primam domnus prior seu aliquis presbyterorum, cui ipse iniunxerit, legere debet. Secundam unus ex diaconis. Tertiam unus ex subdiaconis. Responsoria cantantur vel ab eisdem canonicis vel a cantoribus, si eis iniunctum fuerit. Cetere lectiones et responsoria leguntur et cantantur a curialibus et scola.

En effet, puisque, avec l'aide de Dieu, on suit dans cette église [le Latran] la vie des chanoines réguliers et que des clercs y viennent des différentes parties du monde pour y servir Dieu, ils ne savent pas chanter à la manière des Romains. Et comme une antique tradition veut que des chanoines issus d'une seule partie du chœur disent l'office, tant vigiles que matines, il faut que quelques jours auparavant, deux des frères, choisis pour leur prudence, fassent venir sur l'ordre du prieur cinq ou six chantres habiles qui sachent accomplir cette tâche et répondre à la place des frères, en alternance et en harmonie avec la *Schola* [du pape] située de l'autre côté [du chœur]. Lors de ces vigiles et de ces matines, les trois premières leçons avec leurs répons sont à la charge des chanoines [du Latran]. La première de ces leçons doit être lue par le seigneur prieur ou par un des prêtres auquel il en donnera l'ordre. La seconde doit l'être par un des diacres. La troisième, par l'un des sous-diacres. Les répons sont chantés par les chanoines eux-mêmes ou par les chantres, sur leur ordre. Les autres leçons et répons sont lues et chantés par les curialistes et la *Schola* [du pape].

Ce passage [1] indique clairement que la communauté internationale du Latran ne sait pas chanter *more Romanorum,*

---

1. L. FISCHER, *Bernhardi cardinalis et Lateranensis ecclesiae prioris, cap.* 274, p. 140. Commentaire classique de VAN DIJK, *The Origins of the Modern Roman Liturgy,* p. 76 et de P.-M. GY, « Interactions entre liturgies. Influence des chanoines de Lucques », p. 137.

c'est-à-dire en chant romain ancien. Par conséquent, les chanoines paient des chantres mercenaires pour chanter les répons de matines à leur place, en alternance avec la *Schola* romaine venue avec l'*apostolicus*. Ainsi, le dimanche des Rameaux, les chanoines du Latran se hâtent de finir leur messe avant que le pape n'arrive avec sa *Schola* pour célébrer la sienne, à laquelle ils ne peuvent participer, parce qu'ils n'entendent rien au chant romain, qui leur paraît trop compliqué [1] :

Gloria, laus et honor non dicimus, quia oportet nos explere missam, antequam domnus papa veniat, qui hac die sicut in ceteris stationibus debet celebrare missam in maiori ecclesia cum schola et tota curia. Et quia eius adventum expectantes ipsum officium pro sui difficultate sollempniter celebrare non possumus, honeste tamen et cum reverentia illud peragamus.

Nous ne chantons pas le *Gloria, laus et honor*, car il nous faut finir la messe avant que n'arrive le seigneur pape qui, ce jour-là comme aux autres stations, doit célébrer la messe dans l'église majeure avec la *Schola* et toute la Curie. En attendant son arrivée, nous ne pouvons pas célébrer convenablement cet office à cause de sa difficulté, nous accomplissons cependant toutes choses avec dignité et respect.

De même, le jeudi saint, les chanoines se dépêchent de terminer la cérémonie du *Mandatum* pour aller célébrer leur messe à Saint-Pancrace, car le pape doit célébrer la sienne au Latran ; les chanoines laissent donc leur basilique à la Curie et se rendent dans cet antique monastère [2], très proche de l'abside du Latran [3] :

Quia vero domnum papam cum tota curia ad celebrandam missam et peragenda sacri crismatis sacramenta in hac die expectamus, necesse est, ut post mandatum pauperum tempestive missam in eccle-

Comme nous attendons ce jour-là le seigneur pape avec toute la Curie, qui doit célébrer la messe et confectionner le saint chrême, il nous faut en temps opportun célébrer solen-

---

1. L. FISCHER, *Bernhardi cardinalis et Lateranensis ecclesie prioris*, cap. 109, p. 43.
2. SALMON, *L'Office divin au Moyen Âge*, p. 142. Il ne faut pas confondre ce monastère Saint-Pancrace avec la basilique cimitériale homonyme bâtie par Symmaque (498-514) sur la via Aurelia, qui fut restaurée par Honorius (625-638) : DUCHESNE, *LP*, t. I, p. 267, n. 31 ; VIELLIARD, *Recherches sur les origines*, p. 142 ; TESTINI, *Le catacombe*, p. 106 et 238 ; THANNER, *Papst Honorius I.*, p. 44-47.
3. L. FISCHER, *Bernhardi cardinalis et Lateranensis ecclesie prioris*, cap. 119, p. 47.

sia sancti Pancratii sollempniter nellement la messe à Saint-
celebremus. Pancrace après le lavement des
pieds des pauvres.

Il en est de même pour les vêpres festives du jour de
Pâques [1] :

In hac siquidem die, qua Ce même jour, où le seigneur
domnus papa cum episcopis et car- pape, avec les évêques, les car-
dinalibus, scola et tota curia in dinaux, la *Schola* et toute la
nostra ecclesia statim post pran- Curie, revêtus des ornements
dium secundum Romanam consue- sacrés, viennent dans notre
tudinem induti sacras vestes ves- église aussitôt après le repas,
peras decantare veniunt, nos statim selon la coutume romaine, pour
post prandium nonam cantamus, chanter les vêpres, nous chan-
deinde lectiones auscultamus. Post tons None aussitôt après le
vesperas autem curiae in compe- repas, puis nous écoutons des
tenti hora pulsatur tintinnabulum lectures. Après que les vêpres
in ecclesia sancti Pancratii. Ad ont été chantées par la Curie,
cuius sonitum omnes fratres congre- on sonne une cloche à Saint-
gentur et vesperas ibidem honestis- Pancrace au moment convena-
sime decantent. ble. L'entendant, tous les frères
se rassemblent et chantent là
les vêpres avec beaucoup de
dignité.

C'est dans ce texte que Van Dijk a trouvé son idée d'une
dualité liturgique à Rome ; parfaitement exacte au XIIe et au
XIIIe siècle [2], comme le prouve cet *ordo*, elle est cependant
fausse au VIe siècle. L'*ordo* du prieur Bernhard montre en
tout cas que le grégorien s'était introduit au Latran et qu'il
y régnait sans partage, sauf quand la station s'y déroulait.
Il démontre en outre, par là même, que la *Schola* qui accompagnait le pape pratiquait encore exclusivement le chant
romain, en plein XIIe siècle. Les graduels romains Vat.
lat. 5319 et Arch. Cap. Sancti Petri, F 22 ne sont donc pas
des documents archaïsants, survivants anachroniques d'une
situation révolue depuis longtemps, ni même des documents
de collectionneur, mais au contraire des documents reflétant
réellement une pratique romaine officielle, publique et quotidienne.

1. *Ibid.*, *cap.* 181, p. 88.
2. Van Dijk, « The Urban and Papal Rites », p. 414.

La seconde source pour l'histoire de la liturgie du Latran au XIIᵉ siècle est le missel Rome, Archivio di Stato, Santissimo Salvatore 997. En usage dans une église proche du Latran ou qui en dépendait, il a conservé quelques particularités romaines, mais il est surtout grégorien. Les deux sources concordent donc parfaitement : au XIIᵉ siècle, le Latran était passé au chant grégorien.

La grégorianisation de la liturgie romaine trouve sa source dans l'internationalisation des chapitres de chanoines des grandes basiliques romaines. À l'origine, ces édifices ne possédaient pas de clergé propre et étaient desservis à tour de rôle par des monastères situés dans leur proximité immédiate[1]. À la suite de divers désordres, ces moines furent remplacés par des chanoines à partir de 890-910 environ[2] et subirent ensuite l'influence des grandes communautés de chanoines réformés, comme celles de Saint-Ruf d'Avignon (fondé en 1039[3]) et de San Frediano de Lucques (vers 1040[4]), auxquelles il faut naturellement ajouter les ordres d'Arrouaise (près d'Arras, réformé au début du XIIᵉ siècle), de Saint-Victor de Paris et de Prémontré[5]. À Rome, les premiers indices d'une réforme des chapitres de chanoines qui desservaient les grandes basiliques datent de Pascal II (1099-1118) : constatant que les chanoines du Latran ne semblaient pas capables de se réformer eux-mêmes, il leur avait adjoint des chanoines de Lucques, qui sont pour la première fois attestés au Latran en 1118[6]. Or la liturgie de ces ecclésiastiques était romano-franque. La réforme des chanoines qui desservaient les grandes basiliques de Rome

---

1. DUCHESNE, *LP* I, p. 410, n. 6, « Notes sur la topographie de Rome au Moyen Âge. XII. Vaticana », p. 256-257 et 260-267 ; CHAVASSE, « Les célébrations eucharistiques à Rome », p. 69 ; FERRARI, *Early Roman Monasteries*, p. 171-172 et 365-371.

2. HAMILTON, « The Monastic Revival », p. 36-38 ; SCHMIDT, « Die Kanonikerreform in Rom », p. 217.

3. P.-M. GY, « La liturgie des chanoines réguliers de Saint-Ruf », p. 184 ; M. GIUSTI, « Notizie sulle canoniche lucchesi », dans : *La vita comune del clero nei secoli XI-XII*, t. I, Milan, 1962, p. 447-448.

4. TOUBERT, *Les Structures du Latium* II, p. 840-854 ; SCHMIDT, « Die Kanonikerreform in Rom », p. 202-207.

5. CHÂTILLON, « La crise de l'Église », p. 3-46 ; L. MILIS, *L'Ordre des chanoines réguliers d'Arrouaise. Son histoire et son organisation, de la fondation de l'abbaye mère (vers 1090) à la fin des chapitres annuels (1471)*, Bruges, 1969.

6. SCHMIDT, « Die Kanonikerreform in Rom », p. 220 ; VAN DIJK, « The Lateran Missal », p. 143.

a donc, avec des nuances locales, provoqué ou accentué la grégorianisation de la liturgie qui y était en usage.

En revanche, les questions de politique bénéficiale, qui auraient pu attirer nombre d'étrangers dans les chapitres romains, ont peu joué : quand un clerc étranger obtenait un bénéfice dans un des chapitres basilicaux de Rome, il s'en défaisait le plus vite possible en échange d'un canonicat situé dans son pays d'origine[1]. En revanche, la formation intellectuelle des chanoines romains a joué un rôle dans l'adoption du chant grégorien : désormais, une grande partie d'entre eux sont diplômés en théologie et, pour ce faire, passent plusieurs années dans les écoles et dans les grands couvents parisiens, comme Saint-Victor, où ils sont en contact avec le chant grégorien international, surtout à partir de 1150-1180. Ainsi, quand par exemple le pape Alexandre III voulait créer un nouveau cardinal, il choisissait de préférence un théologien ou un juriste qui avait reçu ses grades à Paris[2].

La basilique Saint-Pierre et ses chanoines.

Les sources.

Le *Liber politicus* du chanoine Benoît est un ordinaire qui décrit l'usage liturgique de la basilique Saint-Pierre ; c'est l'*Ordo* XI de Dom J. Mabillon[3]. Son auteur était l'un des quatre chanoines-chantres de la basilique[4] ; il a exécuté ce travail entre 1140 et 1143, à la demande de Guido de Castello, cardinal du titre de Saint-Marc et futur pape Célestin II[5]. Ce texte à juste titre célèbre a été édité par L. Fabre

---

1. Montel, « Les chanoines de la basilique Saint-Pierre... III », p. 430.

2. P. Classen, « Rom und Paris : Kurie und Universität im 12. und 13. Jahrhundert », repris dans : J. Fried (éd.), *Studium und Gesellschaft im Mittelalter*, Stuttgart, 1983, p. 143-148.

3. *Musei Italici tomus II complectens antiquos libros rituales sanctae Romanae ecclesiae cum commentario praevio in Ordinem Romanum*, Paris, 1689 (= PL 78, 851-1406). Voir Schimmelpfennig, *Die Zeremonienbücher*, p. 6-9 et Martimort, *Les « ordines », les ordinaires*, p. 71.

4. Fabre et Duchesne, *Le Liber censuum*, t. I, p. 3-4 et 105-113, notamment p. 3 et 105.

5. La notice la plus récente se trouve dans Martimort, *Les « ordines », les Ordinaires*, p. 71.

et Mgr Duchesne [1]. Écrit de première main par un excellent connaisseur de la liturgie romaine, il est très sûr : il se fonde en effet non seulement sur l'expérience personnelle du chanoine Benoît, mais également sur les manuscrits de la basilique, comme le démontre l'accord presque complet qui existe entre ce texte et le seul antiphonaire romain de Saint-Pierre qui nous soit parvenu, le manuscrit Vatican, Archivium Cap. S. Petri in Vaticano, B 79, qui date de la fin du XIIe siècle ou du début du XIIIe siècle [2].

Benoît, qui s'intéresse surtout aux offices et principalement aux jours où la station se tient à Saint-Pierre, sa basilique, est le témoin de toutes les particularités proprement romaines que l'on trouve dans l'antiphonaire B 79 : par exemple, les doubles matines [3] et les triples vêpres festives de Pâques et de la semaine in albis [4]. Il donne fréquemment l'incipit des pièces de chant, antiennes et répons, qui sont chantées lors des occasions qu'il évoque, ce qui permet de faire une comparaison avec l'antiphonaire de Saint-Pierre B 79. Cette comparaison révèle un accord général entre les deux documents [5] ; les variantes sont peu nombreuses et faciles à expliquer, notamment à cause des soixante années environ qui séparent la rédaction du chanoine de la copie de l'antiphonaire de Saint-Pierre.

Ce document est le témoin de l'époque où les papes, pour des raisons ecclésiologiques, mettaient en valeur Saint-Pierre aux dépens du Latran ; cette évolution est déjà nette à l'époque de Jean XIX et de sa bulle du 17 décembre 1026. Au même moment, le pèlerinage au tombeau de l'apôtre Pierre connaît un essor considérable [6]. Il est donc normal qu'on ait commencé à cette époque à s'intéresser de près à la liturgie qui s'y déroulait.

L'ordo de Benoît documente précisément le rôle de la Schola cantorum, qui intervient non seulement à la messe,

---

1. Le Liber censuum, t. II, p. 141-159, avec notes explicatives p. 159-164.
2. SALMON, L'Office divin au Moyen Âge, p. 57-58.
3. FABRE et DUCHESNE, Le Liber censuum, t. II, p. 145 et 161, n. 23. Sur les doubles matines de Noël, voir LE ROUX, « Aux origines de l'office festif », p. 68 s.
4. FABRE et DUCHESNE, Le Liber censuum, t. II, p. 154 et p. 163, n. 49. Sur ces vêpres festives, voir BERNARD, « Les versets des Alléluias et des offertoires, témoins de l'histoire de la culture à Rome entre 560 et 742 », M e S 3 (1995), p. 5-40.
5. FABRE et DUCHESNE, Le Liber censuum, t. II, p. 159, n. 3.
6. MACCARRONE, « I fondamenti "Petrini" del primato romano in Gregorio VII », dans : Romana Ecclesia-Cathedra Petri II, p. 687.

mais aussi à tous les offices, y compris aux matines, et pour toutes les processions, qu'il s'agisse d'aller de l'église de la collecte à celle de la station, ou qu'il s'agisse de la litanie majeure (25 avril) et des Rogations, en dehors donc du cadre stationnal. La *Schola* accompagne le pape partout où il se rend. Elle apporte donc avec elle tout ce qui lui est nécessaire pour remplir son office, et notamment un très intéressant *liber stacionalis*, comme le rapporte Benoît au début de sa description des matines du troisième dimanche de l'avent, le dimanche de *Gaudete*, dont la station est à Saint-Pierre. Le premier nocturne est chanté non dans le chœur, mais dans la confession de la basilique, auprès du tombeau de l'apôtre [1] :

Deinde [domnus papa] *descendens ad corpus incensat altare super sepulchrum sancti Petri et sic sedet in subsellio cum candelabris ante se et paraphonista cum schola incipit vigilias :* Ex Egypto vocavi Filium meum, *ps.* Beatus vir ; *secunda antiphona* Ecce apparebit Dominus super nubem candidam, *ps.* Quare fremuerunt ; *tertia antiphona* Ecce veniet Dominus quem Johannes predicaverit, *ps.* Domine quid multiplicati sunt. *Deinde duo subdiaconi basilicarii dicunt versum, acoliti tenent librum stacionalem et cubicularii faculas et basilicarii legunt leccionem* Gaudens gaudebo in Domino *et cetera. Diaconus precipit* Tu autem. *Primicerius cum scola cantat responsorium. Finitis III lectionibus, primicerius dicit* Te Deum laudamus. *Subdiaconus regionarius porrigit sacramentorum* [librum] *episcopo et episcopus tenet ante pontificem et basilicarii tenent candelabra et*

Ensuite, descendu près du tombeau, [le pape] encense l'autel placé au-dessus de la tombe de saint Pierre, s'asseoit là sur un siège près des chandeliers, et le maître et la *Schola* commencent les vigiles : [première antienne] *Ex Egypto vocavi Filium meum,* avec le psaume *Beatus vir ;* deuxième antienne, *Ecce apparebit Dominus super nubem candidam,* avec le psaume *Quare fremuerunt ;* troisième antienne, *Ecce veniet Dominus quem Iohannes predicaverit,* avec le psaume *Domine quid multiplicati sunt.* Ensuite, deux sous-diacres affectés à la basilique disent le verset, les acolytes tiennent le livre stationnal et les camériers tiennent les torches, les clercs de la basilique lisent la lecture *Gaudens gaudebo in Domino* et la suite. Le diacre dit le *Tu autem.* Le primicerius et la *Schola* chantent le répons. Après les trois lectures, le *primicerius* chante

---

1. *Ordo* du chanoine Benoît, *cap.* 8 ; éd. FABRE et DUCHESNE, *Le Liber Censuum,* t. II, p. 143.

pontifex dicit orationem. Diaconus dicit Benedicamus Domino *et domnus papa benedicit.*

le *Te Deum.* Le sous-diacre de service tend le sacramentaire à l'évêque et ce dernier le tient devant le pape, les clercs de la basilique portent les chandeliers et le pape récite l'oraison. Le diacre chante le *Benedicamus Domino* et le seigneur pape donne la bénédiction.

Après avoir encensé l'autel qui se trouve bâti sur le tombeau, le pape s'asseoit et le premier nocturne des matines *(vigiliae)* commence, vraisemblablement en l'absence des chanoines de Saint-Pierre, qui sont restés en haut, la confession étant trop petite pour contenir le clergé qui accompagne le pape et les chanoines habituels de la basilique. Un *paraphonista* intervient alors ; c'était un membre de la *Schola cantorum* itinérante, que les textes désignaient — dès les *Ordines Romani*[1] — sous ce nom à consonance grecque. Le premier nocturne commence par trois antiennes, chantées chacune avec son psaume. Ensuite, deux sous-diacres chantent le *versus,* tandis que des acolytes leur tiennent le livre qui contient les chants de l'office. Ce livre n'appartient pas à la basilique, mais à la *Schola,* qui l'emporte avec elle dans ses déplacements : aussi est-il justement nommé *liber stacionalis.* Cet antiphonaire stationnal permet de mieux comprendre ce qu'était le graduel VL 5319, qui est la source principale pour les chants de la messe dans le rit romain ancien. Lui aussi était très vraisemblablement un *liber stacionalis,* ce qui explique qu'il ne soit lié à la liturgie d'aucune basilique en particulier (alors que tous les autres manuscrits romains, sans exception, peuvent se rattacher à une basilique ou à un titre) et qu'il rassemble les chants et les fêtes de l'ensemble des basiliques de Rome. Inutilisable pour la *Schola* locale d'un *titulus,* puisqu'il contient un sanctoral fictif, qui agglomère tous les sanctorals locaux, et puisqu'il décrit la liturgie de toutes les basiliques, aussi bien du Latran que du Vatican ou de toutes les autres, ce manuscrit n'était guère utile que pour le clergé qui se déplaçait continuellement d'une église à une autre pour accompagner le seigneur apostolique ; sa

---

1. Voir par exemple l'*OR* XXVII, *cap.* 70 (éd. ANDRIEU, *Les OR,* t. III, p. 363).

liturgie n'était donc pas spécialisée comme l'était celle d'un titre. La *Schola* — et elle seule — avait besoin d'avoir à sa disposition un livre qui contînt l'ensemble des rites, des fêtes et des processions de l'*Urbs*. Le graduel VL 5319 était par conséquent l'un de ses *libri stacionales*, que le *primicerius* de la *Schola* emportait partout avec lui. Le texte du chanoine Benoît prouve l'existence de ce genre de livres.

Les manuscrits du chapitre canonial de Saint-Pierre.

Le graduel Archivio Cap. S. Petri in Vaticano, F 22 et l'antiphonaire Archivio Cap. Sancti Petri in Vaticano, B 79, qui datent tous les deux du début du XIIIᵉ siècle et qui sont écrits en *gotica urbana*, démontrent que le chant romain ancien est parvenu à se maintenir à Saint-Pierre, sous une forme somme toute assez pure, jusqu'à une date très tardive, bien postérieure à l'adoption du missel et de l'office *secundum Romanae Curiae*. Cela confirme donc ce que disent les textes. Ces manuscrits portent clairement la marque de leur affectation à Saint-Pierre : l'écriture, la décoration, les rubriques et le fait qu'ils n'aient jamais changé de lieu de conservation, les rattachent à la basilique. Ils décrivent une liturgie locale, contrairement au *liber stationalis* qu'est le graduel VL 5319 ; c'est cela qui explique qu'ils soient moins riches que lui, et non pas leur supposée mauvaise qualité ni même leur date de copie plus tardive. Le manuscrit F 22 est le seul des trois graduels romains qui possède la fête de la *Cathedra Petri* (22 février), fête antique, disparue sans doute au Vᵉ siècle et remise en vigueur à Saint-Pierre au XIᵉ siècle, de par la volonté des papes et pour des raisons ecclésiologiques[1].

---

1. Ch. PIETRI, *Roma christiana* I, p. 381-389 ; MACCARRONE, « La "Cathedra sancti Petri" nel Medio Evo : da simbolo a reliquia », dans : *Ecclesia Romana-Cathedra Petri* II, p. 1325-1338.

Nicolas III (1277-1280) et la réforme du chapitre de Saint-Pierre [1].

On attribue au pape Nicolas III l'initiative de la suppression du chant romain ancien. La réalité est plus complexe et plus nuancée. Aucun document émanant de ce pape ne peut être apporté à l'appui d'une telle affirmation [2]. Il existe cependant de lui une longue lettre, datée du 3 février 1279 [3], qui est en réalité une *ordinatio*, c'est-à-dire une véritable Règle rédigée par Nicolas III à l'usage des chanoines de la basilique. Ce remarquable document, très détaillé, mérite une analyse précise.

Nicolas III, ancien cardinal-archiprêtre de Saint-Pierre, donc un homme qui connaît bien la situation, commence par constater le déclin du chapitre : les chanoines ne sont plus qu'une dizaine, ce qui est très insuffisant pour assurer le service [4]. Pour rétablir leur nombre à un niveau suffisant, il faut entièrement réorganiser les ressources de la basilique et régler très précisément leur répartition. Le pape donne donc — entre autres revenus — mille livres d'argent au chapitre [5] pour servir à l'entretien d'une sorte de double collège : il institue en effet d'une part des chanoines, qui seront au nombre de trente au maximum et, d'autre part, un nombre équivalent de bénéficiers qui n'ont pas le titre de chanoines. La mense capitulaire est donc approximativement divisée en soixante *portiones*, auxquelles il faut ajouter celle de l'archiprêtre, supérieur de la communauté, choisi parmi les cardinaux. Ce clergé est astreint à la résidence à l'intérieur de la clôture et au service du chœur, selon des modalités qui sont minutieusement fixées et en échange de « jetons de présence ». Les simples bénéficiers sont néanmoins infé-

---

1. MONTEL, « Les chanoines de la basilique Saint-Pierre, I », p. 371 ; S. DE BLAAUW, *Cultus et decor*, Delft, 1987, p. 365.

2. BOE, « Gloria A », p. 7, n. 6.

3. *Ep.* 517, éd. J. GAY, *Les Registres de Nicolas III (1277-1280)*, t. I, Paris, 1916, p. 197-213. Voir A. POTTHAST, *Regesta Pontificum Romanorum*, t. II, Berlin, 1875, n° 21531.

4. Éd. GAY, p. 197 : « *Et circa statum ipsius [basilicae], qui collapsus in diminutione divini cultus et in nonnullis aliis deformatus multipliciter apparebat, eratque ad tantam paucitatem numerus residentium canonicorum in basilica ipsa redactus, quod non ultra quam decem, quorum quidam erant debiles et nonnulli variis egritudinibus laborabant, nec aderant alii, qui tantum defectum circa divinorum cultum precipue in tam venerabili et excelso templo supplerent.* »

5. *Ibid.*, p. 198.

rieurs aux chanoines, car ils n'ont pas le droit de se constituer en *collegium, universitas sive corpus,* ni d'élire ou de nom-
mer un *prelatus* pour les représenter. Ils n'ont par surcroît
ni sceau, ni caisse[1]. Moyennant la résidence et l'assiduité à
l'office et à la messe, chanoines et bénéficiers touchent une
portio qui varie en fonction de l'importance de l'office et la
solennité du jour, selon qu'il s'agit d'une messe fériale ou
au contraire d'une des grandes fêtes, dont le texte donne
une intéressante liste. Il faut y ajouter le casuel et les diverses
gratifications exceptionnelles, lors des grandes occasions, qui
sont principalement les fêtes dont la station se tient à Saint-
Pierre : le dimanche de *Gaudete* (troisième dimanche de
l'avent), Noël (la messe de jour[2]), l'Épiphanie, le dimanche
de la Quinquagésime, le dimanche du Bon-Pasteur (second
dimanche après Pâques), l'Ascension et la Pentecôte[3].

Le pape institue entre chanoines et bénéficiers un tour de
rôle pour célébrer les messes, par groupes de trois clercs
hebdomadiers : un prêtre, un diacre et un sous-diacre[4]. Il
s'agit en réalité sans doute davantage d'un rétablissement
que d'une création véritable, puisque ce genre de système
semble avoir été couramment pratiqué par les chanoines qui
desservaient les basiliques de Rome. Il érige en outre un
autel en l'honneur de saint Nicolas, patron du *titulus* dont
il était cardinal avant son élection, et affecte à sa desserte
tout le nécessaire : chasubles, vaisselle et linges sacrés, ornements et livres[5]. Il interdit enfin de bâcler les offices en mar-
monnant les textes à toute vitesse (*Deus ad festinandum me
adiuva*![6]) et réprime les bavardages pendant les offices[7]. Il
réglemente enfin l'habit de ses chanoines et des bénéficiers,
comme dans une règle monastique.

---

1. *Ibid.*, p. 200.
2. Voir B. SCHIMMELPFENNIG, « Die Bedeutung Roms im päpstlichen Zeremoniell », dans : *Rom im hohen Mittelalter (Festschrift Reinhard Elze zum 70. Geburtstag)*,
Sigmaringen, 1992, p. 51.
3. Éd. GAY, p. 204.
4. *Ibid.*, p. 211 : « *Statuimus ut singulis septimanis tres ex canonicis edomedarii [sic]
vel septimanarii, scilicet presbyter, diaconus et subdiaconus, et in eisdem ordinibus totidem
ex beneficiatis ad ministrandum in missis conventualibus assumantur.* »
5. *Ibid.*, p. 213. Voir JOUNEL, *Le Culte des saints*, p. 375.
6. Éd. GAY, p. 211 : « *Misse quoque ac omnia divina officia tam pro vivis quam
pro defunctis in ipsa decantanda ecclesia vel legenda non dicantur per sincopam vel
transcursum, sed a canonicis et beneficiatis quantum eis Dominus dederit studiose cele-
brentur pariter…* »
7. *Ibid.*, p. 211.

Ce texte livre des indications précieuses au sujet du type de chant en usage à Saint-Pierre à la fin du XIIIᵉ siècle : romain ou déjà grégorien. Cette réorganisation complète du chapitre n'a pas pu éviter d'introduire de profondes modifications, ne serait-ce qu'en entraînant une fournée de nouveaux chanoines, auxquels il faut ajouter les bénéficiers, qui assistaient à l'office et à la messe comme les autres. Ces apports extérieurs et ces nouveaux règlements ont réellement été de nature à introduire un changement de chant, sinon de rit, dans la basilique. La Règle et la réforme imposées par Nicolas III au nouveau clergé qui desservait Saint-Pierre a donc dû sonner le glas de la résistance de la vieille liturgie.

Saint-Pierre a été réformé en 1279, tandis que le Latran l'avait été dès le règne d'Alexandre II. La réforme a donc mis deux siècles pour traverser Rome. On voit par là quelle a été sa lenteur. Si donc Saint-Pierre a résisté à l'arrivée du chant grégorien international, c'est pour de mauvaises raisons (qui font la fortune de l'historien) : la basilique bâtie sur le tombeau de l'apôtre Pierre n'était pas encore le centre du pouvoir pontifical, sa situation géographique la marginalisait, le recrutement local des chanoines lui valait des desservants moins cultivés, moins gradués, que la basilique du Latran. La proportion de non-Italiens dans le chapitre de Saint-Pierre avait toujours été très faible ; la part de la noblesse de Rome (notamment les Orsini) était largement prépondérante [1]. Aux XIIIᵉ-XIVᵉ siècles, seuls 17 % des chanoines de Saint-Pierre étaient gradués ; au même moment, ceux du chapitre de Laon étaient 48 % : la comparaison est accablante. Les chanoines de Saint-Pierre cumulaient de moins en moins de bénéfices et obtenaient de moins en moins de cardinalats et de fonctions à la Curie ; tout cela est le reflet du déclin de la puissance de la noblesse de Rome. Cela explique l'archaïsme et le conservatisme de la liturgie de Saint-Pierre [2] jusqu'aux statuts capitulaires accordés par Nicolas III, dont l'action fut poursuivie par Boniface VIII au début du XIVᵉ siècle [3], qui donnèrent un

---

1. MONTEL, « Les chanoines de la basilique... I », p. 371 et p. 373, n. 6 ; « Les chanoines de la basilique... III : Conclusions », p. 430, 439-440, 451, 472, 476.
2. SALMON, *L'Office divin au Moyen Âge*, p. 132.
3. MACCARRONE, « Il sepolcro di Bonifacio VIII nella basilica vaticana », dans : *Ecclesia Romana-Cathedra Petri* II, p. 1223 et « L'indulgenza del Giubileo del 1300 e la basilica di S. Pietro », *ibid.*, p. 1169-1173.

nouvel élan à la basilique et en firent le cœur de la chrétienté.

Cela nous confirme dans l'idée que la résistance au chant grégorien est toujours signe d'arriération culturelle, non de « patriotisme », et qu'au contraire le désir d'adopter ou de répandre le chant grégorien est signe de zèle religieux et de volonté de réforme. Il n'y a donc pas à regretter avec nostalgie la disparition des anciens rits : il n'y avait plus rien de bon à en attendre, et seules les communautés décadentes y étaient restées attachées.

Sainte-Croix de Jérusalem et l'antiphonaire de Londres, BL Add. 29988.

Cet antiphonaire a été localisé [1] grâce aux chants des jours de station à Sainte-Croix, qui sont des sortes de fêtes locales et revêtent par conséquent beaucoup plus de solennité que ceux des jours où la station se tient ailleurs ; c'est d'ailleurs la seule église de Rome à laquelle fassent allusion les textes des chants des messes qui s'y déroulent. La petite chapelle palatine de sainte Hélène — c'était la plus petite des basiliques constantiniennes — a ainsi résisté au chant grégorien jusqu'au début du XIIIᵉ siècle ; il est vrai que c'était une basilique d'importance très secondaire, puisqu'elle n'était le lieu que de quelques stations tardives, le deuxième dimanche de l'avent, le quatrième dimanche du carême (de *Laetare*) et le vendredi saint. Son clergé avait toutefois été réformé par le futur pape Lucius II (1144-1145), sur le modèle du Latran [2], ce qui peut expliquer le tournant pris par sa liturgie.

Conclusions.

Le changement de chant liturgique, dans l'*Urbs*, s'est finalement révélé être le résultat d'une évolution qui a commencé précocement et ne s'est achevée qu'assez tard. Selon les églises, il aura en effet fallu entre trois et quatre siècles au chant grégorien pour s'imposer. L'arrivée du chant grégorien date du début du IXᵉ siècle, porté par le prestige

---

1. Un fac-similé de ce manuscrit paraîtra dans la *PM*.

2. MACCARRONE, « I papi del secolo XII e la vita comune e regolare del clero », p. 364-373.

du modèle réformateur franc ; on n'a pas eu à attendre Otton Ier et l'avènement de Léon VIII. Il faut donc reculer d'environ cent cinquante ans la date couramment proposée : 800 environ au lieu de 964. Les principaux facteurs de grégorianisation ont été la nécessité de recruter de plus en plus de gradués et de juristes, qui a entraîné l'internationalisation de la Curie et l'élargissement du recrutement des cardinaux, lesquels ont introduit leur liturgie romano-franque dans le *titulus* dont ils étaient titulaires. Il faut aussi tenir compte de l'internationalisation des chapitres de chanoines des grandes basiliques, provoquée par la réforme des chanoines réguliers.

En fin de compte, les pressions politiques franques ou ottoniennes n'ont guère joué de rôle dans le changement de chant liturgique à Rome. Il est inexact que les « papes allemands » des Xe et XIIe siècle aient grégorianisé Rome, puisque c'est justement la liturgie du pape, la vieille liturgie stationnale, qui a gardé le chant romain jusqu'au bout, à l'exception de la mélodie des *cantica* de la vigile pascale. Au XIIe siècle, c'était le Latran qui était « en avance » (c'est-à-dire plus grégorianisé) sur la *Schola cantorum* pontificale, non l'inverse. Finalement, c'est la station qui semble avoir longtemps stabilisé le chant liturgique au profit du chant romain ancien.

Le Missel de la Curie romaine, les Franciscains et l'élimination du chant romain.

Nous avons évoqué la modernisation des bureaux romains et la naissance de la Curie romaine moderne. Cette nouvelle organisation fit vite naître le désir de simplifier l'office, afin de permettre aux curialistes de consacrer plus de temps à l'administration de l'Église, qui était de plus en plus complexe. Un second facteur vint s'y ajouter : la réforme de l'Église au XIe siècle et le désir de promouvoir la récitation communautaire de l'office. Un office plus court permettait en effet au pape et à toute la Curie de célébrer toutes les heures en commun ; à l'époque où l'office était encore long, le pape n'y assistait que lors des grandes fêtes. C'est ainsi que naquit l'office de la Curie, fruit du raccourcissement de l'office du Latran, qui finit par supplanter celui des cha-

noines du Latran[1]. Il était célébré, non plus dans la basilique, mais dans l'oratoire du palais, dédié à saint Laurent
puis, à partir d'Innocent III, dans la chapelle Saint-Nicolas[2].
Cet office ne remplaçait pas la pratique traditionnelle de la
station ; les jours de station, le pape quittait son palais pour
se rendre là où la coutume le voulait. L'office de la Curie
valait surtout pour le temps après la Pentecôte, où il n'y
avait pas de liturgie stationnale. Cet office de la Curie, de
la chapelle pontificale, finit par devenir l'office de toute
l'Église romaine, adopté et propagé par les Franciscains[3] ;
c'était chose faite au XIIIᵉ siècle, après les réformes liturgiques introduites par Innocent III au IVᵉ concile du Latran
(1215). Or, cet office utilisait exclusivement le chant grégorien, comme le prouvent les premiers livres franciscains.

Épilogue : le séjour à Avignon, la polyphonie et la naissance du plain-chant.

Aux XIIIᵉ et XIVᵉ siècle, en raison des vicissitudes politiques,
la papauté fut souvent itinérante et perdit ainsi progressivement le contact avec les traditions romaines. Dès avant le
séjour à Avignon (1305-1378), les papes avaient été souvent
absents de Rome, notamment à partir de 1250 : de 1100 à
1304, donc sur un total de deux cent quatre ans, les papes
en ont passé quatre-vingt-deux seulement dans l'*Urbs*[4]. Cet
éloignement a entraîné l'exacerbation des différences entre
le rit du pape et celui des basiliques romaines les plus
conservatrices, qui avaient gardé le chant romain jusqu'en
plein XIIIᵉ siècle.

Le séjour à Avignon a en revanche constitué une coupure
totale avec le passé. Les indications de stations, par exemple,
ne servirent plus à rien, comme les minutieux itinéraires traditionnels des processions, encore bien vivants dans les
Ordines Romani et dans les *ordines* du chanoine Benoît et du

1. VAN DIJK, *The Origins of the Modern Roman Liturgy*, p. 85.
2. SALMON, *L'Office divin au Moyen Âge*, p. 140.
3. VAN DIJK, « The Legend », p. 92, 133-134 ; SALMON, *L'Office divin au Moyen Âge*, p. 152-170.
4. MOLLAT, *Les Papes d'Avignon*, p. 9-11 ; A. TOMASELLO, *Music and Ritual at Papal Avignon (1309-1403)*, Ann Arbor (Michigan), 1983, p. 1-2.

prieur Bernhard. Or, la liturgie stationnale, celle qu'accomplissaient le pape et sa vieille *Schola*, était très conservatrice. La fin de la station a donc dû porter un coup très dur à ce qui pouvait rester du chant romain[1]. Par surcroît, comme les papes résidaient durablement au même endroit pour la première fois depuis longtemps, cette nouvelle sédentarité allait permettre la naissance de nouvelles formes liturgiques[2], dont le drame liturgique composé en 1372 par Philippe de Mézières, conseiller du roi Charles V et précepteur du jeune Charles VI, pour l'introduction en Occident de la fête de la Présentation de la Vierge Marie au Temple, est un bon exemple[3]. Le séjour à Avignon vit en outre le triomphe définitif du *PRG*, grâce à son entrée dans le pontifical de l'évêque de Mende Guillaume Durand (1230/1231-1296[4]), qui est lui-même substantiellement conservé dans le Pontifical romain moderne, dont l'édition *princeps* a été réalisée par Agostino Piccolomini et Jean Burchard de Strasbourg à Rome, en 1485. Il ne resta finalement dans les livres liturgiques modernes que quelques vestiges du chant romain : quatre antiennes de la procession des reliques pour la cérémonie de la dédicace d'une église[5].

Il faut ajouter à cela l'influence des nouvelles formes musicales du XIVe siècle, et notamment celle de la polyphonie[6]. Cette influence, qui était faible à Rome, fut au contraire très

---

1. ELZE, « Die päpstliche Kapelle », p. 160 ; DE BLAAUW, *Cultus et decor*, p. 9 ; B. SCHIMMELPFENNIG, « Die Funktion des Papstpalastes und der Kurialen Gesellschaft im päpstlichen Zeremoniell vor und während des Grossen Schismas », dans : *Genèse et débuts du Grand Schisme d'Occident*, Paris, 1980, p. 318.

2. SCHIMMELPFENNIG, *Die Zeremonienbücher*, p. 36-39.

3. BERNARD, « Le drame liturgique », *passim*.

4. VOGEL, *Le PRG*, t. III, p. 53-54 ; R. CABIÉ, « Le Pontifical de Guillaume Durand l'Ancien et les livres liturgiques languedociens », dans : *Liturgie et musique (IXe-XIVe s.)*, Toulouse, 1982, p. 226.

5. HUGLO, « Les antiennes de la procession des reliques », notamment p. 138 ; Dom J. CLAIRE, « L'évolution modale dans les répertoires liturgiques occidentaux », p. 206 ; VAN DIJK, *The Origins of the Modern Roman Liturgy*, p. 83 ; Dom B. BAROFFIO, « I libri liturgici : specchio della cultura », p. 264.

6. TOMASELLO, *Music and Ritual*, passim ; D. WOOD, *Clement VI. The Pontificate and Ideas of an Avignon Pope*, Cambridge, 1989, p. 46-47 et 69-73 ; B. SCHIMMELPFENNIG, « Aspekte des päpstlichen Zeremoniells in Avignon », dans : M. HUGLO (éd.), *Aspects de la musique liturgique au Moyen Âge (Colloques de Royaumont 1986-1988)*, Paris, 1991, p. 229-243 ; C. WRIGHT, *Music and Ceremony at Notre Dame of Paris, 500-1550*, Cambridge, 1992, p. 244. Sur les manuscrits liturgiques dans la bibliothèque des papes d'Avignon, voir MONFRIN et JULLIEN DE POMMEROL, *La Bibliothèque pontificale*, t. II, p. 743-744 et 773-779.

vive à Avignon, dont la chapelle recrutait des chantres et des compositeurs de renom dans toute l'Europe. Les dernières traces de chant romain ancien ont donc dû disparaître sur les bords du Rhône, au XIVe siècle.

Le triomphe du chant grégorien à Rome a été éphémère ; on peut à juste titre parler de victoire à la Pyrrhus. Il ne s'est en effet imposé véritablement qu'à partir de la seconde moitié du XIIIe siècle, c'est-à-dire fort tard ; si tard, qu'il a subi l'attraction des formes de chant grégorien déjà en partie adultérées, notamment sous l'effet de la réforme cistercienne [1] et de la simplification des rites opérée par les Franciscains. Par surcroît, il a été presque aussitôt concurrencé victorieusement par des formes musicales plus modernes, comme le motet et les premiers grands ordinaires polyphoniques : la messe de Notre Dame de Guillaume de Machaut date d'avant 1377 [2].

Aussi, à peine vainqueur à Rome, le chant grégorien commença-t-il aussitôt à se déformer et à évoluer vers le « plain-chant », principalement en raison de la perte de la tradition rythmique, entraînée par l'adoption de la portée guidonienne, à partir de 1050 environ. On attribue en effet à Guy d'Arezzo [3] l'invention de la ligne de portée, qui permet d'indiquer la hauteur absolue des notes, et donc de déchiffrer à vue une mélodie qu'on n'a jamais entendue, ce dont les neumes *in campo aperto* du IXe siècle étaient incapables. Ils indiquaient en revanche le rythme avec une très grande finesse. Le problème est que cette nouvelle notation musicale, qui dispense d'apprendre les mélodies par cœur, déforme les neumes et fait disparaître les indications rythmiques qu'ils contenaient. L'adoption de la portée guidonienne entraîna donc l'oubli de la tradition rythmique du chant grégorien et l'on donna désormais la même durée à

---

1. Entre 1134 et 1140, saint Bernard avait profondément réformé le chant grégorien que chantaient les moines blancs : BLANCHARD, « Le prologue de l'hymnaire », p. 37 ; C. VEROLI, « La revisione musicale bernardina e il Graduale Cistercense », *Analecta Cisterciensia* 47 (1991), p. 3-141 et 48 (1992), p. 3-104 ; Cl. MAÎTRE, *La Réforme cistercienne du plain-chant. Étude d'un traité théorique*, Brecht, 1995.

2. Sur les compositeurs polyphoniques à Rome au XIVe siècle, voir P. F. STARR, « Rome as the Centre of the Universe : Papal Grace and Music Patronage », *Early Music History* 11 (1992), p. 223-262.

3. Voir *Gui d'Arezzo, Micrologus*, éd. M.-N. COLETTE et J.-Chr. JOLIVET, Paris, 1993, p. 9.

toutes les notes : on avait ainsi involontairement inventé le « plain-chant », avec ses notes égales, qui n'est qu'une caricature du chant grégorien. Ce plain-chant fut à son tour emporté sans regret par la polyphonie, au XIVᵉ siècle. Le règne du chant grégorien dans l'*Urbs* avait été de courte durée.

CONCLUSION

Nous pensons avoir mis en évidence les racines au moins tardo-antiques du chant romain : ses mélodies étaient peu nombreuses et inexpressives, puisque ce n'était pas de la musique imitative. L'emploi du psautier pour donner des textes aux premières mélodies s'est révélé être en parfait accord avec la typologie patristique la plus ancienne comme avec l'iconographie chrétienne des catacombes, celle des absides des basiliques comme celle des sarcophages paléochrétiens. L'originalité du chant liturgique de Rome est en effet d'être psalmique.

Les grandes étapes de la formation du répertoire romain sont assez semblables à ce qu'on trouve dans tous les autres chants liturgiques de la même époque, dans le bassin occidental de la Méditerranée. Le chant liturgique romain a en effet connu deux périodes : celle des chants du soliste, jusqu'au début du VIᵉ siècle, puis celle de la *Schola cantorum* ; la première période est elle-même divisée en deux phases principales : celle de la psalmodie sans refrain, qui remonte à l'époque où la plupart des fidèles écoutaient en silence les psaumes sans refrain, faute de connaître assez bien le psautier pour être capables de participer ; cette époque, dont témoignent les *cantica* et les traits, nous ramène pratiquement aux origines chrétiennes de Rome. La seconde phase, à partir du IVᵉ siècle, est celle de la psalmodie responsoriale, qui a permis à la communauté chrétienne de Rome, désormais bien catéchisée grâce à l'action des papes, de participer à la psalmodie en répondant un court refrain aux versets chantés par le psalmiste.

La seconde période a vu la naissance de la *Schola canto-*

rum, sans doute au début du VIᵉ siècle. Cette évolution était indispensable, car c'est grâce à elle qu'à cette époque le chant a pu conquérir une certaine indépendance par rapport à l'utilitarisme liturgique et se développer pour lui-même et devenir ainsi plus complexe et plus personnel, n'étant plus freiné par la nécessité de permettre à la foule des non-spécialistes de participer. Les mélodies sont donc devenues plus complexes, plus ornées et plus diversifiées, comme en témoignent les offertoires et les *Alleluia*, grâce à l'art d'un certain nombre de maîtres, aujourd'hui anonymes, mais qui étaient alors célèbres à juste titre et dont les mélodies nous ont conservé les morceaux de bravoure, notamment dans les longs versets des offertoires et dans la *iubilatio* des *Alleluia*. Les psaumes sans refrain et les psaumes responsoriaux furent réduits à quelques versets pour mieux supporter l'ornementation nouvelle. On en profita aussi pour adopter certaines mélodies d'origine étrangère en *RÉ*, ce qui était facile entre spécialistes, mais eût été impossible à l'époque du refrain populaire, le peuple étant trop peu cultivé et trop étroit d'esprit pour admettre de telles importations. La nécessité de faire participer les fidèles aux chants du propre de la messe avait ainsi exercé des effets conservateurs pendant au moins cent cinquante ans et avait empêché toute évolution. Le passage à la *Schola* fut donc, au regard de l'histoire musicale, un progrès indispensable.

Le rôle propre de saint Grégoire le Grand a été de compléter et de systématiser le répertoire, en mettant notamment la dernière main à l'organisation de l'année liturgique, comme en témoignent par exemple la semaine *in albis* et les *Alleluia* des dimanches après la Pentecôte. Ce travail de mise au point a été réalisé de manière pragmatique, à l'aide de moyens sans doute peu élégants, mais en tout cas efficaces et rapides, dont le plus visible est sans doute l'emploi de mélodies stéréotypées, les timbres d'*Alleluia*.

Au début du VIIIᵉ siècle, le répertoire romain est désormais définitivement organisé ; on se borne à quelques ultimes ajustements, notamment en allongeant certaines pièces, comme les offertoires. La période créatrice du chant liturgique occidental hérité de l'Antiquité tardive prend alors fin, à Rome comme ailleurs, sauf en Gaule, où commence une réforme spirituelle et politique, sous l'impulsion de la nouvelle dynastie carolingienne. Or, la papauté n'avait cessé d'essayer d'imposer ses coutumes et sa liturgie dans l'ensemble de l'Occident, avec des succès divers, essentiellement depuis le vᵉ siècle. Elle profita donc de l'avènement d'un pouvoir bien intentionné en Gaule, événement attendu par elle depuis longtemps, pour relancer la romanisation de la liturgie franque ; des essais avaient en effet été déjà entrepris, comme le prouve la présence d'éléments romains dans les quelques sacramentaires gallicans qui nous sont parvenus, mais ils semblent ne pas avoir pu aboutir avant le changement de dynastie. Le royaume des Francs était très original, en raison du baptême de Clovis, dont le souvenir était toujours vif à Rome. La Gaule était donc le joyau de l'Église d'Occident, comme saint Grégoire aimait à le rappeler au roi Childebert II dans une lettre célèbre (*Registrum* VI, 6). Or, d'autre part, l'effervescence spirituelle et artistique était grande en Gaule franque vers 740, et le renouveau qui s'y manifestait était sans commune mesure avec la situation dans le reste de l'Occident ; de grands centres réformateurs, tels Metz, Tours ou Lyon, commençaient à émerger, grâce à une élite d'éminents évêques réformateurs, comme Chrodegang, de la crise (très relative, et qui n'est en aucun cas une « décadence ») qui avait été entraînée par l'agonie (assez brève : de 720 à 751) de la dynastie mérovingienne. Cela explique que la romanisation de la liturgie franque se soit accompagnée dans le domaine musical d'un retravail complet des mélodies liturgiques romaines par les maîtres francs, avec pour résultat la naissance d'un chant hybride, le « chant grégorien ». Traduire est trahir, même involontairement : il n'y eut pas de « résistance » franque à la romanisation du culte, car les Francs étaient demandeurs. Les mélodies romaines ne furent donc pas copiées telles quelles, mais partiellement réécrites d'après le goût des savants et des artistes de la dynamique Église franque, sans que pour autant le modèle romain fût perdu de vue.

Ces maîtres sont anonymes pour nous, mais leur qualité et leur haute valeur ne font pas de doute, même si nous n'avons pas de texte pour nous l'apprendre. Il suffit en effet de les juger à leur travail : le chant « grégorien », dont ils sont les auteurs, est le premier chant liturgique moderne en Occident ; ses qualités d'expressivité, de simplicité et de variété font de lui un répertoire largement supérieur à son vieux modèle romain comme à tous les répertoires hérités de l'Antiquité chrétienne. Il en existe deux branches principales, qui se distinguent par un certain nombre de variantes, aussi bien textuelles, neumatiques que mélodiques, sans qu'on puisse naturellement parler pour autant de deux chants différents. La première, qui est aussi la plus ancienne, est la branche « occidentale » ; elle a vu le jour entre Seine et Rhin, à partir de l'écoute franque des mélodies romaines : c'est le chant « grégorien » à proprement parler. La seconde, « orientale », est le résultat d'un retravail de la première ; les célèbres manuscrits de Saint-Gall et d'Einsiedeln en sont les témoins. Cette seconde branche est moins romaine que la première, et donc moins « grégorienne ».

Ce chant « grégorien » se répandit partout en Occident à partir du IXᵉ siècle (sauf en Espagne, alors pays occupé), selon des modalités diverses, grâce à sa valeur propre et avec l'appui des élites réformatrices des diverses régions de la chrétienté occidentale. À Milan, on l'utilisa surtout pour compléter le vieux chant ambrosien, pauvre en mélodies, mais qui survécut cependant grâce à cette injection de sang neuf. À Bénévent et dans le Sud de l'Italie, le chant « grégorien » supplanta le répertoire bénéventain, qui était sans doute encore plus primitif que celui de Milan, si primitif même qu'il ne put se maintenir bien longtemps face à une telle concurrence. En Espagne, la victoire du chant « grégorien » fut entravée uniquement par l'occupation musulmane ; quand elle cessa, il triompha comme ailleurs, avec l'appui de la partie éclairée de l'épiscopat, des rois et des moines clunisiens, qui souhaitaient ouvrir définitivement l'Espagne à la modernité et l'arrimer solidement à l'Europe occidentale. Le chant « grégorien » fut l'un des moyens employés dans ce but, dans la pénisule Ibérique, comme il avait été utilisé dans le reste de l'Europe occidentale pour réformer les Églises nationales : c'était alors le chant de la *sanior pars*.

S'il arriva à Rome dès le IXᵉ siècle, le chant « grégorien » s'y répandit avec une grande lenteur, titre par titre, basilique par basilique. Des progrès décisifs ne furent obtenus qu'à partir de la réforme de l'Église au XIᵉ et au XIIᵉ siècle, qui fut notamment marquée par deux phénomènes importants pour l'histoire du chant liturgique à Rome. D'une part, la reprise en main des chapitres de chanoines des grandes basiliques sur le modèle des chanoines réguliers, dont le chant était « grégorien ». D'autre part, ce phénomène s'accompagna d'une réorganisation et d'une modernisation de l'administration romaine et de la Curie, qui s'opéra à l'aide d'un recrutement beaucoup plus international que par le passé. Or, curialistes et cardinaux non-Romains ne connaissaient que le chant « grégorien ». Parti d'abord du Latran, sous Alexandre II, il n'arriva à Saint-Pierre que deux siècles plus tard, sous Nicolas III. Les poches de résistance étaient principalement les petites basiliques et les communautés marginales, en voie d'assoupissement.

Le triomphe du chant « grégorien » à Rome fut cependant très précaire, exactement comme celui de l'architecture gothique. Après avoir éliminé les dernières traces de chant romain ancien vers la fin du XIIIe siècle, il fut en effet aussitôt miné par sa propre décadence, notamment sur le plan rythmique, et par sa transformation en plain-chant, comme par les progrès irrésistibles de la polyphonie. Cela explique finalement le peu d'attachement de la Ville éternelle au chant grégorien : elle l'a à peine pratiqué, car il ne fut qu'une parenthèse entre la tradition romaine de la monodie (le chant romain des origines) et la tradition nouvelle, mais non moins romaine, de la polyphonie, dès le *trecento*.

Bibliographie

AB	*Analecta Bollandiana.*
ALW	*Archiv für Liturgiewissenschaft.*
AM	*Acta Musicologica.*
AMus.	*Anuario Musical.*
AMS	HESBERT, *Antiphonale Missarum Sextuplex* (voir Sources).
AMW	*Archiv für Musikwissenschaft.*
ANRW	*Aufstieg und Niedergang der römischen Welt,* Berlin-New York.
ASM	*Annales suisses de musicologie.*
BCE	*Bulletin du comité des études de Saint-Sulpice.*
BEC	Bibliothèque de l'École des chartes.
BHL	*Bibliotheca hagiographica latina antiquae et mediae aetatis* (voir Sources).
BLE	*Bulletin de littérature ecclésiastique,* Toulouse.
BZ	*Byzantinische Zeitschrift.*
CA	*Cahiers archéologiques.*
CAO	HESBERT, *Corpus Antiphonalium Officii* (voir Sources).
CCCM	Corpus Christianorum, Continuatio Medievalis
CCM	Corpus Consuetudinum Monasticarum, éd. K. HALLINGER, Siegburg, 1963 s.
CCSL	Corpus Christianorum, Series Latina
CPG	*Clavis Patrum Graecorum* (voir Manuels).
CPL	*Clavis Patrum Latinorum* (voir Manuels).
CRAIBL	*Comptes rendus des séances de l'Académie des inscriptions et belles-lettres,* Paris.
CSEL	Corpus Scriptorum Ecclesiasticorum Latinorum

DACL	*Dictionnaire d'archéologie chrétienne et de liturgie*
DHGE	*Dictionnaire d'histoire et de géographie ecclésias-tiques.*
DOP	*Dumbarton Oaks papers.*
EcclO	*Ecclesia Orans*, Rome.
EG	*Études grégoriennes*, Solesmes.
EL	*Ephemerides Liturgicae*, Rome.
EMH	*Early Music History*, Oxford.
HBS	Henry Bradshaw Society (voir Sources).
HS	*Hispania Sacra.*
HTR	*The Harvard Theological Studies.*
JAC	*Jahrbuch für Antike und Christentum.*
JAMS	*Journal of the American Musicological Society.*
JLW	*Jahrbuch für Liturgiewissenschaft*, Münster.
JThS	*Journal of Theological Studies*, Oxford.
KMJb	*Kirchenmusikalisches Jahrbuch.*
LJb	*Liturgisches Jahrbuch*, Trèves.
LM-D	*La Maison-Dieu*, Paris, Centre national de pastorale liturgique.
LP	DUCHESNE, *Le « Liber pontificalis »* (voir Sources).
LQF	Liturgiegeschichtliche Quellen und Forschungen, Maria-Laach.
Mf	*Die Musikforschung.*
MEFRA	*Mélanges de l'École française de Rome ; Antiquité.*
MEFRM	*Mélanges de l'École française de Rome ; Moyen Âge.*
MGH	Monumenta Germaniae Historica, Hanovre, Hahn et Berlin, 1826 s.
M e S	*Musica e Storia*, Fondazione Levi, Venise.
MSR	*Mélanges de science religieuse*, Lille.
New Grove	*The New Grove Dictionary of Music and Musicians*, éd. S. SADIE, 6ᵉ éd., 20 vol., Londres, 1980.
NOHM	*New Oxford History of Music*, t. II , *The Early Middle Ages to 1300*, éd. R. CROCKER et D. HILEY, Oxford, 1990.
NRT	*Nouvelle revue théologique.*
OCA	Orientalia Christiana Analecta, Rome.
OCP	*Orientalia Christiana Periodica*, Rome.
OR	ANDRIEU, *Les « Ordines Romani »* (voir Sources).
PG	J.-P. MIGNE, *Patrologiae cursus completus, series graeca.*
PL	J.-P. MIGNE, *Patrologiae cursus completus, series latina.*
PLS	*Patrologiae latinae supplementum.*
PM	*Paléographie musicale des moines de Solesmes*, Solesmes, 1888 s.

PO	*Patrologia Orientalis.*
QLP	*Questions liturgiques et pastorales*, Louvain, abbaye du Mont-César.
RAC	*Rivista d'Archeologia Cristiana.*
RBén.	*Revue bénédictine*, Maredsous.
RB	*Revue biblique.*
REAug	*Revue des études augustiniennes.*
Rech. Aug.	*Recherches augustiniennes.*
RG	*Revue grégorienne*, Solesmes.
RHE	*Revue d'histoire ecclésiastique.*
RHEF	*Revue d'histoire de l'Église de France.*
RHR	*Revue de l'histoire des religions.*
RIMS	*Rivista Internazionale di Musica Sacra*, Milan.
RMAL	*Revue du Moyen Âge latin*, Strasbourg.
RQS	*Römische Quartalschrift für christliche Altertumskunde.*
RSCI	*Rivista di Storia della Chiesa in Italia.*
RSLR	*Rivista di Storia e Letteratura Religiosa.*
RechSR	*Recherches de sciences religieuses*, Paris.
RSR	*Revue des sciences religieuses*, Strasbourg.
RSPT	*Revue des sciences philologiques et théologiques.*
RTAM	*Recherches de théologie ancienne et médiévale.*
RTL	*Revue théologique de Louvain.*
SC	Sources chrétiennes.
SE	*Sacris Erudiri*, Steenbrugge.
SM	*Studia Monastica.*
S e T	Studi e Testi, cité du Vatican.
TU	Texte und Untersuchungen zur Geschichte der altchristlichen Literatur, Leipzig, puis Berlin.
VC	*Vigiliae Christianae*, Amsterdam.
VChr.	*Vetera Christianorum.*
ZKT	*Zeitschrift für Katholische Theologie*, Innsbrück.

Abréviations spécifiquement liturgiques.

Adv.	*Adventum Domini* (le temps de l'avent)
Dnus, Dne, etc.	*Dominus, Domine*, etc.
Dom.	*Dominica* (le dimanche)
Fer.	*Feria* (II, III, etc. : lundi, mardi, etc.)
Hebd.	*Hebdomada* (semaine)
Pent.	*Pentecoste* (le dimanche de la Pentecôte)
Quad.	*Quadragesima* (le carême)
QT	*Quatuor Tempora* (les Quatre-Temps)
Sab.	*Sabbatum* (samedi)

TP   Temps pascal
All.   *Alleluia*
Co.   Communion
Gr.   Graduel
Intr.   Introït
Tr.   Trait
Off.   Offertoire

SOURCES (PRINCIPALES ÉDITIONS DE TEXTES)

Acta Sanctorum, collecta... a sociis Bollandianis, Paris (3ᵉ éd.), 1863 s. (rééd. de l'édition d'Anvers, 1643 s.).

AGOBARD DE LYON, *Contra libros quattuor Amalarii*, dans *Opera omnia*, éd. L. VAN ACKER, *Agobardi Lugdunensis Opera omnia*, Turnhout, 1981 (CCCM 52), p. 355-367.

—, *De antiphonario ad cantores ecclesiae Lugdunensis*, dans *ibid.*, p. 337-351.

—, *De divina psalmodia*, PL 104, 325-330 (plutôt attribuable au diacre Florus de Lyon).

AMALAIRE DE METZ, éd. J.-M. HANSSENS, *Amalarii episcopi Opera liturgica omnia*, 3 vol., cité du Vatican, 1948-1950.

AMBROISE DE MILAN, *De sacramentis, De mysteriis*, éd. J. SCHMITZ, Fribourg, 1990.

Antiphonale Missarum juxta ritum sanctae Ecclesiae Mediolanensis, Rome, 1935.

Antiphonale Missarum Sextuplex, éd. R.-J. HESBERT, Rome, 1967 (2ᵉ éd.).

AURÉLIEN D'ARLES, *Regula ad monachos*, PL 68, 385-396.

BENOÎT DE NURSIE, *Regula ad monachos*, éd. A. DE VOGÜÉ et J. NEUFVILLE, 2 vol. de textes et 4 vol. de commentaire, Paris, 1971-1972 (SC 181 à 186).

Bernhardi cardinalis et Lateranensis ecclesiae prioris Ordo officiorum ecclesiae Lateranensis, éd. L. FISCHER, Munich, 1916.

Biblia Sacra iuxta vulgatam versionem, éd. R. WEBER *et alii*, 2 vol., Stuttgart, 1985 (3ᵉ éd.).

Bibliorum Sacrorum Latinae Versiones Antiquae seu Vetus Italica, éd. P. SABATIER, 3 vol., Reims, 1743-1749 ; rééd. Turnhout, 1976.

Bibliotheca hagiographica latina antiquae et mediae aetatis, edd. socii Bollandiani, Bruxelles, 2 vol., 1898-1901.

Bibliotheca hagiographica latina antiquae et mediae aetatis. Novum supplementum, éd. H. FROS, Bruxelles, 1986.

BONIFACE, *Epistulae*, éd. R. RAU, *Briefe des Bonifatius-Willibalds*

Leben des Bonifatius nebst einigen zeit-genössischen Dokumenten, Darmstadt, 1968.

B. BOTTE et Chr. MOHRMANN, *L'Ordinaire de la messe. Texte critique, traduction et études*, Louvain-Paris, 1953.

Das römische « Capitulare Evangeliorum ». Texte und Untersuchungen zu seiner ältesten Geschichte, éd. Th. KLAUSER, Münster, 1935 (LQF 28).

CÉSAIRE D'ARLES, *Sermones*, éd. G. MORIN, 2 vol., Turnhout, 1953 (CCSL 103-104) : autre édition : M.-J. DELAGE, *Césaire d'Arles, Sermons au peuple*, 3 vol., Paris, 1971-1986 (SC 175, 243 et 330).

—, *Regula ad virgines*, éd. A. DE VOGÜÉ et J. COURREAU (dans CÉSAIRE D'ARLES, *Œuvres monastiques*, t. I), Paris, 1988 (SC 345).

CHRODEGANG DE METZ, *Regula canonicorum* (dont il existe plusieurs recensions différentes), *PL* 89, 1057-1096 ; autre édition : W. SCHMITZ, *S. Chrodegangi Mettensis episcopi (742-766) Regula canonicorum*, Hanovre, 1889, p. 1-25 ; J.-B. PELT, *Études*, p. 7-28.

Chronicon Farfense Gregorio Catinensi auctore, éd. U. BALZANI, *Il Chronicon Farfense di Gregorio di Catino*, Rome, 1903 (Fonti per la storia d'Italia, 33).

Codex Carolinus, éd. W. GUNDLACH, MGH, *Epistolarum tomus III, Merowingici et karolini aevi* I, Berlin, 1892 (Munich, 1978), p. 469-657.

Concilia Galliae (314-506), éd. C. MUNIER, Turnhout, 1963 (CCSL 148).

Concilia Hispaniae, éd. J. VIVES *et alii*, *Concilios visigóticos e hispano-romanos*, Barcelone-Madrid, 1963 ; G. MARTINEZ DIEZ et F. RODRIGUEZ, *La colección canónica hispana*, V, *Concilios hispanos : segunda parte*, Madrid, 1992.

Concilia merowingici aevi, éd. J. GAUDEMET et B. BASDEVANT, *Les Canons des conciles mérovingiens (VIᵉ-VIIᵉ siècle)*, 2 vol., Paris, 1989 (SC 353 et 354).

Corpus Antiphonalium Officii, éd. R.-J. HESBERT, 6 vol., Rome, 1963-1979.

Councils and Ecclesiastical Documents Relating to Great Britain and Ireland, éd. A. W. HADDAN et W. STUBBS, t. III, Oxford, 1871.

DAMASE, *Épigrammes* ; éd. A. FERRUA, *Epigrammata Damasiana*, Rome, 1942.

Decretales Pseudo-Isidorianae, éd. P. HINSCHIUS, *Decretales Pseudo-Isidorianae et Capitula Angilramni*, Leipzig, 1863 ; rééd. Aalen, 1963.

DEUSDEDIT, *Collectio canonum* ; éd. V. W. VON GLANVELL, *Die*

Kanonessammlung des Kardinals Deusdedit, Paderborn, 1905 (réed. Aalen, 1967).

ÉGÉRIE, *Itinerarium*, éd. P. MARAVAL, Paris, 1982 (SC 296).

EKKEHARD IV DE SAINT-GALL, *Casus sancti Galli*, éd. H. F. HAE-FELE, *Ekkehard IV, Casus sancti Galli (St. Galler Klostergeschichten)*, Darmstadt, 1989 (2ᵉ éd.).

Epistolae Romanorum pontificum genuinae et quae ad eos scriptae sunt a S. Hilaro usque ad Pelagium II, éd. A. THIEL, t. I, Braunsberg, 1867-1868, réed. Hildesheim-New York, 1974.

FRÉDÉGAIRE *qui dicitur et Continuatio eius*; éd. J. M. WALLACE-HADRILL, *The Fourth Book of the Chronicle of Fredegar with its Continuations*, Londres, etc., 1960.

GERMAIN DE PARIS (PSEUDO-), éd. E. C. RATCLIFF [Germani Parisiensis episcopi] *Expositio antiquae liturgiae gallicanae*, Londres, 1971.

Gesta sanctorum patrum Fontanellensis coenobii, éd. S. LÖWENFELD, MGH, *Scriptores rerum germanicarum in usum scholarum separatim editi*, Hanovre, 1886 (réed. Hanovre, 1980).

Graduale Triplex, Solesmes, 1979.

Das Graduale von Santa Cecilia in Trastevere (Cod. Bodmer 74), éd. M. LÜTOLF, 2 vol., Cologny-Genève, 1987.

GRÉGOIRE DE TOURS, *Historiarum libri decem*, éd. B. KRUSCH et W. LEVISON, MGH, *Scriptores rerum merovingicarum*, t. I, pars 1, 1937-1951 ; réed. 1962.

GRÉGOIRE LE GRAND, *Registrum*, éd. D. NORBERG, 2 vol., Turnhout, 1982 (CCSL 140-A).

HARIULF, *Chronique de Saint-Riquier*; éd. F. LOT, *Chronique de l'abbaye de Saint-Riquier, par Hariulf*, Paris, 1894.

HÉLISACHAR DE SAINT-RIQUIER, *Epistula ad Nebridium Narbonensem archiepiscopum*; éd. E. DÜMMLER, MGH, *Epistolae V*, 3, Berlin, 1898-1899 (réed. Munich, 1978), p. 307-309.

HIPPOLYTE DE ROME (PSEUDO-), éd. B. BOTTE, *La Tradition apostolique de saint Hippolyte. Essai de reconstitution*, Münster, 1963 ; 5ᵉ éd. revue, éd. A. GERHARDS et S. FELBECKER, 1989 (LQF 39).

INNOCENT Iᵉʳ, *Lettre à Décentius de Gubbio* ; éd. R. CABIÉ, *La Lettre du pape Innocent Iᵉʳ à Décentius de Gubbio*, Louvain, 1973.

IOHANNES DIACRE, *Lettre à Sénarius* ; éd. A. WILMART, *Epistola Iohannis Diaconi ad Senarium*, dans *Analecta Reginensia. Extraits des manuscrits latins de la reine Christine conservés au Vatican*, cité du Vatican, 1933, p. 170-179 (S e T 59).

JEAN DIACRE, Hymmonides, *Vita Gregorii Magni*, PL 75.

LANDULFUS, *Historia Mediolanensis*, éd. L. C. BETHMANN et W. WATTENBACH, MGH, *Scriptores*, t. VIII, Hanovre, 1848, p. 32-100.

LEIDRADE DE LYON, *Epistula I ad Carolum Magnum Imperatorem*, éd. E. DÜMMLER, MGH, *Epistolae* IV, 2, Berlin, 1895 (rééd. Munich, 1978), p. 542-544.

LÉON Ier LE GRAND, *Sermons*, éd. A. CHAVASSE, 2 vol., Turnhout, 1973 (CCSL 138-138 A).

Liber Politicus du chanoine BENOÎT, éd. P. FABRE et L. DUCHESNE, *Le Liber censuum de l'Église romaine*, t. II, Paris, 1910 (éd. du *Liber Politicus* du chanoine Benoît, p. 141-164).

Liber Pontificalis, éd. L. DUCHESNE, *Le « Liber pontificalis »*, texte, introduction et commentaire, 2 vol., t. III : additions de Duchesne et appendice de C. Vogel, Paris, 1957.

LOUP DE FERRIÈRES, *Lettres*, éd. E. DÜMMLER, MGH, *Epistolarum tomi VI pars prior*, *Karolini aevi* IV, Berlin, 1902 (rééd. Munich, 1978) ; autre édition : LOUP DE FERRIÈRES, *Correspondance*, éd. L. LEVILLAIN, 2 vol., Paris, 1927 et 1935 ; autre édition : *Servatus Lupus Epistulae*, éd. P. K. MARSHALL, Leipzig, 1984 (coll. Teubner) ; trad. angl. : G. W. REGENOS, *The Letters of Lupus of Ferrières*, La Haye, 1966.

J. D. MANSI, *Sacrorum conciliorum nova et amplissima collectio*, Florence-Venise, 1759 s.

Missale ambrosianum duplex, éd. A. RATTI et M. MAGISTRETTI, Milan, 1913.

New Documents Illustrating Early Christianity, éd. G. H. R. HORSLEY, t. II, Macquarie University, 1982.

NICOLAS III (Giovanni Gaetano Orsini), *Regesta* ; éd. J. GAY, *Les Registres de Nicolas III (1277-1280)*, 2 vol., Paris, 1916 et 1938.

Offertoriale Triplex cum versiculis, Solesmes, 1985.

Ordines Romani (OR), éd. M. ANDRIEU, *Les « Ordines Romani » du haut Moyen Âge*, 5 vol., Louvain, 1931-1956.

PAUL DIACRE, *Vita S. Chrodegangi Mettensis* (*BHL* suppl., 1986, n° 1780 b ; notice biographique qui se trouve à la fin des *Gesta episcoporum Mettensium*), éd. *PL* 95, 709-710 ; autre édition, G. H. PERTZ, MGH, *Scriptorum tomus* 2, Hanovre, 1829 (rééd. Stuttgart, 1976), p. 267-268 ; PELT, *Études*, p. 5-7.

PÉLAGE Ier, *Epistulae* ; éd. P. M. GASSÒ et C. M. BATTLE, *Pelagii I papae Epistulae quae supersunt (556-561)*, Montserrat, 1956.

Le Pontifical romain au Moyen Âge ; éd. M. ANDRIEU, t. I, *Le Pontifical romain du XIIe siècle*, cité du Vatican, 1938 (S e T 86) ; t. II, *Le Pontifical de la Curie romaine au XIIIe siècle*, cité du Vatican, 1940 (S e T 87).

Pontifical romano-germanique, éd. C. VOGEL et R. ELZE, *Le Pontifical romano-germanique du Xe siècle*, 3 vol., cité du Vatican, 1963-1972 (S e T 226, 227 et 269).

A. RAHLFS, *Psalmi cum Odis* (Septuaginta, Societatis Scientiarum Gottingensis auctoritate edidit A. R.), t. X, Göttingen, 1931.

Regesta pontificum romanorum, éd. Ph. JAFFÉ, 2 vol., Leipzig, 1885 (rééd. Graz, 1956).

A. RENOUX, *Le Codex arménien Jérusalem 121, PO 35*, Turnhout, 1969.

R. ROCA-PUIG, *Himne a la Verge Maria « Psalmus responsorius »*, *papir llati del segle IV*, Barcelone, 1965 (2ᵉ éd.).

B. STÄBLEIN et M. LANDWEHR-MELNICKI, *Die Gesänge des altrömischen Graduale Vat. lat. 5319*, Kassel-Bâle, 1970 (« Monumenta Monodica Medii Aevi », vol. II).

THEOPHANES, *Chronographia*, éd. C. DE BOOR, 2 vol., t. I, Leipzig, 1883.

—, *Bilderstreit und Arabersturm in Byzanz. Das 8. Jahrhundert (717-813) aus der Weltchronik des Theophanes*, traduit, présenté et commenté par L. BREYER, Graz-Vienne-Cologne, 1964 (2ᵉ éd.).

R. VALENTINI et G. ZUCCHETTI, *Codice Topografico della città di Roma*, 4 vol., Rome, 1940-1953.

S. J. P. VAN DIJK, *The Ordinal of the Papal Court from Innocent III to Boniface VIII and Related Documents*, complété par J. HAZELDEN WALKER, Fribourg, 1975.

Vetus latina. Die Reste der altlateinischen Bibel, Fribourg, en cours de publication.

R. WEBER, *Le Psautier romain et les autres anciens psautiers latins*, Rome, 1953.

H. ZIMMERMANN, *Papstregesten 911-1024*, Vienne, 1969 (dans : J. F. BÖHMER, *Regesta imperii*, II, *Sächsische Zeit*, 5ᵉ section).

BIBLIOGRAPHIE GÉNÉRALE

MANUELS, INSTRUMENTS DE TRAVAIL ET OUVRAGES GÉNÉRAUX

P. BATIFFOL, *Leçons sur la messe*, Paris, éd. de 1941.

BAUDOT et CHAUSSIN, *Vie des saints et des bienheureux selon l'ordre du calendrier*, 13 vol., Paris, 1935-1959.

S. BAÜMER, *Histoire du bréviaire*, 2 vol., trad. de Dom R. Biron, Paris, 1905.

A. BAUMSTARK, *Liturgie comparée*, 3ᵉ éd. revue par Dom B. Botte, Chevetogne, 1953.

La Bible grecque des Septante. Du judaïsme hellénistique au christianisme ancien, éd. M. HARL, G. DORIVAL et O. MUNNICH, Paris, 1988.

Biblia patristica. Index des citations et allusions bibliques dans la littérature patristique, Paris, 1975 s.

F. BRUNHÖLZL, *Histoire de la littérature latine du Moyen Âge*, t. I, *De Cassiodore à la fin de la Renaissance carolingienne*, vol. I, *L'Époque mérovingienne*, Turnhout, 1990 ; vol. II, *L'Époque carolingienne*, Turnhout, 1991.

—, *Geschichte der lateinischen Literatur des Mittelalters*, t. II : *Die Zwischenzeit vom Ausgang des karolingischen Zeitalters bis zur Mitte des elften Jahrhunderts*, Munich, 1992.

E. CARDINE, *Sémiologie grégorienne*, Solesmes, 1970.

—, *Première année de chant grégorien*, Rome, 1975.

G. CATTIN, *La monodia nel Medioevo*, Turin, 1991 (2ᵉ éd.).

H. CAZELLES (éd.), *Introduction à la Bible*, édition nouvelle, t. II, *Introduction critique à l'Ancien Testament*, Tournai, 1973.

F. DI CESARE (éd.), *Catalogo dei manoscritti in scrittura latina datati o databili*, t. II, *Biblioteca Angelica di Roma*, Turin, 1982.

Clavis Patrum Graecorum, vol. I, *Patres antenicaeni*, éd. M. GEERARD, Turnhout, 1983.

Clavis Patrum Latinorum, éd. E. DEKKERS, Steenbrugge, 1995 (3ᵉ éd.).

H. DELEHAYE, *Commentarius perpetuus in Martyrologium hieronymianum*, *ad recensionem H. Quentin*, dans : *Acta sanctorum Novembris*, tomi II, pars posterior.

J. DESHUSSES et B. DARRAGON, *Concordances et tableaux pour l'étude des grands sacramentaires*, 6 vol., Fribourg, 1982-1983 (« Spicilegii Friburgensis Subsidia », 9-14).

L. DUCHESNE, *Origines du culte chrétien. Étude sur la liturgie latine avant Charlemagne*, Paris, 1925 (5ᵉ éd.).

L. EIZENHÖFER, *Canon Missae Romanae*, 2 vol., I, *Traditio Textus*, Rome, 1954 ; II, *Textus propinqui*, Rome, 1966.

I. FERNANDEZ DE LA CUESTA, *Historia de la música española*, t. I, *Desde los orígenes hasta el « ars nova »*, Madrid, 1988.

P. FERRETTI, *Esthétique grégorienne*, Solesmes, 1938.

K. GAMBER, *Codices Liturgici Latini Antiquiores*, t. I, 2ᵉ éd. augmentée, Fribourg, 1968 ; t. II, 2ᵉ éd. augmentée, Fribourg, 1968 ; t. III, *Supplementum. Ergänzungs- und Registerband*, avec la collaboration de B. BAROFFIO, F. DELL'ORO, A. HÄNGGI, J. JANINI et A. M. TRIACCA, Fribourg, 1988.

Gottesdienst der Kirche. Handbuch der Liturgiewissenschaft, éd. H. B. MEYER, H. AUF DER MAUR, B. FISCHER, A. HÄUSSLING, B. KLEINHEYER ; 5ᵉ partie, *Feiern im Rhythmus der Zeit*, I, *Herrenfeste in Woche und Jahr*, Ratisbonne, 1983.

Guida a una descrizione uniforme dei manoscritti e al loro censimento, éd. V. JEMOLO et M. MORELLI, avec la collaboration de B. BAROFFIO, M. GENTILI TEDESCHI et V. PACE, Rome, 1990.

A. HUGHES, *Medieval Manuscripts for Mass and Office. A Guide to their Organization and Terminology*, Toronto, 1982.

V. Jemolo (éd.), *Catalogo dei manoscritti in scrittura latina datati o databili*, t. I, *Biblioteca Nazionale Centrale di Roma*, Turin, 1971.

M. Johnson, *Bibliographia liturgica*, Rome, 1992.

J. A. Jungmann, *Missarum Sollemnia*, Paris, 3 vol., 1951-1954 (trad. angl. : *The Mass of the Roman Rite. Its Origins and Development*, 2 vol., rééd. de 1986, Westminster, Maryland).

—, *La Liturgie des premiers siècles jusqu'à l'époque de Grégoire le Grand*, Paris, 1962.

P. F. Kehr, *Italia Pontificia, sive repertorium privilegiorum et litterarum a romanis pontificibus ante annum MCLXXXXVIII Italiae ecclesiis, monasteriis, civitatibus singulisque personis concessorum*, t. I, Roma, Berlin, 1906 (rééd. 1961) ; t. III, Berlin, 1908 ; t. IV, *Umbria-Picenum-Marsia*, Berlin, 1909.

T. Klauser, *Kleine abendländische Liturgiegeschichte*, Bonn, 1965.

R. Krautheimer, *Corpus basilicarum christianarum Romae. Ancient Christian Basilicas in Rome from the IVth to IXth Centuries*, 5 vol., cité du Vatican, 1936-1980.

V. Leroquais, *Les Sacramentaires et les Missels manuscrits des bibliothèques publiques de France*, 4 vol., Paris, 1924.

—, *Les Bréviaires manuscrits des bibliothèques publiques de France*, 6 vol., Paris, 1934.

—, *Les Pontificaux manuscrits des bibliothèques publiques de France*, 4 vol., Paris, 1937.

—, *Les Psautiers manuscrits latins des bibliothèques publiques de France*, 3 vol., Mâcon, 1940-1941.

—, *Répertoires bibliques, liturgiques et iconographiques du chanoine Victor Leroquais*, Paris, BN n. a. lat. 3157-3173 (voir *BEC* 136 [1978], p. 288-290).

E. A. Lowe, *Codices Latini Antiquiores*, t. I, Oxford, 1934 ; rééd. Osnabrück, 1982.

A. G. Martimort (sous la dir. de), *L'Église en prière*, Paris, 1961 (nelle éd., 4 vol., Paris, 1983-1984).

Monasticon Belge, t. VII, *Province de Flandre orientale*, vol. I, éd. L. E. Halkin *et alii*, Liège, 1988.

E. Pellegrin (éd.), *Les Manuscrits classiques latins de la Bibliothèque vaticane*, t. I, Paris, 1975 (fonds Archivio di San Pietro, p. 29-30 ; Barberini, p. 59 ; Borghese, p. 221 ; Borgia, p. 229 ; Chigi, p. 251-252 ; Ottoboni, p. 437-439) ; t. II, 1, Paris, 1978 (fonds de la reine, p. 23-26) ; t. II, 2, Paris, 1982 (fonds Palatin, p. 9-17 ; Rossi, p. 417-419 ; Sainte-Marie-Majeure, p. 515 ; Urbinate, p. 518-521).

J. Pothier, *Les Mélodies grégoriennes*, Desclée, 1880 ; rééd. de 1980, Paris, éd. J. Chailley.

A. Raes, *Introductio in Liturgiam Orientalem*, Rome, 1947.

P. Salmon, *Les Manuscrits liturgiques latins de la Bibliothèque vati-

cane, 5 vol., cité du Vatican, 1968-1972 (S e T 251, 253, 260, 267, 270).

—, *Analecta Liturgica*. *Extraits des manuscrits liturgiques de la Bibliothèque vaticane*, cité du Vatican, 1974 (S e T 273).

G. SANDERS et M. VAN UYTFANGHE, *Bibliographie signalétique du latin des chrétiens*. *Lingua Patrum*, Turnhout, 1989.

A. I. SCHUSTER, *Liber Sacramentorum*. *Note storiche e liturgiche sul Messale Romano*, 10 vol., 3ᵉ et 4ᵉ éd., Turin-Rome, 1930-1944.

H. J. SIEBEN, *Voces*. *Eine Bibliographie zu Wörtern und Begriffen aus der Patristik (1918-1978)*, Berlin-New York, 1980.

—, *Exegesis Patrum*. *Saggio bibliografico sull'esegesi biblica dei Padri della Chiesa*, Rome, 1983.

M. SIMONETTI, *Profilo storico dell'esegesi patristica*, Rome, 1981.

—, *Lettera e / o allegoria*. *Un contributo alla storia dell'esegesi patristica*, Rome, 1985.

The Study of Liturgy, éd. C. JONES, G. WAINWRIGHT, E. YARNOLD et P. BRADSHAW, Oxford, 1992 (2ᵉ éd. revue).

J. SZÖVÉRFFY, *Die Annalen der lateinischen Hymnendichtung*. *Ein Handbuch*, t. I, Berlin, 1964.

—, *A Concise History of Medieval Latin Hymnody*, Leyde, 1985.

—, *Latin Hymns*, Turnhout, 1989.

R. TAFT, *The Liturgy of the Hours in East and West*, Collegeville, 1986 (trad. it. mise à jour : *La liturgia delle Ore in Oriente e in Occidente*, Milan, 1988 ; trad. fse : *La Liturgie des heures en Orient et en Occident*, Turnhout, 1991).

T. J. TALLEY, *The Origins of the Liturgical Year*, Collegeville, 1991 (2ᵉ éd.) (trad. fse de la 1ʳᵉ éd. (1986) : *Les Origines de l'année liturgique*, Paris, 1990).

P. TESTINI, *Le catacombe e gli antichi cimiteri cristiani in Roma*, Bologne, 1966.

—, *Archeologia cristiana*, Bari, 1980 (2ᵉ éd.).

C. VOGEL, *Introduction aux sources de l'histoire du culte chrétien au Moyen Âge*, Spolète, rééd. de 1981 (meilleure éd. fse) ; *Medieval Liturgy*. *An Introduction to the Sources*, traduit et révisé par W. G. Storey et N. K. Rasmussen, avec la collaboration de J. Brooks-Leonard, Washington, D.C., 1986.

W. WATTENBACH et W. LEVISON, *Deutschlands Geschichtsquellen im Mittelalter*. *Vorzeit und Karolinger* ; 1ᵉʳ cahier, *Die Vorzeit von den Anfängen bis zur Herrschaft der Karolinger*, Weimar, 1952 ; rééd. Leipzig, 1959. — 2ᵉ cahier, *Die Karolinger vom Anfang des 8. Jahrhunderts bis zum Tode Karls des Grossen*, révisé par H. Löwe, Weimar, 1953 ; rééd. Leipzig, 1960. — 4ᵉ cahier, *Die Karolinger vom Vertrag von Verdun bis zum Herrschaftsantritt der Herrscher aus dem sächsischen Hause*. *Italien und das Papsttum*, révisé par H. Löwe, Weimar, 1963. — 6ᵉ cahier, *Die Karolinger vom Vertrag von Verdun bis zum Herrschaftsantritt der Herrscher aus dem säch-sischen Hause. Das ostfränkische Reich,* révisé par H. Löwe, Weimar, 1990.

W. WATTENBACH et R. HOLTZMANN, *Deutschlands Geschichtsquellen im Mittelalter. Die Zeit der Sachsen und Salier* : 1re partie, *Das Zeitalter des Ottonischen Staates (900-1050),* nelle éd. F.-J. SCHMALE, Cologne-Graz, 1967. — 3e partie, *Italien (1050-1125). England (900-1135), Nachträge zum ersten und zweiten Teil,* nelle éd. F.-J. SCHMALE, Cologne-Vienne, 1971.

ÉTUDES PARTICULIÈRES [1]

S. ADACHER, « Considerazioni sulla decorazione dei manoscritti desideriani », dans G. CAVALLO (éd.), *L'età dell'abate Desiderio,* t. II, Montecassino, 1989, p. 41-45.

S. ADACHER et G. OROFINO (éd.), *L'età dell'abate Desiderio,* t. I, *Manoscritti cassinesi del secolo XI. Catalogo della mostra,* Montecassino, 1989.

A. D'ALÈS, *La Théologie de saint Hippolyte,* Paris, 1906.

—, *Novatien,* Paris, 1925.

A. ALFÖLDY, *Die monarchische Repräsentation im römischen Kaiserreiche,* Darmstadt, 1970.

—, « Die Ausgestaltung des monarchischen Zeremoniells am römischen Kaiserhofe », repris dans *Die monarchische Repräsentation,* p. 3-118.

B. ALTANER, « Altlateinische Übersetzungen von Chrysostomusschriften », repris dans *Kleine patristische Schriften,* Berlin, 1967, p. 416-436 (TU 83).

R. AMIET, « Trois manuscrits carolingiens de Saint-Alban de Mayence. Témoins inédits du Grégorien pré-hadrianique », *EL* 71 (1957), p. 91-112.

—, « La messe *Pro unitate Ecclesiae* », dans *EL* 76 (1962), p. 296-334.

—, « Inventaire des manuscrits liturgiques conservés dans les bibliothèques et les archives de Rome », *Scriptorium* 39 (1985), p. 109-118.

—, « Catalogue des livres liturgiques manuscrits conservés dans les archives et les bibliothèques de la ville de Rome », *Studi Medievali* 27 (1986), p. 925-997.

---

1. Les ouvrages collectifs de plus de trois auteurs sont classés à leur titre.

M. Andrieu, *Immixtio et consecratio. La consécration par contact dans les documents liturgiques du Moyen Âge*, Paris, 1924.

—, « Quelques remarques sur le classement des sacramentaires », *JLW* 11 (1931), p. 46-66.

—, « La carrière ecclésiastique des papes et les documents liturgiques du Moyen Âge », *RSR* 21 (1947), p. 90-120.

H. H. Anton, « Beobachtungen zum fränkisch-byzantinischen Verhältnis in karolingischer Zeit », dans : R. Schieffer (éd.), *Beiträge zur Geschichte des Regnum Francorum, zum 75. Geburtstag von Eugen Ewig*, Sigmaringen, 1990, p. 97-119.

G. Arnaldi, « Mito e realtà del secolo X romano e papale », dans : *Il secolo di ferro : mito e realtà del secolo X*, t. I, Spolète, 1991, p. 27-53 (« Semaines de Spolète » 38).

H. Ashworth, « The Liturgical Prayers of St. Gregory the Great », *Traditio* 15 (1959), p. 107-161.

H. Auf Der Maur, « Die österliche Lichtdanksagung. Zum liturgischen Ort und zur Textgestalt des Exsultet », *LJB* 21 (1971), p. 38-52.

—, *Das Psalmenverständnis des Ambrosius von Mailand*, Leyde, 1977.

A. Augenti, « Ipsi lapides ululant nobiscum. Il suburbio sudorientale di Roma tra la tarda Antichità e l'alto Medioevo », *MEFRM* 103 (1991), p. 41-82.

P. Auvray, *Isaïe 1-39*, Paris, 1972.

H. Avenary, « The Northern and Southern Idioms of Early European Music. A New Approach to an Old Problem », *AM* 49 (1977), p. 27-49.

M. Avery, « The Beneventan Lections for the Vigil of Easter and the Ambrosian Chant Banned by Pope Stephen IX at Montecassino », *Studi Gregoriani* 1 (1947), p. 433-458.

F. Avril et Y. Zaluska, *Manuscrits enluminés de la Bibliothèque nationale. Manuscrits d'origine italienne*, t. I, *VIe-XIIe siècle*, Paris, 1980.

S. Bacchiocchi, *Du sabbat au dimanche. Une recherche historique sur les origines du dimanche chrétien*, Paris, 1984.

T. Bailey, « Ambrosian Choral Psalmody : An Introduction », *RIMS* 1 (1980), p. 82-99.

—, *The Ambrosian Alleluias*, Londres, 1983.

—, *The Ambrosian Cantus*, Ottawa, 1987.

J. F. Baldovin, *The Urban Character of Christian Worship. The Origins, Development, and Meaning of Stational Liturgy*, Rome, 1987.

—, « Kyrie Eleison and the Entrance Rite of the Roman Eucharist », repris dans *City, Church and Renewal*, Washington, 1991, p. 135-150.

G. BARDY, « La littérature patristique des *Quaestiones et responsiones* sur l'Écriture Sainte », *RB* 41 (1932), p. 210-236, 341-369, 515-537 ; 42 (1933), p. 14-30, 211-229, 328-352.

—, *La Question des langues dans l'Église ancienne*, t. I, Paris, 1948.

F. P. BARGEBUHR, *The Paintings of the « New » Catacomb of the Via Latina and the Struggle of Christianity against Paganism*, Heidelberg, 1991.

B. BAROFFIO, « Die mailändische Überlieferung des Offertoriums *Sanctificavit* », dans *Festschrift Bruno Stäblein*, Kassel-Bâle, 1967, p. 1-8.

—, *Die Offertorien der ambrosianischen Kirche, Vorstudie zur kritischen Ausgabe der Mailändischen Gesänge*, Inaugural-Dissertation zur Erlangung des Doktorgrades der Philosophischen Fakultät der Universität zu Köln, 1971, dactylographié.

—, « Osservazioni sui versetti degli offertori ambrosiani », *Archivio Ambrosiano* 23 (1972), p. 54-58.

—, « Le origini del canto liturgico nella Chiesa latina e la formazione dei repertori italici », *Renovatio* 13 (1978), p. 26-52.

—, « I manoscritti liturgici italiani : ricerche, studi, catalogazione (1980-1987) », dans : *Le fonti musicali in Italia. Studi e ricerche*, t. I, Rome, 1987, p. 65-126.

—, « I manoscritti liturgici italiani : ricerche, studi, catalogazione II : 1980-1988 », t. II, Rome, 1988, p. 89-134.

—, « L'*Ordo Missae* del rituale messale vallicelliano E 62 », dans : *Traditio et Progressio (Mélanges offerts à Dom Adrien Nocent)*, Rome, 1988, p. 45-79.

—, « Il canto Gregoriano nel secolo VIII », dans : A. LEHNER et W. BERSCHIN (éd.), *Lateinische Kultur im VIII. Jahrhundert. Traube-Gedenkschrift*, St. Ottilien, 1989, p. 9-23.

—, « I codici liturgici : specchio della cultura italiana nel Medioevo. Punti fermi-Appunti di lettura-Spunti di ricerca », *EcclO* 9 (1992), p. 233-276.

B. BAROFFIO et F. DELL'ORO, « L'*Ordo Missae* del vescovo Warmondo d'Ivrea », *SM* 16 (1975), p. 795-823.

H. BARRÉ, « La lettre du Pseudo-Jérôme sur l'Assomption est-elle antérieure à Paschase Radbert ? », *RBén* 68 (1958), p. 203-225.

—, « Corrections dans l'antiphonaire de Saint-Pierre », *RBén* 76 (1966), p. 343-351.

A. A. R. BASTIAENSEN, « Un formulaire de messe du sacramentaire de Vérone et la fin du siège de Rome par les Goths (537-538) », *RBén* 95 (1985), p. 39-43.

—, « Psalmi, Hymni and Cantica in Early Jewish-Christian Tradition », *Studia Patristica* 21, Louvain, 1989, p. 15-26.

A. BAUMSTARK, *Nocturna Laus. Typen frühchristlicher Vigilienfeier und ihr Fortleben vor allem im römischen und monastischen Ritus*,

Münster, 1957; nelle éd. O. HEIMING, Münster, 1967 (LQF 32).

E. BEAUCAMP, « Le psaume 21 (20), psaume messianique », dans : *Richesses et déficiences des anciens psautiers latins*, cité du Vatican, 1959, p. 35-50.

B. BECK, *Annotationes ad textus quosdam liturgicos e vitis sanctorum aevi merovingici selectos*, Rome, 1939.

A. BECKWITH, « The Daily and Weekly Worship of the Primitive Church in Relation to its Jewish Antecedents », dans : A. VERHEUL (éd.), *Influences juives sur le culte chrétien*, Louvain, 1981, p. 89-122.

A. BELLONI et M. FERRARI, *La Biblioteca Capitolare di Monza*, Padoue, 1974.

A. BENOÎT, *Le Baptême chrétien au second siècle. La théologie des Pères*, Paris, 1953.

P. BENOÎT, « Jésus et le Serviteur de Dieu », dans : *Jésus aux origines de la christologie*, nelle éd. augmentée par J. DUPONT, Louvain, 1989, p. 111-140.

G. BENOÎT-CASTELLI, « Le *Praeconium paschale* », *EL* 67 (1953), p. 309-334.

J. BENZINGER, *Invectiva in Romam. Romkritik im Mittelalter vom 9. bis zum 12. Jahrhundert*, Lubeck-Hambourg, 1968.

J. R. BERNAL, « Los sistemas de lecturas y oraciones en la vigilia pascual hispana », *HS* 17 (1964), p. 283-347.

Ph. BERNARD, « Sur un aspect controversé de la réforme carolingienne : "vieux-romain" et "grégorien" », *EcclO* 7 (1990), p. 163-189.

—, « Le drame liturgique pour la Présentation de la sainte Vierge au Temple, de Philippe de Mézières (1372) : entre hapax théâtral et centon liturgique », dans : *Théâtre et spectacles hier et aujourd'hui, Moyen Âge et Renaissance* (Actes du 115ᵉ Congrès national des sociétés savantes, Avignon, 1990), Paris, 1991, p. 93-113.

—, « Les *Alleluia* mélismatiques dans le chant romain : recherches sur la genèse de l'*Alleluia* de la messe romaine », *RIMS* 12 (1991), p. 286-362.

—, « Le cantique des Trois Enfants (Dn 3, 52-90) et les répertoires liturgiques occidentaux dans l'Antiquité tardive et le haut Moyen Âge », *M e S* 1 (1993), p. 231-272.

W. BERSCHIN, *Biographie und Epochenstil im lateinischen Mittelalter*, t. II, Stuttgart, 1988.

—, *Medioevo greco-latino. Da Gerolamo a Niccolò Cusano*, Naples, 1989.

E. BERTAUX, *L'Art dans l'Italie méridionale*, Paris, 1903 (rééd.

Paris, 1968) ; *Aggiornamento dell'opera di Émile Bertaux*, éd. A. PRANDI, t. IV, Rome, 1978.

G. BERTONIÈRE, *The Historical Development of the Easter Vigil and Related Services in the Greek Church*, Rome, 1972 (OCA 193).

P. BESKOW, *Rex gloriae. The Kingship of Christ in the Early Church*, Göteborg-Uppsala, 1962.

H. BÉVENOT, « Le cantique d'Habacuc », *RB* 42 (1933), p. 499-525.

R. BEYLOT, « Hippolyte de Rome, Traité de l'Antéchrist, traduit de l'éthiopien », *Semitica* 40 (1991), p. 107-139.

G. A. BEZZOLA, *Das Ottonische Kaisertum in der französischen Geschichtsschreibung des 10. und beginnenden 11. Jahrhunderts*, Graz-Cologne, 1956.

K. BIERBRAUER, notice « Missale Gothicum », dans : *Biblioteca Apostolica Vaticana. Liturgie und Andacht im Mittelalter*, Stuttgart, 1992, p. 62.

—, notice « Missale Gallicanum Vetus », dans *ibid.*, p. 68.

J. BIGNAMI-ODIER, « Guide au département des manuscrits de la Bibliothèque du Vatican », dans : *Mélanges d'archéologie et d'histoire publiés par l'École française de Rome* 51 (1934), p. 1-35.

—, *La Bibliothèque vaticane de Sixte IV à Pie XI. Recherches sur l'histoire des collections de manuscrits*, cité du Vatican, 1973 (S e T 272).

B. BISCHOFF, « Das griechische Element in der abendländischen Bildung des Mittelalters », *BZ* 44 (1961), p. 27-55 (repris dans : *Mittelalterliche Studien*, t. II, Stuttgart, 1967, p. 246-275).

—, « Die Hofbibliothek Karls des Grossen », dans : B. BISCHOFF (éd.), *Karl der Grosse. Lebenswerk und Nachleben*, t. II, *Das geistige Leben*, Dusseldorf, 1965, p. 42-62.

B. BISCHOFF et J. HOFMANN, *Libri Sancti Kyliani. Die würzburger Schreibschule und die Dombibliothek im VIII. und IX. Jahrhundert*, Wurtzbourg, 1952.

C. J. BISHKO, « Ferdinando I and the Origins of the Leonese-Castilian Alliance with Cluny », repris dans : *Studies in Medieval Spanish Frontier History*, Londres, 1980, n° 2, p. 1-136.

P. BLANCHARD, « Le prologue de l'hymnaire cistercien. Un monument primitif de la règle cistercienne », *RBén* 31 (1914), p. 35-44.

—, « La correspondance apocryphe du pape saint Damase et de saint Jérôme sur le psautier et le chant de l'*Alléluia* », *EL* 63 (1949), p. 376-388.

—, « Le psautier dans la liturgie », dans : *Richesses et déficiences des anciens psautiers latins*, cité du Vatican, 1959, p. 231-248.

H. BLOCH, *Monte Cassino in the Middle Ages*, 3 vol., Rome, 1986.

M. Bloch, *Les Rois thaumaturges*, Strasbourg, 1924 (rééd. Paris, 1983).

J. Boe, « Gloria A and the Roman Easter Vigil Ordinary », *Musica Disciplina* 36 (1982), p. 5-37.

—, « Italian and Roman Verses for Kyrie leyson in the mss Cologny-Genève, Bibliotheca Bodmeriana 74 and Vaticanus latinus 5319 », dans : C. Leonardi et E. Menesto (éd.), *La tradizione dei tropi liturgici*, Spolète, 1990, p. 337-384.

—, « Hymns and Poems at Mass in Eleventh-Century Southern Italy (Other than Sequences) », dans : *Trasmissione e recezione delle forme di cultura musicale* (Actes du XIVᵉ Congrès de la société internationale de musicologie), t. III, *Free Papers*, éd. A. Pompilio *et alii*, Turin, 1990, p. 515-541.

P.-M. Bogaert, « Le livre deutérocanonique de Baruch dans la liturgie romaine », dans : *Mélanges B. Botte*, Louvain, 1972, p. 31-48.

—, « La Bible latine des origines au Moyen Âge. Aperçu historique, état des questions », *RTL* 19 (1988), p. 137-159 et 276-314.

W. Böhne, « Beginn und Dauer der römischen Fastenzeit im sechsten Jahrhundert », *Zeitschrift für Katholische Geschichte* 77 (1966), p. 224-237.

M. T. Bonadonna Russo, « Origini e vicende della Biblioteca Vallicellana », *Studi Romani* 26 (1978), p. 14-34.

P.-E. Bonnard, *Le Second Isaïe. Son disciple et leurs éditeurs. Isaïe 40-66*, Paris, 1972.

J. Bonsirven, *Textes rabbiniques des deux premiers siècles chrétiens pour servir à l'intelligence du Nouveau Testament*, Rome, 1955.

P. Borella, « Influssi carolingi e monastici sul Messale Ambrosiano », dans *Miscellanea... Mohlberg*, t. I, Rome, 1948, p. 73-115.

—, *Il rito ambrosiano*, Brescia, 1964.

S. Borgehammar, *How the Holy Cross was Found. From Event to Medieval Legend*, Stockholm, 1991.

E. Boshof, *Erzbischof Agobard von Lyon. Leben und Werk*, Cologne, 1969.

—, « Einheitsidee und Teilungsprinzip in der Regierungszeit Ludwigs des Frommen », dans *Charlemagne's Heir*, p. 161-189.

B. Botte, *Les Origines de la Noël et de l'Épiphanie*, Louvain, 1932.

—, « Le choix des lectures de la veillée pascale », *QLP* 33 (1952), p. 65-70.

—, « Compte Rendu » de E. Werner, *The Sacred Bridge*, Londres, 1959, *QLP* 43 (1962), p. 86-87.

J.-P. Bouhot, *Ratramne de Corbie. Histoire littéraire et controverses doctrinales*, Paris, 1976.

—, « Explications du rituel baptismal à l'époque carolingienne », *REAug* 24 (1978), p. 278-301.

—, « Les sources de l'*Expositio Missae* de Remi d'Auxerre », *REAug* 26 (1980), p. 118-169.

—, « Un florilège sur le symbolisme du baptême de la seconde moitié du VIIIᵉ siècle », *Rech. Aug.* 18 (1983), p. 151-182.

—, « Les traductions latines de Jean Chrysostome du Vᵉ au XVIᵉ siècle », dans : *Traductions et traducteurs au Moyen Âge*, Paris, 1989, p. 31-39.

A. BOULEY, *From Freedom to Formula. The Evolution of the Eucharistic Prayer from Oral Improvisation to Written Texts*, Washington, 1981.

P. BOULHOL, « Ricerche sul culto di S. Gorgonio in Occidente fino al X secolo », *RAC* 63 (1987), p. 107-165.

A. BOUREAU, « Les théologiens carolingiens devant les images religieuses. La conjoncture de 825 », dans : *Nicée II*, p. 247-262.

E. BOURQUE, *Étude sur les sacramentaires romains. Seconde partie : les textes remaniés*, t. I, *Le Gélasien du VIIIᵉ siècle*, Québec, 1952.

A. BOUTEMY, « Un trésor injustement oublié : les manuscrits enluminés du Nord de la France (période prégothique) », *Scriptorium* 3 (1949), p. 110-122.

A. BRACKMANN, *Regesta Pontificum Romanorum-Germania Pontificia*, vol. II, *Provincia Maguntinensis*, pars I, *Dioeceses Eichstetensis, Augustensis, Constantiensis I*, Berlin, 1923.

W. BRANDT, *Die jüdischen Baptismen, oder das religiöse Waschen und Baden im Judentum mit Einschluss des Judenchristentums*, Giessen, 1910.

J. BRINKTRINE, « Zur Entstehung und Erklärung des *Gloria in excelsis* », *RQS* 35 (1927), p. 303-315.

J. F. BRODERICK, « The Sacred College of Cardinals : Size and Geographical Composition (1099-1986) », *Archivum Historiae Pontificiae* 25 (1987), p. 7-71.

L. BROU, « L'*Alleluia* gréco-latin *Dies sanctificatus* de la messe du jour de Noël », *RG* 23 (1938), p. 170-175 et 24 (1939), p. 3-8, 81-89, 202-213.

—, « Une ancienne station romaine à Saint-Pierre pour le dimanche précédant les Quatre-Temps », *EL* 60 (1946), p. 143-150.

—, « Le *psallendum* de la messe et les chants connexes d'après les sources manuscrites », *EL* 61 (1947), p. 13-54.

—, « Études sur la liturgie mozarabe. Le trisagion de la messe, d'après les sources manuscrites », *EL* 61 (1947), p. 309-334.

—, « Les chants en langue grecque dans les liturgies latines », *SE* 1 (1948), p. 165-180.

—, « Les *Benedictiones*, ou Cantique des Trois-Enfants dans l'ancienne messe espagnole », *HS* 1 (1948), p. 21-33.

—, « Bulletin de liturgie mozarabe, 1936-1948 », *HS* 2 (1949), p. 459-484.

—, « Étude historique sur les oraisons des dimanches après la Pentecôte dans la tradition romaine », *SE* 2 (1949), p. 123-224.

—, « L'*Alléluia* dans la liturgie mozarabe. Étude liturgico-musicale d'après les manuscrits de chant », Barcelone, 1951 (tiré à part de *AMus* 6, 1951).

—, *Le Joyau des antiphonaires latins. Le manuscrit 8 des Archives de la cathédrale de León*, León, 1954.

—, « Le IVᵉ livre d'Esdras dans la liturgie hispanique et le graduel romain *Locus iste* de la messe de la Dédicace », *SE* 9 (1957), p. 75-109.

T. S. BROWN, « The Background of Byzantine Relations with Italy in the Ninth Century : Legacies, Attachments and Antagonisms », *Byzantinische Forschungen* 13 (1988), p. 27-45.

P. BUIS et J. LECLERCQ, *Le Deutéronome*, Paris, 1963.

D. A. BULLOUGH, « Roman Books and Carolingian Renovatio », dans : D. BAKER (éd.), *Renaissance and Renewal in Christian History*, Oxford, 1977, p. 23-50 ; repris dans *Carolingian Renewal*, p. 1-38.

—, « Alcuin and the Kingdom of Heaven : Liturgy, Theology, and the Carolingian Age », dans : U.-R. BLUMENTHAL (éd.), *Carolingian Essays*, Washington, 1983, p. 1-69 (Andrew W. Mellon Lectures in Early Christian Studies) ; repris dans : *Carolingian Renewal*, p. 161-240.

—, *Carolingian Renewal. Sources and Heritage*, Manchester-New York, 1991 (rééd. d'art. divers).

J. W. BUSCH, « *Landulfi senioris Historia Mediolanensis*. Überlieferung, Datierung und Intention », *Deutsches Archiv* 45 (1989), p. 1-30.

H. BÜTTNER, « Bonifatius und die Karolinger », *Hessisches Jahrbuch für Landesgeschichte* 4 (1954), p. 21-36 ; repris dans : A. GERLICH (éd.), *Zur frühmittelalterlichen Reichsgeschichte an Rhein, Main und Neckar*, Darmstadt, 1975, p. 129-144.

J. A. CABANISS, « Agobard of Lyons », *Speculum* 26 (1951), p. 50-76.

R. CABIÉ, *La Pentecôte. L'évolution de la cinquantaine pascale au cours des cinq premiers siècles*, Tournai, 1965.

—, « Les lettres attribuées à saint Germain de Paris et les origines de la liturgie gallicane », *BLE* 73 (1972), p. 183-192.

F. CABROL, « La doxologie dans la prière chrétienne des premiers siècles », *RechSR* 18 (1928), p. 9-30.

J. CALES, « Le psautier des montées », *RechSR* 17 (1927), p. 288-313, 434-444, 532-537 ; 18 (1928), p. 326-344, 489-499 et 19 (1929), p. 49-55.

C. CALLEWAERT, *Sacris erudiri*, Steenbrugge, 1940 (rééd. de divers articles).

—, « Les offices festifs à Rome avant la Règle de saint Benoît », repris dans : *Sacris erudiri*, Steenbrugge, 1940, p. 149-166.

—, « La synaxe eucharistique à Jérusalem, berceau du dimanche », repris dans : *Sacris erudiri*, Steenbrugge, 1940, p. 263-303.

—, « La durée et le caractère du carême ancien dans l'Église latine », repris dans : *Sacris erudiri*, Steenbrugge, 1940, p. 449-506.

—, « Le carême à Turin au Ve siècle d'après saint Maxime », repris dans : *Sacris erudiri*, Steenbrugge, 1940, p. 517-528.

—, « Notes sur le carême primitif gallican », repris dans *Sacris erudiri*, Steenbrugge, 1940, p. 529-547.

—, « La semaine *mediana* dans l'ancien carême romain et les Quatre-Temps », repris dans : *Sacris erudiri*, Steenbrugge, 1940, p. 561-589.

—, « Les messes des jeudis de carême », repris dans : *Sacris erudiri*, Steenbrugge, 1940, p. 605.

—, « Saint Grégoire, les scrutins et quelques messes quadragésimales », repris dans : *Sacris erudiri*, Steenbrugge, 1940, p. 659-671.

B. CAPELLE, *Le Texte du psautier latin en Afrique*, Rome, 1913.

—, « L'introduction du catéchuménat à Rome », *RTAM* 5 (1933), p. 129-154 (TL 3, 186-210).

—, « Le *Kyrie* de la messe et le pape Gélase », *RBén* 46 (1934), p. 126-144.

—, « La main de saint Grégoire dans le sacramentaire grégorien », *RBén* 49 (1937), p. 13-28 (TL 2, 161-175).

—, « Le pape Gélase et la messe romaine », *RHE* 35 (1939), p. 22-34 (TL 2, 135-145).

—, « Le rite de la fraction dans la messe romaine », *RBén* 53 (1941), p. 5-40.

—, « L'*Exultet* pascal œuvre de saint Ambroise », *Miscellanea Giovanni Mercati*, t. I, cité du Vatican, 1946, p. 219-246.

—, « [L'Assomption de Marie :] Le témoignage de la liturgie », *Bulletin de la Société française d'études mariales* 7 (1949), p. 35-62.

—, « Le vendredi saint », *LM-D* 37 (1954), p. 93-117.

—, « Le vendredi saint et la communion des fidèles », *NRT* 76 (1954), p. 142-154.

—, *Travaux liturgiques de doctrine et d'histoire*, t. I, Louvain, 1955 (rééd. d'articles divers) [TL 1].

—, *Travaux liturgiques de doctrine et d'histoire*, t. II, Louvain, 1962 [TL 2].

—, *Travaux liturgiques de doctrine et d'histoire*, t. III, Louvain, 1967 [TL 3].

E. CARDINE, « La corde récitative du 3ᵉ ton psalmodique dans l'antique tradition sangallienne », *EG* 1 (1954), p. 47-52.

C. CARLETTI, *I tre giovani ebrei di Babilonia nell'arte cristiana antica*, Brescia, 1975.

G. CASATI, « La liturgia della messa al tempo di S. Agostino », *Augustinianum* 9 (1969), p. 484-514.

O. CASEL, « La Fête de Pâques dans l'Église des Pères », préface de Dom Bernard Botte, Paris, 1963 (trad. de « Art und Sinn der ältesten christlichen Osterfeier », *JLW* 14 (1934), p. 1-78).

D. CATTA, « Le texte du répons *Descendit* dans les manuscrits », *EG* 3 (1959), p. 75-82.

E. CATTANEO, « I canti della frazione e comunione nella liturgia Ambrosiana », *Miscellanea... Mohlberg*, t. II, Rome, 1949, p. 147-174.

C. CECCHELLI, « Continuità storica di Roma antica nell'Alto Medioevo », dans : *La città nell'Alto Medioevo*, Spolète, 1959, p. 89-149 (Semaines de Spolète 6).

—, « L'arianesimo e le Chiese ariane d'Italia », dans : *Le Chiese nei regni dell'Europa occidentale e i loro rapporti con Roma sino all'800*, t. II, Spolète, 1960, p. 743-774 (« Semaines de Spolète » 7).

H. CHADWICK, « Gregory the Great and the Mission to the Anglo-Saxons », dans : *Gregorio Magno e il suo tempo*, t. 1, Rome, 1991, p. 199-212.

Charlemagne's Heir. New Perspectives on the Reign of Louis the Pious (814-840), éd. P. GODMAN et R. COLLINS, Oxford, 1990.

A. CHAVASSE, « Le carême romain et les scrutins prébaptismaux avant le IXᵉ siècle », *RechSR* 35 (1948), p. 325-381.

—, « Les deux rituels romain et gaulois de l'admission au catéchuménat que renferme le sacramentaire gélasien (Vat. Reg. 316) », dans : *Études de critique et d'histoire religieuses*, Lyon, 1948, p. 79-98 (Bibliothèque de la Faculté catholique de théologie de Lyon, 2).

—, « Les messes quadragésimales du sacramentaire gélasien », *EL* 63 (1949), p. 257-275.

—, « Messes du pape Vigile (537-555) dans le sacramentaire léonien », *EL* 64 (1950), p. 161-213 et 66 (1952), p. 145-219.

—, « Temps de préparation à la Pâque d'après quelques livres liturgiques romains », *RechSR* 37 (1950), p. 125-145.

—, « Le calendrier dominical romain au VIᵉ siècle », *RechSR* 38 (1951), p. 234-246.

—, « Les plus anciens types du lectionnaire et de l'antiphonaire romains de la messe. Rapports et date », *RBén* 62 (1952), p. 3-94.

—, « La structure du carême et les lectures des messes quadragésimales dans la liturgie romaine », *LM-D* 31 (1952), p. 76-119.

—, « Peut-on dater le sacramentaire grégorien ? », *EL* 67 (1953), p. 108-111.

—, « L'avent romain, du VIe au VIIIe siècle », *EL* 67 (1953), p. 297-308.

—, « À Rome, le jeudi-saint, au VIIe siècle, d'après un vieil *ordo* », *RHE* 50 (1955), p. 21-35.

—, *Le Sacramentaire gélasien (Vat. Reg. 316), sacramentaire presbytéral en usage dans les titres romains au VIIe siècle*, Strasbourg, 1958.

—, « Les scrutins baptismaux à Rome », *BCE* 23 (1959), p. 619-639.

—, « Les fêtes de saint Pierre (29 juin) et de saint Paul (30 juin), au VIIe-VIIIe siècle, *EL* 74 (1960), p. 166-167.

—, « La discipline romaine des sept scrutins prébaptismaux. Sa première forme », *RechSR* 48 (1960), p. 227-240.

—, « Les féries de carême célébrées au temps de saint Léon le Grand (440-461) », dans : *Miscellanea... Lercaro*, t. I, Rome, 1966, p. 551-557.

—, « Le sermon III de saint Léon et la date de la célébration des Quatre-Temps de septembre », *RechSR* 44 (1979), p. 77-84 (mémorial du cinquantenaire de la Faculté de théologie catholique de l'université de Strasbourg, 1919-1969, t. II).

—, « L'épistolier romain du codex de Wurtzbourg. Son organisation », *RBén* 91 (1981), p. 280-331.

—, « Le sermon prononcé par Léon le Grand pour l'anniversaire d'une dédicace », *RBén* 91 (1981), p. 46-104.

—, « L'organisation stationnale du carême romain, avant le VIIe siècle. Une organisation "pastorale" », *RSR* 56 (1982), p. 17-32.

—, « L'évangéliaire romain de 645 : un recueil. Sa composition (façons et matériaux) », *RBén* 92 (1982), p. 33-75.

—, « Le sacramentaire, dit Léonien, conservé par le Veronensis LXXXV (80) », *SE* 27 (1984), p. 151-190.

—, « *Cantatorium* et *Antiphonale Missarum*. Quelques procédés de confection : dimanches après la Pentecôte. Graduels du sanctoral », *EcclO* 1 (1984), p. 15-55.

—, « Les grands cadres de la célébration à Rome *in urbe* et *extra muros* jusqu'au VIIIe siècle », *RBén* 96 (1986), p. 7-26.

—, « À Rome, l'envoi de l'eucharistie, rite unificateur de l'église locale », *RBén* 97 (1987), p. 7-12.

—, « À Rome, au tournant du Ve siècle, additions et remaniements dans l'ordinaire de la messe », *EcclO* 5 (1988), p. 25-44.

—, « Aménagements liturgiques, à Rome, au VIIe et au VIIIe siècle », *RBén* 99 (1989), p. 75-102.

—, « Les célébrations eucharistiques à Rome, Ve-VIIIe siècle. Une double ossature, *in Urbe* », *EcclO* 7 (1990), p. 69-75.

S. BEN CHORIN, *Le Judaïsme en prière. La liturgie de la Synagogue*, Paris, 1984.

K. CHRIST, *Die Bibliothek des Klosters Fulda im 16. Jahrhundert*, Leipzig, 1933 (rééd. Wiesbaden, 1968).

M.-G. CIARDI DUPRE DAL POGGETTO (éd.), *I libri miniati di età romanica e gotica*, t. I, Assise, 1988.

J. CLAIRE, « L'évolution modale dans les répertoires liturgiques occidentaux », *RG* 40 (1962), p. 196-211 et 229-245.

—, « La psalmodie responsoriale antique », *RG* 41 (1963), p. 8-29.

—, « Évolution modale des antiennes provenant de la corde mère DO », *RG* 41 (1963), p. 49-62.

—, « Évolution modale des antiennes provenant de la corde mère MI », *RG* 41 (1963), p. 77-102.

—, « L'évolution modale dans les récitatifs liturgiques », *RG* 41 (1963), p. 127-151.

—, « Les répertoires liturgiques latins avant l'*octoechos* : I, L'office férial romano-franc » (*EG* 15, 1975).

—, « Points de contact entre répertoires juifs et chrétiens ; "vieux-romain" et "grégorien" », dans : *World Congress on Jewish Music*, Jérusalem, 1978, p. 107-114.

—, « Le répertoire grégorien de l'office. Structure musicale et formes », dans : *Le Chant grégorien, patrimoine artistique de l'Europe*, Actes du colloque international de musicologie en l'honneur du XIV\ :sup:`e` centenaire de saint Benoît, Louvain, 1980, p. 27-46.

—, « Les nouveaux tons psalmodiques des livres de chant post-conciliaires », *Musices aptatio* 1983, p. 81-94.

—, « La musique de l'office de l'avent », dans les Actes du colloque international *Grégoire le Grand* (Chantilly, 1982), Paris, 1986, p. 649-659.

—, « Les psaumes graduels au cœur de la liturgie quadragésimale », *EG* 21 (1986), p. 5-12.

—, « La place traditionnelle du mélisme dans la cantillation », dans : *Yuval, The Abraham Zvi Idelsohn Memorial Volume*, Jérusalem, 1986, p. 265-291.

—, « Aux origines de l'*Alléluia* », dans : *Essays in Honor of Edith Gerson-Kiwi*, Tel-Aviv, 1986, p. 17-59 (« Orbis Musicae », vol. IX).

—, « Le rituel quadragésimal des catéchumènes à Milan », dans : P. DE CLERCK et E. PALAZZO (éd.), *Rituels. Mélanges offerts au P. Gy*, Paris, 1990, p. 131-151.

—, « Le *cantatorium* romain et le *cantatorium* gallican. Étude comparée des premières formes musicales de la psalmodie », *Orbis Musicae* 10 (1990-1991), p. 50-86.

A. CLARK, « The Function of the Offertory Rite in the Mass », *EL* 64 (1950), p. 309-344.

P. CLASSEN, « Rom und Paris : Kurie und Universität im 12. und 13. Jahrhundert », repris dans : J. FRIED (éd.), *Studium und Gesellschaft im Mittelalter*, Stuttgart, 1983, p. 127-169.

M. B. COCHRANE, « The *Alleluia* in Gregorian Chant », *JAMS* 7 (1954), p. 213-220.

C. COEBERGH, « Le sacramentaire gélasien ancien. Une compilation de clercs romanisants du VIIe siècle », *ALW* 7 (1961-1962), p. 45-88.

—, « Problèmes de l'évolution historique et de la structure littéraire de la *Benedictio fontis* du rit romain », *SE* 16 (1965), p. 260-319.

—, « L'Épiphanie à Rome avant saint Léon. Un indice pour l'année 419 », *RBén* 75 (1965), p. 304-307.

—, « Les péricopes d'évangile de la fête de Noël à Rome », *RBén* 76 (1966), p. 128-133.

—, « Les lectures de l'apôtre pour Pâques et leurs vicissitudes », *RBén* 77 (1967), p. 142-148.

—, « Le pape Zacharie et la bénédiction des Rameaux », *Studia Patristica* 10, éd. F. L. CROSS, Berlin, 1970, p. 328-332 (TU 107).

Y. CONGAR, *L'Ecclésiologie du haut Moyen Âge*, Paris, 1968.

T. H. CONNOLLY, « The Graduale of Saint Cecilia in Trastevere and the Old Roman Tradition », *JAMS* 28 (1975), p. 413-458.

—, « The Legend of St. Cecilia, I, The Origins of the Cult », *Studi Musicali* 7 (1978), p. 3-37, II, « Music and the Symbols of Virginity », *Studi Musicali* 9 (1980), p. 3-44.

P. CONTE, *Chiesa e primato nelle lettere dei papi del secolo VII*, Milan, 1971.

J. J. CONTRENI, *The Cathedral School of Laon from 850 to 930. Its Manuscripts and Masters*, Munich, 1978.

J. COPPENS, « L'offrande des fidèles dans la liturgie eucharistique ancienne », dans : *Cours et conférences des semaines liturgiques*, Louvain, t. V, 1927, p. 99-123.

—, « Les prières de l'offertoire et le rite de l'offrande », dans : *Cours et conférences des semaines liturgiques*, t. VI, Louvain, 1928, p. 185-196.

R. G. COQUIN, « Une réforme liturgique du concile de Nicée (325) ? », *CRAIBL* 1967, p. 178-192.

P. COURCELLE, *Les Lettres grecques en Occident, de Macrobe à Cassiodore*, Paris, 1948 (2e éd.).

—, *Histoire littéraire des grandes invasions germaniques*, Paris, 1964 (3e éd.).

—, *Recherches sur les « Confessions » de saint Augustin*, Paris, 1968 (2e éd.).

H. E. J. Cowdrey, *The Cluniacs and the Gregorian Reform*, Oxford, 1970.

— *The Age of Abbot Desiderius. Montecassino, the Papacy, and the Normans in the Eleventh and Early Twelfth Centuries*, Oxford, 1983.

L. Cracco Ruggini, « Roma alla confluenza di due tradizioni agiografiche : Pancrazio martire "urbano" e Pancrazio vescovo-martire di Taormina », *RSLR* 28 (1992), p. 35-52.

L. J. Crampton, « St. Gregory's Homily XIX and the Institution of Septuagesima », *Studia Patristica* 10, éd. F. L. Cross, Berlin, 1970, p. 333-336 (TU 107).

W. Croce, « Die Adventsliturgie im Licht ihrer geschichtlichen Entwicklung », *ZKT* 76 (1954), p. 257-296 et 440-472.

F. L. Cross, *I. Peter. A Paschal Liturgy*, Londres, 1954.

J. E. Cross, « *Legimus in ecclesiasticis historiis* : a Sermon for All Saints, and its Use in Old English Prose », *Traditio* 33 (1977), p. 101-135.

H. Crouzel, « La distinction de la "typologie" et de l'"allégorie" », *BLE* 65 (1964), p. 161-174.

O. Cullin, « Le répertoire de la psalmodie in directum dans les traditions liturgiques latines, I, La tradition hispanique », *EG* 23 (1989), p. 99-122.

—, « De la psalmodie sans refrain à la psalmodie responsoriale. Transformation et conservation dans les répertoires liturgiques latins », *Revue de musicologie* 77 (1991), p. 5-24.

—, « Pour une réévaluation des formes littéraires de la psalmodie sans refrain : *canticum* & *tractus* », *Modus* 3 (1989-1992), p. 41-48.

—, « La psalmodie directe romaine et grégorienne. Relations culturelles et modes d'échanges musicaux : l'exemple des *cantica* et des traits », *M e S* 1 (1993), p. 273-283.

O. Cullmann, *Le Culte dans l'Église primitive*, Paris, 1943.

—, *Les Sacrements dans l'évangile johannique*, Paris, 1951.

M. Curran, *The Antiphonary of Bangor, and the Early Irish Monastic Liturgy*, Dublin, 1984.

C. Curti, « L'interpretazione di Ps. 67, 14 in Eusebio di Cesarea. La sua fortuna presso gli esegeti greci e latini del salterio », *Eusebiana I*, p. 141-152.

P. F. Cutter, « The Old-Roman Chant Tradition : Oral or Written ? », *JAMS* 20 (1967), p. 167-181.

—, « The Old-Roman Responsories of Mode II », Unpublished Dissertation, Ann Arbor, 1969.

—, « Oral Transmission of the Old-Roman Responsories ? », *The Musical Quarterly* 62 (1976), p. 182-194.

—, *Musical Sources of the Old-Roman Mass : an Inventory of MS*

Rome, St. Cecilia Gradual 1071 ; MS Rome, Vaticanum latinum 5319 ; MSS Rome, San Pietro F 22 and F 11, Neuhausen-Stuttgart, 1979.

J. DANIÉLOU, « Traversée de la mer Rouge et baptême aux premiers siècles », RechSR 33 (1946), p. 402-430.

—, « Le psaume 22 et l'initiation chrétienne », LM-D 23 (1950), p. 54-69.

—, Sacramentum futuri. Études sur les origines de la typologie biblique, Paris, 1950.

—, Bible et liturgie, Paris, 1951 (« Lex orandi », 11).

—, « Le symbolisme des quarante jours », LM-D 31 (1952), p. 19-33.

—, « Les Quatre-Temps de septembre et la fête des Tabernacles », LM-D 46 (1956), p. 114-136.

—, Les Saints « païens » de l'Ancien Testament, Paris, 1956.

—, « Le psaume 21 dans la catéchèse patristique », LM-D 49 (1957), p. 17-34.

—, Théologie du judéo-christianisme, Tournai, 1958 ; Paris, 1991 (2ᵉ éd.).

—, Message évangélique et culture hellénistique aux IIᵉ et IIIᵉ siècles, Tournai, 1961 ; Paris, 1991 (2ᵉ éd.).

—, Les Origines du christianisme latin, Paris, 1978 ; Paris, 1991 (2ᵉ éd.).

—, « La session à la droite du Père », Studia evangelica, Berlin, 1959, p. 689-698 (TU 73).

—, « Le psaume 22 dans l'exégèse patristique », dans : Richesses et déficiences des anciens psautiers latins, cité du Vatican, 1959, p. 189-211.

—, Les Symboles chrétiens primitifs, Paris, 1961.

—, « La typologie biblique traditionnelle dans la liturgie du Moyen Âge », dans : La Bibbia nell'alto medioevo, Spolète, 1963, p. 141-161 (« Semaines de Spolète », 10).

—, Études d'exégèse judéo-chrétienne, Paris, 1966.

—, L'Église des apôtres, Paris, 1970.

E. DASSMANN, Sündenvergebung durch Taufe, Busse und Martyrerfürbitte in den Zeugnissen frühchristlicher Frömmigkeit und Kunst, Münster, 1973.

P. DAVID, Études historiques sur la Galice et le Portugal, du VIᵉ au XIᵉ siècle, Paris-Lisbonne, 1947.

D. DE BRUYNE, Sommaires, divisions et rubriques de la Bible latine, Namur, 1914.

—, Préfaces de la Bible latine, Namur, 1920.

L. DE BRUYNE, « La décoration des baptistères paléochrétiens », dans : Miscellanea... Mohlberg, t. I, Rome, 1948, p. 189-220.

P. DE CLERCK, La « Prière universelle » dans les liturgies latines anciennes, Münster, 1977 (LQF 62).

C. DE CLERCQ, La Législation religieuse franque de Clovis à Charlemagne. Étude sur les actes de conciles et les capitulaires, les statuts diocésains et les règles monastiques (507-814), Louvain-Paris, 1936.

J. DÉCRÉAUX, Le Sacramentaire de Marmoutier (Autun, 19 bis) dans l'histoire des sacramentaires carolingiens du IXᵉ siècle, 2 vol., cité du Vatican, 1985.

R. DEICHGRÄBER, Gotteshymnus und Christushymnus in der frühen Christenheit. Untersuchungen zu Form, Sprache und Stil der frühchristlichen Hymnen, Göttingen, 1967.

F. W. DEICHMANN, Ravenna, Hauptstadt des spätantiken Abendlandes, t. III, Stuttgart, 1989.

E. DEKKERS, « L'Église ancienne a-t-elle connu la messe du soir ? », dans : Miscellanea... Mohlberg, t. I, Rome, 1948, p. 231-257.

—, « La Messe du soir à la fin de l'Antiquité et au Moyen Âge », SE 7 (1955), p. 99-129.

H. DELEHAYE, Les Origines du culte des martyrs, Bruxelles, 1912.

—, Sanctus. Essai sur le culte des saints dans l'Antiquité, Bruxelles, 1927.

—, Étude sur le légendier romain. Les saints de novembre et de décembre, Bruxelles, 1936.

F. DELL'ORO, « La solenne veglia pasquale », Rivista Liturgica 40 (1953), p. 20-46 et 136-160.

F. DELL'ORO et B. BAROFFIO, « Un ordo missae monastico del secolo XI », dans : Mysterion. Miscellanea... Salvatore Marsili, Turin, 1981, p. 591-637.

J. DESHUSSES, « Le supplément au sacramentaire grégorien : Alcuin ou saint Benoît d'Aniane ? », ALW 9 (1965), p. 48-71.

—, « Le sacramentaire grégorien pré-hadrianique », RBén 80 (1970), p. 213-237.

—, Le Sacramentaire grégorien. Ses principales formes d'après les plus anciens manuscrits, t. I, Fribourg, 1979 (2ᵉ éd.).

M. B. DE SOOS, Le Mystère liturgique d'après saint Léon le Grand, Münster, 1958 (LQF 34).

F. DE VISSCHER, Le Droit des tombeaux romains, Milan, 1963.

—, « Le régime juridique des plus anciens cimetières chrétiens à Rome », repris dans : Le Droit..., p. 261-276.

P. DEVOS, « Le "chant 'copte' de la vigne" dans deux feuillets de Berlin », AB 95 (1977), p. 275-290.

C. DIEHL, Études sur l'administration byzantine dans l'exarchat de Ravenne (568-751), Paris, 1888.

E. DINKLER, Der Einzug in Jerusalem. Ikonographische Untersuchungen im Anschluss an ein bisher unbekanntes Sarkophagfragment, Opladen, 1970.

C. R. DODWELL et D. H. TURNER, *Reichenau Reconsidered. A Re-Assessment of the Place of Reichenau in Ottonian Art*, Londres, 1965.

J. DOIGNON, « Tobie et le poisson dans la littérature et l'iconographie occidentales (IIIᵉ-Vᵉ siècle). Du symbolisme funéraire à une exégèse christique », *RHR* 190 (1976), p. 113-126.

—, « L'Incarnation : la vraie visée du Ps 44, 8 sur l'onction du Christ chez Hilaire de Poitiers », *RTL* 23 (1992), p. 172-177.

F. DOLBEAU, « Un panégyrique anonyme prononcé à Minden pour la fête de saint Gorgon », *AB* 103 (1985), p. 35-59.

F. J. DÖLGER, *Sol Salutis. Gebet und Gesang im christlichen Altertum*, Münster, 1925.

—, « Der Durchzug durch das Rote Meer als Sinnbild der christlichen Taufe. Zum Oxyrhynchos-Papyrus Nr. 840 », *Antike und Christentum* 2 (1930), p. 63-69.

B. DOMAGALSKI, *Der Hirsch in spätantiker Literatur und Kunst*, Münster, 1990.

A. DONDEYNE, « La discipline des scrutins dans l'Église latine avant Charlemagne », *RHE* 28 (1932), p. 5-33 et 751-787.

A. M. DRABEK, *Die Verträge der fränkischen und deutschen Herrscher mit dem Papsttum von 754 bis 1020*, Vienne-Cologne-Graz, 1976.

J. DRUMBL, « Die Improperien in der lateinischen Liturgie », *ALW* 15 (1973), p. 68-100.

J. DUBOIS, *Les Martyrologes du Moyen Âge latin*, Turnhout, 1978.

—, « Comment les moines du Moyen Âge chantaient et goûtaient les Saintes Écritures », dans : *Le Moyen Âge et la Bible*, P. RICHÉ et G. LOBRICHON (éd.), Paris, 1984, p. 261-298.

P. DUC, *Étude sur l'« Expositio Missae » de Florus de Lyon*, Belley, 1937.

L. DUCHESNE, *Scripta minora*, Rome, 1973.

—, « Notes sur la topographie de Rome au Moyen Âge, II, Les Titres presbytéraux et les diaconies », repris dans : *Scripta*, p. 17-43.

—, « Notes sur la topographie de Rome au Moyen Âge, III, Sainte-Anastasie », repris dans *Scripta*, p. 45-71.

—, « Notes sur la topographie de Rome au Moyen Âge, XII, Vaticana », repris dans : *Scripta*, p. 253-302.

—, « Sur l'origine de la liturgie gallicane », *Revue d'histoire et de littérature religieuses* 5 (1900), p. 31-47.

A. DUFOURCQ, *Étude sur les « Gesta Martyrum » romains*, Paris, t. 1 (1900), II (1907), IV (1910), V (1988).

J. DUFT, *Die Abtei St. Gallen (Ausgewählte Aufsätze hgg. zum 75. Geburtstag des Verfassers)* ; t. 1, *Beiträge zur Erforschung ihrer Manuskripte*, Sigmaringen, 1990 ; t. II, *Beiträge zur Kenntnis ihrer Persönlichkeiten*, Sigmaringen, 1991.

—, « Die Stiftsbibliothek St. Gallen. Ein Überblick », repris dans : *Beiträge*, t. I, p. 13-32.

—, « Die Elfenbein-Einbände der Stiftsbibliothek St. Gallen », repris dans : *Beiträge*, t. I, p. 62-65.

—, « Sankt-Galler Buchmalerei im 11. Jahrhundert », repris dans : *Beiträge*, t. I, p. 105-113.

—, « Gesangbücher vom 9. bis zum 18. Jahrhundert », repris dans : *Beiträge*, t. I, p. 114-129.

—, « Die Äbte Gozbert, Grimalt, Hartmut, Salomo (816-920). Grosse Äbte-blühende Abtei », repris dans : *Beiträge*, t. I, p. 61-72.

J. DUFT et R. SCHNYDER, *Die Elfenbein-Einbände der Stiftsbibliothek St. Gallen*, Beuron, 1984.

C. W. DUGMORE, *The Influence of the Synagogue upon the Divine Office*, Oxford, 1944 ; rééd. de 1945.

J. DUPONT, « *Filius meus es tu*. L'interprétation de Ps 2, 7 dans le Nouveau Testament », *RechSR* 35 (1948), p. 522-543.

—, « L'utilisation apologétique de l'Ancien Testament dans les discours des Actes », repris dans : *Études sur les Actes des Apôtres*, Paris, 1967, p. 245-282 (« Lectio divina » 45).

—, « L'interprétation des Psaumes dans les Actes des Apôtres », repris dans : *Études...*, p. 283-307.

A. DURAND, « Le Christ "premier-né" », *RechSR* 1 (1910), p. 56-66.

N. DUVAL, « Les édifices de culte, des origines à l'époque constantinienne », dans les Actes du IXe Congrès international d'archéologie chrétienne, t. I, cité du Vatican, 1978, p. 513-537.

Y.-M. DUVAL, *Le Livre de Jonas dans la littérature chrétienne grecque et latine*, 2 vol., Paris, 1973.

Y. DUVAL, *Loca sanctorum Africae, le culte des martyrs en Afrique du IVe au VIIe siècle*, 2 vol., Rome, 1982.

J. DYER, « Augustine and the *Hymni ante Oblationem* : the Earliest Offertory Chants ? », *REAug* 27 (1981), p. 85-99.

—, « The Offertory Chant of the Roman Liturgy and its Musical Form », *Studi Musicali* 11 (1982), p. 3-30.

—, « Latins Psalters, Old-Roman and Gregorian Chants », *Kirchenmusikalisches Jahrbuch* 68 (1984), p. 11-30.

—, « The Singing of Psalms in the Early-Medieval Office », *Speculum* 64 (1989), p. 535-578.

—, « Monastic Psalmody of the Middle Ages », *RBén* 99 (1989), p. 41-74.

M. DYKMANS, *Le Pontifical romain révisé au XVe siècle*, cité du Vatican, 1985 (S e T 311).

A. EBNER, *Quellen und Forschungen zur Geschichte und Kunst-*

geschichte des Missale Romanum im Mittelalter. Iter italicum, Fribourg-en-Brisgau, 1896 (rééd. Graz, 1957).

C. EGGENBERGER, « Der Bodensee als Foyer der Überlieferung spätantiken Bild- und Bildungsgutes », dans : A. MASSER et A. WOLF (éd.), *Geistesleben um den Bodensee im frühen Mittelalter*, Fribourg-en-Brisgau, 1989, p. 1-11.

A. EKENBERG, *Cur Cantatur? Die Funktionen des liturgischen Gesanges nach den Autoren der Karolingerzeit*, Stockholm, 1987.

J. K. ELLIOTT, « The Translations of the New Testament into Latin : The Old Latin and the Vulgate », *ANRW*, II, *Prinzipat* ; t. 26. 1, 1992, p. 198-245.

R. ELZE, « Die päpstliche Kapelle im 12. und 13. Jahrhundert », *Zeitschrift der Savigny-Stiftung für Rechtsgeschichte*, Kan. Abt. 36, Weimar, 1950, p. 145-204 ; repris dans : *Päpste-Kaiser*.

—, « Das *Sacrum Palatium Lateranense* im 10. und 11. Jahrhundert », *Studi Gregoriani* 4 (1952), p. 27-54 ; repris dans : *Päpste-Kaiser*.

—, *Päpste-Kaiser-Könige und die mittelalterliche Herrschaftssymbolik*, articles choisis, éd. B. SCHIMMELPFENNIG et L. SCHMUGGE, Londres, 1982.

—, « Gregor VII. und die römische Liturgie », *Studi Gregoriani* 13 (1989), p. 179-188.

O. ENGELS, « Zum päpstlich-fränkischen Bündnis im 8. Jahrhundert », dans : D. BERG et H.-W. GOETZ (éd.), *Ecclesia et Regnum, Festschrift für F. J. Schmale*, Bochum, 1989, p. 21-38.

L'età dell'abate Desiderio, t. II, *La decorazione libraria*, éd. G. CAVALLO, Montecassino, 1989 (art. de G. CAVALLO, C. BERTELLI, B. BRENK, S. ADACHER, G. OROFINO et V. PACE).

E. EWIG, « Beobachtungen zur Entwicklung der fränkischen Reichskirche unter Chrodegang von Metz », repris dans : *Spätantikes und Fränkisches Gallien*, t. II, Munich, 1979, p. 220-231.

—, « Saint Chrodegang et la réforme de l'Église franque », repris dans : *Spätantikes und Fränkisches Gallien*, t. II, Munich, 1979, p. 232-259.

—, « Die Kathedralpatrozinien im römischen und im fränkischen Gallien », repris dans : *Spätantikes und Fränkisches Gallien*, t. II, Munich, 1979, p. 260-317.

—, « Der Petrus- und Apostelkult im spätrömischen und fränkischen Gallien », repris dans : *Spätantikes und Fränkisches Gallien*, t. II, Munich, 1979, p. 318-354.

—, « Die Verehrung orientalischer heiliger im spätrömischer Gallien und im Merowingerreich. Der griechisch-orientalische Einfluss in Gallien », repris dans : *Spätantikes und Fränkisches Gallien*, t. II, Munich, 1979, p. 393-410.

M. A. FAHEY, Cyprian and the Bible : A Study in Third-Century Exegesis, Tübingen, 1971.

A. FAIVRE, Naissance d'une hiérarchie. Les premières étapes du cursus clérical, Paris, 1977.

G. FALCO, La polemica sul Medio Evo, Naples, 1974 (2ᵉ éd.).

V. VON FALKENHAUSEN, Untersuchungen über die byzantinische Herrschaft in Süditalien vom 9. bis ins 11. Jahrhundert, Wiesbaden, 1967.

M. E. FASSLER, « The Office of the Cantor in Early Western Monastic Rules and Customaries », EMH 5 (1985), p. 29-51.

F. J. FELTEN, Äbte und Laienäbte im Frankenreich. Studie zum Verhältnis von Staat und Kirche im früheren Mittelalter, Stuttgart, 1980.

G. FERRARI, Early Roman Monasteries. Notes for the History of the Monasteries and Convents at Rome from the Vth through the Xth Century, cité du Vatican, 1957.

M. F. FERREIRA LAGES, « Étapes de l'évolution du carême à Jérusalem avant le Vᵉ siècle. Essai d'analyse structurale », Revue des études arméniennes 6 (1969), p. 67-102.

A. FERRUA, « Una nuova catacomba cristiana sulla via Latina », La Civiltà Cattolica 107 (1956), p. 118-131 ; repris dans : Scritti vari di epigrafia e antichità cristiane, Bari, 1991, p. 256-273.

—, Le pitture della nuova catacomba di via Latina, cité du Vatican, 1960.

P. A. FÉVRIER, « Études sur les catacombes romaines », CA 10 (1959), p. 1-26 et 11 (1960), p. 1-14.

—, « À propos de la date des peintures des catacombes romaines », RAC 65 (1989), p. 105-133.

P. A. FÉVRIER et J. GUYON, « Septimus ex numero fratrum : À propos des sept frères martyrs et de leur mère, quelques réflexions sur Damase et l'hagiographie de son temps », dans : Memoriam sanctorum venerantes. Miscellanea in onore di Monsignor Victor Saxer, cité du Vatican, 1992, p. 375-402.

H. FICHTENAU, « Vom Ansehen des Papsttums im zehnten Jahrhundert », dans : H. MORDEK (éd.), Aus Kirche und Reich. Studien zu Theologie, Politik und Recht im Mittelalter, Festschrift für Friedrich Kempf, Sigmaringen, 1983, p. 116-124.

Balthasar FISCHER, « Le Christ dans les psaumes. La dévotion aux Psaumes dans l'Église des martyrs », LM-D 27 (1951), p. 86-113.

—, Die Psalmen als Stimme der Kirche. Gesammelte Studien zur christlichen Psalmenfrömmigkeit, Trèves, 1982.

—, « Die Psalmenfrömmigkeit der Märtyrerkirche », repris dans : Die Psalmen, p. 15-35.

—, « Die Psalmenfrömmigkeit der Regula S. Benedicti », repris dans : *Die Psalmen*, p. 37-71.

—, « *Conculcabis leonem et draconem*. Eine deutungsgeschichtliche Studie zur Verwendung von Psalm 91 (90) in der Quadragesima », repris dans : *Die Psalmen*, p. 73-83.

—, « Christliches Psalmenverständnis im 2. Jahrhundert », repris dans : *Die Psalmen*, p. 85-95.

—, « Der patristische Hintergrund der drei grossen johanneischen Taufperikopen von der Samariterin, der Heilung des Blindgeborenen und der Auferweckung des Lazarus am dritten, vierten und fünften Sonntag der Quadragesima », dans : *I simboli dell'iniziazione cristiana*, Rome, 1983, p. 61-79.

Bonifatius FISCHER, « Ambrosius der Verfasser des österlichen Exultet ? », *JLW* 2 (1952), p. 61-74.

—, « Die Lesungen der römischen Ostervigil unter Gregor der Grosse », dans : *Colligere Fragmenta. Festschrift A. Dold*, Beuron, 1952, p. 144-159 (repris dans : *Beiträge zur Geschichte*, p. 18-50).

—, « Bibelausgaben des frühen Mittelalters », *La Bibbia nell'alto medioevo*, Spolète, 1963, p. 519-600 (« Semaines de Spolète » 10) ; repris dans : *Lateinische Bibelhandschriften*, p. 35-100.

— *Lateinische Bibelhandschriften im frühen Mittelalter*, Fribourg, 1985.

—, *Beiträge zur Geschichte der lateinischen Bibeltexte*, Fribourg, 1986.

L. FISCHER, *Die kirchlichen Quatember*, Munich, 1914.

J. FLECKENSTEIN, *Die Hofkapelle der deutschen Könige*, t. I, *Grundlegung. Die karolingische Hofkapelle*, Stuttgart, 1959.

E. FOLEY, « The Cantor in Historical Perspective », *Worship* 56 (1982), p. 194-213.

J. FONTAINE, « L'apport de la tradition poétique romaine à la formation de l'hymnodie chrétienne », *Revue des études latines* 52 (1974), p. 318-355.

—, « Le culte des martyrs militaires et son expression poétique au IVᵉ siècle : l'idéal évangélique de la non-violence dans le christianisme théodosien », *Augustinianum* 20 (1980), p. 141-171 (*Ecclesia Orans. Mélanges patristiques offerts au P. Adalbert G. Hamman, o. f. m*).

—, « La culture carolingienne dans les abbayes normandes : l'exemple de Saint-Wandrille », dans : L. MUSSET (éd.), *Aspects du monachisme en Normandie*, Paris, 1982, p. 31-54.

—, « Les origines de l'hymnodie chrétienne latine. D'Hilaire de Poitiers à Ambroise de Milan », *LM-D* 161 (1985), p. 33-74.

A. FORNI, *La questione di Roma medievale. Una polemica tra Gregorovius e Reumont*, Rome, 1985.

P. FOURNIER, « Un groupe de recueils canoniques italiens des Xe et XIe siècles », dans : *Mémoires de l'Institut national de France. Académie des inscriptions et belles-lettres* 40 (1916), p. 95-213.

P. FOURNIER et G. LE BRAS, *Histoire des collections canoniques en Occident depuis les fausses décrétales jusqu'au décret de Gratien*, t. II, *De la réforme grégorienne au décret de Gratien*, Paris, 1932.

U. FRANCA, *Le antifone bibliche dopo Pentecoste*, Rome, 1977.

P. FRANCHI DE' CAVALIERI, *Scritti agiografici*, 2 vol., cité du Vatican, 1962 (S e T 221-222).

—, « S. Agnese nella tradizione e nella leggenda », repris dans : *Scritti*, t. I, p. 293-381.

H. FRANK, « Zur Geschichte von Weihnachten und Epiphanie. I. Die Feier der Feste *natalis Salvatoris* und *epifania* in Mailand zur Zeit des Bischofs Ambrosius », *JLW* 12 (1932), p. 145-155.

—, « Zur Geschichte von Weihnachten und Epiphanie. II. Indirekte Zeugnisse des hl. Ambrosius für das Weihnachtsfest », *JLW* 13 (1933), p. 1-38.

—, « Frühgeschichte und Ursprung des römischen Weihnachtsfestes im Lichte neuerer Forschung », *ALW* 2 (1952), p. 1-24.

—, « *Ecce advenit dominator Dominus*. Alter und Wanderung eines römischen Epiphaniemotivs », dans : E. VON SEVERUS et H. RAHNER (éd.), *Perennitas... Th. Michels, o.s.b. zum 70. Geburtstag*, Münster, 1963, p. 136-154.

—, « Die Paschavigil als Ende der Quadragesima und ihr Festinhalt bei Augustinus », *ALW* 9 (1965), p. 1-27.

G. FRECH, « Die deutschen Päpste-Kontinuität und Wandel », dans : S. WEINFURTER (éd.), *Die Salier und das Reich*, t. II, *Die Reichskirche in der Salierzeit*, Sigmaringen, 1991, p. 303-332.

A. FREEMAN, « Theodulf of Orléans and the Psalm Citations of the *Libri Carolini* », *RBén* 97 (1987), p. 195-224.

G. FRÉNAUD, « Marie et l'Église d'après les liturgies latines du VIIe au XIe siècle », *Bulletin de la Société française d'études mariales* 9 (1951), p. 39-58.

—, « Les témoins indirects du chant liturgique en usage à Rome aux IXe et Xe siècles », *EG* 3 (1959), p. 41-74.

—, « Le culte de Notre Dame dans l'ancienne liturgie latine », dans : H. DU MANOIR (éd.), *Maria*, t. VI, Paris, 1961, p. 157-211.

W. H. FRERE, *Studies in Early Roman Liturgy*, I, *The Kalendar*, Oxford, 1930.

—, *Studies in Early Roman Liturgy*, III, *The Roman Epistle-Lectionary*, Oxford, 1935.

J. FRIED, « Ludwig der Fromme, das Papsttum und die fränkische Kirche », dans : *Charlemagne's Heir*, p. 231-273.

W. H. FRITZE, *Papst und Frankenkönig. Studien zu den päpstlich-*

fränkischen Rechtsbeziehungen von 754 bis 824, Sigmaringen, 1973.

J. FROGER, « Les Anticipations du jeûne quadragésimal », *MSR* 3 (1946), p. 207-234.

—, « L'*Alléluia* dans l'usage romain et la réforme de saint Grégoire », *EL* 62 (1948), p. 6-48.

—, « L'édition critique de l'*Antiphonale Missarum* romain par les moines de Solesmes », *EG* 1 (1954), p. 151-157.

—, *Le Graduel romain. Édition critique par les moines de Solesmes*, t. IV, *Le Texte neumatique* ; vol. I, *Le Groupement des manuscrits*, Solesmes, 1960.

—, « Le lieu de destination et de provenance du *Compendiensis* », dans : *Ut mens concordet voci. Festschrift Eugène Cardine*, St. Ottilien, 1980, p. 338-353.

A. FROLOW, *La Relique de la Croix*, Paris, 1961.

H. FUHRMANN, *Einfluss und Verbreitung der pseudoisidorischen Fälschungen*, 3 vol., Stuttgart, 1972, 1973 et 1974.

C. G. FÜRST, *Cardinalis. Prolegomena zu einer Rechtsgeschichte des römischen Kardinalskollegiums*, Munich, 1967.

B. DE GAIFFIER, « La lecture des Actes des martyrs dans la prière liturgique en Occident. À propos du passionnaire hispanique », *AB* 72 (1954), p. 134-166.

B. GAIN, *L'Église de Cappadoce au IVᵉ siècle d'après la correspondance de Basile de Césarée (330-379)*, Rome, 1985.

J. GAJARD, « Les récitations modales des 3ᵉ et 4ᵉ modes et les manuscrits bénéventains et aquitains », *EG* 1 (1954), p. 9-45.

K. GAMBER, *Ordo Antiquus Gallicanus. Der gallikanische Messritus des 6. Jahrhunderts*, Ratisbonne, 1965.

—, « *Ordo Missae Africanae* : der nordafrikanische Messritus zur Zeit des hl. Augustinus », *RQS* 64 (1969), p. 139-153.

—, *Sacrificium Missae. Zum Opferverständnis und zur Liturgie der Frühkirche*, Ratisbonne, 1980.

D. GANZ, *Corbie in the Carolingian Renaissance*, Sigmaringen, 1990.

A. GARCÍA Y GARCÍA, « Reforma gregoriana e idea de la "militia sancti Petri" en los reinos ibéricos », *Studi Gregoriani* 13 (1989), p. 241-262.

E. B. GARRISON, « Notes on the History of Certain Twelfth-Century Central Italian Manuscripts of Importance for the History of Painting », *La Bibliofilia* 54 (1952), p. 1-34.

—, *Studies in the History of Mediaeval Italian Painting*, 4 vol., Florence, 1953-1962.

—, « Saints Equizio, Onorato and Libertino in Eleventh- and Twelfth-Century Italian Litanies as Clues to the Attribution of Manuscripts », *RBén* 88 (1978), p. 297-315.

—, « Random Notes on Early Italian Manuscripts », *La Bibliofilia* 80 (1978), p. 197-214.

N. GAUTHIER, *L'Évangélisation des pays de la Moselle. La province romaine de Première Belgique entre Antiquité et Moyen Âge (IIIe-VIIIe siècles)*, Paris, 1980.

—, « Rouen pendant le haut Moyen Âge (650-850) », dans : H. ATSMA, *La Neustrie. Les pays au Nord de la Loire de 650 à 850*, t. II, Sigmaringen, 1989, p. 1-20.

H. GEERTMAN, *More Veterum. Il Liber Pontificalis e gli edifici ecclesiastici di Roma nella tarda antichità e nell' alto medioevo*, Groningue, 1975.

P. GEORGE, « Rome et Stavelot-Malmedy. Culte des saints et pèlerinages au Moyen Âge », dans : *Rome et les Églises nationales VIIe-XIIIe siècles*, C. CAROZZI et P. GEORGE (éd.), Aix-en-Provence, 1991, p. 135-151.

F. GERKE, *Christus in der spätantiken Plastik*, Berlin, 1941 (2e éd.).

C. GINDELE, « Doppelchor und Psalmvortrag im Frühmittelalter », *Die Musikforschung* 6 (1953), p. 296-300.

—, « Das *Alleluia* im *Ordo Officii* der *Regula Magistri* », *RBén* 70 (1960), p. 504-525.

L. GINZBERG, *The Legends of the Jews*, 8 vol., Philadelphie, 1968 (12e éd.).

C. GNILKA, « Ein Zeugnis doppelchörigen Gesangs bei Prudentius », *JAC* 30 (1987), p. 58-73.

E. GÖLLER, « Die Reichenau als römisches Kloster », dans : *Die Kultur der Abtei Reichenau*, t. I, Munich, 1925 ; nelle éd. Aalen, 1970, p. 438-451.

E. R. GOODENOUGH, *Jewish Symbols in the Greco-Roman Period*, t. V et VI, *Fish, Bread and Wine*, New York, 1956 ; t. X, *Symbolism in the Dura Synagogue*, New York, 1964.

L. GOPPELT, *Typos. Die typologische Deutung des Alten Testaments im Neuen*, 1939 ; rééd. Darmstadt, 1973.

P. GOUBERT, *Byzance avant l'Islam*, t. II, *Byzance et l'Occident sous les successeurs de Justinien* ; 1re partie : *Byzance et les Francs*, Paris, 1956 ; 2e partie : *Rome, Byzance et Carthage*, Paris, 1965.

M. GOURGUES, *À la droite de Dieu. Résurrection de Jésus et actualisation du psaume 110 : 1 dans le Nouveau Testament*, Paris, 1978.

A. GRABAR, *Martyrium. Recherches sur le culte des reliques et l'art chrétien antique*, 3 vol., Paris, 1943-1946 ; t. I, *Architecture*, 1946.

—, « Recherches sur les sources juives de l'art paléochrétien », *CA* 11 (1960), p. 41-71 ; 12 (1962), p. 115-152 ; 14 (1964), p. 49-57.

H. J. GRÄF, *Palmenweihe und Palmenprozession in der lateinischen Liturgie*, Siegburg, 1959.

R. GRÉGOIRE, « Repertorium Liturgicum Italicum », *Studi Medievali* 9 (1968), p. 465-592.

J. GRIBOMONT, « Aux origines de la Vulgate », dans : *La Bibbia « Vulgata » dalle origini ai nostri giorni*, cité du Vatican, 1987, p. 11-20.

Ph. GRIERSON, « The Early Abbots of St. Peters of Ghent », *RBén* 48 (1936), p. 129-146.

E. GRIFFE, « Aux origines de la liturgie gallicane », *BLE* 52 (1951), p. 17-43.

—, *La Gaule chrétienne à l'époque romaine*, 3 vol., Paris, 1964-1966.

A. GRILLMEIER, *Gesù il Cristo nella fede della Chiesa*, 2 vol., Brescia, 1982.

H. GRISAR, « Die Stationen und ihre Perikopen im römischen Missale », dans : *Miscellanea Francesco Ehrle*, t. II, Rome, 1924, p. 101-140 (S e T 38).

—, *Das Missale im Lichte römischer Stadtgeschichte*, Fribourg, 1925.

R. GRYSON, « Les anciennes versions latines du livre d'Isaïe. Signification et voies d'une recherche », *RTL* 17 (1986), p. 22-37.

M. L. GUILLAUMIN, « Bible et liturgie dans la prédication de Jean Chrysostome », dans : C. KANNENGIESSER (éd.), *Jean Chrysostome et Augustin*, Paris, 1975, p. 161-172.

A. GUILLOU, *Régionalisme et indépendance dans l'empire byzantin au VIIᵉ siècle. L'exemple de l'exarchat et de la Pentapole d'Italie*, Rome, 1969.

N. GUSSONE, *Thron und Inthronisation des Papstes von den Anfängen bis zum 12. Jahrhundert*, Bonn, 1978.

—, « Trauung und Krönung. Zur Hochzeit der byzantinischen Prinzessin Theophanu mit Kaiser Otto II. », dans : A. VON EUW et P. SCHREINER (éd.), *Kaiserin Theophanu. Begegnung des Ostens und Westens um die Wende des ersten Jahrtausends*, t. II, Cologne, 1991, p. 161-173.

J. GUTMAN, « Early Synagogue and Jewish Catacomb Art and its Relation to Christian Art », *ANRW*, II, *Prinzipat* ; t. 21. 2, 1984, p. 1313-1342.

J. GUYON, « Les quatre couronnés et l'histoire de leur culte, des origines au milieu du IXᵉ siècle », *MEFRA* 87 (1975), p. 505-561.

—, « L'œuvre de Damase dans le cimetière "aux deux lauriers" sur la via Labicana », dans : *Saecularia Damasiana*, cité du Vatican, 1986, p. 227-258.

—, *Le Cimetière aux deux lauriers. Recherches sur les catacombes romaines*, Rome, 1987.

P.-M. GY, « Le rituel du mariage », *BCE* 14 (1956), p. 246-266.

—, « Expositiones Missae », *BCE* 22 (1958), p. 223-232.

—, « Die Segnung von Milch und Honig in der Osternacht », *Paschatis Sollemnia*, p. 206-212.

—, « La question du système des lectures de la liturgie byzantine », dans : *Miscellanea... Lercaro*, t. II, Rome, 1967, p. 251-261.

—, « L'unification liturgique de l'Occident et la liturgie de la Curie romaine », *RSPT* 59 (1975), p. 60-612.

—, « L'unification liturgique de l'Occident et la liturgie de la Curie romaine », dans : *Liturgie de l'Église particulière et liturgie de l'Église universelle*, Rome, 1976, p. 155-167 (« Conférences Saint-Serge », 22).

—, « Le vocabulaire liturgique latin au Moyen Âge », dans : *La Lexicographie du latin médiéval et ses rapports avec les recherches actuelles sur la civilisation du Moyen Âge*, Paris, 1981, p. 295-301.

—, « L'influence des chanoines de Lucques sur la liturgie du Latran », *RSR* 58 (1984), p. 31-41 ; repris et mis à jour dans : *La Liturgie dans l'histoire*, p. 127-139.

—, « Doctrine eucharistique de la liturgie romaine dans le haut Moyen Âge », dans : *Segni e riti della Chiesa altomedievale occidentale*, t. II, Spolète, 1987, p. 533-554 (« Semaines de Spolète » 33) ; repris dans : *La Liturgie dans l'histoire*, p. 187-204.

—, « Le trésor des hymnes », *LM-D* 173 (1988), p. 19-40.

—, « La Papauté et le droit liturgique aux XIIᵉ et XIIIᵉ siècles », dans : *The Religious Roles of the Papacy : Ideals and Realities*, Toronto, 1989, p. 229-245.

—, « La liturgie des chanoines réguliers de Saint-Ruf », dans : *Le Monde des chanoines (XIᵉ-XIVᵉ s.)*, Toulouse, 1989, p. 181-191 (« Cahiers de Fanjeaux » 24).

—, *La Liturgie dans l'histoire*, Paris, 1990 (rééd. d'articles divers).

—, « The Different Forms of Liturgical *Libelli* », dans : G. AUSTIN (éd.), *Fountain of Life. In Memory of Niels K. Rasmussen*, Washington, D.C., 1991, p. 23-34.

R. F. GYUG, *Missale Ragusinum. The Missal of Dubrovnik*, Toronto, 1990.

P. HADOT, *Marius Victorinus. Recherches sur sa vie et ses œuvres*, Paris, 1971.

J.-C. HAELEWYCK, « Le cantique *De nocte*. Histoire du texte vieux latin de Is 26, 9b-20 (21) », *RBén* 99 (1989), p. 7-34.

—, « Le cantique de la Vigne. Histoire du texte vieux latin de Is 5, 1-7 (9a) », *Ephemerides Theol. Lovanienses* 65 (1989), p. 257-279.

F. HAFFNER, « Die Zeit der Messfeier bis zum 12. Jahrhundert. Eine Untersuchung aufgrund von unediertten Handschriften », dans : *Miscellanea... Lercaro*, t. II, Rome, 1967, p. 133-142.

L. HALPHEN, *Études sur l'administration de Rome au Moyen Âge (751-1252)*, Paris, 1907.

B. HAMILTON, « The Monastic Revival in Tenth Century Rome »,
SM 4 (1962), p. 35-68.

A. G. HAMMAN, *Prières des premiers chrétiens*, Paris, 1952.

—, « Valeur et signification des renseignements liturgiques de Justin », repris dans : *Études patristiques*, p. 101-111.

—, « L'utilisation des psaumes dans les deux premiers siècles chrétiens », repris dans : *Études patristiques*, p. 147-158.

—, « La prière chrétienne et la prière païenne, formes et différences », *ANRW*, II, *Prinzipat* ; t. 23. 2, 1980, p. 1190-1247.

—, *Études patristiques*, Paris, 1991 (rééd. d'articles divers).

C. HANSON, « The Liberty of the Bishop to Improvise prayer in
the Eucharist », *VC* 15 (1961), p. 173-176.

M. HARL, introduction à *La Chaîne palestinienne sur le psaume 118*,
Paris, 1972, p. 93-159 (SC 189).

—, « Le grand cantique de Moïse en Deutéronome 32 », dans :
G. SED-RAJNA (éd.), *Rashi 1040-1990. Hommage à E. E. Urbach*,
Paris, 1993, p. 183-201.

W. HARTMANN, *Die Synoden der Karolingerzeit im Frankenreich und
in Italien*, Paderborn, 1989.

A. A. HÄUSSLING, *Mönchskonvent und Eucharistiefeier. Eine Studie
über die Messe in der abendländischen Klosterliturgie des frühen Mittelalters und zur Geschichte der Messhäufigkeit*, Münster, 1973
(LQF 58).

O. HEIMING, « Aliturgische Fastenferien in Mailand », *ALW* 2
(1952), p. 44-60.

H. VON HEINTZE, « Concordia Apostolorum. Eine Bleitessera mit
Paulus und Petrus », dans : *Theologia Crucis-Signum Crucis. Festschrift für Erich Dinkler*, Tübingen, 1979, p. 201-236.

J. HENNIG, « Zur liturgischen Lehre von den Unschuldigen Kin-
dern », *ALW* 9 (1965) p. 72-85.

J. HERRIN, « Constantinople, Rome and the Franks in the Seventh
and Eighth Centuries », dans : J. SHEPARD et S. FRANKLIN (éd.),
Byzantine Diplomacy, Londres, 1992, p. 91-107.

R.-J. HESBERT, « La messe *Omnes gentes* du VIIe dimanche après
la Pentecôte et l'*Antiphonale Missarum* romain, *RG* 17 (1932),
p. 81-89, 170-179 ; 18 (1933), p. 1-14.

—, « Les dimanches de carême dans les manuscrits romano-
bénéventains », *EL* 48 (1934), p. 198-222.

—, *Le Problème de la Transfixion du Christ dans les traditions : biblique, patristique, iconographique, liturgique et musicale*, Tournai,
1940.

—, « L'*Antiphonale Missarum* de l'ancien rit bénéventain », *EL* 52
(1938), p. 28-66, 141-158 ; 53 (1939), p. 168-190 ; 59 (1945),
p. 69-95 ; 60 (1946), p. 103-141 ; 61 (1947), p. 153-210.

—, « L'antiphonaire d'Amalaire », *EL* 94 (1980), p. 176-194.

—, « L'Antiphonaire de la Curie », *EL* 94 (1980), p. 431-459.

—, « Le graduel, chant responsorial », *EL* 95 (1981), p. 316-350.

J. HEUCLIN, « Les abbés des monastères neustriens 650-850 », dans : H. ATSMA, *La Neustrie. Les pays au Nord de la Loire de 650 à 850*, t. I, Sigmaringen, 1989, p. 321-340.

J. N. HILLGARTH, « Ireland and Spain in the Seventh Century », repris dans : *Visigothic Spain, Byzantium and the Irish*, Londres, 1985, texte VIII, p. 1-16.

F. HOCKEY, « Cantica graduum. The Gradual Psalms in Patristic Tradition », *Studia Patristica* 10, Berlin, 1970, p. 355-359 (TU 107).

L. A. HOFFMAN, « The Jewish lectionary, the Great Sabbath, and the Lenten Calendar : Liturgical Links between Christians and Jews in the First Christian Centuries », dans : J. N. ALEXANDER (éd.), *Time and Community, in Honor of Thomas Julian Talley*, Washington, 1990, p. 3-20.

H. HOFFMANN, *Buchkunst und Königtum im ottonischen und frühsalischen Reich*, 2 vol. Stuttgart, 1986.

J. HOURLIER, « Notes sur l'antiphonie », dans : W. ARLT *et alii* (éd.), *Gattungen der Musik*, I, *Grundfragen der Musik in Einzeldarstellungen, Gedenkschrift Leo Schrade*, Berne-Munich, 1973, p. 116-143.

M. HUBAUT, *La Parabole des vignerons homicides*, Paris, 1976.

J. HUBERT, « Les "Cathédrales doubles" et l'histoire de la liturgie », dans : *Atti del I° congresso internazionale di studi longobardi*, Spolète, 1952, p. 167-176.

H. HUCKE, « Musikalische Formen der Offiziumsantiphonen », *KMJb* 37 (1953), p. 7-33.

—, « Die Entwicklung des christlichen Kultgesanges zum Gregorianischen Gesang », *RQS* 48 (1953), p. 147-194.

—, « Improvisation im Gregorianischen Gesang », *KMJb* 38 (1954), p. 5-8.

—, « Tractusstudien », dans : *Festschrift Bruno Stäblein*, Kassel-Bâle, 1967, p. 116-120.

—, « Die Texte der Offertorien », dans : *Speculum Musicae Artis : Festgabe für Heinrich Husmann*, Munich, 1970, p. 193-203.

—, « Toward a New Historical View of Gregorian Chant », *JAMS* 33 (1980), p. 437-467.

—, « Zur Aufzeichnung der altrömischen Offertorien », dans : *Ut mens concordet voci : Festschrift Eugène Cardine*, St. Ottilien, 1980, p. 296-313.

—, « Der Übergang von mündlicher zu schriftlicher Musiküberlieferung im Mittelalter », dans : *International Musicological Society. Report of the Twelfth Congress*, Berkeley, 1977, Kassel-Bâle, 1981, p. 180-191.

—, « Gregorianische Paläographie als Überlieferungsforschung », dans : M. HUGLO (éd.), *Musicologie médiévale. Notations et séquences*, Paris, 1987, p. 61-65.

—, « Gregorianische Fragen », *Mf* 41 (1988), p. 304-330.

C. HUELSEN, *Le chiese di Roma nel Medio Evo*, Florence, 1927.

H. HUESCHEN, « Antike Einflüsse in der mittelalterliche Musikanschauung », dans : *Miscellanea Mediaevalia* 1 (1962), p. 80-95.

D. HUGHES, « Variants in Antiphon Families : Notation and Tradition », dans : *La Musique et le Rite : sacré et profane*, Actes du XIIIᵉ congrès de la Société internationale de musicologie, t. II, Strasbourg, 1986, p. 29-47.

—, « Evidence for the Traditional View of the Transmission of Gregorian Chant », *JAMS* 40 (1987), p. 377-404.

M. HUGLO, « Die Adventsgesänge nach den Fragmenten von Lucca », *KMJb* 35 (1951), p. 10-15.

—, « Le Dogme de Chalcédoine et les chants de Noël », *RG* 30 (1951), p. 219-222.

—, « Les antiennes de la procession des reliques : vestiges du chant "Vieux-Romain" dans le Pontifical », *RG* 31 (1952), p. 136-139.

M. HUGLO et J. HOURLIER, « Un important témoin du chant "vieux-romain". Le graduel de Sainte-Cécile du Transtévère (manuscrit Phillipps 16069, daté de 1071) », *RG* 31 (1952), p. 27-36.

—, « L'auteur de l'*Exultet* pascal », *VC* 7 (1953), p. 79-88.

—, « Le chant "vieux-romain". Liste des manuscrits et témoins indirects », *SE* 6 (1954), p. 96-123.

—, « Les diverses mélodies du *Te decet laus*. À propos du vieux-romain », *Jahrbuch für Liturgik und Hymnologie* 12 (1967), p. 111-116.

—, « Relations musicales entre Byzance et l'Occident », dans : *Proceedings of the XIIIth International Congress of Byzantine Studies*, Oxford, 1967, p. 267-280.

—, « Les listes alléluiatiques dans les témoins du graduel grégorien », dans : *Speculum Musicae Artis. Festgabe für Heinrich Husmann*, Munich, 1970, p. 219-227.

—, « Liturgia e musica sacra aquileiese », dans : *Storia della cultura veneta*, t. I, *Dalle origini al Trecento*, Vicenza, 1976, p. 312-325.

—, « Les remaniements de l'antiphonaire grégorien au IXᵉ siècle : Hélisachar, Agobard, Amalaire », dans : *Culto cristiano. Politica imperiale carolingia*, Todi, 1979, p. 89-119.

—, « La lexicographie du latin médiéval et l'histoire de la musique », dans *La Lexicographie du latin médiéval et ses rapports avec les recherches actuelles sur la civilisation du Moyen Âge*, Paris, 1981, p. 391-399.

—, « L'ancien chant bénéventain », *EcclO* 2 (1985), p. 265-293.

—, « Le répons-graduel de la messe », *ASM* 2 (1982), p. 53-73.

—, « L'antiphonaire : archétype ou répertoire originel », dans : *Colloque international Grégoire le Grand* (Chantilly, 1982), Paris, 1986, p. 661-669.

—, « Bibliographie des éditions et études relatives à la théorie musicale du Moyen Âge (1972-1987) », *Acta Musicologica* 60 (1988), p. 229-272.

—, « Trois livres manuscrits présentés par Hélisachar », *RBén* 99 (1989), p. 272-285.

R. HÜLS, *Kardinäle Klerus und Kirchen Roms 1049-1130*, Tübingen, 1977.

P. HUNTER BLAIR, *The World of Bede*, Londres, 1970.

F. HUOT, « À la recherche de l'archétype de l'antiphonaire », *RBén* 87 (1977), p. 371-375.

H. HUSMANN, « *Alleluia*, Vers und Sequenz », *AM* 4 (1956), p. 19-53.

—, « Justus ut Palma », *Revue belge de musicologie* 10 (1956), p. 112-128.

—, « Das Brevier der Hl. Klara und seine Bedeutung in der Geschichte des römischen Chorals », *Studi Musicali* 2 (1973), p. 217-234.

J. IRIGOIN, « La culture grecque dans l'Occident latin du VIIᵉ au XIᵉ siècle », dans : *La cultura antica nell'Occidente latino dal VII all'XI secolo*, t. I, Spolète, 1975, p. 425-446 (« Semaines de Spolète » 22).

L. JACQUET, *Les Psaumes et le cœur de l'homme*, 3 vol., s.l., Duculot, 1975-1979.

E. JAMMERS, *Das « Alleluia » in der gregorianischen Messe*, Münster, 1973 (LQF 55).

S. JANERAS, « Les Byzantins et le trisagion christologique », dans : *Miscellanea... Lercaro*, t. II, Rome, 1967, p. 469-499.

J. JANINI, *S. Siricio y las Cuatro Temporas*, Valence, 1958.

A. JAUBERT, *La Date de la Cène. Calendrier biblique et liturgie chrétienne*, Paris, 1957.

—, *La Notion d'alliance dans le judaïsme aux abords de l'ère chrétienne*, Paris, 1963.

H. JEDIN, « Das Konzil von Trient und die Reform der liturgischen Bücher », repris dans : *Kirche des Glaubens. Kirche der Geschichte. Ausgewählte Aufsätze und Vorträge*, vol. II, *Konzil und Kirchenreform*, Fribourg, 1966, p. 499-525.

P. JEFFERY, « The Oldest Sources of the Graduale. A Preliminary Check-List of MSS copied before about 900 AD », *The Journal of Musicology* 2 (1983), p. 316-321 (Louisville, Kentucky).

—, « The Introduction of Psalmody into the Roman Mass by Pope Celestine I (422-32) », *ALW* 26 (1984), p. 147-165.

—, « Liturgical Chant Bibliography », *Plainsong and Medieval Music* 1 (1992), p. 175-196.

—, « Jerusalem and Rome (and Constantinople) : The Musical Heritage of Two Great Cities in the Formation of the Medieval Chant Traditions », *Cantus Planus* 4 (1992), Budapest, p. 163-174.

—, *Re-Envisioning Past Musical Cultures. Ethnomusicology in the Study of Gregorian Chant*, Chicago-Londres, 1992.

G. JENAL, « Gregor der Grosse und die Anfänge der Angelsachsenmission (596-604) », dans : *Angli e Sassoni al di qua e al di là del mare*, t. II, Spolète, 1986, p. 793-849 (« Semaines de Spolète » 32).

P. JOUNEL, « Le lectionnaire du Latran du XIIᵉ siècle », dans : C. KANNENGIESSER et Y. MARCHASSON (éd.), *Humanisme et foi chrétienne. Mélanges scientifiques du centenaire de l'Institut catholique de Paris*, Paris, 1976, p. 587-593.

—, *Le Culte des saints dans les basiliques du Latran et du Vatican au douzième siècle*, Rome, 1977.

M. JOUSSE, *Le Style oral, rythmique et mnémotechnique chez les verbomoteurs*, Paris, 1925 ; rééd. 1981.

—, *L'Anthropologie du geste*, t. I, Paris, 1974 ; t. II, *La Manducation de la parole*, 1975 ; t. III, *Le Parlant, la parole et le souffle*, 1978.

M.-H. JULLIEN DE POMMEROL-J. MONFRIN, *La Bibliothèque pontificale à Avignon et à Peñiscola pendant le Grand Schisme d'Occident et sa dispersion*, 2 vol., Rome, 1991.

J. A. JUNGMANN, *Die Stellung Christi im liturgischen Gebet*, Münster, 1925 ; 1962 (2ᵉ éd. revue) ; trad. angl. *The Place of Christ in Liturgical Prayer*, Cambridge, 1989 (2ᵉ éd.).

—, « Pfingstoktav und Kirchenbusse in der römischen Liturgie », dans : *Miscellanea... Mohlberg*, t. I, Rome, 1948, p. 169-182.

—, « Die Vorverlegung der Ostervigil seit dem christlichen Altertum », *LJb* 1 (1951), p. 48-54.

—, « Um den Aufbau des *Gloria in excelsis* », *LJb* 20 (1970), p. 178-188.

I. KÄHMER, *Die Offertoriums-Überlieferung in Rom Vat. lat. 5319*, Inaugural-Dissertation zur Erlangung des Doktorgrades der Philosophischen Fakultät der Universität zu Köln, Cologne, 1971.

E. H. KANTOROWICZ, *Laudes Regiae. A Study in Liturgical Acclamations and Mediaeval Ruler Worship*, Berkeley-Los Angeles, 1958 (2ᵉ éd.).

Karl Martell in seiner Zeit, éd. J. JARNUT, U. NONN et M. RICHTER, Sigmaringen, 1994.

S. A. KEEFE, « Carolingian Baptismal Expositions : A Handlist of Tracts and Manuscripts », dans : U.-R. BLUMENTHAL (éd.), *Carolingian Essays*, Washington, 1983, p. 169-237.

T. F. KELLY, « Montecassino and the Old Beneventan Chant », *EMH* 5 (1985), p. 53-83.

—, *The Beneventan Chant*, Cambridge, 1989.

V. L. KENNEDY, *The Saints of the Canon of the Mass*, cité du Vatican, 1963 (2ᵉ éd. revue ; 1ʳᵉ éd. 1938).

A. KHATCHATRIAN, *Les Baptistères paléochrétiens*, Paris, 1962.

—, *Origine et typologie des baptistères paléochrétiens*, Mulhouse, 1982.

J. P. KIRSCH, *Die römischen Titelkirchen im Altertum*, Paderborn, 1918.

—, *Der stadtrömische christliche Festkalender im Altertum. Textkritische Untersuchungen zu den römischen « Depositiones » und dem Martyrologium Hieronymianum*, Münster, 1924 (LQF 7 / 8).

—, « Le feste degli Apostoli S. Pietro e S. Paolo nel martirologio geronimiano », *RAC* 2 (1925), p. 54-83.

—, *Die Stationskirchen des Missale Romanum, mit einer Untersuchung über Ursprung und Entwicklung der liturgischen Stationsfeier*, Fribourg, 1926.

—, « Sull'origine dei motivi iconografici nella pittura cimiteriale di Roma », *RAC* 4 (1927), p. 259-287.

E. KITTEL, « Der Kampf um die Reform des Domkapitels im 11. Jahrhundert », dans : *Festschrift Albert Brackmann*, Weimar, 1931, p. 207-247.

T. KLAUSER, « Eine Stationsliste der Metzer Kirche aus dem 8. Jahrhundert, wahrscheinlich ein Werk Chrodegangs », *EL* 44 (1930), p. 162-193.

—, « Die liturgischen Austauschbeziehungen zwischen der römischen und der fränkisch-deutschen Kirche vom achten bis zum elften Jahrhundert », *Historisches Jahrbuch* 53 (1933), p. 169-189.

—, « Die konstantinischen Altäre der Lateranbasilika », *RQS* 43 (1935), p. 179-186.

—, « Der Übergang der römischen Kirche von der griechischen zur lateinischen Liturgiesprache », dans : *Miscellanea Giovanni Mercati*, t. I, cité du Vatican, 1946, p. 467-482.

—, « Rom und der Kult der Gottesmutter Maria », *JAC* 15 (1972), p. 120-135.

— « Das Querschiff der römischen Prachtbasiliken des vierten Jahrhunderts », repris dans : *Gesammelte Arbeiten*, p. 264-267.

—, *Gesammelte Arbeiten zur Liturgiegeschichte, Kirchengeschichte und christlichen Archäologie*, Münster, 1974.

T. KLAUSER et R. S. BOUR, *Un document du IXᵉ siècle. Notes sur l'ancienne liturgie de Metz et sur ses églises antérieures à l'an mil*, Metz, 1929 (extrait de l'*Annuaire de la Société d'histoire et d'archéologie de la Lorraine*).

A. KNIAZEFF, « Des acclamations dans la liturgie byzantine », dans :

Gestes et paroles dans les diverses familles liturgiques, Rome, 1978, p. 135-152 (« Conférences Saint-Serge » 24).

H. C. KNUTH, *Zur Auslegungsgeschichte von Psalm 6*, Tübingen, 1971.

F. KOK, « L'office pachômien : *psallere, orare, legere* », *EcclO* 9 (1992), p. 69-95.

R. KOTTJE, *Studien zum Einfluss des Alten Testamentes auf Recht und Liturgie des frühen Mittelalters*, Bonn, 1970 (2ᵉ éd.).

L. KÖTZSCHE-BREITENBRUCH, *Die neue Katakombe an der Via Latina in Rom. Untersuchungen zur Ikonographie der alttestamentlichen Wandmalereien*, Münster, 1976.

R. KRAUTHEIMER, « Santo Stefano Rotondo a Roma e la chiesa del Santo Sepolcro a Gerusalemme », *RAC* 12 (1935), p. 51-102, repris dans : *Studies*, p. 69-106.

—, « Mensa-Coemeterium-Martyrium », *CA* 11 (1960), p. 15-40.

—, « The Beginning of Early Christian Architecture », repris dans : *Studies*, p. 1-20.

—, « The Architecture of Sixtus III. A Fifth-Century Renascence ? », dans : *Essays in Honor of Erwin Panofsky*, New York, 1961, repris dans : *Studies*, p. 181-196.

—, *Studies in Early Christian Medieval and Renaissance Art*, New York, 1969.

—, *Rome, Profile of a City*, Princeton, 1980.

J. KROLL, « Die christliche Hymnodik bis zu Klemens von Alexandreia », dans : *Verzeichnis der Vorlesungen an der Akademie in Braunsberg*, 1 (1921) et 2 (1921-1922), rééd. Darmstadt, 1968.

K. H. KRÜGER, « Königskonversionen im 8. Jahrhundert », *Frühmittelalterliche Studien* 7 (1973), p. 169-222.

J. L. KUGEL, « Is there but One Song ? », *Biblica* 63 (1982), p. 329-350.

A.-M. LA BONNARDIÈRE, *Biblia Augustiniana. Les douze petits prophètes*, Paris, 1963.

—, *Recherches de chronologie augustinienne*, Paris, 1965.

—, *Biblia Augustiniana. Le Deutéronome*, Paris, 1967.

—, « Les *Enarrationes in Psalmos* prêchées par saint Augustin à l'occasion de fêtes de martyrs », *Rech. Aug.* 7 (1971), p. 73-104.

—, « La Bible "liturgique" de saint Augustin », dans : C. KANNENGIESSER (éd.), *Jean Chrysostome et Augustin*, Paris, 1975, p. 147-160.

C. LAMBOT, « Les sermons de saint Augustin pour les fêtes de Pâques. Liturgie et archéologie », *RSR* 30 (1956), p. 230-240 *(Mélanges Michel Andrieu)*.

P. LAMPE, *Die Stadtrömischen Christen in den ersten beiden Jahrhunderten*, Tübingen, 1989 (2ᵉ éd.).

A. P. LANG, « Anklänge an Orationen der Ostervigil in Sermonen Leos des Grossen », *SE* 13 (1962), p. 281-325.

O. LANG, *Das Commune Sanctorum in den Missale Handschriften und vortridentinischen Drucken der Stiftsbibliothek Einsiedeln. Ein Beitrag zur Geschichte des Commune Sanctorum*, Ottobeuren, 1970.

G. LANGGÄRTNER, *Die Gallienpolitik der Päpste. Eine Studie über den apostolischen Vikariat von Arles*, Bonn, 1964.

E. LANNE, « Rome et Nicée II », dans : *Nicée II*, p. 219-228.

G. LA PIANA, « The Roman Church at the End of the Second Century. The Episcopate of Victor, the Latinization of the Roman Church, the Easter Controversy, Consolidation of Power and Doctrinal Development, the Catacomb of Callistus », *The Harvard Theological Review* 18 (1925), p. 201-277.

M. LATTKE, *Hymnus. Materialen zu einer Geschichte der antiken Hymnologie*, Fribourg-Göttingen, 1991.

J. LAUDAGE, *Priesterbild und Reformpapsttum im 11. Jahrhundert*, Cologne-Vienne, 1984.

E. J. LEAHY, « Archivio di San Pietro, Cod. B. 79, and Amalarius : Notes on the Development of the Medieval Office », *Manuscripta* 28 (1984), p. 79-91.

J. LECLERCQ, « Aux origines du cycle de Noël », *EL* 60 (1946), p. 7-26.

—, « Les psaumes 20-25 chez les commentateurs du haut Moyen Âge », dans : *Richesses et déficiences des anciens psautiers latins*, cité du Vatican, 1959, p. 213-229.

R. LE DÉAUT, *La Nuit pascale*, Rome, 1963, rééd. de 1975.

W. LEDWICH, « Baptism, Sacrament of the Cross : Looking behind St. Ambrose », dans : B. D. SPINKS (éd.), *The Sacrifice of Praise. Studies on the Themes of Thanksgiving and Redemption in the Central Prayers of the Eucharistic and Baptismal Liturgies in Honour of A. H. Couratin*, Rome, 1981, p. 199-211.

H. LEEB, *Die Psalmodie bei Ambrosius*, Vienne, 1967.

—, *Die Gesänge im Gemeindegottesdienst von Jerusalem (vom 5. bis 8. Jahrhundert)*, Vienne, 1970.

J. LEMARIÉ, « Les antiennes *Veterem hominem* du jour octave de l'Épiphanie et les antiennes d'origine grecque de l'Épiphanie », *EL* 72 (1958), p. 3-38.

—, « Textes relatifs au culte de l'Archange et des Anges dans les bréviaires manuscrits du Mont Saint-Michel », *SE* 13 (1962), p. 113-152.

—, « Le sermon Mai 193 et l'origine de la fête des saints Innocents en Occident », *AB* 99 (1981), p. 139-150.

C. LEONARDI, *'Ampelos. Il simbolo della vite nell'arte pagana e paleocristiana*, Rome, 1947.

R. LE ROUX, « Aux origines de l'office festif : les antiennes et les

psaumes de matines et de laudes pour Noël et le 1er janvier »,
EG 4 (1961), p. 65-170.

—, « Les graduels des dimanches après la Pentecôte », *EG* 5
(1962), p. 119-130.

—, « Les répons *de Psalmis* pour les matines de l'Épiphanie à la
Septuagésime, selon les cursus romain et monastique. Étude de
l'office dominical et férial », *EG* 6 (1963), p. 39-148.

—, « Répons du Triduo sacro et de Pâques », *EG* 18 (1979),
p. 157-176.

W. LEVISON, « Zu den Gesta abbatum Fontanellensium », *RBén* 46
(1934), p. 241-264.

—, *England and the Continent in the Eighth Century*, Oxford, 1946.

K. LEVY, « The Byzantine Sanctus and its Modal Tradition in East
and West », *Annales musicologiques* 6 (1958-1963), p. 7-67.

—, « The Italian Neophytes' Chants », *JAMS* 23 (1970), p. 181-
227.

—, « Toledo, Rome and the Legacy of Gaul », *EMH* 4 (1984),
p. 49-99.

—, « On the Origin of Neumes », *EMH* 7 (1987), p. 59-90.

—, « The Two Carolingian Archetypes of Gregorian Chant », dans
les Actes du XIVe congrès de la société internationale de musicologie, *Trasmissione e recezione delle forme di cultura musicale*,
Turin, 1990, p. 501-504.

—, « On Gregorian Orality », *JAMS* 43 (1990), p. 185-227.

R. LEYDI, *L'altra musica*, Milan, 1991.

K. J. LEYSER, « Ends and Means in Liudprand of Cremona »,
Byzantinische Forschungen 13 (1988), p. 119-143 (J. D.
HOWARD-JOHNSTON [éd.], *Byzantium and the West*,
c. 850-c. 1200).

H. LIETZMANN, *Kleine Schriften*, t. III, *Studien zur Liturgie — und
Symbolgeschichte — zur Wissenschaftsgeschichte*, Berlin, 1962.

—, « Die liturgischen Angaben des Plinius », repris dans : *Kleine
Schriften*, p. 48-53.

O. LINTON, « Interpretation of the Psalms in the Early Church »,
dans *Studia Patristica* 4, Berlin, 1961, p. 143-156.

R.-J. LOENERTZ, « La légende parisienne de saint Denys l'Aréopagite. Sa genèse et son premier témoin », *AB* 69 (1951),
p. 217-237 ; repris dans : *Byzantina et Franco-Graeca*, t. I,
Rome, 1970, p. 163-183.

J. LONGÈRE, *La Prédication médiévale*, Paris, 1983.

J. LOWDEN, « The Luxury Book as Diplomatic Gift », dans : J. SHE-
PARD et S. FRANKLIN (éd.), *Byzantine Diplomacy*, Londres, 1992,
p. 249-260.

B. LÖWENBERG, *Das Rituale des Kardinals Julius Antonius Sanc-*

torius. Ein Beitrag zur Entstehungsgeschichte des Rituale Romanum, Munich, 1937.

H. DE LUBAC, « Sens spirituel », *RechSR* 36 (1949), p. 542-576.

—, *Histoire et esprit. L'intelligence de l'Écriture d'après Origène,* Paris, 1950.

K. LÜBECK, « Das Kloster Fulda und die Päpste in den Jahren 1046-1075 », *Studi Gregoriani* 1 (1947), p. 459-489.

G. LUCCHESI, « Osservazioni sull'elenco degli apostoli nel canone della messa », dans : *Miscellanea... Lercaro,* t. II, Rome, 1967, p. 501-510.

P. LUNDBERG, *La Typologie baptismale dans l'ancienne Église,* Leipzig-Uppsala, 1942.

D. LUSCOMBE, « Denis the Pseudo-Areopagite in the Middle Ages from Hilduin to Lorenzo Valla », dans : H. FUHRMANN (éd.), *Die Fälschungen im Mittelalter,* t. I, Hanovre, 1988, p. 133-152.

J. W. MCKINNON, « On the Question of Psalmody in the Ancient Synagogue », *EMH* 6 (1986), p. 159-191.

—, *Music in the Early Christian Literature,* Cambridge, 1987.

—, « The Fourth-Century Origin of the Gradual », *EMH* 7 (1987), p. 91-106.

—, « The Patristic Jubilus and the Alleluia of the Mass », *Cantus Planus* 3 (1990), Budapest, p. 61-70.

—, « The Roman Post-Pentecostal Communion Series », *Cantus Planus* 4 (1992), Budapest, p. 175-186.

—, « Antoine Chavasse and the Dating of Early Chant », *Plainsong and Medieval Music* 1 (1992), p. 123-147.

R. MCKITTERICK, *The Frankish Church and the Carolingian Reforms, 789-895,* Londres, 1977.

—, *The Carolingians and the Written Word,* Cambridge, 1989.

M. MCNAMARA, « The Text of the Latin Bible in the Early Irish Church. Some Data and Desiderata », dans : P. NÍ CHATHÁIN et M. RICHTER (éd.), *Irland und die Christenheit. Bibelstudien und Mission,* Klett-Cotta, 1987, p. 7-55.

M. MACCARRONE, « La dottrina del primato papale dal IV all'VIII secolo nelle relazioni con le Chiese occidentali », dans : *Le Chiese nei regni dell'Europa occidentale e i loro rapporti con Roma sino all'800,* t. II, Spolète, 1960, p. 633-742 (« Semaines de Spolète », 7).

—, *Romana Ecclesia. Cathedra Petri,* 2 vol., Rome, 1991.

T. MAERTENS, « L'avent. Genèse historique de ses thèmes bibliques et doctrinaux », *MSR* 18 (1961), p. 47-110.

C. MANGO, « La culture grecque et l'Occident au VIIIᵉ siècle », dans : *I problemi dell'Occidente nel secolo VIII,* t. II, Spolète, 1973, p. 683-721 (« Semaines de Spolète », 20).

M. MARIANI PUERARI, « La fisionomia delle feste e dei tempi liturgici maggiori nella Chiesa torinese durante l'episcopato di san Massimo (IV-V secolo) », *EL* 106 (1992), p. 205-235 et 381-406.

H. I. MARROU, « Autour de la bibliothèque du pape Agapit », *MEFRA* 48 (1931), p. 124-169, repris dans : *Christiana Tempora*, p. 167-212.

—, « Sur les origines du titre romain de Sainte-Sabine », *Archivum Fratrum Praedicatorum* 2 (1932), p. 316-325, repris dans : *Christiana Tempora*, p. 213-223.

—, *MOYCIKOC. ANHP. Étude sur les scènes de la vie intellectuelle figurant sur les monuments funéraires romains*, Rome, rééd. de 1964.

—, *Christiana Tempora. Mélanges d'histoire, d'archéologie, d'épigraphie et de patristique*, Rome, 1978.

A. M. MARTELLI, « La testimonianza del Ge Reg. 316 in rapporto allo stato reale della festa dei SS. Pietro e Paolo a Roma », dans : *Eulogia. Miscellanea... Burkhard Neunheuser*, Rome, 1979, p. 213-242.

A.-G. MARTIMORT, « L'iconographie des catacombes et la catéchèse antique », *RAC* 25 (1949), p. 105-114.

—, « La liturgie de la messe en Gaule », *BCE* 22 (1958), p. 204-222.

—, « Origine et signification de l'Alleluia de la messe romaine », dans : *Kyriakon. Festschrift Johannes Quasten*, t. II, Münster, 1970, p. 811-834.

—, « Les symboles de l'initiation chrétienne dans la tradition de l'Église romaine », dans : *I Simboli dell'iniziazione cristiana*, Rome, 1983, p. 193-221.

—, *Mirabile laudis canticum. Mélanges liturgiques*, Rome, 1991.

—, *Les « ordines », les ordinaires et les cérémoniaux*, Turnhout, 1991.

—, *Les lectures liturgiques et leurs livres*, Turnhout, 1992.

G. MARTINEZ-DIEZ, *La Colección Canónica Hispana*, t. I, Madrid, 1966.

J. MATEOS, *La Célébration de la Parole dans la liturgie byzantine*, Rome, 1971.

H. MAURER, « Rechtlicher Anspruch und geistliche Würde der Abtei Reichenau unter Kaiser Otto III. », dans : H. MAURER (éd.), *Die Abtei Reichenau. Neue Beiträge zur Geschichte und Kultur des Inselklosters*, Sigmaringen, 1974, p. 255-275.

J. MEARNS, *The Canticles of the Christian Church Eastern and Western in Early and Medieval Times*, Cambridge, 1914.

W. A. MEEKS, *The First Urban Christians. The Social World of the Apostle Paul*, New Haven-Londres, 1983.

R. MÉNARD, « Note sur la mémorisation et l'improvisation dans le chant copte », *EG* 3 (1959), p. 135-143.

G. Mercati, « Sull'origine della liturgia gallicana », dans : *Antiche reliquie liturgiche*, cité du Vatican, 1902, p. 72-75 (S e T 7).

—, « Del diario del cardinale di Santa Severina », repris dans : *Opere minori*, t. II, cité du Vatican, 1937, p. 497-500 (S e T 77).

Metz enluminée. Autour de la Bible de Charles le Chauve. Trésors manuscrits des églises messines, Metz, 1989.

M. Metzger, « Enquêtes autour de la prétendue "Tradition Apostolique" », *EcclO* 9 (1992), p. 7-36.

—, « Année, ou bien cycle, liturgique ? », *RSR* 67 (1993), p. 85-96.

R. Meynet, « Le cantique de Moïse et le cantique de l'Agneau (Ap 15 et Ex 15) », *Gregorianum* 73 (1992), p. 19-55.

P. Meyvaert, « Diversity within Unity, A Gregorian Theme », *The Heythrop Journal* 4 (1963), p. 141-162, repris dans *Benedict, Gregory, Bede and Others*, Londres, 1977, art. VI.

—, « Le *Libellus responsionum* à Augustin de Cantorbéry : une œuvre authentique de saint Grégoire le Grand », dans les Actes du colloque international *Grégoire le Grand* (Chantilly, 1982), Paris, 1986, p. 543-550.

J. Modesto, *Gregor der Grosse. Nachfolger Petri und Universalprimat*, St. Ottilien, 1989.

T. E. Moehs, *Gregorius V (996-999). A Biographical Study*, Stuttgart, 1972.

E. Moeller, « L'antiquité de la double messe de Pâques et de la Pentecôte », *QLP* 26 (1942), p. 26-49.

L. C. Mohlberg, « Un sacramentario palinsesto del secolo VIII dell'Italia centrale », dans : *Rendiconti della Pont. Acc. Romana d'Archeologia* 3 (1924-5), p. 391-450.

—, *Die älteste erreichbare Gestalt des Liber Sacramentorum anni circuli der römischen Kirche*, rééd. Münster, 1967 (LQF 11-12).

C. Mohrmann, *Études sur le latin des chrétiens*, t. I, *Le Latin des chrétiens*, Rome, 1958.

—, *Études sur le latin des chrétiens*, t. II, *Latin chrétien et médiéval*, Rome, 1961.

—, *Études sur le latin des chrétiens*, t. III, *Latin chrétien et liturgique*, Rome, 1965.

—, « La langue et le style de la poésie chrétienne », *Revue des études latines* 25 (1947), p. 280-297.

—, « Notes sur le latin liturgique », repris dans : *Études* II, p. 93-108.

—, « Les origines de la latinité chrétienne à Rome », repris dans : *Études* III, p. 67-126.

Monasticon Italiae, t. I, *Roma e Lazio*, éd. F. Caraffa, Cesena, 1981.

E. T. Moneta Caglio, « I responsori *cum infantibus* nella liturgia ambrosiana », dans : *Studi in onore di Mons. Carlo Castiglioni*, Milan, 1957, p. 481-574.

—, « Lo jubilus e le origini della salmodia responsoriale », dans : *Jucunda Laudatio*, Venise, 1976-1977.

J. MONFASANI, « The Bessarion Missal Revisited », *Scriptorium* 37 (1983), p. 119-122.

R. MONTEL, « Les chanoines de la Basilique Saint-Pierre de Rome : des statuts capitulaires de 1277-1279 à la fin de la papauté d'Avignon. Étude prosopographique, I, Du pontificat de Jean XXI à celui de Benoît XII », *RSCI* 42 (1988), p. 365-450 ; III, « Indices, conclusions », *ibid.* 43 (1989), p. 413-479.

R. MONTEROSSO, « Il *Liber de Ordine Antiphonarii* di Amalario », dans : *Culto cristiano. Politica imperiale carolingia*, Todi, 1979, p. 45-59.

H. MORDEK, *Kirchenrecht und Reform im Frankenreich. Collectio Vetus Gallica, die älteste systematische Kanonessammlung des fränkischen Gallien*, Berlin, 1975.

H. MORDEK et R. E. REYNOLDS, « Bischof Leodegar und das Konzil von Autun », dans : *Aus Archiven und Bibliotheken. Festschrift für Raymund Kottje*, Francfort, 1992, p. 71-92.

M. MOREAU, « La liturgie de l'Épiphanie », dans : A.-M. LA BONNARDIÈRE (éd.), *Saint Augustin et la Bible*, Paris, 1986, p. 75-86.

G. MORIN, « La liturgie de Naples au temps de saint Grégoire d'après deux évangéliaires du VIIe siècle », *RBén* 8 (1891), p. 481-493 et 529-537.

—, « Le *De psalmodiae bono* de l'évêque saint Niceta : rédaction primitive, d'après le ms. Vatic. 5729 », *RBén* 14 (1897), p. 385-397.

—, « L'origine des Quatre-Temps », *RBén* 14 (1897), p. 337-346.

—, « L'année liturgique à Aquilée antérieurement à l'époque carolingienne d'après le *Codex evangeliorum Rehdigeranus* », *RBén* 19 (1902), p. 1-12.

—, « Un lectionnaire mérovingien avec fragments du texte occidental des Actes », *RBén* 25 (1908), p. 162-166.

—, « Le plus ancien *comes* ou lectionnaire de l'Église romaine », *RBén* 27 (1910), p. 41-74.

—, « Un opuscule de l'époque carolingienne sur la raison d'être des Quatre-Temps », *RBén* 30 (1913), p. 231-234.

—, « Le plus ancien monument qui existe de la liturgie gallicane : le lectionnaire palimpseste de Wolfenbüttel », *EL* 51 (1937), p. 3-12.

C. S. MOSNA, *Storia della domenica dalle origini fino agli inizi del V secolo*, Rome, 1969.

F. MÜTHERICH, « Les manuscrits enluminés en Neustrie », dans :

H. ATSMA (éd.), *La Neustrie. Les pays au Nord de la Loire de 650 à 850*, t. II, Sigmaringen, 1989, p. 319-338.

G. NAUROY, « Le martyre de Laurent dans l'hymnodie et la prédication des IVᵉ et Vᵉ siècles et l'authenticité ambrosienne de l'hymne *Apostolorum supparem* », *REAug* 35 (1989), p. 44-82.

P. NAUTIN, *Le Dossier d'Hippolyte et de Méliton*, Paris, 1953.

—, « Le rite du *fermentum* dans les églises suburbaines de Rome », *EL* 96 (1982), p. 510-522.

D. NEBBIAI-DALLA GUARDA, « Les listes médiévales de lectures monastiques. Contribution à la connaissance des anciennes bibliothèques bénédictines », *RBén* 102 (1986), p. 271-326.

—, *I documenti per la storia delle biblioteche medievali (secoli IX-XV)*, Rome, 1992.

Nicée II 787-1987. Douze siècles d'images religieuses, éd. F. BŒSPFLUG et N. LOSSKY, Paris, 1987.

T. F. X. NOBLE, *The Republic of St. Peter. The Birth of the Papal State, 680-825*, Philadelphie, 1984.

A. NOCENT, « Un missel plénier de la bibliothèque Vallicelliana », dans : *Mélanges... Botte*, Louvain, 1972, p. 417-427.

—, « Vicissitudes du rituel de la confirmation », *Nouvelle revue théologique* 94 (1972), p. 705-720.

—, « Les apologies dans la célébration eucharistique », dans : *Liturgie et rémission des péchés*, Rome, 1975, p. 179-196 (« Conférences Saint-Serge » 20).

C. R. NORTH, *The Suffering Servant in Deutero-Isaiah. An Historical and Critical Study*, Londres, 1956 (2ᵉ éd.).

G. NORTIER, *Les Bibliothèques médiévales des abbayes bénédictines de Normandie*, Caen, 1966 ; rééd. Paris, 1971.

E. NOWACKI, « Text Declamation as a Determinant of Melodic Form in the Old Roman Eighth-Mode Tracts », *EMH* 6 (1986), p. 193-226.

—, « The Performance of Office Antiphons in Twelfth-Century Rome », *Cantus Planus* 3 (1990), Budapest, p. 79-91.

Nuove ricerche su Ippolito, Rome, 1989.

A. ODERMATT, *Ein Rituale in beneventanischer Schrift (Roma, Bibl. Vallicell., Cod. C. 32. Ende des 11. Jahrhunderts)*, Fribourg, 1980.

O. G. ŒXLE, « Die Karolinger und die Stadt des heiligen Arnulf », *Frühmittelalterliche Studien* 1 (1967), p. 250-364.

—, *Forschungen zu monastischen und geistlichen Gemeinschaften im westfränkischen Bereich*, Munich, 1978.

B. OPFERMANN, « Un frammento liturgico di Fulda del IX secolo », *EL* 50 (1936), p. 207-223.

J. ORLANDIS, *La Iglesia en la España visigótica y medieval*, Pampelune, 1976.

J. ORLANDIS et D. RAMOS-LISSON, *Die Synoden auf der Iberischen Halbinsel bis zum Einbruch des Islam (711)*, Paderborn, 1981.

G. OROFINO, « La prima fase della miniatura desideriana (1068-1071) », dans : G. CAVALLO (éd.), *L'età dell'abate Desiderio*, t. II, Montecassino, 1989, p. 47-63.

M. O'ROURKE BOYLE, « Sermo : Reopening the Conversation on Translating Jn 1, 1 », *VC* 31 (1977), p. 161-168.

G. OTRANTO, *Esegesi biblica e storia in Giustino (Dial. 63-84)*, Bari, 1979.

G. OURY, « Psalmum dicere cum alleluia », *EL* 79 (1965), p. 97-108.

V. PACE, « Studi sulla decorazione libraria in area grafica beneventana », dans : G. CAVALLO (éd.), *L'età dell'abate Desiderio*, t. II, Montecassino, 1989, p. 65-93.

—, « La decorazione dei manoscritti pre-Desideriani nei fonti della Biblioteca Vaticana », dans : G. VITOLO et F. MOTTOLA (éd.), *Scrittura e produzione documentaria nel Mezzogiorno longobardo*, Badia di Cava, 1991, p. 405-456.

J. R. PALANQUE, *Saint Ambroise et l'Empire romain*, Paris, 1933.

E. PALAZZO, « L'enluminure à Metz au haut Moyen Âge (VIIIᵉ-XIᵉ siècle) », dans : *Metz enluminée*, p. 23-43.

E. PAOLI-LAFAYE, « Les "lecteurs" des textes liturgiques », dans : *Saint Augustin et la Bible*, Paris, 1986, p. 59-74.

G. PAPA, « A proposito dei diari concistoriali del cardinal Santoro », *RSCI* 8 (1954), p. 267-277.

M. PARISSE, « Manuscrits et bibliothèques à Metz au Moyen Âge », dans : *Metz enluminée*, p. 13-20.

Paschatis Sollemnia. Studien zu Osterfeier und Osterfrömmigkeit, éd. B. FISCHER et J. WAGNER, Bâle-Fribourg-Vienne, 1959.

J. PASCHER, « Der Psalm 44 im Jungfrauenoffizium der römischen Liturgie », *LJb* 1 (1951), p. 152-156.

E. PELLEGRIN, « Les manuscrits de Loup de Ferrières », *BEC* 115 (1957), p. 5-31.

—, *Manuscrits latins de la Bodmeriana*, Cologny-Genève, 1982.

J.-B. PELT, *Études sur la cathédrale de Metz. La liturgie*, t. I, (Vᵉ-XIIIᵉ siècle), Metz, 1937.

P. PERGOLA, « La région dite des Flavii Aurelii dans la catacombe de Domitille : contribution à l'analyse de l'origine des grandes nécropoles souterraines de l'Antiquité tardive à Rome », *MEFRA* 95 (1983), p. 183-248.

—, « Nereus et Achilleus martyres : l'intervention de Damase à Domitille », dans : *Saecularia Damasiana*, p. 205-224.

V. PERI, « Chiesa latina e Chiesa greca nell'Italia postridentina (1564-1596) », dans : *La Chiesa greca in Italia dall' VIII al XVI secolo*, t. I, Padoue, 1973, p. 271-469.

C. PERROT, « La lecture de la Bible dans les synagogues au premier siècle de notre ère », *LM-D* 126 (1976), p. 24-41.

—, « La lecture de la Bible dans la diaspora hellénistique », dans : *Études sur le judaïsme hellénistique*, R. KUNTZMANN et J. SCHLOSSER (éd.), Paris, 1984, p. 109-132.

—, « Le chant hymnique chez les juifs et les chrétiens au premier siècle », *LM-D* 161 (1985), p. 7-31.

P. PETITMENGIN, « La Bible à travers les inventaires de bibliothèques médiévales », dans : P. RICHE et G. LOBRICHON, *Le Moyen Âge et la Bible*, Paris, 1984, p. 31-53.

—, « Recherches sur les citations d'Isaïe chez Tertullien », dans : R. GRYSON et P. M. BOGAERT (éd.), *Recherches sur l'histoire de la Bible*, Louvain-la-Neuve, 1987, p. 21-41.

C. PFISTER, « L'archevêque de Metz Drogon (823-856) », dans : *Mélanges Paul Fabre. Études d'histoire du Moyen Âge*, Paris, 1902, p. 101-145.

A. M. PIAZZONI, « Biografie dei papi del secolo X nelle continuazioni del *Liber pontificalis* », dans : *Mittellateinisches Jahrbuch* 24-25 (1989-1990), p. 369-382.

J.-C. PICARD, « Étude sur l'emplacement des tombes des papes du IIIᵉ au Xᵉ siècle », *MEFRA* 81 (1969), p. 725-782.

C. PIETRI, « Concordia apostolorum et renovatio urbis (culte des martyrs et propagande pontificale) », *MEFRA* 73 (1961), p. 275-322.

—, « Mythe et réalité de l'Église constantinienne », *Les Quatre Fleuves* 3 (1974), p. 22-39.

—, *Roma christiana. Recherches sur l'Église de Rome, son organisation, sa politique, son idéologie de Miltiade à Sixte III (311-440)*, 2 vol., Rome, 1976.

—, « Recherches sur les *domus ecclesiae* », *REAug* 24 (1978), p. 3-21.

—, « La religion savante et la foi du peuple chrétien. Les premiers siècles de l'Église », *Les Quatre Fleuves* 11 (1980), p. 9-30.

—, « Aristocratie et société cléricale dans l'Italie chrétienne au temps d'Odoacre et de Théodoric », *MEFRA* 93 (1981), p. 417-467.

—, « Donateurs et pieux établissements d'après le légendier romain (Vᵉ-VIIᵉ s.) », dans : *Hagiographie, cultures et sociétés (IVᵉ-XIIᵉ siècles)*, Paris, 1981, p. 435-453.

—, « Les origines du culte des martyrs (d'après un ouvrage récent) », *RAC* 60 (1984), p. 293-319.

—, « Le temps de la semaine à Rome et dans l'Italie chrétienne », dans : *Le Temps chrétien (IIIᵉ-XIIIᵉ s.)*, Paris, 1984, p. 63-97.

—, « Histoire, culture et "réforme liturgique". L'exemple de l'Antiquité tardive (IVᵉ-VIᵉ siècles) », *Les Quatre Fleuves* 21-22 (1985), p. 5-24.

—, « Damase, évêque de Rome », dans : *Saecularia Damasiana*, p. 31-58.

—, « Clercs et serviteurs laïcs de l'Église romaine au temps de Grégoire le Grand », dans : *Grégoire le Grand* (Chantilly, 1982), Paris, 1986, p. 107-122.

—, « Les premières images de Marie en Occident », dans : *Quaeritur inventus colitur. Miscellanea in onore di Padre Umberto Maria Fasola*, t. II, cité du Vatican, 1989, p. 587-603.

—, « Saints et démons : l'héritage de l'hagiographie antique », dans : *Santi e demoni nell'alto medioevo occidentale (secoli V-XI)*, t. I, Spolète, 1989, p. 17-90 (« Semaines de Spolète » 36).

—, « Régions ecclésiastiques et paroisses romaines », dans les Actes du XIᵉ congrès international d'archéologie chrétienne, t. II, Rome, 1989, p. 1035-1062.

—, « La politique de Constance II : un premier "césaropapisme" ou l'*imitatio Constantini*? », dans : *L'Église et l'Empire au IVᵉ siècle*, Vandœuvre-Genève, 1989, p. 113-178 (Fondation Hardt, Entretiens, t. 34).

—, « La Rome de Grégoire », dans : *Gregorio Magno e il suo tempo*, t. 1, Rome, 1991, p. 9-32.

—, « La conversion de Rome et la primauté du pape (IVᵉ-VIᵉ s.) », dans : *Il primato del vescovo di Roma nel primo millenio. Ricerche e testimonianze*, éd. M. MACCARRONE, cité du Vatican, 1991, p. 219-243.

—, *Charles Pietri, historien et chrétien*, Paris, 1992.

C. PIETRI et L. PIETRI, « Église universelle et *respublica christiana* selon Grégoire le Grand », dans : *Memoriam sanctorum venerantes. Miscellanea in onore di Monsignor Victor Saxer*, cité du Vatican, 1992, p. 647-665.

L. PIETRI, *La ville de Tours du IVᵉ au VIᵉ siècle. Naissance d'une cité chrétienne*, Rome, 1983.

—, « Les origines de la fête de la Toussaint », *Les Quatre Fleuves* 25-26 (1988), p. 57-61.

—, « Pagina in pariete reserata : épigraphie et architecture religieuse », dans : *La terza età dell'epigrafia. Colloquio AIEGL-Borghesi 86 (Bologne, oct. 1986)*, A. DONATI (éd.), Faenza, 1988, p. 137-157.

—, « Grégoire le Grand et la Gaule : le projet pour la réforme de l'Église gauloise », dans : *Gregorio Magno e il suo tempo*, t. I, Rome, 1991, p. 108-128.

P. PIETSCHMANN, « Die nicht dem Psalter entnommenen Messgesangstücke auf ihre Texte untersucht », *JLW* 12 (1932), p. 87-144.

U. M. Pindado, *Los sistemas de lecturas de la Cuaresma hispánica,* Salamanque, 1975 (extrait de *Salmanticensis* 23 [1975]).

J. Pinell, «El oficio hispano-visigótico», *HS* 10 (1957), p. 385-427.

—, «La benedicció del ciri pasqual i els seus textos», *Liturgica* 2 (1958), Montserrat, p. 1-119.

—, article «Liturgia» dans le *Diccionario de historia eclesiástica de España,* t. II, Madrid, 1972, p. 1303-1333.

—, «Unité et diversité dans la liturgie hispanique», dans : *Liturgie de l'Église particulière et liturgie de l'Église universelle,* Rome, 1976, p. 245-260 (Conférences Saint-Serge 22).

—, «El canto de los *Threni* en las Misas cuaresmales de la antigua liturgia hispánica», dans : *Eulogia. Miscellanea... B. Neunheuser,* Rome, 1979, p. 317-365.

P. Pirri, «La scuola miniaturistica di S. Eutizio in Valcastoriana presso Norcia nei secoli x-xii», *Scriptorium* 3 (1949), p. 3-10.

—, *L'abbazia di Sant'Eutizio in Val Castoriana presso Norcia e le chiese dipendenti,* Rome, 1960.

E. Pitz, *Papstreskripte im frühen Mittelalter. Diplomatische und rechtsgeschichtliche Studien zum Brief-Corpus Gregors des Grossen,* Sigmaringen, 1990.

H. Platelle, «Agobard, évêque de Lyon († 840), les soucoupes volantes, les convulsionnaires», dans : A. Dierkens (éd.), *Apparitions et miracles,* Bruxelles, 1991, p. 85-93.

A. W. S. Porter, «Cantica Mozarabici Officii», *EL* 49 (1935), p. 126-145.

—, *The Gallican Rite,* Londres, 1958.

J. Pothier, «L'*Alleluia* du samedi saint et celui des Rogations», *Revue du chant grégorien* 7 (1899), p. 141-145.

—, «*Descendit de coelis* de l'office de Noël», *Revue du chant grégorien* 11 (1902), p. 65-71.

P. Prigent, *L'Épître de Barnabé I-XVI et ses sources,* Paris, 1961.

F. Prinz, *Frühes Mönchtum im Frankenreich. Kultur und Gesellschaft in Gallien, den Rheinlanden und Bayern am Beispiel der monastischen Entwicklung (4. bis 8. Jahrhundert),* Munich-Vienne, 1965 (nelle éd. Munich, 1988).

A. Quacquarelli, «Alle origini del "lector"», dans : *Convivium Dominicum. Studi sull'Eucarestia nei Padri della Chiesa antica e miscellanea patristica,* Catane, 1959, p. 383-406.

—, *L'ogdoade patristica e suoi riflessi nella liturgia e nei monumenti,* Bari, 1973.

—, *Il leone e il drago nella simbolica dell'età patristica,* Bari, 1975.

J. Quasten, *Musik und Gesang in den Kulten der heidnischen Antike und christlichen Frühzeit,* Münster, 1930 (LQF 25) ; trad. *Music and Worship in Pagan and Christian Antiquity,* Washington, 1983.

—, « Das Bild des Guten Hirten in den altchristlichen Baptisterien und in den Taufliturgien des Ostens und Westens. Das Siegel der Gottesherde », dans : *Pisciculi F. J. Dölger dargeboten*, Münster, 1939, p. 220-244.

—, « Oriental Influence in the Gallican Liturgy », *Traditio* 1 (1943), p. 55-78.

P. RADÓ, « Das älteste Schriftlesungssystem der altgallikanischen Liturgie », *EL* 45 (1931), p. 9-25.

A. RAHLFS, « Die alttestamentlichen Lektionen der griechischen Kirche », dans : *Nachrichten von der Königlichen Gesellschaft der Wissenschaften zu Göttingen, Philologisch-historische Klasse*, 1915, cahier 1, p. 28-136.

J. RAMACKERS, « Die Weihe des Domes von Sorrent am 16. März 1113 durch Kardinalbischof Richard von Albano », dans : C. BAUER, L. BOEHM et M. MÜLLER (éd.), *Speculum Historiale. Geschichte im Spiegel von Geschichtsschreibung und Geschichtsdeutung*, Fribourg-Munich, 1965, p. 578-589.

L. REEKMANS, « L'implantation monumentale chrétienne dans la zone suburbaine de Rome du IVᵉ au IXᵉ siècle », *RAC* 44 (1968), p. 173-207.

—, « La chronologie de la peinture paléochrétienne. Notes et réflexions », *RAC* 49 (1973), p. 271-291.

—, « Les cryptes des martyrs romains : état de la recherche », dans les *Actes du IXᵉ congrès international d'archéologie chrétienne*, cité du Vatican, 1978, p. 275-302.

—, « L'œuvre du pape Damase dans le complexe de Gaius à la catacombe de saint Callixte », dans : *Saecularia Damasiana*, p. 261-281.

—, « L'implantation monumentale chrétienne dans le paysage urbain de Rome de 300 à 850 », dans les *Actes du XIᵉ congrès international d'archéologie chrétienne*, t. II, Rome, 1989, p. 861-915.

—, « Les constructions des papes avant la période carolingienne répertoriées dans le *Liber Pontificalis* », dans : M. VAN UYTFANGHE et R. DEMEULENAERE (éd.), *Aevum inter utrumque. Mélanges Gabriel Sanders*, La Haye, 1991, p. 355-366.

S. REHLE, *Missale Beneventanum von Canosa (Baltimore, Walters Art Gallery, MS W. 6)*, Ratisbonne, 1972.

G. Q. REIJNERS, *The Terminology of the Holy Cross in Early Christian Literature, as Based upon Old Testament Typology*, Nimègue, 1965.

B. F. REILLY, *The Kingdom of León-Castilla under King Alfonso VI. 1065-1109*, Princeton, 1988.

C. RENOUX, « La lecture biblique dans la liturgie de Jérusalem », dans : *Le Monde grec ancien et la Bible*, Paris, 1984, p. 399-420.

M. REYDELLET, *La Royauté dans la littérature latine de Sidoine Apollinaire à Isidore de Séville*, Rome, 1981.

R. E. REYNOLDS, « Liturgical Scholarship at the Time of the Investiture Controversy : Past Research and Future Opportunities », *Harvard Theological Review* 71 (1978), p. 109-124.

—, « Image and Text : A Carolingian Illustration of Modification in the Early Roman Eucharistic *Ordines* », *Viator* 14 (1983), p. 59-75.

—, « A Visual Epitome of the Eucharistic *Ordo* from the Era of Charles the Bald : the Ivory Mass Cover of the Drogo Sacramentary », dans : M. T. GIBSON et J. L. NELSON (éd.), *Charles the Bald. Court and Kingdom*, Londres, 1990 (2ᵉ éd.), p. 241-260.

—, « The Ritual of Clerical Ordination of the Sacramentarium Gelasianum saec. VIII : Early Evidence from Southern Italy », dans : *Rituels. Mélanges offerts au P. Gy*, Paris, 1990, p. 437-445.

—, « Guillaume Durand parmi les théologiens médiévaux de la liturgie », dans : P.-M. GY (éd.), *Guillaume Durand. Évêque de Mende (v. 1230-1296). Canoniste, liturgiste et homme politique*, Paris, 1992, p. 155-168.

B. RIBAY, « Les graduels en II A », *EG* 22 (1988), p. 43-107.

M. RICHARD, « La question pascale au IIᵉ siècle », repris dans : *Opera minora*, t. I, Louvain, 1976, p. 179-212.

—, *La lettre de saint Irénée au pape Victor*, repris dans *Opera minora*, t. I, Louvain, 1976, p. 260-282.

J. RICHARDS, *The Popes and the Papacy in the Early Middle Ages 476-752*, Londres-Boston-Henley, 1979.

P. RICHÉ, *Éducation et culture dans l'Occident barbare, VIᵉ-VIIIᵉ siècles*, Paris, 1962 (3ᵉ éd.).

—, *Gerbert d'Aurillac*, Paris, 1987.

M. RICHTER, « The English Link in Hiberno-Frankish Relations in the Seventh Century », dans : J.-M. PICARD (éd.), *Ireland and Northern France*, Dublin, 1991, p. 95-118.

H. RIESENFELD, « Sabbat et jour du Seigneur », dans : *New Testament Essays. Studies in memory of T. W. Manson*, Manchester, 1959, p. 210-218.

G. RIGGIO, « Rito della Confermazione e rispettiva prassi pastorale nel sec. XI », *EL* 87 (1973), p. 445-472.

M. RISSI, « Der Christushymnus in Phil. 2, 6-11 », *ANRW*, II, *Prinzipat* ; t. 25. 4, 1987, p. 3314-3326.

K. RITZER, *Le Mariage dans les Églises chrétiennes du Iᵉʳ au XIᵉ siècle*, Paris, 1970.

F. P. RIZZO, « Una polemica fra siciliani e Gregorio Magno su questioni liturgiche », dans : *Il Cristianesimo in Sicilia dalle origini a Gregorio Magno*, Caltanissetta, 1987, p. 169-190.

I. S. ROBINSON, *The Papacy 1073-1198. Continuity and Innovation*, Cambridge, 1990.

W. ROETZER, *Des heiligen Augustinus Schriften als Liturgiegeschichtliche Quelle*, Munich, 1930.

M.-J. RONDEAU, « Le Commentaire des Psaumes de Diodore de Tarse et l'exégèse antique du Ps 109/110 », *RHR* 90 (1969), p. 5-33, 153-188 et 91 (1970), p. 5-33.

—, *Les Commentaires patristiques du psautier (IIIᵉ-Vᵉ siècles)*, 2 vol., Rome, 1982 et 1985.

H. RONDET, « Saint Augustin et les psaumes des montées », *Revue d'ascétique et de mystique* 41 (1965), p. 3-18.

W. RORDORF, *Sabbat et dimanche dans l'Église ancienne*, Neuchâtel, 1972.

A. ROSE, « Les grands évangiles baptismaux du carême romain », *QLP* 43 (1962), p. 8-17.

—, « L'influence des psaumes sur les annonces et les récits de la Passion et de la Résurrection dans les évangiles », dans : R. DE LANGHE (éd.), *Le psautier. Ses origines, ses problèmes littéraires, son influence*, Louvain, 1962, p. 297-356.

—, « L'influence des Septante sur la tradition chrétienne », *QLP* 46 (1965), p. 192-211, 284-301.

—, « Les psaumes de l'initiation chrétienne », *QLP* 47 (1966), p. 11-35 et 279-292.

—, « *Attollite portas, principes, vestras...* Aperçus sur la lecture chrétienne du Ps 24 (23) B », dans : *Miscellanea... Lercaro*, t. I, Rome, 1966, p. 453-478.

—, « L'usage et la signification de l'*Alleluia* en Orient et en Occident », dans : *Gestes et paroles dans les diverses familles liturgiques*, Rome, 1978, p. 205-233 (« Conférences Saint-Serge » 24).

L. ROST, *Einleitung in die alttestamentlichen Apokryphen und Pseudepigraphen, einschliesslich der grossen Qumran-Handschriften*, Heidelberg, 1971.

M. ROUCHE, *L'Aquitaine des Wisigoths aux Arabes 418-781. Naissance d'une région*, Paris, 1979.

O. ROUSSEAU, « La plus ancienne liste de cantiques liturgiques tirés de l'Écriture », *RechSR* 35 (1948), p. 120-129.

J. RUWET, « Lecture liturgique et livres saints du Nouveau Testament », *Biblica* 21 (1940), p. 378-405.

J. RUYSSCHAERT, « La commémoration de Cyprien et de Corneille in Callisti », *RHE* 61 (1966), p. 455-484.

Saecularia Damasiana, cité du Vatican, 1986.

Saecularia Petri et Pauli, cité du Vatican, 1969.

P. SAINT-ROCH, « L'utilisation liturgique de l'espace urbain et suburbain. L'exemple de quatre villes de Francie », dans les

Actes du XIᵉ Congrès international d'archéologie chrétienne, t. II, Rome, 1989, p. 1103-1115.

—, « Le 2 février dans les gélasiens francs », dans : *Memoriam sanctorum venerantes. Miscellanea in onore di Monsignor Victor Saxer*, cité du Vatican, 1992, p. 735-740.

P. SALMON, *Le Lectionnaire de Luxeuil*, 2 vol., Rome, 1944-1953.

—, *Les « Tituli Psalmorum » des manuscrits latins*, Paris (« Études liturgiques » 4) et Rome-cité du Vatican (« Collectanea Biblica Latina » 12), 1959.

—, *L'Office divin. Histoire de la formation du bréviaire*, Paris, 1959.

—, « Le texte biblique des lectionnaires mérovingiens », dans : *La Bibbia nell'alto medioevo*, Spolète, 1963, p. 491-517 (« Semaines de Spolète » 10).

—, *L'Office divin au Moyen Âge*, Paris, 1967.

—, « Un *Libellus officialis* du XIᵉ siècle », *RBén* 87 (1977), p. 257-288.

M. R. SALZMAN, *On Roman Time. The Codex-Calendar of 354 and the Rhythms of Urban Life in Late Antiquity*, Berkeley-Los Angeles, 1990.

J.-M. SANSTERRE, *Les Moines grecs et orientaux à Rome aux époques byzantine et carolingienne (milieu du VIᵉ siècle-fin du IXᵉ siècle)*, 2 vol., Bruxelles, 1983.

—, « Le monachisme byzantin à Rome », dans : *Bisanzio, Roma e l'Italia nell'alto medioevo*, t. II, Spolète, 1988, p. 701-746 (« Semaines de Spolète » 34).

L. SANTIFALLER, *Zur Geschichte des ottonisch-salischen Reichskirchensystems*, Vienne, 1964 (2ᵉ éd.).

V. SAXER, *Vie liturgique et quotidienne à Carthage vers le milieu du IIIᵉ siècle*, Rome, 1969.

—, « Le Missel du cardinal Bessarion », *Scriptorium* 26 (1972), p. 302-313.

—, *Morts, martyrs, reliques en Afrique chrétienne aux premiers siècles. Les témoignages de Tertullien, Cyprien et Augustin à la lumière de l'archéologie africaine*, Paris, 1980.

—, « "Il étendit les mains à l'heure de sa passion" : le thème de l'orant[-e] dans la littérature chrétienne des IIᵉ et IIIᵉ siècles », dans : *Ecclesia orans. Mélanges Hamman*, p. 335-365 (*Augustinianum* 20, 1980).

—, « Le culte chrétien au IVᵉ siècle : la messe et le problème de sa réforme », dans : *Miscellanea Historiae Ecclesiasticae*, Bruxelles, 1983, p. 202-215.

—, « Bible et liturgie », dans : *Le Monde latin antique et la Bible*, Paris, 1985, p. 157-183.

—, « Damase et le calendrier des fêtes de martyrs de l'Église romaine », dans : *Saecularia damasiana*, p. 61-88.

—, *Les Rites de l'initiation chrétienne du IIe au VIe siècle*, Spolète, 1988.

—, « L'utilisation par la liturgie de l'espace urbain et suburbain : l'exemple de Rome dans l'Antiquité tardive et le haut Moyen Âge », dans les *Actes du XIe Congrès international d'archéologie chrétienne*, t. II, Rome, 1989, p. 917-1033.

M. M. SCHAEFER, « Latin Mass Commentaries from the Ninth through Twelfth Centuries : Chronology and Theology », dans : *Fountain of Life. In Memory of Niels K. Rasmussen, o. p.*, G. AUSTIN (éd.), Washington, 1991, p. 35-49.

K. SCHÄFERDIEK, « Columbans Wirken im Frankenreich (591-612) », dans : *Die Iren und Europa im früheren Mittelalter*, H. LÖWE (éd.), t. I, Klett-Cotta, 1982, p. 171-201.

A. SCHARER, *Die angelsächsische Königsurkunde im 7. und 8. Jahrhundert*, Vienne-Cologne-Graz, 1982.

G. SCHEIBELREITER, *Der Bischof in merowingischer Zeit*, Vienne-Cologne-Graz, 1983.

T. SCHIEFFER, *Winfrid-Bonifatius und die christliche Grundlegung Europas*, Fribourg-en-Brisgau, 1954 ; rééd. Darmstadt, 1972.

B. SCHIMMELPFENNIG, *Die Zeremonienbücher der römischen Kurie im Mittelalter*, Tübingen, 1973.

K. SCHLAGER, *Thematischer Katalog der ältesten Alleluia-Melodien aus Handschriften des 10. und 11. Jahrhunderts, ausgenommen das ambrosianische, alt-römische und alt-spanische Repertoire*, Munich, 1965.

—, « Anmerkungen zu den zweiten Alleluia-Versen », *Archiv für Musikwissenschaft* 24 (1967), p. 199-219.

—, « Choraltextierung und Melodieverständnis im frühen und späten Mittelalter », dans : *Ut mens concordet voci. Festschrift Eugène Cardine*, St. Ottilien, 1980, p. 314-337.

H. SCHMIDT, « Die Sonntage nach Pfingsten in den römischen Sakramentaren », dans : *Miscellanea... Mohlberg*, t. I, Rome, 1948, p. 451-493.

—, « Die Tractus des zweiten Tones in gregorianischer und stadtrömischer Überlieferung », dans : *Festschrift Joseph Schmidt-Görg zum 60. Geburtstag*, Bonn, 1957, p. 283-302.

T. SCHMIDT, « Die Kanonikerreform in Rom und Papst Alexander II (1061-1073) », *Studi Gregoriani* 9 (1972), p. 199-221.

J. SCHMITZ, *Gottesdienst im altchristlichen Mailand*, Cologne-Bonn, 1975.

F. SCHNEIDER, *Rom und Romgedanke im Mittelalter*, Munich, 1926.

H. SCHNEIDER, *Die altlateinischen biblischen Cantica*, Beuron, 1938.

—, « Die biblischen Oden im christlichen Altertum », *Biblica* 30 (1949), p. 28-65, 239-272 et 479-500.

M. SCHNEIDERS, « The Pre-Paschal "Quadragesima" : an Innovation of the First Nicaean Council ? A Piece of "Evidence" from Ireland », *ALW* 33 (1991), p. 285-289.

G. V. SCHOENBURG WALDENBURG (éd.), *La miniatura italiana in età romanica e gotica*, Florence, 1979.

H. SCHRECKENBERG, *Die christlichen Adversus-Judaeos-Texte und ihr literarisches und historisches Umfeld (1.-11. Jh.)*, Francfort-sur-le-Main, etc., 1990.

C. SCHÜMMER, « Liudprand of Cremona, a diplomat ? », dans : J. SHEPARD et S. FRANKLIN (éd.), *Byzantine Diplomacy*, Londres, 1992, p. 197-201.

J. SCHÜMMER, *Die altchristliche Fastenpraxis, mit besonderer Berücksichtigung der Schriften Tertullians*, Münster, 1933 (LQF 27).

E. SCHÜRER, *Geschichte des jüdischen Volkes im Zeitalter Jesu Christi*, t. III, Leipzig, 1909 (4ᵉ éd.).

H. J. SCHÜSSLER, « Die fränkische Reichsteilung von Vieux-Poitiers (742) und die Reform der Kirche in den Teilreichen Karlmanns und Pippins », *Francia* 13 (1985), p. 47-112.

H. SCHWARTZMAIER, *Lucca und das Reich bis zum Ende des 11. Jahrhunderts*, Tübingen, 1972.

I. SCICOLONE, *Il cardinale Giuseppe Tomasi di Lampedusa e gli inizi della scienza liturgica*, Rome, 1981.

H. R. SEELIGER, « Palai martyres. Die Drei Jünglinge im Feuerofen als Typos in der spätantiken Kunst, Liturgie und patristichen Literatur », dans : *Liturgie und Dichtung. Ein interdisziplinäres Kompendium*, t. II, St. Ottilien, 1983, p. 257-334.

—, « Einhards römische Reliquien. Zur Übertragung der heiligen Marzellinus und Petrus ins Frankenreich », *RQS* 83 (1988), p. 58-75.

J. SEMMLER, « Karl der Grosse und das fränkische Mönchtum », dans : B. BISCHOFF (éd.), *Karl der Grosse. Lebenswerk und Nachleben*, t. II : *Das geistige Leben*, Dusselforf, 1965, p. 255-289.

—, « Chrodegang, Bischof von Metz (747-766) », dans : F. KNÖPP (éd.), *Die Reichsabtei Lorsch. Festschrift zum Gedenken an ihre Stiftung 764*, t. I, Darmstadt, 1973, p. 229-245.

C. SERVATIUS, *Paschalis II. (1099-1118). Studien zu seiner Person und seiner Politik*, Stuttgart, 1979.

E. VON SEVERUS, *Lupus von Ferrières. Gestalt und Werk eines Vermittlers antiken Geistesgutes an das Mittelalter im 9. Jahrhundert*, Münster, 1940.

M. H. SHEPHERD, « Liturgical Expressions of the Constantinian Triumph », *DOP* 21 (1967), p. 59-78.

—, « The Liturgical Reform of Damasus », dans : *Kyriakon, Festschrift Johannes Quasten*, t. II, Münster, 1970, p. 847-863.

D. SICARD, *La Liturgie de la mort dans l'Église latine des origines à la réforme carolingienne*, Münster, 1978 (LQF 63).

P. SIFFRIN, « Zwei Blätter eines Sakramentars in irischer Schrift des 8. Jahrh. aus Regensburg », *JLW* 10 (1930), p. 1-39.

M. SIMON, *Verus Israel. Étude sur les relations entre chrétiens et juifs dans l'Empire romain (135-425)*, Paris, 1948 (rééd. de 1983).

—, *Hercule et le christianisme*, Strasbourg-Paris, s. d.

—, « Remarques sur la catacombe de la via Latina », repris dans : *Le Christianisme antique et son contexte religieux. Scripta varia*, t. I, Tübingen, 1981, p. 286-296.

M. SIMONETTI, « Studi sull'innologia popolare cristiana dei primi secoli », dans : *Atti della Accademia Nazionale dei Lincei*, anno 349, 1952, Mem. Cl. di Sc. mor., Ser. 8, vol. 4, fasc. 6, Rome, 1952, p. 341-484.

—, « Il problema dell'unità di Dio da Giustino a Ireneo », *RSLR* 22 (1986), p. 201-240.

—, « Il problema dell'unità di Dio a Roma da Clemente a Dionigi », *RSLR* 22 (1986), p. 439-474.

—, « I "Salmi" nel Nuovo Testamento », *Orpheus* 9 (1988), p. 1-20.

—, « Roma cristiana tra II e III secolo », *VC* 26 (1989), p. 115-136.

J. SMITS VAN WAESBERGHE, « De Glorioso Officio... Dignitate Apostolica... (Amalarius) : Zum Aufbau des Gross-*Alleluia* in den päpstlichen Ostervespern », dans : *Essays Presented to Egon Wellesz*, Oxford, 1966, p. 48-73 ; repris dans : *Dia-Pason de omnibus. Ausgewählte Aufsätze von J. S. van W.*, s. l., 1976, p. 117-146.

M. M. SOLOVEY, *The Byzantine Divine Liturgy*, Washington, 1970.

M. SORDI, « La tradizione dell'*Inventio Crucis* in Ambrogio e in Rufino », *RSCI* 44 (1990), p. 1-9.

J. M. SOTO RÁBANOS, « Introducción del Rito Romano en los reinos de España. Argumentos del Papa Gregorio VII », *Studi Gregoriani* 14 (1991), p. 161-174.

F. SOTTOCORNOLA, *L'Anno liturgico nei sermoni di Pietro Crisologo : Ricerca storico-critica sulla liturgia di Ravenna antica*, Cesena, 1973.

C. SPICQ, *Esquisse d'une histoire de l'exégèse latine au Moyen Âge*, Paris, 1944.

G. SPINELLI, « Aspetti italiani del pontificato di Silvestro II », dans : *Gerberto, scienza, storia e mito*, Bobbio, 1985, p. 273-303.

B. STÄBLEIN, « Der Tropus *Dies sanctificatus* zum *Alleluia Dies sanctificatus* », *Studien zur Musikwissenschaft* 25 (1962), p. 504-515.

—, *Musikgeschichte in Bildern*, t. III, *Musik des Mittelalters und der Renaissance*, Lieferung 4 : *Schriftbild der Einstimmigen Musik*, Leipzig, 1975.

N. STAUBACH, « Historia oder Satira ? Zur literarischen Stellung der Antapodosis Liudprands von Cremona », *Mittellateinisches Jahrbuch* 24-25 (1989-1990), p. 461-487.

R. STEINER, « Some Questions about the Gregorian Offertories and their Verses », *JAMS* 19 (1966), p. 162-181.

—, « The Canticle of the Three Children as a Chant of the Roman Mass », *ASM* 2 (1982), p. 81-90.

H. STERN, *Le calendrier de 354. Étude sur son texte et sur ses illustrations*, Paris, 1953.

A. STOCLET, « La *Clausula de unctione Pippini regis* : mises au point et nouvelles hypothèses », *Francia* 8 (1980), p. 1-42.

E. STOMMEL, *Beiträge zur Ikonographie der konstantinischen Sarkophagplastik*, Bonn, 1954.

A. STROBEL, *Texte zur Geschichte des frühchristlichen Osterkalenders*, Münster, 1984 (LQF 64).

C. STROUX, « Saint Cecilia's Books at The Cape of Good Hope. A Preliminary Report », *Ars Nova. Unisa Musica* 17 (1985), p. 51-65.

O. STRUNK, « The Influence of the Liturgical Chant of the East on that of the Western Church », repris dans : *Essays on Music in the Byzantine World*, New York, 1977, p. 151-156.

—, « The Chants of the Byzantine-Greek Liturgy », repris dans : *Essays*, p. 297-330.

A. STUIBER, « Psalmenlesung oder Zwischengesang ? », dans : *Pietas. Festschrift für Bernhard Kötting*, Münster, 1980, p. 393-398.

P. SUPINO MARTINI, *Roma e l'area grafica romanesca (secoli X-XII)*, Alessandria, 1987.

F. SUSMAN, « Il culto di S. Pietro a Roma dalla morte di Leone Magno a Vitaliano (461-672) », dans : *Archivio della Società Romana di Storia Patria* 84 (1961), p. 1-193.

J. N. SUTHERLAND, *Liudprand of Cremona, Bishop, Diplomat, Historian. Studies on the Man and his Age*, Spolète, 1988.

R. TAFT, *The Great Entrance. A History of the Transfer of Gifts and other Pre-anaphoral Rites of the liturgy of St. John Chrysostom*, Rome, 1978 (2ᵉ éd.).

—, « Historicism Revisited », repris dans : R. TAFT, *Beyond East and West. Problems in Liturgical Understanding*, Washington, 1984, p. 15-30.

—, « The Interpolation of the Sanctus into the Anaphora : When and Where ? A Review of the Dossier », *OCP* 57 (1991), p. 281-308.

—, « The Beginning, the End, and What Happens in Between. The Origins and Meaning of the Liturgical Year, Apropos of a Recent Book », *OCP* 57 (1991), p. 409-415.

T. J. TALLEY, « Liturgische Zeit in der alten Kirche. Der Forschungsstand », *LJb* 32 (1982), p. 25-45.

—, « The Origin of Lent at Alexandria », repris dans : *Reforming Tradition*, p. 87-112.

—, *Reforming Tradition*, Washington, 1990 (rééd. d'articles divers).

—, *The Origins of the Liturgical Year*, Collegeville (Minnesota), 1991 (2ᵉ éd. corrigée).

A. TARBY, *La Prière eucharistique de l'Église de Jérusalem*, Paris, 1972.

G. TELLENBACH, « Zur Geschichte der Päpste im 10. und früheren 11. Jahrhundert », dans : *Institutionen, Kultur und Gesellschaft im Mittelalter, Festschrift für Josef Fleckenstein*, Sigmaringen, 1984, p. 165-177.

H. St. JOHN THACKERAY, « Primitive Lectionary Notes in the Psalm of Habakkuk », *JTS* 12 (1911), p. 191-213.

—, « The Song of Hannah and Other Lessons and Psalms for the Jewish New Year's Day », *JTS* 16 (1915), p. 177-204.

A. THANNER, *Papst Honorius I. (625-638)*, St. Ottilien, 1989.

G. THÉRY, *Études dionysiennes*, t. I, *Hilduin, traducteur de Denys*, Paris, 1932.

A. THIBAUT, *L'Infidélité du peuple élu : 'Apeitho. Entre la Bible hébraïque et la Bible latine*, Rome-Turnhout, 1988.

C. THODBERG, *Der byzantinische Alleluiarionzyklus*, Copenhague, 1966.

R. M. THOMSON, *William of Malmesbury*, Woodbridge, 1987.

F. TOLOTTI, « Le cimetière de Priscille. Synthèse d'une recherche », *RHE* 73 (1978), p. 281-314.

J. TOMAJEAN, « Les dimanches du carême dans le rite syro-antiochien », *L'Orient Syrien* 7 (1962), p. 357-364.

H. TOUBERT, « Le bréviaire d'Oderisius (Paris, Bibliothèque mazarine, ms. 364) et les influences byzantines au Mont-Cassin », *MEFRM* 83 (1971), p. 187-261.

—, « L'idéal de *Renovatio* grégorienne et l'art du Mont-Cassin au temps de l'abbé Didier », repris dans : *Un Art dirigé*.

—, *Un Art dirigé. Réforme grégorienne et iconographie*, Paris, 1990.

P. TOUBERT, *Les Structures du Latium médiéval. Le Latium méridional et la Sabine du IXᵉ siècle à la fin du XIIᵉ siècle*, 2 vol., Rome, 1973.

R. TOURNAY, « Les chants du Serviteur dans la seconde partie d'Isaïe », *RB* 59 (1952), p. 355-384 et 481-512.

L. TREITLER, « "Centonate" Chant : Übles Flickwerk or E pluribus unus ? », *JAMS* 28 (1975), p. 1-23.

—, « Oral, Written and Literate Process in the Transmission of Medieval Music », *Speculum* 56 (1981), p. 471-491.

M. TRINCI CECCHELLI, « Osservazioni sul complesso della *domus* celimontana dei SS. Giovanni e Paolo », dans les *Actes du IXe Congrès international d'archéologie chrétienne*, t. I, cité du Vatican, 1978, p. 551-562.

A. TURCO, « Les répertoires liturgiques latins en marche vers l'*octoechos* : la psalmodie grégorienne des fêtes du temporal et du sanctoral », *EG* 18 (1979), p. 177-223.

—, « Dai modi del vecchio romano ai modi-toni gregoriani », *Bollettino dell'Assoziazione Internazionale Studi di Canto Gregoriano* 6 (1981), p. 3-51.

—, « Il repertorio dell'Ufficio ambrosiano », *RIMS* 3 (1982), p. 127-234.

—, « La versione melodica della formula di intonazione dei graduali di 2° modo », *Studi Gregoriani* 4 (1988), p. 65-72.

A. UBIETO ARTETA, « La introducción del rito romano en Aragón y Navarra », *HS* 1 (1948), p. 299-324.

W. ULLMANN, *Gelasius I. (492-496). Das Papsttum an der Wende der Spätantike zum Mittelalter*, Stuttgart, 1981.

E. VALGIGLIO, *Le antiche versioni latine del Nuovo Testamento*, Naples, 1985.

F. VAN DE PAVERD, *Zur Geschichte der Messliturgie in Antiocheia und Konstantinopel gegen Ende des vierten Jahrhunderts*, Rome, 1970.

F. VAN DER MEER, *Maiestas Domini. Théophanies de l'Apocalypse dans l'art chrétien. Étude sur les origines d'une iconographie spéciale du Christ*, cité du Vatican, 1938.

Fr. VAN DER MEER, *Saint Augustin, pasteur d'âmes*, Colmar-Paris, 1955.

A. VAN DER MENSBRUGGHE, « Pseudo-Germanus Reconsidered », *Studia Patristica* 5, Berlin, 1962, p. 172-184 (TU 80).

—, « The *Trecanum* of the Expositio Missae Gallicanae of saint Germanus of Paris (VI c.) : Its Identification and Tradition », *Studia Patristica*, vol. XIII, Berlin, 1975, p. 430-433 (TU 116).

N. VAN DEUSEN, *An Historical and Stylistic Comparison of the Graduals of Gregorian and Old Roman Chant*, thèse dactylographiée, Indiana University, 1972.

S. J. P. VAN DIJK, « The Breviary of Saint Clare », *Franciscan Studies* 8 (1948), p. 25-46, 351-387 et 9 (1949), p. 10-12.

—, « Mediaeval Terminology and Methods of Psalm Singing », *Musica Disciplina* 6 (1952), p. 7-26.

—, « The Lateran Missal », *SE* 6 (1954), p. 125-179.

—, « The Legend of 'the Missal of the Papal Chapel' and the Fact of Cardinal Orsini's Reform », *SE* 8 (1956) p. 76-142.

S. J. P. VAN DIJK et J. HAZELDEN WALKER, *The Origins of the Modern Roman Liturgy. The Liturgy of the Papal Court and the Franciscan Order in the Thirteenth Century*, Londres, 1960.

—, « The Urban and Papal Rites in Seventh and Eighth-Century Rome », *SE* 12 (1961), p. 411-487.

—, « Papal Schola versus Charlemagne », dans : *Organicae voces. Festschrift Joseph Smits van Waesberghe,* Amsterdam, 1963, p. 21-30.

—, « Gregory the Great, Founder of the Urban Schola Cantorum », *EL* 77 (1963), p. 335-356.

—, « Recent Developments in the Study of the Old-Roman Rite », *Studia Patristica* 8, Berlin, 1966, p. 299-319.

—, « The Medieval Easter Vespers of the Roman Clergy », *SE* 19 (1969-1970), p. 261-363.

J. VAN GOUDOEVER, *Fêtes et calendriers bibliques,* Paris, 1967.

F. VATTIONI, « Il cantico di Mosè (Es. 15, 1-19) nei papiri e nella Vetus Latina », *Studia Papyrologica* 17 (1978), p. 35-47.

A. VEILLEUX, *La Liturgie dans le cénobitisme pachômien au IV* siècle,* Rome, 1968.

G. VERBEKE, « Saint Grégoire et la messe de sainte Agathe », *EL* 52 (1938), p. 67-76.

G. N. VERRANDO, « L'attività edilizia di papa Giulio I e la basilica al III miglio della via aurelia ad Callistum », *MEFRA* 97 (1985), p. 1021-1061.

J. VEZIN, « Les *scriptoria* de Neustrie, 650-850 », dans : H. ATSMA (éd.), *La Neustrie. Les pays au Nord de la Loire de 650 à 850,* t. II, Sigmaringen, 1989, p. 307-318.

R. VIELLIARD, *Recherches sur les origines de la Rome chrétienne,* Mâcon, 1941.

G. VINAY, « La "Commedia" di Liutprando », dans : *Alto Medioevo latino. Conversazioni e no,* Naples, 1978, p. 391-432.

C. VOGEL, « Les échanges liturgiques entre Rome et les pays francs jusqu'à l'époque de Charlemagne », dans : *Le Chiese nei regni dell'Europa occidentale e i loro rapporti con Roma sino all'800,* t. I, Spolète, 1960, p. 185-295 (« Semaines de Spolète » 7).

—, » La réforme cultuelle sous Pépin le Bref et sous Charlemagne », dans E. PATZELT (éd.), *Die karolingische Renaissance,* Graz, 1965, p. 173-242.

—, « La réforme liturgique sous Charlemagne », dans : *Karl der Grosse,* t. II, *Das geistige Leben,* Düsseldorf, 1965, p. 217-232.

—, « Saint Chrodegang et les débuts de la romanisation du culte en pays franc », dans : *Saint Chrodegang,* Metz, 1967, p. 91-109.

—, « Le *Liber Pontificalis* dans l'édition de Louis Duchesne. État de la question », dans : *Monseigneur Duchesne et son temps,* Rome, 1975, p. 99-127.

—, « Les motifs de la romanisation du culte sous Pépin le Bref (751-768) et Charlemagne (768-814) », dans : *Culto cristiano. Politica imperiale carolingia,* Todi, 1979, p. 15-41.

A. DE VOGÜÉ, « La Règle du Maître et la lettre apocryphe de saint Jérôme sur le chant des psaumes », *Studia Monastica* 7 (1965), p. 357-367.

H. VOLLRATH, *Die Synoden Englands bis 1066*, Paderborn, 1985.

P. WAGNER, « Origine de la mélodie de l'*Alleluia* à la messe du samedi saint », *Revue du chant grégorien* 2 (1894), p. 192-195.

—, « Über Psalmen und Psalmengesang im christlichen Altertum », *RQS* 12 (1898), p. 245-279.

—, *Einführung in die gregorianischen Melodien*, 3 vol., Leipzig, 1910.

J. M. WALLACE-HADRILL, « Rome and the Early English Church : some Questions of Transmission », dans : *Le Chiese nei regni dell' Europa occidentale e i loro rapporti con Roma sino all'800*, t. II, Spolète, 1960, p. 519-548 (« Semaines de Spolète » 7).

—, *Bede's Ecclesiastical History of the English People. A Historical Commentary*, Oxford, 1988.

—, *The Frankish Church*, Oxford, 1983.

F. E. WARREN, *The Antiphonary of Bangor*, 2 vol., Londres, 1895.

G. A. WELLEN, *Theotokos. Eine ikonographische Abhandlung über das Gottesmutterbild in frühchristlicher Zeit*, Utrecht-Anvers, 1960.

E. WELLESZ, *Aufgaben und Probleme auf dem Gebiete der byzantinischen und orientalischen Kirchenmusik*, Münster, 1923 (LQF 6).

—, *Eastern Elements in Western Chant*, Oxford, 1947.

—, « Über die Zusammenhänge zwischen dem Gesang der Ost- und Westkirche », dans : *Perennitas... Th. Michels, o.s.b., zum 70. Geburtstag*, Münster, 1963, p. 155-159.

E. WERNER, *The Sacred Bridge*, t. I, New York, 1959 ; t. II, New York, 1984.

K. F. WERNER, « Hludovicus Augustus : Gouverner l'empire chrétien. Idées et réalités », dans : *Charlemagne's Heir*, p. 3-123.

G. G. WILLIS, *St. Augustine's Lectionary*, Londres, 1962.

A. WILMART, « La collection des 38 homélies latines de saint Jean Chrysostome », *JTS* 19 (1918), p. 289-327.

—, « Le lectionnaire d'Alcuin », *EL* 51 (1937), p. 136-197.

W. WIORA, « Jubilare sine verbis », dans : *In memoriam Jacques Handschin*, Strasbourg, 1962, p. 39-65.

J. WOLINSKI, « Il a planté sa tente dans le soleil », dans : A.-M. LA BONNARDIÈRE (éd.), *Saint Augustin et la Bible*, Paris, 1986, p. 99-115.

Y. ZALUSKA, notice du manuscrit Paris, Bibl. Mazarine 364, f. 34 v, dans : F. AVRIL, M. T. GOUSSET, M. PASTOUREAU et Y. Z. (éd.), *Dix siècles d'enluminure italienne (VIe-XVIe siècles)*, Paris, 1984, p. 18-20 (notice 5).

P. ZERBI, « La Chiesa ambrosiana di fronte alla Chiesa Romana dal 1120 al 1135 », dans : *Tra Milano e Cluny. Momenti di vita e cultura ecclesiastica nel secolo XII*, Rome, 1978.

H. ZIMMERMANN, « Parteiungen und Papstwahlen in Rom zur Zeit Kaiser Ottos des Grossen », dans : *Römische Historische Mitteilungen*, 8ᵉ-9ᵉ cahiers, 1964-1965 et 1965-1966, p. 29-88 ; repris dans : H. ZIMMERMANN (éd.), *Otto der Grosse*, Darmstadt, 1976, p. 325-414.

—, *Das dunkle Jahrhundert. Ein historisches Porträt*, Graz-Vienne-Cologne, 1971.

—, « Die Päpste des "dunklen Jahrhunderts" von Johannes VIII. bis Sutri », dans : M. GRESCHAT (éd.), *Gestalten der Kirchengeschichte*, vol. 11, *Das Papsttum*, 1985, p. 129-139 ; repris dans : I. EBERL et H. H. KORTÜM (éd.), *Im Bann des Mittelalters. Ausgewählte Beiträge zur Kirchen- und Rechtsgeschichte*, Sigmaringen, 1986, p. 70-80.

—, « Der Bischof von Rom im Saeculum Obscurum », dans : *Il primato del vescovo di Roma nel primo millenio. Ricerche e testimonianze*, M. MACCARRONE (éd.), cité du Vatican, 1991, p. 643-660.

H. ZWECK, *Osterlobpreis und Taufe. Studien zu Struktur und Theologie des Exsultet und anderer Osterpraeconien unter besonderer Berücksichtigung der Taufmotive*, Francfort-sur-le-Main, 1986.

A. ZWINGGI, « Der Wortgottesdienst bei Augustinus », *LJb* 20 (1970), p. 92-113, 129-140 et 250-253.

Mise à jour bibliographique au 31 octobre 1995.

CHAPITRE I. — Sur le graduel de Sainte-Cécile, L. M. AYRES, « The Italian Giant Bibles : Aspects of their Touronian Ancestry and Early History », dans : R. GAMESON (éd.), *The Early Medieval Bible. Its Production, Decoration and Use*, Cambridge, 1994, p. 152 ; B. MØLLER JENSEN, « Unique Compositions Among the Italian Christmas Tropes », *EcclO* 12 (1995), p. 48-53. Sur le bréviaire de sainte Claire, A. CHOLAT, *Le Bréviaire de sainte Claire conservé au couvent de Saint-Damien à Assise et son importance liturgique*, Paris, 1904, p. 38-41 (démonstration de l'authenticité), 42-48 (description du contenu) et 49 (datation : 1227-1229). Dom B. Baroffio a récemment découvert un nouveau témoin du chant romain : le manuscrit Frosinone, Archivio di Stato 82 (99) est un fragment d'antiphonaire noté ; il s'agit de quatre pages qui contiennent essentiellement l'office de S. Jean l'Évangéliste. Ce fragment ne contient aucun chant nouveau. Cf. B. G. BAROFFIO, « I frammenti liturgici nella collezione delle pergamene dell'Archivio di Stato di Frosinone », dans *In the shadow of Montecassino. Nuove ricerche dai frammenti di codice dell'Archivio di Stato di Frosinone*, Frosinone, 1995, p. 84.

CHAPITRE II. — Sur l'origine des catacombes romaines,
M.-Y. PERRIN, « L'invention du cimetière : le cas romain », *Communio* 20 (1995), p. 99-113. Sur « Hippolyte de Rome », A.
BRENT, *Hippolytus and the Roman Church in the Third Century.
Communities in Tension Before the Emergence of a Monarch-Bishop*, Leyde, 1995.
Sur la visibilité du christianisme dès l'époque de la « Petite Paix »
(250-303), W. WISCHMEYER, *Von Golgatha zum Ponte Molle. Studien zur sozialgeschichte der Kirche im dritten Jahrhundert*, Göttingen,
1992. CHAPITRE III. — Sur les hymnes en général, Kl. THRAEDE, art.
« Hymnus » dans : *Reallexikon für Antike und Christentum* 16
(1994), col. 915-946. Sur le *Te Deum*, M. L. GATTI PERER, « Iconografia Agostiniana : il *Te Deum* e il battesimo di Agostino »,
dans : *Agostino a Milano. Il battesimo. Agostino nelle terre di Ambrogio*, Palerme, 1988, p. 85-99.
CHAPITRE IV. — Sur les Pères et la théorie musicale, A. KELLER,
*Aurelius Augustinus und die Musik. Untersuchungen zu « De musica »
im Kontext seines Schrifttums*, Wurtzbourg, 1993.
CHAPITRE V. — Sur le cantique de l'Exode et la représentation
du passage de la mer Rouge, notamment dans la catacombe de
la via Latina, M.-B. VON STRITZKY, « Bemerkungen zur Darstellung des "Durchzugs durch das Rote Meer" auf der Holztür von
Santa Sabina », *RQS* 81 (1986), p. 173-186 ; P. PRIGENT, *Le
Judaïsme et l'Image*, Tübingen, 1990, p. 315-344 ; K. SCHUBERT,
« Jewish Pictorial Traditions in Early Christian Art », dans :
H. SCHRECKENBERG et K. SCHUBERT, *Jewish Historiography and
Iconography in Early and Medieval Christianity*, Maastricht-Minneapolis, 1992, p. 189-209 ; I. CAMIRUAGA *et alii*, « Hipogeo
anónimo en la via latina : estudio arquitectónico », dans : *Historiam
pictura refert. Miscellanea in onore di P. Alejandro Recio Veganzones*,
Vatican, 1994, p. 97-109. Sur le cantique des Trois-Enfants,
représentés coiffés d'un bonnet phrygien comme des Perses,
H. P. LAUBSCHER, *Der Reliefschmuck des Galeriusbogens in Thessaloniki*, Berlin, 1975, p. 16-17.
CHAPITRE VII. — Sur les origines de la psalmodie responsoriale
à Milan, N. B. MCLYNN, *Ambrose of Milan. Church and Court in
a Christian Capital*, Berkeley, 1994 et D. H. WILLIAMS, *Ambrose
of Milan and the End of the Nicene-Arian Conflicts*, à paraître aux
Presses universitaires d'Oxford. Sur la signification de l'invention
du refrain populaire, Ph. BERNARD, « *Consensus fidelis populi.*
L'expression d'une ecclésiologie combattante aux origines de la
psalmodie responsoriale dans l'Antiquité tardive », à paraître dans
Rivista Internazionale di Musica Sacra 17 (1996).
CHAPITRE VIII. — Sur Januarius, F. MORGENSTERN, *Die Briefpartner des Augustinus von Hippo*, Bochum, 1993, n° 86. Sur

l'absence de liturgie stationnale à Alexandrie, A. MARTIN, « Topographie et liturgie : le problème des "paroisses" d'Alexandrie », dans les *Actes du XIe Congrès international d'archéologie chrétienne,* t. II, Rome, 1989, p. 1133-1144, qui me semble ruiner l'argumentation de H. BRAKMANN, « Synaxis catholikè in Alexandreia. Zur Verbreitung des christlichen Stationsgottesdienstes », *JAC* 30 (1987), p. 74-89. Sur l'absence de liturgie stationnale à Constantinople et sur le fait que la localisation des églises, due (comme à Rome) au hasard des fondations pieuses, ne correspond donc aucunement à un « quadrillage pastoral », G. DAGRON, « Constantinople. Les sanctuaires et l'organisation de la vie religieuse », dans les *Actes du XIe Congrès international d'archéologie chrétienne,* t. II, Rome, 1989, p. 1069-1085. Sur le fait que le vieux centre civique de Rome soit resté sans église jusqu'au VIIIe siècle, points de comparaison dans C. MANGO, *Le Développement urbain de Constantinople (IVe-VIIe siècle),* Paris, 1985, p. 33 ; J.-M. SPIESER, « La christianisation de la ville dans l'Antiquité tardive », *Ktema* 11 (1986), p. 49-55 ; H. SARADI-MENDELOVICI, « Christian Attitudes Toward Pagan Monuments in Late Antiquity and their Legacy in Later Byzantine Centuries », *DOP* 44 (1990), p. 47-61 ; M.-Y. PERRIN, « Le nouveau style missionnaire : la conquête de l'espace et du temps », dans : *Histoire du christianisme des origines à nos jours,* t. II, L. PIETRI (éd.), *Naissance d'une chrétienté (250-430),* Paris, 1995, p. 585-621 et la thèse d'Annik MARTIN sur Alexandrie, à paraître chez De Boccard. Sur la *Schola cantorum,* H. C. TEITLER, *Notarii and Exceptores. An Inquiry into Role and Significance of Shorthand Writers in the Imperial and Ecclesiastical Bureaucracy of the Roman Empire,* Amsterdam, 1985, p. 53 s. et 86-94. Sur la lettre de saint Grégoire à Jean de Syracuse, A. KAI-YUNG CHAN, *Il « Padre Nostro » nei principali commenti patristici e il suo uso nella liturgia latina,* Rome, 1993 et Ph. BERNARD, « L'origine des chants de la messe selon la tradition musicale du chant romain ancien, improprement dit "chant vieux-romain" », dans : *L'Eucharistie : célébrations, rites, piétés (Actes de la 41e semaine Saint-Serge, Paris, 1994),* Rome, 1995, p. 19-97.

CHAPITRE XIII. — Sur Rome au VIIe siècle et les influences orientales, P. CONTE, *Il sinodo Lateranense dell'ottobre 649. La nuova edizione degli atti a cura di Rudolf Riedinger. Rassegna critica delle fonti dei secoli VII-XII,* Vatican, 1989 ; J. F. HALDON, *Byzantium in the Seventh Century. The Transformation of a Culture,* Cambridge, 1990 ; R. RIEDINGER, « In welcher Richtung wurden die Akten der Lateransynode von 649 übersetzt, und in welcher Schrift war der lateinische Text dieser Akten geschrieben », dans : *Martino I Papa,* Spolète, 1992, p. 149-164 ; R. HODGES, « The Riddle of St. Peter's Republic », dans : L. PAROLI et P. DELOGU (éd.), *La storia eco-*

nomica di Roma nell'alto Medioevo alla luce dei recenti scavi archeologici, Florence, 1993, p. 353-366 ; Th. F. X. NOBLE, « Rome in the Seventh Century », dans : M. LAPIDGE (éd.), *Archbishop Theodore. Commemorative Studies on his Life and Influence*, Cambridge, 1995, p. 68-87. Sur le *responsum* de saint Grégoire à Augustin de Cantorbéry, que je considère de plus en plus comme un faux ou comme un document interpolé, I. MACHIELSEN, *Clavis Patristica Pseudepigraphorum Medii Aevi*, t. II A, Turnhout, 1994, n° 795, p. 221-222. Sur les *Alleluia*, Ph. BERNARD, « Les versets des *Alleluia* et des offertoires, témoins de l'histoire de la culture à Rome entre 560 et 742 », *M e S* 3 (1995), p. 5-40. Sur Sénarius, correspondant du diacre Johannes, R. DELMAIRE, *Les Responsables des finances impériales au Bas-Empire romain (IVᵉ-VIᵉ s.)*. *Études prosopographiques*, Bruxelles, 1989, p. 293-296.

CHAPITRE XIV. — Sur la liturgie gallicane, A. WALTERS ROBERTSON, *The Service-Books of the Royal Abbey of Saint-Denis. Images of Ritual and Music in the Middle Ages*, Oxford, 1991 ; Ph. BERNARD, « Le *Trecanum* : un fantôme dans la liturgie gallicane ? », *Francia* 23 (1996), p. 95-98, et « La "liturgie de la victoire". Mise en scène du pouvoir, *Ordo Missae* et psalmodie responsoriale dans l'Antiquité tardive et le haut Moyen Âge. Réflexions à partir de l'*Expositio* du Pseudo-Germain de Paris », à paraître dans *EcclO* 13 (1996). Sur les influences romaines en Angleterre, B. BISCHOFF et M. LAPIDGE, *Biblical Commentaries from the Canterbury School of Theodore and Hadrian*, Cambridge, 1994 et Chr. HOHLER, « Theodore and the Liturgy », dans : M. LAPIDGE (éd.), *Archbishop Theodore. Commemorative Studies on his Life and Influence*, Cambridge, 1995, p. 222-235. Sur l'arrivée du chant « grégorien » en Angleterre, au début de l'époque normande, J. SCOTT, *The Early History of Glastonbury. An Edition, Translation and Study of William of Malmesbury's « De antiquitate Glastonie ecclesie »*, Woodbridge, 1981, p. 157-159. Sur les débuts de la romanisation du culte en Gaule carolingienne, P. ENGELBERT, « Regeltext und Romverehrung. Zur Frage der Verbreitung der Regula Benedicti im Frühmittelalter », *RQS* 81 (1986), p. 39-60 ; K. SCHÄFERDIEK, « Fragen der frühen angelsächsischen Festlandmission », *Frühmittelalterliche Studien* 28 (1994), p. 172-195. Sur la date du *concilium germanicum*, Th. SCHIEFFER, *Angelsachsen und Franken*, Wiesbaden, 1951, p. 1463-1471. Sur le rit espagnol du baptême, D. BOROBIO, « Iniciación cristiana en la Iglesia hispana de los siglos VI al X », *Salmanticensis* 42 (1995), p. 29-61.

CHAPITRE XV. — Il faut ajouter aux plus anciens manuscrits de chant « grégorien » un folio de graduel conservé à Sárospatak, Tiszáninneni Református Egyhazkerület Nagykönyvtár, An. 4814 (Library of the Reformed Church S. N.), en Hongrie, dont les coordonnées m'ont été aimablement communiquées par M. Michel Huglo, que je remercie de son extrême obligeance. Ce folio unique, écrit en Italie dans une onciale de la seconde moitié du VIIIe siècle, provient d'une reliure. Il contient le texte, non neumé, des chants de la messe, depuis l'offertoire du mercredi de la cinquième semaine du carême jusqu'à l'introït du vendredi *in albis* compris. Les offertoires ont déjà perdu leurs versets. Il ne peut s'agir d'un témoin du chant romain ancien, car les *Alleluia* de la semaine *in albis* sont différents de ceux de la liste romaine, et en raison des variantes textuelles, qui apparentent ces fragments au chant « grégorien ». Voir László SZELESTEI-NAGY, « VIII. századi antiphonarium-töredék Sárospatakon », dans : *Magyar Könyvszemle [Ungarische Bücherschau]* 92 (1976), p. 256-262 (avec planches et transcriptions des textes) ; B. BISCHOFF et V. BROWN, « Addenda to CLA », *Mediaeval Studies* 47 (1985), n° 1860, p. 346. Sur l'antiphonaire de Compiègne (Paris, BN lat. 17436), M. HUGLO, « Observations codicologiques sur l'antiphonaire de Compiègne », dans : P. CAHN et A.-K. HEIMER (éd.), *De musica et cantu. Studien zur Geschichte der Kirchenmusik und der Oper. Helmut Hucke zum 60. Geburtstag*, Hildesheim, 1993, p. 117-129. Sur les variantes textuelles entre « romain » et « grégorien », Ph. BERNARD, « Les variantes textuelles entre "vieux-romain" et "grégorien". Quelques résultats », dans : *Requirentes modos musicos. Mélanges offerts à Dom Jean Claire*, Solesmes, 1995, p. 63-82 et « Les variantes textuelles des chants du propre de la messe dans les répertoires "grégorien" et romain ancien : essai d'édition pratique », dans *EL* 110 (1996), p. 210-251.

CHAPITRE XVI. — Sur le rôle joué par le diacre Florus de Lyon contre Amalaire, voir K. ZECHIEL-ECKES, « Florus von Lyon, Amalarius von Metz und der Traktat über die Bischofswahl », dans *RBén.* 106 (1996), p. 109-139. Sur Agobard et la correction des répons, A. GRILLMEIER, *Der Logos am Kreuz. Zur christologischen Symbolik der älteren Kreuzigungsdarstellung*, Munich, 1956, p. 7-10 (réfute HESBERT, *Le Problème de la transfixion du Christ*).

CHAPITRE XVII. — Sur le manuscrit Rome, Archivio di Stato SSmo Salvatore 997, P.-M. GY, « The Missal of a Church Adjacent to the Lateran : Roma Archivio di Stato Santissimo Salvatore 997 », dans : G. M. HAIR et R. E. SMITH (éd.), *Songs of the Dove and the Nightingale. Sacred and Secular Music c. 900-c. 1600*, Sydney, 1994, p. 63-73. Sur l'arrivée des influences carolingiennes à Milan, B. VALSECCHI, « La scrittura carolina nei documenti notarili milanesi. Proposta e ricezione di un modello », *Aevum* 69 (1995), p. 311-345. De même, pour l'Espagne, C. RODRIGUEZ SUSO, *La monodía litúrgica en el País Vasco*, 3 vol., Bilbao, 1993. De même, pour Rome, J. St. H. GIBAUT, « The Clerical *cursus* of

Constantine of Nepi : two Accounts », *EcclO* 12 (1995), p. 195-205, qui vient à l'appui de R. E. REYNOLDS, « The Ritual of Clerical Ordination ». Sur le pape Nicolas III (Giovanni Gaietanus Orsini), M. THUMSER, *Rom und die römische Adel in der späten Stauferzeit*, Tübingen, 1995, p. 140-157.

ANNEXES

Fig. 1 – Les constructions chrétiennes: à l'exception de St-Pierre, sont indiquées seulement les églises, établies *intra muros* Episcopium; basiliques pontificales; St-Pierre, martyrium.

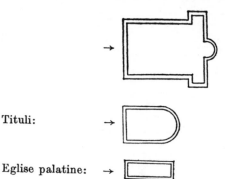

Tituli: →

Eglise palatine: →

Baptistères (ou aménagements pour le baptême à l'intérieur d'une église):

Chapelles édifiées ou aménagées près d'un titulus:

Epoque Constantinienne 1. Latran; 1b baptistère; 2 Ste-Croix de Jérusalem (*Basilica sessoriana*); 3. *Titulus Silvestri*; 4. *Titulus Marci*; 5. *Titulus Julii*. 6. *Callistum*? 7. *Titulus Julii, juxta forum Trajani*? 8. *In Lucinis*? 9. St-Pierre; 10 *Basilica Liberii*?

Damase: 1. *Titulus Anastasiae*; 2. *Titulus Damasi*; 3. *Titulus Fasciolae*; 4. *Ad Fontes Sancti Petri*.

Sirice et Anastase: 1. *Titulus Pudentis*; 2. *Titulus Clementis*; 3. *Titulus Crescentianae*.

Innocent: 1. *Titulus Vestinae*; 2. *Titulus Apostolorum* (St-Pierre aux-Liens, premier état?); 3. *T. Pammachi* et *Titulus Byzantis*?; 4. Aménagement bapt. à Ste-Anastasie?

Edifices antérieurs au premier tiers du V⁰ s.: 1. *Titulus Marcelli*; 2. Saints-Couronnés (*Titulus Aemilianae*?). En tiretés, les *tituli* attestés par le Martyrologe Hiéronymien dont la datation n'est pas assurée; 3. *Titulus Gaii*; 4. *Titulus Eusebii*; 5. *Titulus Caeciliae*.

Renaissance Classique: Célestin et Sixte: 1. *Titulus apostolorum*; 2. Aménagements à Ste-Croix de Jérusalem; 3. *Titulus Sabinae*; 4. Saint-Laurent *in Lucina*; 5. Ste-Marie Majeure; 6. Baptistère de Sixte près du Latran.

Pour faciliter la lecture de la carte, les édifices ont été dessinés a une plus grande échelle; par conséquent, leur localisation ne peut être rigoureusement délimitée.

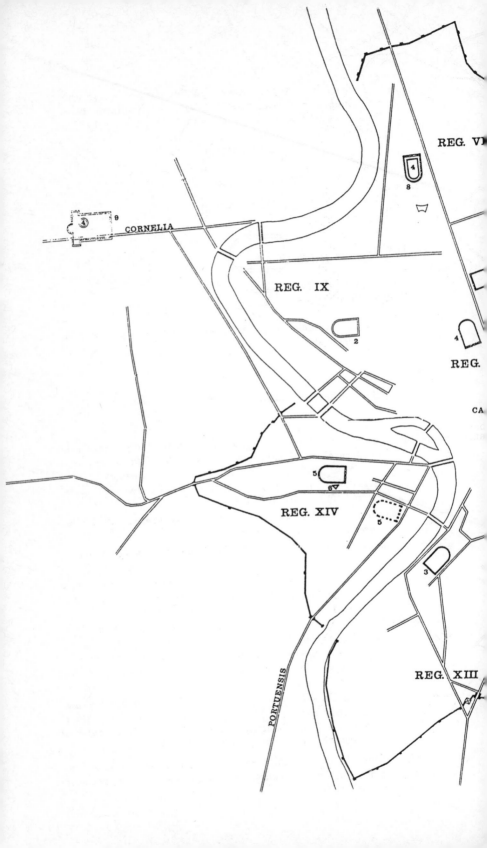

REG. VI

REG. IX

CORNELIA

REG.

CA

REG. XIV

REG. XIII

PORTUENSIS

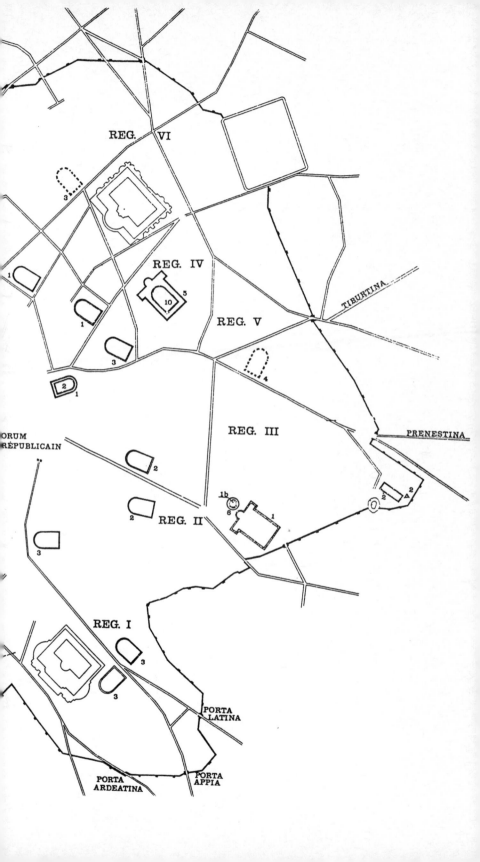

REG. VI

REG. IV

REG. V

TIBURTINA

PRENESTINA

REG. III

REG. II

ORUM
RÉPUBLICAIN

REG. I

PORTA
LATINA

PORTA
ARDEATINA

PORTA
APPIA

Fig. 2 - Géographie cémétériale sommaire (d'après P. Testini):

Via Flaminia   1 – St-Valentin

Salaria vetus   1 – Pamphile
       2 – Bassilla (St-Hermès)
       3 – *Ad clivum cucumeris*?

Salaria nova   1 – C. de Maxime (Ste-Félicité)
       2 – St-Saturnin; Chrysanthus et Daria (Thrason)
       3 – Jordani (St-Alexandre)
       4 – Priscille (St-Silvestre)

Nomentana   1 – Nicomède
       2 – Ste-Agnès
       3 – *Coemet. Maius*

Tiburtina   1 – C. de « Novatien »
       2 – St-Laurent (Cyriaque)
       3 – Hippolyte.

Labicana   1 – C. Castuli
       2 – *Ad duas lauros*: Sts-Marcellin-et-Pierre

Latina   1 – Gordianus et Epimachus
       2 – C. d'Apronien (entre 1 et 2, Tertullinus)
       3 – Catacombe « Ferrua ».

Appia   1 – C. de Ste-Sotère.
       2 – « S. Croce »
       3 – Calliste
       4 – Prétextat
       5 – *Ad catacumbas* (St-Sébastien)

Ardeatina   1 – Balbine (Basilique de Marc)
       2 – Cimetière de Basileus (Sts-Marc-et-Marcellien); basilique de Damase.
       3 – Domitille (Sts-Nérée-et-Achillée)

Ostiensis   1 – St-Paul
       2 – St-Timothée
       3 – Commodille (Sts-Felix-et-Adauctus)
       4 – C. de Thecla (?), via Laurentina

Portuensis   1 – St-Félix ad Insalsatos (?)
       2 – Pontien (Sts-Abdon-et-Sennen; Innocent etc.) au 3e mille, *Basilica Julii*
       3 – Generosa (Faustinus et Viatrix)

Aurelia   1 – St-Pancrace
       2 – Anonyme
       3 – Sts-Procès-et-Martinien
       4 – Cimetière de Calliste (Calépode; Jules)

Cornelia   1 – St-Pierre

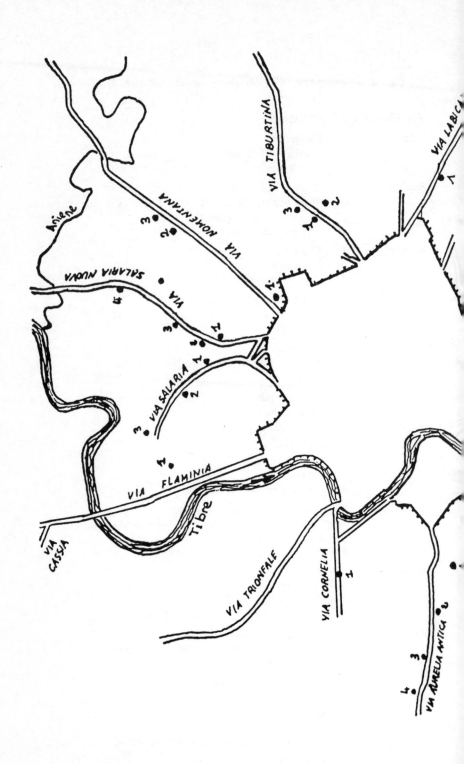

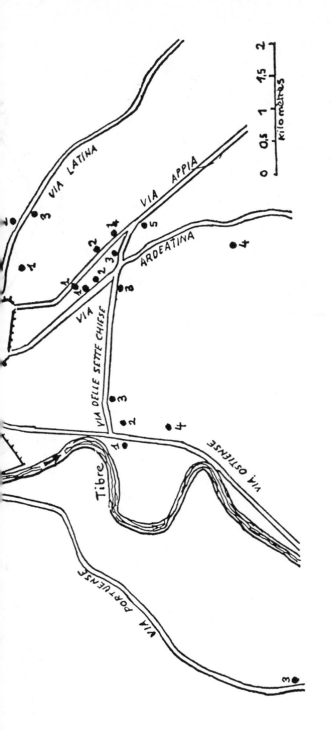

Fig. 2

ILLUSTRATIONS MUSICALES

Un trait romain en *DO* : *Ad te levavi.*
Un trait gallican en *RÉ* conservé dans le grégorien : *Deus Deus meus* (extraits).

Un canticum en *RÉ : Domine audivi.*
Un canticum en *DO : Cantemus Domino.*
Un ancien *canticum* en *RÉ ?* Le refrain de *Gloriosus.*

La version romaine du cantique des Trois-Enfants (Daniel 3, 52-90), extraits.
Le graduel grégorien *Haec dies*, du second mode en *LA* : un ancien trait gallican ?

Un graduel romain en *DO* : *Ad Dominum dum.*
Un graduel romain en *RÉ* : *Beata gens.*
Un graduel romain en *MI* : *Venite filii.*

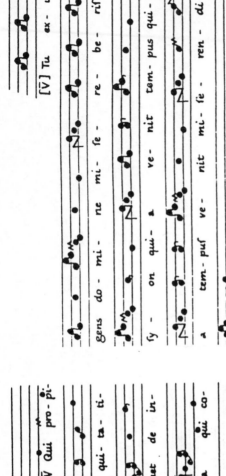

Offertoire romain *Benedic anima*, V. 1.
Offertoire romain *Miserere mihi*, V. 1 et 2.
Offertoire romain *Domine exaudi*, V. 1.
Offertoire romain *Bonum est confiteri*, V. 1.

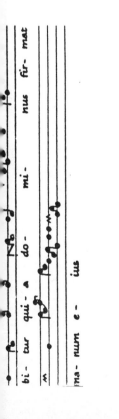

Un *alleluia* romain du timbre de *DO* : *Mittat tibi.*
Un *alleluia* romain du timbre de *RÉ* : *Iustus non conturbabitur.*
Un *alleluia* romain du timbre de *MI* : *Letatus sum.*
Un *alleluia* romain des vêpres festives pascales, en *Vespertil* : *In exitu Israhel.*

INDEX

Index scripturaire

ÉPÎTRE À TITE

| 1 s | 165 |
| 2, 14 | 164 |

PREMIÈRE ÉPÎTRE DE S. PIERRE

| 2, 1-10 | 479 |
| 2, 21 s. | 75 |

ÉPÎTRE AUX HÉBREUX

1, 3	75 ; 365
1, 6	74 ; 339
1, 8-9	284
1, 10-12	74 ; 224 ; 271
2, 6-8	268
9, 11	621
10, 5-7	74

APOCALYPSE

1 s	514
1, 10	104
6, 10	286
7, 17	125
15, 2-3	113
17	788
19, 1, 6	588

Index des pièces de chant

OFFERTOIRES

COMMUNIONS

ANTIENNES DE L'OFFICE

HYMNES

TROPES ET SÉQUENCES

Index thématique

Index des noms et des lieux

Index des auteurs modernes

Table des matières

Deuxième partie

L'ŒUVRE DE LA « SCHOLA CANTORUM » ROMAINE

(VIᵉ-VIIIᵉ siècle)

Troisième partie

L'INTERVENTION FRANQUE, LA NAISSANCE
ET L'EXPANSION DU CHANT GRÉGORIEN
(VIIIᵉ-XIIIᵉ siècle)

ⓟPATRIMOINES

christianisme

René Roques
L'Univers dionysien. Structure hiérarchique du monde selon le Pseudo-Denys.

J.P. Laurant
Symbolisme et Écriture.

M.-P. del Rosario Adriazola
La Connaissance spirituelle chez Marie de l'Incarnation.

Adalbert de Vogüé
Histoire littéraire du mouvement monastique dans l'Antiquité, t. I.

Ambroise de Milan
Hymnes.
Éd. par Jacques Fontaine et *alii*.

Colloque du centenaire de l'École biblique et archéologique française de Jérusalem
Naissance de la méthode critique.

Adalbert de Vogüé
Histoire littéraire du mouvement monastique dans l'Antiquité, t. II.

Adolf von Harnack
Histoire des dogmes. Traduit de l'allemand par Eugène Choisy.
Postface de Kurt Nowak.

Federico Ruiz
Saint Jean de la Croix mystique et maître spirituel.
Traduit de l'espagnol par sœur M.-A. Haussièttre.

Adalbert de Vogüé
Histoire littéraire du mouvement monastique dans l'Antiquité, t. III.

Jean-Pierre Osier
Faust Socin ou le christianisme sans sacrifice.

Philippe Bernard
Du chant romain au chant grégorien (IVe siècle-XIIIe siècle).

Cet ouvrage a été reproduit
et achevé d'imprimer en septembre 1996
dans les ateliers de Normandie Roto Impression s.a.
61250 Lonrai
N° d'impression : 961369
N° d'édition : 10154
Dépôt légal : septembre 1996